# Politische Schriften und Briefe Carl Friedrich Goerdelers

Herausgegeben von Sabine Gillmann
und Hans Mommsen

## Band 1

K · G · Saur München 2003

**Bibliografische Information Der Deutschen Bibliothek**
Die Deutsche Bibliothek verzeichnet diese Publikation
in der Deutschen Nationalbibliografie; detaillierte bibliografische Daten
sind im Internet über *http://dnb.ddb.de* abrufbar.

∞

Gedruckt auf säurefreiem Papier



Printed in Germany



Satz: Dr. Rainer Ostermann, München

Druck/Bindung: Strauss Offsetdruck GmbH, Mörlenbach

ISBN 3-598-11631-4 (2 Bände)

# Geleitwort

Wir begrüßen es, dass die politischen Schriften und Briefe Carl Friedrich Goerdelers nach langen Jahren der wissenschaftlichen Aufarbeitung nun in geordneter und verlässlicher Form verfügbar sind. Die vorliegende Edition wurde initiiert und betreut von Herrn Professor Hans Mommsen, dem ausgewiesenen Widerstandsforscher. Ihm ist es zu verdanken, dass der Öffentlichkeit umfangreiches Material zugänglich gemacht und neue Sichtweisen auf den Widerstand eröffnet werden. Nachhaltig warb Hans Mommsen zugleich Mitarbeiter und Förderer, die das Projekt trugen und es schließlich ermöglichten, die zahlreichen, aber weit verstreuten Quellen zusammenzufassen.

Sabine Gillmann übernahm über viele Jahre hin die verdienstvolle Aufgabe, ihre Dissertation zu der vorliegenden Edition auszubauen. Sie hat dabei nicht nur neue Archivbestände ausfindig gemacht, sondern auch der Fülle des Materials eine Struktur gegeben, Adressaten und Entstehungsdaten ermittelt, Textfassungen überprüft und den großen Anmerkungsapparat erarbeitet.

Die Edition wurde ermöglicht durch eine Vielzahl von Förderern, die mit ihren finanziellen Beiträgen der Arbeit ihre Unterstützung gewährten. Ihnen allen gilt unser besonderer Dank.

Die Edition kommt zu einer Zeit, da die historischen Ereignisse mehr als fünf Jahrzehnte zurückliegen. Dennoch hat die zunehmende Auseinandersetzung mit den damaligen Geschehnissen und ihren Folgen Staat und Gesellschaft immer wieder herausgefordert und auf einigen Feldern erst in jüngster Zeit zu verantwortlichem Handeln geführt. Als Beispiel seien die Entschädigung von Zwangsarbeitern und die Aufhebung der nationalsozialistischen Unrechtsurteile mit Bundesgesetz vom 25. August 1998 genannt.

Auch für die Forschung war und ist die Beschäftigung mit dem Nationalsozialismus, seinen Bedingungen und Zwängen und den Schwierigkeiten jeglichen Widerstandes eine ständige Herausforderung. Die vorliegende Edition wird nun manchen Fragestellungen und Kontroversen neue Impulse geben und kann zu einer vorurteilsfreieren Beurteilung beitragen.

Heute blicken wir aus sicherer Distanz auf abgeschlossene Vorgänge zurück. Die Handelnden von damals waren mit sehr offenen, schwer durchschaubaren Situationen und sich oft überstürzenden Ereignissen konfrontiert. Die Herausforderung lag oft genug darin, dass es keine eindeutig „richtigen" Entscheidungen gab – und doch die Notwendigkeit bestand zu handeln. Auch Goerdeler sah sich in einer Zeit schwindender Einflussmöglichkeiten vor diese Probleme gestellt und erst die Originale in ihrer unverkürzten Form zeigen, wie er immer von neuem um bestmögliche Lösungen rang, die seiner politischen und moralischen Verantwortung für sein Land entsprachen. Dieses Ringen Goerdelers zeigt sich wachsend angesichts der empfundenen inneren Verpflichtung, selbst im Krieg gegen die eigene Regierung handeln zu müssen – mit aller daraus resultierenden Verantwortung: in den politischen Schriften werden wieder und wieder der eigene Standpunkt, die aktuelle Lage, die Ziele und die Notwendigkeiten des Handelns entwickelt, überprüft und festgelegt. Die authentischen Texte lassen darüber hinaus die Denkansätze Goerdelers erkennen, machen mit Kategorien vertraut, die uns heute nicht mehr selbstverständlich sind, die aber seinem Handeln zugrunde lagen.

So wichtig auch die Kenntnis der schriftlichen Quellen ist – alles können sie nicht in den Blick rücken. Wir stimmen den Herausgebern zu, wenn sie ausdrücklich darauf hinweisen, dass die private Persönlichkeit Goerdelers in den Schriften nur in geringem Maße erkennbar wird, Tagebuchaufzeichnungen liegen nicht vor und die Gefängnisschriften mit ihren quälenden Selbstvorwürfen gegenüber der Familie lassen sogar ein unzutreffendes Bild entstehen. Seine Kinder sahen in dem zeitraubenden politischen Engagement ihres Vaters immer auch die Sorge für die eigene Zukunft, in der sie als freie Menschen leben sollten. In ihrer Jugendzeit erlebten sie einen fröhlichen, ihnen sehr zugewandten Vater; es war ein lebensbejahendes Elternhaus, in dem sie aufwachsen durften. Eine umfassende Würdigung seiner Persönlichkeit muss daher einer Biographie vorbehalten bleiben, wie sie nach dem Erkenntnisstand von 1954 seinerzeit Gerhard Ritter vorgenommen hat. Dabei wäre zusätzlich die wichtige Rolle direkter persönlicher Kontakte und Begegnungen, geheimer Gespräche und Überlegungen zu erkunden. Auch der mündliche Austausch Goerdelers mit den engsten Vertrauten, seiner Frau, seinem Bruder Fritz und dem Freund Walther Cramer wäre einzubeziehen, da er umso unverzichtbarer wurde, je riskanter die Arbeit im totalen Staat wurde. Die politische Nähe brachte viele Menschen zusammen, überbrückte auch die einstigen parteipolitischen Grenzen und trug zu einer Annäherung der Standpunkte bei. So entstanden Freundschaften, die in einer schweren Zeit immer wieder Mut und menschliche Wärme brachten.

Kurz vor Kriegsbeginn hat Carl Goerdeler den späteren Regierenden Bürgermeister von West-Berlin Ernst Reuter an seinem Emigrationsort Ankara besucht. Der Konservative und der entschiedene Sozialdemokrat treffen einander in der Sorge um die Zukunft Deutschlands. Als 1942 Goerdelers Sohn Christian fiel, versichert ihn Ernst Reuter seiner Mittrauer:

> „Wir, die wir ferne der Heimat leben müssen und ihr doch mit unzerreißbaren Fäden innerlich verbunden bleiben, wir fühlen und wissen, was unser Land an Opfern bringt. Kein Tag und keine Nacht vergeht, ohne daß uns das alles nicht lebendig vor Augen steht und wir nicht mit der bangen Frage ringen, welch verschlungene Pfade uns alle das Schicksal noch führen wird. Unser

Schicksal ist in diesem Sinne ein gemeinsames und wird, so verschieden auch unsere Wege sein werden, immer ein gemeinsames bleiben. Die gemeinsame Liebe zu dem Lande, für das wir ein Leben lang gearbeitet und nach bestem Wissen und Gewissen unser Bestes gegeben haben, ist das Band, das alle die verbindet, die seiner Zukunft zu dienen glauben."

Familie Goerdeler
Im März 2003

# Inhalt

## Band 1

## Band 2

# Verzeichnis der Dokumente

## Kapitel 1: Goerdelers kommunalpolitische Tätigkeit

### 1.1 Schriften zur Kommunalverfassung

## 1.2 Oberbürgermeister in Leipzig

## 1.3 Mitwirkung an der kommunalpolitischen Neuordnung unter dem NS-Regime

## 4.2 Vertreter des „Anderen Deutschland“

Die USA sind autark und produzieren Überschüsse in der Landwirtschaft; die Binnenwirtschaft ist von Ratengeschäften beherrscht; in der Industrie dominiert Fließbandarbeit; die demokratische Verfassung ist der amerikanischen Bevölkerung angemessen. Maßnahmen und Ergebnisse der New Deal-Politik: Prämien an Farmer für Produktionsdrosselung führen zur Notwendigkeit von Importen; Preistreiberei durch Regierungskäufe führt zum Verlust der internationalen Konkurrenzfähigkeit; Reformen im Arbeitsrecht führen zur Verteuerung der Gesamtproduktion; der Ausbau der Sozialversicherung stellt eine zu hohe finanzielle Belastung dar; die hohe Unternehmensbesteuerung vermindert die Investitionstätigkeit; die staatliche Wohnungsbaupolitik ist eine Verlustwirtschaft; Arbeitsbeschaffungsmaßnahmen zur Bodenkonservierung, im Straßen- und im Gebäudebau sind undurchdacht, zu teuer und zu verschwenderisch; die Arbeitslager für jugendliche Arbeitslose sind erfolgreich. Das Verhältnis zu Deutschland: gegen die nationalsozialistische Judenpolitik bestehen keine grundsätzlichen Vorbehalte; die Garantie der Gewissens- und Religionsfreiheit, der Rechtssicherheit und des Schutzes der Familie werden gefordert; es besteht die Bereitschaft zur Kreditgewährung und zur Tolerierung der deutschen Exportzuschüsse; der Abschluss eines umfassenden Handelsvertrags setzt eine europäische Einigung Deutschlands mit Frankreich und Großbritannien voraus. Die wirtschaftspolitische Lage und die sicherheitspolitischen Notwendigkeiten in Ostasien werden die USA zur Aufgabe ihres Isolationismus zwingen; eine Einigung mit Großbritannien ist absehbar. Noch besteht die Möglichkeit, die wichtigsten Punkte des Versailler Vertrags friedlich zu revidieren.



Die britische Rüstung läuft auf Hochtouren, es herrscht kein Mangel an Rohstoffen, aber an gelernten Arbeitern für die Rüstungsindustrie. Gründe für die weiterhin herrschende Arbeitslosigkeit in Großbritannien: zu starke staatliche Fürsorgetätigkeit, wachsende Landflucht, die noch durch mangelnde Beschränkung der Freizügigkeit unterstützt wird, fehlende wirtschaftspolitische Schulung der Bevölkerung. Die britische Stimmung gegen Deutschland wird bedenklicher, da die deutsche Annexionspolitik als Beweis für fehlenden Verhandlungswillen interpretiert wird. Noch ist Großbritannien zu weitreichenden Konzessionen an Deutschland bereit wegen der japanischen Bedrohung und den umstrittenen Rüstungskosten.

In Frankreich hat sich die Zusammenarbeit zwischen Arbeitnehmer- und Arbeitgeberschaft verbessert; die konservative Regierung ist bereit zu Konzessionen an Deutschland, um die eigene Situation zu konsolidieren.



Das Münchener Abkommen hat bisherige außenpolitische Einschätzungen bestätigt; eine friedliche Durchsetzung deutscher Forderungen ist möglich und wünschenswert; die deutsche Regierung muss innen- wie außenpolitisch von Terrormaßnahmen absehen.

## Kapitel 5: Goerdelers Bruch mit dem NS-Regime und die Suche nach Verbündeten

### 5.1 Versuche, den Krieg zu verhindern

Wirtschafts- und Sozialpolitik: Die Rüstungsausgaben übersteigen die volkswirtschaftlichen Kräfte; die Ersatzstoffproduktion ist unwirtschaftlich und verringert den allgemeinen Lebensstandard; staatliche Wirtschaftsbetriebe verringern den Leistungsanreiz für die Privatwirtschaft. Staatliche Aufgabe ist nicht Wirtschaftsführung, sondern Sicherung der Rahmenbedingungen. Notwendigkeit der Rückkehr zum Leistungsprinzip; regulierende Staatsinterventionen zur Förderung der Landwirtschaft und des gewerblichen Mittelstands. Organisation von Landwirtschaft und Gewerbe in selbstverwalteten Wirtschaftskammern mit frei gewählten Vertretern. Aufhebung des verbindlichen Tarifrechts; Neuorganisation der Arbeitslosenversicherung hinsichtlich ihrer Trägerschaft, Verwaltung und Durchstrukturierung; Veränderung der Krankenversicherung durch Kombination mit einem Prämien-/Sanktionssystem. Verfassungspolitik: Der Nationalsozialismus hat Moral, Recht, Freiheit und Religion zerstört; ein gesunder Staatsaufbau beginnt mit dem Schutz der Familie vor Eingriffen von Partei und Staat. Konzeption einer neuen Verfassung: Verwaltung von Gemeinden, Kreisen und Provinzen nach den Vorschriften der DGO, jedoch ohne Parteieinfluss; Gliederung der Volksvertretung in indirekt gewählten Reichstag und Oberhaus/Reichsrat, zu 1/3 von Staatsoberhaupt berufen, zu 2/3 aus wirtschaftlicher und kommunaler Selbstverwaltung, Wissenschaft und Militär; Mitbestimmung über Mehrheitsentscheide findet nur bei Verfassungsänderungen und budgetrechtlichen Entscheidungen statt; alle Parteien werden wieder zugelassen; Staatsoberhaupt ist Kaiser der Hohenzollernlinie mit repräsentativen Funktionen. Notwendige Maßnahmen zur Wiederherstellung der Rechtssicherheit: Beurlaubung aller Richter und Anwälte, denen Rechtsbeugung nachgewiesen wird; Aufhebung aller rückwirkenden Gesetze; Verfolgung aller begangenen Straftaten; Auflösung aller Konzentrationslager und Neu-Untersuchung aller Inhaftierten; Wiederherstellung aller Grundrechte unter Beschränkung von Presse-, Vereins- und Versammlungsfreiheit. Bildungspolitik: Reorganisation der Schulformen; Förderung breiter humanistischer Bildung; Verhinderung frühzeitiger Spezialisierung. Reorganisation der Hochschulen; Berufungen nach Kompetenz, nicht nach Parteizugehörigkeit; Selbstverwaltung. Stärkerer Praxisbezug der juristischen und wirtschaftswissenschaftlichen Ausbildung; Auflösung von Künstlerakademien und Handelshochschulen.

Finanzpolitik: ausgeglichene öffentliche Haushalte als Grundvoraussetzung. Maßnahmen zum Abbau der Staatsschulden: Streichung der staatlichen Unterstützung von Versicherungen sowie der NSDAP und deren Organisationen; Streichung von städtebaulichen Ausgaben; Verminderung der Arbeitsbeschaffungs- und Rüstungsausgaben; Steuererhöhungen; Lohnsenkungen und Arbeitszeiterhöhungen. Religionspolitik: Wiederherstellung von Glaubens- und Gewissensfreiheit; Garantie der freien Religionsausübung; Wiedereinführung in den schulischen Fächerkanon; Garantie freier Wahlen und Selbstverwaltung in der evangelischen Kirche.


Allgemeine Friedenssehnsucht wird von Hitler und Mussolini gefährdet. Notwendige Gegenmaßnahmen: moralische Ächtung der Aggressoren durch die Kirchen

## Kapitel 6: Goerdelers Staatsstreichvorbereitungen und seine verfassungspolitischen Neuordnungspläne

### 6.1 Konzepte eines neuen Staatsaufbaus

selbstverwaltete Arbeiter- und Angestelltengruppen; Bildung einer Reichswirtschaftskammer aus Präsidenten der einzelnen Wirtschaftskammern; Beschränkung der staatlichen Wirtschaftspolitik auf die Setzung von Rahmenbedingungen; allmähliche Auflösung der Planwirtschaft. Koalitionsverbot für Beamte; Vereinfachung der Beamtengesetzgebung und des Verwaltungsapparats; Wiedereinführung des Generalstabsprinzips bei der Stellenbesetzung in Reichsministerien. Wiedereinführung der Selbstverwaltung in allen Bereichen der Sozialversicherung; Anpassung der Sozialleistungen an die volkswirtschaftliche Leistungsfähigkeit; Förderung der Kleinsiedlung. Wiedereinführung der Selbstverwaltung in allen kirchlichen Bereichen; Wiedereinführung des Religionsunterrichts; weitmögliche Überantwortung der Wohlfahrt an kirchliche Einrichtungen. HJ wird Staatsjugend unter Aufsicht eines Generals; Staatsjugend ist der elterlichen und schulischen Autorität nachgeordnet. Arbeitsdienst wird für Frauen aufgehoben, für Männer einem General unterstellt. Schutz gegen Arbeitslosigkeit muss von individueller Vorsorge über Unterstützung der Wirtschaftsgruppe gehen, staatliche Unterstützung nur als äußerstes Mittel. Rückführung der Polizeiaufsicht an Gemeinden und Kreise; Sicherheits- und Geheimpolizei wird RdI unterstellt. NSDAP bleibt bestehen, verliert aber alle Rechte, die ihre Funktion als eine Partei neben anderen überschreiten. Sanierung des Staatshaushalts durch Sparsamkeit, Mehrarbeit aller Bürger, Reorganisation des Schuldendienstes und der Steuererhebung; Währungssicherung durch Wiederherstellung der Selbständigkeit und Verantwortung der Reichsbank. Verfassungspolitik: möglichst starke Dezentralisierung aller staatlichen Aufgaben über Gemeinden, Kreise und Gaue bei möglichst starker Selbstverwaltung; indirektes Verhältniswahlrecht außer in Gemeinden, Heraufsetzung des Wahlalters, Einbau wirtschaftsständischer Vertretungen in politische Führung, vermehrte Ausschussarbeit; Arbeitsgemeinschaften der Selbstverwaltungsinstanzen mit beratender Funktion bei der Reichsregierung. Gliederung der Reichsregierung in acht Ministerien, Zusammentritt zu regelmäßigen Beratungen, Kanzler mit Weisungsrecht gegenüber Ministern. Volksvertretung gegliedert in Reichstag und Reichsständehaus; Wahl der Reichstagsabgeordneten durch Verordnete der Gaulandtage; Reichsständehaus zusammengesetzt aus wirtschaftsständischen und wissenschaftlichen Vertretern, Landeshauptleuten und von dem Reichsführer berufenen Persönlichkeiten. Gesetzesinitiative bei Reichskanzler und Volksvertretung, Gesetzeserlass nur nach Zustimmung von beiden Kammern der Volksvertretung. Erbmonarchie stellt Reichsführer; repräsentativer Charakter mit Eingriffsrechten.


*maschinenschriftliche Abschrift vom 19./20.5.1943; BAK, N 1113, Bd. 23.*
Die deutsche Bevölkerung muss das NS-Regime selbst beseitigen; Alliierte müssen Befreiungsaktion unterstützen; Forderung nach bedingungsloser Kapitulation muss zurückgenommen werden. Die neue deutsche Zivilregierung wird die gesamte deutsche Bevölkerung repräsentieren, einen Regenten an der Spitze haben, eine Volksvertretung, bestehend aus Reichstag und Oberhaus. Die neue deutsche Verfassung wird auf Selbstverwaltungsprinzipien basieren, Rechtssicherheit und unparteiische Verwaltung garantieren und Kriegsverbrechen bestrafen. Alle europäischen Staaten werden ihre Autonomie zurück erhalten; eine europäische Staatengemeinschaft wird gebildet werden zur Förderung wirtschaftlicher Zusammenarbeit und Wiederaufbau; ein Weltbund wird gebildet werden zur Schlichtung von Streitig-

keiten und Errichtung einer Weltwährungsbank. Deutschland wird in großem Maße abrüsten, die Seerüstung ganz aufgeben und die Luftwaffe internationalisieren. Die deutsche Wirtschaftsverfassung wird nach einer Übergangszeit die staatlichen Interventionen auf die Setzung von Rahmenbedingungen beschränken; die Sozialversicherung wird fortgeführt werden unter Verantwortung der Gewerkschaften; Religiosität und Familie werden die entscheidenden Grundlagen der Gesellschaft werden.


*maschinenschriftliche Denkschrift o.D. [fertiggestellt im April 1944]; BAK, N 1113, Bd. 19.*
Kaiserreich: Verfassungsmängel waren unklare Kompetenzen des Kaisers, unzureichende Verantwortung der Minister und des Reichstags sowie die Behinderung politischer Entwicklungen durch das Mehrheitswahlrecht; positiv waren die Entwicklung der Selbstverwaltung und die Grundrechtsgarantien sowie deren Verteidigung durch den Staat. Die leistungs- und wettbewerbsorientierte Wirtschaftsordnung des Kaiserreichs hat sich bewährt; die staatliche Beschränkung auf die Setzung von Rahmenbedingungen, den Schutz der Volkswirtschaft nach außen und die Garantie geordneter Staatsfinanzen hat den allgemeinen Wohlstand gehoben; die staatliche Sozialpolitik hat sich positiv entwickelt, jedoch Mängel aufgewiesen im Bereich der Arbeitszeit- und Arbeitsschutzgesetzgebung; die staatliche Unterdrückung der Arbeiterbewegung hat ein unnötiges Konfliktpotential geschaffen. Die außenpolitische Entwicklung ist nach dem Rücktritt Bismarcks negativ verlaufen wegen Kompetenzunklarheiten in außenpolitischen Entscheidungen, der Geltungssucht des Kaisers und inkompetenten Entscheidungsträgern; der Kriegsausbruch ist inkompetenter deutscher Außenpolitik, russischer Aggressionen und der europäischen Geheimdiplomatie anzulasten; für die Kriegsniederlage waren nicht innenpolitische Entwicklungen, sondern außenpolitische Fehlentscheidungen verantwortlich; die Mehrheitssozialisten haben ihren Patriotismus während der Novemberrevolution unter Beweis gestellt; Hindenburg und Groener haben dem militärischen Widerstand gegen den Versailler Vertrag die Spitze genommen; die Dolchstoßlegende hat die innenpolitische Atmosphäre vergiftet und Deutschland außenpolitisch geschadet. Weimarer Republik: Verfassungsmängel waren die zu schwache Autorität der Regierung und die Förderung der Demagogie durch das Verhältniswahlrecht; die staatliche Bürokratie und die Selbstverwaltung hatten entscheidenden Anteil an der Wiederherstellung der Ordnung, an Modernisierung und sozialem Ausgleich; die Garantie von Rechtssicherheit und Menschenrechten konnte sich durchsetzen. Die Wirtschaftsverfassung hat sich im Anschluss an die Kriegsverwaltungswirtschaft negativ entwickelt wegen zu starker Staatsinterventionen und überhöhter Forderungen der Siegermächte; Währungsabwertungen, Erhöhungen des Geldumlaufs und steigende Haushaltsdefizite waren Kriegsfolgen in allen Volkswirtschaften und wurden falsch bekämpft durch Kartellbildungen, Produktionsdrosselung und planwirtschaftliche Elemente; die sozialpolitische Entwicklung überforderte die deutsche Volkswirtschaft weiter; Hitler konnte die Früchte der Arbeit der Präsidialregierungen ernten, nachdem die Reparationsfrage geregelt war. Eine positive Außenpolitik hat die verzweifelte Situation von 1919 entscheidend verbessert; die Rechtsparteien haben sich auf blinde Kritik aller notwendigen Maßnahmen beschränkt; 1932 wäre die Durchsetzung der meisten außenpolitischen

## 6.2 Dokumente für die Regierungsübernahme nach dem 20. Juli 1944

# Kapitel 7: Goerdeler in Gestapo-Haft

## 7.1 Denkschriften auf Anforderung des NS-Regimes

# Danksagung

Die Drucklegung des umfangreichen Nachlasses von Carl Friedrich Goerdeler war nicht ohne die Hilfe einer Reihe von öffentlichen Stiftungen möglich. Der Gedanke zu dem Editionsvorhaben entstand im Zusammenhang mit der Absicht, in einer der Geschichte des deutschen Widerstandes gegen Hitler gewidmeten Publikationsreihe, von der seit 1983 eine Reihe einschlägiger Bände erschienen sind, auch eine Ausgabe der von Carl Friedrich Goerdeler verfassten Denkschriften und Briefe zu besorgen. Von vornherein war an eine repräsentative Textauswahl gedacht, doch stellte sich erst nach längerer Zeit heraus, dass die von Goerdeler verfassten Denkschriften und Memoranden einen Umfang ausmachten, der alles zuvor Erwartete weit überstieg. Zugleich drängte sich die Notwendigkeit auf, die in der Zeit von 1918 bis 1933 entstandenen Dokumente zu berücksichtigen. Zusammen mit dem Konvolut der in der Gestapohaft verfassten Schriften ergab sich ein unerwartet reicher Bestand von aus der Hand Goerdelers stammenden, weithin unveröffentlichten Texten.

Zwar befand sich ein größerer Teil des Nachlasses entweder im Bundesarchiv oder in den Händen der Familie, doch bedurfte es langwieriger Recherchen, um die Originale aufzusuchen und erwies sich gelegentlich die Transskription der handschriftlichen Texte als unerwartet zeitraubend. Da eine der Zielsetzungen der vorliegenden Edition darin bestehen musste, eine hinreichend repräsentative Auswahl zu treffen, ergab sich ein relativ großer Umfang der aufgenommenen Schriften, zu denen eine Reihe von Briefen hinzugefügt wurde, sofern sie über den privaten Bereich hinaus informativ sind. All dies hat bewirkt, dass sich die Fertigstellung der Edition ungewöhnlich lange hinausschob.

Der Anstoß, eine Quellenedition zum Wirken Carl Friedrich Goerdelers vorzulegen, liegt exakt zwei Jahrzehnte zurück. Er stand im Zusammenhang mit der beim Siedler Verlag Berlin veröffentlichten Buchreihe mit Darstellungen und Quellen, die von Ger van Roon zusammen mit dem Verfasser herausgegeben wurde und in die der jetzt vorgelegte Band ursprünglich Aufnahme finden sollte. Die Editionsarbeiten wurden in der Zeit von 1983 bis 1987 von der Stiftung Volkswagenwerk finanziert, kamen aber dann, nach dem Ausscheiden des Sachbearbeiters, zum Erliegen.

Die Fertigstellung der Edition wurde von einer großen Zahl von Institutionen unterstützt. An der wechselnden Finanzierung haben sich dankenswerter Weise die Alfried Krupp von Bohlen und Halbach-Stiftung, die Robert-Bosch-Stiftung, die Volkswagenstiftung, das Ministerium für Schule und Weiterbildung, Wissenschaft und Forschung des Landes Nordrhein-Westfalen, die Fritz Thyssen- und die ZEIT-Stiftung, desgleichen die Ruhr-Universität Bochum und die Gesellschaft der Freunde der Ruhr-Universität beteiligt. Es handelt sich um ein gemeinschaftliches Unternehmen einer Vielzahl von Förderern, denen hiermit in aller Form gedankt werden soll. Besonderer Dank gebührt der KPMG Deutsche Treuhandgesellschaft, die neben der Restfinanzierung die Drucklegung des umfangreiches Bandes durch einen Zuschuss ermöglicht. Ebenso dankbar sind wir Herrn Prof. Dres. hc. Klaus G. Saur, für seinen Verlag die Publikation übernommen zu haben. In aller erster Linie gilt der Dank der Herausgeber Frau Oberstudiendirektor a.D. Dr. Marianne Meyer-Krahmer, die mit unendlicher Geduld und stetiger Unterstützung die Odyssee des Editionsvorhabens von den Anfängen an begleitet hat, Herrn Dr. Reinhard Goerdeler, der sich für die Verwirklichung des Projekts mit Tatkraft und Energie bis zu seinem Tode eingesetzt hat, Herrn Ulrich Goerdeler und den übrigen Geschwistern, die halfen, Teile der Überlieferung wieder aufzufinden, den Töchtern Marianne Meyer-Krahmer und Benigna Klemm, die uns bei der Transskription der Gefängnisschriften behilflich waren, Herrn Rechtsanwalt Berthold Goerdeler, der den Vorstand der KPMG im Andenken an ihren verstorbenen Vorstandssprecher, Dr. Reinhard Goerdeler, dafür gewann, die Drucklegung zu finanzieren. Zugleich danken wir für die Bereitschaft, die in Privatbesitz befindlichen Teile des Nachlasses zur Edition heranzuziehen. Besonderer Dank gilt Gräfin Marion Dönhoff, die wenige Wochen vor ihrem Tode den Ausschlag für die Gewährung einer Zwischenfinanzierung durch die ZEIT-Stiftung gegeben hat. Schließlich ist auch der Verwaltung der Ruhr-Universität Dank zu sagen für die Geduld, mit der sie die etwas umständliche Drittmittelfinanzierung betreut hat.

Die Fertigstellung der vorliegenden Edition wäre ohne die aktive Mithilfe der einschlägigen Archive, darunter des Bundesarchivs Koblenz/Berlin, des Landesarchivs Berlin und des Public Record Office, der Stadtarchive Leipzig, München und Solingen, des Archivs der Friedrich Krupp AG, der Stiftung preußischer Kulturbesitz, des Archivs des Instituts für Zeitgeschichte und des Archivs für Christlich-Demokratische Politik nicht möglich gewesen. Ihnen und den betreuenden Archivaren, insbesondere Herrn Dr. Jürgen Real und Herrn Gregor Pickro, Frau Dr. Blumenberg-Lampe und Herrn Dr. Volker Viergutz gilt der Dank der Herausgeber. Schließlich soll die Hilfe von Frau Bahlo bei den Registerarbeiten dankbar vermerkt werden.

Bochum-Feldafing im Februar 2003
Die Herausgeber

# Carl Friedrich Goerdeler im Widerstand gegen Hitler

## Von Hans Mommsen

Seit der umfassenden Biographie Carl Friedrich Goerdelers aus der Feder von Gerhard Ritter[1] und der von Ines Reich[2] verfassten Skizze über dessen politische Tätigkeit bis zu seinem Ausscheiden aus dem Leipziger Oberbürgermeisteramt ist keine grundlegende Monographie erschienen, die das Bild dieses Widerstandskämpfers vor dem Hintergrund der Fortschritte der Forschung und der Erschließung zusätzlicher Quellen komplettiert. Dies ist nunmehr auf Grund der nachstehenden umfassenden Edition der politischen Schriften und Briefe Goerdelers möglich geworden. Zwar hatte bereits Ritter weite Teile des privaten Nachlasses von Goerdeler verwertet, aber durch neue Aktenfunde und die Erschließung zahlreicher bisher unbekannt gebliebener Denkschriften ergeben sich neue Einsichten in seine politische Biographie und seine Rolle in der Widerstandsbewegung des 20. Juli 1944.

Carl Friedrich Goerdeler war es gewiss nicht ins Stammbuch geschrieben, dass er als Widerstandskämpfer und Hochverräter gegen das NS-Regime sein Leben hingeben würde. Als Sohn eines preußischen Beamten, der selbst eine kommunalpolitische Karriere einschlug, die ihn über Solingen und Königsberg 1930 nach Leipzig führen sollte, wo er zum Oberbürgermeister gewählt wurde, war er alles andere als der Typus eines Nonkonformisten und Außenseiters. Allerdings war die ungeheure Energie, die er im Frühjahr 1919 entfaltete, um die Oststaatspläne zur Verhinderung der Gebietsabtretungen an Polen in die Tat umzusetzen, ein Anzeichen dafür, dass er im Grenzfalle bis zum Äußersten gehen und sich notfalls auch über die Weisungen der Reichsregierung hinwegsetzen würde.[3] Als Verbindungsoffizier des Generalkommandos Danzig zum Parlamentarischen Aktionsausschuss für Ost- und Westpreußen unterstützte Goerdeler trotz der Waffenstillstandsbedingungen ein militärisches Vorgehen gegen die polnischen Insurgenten, musste aber schließlich feststellen, dass er nach der klaren Ablehnung der Oststaatspläne auch durch die Oberste Heeresleitung allein stand.[4]

Als Mitglied der DNVP, deren Vorstand er von 1922 bis 1928 angehörte, trat er nur wenig hervor. Er war ein loyaler Anhänger des Kaiserhauses, fand sich aber mit der Existenz der Weimarer Republik notgedrungen ab und stellte sich,

---

1 S. Gerhard Ritter: Carl Goerdeler und die deutsche Widerstandsbewegung, Stuttgart 1954.

2 S. Ines Reich: Carl Friedrich Goerdeler: Ein Oberbürgermeister gegen den NS-Staat, Köln 1997.

3 Ebd., S. 84 ff.

4 Ebd., S. 88 f.

schon durch seine berufliche Tätigkeit dazu veranlasst, auf den Boden der gegebenen Tatsachen. Die Politik rückhaltloser Obstruktion, die von der DNVP-Führung unter Alfred Hugenberg seit 1928 eingeschlagen worden war, lag ihm nicht. Er sympathisierte mit dem gemäßigten Westarp-Flügel, der ein Arrangement mit Heinrich Brüning anstrebte. 1931 gab Goerdeler schließlich sein Parteibuch zurück. Als er 1932 in die Bestrebungen zur Bildung einer bürgerlichen Sammelpartei eingeschaltet wurde, hielt er sich im Hintergrund. Er strebte offenbar für sich keine Führungsposition in der DNVP an und distanzierte sich zunehmend von der Parteipolitik. Dass er zum Zeitpunkt des Rücktritts von Brüning als ministrabel galt, obwohl er keine politische Hausmacht hinter sich hatte, hing mit dem relativen Bedeutungsverlust der politischen Parteien im Präsidialsystem zusammen. Goerdeler war unverbraucht, stand zwischen den Fronten, galt als sachkundig und stellte ein neues Gesicht innerhalb der autoritär-konservativen Führungsschicht der ausklingenden Republik dar.

Als Kommunalpolitiker hatte sich Goerdelers bemerkenswerte Fähigkeit, Vertreter aus unterschiedlichen politischen Lagern einzubinden und zu konstruktiver Zusammenarbeit zu bewegen, immer wieder bewährt. Er war ein Mann des Ausgleichs und scheute aber, wenn er Grundprinzipien in Frage gestellt sah, vor Konflikten nicht zurück. Er pflegte mit einer gewissen Hartnäckigkeit an einmal gefassten Überzeugungen festzuhalten und sie gegebenenfalls offensiv zu behaupten. Sein politisches Denken war in hohem Maße von seinen Erfahrungen in der Kommunalverwaltung geprägt, in der grundsätzliche ideologische Gegensätze und Parteienkonflikte zurücktraten und dem Oberbürgermeister, zumal unter den Bedingungen der Einsparungszwänge während der Wirtschaftskrise, ein relativ großer Gestaltungsspielraum offen stand, den er geschickt zu nutzen wusste. Das Prinzip der Fachverwaltung hielt er für nachteilig, jedenfalls auf der kommunalpolitischen Ebene. Seine ersten Maßnahmen in Leipzig galten einer weitreichenden Straffung der Kommunalverwaltung und einer Stärkung der Stellung des Oberbürgermeisters gegenüber der Ratsversammlung. Als leitender Kommunalpolitiker beanspruchte er eine ressortübergreifende Kompetenz, und er war bestrebt, die eigene Politik als ausschließlich sachorientiert hinzustellen.

Es überrascht daher nicht, dass Goerdeler die „Politik der Sachlichkeit“, wie sie Heinrich Brüning propagierte, ausdrücklich bejahte und er sich frühzeitig zu einem engen Parteigänger des Reichskanzlers entwickelte. Im Zusammenhang damit fällte er 1931 den Entschluss, aus der DNVP auszutreten. Er lehnte Hugenbergs Strategie ab, die bestehende Republik durch eine hemmungslos vorangetragene nationalistische Agitation, so mit dem Volksbegehren gegen den Young-Plan 1930, systematisch zu unterhöhlen. Goerdeler stand auf dem Boden des Programms der DNVP und setzte sich energisch dafür ein, den Einfluss der politischen Parteien zurückzudrängen, was sich in erster Linie gegen die republikanischen Kräfte richtete. Er bejahte daher die von Brüning vollzogene Wendung zum Präsidialkabinett und die von ihm angestrebte Beschneidung der Zuständigkeit des Reichstages. Sein politisches Denken war maßgebend von der Vorstellung einer „Parteiendämmerung" beeinflusst, von der Kuno Graf Westarp 1932 gesprochen hatte.[5] Überhaupt teilte er die verbreitete Kritik der rechtsbürgerlichen Parteien an der Lebensunfähigkeit des Weimarer „Parteienstaates".

Das politische Klima der Präsidialkabinette verstärkte Goerdelers Abneigung gegen die Mitwirkung politischer Parteien im kommunalpolitischen Bereich. Seine späteren Reformvorschläge waren durchweg von dem Bestreben bestimmt, durch den Einbau berufsständischer Elemente in die kommunalen und regionalen Vertretungskörper den Einfluss der politischen Parteien zugunsten von Fachleuten und lokalen Honoratioren zu begrenzen. Allerdings ging er nicht so weit wie die späteren Planungen des Kreisauer Kreises, in denen auf die Mitwirkung politischer Parteien gänzlich verzichtet wurde. Er hoffte, zu einem Zwei- oder Dreiparteiensystem gelangen zu können und Minderheitsparteien die gewonnenen Mandate abzuerkennen. Er befand sich mit der Zielsetzung, das parlamentarische System durch den Einbau autoritärer Elemente im Sinne des Konstitutionalismus zurückzubilden, in Übereinstimmung mit zahlreichen Repräsentanten der bürgerlichen Rechten, die glaubten, die Rolle der politischen Parteien auf programmatisch-ideologische Funktionen einschränken zu können.

Goerdelers politische Vorstellungen waren nachhaltig von seinem bildungsbürgerlich und betont protestantisch geprägten Elternhaus und der humanistischen Gymnasialerziehung, weniger von dem mit Erfolg absolvierten Militärdienst bestimmt. Der Glaube, dass sich als vernünftig erkannte Prinzipien letztlich durchsetzen müssten, verließ ihn nie, und ebenso setzte sich selbst in den dunkelsten Stunden immer wieder die für ihn kennzeichnende optimistische Grundhaltung durch. Goerdeler vertraute auf die Kraft des Arguments und der rationalen Einsicht und lehnte bloß interessengebundene Politik im Grunde ab. Er war in vieler Beziehung Gesinnungsethiker und von der deutschen idealistischen Philosophie nachhaltig beeinflusst. Trotz seiner in manchem an den Manchesterliberalismus anknüpfenden wirtschaftspolitischen Anschauungen gehört er nicht in den Hauptstrom des europäischen liberalen Denkens. Eine Berufung auf die Französische Revolution und die Menschen- und Bürgerrechte sucht man bei ihm vergebens. Seine politischen Vorstellungen waren nicht zuletzt von der preußischen Reformbewegung geprägt, für die der Grundsatz der Gesetzmäßigkeit der Verwaltung und der Rechtstaatsgedanke, weniger das Beharren auf einer Repräsentativverfassung bestimmend waren.

Es finden sich bei ihm zugleich Ideengänge, die sich von den Traditionen der Reformzeit lösen. So enthalten viele seiner Denkschriften eine Berufung auf angebliche Naturgesetze in der Wirtschaft und Anklänge an sozialdarwinistische

5 Vgl. Hans Mommsen: Die Illusion einer Regierung ohne Parteien und der Aufstieg der NSDAP, in: Ders.: Von Weimar nach Auschwitz. Zur Geschichte Deutschlands in der Weltkriegsepoche, Stuttgart 1999, S. 127 f.

Ideen, und auch die starke nationale Einstellung lassen ihn als Repräsentant spätimperialistischer Denkströmungen erscheinen. Allerdings weist die bei ihm häufig anzutreffende Betonung des Grundsatzes, dass das Leben eben doch Kampf sei, keinerlei rassische Anklänge auf. Goerdeler blieb jedoch in erster Linie der Tradition des deutschen Staatsgedankens verhaftet. Sein Beharren auf der Wahrung und der Wiederherstellung von „Recht und Anstand“ und seine ständige Forderung, zu rechtsstaatlichen Verhältnissen zurückzukehren, hatten hier ihre Wurzel.[6]

Goerdeler war kein politischer Theoretiker. Die zahlreichen Denkschriften, in denen er auf die Grundlagen der Politik einging, verknüpften vielfach eklektisch unterschiedliche Sichtweisen. Sie hatten Bekenntnischarakter, folgten moralischen Grundaxiomen und zeichneten sich häufig durch eine Reduktion von Komplexität aus. Goerdeler war vom zeitgenössischen Wertrelativismus unbeeinflusst. Dieser schlug sich allenfalls in der bei ihm anklingenden konservativen Kulturkritik und dem zeitgenössisch verbreiteten Antiurbanismus nieder. Anders als sein engster Mitstreiter, Generaloberst Ludwig Beck, war Goerdeler nicht durch abwartende Zurückhaltung geprägt. Er war im Gegenteil stets offen, verbarg seine Motive nicht und zeichnete sich durch einen hohen Grad von Entschlussfreudigkeit und ungebremsten Handlungswillen aus. In dieser Hinsicht bestand eine gewisse Affinität zur engeren NS-Führung, deren Stil des „Zupackens“ und deren Experimentierfreudigkeit Goerdelers Mentalität entgegenkamen, doch lehnte er den blindwütigen Aktionismus der NSDAP ab und erwies sich als unerbittlicher Vorkämpfer staatlichen Ordnungsdenkens.

Goerdeler wollte den Gestaltungsspielraum, den die Abwendung vom parlamentarischen System durch Brüning und seine Nachfolger bot, zu einer grundlegenden Veränderung der politischen und gesellschaftlichen Verfassung des Deutschen Reichs benützen, die konservative und technokratische Züge vermischte. Die Aushöhlung des parlamentarischen Systems hatte er schon 1930 begrüßt und Erwägungen angestellt, wie eine dauernde Ausschaltung des Reichstages im Wege eines Ermächtigungsgesetzes bewerkstelligt werden könnte. Er hielt es damals für notwendig, die Ermächtigung auch auf verfassungsändernde Gesetze auszudehnen.[7] Jedenfalls hat er die Zäsur, die mit der Bildung des Kabinetts der nationalen Konzentration am 30. Januar 1933 eintrat, zunächst kaum wahrgenommen.

---

6 Vgl. Reich, Carl Friedrich Goerdeler, S. 101 ff.

7 Rückblick auf seine Mitarbeit in der Reichspolitik zwischen 1931 und 1935 vom 9.7.1937, Dok. 2.3.7, unten S. 240 ff.; es ist deshalb wenig wahrscheinlich, dass Goerdeler, wie Dr. Fred Grubel, Leo Baeck Institute New York, in einem Schreiben an Frau Dr. Marianne Meyer-Krahmer vom 21. Mai 1987 berichtete, im Sommer 1932 geäußert habe, „daß Deutschland nur gerettet werden könne, wenn die Reichsregierung die NSDAP auflöst und verbietet und Hitler und seine gesamte entourage endgültig hinter Schloß und Riegel bringt“. Vermutlich bezieht sich diese Äußerung auf das von Goerdeler vermutlich befürwortete SA-Verbot. Das Schreiben ist im Besitz von Frau Dr. Meyer-Krahmer.

Zuvor hatte er selbst in den Verhandlungen anlässlich der Berufung Franz von Papens auf eine Einbeziehung der NSDAP in die Regierung bestanden. Er machte sich große Hoffnungen, die Nachfolge von Papens anzutreten, nachdem zuvor seine Einbeziehung in das Reichskabinett an der von ihm starr beibehaltenen Forderung, das Reichswirtschafts- und das Reichsarbeitsministerium in seiner Hand zusammenzulegen, gescheitert war.[8] Von dem Sturz des Papenkabinetts zeigte er sich überrascht, erwartete aber gleichzeitig, dass man an ihn herantreten würde. In seiner unzureichenden Information über die Bildung wie den Sturz des Kabinetts von Schleicher spiegelt sich eine zunehmende politische Isolierung. Das galt auch für die Berufung des Kabinetts der nationalen Konzentration, die für ihn überraschend kam. Er rechnete offenbar mit der Reichstagsauflösung, der diese zuvor kam.

Die Unermüdlichkeit, mit der Goerdeler nach der NS-Machteroberung durch die Abfassung von Denkschriften Einfluss auf den politischen Entscheidungsprozess zu nehmen versuchte, beeindruckt und überrascht zugleich. Nachdem seine unmittelbare Einschaltung in die Regierungspolitik unter Brüning beendet war, hielt Goerdeler gleichwohl durch eine Fülle von Eingaben und Denkschriften, die größeren Teils ohne die Aufforderung des Adressaten zustande kamen, den Kontakt zu den Berliner Ministerien aufrecht. Es folgte im November 1934 seine Betrauung mit dem Amt des Reichskommissars für die Preisüberwachung, wobei er sich wohl nicht über deren taktischen Hintergrund im klaren war, den Einfluss Walter Darrés, des Leiters des Reichsnährstands, zu begrenzen.[9]

All das verschaffte Goerdeler in der Frühzeit des Regimes, vor dem Aufbrechen des unüberbrückbaren Konfliktes über die Fortsetzung der Aufrüstungspolitik, bei Hitler und anderen Exponenten des Regimes ein gewisses Ansehen. Überblickt man die Denkschriften, in denen er von den frühen 30er Jahren an bis 1937 vor allem zu Fragen der Wirtschafts- und Sozialpolitik, aber auch zu Verfassungsfragen Stellung nahm, so ergibt sich unverkennbar ein innerer Zusammenhang über den Regimewechsel von 1933 hinaus. Das Ermächtigungsgesetz vom 23. März betrachtete er als befreiende Maßnahme, die es endlich möglich machte, überfällige Reformen durchzuführen. Er musste jedoch alsbald feststellen, dass die NSDAP die politische Macht auf allen Ebenen an sich zu reißen begann und die öffentlichen Institutionen mit einer unvorstellbaren Korruption vergiftete. Auch in den vorausliegenden Jahren hatte er das von ihm ausgeübte politische Gewicht überschätzt. Zwar gelang es ihm, in die Beratungen über die Reform der Gemeindeverfassung, die schließlich zur Verabschiedung der Deutschen Gemeindeordnung 1935 führten, seine verwaltungspolitischen Reformgesichtspunkte in vieler Hinsicht einzubringen;

---

8 S. Rückblick auf seine Mitarbeit in der Reichspolitik zwischen 1931 und 1935 vom 9.7.1937; Dok. 2.3.7, unten S. 240 ff. Vgl. Politisches Testament vom 31.1.1945; Dok. 7.2.8, unten S. 1248 ff.

9 Vgl. Reich, Carl Friedrich Goerdeler, S. 221 f.

in der entscheidenden Frage, der Zurückdrängung des Einflusses der NSDAP und der Aufrechterhaltung der Gemeinderatswahlen, unterlag er jedoch auf der ganzen Linie.

Seine ausgeprägt optimistische Grundeinstellung rief bei Goerdeler jedoch die Hoffnung hervor, die Entwicklung zu einem späteren Zeitpunkt positiv beeinflussen zu können. Bis in das letzte Kriegsjahr hinein hielt er an der Illusion fest, dass er persönlich in der Lage sei, Hitler von der Sinnlosigkeit der Fortführung des Krieges überzeugen und zur Umkehr bewegen zu können, während die Militärs, welche die zu erwartende Reaktion des Diktators besser einzuschätzen wussten, eine solche Eventualität für gänzlich verfehlt hielten.[10] Er äußerte rückblickend, sich trotz unverkennbarer Missstände für die Mitarbeit im neuen System in der bewussten Absicht entschlossen zu haben, sich dieser Entwicklung im Rahmen seiner Möglichkeiten zu widersetzen.[11]

Nach der Machtergreifung Hitlers veränderte sich somit der Tenor der Denkschriften Goerdelers, die sich vorwiegend Problemen der Sozial-, Wirtschafts- und Finanzpolitik zuwandten und letzten Endes die Deflationspolitik Brünings fortschrieben, nur wenig. Das gilt auch für die umfassende Denkschrift zur deutschen Innenpolitik von August/September 1934, die möglicherweise für Hitler bestimmt war.[12] Darin behandelte er in erster Linie die Bekämpfung der Arbeitslosigkeit, Fragen der Währungsstabilisierung und konzentrierte sich abschließend auf Fragen der Reichsreform, wobei er sich der Illusion hingab, den Einfluss der NSDAP, nicht zuletzt im Bereich der Jugenderziehung, begrenzen zu können. Nur in den Details bringt die große Denkschrift zur Rohstoff-, Devisen und Währungslage vom 17. September 1936 neue Argumente, die sämtlich quer zu der vom NS-Regime tatsächlich verfolgten Wirtschafts- und Finanzpolitik standen.[13]

Bis 1936 atmen die Denkschriften, aber auch die öffentlichen Stellungnahmen Goerdelers die Hoffnung, dass es möglich sei, die sich schrittweise herausbildende Diktatur in einem etatistisch-autoritären Sinne zurückzubilden. Goerdelers unerschütterlicher Optimismus verdrängte zunächst die anwachsende Deformierung der öffentlichen und gesellschaftlichen Institutionen durch die neue NS-Elite. Er hatte zunächst den Eindruck, dass die Stärkung der Ressorts infolge der Ausschaltung der Parlamente zur politischen Normalität zurückführen und die Wiederherstellung des bürgerlichen Rechtsstaates ermöglichen werde. In diesem Zu-

---

[10] Im Politischen Testament vom 31. Januar 1945 (Dokument 7.2.8, unten S. 1248 ff.) griff er dies erneut auf und formulierte: „... mit dem Attentat des Grafen Stauffenberg habe ich nichts zu tun. Ich habe stets verlangt, daß die Generale Hitler die von ihnen erkannte Wahrheit über die militärische Lage darlegen und die entsprechenden Forderungen stellen sollten".

[11] Vgl. ebd.

[12] S. Denkschrift zur deutschen Innenpolitik vom August/September 1934; S. 342, Anm. 2.

[13] S. Denkschrift zur Rohstoff-, Devisen- und Währungslage vom 17.9.1936; Dok. 3.8, unten S. 411 ff.

sammenhang vertrat er wie viele bürgerliche Anhänger des Regimes die Auffassung, dass die unübersehbaren negativen Wirkungen der NS-Diktatur allein dem Einfluss der Partei zuzuschreiben seien, und unterschied zwischen Hitler als Staatsführer und der Masse der zu Korruption und Rechtsbrüchen neigenden Gefolgschaft. Vor diesem Hintergrund sind Goerdelers Bestrebungen zu sehen, durch konstruktive Kritik mittelfristig eine Kursänderung erreichen zu können, während er systemdurchbrechende Schritte noch nicht ins Auge fasste. Er vertraute dabei auf die letztlich unerschütterlichen Notwendigkeiten der Staatsräson.

Mit seinem 1936 vollzogenen Rücktritt als Oberbürgermeister der Stadt Leipzig machte Goerdeler mit aller Deutlichkeit klar, dass er die Korruption und Misswirtschaft der Partei nicht länger zu akzeptieren bereit war, wobei der Konflikt über die gegen seinen Willen und hinter seinem Rücken vorgenommene Schleifung des Mendelssohn-Bartholdy-Denkmals nur die Spitze des Eisbergs bildete. Das Ausscheiden aus dem Amt des Oberbürgermeisters bedeutete für ihn noch nicht den definitiven Bruch mit dem NS-Regime. Nach einem jahrelangen schmerzhaften Ernüchterungsprozess gelangte er erst 1939 zu der Einsicht, dass es unerlässlich sei, die Herrschaft Hitlers auf dem Wege des Umsturzes zu beenden.

Die Auslandsreisen, die Goerdeler bis zum Sommer 1939 formell im Auftrage der Firmen Bosch und Krupp nach seinem Rückzug aus der Kommunalpolitik und dem Ende seiner Funktion als Reichspreiskommissar durchführte und die seinen außenpolitischen Horizont wesentlich erweiterten, erfolgten mit dem Hintergedanken, mittels seiner Berichte Einfluss auf die Regierung, vor allem über Hermann Göring, zu nehmen und die Entfesselung eines Krieges zu verhindern. Dazu diente eine möglichst umfassende Berichterstattung über die politische und ökonomische Lage der Nachbarländer des Reiches, die er an Göring, aber auch an die Generalität gelangen ließ. Man kann jedoch bezweifeln, ob die regen Kontakte mit ausländischen Partnern seinen Einblick in die internationale Politik und die spezifischen Interessenlagen der Nachbarstaaten des Deutschen Reiches wesentlich vertieft haben, denn es blieb eine ausgeprägte Zentriertheit seiner Perspektiven auf Deutschland erhalten, die ihn auch verleitete, die Handlungsmöglichkeiten des britischen Kabinetts insbesondere nach der Auslösung des Zweiten Weltkrieges durch Hitler zu überschätzen.

Noch 1938 hatte Goerdeler die Hoffnung, in eine offizielle Position zurückkehren zu können, die es ihm ermöglichte, auf den politischen Entscheidungsprozess unmittelbar einwirken zu können. Er verkannte, dass das politische Gewicht der Reichsressorts und der Zentralbürokratie, mit denen er Verbindungen unterhielt, immer weiter zurückging.[14] Erst Ende 1939 hat Goerdeler seine Hoffnung, wieder ein politisches Amt zu übernehmen, endgültig aufgegeben.

Goerdeler nützte seine Auslandsreisen dazu, sich nicht nur ein genaueres Bild von der Lage und der öffentlichen Meinung der von ihm besuchten Länder zu

[14] S. Schreiben an Wiedemann vom 19.10 1938; Dok. 4.3.6, unten S. 643 f.

verschaffen, sondern suchte auch Kontakte zu einflussreichen Politikern zu knüpfen und um Verständnis für die deutschen politischen Interessen zu werben. Er bewegte sich dabei auf dem schmalen Grat zwischen loyaler Opposition und illegaler Absprachen, die ihm die Gefahr einer Untersuchung durch die Gestapo eintrugen, die durch die Fürsprache von Hjalmar Schacht abgewendet werden konnte.[15] Goerdeler verfolgte vor allem mittels der in Großbritannien geknüpften Beziehungen die Absicht, mäßigend auf Berlin einzuwirken und seinem Standpunkt Nachdruck zu verschaffen, dass das Deutsche Reich jedenfalls auf absehbare Zeit seine außenpolitischen Ziele im Wege von Verhandlungen mit den Westmächten durchsetzen könne, während der Schritt zum Kriege Deutschland auf mittlere Sicht in eine militärische und wirtschaftliche Katastrophe hineintreiben werde.

Im Mittelpunkt dieser Bemühungen standen die Kontakte zu dem britischen Industriellen A.P. Young, mit dem er über die Vermittlung seines Freundes Reinhold Schairer im Juli 1937 zusammengetroffen war und der mit maßgebenden diplomatischen Kreisen in Großbritannien in Verbindung stand. In mehreren Gesprächen, die Young in schriftliche Form brachte und hochstehenden britischen Politikern vorlegte, setzte sich Goerdeler dafür ein, Hitler mit einer eindeutigen Stellungnahme der Westmächte zu konfrontieren, die sich gegen militärische Schritte richtete, und ihn zum Nachgeben zu zwingen. Falls er dies verweigerte, erwartete er eine Aktion der Generalität. Goerdeler hoffte, Großbritannien gleichzeitig zu weitgehenden Konzessionen an das Deutsche Reich bezüglich der Ostgrenzen, der Sudetenfrage und einer Rückgabe der Kolonien bewegen zu können, was bei seinen Partnern den Verdacht nährte, dass er in Wahrheit das NS-Regime unterstützte. Ob es klug war, neben dem polnischen Korridor und dem Sudetenland auch die Kolonialfrage anzusprechen, erscheint nachträglich als zweifelhaft.[16] Insbesondere Robert Vansittart, der anfänglich den Einlassungen Goerdelers großes Interesse entgegengebracht hatte, änderte schließlich seine Einstellung und lehnte Goerdelers Offerten rundheraus ab.

In der Tat war die Denkschrift, die Goerdeler schließlich auf Bitten von Young verfasste und die dieser dem Foreign Office zukommen ließ, von einer völligen Überschätzung dessen geprägt, was man England unter den gegebenen Umständen abfordern konnte.[17] Er kam auf diese Forderungen selbst nach München am

---

15 S. Verteidigung gegen Putschvorwurf vom Frühling/Sommer 1938; Dok. 4.3.3, unten S. 638 ff.; Gisevius, Bis zum bitteren Ende. Bd. 1, S. 327 f.

16 Klemens von Klemperer: Die verlassenen Verschwörer. Der deutsche Widerstand auf der Suche nach Verbündeten 1938–1945, Berlin 1994, S. 106.

17 Von der am 6.12.1938 datierten Denkschrift ist nur die erste Version erhalten; der englische Text bei Oswald Hauser: England und der deutsche Widerstand 1938 im Spiegel britischer Akten, in: Heinz Dollinger, Horst Gründer und Alwin Hanschmidt (Hg.): Weltpolitik – Europagedanke – Regionalismus. Festschrift für Heinz Gollwitzer zum 65. Geburtstag am 30. Januar 1982, Münster 1982, S. 519 f.; vgl. Young, X-Dokumente, S. 304.

4. Dezember 1939 in einem geheimen Memorandum zurück, in dem er zugleich für die Schaffung einer engeren völkerrechtlichen Verbindung des Deutschen Reiches mit England und Frankreich plädierte.[18] Durch Young gelangte das Dokument zu Frank Ashton-Gwatkin, stieß aber im Foreign Office überwiegend auf Ablehnung und insbesondere Vansittart warnte vor Goerdeler, der doch nur „ein Strohmann für die deutsche militärische Expansion“ sei.[19] Es gelang Schairer und Young, den Ständigen Staatssekretär im Foreign Office, Sir Alexander Cadogan von der Ernsthaftigkeit der Forderungen Goerdelers zu überzeugen, aber der britische Premierminister lehnte ein Eingehen auf Goerdeler Denkschrift nachdrücklich ab.[20] Die britische Diplomatie tat Goerdeler zweifellos Unrecht, wenn sie ihm eine indirekte Verfolgung deutscher Machtinteressen unterstellte, während Goerdeler verkannte, dass die britische Politik spätestens nach der Entfesselung des Krieges weit weniger ungebunden war, als er es sich wohl vorstellte. So verliefen diese und auch spätere Aktionen zur Verhinderung und dann zur Beendigung des Krieges im Sande.

In der Tat hatte sich Goerdeler bei seinen Englandkontakten extrem weit vorgewagt und auch über Hitler äußerst negative Urteile abgegeben, aber die Hauptstoßrichtung verlief gegen Heinrich Himmler, dessen Machtstellung innerhalb des NS-Systems von ihm wohl unter dem Einfluss der Generalität deutlich überschätzt wurde.[21] Nach München war diese Mission gescheitert. Goerdeler wies jedoch den Gedanken, im Ausland zu bleiben, zurück und schrieb seinem Kontaktmann Schairer, dass er rebus sic stantibus nach Deutschland zurückkehren und eine Stellung im Regierungsapparat anstreben werde, um bei Gelegenheit hervorzutreten.[22] Schon zuvor hatte er der Diktatur Adolf Hitlers keine lange Zukunft eingeräumt und einen Regierungswechsel binnen eines Jahres prognostiziert.[23]

Goerdeler sympathisierte mit der von Ludwig Beck in Gang gebrachten und von dem neuen Generalstabschef Franz Halder nur halbherzig unterstützten Aktion, Hitler daran zu hindern, einen Weltkrieg über die tschechoslowakische Frage entfesseln zu wollen. Beck ging es nicht um einen Umsturz, sondern eine innere

---

[18] S. Klemperer, Die verlassenen Verschwörer, S. 113 f. Vgl. die Denkschrift Verhandlungsangebot an Großbritannien und Frankreich vom Frühsommer 1939; Dok. 5.1.5, unten S. 766 ff.

[19] Zitiert nach Klemperer, Die Verlassenen Verschwörer, S. 114 f.; s. auch Helmut Krausnick: Goerdeler und Großbritannien 1937–1939, in: Young, X-Dokumente, S. 308 ff.

[20] Klemperer, Die verlassenen Verschwörer, S. 115. Dabei spielte das Misstrauen gegen das Militär, auf das sich Goerdeler in erster Linie berief, eine nicht geringe Rolle, wie eine Aufzeichnung von Sir Orme Sargent beweist, wonach eine „offene und effiziente Militärdiktatur“ letztlich gefährlicher sei als das „gegenwärtige nationalsozialistische Regime“.

[21] S. Young, X-Dokumente, S. 51, Treffen vom August 1938.

[22] Schreiben an Schairer vom 19.10.1938; Dok. 4.3.7, unten S. 645 f. Mit Recht bezweifelt Ritter, dass Goerdeler in der Lage gewesen wäre, eine Talleyrand vergleichbare Rolle einzunehmen (Ritter, Goerdeler, S. 198 f.).

[23] Ebd., S. 55.

Säuberung des Regimes von destruktiven Kräften. Goerdeler war an den Planungen dazu nicht unmittelbar beteiligt und hielt sich zu diesem Zeitpunkt in der Schweiz auf. Es ist ohnedies zweifelhaft, wie weit der neue Generalstabschef Franz Halder hinter dem von einigen Haudegen, darunter von Hans Oster betriebenen Umsturzunternehmen stand.[24] Die definitive Abwendung Goerdelers vom NS-Regime vollzog sich erst im Verlauf des Jahres 1939, im Zusammenhang mit der Erkenntnis, dass Hitler von seinem Entschluss, Polen mit Krieg überziehen zu wollen, nicht mehr abzubringen war und in eine militärische und wirtschaftliche Katastrophe hineintaumelte.[25] Die Denkschrift vom November 1938, in der er sich über die veränderte politische Konstellation Rechenschaft ablegte, stellt ein entscheidendes Dokument auf Goerdelers Weg zu aktivem systemdurchbrechenden Widerstand dar.[26]

Bei einem Besuch in New York verfasste Goerdeler 1937 eine Denkschrift, die er einem nicht näher genannten Freunde übergab. Sie ist unter dem Titel „Das Politische Testament" von Friedrich Krause 1945 herausgegeben worden.[27] Man hat in diesem Stück, das Goerdeler vertraulich behandelt haben wollte und erst auf eine Nachricht von ihm zur Veröffentlichung freigegeben werden sollte, den Wendepunkt zu erklärter Opposition gesehen, obwohl darin im wesentlichen nur ein Rückblick auf die Machtergreifungsphase vorgenommen sowie Kritik an dem Machtanspruch der NSDAP geübt wurde, durch deren Einwirkung Deutschland „den Charakter eines Rechtsstaates" eingebüßt habe und ein tiefgreifender Verfall der öffentlichen Moral stattfinde. Die Schlussfolgerung der Denkschrift bestand in der Zusicherung, dass, wenn die alliierte Seite sich dazu bereit fände, es „von den entehrenden Bestimmungen des Versailler Diktats" in friedlicher Entwicklung zu befreien, „Deutschland der beste Friedensbürger Europas sein" würde.[28] Das entsprach Goerdelers Illusion, bei einem Entgegenkommen der Westmächte eine innenpolitische Normalisierung erreichen zu können. Adolf Hitler war von den Vorwürfen gegen die Partei und deren Exponenten noch weitgehend ausgenommen. Ein Dokument, das einen definitiven Bruch mit dem Regime enthält, stellte die Denkschrift nicht dar.[29]

---

24 Vgl. Thielenhaus, Zwischen Anpassung und Widerstand, S. 81; vgl. Susanne Meinl: Nationalsozialisten gegen Hitler. Die nationalrevolutionäre Opposition um Friedrich Wilhelm Heinz, Berlin 2000, S. 281 ff. sowie Christian Hartmann: Halder: Generalstabschef Hitlers 1938–1942, Paderborn 1991.

25 Vgl. die Denkschrift „Moralischer Zustand" vom 1. Juli 1940; Dok. 5.2.1, unten S. 769 ff.

26 Denkschrift zur Innenpolitik vom Okt./Nov. 1938; Dok. 5.1.2, unten S. 696 ff. Bezeichnenderweise geht er auf die Rolle des Diktators nicht ein.

27 Goerdelers Politisches Testament. Dokumente des anderen Deutschland, Verlag Friedrich Krause, New York 1945, datiert vom 1.12.1937.

28 Ebd., S. 46. Es ist zu vermuten, dass der 1946 veröffentliche Text Abweichungen vom Original, das nicht aufzufinden ist, enthält.

29 S. die Charakterisierung bei Ritter, Carl Goerdeler, S.161 ff. sowie S. 427.

Der Duktus der Eingaben und Denkschriften Goerdelers entspricht seinem ausgeprägten pädagogischen Impetus. Sie sind gleichsam aus der Perspektive des unmittelbaren Beraters des Souveräns abgefasst. Bei den in der Zwischenphase von 1936 bis zum Ende 1938 und Anfang 1939 verfassten Texten, die seinen Entschluss zur regimedurchbrechenden Opposition beleuchten, bleibt es vielfach unklar, für welche Adressaten die jeweiligen Denkschriften bestimmt gewesen sind. Es drängt sich der Eindruck auf, dass sie in erster Linie der Selbstverständigung und persönlichen Rechenschaftslegung dienten. Dies gilt insbesondere für die Phasen, in denen Goerdeler, der ja auf dem Zenith seiner persönlichen Leistungsfähigkeit stand, von praktischer Tätigkeit ferngehalten war. Aber sie waren zugleich von einem ausgeprägten pädagogischen Impetus und unbeugsamen Glauben an die Durchsetzungskraft der Vernunft geprägt. Zusammengenommen ist die politisch-literarische Produktivität Goerdelers ungewöhnlich eindrucksvoll, und sie begleitete ihn bis zu seinem Tode.

Am eindrücklichsten tritt die der politischen Selbstklärung dienende Funktion der Denkschriften in einem im Oktober und November 1938 verfassten, umfangreichen Dokument entgegen, das in diesem Band zuerst veröffentlicht wird und bislang von der Forschung nicht berücksichtigt worden ist.[30] Ausgehend von seinem Lieblingsthema – der Wirtschaftspolitik – entwirft Goerdeler darin ein Panorama der anstehenden innenpolitischen Probleme und stellt die Wiederherstellung der Rechtssicherheit, die Verfolgung begangenen Unrechts und die Wiederherstellung der Bürgerrechte (wenngleich nur bedingt im Bereich der Presse- und Versammlungsfreiheit) in den Mittelpunkt, desgleichen die Bildungs-, Finanz- und vor allem die Religionspolitik.

Die Denkschrift stellt eine tiefgreifende Kritik des NS-Systems, zugleich ein Plädoyer für eine umfassende Neuordnung der sozialpolitischen Institutionen und der wirtschaftlichen Selbstverwaltungskörper sowie einer grundlegenden Verfassungsreform im Zusammenhang mit der Regenerierung der Selbstverwaltung auf allen Ebenen dar. Die öffentlich-rechtliche Privilegierung der NSDAP und deren Machtmonopol und Machtmissbrauch sollen beseitigt werden, diese jedoch in Konkurrenz mit anderen Parteien weiter bestehen bleiben. „Hitler als persönlicher Diktator ist geschichtlich und sachlich denkbar; die Diktatur einer Partei ist es nicht“.[31] Es handelt sich bei diesem Text um ein umfassendes, wenn auch persönlich gehaltenes Regierungsprogramm, und Goerdeler betont selbst, dass diese seine Ratschläge „ein unteilbares Ganzes“ darstellen. Er räumte dort ein, dass er die Verwirklichung dieses Zieles wohl selbst nicht mehr erleben werde. Dies vermittelt dem Text den Charakter eines politischen Vermächtnisses.

---

30 S. Denkschrift zur Außenpolitik vom 10.9.1938; Dok. 5.1.1, unten S. 658 ff.. sowie Denkschrift zur Innenpolitik vom Oktober/November 1938; Dok. 5.1.2, unten S. 696 ff.

31 S. Denkschrift zur Innenpolitik vom Oktober/November 1938; Dok. 5.1.2, unten S. 696 ff.

Zugleich tritt hier und auch in den späteren Texten eine enge Verflechtung seiner Kritik am Nationalsozialismus mit dem Eintreten für umfassende politische und gesellschaftliche Reformen entgegen. Dies lässt den Schluss zu, dass es ihm nicht nur um einen Regierungswechsel zu tun war, sondern um eine innere Regenerierung des Reiches, die „für die Rettung des Vaterlandes" und gegen eine Zersetzung „der Seele des Volkes" unternommen werden musste. Das gibt seinen ansonsten sehr detaillierten, manches Mal übermäßig belehrenden und da und dort doktrinär anmutenden Ausführungen einen missionarischen Zug. Die Kritik am Nationalsozialismus richtet sich zugleich gegen den allgemeinen Kultur- und Sittenverfall seit der Jahrhundertwende. Das wichtigste Remedium bestand aus seiner Sicht darin, „die schwer erschütterte und allmählicher Auflösung entgegengehende Moral wiederherzustellen", und diese beruhe „auf den Geboten Gottes".[32] Die Fehlentwicklung des ursprünglich positive Zielsetzungen verfolgenden Nationalsozialismus in ein Konglomerat von Korruption und Verbrechen führte er primär auf den Zerfall der moralischen Grundlagen zurück. Insofern unterschied er sich nicht vom konservativen Flügel der Verschwörung, dessen Denken ebenfalls an die Kulturkritik anknüpfte.

Seit seiner dezidierten Abwendung vom NS-Regime sind Goerdelers Denkschriften, mit Ausnahme seiner an das Ausland gerichteten Vorschläge, durch das Bestreben geprägt, ein Bild der politischen Gesamtsituation und der ihm notwendig erscheinenden Abhilfen zu zeichnen. In den beschwörenden Ausführungen der späteren Kriegsjahre taucht die Bemerkung auf, dass es nicht ausreichte, einzelne Maßnahmen zur Reform des politischen Systems zu ergreifen, sondern dass es unerlässlich sei, die notwendigen Änderungen in ihrem inneren Zusammenhang zu sehen. Neben der Veränderung beziehungsweise Wiederherstellung der politischen Institutionen steht aus seiner Sicht die Notwendigkeit, die Mentalität der Bevölkerung zu verändern. Daher gewinnen Politikfelder wie Bildung und Religionspolitik für ihn besonderes Gewicht. Seine Vorschläge münden immer wieder in der Forderung nach der Wiederherstellung von Recht und Anstand. Im Mittelpunkt der Regimekritik Goerdelers steht daher stets der Appell an den Rechtsgedanken als entscheidendem Bezugspunkt und als Legitimation dafür, als Einzelner eine so umfassende gesellschaftliche und politische Umwälzung dieses Ausmaßes kategorisch zu verlangen.

Anders als im Fall des Kreisauer Kreises, dessen schließlich verabschiedete Texte das Resultat intensiver Beratungen und eines grundsätzlichen Meinungsaustausches zwischen verschiedenen Interessengruppen darstellten, waren die von Goerdeler verfassten Memoranden in aller Regel nicht das Ergebnis eines gezielten Gedankenaustausches zwischen den engeren Parteigängern. Auch die Denkschrift „Das Ziel" stellte nicht, wie man gemutmaßt hat,[33] eine Gemeinschaftsarbeit von

---

[32] S. seine Denkschrift „Moralischer Zustand" vom 1. Juli 1940; Dok. 5.2.1, unten S. 769 ff.

[33] S. Wilhelm Ritter von Schramm (Hrsg.): Beck und Goerdeler. Gemeinschaftsdokumente für den Frieden 1941–1944, München 1965, S. 36 ff.

Ludwig Beck und Goerdeler dar, wenngleich ihrer Abfassung ein Gedankenaustausch zwischen beiden Persönlichkeiten vorausging. Andererseits reflektieren die späteren Stellungnahmen Goerdelers zur Gewerkschaftsfrage den Einfluss der Verbindung zum Gewerkschaftskreis, wenngleich er versuchte, den eingegangenen Kompromiss mit seinen früheren Auffassungen in Einklang zu bringen, die von einem beruflich gegliederten Kammersystem ausgingen.

Trotz charakteristischer Akzentsetzungen durch Goerdeler, insbesondere mit seinem wirtschaftspolitischen Credo, kann den beiden umfassenden Denkschriften „Das Ziel" und „Der Weg" repräsentative Bedeutung zugemessen werden. Sie spiegeln in vieler Hinsicht die politische Vorstellungswelt der zivilen Opposition. Im Gegensatz zu den 1940 verfassten Schriften, welche die Generalität zum Adressaten haben, auch wenn dies nicht direkt angesprochen wird, enthalten die späteren umfangreichen Denkschriften keinen unmittelbaren Adressaten. Offenbar zirkulierten Exemplare im engsten Verschwörerkreis. So hatte Wilhelm Leuschner Kenntnis von „Das Ziel", und die Gestapo glaubte zunächst, die Denkschrift Hauptmann Hermann Kaiser zuschreiben zu sollen, da sie in dessen Papieren gefunden wurde.[34] Trotz der unspezifischen Ausrichtung der Denkschriften scheinen sich die wichtigsten Inhalte bei den Teilnehmern der Verschwörung durchgesprochen zu haben, insbesondere die Ideengänge über den Ausbau der Selbstverwaltung und die Ersetzung des parlamentarischen Prinzips durch ein System indirekter Repräsentation. Jedenfalls ergibt sich der Eindruck, dass zwischen dem Kreis um Goerdeler und den Kreisauern eine gewisse Konvergenz der verfassungspolitischen Entwürfe eintrat, wenngleich sich der ausgeprägte Unitarismus, den Goerdeler trotz seiner Betonung des Selbstverwaltungsgedankens vertrat, von dem Prinzip weitreichender Dezentralisierung und Föderalisierung, das für Kreisau maßgebend war, deutlich abhob.

Die ungewöhnlich große Anzahl von Aufzeichnungen, Denkschriften und kritischen Reflexionen über die innen- und außenpolitische Konstellation, die Goerdeler verfasste, kann als Ausdruck mangelnder Handlungsmöglichkeiten und als Kompensation für fehlende praktische Gestaltungschancen gewertet werden. Die moralisierenden und in mancher Hinsicht utopischen Züge sind jedoch nicht erst für Goerdelers nach 1939 entstandene Texte charakteristisch. Darin spiegelt sich der Sachverhalt, dass die Chancen, das NS-Regime von innen her zu verändern, immer weiter zurückgingen. Konrad Adenauer, der von Jakob Kaiser und Adam Stegerwald angesprochen wurde,[35] hielt sich bedeckt und hielt Goerdelers rastlose Sympathisantenwerbung für „lebensgefährlich". Seine realistische Sicht der Dinge, aber auch die Einsicht, dass kein greifbarer Ansatzpunkt für einen Regimewandel vorhanden war, nachdem eine Rückkehr zur Weimarer Republik versperrt

---

[34] S. Spiegelbild der Verschwörung. Die Kaltenbrunnerberichte an Bormann und Hitler über das Attentat vom 20. Juli 1944, hrsg. Archiv Peter, Stuttgart 1961, S. 119 f.

[35] Vgl. Hans Peter Schwarz: Adenauer. Der Aufstieg: 1886–1952, Stuttgart 1986, S. 40 f.

schien,[36] war mit Goerdelers letzten Endes überoptimistischer Beurteilung nicht vereinbar.

Neben der beeindruckenden Fülle schriftlicher Äußerungen steht die unermüdliche Bemühung Goerdelers, Gesinnungsgenossen auszumachen und einzubinden, seit 1942 dann auch die konkrete personelle Planung für die geplante Umsturzregierung. Das erstere lässt sich schwer nachzeichnen, zumal die Grenze zwischen der Aufrechterhaltung und Pflege persönlicher Kontakte und aktiver Mitwisserschaft an der Umsturzplanung stets fließend war. Paradoxer Weise hat diese sehr lose Form der Gewinnung von Anhängern, die unter konspirativen Gesichtspunkten problematisch erscheint, die zivile Opposition in vieler Hinsicht vor einem Zugriff der Gestapo bewahrt. Die Unzufriedenheit in der bürgerlichen Mittel- und Oberschicht wurde vom SD durchaus registriert, aber auch wieder nicht ernst genommen, während jede kleine Regung kommunistischer Opposition zu sofortigem Eingreifen führte. Allerdings wurde das manches Mal zu offenherzige Auftreten Goerdelers in den Wochen vor dem Attentat von Stauffenberg als Gefährdung der geplanten Aktion betrachtet. Er hat ihn daher nicht mehr herangezogen.[37]

Wie weitreichend Goerdelers Verbindungen im einzelnen waren und welches Gewicht sie im Falle eines geglückten Umsturzes gehabt hätten, lässt sich schwer nachzeichnen. Ausgangspunkt waren die engen persönlichen Beziehungen zu Ludwig Beck, zu der früh regelmäßige Kontakte zu Ulrich von Hassell und Johannes Popitz hinzutraten, über diese auch die Verbindung zu Jens Jessen. Desgleichen ergaben sich früh Verbindungen zu den oppositionell eingestellten Angehörigen des Auswärtigen Dienstes, jener Gruppe, die im September 1938 für die Verhinderung des Krieges gegen die Tschechoslowakei eingetreten war, desgleichen zu Kurt Freiherr von Hammerstein-Equord und zu Werner Freiherrn von Fritsch.[38] Wichtig war der Kontakt zu Hauptmann Kaiser, der zunehmend die Funktion eines Verbindungsmannes zur entstehenden Militäropposition erhielt. Goerdelers Industriebeziehungen, so zu Krupp und zu Robert Bosch, implizieren noch nicht eine Einbeziehung in den Widerstand, für den ein definitiver Entschluss noch nicht gefallen war. Das gilt auch für Kontakte, die Goerdeler wohl über Bosch zu Leo Baeck knüpfte[39], desgleichen zu Landesbischof Theophil Wurm. Von funda-

[36] S. Hans Mommsen: Der lange Schatten der untergehenden Republik. Zur Kontinuität politischer Denkhaltungen von der späten Weimarer zur frühen Bundesrepublik, in: Ders.: Von Weimar nach Auschwitz. Zur Geschichte Deutschlands in der Weltkriegsepoche, Stuttgart 1999, S. 339 ff.

[37] Vgl. Christian Müller: Oberst i.G. Stauffenberg. Eine Biographie, Düsseldorf o. D., S. 385 f. und 465 f. sowie 473. Hans Bernd Gisevius: Bis zum bitteren Ende, Bd. 2, Zürich 1946, S. 300-305; vgl. Peter Hoffmann: Widerstand, Staatsstreich, Attentat. Der Kampf der Opposition gegen Hitler, München 1969, S. 502.

[38] S. Marion Thielenhaus: Zwischen Anpassung und Widerstand. Deutsche Diplomaten 1938–1941, Paderborn 1984, S. 61 ff.

[39] Dazu vgl. Arnold Paucker/Konrad Kwiet: Jewish Leadership and Jewish Resistance, in: David Bankier (Hrsg): Probing the Depths of German Antisemitism, New York 1999, S. 389 f.

mentaler Bedeutung war die Verbindung, die sich 1941 zwischen Goerdeler und dem Kölner Gewerkschaftskreis, insbesondere zu Wilhelm Leuschner und Jakob Kaiser, herstellte.

Hinter der engeren Gewerkschaftsgruppe unter Leuschner, Jakob Kaiser und Max Habermann, mit der Goerdeler in einen regelmäßigen Gedankenaustausch eintrat, stand ein relativ breiter Kreis von Sympathisanten, so die Kölner Gewerkschaftsgruppe unter Nikolaus Gross und Bernhard Letterhaus, dazu mit Theodor Brauer, Max Wirmer, Eugen Bolz, Max Ersing, ehemalige Zentrumsmitglieder, die wieder Verbindungen über Pater Laurentius Siemer zum Dominikanerkloster Walberberg unterhielten. Leuschner brachte einen auch zahlenmäßig bemerkenswerten Anhang aus Kreisen der freien Gewerkschaften mit, dessen Einsatzfähigkeit im Umsturzfalle von Julius Leber und Carlo Mierendorff allerdings skeptisch beurteilt wurde.[40] Die Unterstützung von dieser Seite überwand den bis dahin eher esoterischen Charakter des engeren Verschwörerkreises um Goerdeler. Obwohl es keinerlei institutionelle Verbindung gab, es sich vielmehr um ein loses Kontaktnetz handelte, in dessen Mittelpunkt Beck und Goerdeler standen, begriffen sich die darin versammelten Oppositionellen als eine „Art Schattenkabinett".[41]

Fragt man nach Goerdelers Stellung in der Widerstandsbewegung gegen Hitler, so ist zunächst festzuhalten, dass er zwischen 1939 und 1944 im Mittelpunkt der zivilen Opposition gestanden und sich durch unablässige Bemühungen hervorgetan hat, einerseits den Kreis der Verschwörer nach Kräften zu erweitern, andererseits Druck auf die Militärs auszuüben, sich gegen den Diktator zu stellen und ihn notfalls gewaltsam zu stürzen.[42] Goerdeler war gerade in den Jahren nach der Münchner Konferenz, nach dem Polen- und dem Frankreichfeldzug, als viele der noch 1938 mit einer Änderung des Systems und einer Ausschaltung Hitlers sympathisierenden Anhänger Ludwig Becks und Franz Halders sich von der entstehenden Bewegung abwandten, eine Art ruhender Pol und repräsentierte die Kontinuität der zivilen Opposition und ihrer militärischen Partner. Mit einer Vielzahl von Denkschriften hat er auf die Neuordnungsvorstellungen der Opposition großen Einfluss ausgeübt, zugleich bis 1939 maßgebende, wenngleich in ihrer Wirkung überschätzte Kontakte zum Ausland geknüpft und die technische und personelle Vorbereitung des Umsturzes entscheidend mitgetragen. Auch nachdem Goerdeler den Rubikon überschritten und mit dem NS-Regime definitiv gebrochen hatte, dachte er nicht daran, einen gewaltsamen Umsturz in Form einer revolutionären Erhebung und auf Grund konspirativer Methoden herbeizuführen. Sein Denken

Inwieweit Kontakte zu zionistischen Gruppen bestanden haben, muss offen bleiben (vgl. Chaim Weizmann: Memoiren, Hamburg 1951, S. 601).

40 S. Hans Mommsen: Der 20. Juli und die deutsche Arbeiterbewegung, in: Ders.: Alternative zu Hitler. Studien zur Geschichte des deutschen Widerstandes, München 2000, S. 295 f.

41 S. Ger van Roon: Widerstand im Dritten Reich, 4. Aufl. 1987, München, S. 131.

42 Vgl. Lutz Schwerin von Krosigk: Es geschah in Deutschland. Menschenbilder unseres Jahrhunderts, Tübingen 1951, S. 354.

verblieb im Rahmen der von der bürgerlichen Rechten in Weimar erwogenen Strategien zur Ausschaltung des parlamentarisch-demokratischen Systems. Es lag nahe, die allerdings nicht ernstlich von Kurt von Schleicher 1932/33 erwogenen Umsturzpläne zu reaktivieren und sich die Ausschaltung der Exponenten des radikalen NSDAP-Flügels, notfalls auch Hitlers selbst, in Form der Errichtung einer zeitweiligen Militärdiktatur vorzustellen. Es war daher nicht einfach nur ein zutreffendes politisches Kalkül, dass außer der Wehrmacht keine politische Kraft vorhanden war, die einen Umsturz hätte tragen können, sondern auch die Perspektive der späten Präsidialkabinette, die ein solches Szenario nahe legten, mit dem Goerdeler auch deshalb sympathisierte, weil es sich eingeübter Machtmittel bediente und gleichsam als legal betrachtet werden konnte.

Die Gründe dafür, dass Goerdeler vor einem Attentat auf Hitler zurückscheute, sind vielfältiger Art. Neben der ethisch bedingten Ablehnung der Tyrannenmordes trat bei vielen Verschwörern das Kalkül, die Entstehung einer neuen Dolchstoßlegende vermeiden zu sollen. Allerdings dürfte dieses Motiv bei Goerdeler kein ausschlaggebendes Gewicht gehabt haben. Neben seiner gesinnungsethisch geprägten Grundeinstellung, die das Mittel des Mordes und der Gewalt a limine ausschloss, trat die von ihm für lange Zeit aufrechterhaltene Illusion, dass Hitler, einmal mit entschiedener Opposition seiner Entourage konfrontiert, letzten Endes nachgeben und sich den gegebenen Notwendigkeiten unterordnen würde. So gab sich Goerdeler dem Glauben hin, dass eine geschlossene Protestaktion der führenden Generäle Hitler zum Einlenken bewegen würde. Abgesehen davon, dass die innere Geschlossenheit der militärischen Führung, die Bedingung für eine solche Aktion gewesen wäre, längst nicht mehr bestand, war Hitler geschickt und – wenn man will – feige genug, sich einer derartigen Konfrontation zu entziehen, oder – wie in Einzelfällen – Protestschritte im Schwall seiner beschwichtigenden und gönnerhaften Tiraden zu ersticken.

Auch als sich die Lage nach Stalingrad unheilvoll verschärft hatte, war Goerdeler nur halbherzig dafür zu gewinnen, sich an den Vorbereitungen für das Attentat zu beteiligen. Sein Argument, dass es notwendig sei, „mit dem Führer ganz offen zu sprechen“, wurde von seinen militärischen Gesprächspartnern ebenso als utopisch zurückgewiesen wie sein Angebot, selbst zu Hitler zu gehen und dessen Rücktritt zu fordern.[43] Die schwankende Haltung in der Attentatsfrage trat auch in der Folge keineswegs zurück und verstärkte sich nach dem Scheitern des Attentats, das er als Gottesurteil empfand, wie er nach dem 20. Juli auf der Flucht seinen wechselnden Gastgebern gegenüber äußerte, bis zur Ablehnung.[44] Seine Mitwirkung, so stellte er die Vorgänge in den späten Denkschriften dar, beschränkte sich auf die Veränderung des Regierungssystems, während das Attentat vom Militär ausgegangen sei. In seiner im November 1944 verfassten Denkschrift „Unsere Idee“

[43] Vgl. Ritter, Goerdeler, S. 358.
[44] Ebd., S. 409.

desavouierte Goerdeler erneut das Attentat, an dessen Stelle er und seine Freunde „offenes Handeln“ angestrebt hätten, und sprach von einem „klaren Staatsstreich“[45] zur Rettung des Vaterlandes.

Es verwundert nicht, dass trotz aller gegenseitigen Hochachtung in den Monaten vor dem Attentat eine wachsende Verstimmung zwischen Goerdeler und Claus Schenk von Stauffenberg eintrat. Dies hing nicht zuletzt mit der Überzeugung Goerdelers zusammen, dass sich die Militärs bei dem Umsturz auf die bloße Machtsicherung beschränken und sich von Eingriffen in die Politik zurückhalten müssten. Offenbar gab es Spannungen, als Stauffenberg unmittelbar mit Leuschner und Kaiser verhandelte,[46] und dasselbe galt von dessen Beziehungen zu Julius Leber, die gleichsam über seinen Kopf hinweg geführt wurden. Fritz-Dietlof von der Schulenburg erwies sich als unersetzlicher Verbindungsmann, um die direkten Kontakte namentlich zu den links stehenden Verschwörern zu knüpfen und deren Misstrauen auszuräumen.[47]

In „Unsere Idee“ kam Goerdeler rückblickend auf Stauffenberg zu sprechen und nannte ihn „einen hochgesinnten“ Generalstabsoffizier, der „sich später als Querkopf erwies, der auch Politik machen wollte. Ich schätzte ihn hoch und hatte doch manche Zusammenstösse mit ihm. Er wollte einen unklaren politischen Kurs mit Anlehnung an Linkssozialisten und Kommunisten.“[48] Neben der unterschiedlichen politischen Einschätzung, die Goerdeler veranlasste, über Hans-Bernd Gisevius den amerikanischen Geschäftsträger in Zürich, Allen Dulles, zu warnen, Stauffenberg verfolge die Absicht, eine „Arbeiter- und Bauernregierung“ ins Leben zu rufen[49], spielte der Gegensatz zwischen den Generationen hinein, der sich in Goerdelers Epitheton „Jüngere Männer ohne Erfahrung“ niederschlug.[50]

Trotz der sich seit 1943 verschärfenden Spannungen innerhalb der Bewegung des 20. Juli 1944 ist die zentrale Stellung Goerdelers für deren Formierung unübersehbar. Es ist zwar nicht mehr nachzuvollziehen, wie viele Persönlichkeiten er kontaktierte, um sie als Sympathisanten oder Mitverschwörer zu gewinnen, aber unzweifelhaft kam die ausgedehnte Personenkenntnis Goerdelers der Verschwörung zugute. Auch wenn nachträglich nicht mehr festzustellen ist, wer an der Aufstellung der für die Umsturzregierung vorgesehenen Mitglieder sowie der Politischen Beauftragten in den Wehrkreisen im einzelnen mitgewirkt hat. Sicher ist, dass Beck in erster Linie Goerdeler zu diesen Putschvorbereitungen heran-

[45] Unsere Idee; BAK, N 1113, Bd. 26, Bl. 1.

[46] Vgl. Spiegelbild einer Verschwörung, S. 248.

[47] S. Ulrich Heinemann: Ein konservativer Rebell. Fritz-Dietlof Graf von der Schulenburg und der 20. Juli, Berlin 1990, S. 143 ff.

[48] Unsere Idee, Bl. 25.

[49] Gisevius, Bis zum bitteren Ende, S. 237 f. und 241 f.; vgl. Allen Welsh Dulles: Germany's Underground, New York 1947, S. 171 ff. sowie Mommsen, Gesellschaftsbild, S. 139 f.

[50] Unsere Idee, Bl. 25.

gezogen hat.[51] Es ist allerdings fraglich, wie weit die dort aufgeführten Personen hinreichend über ihre beabsichtigte Nominierung unterrichtet werden konnten.

In der Phase vom September 1938 bis zum deutschen Angriff auf Frankreich im Juni 1940 verwandte Goerdeler weiterhin einen Hauptteil seiner Energie darauf, die durch seine früheren Auslandsaufenthalte geknüpften Beziehungen zu benützen, um auf die britische Regierung einzuwirken. Angesichts der inneren Schwäche der Opposition war die Strategie, Großbritannien zu einer Politik der Festigkeit und gleichzeitigen Konzessionen gegenüber Hitler zu bewegen, ein freilich mit beträchtlichen Illusionen behafteter Ausweg. Dabei zeigten sich Goerdelers immer wieder grundlegende Fehleinschätzungen sowohl der britischen Interessen wie der effektiven Handlungsspielräume, die London noch besaß. Der sogenannte X-Bericht und die päpstliche Friedensmission gingen insofern von gänzlich falschen Voraussetzungen aus.[52] Goerdeler war bewusst, dass mit dem deutschen Angriff auf Frankreich die von ihm eingeschlagene Taktik endgültig gescheitert war.

In der Phase danach konzentrierte sich Goerdeler vor allem darauf, hochstehende Befehlshaber der Armee von der Notwendigkeit zu überzeugen, eine Weiterführung des Krieges zu verhindern. Er ging daher immer noch von der Erwartung aus, dass es gelingen könne, die Spitzen der Generalität zu einem gemeinsamen Vorgehen gegen Hitler zu bewegen. Diesem Zweck diente die Serie von Denkschriften, die er sowohl im Juli wie im November 1940 abfasste und die, so weit sich das noch rekonstruieren lässt, in erster Linie an die Adresse der Generalität gerichtet waren. Insbesondere in seiner mit dem Titel „Gesamtlage" überschriebenen Ausarbeitung hob er hervor, dass eine Fortführung des Krieges sinnlos sei und er aus ökonomischen und logistischen Gründen auch nicht gewonnen werden könnte.[53] Gleichzeitig wies er auf die gefährlichen innenpolitischen Wirkungen der NS-Politik hin, die abgesehen von der ruinösen Wirtschafts- und Finanzpolitik zur inneren Auflösung der Staatsverwaltung und zunehmender Korruption führe.

Die ungeheure Aktivität, die Goerdeler, der alle Beteiligten zum Handeln antrieb, an den Tag legte, ist von vielen Seiten belegt und durch von Hassell in seinen Tagebüchern lebhaft geschildert worden; manches Mal schoss Goerdeler über das Ziel hinaus und verprellte seine Gesprächspartner, und darüber hinaus gefährdete er die Geheimhaltung der geplanten Aktionen.[54] Darin drückte sich eine begreifliche Nervosität aus, die durch die Überlegung verstärkt wurde, dass nur rasches Handeln der Umsturzregierung noch erträgliche Verhandlungsbedingungen bringen werde.

---

51 Spiegelbild einer Verschwörung, S. 145. Vgl. Ritter, Carl Goerdeler, S. 601 ff.

52 Vgl. die Analyse von Klemperer, Verlassene Verschwörer, S. 197 f.

53 S. Denkschrift „Gesamtlage" vom November 1940; Dok. 5.2.6, unten S. 828 ff.

54 S. van Roon, Widerstand im Dritten Reich, S. 131 f.; Tagebücher von Hassells, Aufzeichnung vom 2.8.1941, S. 200 f.; Müller, Stauffenberg, S. 364 zur Episode, dass Goerdeler selbst Stauffenberg unter Druck setzte.

Was die innenpolitische Lage anging, neigte Goerdeler, wenn er etwa einen Zusammenbruch der Nahrungsmittel- und Rohstoffversorgung für 1941 prognostizierte, aus den gleichen Gründen dazu, die Dinge schwärzer zu malen, als es aktuell gerechtfertigt war. Mittelfristig waren seine Diagnosen weithin gerechtfertigt.[55]

Weniger eindeutig fällt die Antwort auf die Frage aus, inwieweit Goerdeler mit seinen Reformvorschlägen auf die Zustimmung der zersplitterten Verschwörergruppen rechnen konnte. In der Tat war die Hauptübereinstimmung eher negativer Natur: es musste in den Augen der Verschwörer darum gehen, an die Stelle der gescheiterten parlamentarischen Demokratie von Weimar, die aus ihrer Sicht die Wurzel für Hitlers Aufstieg gewesen war, eine neue politische Form zu setzen. Sowohl die verfassungspolitischen Konzepte Goerdelers als auch diejenigen von Kreisau suchten einen Ausweg in einer Kombination von berufsständischen Ideen und weitgehender Dezentralisierung und Selbstverwaltung. Andererseits waren Goerdelers Entwürfe durch eine Stärkung der Zentrale gegenüber der Volks- und der Ständekammer geprägt, was vorwiegend als hypertrophe Reaktion auf die Parlamentskrise von Weimar zu begreifen ist. Demgegenüber zielte Kreisau auf einen weitreichenden Abbau staatlicher Souveränität, die jedoch im Bereich der Wirtschaftspolitik erhalten bleiben sollte.[56] Trotz dieser klaren Akzentunterschiede stellte sich seit 1943 eine zunehmende Zusammenarbeit der beiden Flügel der Bewegung des 20. Juli her, wobei allerdings die Haltung der militärischen Gruppe offen blieb.

Grundsätzliche Divergenzen entzündeten sich in erster Linie an dem als selbstherrlich empfundenen Auftreten Goerdelers, der wenig Bereitschaft zeigte, auf seine Opponenten, die vor allem im Kreisauer Kreis anzutreffen waren, zuzugehen. Das gemeinsame Treffen führender Vertreter beider Seiten vom 8. Januar 1943, das im Vorfeld der Attentatsplanung Stauffenbergs stattfand, führte zum offenen Konflikt zwischen beiden Gruppen.[57] Helmut James von Moltke war davon überzeugt, dass die Zeit für einen Umsturz noch nicht reif und bei der deutschen Bevölkerung ein klares Bewusstsein für einen Neuanfang nicht vorhanden sei. Goerdelers Vorstellungen erschienen den Vertretern von Kreisau als „reaktionär", und Moltke zögerte nicht, das böse Wort von einer „Kerenski-Lösung" fallen zu lassen, während er sich brieflich über die „Exzellenzen" beschwerte, denen er einen wirklichen Neuanfang nicht zutraute.[58] Das war in mancher Hinsicht unberechtigt, aber es besteht kein Zweifel, dass deutliche Unterschiede sowohl in Temperament als Zielsetzung zwischen beiden Richtungen bestanden.

---

55 Gesamtlage vom November 1940; Dok. 5.2.6, unten S. 828 ff.

56 Zu Kreisau vgl. Ernst Wilhelm Winterhager: Der Kreisauer Kreis. Porträt einer Widerstandsgruppe, Berlin 1985, S. 100 ff.; Mommsen, Gesellschaftsbild, S. 116 f.

57 S. die Darstellung bei Daniela Rüther: Der Widerstand des 20. Juli auf dem Weg in die soziale Marktwirtschaft. Die wirtschaftspolitischen Vorstellungen der bürgerlichen Opposition, Paderborn 2002, S. 281 ff.

58 Brief an Freya vom 9.1.1943, in: Helmuth James von Moltke: Briefe an Freya 1939–1945, München 1988, S. 450 f. ; vgl. Ulrich von Hassell, Tagebucheintrag vom 12.1.1943, S. 345 ff.

Dies betraf zum wenigsten die Wirtschaftspolitik, obwohl gerade in dieser Frage Goerdelers doktrinäres Auftreten und seine manchesterlichen Formulierungen reichlich Anlass zu Missverständnissen boten.[59] In der Sache waren die jeweiligen Positionen nicht sehr weit von einander entfernt, denn sowohl Goerdeler als auch Kreisau standen unter dem dominanten Einfluss der Leistungswettbewerbstheorie, wobei die Beziehungen zum Freiburger Kreis, in dem die Vertreter der Leistungswettbewerbstheorie überwogen, eine Rolle spielten. Auch in der Frage der Verstaatlichung der Grundstoffindustrien gab es eine Annäherung der Standpunkte. Die Neigung Goerdelers, gerade in wirtschaftspolitischer Hinsicht auf angebliche ökonomische „Naturgesetze“ und indirekt auf sozialdarwinistische Kategorien zu rekurrieren, erleichterte das Missverständnis, dass gerade hier ein schwer überbrückbarer Graben zwischen beiden Gruppierungen bestünde.

Hingegen gab es deutliche Unterschiede im sozialpolitischen Bereich. Dies betraf zunächst das Gewicht, das sozialpolitischen Fragen beigemessen wurde. Für die Kreisauer erschien die soziale Frage als eine der Hauptursachen für den Zerfallsprozess, der in der NS-Diktatur kulminierte. Daher stand für sie eine Neuordnung der sozialen Verhältnisse im Mittelpunkt der angestrebten Reformpolitik, die mit weitreichenden Mitbestimmungs- und Gewinnbeteiligungsforderungen an die katholische Soziallehre anknüpfte. Zwar gab es eine gewisse Entsprechung zu den christlichen Gewerkschaftlern, die mit Goerdeler zusammenarbeiteten, aber deren Grundlinie bestand gerade darin, die sozialpolitische Intervention des Staates zu minimieren und die Wirtschaft finanziell zu entlasten. Bezeichnenderweise wollte er den Begriff „Sozialpolitik“ durch den Terminus „Ausgleichspolitik“ ersetzt wissen.[60] Bei ihm verfestigte sich die Vorstellung, dass es möglich sei, die Vertreter der Arbeiterschaft für sein Programm der „Auflockerung der Arbeitslosigkeit“ gewinnen zu können, das im wesentlichen auf eine Erhöhung der Arbeitszeit bei gleichzeitigen Lohnsenkungen hinauslief und die Zusammenlegung des dreigestuften Systems der Arbeitslosenunterstützung unter Beseitigung des Versicherungsprinzips anstrebte.[61]

Das entscheidende sozialpolitische Remedium erblickte Goerdeler in der Aufklärung der Arbeitnehmer über die Grundlagen der Ökonomie. Dies hoffte er durch die systematische Verbreitung seiner „Wirtschaftsfibel“ entscheidend vorantreiben zu können.[62] Seine Bereitwilligkeit, dem Konzept der „Deutschen Gewerkschaft“ zuzustimmen, entsprang nicht zuletzt der Überlegung, auf diese die Lasten der Arbeitslosen- und der Sozialversicherung bis auf einzelne „Härtefälle“ abwälzen zu können. Allerdings modifizierte Goerdeler seine sozialpolitischen Ansichten insoweit, als er in den späten Denkschriften dann doch von der Notwendigkeit sprach, dass die Gewinne zwischen Kapital und Arbeit gerecht verteilt werden

[59] Rüther, Der Widerstand des 20. Juli, S. 315 ff.

[60] S. Mommsen, Gesellschaftsbild und Verfassungspläne, S. 88 ff.

[61] Vgl. Rüther, Der Widerstand des 20. Juli, S. 326.

[62] Ebd., S. 353 ff.

müssen und dass der größere Anteil daran den leistenden Menschen gebühre.[63] Im übrigen aber kehrte er zu seiner ursprünglichen sozialpolitischen Konstruktion zurück, den bestehenden Wirtschaftskammern Arbeiterkammern anzugliedern, die den Bereich Arbeitslosen- und Sozialversicherung verwalten sollten, während er auf die „Deutsche Gewerkschaft" nicht wieder zurückkam.

Diese Gegensätze waren für das Treffen vom 8. Januar 1943 bestimmend, an dem Beck, von Hassell, Popitz, Jessen, Goerdeler, von der Schulenburg, Trott, Moltke und Gerstenmaier teilnahmen.[64] Tatsächlich kam eine inhaltliche Diskussion zwischen Goerdeler und Moltke, den Hauptkontrahenten, nicht mehr zustande und es blieb bei der Verschärfung des Konflikts. Wie er Freya schrieb, ließ Moltke seinem angestauten Unmut freien Lauf und „schoss dann noch einen lange im Köcher behaltenen Giftpfeil ‚Kerenski-Lösung' ab, der auch tüchtig und sichtbar saß".[65] Trotz mehrerer Vermittlungsversuche konnte der Gegensatz zwischen den Jungen und den Alten, wie ihn von Hassell charakterisierte,[66] nicht wirklich überwunden werden, wenngleich die Konflikte im Bewusstsein der gemeinsamen Sache in den Hintergrund gedrängt wurden.

Ohne Zweifel fühlte sich Goerdeler, zumal als sich bei den Verschwörern die Auffassung durchsetzte, dass er das Kanzleramt in der angestrebten Umsturzregierung übernehmen würde, als maßgebende Führungspersönlichkeit, und er verhandelte, so berichtete Eugen Gerstenmaier, wie der Vorsitzende einer Mehrheitspartei mit kleineren Koalitionspartnern.[67] Er konnte das tun, da er die Unterstützung der mit dem Widerstand sympathisierenden Generäle besaß, mit denen er, meist durch die Vermittlung von Ludwig Beck, Verbindungen aufgenommen hatte.[68] Zugleich stand der Gewerkschaftsflügel hinter ihm, zumal nachdem Wilhelm Leuschner eine engere Bindung an den Kreisauer Kreis abgelehnt und somit für Goerdeler optiert hatte, allerdings Hermann Maass als seinen Vertreter in das Kreisauer Gremium entsandte.[69] Aber sein gelegentlich selbstherrliches Auftreten – Theodor Litt nannte es höflich das „Herrschliche seines Wesens"[70] – rief begreifliche Widerstände bei den Jüngeren hervor.

Seit Ende 1942 kam es zu einer fortschreitenden Gewichtsverlagerung innerhalb der Opposition, wodurch die zentrale Stellung Goerdelers zunehmend ausgehöhlt

63 Unsere Idee, Bl. 8; Die Aufgaben der deutschen Zukunft; Dok. 6.1.4, unten S. 1013 ff., hier S. 1018.

64 S. im einzelnen Rüther, Der Widerstand des 20. Juli, S. 281 ff.

65 Brief an Freya vom 9.1.1943, Moltke Briefe, S. 450 f.

66 Hassell-Tagebücher, S. 347 (Eintrag vom 22.1.1943). Vgl. Rüther, Der Weg des 20. Juli, S. 281, Anm. 68.

67 Rüther, Der Weg des 20. Juli, S. 283.

68 Vgl. Heinemann, Ein konservativer Rebell, S. 299, Anm. 55.

69 S. Ger van Roon: Neuordnung im Widerstand. Der Kreisauer Kreis in der deutschen Widerstandsbewegung, München 1967, S. 228 f.

70 Zit. nach Ritter, Carl Goerdeler, S. 61.

wurde. Dies hing mit der Entstehung des Widerstandszentrums der Heeresgruppe Mitte zusammen. Sie ging auf die Initiative von Henning von Tresckow zurück, der wiederum frühzeitig mit Hans Oster in Verbindung stand, während sich die Beziehung zu Beck und Goerdeler erst seit Mitte 1942 knüpfte. Zwar blieben das Ansehen und die Autorität Ludwig Becks unbestritten, wenngleich eine längere Erkrankung seine Mitwirkung unterbrach, jedoch verlagerte sich die Umsturzvorbereitung auf die Gruppe der jüngeren Generalstabsoffiziere. Sie entschlossen sich zum Handeln, nachdem alle Versuche, die Armeeführer dazu zu bewegen, fehlgeschlagen waren. Auch Goerdeler musste die Erfahrung machen, dass seine Interventionsversuche bei den Feldmarschällen ergebnislos blieben oder nicht mehr weitergeleitet wurden,[71] was seinem Einfluss nicht zugute kam. Die engere militärische Verschwörergruppe gelangte rasch zu der Überzeugung, dass Erwägungen, Hitler nach einer Konfrontation mit den Armeeführern abzusetzen und zu verhaften, illusorisch waren und dass allein das Mittel eines Attentats auf Hitler, dessen Tod zugleich die durch den abgeforderten persönlichen Eid verfestigte Befehlskette unterbrach, zum Erfolg führen konnte.

Als Stauffenberg, der nach seiner Versetzung in die Bendlerstraße die Stelle Tresckows als Kopf der Verschwörung einnahm, sich anschickte, neben der logistischen und organisatorischen Vorbereitung des Attentats unter dem Vorwand des „Unternehmens Walküre" auch die politische Absicherung des Umsturzes zu betreiben, zog er eine Reihe prominenter ziviler Verschwörer in sein Vertrauen, darunter Julius Leber, Adam von Trott zu Solz, Fritz Dietlof von der Schulenburg und Adolf Reichwein. Nach der Verhaftung Moltkes im Januar 1944 unterstützte der verbliebene aktive Kern des Kreisauer Kreises Stauffenberg. Goerdeler musste feststellen, dass auch Leuschner direkt mit Stauffenberg Kontakt aufnahm, der aufs stärkste daran interessiert war, angesichts des anwachsenden Einflusses der illegalen KPD sich der Unterstützung der Arbeiterschaft zu versichern.

Überlegungen, dass es notwendig sei, durch die Zusammensetzung des Kabinetts die politische Linke hinreichend einzubinden, führten Stauffenberg zu der Erwägung, gegebenenfalls Goerdeler durch Leuschner als Kanzler zu ersetzen, was dieser jedoch, teils aus Loyalität zu Goerdeler, teils weil er sich bevorzugt dem Aufbau der Deutschen Gewerkschaft widmen wollte, ablehnte. Goerdeler gewann den nicht unberechtigten Eindruck, nicht länger im Zentrum des Geschehens zu stehen. So war er auch nicht über den Attentatsversuch vom 20. Juli, im Unterschied zu den Vorgängen eine Woche zuvor, informiert. Dies hatte auch damit zu tun, dass mit seiner Verhaftung gerechnet werden musste und das Aufstandszentrum kein Risiko eingehen wollte.[72]

---

71 Vgl. Goerdelers Briefentwurf an Kluge, 25.7.1943; Dok. 5.2.14, unten S. 856 ff., und an Olbricht vom 17.5.1943; Dok. 5.2.12, unten S. 853 ff.

72 S. Peter Hoffmann: Claus Schenk Graf von Stauffenberg und seine Brüder, 2. Aufl. Stuttgart 1992, S. 421.

Es muss offen bleiben, ob Stauffenberg die für den Umsturz in erster Linie von Goerdeler vorbereiteten Materialien – darunter den Text der Regierungserklärung und die vorgesehene Rundfunkrede –[73] noch verwandt und nicht doch Julius Leber als Kanzler bevorzugt haben würde.[74] Die Vernichtung aller einschlägigen Unterlagen macht eine Beantwortung dieser Fragen unmöglich. Goerdeler war davon überzeugt, dass das von ihm ausgearbeitete Regierungsprogramm auf einem Konsens unter den Verschwörern beruhte, und das war ja auch in vieler Hinsicht der Fall, so wenig dessen ausgeprägt moralisierende Komponente bei der engeren Führungsgruppe auf Zustimmung stieß.[75] Die für Goerdeler charakteristische Herausstellung des Rechtsstaatsgedankens und sein Appell an Anstand und Gerechtigkeit waren jedoch in der Sache unstrittig.

Für die Gesamtheit der Verschwörer galt, dass sie dafür eintraten, sich auch grundsätzlich von dem Diktaturregime Hitlers zu distanzieren und eine tragfähige politische Alternative zu entwickeln. Ob letzteres gelungen ist, kann sowohl für die Neuordnungspläne Goerdelers wie diejenigen Kreisaus, aber auch viele parallele Neuordnungsentwürfe füglich bezweifelt werden. In den Grundprinzipien – Überwindung des autoritären Staates, Herstellung dauernder Rechtssicherheit, weitgehende Dezentralisierung und „Überwindung des Massendaseins“ – bestand Einigkeit. Goerdelers Entwurf über „Grundsätze und Ziele der Reichsregierung“ von Ende 1942/Anfang 1943 kann daher als Pronunciamento für den nationalkonservativen Widerstand insgesamt gelten, obwohl in den sozialpolitischen und wirtschaftspolitischen Details strittige Elemente stehen geblieben waren.

Goerdeler war zugleich – wenn man die Gesamtheit seiner Denkschriften nach dem Herbst 1938 betrachtet – ein unversöhnlicher Kritiker nicht nur des moralischen Verfalls und der verbrecherischen Politik, die das Regime hervorgerufen hatte, sondern auch der inneren Korrumpierung des politischen Systems und vor allem der Partei und ihrer angeschlossenen Verbände. Er hatte frühzeitig feststellen müssen, dass im Gegensatz zu den Versprechungen des Regimes anstelle von Ordnung und Gerechtigkeit ein Korruptions- und Willkürregiment der NSDAP einsetzte, das jeder Beschreibung spottete. Noch in „Unsere Idee“ vom November 1944 kam er ausführlich auf die extreme Korrumpierung der höheren Amtsträger zu sprechen. Ebenso beschäftigte ihn die beschämende Behandlung des Freiherrn von Fritsch nach dessen Exkulpierung.[76]

Mit Abscheu berichtete er nun von der Deportation und der, wie es noch im Testament heißt, „grauenvollen Ausrottung der Juden“. Auch in dem Aufruf vom

---

[73] S. Grundsätze und Ziele der Reichsregierung vom Jahreswechsel 1942/43; Dok. 6.2.1, unten S. 1024 ff. sowie Vorgesehene Rundfunkrede nach der Übernahme der Regierungsgewalt vom Frühsommer 1944; Dok. 6.2.3, unten S. 1036 ff.

[74] Vgl. Hoffmann, Widerstand, Staatsstreich, Attentat, S. 433 ff.

[75] Vgl. Ders., Stauffenberg und seine Brüder, S. 344 ff.

[76] S. Unsere Idee, November 1944, Bl. 18 f.

27. Januar 1945 – also wenige Tage vor seinem Tode – wies er darauf hin, dass „Hunderttausende von Juden dahingemordet“ worden seien,[77] in einer wenige Wochen zuvor verfassten Entgegnung auf die Rede des Reichsaußenministers von Ribbentrop formulierte er noch schärfer. Das Regime habe „Millionen von Juden bestialisch vernichtet“.[78] Schon in einer Aufzeichnung von Anfang Januar 1942 hatte er sich in scharfer Form gegen die „Unmenschlichkeit“ gegenüber den Juden, die ihm im Bezug auf die Deportationen aus Leipzig nach dem 17. Januar zur Kenntnis gelangt war, und den beginnenden Holocaust mit der Christenverfolgung unter Diokletian verglichen.[79] In seiner allerletzten, mit „Vermächtnis“ überschriebenen Aufzeichnung, am 31. Januar 1945, erinnerte er an die „grauenhaften Ausrottungen der Juden“[80] und sprach in seinem letzten Rechenschaftsbericht von der Mitschuld, der Ausrottung der Juden passiv zugeschaut zu haben.[81] Eindeutiger und eindrucksvoller konnte die Distanzierung von den gegen die Juden vollzogenen Verbrechen des Regimes nicht ausfallen.

Wann Goerdeler sich darüber klar geworden ist, dass die Judenverfolgung in die systematische Ausrottung der jüdischen Bevölkerung im deutschen Herrschaftsbereich einmündete, ist nicht eindeutig zu bestimmen, doch dürfte dies Anfang 1943 erfolgt sein. Aus der Erinnerung schob sich dies für ihn mit der Reichskristallnacht zusammen, in der, wie er rückblickend formulierte, „in gottlosem Hass Heiligstes geschändet“ worden sei.[82] In knappen Sätzen skizziert er die grauenvollen Bedingungen der Deportation, die Judenmorde in Polen, die stationären Vergasungen, allerdings ohne genauere Kenntnis der Vorgänge in der besetzten Sowjetunion und im Generalgouvernement. In ähnlichem Zusammenhang äußerte er seine Empörung über die Euthanasie, über die er ungewöhnlich genau informiert war.

Die Erfahrung von Judenverfolgung und Holocaust führten zu einer Modifizierung seiner ursprünglichen Haltung gegenüber der sogenannten „Judenfrage“. In „Das Ziel“ hatte er relativ eingehend dazu Stellung genommen und eine „Lösung“ in der Schaffung eines Judenstaates in Übersee, in Kanada oder Südamerika erblickt. Auf der Basis einer internationalen Regelung des jüdischen Problems, die den Juden die Möglichkeit eines eigenen Nationalstaates einräumte, glaubte Goerdeler 1941, den nicht assimilierten Juden die Staatsbürgerschaft verweigern und ihnen das Wahlrecht und den Zugang zum öffentlichen Dienst vorenthalten zu können, während er wirtschaftliche Restriktionen für überflüssig hielt. Dies modifizierte die einschlägigen Bestimmungen des Reichsbürgergesetzes.

---

77 S. Aufruf vom 27.1.1945; Dok. 7.2.7, unten S. 1235 ff.

78 Stellungnahme zu einer Rede des Reichsaußenministers vom 11.12.1944; Dok. 7.2.5, unten S. 1197 ff.

79 Bericht über Judendeportationen von 1942; Dok. 5.2.7, unten S. 846 f.

80 S. Politisches Testament vom 31.1.1945; Dok. 7.2.8, unten S. 1248 ff.

81 Rechenschaftsbericht vom Januar 1945; Dok. 7.2.6, unten S. 1202 ff.

82 Unsere Idee, S. 19.

Dieses Ende 1941 vorgelegte Programm wurde von ihm in den Gefängnisaufzeichnungen in wesentlichen Punkten wieder aufgenommen, nur forderte er jetzt, zum Mindesten für die Überlebenden, Entschädigung und die völlige Rückgabe des jüdischen Eigentums. Seine Vorstellungen decken sich großenteils mit dem kulturell ausgerichteten, dissimilatorischen Antisemitismus, wie er auf der politischen Rechten seit dem Deutschen Kaiserreich und insbesondere beim Offizierkorps anzutreffen war.[83] Die von ihm geforderten Ausnahmen für weitgehend assimilierte Juden spiegelten Vorstellungen, wie sie im konservativen Lager und bei der Obersten Heeresleitung seit 1917 kursiert und schließlich auch in das Programm der 25 Punkte der NSDAP von 1920 Eingang gefunden hatten. Hingegen hielt er die Ehegesetze für überflüssig.

Goerdeler verkannte, wie problematisch die Beibehaltung derartiger Vorschläge nach den Erfahrungen des November 1938 und dessen Folgen erscheinen musste. Er plädierte auch noch 1944/45 für eine gesellschaftliche Isolierung des jüdischen Volksteils und berief sich dabei auf die in den USA gemachten Erfahrungen. Allerdings distanzierte er sich nun von den Nürnberger Gesetzen und wollte es dem „gesunden Gefühl für Rasse und Menschlichkeit" überlassen, in der Mischehenfrage zu befriedigenden Regelungen zu kommen.[84] Den Rassengedanken im engeren Sinne hatte er nie geteilt, und er lehnte es ab, als Antisemit betrachtet zu werden.[85] Sein Reisebericht aus Palästina war frei von Ressentiments und von einer wohlwollenden Sicht der Aufbauleistungen der Zionisten geprägt.[86] Desgleichen hatte er, wie er selbst berichtete, sich am 1. April 1933 aktiv dem laufenden Boykott widersetzt.

Gleichwohl befand sich Goerdeler im Einklang mit den namentlich in der deutschen Oberschicht verbreiteten Vorstellungen eines dissimilatorischen Antisemitismus. Dies kam in dem in den Gefängnisschriften mehrfach auftauchenden Hinweis auf „die große Schuld der Juden" zum Ausdruck, der jedoch von der Formulierung gefolgt war: „Wir dürfen den Juden die Rechte nicht versagen, die allen Menschen durch Gott verliehen sind".[87] In jedem Falle aber stand er den gewaltsamen Verfolgungsmaßnahmen des Regimes eindeutig ablehnend gegenüber und verurteilte er die Gewaltakte des 9. November 1938, die Eingriffe gegen das polnische Judentum im Spätherbst 1939 und die spätere Vernichtungspolitik mit äußerster Schärfe. Ein dominantes Motiv Goerdelers dabei war die Schmach und Entehrung der Nation durch die gegen Juden und Angehörige der slawischen

83 Vgl. Hans Mommsen: Auschwitz, 17. Juli 1942. Der Weg zur europäischen „Endlösung der Judenfrage", München 2002, S. 10 f.

84 Gedanken eines zum Tode Verurteilten über die deutsche Zukunft; Dok. 7.2.1, unten S. 1148 ff.

85 Unsere Idee, Bl. 33.

86 S. Reisebericht Palästina vom Sommer 1939; Dok. 4.2.7, unten S. 627 ff.

87 Gedanken eines zum Tode Verurteilten über die deutsche Zukunft vom September 1944; Dok. 7.2.1., unten S. 1148 ff.

Völker gerichteten Gewaltmaßnamen und Verbrechen, aber auch, im Zusammenhang damit, die Furcht vor der „Vergeltung Gottes", von der in den Spätschriften wiederholt die Rede ist. Insofern nahm Goerdeler in dieser Frage eine klarere Haltung ein, als das für viele der Mitverschwörer gilt.[88]

Zeitgenossen, die mit Goerdeler in Verbindung kamen, waren durchweg von der Lauterkeit, der persönlichen Integrität und Offenheit Goerdelers beeindruckt. Gegründet in einer ungebrochenen protestantischen Religiosität und dem bildungsbürgerlichen Humanismus, strahlte Goerdeler bis in die letzten Tage seines Lebens einen überraschenden Optimismus aus, der auch in den dunkelsten Stunden nie gänzlich zurücktrat. Er verband sich mit einem ungewöhnlich positiven Menschenbild, das manches Mal an Naivität grenzte, aber die bezwingende Offenheit erklärt, mit der er seinen Gesprächspartnern gegenübertrat. Dass das nicht ganz zu dem zum Umsturz drängenden Verschwörer passte, hat insbesondere Konrad Adenauer deutlich empfunden. Paradoxerweise war es jedoch die Ungezwungenheit und Leichtfertigkeit, mit der Goerdeler sein Wissen preisgab, die bis in den Sommer 1944 hinein die Umsturzpläne abdeckten, da die unablässige Gewinnung von Sympathisanten von der Gestapo eher als im Bürgertum grassierende „Meckerei" wahr- und nicht ernstgenommen wurde.[89] Allerdings hatte Goerdelers Neigung zur Vertrauensseligkeit bei seinen Verhören bewirkt, dass er, um die Breite der Opposition zu verdeutlichen, mehr Namen und Daten preisgab, als die Gestapo erwartete.[90]

Glaubwürdigkeit, Integrität, persönliche Ausstrahlung und Urbanität sicherten Goerdeler auch bei denjenigen Mitkämpfern hohes Ansehen, die nicht mit allen seinen Ideengängen übereinstimmten und diese als altväterlich empfanden. Goerdeler, bis 1943 treibende Kraft der Verschwörung, war voll und ganz davon überzeugt, mit seinen Neuordnungsvorschlägen nicht nur die Grundlage für die Überwindung der NS-Diktatur legen, sondern auch die tiefere Krise der deutschen Politik seit dem Untergang des Kaiserreiches beheben zu können. Wie wenig seinen Neuordnungsentwürfen taktische Überlegungen zugrunde lagen, geht daraus hervor, dass er auch nach dem Scheitern des Attentats von 20. Juli 1944, das er grundsätzlich für verfehlt hielt, aus einer missionarisch anmutenden Einstellung heraus

---

88 S. Christof Dipper: Der Widerstand und die Juden, in: Jürgen Schmädecke/Peter Steinbach (Hrsg.): Der Widerstand gegen den Nationalsozialismus, München 1994, S. 598-616; Hans Mommsen: Der Widerstand gegen Hitler und die nationalsozialistische Judenverfolgung, in: Ders.: Alternativen zu Hitler, S. 397 ff.; trotz enger persönlicher Beziehungen spricht wenig dafür, dass Goerdeler die pointiert antisemitische Einstellung des Freiburger Nationalökonomen Constantin von Dietze teilte, die als Anlage 5 zur Denkschrift „Politische Gemeinschaftsordnung" an die BK konzipiert war (vgl. Dipper, Der Widerstand und die Juden, S. 606).

89 S. Mommsen, Neuordnungspläne der Widerstandsbewegung des 20. Juli, in: Ders.: Alternative zu Hitler, S. 162.

90 Spiegelbild einer Verschwörung, S. 232 sowie Politisches Testament vom 31. Januar 1945; Dok. 7.2.8, unten S. 1248 ff.

seine Ideen in einer Fülle von Denkschriften weiterhin und im wesentlichen unverändert propagierte. Noch auf der Flucht, in der ersten Augustwoche 1944, fasste er seine Gedanken in einer Niederschrift über „Die Aufgaben der deutschen Zukunft" zusammen, die er, gleichsam als politisches Vermächtnis, bei seinen Gastgebern hinterlegte.[91]

Nach seiner Verhaftung ließ er von der Abfassung verwandter Texte nicht ab, und auch in Schreiben, die eigentlich der Regelung seiner privaten Verhältnisse dienten, so dem Brief an Anton Kippenberg, griff er immer wieder auf derartige Überlegungen zurück. Sie vermischen sich mit Plädoyers an die westlichen Staatsmänner, einen „wahren Frieden" zu schaffen und nicht Fehler, wie anlässlich der Pariser Friedensverträge 1919, zu wiederholen. Die Spätschriften bezeugen, wie wenig sich Goerdeler über die inzwischen auf dem europäischen Kontinent geschaffenen Machttatsachen im Klaren war und dass er nur bruchstückhafte Kenntnisse von den alliierten Kriegszielplanungen besaß, zu denen seine Remedien für den künftigen europäischen Frieden in unüberbrückbarem Gegensatz standen, so seine bis zuletzt beibehaltene Forderung einer Ostverschiebung Polens, das durch die Einbeziehung in eine baltische Union freien Zugang zum Meer erhalten sollte, während der preußische Osten zum Reich wieder zurückkehren sollte. Ebenso illusorisch waren seine Vorstellungen über eine einvernehmliche Lösung der Elsaß-Lothringen-Frage zwischen Frankreich und Deutschland. Es war begreiflich, dass er unter den gegebenen Bedingungen wieder in alte Illusionen zurückfiel. Aber all das zeigte, dass er mit diesen späten Überlegungen, so sehr sie den Leser betroffen machen, nicht mehr auf der Höhe der Zeit stand.

Alle seine Texte aus Gestapohaft kreisen um die Frage, ob es nicht doch noch eine Möglichkeit gäbe, mit den westlichen Alliierten zu einer Übereinkunft zu gelangen, die dem Reich die militärische Möglichkeit beließ, den Abwehrkampf gegen die Rote Armee fortzuführen. Immer wieder beschwor er die Kriegsgegner, ihre Hand zu einer Verständigung zu bieten. Vergeblich hoffte er, seine Verbindungen zu den Brüdern Wallenberg zu reaktivieren, sich über den schwedischen Gesandten an den schwedischen Monarchen zu wenden und diesen um Friedensvermittlung zu ersuchen. Dabei verstieg er sich in die Illusion, vielleicht doch noch selbst als Vermittler zugunsten der deutschen Interessen fungieren zu können, und fantasierte von einer Regierung Hitler-Himmler-Schacht-Goerdeler.[92] Gleichzeitig entwickelte er das Schema einer künftigen europäischen Neuordnung, plädierte nachdrücklich gegen jede Wiederholung eines Straffriedens, nahm die deutsche Bevölkerung in Schutz, von der 90 Prozent „von den Konzentrationslagern und ihren Greueln keine Ahnung" gehabt hätten und von Hitlers außen-

---

[91] S. Die Aufgaben der deutschen Zukunft von Anfang August 1944; Dok. 6.1.4, unten S. 1013 ff. Die Distanzierung vom Attentat des 20. Juli 1944 kann daher nur äußerst begrenzt als Schutzbehauptung gewertet werden.

[92] Gegendarstellung zu einer Rede des Reichsaußenministers; Dok. 7.2.5, unten S. 1197 ff.

politischen Erfolgen verblendet gewesen seien.[93] Er beschwor alle beteiligten Staatsoberhäupter, dem Bedürfnis nach „Rache und Vergeltung" abzuschwören und eine neue friedliche Weltordnung zu schaffen. In indirekter Selbstkritik wandte er sich gegen jede Form der Staatsvergottung.

All das zeugt von der tiefen Verzweiflung eines durch monatelange Einzelhaft und sozialer Isolierung zermürbten Häftlings, dessen Gedanken hin und her schweiften, der zu konzentrierter Gedankenführung nicht mehr fähig war und der wusste, dass seine Hinrichtung unmittelbar bevor stand. In den Texten trat zugleich die religiöse Komponente und die Forderung nach „innerer Einkehr" immer mehr hervor und wird die Tragödie des Zweiten Weltkrieges als gerechte Strafe Gottes betrachtet. So sehr unter den Haftbedingungen die illusionistischen Züge dieser späten Denkschriften in den Vordergrund traten, so wird man sie mit tiefer innerer Ergriffenheit lesen. In unablässig neu ansetzenden Beschwörungen an die Machthaber diesseits und jenseits der Grenzen, zu Frieden und Verständigung zurückzukehren und zu einer grundlegenden Neuordnung zu gelangen, bemühte er sich im Angesicht des Todes, sein Lebensziel für die Nachwelt zu sichern.

Die Vision, vor einer Weltenentscheidung zu stehen, drängt sich den Gedanken des von äußeren Kontakten ferngehaltenen Häftlings auf: „Im Angesicht des Todes, die volle Wucht der Verantwortung fühlend, wissend, dass es sich jetzt darum handelt, ob die Menschheit in Jahrhunderte des Elends stürzen soll, oder wieder Ruhe und Glück erarbeiten kann, beschwöre ich alle diejenigen politischen Grundlagen zu schaffen, die diesen letzteren Weg mit Sicherheit öffnen werden".[94] Gleichzeitig macht er sich selbst Vorwürfe, den Weg des Attentats nicht verhindert zu haben, und er holt gleichsam mit einem gigantischen schriftstellerischen Gewaltakt den unterlassenen Versuch nach, den deutschen Diktator zum Einlenken zu bringen. Obwohl er dessen Verantwortung und verbrecherisches Tun in zahlreichen Texten mit großer Schärfe betont hat, hofft er noch immer auf eine Umkehr, nachdem er sich eingestanden hat, dass die Möglichkeit, den Diktator zu stürzen, nicht mehr gegeben, ja durch das Gottesurteil, das er in dem Scheitern des Attentates am 20. Juli sah, ausgeschlossen ist.

So ging das Leben Carl Friedrich Goerdelers in schmerzlicher Aporie, in einer Spannung von Selbstvorwürfen und wegweisender Prophetie zuende. Die Hoffnung, dass es doch eine Rettung geben könne, ja dass in der äußersten Peripetie des Zusammenbruches doch auf seine Dienste, die er dem Vaterland anbot, zurückgegriffen werden könnte, begleiteten ihn. Die schweren Sorgen um das Schicksal der eigenen Familienangehörigen verknüpften sich mit denjenigen um die der Nation, galten aber nunmehr verstärkt den Millionen Verfolgten und Opfern der sinn- und skrupellosen Gewaltpolitik Hitlers, deren Folgen er frühzeitig vorausgesagt hatte.

---

93 Aufruf vom 27.1.1945; Dok. 7.2.7, unten S. 1235 ff.

94 Der wahre Frieden, Ende 1944; BAK, N 1113, Bd. 26, Bl. 7.

Es hat Vermutungen gegeben, Goerdelers Geistesverfassung sei durch die Verabreichung von Drogen beeinträchtigt gewesen und dies habe sich in den Gefängnisschriften niedergeschlagen. Dies ist jedoch wenig wahrscheinlich, vor allem für die vielen Wochen nach Abschluss der Vernehmungen. Die durch die Haft vervielfachte intellektuelle und soziale Isolierung hat gewiss der in den späteren Aufzeichnungen entgegentretenden Realitätsverzerrung Vorschub geleistet, aber andererseits stehen die darin gemachten Aussagen und Überlegungen in klarer Kontinuität zu seinen früheren Schriften. Die religiöse Verwurzelung seines Denkens und die tiefe protestantische Gläubigkeit tritt in den späten Texten eindrücklich hervor, und es wird deutlich, wie stark sie den Hintergrund seines politischen Handelns und seiner Führungsrolle in der Verschwörung bildeten.

Die seelische Verfassung Goerdelers unter den Bedingungen der sich ausdehnenden Einzelhaft erklärt, dass er, nachdem zunächst die Gestapo durch die Abforderung von Expertisen für den Wiederaufbau die äußeren Möglichkeiten für die Abfassung der in der Haft entstandenen Texte bot, von denen im Rahmen dieser Edition nur ein Teil veröffentlicht werden konnte, durch diese Texte seinen Lebenswillen bekundete und zugleich zu sich selbst zurückfand. Seinem Charakter nach glaubte er trotz aller Verbrechen des Regimes, die er seismographisch wahrnahm, an die Kraft des Guten im Menschen, und es sei an ein Wort Dietrich Bonhoeffers erinnert, der in Anspielung auf Goerdelers Optimismus davon sprach, dass dieser „eine Lebenskraft, eine Kraft der Hoffnung“, darstelle, „wo andere resignierten, eine Kraft, den Kopf hoch zu halten, wenn alles fehlzuschlagen scheint“. Bonhoeffer fügte hinzu, dass niemand diesen „Optimismus als Willen zu Zukunft“ verächtlich machen dürfe, „auch wenn er hundertmal irrt“.[95] Die Überzeugung, trotz allem das Gute bewirken zu können, bewegte Carl Goerdeler und erklärt die Unermüdlichkeit und den Wagemut, mit dem er bis zuletzt das Unheil von Deutschland abwenden zu können hoffte.

---

95 Dietrich Bonhoeffer: Nach zehn Jahren, in: Ders.: Widerstand und Ergebung. Briefe und Aufzeichnungen aus der Haft, hg. v. Eberhard Bethge, 2. Aufl. München 1952, S. 29.

# Zur Edition

Wer sich mit der Geschichte des Widerstands gegen Hitler und insbesondere mit den Verschwörergruppen des 20. Juli 1944 beschäftigt, stößt rasch auf die Person Carl Friedrich Goerdelers. Goerdeler war einer der herausragenden Akteure der zivilen Verschwörung und für den Posten des neuen Reichskanzlers nach einem gelungenen Attentat vorgesehen. Es ist seit langem ein Anliegen der Widerstandsforschung, die wichtigsten Texte der führenden Repräsentanten der Verschwörung einem breiteren Publikum zugänglich zu machen und in wissenschaftlichen Editionen vorzulegen. Dies ist nicht zuletzt deshalb wünschenswert, weil viele der Dokumente, die den 20. Juli betreffen, fehlerhaft oder verkürzt veröffentlicht und unzutreffend datiert worden sind. Während dieses Forschungsdesiderat für eine Reihe von Repräsentanten der Widerstandsbewegung eingelöst worden ist,[1] fehlt nach wie vor eine geschlossene wissenschaftliche Edition der Schriften Goerdelers.

Dies ist um so erstaunlicher, als zahlreiche Studien über Goerdeler existieren und Gerhard Ritter bereits 1954 ein Standardwerk zu dem politischen Werdegang und der Rolle Goerdelers innerhalb des deutschen Widerstands verfasst hat.[2] Ebenso wie andere frühe Untersuchungen über den deutschen Widerstand war Ritters Studie allerdings geprägt von der heute obsoleten politischen Absicht, einerseits dem Ausland die Existenz eines „Anderen Deutschland" in der Form der Oppositionsbewegung gegen Hitler zu dokumentieren, andererseits innerhalb Deutschlands den Vorwurf gegenüber den Verschwörern zu entkräften, sie hätten Verrat begangen. Zwar trug Ritters Studie nicht die ausgeprägt apologetischen Züge der früheren Untersuchungen, in denen der bürgerliche Widerstand unkritisch verherrlicht wurde. Jedoch wies sein Werk, ebenso wie die meisten frühen Untersuchungen, eine stark moralisierende Akzentuierung auf, indem die Neuordnungspläne der Verschwörer, sofern überhaupt berücksichtigt, als Gegenbild zu dem als monolithischen Machtblock dargestellten NS-System beschrieben wurden.[3]

Die auf ethisch-moralische Aspekte begrenzte Darstellung insbesondere des nationalkonservativen Widerstands provozierte seit Beginn der 60er Jahre eine Reihe von scharfen Angriffen. Autoren wie Henry Pachter, George W. Romoser

---

1 Vgl. die Reihe Deutscher Widerstand 1933-1945. Zeitzeugnisse und Analysen, hg. v. Karl Otmar von Aretin, Hans Mommsen und Ger van Roon, Berlin 1983 ff.

2 Gerhard Ritter: Carl Goerdeler und die deutsche Widerstandsbewegung, Stuttgart 1954.

3 Vgl. Rudolf Pechel: Deutscher Widerstand, Zürich 1947; Hans Rothfels: Deutsche Opposition gegen Hitler, Frankfurt/M. 1958 (Erstausg. 1948); Eberhard Zeller: Geist der Freiheit. Der Zwanzigste Juli, München 1952.

und Hannah Arendt argumentierten, dass der nationalkonservative Widerstand sich im wesentlichen aus der reaktionären, antiparlamentarischen Bewegung in Weimar gespeist habe und seine Neuordnungsvorstellungen weder realistisch noch akzeptabel gewesen seien.[4]

Es war das Verdienst einer jüngeren Historikergeneration in der Mitte der 60er Jahre, allen voran Hans Mommsen und Hermann Graml, mit bahnbrechenden Detailstudien einen neuen Blick auf die Widerstandsbewegung zu eröffnen.[5] Die Zielsetzung dieser Arbeiten bestand darin, die politischen und gesellschaftlichen Auffassungen der Widerstandsbewegung des 20. Juli in ihrem zeitbedingten Kontext zu interpretieren und sie als Ausdruck des Bemühens zu werten, Alternativen zu dem allgemein als gescheitert betrachteten und als historisch überholt angesehenen Weimarer Verfassungssystem zu entwickeln. Mommsen und Graml lenkten damit den Fokus der deutschen Widerstandsforschung auf die politischen und geistigen Traditionen, in denen die Neuordnungspläne der Verschwörer des bürgerlich-konservativen Widerstands entstanden waren und entkräfteten die bis dahin gängige Vorstellung, dass der nationalkonservative Widerstand als Hort liberaldemokratischen Denkens und damit als geistiger Vorläufer der Bundesrepublik anzusehen sei. Darüber hinaus wurden mit diesen Studien die richtungspolitischen Unterschiede innerhalb des nationalkonservativen Widerstands in den Blick genommen und bisher vernachlässigte Gruppierungen, wie etwa der Kreisauer Kreis in der Untersuchung Ger van Roons genauer untersucht.[6]

Der in den 70er Jahren entwickelte sozialgeschichtliche Ansatz, wie auch die Alltagsgeschichte in den 1980er Jahren, die sich für Art und Umfang der Resistenz innerhalb der Bevölkerung interessierten,[7] betonten die Vielzahl von Widerstandshandlungen im Bereich der politischen Linken und der Arbeiterschaft. Dennoch wurde in diesen Studien deutlich, dass sich Widerstand zwar keineswegs auf die Eliten beschränkte, dass jedoch lediglich Angehörige der Führungseliten unter

---

4 Vgl. Henry Pachter: Germany Looks in the Mirror of History, in: World Politics XIII (1961), S. 633-641; George W. Romoser: The Politics of Uncertainty: The German Resistance Movement, in: Social Research XXXI (1964), S. 73-93; Hannah Arendt: Eichmann in Jerusalem. Ein Bericht von der Banalität des Bösen, München 1964.

5 S. die Studien von Hermann Graml und Hans Mommsen in: Walter Schmitthenner und Hans Buchheim (Hg.): Der deutsche Widerstand gegen Hitler. Vier historisch-kritische Studien, Köln 1966; neu veröffentlicht in Hermann Graml (Hg.): Widerstand im Dritten Reich. Probleme, Ereignisse, Gestalten, Frankfurt/M. 1994. Die wichtigsten Beträge Mommsens zur Widerstandsforschung finden sich gesammelt in Hans Mommsen: Alternative zu Hitler. Studien zur Geschichte des deutschen Widerstandes, München 2000.

6 Ger van Roon: Neuordnung im Widerstand. Der Kreisauer Kreis innerhalb der deutschen Widerstandsbewegung, München 1967.

7 Hier sei insbesondere auf das 1973 begonnene Forschungsprojekt des Münchener Instituts für Zeitgeschichte verwiesen; Martin Broszat u.a. (Hg.): Bayern in der NS-Zeit, 6 Bde., München und Wien 1977–1983.

den Bedingungen des Zweiten Weltkriegs eine realistische Chance hatten, das Regime zu stürzen.[8]

Der Blick auf die historiographische Entwicklung seit den 80er Jahren zeigt, dass der Attentatsversuch auf Hitler am 20. Juli 1944 nach wie vor ein vielbeachtetes Thema in der deutschen Historiographie und Publizistik ist. Mittlerweile gibt es nicht nur zahlreiche Untersuchungen über das Attentat, beteiligte Verschwörergruppen und einzelne Verschwörer, sondern die Historiographie der Widerstandsforschung selbst hat einen beträchtlichen Umfang erreicht.[9] Anlässlich des vierzigsten Jahrestags des Attentats vom 20. Juli fand in Berlin eine internationale Konferenz über den deutschen Widerstand gegen den Nationalsozialismus statt, deren Tagungsband von Jürgen Schmädecke und Peter Steinbach veröffentlicht wurde. Der Band bietet einen hervorragenden Überblick über den Stand der Widerstandsforschung und über Forschungskontroversen.[10] Auch der ein Jahrzehnt später erschienene Sammelband von Peter Steinbach und Johannes Tuchel, „Widerstand gegen den Nationalsozialismus", strebt eine Beleuchtung der verschiedenen Formen, Motivationen und Absichten des Widerstandes an, wobei die verfassungsrechtlichen Beiträge von besonderem Interesse sind.[11] Die nach wie vor gründlichste Studie zur Geschichte des 20. Juli ist die bereits 1969 erstmals erschienene Arbeit von Peter Hoffmann;[12] Klemens v. Klemperer hat mit seiner Untersuchung über „Die Verlassenen Verschwörer" die Auslandskontakte und -verhandlungen der Verschwörergruppen, die am 20. Juli beteiligt waren, umfassend erforscht.[13]

Andere neuere Veröffentlichungen, die sich mit Einzelaspekten des konservativen Widerstands beschäftigen, verdanken ihre Entstehung der vor 20 Jahren neu

---

[8] So argumentiert auch Ian Kershaw: Der NS-Staat. Geschichtsinterpretationen und Kontroversen im Überblick, Reinbek 1994, S. 302.

[9] Vgl. exemplarisch mit weiterführenden Literaturangaben Klaus-Jürgen Müller und Hans Mommsen: Der deutsche Widerstand gegen das NS-Regime. Zur Historiographie des Widerstandes, in: Klaus-Jürgen Müller (Hg.): Der deutsche Widerstand 1933-1945, 2., durchges. u. erg. Aufl. Paderborn und München 1990, S. 13-21; Gerd R. Ueberschär (Hg.): Der 20. Juli 1944. Bewertung und Rezeption des deutschen Widerstandes gegen das NS-Regime, Köln 1994; Ulrich Heinemann: Arbeit am Mythos. Neuere Literatur zum bürgerlich-aristokratischen Widerstand gegen Hitler und zum 20. Juli 1944 (Teil I), in: GuG 21 (1995), S. 111-139; Ulrich Heinemann und Michael Krüger-Charlé: Arbeit am Mythos. Der 20. Juli 1944 in Publizistik und wissenschaftlicher Literatur des Jubiläumsjahres 1994 (Teil II), in: GuG 23 (1997), S. 475-501.

[10] Jürgen Schmädecke und Peter Steinbach (Hg.): Der Widerstand gegen den Nationalsozialismus. Die deutsche Gesellschaft und der Widerstand gegen Hitler, München 1985.

[11] Peter Steinbach und Johannes Tuchel (Hg.): Widerstand gegen den Nationalsozialismus, Bonn und Berlin 1994.

[12] Peter Hoffmann: Widerstand – Staatsstreich – Attentat. Der Kampf der Opposition gegen Hitler, 4. Aufl. München und Zürich 1985.

[13] Klemens v. Klemperer: Die Verlassenen Verschwörer. Der deutsche Widerstand auf der Suche nach Verbündeten 1938-1945, Berlin 1994.

entbrannten Diskussion über die Stellung der Verschwörer zu und ihren Anteil an antisemitischen Maßnahmen und Kriegsverbrechen. Die Haltung des deutschen Widerstands zum Antisemitismus blieb auch nach der Pionierstudie Christof Dippers eine weithin verdrängte Fragestellung und wurde erst in den letzten Jahren erneut aufgegriffen von Tobias Korenke und Hans Mommsen. [14] Untersuchungen von Wehrmachtsverbrechen wurden entscheidend angestoßen von der Ausstellung des Hamburger Instituts für Sozialforschung, „Vernichtungskrieg"; ebenso stellen die Aufsätze in dem von Gerd Ueberschär herausgegebenen Band zu NS-Verbrechen und dem militärischen Widerstand wichtige Detailstudien dar.[15]

Neben der Untersuchung nach wie vor kontrovers diskutierter Einzelaspekte intendieren eine Reihe von Veröffentlichungen über den nationalkonservativen Widerstand seit dem fünfzigsten Jahrestag des 20. Juli neue Gesamtdarstellungen, ohne jedoch bisherige Forschungsergebnisse zu relativieren. So betont Joachim Fest in dem Vorwort seiner Untersuchung „Staatsstreich", sein Anliegen sei nicht die Vermittlung neuer Tatsachen, sondern die Verbindung von Erzählung und Analyse für ein breiteres Publikum.[16] Demgegenüber beansprucht Theodore Hamerow, mit seiner Untersuchung neue Ergebnisse zu den Motiven und Zielen der Verschwörer vorzulegen. Leider wird dieser Anspruch nicht eingelöst.[17]

Untersuchungen über Goerdeler fehlen in keinem Sammelband zum deutschen Widerstand gegen den Nationalsozialismus,[18] und auch in übergreifenden Dar-

---

14 S. Christof Dipper: Der deutsche Widerstand und die Juden, in: GuG 9 (1983), S. 349-380; Tobias Korenke (Hg.): Der Widerstand und die Juden, Essen 1999 sowie Hans Mommsen: Der Widerstand gegen Hitler und die nationalsozialistische Judenverfolgung, in: Ders.: Alternative zu Hitler. Studien zur Geschichte des deutschen Widerstandes, München 2000, S. 384-415.

15 S. den Publikationsband zu der Hamburger Wehrmacht-Ausstellung von Hannes Heer und Klaus Neumann (Hg.): Vernichtungskrieg. Verbrechen der Wehrmacht 1941-1944, Hamburg 1995, insbesondere den Beitrag von Christian Gerlach: Männer des 20. Juli und der Krieg gegen die Sowjetunion, in: ebd., S. 427-446 sowie Gerd R. Ueberschär (Hg.): NS-Verbrechen und der militärische Widerstand gegen Hitler, Darmstadt 2000.

16 Joachim Fest: Staatsstreich. Der lange Weg zum 20. Juli, Berlin 1997. Die Untersuchung von Gill, die ebenfalls den Anspruch hat, eine Überblicksdarstellung für ein breiteres Publikum zu liefern, kann nicht mit der stilistischen Souveränität Fests konkurrieren; vgl. Anton Gill: An Honourable Defeat: The Fight Against National Socialism in Germany, 1933–1945, London 1995.

17 Das mag seinen Grund darin haben, dass Hamerow in seiner Untersuchung nur selten auf die Quellen zurückgreift. Theodore S. Hamerow: Die Attentäter. Der 20. Juli – von der Kollaboration zum Widerstand, München 1999.

18 Vgl. z.B. Erich Kosthorst: Carl Friedrich Goerdeler, in: Rudolf Lill und Heinrich Oberreuter (Hg.): 20. Juli. Porträts des Widerstands, akt. u. überarb. Neuausg. Düsseldorf und Wien 1994, S. 185-217; Hans-Ulrich Thamer: Carl Friedrich Goerdeler – der Motor des konservativ-bürgerlichen Widerstandes, in: Klemens v. Klemperer, Enrico Syring und Rainer Zitelmann (Hg.): „Für Deutschland". Die Männer des 20. Juli, Taschenbuchausg. Frank-

stellungen zu konservativen Politikern und Kommunalpolitikern finden sich Porträts von Goerdeler – allerdings von unterschiedlicher Qualität.[19] In den letzten Jahren sind über Goerdeler mehrere Detailstudien erschienen: Gert Nylander untersucht die England-Kontakte Goerdelers über die schwedischen Bankiersbrüder Wallenberg. Seine Arbeit, ebenso wie die von Ulf Olsson, ist jedoch eher wirtschaftshistorisch orientiert und bietet für die Widerstandsforschung keine Erkenntnisse, die über das Standardwerk Klemperers hinausgehen.[20]

Die kommunalpolitische Arbeit Goerdelers wurde mit unterschiedlichen Erkenntnisabsichten von Julia Paulus und Ines Reich thematisiert. Die Arbeit von Paulus, die auf einer akribischen Auswertung der kommunalpolitischen Quellen basiert, untersucht die Leipziger Wohlfahrtspolitik zwischen der Weltwirtschaftskrise und dem Ende des Zweiten Weltkriegs. Goerdelers Amtszeit als Leipziger Oberbürgermeister zwischen 1930 und 1937 wird unter dem Aspekt „sozialpolitischer Verhaltens- und Verhandlungsräume" untersucht und eröffnet für diesen Bereich neue Erkenntnisse.[21] Die Arbeit von Ines Reich hat das Anliegen, anhand der Untersuchung von Goerdelers Amtszeit als Leipziger Oberbürgermeister seinen Weg in den Widerstand aufzuzeigen. Dieses Vorhaben kann nur bedingt gelingen, da die Untersuchung auf die Zeit bis 1936 beschränkt ist.[22]

Die neueste ausführliche Untersuchung zu Goerdeler findet sich in der Studie von Joachim Scholtyseck, obwohl der Titel „Robert Bosch und der liberale Wider-

---

furt/M. und Berlin 1996, S. 71-93; Michael Krüger-Charlé: Carl Goerdelers Versuche der Durchsetzung einer alternativen Politik 1933 bis 1937, in: Schmädeke/Steinbach, Widerstand gegen den Nationalsozialismus, S. 383-404.

19 Gieres Untersuchung vermittelt einen guten Überblick über die verwaltungspolitische Tätigkeit Goerdelers, Matulls heimatgeschichtlicher Beitrag ist für seine Zwecke annehmbar. Erstaunlich ist Matthiesens Aufsatz, der auf fast 40 Seiten eine unverständliche Verkettung von Zitaten bietet und darüber hinaus zentrale Aussagen Alfred Hugenbergs Goerdeler zuschreibt. Gustav Giere: Carl Goerdeler. 1884-1945, in: Männer der deutschen Verwaltung. 23 biographische Essays, Köln und Berlin 1963, S. 349-363; Wilhelm Matull: Carl Friedrich Goerdeler 1884-1944, in: Große Deutsche aus Ostpreußen, Würzburg 1970, S. 230-236; Michael Matthiesen: Ein Konservativer auf dem Weg in den Widerstand – Carl Friedrich Goerdeler (1884-1945), in: Hans-Christof Kraus (Hg.): Konservative Politiker in Deutschland. Eine Auswahl biographischer Porträts aus zwei Jahrhunderten, Berlin 1995, S. 235-271.

20 Gert Nylander: Carl Goerdelers Friedensbemühungen und die Wallenberg-Brüder, in: Nordeuropaforum 1/98, S. 3-38; Ulf Olsson: Stockholms Enskilda Bank and the Bosch Group, 1939-1950, Stockholm 1998.

21 Julia Paulus: Kommunale Wohlfahrtspolitik in Leipzig 1930 bis 1945. Autoritäres Krisenmanagement zwischen Selbstbehauptung und Vereinnahmung, Köln, Weimar und Wien 1998; Zitat v. S. 13.

22 Ines Reich: Carl Friedrich Goerdeler. Ein Oberbürgermeister gegen den NS-Staat, Köln, Weimar und Wien 1997. Reich bietet nach einer unnötig detaillierten Beschreibung der Kindheit, Jugend und Studienzeit Goerdelers wenig Erkenntnisse, die über die Untersuchung Ritters von 1954 hinausgehen.

stand gegen Hitler" dies nicht vermuten lässt.[23] Scholtyseck suggeriert in seinem Titel die Existenz eines liberalen Widerstandskreises um Robert Bosch, während er tatsächlich den bürgerlich-konservativen Widerstand um Goerdeler untersucht. Dieses Anliegen führt dazu, dass der Autor im Laufe der Untersuchung Wirtschaftsliberalismus mit politischem Liberalismus gleichsetzt und schließlich mit dem Verweis auf wirtschaftsliberale Forderungen in Goerdelers verfassungspolitischen Neuordnungsplänen „starke Affinitäten zu demokratischen Modellen" ausmachen zu können meint.[24]

Das Fehlen einer zuverlässigen Edition der politischen Schriften und Briefe Carl Goerdelers führt bis in neuere Untersuchungen zu Irrtümern und Fehlschlüssen. Diese finden sich nicht nur bei Untersuchungen wie der letztgenannten, in der der Autor Goerdeler durchgängig nach Sekundärliteratur zitiert.[25] Auch die sorgfältig recherchierte Studie von Ines Reich macht deutlich, dass Überlieferungsprobleme zentraler Schriften Goerdelers bislang noch nicht hinreichend geklärt wurden.[26]

Diese Forschungslücke wird mit der vorliegenden Edition geschlossen. Dafür musste zunächst das überlieferte Material in seiner Gesamtheit in den Blick genommen werden. Dabei zeigte sich nachdrücklich dessen außergewöhnlicher Charakter, denn unter den zahlreichen Dokumenten, die aus der Weimarer Zeit und aus der Zeit der nationalsozialistischen Herrschaft erhalten sind, nehmen die politischen Schriften und Briefe Carl Goerdelers einen besonderen Rang ein. Mit der hier vorgelegten repräsentativen Auswahl von Schlüsseldokumenten werden nicht

---

23 Joachim Scholtyseck: Robert Bosch und der liberale Widerstand gegen Hitler 1933–1945, München 1999.

24 Ebd., S. 442.

25 Bei der verwandten Sekundärliteratur zeigt der Autor darüber hinaus eine Vorliebe für die Widerstands- und NS-Forschung der unmittelbaren Nachkriegszeit bis zur Mitte der 1960er Jahre.

26 Reich verweist in ihrer Untersuchung etwa auf die sogenannte „Londoner Schrift" vom Juli 1937 als Beleg für Goerdelers Schritt in den Widerstand. Bei dem Koblenzer Exemplar der Schrift handelt es sich jedoch um eine Abschrift Gerhard Ritters, der in seiner Überlieferung nicht erwähnt hat, dass diese Schrift auf explizite Anweisung Goerdelers hin erst nach dem Krieg von seiner Familie geöffnet wurde. Aufgrund der geläufigen Annahme in der Historiographie nach Ritter, dass es sich um ein offen zugängliches Dokument handelte, das britischen Freunden übergeben wurde, wird allein die Existenz der Schrift als Beweis für Goerdelers Widerstandshaltung genommen; ihr frühes Datum dient als Beweis dafür, dass seine Mitarbeit in dem NS-Regime seit 1933 immer unter Vorbehalt geschehen sei; ihr scharfer Inhalt wird zum Beweis für seine liberalen politischen Überzeugungen. Unter Berücksichtigung der Überlieferungsgeschichte ist das Dokument jedoch ein Beleg für die sich formierende oppositionelle Haltung Goerdelers, ohne dass bereits von offenem Widerstand gesprochen werden könnte. S. Reich, Goerdeler, S. 268 ff. In dieser Edition: Rückblick Goerdelers auf seine Mitarbeit in der Reichspolitik zwischen 1931 und 1935; Dok. 2.3.7, unten S. 240 ff.

nur Goerdelers Persönlichkeit in ihren verschiedenen Facetten beleuchtet, sondern auch seine politischen Überzeugungen, die exemplarisch für das politische Denken und Handeln eines Teils der bürgerlichen Eliten in der Epoche zwischen 1919 und 1945 sowie ihren Weg in den Widerstand gegen Hitler stehen.

Zunächst zeugen die vorgelegten Dokumente von dem erfolgreichen Kommunalpolitiker, der sich von demokratischen Entscheidungsgremien in seiner Arbeit behindert sah und die nationalsozialistische Machtübernahme als Chance begriff, seinen verfassungs- und wirtschaftspolitischen Überzeugungen Gehör zu verschaffen. Man begegnet dem heimatverbundenen Ostpreußen, der anfänglich militärisch-revisionistische Pläne gegen die Gebietsabtretungen des Versailler Vertrags unterstützte und schließlich sein deutschnationales Parteiengagement zugunsten einer Mitarbeit im Zweiten Kabinett Brüning aufgab. Man trifft auf den preußischen Beamten, dessen Hauptanliegen politische Mitgestaltung war und für den der Schritt in den Widerstand eine quälende Entscheidung bedeutete. Schließlich und in besonderer Breite und Intensität vermitteln die Schriften aus der Widerstandszeit die Neuordnungsvorstellungen eines führenden Verschwörers des zivilen bürgerlichen Widerstands, der sowohl den Weimarer Parlamentarismus als auch die NS-Diktatur als gescheitert ansah und auf der Suche nach praktikablen Alternativen auf Selbstverwaltungs- und berufsständische Prinzipien zurückgriff.

Goerdeler war ein geradezu exzessiver Schreiber. Bereits in seiner kommunalpolitischen Tätigkeit bediente er sich vorzugsweise des Mittels der politischen Denkschrift und des publizistischen Essays, um seine Auffassungen durchzusetzen. Seit 1929 versuchte er mit Denkschriften, dem traditionellen Mittel einer gemäßigten Beamtenopposition, verschiedene Regierungsstellen zu beeinflussen. Während seiner Widerstandstätigkeit hielt er sich nur unzulänglich an konspirative Spielregeln, die eine schriftliche Fixierung seiner Ideen verboten hätten. Er verfasste Schriften, die als Grundlage für Diskussionen innerhalb der Verschwörergruppe oder zur Überzeugung noch Unentschlossener dienen sollten, und setzte seine Schreibtätigkeit selbst während der fünfmonatigen Gestapohaft fort.

Es ist ein ungewöhnlicher Glücksfall, dass so viele seiner Schriften überliefert sind, zumal Goerdeler nicht wie etwa Ulrich v. Hassell ein geschlossenes Konvolut hinterlassen hat. Die Überlieferung der Schriften ist zu einem beträchtlichen Anteil den Angehörigen Goerdelers zu verdanken, die den Nachlass über das Ende des NS-Regimes und durch die Wirren der unmittelbaren Nachkriegszeit retten konnten.

Die Überlieferungsgeschichte des Nachlasses führte jedoch auch zu Problemen. Die Unterlagen aus dem Familienbesitz wurden Ende der 40er Jahre Gerhard Ritter zur Verfügung gestellt, der im Auftrag der „Forschungsgemeinschaft 20. Juli“ eine erste umfassende Geschichte des Widerstands gegen Hitler erarbeitete.[27] Nach der Abfassung seines Standardwerks über Carl Goerdeler und die deutsche

27 Ritter, Carl Goerdeler.

Widerstandsbewegung überließ Ritter der Familie Goerdeler die Entscheidung darüber, welche Unterlagen an das Bundesarchiv weitergegeben wurden. Diese Vorgehensweise führte zu einer Zweiteilung des Nachlasses Goerdeler, indem ein Teil der Unterlagen in Koblenz archiviert wurde, ein anderer Teil bei der Familie verblieb, von dem jedoch wiederum einzelne Schriftstücke dem Bundesarchiv in Abschrift zur Verfügung gestellt wurden. Die bei der Familie gelagerten Unterlagen wurden später zu einem großen Teil ebenfalls der zeitgeschichtlichen Forschung übergeben, während ein Rest von den drei ältesten Kindern Goerdelers verwahrt wurde. Nach dem Tod der beiden ältesten Söhne gingen diese Restbestände zu einem Teil in die Hände der Enkelgeneration, zu einem anderen Teil in den Besitz der älteren Goerdeler-Tochter, Frau Dr. Marianne Meyer-Krahmer, über.

Für diese Edition bestand die Aufgabe zunächst einmal darin, alle überlieferten Schriften Goerdelers zu sichern. Neben der Erfassung sämtlicher noch im Privatbesitz befindlichen Schriften erforderte dies auch umfangreiche Archivrecherchen. Zur Erschließung kommunalpolitischer Quellen wurden deshalb die Stadtarchive von Goerdelers kommunalpolitischen Wirkungsstätten durchforscht. Während das Stadtarchiv Königsberg zu Kriegsende fast völlig zerstört wurde und über Goerdeler keine Auskunft mehr gibt,[28] konnten in Solingen und Leipzig relevante Unterlagen zu Goerdelers kommunalpolitischer Tätigkeit gesichert werden. Auch im Landesarchiv Berlin konnten zahlreiche Schriften Goerdelers ausfindig gemacht werden, die er für den Deutschen Städtetag verfasst hatte. Aufgrund seiner engen Kontakte zu führenden Industriellen sind weitere Texte Goerdelers in den Firmenarchiven Bosch und Krupp sowie im Nachlass Paul Reusch des Archivs der Gutehoffnungshütte erhalten geblieben. Die Unterlagen zu Goerdelers Tätigkeit als Reichskommissar für die Preisüberwachung liegen in den Akten der Reichskanzlei; in diesem Bestand befinden sich auch Stellungnahmen Goerdelers zur Wirtschafts- und Kommunalpolitik. Weitere Schriften Goerdelers liegen in den Beständen des Reichsfinanz- und Reichswirtschaftsministeriums.

Die konspirative Tätigkeit Goerdelers während des Zweiten Weltkriegs ist teilweise aus Privatnachlässen zu rekonstruieren; in diesem Zusammenhang sei besonders verwiesen auf den Nachlass Jakob Kaiser im Bundesarchiv Koblenz sowie auf die Nachlässe der führenden Mitglieder der Freiburger Kreise, Franz Böhm, Karl Lampe und Constantin v. Dietze, im Archiv für Christlich-Demokratische Politik in St. Augustin. Erste Rekonstruktionen der Widerstandstätigkeit Goerdelers, ebenso wie seine in Haft auf Anforderung des NS-Regimes abgefassten Schriften befinden sich in den Akten der „Sonderkommission 20. Juli" des Reichssicherheitshauptamts. Die dortigen Rekonstruktionen sind jedoch mit gebührender Vorsicht zu verwenden, denn die sogenannten „Kaltenbrunner-Berichte" an Martin Bormann und Adolf Hitler sind eben nicht das „Spiegelbild einer Verschwörung", wie ihr

[28] Erhalten sind lediglich Unterlagen des Stadtsteueramtes bis 1940; Auskunft des Gebietsarchivs Kaliningrad vom 22.1.1997

erster Herausgeber sie genannt hat.[29] Vielmehr handelt es sich bei den Berichten um Wertungen der Vernehmungsbeamten aus der Perspektive der Gestapo, durchsetzt mit Versuchen, die Verhafteten verächtlich zu machen und zu demütigen. Ein Spiegelbild stellen lediglich die dort abgedruckten Dokumente dar, die bei Verhafteten beschlagnahmt wurden.

Von sämtlichen überlieferten Schriften Goerdelers publiziert die vorliegende Edition ca. 20 %. Kurze Dienstanweisungen und Sitzungsprotokolle, die einen Großteil der kommunal- und verbandspolitischen Arbeit dokumentieren, blieben grundsätzlich unberücksichtigt. Es wird jedoch in den Annotationen soweit wie möglich sowohl auf diese Quellen als auch auf nicht aufgenommene Briefe und Denkschriften Goerdelers hingewiesen. Der Umfang des neu erschlossenen und erstmals wissenschaftlich edierten Materials zwang zu einer repräsentativen Auswahl, die auf drei Kriterien basiert:

1. Die Textauswahl versucht, einerseits bereits bekannte, zentrale Schriften Goerdelers in zuverlässiger wissenschaftlicher Aufbereitung zu präsentieren, andererseits bisher unbekannte Schriften angemessen zu berücksichtigen, wenn sie neue Erkenntnisse vermitteln. Dieses Anliegen begründet einerseits die Aufnahme der bereits veröffentlichten großen Denkschriften Goerdelers „Das Ziel" und „Der Weg". Andererseits wurde versucht, mit der Aufnahme bisher gänzlich unbekannter Schriften neue Erkenntnisse zu wirtschafts- und kommunalpolitischen Neuordnungsvorstellungen innerhalb des NS-Regimes zu vermitteln und gleichzeitig Goerdelers Reformvorstellungen näher zu bestimmen.

2. Die Edition strebt an, ein umfassendes Bild des preußischen Beamten, des Politikers und des Honoratioren Carl Goerdeler zu zeichnen. Denn es wäre eine unzulässige Verkürzung, ihn „lediglich" als Gegner des NS-Regimes zu begreifen. Der Umfang des neu erschlossenen Materials, das insbesondere seine kommunalpolitischen Reformvorstellungen und seine Mitarbeit in der Reichspolitik während der 30er Jahre betrifft, erleichtert das Anliegen, diese biographischen Dimensionen angemessen zu berücksichtigen. Gerade die Schriften, die vor 1933 entstanden sind, tragen entscheidend zu dem Verständnis von Goerdelers verfassungs- und wirtschaftspolitischen Überzeugungen bei. Seine politischen Schriften, die zwischen der nationalsozialistischen Machtübernahme und dem Ausbruch des Zweiten Weltkriegs entstanden sind, bieten ein äußerst differenziertes Bild seines langen Wegs in den Widerstand, das stellvertretend auch für andere konservative Zeitgenossen das innere Ringen der Oppositionsbewegung veranschaulicht.

3. Bis zu einem gewissen Grad folgt die Textauswahl Goerdelers eigenen Schwerpunktsetzungen. Seine Überzeugung, dass Verfassungs-, Wirtschafts- und Außenpolitik die zentralen Politikfelder seien, spiegelt sich in dem Umfang seiner Schriften zu diesen drei Komplexen und war mitbestimmend für die Textauswahl.

[29] Karl Heinrich Peter (Hg.): Spiegelbild einer Verschwörung. Die Kaltenbrunner-Berichte an Bormann und Hitler über das Attentat vom 20. Juli 1944, Stuttgart 1961.

Insbesondere seine Schriften zur Wirtschaftspolitik haben jedoch einen derart großen Umfang, dass hier ein beträchtlicher Teil unberücksichtigt bleiben musste. Die Auswahl in diesem Bereich ist von dem Anliegen geleitet, repräsentative Stellungnahmen Goerdelers sowohl zur ökonomischen Krisensituation der Zwischenkriegszeit, als auch zur wirtschaftstheoretischen Umbruchsituation infolge der Adaption keynesianischer Paradigmen vorzulegen.

Goerdelers umfangreichste wirtschaftspolitische Schrift, seine zwischen 1936 und 1942 verfasste und mehrfach umgearbeitete „Wirtschaftsfibel", ist nicht in die Edition aufgenommen worden.[30] Mit ihrer Abfassung hatte Goerdeler sozialpädagogische Intentionen verfolgt, und noch in Gestapohaft beschwor er seine politischen Freunde, die Schrift als Lehrbuch für den Unterricht einzusetzen. Auch hoffte er, mit ihrer Veröffentlichung seine Familie finanziell absichern zu können. Trotz des hohen Stellenwerts, den Goerdeler selbst der Schrift beimaß, sprachen v.a. zwei Argumente dagegen, die Wirtschaftsfibel in die Edition aufzunehmen. Einerseits weist die Schrift eine selbst für Goerdeler ungewöhnliche Länge auf, ohne neue Aufschlüsse über seine wirtschaftspolitischen Überzeugungen zu bieten. Andererseits belegt die Schrift in besonders starkem Maß die Tatsache, dass Goerdeler kein Theoretiker war und seine Schriften einen dezidierten Anti-Intellektualismus aufweisen. In seinen ökonomischen Schriften führte das dazu, dass er theoretische Diskussionen verwarf und stattdessen auf „Naturgesetze" verwies. Mit seiner Wirtschaftsfibel verfolgte er das Anliegen, ein grundsätzliches ökonomisches Lehrwerk vorzulegen, das allgemeinverständlich diese „Naturgesetze" erläutern sollte. Dabei nahm er von der wirtschaftstheoretischen Terminologie Abstand, bediente sich stattdessen einer organologischen, teilweise mystischen Ausdrucksweise und zog in einem belehrenden Duktus Beispiele heran, deren Bezug nicht immer evident ist. Angesichts dieser Problematik wurde hier Goerdelers Schriften zu konkreten Fragen der Wirtschaftspolitik der Vorzug vor seiner Fibel gegeben.[31]

---

30 Ein Exemplar der Fibel sowie Unterlagen zu deren Entstehung befindet sich im Goerdeler-Nachlass in Koblenz (BAK, N 1113, Bd. 13); ein weiteres Exemplar mit handschriftlichen Anmerkungen befindet sich in Familienbesitz.

31 Zu einer ausführlichen Analyse der Wirtschaftsfibel sei auf die Untersuchung Daniela Rüthers verwiesen; Daniela Rüther: Der Widerstand des 20. Juli auf dem Weg in die soziale Marktwirtschaft. Die wirtschaftspolitischen Vorstellungen der bürgerlichen Opposition, Paderborn 2002, S. 315 ff.

# Hinweise zur Benutzung

Die Grundsätze der vorliegenden Edition folgen den Empfehlungen des Arbeitskreises „Editionsprobleme des 20. Jahrhunderts“, der eine wichtige theoretische Fundierung für die Edition zeitgeschichtlicher Quellen geliefert hat.[32] Dies erscheint allein deshalb geboten, um Einheitlichkeit in der Gestaltung verschiedener zeitgeschichtlicher Editionen zu gewährleisten.

Jedem Dokument wurde ein Kopfregest hinzugefügt, dessen Aufbau jeweils aus den folgenden Elementen besteht: Die erste Zeile enthält die Nummerierung in der Edition und den Titel der Quelle – soweit kein Titel Goerdelers existiert, wurde er kursiv hinzugefügt. Die zweite Zeile dient der quellenkundlichen Beschreibung und der Angabe des archivalischen Fundorts; sofern das Dokument relevante Bearbeitungsmerkmale aufweist, verschiedene archivalische Überlieferungen hat oder bereits an anderen Orten veröffentlicht wurde, wird in einer Anmerkung darauf hingewiesen. Die bisher in Familienbesitz verbliebenen Texte sind mit dem Zusatz „Privatbesitz“ gekennzeichnet. Sie werden nach dem Abschluss der Edition in den Bestand des Nachlasses Goerdeler im Bundesarchiv Koblenz überführt werden.

Es war nicht immer möglich, die Adressaten einer Schrift eindeutig zu eruieren. Während Goerdeler zwischen 1930 und 1939 Schriften oft an mehrere Reichsstellen versandte, hatte er mit seinen Schriften aus der Widerstandszeit selten einen einzelnen Adressaten im Blick, sondern schrieb Diskussionsgrundlagen für Mitverschwörer oder Schriften, die der Überzeugung noch Unentschlossener dienen sollten. Die meisten seiner Schriften sind von ihm datiert worden, bei den wenigen Ausnahmen wurde eine möglichst präzise Datierung in eckigen Klammern hinzugefügt, die nötigenfalls in einer Anmerkung begründet wird. In den folgenden Zeilen wird eine knappe inhaltliche Zusammenfassung des Dokuments gegeben.

Textvarianten – sowohl die handschriftlichen Korrekturen innerhalb eines Dokuments als auch Abweichungen von früheren Versionen desselben Dokuments – wurden in die alphabetischen Anmerkungen aufgenommen. Die numerischen Anmerkungen dienen der Klärung von Sachproblemen; insofern kommentieren sie Aussagen und Vermutungen Goerdelers. Goerdelers volkswirtschaftliche Berechnungen werden überprüft, sofern sie auf konkreten Zahlen wie etwa dem Schuldenstand basieren; dagegen werden seine projektierten Berechnungen für Einsparungsvorschläge oder Finanzierungsprojekte nicht kommentiert. Es ist charakteristisch für Goerdeler, dass er sich in seinen Schriften historischer Beispiele als rhetorischem Mittel bedient – Irrtümer, die ihm dabei unterlaufen, werden in

---

32 Arbeitskreis „Editionsprobleme des 20. Jahrhunderts“: Zur Edition zeitgeschichtlicher Quellen, in: JHF 1975, S. 137-147; vgl. auch Heinz Boberach: Zur Edition zeitgeschichtlicher Quellen, in: JHF 1985, S. 61-68.

den Anmerkungen richtiggestellt. In den Erläuterungen wird auf weiterführende Literatur hingewiesen; soweit möglich werden auch zeitgenössische Informationsmöglichkeiten benannt. Dabei wird jeweils bei der ersten Erwähnung ein ausführlicher Kommentar geschrieben, während im Folgenden auf die entsprechende Fußnote verwiesen wird. In einigen Fällen wird auch die Begriffsbildung Goerdelers annotiert, insbesondere wenn es sich um Begriffe handelt, die gemeinhin mit der NS-Terminologie in Verbindung gebracht, aber von Goerdeler in einem anderen Bedeutungszusammenhang verwandt werden.

Die seltenen orthographischen und Interpunktionsfehler Goerdelers in den Dokumenten wurden stillschweigend korrigiert. Abkürzungen werden grundsätzlich in eckigen Klammern aufgelöst; dies gilt auch für gebräuchliche Abkürzungen, weil Goerdeler Begriffe oft innerhalb einer Schrift unterschiedlich abkürzt. Hervorhebungen in den Originalen sind grundsätzlich als Kursivierungen in die Edition übernommen worden. Bei handschriftlichen Vorlagen wurden in eckigen Klammern Seitenzahlen hinzugefügt, um die Auffindbarkeit im Original zu erleichtern.

Kürzungen innerhalb von Dokumenten sind nicht vorgenommen worden. Eine Ausnahme bilden die in Gestapohaft verfassten Schriften, aus denen Listen mit finanziellen Regelungen und möglichen Kontakten für die Familie gekürzt wurden. Die Entscheidung für den vollständigen Abdruck aller anderen aufgenommenen Dokumente basiert auf der Überlegung, dass die Wiederkehr ähnlicher Formulierungen und Inhalte in verschiedenen Quellen die Verfasserschaft Goerdelers belegt, die bisher bei manchen Schriften umstritten war. Auch Wiederholungen innerhalb eines Textes sind so kennzeichnend für Goerdeler, dass von Auslassungen abgesehen wurde, um den Charakter der Dokumente nicht zu verfälschen.

Die Tatsache, dass bisher keine geschlossene Edition der Schriften Goerdelers vorlag, ist nicht zuletzt in seinem umfangreichen Tätigkeitsbereich begründet. Die bisherige Quellenerschließung hat sich auf Goerdelers Widerstandstätigkeit konzentriert, wobei lediglich einzelne Dokumente in nicht verlässlicher Form oder in Ausschnitten publiziert worden sind.[33] In der unmittelbaren Nachkriegszeit wurden die ersten Schriften Goerdelers von Friedrich Krause unter dem Titel „Carl Goerdelers politisches Testament" veröffentlicht.[34] Die Publikation ist ihrer Intention nach noch ganz dem zeitgenössischen Rechtfertigungsdrang verhaftet, dessen primäres Ziel es war, der Weltöffentlichkeit die Existenz eines „Anderen Deutschland" zu beweisen. Die von Krause veröffentlichten Dokumente sind nicht in die vorliegende Edition aufgenommen worden, obwohl die Publikation

[33] Neben der verstreuten Herausgabe einzelner kurzer Texte in verschiedenen Zeitungen finden sich insbesondere in vielen Sammelpublikationen Ausschnitte der 1941er Denkschrift „Das Ziel" (vgl. dazu auch die Veröffentlichungsnachweise S. 873 f., Anmerkung 2).

[34] Friedrich Krause (Hg.): Carl Goerdelers politisches Testament. Dokumente des Anderen Deutschland, New York 1945.

mittlerweile schon seit einiger Zeit vergriffen ist, weil von ihnen keine Originale aufzufinden waren. Statt dessen wurde die Entscheidung getroffen, die sogenannte „Londoner Schrift", die einen ähnlichen Tenor hat, und zudem aufgrund ihrer unzureichend dokumentierten Überlieferung in der Forschung falsch bewertet wurde, in die Edition aufzunehmen.[35]

Die Edition von Wilhelm Ritter v. Schramm wird nach wie vor als Grundlage für Forschungsarbeiten benützt. Sie ist nicht nur wegen ihrer umstrittenen Datierungen und Hypothesen hinsichtlich der Verfasserschaft problematisch; Schramm hat darüber hinaus stilistische und textgestalterische Korrekturen vorgenommen, die nicht gekennzeichnet und somit quellenkritisch bedenklich sind.[36] Neben diesen beiden Editionen finden sich Texte Goerdelers im Anhang des Standardwerks von Gerhard Ritter; hierbei handelt es sich jedoch um kurze Texte bzw. Auszüge oder Briefe, die inhaltlich ausschließlich auf den politischen Widerstand ausgerichtet sind.

Verwiesen sei noch auf die 1999 erschienene Quellenedition von Gert Nylander, dem ehemaligen Archivar der Enskilda Bank, „German Resistance Movement and England".[37] Nylander weist in seiner Publikation detailreich sämtliche Kontakte Goerdelers mit den schwedischen Bankiersbrüdern Markus und Jakob Wallenberg nach und präsentiert alle für diesen Teilbereich relevanten Quellen.

Allen bisherigen Editionen von Schriften Goerdelers ist gemeinsam, dass sie sich auf die Untersuchung von Einzelaspekten seiner politischen Arbeit beschränken. Demgegenüber ist es das Anliegen dieser Edition, ein umfassendes Bild der politischen Vorstellungswelt Goerdelers zu bieten.

Manche Erwartungen kann eine wissenschaftliche Edition allerdings nicht erfüllen. Die biographische Dimension wird nur insoweit behandelt, als sie zum Verständnis der Dokumente relevant ist. Goerdelers Handlungsmotive können nicht der Untersuchungsgegenstand einer Edition seiner Schriften sein, ebenso wie der zeitgenössische Kontext, in dem die Schriften entstanden sind, nur skizziert werden kann. Es muss der Vorstellungskraft der Leser überlassen bleiben, sich z.B. die Bestürzung auszumalen, die der Einzug des Passes in einer Diktatur hervorgerufen haben wird. Ebenso wenig wie innere Vorgänge, kann der Eindruck,

---

35 Der von Ritter gewählte Titel „Londoner Schrift" ist nicht übernommen worden. Die Schrift findet sich unter der Bezeichnung „Rückblick Goerdelers auf seine Mitarbeit in der Reichspolitik zwischen 1931 und 1935"; Dok. 2.3.7, unten S. 240 ff.

36 Zu dem Datierungsproblem vgl. S. 873, Anmerkung 1; Schramm bezeichnet in seiner Edition Ludwig Beck als Mitverfasser (Wilhelm Ritter v. Schramm (Hg.): Beck und Goerdeler. Gemeinschaftsdokumente für den Frieden 1941-1944, München 1965, S. 34 ff.). Bei dem Vergleich mit früheren, bisher in der Forschung unbekannten, Denkschriften Goerdelers wird jedoch evident, dass er der alleinige Verfasser ist; vgl. besonders seine Denkschrift zur Innenpolitik vom Herbst 1938 (S. 646 ff.).

37 Gert Nylander: German Resistance Movement and England. Carl Goerdeler and the Wallenberg Brothers, Stockholm 1999.

den Goerdeler bei seinen Zeitgenossen hinterlassen hat, durch diese Edition erhellt werden – etwa die große Bindungskraft und Integrität, die ihm immer wieder attestiert wurden. Als er 1934 zum zweiten Mal das Amt eines Reichskommissars für die Preisüberwachung übernahm, wurde dies in den Sopade-Berichten als Indiz dafür gewertet, „daß eine langsame aber stetig fortschreitende Aushöhlung des nationalsozialistischen Machtapparates" stattfände und „daß die wirkliche Macht immer mehr an die alten herrschenden Kräfte der Wehrmacht, der Wirtschaft und der Verwaltung" übergehe.[38] Die Berufung Goerdelers wurde von den Sozialdemokraten als positive Entwicklung und beginnende Änderung des wirtschaftlichen Kurses des Regimes interpretiert. Diese Einschätzung entspricht nicht nur Goerdelers eigener Bewertung seiner Berufung, sondern zeigt auch, dass die politische und ökonomische Lage zu dieser Zeit noch Hoffnungen auf einen Kurswechsel unterstützten. In der Darstellung der Sopade-Berichte erschien Goerdeler geradezu als Hoffnungsträger für diesen Kurswechsel: „mit Goerdeler steigt neben Schacht ein neuer Mann eines nichtfaschistischen Wirtschaftsprogrammes – und einer nichtfaschistischen Staatssauffassung – empor, während die ‚namhaften' Vertreter der nationalsozialistischen Wirtschaftspolitik in der Versenkung verschwinden."[39] Zwei Jahre später wurde in den Sopade-Berichten die Konsequenz, mit der er von seinem Oberbürgermeister-Amt zurücktrat, hervorgehoben als ein positives Zeichen bürgerlichen Widerstands.[40]

Die ausgewählten Quellen sind nach inhaltlich zusammengehörenden Kapiteln geordnet. Während die Anordnung innerhalb dieser Kapitel chronologisch erfolgt, ergeben sich zwischen den einzelnen Textgruppen zeitliche Überschneidungen, die im Blick behalten werden sollten. Goerdelers Arbeit als Leipziger Oberbürgermeister lief parallel zu einer außerordentlich engagierten Mitarbeit an der Deutschen Gemeindeordnung sowie an der staatlichen Wirtschaftsordnungspolitik, worin der Grund für zeitliche Überschneidungen in den ersten drei Kapiteln zu finden ist. Die zeitlichen Überschneidungen der Dokumente im vierten und fünften Kapitel belegen die Problematik, Goerdelers Entscheidung für den Widerstand zu datieren. Es handelte sich dabei nicht um einen klaren, einzigen Schritt, sondern um einen langen Prozess zwischen 1937 und 1939, in dessen letzter Phase Goerdeler bereits erste Neuordnungspläne entwarf. Die zeitlichen Überschneidungen zwischen den Kapiteln fünf und sechs wiederum belegen Goerdelers rastlose Aktivitäten während des Zweiten Weltkriegs, als er gleichzeitig nach Verbündeten suchte und Konzepte für eine neue Verfassung schrieb.

Goerdelers politische Briefe, die den Zeitraum zwischen 1930 und 1945 umfassen, sind in die inhaltlich gegliederten Kapitel chronologisch eingeordnet worden.

---

[38] S. Deutschland-Berichte der Sozialdemokratischen Partei Deutschlands (Sopade) 1934–1940, 1. Jg. (1934), 4. Aufl. Frankfurt/M. 1980, S. 817.

[39] Ebd., S. 822.

[40] Sopade-Berichte, 3. Jg. (1936), S. 1653 f.

Dies ist schon aus dem Grunde zweckmäßig, weil sie häufig einen neuen Blick auf Goerdelers Motive ermöglichen. Der Vorteil dieser Gliederung zeigt sich etwa in dem Kapitel 1.2 über sein Leipziger Oberbürgermeisteramt, wo die aufgenommenen Briefe ein deutlich anderes Bild vermitteln als die restlichen Schriften. In keiner „offiziellen", für die Öffentlichkeit bestimmten Schrift wird Goerdelers Ziel einer autoritären Bürgermeisterei-Verfassung so deutlich vertreten wie in seinem persönlichen Brief an seinen Leipziger Amtsvorgänger Karl Rothe. Während er sich in demselben Kapitel in seinen öffentlichen Stellungnahmen für eine rigorose Sparpolitik einsetzt, belegt sein Schreiben an Hermann Dietrich seine Bemühung, Unterstützung aus Reichsmitteln zu erlangen. Und während er nach seinem Entlassungsgesuch aus dem Oberbürgermeisteramt betont sachliche Abschiedsworte an die Mitarbeiter der Stadtverwaltung richtet, zeugt sein Schreiben an Mutschmann von der Bitterkeit, die er angesichts seiner Behandlung in Leipzig empfand. Andere Kapitel bestehen überwiegend aus politischen Briefen Goerdelers, so etwa das Kapitel 1.3 zu seiner Mitwirkung an der kommunalpolitischen Neuordnung unter dem NS-Regime sowie das Kapitel 4.3 über seine Abwendung vom NS-Regime. Hier werden anhand der verschiedenen Adressaten Goerdelers Strategien deutlich, um seine Überzeugungen durchzusetzen.

Es sind eine Reihe von Briefen Goerdelers an seine Kinder überliefert, die das Bild eines großzügigen, liebevollen und besorgten Familienvaters vermitteln – von diesen wurde nur ein Bruchteil in die Edition aufgenommen. Die Auswahl fand unter dem Gesichtspunkt statt, Briefen mit relevantem politischen Inhalt den Vorzug zu geben. So findet sich unter den umfangreichen Stellungnahmen zur Regierungspolitik aus der Zeit zwischen 1931 und 1936 ein kurzer Brief Goerdelers an seinen ältesten Sohn Ulrich, in dem er kurz vor der nationalsozialistischen Machtübernahme über die anstehende Regierungsneubildung spekuliert. Von seinen Auslandsreisen, kurz nach der Münchener Konferenz, schrieb Goerdeler an Ulrich und seine älteste Tochter Marianne. Zwar äußerte er sich in diesen Briefen, wie in anderen Stellungnahmen auch, enttäuscht von der britischen Appeasement-Politik, doch betrachtet er das Münchener Abkommen hier auch unter dem Gesichtspunkt, dass ein Krieg verhindert und den ältesten Söhnen ein Kriegsdienst noch erspart wurde. Goerdelers private Aufzeichnungen aus Gestapohaft sind nicht ausschließlich Briefe, sondern zu einem beträchtlichen Teil Denkschriften. Auch in diesen Texten, die alle Appellcharakter haben, drehen sich jedoch seine Gedanken und Sorgen um die Zukunft seiner Familie.

Am Anfang der Edition stehen Schriften Goerdelers, die seine kommunalpolitische Tätigkeit betreffen. Innerhalb dieses ersten Kapitels finden sich zunächst Dokumente, die seine kommunalverfassungsrechtlichen Neuordnungsvorstellungen beleuchten, gefolgt von Schriften zu deren konkreter Umsetzung während Goerdelers Amtszeit als Leipziger Oberbürgermeister. Die in die Edition aufgenommenen Texte sind unter dem Gesichtspunkt ausgewählt worden, einen Überblick über Goerdelers verfassungs- und wirtschaftspolitische Ziele auf der kommunalen

Ebene zu geben und nicht so sehr seine Tätigkeit im politischen Tagesgeschäft zu dokumentieren.[41] Abschließend wird Goerdelers Mitwirkung an der kommunalverfassungsrechtlichen Neuordnung nach 1933 unter Einschluss bislang kaum beachteter Stücke neu beleuchtet. Unabhängig von der Person Goerdelers bieten die Schriften neue Aufschlüsse zur Genesis der Deutschen Gemeindeordnung und dokumentieren exemplarisch die Auseinandersetzungen zwischen nationalsozialistischen und konservativen Kommunalpolitikern, preußischen und Reichsinstanzen sowie zwischen nationalsozialistischen Verwaltungsbeamten und Parteifunktionären.[42]

Das zweite Kapitel behandelt Goerdelers Mitarbeit in der Reichspolitik vor dem Hintergrund der verschiedenen Ämter, die er in der Zwischenkriegszeit innehatte. Die ersten Schriften betreffen sein Engagement in der Ostpolitik während der unmittelbaren Nachkriegszeit, das ihn zunächst in Widerspruch zur Reichsregierung setzte und zu seinem deutschnationalen Engagement überleitete. Seine parteipolitischen Schriften, die aus der Auflösungsphase des Weimarer Parlamentarismus stammen, lassen eine klare Bestimmung seiner Position innerhalb des sich auflösenden Parteienstaats zu und weisen ihn als einen Anhänger des Präsidialregimes aus. Die Schriften zu seiner Amtszeit als Reichskommissar für die Preisüberwachung während der Präsidialkabinette und unter Hitler 1934/35 bestätigen diesen Befund und erhellen gleichzeitig seine wirtschaftsordnungspolitischen Vorstellungen.[43]

Die Texte des dritten Kapitels beleuchten Goerdelers Mitarbeit in der Reichspolitik anhand der Denkschriften, die er zwischen 1931 und 1936 für verschiedene Regierungsstellen verfasste. Goerdelers „Beratertätigkeit" für das zweite Kabinett Brüning und das NS-Regime war kein offizieller Posten. Er wurde jedoch verschiedentlich um Stellungnahmen gebeten und versandte Denkschriften z.T. aus eigener Initiative. Kennzeichnend für diese Denkschriften ist im Unterschied zu den späteren, dass sie an offizielle Regierungsstellen gingen und eine prinzipielle

41 Eine Anzahl weiterer Vortragstexte Goerdelers ist im Nachlass Schöne des Leipziger Stadtarchivs zu finden. Die Akten des Deutschen Städtetags dokumentieren Goerdelers außerordentliches Engagement in der Verbandsarbeit und enthalten zahlreiche von ihm verfasste Ausarbeitungen (LAB, B, Rep. 142/I, DST, B).

42 Die Materialsammlung Goerdelers zur kommunalpolitischen Neuordnung umfasst 3 Aktenordner mit Korrespondenz zur DGO und zur Gleichschaltung der kommunalen Spitzenverbände und füllt wichtige Lücken in den archivierten Beständen. Exemplare sämtlicher Entwürfe der beteiligten Reichs- und Parteistellen befinden sich ebenfalls in dem Privatbesitz.

43 Zu den Oststaatplänen existiert ein ganzer Aktenband im Nachlass Goerdeler (BAK, N 1113, Bd. 10), jedoch ist die Verfasserschaft nicht bei allen Texten eindeutig. An parteipolitischen Schriften Goerdelers konnten lediglich die drei abgedruckten ausfindig gemacht werden, während zu seinen Reichspreiskommissariaten eine umfangreiche Korrespondenz sowie Denkschriften von ihm zur Preisentwicklung in den Akten der Reichskanzlei vorhanden sind (BAB, R 43 II, Bde. 315a, 318a, 319 und 319a).

Kooperationsbereitschaft signalisierten. Es handelt sich um Versuche, die Regierungspolitik mit dem traditionellen Mittel der Denkschrifteneingabe zu beeinflussen. Insbesondere die Denkschriften zur Innenpolitik der Zwischenkriegszeit vermitteln ein differenziertes Bild der Ansichten Goerdelers zur Politik der Präsidialkabinette und des NS-Regimes. Es ist charakteristisch für Goerdeler während dieser Zeit, dass er aus eigenem Antrieb Denkschriften an verschiedene Regierungsstellen versandte, die sich mit allen erdenklichen, gerade diskutierten Maßnahmen befassten. Hier wurde eine Auswahl in der Form getroffen, dass allgemeiner gehaltene Denkschriften, die sich nicht allein mit tagespolitischen Problemen befassten, bevorzugt wurden. Auch die Vermeidung zu starker Wiederholungen war ein Auswahlkriterium.[44]

Das vierte Kapitel umfasst Texte zur Außenwirtschafts- und Außenpolitik. Plädoyers für einen offenen Welthandel gehören zum Kern der wirtschaftspolitischen Überzeugungen Goerdelers und gewannen mit der beginnenden nationalsozialistischen Autarkiepolitik weiter an Gewicht.[45] Seine außenpolitischen Vorstellungen waren europazentriert. Seine Reiseberichte aus den verschiedenen Ländern weisen einen deutlich verschiedenen Charakter auf, je nachdem ob es sich um europäische Großmächte handelt oder um Staaten, die Goerdeler bis zu dem Zeitpunkt fremd waren.[46] Die Auswahl der Texte wurde auf erstere beschränkt, außerdem wurden Berichte über die USA und Palästina aufgenommen, weil die Berichte aus anderen Ländern nur geringe politische Aussagekraft haben. Mit der Konzentration auf die Berichte aus Großbritannien, Frankreich und den USA – die Staaten, in denen Goerdeler mit einheimischen Politikern geheime Verhandlungen führte – wird der eigentliche Zweck seiner Reisen, die Verhinderung des Krieges, betont. Der Bericht aus Palästina wurde aufgenommen, um Goerdelers Stellung zum Judentum und zur angestrebten jüdischen Staatsgründung zu beleuchten. Aus Goerdelers Korre-

---

44 Z.B. existiert neben der „Stellungnahme zur Rohstoff-, Devisen- und Währungslage“ (Dok. 3.8, unten S. 411 ff.) auch eine „Vorläufige Stellungnahme zur Rohstoff-, Devisen- und Währungslage“ (Privatbesitz), die sich lediglich in ihrer Ausführlichkeit von dem in die Edition aufgenommenen Text unterscheidet. Neben derartigen Auslassungen fast identischer Schriften existieren eine Reihe von Abfassungen Goerdelers in den Akten der Reichskanzlei, die sich mit kommunalpolitischen, wirtschaftsordnungspolitischen und verfassungspolitischen Detailfragen befassen (BAB, R 43 II, Bde. 206, 308a, 317a und 534).

45 Zahlreiche finanz- und wirtschaftspolitische Artikel, die Goerdeler darüber hinaus verfasst hat, sind nicht aufgenommen worden. Insbesondere während der Zeit nach seinem Entlassungsgesuch in Leipzig im November 1936 und dem Beginn seiner Auslandsreisen im Juni 1937 hat er zahlreiche Artikel geschrieben, deren Inhalt sich stark wiederholt (Sonderdrucke in Privatbesitz sowie teilweise in BAK, N 1113, Bde. 12 und 17).

46 Es sind insgesamt 18 Reiseberichte Goerdelers überliefert: außer den in die Edition aufgenommenen existieren noch Reiseberichte aus der Türkei, Italien, Kanada, der Schweiz, Bulgarien, Rumänien, Jugoslawien, Belgien, Ägypten, Algerien, Libyen und Syrien (BAK, N 1113, Bde. 14 und 15).

spondenz der Jahre 1937/38 wurden vornehmlich solche Briefe ausgewählt, die das Schwanken zwischen Kooperation und Opposition belegen. Außer den aufgenommenen Briefen ist noch eine Reihe ähnlicher Schreiben an Heinrich Brüning, Reinhold Schairer, Gotthilf Bronisch u.a. aus dieser Periode überliefert, die jedoch von geringem historischen Interesse sind.[47]

Die Texte des fünften Kapitels dokumentieren Goerdelers Bruch mit dem NS-Regime. Insbesondere die bisher in der Forschung unbekannten Schriften vom Sommer und Herbst 1938 sind Schlüsseldokumente, die sowohl Goerdelers Abwendung vom Regime als auch seine Motivation klar belegen. Sie spiegeln seine Frustration angesichts der fortgesetzten Appeasement-Politik auf der Münchener Konferenz, die im ersten Halbjahr 1939 noch einmal umschlug in Hoffnung auf die Erhaltung des Friedens. Die Schriften vom Frühjahr und Frühsommer 1939 stehen exemplarisch für viele; Goerdelers Hoffnungen auf kirchliche und ausländische Interventionen zur Friedensbewahrung schlugen sich in zahlreichen, inhaltlich übereinstimmenden Appellen nieder.[48] Daran schließen sich Schriften aus dem Zeitraum 1940–43 an, die Goerdelers scharfe Kritik am nationalsozialistischen Herrschaftssystem eindrücklich spiegeln sowie seine Suche nach Verbündeten, insbesondere innerhalb des Militärs, dokumentieren.

Das sechste Kapitel umfasst Denkschriften aus dem Zeitraum 1941–1944, die konzeptionellen Charakter haben. Neben Goerdelers bekanntesten Schriften „Das Ziel“ und „Der Weg“ finden sich hier grundsätzliche Positionspapiere, die nach dem geplanten Staatsstreich publik gemacht werden sollten. Es handelt sich um programmatische Schriften, deren Anliegen es war, die Grundlagen der angestrebten verfassungspolitischen Ordnung zu beschreiben. Einerseits finden sich hier die wichtigsten innen- und außenpolitischen Neuordnungskonzepte, andererseits Schriften im Zusammenhang mit der unmittelbaren Umsturzvorbereitung, die der Umsturzregierung als erste öffentliche Stellungnahmen dienen sollten. Die aufgenommenen Schriften sind entweder von Goerdeler allein verfasst, oder von ihm korrigiert worden.

Das letzte, siebte Kapitel enthält eine Auswahl der bislang nur auszugsweise veröffentlichten Schriften Goerdelers, die er während seiner fünfmonatigen Gestapohaft verfasst hat. Insgesamt schrieb er drei Denkschriften für das Referat „Innere Verwaltung/Reichsgebiet“ des Amts III/RSHA: Eine Beantwortung von 39 Fragen über den Wiederaufbau, die bereits bei Jacobsen abgedruckt ist – sie wurde auch in die Edition aufgenommen, mit dem Unterschied, dass hier die Fragen Goerdelers Antworten vorangestellt sind. Die Hinzunahme der Fragen relativiert die Antworten in beträchtlichem Maß, da es sich häufig um Formulierungen mit mehreren Ant-

47 Viele der Briefe sind bereits in Koblenz (BAK, N 1113, Bd. 9), ein Teil noch in Privatbesitz. Häufig besteht ihr Inhalt aus konspirativen Verabredungen oder aus Paraphrasierungen der Reiseberichte.

48 Vgl. ähnliche Vorschläge Goerdelers in BAK, N 1113, Bd. 16.

wortmöglichkeiten handelt, die bereits vorgegeben waren.[49] Die zweite Denkschrift Goerdelers behandelte die Planung der Preisüberwachung für die Nachkriegszeit, und ist aufgrund mangelnder Relevanz nicht aufgenommen worden.[50] Die dritte Schrift, „Kritik am Verwaltungsaufbau und Gedanken zur Neuordnung der Selbstverwaltung", ist ebenfalls bei Jacobsen abgedruckt; in die vorliegende Edition ist nur der erste Teil übernommen worden. Das schien gerechtfertigt angesichts der Tatsache, dass die Denkschrift klar in zwei Teile aufgegliedert ist, und der zweite Teil nach sehr allgemeinen Bemerkungen abbricht.[51]

Die persönlichen Aufzeichnungen, die Goerdeler während seiner Haftzeit anfertigte, sind erstaunlich umfangreich. Ihr Inhalt deutet die Qualen an, denen der Häftling während der fünfmonatigen Haftzeit ausgesetzt war und die ihn zu manischen Wiederholungen, Beschwörungen und Beteuerungen veranlassten. Sie sind nur verständlich vor ihrem Entstehungshintergrund und sollten gelesen werden als Dokumentation der Verantwortung, die Goerdeler sich seinem Selbstverständnis entsprechend aufbürdete. Außer dem Abschiedsbrief an seinen ältesten Sohn Ulrich sind keine Briefe an seine Familie aus der Haftzeit überliefert, jedoch tauchen die Sorgen, die er sich um die Zukunft seiner Familie machte, in jeder Schrift auf. Bei den persönlichen Schriften wurde eine Auswahl getroffen, um zu häufige Wiederholungen sowie detaillierte Auflistungen von finanziellen Regelungen und Nachkriegsplanungen Goerdelers für seine Angehörigen zu vermeiden.

Den sieben Kapiteln sind jeweils knappe Einführungen vorangestellt, deren zentrales Anliegen es ist, die nachfolgenden Texte vorzustellen und in ihren historischen Kontext einzuordnen. Ohne damit die Aussagen der Texte zu präjudizieren, bieten die Einführungen Interpretationsansätze und werfen Fragen auf, deren künftige detailliertere Untersuchung wünschenswert wäre. Die Gesamtheit der politischen Schriften und Briefe Carl Goerdelers lässt keine Übersimplifizierungen zu, sondern zeigt einen politischen Menschen in seiner Entwicklung, vor dem Hintergrund der Weimarer Republik und des Dritten Reichs. Die Denkhaltungen und Reformvorstellungen, die in Goerdelers politischen Schriften und Briefen deutlich werden, sind ihrerseits ein Spiegel der politischen Verhältnisse, unter denen sie entstanden sind, und sind daher von besonderem historischen Interesse.

---

49 Abdruck bei Jacobsen, Opposition, S. 802-849; das Exemplar im Koblenzer Nachlass wurde seinerzeit von Ritter in Washington kopiert und ist identisch (BAK, N 1113, Bd. 24). Die Originale befinden sich mittlerweile im Bundesarchiv Berlin, dort scheinen allerdings die Fragen verloren gegangen zu sein (BAB, R 58, Bd. 57). Sie wurden deshalb aus dem Koblenzer Exemplar übernommen.

50 Original in BAB, R 58, Bd. 58, Exemplar in BAK, N 1113, Bd. 25. Goerdeler arbeitet hier stark mit fiktiven Preisniveaus, auf deren Grundlage er „gerechte Preise" zu entwickeln versucht.

51 Abdruck bei Jacobsen, Opposition, S. 850-908; Original in BAB, R 58, Bd. 59; Exemplar in BAK, N 1113, Bd. 25.

# Kapitel 1: Goerdelers kommunalpolitische Tätigkeit

## Einführung

Eine Edition der politischen Schriften und Briefe Carl Friedrich Goerdelers geht mit guten Gründen von seinen Schriften und Stellungnahmen zur Kommunalpolitik aus. Die Kommunalpolitik war Goerdelers ursprüngliches Betätigungsfeld und die Verteidigung von Selbstverwaltungsprinzipien zieht sich wie ein roter Faden durch seine sämtlichen Schriften. Die Fülle von Dokumenten macht eine Beschränkung auf grundsätzliche Stellungnahmen notwendig und legt es nahe, die alltägliche kommunalpolitische Arbeit auszuklammern. Am Anfang steht ein Artikel, den Goerdeler noch in Königsberg zum Verhältnis von Selbstverwaltung und Staat 1923 verfasst hat und der leitmotivisch seinen später eingenommenen Standpunkt vorwegnahm.[1] Unter Berufung auf die Ideen des Reichsfreiherrn vom Stein kritisierte er, dass sich das republikanische Deutschland vom ursprünglichen Selbstverwaltungsgedanken entfernt habe. Während das Kaiserreich es verstanden habe, sich auf eine weit gefasste Rahmengesetzgebung zu beschränken und den Gemeinden hinreichende Gestaltungsmöglichkeiten zu geben, sei die Republik durch Verstärkung der staatlichen Aufsicht und übermäßige Zentralisierung geprägt, die er insbesondere der Erzbergerschen Finanzreform zuschrieb. Dies sah er auch durch die Übertragung sozialpolitischer Zuständigkeiten auf den Staat sowie die verstärkte staatliche Rahmengesetzgebung im Schulwesen gegeben.

In einer grundsätzlichen Stellungnahme zur „Krisis der Selbstverwaltung“ vom Januar 1931[2] konkretisierte Goerdeler diese Überlegungen und forderte insbesondere eine Revision des Systems der Erwerbslosenfürsorge und der Erzbergerschen Finanzreform mit dem Ziel, eine finanzielle Entlastung der über Gebühr belasteten Gemeinden zu erreichen. Mit diesen Forderungen unterstützte Goerdeler Auffassungen, die vom Gros der leitenden Kommunalbeamten ebenfalls vertreten wurde. Er zielte auf eine Revision des Landessteuergesetzes und damit auf die Rückkehr zur Steuerhoheit der Gemeinden ab und setzte sich zugleich für eine Wiederherstellung der kommunalen Zuständigkeit im Bereich der Wohlfahrtspflege ein.

Bezeichnend für Goerdelers Reformvorschläge war die Zielsetzung, die Kompetenzen der Stadtverordnetenversammlung auf die Finanzkontrolle zu begrenzen, in der er deren „eigentliche Aufgabe“ erblickte, während er sie von einem Einbezug in tagespolitische Entscheidungen fernhalten wollte. Davon versprach er sich eine Verringerung der Sitzungen der Vollversammlung und vermehrte Ausschussarbeit, zugleich eine engere Zusammenarbeit der Stadtverordneten mit dem Stadtrat. Dieses

---

[1] S. Selbstverwaltung und Staat vom 30.12.1923; Dok. 1.1.1, unten S. 18 ff.

[2] S. Die Krisis der Selbstverwaltung. Notwendige Reformen vom 1.1.1931; Dok. 1.1.2, unten S. 23 ff.

Programm, das konstitutionelle Verfassungsmodelle auf die kommunale Selbstverwaltung übertrug, sollte eine größere Effizienz sowie eine Beschleunigung der Entscheidungsprozesse sicherstellen und wurde mit finanzpolitischen Zwängen begründet. In der Sache liefen seine Reformvorschläge auf eine Entdemokratisierung der Selbstverwaltung hinaus, die Goerdeler nicht zuletzt damit begründete, dass deren Kern sachliche Verwaltungsarbeit umfasse und politisch neutral sei. „Es ist deswegen grundfalsch und eine wesentliche Ursache der gegenwärtigen inneren Schwierigkeiten der Selbstverwaltung", so führte er aus, „daß man auf die örtliche Selbstverwaltung im Übermaße Gepflogenheiten des Reichsparlaments überträgt."[3]

Die Berufung auf den Selbstverwaltungsgedanken des Reichsfreiherrn vom Stein stellte ein wiederkehrendes Argument in Goerdelers kommunalpolitischen Stellungnahmen dar. Die von ihm anlässlich des 100. Todestages Steins gehaltene Leipziger Festrede[4] war für die einseitige Interpretation der Ideen des Reichsfreiherrn im Sinne seiner eigenen kommunalpolitischen Reformvorhaben charakteristisch. Indem er sich auf die Verdienste Steins für den Zusammenschluss der deutschen Nation berief, betonte er die Verbundenheit der Stadt Leipzig mit dem Reich und deutete die erwünschten Korrekturen in der Frage der gemeindlichen Finanzhoheit nur an.

Die Berufung auf die Traditionen des Reichsfreiherrn vom Stein war allerdings nicht ungewöhnlich, da gerade in der Weimarer Republik und insbesondere unter dem Eindruck des Jubiläumsjahres nahezu alle politischen Richtungen sich auf Stein beriefen. Die gegensätzliche Interpretation des Steinschen Erbes machte vor der Geschichtswissenschaft nicht halt und führte zu lebhaften Kontroversen zwischen liberal und konservativ eingestellten Historikern.[5] Stein konnte sowohl für die friderizianische Staatsdiener-Tradition, für die nationale Wiedergeburt nach 1807, die in Analogie zu 1918 gestellt wurde, als auch für liberale Ideen und den Gedanken der Partizipation der Bürger ausgenützt werden.

Goerdelers kommunalpolitische Zielsetzungen traten in seinem im Mai 1933 veröffentlichen Artikel über „Entwicklungstendenzen im deutschen Kommunalrecht"[6] eindrücklich hervor, in dem er gerade angesichts eines starken Staates einen

---

3 Ebd., S. 27.

4 S. Festrede zum 100. Todestag des Freiherrn vom Stein vom 29.6.1931; Dok. 1.1.3, unten S. 28 ff.

5 Vgl. Heinrich Heffter: Die deutsche Selbstverwaltung im 19. Jahrhundert. Geschichte der Ideen und Institutionen, Stuttgart 1950, S. 77 ff. sowie Hans Herzfeld: Demokratie und Selbstverwaltung in der Weimarer Epoche, Stuttgart 1957. Exemplarisch manifestierte sich die wissenschaftliche Kontroverse an den Biographien zum Anlass des Stein-Gedenkjahres 1931; vgl. z.B. Gerhard Ritter: Stein. Eine politische Biographie, 2 Bde., Stuttgart und Berlin 1931 und Franz Schnabel: Der Freiherr vom Stein und der deutsche Staat, Leipzig und Berlin 1931.

6 S. Entwicklungstendenzen im deutschen Kommunalrecht vom 27.5.1933; Dok. 1.1.4, unten S. 32 ff.

Ausbau der Selbstverwaltung als Gegengewicht forderte. Dem entsprachen die Ausführungen zur Wahl und Verantwortlichkeit der Gemeindevertreter gegenüber ihren Wählern. Einerseits verlangte er analog zu der für den Gesamtstaat anzustrebenden „autoritativen, von den Parteien unabhängigen Staatsführung, unter Freimachung der zur Mitarbeit drängenden Kräfte des Volkes" eine weitgehende Entpolitisierung der kommunalen Körperschaften. Andererseits widersprach er einer Ausdehnung der staatlichen Auftragsverwaltung und plädierte für eine größtmögliche Unabhängigkeit der Gemeinden. In diesem Zusammenhang begrüßte er die Dietramszeller Notverordnung vom August 1931, die den Leitern der Gemeinde, indem sie ihnen eine weitgehende Entscheidungsbefugnis in finanzieller Beziehung übertrug, die „Freiheit, sachlich zu arbeiten", eingeräumt habe.

Goerdelers kommunalpolitische Position näherte sich in der Polemik gegen die angebliche Politisierung der Gemeindevertreter in mancher Hinsicht nationalsozialistischen Vorstellungen, entstammte aber der konservativen Staatstradition, wenngleich er durch die Aufnahme des Führergedankens auch für die Lenkung der Gemeinde eine bedenkliche Affinität zur nationalsozialistischen Terminologie entwickelte[7] – so in einem Schreiben an den Landeshauptmann von Ostpreußen, Paul Blunk, vom Januar 1934.[8] Terminologische Anklänge dürfen jedoch nicht verkennen lassen, dass Goerdeler fern davon, eine totalitäre Struktur anzustreben, eine autoritär gelenkte Verwaltungsstruktur vor Augen hatte, wie sie von Max Weber als monokratisch organisierter bürokratischer Verwaltungsstab beschrieben worden war. Dazu gehörten die persönliche Verantwortung des Amtsinhabers innerhalb der sachlichen Aufgabenstellung, eine geordnete Amtshierarchie mit festen Kompetenzen und qualifikatorischen Anforderungen. Wenn bei Goerdeler von „Totalität im Sinne des Nationalsozialismus" die Rede war, verstand er darunter nicht wie das NS-Regime die Kontrolle aller Lebensbereiche durch die Partei, was er weder für wünschenswert noch für realisierbar ansah und mit der Eigenart des deutschen Volkes für unvereinbar hielt. Er wollte vielmehr darunter die Einheit von Partei und Staat im Sinne vollständiger Unterordnung der Parteiinteressen gegenüber dem Gemeininteresse verstehen.

Hinter der von ihm wiederholt geforderten „Auslöschung jeder politischen Parteiung" stand der ja keineswegs auf den Nationalsozialismus beschränkte Gedanke der Volksgemeinschaft. Auch Goerdeler gab sich der Illusion hin, die Klassengesellschaft samt den politischen Parteien und Interessenverbänden in der Idee der Volksgemeinschaft aufgehoben zu sehen, was jedoch nicht die Beseitigung der sozialen Unterschiede bedeutete. Insoweit bestand für Goerdeler eine offensichtliche Verbindung zwischen dem durch den Führergedanken geprägten national-

---

7 Vgl. Eberhard Laux: Führung und Verwaltung in der Rechtslehre des Nationalsozialismus, in: Dieter Rebentisch und Karl Teppe (Hg.): Verwaltung contra Menschenführung im Staat Hitlers. Studien zum politisch-administrativen System, Göttingen 1986 S. 33-64.

8 S. Schreiben an Paul Blunk vom 8.1.1934; Dok. 1.1.5, unten S. 44 ff.

sozialistischen Staat und der von ihm geforderten Struktur der kommunalen Selbstverwaltung.

Während die vorstehenden Dokumente die prinzipielle kommunalpolitische Position Goerdelers beleuchten, entstammen die folgenden seiner praktischen Tätigkeit in seiner Zeit als Oberbürgermeister von Leipzig. Auf zwei Ebenen versuchte er, seine kommunalpolitischen Vorstellungen praktisch umzusetzen. Einerseits war er bestrebt, seine Kompetenzen als Oberbürgermeister der Stadt Leipzig in den Jahren von 1930 bis 1936 zu erweitern. Andererseits hoffte er, über den Deutschen Städtetag, dessen engerem Vorstand er seit dem Frühjahr 1930 angehörte, die kommunalpolitische Gesetzgebung im Sinne einer Stärkung der Kommunen gegenüber dem Reich und den Ländern beeinflussen zu können. Noch vor seiner Wahl zum Oberbürgermeister von Leipzig erkundigte sich Goerdeler in einem Schreiben vom März 1930 bei seinem Vorgänger, Karl Rothe, welche Möglichkeiten bestünden, Bestimmungen sowohl der sächsischen Gemeindeordnung als auch der Leipziger Stadtverfassung abzuändern.[9]

Goerdeler ging es konkret darum, eine „schlagkräftigere Leitung der Verwaltung" zu erreichen, ein Ziel, für dessen Erreichung er die Kompetenzbeschränkung von Ratsmitgliedern und Stadtverordneten in Kauf nahm. Indessen erschien eine Reform der Gemeindeordnung angesichts der Mehrheitsverhältnisse im sächsischen Landtag einstweilen aussichtslos. Hingegen gelang es ihm im Laufe seiner Amtszeit, die Stellung des Oberbürgermeisters zu stärken, insbesondere durch die Kompetenzerweiterung des Hauptverwaltungsamtes zur zentralen Schaltstelle der Stadtverwaltung, die für die Bearbeitung aller Eingänge an die Verwaltung zuständig wurde und dem Oberbürgermeister direkt unterstellt war. Zugleich mussten die städtischen Körperschaften einen zusätzlichen Bedeutungsverlust hinnehmen, indem Goerdeler bestrebt war, Entscheidungen in die Besprechungen der Fraktionsvorsitzenden zu verlegen und die Zahl der Sitzungen des Stadtverordneten- und des Ratskollegiums drastisch zu verringern.[10]

Die Bemühungen Goerdelers, seine kommunalpolitischen Zielsetzungen durchzusetzen, erfolgten vor dem Hintergrund der Brüningschen Deflationspolitik, die von einem Abbau parlamentarischer Einwirkungen auf allen politischen Ebenen begleitet war. Die sich verschärfende Finanzkrise der Gemeinden wurde allenthalben zur Begründung dafür herangezogen, wirtschafts- und finanzpolitische Eingriffe auf dem Verordnungsweg vorzunehmen. Somit bestand ein enger Zusammenhang zwischen der finanziellen Erosion der kommunalen Haushalte und der Akzeptanz von einschneidenden Eingriffen in die geltenden Verfassungsvor-

---

[9] S. Schreiben an Rothe vom 24.3.1930; Dok. 1.2.1, unten S. 48 ff.

[10] Vgl. die Verwaltungsberichte für 1931 und 1932 (StAL, S/712). Die Einführung von Fraktionsführerbesprechungen ging auf eine Anregung Goerdelers vom Sommer 1930 zurück und ging einher mit der Reduktion der Stadtverordnetensitzungen (Vgl. Protokoll der Stadtverordneten vom 9.7.1930; StAL, Kap. 7, Bd. 13, Bl. 94).

schriften.[11] Goerdeler bediente sich ähnlicher Begründungen in einem im Dezember 1930 veröffentlichten, mit dem Titel „Der Zwang zur Sparsamkeit" überschriebenen Artikel, der die Finanzkrise der Stadt Leipzig und die zu ergreifenden Gegenmaßnahmen erläuterte.[12]

Der Artikel Goerdelers muss vor dem Hintergrund der Brüningschen Deflationspolitik beurteilt werden, die von der Vorstellung einer „Gesundschrumpfung" der öffentlichen Finanzen geprägt war, für die Kommunen jedoch eine Verschärfung ihrer finanziellen Notlage bewirkte.[13] Während die Mehrzahl der leitenden Kommunalpolitiker bemüht war, die deflationistischen Maßnahmen zu umgehen, setzte sich Goerdeler nachdrücklich für die vorbehaltlose Unterstützung der Politik der Regierung ein. Als überzeugter Verfechter der Deflationspolitik sollte dies Goerdeler wenig später als geeigneten Kandidaten für das Amt des Reichskommissars für die Preisüberwachung empfehlen.[14]

Während die Deflationspolitik für Brüning eine überwiegend taktische Funktion besaß, maß Goerdeler ihr grundsätzliche Bedeutung zu. In seinen Schriften erscheint Sparsamkeit als eine unverzichtbare Tugend und wird ihr ökonomisches Gewicht überschätzt. Goerdeler befand sich in Übereinstimmung mit der herrschenden nationalökonomischen Lehre, wenngleich es, so im Falle der Stadt Ludwigshafen, im Gegensatz zu der von der staatlichen Aufsichtsbehörde betriebenen Haushaltspolitik, durchaus Stimmen gab, die für keynesianische Ideen oder eine antizyklische Konjunkturpolitik eintraten.[15]

Von der Verschärfung der Wirtschaftskrise wurden die kommunalen Finanzen immer stärker getroffen, und die Unterschiede zwischen den einzelnen Kommunen traten immer mehr zurück. Das Anwachsen der Soziallasten zwang Gemeinden zu einer rigorosen Senkung der Ausgaben in den übrigen Verwaltungszweigen und

---

11 Vgl. dazu Harold James: Municipal Finance in the Weimar Republic, in: W.E. Lee und Eve Rosenhaft (Hg.): The State and Social Chance in Germany, 1880–1980, New York 1989, S. 228-253.

12 S. Der Zwang zur Sparsamkeit. Leipzigs Steuer- und Finanzpolitik, vom 25./26.12.1930; Dok. 1.2.2., unten S. 50 ff.

13 Am 1.10.1930 erklärte Brüning einer Delegation des Deutschen Städtetages, an der Goerdeler teilnahm, dass die Gemeinden keine Reichsmittel erwarten könnten, sondern sich nach dem Vorbild des Reiches durch äußerste Sparsamkeit selbst helfen müssten (Aktenvermerk in BAB, R43 I/2319).

14 Vgl. dazu unten Kapitel 2, S. 175 ff.

15 Im Sinne Goerdelers argumentierte z.B. Ludwig v. Mises: Die Ursachen der Wirtschaftskrise, Tübingen 1931; dagegen Wilhelm Röpke: Geldtheorie und Weltkrise, in: Deutscher Volkswirt vom 25.9.1931, S. 1742-1747. Röpkes Artikel war eine sehr wohlwollende Rezension des bereits 1930 erschienen Werks von John Maynard Keynes, „A Treatise on Money". Zu dem Modellversuch in Ludwigshafen vgl. Fritz Blaich: Möglichkeiten und Grenzen kommunaler Wirtschaftspolitik während der Weltwirtschaftskrise 1929–1932. Dargestellt am Beispiel der Stadt Ludwigshafen am Rhein, in: AfK, Jg. 9 (1970), S. 92-108.

stellte die jeweilige Gemeindeleitung vor die Alternative, sich entweder gegen die städtischen Körperschaften zu stellen, die die Sanktionierung extremer Kürzungen verweigerten, oder gegen die Staatsaufsicht, die rigorose Maßnahmen zum Haushaltsausgleich einforderte. Goerdeler gehörte zu den Gemeindeleitern, die besonders kompromisslos den ersten Weg wählten, wie exemplarisch an der Auseinandersetzung um den Leipziger Haushalt für das Finanzjahr 1931/32 deutlich wird.

Goerdeler hatte bereits im Dezember 1930 in seinem Artikel „Der Zwang zur Sparsamkeit" rigorose Sparmaßnahmen angekündigt und eine weitere städtische Verschuldung als indiskutabel zurückgewiesen. Desgleichen hatte er sich gegen die Veräußerung städtischen Vermögens gewandt sowie die Aufnahme eines Überbrückungskredits abgelehnt. Dabei war sein Beharren auf dem Primat sparsamer Haushaltsführung charakteristisch, das den Gesichtspunkt der Sozialverträglichkeit zurückstellte. In einer für ihn typischen Argumentation erklärte er, dass der von ihm eingeschlagene Weg die einzige „naturgesetzlich" vorgegebene Lösungsmöglichkeit darstelle und forderte, dass es gelte, „den Dingen ins Gesicht zu sehen, so wie sie sind, und ohne Rücksicht darauf, ob die notwendigen Maßnahmen populär sind, das zu tun, was die Verantwortung im Interesse der Stadt, im Interesse der Aufrechterhaltung gesunder Grundlagen für die Wiederaufrichtung der Wirtschaft gebietet".[16]

Goerdeler agierte bei seiner kommunalen Wirtschafts- und Finanzpolitik nicht, wie man gemeint hat,[17] als „Erfüllungsgehilfe" der Regierung Brüning, sondern verfolgte aus eigener Überzeugung die Zielsetzung, durch umfassende Sparmaßnahmen die von ihm als „Überversorgung" charakterisierte kommunale Wohlfahrtspflege zurückzufahren und zugleich die Kompetenzen der Stadtverordnetenversammlung zu beschneiden. Schon 1930 gelang es ihm, sich mit Hilfe der sächsischen Landesregierung gegen die Stadtverordnetenversammlung durchzusetzen und eine Bürgersteuer in Leipzig einzuführen.[18]

In einem im Frühjahr 1931 verfassten Artikel „Zum neuen Haushaltsplan" rechtfertigte Goerdeler diesen Eingriff der staatlichen Aufsichtsverwaltung, den er grundsätzlich eher für schädlich hielt, mit der Bemerkung: „Daß man an der Bürgersteuer angesichts der gewaltigen Lasten der Stadt nicht vorbeigehen konnte, war außerhalb allem Zweifel. Leider mußte die nicht zu erreichende Zustimmung der Stadtverordneten durch das Ministerium des Innern ersetzt werden".[19] Zugleich hatte Goerdeler im Stadtrat eine Senkung des Richtsatzes für die offene Fürsorge verfügt, ohne das Einverständnis der Stadtverordnetenversammlung einzuholen,

16 S. Der Zwang zur Sparsamkeit. Leipzigs Steuer- und Finanzpolitik; Dok. 1.2.2, unten S. 50 ff.

17 S. Paulus, Kommunale Wohlfahrtspolitik, S. 39.

18 Vgl. Verhandlung der Stadtverordneten 1930, S. 1120 ff., 1308 ff. und 1351 ff.; zu dem Konflikt Brünings mit der Reichstagsmehrheit über die Einführung der Bürgersteuer vgl. Hans Mommsen: Aufstieg und Untergang der Republik von Weimar 1918–1933, 2. Aufl. München 2001, S. 360 f.

19 S. Zum neuen Haushaltsplan vom März/April 1931, Dok. 1.2.3, S. 56 ff.

woraufhin dieser den Haushaltsentwurf vom Mai 1931 geschlossen ablehnte, was ein Novum in der Geschichte der Stadt Leipzig darstellte.[20]

Ein Schreiben an den Reichsfinanzminister Hermann Dietrich vom 10. März 1931[21] übte Druck auf die Reichsregierung aus, eine Änderung der Zuständigkeiten in der Erwerbslosenfürsorge zugunsten der Kommunen zu erreichen. Mit verhaltenem Stolz wies Goerdeler darauf hin, dass die Fürsorgesätze in Leipzig noch unter denen der preußischen Großstädte lägen, dass aber die Belastung der kommunalen Haushalte trotzdem unerträglich sei und Abhilfe verlange. Er legte seine Forderungen im Dezember 1932 in einem Vortragsmanuskript über „Organisatorische und finanzielle Vereinheitlichung der Arbeitslosenhilfe" dar und berichtete darin über die Ergebnisse eines im Einvernehmen mit dem Deutschen Städtetag durchgeführten Pilotprojekts, das die Zusammenlegung der Verwaltung von Arbeitslosenhilfe und Krisenfürsorge getestet hatte.[22]

Goerdeler hatte sich maßgeblich für die vom Deutschen Städtetag vorgeschlagene umfassende Reform des Unterstützungswesens eingesetzt. Die Reform erschien unabweisbar, weil die Gemeinden in der Krise die Hauptlast in Form der Wohlfahrtserwerbslosenfürsorge zu tragen hatten. Die Einschränkung der Laufzeiten der Arbeitslosenversicherung und des Kreises der Unterstützungsberechtigten führte notwendig dazu, dass die Versorgung der Ausgesteuerten bzw. nicht Unterstützten der kommunalen Wohlfahrtspflege zur Last fiel.[23] Die Reformvorschläge des Städtetages liefen darauf hinaus, die Krisenunterstützung und die Wohlfahrtserwerbslosenfürsorge zusammenzulegen und den Gemeinden zu übertragen. Die Gewährung von Unterstützung sollte von einer Bedürftigkeitsprüfung abhängig gemacht werden, die Finanzierung zu 50% durch das Reich, zu jeweils 25% durch Länder und Gemeinden erfolgen.[24]

Trotz der Initiativen des Städtetags und der Tatsache, dass die Reformbedürftigkeit des Systems der Arbeitslosenfürsorge allgemein anerkannt wurde, kam es nicht zu einer umfassenden Reform. Im Vorstand des Städtetags erwog man, die Vorzüge einer Zusammenlegung von Krisenfürsorge und Wohlfahrtserwerbslosenfürsorge praktisch zu demonstrieren, und Goerdeler erklärte sich bereit, einen entsprechenden Modellversuch in Leipzig durchzuführen.[25] Die Verhandlungen, die von Goerdeler mit der Reichsanstalt für Arbeitslosenversicherung und den beteilig-

---

20 Im einzelnen vgl. Paulus, Kommunale Wohlfahrtspolitik, S. 35 ff.

21 S. Schreiben Goerdelers an Hermann Dietrich vom 10.3.1931; Dok. 1.2.4, unten S. 68 ff.

22 S. Vortragsmanuskript vom 2.12.1932; Dok. 1.2.5, unten S. 71 ff.

23 S. Heidrun Homburg: Vom Arbeitslosen zum Zwangsarbeiter. Arbeitslosenpolitik und Fraktionierung der Arbeiterschaft in Deutschland 1930–1933 am Beispiel der Wohlfahrtserwerbslosen und der kommunalen Wohlfahrtshilfe, in: AfS 25 (1985), S. 251-298.

24 Sitzungsprotokoll des engeren Vorstands des Deutschen Städtetags vom 22.1.1931 (LAB, B, Rep. 142/I, DST, A. Nr. 7).

25 Schreiben Mulerts an Goerdeler vom 28.6.1932; BAB, R 36/1532 sowie Goerdelers Antwort vom 4.7.1932; ebd.

ten Ressorts geführt wurden und die sich bis zum Frühjahr 1933 hinzogen, hatten den Hintergrund, die Unwirtschaftlichkeit der zentralen Verwaltung der Arbeitslosenversicherung aufzuzeigen und damit die Übernahme des gesamten Komplexes durch die kommunalen Verwaltungen bei entsprechender finanzieller Ausstattung vorzubereiten. Dabei ging es auch darum, das ohnehin durchlöcherte Versicherungsprinzip endgültig außer Kraft zu setzen.[26]

Zweifellos hoffte Goerdeler, unter der neuen Regierung Hitler seine kommunalpolitischen Reformvorstellungen leichter realisieren zu können. Das war der Tenor der Loyalitätserklärung an die Regierung der nationalen Konzentration, die er am 24. März 1933 vor dem Stadtrat abgab und unter das Motto „Die Gemeinde als Teil des Reichsganzen" stellte.[27] Die Rede macht deutlich, dass Goerdeler die mit dem Ermächtigungsgesetz vom Vortage ermöglichte autoritäre Regierungsführung ausdrücklich bejahte und dass es sich bei der Ansprache keineswegs um eine taktische Anpassung an das neue Regime handelte. Das geht aus der Kernaussage hervor, wonach „zum ersten Mal seit der Gründung des Reiches durch Bismarck" die Möglichkeit gegeben sei, „die Verfassung des Reiches und der Länder, das Recht der Gemeinden und der sonstigen Selbstverwaltungskörperschaften einheitlich so zu gestalten", wie es „den Lebensinteressen des deutschen Volkes" entspreche. Dass die weitere Entwicklung diese Hoffnungen weitgehend zunichte machte, steht auf einem anderen Blatt.[28]

In der Festrede zur 525-Jahrfeier der Universität Leipzig am 31. Oktober 1934[29] vermied Goerdeler den inzwischen üblich gewordenen Stil einer Lobhudelei gegenüber dem Nationalsozialismus, der von seinen Mitrednern – den Vertretern der sächsischen Landesregierung und der NS-Dozentenschaft – gepflegt wurde, indem sie den „neuen akademischen deutschen Menschen" feierten und versprachen, sich von „unbeteiligter Betrachtung und abseitigem Zuschauen" lösen und für „den großen Gedanken des Nationalsozialismus" leben zu wollen. Goerdeler bekannte sich demgegenüber zu einer „gerechten Ordnung" und einer „starken Staatsgewalt", zu Geistes- und Gewissensfreiheit und zur Ehre und Wohlfahrt der Nation und verwies auf die Tradition von Humanismus und Reformation.

Auch seine Abschiedsworte, die er am 31. März 1937 an die Beamten, Angestellten und Arbeiter der Leipziger Stadtverwaltung richtete, blickten in die Vergangen-

---

26 Die Verhandlungen zwischen der Leipziger Stadtverwaltung und der Reichsanstalt umfassen einen gesamten Aktenband (ebd.) und enden mit einem unbeantworteten Schreiben Goerdelers vom 17. Februar 1933. Es ist anzunehmen, dass der Abbruch der Verhandlungen auf die unruhige Lage in Leipzig und das ungeklärte Schicksal des Deutschen Städtetags (s. Dok. 1.3.4; unten S. 114 ff.) nach der nationalsozialistischen Machtübernahme zurückzuführen ist.

27 S. Die Gemeinde als Teil des Reichsganzen vom 24.3.1933; Dok. 1.2.6, unten S. 82 ff.

28 Vgl. Reich, Goerdeler, S. 139 ff. zu Konsens- und Dissensbereichen im Verhältnis zwischen Goerdeler und der NSDAP.

29 S. Redemanuskript vom 31.10.1934; Dok. 1.2.7, unten S. 84 ff.

heit, beschworen die Werte des Berufsbeamtentums, das er in die friderizianische Staatsdienertradition einordnete, und beeindruckten durch ihre Nüchternheit.[30] Er benützte diesen Anlass zu einem Plädoyer für den Dienst des Einzelnen an der Selbstverwaltung, für Sauberkeit und Sparsamkeit der Verwaltung und gegen „bürokratische Erstarrung und Überorganisation“. Goerdeler muss der Entschluss, um seine Entlassung nachzusuchen,[31] sehr schwer gefallen sein. Wie er in einem Protestschreiben an den sächsischen Gauleiter Martin Mutschmann vom 23. November 1937[32] betonte, sah er sich durch den Autoritätsverlust in seiner Funktion als Gemeindeleiter zu diesem Schritt gezwungen. In der Tat war die Erweiterung seiner Kompetenzen als Oberbürgermeister, die Goerdeler in den ersten Jahren seiner Amtszeit hatte durchsetzen können, durch die zunehmende Nebenregierung der nationalsozialistischen Mitglieder der Stadtverwaltung konterkariert worden. Goerdeler war nicht in die NSDAP eingetreten. Er hatte zunehmende Schwierigkeiten, sich gegenüber den Parteigenossen durchzusetzen, insbesondere gegenüber seinem Stellvertreter Rudolph Haake, der sich in den Auseinandersetzungen mit Goerdeler gern als „erster verantwortlicher Parteigenosse im Rathaus“ stilisierte, wie es in der Begründung hieß, mit der er entgegen Goerdelers ausdrücklicher Anweisung während dessen Abwesenheit die Schleifung des Mendelssohn-Denkmals verfügt hatte.[33]

Goerdelers Konflikte mit der NSDAP waren jedoch erst eskaliert, als er seinen Einfluss in der Reichsregierung verloren hatte, was mit dem wirtschaftlichen Kurswechsel des Regimes und der Verkündung des Vierjahresplanes evident wurde.[34] Zuvor genoss Goerdeler durch seine Übernahme des Reichskommissariats für die Preisüberwachung und seine Mitarbeit an der Deutschen Gemeindeordnung von 1934/35 ein beträchtliches Ansehen, das ihn gegen die Angriffe der Leipziger Nationalsozialisten immunisierte.

Goerdeler hatte mit der Bildung des Kabinetts der nationalen Konzentration die Hoffnung verbunden, die von ihm seit Jahren angemahnten kommunalpolitischen Reformen zu realisieren. „Der Nationalsozialismus“, so schrieb er in einem mit „Osterwünsche für die Kommunalpolitik“ überschriebenen Artikel vom April 1933[35] „schafft freies Feld für notwendige Veränderungen“ und forderte in diesem Zusammenhang „richtige Selbstverwaltung“ statt „hemmungsloser Demokratie“, größere Autorität für den „Gemeindeleiter“ und den Zwang zum Haushaltsausgleich. Goerdeler stand mit diesen Reformforderungen nicht allein, sondern besaß

---

30 S. Abschiedsworte an die Beamten, Angestellten und Arbeiter der Stadtverwaltung vom 31.3.1937; Dok. 1.2.10, unten S. 91 ff.

31 S. Schreiben an die Stadt Leipzig vom 25.11.1936; Dok. 1.2.8, unten S. 86 .

32 S. Schreiben Goerdelers an Martin Mutschmann vom 23.11.1937; Dok. 1.2.11, unten S. 96 ff.

33 S. Schreiben Haakes an Goerdeler vom 16.11.1937 (StAL, Kap. 10 G, Nr. 658, Bl. 1, Bl. 260 f.).

34 S. dazu Kapitel 3, unten S. 261 ff.

35 S. Osterwünsche für die Kommunalpolitik vom 13.4.1933; Dok 1.3.1, unten S. 102 ff.

die Unterstützung der Mehrheit der kommunalen Spitzenpolitiker. Auch demokratische Kommunalpolitiker wie Erich Koch-Weser und Hans Lohmeyer setzten sich für eine Stärkung der Exekutive gegenüber den kommunalen Vertretungskörperschaften ein. Desgleichen hatte sich der Ausschuss für Verfassungs- und Verwaltungsreform des Deutschen Städtetages 1932 für die Schaffung eines reichseinheitlichen Einkammersystems auf kommunaler Ebene ausgesprochen und eine „Zusammenfassung der Verwaltung beim Oberbürgermeister als maßgebendem Verwaltungs- und Exekutivorgan" sowie eine Begrenzung der Kompetenzen der Stadtverordnetenversammlung auf das Budgetrecht verlangt.[36]

Hinter derartigen Forderungen verbarg sich die Vorstellung, dass die Selbstverwaltung im Wesentlichen unpolitische Funktionen habe, die durch Fachleute wahrzunehmen waren, während den kommunalen Vertretungskörperschaften eine übermäßige Politisierung und Ideologisierung zugeschrieben wurde. Der gegen parlamentarische Einrichtungen gewandte Akzent dieser Kritik war unverkennbar und korrespondierte mit nationalsozialistischen Auffassungen. Goerdeler hatte keine Scheu, an die neuen Machthaber heranzutreten und sich als Mitarbeiter für die erwartete kommunalpolitische Neuordnung ins Spiel zu bringen. Am 12. Oktober legte er dem Reichsminister des Innern, Wilhelm Frick, eine Stellungnahme zur Neuordnung der Gemeindeverfassung vor.[37] Sie fasste im wesentlichen die bereits skizzierten Forderungen des Deutschen Städtetages zusammen und lief auf eine autoritäre Umformung der Gemeindeverfassungen hinaus, ohne deren Autonomie anzutasten.

Die Reaktion des Reichsinnenministeriums war positiv. Neben der Ankündigung, auf seine Vorschläge zurückgreifen zu wollen, wurde Goerdeler ersucht, einen Entwurf für die Reichstädteordnung zu unterbreiten, und er wurde ebenfalls um eine Stellungnahme zur Umwandlung des Deutschen Städtetags in den Deutschen Gemeindetag gebeten.[38] Das Interesse des Reichsministeriums des Innern an Goerdeler und an Repräsentanten des Städtetags ging in erster Linie darauf zurück, dass es sich in der Frage der kommunalen Neuordnung in einer Konkurrenz zum Preußischen Ministerium des Innern befand, das über eine ausgebaute Kommunalabteilung verfügte, die dem Reichsministerium fehlte. Daher wurde Goerdeler unter Verweis auf seine langjährigen Erfahrungen in der kommunalen Verwaltung und im Deutschen und Preußischen Städtetag geradezu umworben. So schrieb ihm Hans Pfundtner, Staatssekretär im Reichsministerium des Innern: „Herr Reichsminister Dr. Frick und ich legen Wert darauf, uns über alle diese Fragen

[36] Vgl. Sitzungsprotokoll des Ausschusses für Verfassungs- und Verwaltungsreform des Deutschen Städtetags über die Sitzung vom 14.9.1932; LAB, B, Rep. 142/1, DST, B, Nr. 2230/II. S. auch Erich Koch-Weser: Einheitsstaat und Selbstverwaltung, Berlin 1928 sowie Hans Lohmeyer: Zentralismus oder Verwaltung, Berlin 1928.

[37] Schreiben Goerdelers an Frick vom 12.10.1933; Dok. 1.3.2, unten S. 107 ff.

[38] Schreiben des RMdI an Goerdeler vom 24.11.1933 (Privatbesitz).

[dem Deutschen Gemeindetag und der Reichsreform] mit Ihnen als besonders bewährtem Kommunalfachmann einmal in Ruhe auszusprechen, und zwar wenn möglich schon im Laufe der nächsten Woche".[39] Noch am gleichen Tage stellte sich Goerdeler dem Reichsinnenminister zur Verfügung und warnte in seinem Schreiben vor einem preußischen Alleingang in der Gemeindeverfassungsreform.[40] Allerdings wurde das preußische Gemeindeverfassungs- und Gemeindefinanzgesetz schon am 15. Dezember 1933 gegen den Einspruch Fricks und der beteiligten Reichsressorts unter der Federführung von Johannes Popitz und Ludwig Grauert erlassen.[41]

Der Gesetzentwurf für den Deutschen Gemeindetag wurde Goerdeler am 5. Dezember 1933 vom Reichsministerium des Innern zur Kenntnis gebracht. In der Sache lief der Gesetzentwurf auf eine Legalisierung der bereits durchgeführten Gleichschaltung der kommunalen Spitzenverbände hinaus. Die Notwendigkeit einer gesicherten rechtlichen Grundlage wurde auch von Goerdeler in seiner Stellungnahme für Frick am 9. Dezember 1933 ausdrücklich bejaht.[42] Gleichzeitig betonte er jedoch, dass dem Deutschen Gemeindetag ein Initiativrecht bei den Reichs- und Landesbehörden zugestanden werden müsse, ebenso dürfe die innere Organisation nicht der Aufsicht des Reichsinnenministers unterliegen. An dieser Stellungnahme zeichnete sich bereits das ambivalente Verhältnis in der Zusammenarbeit Goerdelers mit der nationalsozialistischen Regierung ab. Einerseits entsprach die autoritäre Umbildung der Regierungs- und Verwaltungsapparate den Erwartungen auch der bürgerlichen Koalitionspartner Hitlers, die Goerdeler teilte. Andererseits blieb Goerdeler insofern ein aufrechter Verfechter der Selbstverwaltung, als er deren relative Autonomie gegenüber einem Zugriff der Reichsregierung gesichert sehen wollte.

Was den Deutschen Gemeindetag anging, konnte sich Goerdeler mit seinen Forderungen nicht durchsetzen. Auf seine Stellungnahme vom 9. Dezember 1933 erging offenbar keine Antwort mehr, und das am 15. Dezember 1933 verabschiedete „Gesetz über den Deutschen Gemeindetag" folgte dem ursprünglichen Referentenentwurf.[43] Zwar realisierte das Gesetz mit dem Zusammenschluss der kommunalen Spitzenverbände und der Bindung an die Staatsverwaltung zwei Überlegungen, die im Deutschen Städtetag seit 1930 lebhaft diskutiert worden waren,

---

39 Schreiben Pfundtners an Goerdeler vom 30.1.1933 (Privatbesitz).

40 Schreiben Goerdelers an Frick vom 30.11.1933; Dok. 1.3.3, unten S. 112 f., sowie Schreiben Goerdelers an Pfundtner vom 1.12.1933 (Privatbesitz).

41 RGBl. 1933/I, S. 1065.

42 Vgl. Schreiben des RMdI an Goerdeler vom 5.12.1933 (Privatbesitz) sowie Goerdelers Stellungnahme vom 9.12.1933; Dok 1.3.4, unten S. 114 ff. Zu den durchgeführten Maßnahmen s. Horst Matzerath: Nationalsozialismus und kommunale Selbstverwaltung, Stuttgart, Berlin, Köln und Mainz 1970, S. 165 ff.

43 RGBl. 1933/I, S. 1065.

allerdings im Sinne der nationalsozialistischen Ideologie durch die Einführung einer streng vertikalen Gliederung. Während der Deutsche Städtetag als kommunalpolitisches Diskussionsforum eine wichtige Vermittlungsinstanz zwischen kommunaler Selbstverwaltung und Reichs- und preußischer Exekutive gebildet hatte, war der Deutsche Gemeindetag nur noch ein „Hilfsorgan der staatlichen Verwaltung", das Weisungen von der Staatsführung empfing und an die kommunalen Verwaltungen weitergab.[44]

Im Fall der Gemeindeordnungsreform setzte sich Goerdeler sehr viel nachdrücklicher für die Beibehaltung von Selbstverwaltungsprinzipien ein. Durch den Deutschen Gemeindetag Ende November 1933 über die preußischen Pläne informiert, wandte er sich unverzüglich an Frick, um einen preußischen Alleingang in der Gemeindeverfassungs- und Gemeindefinanzgesetzgebung zu verhindern.[45] Die preußischen Gesetze gingen auf die von Popitz und Grauert vorgelegte Denkschrift „Vorschläge für die Umgestaltung der preußischen Verwaltung" vom 10. August 1933 zurück. Sie entsprach den Forderungen des Deutschen Städtetags und damit auch Goerdelers Wunsch nach einer autoritären Umformung der Gemeindeverfassungen. Über die Einführung der Bürgermeisterei-Verfassung für alle Gemeinden, die Betonung der Stellung des Gemeindeleiters und die Reduktion der Gemeinderäte als einziger Kammer auf eine Beratungsfunktion bestand bei den Beteiligten weitgehend Einigkeit. Die preußischen Planungen unterschieden sich jedoch entscheidend von den Forderungen des Deutschen Städtetags im Hinblick auf die darin vorgesehene Ausdehnung des staatlichen Aufsichtsrechtes, das in einem Maß verstärkt werden sollte, dass kaum noch von Selbstverwaltung gesprochen werden konnte. Sowohl bei der Ernennung und Bestätigung des Gemeindeleiters und seines Stellvertreters als auch bei der konkreten Gestaltung der Verwaltungstätigkeit waren für die Aufsichtsbehörde weitreichende Eingriffsbefugnisse vorgesehen.

Trotz der Interventionsversuche einer Reihe von Parteifunktionären und Kommunalpolitikern – Goerdeler versuchte noch einen Tag vor der Verkündung der Gesetze, in einem Schreiben an Hitler vom 14. Dezember 1933, diesen zu einem Veto zu bewegen[46] – gelang es Göring, die Arbeit an den neuen Gesetzen weitgehend auf preußische Instanzen zu beschränken und deren beschleunigte Verkündigung durchzusetzen. Mit diesem Coup war es gelungen, den staatlichen Einfluss auf die Gemeindeverwaltungen erheblich auszuweiten, das Reichsministerium des Innern bei den Planungen vollständig zu übergehen und dem gleichzeitig von

---

44 Vgl. zu den Diskussionen innerhalb des Städtetags Ziebill, Deutscher Städtetag.

45 Der Deutsche Gemeindetag hatte trotz der Geheimhaltungsversuche der preußischen Protagonisten spätestens Mitte November 1933 von den Plänen erfahren (vgl. Schreiben Hettlages an Markull vom 18.11.1933; BAB, R 2/20153); s. auch Goerdelers Interventionsversuch in seinem Schreiben an Frick vom 30.11.1933; Dok. 1.3.3, unten S. 112 f.

46 S. Schreiben Goerdelers an Adolf Hitler vom 14.12.1933; Dok. 1.3.5, unten S. 119 ff.

anderer Seite angestrebten Parteieinfluss keinen Raum zu geben.[47] Nach Goerdelers Darstellung der Vorgänge gab es eine einheitliche Front gegen die preußischen Planungen, zu der selbst der Deutsche Gemeindetag und das Reichsministerium des Innern gehörten. Goerdeler verkannte aber offensichtlich, dass seine Verbündeten aus unterschiedlichen Motiven heraus handelten. Während Frick gegen die Betonung der Staatsaufsicht kaum Einwände hatte, sah er in dem preußische Alleingang einen Angriff auf seine ministeriellen Kompetenzen. Auch bestand die Gefahr, dass bei einer reichseinheitlichen Regelung die preußischen Gesetze übernommen werden würden, womit Frick aus dem gesamten Gesetzgebungsprozess ausgeschaltet gewesen wäre. Ebenso musste Fiehler als Leiter des Hauptamts für Kommunalpolitik der NSDAP und als neuer Vorsitzender des Deutschen Gemeindetags einen Einflussverlust befürchten. Erst nach seinem Protest bei Hitler wurde er zu den preußischen Staatsratsbesprechungen hinzugezogen, konnte sich jedoch mit seinen Vorstellungen nicht durchsetzen.[48]

Die gemeinsame Front, die Goerdeler, Fiehler und Frick gegen die preußische Initiative Popitz' bildeten, war kaum mehr als eine negative Interessengemeinschaft. Tatsächlich war die Konstellation der Beteiligten wesentlich vielschichtiger. Während alle vier eine autoritäre Umformung der Gemeindeverfassung befürworteten, unterschieden sich die Vorstellungen von der Einbindung der Gemeinden in den Staatsaufbau beträchtlich: Popitz strebte eine Eingliederung der Gemeindeverwaltungen in die Staatsverwaltung und damit einen Kompetenzzuwachs für die herkömmlichen bürokratischen Eliten an, Fiehler versuchte, der NSDAP die Funktion eines Vermittlungsglieds zwischen Staat und Gemeinden und dem neuen Staat stärkere Eingriffsmöglichkeiten zu verschaffen, Frick favorisierte direkte Einflussnahmen durch den Staat, Goerdeler strebte die Bewahrung der gemeindlichen Unabhängigkeit sowie einen organischen Staatsaufbau an, in denen die Kommunen ein Gegengewicht zu der zentralstaatlichen Verfassung bilden sollten.

Wenngleich weder Goerdeler noch nationalsozialistische Opponenten den preußischen Alleingang verhindern konnten, so führte dieser doch zu einer beschleunigten Inangriffnahme einer reichseinheitlichen Gesetzgebung. Zwischen Ende Dezember 1933 und Ende März 1934 fanden unter dem Vorsitz Pfundtners erste Beratungen im Reichsministerium des Innern statt, an denen neben Beamten des Reichsinnen- und Reichsfinanzministeriums auch drei leitende Kommunalpolitiker teilnahmen. Neben Goerdeler handelte es sich dabei um den Münchener Oberbürgermeister Karl Fiehler sowie um den Oberbürgermeister von Halle/S., Johannes Weidemann, der zugleich den Ausschuss für Kommunalrecht und Kom-

47 S. zur Entstehungsgeschichte der preußischen Gesetze ausführlich Matzerath, Selbstverwaltung, S. 115 ff.

48 Vgl. Goerdelers Darstellung in einer Aktennotiz vom 21.12.1933 (Privatbesitz) sowie Fiehlers Stellungnahme in einem Schreiben an Heß vom 11.12.1934; BAB, NS 25/498, Bl. 125 ff.

munalverfassung an der Akademie für Deutsches Recht leitete. Gegenstand dieser ersten Beratungen waren neben den neuen preußischen Gesetzen Entwürfe zur Gemeindeordnung, die Goerdeler und Fiehler einbrachten.[49]

Die Unterschiede zwischen den Entwürfen Goerdeler und Fiehlers waren für die zwischen im engeren Sinne nationalsozialistischen und konservativ-bürgerlichen Funktionsträgern in der Folge auftretenden Konflikte symptomatisch. Goerdelers Entwurf von Anfang Januar 1934[50] beruhte auf konservativ-autoritären Ordnungsvorstellungen. Zwar wollte er an die bisherige Tradition der kommunalen Selbstverwaltung anknüpfen, aber der zukünftigen Stellung des Bürgermeisters wurde ein wesentlich größeres Gewicht verliehen. Als „alleinverantwortlicher Gemeindeleiter" (§ 45) sollte der Bürgermeister die Beigeordneten berufen (§ 57) und ihnen ihre Arbeitsgebiete zuweisen (§ 52) sowie die Gemeinderatssitzungen leiten (§ 74) und ein unbeschränktes Vetorecht gegen Gemeinderatsbeschlüsse haben (§ 77). Gegen Anordnungen der Aufsichtsbehörde wurde ihm ein Einspruchsrecht und außerdem das Recht zugesprochen, Konflikte durch geordnete Verwaltungsstreitverfahren beizulegen (§ 144). Die Gemeinderäte sollten von den Berufs- und Wirtschaftsständen – übergangsweise von Industrie- und Handels-, Handwerks- und Landwirtschaftskammern – bestellt werden und sich paritätisch aus Arbeitern, Angestellten und Betriebsleitern zusammensetzen (§ 67). Ihre zentrale Funktion sollte die Kontrolle über die Haushaltsführung und die Beschlussfassung über wirtschafts- und finanzpolitische Maßnahmen sein (§ 72). Neben der Berufung des Bürgermeisters (§ 56) und dessen Beratung bei der Berufung der Beigeordneten sollten die Gemeinderäte ein Informationsrecht gegenüber dem Bürgermeister haben (§ 45) sowie die Möglichkeit, ihre von Beschlüssen abweichenden Meinungen zu Protokoll zu geben (§ 74).

Insgesamt stellte Goerdelers Entwurf eine autoritäre Bürgermeistereiverfassung mit einem berufsständisch gegliederten Beratungsgremium dar. Während einerseits die Unabhängigkeit von der staatlichen Aufsichtsbehörde betont wurde – im Wesentlichen sollten sich staatliche Eingriffe auf die Rechtsaufsicht beschränken (§ 140) –, sollte andererseits die Weisungsgebundenheit des Bürgermeisters an Beschlüsse eines demokratisch gewählten Gremiums vollständig aufgehoben werden. Lediglich in wirtschaftspolitischer Hinsicht sollte der Bürgermeister Kontrollen unterworfen und sogar gesetzlich auf einen Haushaltsausgleich verpflichtet werden.

---

[49] Vgl. Schreiben Pfundtners an Goerdeler vom 21.12.1933 sowie die Antwort Goerdelers vom 22.12.1933; beides Privatbesitz. S. auch die Darstellung von Johannes Weidemann: Zur Entstehungsgeschichte der Deutschen Gemeindeordnung, in: Jahrbuch der Akademie für Deutsches Recht, Jg. 1935, S. 90-111.

[50] Vgl. zum folgenden Goerdelers Entwurf in 149 Paragraphen mit handschriftlichen Korrekturen; Privatbesitz. Ein Exemplar befindet sich im Münchener Stadtarchiv, Akten Bürgermeister und Rat, Nr. 473/2.

In dem Entwurf Fiehlers von Mitte Januar 1934[51] wurde dem Bürgermeister eine ebenso starke Stellung gegenüber den Vertretungskörperschaften zugewiesen: sowohl die Berufung der Beigeordneten (§ 27) und die Zuweisung der Arbeitsgebiete (§ 22), als auch die Leitung der Gemeinderatssitzungen (§ 37) sollten in seinen Kompetenzbereich fallen. Auch die Möglichkeit eines Verwaltungsstreitverfahrens gegen Anordnungen der Aufsichtsbehörde war im Fiehlerschen Entwurf vorgesehen (§§ 70 f.). Die wesentlichen Unterschiede zwischen den Entwürfen Goerdelers und Fiehlers betrafen die Zusammensetzung und Stellung des Gemeinderats. Die Berufung des Gemeinderats sollte nach Fiehler dem jeweiligen NSDAP-Ortsgruppenleiter obliegen, der automatisch Gemeinderatsmitglied sein würde (§ 33). Die Funktion des so gebildeten Gemeinderats sollte sich auf die Beratung des Bürgermeisters beschränken (§ 35), Abstimmungen in den Sitzungen sollten explizit verboten werden (§ 37). Die Berufung des Bürgermeisters sollte nicht mehr Aufgabe des Gemeinderats sein, sondern durch das Reichsministerium des Innern auf Vorschlag des zuständigen NSDAP-Gauleiters erfolgen (§ 27).

Auch in finanzpolitischer Hinsicht zielte der Fiehlersche Entwurf auf eine Stärkung des Parteieinflusses. Während in Goerdelers Entwurf die Entlastung durch den Gemeinderat (§ 130) sowie dessen Prüfung durch ein vom Bürgermeister zu bildendes Prüfungsamt (§§ 131 f.) erfolgen sollte, sah die Konstruktion Fiehlers vor, den Gemeinderat gar nicht mehr in die Haushaltsprüfung einzubeziehen. Statt dessen sollte ein dem Bürgermeister unterstelltes Rechnungsprüfungsamt die Haushaltsrechnung prüfen (§ 53), während die Entlastung des Bürgermeisters durch einen Beirat durchgeführt werden sollte (§ 56). Diesem Beirat, der damit sowohl den Bürgermeister als auch das Rechnungsprüfungsamt kontrollierte, sollte wiederum der jeweilige NSDAP-Gauleiter vorstehen (§ 55).

Beide Entwürfe distanzierten sich mit der Beschränkung des staatlichen Aufsichtsrechts klar von den preußischen Gesetzen. Bei beiden bewirkte die Abgrenzung von der beklagten „Parteienherrschaft" Weimars, dass die Stellung des Bürgermeisters hervorgehoben und die Funktion des Gemeinderates auf beratende Stellungnahmen eingeschränkt wurde. Während jedoch dem Bürgermeister in dem Entwurf Goerdelers nahezu diktatorische Kompetenzen zugesprochen wurden, waren in dem Entwurf Fiehlers die Schlüsselfunktionen der NSDAP vorbehalten und der Bürgermeister war kaum mehr als ein Exekutivorgan der Staatspartei.

Anfänglich hatte sich Goerdeler wohl noch in Übereinstimmung mit der Mehrheit der an den Beratungen beteiligten Kommunalpolitikern geglaubt, weil Fiehler, Weidemann und Jeserich sich ebenfalls gegen eine zu starke Staatsaufsicht ausgesprochen hatten. Dem Tatbestand, dass sie sich für die Stärkung des Parteieinflusses einsetzten, scheint Goerdeler zunächst keine übermäßige Bedeutung beigemessen zu haben, wie aus einem Schreiben vom Januar 1934 hervorgeht, in

[51] Vgl. zum folgenden Fiehlers Entwurf in 72 Paragraphen; Privatbesitz. Ein Exemplar befindet sich im Münchener Stadtarchiv, Akten Bürgermeister und Rat, Nr. 473/6.

dem er zur Frage der Berufung des Bürgermeisters und der Beschlussrechte des Gemeinderates, in der es zu keiner Einigung gekommen war, ausführte: „Aber ich glaube, es ist grundsätzlich nicht unnützlich, wenn wir auch ruhig mit getrennten Ansichten in diesem Punkte vor dem Reichsminister des Innern auftreten. Das kann aus naheliegenden Gründen unsere Stellung eher stärken als schwächen."[52] Diese Fehleinschätzung wurde von Goerdeler erst revidiert, als sich herausstellte, dass der Parteibeauftragte nicht in den Verwaltungsapparat integriert werden sollte. Zuvor war er vermutlich davon ausgegangen, dass Einflüsse von außen, die nie ganz zu unterbinden waren, durch die Einbindung des Beauftragten der Partei in die gemeindliche Tagespolitik zumindest teilweise absorbiert werden würden, was ja auch vor 1933 bei den NSDAP-Stadtverordneten der Fall gewesen war.[53]

Die grundsätzlichen Streitpunkte im weiteren Beratungsverlauf betrafen das Verhältnis zwischen Gemeinde und Staat und das Verhältnis zwischen Gemeinde und NSDAP. Bereits der erste Ministerialentwurf vom März 1934 übernahm eher die Konzeption Fiehlers, und die weiteren Verhandlungen, in die sich Landesregierungen, Reichsstatthalter, der Deutsche Gemeindetag, die Akademie für Deutsches Recht und verschiedene Referate des Stellvertreters des Führers einschalteten, verringerten Goerdelers Chancen, sich mit seinem Entwurf behaupten zu können. In einem Schreiben an Kurt Jeserich vom 8. Juni 1934 versuchte er erneut, seine Reformvorstellungen durchzusetzen, indem er auf ihre Kompatibilität mit dem nationalsozialistischen Führerprinzip verwies.[54] Nur eine eigenverantwortliche kommunale Selbstverwaltung, so argumentierte er, biete „eine entscheidende Grundlage, um die nationalsozialistische Staatsführung von Einzelheiten und Kleinigkeiten so frei wie möglich zu halten". Zu den fundamentalen Voraussetzungen einer „echten" Selbstverwaltung gehöre die Beseitigung einer keinen Beschränkungen unterliegenden Staatsaufsicht.

Die ursprünglichen Auseinandersetzungen zwischen nationalsozialistischen und konservativen Kommunalpolitikern wurden jedoch überlagert von den Differenzen zwischen den preußischen und den Reichsinstanzen. In dieser Konstellation stand Goerdeler mit seiner Forderung, sowohl staatliche als auch parteiamtliche Eingriffe in die Gemeindeautonomie einzudämmen, auf verlorenem Posten.

Wenngleich Goerdeler in den weiteren Verlauf der Beratungen weniger intensiv einbezogen war,[55] so wurden ihm doch die jeweils neuesten Entwürfe zugesandt, zu denen er dann Stellung nahm. Seit dem ersten Ministerialentwurf drängte er immer wieder auf die gleichen Änderungen: einerseits die Zurückdrängung einer übermäßigen Staatsaufsicht sowie die Möglichkeit geordneter Verwaltungsstreit-

---

[52] Schreiben Goerdelers an Fiehler, Weidemann und Jeserich vom 6.1.1934; StA München, Akten Bürgermeister und Rat, Nr. 473/2.

[53] S. dazu Schreiben Goerdelers an Frick vom 22.11.1934; Dok. 1.3.8, unten S. 136 ff.

[54] S. Schreiben Goerdelers an Jeserich vom 8.6.1934; Dok. 1.3.7, unten S. 126 ff.

[55] S. Schreiben Goerdelers an Menge vom 4.1.1935; Dok. 1.3.10, S. 148.

verfahren gegen Anordnungen der Aufsichtsbehörde; andererseits die Relativierung des Parteieinflusses durch die Einbindung des Beauftragten der Partei in die Gemeindeverwaltung sowie die Wahrung rudimentärer Partizipationsrechte des Gemeinderates. Nachdem er eine berufsständische Lösung hatte aufgeben müssen, favorisierte er die Berufung des Gemeinderats durch den Parteibeauftragten und den Bürgermeister.[56]

Die Stellung des Gemeinderats war schon in Goerdelers ursprünglichem Entwurf weitgehend auf eine Beratungsfunktion beschränkt gewesen; die angestrebte Genehmigungspflicht wirtschafts- und finanzpolitischer Maßnahmen konnte er nicht durchsetzen, und die Öffentlichkeit der Gemeinderatssitzungen blieb in der Endfassung der Deutschen Gemeindeordnung der Entscheidung des Bürgermeisters vorbehalten.[57] Die endgültige Fassung der Deutschen Gemeindeordnung vom 30. Januar 1935 wies kaum noch Ähnlichkeiten mit dem ursprünglichen Entwurf Goerdelers auf. Der Gemeindeleiter hatte zwar die weitreichenden Vollmachten, wie Goerdeler sie gefordert hatte, aber seine Machtstellung war aufgrund der weitreichenden Eingriffsbefugnisse von außen kaum mehr als eine Chimäre.

Goerdeler hielt auch später an seiner kritischen Einschätzung der Deutschen Gemeindeordnung sowie an der Überzeugung fest, dass die Stärkung der Autorität des Gemeindeleiters ein zentrales Desiderat sei,[58] aber seine Gesamtbewertung fiel eher negativ aus. In einem Schreiben an Max Rehm vom 15. Juni 1941 zog er sechs Jahre nach dem Inkrafttreten der Deutschen Gemeindeordnung die Bilanz, es sei „nicht gelungen, Geist und Inhalt der Selbstverwaltung in den letzten Jahren lebendig zu erhalten."[59] Entgegen seinen Ansichten von 1934/35 betonte er nun wieder die Notwendigkeit, gewählte Bürgervertretungen in der kommunalen Selbstverwaltung beizubehalten. Aus Goerdelers Antwortbrief an Rehm wird die Enttäuschung deutlich, mit der er die Entwicklung der kommunalen Verfassungsordnung sah. Entgegen seiner ursprünglich positiven Bewertung des „Führerprinzips" als Grundlage der Kommunalverfassung kritisierte er nun an Rehms Arbeit die Überbewertung des Führergedankens. Der von ihm kritisierten „weitgehenden Übersteigerung des Befehls- und Führergedankens im Staat und im gesamten öffentlichen Leben"[60] stellte er die preußische Tradition eines verantwortungsbewussten und sich in die Staatsdienertradition einreihenden Führergedankens gegenüber.

---

56 S. Schreiben Goerdelers an Frick vom 22.11.1934 (unten S. 136 ff.) sowie Goerdelers an Hitler vom 23.1.1935 (unten S. 162 ff.).

57 Vgl. Die Deutsche Gemeindeordnung mit Durchführungsvorschriften und Ausführungsanweisungen nebst den preußischen Überleitungs- und Ausführungsvorschriften, München und Berlin 1935, § 56, Absatz 2.

58 In seiner Denkschrift „Das Ziel" plante er einen zukünftigen Staatsaufbau auf der Grundlage der Deutschen Gemeindeordnung, unter Änderung seiner drei Hauptkritikpunkte (Dokument 6.1.1, S. 930 f).

59 S. Schreiben Goerdelers an Max Rehm vom 15.6.1941; Dok. 1.3.13, unten S. 171 ff.

60 Ebd.

# Dokumente

## 1.1 Schriften zur Kommunalverfassung

### 1.1.1 Selbstverwaltung und Staat

*Artikel in: Dritte Beilage der Ostpreußischen Zeitung vom 30.12.1923.*[1]
Die Entwicklung der Selbstverwaltung seit dem Mittelalter; die Erzbergersche Finanzreform hat die finanzielle Selbständigkeit der Kommunen zerstört; zu starke Staatsaufsicht und -interventionen in der Selbstverwaltung zerstören ihren Zweck als verantwortlicher Baustein der Staatsverwaltung.

Selbstverwaltung ist nicht, wie vielfach angenommen wird, eine von der Staatspolitik und Verwaltungskunst der letzten 120 Jahre geschaffene Verwaltungsform. Schon im alten römischen Staatswesen ist sie nachweisbar. Einen Einfluß auf die Entwicklung des römischen Staates hat sie nicht gehabt. Das ist natürlich; denn der römische Staat ist von innen nach außen gewachsen und war daher auf eine starke staatliche Zentralgewalt unbedingt angewiesen. Mit ihrem Schwinden zerfiel er.

Im Mittelalter führte die Selbstverwaltung zu einer hohen Blüte des Städtewesens. Stadtstaaten, freie Reichs- und Hansestädte wurden weit über ihre Grenzen hinaus tätig und erstreckten erfolgreiches Wirken sogar auf das Gebiet selbständiger auswärtiger Politik. Diese Selbstverwaltung erstarrte dann in einseitiger Herrschaft der Geschlechter und Zünfte; sie vergaß die Belange der Gemeinschaft der Bürger. So erscheint es als eine durchaus natürliche, notwendige und befriedigende Folge, daß die Selbstverwaltung der erstarkenden Macht der Landesherren und der von ihnen ausgebildeten Staatsgewalt weichen mußte. Die gesündere, stärkere und weitsichtigere Staatsverwaltung vernichtet die krank und schwach gewordene, in engherzigen Aufgaben verstrickte Selbstverwaltung.

Steins große Schöpfung besteht nicht nur in der Wiederbelebung der Selbstverwaltung überhaupt, sondern vor allem darin, daß er ihre schöpferischen Kräfte dem nationalen Willen und dem politischen Ziel des preußischen Gesamtstaates nutzbar machte. Indem er die Gesamtheit der Bürger zu verantwortlichen Trägern der Gemeindeverwaltung aufrief, vermied er mittelalterliche Interessenwirtschaft; indem er die Selbstverwaltung in das lebendige Wirken aller Kräfte hinstellte, die zur Befreiung des Vaterlandes aufgerührt wurden, gab er ihr ein hohes, über die Grenzen des Gemeinwesens reichendes Ziel; indem er den Organen der Selbstverwaltung die Führung durch fachmännisch vorgebildete Berufsbeamte sicherte, bewies er praktischen Blick für die zurückliegenden Jahre preußischer Staatsentwicklung. Gerade in der organischen Verbindung dieser drei aus den Erfahrungen der Vergangenheit hergeleiteten und für die Aufgaben der Zukunft geeigneten

[1] Ein Exemplar des Artikels befindet sich im Nachlass Goerdeler (BAK, N 1113, Bd. 17).

Elemente verkörperten sich Steins geniale Auffassung und staatsmännischer Sinn.[2]

Mehr als 100 Jahre schon sind Steinsche Gedanken und Schöpfungen lebendig im preußischen Staatsleben wirksam und haben weit über die Grenzen Preußens hinaus überall im Deutschen Reich Wurzel gefaßt. Sie haben diese und jene Wandlung in der Form erlebt. Ihr Kern aber ist so gesund, ihre Wahrheit so echt, daß sie noch heute die Grundlage preußischer und deutscher Gemeindeverwaltung bilden. Weit über ihren ursprünglichen Bereich hinaus haben sie gesunde Sämlinge in aufnahmefähigen Boden gestreut. Die berufsständischen Organisationen der Landwirtschaft, des Handels und der Industrie sowie des Handwerks,[3] der Aufbau und die Verwaltung unserer Sozialversicherung sind Erscheinungsformen der stolzen Gedanken, die Stein zu neuem Leben weckte. Aber gerade hier werden auch die Grenzen der Selbstverwaltung sichtbar.

Es ist nicht zu verkennen, daß sich in einzelnen dieser Selbstverwaltungen die Gefahr entwickelt hat, ein vom Staatsinteresse losgelöstes Einzelleben zu führen. In dieser Richtung sei auf unerfreuliche Erscheinungen auf dem Gebiete der Sozialversicherung hingewiesen. So beweist der immer schärfer werdende, immer tiefer greifende Kampf zwischen Krankenkassen und Ärzten die Gefahr der Entfremdung von der ausgleichenden Beeinflussung durch den Staat.[4] Auch zwischen den

---

[2] Heinrich Friedrich Karl Reichsfreiherr vom Stein, seit 1780 im preußischen Staatsdienst, war aufgrund seiner scharfen Kritik an der preußischen Staatsführung im Januar 1807 entlassen worden. In dieser Situation beendete er im Juni 1807 seine Nassauer Denkschrift (vgl. Freiherr vom Stein. Briefe und Amtliche Schriften, bearb. v. Erich Botzenhart, neu hg. v. Walther Hubatsch, Bd. II/1 neu bearb. v. Peter G. Thielen, Stuttgart 1959, S. 380 ff.), deren Hauptanliegen eine Reorganisation der Zentral- und Provinzialbehörden war. Während die Reformvorschläge für die Zentralbehörden eher verwaltungstechnischer Natur waren, visierte die Entwicklung einer abgestuften Selbstverwaltung auf der Provinzial- und gemeindlichen Ebene eine politische Partizipation des Besitzbürgertums an. Im Oktober 1807 wurde er von König Friedrich Wilhelm I. auf Empfehlung Napoleons in den preußischen Staatsdienst zurückgerufen, wo er u.a. die Leitung der Inneren und Finanzverwaltung sowie den Vorsitz in der zu deren Reform gegründeten Immediatkommission übernahm. In dieser Stellung setzte er mit der Preußischen Städteordnung vom 19.11.1808 die Selbstverwaltung in den Städten durch (vgl. Preußische Städteordnung von 1808. Textausg. mit einer Einführung von August Krebsbach, Stuttgart und Köln 1957) und am 24.11.1808 die Ersetzung der Kabinettsregierung durch ein Staatsministerium mit fünf Fachministern (vgl. Walther Hubatsch: Die Stein-Hardenbergschen Reformen, Darmstadt 1977).

[3] Zu den Selbstverwaltungseinrichtungen der Berufsstände der Wirtschaft vgl. Klara van Eyll: Berufsständische Selbstverwaltung, in: Kurt G.A. Jeserich, Hans Pohl und Georg-Christoph von Unruh (Hg.): Deutsche Verwaltungsgeschichte, Bd. 4: Das Reich als Republik und in der Zeit des Nationalsozialismus, Stuttgart 1985, S. 69 ff.

[4] Die Auseinandersetzungen zwischen Ärzten und Krankenkassen betrafen die Ausdehnung der Versicherungspflicht, die bereits im Winter 1918/19 eingeleitet worden war. Mit den Verordnungen vom 22. November 1918 (vgl. RGBl. 1918, S. 1321 f.) sowie vom 3. Februar

Trägern kommunaler Selbstverwaltung, den Gemeinden, den Stadt- und Landkreisen, den Provinzen untereinander sind naturgemäß Reibungen nicht ausgeblieben. Hier hat jedoch der Staat durch gesetzliche Vorschriften und durch ein gesetzlich geordnetes Verfahren für die Möglichkeit zweckmäßigen Ausgleichs gesorgt. In der Sozialversicherung ist die Selbstverwaltung zu einseitig in den Interessen einer Gruppe verankert.[5] Das Ziel staatlicher Politik aber soll es sein, nicht nur zwischen widerstrebenden Interessen der Berufsstände und Gesellschaftsschichten eine Linie zu finden, auf der ein gerechter Ausgleich der verschiedenartigen Interessen möglich ist, sondern auch solchem Ausgleich zustrebende Organisationsformen zu schaffen. Für beides muss reibungslose und ergiebigste Förderung des Gemeinwohls alleinige Richtschnur sein.

Damit ist der Kern des Verhältnisses zwischen Staat und Selbstverwaltung in unserer Zeit berührt. Es kommt zum Ausdruck in der dem Staate zustehenden Aufsichtsbefugnis über die Selbstverwaltung. Eine klare gesetzliche Bindung für das Maß dieser Aufsicht besteht nicht. Es ist selbstverständlich, daß der Staat darüber wachen muss, daß die Selbstverwaltung sich bei ihrer Tätigkeit innerhalb der durch das Gesetz gesteckten Grenzen hält. Zweifelhaft ist, ob sich seine Aufsicht auch auf die Zweckmäßigkeit der Beschlüsse und Handlungen der Selbstverwaltung ausdehnen soll. Mit Recht wird jetzt von der Selbstverwaltung gefordert, daß diese Ausdehnung gesetzlich verhindert wird. Die Selbstverwaltung setzt heute eine so eingehende Kenntnis der tatsächlichen Verhältnisse, der Zukunftspläne und der bestmöglichsten Weise zu ihrer Erreichung voraus, daß der staatliche Aufsichtsbeamte nur in den seltensten Fällen eine Zweckmäßigkeitsprüfung mit Erfolg vornehmen kann. In mehr als 90 Prozent aller Nachprüfungen, die sich

1919 (vgl. RGBl. 1919/I, S. 191 ff.) wurden die Versicherungspflichtgrenze angehoben und der Kreis versicherungspflichtiger Arbeitnehmer erweitert. Während schon in der Verordnung vom 23. Dezember 1918 von der Wahrscheinlichkeit ausgegangen wurde, dass Vertragsverlängerungen zwischen Kassen und Ärzten nicht ohne Eingreifen der zuständigen Schiedsämter zustande kommen würden (vgl. RGBl. 1918, S. 1453 ff.), begann 1920 eine Welle von Ärztestreiks, deren Forderungen zunächst höhere Bezüge und freie Arztwahl betrafen und sich im Verlauf der Inflation auf eine der Geldentwertung angepasste Gebührenregelung beschränkte. Durch die Zahlungsschwierigkeiten der Kassen seit der Jahreswende 1922/23 zählten auch die Ärzte zu den Verlierern der Inflation. Vgl. Ludwig Preller: Sozialpolitik in der Weimarer Republik, Düsseldorf 1978 (unveränderter Nachdruck von 1949), S. 284 ff. sowie Peter Thomsen: Ärzte auf dem Weg ins „Dritte Reich“. Studien zur Arbeitsmarktsituation, zum Selbstverständnis und zur Standespolitik der Ärzteschaft gegenüber der staatlichen Sozialversicherung während der Weimarer Republik, Husum 1996, S. 28.

5 Mit der Verordnung vom 5. Februar 1919 wurden die in der Reichsversicherungsordnung verankerten Bestimmungen zur Verwaltungsunterlegenheit der Arbeitnehmerschaft rückgängig gemacht, indem die getrennte Abstimmung bei der Wahl des Vorstandsvorsitzenden der Ortskrankenkasse aufgehoben und so die 2/3-Mehrheit der Arbeitnehmer bestimmend wurde (vgl. RGBl. 1919/I, S. 181 ff.).

mit der Zweckmäßigkeit von Handlungen und Entscheidungen der Selbstverwaltung befassen, kann die Aufsichtsbehörde sich nur dem Standpunkt der Selbstverwaltung anschließen. Also wird mit einem ungeheuren Leerlauf gearbeitet. Solange eine solche gesetzliche Bindung nicht besteht, ist die Ausübung der Staatsaufsicht über die Selbstverwaltung zweifellos eine Frage des Taktes. Der alte preußische Staat hat manchmal überängstlich, ja engherzig die Aufsicht über Angelegenheiten der Selbstverwaltung betrieben. Selbst wenn hier und da einzelne Maßnahmen der Selbstverwaltung vom Zweckmäßigkeitsstandpunkte zu beanstanden gewesen sein mögen, so hätten sie doch ohne Schaden für die Allgemeinheit deren Verantwortung überlassen bleiben können. Aber der alte preußische Staat verband mit dieser bisweilen zu weit getriebenen Vor- und Aufsicht doch eine durch langjährige Überlieferung und Erfahrung geübte Kunst, seine Eingriffe in Formen zu kleiden, die der Selbstachtung und dem Verantwortlichkeitsgefühl der Selbstverwaltung nicht zu nahe traten. Von der Staatsumwälzung hätte man erwarten sollen, daß sie, den Grundsätzen der Demokratie folgend, der Selbstverwaltung jede mit dem Staatswohl verträgliche Bewegungsfreiheit lassen würde. In den neuen Verfassungen ist auch die Selbstverwaltung in durchaus weitherziger Weise verankert. Aber diese Weitherzigkeit steht, wie die Erfahrungen gelehrt haben, auf dem Papier. Schon die Einzelgesetzgebung hat sich von dem Gedanken der Selbstverwaltung in erschreckender Weise entfernt. Die Erzbergersche Finanzreform hat die finanzielle Verantwortlichkeit der Selbstverwaltung zerschlagen, sie zu Kostgängern des Reiches gemacht und damit eine jeder Verantwortung bare, moralisch höchst anfechtbare und dem Staatswohl überaus schädliche Inanspruchnahme des Reichssäckels herbeigeführt.[6] Diese durch Erzberger eingeleitete Zentralisierungswut hat sich von dem Bereich der Finanzen auf andere Gebiete der öffentlichen Verwaltung fortschreitend erstreckt. Die Kriegsbeschädigten-, die Sozialrentner- und die Erwerbslosen-Fürsorge, das Wohnungs- und Arbeitsnachweiswesen sind dafür Beweis, im Schulwesen die staatliche Zuständigkeit bis zu einer derartigen Ausschließlichkeit gesteigert, daß der Selbstverwaltung fast jede Freiheit zu schöpferischer Arbeit genommen ist.[7] Diese Ausschaltung der Selbst-

6 Das Landessteuergesetz vom 30. März 1920 – kommunaler Kern der Erzbergerschen Finanzreform – hatte den Gemeinden mit der Verfügungsgewalt über die Einkommenssteuer das Fundament ihres bisherigen Einnahmesystems entzogen. § 2 des Landessteuergesetzes sah für Länder und Gemeinden ein Zuschlagsrecht zu Reichssteuern „nur auf Grund reichsgesetzlicher Ermächtigung" vor (vgl. RGBl. 1920/I, S. 402). Der Fokus der Auseinandersetzungen zwischen Reich und Kommunen konzentrierte sich in den folgenden Jahren auf die Alternative kommunale Steuerautonomie durch das erwähnte Zuschlagsrecht oder Finanzzuweisungen aus den reichsgesetzlich erhobenen Steuern und wurde zugunsten der letzteren entschieden; vgl. Josef Wysocki: Die finanzwirtschaftliche Ausgangslage, in: Karl-Heinrich Hansmeyer (Hg.): Kommunale Finanzpolitik in der Weimarer Republik, Stuttgart u.a. 1973, S. 28 ff.

7 Mit Artikel 10 der Weimarer Reichsverfassung hatte der deutsche Staat erstmals die Kompetenz zur Rahmengesetzgebung für das Schulwesen bekommen; Artikel 144 stellte das

verwaltung hat einen neuen, zentralistisch geordneten Behördenapparat notwendig gemacht, der im umgekehrten Verhältnis zu der Sparsamkeit steht, zu der wir gezwungen sind, wenn wir Ordnung haben wollen. Zu solcher Gesetzgebung tritt eine die Eigenart und die Schwungkraft der Selbstverwaltung vollkommen verkennende Praxis in der Übung der Staatsaufsicht. Die großen Erfahrungslehren hundertjähriger preußischer Verwaltungskunst sind vielfach leichtsinnig in den Wind geschlagen; sie sind aber auch hier und da in unberechtigtem Mißtrauen als künstliche Schöpfungen einseitiger politischer Einstellung zum alten Eisen geworfen und ersetzt durch vielgeschäftige, vom grünen Tisch aus betriebene, von Theorien erfüllte, jede Erfahrung mißachtende Verwaltungsart, jene Verwaltungsart, die in untrennbarem Zusammenhang steht mit der Auffassung von der Allgewalt und Allzuständigkeit des Staates in politischen und wirtschaftlichen Angelegenheiten. Ihr ist die Auffassung entgegenzustellen, daß der Staat seine Aufgaben mit bester Wirkung erfüllt, der alle Macht für sich rücksichtslos beansprucht, aber von dieser Fülle nur mit weiser Zurückhaltung Gebrauch macht. Das gilt umsomehr von Preußen-Deutschland, als es im Gegensatz zu der Bildung des römischen Staates nicht nur von innen nach außen entstanden, sondern zugleich von innen nach außen zusammengewachsen ist. Diese natürliche Entstehung erheischt Rücksicht bei der Organisation der Verwaltung und bei der Staatsverwaltungspolitik.

Die Folge dieser Umstellung des Verhältnisses zwischen Staat und Selbstverwaltung ist, daß die Selbstverwaltungen in allen ihren Erscheinungsformen sich immer stärker gegen solche Eingriffe von Reich und Staat zur Wehr setzten, daß die Berechtigung dieses ihres Kampfes immer klarer wurde, und daß die Staatsgewalt in diesem Kampf erheblich in ihrer Autorität geschwächt wurde. Die Autorität des Staates ist eben der Ausdruck nicht nur seiner Macht und der Rücksichtslosigkeit, mit der er sie für seine Lebensinteressen durchsetzt, sondern auch der weisen Mäßigung, mit der er sich in anderen Angelegenheiten zurückhält. Man wird sogar sagen können, daß allein der innerlich starke Staat solcher Großzügigkeit gegenüber den Belangen der Selbstverwaltung und solchen Weitblicks bei Wahrnehmung berechtigter Staatsinteressen fähig ist. Innerliche Stärke eines Staates ist aber, wie die Geschichte lehrt, gleichbedeutend mit dem Maße und der Kraft, mit der die nationalen Belange des Staates vom Volke oder seinen Führern vertreten werden. Das muss besonders von Deutschland gelten, das wie kein Staat Europas, ja der Welt, eingebettet liegt in ein wahres Netz anderer Staatsgebilde, und das daher auch national umdroht ist wie kein anderes Staatsvolk. Uns Ostpreußen, die wir, vom Reiche abgetrennt, auf schmalem Boden im slawischen Meer zusammenstehen, ist von der Geschichte heute, wie schon einmal, die Aufgabe zugewiesen, diese nationalen Pflichten unseres Volkes und unseres Staates mit neuem Leben zu erfüllen. Hier, wo der Gedanke der Selbstverwaltung in der

---

Schulwesen unter Aufsicht der Länder. Vgl. Ludwig v. Friedeburg: Bildungsreform in Deutschland. Geschichte und gesellschaftlicher Widerspruch, Frankfurt/M. 1992, S. 213 ff.

Befreiung Preußens vom französischen Joch schon einmal Großes geleistet hat, ist er berufen, noch Größeres zur Erhaltung unserer nationalen Eigenart und zur Wiederauferstehung eines mit allen seinen Gliedern untrennbar verbundenen Reiches zu schaffen, wenn der Staat weise den aufbauenden und schöpferischen Kräften der Selbstverwaltung Spielraum läßt und, wie zu Steins Zeiten, großzügig aber sicher die Träger der Selbstverwaltung seinen nationalen Zielen einfügt.

### 1.1.2 Die Krisis der Selbstverwaltung. Notwendige Reformen

*Artikel in: Leipziger Neueste Nachrichten vom 1.1.1931, S. 10.*[1]

Notwendige Reformen in der Arbeitslosenversicherung, des Steuerrechts und des Finanzausgleichs zur finanzpolitischen Entlastung der Gemeinden; reduzierte Stadtverordneten-Tätigkeit, Wahlrechtsreform und „Entpolitisierung" der Kommunalpolitik zur Vereinfachung der Gemeindeverwaltung.

Mehrfach habe ich in den letzten Wochen betont, daß die Selbstverwaltung um ihr eigenes Geschick ringt.[2] Ich nehme die Einwürfe nicht leicht, die da sagen, dass die Selbstverwaltung ohne ihre Schuld in eine Zwangslage gedrängt sei, in der man von einer Entschlußfreiheit nicht mehr sprechen dürfe. Diese Einwürfe haben etwas für sich, halten aber einer genaueren Prüfung nicht stand. Denn auch das Reich war bei seinen Maßnahmen zur Sanierung der Finanzen auf einen bestimmten Kreis sofort durchführbarer Möglichkeiten beschränkt. Bei dem ganzen deutschen Finanzsystem der Gegenwart war es im Augenblick, der schnelles Handeln erforderte, jetzt nicht möglich, den Gemeinden weitgehende Bewegungsfreiheit zu lassen.[3] Es ist eben aus allgemeinen volkswirtschaftlichen Gründen nötig, mit den letzten Einnahmemöglichkeiten auch durchgreifende Sparmaßnahmen zu treffen.

Wir würden, wenn wir uns lediglich in den Gedanken hineinarbeiteten, daß die Selbstverwaltung in eine Zwangslage versetzt sei, in der es besser sei, willenlos alles hinzunehmen, als eigene Entschlußkraft zur Geltung zu bringen, nur den Trotz eines Kindes an den Tag legen. Wir müssen auch in dieser Zwangslage noch die uns gebliebene Bewegungsfreiheit ausnutzen und uns, wie in einem Bergwerk Eingeschlossene, in diesem Raume unser Leben erhalten. Dann ist Aussicht auf Rettung vorhanden, sonst nicht. Nach außen muss von den Gemeinden

---

1 Ein Exemplar des Artikels befindet sich im Nachlass Goerdeler (BAK, N 1113, Bd. 17).

2 Vgl. z.B. Goerdelers Artikel „Der Zwang zur Sparsamkeit" vom 25./26.12.1930; Dok. 1.2.2, unten S. 50 ff.

3 In der ersten Notverordnung zur Sicherung von Wirtschaft und Finanzen vom 1. Dezember 1930 waren harte Sparmaßnahmen zur Sanierung der Reichsfinanzen ergriffen worden (vgl. RGBl. 1930/I, S. 517 ff.). Zusätzlich bedeutete die Notverordnung eine Einflussnahme des Reichs auf die Finanzgebarung der Länder und Gemeinden, indem einerseits das Ausgabenvolumen für 1931 begrenzt (vgl. ebd., S. 522), andererseits die kommunale Steuererhebung einer stärkeren Kontrolle unterzogen wurde (vgl. ebd., S. 518 ff. und S. 582 ff.).

nunmehr aber alle Aktivität entfaltet werden, um auf die Notwendigkeit der Beseitigung untragbarer Tributlasten hinzuweisen, eine Umstellung der Arbeitslosenfürsorge zur Entlastung der Gemeinden[4] und eine weitgehende Reform des Steuerrechts, insbesondere des Finanzausgleichs[5], zu erreichen. Organischer Aufbau nach wirtschaftlichen Vorgängen, nach Interesse und Verantwortung muss das Ziel sein.

Wir sollen uns über die Lage, in der sich die Selbstverwaltung befindet, grundsätzlich klar werden, um aus dieser Klarheit und der Verworrenheit der gegenwärtigen Zustände Folgerungen abzuleiten. Es scheint mir jedenfalls für die Verwaltung einer Großstadt notwendig zu sein, die Stadtverordneten-Versammlung aus ihrer parlamentarischen Tätigkeit heraus auf eine Beschäftigung mit den ihr wesentlich obliegenden Aufgaben hinzuführen. Das ist zunächst die Kontrolle der Verwaltung. Sie wird am besten ausgeübt bei der jährlichen Etatbe-ratung und Rechnungslegung.

Hierzu braucht die Stadtverordneten-Versammlung also nur einige Male zusammenzutreten.

Sodann: Mitwirkung bei der Aufstellung von Grundsätzen für die laufende Verwaltung und bei einzelnen wichtigen Akten der Verwaltung selbst. Diese Arbeit wird am besten durch Ausschüsse der Stadtverordneten-Versammlung geleistet werden. Das heißt also: wenige Sitzungen der Vollversammlung im Jahre, Sitzungen, die dann aber auch wirklich das Interesse der Öffentlichkeit in Anspruch nehmen und in denen die Vertreter der Bürgerschaft vor der Gefahr ewiger Wiederholungen geschützt, nun wirklich in der Lage sind, leitende Gesichtspunkte aufzustellen. Und im übrigen enge und intensive Zusammenarbeit eines Ausschusses

---

4 Die dreiteilige Organisation der Erwerbslosenfürsorge in Arbeitslosen-, Krisen- und Wohlfahrtsunterstützung musste bei Langzeitarbeitslosigkeit zu einem stetigen Anwachsen der Belastung für die kommunalen Finanzen führen: Lediglich die auf eine Laufzeit von sechs Monaten begrenzte Arbeitslosenversicherung wurde von der Reichsanstalt für Arbeitsvermittlung und Arbeitslosenversicherung getragen, während die Gemeinden die Krisenunterstützung zu einem Fünftel, die Wohlfahrtsunterstützung ganz tragen mussten. Die Kombination von steigender Massenarbeitslosigkeit und der automatischen Aussteuerung der Arbeitslosen aus der Unterstützungsträgerschaft der Reichsversicherungsanstalt führte so zu einer zunehmenden Belastung der Gemeindehaushalte. Der Deutsche Städtetag hatte bereits im September 1930 gefordert, entweder die Arbeitslosenversicherung durch die Wiedereinführung der Bedürftigkeitsprüfung ganz aufzuheben, oder die Übernahme der gesamten Finanzierung der Arbeitslosenfürsorge auf das Reich durchzuführen (vgl. Preller, Sozialpolitik, S. 432 ff. sowie Otto Ziebill: Geschichte des Deutsche Städtetages. Fünfzig Jahre deutsche Kommunalpolitik, Köln ²1956, S. 165 f.).Vgl. auch Goerdelers Vortrag zur Reform der ALV vor dem Vorstand des Deutschen Städtetags vom Dezember 1932 (Dok. 1.2.5, unten S. 71 ff.).

5 Vgl. zum Landessteuergesetz S. 21, Anmerkung 6. Mit der Notverordnung vom 1. Dezember 1930 waren die Reichszuweisungen an die Gemeinden von bisher 450 Mio. auf 375 Mio. RM gesenkt worden (vgl. RGBl. 1930/I, S. 587).

oder mehrerer Ausschüsse mit dem Rat.[6] Ich bin überzeugt, daß wir uns auf die Dauer nicht einmal die 14tägigen Stadtverordneten-Versammlungen in Großstädten leisten können. Sie sind unwirtschaftlich. Das allgemeine Interesse an ihnen versandet. Die Aufgaben der Gemeinden sind eben wesentlich verwickelter als vor 50 und 100 Jahren, die Technik zwingt zu einem viel schnelleren Tempo.

Mehrfach ist auch in den letzten Jahren daran gedacht, das Wahlrecht zu den Stadtverordneten-Versammlungen zu verändern. An Stelle des Verhältniswahlrechts das gewöhnliche Mehrheitswahlrecht in einzelnen Wahlbezirken des Stadtgebiets zu setzen. So sehr man das Listenwahlrecht für die großen Wahlbezirke des Reichs in seinen Auswirkungen als bedenklich bezeichnen muss, weil es den Wähler zwingt, die Partei und nicht den Mann seines Vertrauens zu wählen, für so nützlich halte ich das Verhältniswahlrecht für die Gemeinde. Ich kann mir nichts davon versprechen, daß eine Großstadt in eine Reihe von Wahlbezirken aufgeteilt wird und in jedem dieser Bezirke nun die verschiedenen Kandidaten um den Sieg in der Wahl ringen. Dieses Wahlsystem würde zur Folge haben, daß in der Stadtverordneten-Versammlung sehr starke lokale Wünsche der einzelnen Stadtgebiete vertreten werden würden. Das heutige Wahlrecht hat, wenn ich von Einzelheiten absehe, die das Prinzip der Verantwortlichkeit und der Verantwortungsfähigkeit betreffen, den Vorzug, daß Persönlichkeiten in das Stadtverordneten-Kollegium einziehen, die von vornherein stark auf das Gesamtinteresse der Stadt eingestellt sind und sich vielleicht, außer zu politischen Parteien, auch zu Berufsgruppen zusammenfinden, kaum aber jemals zu Gruppen, die die Interessen dieses oder jenes Stadtteils vorzugsweise im Auge haben.

Alle diese Fragen erscheinen mir deswegen besonders wichtig, weil ich davon überzeugt bin, daß zu den Aufgaben der Gegenwart neben vielem anderen auch eine zweckmäßigere Organisation der Selbstverwaltung gehört, und weil mit den Finanzsorgen auch Mängel der Organisation offenbar werden. Die gegenwärtige Organisation der großen Selbstverwaltungskörper, insbesondere auch nach der Sächsischen Gemeindeordnung,[7] vermehrt die Bewältigung der gewaltigen Schwierigkeiten, die uns im Laufe der nächsten Jahre bevorstehen. Sie sind gerade in den letzten Monaten bei der Beratung der Finanzvorlagen auch weiteren Kreisen erkennbar gewesen. Jede Vorlage hat die Leipziger Stadtverordneten mindestens zweimal beschäftigt, weil bei der jeweils ersten Sitzung die Zustimmung zu den Beschlüssen des Rates nicht in vollem Umfange zu erzielen war. Es war daher,

---

6 Mit der Forderung nach einer Verminderung der Geschäftstätigkeit der städtischen Körperschaften setzte sich Goerdeler in den folgenden Jahren durch. Bereits 1931 verringerte sich die Zahl der jährlichen Stadtverordneten-Versammlungen von 34 auf 22, die der jährlichen Ausschusssitzungen von 260 auf 153; vgl. Verwaltungsbericht der Stadt Leipzig für das Jahr 1931, hg. im Auftrage des Rates der Stadt Leipzig vom Statistischen Amt, Leipzig 1932, S. 3.

7 Vgl. zu Goerdelers Kritik an der Sächsischen Gemeindeordnung sein Schreiben an Karl Rothe vom 24.3.1930; Dok. 1.2.1, unten S. 48 ff.

sofern der Rat auf ordnungsmäßige Etatwirtschaft Wert legte, unvermeidlich, jede Vorlage zum zweiten Male an die Stadtverordneten-Versammlung gelangen zu lassen.[8] Dadurch hat der Zustand der Spannung über die endgültige Erledigung dieser Angelegenheiten länger gedauert, als das aus allgemein kommunalpolitischen wie aus wirtschaftlichen Gründen erwünscht ist. Solche Spannungen sind nicht zu vermeiden, sie sollen aber so kurz wie möglich sein; die Wirtschaft muss schnell wissen, worauf sie sich einzustellen hat, damit sie richtig und auf lange Sicht disponieren kann. Nichts ist für sie auf die Dauer lähmender als lange währende Ungewißheit.

Ich halte es nicht für nützlich, daß die Sächsische Gemeindeordnung ein so langwieriges Verfahren vorsieht. Die Einrichtung der Gemeindekammer ist gut gedacht, wirkt sich aber praktisch doch wesentlich in der Richtung aus, daß der örtlichen Entschließung, häufiger als es gut tut, aus dem Wege gegangen wird, und daß die endgültigen Entscheidungen zu lange auf sich warten lassen. Ich bin der letzte, der einem Eingriff des Staates das Wort redet, darin liegt auch gar nicht der Vorzug etwa der preußischen Bestimmungen. Dieser Vorzug liegt in der Hauptsache darin, daß die städtischen Körperschaften in Preußen stärker darauf angewiesen sind, sich zu verständigen, weil hinter der Nichtverständigung nicht ein monatelanges Einigungsverfahren steht, sondern die Gefahr eines unmittelbaren Eingreifens der Staatsgewalt.[9] Wird dieses aber einmal nötig, so erfolgt es mit der unter den herrschenden Umständen gebotenen Schnelligkeit und mit klarer persönlicher Verantwortung.

Zum Schluß noch einige grundsätzliche Bemerkungen. In dem Bericht dieser Zeitung über die letzte Stadtverordneten-Versammlung ist erwähnt, es wäre auf-

---

8 Tatsächlich war der letztendlich ausgehandelte Kompromiss zwischen Stadtrat und Stadtverordneten-Versammlung für den Haushaltsplan 1930 bereits eine Woche später von der sächsischen Landesregierung wieder aufgehoben worden: Nachdem sich am 17. November 1930 die Stadtverordneten-Versammlung mit ihrer Forderung nach einer Erhöhung der städtischen Wasserpreise anstelle der Einführung einer Bürger- und Getränkesteuer hatte durchsetzen können (vgl. Verhandlungen der Stadtverordneten 1930, S. 1129 ff. und S. 1308 ff.), hob die Landesregierung den Stadtverordneten-Beschluss am 25. November wieder auf und setzte die vom Rat geforderte Einführung der Bürgersteuer auf dem Verordnungswege durch (vgl. ebd., S. 1351 ff.).

9 Der preußische Innenminister Carl Severing setzte zwischen dem Herbst 1930 und Anfang 1931 in über 500 preußischen Gemeinden Staatskommissare ein, die in den Gemeinden eine Zwangsetatisierung durchführten, in denen die Haushaltsverabschiedung blockiert war durch Beschlussunfähigkeit in den städtischen Körperschaften. Vgl. dazu Dieter Rebentisch: Kommunalpolitik, Konjunktur und Arbeitsmarkt in der Endphase der Weimarer Republik, in: Rudolf Morsey (Hg.): Verwaltungsgeschichte. Aufgaben, Zielsetzungen, Beispiele. Vorträge und Diskussionsbeiträge der verwaltungsgeschichtlichen Arbeitstagung 1976 der Hochschule für Verwaltungswissenschaften Speyer, Berlin 1977, S. 107-157, hier S. 125 sowie am Beispiel Frankfurts Dieter Rebentisch: Ludwig Landmann. Frankfurter Oberbürgermeister der Weimarer Republik, Wiesbaden 1975, S. 264 f.

gefallen, daß die Deutschnationalen gegen den Oberbürgermeister gestimmt hätten, obwohl der Oberbürgermeister auch dieser Partei angehöre. Da sich solche Vorgänge nach meinen langjährigen Erfahrungen sehr häufig wiederholen können, so erscheint mir eine öffentliche Aufklärung zweckmäßig. Schon vor meiner Wahl habe ich auf eine an mich gerichtete Frage erklärt, daß ich bisher mein Amt frei von parteipolitischen Bindungen geführt hätte. Bei meiner Einführung habe ich in der auch von der Presse wiedergegebenen Ansprache ebenfalls laut und vernehmlich verkündet, daß für meine Amtsführung lediglich maßgebend seien Eid und Gewissen. Danach bin ich verpflichtet, unparteiisch die Leitung der Stadtverwaltung zu führen und jeweils so zu handeln, wie es das Wohl der Stadt ohne Rücksicht auf irgendwelche Gruppen verlangt. Selbstverständlich habe ich, wie es für jeden deutschen Bürger vonnöten ist, meine politische Grundanschauung. Aber ich bin tief durchdrungen von jener Auffassung, die mein engeres Heimatland Preußen großgemacht hat, daß der Beamte sich ausschließlich als Sachwalter der Interessen der Allgemeinheit zu fühlen und zu betätigen hat. Eine solche Auffassung bringt in unserer heutigen politisch unruhigen und wirtschaftlich verworrenen Zeit den Beamten sehr häufig in Widerspruch mit parteipolitischen Wünschen, aber sie gibt ihm auch den Halt, im Dienste für die Allgemeinheit nur seine Pflicht und Schuldigkeit zu tun.

Im übrigen möchte ich einmal auch recht klar betonen, daß Kommunalpolitik und Reichspolitik zwei voneinander ganz verschiedene Gebiete sind. Daß die Gemeinde die Zelle des Staates ist, ist keine Phrase, sondern die Anerkennung einer organischen Tatsache. An diese Zelle treten tagtäglich, ja stündlich höchst lebendige Aufgaben und Anforderungen heran, die unmittelbar gelöst sein wollen, ohne daß andere Zellen die Aufgaben des Filtrierens, des Ausscheidens und Weiterleitens, wie bei der Staats- und Reichsverwaltung, übernehmen. Daraus ergeben sich auch für die in der Stadtverordneten-Versammlung tätigen politischen Gruppen ganz andere Aufgaben als sie den gleichen Gruppen des Reichstages beschieden sind. Es ist deswegen grundfalsch und eine wesentliche Ursache der gegenwärtigen inneren Schwierigkeiten der Selbstverwaltung, daß man auf die örtliche Selbstverwaltung im Übermaße Gepflogenheiten des Reichsparlaments überträgt. Hier in der örtlichen Verwaltung heißt es von Tag zu Tag, von Woche zu Woche, von Sitzung zu Sitzung, praktische Arbeit im Dienst der Mitbürger zu leisten. Von programmatischen Erklärungen und Beschlüssen wird weder ein Fürsorgeempfänger satt, noch ein Kind erzogen, noch eine Straße unterhalten, noch die Straßenbahn in Bewegung gesetzt, noch ein Konzert intoniert, sondern hier heißt es Kopf und Muskeln zur unmittelbar fruchtbaren Arbeit anzuspannen und Alle für Einen, Einer für Alle einzutreten.

### 1.1.3 *Festrede zum 100. Todestag des Freiherrn vom Stein*

*maschinenschriftliches Vortragsmanuskript o.D. [29.6.1931]; StAL, NL Schöne A, Nr. 4, Bl. 72-76.*

Realisierung der Steinschen Ideen in der Leipziger Stadtverwaltung: Die Selbstverwaltung der Kommune und ihre Unabhängigkeit vom Staat wird durch einen ausgeglichenen städtischen Haushalt ermöglicht; die Unterstützung der nationalen Einheit ist ein Anliegen Leipzigs seit über 100 Jahren.

Herr Minister, meine Damen und Herren! Im Namen des Rates und der Stadtverordneten-Versammlung, deren Mitglieder fast vollzählig hier versammelt sind, Sie begrüßen zu können, ist mir eine Ehre. Wir danken Ihnen allen, daß Sie unserer Einladung gefolgt sind. Unser dank gilt vornehmlich auch Ihnen, sehr verehrter Herr Geheimrat Brandenburg[1], der Sie die Freundlichkeit haben wollen, dieser Feierstunde den Inhalt zu geben. Unser besonderer Dank gilt auch Ihnen, Herr Minister Richter[2], der Sie als Vertreter des sächsischen Staatsministeriums trotz gerade in diesen Wochen besonders drückender Belastung zu unserer Feierstunde erschienen sind. In Ihren Händen liegt die Staatsaufsicht über die Selbstverwaltung. Seit deren Wiedererneuerung vor 100 Jahren sah unser Vaterland, sah Sachsen, sah Leipzig nicht so schwere Zeit, wie die seit 1914 verflossene und uns jetzt begleitende. Nie war es daher auch schwerer, die richtige Grenze zwischen Staat und Selbstverwaltung zu finden. Wir haben, sehr verehrter Herr Minister, aus Ihrem Tun und Ihren Worten die Überzeugung gewonnen, daß Sie gleich uns diese Grenze, die noch niemals und in keinem Lande der Welt durch Gesetz objektiv hat festgelegt werden können, bestimmt sehen durch die sittliche Idee der Freiheit, durch das Wohl des Ganzen und durch die gewaltige Bedeutung, die das Verantwortungsbewußtsein des einzelnen für Gemeinde und Staat hat. Diese Grenze wird niemals mit den Händen faßbar, sie wird nur durch Einsicht und guten Willen auffindbar sein.

Ich begrüße die Vertreter der Reichs- und Landesbehörden, die Repräsentanten der Universität und der Schulen, von Kunst und Wissenschaft, die Vertreter aller Berufsstände, insonderheit unsere Beamten, die Vertreter der wirtschaftlichen Korporationen, der Arbeitgeber und Arbeitnehmer. Willkommen auch Leipziger Jugend in des Alten Rathauses ehrwürdigem Saal, dessen Wände uns von wichtigen Begebenheiten und weisen Schlüssen, aber auch von Irrungen und Wirrungen der Jahrhunderte berichten könnten, die zu Lehren und Erfahrungen häufig erst dann werden, wenn wir sie selbst durchgemacht haben.

---

1 Erich Brandenburg (1868–1946) war Professor für Neue und Neueste Geschichte an der Universität Leipzig.

2 Friedrich Wilhelm Richter, Jurist und Volkswirt, war seit 1929 sächsischer Innenminister, seit 1930 gleichzeitig sächsischer Arbeitsminister; 1933 wurde er von den Nationalsozialisten aus dem Amt verdrängt (vgl. Kurt G.A. Jeserich und Helmut Neuhaus (Hg.): Persönlichkeiten der Verwaltung. Biographien zur deutschen Verwaltungsgeschichte 1645–1945, Stuttgart, Berlin und Köln 1991, S. 532).

Weshalb dann haben die städtischen Körperschaften der größten Stadt Sachsens das Bedürfnis, dem 100. Todestag des Reichsfreiherrn vom Stein diese Feierstunde zu weihen? War nicht sein Wirken vornehmlich Preußen gewidmet? Kam nicht diesem Staate der Erfolg seiner Staatskunst ganz zugute? Ist es die Tatsache, daß hier der vom Stein in jahrelanger zäher Arbeit vorbereitete und ersehnte Befreiungskampf von der Herrschaft eines genialen, aber brutalen Tyrannen seinen Höhe- und Entscheidungspunkt fand? Ist es die Erinnerung an die Tatsache, daß Stein nach der Befreiungsschlacht in die Verwaltung einer Stadt und in die Verwaltung eines Forums eingriff, dessen Selbständigkeit er beseitigen wollte?[3] Nein, das ist es nicht! Es ist etwas ganz anderes!

Wie sehr habe ich an den verschiedenen Orten meines Wirkens in unserem Vaterlande die innere Verschiedenartigkeit des Wesens deutscher Stämme, ja selbst auffallende charakteristische Unterschiede im Denken und Fühlen historischer Orte empfunden und festgestellt: Jeder Stadt von Bedeutung in Deutschland prägt die Eigenart ihrer Geschichte auch die Besonderheit ihrer Aufgaben gegenüber dem Ganzen in Sinn und Haltung ihrer Bürger auf. Wenn ich den Genius der Stadt Leipzig in der ihr wesentlichen Eigenart richtig erkannt habe, dann fühlt sich Leipzig dem Reichsfreiherrn vom Stein durch zwei Ideen im Wirken Steins besonders verbunden.

Diese Stadt hat sich durch die Jahrhunderte weitgehende Selbständigkeit in der Verwaltung der eigenen Angelegenheiten bewahrt, selbstverständlich jeweils in den den Zeitläuften entsprechenden Formen. Ist Leipzig auch nicht in der Reihe der Städte zu finden, die nach der alten Reichsunmittelbarkeit strebten, so hat es sich doch großzügig und klug auch vor der Abhängigkeit gegenüber dem Landesherrn bewahrt. Die Grundlage für ein solches Maß unabhängigen Freiheitswillens bildete wohl die große wirtschaftliche Bedeutung, die Leipzig als Handelsplatz in Europa genoß. Die Möglichkeit, ihren Willen in die Tat umzusetzen, fand Leipzig in geordneten Finanzen. In solcher geistigen Haltung mussten die Ideen Steins, die Selbstverwaltung zu neuem Leben, insbesondere durch Beteiligung der Bürger an den Angelegenheiten der Gemeinden, zu erwecken, starken Widerhall finden. 1817 wurde in Leipzig diese Mitwirkung nach fast 300jährigem Ruhen dem Rate gegenüber wiederhergestellt. 1831 musste die Regierung den Entwurf zur Städteordnung in Leipzig vorweg durch Lokalstatut einführen. Die Worte des Mitarbeiters

---

3 Nach der Völkerschlacht bei Leipzig vom 16. bis zum 18. Oktober 1813 war der sächsische König, der trotz preußischer Werbungen bis zuletzt auf Napoleons Seite gekämpft hatte, in Leipzig gefangen genommen worden. Der zu Beginn des Krieges auf Initiative des Freiherrn vom Stein eingerichtete und unter seinem Vorsitz arbeitende Zentralverwaltungsrat übernahm daraufhin die Verwaltung Sachsens; auf dem Wiener Kongress konnte sich Preußen jedoch nicht mit seinem Anspruch auf Sachsen durchsetzen (Vgl. Wolfram Siemann: Vom Staatenbund zum Nationalstaat. Deutschland 1806–1871, München 1995, S. 313-320 sowie Franz Schnabel: Deutsche Geschichte im neunzehnten Jahrhundert, Bd. 1: Die Grundlagen, München 1987, S. 522-546).

Steins, des Königsberger Polizeidirektors Frey, „Zutrauen veredelt den Menschen, ewige Vormundschaft hemmt sein Wirken“[4], hatten die damals politisch interessierten schichten der Leipziger Bürgerschaft erfaßt und in ihnen sich durchgesetzt.

Und ein Zweites: Vor einigen Wochen stand ich mit anderen Leitern deutscher Großstädte in den Räumen zu Kappenberg im schönen Westfalenland, in denen Stein nach dem Abschied aus dem Staatsdienst gelebt hat. Von den dort aufbewahrten Erinnerungen hat mich eins, das ich zum ersten male im Original sah, tief bewegt, nämlich die Urschrift des berühmten Briefes mit den für die damalige Zeit im Munde eines Staatsmannes unerhörten Worten: „Ich kenne nur ein Vaterland und das heißt Deutschland![5]“. Dieses Bekenntnis läßt wieder auch eine gleichgestimmte Saite in der besonderen Leipziger Sinnesart mitschwingen.

Nicht durch organische Entwicklung, sondern durch Willkür hart an die Landesgrenze gedrängt, hat Leipzig seit mehr als 100 Jahren unverhohlen jede Entwicklung unterstützen müssen, die ein einheitliches Deutschland zum Ziele hat, oft im Gegensatz zur Staatsgewalt des Landes. In solcher Sinnesart fand ein Friedrich List den Boden für sein dem Fortschritt des Verkehrs und der wirtschaftlichen Einheit dienendes Wirken.[6] Viele hochinteressante Bewegungen in dieser Stadt dienen durch das letzte Jahrhundert hindurch diesem Ziel. Es ist auch heute noch der lebendige und einmütige Wille der Leipziger, daß mit Tatkraft und Besonnenheit von allen verantwortlichen Stellen ans Werk gegangen wird, kleinliche, wirtschaftlich unerträgliche und politisch absurde Wirkungen innerdeutscher Landes-

---

4 Johann Gottfried Frey, seit 1785 in der Königsberger Stadtverwaltung tätig und seit 1806 dort Polizeidirektor und stellvertretender Stadtpräsident, hatte im Frühjahr 1808 eine Städteordnung entworfen, die als Grundlage diente für die Städteordnung vom 19.11.1808 (vgl. dazu S. 19, Anmerkung 2). Freys Entwurf begann mit dem Leitspruch: „Zutrauen veredelt den Menschen, ewige Vormundschaft hemmt sein Reifen“ (vgl. Theodor Winkler: Johann Gottfried Frey und die Entstehung der preußischen Selbstverwaltung, Stuttgart $^{2}$1957, S. 128).

5 Vgl. Schreiben Steins an den Grafen Ernst von Münster vom 1.12.1812, in: Freiherr vom Stein. Briefe und amtliche Schriften, bearb. v. Erich Botzenhart, neu hg. v. Walther Hubatsch, Bd. III neu bearb. v. Peter G. Thielen, Stuttgart 1961, S. 817 f.

6 Der Nationalökonom Friedrich List engagierte sich in besonderem Maße für den Eisenbahnbau und die Errichtung eines deutschen Zollvereins. Er war von 1834 bis 1837 amerikanischer Konsul in Sachsen; von seinem Leipziger Wohnsitz aus propagierte er den sächsischen Eisenbahnbau als den Kern eines deutschen Eisenbahnsystems und begrüßte den 1834 gegründeten Zollverein als Grundlage der nationalen Einigung Deutschlands. Mit seinem Konzept eines mitteleuropäischen Großwirtschaftsraums nahm List spätere geopolitische Analysen vorweg, die den USA und Russland eine entsprechende europäische Wirtschaftsmacht entgegensetzen wollten. Vgl. Werner Abelshauser: „Mitteleuropa“ und die deutsche Außenwirtschaftspolitik, in: Christoph Buchheim, Michael Hutter und Harold James (Hg.): Zerrissene Zwischenkriegszeit. Wirtschaftshistorische Beiträge. Knut Borchardt zum 65. Geburtstag, Baden-Baden 1994, S. 263-286.

grenzen zu beseitigen. Deutsche Selbstverwaltung und deutsche Einheit sind die Ideale, die uns an diesem Tage hier in dieser Stadt aufleuchten. Jene heute offenbar in höchster Gefahr und nur wieder zu erringen mit der Bereitschaft, Aufgaben der Gemeinschaft und die zu ihrer Erfüllung verfügbaren Mittel zu erkennen und aufeinander abzustimmen, damit wir aus eigener Kraft und in Einordnung ins Ganze die eigenen Angelegenheiten in Ordnung halten. Dazu ist erforderlich, daß wir uns abwenden von jener Auffassung in der Leipziger Ratsdenkschrift von 1817, in der es heißt, „daß man Menschen und Dinge wenig kenne, wenn man von der Mitwirkung bürgerlicher Repräsentanten zu Entschließungen und Maßregeln in lästigen Angelegenheiten der Stadt mehr allgemeine Zustimmung und Zufriedenheit erwarte, als die in solchen Geschäften vom Magistrat allein ausgehenden Beschlüsse zu erhalten pflegen". Hier werden die Bedeutung sachlicher Aufklärung und geistiger Führung unterschätzt. Es ist aber selbstverständlich, daß jene Einordnung ins Ganze nur stattfinden kann, wenn dieses Ganze der Selbstverwaltung in planmäßigem und sinnvollem Aufbau der Verteilung der Zuständigkeiten auch auf dem Gebiete der Finanzhoheit die Möglichkeit gibt, hier durch gegebenenfalls schroffe Senkung der Ausgaben, dort, wo es möglich ist, durch sinnvolle Erhöhung der Einnahmen in richtiger Zeit entsprechenden Ausgleich zu finden.

Die deutsche Einheit ist nur zu erreichen nach meiner festen Überzeugung, wenn wir die Eigentümlichkeiten der einzelnen deutschen Stämme ebenso achten wie die politischen, häufig sehr natürlich bedingten Meinungsverschiedenheiten der deutschen Menschen, und uns untereinander alle achten als Träger des Willens, jeder auf seinem Wege und in seiner Art für das Beste der Gemeinschaft zu wirken.

Erkennen wir, daß Stein selbst seine Idee in solchen Grundlagen verankerte, dann wird uns diese Feierstunde die sittliche, in Kants Lehre tief begründete Würde seines nach innen und außen gerichteten Freiheitssinns lehren, wird uns eine innere Stärkung geben, die wir in einer seit Generationen schwersten Zeit dankbar empfinden. Dann werden wir mit fester Zuversicht an die beiden größten Aufgaben unserer Zeit gehen, die gleichberechtigte Mitverantwortung aller Schichten des Volkes am politischen und wirtschaftlichen Geschehen organisch und klar zu befestigen, die Verantwortlichkeit des einzelnen zu heben und uns die Freiheit von fremder Willkür für Fortschritt und Wohlstand unseres Volkes zu erringen. Ich weiß mich mit den Mitgliedern der städtischen Körperschaften eins, wenn ich Sie zu solcher Feier am 100. Todestage des Reichsfreiherrn vom Stein begrüße.

### 1.1.4 Entwicklungstendenzen im deutschen Kommunalrecht

*Artikel in: Reichsverwaltungsblatt und Preußisches Verwaltungsblatt, Nr. 22, Bd. 54 vom 27.5.1933, S. 421-425.*

Aufgaben der Selbstverwaltung: eigenverantwortliche Zuständigkeit für alle örtlichen Belange sowie Auftragsverwaltung in den Bereichen Militär, Rechts- und Wirtschaftsordnung. Reformbedürftigkeit der Selbstverwaltung: Heraufsetzung des Wahlalters und Implementierung von Wahlrechtsbeschränkungen für Unterstützungsempfänger; allgemeine Einführung des Einkammersystems mit klaren Verantwortlichkeiten; Abbau der Staatsaufsicht und autoritäre Umformung der Gemeindeverfassung; Neuordnung des Steuerwesens, insbesondere Wiederherstellung der kommunalen Steuerautonomie.

(Nach einem Vortrag, gehalten in der Vereinigung für staatswissenschaftliche Fortbildung)

Das deutsche Kommunalrecht umfaßt das Verfassungs- und Verwaltungsrecht aller mit Selbstverwaltung ausgestatteten Gebietskörperschaften. Die Gemeinden sind die ältesten und zahlreichsten. Sie sind auch die entscheidenden Träger dieses Rechts, weil sie die vorderste Front der öffentlichen Verwaltung bilden. Das Reich kann an die Bewältigung irgendwelcher besonderen Aufgaben nicht denken, wenn nicht die Fronttruppen organisatorisch, technisch und moralisch vollkommen in Ordnung sind.

*1. Aufgaben.*

Wer Entwicklungstendenzen im Kommunalrecht beobachten und auswerten will, muss sich darüber klar sein, daß die Gemeindebildung untrennbar verbunden ist mit der Entwicklung arbeitsteiliger Wirtschaftsformen. Aus dem Schutzdorf über den Marktflecken und die Handwerkerstadt bildet sich in Deutschland im 19. Jahrhundert die Groß- und Mammutstadt, weil Dampf, Elektrizität und Verbrennungsgase zu einer immer vollkommeneren Arbeitsteilung und damit zu einer immer weiteren Zusammenballung von Existenzen führen, die voneinander abhängig sind. Dementsprechend entwickeln sich die Aufgaben der Gemeinden von Jagd- und Schutzschaft über Marktpolizei und Marktrecht, über die Verwaltung gemeindeeigenen Vermögens und die Betreuung der handwerklichen Organisationen bis zum Stadtstaat. Die erstarkenden Landesgewalten mussten im eigenen Interesse und zur Beseitigung von Korruptionserscheinungen dazu übergehen, diesen Aufgabenkreis der Städte einzuengen, stellenweise zu vernichten. Die Reinigung gelang nicht überall vollkommen, aber die Kräfte, die ein Gemeinwesen organisch aufbauen, mussten erstarren, da diese Gemeinwesen zu Körperschaften des privaten Rechts herabsanken. Es fehlte ihnen der Zug zum Ganzen, der in jedem Organismus lebendig ist. Diese Erstarrung musste sich in dem Augenblick als schwere Gefahr für den Staat bemerkbar machen, in dem dieser selbst gezwungen wurde, seine Kräfte an ungewöhnliche Aufgaben zu setzen. Wenige deutsche Staatsmänner haben so organisch zu denken vermocht wie der Freiherr vom Stein. Er löste die in der letzten Zelle des Staates, in der Gemeinde vorhandenen Kräfte aus der Erstarrung, indem er sie zu verantwortungsbewußten Trägern der nationalen Selbstbesinnung erhob. Wie gesund seine Gedanken und Maßnahmen waren, beweist die Tatsache, daß in der ersten Hälfte des vorigen Jahrhunderts im Anschluß an Preußen fast alle deutschen Länder ihr Gemeindekommunalrecht erneuerten oder überhaupt erst schufen. Der Aufgabenkreis der Gemeinden wurde dahin erweitert, daß sie alle aus der örtlichen Gemeinschaft sich ergebenden Aufgaben zu erfüllen hatten, soweit nicht staatliche Gesetze im einzelnen Gegenteiliges anordneten. Diese Beschränkungen waren zunächst sehr starke, aber sie änderten nichts an der Universalität der Zuständigkeit der örtlichen Selbstverwaltung. Sie allein ermöglichte es ja, eben diese Selbstverwaltung für den Gedanken der nationalen Erhebung fruchtbar zu machen. Vor solche Aufgaben gestellt, hat sich der Gedanke der Selbstverwaltung so bewährt, daß der preußische Staat und die meisten anderen deutschen Länder eine Reihe von Aufgaben überörtlicher Art vom Staat auf kommunale Verbände (Ämter, Kreise, Bezirke, Provinzen usw.) übertrugen, die auf dem Gedanken der Selbstverwaltung aufgebaut waren.

Das Ziel organischer Entwicklung muss dahin gehen, alle örtlichen Verwaltungsangelegenheiten in der Hand der örtlichen Selbstverwaltung zusammenzufassen und alle Verwaltungsaufgaben, die von der örtlichen Gemeinde nicht mehr oder nicht genügend betreut werden können, den Selbstverwaltungsverbänden zu übertragen, beides mit der Einschränkung, daß staatspolitische oder volkswirtschaftliche Rücksichten nicht entgegenstehen. Solche werden unter allen Umständen aufrechtzuerhalten sein auf dem Gebiete des Wehr-, des Sicherheitswesens, des Rechtswesens und der Rechtspflege, des Groß- und Fernverkehrs sowie der Grundlagen der Wirtschafts- und Finanzpolitik.

In dieser Richtung ist auch die tatsächliche Entwicklung verlaufen.

Noch fallen auseinander staatliche und örtliche Zuständigkeiten im Gewerbe- und Vermessungswesen, wenn auch in den einzelnen Ländern vertraglich oder gesetzlich eine Gemeinschaftsarbeit herbeigeführt ist. Auch das Gesundheitspolizeiwesen ist weder im Reich noch in den Ländern einheitlich geregelt. Grundsätzlich liegt diese Aufgabe bei der Staatsgewalt, praktisch in großen Gemeinwesen in der Hand von Kommunalbeamten. Ist dieser Beamte zugleich Kommunalarzt, dann ergibt sich eine glückliche Vereinigung in der Ausübung der Polizeigewalt mit der Verwaltung des übrigen Gesundheits- und Krankenhauswesens. Neben-, Gegen- oder Miteinanderarbeiten hört damit auf.

Die Entwicklung der Schulverwaltung zeigt erhebliche Schwankungen. Träger der äußeren Schulverwaltung sind meist die Gemeinden, während die innere Verwaltung in der Regel an einen staatlichen Aufsichtsakt gebunden ist oder ganz beim Staat liegt. Nach Trennung des Schulwesens von der Kirche führt die Entwicklungslinie organisch zur Gemeinde, denn in der Schule sieht der einzelne die Einrichtung für die Gestaltung und die Zukunft seiner Kinder. Der Gemeinsinn der Bürger betätigt sich daher nirgends lieber und fruchtbarer als auf dem Gebiet der Schule. Gehört also die Schulverwaltung der Gemeinde, bleibt doch für den inneren Schulbetrieb – Heranbildung und Anstellung der Lehrkräfte, Aufstellung der Lehrpläne, Pflicht des Schulbesuchs, Kontrollen – eine klare Staatsaufsicht unentbehrlich.

Neben der Schulverwaltung zählt zu den wichtigsten Gebieten kommunaler Tätigkeit die ebenfalls kirchlicher Zuständigkeit entstammende Wohlfahrtspflege. Hier sind die Entwicklungstendenzen gleichzeitig Fieberkurven. Eine segensreiche gemeindliche Wohlfahrtspflege hat dort einzugreifen, wo die Kräfte unmittelbarer Nächstenliebe zur ordnungsmäßigen Betreuung fürsorgepflichtiger Mitbürger nicht mehr ausreichen. Ihre Grenzen findet sie in der wirtschaftlichen Leistungsfähigkeit eines Volkes; selbstverständlich ist diese Grenze zu ermitteln unter Anwendung der Gesetze wirtschaftlicher Vernunft und sozialer Gerechtigkeit. Das gilt besonders für die Arbeitslosenhilfe, die völlig unorganisch 1927 den Gemeinden genommen wurde.[1] Arbeitslosenversicherung ist nach den Erfahrungen selbst in sehr viel reicheren Vorkriegszeiten nur denkbar auf der Grundlage einer ausgeglichenen Wirtschaft, wobei sorgfältig zu unterscheiden ist zwischen Berufen, in denen vorsorglich der in bestimmten Zeitabschnitten regelmäßig wiederkehrenden Arbeitslosigkeit begegnet werden kann, und anderen.[2] Organisches Ziel muss die Selbstverantwortung des einzelnen für seine eigene Lebensgestaltung bleiben. Spargedanke und Sparsinn sind im normalen Lebenslauf das Natürliche und Richtige. Soweit die Kraft des einzelnen hierzu nicht ausreicht, findet die entpolitisierte wirtschaftliche Vertretung der Arbeitnehmer ein reiches Betätigungsfeld. Zu eigenem Rechte und unter eigener Verantwortung sollen sie Einrichtungen zur Versorgung ihrer Mitglieder im Falle der Arbeitslosigkeit schaffen. Die Unterstützungskassen der Gewerkschaften dienen schon diesem Zwecke. Daß diese Selbstversorgung bei 6 Millionen Arbeitslosen nicht allein genügt, ist selbstverständlich. Hier muss das ganze Volk mittragen. Berufen zur Lösung dieser Aufgabe ist aber nicht die zentralisierte Reichsarbeitsanstalt, sondern das Reich und die Gemeinde, auf die diese Aufgabe allmählich wieder zurückzuführen ist. Die sorgliche Verwaltung der vom Reich aufgewendeten Mittel für die Arbeitslosenhilfe ist durch Aufsichtsbeamte des Reichs bis in den letzten Bezirksfürsorgeverband zu gewährleisten.[3]

---

1 Mit dem „Gesetz über Arbeitsvermittlung und Arbeitslosenversicherung" (AVAVG) vom 16.7.1927 (vgl. RGBl. 1927/I, S. 187 ff.) wurden die wichtigsten Elemente der Arbeitsmarktpolitik von den Gemeinden auf das Reich übertragen: Die neugegründete Reichsanstalt für Arbeitsvermittlung und Arbeitslosenversicherung übernahm das Arbeitsnachweiswesen und die Arbeitslosenversicherung. Lediglich die Selbstverwaltung und Unabhängigkeit der lokalen Arbeitsämter von der Reichszentrale konnte von den Gemeinden durchgesetzt werden (vgl. Preller, Sozialpolitik, S. 372 ff.).

2 Zu Goerdelers Stellungnahmen zur Saisonarbeitslosigkeit, besonders in der Bauwirtschaft, vgl. z.B. seine Denkschrift zur Wirtschafts- und Finanzpolitik von Anfang 1931 (Dok. 3.1, unten S. 271 ff.) sowie seine Denkschrift für Hindenburg vom April 1932 (Dok. 3.2, unten S. 313 ff.).

3 Zu Goerdelers Reformkonzept der Arbeitslosenversicherung vgl. sein Vortragsmanuskript „Organisatorische und finanzielle Vereinheitlichung der Arbeitslosenhilfe" vom Dezember 1932 (Dok. 1.2.5, unten S. 71 ff.).

Die Entwicklung im letzten Jahrzehnt hat die immer größer werdende Neigung gezeigt, von oben her bestimmend in die Art der Aufgabenerfüllung der Gemeinden einzugreifen. Schrankenlose parlamentarische Demokratie in der Staatsverwaltung musste den Staat hierzu verführen; fortschreitende Politisierung der Organe der Kommunalverwaltung gab begründeten Anlaß. Welcher Art die Ursachen waren, ist an den Früchten zu erkennen. Die von mir seit 1920 bekämpfte Vereinheitlichung des Besoldungsrechts,[4] das Reichs-, Staats- und Gemeindebeamte gleichstellte, konnte nicht mit einer Verminderung der Personalausgaben, sondern musste mit deren Erhöhung enden. Das Ziel muss sein, auch hier wieder zu einer organischen Entwicklung zu kommen. Wenn die Besoldung der Beamten von der Leistungsfähigkeit der Gemeinden und Gemeindeverbände abhängt, wird das ein wesentlicher Antrieb für eine sparsame, ordnungsmäßige Verwaltung sein. Der Wohnungsbau ist zum Schaden des Heimatstils und der Wirtschaftlichkeit uniformiert, das Schulwesen von oben her zersplittert, die Fürsorge entseelt. Richtlinien für alles und jedes. Organisches Leben wächst von unten. Deshalb ist es erforderlich, die Aufgaben klar zu teilen und der örtlichen sowie verbandsmäßigen Kommunalverwaltung unter verfassungsmäßigen Bedingungen alle örtlich und verbandsmäßig zu erledigenden Aufgaben zu überantworten. Reichen die Kräfte der einzelnen Gemeinden nicht aus oder ragen die Ausgaben wirtschaftlich über die Grenzen der Gemeinde hinaus (technische Werke, Straßenbahn, Straßenbauten usw.), müssen sie Kommunalverbänden übertragen werden. Organisch zu verfolgendes Ziel ist die Notwendigkeit, daß wirtschaftliche Versorgungsbetriebe stärker als bisher vom Staat auf Kommunalverbände zu übertragen sind.

*2. Organe kommunaler Willensbildung.*

Dieser Aufgabenentwicklung parallel läuft die Gestaltung der für ihre Erfüllung eingesetzten Organe. Der Führer und der Marktrichter der Urgemeinde werden von Geschlechtern gestellt, die die Bildung solcher Gemeinden führend bestimmt hatten, und die die Möglichkeit besaßen, sich durch Geist, Kraft und Besitz eine gewisse Unabhängigkeit zu verschaffen. Mit der Entwicklung der Gemeinde zur Stadt fällt die Forderung der Handwerkerzünfte und Gilden auf Beteiligung an der Stadtverwaltung zusammen. Mannigfaltig sind die Organe und die Art ihrer Bestellung, in allen Gemeinderechtsformen aber immer kollegial. Wie so häufig, verstanden auch die bevorzugten Machthaber die Städte nicht, die hereindringenden Kräfte, die durch Arbeitsteilung und Verfeinerung erwachten, verantwortlich an der Verwaltung zu beteiligen. Die Folge war, daß die erstarkende Macht der

---

4 Die kommunalen Vergütungsbestimmungen wurden mit dem Reichsbesoldungssperrgesetz vom 21.12.1920 (vgl. RGBl. 1920/I, S. 2117 ff.) aufgehoben. Seitdem die Bezüge der Länder- und Gemeindebeamten so an die Reichsbesoldung gebunden worden waren, kämpfte der Deutsche Städtetag gegen diesen Eingriff in die kommunale Selbstverwaltung (vgl. Ziebill, Deutscher Städtetag, S. 122).

Landesherren im 15. bis 18. Jahrhundert in immer stärker werdendem Einfluss auf die Stadtverfassung die Bestellung der Organe durch Bestätigung, schließlich durch Ernennung, gar durch Verkauf der Ämter gewann. Die Entwicklung der Stadtverfassung in diesen Jahrhunderten ist ein trübes Kapitel.

Die Bestellung der Verwaltungsorgane der Stadt organisch zu regeln, blieb der modernen Selbstverwaltung des 19. Jahrhunderts vorbehalten. Grundsätzlich haben alle Bürger das Recht, an dieser Bestellung durch die Kommunalvertretung mitzuwirken; für damalige Verhältnisse nicht unweise wurde vom Freiherrn vom Stein dem Haus- und Grundbesitz ein Vorrang sowohl für das aktive (3-Klassenwahl), als auch für das passive Wahlrecht eingeräumt. Aber ohne die organischen Änderungen zu beachten, die im 19. Jahrhundert sich vollzogen, wurde an diesem System festgehalten. So begnügte die Revolution von 1918 sich nicht damit, es zu beseitigen, sondern verlieh Jugendlichen im Alter von 20 Jahren bereits Wahlrecht und Wählbarkeit. Nicht einmal eine bestimmte Wohndauer wurde verlangt. Mit dieser anorganisch, rein mechanisch gedachten Regelung verband sich die der wirtschaftlichen Not angepaßte fortschreitende politische Zersplitterung des Volkes. Die Folge war steigende Unfähigkeit der Gemeindevertretung, ihre Aufgaben zu erfüllen. In der Zusammensetzung der städtischen Organe wurde keine Rücksicht auf Interessenkollisionen aller Art genommen. Der Beamte, der der Gemeindevertretung verantwortlich ist, gehört nicht in sie als Mitglied hinein. Daueremp-fänger von Armenunterstützungen können nicht den gleichen Einfluss haben wie die, die die Mittel aufbringen. Eine Änderung ist dringend geboten. Die allgemeine Wahl unter Heraufsetzung des Wahlalters sowie die Festsetzung einer Wohndauer von 4 Jahren und die Beseitigung der Interessenkollisionen werden das Richtige treffen. Kommunalvertretungen, die nach Berufs- und Wirtschaftsgruppen gebildet werden, erscheinen mir nicht zweckmäßig, weil sich innerhalb der verschiedenen, politisch bereinigten Richtungen die Gegensätze leichter ausgleichen werden als etwa zwischen verschiedenen Wirtschaftsständen, und weil die Gemeinden über ihre Funktion als Wirtschaftsgemeinden hinausgewachsen sind zu organischen Trägern staatlicher Hoheitsrechte.

Allein diese Frage spielt gegenwärtig infolge des Gleichschaltungsgesetzes[5] keine entscheidende Rolle. Wichtiger ist die Art und Zuständigkeit der Verwaltungsorgane. Das moderne Kommunalrecht unterscheidet in der örtlichen Selbstverwaltung zwischen dem vorherrschenden kollegialen Verwaltungssystem und

---

5 Während das Vorläufige Gesetz zur Gleichschaltung der Länder vom 31.3.1933 das Ergebnis der Reichstagswahlen für die Neubildung der Landtage als bindend vorgeschrieben und gleichzeitig Beschlussfassungen der Länderparlamente bedeutungslos gemacht hatte (vgl. RGBl. 1933/I, S. 153), wurde mit dem Zweiten Gesetz zur Gleichschaltung der Länder mit dem Reich vom 7.4.1933 die Ländersouveränität selbst aufgehoben durch die neue Institution der Reichsstatthalter (vgl. ebd., S. 173). Zum Vorgang der Ländergleichschaltung vgl. Martin Broszat: Der Staat Hitlers. Grundlegung und Entwicklung seiner inneren Verfassung, München [13]1992, S. 130 ff.

dem in der Rheinprovinz üblichen Einzelpersönlichkeitssystem. Alle Versuche, diese Bürgermeistereiverfassung als ungewöhnlich elastische und bewährte Verwaltungsreform durchzusetzen, sind fehlgeschlagen. In Süddeutschland ging seit 1920 die Entwicklung zum sogenannten Einkammersystem über; hier liegt die Verwaltung der Stadt dem Gemeinderat unter besonderen Vorzugs- und Verantwortungsbestimmungen für den Bürgermeister und einzelne berufsmäßige Stadträte ob.[6] Die Entwicklungstendenz ist also klar: Beseitigung des immerhin klaren Zweikammersystems und größere Anonymität der Verwaltung. Die Übertragung der Verwaltung an Versammlungen, die öffentlich nach Mehrheiten abstimmen, und an Ausschüsse ist schlechterdings unorganisch, denn das tragende Prinzip der Verwaltung und der Wirtschaft muss stets darin bestehen, klare Verantwortlichkeiten zu schaffen. Sie sind aber nur dann vorhanden, wenn bestimmte Persönlichkeiten für die Ergebnisse der Handlung haften, denen man dann allerdings auch die Möglichkeit des Führens zubilligen muß. Die hemmungslose Anwendung des demokratischen Prinzips auf das deutsche Kommunalrecht hat sich in der örtlichen Verwaltung als Ursache ungesunder Aufblähung und übermäßiger Aufwendungen herausgestellt. Diese Entwicklung zwang den Gesetzgeber dazu, ihren verderblichen Auswirkungen zu steuern. Das ist zuerst versucht worden durch ein stärkeres Einsetzen der zentralen Gesetzgebung in der Richtung, die Art der Aufgabenerfüllung im Gesetz selbst festzulegen und besondere Behörden zu schaffen. Treffende Beispiele hierfür bieten das Arbeitsrecht, das Jugendwohlfahrtsgesetz, die Fürsorgepflichtverordnung, die Schulmaßnahmen und die Vorschriften im Bauwesen, die weit über baupolizeiliche Vorschriften hinausgehen, endlich die besonders einschneidenden und notwendigen Bestimmungen über kommunales Schuldenwesen.[7] Diese Art des Eingreifens durch die zentrale Gesetzgebung birgt unverkennbar eine neue Gefahr, nämlich die der Vielregiererei in sich, die durch Überschneiden von Zuständigkeiten des Reichs und der Länder entsteht. Deshalb forderten Anfang 1931, als die Finanzlage eindeutig klar wurde, mein Mitarbeiter, Bürgermeister Dr. Löser[8], und ich eine allgemeine Bestimmung,

---

6 Die gängige Typologisierung der verschiedenen Städteordnungen unterscheidet drei Ausprägungen: 1. Die Magistratsverfassung, die auf einem Zweikammersystem aufgebaut war und in den ostpreußischen Provinzen vorherrschte; 2. Die Bürgermeistereiverfassung im Rheinland, in Westfalen, Hessen und Anhalt, in der dem Bürgermeister weitgehende Entscheidungsbefugnisse eingeräumt waren und er quasi mit der Stadtverordnetenversammlung regierte, so dass es sich um ein Einkammersystem handelte; 3. Das Stadtratsystem in Bayern und Württemberg, in dem der Stadtrat Beschlüsse fasste und auch ausführte, so dass hier von einem Einkörpersystem gesprochen wurde (vgl. Kurt G.A. Jeserich: Kommunalverwaltung und Kommunalpolitik, in: Deutsche Verwaltungsgeschichte, Bd. 4, S. 487-525).

7 Vgl. zur Zwangsetatisierung von Gemeinden S. 26, Anmerkung 9.

8 Ewald Löser, DVP, war nach dem Studium der Rechts- und Staatswissenschaften sowie der Nationalökonomie und nach verschiedenen Tätigkeiten in der Privatindustrie Beigeordneter des Deutschen und Preußischen Städtetags geworden. Seit dem Dezember 1930 war er als

daß die Länder und Gemeinden bei der Erfüllung eigener und übertragener Aufgaben von gesetzlichen Bindungen hinsichtlich Umfangs und Art der Erfüllung von Vorschriften aller Art befreit würden. Damals wurde gelacht. Heute hat die Entwicklung in Sachsen dahin geführt.

Immerhin ist schon seit etwa zwei Jahren eine starke Abkehr von dieser anorganischen Gedankenrichtung, die Lebens- und Verantwortungsbewußtsein tötet, erkennbar. Die Dietramszeller Notverordnung vom August 1931 machte die Länderregierung von den Länderparlamenten für alle Maßnahmen unabhängig, die ihnen zur Aufrechterhaltung eines geordneten Haushalts notwendig erschienen. Die Regierungen und durch sie die Verwaltungsorgane der Gemeinden gewannen die Freiheit, sachlich zu arbeiten, Sparmaßnahmen und Vereinfachungen durchzuführen.[9] Die in der nichtpreußischen Gemeindegesetzgebung seit 1918 für die Bürgermeister festgelegten Einschränkungen sind erfreulicherweise zum Fortfall gebracht. Die Einschränkungen verwehrten in Sachsen dem Oberbürgermeister den Vorsitz in Ausschüssen, er hatte lediglich beratende Stimme, die Verteilung der Geschäfte und die Verteilung der Dezernate war nur durch Kollegialbeschluß möglich.[10] Die unerwünschten Folgen bestanden darin, daß der Oberbürgermeister keine einheitlichen Richtlinien für die Gesamtverwaltung aufstellen und durchsetzen konnte. Eine Gesamtverantwortung war ausgeschlossen. Die Dietramszeller Verordnung und ihre Folgeverordnungen haben schließlich den Bürgermeistern die Möglichkeit gebracht, die volle Verantwortung für die gesamte Verwaltung zu übernehmen.

Die Stellung der Stadtverordneten war in ihrer Funktion seit der Revolution grundlegend geändert. Aus einem Kontrollorgan für sparsame und wirtschaftliche Verwaltung wurden die Stadtverordneten Forderer. Ihren hemmungslosen Wünschen konnte das verwaltende Organ nur durch Anrufen staatlicher Aufsichtsorgane entgegentreten. Es war in den letzten Jahren nur noch wenigen Städten vergönnt, zu einer normalen Festsetzung des Haushaltplanes zu gelangen. Die Selbstverwaltung lief Gefahr, völlig Schiffbruch zu erleiden. Rettend griff hier die Verordnung des Reichspräsidenten vom 14. Juni 1932 ein,[11] die zum ersten Male für die

---

Zweiter Bürgermeister in Leipzig und leitete das Finanz-Dezernat (vgl. die Personalakten Lösers in: StA Leipzig, Kap. 10 L, Nr. 688.).

9 Mit der sogenannten Dietramszeller Notverordnung vom 24.8.1931 (vgl. RGBl. 1931/I, S. 453) wurden die Landesregierungen ermächtigt, die Länder- und Gemeindehaushalte auf dem Verordnungswege auszugleichen. Zu der von Brüning betriebenen innenpolitischen Instrumentalisierung der Wirtschaftskrise zur Beschränkung des Länderparlamentarismus vgl. Heinrich Brüning: Memoiren 1918–1934, München 1970, S. 392 f.

10 Vgl. hierzu auch Goerdelers Schreiben an Karl Rothe vom 24.3.1930; Dok. 1.2.1, unten S. 48 ff.

11 Vgl. Verordnung des Reichspräsidenten über Maßnahmen zur Erhaltung der Arbeitslosenhilfe und der Sozialversicherung sowie zur Erleichterung der Wohlfahrtslasten der Gemeinden vom 14.6.1932, in: RGBl. 1932/I, S. 273 ff.

Verteilung der Reichswohlfahrtshilfe[12] eine sparsame und einfache Haushaltführung der Gemeinden verlangte und die Länder verpflichtete, für ihre Gemeinden Grundsätze hierfür aufzustellen; sie ermächtigte die Gemeindevorstände, bis zur ordnungsmäßigen Feststellung des Haushaltplanes nur die zur Aufrechterhaltung der Verwaltung und ihrer wichtigsten Aufgaben bei sparsamer Wirtschaftsführung notwendigen Ausgaben zu leisten. Die Grundsätze sind inzwischen in den einzelnen Ländern ergangen. Sie bedeuten eine Sicherung der Initiative und Verantwortlichkeit der Bürgermeister. Sie enthalten, dem Gutachten des jetzigen Reichsministers Dr. Popitz[13] folgend – das er in klassischer Zusammenstellung des Sach- und Rechtsstandes sowie der verwaltungspolitischen und wirtschaftlichen Notwendigkeiten erstattet hatte –, formelle und materielle Vorschriften über Aufstellung, Festsetzung und Durchführung des Haushaltplanes.[14] Die organischen Funktionen des Gemeindevorstandes werden ausgebaut, insofern er befähigt wird, unabhängig von den Gemeindeverordneten zu sparen, und durch Widerspruch Beschlüsse der Stadtverordneten außer Kraft zu setzen, die wirtschaftlich der Stadtgemeinde Nachteile bringen. Entscheidend ist das Ziel, ungedeckte Ausgaben zu vermeiden und die örtliche Verwaltung mit der Leistungsfähigkeit der örtlichen Wirtschaft in Einklang zu bringen. Die Aufsichtsbehörde hat erst beim Versagen der Bürgermeister einzugreifen.

Diese Regelung zeigt, daß sich die Idee der Selbstverwaltung nicht darin erschöpft, daß die von der Bürgerschaft gewählten Vertreter die Gemeinde selbst verwalten, vielmehr wird sie dadurch erfüllt, daß die Bürger die Möglichkeit haben,

---

12 Die Reichswohlfahrtshilfe war ein vom Reich bereitgestellter Betrag zur Mitfinanzierung der gemeindlichen Wohlfahrtserwerbslosenlasten, der nach Gemeindegröße und der Zahl der dort ansässigen Wohlfahrtserwerbslosen auf die Gemeinden verteilt wurde (vgl. ebd., S. 278 ff.). Aufgebracht wurde die Reichshilfe durch die neu eingeführte „Abgabe zur Arbeitslosenhilfe", die von allen Lohn- und Gehaltsempfängern erhoben wurde und die Krisensteuer ersetzte (vgl. ebd., S. 280 ff.).

13 Der Jurist Johannes Popitz, seit 1919 im Reichsfinanzministerium tätig und seit dem April 1933 Reichsfinanzminister, hatte im Frühjahr 1931 den Vorsitz eines Arbeitsausschusses der „Studiengesellschaft für den Finanzausgleich" übernommen, in dem auch Goerdeler Mitglied war und aus dessen Arbeit Anfang 1932 das Gutachten „Der künftige Finanzausgleich zwischen Reich, Ländern und Gemeinden" resultierte. Dieses Gutachten, für das Popitz alleine verantwortlich zeichnete, empfahl eine Reformierung des bisherigen Finanzausgleichssystems auf der Basis einer Neuregelung der Gemeindefinanzen und einer weitgehenden Ausschaltung der Länder als Instanz zwischen Reich und Gemeinden. Die Neuregelung der Gemeindefinanzen als Angelpunkt des Reformplans beinhaltete auch eine Normierung der kommunalen Haushaltsführung hinsichtlich der Kassenführung und Rechnungslegung. Vgl. Johannes Popitz: Der künftige Finanzausgleich zwischen Reich, Ländern und Gemeinden, Berlin 1932, besonders S. 26 ff. und S. 32 sowie Hildemarie Dieckmann: Johannes Popitz. Entwicklung und Wirksamkeit in der Zeit der Weimarer Republik, Berlin 1960, S. 113-130.

14 Vgl. RGBl. 1932/I., S. 282 ff.

die Organe, von denen sie verwaltet sein wollen, selbst zusammenzusetzen, zu kontrollieren und zu kritisieren, sowie sich in gewissen Zeiträumen durch Wahlakt zu den Mitgliedern der Verwaltung bekennen oder von ihnen trennen. Selbstverständlich erschöpft sich hierin der Gedanke der Selbstverwaltung nicht. Es ist notwendig, die Gemeindeverordneten zur aktiven Mitarbeit heranzuziehen, aber dann nur in solchen Betätigungen und Formen, die eine Übernahme regelrechter Verantwortung gewährleisten. Der Weg hierzu führt über eine wesentliche Herabsetzung der Stadtverordneten und wenigen, aber dafür inhaltsreichen Tagungen, um den Haushaltplan und wichtige Ortsgesetze zu beraten. Bei den bisher vielfach üblichen häufigen Sitzungen der Gemeindeverordneten entartete das Kontrollrecht in eine Kontrollagitationssucht. Die übrigen Befugnisse sollten auf einen oder mehrere Ausschüsse übertragen werden, die in nichtöffentlicher Sitzung unter dem Vorsitz des Oberbürgermeisters in kleiner Zusammensetzung tagen und so eine unbeeinflußte, nur vom Verantwortungsbewußtsein getragene praktische Verwaltungsarbeit leisten. Eine Verpflichtung des Bürgermeisters, in die Ausschüsse für Versorgungsbetriebe Sachverständige aus der Bürgerschaft zuzuziehen, würde das absolut reibungslose Arbeiten der örtlichen Selbstverwaltung sicherstellen.

Diese Vorschläge gründen sich auf die in der preußischen Provinzialverwaltung gesammelten Erfahrungen. Völlig unorganisch wurde die Demokratie in die Organisation der provinzialen Verbände dadurch eingeführt, daß die Provinziallandtage durch direkte Wahl der Provinzialangehörigen gebildet wurden. Jede Idee der Verantwortlichkeit wurde hierdurch beseitigt. Die Provinzen legen ihre Ausgaben, soweit sie nicht selbst über eigene Einnahmen verfügen, auf Stadt- und Landkreise um. Da es nun organisch richtig ist, daß nur der Ausgaben bewilligen kann, der sie zu tragen hat, nicht aber ein dritter, gehörten in diese Organisationen die Vertreter der Stadt- und Landkreise, nicht aber unbeteiligte Einzelpersonen. Wenn Schaden vermieden wurde, so deshalb, weil die Provinziallandtage nur selten tagen, die Hauptarbeit aber den Provinzialausschüssen obliegt, in denen geschärftes Verantwortungsbewußtsein und innige Zusammenarbeit mit der Provinzialverwaltung in Erscheinung tritt. Die Entwicklungslinien des Kommunalrechts dieser Selbstverwaltungsverbände lassen klar erkennen, wie die Verwaltung und Verfassung der deutschen Gemeinden und Länder gesund und organisch umzugestalten sind.

*3. Staatsaufsicht.*

Die Entwicklung der Staatsaufsicht oder besser der Stellung des Staats zur Stadt bis zur Steinschen Reform ist oben schon dargelegt. Denn eine organische Staatsaufsicht wird ja erst mit der bewußten Einschaltung der Kräfte der Selbstverwaltung in den Organismus des Staatsganzen durch Stein bedingt und geformt. Diese Formung vollzieht sich nicht in mechanischer Gleichschaltung, sondern in Gegenschaltung. Oben autoritative, von den Parteien unabhängige Staatsführung, unten Freimachung der zur Mitarbeit drängenden Kräfte des Volkes. Je stärker die Macht des Staates wird, um so großzügiger, elastischer, unsichtbarer kann er sein Aufsichtsrecht ausüben. So die Entwicklung im 19. Jahrhundert bis zum Ende des Weltkrieges. In der Nachkriegszeit läuft sie zwangsläufig umgekehrt; wir hätten heute staatliche Kommissare in großer Zahl, wenn nicht die oben dargelegten Reformen in der Verlagerung der Zuständigkeiten der Selbstverwaltungsorgane seit etwa 1½ Jahren eingesetzt hätten. Wenn das Ziel der Reform, in den Gemeinden genügend persönliche Verantwortlichkeit der Führer wachzurufen, erreicht wird, steht zu hoffen, daß ein Abbau und Umbau zentraler Einwirkung und Aufsicht in der Richtung erfolgt, daß man von dem jetzt üblichen Berichtssystem zum Revisionssystem übergehen kann.[15] Die jetzt meist auf Beschwerden hin geforderten Berichte bedeuten eine Kräftevergeudung und schaffen eine vom Gesetzgeber an und für sich gar nicht gedachte zweite Instanz. Es ist gewiß viel sicherer, viel ökonomischer und drastischer, wenn durch Schaffung geeigneter Prüfungseinrichtungen die Ordnung und Zuverlässigkeit der einzelnen Verwaltungen sichergestellt wird. Eine Ergänzung müssen diese Maßnahmen darin finden, daß wieder ein einwandfrei arbeitendes Disziplinarrecht hergestellt wird. Der Schaden, der durch eine schlaffe, auf vollkommener Verkennung der Verantwortlichkeit der Berufsbeamten gegenüber der Gesamtheit hinauslaufende Handhabung der Disziplinargewalt angerichtet wurde, läßt sich schwer abschätzen. Er wird aber jetzt offenbar. Als ein sehr glücklicher Ansatz in der Entwicklung der Staatsaufsicht in dieser Richtung ist die preußische Verordnung über die Rechnungsprüfung anzusprechen.[16] Wenngleich einzelne Gemeinden aus eigener Initiative auf diesem Gebiete in der Einrichtung von Rechnungsprüfungsämtern Vorbildliches geschaffen haben, so zeichnen sich die Bestimmungen jener Verordnung durch ihre umfassendere und grundsätzliche Regelung aus. Klar ist die örtliche und die überörtliche Prüfung geschieden, die Unabhängigkeit der Rechnungsämter und doch ihre absolute Unterordnung unter die letztverantwortliche Stelle des Verwaltungsleiters herausgearbeitet. Der reinen kassenmäßigen Prüfung wird zutreffend die Prüfung auf wirtschaftliche Zweckmäßigkeit vorangestellt. Es bleibt alles der eigenen Initiative der kommunalen Verwaltung überlassen mit der Maßgabe, daß die Aufsichtsbehörde ihrerseits die Vornahme der Prüfung verlangen kann. Die überörtliche Prüfung durch verantwortliche Organe der Aufsichtsbehörde würde ich allerdings für einfacher und zweckmäßiger halten als die Prüfung durch sogenannte Revisionsverbände, die als selbständige Körperschaften des öffentlichen Rechts ausgebildet sind. Denn auch hier würde jenes System der Klarheit, der Verantwortlichkeit besser entsprechen. Den letzten Schöpfungsakt staatlicher Aufsicht bildet die Verordnung des Reichswirtschaftsministeriums vom 30. März 1933 zur Durchführung der Vorschriften über die Prüfungspflicht der wirtschaftlichen Betriebe

---

15 Vgl. dazu ausführlich die Korrespondenz zur DGO (Dok. 1.3.6 ff., unten S. 121 ff.).

16 Vgl. Zweite Verordnung über die Durchführung der Gemeindefinanzverordnung vom 2. November 1932, am 28. Januar 1933 erlassen (PrGS 1933, S. 12-19).

der öffentlichen Hand.[17] Daß mit ihr die Grenze sittlicher Begründung des Rechts erreicht wird, ergibt sich aus der Tatsache, daß diese Verordnung auf Reichsbetriebe nicht voll zur Anwendung kommt.

*4. Finanzdeckung.*

Die Grundlage der Betätigung jedes schöpferischen Geistes in der deutschen kommunalen Verwaltung bilden neben dem Charakter des Bürgers, der den Kulturinhalt bestimmt, die zur Verfügung stehenden Mittel, die die Kulturgestaltung ermöglichen. Der Marktgemeinde des frühen Mittelalters standen Marktgefälle sowie Einnahmen aus eigenen Vermögen zur Verfügung. Dazu treten im Mittelalter bis zur beginnenden Neuzeit Zunftabgaben, Bürgergelder und städtische Zölle. Das 19. Jahrhundert eröffnet mit der Ausgestaltung des Gewerbes die Wege zu den Quellen arbeitsteiliger Wirtschaft, zu dem im Wert gesteigerten Hausbesitz, zum Gewerbe, zum Einkommen. Als großartige Zusammenfassung dieser Wirtschaftsepoche ist die Miquelsche Finanzreform zu bezeichnen.[18] Bis zum Jahre 1920 ist so das kommunale Finanzwesen aufgebaut auf Zuschlägen zur Einkommen-, auf Grund-, Gewerbe- und Wertzuwachssteuer, auf Beiträgen und Gebühren für Benutzung öffentlicher Anstalten. Das System wird über den Haufen geworfen durch die Erzbergersche Finanzreform, welche – der politische Zwang ist bestritten – die großen Steuerquellen Einkommen-, Umsatzsteuer usw. auf das Reich überführt.[19] Länder und Gemeinden werden nur durch Zuweisungen an diesen Steuern beteiligt. Mit dem sogenannten Finanzausgleich ist auf verschiedenen Gebieten fast in allen deutschen Ländern ein Lastenausgleich für die Gemeinden und Gemeindeverbände verbunden, im Schulwesen, im Polizeiwesen, beim Wegebau, in dem die Gemeinden nach bestimmtem Schlüssel und unter Berücksichtigung ihrer Leistungsfähigkeit an Steuern beteiligt werden. Nimmt man noch dazu, daß die Erträgnisse der Hauszinssteuer zentral verwaltet werden und eine Reichswohlfahrtshilfe von zur Zeit 80 Millionen monatlich schlüsselmäßig verteilt wird, so kommt man zu dem Ergebnis, daß auf fast allen Gebieten der kommunalen Verwaltung nicht nur ein Finanz-, sondern auch ein Lastenausgleich vorhanden

---

17 Vgl. RGBl. 1933/I, S. 180 ff.

18 Johannes v. Miquel, Kommunalpolitiker und Parlamentarier, war u.a. zwischen 1890 und 1901 preußischer Finanzminister. Zur Neuordnung des preußischen Steuerwesens setzte er 1891–93 eine Einkommens- und Kommunalsteuerreform durch. Entsprechend der Maxime der Steuerquellenaufteilung wies die Kommunalsteuerreform von 1893 die Erhebung von Gebäude-, Grund- und Gewerbesteuern den Gemeinden zu und sicherte ihnen dadurch die Unabhängigkeit von Staatszuweisungen. Eine höchst kontroverse Folge der Kommunalsteuerreform war die steuerliche Begünstigung des Großgrundbesitzes; zur kritischen Beurteilung der Neuordnung des preußischen Steuerwesens unter Miquel vgl. Hans-Ulrich Wehler: Deutsche Gesellschaftsgeschichte, Bd. 3: Von der „Deutschen Doppelrevolution" bis zum Beginn des Ersten Weltkrieges 1849–1914, München 1995, S. 888 f.

19 Vgl. zu der Erzbergerschen Finanzreform oben S. 21, Anmerkung 6.

ist. Für einzelne Gemeinden stehen im Falle äußerster Not Ausgleichsfonds aus der Reichswohlfahrtspflege, aus der Hauszinssteuer in den Ländern zur Verfügung. Dieses System hat sich schrittweise und auf den einzelnen Gebieten unter verschiedenen Gesichtspunkten, daher unorganisch, entwickelt. Das Ziel einer organischen Entwicklung kann nur darin bestehen, ein Steuersystem aufzubauen, das jedem der drei großen Träger Reich, Länder und Gemeinden möglichst selbständige, von ihnen verwaltete Steuerquellen zuweist. Den ersten Schritt hierzu bedeutet die Einführung der Bürgersteuer,[20] die gewiß in ihrer Primitivität hart ist, sich aber als ungewöhnlich widerstandsfähig erweist. Das Reich wird grundsätzlich Zölle, Umsatzsteuer und einen Teil der Einkommensteuer behalten müssen. Den Gemeinden werden unter schleunigem Abbau der Mietzinssteuer die Grundsteuer und eine mäßig zu haltende Gewerbesteuer – mäßig deshalb, weil der gewerblichen Produktion erst wieder zum Leben zu verhelfen ist – zuzusprechen sein. Die Steuern müssen in stärkerem Maße von der Betriebsbelastung auf die persönliche Belastung umgebaut werden, die Bürgersteuer dergestalt, daß sie mit gewissen Zuschlägen zur Einkommensteuer verbunden wird.[21]

*5. Zukunft.*

Für die weitere Entwicklung des deutschen kommunalen Rechts sind zwei Forderungen aufzustellen. Die Kommunalverwaltungen haben sich in die wirtschaftlichen und nationalen Notwendigkeiten im besten Sinne des Wortes einzufügen. Das Maß der öffentlichen Ausgaben hat sich ausschließlich nach dem Naturgesetz der Tragkraft der Volkswirtschaft zu richten. Das ist ein Naturgesetz. Denn von dem Ergebnis der Arbeit kann für allgemeine Zwecke höchstens abgegeben werden, was nach Deckung des zur Lebensfristung Erforderlichen übrig bleibt. Innerhalb dieser Tragkraft kann und muss die Wichtigkeit der einzelnen Aufgaben geordnet werden, voran die Güte der Erziehung der Kinder und die Rückführung der Menschen aus Großstadthöhlen in die Natur. Im übrigen wird die heutige Generation damit zu tun haben, die Auslandsschuldenverpflichtungen abzubauen und die Grundlage für die Bildung eigenen ausreichenden Sparkapitals zu schaffen. Wirtschaftliche und politische Zerrüttungen in der Welt haben stets ihren Ausgang genommen in ungeordneten öffentlichen Finanzen. Deswegen ist Ordnung in den

[20] Die Bürgersteuer, die quasi als Kopfsteuer von allen Gemeindemitgliedern erhoben wurde – Ausnahmen bildeten Fürsorge- und Krisenunterstützungsempfänger –, war den Gemeinden mit der Verordnung vom 26.7.1930 als mögliche Einnahmequelle erschlossen worden (vgl. RGBl. 1930/I, S. 314). Durch die Notverordnung vom 1.12.1930 wurden die Gemeinden auf ihre Erhebung verpflichtet (vgl. RGBl. 1930/I, S. 518).

[21] Eine Staffelung der Bürgersteuer in Abhängigkeit vom Jahreseinkommen bestand bereits seit ihrer Einführung (vgl. RGBl. 1930/I, S. 314 f.), so dass diese Forderung wohl nur eine Beschränkung der Erhebung der Bürgersteuer auf Arbeitseinkommen bedeuten kann, d.h. eine Entlastung der Vermögen und Unternehmensgewinne auf Kosten der Lohn- und Gehaltsempfänger.

öffentlichen Finanzen durch völliges Gleichgewicht zwischen Einnahmen und Ausgaben herzustellen. Ist das gelungen, werden die gesunden Kräfte im einzelnen Menschen, in der Familie, im verantwortlichen Streben des Unternehmers, im Fleiß des einzelnen deutschen Arbeiters sich in Bewegung setzen, um den Marsch zu neuer Wohlfahrt anzutreten.

Der zweite Wunsch geht dahin, daß bei Anwendung und Ausgestaltung des deutschen kommunalen Rechts die wahren Grundlagen der Selbstverwaltung wieder hergestellt werden mögen. Sie bestehen nach altem guten deutschen Recht darin, der Schaffenskraft der reinen, zu Stolz und eigener Verantwortung erzogenen Persönlichkeit, der Gestaltungskraft und dem Zukunftswillen der örtlichen deutschen Gemeinschaft Luft und Bewegungsmöglichkeit zu lassen, je stärker die Staatsautorität ist, um so mehr; das erzeugt nicht nur gesunden Kreislauf des Blutes; sonst würde auch dem besten deutschen Volkstum nicht Rechnung getragen werden. Es ist eine nationale Notwendigkeit, die Grundlage des Staates in der freudigen Mitarbeit und im Gewissen der einzelnen Bürger zu verankern.

### 1.1.5 *Schreiben Goerdelers an Paul Blunk*

*maschinenschriftlicher Briefdurchschlag vom 8.1.1934; Privatbesitz.*
Führungsgrundsatz als alleinige Verantwortung des Führers, der seinerseits nach unten delegiert; Totalitätsgrundsatz als Einheit von Partei und Staat unter einem politischen Willen; i.S. dieser Definitionen ist die Selbstverwaltung prädestiniert zur Durchsetzung von Führer- und Totalitätsgrundsatz; die preußischen Gemeindereformgesetze widersprechen diesen Grundsätzen.

Sehr verehrter Herr Landeshauptmann[1]!
Verbindlichsten Dank für Ihre freundlichen Zeilen vom 30. Dezember.[2] Sie sind wohl durch meinen Bruder[3] über den mir zunächst vertraulich von dem Herrn Reichsinnenminister erteilten Auftrag unterrichtet. Ich habe den Entwurf einer Deutschen Gemeindeordnung soeben fertiggestellt;[4] er wird nunmehr seinen Weg gehen. Ich bitte, das vertraulich zu behandeln. Sobald feststeht, ob dieser Entwurf

---

1 Paul Blunk, seit 1912 in der ostpreußischen Provinzialverwaltung und seit 1928 Landeshauptmann (vgl. Das Deutsche Führerlexikon 1934/1935, S. 61), wurde 1940 von dem ostpreußischen Gauleiter und kommissarischen Oberpräsidenten Erich Koch aus seinem Amt gedrängt und aus Ostpreußen ausgewiesen (vgl. Gause, Königsberg, Bd. 3, S. 125).

2 Blunk hatte Goerdeler am 30. Dezember 1933 Ausführungen gesandt unter dem Titel „Oberpräsident und Landeshauptmann. Das Primat der Staatsautorität in der provinziellen Selbstverwaltung." Er bezog sich dort auf das preußische „Gesetz über die Erweiterung der Befugnisse der Oberpräsidenten", das am 15.12.1933 in Kraft getreten war (vgl. PrGS 1933, S. 477 ff.), und bat Goerdeler um eine Stellungnahme (maschinenschriftliches Schreiben vom 30.12.1933; Privatbesitz).

3 Goerdelers Bruder Fritz war Stadtkämmerer in Königsberg.

4 Vgl. dazu Goerdelers Stellungnahmen zu der Deutschen Gemeindeordnung (Dok. 1.3.6 ff., unten S. 121 ff.).

gelandet werden kann, und im Zusammenhang mit diesen Arbeiten will ich dann an die Frage reichsrechtlicher Regelung des Rechts der Kommunalverbände herangehen, und dazu gehören ja dann auch die preußischen Provinzen. Ich wäre Ihnen dankbar, wenn Sie die Güte hätten, für diese Arbeit mir Ihre Erfahrungen und Ihren Rat zur Verfügung zu stellen. Ich würde mich dann bei meiner nächsten Anwesenheit im Reichsinnenministerium entsprechend ermächtigen lassen.

Für heute komme ich Ihrem Wunsch selbstverständlich sehr gern nach, mich zu der neuesten preußischen Gesetzgebung zu äußern.

Es erscheint mir zunächst notwendig, sich darüber klar zu werden, wie der Grundsatz der Führung im Staat und in der öffentlichen Verwaltung durchgesetzt werden kann. Meiner Ansicht nach niemals mit Aussicht auf dauernden Erfolg so, daß von oben her eine Befehlsmaschine bis zum letzten Dorfschulzen sichergestellt wird. Führung bedeutet die Sicherstellung einer Organisation und ihrer Funktionen dahin, daß der Führer die volle Verantwortung übernehmen kann, in seinen Entschließungen nicht gehemmt wird durch unsachliche Einflüsse irgendwelcher Art, daß er aber auch den Kopf freibehält von alltäglichen Sorgen und Kleinigkeiten. Je tiefer ich also in der Verwaltungsorganisation nach unten und damit in die Nöte, Sorgen und Interessengegensätze hineinkomme, umso breiter muss die Verwaltung gelagert werden. Denn nur dann ist Gewähr gegeben, daß diese Nöte, Sorgen und Interessengegensätze sich schon in den unteren Verwaltungsstellen ausgleichen und nicht überflüssigerweise nach oben dringen. Denn darüber müssen wir uns klar sein: Stelle ich einen Befehlsapparat von oben bis unten hemmungslos hin, so gehen auch alle Rückwirkungen ebenso hemmungslos allmählich von unten nach oben. Dann wird letzten Endes der Staatsführer für jede Not und Sorge und für jeden fehlenden Interessenausgleich unten verantwortlich gemacht, und daran müsste sich gerade in Deutschland der hervorragend gesunde Gedanke des Führertums totlaufen.

Ebenso wichtig ist es, sich klar zu werden über den Begriff der Totalität. Wenn er bedeuten sollte, daß Reich, Staat, Gemeinde und Verbandsverwaltung einem absolut einheitlichen Willen in allen Einzelheiten unterworfen sein sollen, so wäre dieser Gedanke keineswegs neu. Er ist verwirklicht worden im 18. Jahrhundert, aber nur für etwa ein halbes Jahrhundert. In den übrigen Jahrhunderten deutscher Geschichte, auch in denen sehr glanzvoller Entwicklung, hat es eine solche Totalität nicht gegeben. Sie widerstrebt auch ganz den immanenten Wesenskräften des Deutschen, und zwar nicht seinen schlechtesten. Unter Totalität im Sinne des Nationalsozialismus kann man m.E. nur verstehen die Einheit aller parteimäßigen Funktionen mit den Funktionen des Staates, d.h. die Auslöschung jeder politischen Parteiung. Das allerdings ist ein in der Geschichte bisher neuartiger Gedanke, und ihm zum Leben zu verhelfen, ist eine hohe Aufgabe.

Sind diese Gedankengänge richtig, so komme ich dazu, daß die Selbstverwaltung, die ihrerseits identisch ist mit der Selbstverantwortung, in der Verwaltung der Gemeinden und Gemeindeverbände mit dem Grundsatz des Führertums und der Totalität vollkommen vereinbar ist. Ja ich halte sie nach beiden Richtungen hin für eine unerläßliche Sicherung dieser Gedanken. Was das Führertum betrifft, so habe ich das oben bereits ausgeführt. Aber auch die Totalität wird sich nur durchsetzen lassen, wenn in den unteren und mittleren Instanzen die Bevölkerung zur Mitverantwortung erzogen wird und ihre Mitwirkung als eine aus bestem Idealismus geleistete freiwillige empfindet. Die neue preußische Gemeindeordnung[5] vernichtet die Selbstverwaltung trotz aller schönen Paragraphen über die hohe Bedeutung der Selbstverwaltung. Sie stabilisiert eine vollkommene Staatsverwaltung mit Beiräten, und es ist ein verhängnisvoller Irrtum, zu glauben, daß die Bevölkerung länger als wenige Monate diesen Zustand als Selbstverwaltung empfindet. In den Beiräten, die ernannt werden und die beschränkte Wirkungsmöglichkeiten haben, muss sehr bald das Gefühl der Überflüssigkeit, mangelnder Verantwortung usw. Platz greifen.

Was das neue preußische Gesetz über die Erweiterung der Befugnisse der Oberpräsidenten betrifft, so ist es der künftigen Reichsreform abträglich. In der Hand des Oberpräsidenten müssen ja zukünftig noch die Funktionen des Reiches vereinigt werden. Ihm wird ja doch auch ein Einfluss eingeräumt werden müssen gegenüber den anderen provinziellen Reichsbehörden. Damit wird aber der Oberpräsident, wenn ihm nicht für gewisse Teile der Verwaltung eine Selbstverwaltung gegenübergestellt wird, ein derart mächtiger Faktor, daß in ihm doch wieder starke dezentrale Tendenzen sich entwickeln können.[6] Daß das zur Zeit vielleicht wohl nicht in die Erscheinung tritt, berechtigt nicht zu der Annahme, daß nicht die Entwicklung sehr bald zu solchen Ansätzen neuer Reichszersplitterung führen würde. Und so erscheint mir doch sehr viel wichtiger, daß die zusammenfassende Kraft des Oberpräsidenten für die Reichsreform aufgehoben und jetzt nicht erschöpft wird durch die Zuweisung von Aufgaben, die ja durch den Landeshauptmann und seine Verwaltung bisher ausgezeichnet erfüllt sind.

---

[5] Das preußische Gemeindeverfassungsgesetz vom 15.12.1933 (vgl. PrGS 1933, S. 427 ff.) wurde auf Betreiben des preußischen Finanzministers Johannes Popitz und des Staatssekretärs im preußischen Ministerium des Innern, Ludwig Grauert, durchgesetzt gegen den Widerstand des Reichsministeriums des Innern, des kommunalpolitischen Apparats der NSDAP und der kommunalpolitischen Eliten. Die Bedenken gegen das preußische Gesetz entsprachen Goerdelers Argumentation: In organisatorischer Hinsicht verkompliziere das Vorpreschen Preußens eine reichseinheitliche Reform, inhaltlich sei mit der Ausschaltung der Vertretungskörperschaften und der Ausdehnung der Staatsaufsicht die Basis der Selbstverwaltung zerstört worden. Vgl. auch Horst Matzerath: Nationalsozialismus und kommunale Selbstverwaltung, Stuttgart, Berlin, Köln und Mainz 1970, S. 107 ff. sowie Goerdelers Stellungnahmen gegen die preußische Initiative in seinem Schreiben an Frick vom 30.11. 1933 (Dok. 1.3.3, unten S. 112 ff.) und an Hitler vom 14.12.1933 (Dok. 1.3.5, unten S. 119 ff.).

[6] Zum Dualismus zwischen Ober- und Regierungspräsidenten vgl. Peter Diehl-Thiele: Partei und Staat im Dritten Reich. Untersuchungen zum Verhältnis von NSDAP und allgemeiner innerer Staatsverwaltung 1933–1945, München 1969, S. 120 ff.

Dazu kommt, daß gerade im Zuge der Reichsreform mir ebenfalls außerordentlich wichtig erscheint die Beseitigung des Regierungspräsidenten. Ihre Bedeutung ist zweifellos im letzten Jahr ganz ungewöhnlich gesunken. Sie haben sich vielerorts als vollkommen überflüssig erwiesen. Der Fortschritt der Nachrichtenübermittlung und des Verkehrswesens weist ja doch den Weg zu größeren Verwaltungsgebieten. Denkt man aber an die erhebliche Vereinfachung der Verwaltung durch Auflösung der Bezirksregierungen, so erwächst auch aus ihr dem Oberpräsidenten eine zu große Last, wenn nicht ein Selbstverwaltungsverband ihm eine Reihe von Aufgaben abnähme.

Die provinziellen Selbstverwaltungen halte ich als eine Verbindung von Stadt- und Landkreisen zur Erfüllung bestimmter, ihnen gemeinsamer Aufgaben für nicht nur bewährt, sondern auch für ausbaufähig. Sie sind die geborenen Träger weiterer Aufgaben, zu denen sich die Landkreise und Stadtkreise sehr schnell und leicht zusammenfinden werden, wenn wieder die Oberbürgermeister und Landräte das Organ bilden, mit dem die provinzielle Selbstverwaltung zu arbeiten hat. Sie sind der Landesrat des Landeshauptmanns; aus ihm soll er sich kleine Beiräte bilden. Dieser Landesrat wäre vielleicht zu ergänzen durch Vertreter von Wirtschafts- und Berufsständen.

Diese provinziellen Selbstverwaltungen sollen ebenso wie die neuen Reichs-Oberpräsidenten nach meiner Meinung unter die Aufsicht des Reichsinnenministeriums gestellt werden. Diese Aufgabenteilung halte ich im Interesse der Reichsreform und der Sicherung der Reichseinheit für sehr bedeutungsvoll.

So, das sind in Kürze meine Ansichten, und Sie werden sie vielleicht sehr abweichend von den Ihrigen finden. Aber das schadet nichts. Und wenn Sie sich zu einer gemeinsamen Arbeit zur Verfügung stellen würden, sehr verehrter Herr Landeshauptmann, dann würden wir Gelegenheit haben, uns darüber noch zu unterhalten.

Alles Gute zum neuen Jahr!

Ich bitte um Ihren Bescheid und bleibe mit herzlichen Grüßen

Ihr sehr ergebener

Goerdeler

## 1.2 Oberbürgermeister in Leipzig

### 1.2.1 *Schreiben Goerdelers an Karl Rothe*

*maschinenschriftliches Schreiben vom 24.3.1930; StA Leipzig, Kap. 10 G, Nr. 685, Bd. 1, Bl. 27.*

Kritik an der sächsischen Gemeindeordnung: Geschäftsverteilung durch Ratsbeschluss, Kollegialstellung des Oberbürgermeisters in Ausschusssitzungen und Appellationsrecht für dissentierende Gruppen der Stadtverordnetenversammlung schränken die Kompetenzen des Oberbürgermeisters zu sehr ein.

Sehr verehrter Herr Oberbürgermeister[1]!

Inzwischen habe ich mich noch näher mit der sächsischen Gemeindeordnung[2] und der Verfassung und Verwaltung der Stadt Leipzig bekannt gemacht. Dabei ist mir folgendes aufgefallen:

1. Nach § 98 der Gemeindeordnung verteilt der *Rat* durch Körperschaftsbeschluß die Geschäfte auf seine Mitglieder. Nach den von mir bisher praktisch erprobten Verfassungen (rheinische Bürgermeistereiverfassung[3], östliche Magistratsverfassung[4]) ist die Geschäftsverteilung ein Recht des Oberbürgermeisters, und

---

1 Von der Leipziger Stadtverordneten-Versammlung wurde Goerdeler am 2. April 1930 im zweiten Wahlgang zum neuen Oberbürgermeister gewählt gegen die Stimmen von KPD, SPD und DDP. Bei der Stichwahl konnte er die Stimmen der Vereinigten Bürgerliste (DVP, DNVP, Z und WP), der NSDAP und der Volksrechtspartei auf sich vereinigen. Vgl. Protokoll der Leipziger Stadtverordneten-Versammlung vom 2.4.1930, in: StA Leipzig, Kap. 10 G, Nr. 685, Bd. 1, Bl. 31 sowie den Artikel „Der neue Oberbürgermeister Goerdeler, der Mann ‚preußischen Schlages'", in: Sächsische Arbeiter-Zeitung vom 3.4.1930. Goerdelers Vorgänger, Karl Rothe, war DVP-Mitglied; er hatte in den 20er Jahren eine soziale Befriedungspolitik in Leipzig geführt und unterstützte die Kandidatur des Saarbrückener OB Neikes (vgl. auch Schreiben Rothes an Neikes vom 3.4.1930 über die Kandidatur und die Wahlvorgänge; StAL, Kap. 6, Nr. 2, Bd. 29, Bl. 36).

2 Die 1923 von einer Mehrheit aus SPD und KPD beschlossene sächsische Gemeindeordnung (vgl. SGBl. 1923, S. 373-412) war eine abgewandelte Magistratsverfassung, insofern als zwar ein Zweikammersystem bestand, die Befugnisse der Stadtverordneten-Versammlung gegenüber dem Gemeinderat jedoch verstärkt worden waren; vgl. Kurt G.A. Jeserich: Kommunalverwaltung und Kommunalpolitik, in: Deutsche Verwaltungsgeschichte, hg. v. Kurt G.A. Jeserich, Hans Pohl und Georg-Christoph v. Unruh, Bd. 4: Das Reich als Republik und in der Zeit des Nationalsozialismus, Stuttgart 1985, S. 487-525, hier S. 493 f.

3 Unter der in der Rheinprovinz, Westfalen, Hessen und Anhalt geltenden Bürgermeistereiverfassung, in der der Bürgermeister mit der Stadtverordneten-Versammlung regierte, hatte Goerdeler von 1911 bis 1920 als Beigeordneter in Solingen gearbeitet; vgl. Protokoll der Solinger Stadtverordneten-Versammlung vom 17.12.1912, in: StA Solingen, V-A-1-17, Bl. 257; zu den verschiedenen Ausprägungen der deutschen Gemeindeordnungen vgl. S. 37, Anmerkung 6.

4 In Königsberg arbeitete Goerdeler noch zu diesem Zeitpunkt unter der Magistratsverfassung als Zweiter Bürgermeister.

zwar ein solches, das weit über die formale Zuständigkeit hinaus sachliche Bedeutung hat.[5]

2. Der Oberbürgermeister hat das Recht, an den Sitzungen aller gemischten Ausschüsse mit beratender Stimme teilzunehmen; in den Ratsausschüssen hat er Sitz und Stimme. Dagegen ist er offenbar nicht berechtigt, in diesen Ausschüssen (gemischten und Ratsausschüssen) jederzeit den Vorsitz zu übernehmen.[6]
3. Den kleinsten selbständigen Gruppen der Stadtverordnetenversammlung steht das Recht zu, gegen die Entscheidung eines gemischten Ausschusses an den Gesamtrat oder an die Stadtverordnetenversammlung zu appellieren.[7]

Ich bitte mir nicht zu verübeln, daß ich, aus den vorher erwähnten Verfassungen anderes gewohnt, in diesen Bestimmungen außerordentliche Schwierigkeiten für eine schlagkräftige Leitung der Verwaltung sehe. Es würde für mich von entscheidender Bedeutung sein, welche Erfahrungen Sie, sehr verehrter Herr Oberbürgermeister, in diesen Punkten gesammelt haben, ob Sie meine Bedenken teilen oder nicht, und ob, wenn es der Fall ist, nach Ihrer Meinung Möglichkeiten für etwaige Änderungen bestehen.

Was den Punkt 1 betrifft, so steht m.E. der § 98 der Gemeindeordnung dem nicht entgegen, daß der Gemeinderat durch Körperschaftsbeschluß den Oberbürgermeister zur Geschäftsverteilung ermächtigt.

Was Ziffer 2 betrifft, so kann ebenfalls m.E. der Gemeinderat gemäß § 61 Abs. 4 der Gemeindeordnung dem Oberbürgermeister die Bestimmung des Vorsitzenden überlassen, er kann ihm meiner Ansicht nach auch überlassen, jederzeit den Vorsitz anstelle eines berufsmäßigen Gemeinderatsmitgliedes zu übernehmen.

---

5 In seiner Antwort schrieb Rothe hierzu: „(...) Die Verteilung der Geschäfte auf die einzelnen Dezernenten durch den Rat hat niemals zu Schwierigkeiten geführt. Ich habe diese Angelegenheiten mit den besoldeten Ratsmitgliedern vorbesprochen und immer Übereinstimmung über die Dezernatsverteilung erzielt. Ich bin nicht ein einziges Mal dabei überstimmt worden. (...)“; vgl. Antwortschreiben Rothes an Goerdeler vom 26.3.1930, in: StA Leipzig, Kap. 10 G, Nr. 685, Bd. 1, Bl. 28.

6 Zu diesem Punkt führte Rothe aus: „(...) Die Bestimmung, daß der Oberbürgermeister in den gemischten Ausschüssen kein Stimmrecht mehr hat, wie es früher war, ist von mir, als das neue Ortsgesetz über die gemischten Ausschüsse beraten wurde, stark bekämpft worden, jedoch leider ohne Erfolg. Ich empfinde es als eine direkte Zurückweisung des Oberbürgermeisters, daß er in den gemischten Ausschüssen zwar mitreden, aber nicht mit abstimmen darf. In den Ratsausschüssen hat der betreffende Dezernent den Vorsitz, und ich habe es niemals als eine Zurücksetzung oder als sachlich bedenklich empfunden, dass ich den Vorsitz nicht übernehmen konnte. Da ich Sitz und Stimme habe, kann ich meine Anschauung voll zur Geltung bringen. (...)“; vgl. ebd.

7 Hierzu bemerkte Rothe: „(...) Die fragliche Bestimmung der Gemeindeordnung, daß auch die kleinste Fraktion durch einen Einspruch die Sache an den Gesamtrat oder an die Stadtverordneten-Versammlung bringen kann, ist tatsächlich eine die Geschäfte sehr hemmende Bestimmung, von der leider oft Gebrauch gemacht wird. Sie ist in der Gemeindeordnung vorgesehen und kann zurzeit nicht geändert werden. (...)“; vgl. ebd.

Ziffer 3 liegt wohl vollkommen in dem Ermessen und der Beschlußfreiheit der Stadtverordnetenversammlung.

Ich wäre Ihnen, sehr geehrter Herr Oberbürgermeister, zu außerordentlichem Danke verpflichtet, wenn Sie die Güte hätten, mir noch möglichst umgehend Ihre Ansichten zu diesen Punkten mitzuteilen.
Mit bester Empfehlung bin ich stets
Ihr sehr ergebener

Goerdeler.

### 1.2.2 Der Zwang zur Sparsamkeit. Leipzigs Finanz- und Steuerpolitik

*Artikel in: Leipziger Neueste Nachrichten vom 25./26. 12. 1930, S. 10.*[1]
Finanzpolitische Probleme Leipzigs: das Haushaltsdefizit muss gedeckt werden; die verschlechterte Arbeitsmarktlage fordert Leipzig noch größere Unterstützungsbeiträge ab; laufende Ausgaben können nur in dem Maß gestrichen werden, wie keine Verpflichtungen für sie eingegangen worden sind; erhöhte Tarife der kommunalen Versorgungsbetriebe würden die Forderungen eines allgemeinen Preisabbaus konterkarieren. Ergriffene Maßnahmen: Erhöhung der Bürgersteuer, Biersteuer, Wasserpreise und Zählermieten. Forderungen nach dem Verkauf städtischer Vermögenswerte und der Aufnahme eines Überbrückungskredits sind unwirtschaftlich und werden nicht erfüllt werden; die einzige Lösung ist größere Sparsamkeit.

Gern komme ich der an mich ergangenen Aufforderung nach, über die finanzielle Lage der Stadt Leipzig im gegenwärtigen Zeitpunkte der Öffentlichkeit einige Angaben zu machen. Wenn ich durch unmittelbare Darstellung dazu beitragen kann, den Leserkreis der „Leipziger Neuesten Nachrichten“ eingehend zu unterrichten, so tue ich das gern. Zu keiner Zeit bedurfte die Selbstverwaltung mehr der unmittelbaren Fühlung mit den Bürgern der Stadt wie jetzt. Ist sie doch in ihrem Bestande bedroht, und wird sie sich doch nur halten, wenn jeder Bürger ihren hohen Wert erkennt und sich zu ihren Grundsätzen bekennt. Voraussetzung hierfür scheint mir eine genügende Aufklärung über die Finanzlage und über die Mittel zu sein, mit denen wir auch schwieriger Aufgaben Herr werden können.

Der Fehlbetrag.

War es denn überhaupt nötig, die Frage der Deckung des Fehlbetrages im Haushalt aufzurollen? Kein Verständiger hat bisher diese Frage, nachdem er über die Tragweite aufgeklärt war, verneint. Die Ordnung des Etatwesens ist die Grundlage für die Aufrechterhaltung kommunalen Eigenlebens, für den Kredit der Stadt und für ihre Fähigkeit, sowohl die ihr auferlegten als auch die von ihr freiwillig übernommenen Aufgaben zu betreuen. Bei der Aufstellung des Etats für 1930 im Januar und Februar 1930 war mit einer Zahl von knapp 6.000 Wohlfahrtserwerblosen,

[1] Ein Exemplar des Artikels befindet sich im Nachlass Goerdeler (BAK, N 1113, Bd. 17).

also mit einer Belastung von 6 Mill. RM. für ihre Unterstützung gerechnet. Die zwar nicht überraschend kommende, aber doch im Etat keiner Großstadt ausreichend berücksichtigte Verschlechterung des Arbeitsmarktes hat die Zahl der Wohlfahrtserwerbslosen bis Anfang Oktober auf rund 12.000 anschwellen lassen. Inzwischen ist sie bis Mitte Dezember auf etwa 17.000 gestiegen.[2] Es war also bereits im September zu übersehen, daß die im Etat ausgeworfenen Mittel bei weitem nicht ausreichen würden. Eine genaue Berechnung ergab einen Mehrbedarf von mindestens 10½ Millionen RM. Dieser Mehrbedarf bedurfte der Deckung. Was stand an Deckungsmitteln zur Verfügung? Neue Einnahmequellen brachte die Notverordnung vom Juli 1930[3] den Gemeinden in der Bürgersteuer[4], der Biersteuer und der Getränkesteuer. Außer diesen kommen von den sonst noch vorhandenen städtischen Einnahmequellen für eine weitere Erhöhung nur noch die Tarife der Werke in Betracht.

Der Weg der Sparsamkeit.

Es ist selbstverständlich, daß die Stadt in einer Zeit, in der nichts so notwendig ist als die Entlastung der Wirtschaft von Abgaben für die öffentliche Hand, als die Senkung der Gestehungskosten und damit die Belebung der Absatzmöglichkeiten, an eine weitere, die Einzelwirtschaft belastende Einnahmeerhöhung nicht herangehen darf, ehe sie nicht die Feststellung gemacht hat, daß der andere Weg, zu einer Deckung zu kommen, nämlich der Weg der Sparsamkeit, erschöpft ist. Der Rat hat deswegen der Stadtverordnetenversammlung die Mitteilung gemacht, daß er von den im Etat des laufenden Jahres vorgesehenen Ausgaben rund 2 Millionen RM einzusparen beschlossen hat. Die Stadtverordnetenversammlung hat hiervon Kenntnis genommen. Der Gesamtzuschuß für das laufende Jahr war im Haushaltsplan auf 60 Millionen RM festgesetzt; nachdem das Etatjahr fast zur Hälfte abgelaufen war, standen also noch rd. 34 Millionen RM zu Verfügung. Hiervon mehr als 2 Millionen RM zu sparen, war in diesem Jahre nicht möglich. Nicht jeder Ausgabenansatz läßt eine Minderung zu. Die allermeisten und größten Ausgabenansätze stehen durch öffentlichrechtliche oder privatrechtliche Verpflichtungen fest. Für Kürzungen während der Dauer des Etatjahres bleiben also nur bestimmte Ansätze übrig; diese sind zum Teil ganz gestrichen, zum Teil um diejenigen Sätze gesenkt, die irgendwie vertretbar waren.[5] Dabei ist keine Verwaltung ausgelassen,

---

2 Vgl. die Aufstellung der Fürsorgeempfänger von Januar 1931 bis Januar 1932 in: Verwaltungsbericht der Stadt Leipzig für das Jahr 1931, hg. im Auftrage des Rates der Stadt Leipzig vom Statistischen Amt, Leipzig 1932, S. 36. Demnach stieg die Zahl der Wohlfahrtserwerbslosen weiter von 16.282 Anfang Januar 1931 auf 36.078 Anfang Januar 1932. Aus Einsparungsgründen war für das Jahr 1930 kein Verwaltungsbericht erstellt worden.

3 Zur Erschließung neuer Einnahmequellen für Gemeinden vgl. RGBl. 1930/I, S. 314 ff.

4 Zur Bürgersteuer vgl. S. 43, Anmerkung 20.

5 In einem Umlauf zum Haushaltsplan 1930 vom 22.7.1930 waren zwar laufende Mittel freigegeben, noch ausstehende einmalige Mittel jedoch generell gesperrt worden. Darüber hinaus

bei allen ist der Sparstift angesetzt, und überall sieht man besorgte Mienen derer, die zwar auch dem Sparsamkeitsgedanken begeistert zustimmen, aber ihn vom eigenen Gebiet ebenso begeistert abzuwehren entschlossen sind. Somit war nichts anderes möglich, als für die restlichen 8½ Millionen RM die erwähnten Einnahmequellen auszunutzen.

Die neuen Einnahmequellen.

Es ist lediglich zu fragen, ob alle Einnahmequellen zu benutzen seien oder nur einzelne und in welchem Maße. Nach eingehender Erwägung hat der Rat es für vollkommen untunlich erachtet, Gas- und Elektrizitätspreise sowie die Tarife der Straßenbahn zu erhöhen. Es war nicht vertretbar, ausgerechnet in den Monaten, in denen die Preisabbauaktion begann, die Preise der kommunalen Versorgungsbetriebe zu erhöhen. Hiernach blieben übrig Bürgersteuer, Biersteuer, Getränkesteuer, Wasserpreis und Zählermieten. Daß man an der Bürgersteuer angesichts der gewaltigen Lasten der Stadt nicht vorbeigehen konnte, war außerhalb allem Zweifel. Leider musste die nicht zu erreichende Zustimmung der Stadtverordneten durch das Ministerium des Innern ersetzt werden.[6] Die Biersteuer ist durch die sächsische Landesnotverordnung ohne weiteres in Kraft gesetzt. Für die Getränkesteuer, für Wasserpreis und Messermieten war die Zustimmung der Stadtverordneten-Versammlung nicht zu erhalten.

So blieb nach Erledigung der ersten der beiden Vorlagen ein Rest von 4,3 Millionen RM ungedeckt. Dieser Ausfall wurde durch die Notverordnung vom 1. Dezember 1930 auf 4,6 Millionen RM insofern erhöht, als die Notverordnung eine Erweiterung der Befreiungsvorschriften zur Bürgersteuer und damit einen Ausfall von 300.000 RM brachte.[7] Es war ausgeschlossen, daß der Rat sich mit dieser Tatsache abfinden und die Hände in den Schoß legen konnte. Das wäre unverantwortlich gewesen. Denn die Mittel zur Zahlung der notdürftigen Unterstützung der Arbeitslosen fallen nicht vom Himmel, sie müssen durch Sparsamkeit und Mehreinnahmen geschaffen werden. Der Rat beschloß daher, die in der Notverordnung vom 1. Dezember 1930 gegebene Möglichkeit einer weiteren Erhöhung der Biersteuer bis zur Höchstgrenze auszunutzen, zumal diese Steuerquelle ergiebiger ist als die Getränkesteuer und ohne irgendwelche Vermehrung des Veranlagungs- und Einziehungsapparates durchgeführt werden kann. Die Getränkesteuer wurde einstweilen zurückgestellt.

---

wurde den entsprechenden Verwaltungen mitgeteilt: „Der ungewöhnliche Ernst der wirtschaftlichen und finanziellen Lage macht äußerste Sparsamkeit zur Pflicht. Überschreitungen [der zugewiesenen Mittel] sind ausnahmslos unzulässig und führen ohne weiteres zur persönlichen Haftbarmachung des Verantwortlichen. Anträge auf Nachbewilligung von Mehrausgaben haben in Anbetracht der angespannten Finanzlage keine Aussicht auf Genehmigung." (vgl. StA Leipzig, Kap. 44, Nr. 2, Bd. 70A, Bl. 6-7).

6 Vgl. zu dem Eingriff der sächsischen Landesregierung S. 26, Anmerkung 8.

7 Vgl. RGBl. 1930/I, S. 519.

Erhöhung des Wasserpreises.

Den übrigen Ausfällen aber konnte nach den vorstehenden Darlegungen nur begegnet werden durch eine weitere Erhöhung des Wasserpreises. Diese soll nunmehr von 18 auf 27 Pfg. erfolgen. Ich habe mehrfach vor aller Öffentlichkeit betont, daß ich es nicht für sinnvoll halte, Steuern einem Betriebe aufzuerlegen, der aus sich heraus nicht mehr die vollkommene Möglichkeit der Deckung findet. Die Folge muss sein, daß der Betrieb zusammenbricht. An zusammengebrochenen Betrieben haben wir gerade in der deutschen Wirtschaft mehr als genug. Nun unterliegt es gar keinem Zweifel, daß ein Hausbesitzer, der im übrigen vollkommen mittellos ist, die Erhöhung der ihn treffenden Betriebsunkosten sich nicht aus dem Ärmel schütteln kann, sondern sie irgendwie aus den Einkünften des Hauses unter Schmälerung anderer Ansätze nehmen muß. In welchem Umfange solche Fälle vorliegen, läßt sich unmöglich von vornherein übersehen. Denn ebenso zweifelhaft ist es, daß für eine gewisse Zahl von Häusern diese Erwägung nicht zutrifft; bei ihnen spielt die Erhöhung des Wasserpreises keine nennenswerte Rolle. Den Rest bilden die Fälle, die von vornherein nicht bestimmbar sind. Den Fällen, in denen wirklich Härten entstehen, wird man stets durch Anwendung eines Härteausgleichs genügend Rechnung tragen können. Auf alle Fälle aber ist es notwendig, daß der sächsische Staat einmal durch eine ganz objektive Untersuchung prüft, ob nicht eine gewisse Beweglichkeit, die man in Preußen schon seit dem 1. April 1927 geschaffen hat,[8] in der Gestaltung der Friedensmiete geschaffen werden muß. Ich möchte hier auf diese Frage nicht weiter eingehen. Ich halte es für einen Akt absoluter Gerechtigkeit, daß die Stadt sich bereit erklärt, an objektiven Feststellungen in dieser Richtung mitzuwirken, und daß es ebenso notwendig ist, die aus den Feststellungen sich ergebenden Folgerungen zu ziehen. Für die jetzt beschlossenen Maßnahmen aber war mit entscheidend die Tatsache, daß die Stadt Leipzig den bei weitem niedrigsten Wasserpreis der deutschen Großstädte hat und auch nach der Erhöhung noch hinter den Wasserpreisen der sächsischen Großstädte zurückbleibt, sie jedenfalls nicht übertrifft.

Was die Messermieten betrifft, so trifft die Erhöhung alle Konsumenten, bei den Elektrizitätszählern aber nicht diejenigen Haushaltungen, die den Haushaltungstarif beantragt haben. Dieser Antrag liegt in ihrem freien Willen. Die Erhöhung der Messermieten war deswegen gerechtfertigt, weil sie in Leipzig unter dem Vorkriegspreis lagen und nicht einmal die Unkosten der Bewirtschaftung der Messer decken.

Veräußerung städtischen Vermögens?

Zwei Einwendungen sind mir bei den vielfachen Erörterungen noch begegnet, einmal der Einwand, daß die Stadt aus der Substanz leben könne, sodann der

---

8 Mit der preußischen Verordnung über die gesetzliche Miete vom 26.3.1927 wurde die gesetzliche Miete auf 110% bzw. auf 120% der Friedensmiete festgesetzt; vgl. PrGS 1927, S. 36.

Einwand, die Stadt möge in einem ungewöhnlich schwierigen Jahre auch einmal den Kreditweg beschreiten. Was die erste Einwendung betrifft, so habe ich schon in der letzten Stadtverordnetenversammlung erklärt, daß die Stadt selbstverständlich wie jeder Privatmann sich bei den ungewöhnlich umfangreichen und aus dem Zwange der Tatsachen heraus geborenen Dingen überlegen muss, ob sie nicht einen Teil ihres in besseren Zeiten erworbenen Besitzes mobilisieren kann. Soweit die Stadt von alters her Aktien im Besitz hat, weiß jeder Einsichtige, daß sie bei dem heutigen Kursstande der Aktien und Kuxe diese nur mit großem Verluste zu Gelde machen könnte. „Aber", so heißt es, „die Stadt hat doch ausgedehnten Grundbesitz." Richtig! Zweifellos sind im Grundbesitz der Stadt auch Flächen, die sie auch von einem sehr weitsehenden kommunalpolitischen Standpunkt aus nicht unbedingt braucht. Aber es gibt heute für solchen Grundbesitz keinen Käufer, der bereit ist, den Kaufpreis bar zu zahlen. Und darauf allein kommt es an. Bleibt die einzige Möglichkeit, das in den städtischen Werken angelegte Vermögen zu mobilisieren. Nun, dieses Vermögen trägt ungewöhnlich guten Zins. Ihn liefern die städtischen Werke zur Zeit an den Etat der Stadt zur Deckung der Unkosten ab. Würde ein Teil der Werke in fremde Hände gegeben werden, so würde der Stadt die entsprechende Zinseinnahme verlorengehen. Dann müsste über kurz oder lang diese Maßnahme sich zu ungunsten der Steuerzahler aller Art auswirken, und zwar mit um so größerer Sicherheit, wenn die vor uns liegende Periode ungewöhnlich schlechten Arbeitsmarktes längere Zeit andauert. Und damit ist leider zu rechnen. Dann würde die Stadt bald vor die harte Aufgabe gestellt sein, den Steuerzahlern noch größere Opfer als bisher auferlegen zu müssen. Diese Mobilisierung von Vermögen kann also gerade im Interesse der Steuerzahler nicht in Betracht kommen. Endlich ist zu befürchten, daß das Geld für eine ganze oder teilweise Mobilisierung der Werke zweifellos aus dem Auslande genommen werden müßte. Wir würden dann durch eine Mobilisierung auch den städtischen Vermögensbesitz entnationalisieren. Ich bin überzeugt, daß jeder Bürger der Stadt Leipzig im Bewußtsein seiner nationalen Verantwortung eine solche Folge nicht wünscht.

„Und der Überbrückungskredit?"

Nun, ein solcher Überbrückungskredit wäre denkbar und vertretbar, wenn es wahrscheinlich wäre, daß in absehbarer Zeit eine wesentliche Entspannung der Verhältnisse und Entlastung der Stadt eintreten würde. Dem ist aber nicht so, und es ist viel besser, zu vorsichtig als zu vertrauensselig zu rechnen. Vorsicht ist nicht Pessimismus, sondern im Gegenteil, die einzige Grundlage, auf der Optimismus berechtigt ist. Ich bin der Ansicht, daß die Jahre 1931 und vielleicht auch noch 1932 ungewöhnlich schwere Jahre werden, sicher noch schwerer als das Jahr 1930, wenigstens in der Gesamtbilanz für Privatwirtschaft und Verwaltung. Ich bin überzeugt, daß wir die Kraft haben und die Fähigkeit besitzen, über diese Jahre hinwegzukommen, und daß dahinter die Sicherheit der Gesundung liegt. Aber auch diese Gesundung wird der gesamten Weltlage entsprechend nur langsam kommen und alle Kräfte weiter in Anspruch nehmen. Es wäre unverantwortlich, auf die kommenden Jahre laufende Lasten der Gegenwart hinüberzuwälzen. Wir würden uns dadurch eines schweren Fehlers, wenn nicht gar Vergehens schuldig machen.

13 Millionen sparen!

Für das nächste Jahr ist die Lage folgende: Wir werden mit etwa 26.000 Wohlfahrtserwerbslosen in das Jahr 1931 eintreten. Diese Zahl wird sich im Laufe des Jahres noch, wenn auch in langsamerem Tempo als 1930, vermehren und, wie ich hoffe, auf einen Beharrungszustand kommen. Infolge der in der Notverordnung enthaltenen Änderungen des Finanzausgleichs fallen von den Einnahmen aus Reichssteuern etwa 4 Millionen RM weg.[9] 1–2 Millionen RM werden die Gemeindesteuern weniger erbringen. Somit gilt es, für einen Betrag von rd. 26 Millionen RM über den Etat des laufenden Jahres hinaus Deckungsmöglichkeiten zu schaffen. Mehr als die Hälfte dieser Summe kann aus den oben erwähnten, schon in diesem Jahre flüssig gemachten Steuerquellen nicht erwartet werden, selbst wenn sie bis zum äußersten angespannt werden. Die Angestelltensteuer und die Wohnungsluxussteuer werden auf ihre Durchführbarkeit vom Rat zur Zeit geprüft. Ich persönlich habe wiederholt in der Stadtverordnetenversammlung betont, daß diese Steuern sehr viel kosten und wenig bringen, außerdem wirtschaftshemmend wirken würden, darüber wird später genauer zu sprechen sein. Kurz und gut, es ist außer allem Zweifel, daß von dem Zuschuss des laufenden Jahres (66 Millionen RM) rund 13 Millionen RM oder 20 Proz. gespart werden müssen. Angesichts solcher Zahlen wäre es nicht geraten, weiter dem Gedanken nachzuhängen, als ob durch einen Überbrückungskredit die nächsten Jahre belastet werden könnten. Nein, es gilt, den Dingen ins Gesicht zu sehen, so wie sie sind und ohne Rücksicht darauf, ob die notwendigen Maßnahmen populär sind, das zu tun, was die Verantwortung im Interesse der Stadt, im Interesse der Aufrechterhaltung gesunder Grundlagen für die Wiederaufrichtung der Wirtschaft gebietet.

Aus eigener Kraft.

Ich habe alle diejenigen, die sich in der Presse oder in der Stadtverordnetenversammlung zu diesen Dingen geäußert oder auch nur Kritik geübt haben, gebeten, uns andere Vorschläge mitzuteilen. Jeder Vorschlag ist willkommen und wird auf seine Durchführbarkeit hin gewissenhaft geprüft werden. Es soll jeder die Überzeugung haben, daß wirklich nur das Zweckmäßigste und Notwendigste geschieht. Nur dann wird die Selbstverwaltung sich behaupten können. Denen, die mit Recht die Sparsamkeit als das wichtigere gegenüber der Erhöhung der Einnahmen ansehen, muss ich noch sagen, daß in Wirklichkeit die Durchführung der Sparsamkeit

---

[9] Zur Kürzung der Finanzausgleichsbeträge um 75 Millionen RM. vgl. RGBl. 1930/I, S. 587.

in der öffentlichen Verwaltung sehr viel schwieriger ist als die Erschließung neuer Einnahmen. Sie werden das bei der Beratung des Haushaltsplanes für 1931 zur Genüge sehen. Und es wird dieser und jener plötzlich empfinden, daß die Kürzung dann auch in den Kreis seiner eigenen Interessen oder in den Bereich dessen, was ihm am Herzen liegt, eingreift. Um so notwendiger ist es, die Bürgerschaft zu vereinen zu dem Entschluss, ihr Gemeinwesen sich aus eigener Kraft durch schwere Zeit hindurch zu erhalten. Ein anderer nimmt ihr diese Last nicht ab, oder nur um den Preis der Aufgabe des freien Selbstbestimmungsrechts.

### 1.2.3 Zum neuen Haushaltsplan (1931/1932)

*maschinenschriftliches Vortragsmanuskript mit handschriftlichen Korrekturen o.D. [März/April 1931]; StAL, NL Schöne A, Nr. 4, Bl. 31-47.*

Formale Änderungen im Haushaltsplan: Kennzeichnung innerstädtischer Verrechnungsposten; betriebswirtschaftliche Abrechnung der Kommunalbetriebe; Beigabe einer Sachkonten-Übersicht. Belastungen des städtischen Haushalts wegen der angespannten Arbeitsmarktsituation, letztjährigem Fehlbetrag und verminderten Reichsüberweisungssteuern; Mehreinnahmen durch Erhöhung der Bürger- und Getränkesteuer, Lohn- und Gehaltseinsparungen sowie Einsparungen im Bau- und Schulwesen.

Der Haushaltsplan, der den Stadtverordneten vorgelegt ist, weist äußerlich noch die Gliederung seiner Vorgänger auf.[1] Wir werden in den nächsten Jahren eine etwas andere, der Natur der Gemeindeaufgaben noch mehr folgende Stoffeinteilung vornehmen, die natürlich das Gesamtgefüge des Haushaltsplans nicht berührt. In drei Punkten wird der Haushaltsplan vom nächsten Jahre ab Veränderungen bringen, zu denen wir hoffen, daß sie seine Übersichtlichkeit wesentlich erhöhen.

1.) Wir werden alle Verrechnungsposten, d.h. Einnahmen und Ausgaben, die sich lediglich zwischen städtischen Stellen vollziehen, ohne daß sie auf wirklichen Einnahmen von Dritten beruhen oder wirkliche Ausgaben an Dritte darstellen, schräg drucken; durch Ausschaltung dieser schräggedruckten Zahlen wird es möglich, den *Netto-Haushaltsplan* festzustellen und ihn gegen den jetzt allein erkennbaren Brutto-Haushalt abzuheben.

2.) Wir wollen dem nächsten Haushaltsplan für die städtischen Unternehmungen, die auf einen wirtschaftlichen Betrieb angewiesen sind, z.B. die Werke, das Beschaffungsamt, den Asphaltbetrieb usw., *Wirtschaftspläne* beifügen.[2] Die jetzigen

---

1 Die Auseinandersetzung um den Leipziger Haushalt 1931/1932 wurde zu einem Machtkampf zwischen dem Stadtrat und der Stadtverordnetenversammlung, in dem sich der Stadtrat durch Stützung auf reichs- und landesrechtliche Verordnungen mit seinen rigorosen Sparmaßnahmen durchsetzen konnte (vgl. ausführlich unten, Anmerkung 7). Die im folgenden angegebenen Beträge werden in den Unterlagen des Leipziger Finanzdezernats bestätigt (vgl. StAL, Kap. 44, Nr. 80, Bl. 51 ff.).

2 Bei der Umwandlung der kommunalen Wirtschaftsbetriebe in kaufmännisch geführte, rentable Kommunalunternehmen konnte Goerdeler auf Erfahrungen aus seiner Königsberger

rein summarischen Zahlen, beispielsweise des Elektrizitätswerks, die weiter nichts bedeuten als eine Gegenüberstellung von Einnahmen und Ausgaben in gleicher Höhe, würden also aus dem Haushalt verschwinden und in sogenannten, dem Haushaltsplan beigehefteten Wirtschaftsplänen nun aber zerlegt aufgeführt werden. Das hat den Vorteil, daß die städtischen Körperschaften über diese wirtschaftlichen Unternehmungen genauere Einzelzahlen erhalten, daß die *Hoheitsverwaltung* in ihren Zahlen von der Wirtschaftsverwaltung deutlich erkennbar getrennt wird und daß somit die Übersicht über das Steigen und Fallen der Ausgaben und Einnahmen der eigentlichen Hoheitsverwaltung leichter verfolgt werden kann.

3.) Endlich soll der nächstjährige Haushalt einen Querschnitt durch den gesamten Haushalt in *Sachkonten* bringen. Auch diese Sachkonten-Übersicht wird dem Haushaltsplan als Anlage beigefügt werden. Diese Sachkonten-Übersicht faßt die in den einzelnen Etats verstreuten, aber daß elbe Gebiet betreffenden Ausgaben, z.B. Besoldungen, Vergütungen, Löhne, Heizung, Mieten, Kanzleibedarf, Fernsprechkosten usw., zusammen und gibt so, namentlich auf Jahre hindurchgeführt, ein sehr wertvolles Zahlenmaterial nach den verschiedensten Richtungen. Einmal läßt sich der Anteil der verschiedenen Ausgaben an den Gesamtausgaben, z.B. der Sachaufwand oder der Personalaufwand oder der Grundstücksaufwand, mühelos errechnen, sodann bietet auch die jahrelange Fortführung dieser Konten Vergleichsmöglichkeiten für die Verwaltungsarbeit, die auf den verschiedensten Gebieten geleistet wird, und Unterlagen für ein Urteil über den Erfolg von Rationalisierungsmaßnahmen sowie ähnliche wichtige Aufschlüsse.

Wir hoffen, daß sich die Möglichkeit schaffen läßt, dem nächstjährigen Haushalt einen kurzen, im wesentlichen auf statistisches Zahlenmaterial beschränkten *Verwaltungsbericht* für das abgelaufene Kalenderjahr beizufügen. Das hat den Vorteil, daß die Stadtverordneten für ihre Beratungen bereits einen Überblick über den Verlauf des letzten Jahres in der Hand haben und an Hand der statistischen Zahlen ein besseres Urteil über die Bedeutung der Zahlen des neuen Anschlags gewinnen können.

Die Durchführung aller dieser Änderungen verlangt natürlich einen gewissen Zeitraum, und deswegen können sie erst im nächsten Jahre in Erscheinung treten. Man mag dann darüber urteilen, ob sie zweckmäßig erscheinen.

Der Netto-Haushalt betrug 1930 bei einem Brutto-Haushalt
von 229 Mill. RM rd. 198 Mill. RM,
im Jahre 1931 bei einem Brutto-Haushalt
von 238 Mill. RM rd. 208 Mill. RM.

Wir haben also eine Netto-Mehrausgabe von rd. 10 Mill. RM.

---

Zeit zurückgreifen. Der dortige Oberbürgermeister Lohmeyer hatte in dieser Hinsicht eine Vorreiterrolle übernommen und seit 1921 die Notwendigkeit der wirtschaftlichen Betriebsführung auch für kommunale Unternehmen im Deutschen Städtetag verfochten (vgl. Ziebill, Deutscher Städtetag, S. 198 ff. sowie S. 230).

Sie beruht ausschließlich auf der Entwicklung, die uns seit mehr als 1 Jahre auf dem Gebiete des Arbeitsmarktes in Atem hält.[3] Wir müssen im Wohlfahrtsetat, insbesondere für die Unterstützung der Wohlfahrts- und Krisenerwerbslosen sowie für die mit der Entwicklung des Arbeitsmarktes zusammenhängenden Fürsorgeeinrichtungen einen Mehrbedarf von fast genau 17 Mill. RM einsetzen. Ich habe ein Schaubild ausarbeiten lassen, aus dem die Entwicklung der Arbeitslosigkeit insgesamt und ihre Verteilung auf Arbeitslosenversicherung, Krisenfürsorge und Wohlfahrtspflege ersichtlich ist. Dies Schaubild läßt nicht nur die gewaltige Zunahme der Arbeitslosigkeit innerhalb der beiden letzten Jahre klar erkennen, sondern gibt auch ein sehr anschauliches Bild darüber, wie durch die Maßnahmen der Reichsregierung die Arbeitslosenversicherung im Kalenderjahr 1930 gewissermaßen in sich konsolidiert ist. Das Bild zeigt, daß die Zahl der von der Versicherung betreuten Arbeitslosen im wesentlichen unverändert geblieben ist. Dagegen hat die Zahl der von der Krisenfürsorge erfaßten Arbeitslosen und die Zahl der von der Wohlfahrtspflege betreuten Arbeitslosen ungewöhnlich stark zugenommen. Die Zahlen sind aus der Tabelle ohne weiteres ablesbar. Das Schaubild bestätigt aber die von mir letzthin in meiner Neujahrsrede ausgesprochene Behauptung, daß die ganze Entwicklung seit Beginn des Jahres 1930 in ihrer vollen Schärfe zu Lasten der Gemeinden läuft. Ich habe mir damals erlaubt, darauf hinzuweisen, daß selbst eine außergewöhnliche Anspannung aller Sparkräfte auf die Dauer selbst in gut fundierten Gemeinden nicht in der Lage sein kann, diesen Anforderungen wirksam zu begegnen. Diese Behauptung halte ich aufrecht. Denn es ist, ganz abgesehen davon, daß es falsch wäre, heute nicht einmal *möglich*, zu auch nur annähernd vertretbaren Bedingungen etwa Leihgeld hereinzunnehmen, um die Kassen zahlungsfähig zu erhalten. Wir müssen also, das ist ja auch an und für sich finanzwirtschaftlich allein richtig, laufende Ausgaben aus laufenden Einnahmen decken. Diese schrumpfen zusammen und können auch bei äußerster Anspannung auf die Dauer nicht so hochgehalten werden, daß wir bei immer weiter steigenden Erwerbslosenlasten zahlungsfähig bleiben. Auch der Reichstag beschäftigt sich auf Grund eines Antrags Breitscheid seit Monaten mit dieser Frage. Der Antrag geht dahin, entsprechend den Anregungen des Deutschen Städtetags die Fürsorge für Krisen- und Wohlfahrtsunterstützte zusammenzufassen und die Lasten zu 50% dem Reich, zu 25% den Ländern und zu 25% den Gemeinden aufzuerlegen.[4] Der

---

3 Vgl. zur zahlenmäßigen Entwicklung der Leipziger Fürsorgeempfänger S. 51, Anm. 2.

4 Zum Initiativantrag der SPD zur Reform der Arbeitslosenfürsorge, der am 16. Dezember 1930 von Rudolf Breitscheid im Reichstag gestellt wurde, vgl. Verhandlungen des Reichstags, V. Wahlperiode, Bd. 449, Berlin 1932, Nr. 558. Die Reformvorschläge des ADGB wiesen insofern Unterschiede auf, als die geplante Lastenverteilung stärker zugunsten der Länder ausfiel: Die Finanzierung sollte zu 3/6 vom Reich, zu 2/6 von den Gemeinden und zu 1/6 von den Ländern getragen werden (vgl. Bruno Broecker: Neugestaltung der Arbeitslosenfürsorge, in: Die Arbeit, 1930, S. 792 ff.).

Deutsche Städtetag hat seine Vorstellungen bei der Reichsregierung in derselben Richtung erhoben.[5] Irgendwelche Erfolge dieser Vorstellungen sind bisher noch nicht sichtbar geworden, es sei denn, daß man den Beginn von Materialsammlungen zu dieser Frage als Vorbereitung zu irgend einer Aktion ansehen sollte. Ich wiederhole an dieser Stelle in vollem Bewußtsein der Verantwortung, die eine Notzeit auch den deutschen Gemeinden auferlegt, daß Reich und Länder sich irren, wenn sie glauben, der Lösung dieser Frage aus dem Wege gehen zu können. Es ist insbesondere ein ganz schwerer organischer Fehler, sich immer noch der Tatsache verschließen zu wollen, daß auch die Länder in die Fürsorgelast für die Wohlfahrtserwerblosen mit eintreten müssen. Jetzt gerade bei den Beratungen der Etats in den einzelnen Gemeinden und in den Ländern wird es offenbar werden, von welch grundsätzlich verschiedenen Voraussetzungen bei der Aufstellung dieser Etats zu Werke gegangen ist. Bei den Gemeindeetats überall stärkste Drosselung selbst wichtiger Aufgaben, um Anforderungen gerecht werden zu können, bei den Länderetats gewiß auch ein ausgeprägter Sinn für Sparsamkeit, aber keine durchgreifenden Maßnahmen. Es wird an der Vorstellung festgehalten, man könnte der Schwierigkeiten Herr werden durch Bildung von Ausgleichsstocks, aus denen man, sei es vom Reich, sei es von den Ländern, besonders notleidende Gemeinden unterstützen wolle.[6] Nun, in wenigen Monaten werden die zahlungsunfähigsten Gemeinden in die Gruppe eingerückt sein, in der eine Entlastung unumgänglich ist. Abgesehen hiervon, muss ich es als im höchsten Maße bedauerlich bezeichnen, daß man die ganze unfruchtbare Verwaltungsarbeit, die zur Feststellung individueller Notlage notwendig ist, aufwenden will, um schließlich vor einer Unmöglichkeit zu stehen. Nicht nur die Einzelwirtschaft wird durch Subventionen ruiniert, auch für die Gemeinden steckt in der Notwendigkeit, auf Subventionen im Einzelfalle angewiesen zu sein, eine ungeheure Versuchung und zweifellos eine gewaltige Minderung des Verantwortlichkeitsgefühls. Es gibt keinen Rat, es gibt keinen Bürgermeister, der nicht bei den großen Anstrengungen, die er den Gemeindeangehörigen zumuten muss, es als verdammte Pflicht und Schuldigkeit empfindet, irgendwo vorhandene Fonds zur Entlastung der Lage in seiner Gemeinde in Anspruch zu nehmen. Ich bin überzeugt, daß Staatsregierung und Landtag diesen Tatsachen klar und entschlossen ins Gesicht sehen werden. Ich hoffe, daß man entschlossen und großzügig genug sein wird, neue Wege zu gehen in der Erkenntnis, daß ungewöhnliche Aufgaben auch zum Verlassen alter Vorstellungen nötigen. In diesem Vertrauen und in der Erwartung, daß das Vorgehen des Deutschen

---

5 Vgl. das Gutachten des Deutschen Städtetags vom 14.2.1931 über die Arbeitslosenfürsorge (StA Leipzig, AFSA 2542, Bl. 17-21 sowie BAK, R 43 I/2039).

6 Diese Praxis wurde mit der Notverordnung vom 5.6.1931 insofern geändert, als seitdem nur diejenigen Gemeinden mit besonders hohen Wohlfahrtslasten Zuschüsse von Reich und Ländern erhielten, die nachweisbar sparsam gewirtschaftet und alle Besteuerungsmöglichkeiten ausgenutzt hatten (vgl. RGBl. 1931/I, S. 302 f.).

Städtetages zum Erfolg führen muss, haben wir unseren Wohlfahrtsetat so aufgestellt, daß wir die aus der Betreuung der Erwerbslosen sich ergebenden Lasten zu 3/4 auf Reich und Land verteilt und hierfür einen Betrag von *11 Mill. RM* als Einnahme eingestellt haben. Wir rechnen im Durchschnitt des Jahres 1931 bei gegenwärtig etwa 20.000 Wohlfahrtserwerbslosen mit 27.500 Parteien und haben die daraus erwachsende Belastung nach dem obengenannten Schlüssel aufgeteilt. Wird dieser Betrag gemindert, so müssen wir uns entschließen, den dadurch entstehenden, *durch weitere Sparmaßnahmen nicht zu deckenden Fehlbetrag* durch die letzten uns verbleibenden Möglichkeiten auszugleichen: Tarife der Werke oder Bürgersteuer.

Die in der Kölnischen Zeitung vom 14. März d.J. enthaltene Kritik des Leipziger Haushaltsplanes, wo behauptet wird, dieser Posten von 11 Mill. RM sei ein unechter Bilanzposten, beruht auf einem Irrtum. Denn wir haben ihn nicht schlechtweg als Einnahme eingesetzt, sondern gleichzeitig bei der Stadtverordneten-Versammlung um die Ermächtigung nachgesucht, soviel Hundertsätze Bürgersteuer festzusetzen als erforderlich sein werden, um den nicht von Reich und Staat eingehenden Betrag zu decken. Sollte auf den Betrag überhaupt nichts eingehen, dann würden wir außer den in dem Haushaltsplan eingesetzten 250% weitere 750% erheben müssen. Demnach kann von einem unechten Bilanzposten nicht gesprochen werden.[7]

Alle anderen Steuerquellen sind voll in den Etat eingesetzt. Das gilt insonderheit auch von der Getränkesteuer. An ihr können wir, wie die Lage sich entwickelt hat, nicht mehr vorübergehen, gleichgültig, ob wir sie für eine glückliche Steuer halten oder nicht. Denn mit einer Tatsache haben wir nach allen Feststellungen zu rechnen, nämlich mit der, daß Reichs- und Landeshilfe denjenigen Gemeinden nicht zuteil werden wird, die von der Möglichkeit der Selbsthilfe auf Grund der Steuernotverordnung nicht Gebrauch gemacht haben. Hierüber hat die Reichsregierung in wiederholten Besprechungen irgend einen Zweifel nicht gelassen. Der Deutsche Städtetag hat immer wieder, ich möchte geradezu sagen, flehentlich gebeten, den Fortgang seiner Verhandlungen nicht dadurch unmöglich zu machen, daß man die Unterhändler dem Einwand aussetzt, solange die Steuerquellen der Notverordnung nicht in Anspruch genommen seien, sei die Notlage der Gemein-

---

7 Die angestrebten Zuschüsse von Reich und Land wurden nicht gewährt; die wichtigsten Maßnahmen zum Ausgleich des Gemeindehaushalts, beide auf dem Verordnungswege durchgesetzt, waren schließlich die Erhöhung der Bürgersteuer auf 400% sowie die Senkung der Fürsorgesätze und sonstigen Unterstützungsleistungen; vgl. Verwaltungsbericht 1931, S. 37 f. sowie S. 70, zu den Leipziger Fürsorgesätzen StA Leipzig, AFSA 2059, Bl. 145 ff. und Akten der Stadtverordneten, A, Nr. 5, Bd. 17, Bh. 1, Bl. 225. Die Zwangsmaßnahmen stützten sich, nachdem die Stadtverordnetenversammlung den Haushaltsentwurf des Stadtrats am 11. Mai 1931 geschlossen abgelehnt hatte (vgl. Verhandlungen der Stadtverordneten 1931, S. 430 ff.), auf die Notverordnung vom 5.6.1931 (vgl. RGBl. 1931/I, besonders S. 302 f.) sowie auf die sächsische Notverordnung vom 15.7.1931 (vgl. SGBl. 1931, S. 155).

den nicht so groß wie die des Reiches, das vor unpopulären Maßnahmen auch nicht habe zurückschrecken können. Es ist bedenklich, von einer Ausschaltung der Selbstverantwortung der Gemeinden zu sprechen. Man hat es bisher in Sachsen nicht als Ausschaltung der Selbstverantwortung der Gemeinden bezeichnet, daß sie auch auf bestimmte Sätze und Höchstsätze der Grund- und Gewerbesteuer angewiesen sind. Auch diese werden von den Gemeinden durch eigenen Beschluss voll ausgeschöpft. Das hält jeder bei der gegenwärtigen Finanzlage für selbstverständlich. Kein Einsichtiger würde es verurteilen, wenn Land und Reich Mitwirkung verweigern, solange eine Gemeinde diese Höchstsätze nicht ausnutzt. Dieser Standpunkt muss dann aber auch der Getränke- oder irgend einer anderen Steuer gegenüber gelten; denn die volkswirtschaftliche und steuerpolitische Verantwortung für die Getränkesteuer trifft das Reich, nicht die Gemeinden. Das Reich hat die Verantwortung für die Steuerquellenaufteilung und die Steuerbewirtschaftung. Die Gemeinden können Vorschläge machen, aber sie können das Reich nicht mittelbar zwingen. Machen wir also nicht von jeder gesetzlichen Möglichkeit Gebrauch, die Getränkesteuer durchzuführen, die unsere Wirtschaft mit etwa 1 Mill. RM belastet, so setzen wir jede Unterstützung von Reich und Staat aufs Spiel. Es ist meine Pflicht, hierauf mit vollkommener Klarheit hinzuweisen. Ein Ausweichen mit der Erklärung, es sei Pflicht des Rates der Stadt Leipzig, dafür zu sorgen, daß die Getränkesteuer verschwindet, verkennt das Schwergewicht der Verantwortungen und spielt mit unerfüllbaren und undurchführbaren Gedanken. Das mag schmerzlich sein, es ist aber trotzdem wahr. Auf Bürgersteuer und Tarife komme ich noch zurück.

Zu den 17 Mill. RM Mehrausgaben im Fürsorgeetat tritt, wenn ich von Kleinigkeiten absehe, eine zweite größere Inanspruchnahme unserer Mittel durch den *Zinsen- und Tilgungsdienst.* Er verlangt rd. *5 Mill. RM mehr als 1930.* Hierin sind enthalten 1.500.000 RM Mehrdienst für die bekanntlich auf 25% erhöhte *Ablösungsanleihe*, 400.000 RM Mehrdienst für die genehmigte und bereits verbrauchte Anleihe von 15 Millionen, 1 Mill. RM für Hypothekenschulden, 800.000 RM Zinsen- und Tilgungsdienst für Darlehen und 1,2 Mill. RM Zinsen für laufende Kassenmittel.

Endlich ist aus dem Jahre 1929/30 ein Fehlbetrag von 2,5 Mill. RM zu decken.

Zu diesen Mehrausgaben (17 + 5 + 2,5 Mill. RM) treten die nicht zu vermeidenden Mindereinnahmen bei den Überweisungssteuern und bei den Gemeindesteuern hinzu. Bei den Überweisungssteuern müssen wir nach den im Reichsetat enthaltenen Zahlen, und da das Reich einen Teil der durch Beamtenbesoldung ersparten Mittel für sich in Anspruch nimmt,[8] mit einem Minderaufkommen von rd. 4,5 Millionen RM rechnen, bei den Gemeindesteuern mit einem Minderaufkommen von 3,1 Millionen RM, zusammen 7,6 Millionen RM.

*Alles in allem ergeben Mehrausgaben und zwangsläufige Mindereinnahmen eine Gesamtsumme von ungefähr 32 Millionen RM.*

---

8 Vgl. Notverordnung vom 1.12.1930 (RGBl. 1930/I, S. 522 ff.).

Es war bei der allgemeinen Wirtschaftslage selbstverständlich, daß wir zunächst, wie ich schon mehrfach im Laufe des vergangenen Jahres betont habe, den Etat auf Ersparnismöglichkeiten scharf durchgeprüft haben. An solchen Ersparnissen weisen die einzelnen Verwaltungen folgende Beträge auf:

In der *Allgemeinen Verwaltung* sind *1 Million RM* Personalkosten als Ersparnis eingesetzt. Nach den bisher von dem Personalamt durchgeführten Vorbereitungen ist damit zu rechnen, daß diese Einsparung, die etwa 1½ % der gesamten Personalkosten der Stadt einschließlich der Betriebe bedeutet, über die 6%ige Gehaltskürzung hinaus ohne wesentliche Schwierigkeiten durchgeführt werden kann. Außerdem ist, wenn ich von dem Fehlbetrag von 2,5 Mill. RM (s. oben), der auf die Allgemeine Verwaltung vorgetragen ist, absehe, bei den Ausgaben der Allgemeinen Verwaltung ein Betrag von *2 Millionen RM* dadurch erspart, daß jedes Berechnungsgeld für Nachbewilligungen abgesetzt ist.

Bei der *Bauverwaltung* werden insgesamt *1,8 Millionen RM* eingespart. Davon entfallen auf das Hochbauamt rd. 1 Million RM, die im wesentlichen an der Unterhaltung der städtischen Gebäude aller Art, an baulichen Verbesserungen und an dem persönlichen Aufwande eingespart werden. Das Tiefbauamt trägt mit rd. 400.000 RM zu den Einsparungen bei, die im wesentlichen auf laufende Unterhaltung von Straßen und auf außergewöhnliche Aufwendungen für Straßen entfallen. In der Parkverwaltung und in kleineren Betrieben werden 300.000 RM gespart. Die *Straßenreinigung* kann ihren Beitrag für 1931 erfreulicherweise *um 15% verringern*, ohne damit in ihrer Leistungsfähigkeit beschränkt zu werden. Das Gleiche gilt von der *Feuerwehr*, wo die Möglichkeit geschaffen ist, die Umlage *um 17% zu senken.*

Diese Möglichkeiten einer gewissen Entlastung, wenn auch zunächst nur auf Teilgebieten, sind lebhaft zu begrüßen und pflichtgemäß im Interesse der Wirtschaft wahrgenommen.

Ungewöhnlich stark waren die Eingriffe, die auf dem Gebiete des *Schulwesens* vorgenommen werden mußten. Hier ist die Gelegenheit zu einer allgemeinen Bemerkung:

Der Rat war sich klar, daß diese Eingriffe, die in der Beseitigung oder Beschränkung fast aller freiwilligen Leistungen auf dem Gebiete des Schulwesens und in einer Erhöhung des Schulgeldes um rd. 800.000 RM bestehen, außergewöhnlich streng geprüft werden müßten und geprüft werden würden. Wir haben uns aber bei Abwägung aller Gesichtspunkte zu diesen Streichungen entschieden, weil sie das Lebenswichtige der Schule noch nicht berühren, und weil es uns notwendig erschien, dreierlei sicherzustellen:

1. die Erfüllung der sozialen Aufgaben der Stadt auf dem Gebiete der Fürsorge für Wohlfahrtserwerbslose,
2. den Verzicht auf Erhöhung der städtischen Tarife,
3. eine nicht vollkommene Abdrosselung aller Ausgaben, die zur Belebung des Arbeitsmarktes dienen können.

Daß die Sparsamkeit an den sonstigen Gebieten von Kunst und Wissenschaft nicht vorbeigehen konnte, mag die Tatsache ergeben, daß hier *500.000 RM* eingespart sind, neben den *2,7 Millionen RM*, um die der Schuletat verringert ist. Ich halte es für notwendig, daß der sächsische Staat seinerseits seine Schulgesetzgebung daraufhin nachgeprüft, ob sie den Erfordernissen der Gegenwart standhält. Sachsen ist mit Recht stolz auf sein hochentwickeltes Schulwesen, und Leipzig nicht zuletzt. Wir alle haben den Wunsch, daß unsere Kinder so gut wie möglich erzogen werden. Aber mehr, als selbst bei Anerkennung dieser öffentlichen Aufgabe als der wichtigsten von der Volkskraft nachhaltig wirtschaftlich geleistet werden kann, liegt außerhalb jeder menschlichen Möglichkeit. Je rechtzeitiger dieser Abhängigkeit auch unseres Kulturstandes von der Wirtschaftskraft Rechnung getragen wird, umso höher wird der Stand gehalten werden können. Je später diese Erkenntnis einsetzt, umso schärfer müssen nach Gesetzen zwingender Logik eines Tages die Eingriffe sein. Ich bin überzeugt, daß auch die deutschen Universitäten, die jüngst einen Aufruf zur Wahrung unseres kulturellen Besitzstandes erlassen haben, die Richtigkeit dieses Standpunktes nicht bezweifeln wollen. Die vorgenommenen Einsparungen sind außerordentlich hart, aber sie treffen nicht das innere Wesen der Schule, und das muss in der Notzeit die Hauptsache sein und bleiben.

Ich darf darauf aufmerksam machen, daß preußische Großstädte mit anerkannt gutem Schulwesen wesentlich höhere Klassenfrequenzen nicht vermeiden können. Daneben tut eine Vereinfachung der Verwaltung, eine Vereinheitlichung der Zuständigkeiten und eine wesentliche Bereinigung der Mannigfaltigkeit der verschiedenen Schulformen not. Nicht zuletzt aber ist es Aufgabe der Gegenwart, die Volksschule davor zu bewahren, daß sie nachdem sie sehr erfreulicherweise die Vorschulen in sich aufgenommen hat, nun nicht durch zu starke Möglichkeiten des Besuchs anderer Schularten ihrer besten und wichtigsten Schülerkräfte beraubt wird. Es ist dringend notwendig, jahrelang auch von mir vertretenen Forderungen zu entsprechen und das Berechtigungswesen auf einen vernünftigen Stand zu bringen.[9] Die Überspannungen auf diesem Gebiete führen zu einer Übersteigerung

9 Das Berechtigungswesen, zu Beginn des 19. Jahrhunderts als Teil einer berufsständischen Bildungspolitik durchgesetzt (vgl. dazu Hans-Ulrich Wehler: Deutsche Gesellschaftsgeschichte, Bd. 1: Vom Feudalismus des alten Reiches bis zur Defensiven Modernisierung der Reformära 1700–1815, München 1987, S. 210 ff.), meint sowohl das dreigliedrige Schulsystem mit seinen Zulassungsbestimmungen für jede Schulform einschließlich der Universität, als auch die Abhängigkeit des Zugangs zu Beamtenpositionen von dem Schulabschluss. Die Bildungsexpansion in der Weimarer Republik, die durch die Weltwirtschaftskrise und die damit einhergehende Zunahme der Konkurrenz um Ausbildungs- und Arbeitsplätze verstärkt wurde, führte in weiten Kreisen zu der Forderung nach strengeren Zugangsvoraussetzungen für höhere Schulen. So hatten z.B. bereits im Sommer 1930 Vertreter des Reichsministeriums des Innern, des Reichswirtschafts- und des Arbeitsministeriums „Leitsätze für Schulaufbau, Berufsauslese und Berechtigungswesen“ aufgestellt, in denen neben einer strengeren Auslese für höhere Schulen der Ausbau von Volks-, Mittel- und Berufsschule gefordert wurde. Vgl. Friedeburg, Bildungsreform, S. 263 ff.

der Ausgaben in der einzelnen Familie, in der Gemeinde und im Staate. Es tut uns not, nicht alles Heil von der formalen Bildung erwarten, es ist vernünftig, auch den Charakter des Menschen zu bewerten. Vertrauen wir endlich mehr seinen Fähigkeiten, sich selbst fortzubilden und im Leben etwas zu erreichen. Die Menschen, die sich selbst durchgebildet und durchgesetzt haben, sind meist nicht die schlechtesten.

*Die Gesamtsumme der Einsparungen erreicht rd. 9 Mill. RM*, das sind 5% der gesamten Ausgaben und wenn wir die städtischen Werke und Unternehmungen sowie die Finanzverwaltung, die ja keine eigentlichen Sachaufgaben betreibt, herauslassen, rd. 10% der persönlichen und sächlichen Ausgaben der Verwaltung. Auf den Zuschußbedarf umgerechnet, ergibt sich eine Ersparnis von 14%. Diese Ersparnisse von insgesamt 10 Mill. RM, *die zu denen des laufenden Jahres im Betrage von 2,5 Mill. RM hinzutreten*, bleiben hinter dem oben ausgerechneten Mehrbedarf von 32.000.000 RM um 23.000.000 RM zurück. Hiervon geht zunächst die Summe ab, die wir vom Reich und Staat als Beitrag zu der Betreuung der Wohlfahrtserwerbslosen mit 11 Mill. RM erwarten müssen. Der Restbetrag von 12.000.000 RM kann nur noch gedeckt werden durch weitere Einsparungen oder durch Erschließung weiterer Einnahmemöglichkeiten.

Was die Einsparungen betrifft, so sind solche noch denkbar auf dem Gebiete der Bau-, der Garten- und der Schulverwaltung. Es ist selbstverständlich mathematisch möglich, daß wir die schon stark gedrosselten Beträge für Bauzwecke, wenn kein Geld mehr zur Verfügung ist, fast ganz streichen. Selbstverständlich wirtschaften wir damit in die Substanz hinein, vergrößern die künftigen Ausgaben für Unterhaltung oder Wiederherstellung, und drosseln die Arbeitsmöglichkeiten weiter ab. Ich habe neulich bereits bei der hier stattgefundenen Bauwirtschaftlichen Kundgebung darauf hingewiesen, daß die Stadt Leipzig dem Baumarkt durch ihren ordentlich[en] und außerordentlichen Haushalt, ohne den Wohnungsbau im Jahre 1929: 10 Mill. RM, im Jahre 1930: 14,3 Mill. RM zugeführt hat, während es 1931 nur rd. 2,5 Mill. RM sein werden. Auf dem Gebiete des Wohnungsbaues treten zu diesen starken Blutentziehungen für den Arbeitsmarkt die Auswirkungen hinzu, die sich auf dem Gebiete als Auswirkung der letzten Notverordnung ergeben. Diese Auswirkungen sind nunmehr für Sachsen durch die Ausführungsbestimmungen klar erkennbar. Rd. 71% der vorjährigen Mittel stehen in diesem Jahre in Sachsen noch zur Verfügung, nämlich von 100 Millionen 71 Mill. RM. Die restlichen 29 Mill. RM werden gebraucht, um die durch die Senkung der Realsteuern[10] dem Land und den Gemeinden entgehenden Beträge von 15 Mill. RM zu ersetzen; 9 Mill. RM sind dem Ausgleichsfonds im Hinblick

[10] Mit der Notverordnung vom 1. Dezember 1930 wurden die Realsteuern, d.h. die Gewerbesteuersätze der Länder und Gemeinden, um 20% gesenkt. Gleichzeitig wurden die Länder verpflichtet, den Gemeinden den durch die Steuersenkung ausfallenden Betrag zu ersetzen. Vgl. RGBl. 1930/I, S. 582 f.

auf die Wohlfahrtslasten zugeführt und außerdem ist eine Rückstellung von 5 Mill. RM für bisher noch nicht bestimmte Zwecke erfolgt. Ich halte die Realsteuersenkung für bedenklich. Eine verwaltungstechnisch eingelaufene Steuer muss bei der gegenwärtigen Lage des Arbeitsmarktes ersetzt werden durch entsprechende Erhöhung der noch nicht erprobten Bürgersteuer. Uns in Leipzig ist bisher etwa die Hälfte der vorjährigen Hauszinssteuer zur Verteilung aus eigenem Rechte freigegeben. Mit den verschiedenen Abdeckungen aus Überziehungen des Vorjahres bleibt eine für neue Wohnungsbauten verfügbare Masse von 8–9 Mill. RM zurück, d.h. etwa der 3. Teil des Betrags, den wir im vorigen Jahre dem Wohnungsmarkt haben zur Verfügung stellen können. Es ist nicht sehr wahrscheinlich, daß wir in diesem Jahre Zusatzwohnungsbauprogramme werden ausführen können. Die Entwicklung des Kapitalmarktes läßt zurzeit keine Möglichkeiten in dieser Richtung erkennen. Doch werden wir das Unsrige tun, alle Möglichkeiten auszunutzen. Ich muss feststellen, daß der Stand der Wohnungsnotbekämpfung zu den weitgehenden Einschränkungen der Notverordnung[11] noch keine Veranlassung gab. Nach meinen Berechnungen wäre bei der Fortsetzung des Wohnungsbaus etwa in dem bisherigen Umfange im Jahre 1934 oder 1935 in planmäßigem und allmählichen Fortschreiten ein ungefährer Ausgleich zwischen Bedarf und Nachfrage erfolgt. Im gleichen Fortschreiten hätte die auch von mir für erforderlich gehaltene freie Wirtschaft wieder hergestellt werden können, wenn man die Wohnungsbaumittel jährlich um den Prozentsatz gesenkt hätte, um den der Bauindex fällt. Ich nehme an, daß das von 1929 auf 1931 gerechnet etwa 20–25% sein können, jedenfalls also erheblich weniger, als die 33⅓ oder 50% der Steuernotverordnung. Die Vermutung, daß sich anderes billiges Kapital zur Verfügung stellen wird, halte ich für nicht gerechtfertigt. Die Verkürzung der Wohnungsbaumittel aus der Gebäudeentschuldungssteuer wird sich vielmehr auf dem Wohnungsbaumarkt voll auswirken. Dieser Ausfall in Wohnungsbauaufträgen trifft zusammen mit den oben angeführten Verminderungen öffentlicher Aufträge.

Auch die Aufwendungen zur Instandhaltung unserer Grünflächen könnten noch weiter vermindert werden. Diese Verminderung würde sich aber in die Entlassung von Arbeitskräften und damit in eine weitere Verschlechterung des Arbeitsmarktes umsetzen. Außerdem würde der im vorigen Jahre auf die Anzucht der jetzt zu versetzenden Pflanzen verwendete Lohnaufwand vergeblich gemacht sein. An sich hat es die Park- und Gartenverwaltung in anerkennenswerter Weise verstanden, mit geringen Mitteln ein auch für die Belebung des Fremdenverkehrs höchst erfreuliches und erfreuendes Stadtbild zu schaffen. Die Größe der von ihr zu unterhaltenden Flächen ist von rd. 2.700.000 qm im Jahre 1913 auf rd. 5 Mil-

---

[11] Zur Förderung und Verbilligung des Kleinwohnungsbaus wurden mit der Notverordnung vom 1. Dezember 1930 reichseinheitliche Richtlinien aufgestellt hinsichtlich der Zahl der zu bauenden Wohnungen sowie der Höhe und Verwendung der Wohnungsbaumittel; vgl. ebd., S. 593.

lionen qm im Jahre 1930 gestiegen. Die Steigung beträgt also rd. 85%, während die Zahl der Beamten in der gleichen Zeit nur um 16% vermehrt ist und die Zahl der Jahresarbeitsstunden sogar um 25% vermindert wurde.

Was die Schulverwaltung betrifft, so sind wir im Rahmen unserer Zuständigkeit im wesentlichen an die äußerste Grenze dessen gegangen, was vertreten werden kann. Was weiter auf diesem Gebiete geschehen könnte, ist Sache des Staates und ich habe dazu das Erforderliche bereits gesagt.

Diese drei Möglichkeiten weiterer Ersparnisse sind also zum Teil von unserem Willen ganz unabhängig, zum Teil als überaus bedenkliche weitere Verengungen der Arbeitsmöglichkeiten einzuschätzen, abgesehen davon, daß sie teilweise die Substanz des städtischen Vermögens verschlechtern. Wir haben deswegen den Versuch gemacht – immer unter der Voraussetzung, daß Reich und Staat sich an unseren Wohlfahrtserwerbslosenlasten beteiligen – ohne die Ausnutzung dieser Möglichkeiten durchzukommen. Einig waren wir uns, daß *eine Erhöhung der Tarife der städtischen Werke unterbleiben* soll, weil sie auf die Entwicklung der Wirtschaft insbesondere der Preissenkung unheilvoll sich auswirken würde. Durch eine überaus anerkennenswerte Wirtschaftspolitik der städtischen Werke und ihres Verwaltungsrats ist es möglich gewesen, ohne die Substanz der Werke zu gefährden, ihnen einen weiteren Beitrag von 3,2 Mill. RM abzunehmen, abgesehen davon, daß sie ja nach den bereits vorliegenden Beschlüssen die gesamte Straßenbeleuchtung zu tragen haben; für diese Straßenbeleuchtung müsste die Stadt sonst nach dem laufenden Etat noch 1,6 Mill. RM ausgeben. Allerdings kann diese Heranziehung der Werke nicht als eine dauernde angesehen werden. Sie ist nur möglich, weil zurzeit dringende Erweiterungs- und Neubaunotwendigkeiten nicht vorliegen, sondern auch die Erweiterung für die zukünftige Wasserversorgung Leipzigs mit Rücksicht auf die Unübersehbarkeit der Gesamtentwicklung noch zurückgestellt werden kann.

Für die weitere ungedeckte Spanne von 8,8 Mill. RM standen dann nur noch die Steuerquellen, abgesehen von der bereits erwähnten Erhöhung des Schulgeldes, zur Verfügung. Die bereits eingeführte doppelte Biersteuer bringt 3,5 Mill. RM mehr, die Getränkesteuer, über die ich bereits gesprochen habe, 1 Mill. RM, zusammen 4,5 Mill. RM, so daß ein Fehlbetrag von 4,3 Mill. RM verbleibt, der durch Erhöhung des Schulgeldes auf 3,5 Mill. RM fällt. Würden wir diese Erhöhung nicht vornehmen, so bliebe außer den bereits angegebenen Möglichkeiten nur eine weitere Inanspruchnahme der Bürgersteuer übrig. Die Bürgersteuer für *diese Zwecke* anzuspannen, nachdem wir uns über das Verhältnis von höherer zu Volks-Schule klar geworden sind, erschien nicht vertretbar. Dazu kommt, daß das Schulgeld erheblich unter dem anderer Großstädte liegt und durch die Erhöhung erst die Sätze anderer Großstädte erreicht.

Dagegen müssen wir uns klar sein, daß die Bürgersteuer in Sachsen eine stärkere Anspannung erfährt als etwa in preußischen Großstädten. In preußischen Großstädten steht ein ganz anderes Volumen an Grund- und Gewerbesteuer zur

Verfügung als in sächsischen Großstädten, die ja durch Höchstsätze in der Erhebung begrenzt sind. Beispielsweise hat die Stadt Frankfurt a.M. unter etwa ähnlichen Verhältnissen wie Leipzig 11 Mill. RM mehr an Gewerbesteuer als Leipzig.[a]

Bei der Grundsteuer erhält Leipzig 33–50% der preußischen Steuern[b], die allerdings dort voll auf die Mieter umgelegt wird.

Gehen Reich und Staat mit uns, so kommen wir mit einer Bürgersteuer von 250% der Mindestsätze aus. Nach Zeitungsnachrichten wollen Dresden und Düsseldorf den gleichen Satz erheben. Halle und Magdeburg scheinen 200% vorschlagen zu wollen[c], wobei allerdings – ebenfalls nur nach Zeitungsnachrichten – hier und da die Ausgaben für die Wohlfahrtspflege nur nach dem Stande vom Herbst 1930 eingesetzt zu sein scheinen, während wir die vollen Lasten eingesetzt haben. Dabei rechnen Dresden und Düsseldorf genau wie wir mit einer entsprechenden Entlastung von Reich und Staat auf dem Gebiet der Fürsorge für Wohlfahrtserwerbslose.

*Gehen Reich und Staat nicht mit uns*, so bleibt, soweit wir uns nicht zu weiteren Streichungen an den oben erwähnten Stellen entschließen, nichts weiter übrig, als zwischen Bürgersteuer und Tariferhöhung zu wählen. Bei der Wahl zwischen Bürgersteuer und Tariferhöhung musste die Entscheidung für die Bürgersteuer fallen. Diese Steuer ist in ihrer neuen Staffelung zweifellos wesentlich sozialer als eine alle Konsumenten gleichmäßig treffende Belastung mit erhöhten Tarifen.

Dies ist die Lage, vor der die Stadt Leipzig – eingeflochten in das Gesamtschicksal unseres Vaterlandes – steht. Sie ungeschminkt darzustellen, war die Aufgabe des Haushalts 1931. Wir sind darauf angewiesen, aus eigener Kraft einen Weg zur Gesundung der Wirtschaft zu finden. Ich bin der Überzeugung, daß bei sorgsam abgewogenen Maßnahmen von Reich, Staat und Gemeinden von diesem Haushalt 1931 aus der Weg zur Entlastung und damit zur Belebung der Wirtschaft gefunden werden kann. Das bedeutet, daß nun alle etwa eintretenden Entspannungen auf der Ausgabenseite zur Verminderung der Steuerlasten benutzt werden müssen.

Eine Voraussetzung und ein wichtiger Bestandteil einer solchen Reichs-, Landes- und Kommunalpolitik ist das positive Anpacken der Arbeitslosigkeit. Es kann nicht höchste Verwaltungskunst sein, immer wieder nach Mitteln zu sinnen, um

---

[a] Ursprünglich: „Die Gewerbesteuer in Leipzig beträgt zurzeit – der Vergleich ist wegen der verschiedenen Besteuerungsmerkmale außerordentlich schwierig – im Durchschnitt 25–50% der Sätze in preußischen Großstädten. Es ist demnach kein Wunder, daß die Stadt Frankfurt a.M. unter etwa ähnlichen Verhältnissen wie Leipzig 11 Mill. RM mehr an Gewerbesteuern einnimmt als Leipzig."

[b] Ursprünglich: „Steuern. Allerdings wird dort dieses Mehr voll auf die Mieter umgelegt. Kurz und gut, deshalb wird die Belastung in Sachsen höher sein als in Preußen, wo die alle treffende Grundsteuer zwei- bis dreimal höhere Belastung bringt."

[c] Ursprünglich: „Frankfurt a.M., Halle und Magdeburg scheinen den doppelten Satz vorschlagen zu wollen,"

neue Massen arbeitslos werdender Menschen zu unterstützen. Es soll vielmehr unsere erste Aufgabe sein, das weitere Anschwellen der Arbeitslosigkeit zu verhindern und die jetzt arbeitslosen Mitbürger wieder in das Erwerbsleben einzugliedern. Ich würde dieser Meinung, die eine Binsenwahrheit enthält, an dieser Stelle nicht Ausdruck geben, wenn ich nicht auch auf Grund vielfacher Beschäftigung mit dieser Frage der Ansicht wäre, daß es Mittel und Wege zur Erreichung dieses Zieles gibt. Leicht sind diese Mittel zweifellos nicht. Eine große, allgemeine Opferwilligkeit ist notwendig, aber ich bin überzeugt, sie ist vorhanden, wenn es sich um ein großes und verwirklichbares Ziel wie dieses handelt. Neben verschiedenen Maßnahmen auf dem Gebiete der Arbeitslosenversicherung gibt es Möglichkeiten, die Unterstützung, teilweise wenigstens, in produktive Arbeit umzuwandeln. Diese Möglichkeiten können aber nicht von den Gemeinden allein geschaffen werden. Und wesentlichste Voraussetzung für die Erfüllung dieser Aufgabe bleibt allerdings der unbeirrbare Wille, durch eine einsichtsvolle Finanz- und Wirtschaftpolitik die Grundlagen einer gesunden Wirtschaft, Senkung der Produktionskosten, sichere Kalkulationsmöglichkeiten, einen stabilen inneren und einen durch Qualitätsleistung gesteigerten äußeren Markt wiederzugewinnen.

Arbeitsmöglichkeiten sind genug vorhanden. Auch die Stadt Leipzig ist bereit, das Ihrige zu tun, um die bereits vorhandenen Arbeitsmöglichkeiten, die sich besonders für die Umwandlung von Unterstützung in Arbeit eignen, zu fördern. Das sind die mit dem Bau des Südflügels des Mittellandkanals zusammenhängenden Hafenarbeiten und die von der Bildung der „Weiße-Elster-Genossenschaft"[12] abhängigen Verbesserungen in der Stadtentwässerung, insbesondere der Vollanschluß aller Wohnungen an sie. Für beide Aufgaben sind Verhandlungen eingeleitet und so gefördert, daß sie bei vorsichtiger Betrachtung als nicht aussichtslos bezeichnet werden dürfen.

### 1.2.4 *Schreiben Goerdelers an Hermann Dietrich*

*maschinenschriftlicher Briefdurchschlag vom 10.3.1931; StAL, AFSA 2542, Bl. 77-78.*[1]
Notwendigkeit einer reichseinheitlichen Neuverteilung der Arbeitslosenlasten zur Entlastung der städtischen Finanzen; Leipzig ist bereit, seinen Anteil zu tragen; die Aufrechterhaltung der Leipziger Finanzen ist ohne eine Umverteilung der Lasten zwischen Reich, Ländern und Gemeinden nicht möglich.

---

[12] Der Anschluss Leipzigs an das deutsche Wasserstraßennetz durch die Verbindung zum Mittellandkanal wurde 1936 fertiggestellt; der Ausbau des Leipziger Kanalisationssystems war bereits vor Goerdelers Amtsantritt geplant worden und führte die städtischen Abwässer der umliegenden Landwirtschaft zu.

[1] Das Original konnte weder in den lückenhaften Beständen des Reichsfinanzministeriums, noch in denen des Reichswirtschaftsministeriums ausfindig gemacht werden. Auch eine Antwort Dietrichs ist nicht erhalten.

Hochverehrter Herr Reichsminister[2]!
Als Sie mich vor 14 Tagen fragten, ob die Verwaltung der Stadt Leipzig in Ordnung sei, konnte ich Ihnen dies bejahen. Ich kann mir überhaupt keinen Zustand in Staat und Gemeinde denken, in dem nicht mit Entschlossenheit Ruhe und Ordnung aufrecht erhalten werden könnten. Eine andere Frage ist es nun, welcher Art die anzuwendenden Mittel sein müssen.

Nunmehr muss ich Ihnen auch für die Stadt Leipzig mitteilen, daß, falls nicht eine schleunige Entlastung der Stadt erfolgt, mit normalen Mitteln die Ordnung über den Vorsommer hinaus nicht mehr aufrecht zu erhalten ist. Aus unserer heutigen Eingabe an das Reichsfinanzministerium bitte ich zu ersehen, zu welchen drastischen Sparmaßnahmen wir haben schreiten müssen. Daß zu ihnen die nur durch den Rat erfolgte, von den Stadtverordneten bekämpfte starke Herabsetzung der Unterstützungssätze gehört,[3] darauf besonders hinzuweisen, darf ich mir hiermit erlauben. Die Stadt Leipzig senkt damit ihre Unterstützungen weit unter die Sätze, die sonst in Sachsen üblich sind. Sie unterschreitet nunmehr auch die Sätze preußischer Großstädte. Wir haben diese Maßnahme ergriffen, um nicht Wohlfahrtserwerbslose weiterhin mit Leihmitteln unterhalten zu müssen, nachdem uns das vergangene Jahr bereits einen ungedeckten Fehlbetrag von 12 Millionen RM gebracht hat. Die Zahl der Wohlfahrtserwerbslosen ist vom Januar 1930 bis März 1931 von 6.000 auf 26.000 gestiegen.[4] 80% unserer gesamten Steuereinnahmen werden jetzt trotz der erwähnten Kürzung der Unterstützungssätze für das Fürsorgewesen verbraucht. Dieser Zustand ist unhaltbar, wie Sie hochverehrter Herr Minister, mir zugeben werden.

Bei der von uns getroffenen Maßnahme bitte ich ferner zu würdigen, daß sie gegen den lebhaftesten Protest der Stadtverordneten erfolgt ist, und daß es noch nicht einmal sicher ist, ob sie wird aufrecht erhalten werden können. Die Eigenart des sächsischen Rechts läßt es immerhin möglich erscheinen, daß die einseitige Maßnahme des Rates, die in Preußen anstandslos möglich ist, für unzulässig erklärt wird. Auf keinen Fall kann man uns also vorwerfen, daß wir nicht den Mut zur Unpopularität gehabt hätten.

Ich muss daher an Sie, hochverehrter Herr Minister, im Interesse der von mir vertretenen Stadt nunmehr die dringende Bitte richten, schleunigst von Reichs wegen für eine klare, die Leistungsfähigkeit der Gemeinden mit berücksichtigende Verteilung der Wohlfahrtserwerbslosenlasten zu sorgen. Dabei darf ich meiner persönlichen Meinung dahin Ausdruck geben, daß es notwendig ist, die Länder an

---

2 Hermann Dietrich, Gründungs- und Vorstandsmitglied der DDP, war seit dem 1.4.1930 Reichswirtschaftsminister und Vizekanzler unter Brüning. Im zweiten Kabinett Brüning übernahm er das Reichsfinanzministerium; vgl. Biographisches Lexikon zur Weimarer Republik, S. 61 f.

3 Vgl. zur Senkung der Leipziger Fürsorgesätze S. 60, Anmerkung 7.

4 Vgl. Verwaltungsbericht 1931, S. 36 f.

dieser Last mittragen zu lassen. Das ist entscheidend für die Etatsgebarung. Es muss zu ungesunden Unterschieden zwischen Gemeinde- und Staatsetats führen, wenn die Länder weiterhin von dieser Last befreit bleiben. Ich darf ferner bitten, die weitere Entwicklung nicht etwa der Fürsorge der Landesregierungen zu überlassen; an derem guten Willen zu zweifeln, liegt für mich nicht der mindeste Anlaß vor. Ich behaupte aber, daß die Zeit, die damit verloren wird, ungewöhnlich ernste Gefahren in sich birgt. Vor ihnen rechtzeitig gewarnt zu haben, halte ich für meine Pflicht. Und endlich darf ich bitten, bei der notwendigen Regelung Abstand zu nehmen von einer Dotierung notleidender Gemeinden im einzelnen.[5] Dotierung ist, wie Sie mir beipflichten werden, ebenso wie Subvention die Quelle der Korruption der Verwaltung. Was Reich und Länder zur Entlastung der Gemeinden tun, muss auf Grund eines klaren, lauteren Schlüssels geschehen, wobei selbstverständlich nicht ausgeschlossen werden soll, daß gewisse Grundbedingungen erfüllt sein müssen. Zu diesen rechne ich die volle Ausnutzung der den Gemeinden zugewiesenen Steuermöglichkeiten. Ich habe daher auch auf Grund der mir von Ihnen erteilten Auskunft auf eigene Verantwortung hin die erforderlichen Schritte getan, um ohne Zustimmung der städtischen Körperschaften die Getränkesteuer einzuführen.[6]

Ich bitte, hochverehrter Herr Minister, versichert zu sein, daß ich durchdrungen bin von der Notwendigkeit, Reich, Länder und Gemeinden müssen gemeinsam durch sparsamste Verwaltung die Grundlagen für eine geordnete Wirtschaft wieder herstellen. Die Stadt Leipzig entzieht sich dieser Verpflichtung nicht. Wenn ich als ihr Vertreter nunmehr trotzdem die Stimme erhebe, so geschieht es nicht, um örtliche Schwierigkeiten und Unannehmlichkeiten zu vermeiden, sondern in der Erkenntnis, daß bei weiteren Drosselungen unserer gemeindlichen Tätigkeit Ruhe und Ordnung mit normalen Mitteln nicht mehr aufrecht erhalten werden können.[7]
Mit bester Empfehlung habe ich die Ehre zu sein, hochverehrter Herr Minister,
Ihr sehr ergebener
Goerdeler.

---

5 Vgl. ebd.

6 Die Gemeindegetränkesteuer wurde am 1. August 1931 von der Leipziger Kreishauptmannschaft zwangseingeführt; vgl. Verwaltungsbericht 1931, S. 70.

7 Zum weiteren Verlauf der Diskussion um die Arbeitslosenfürsorge s. Goerdelers Vortragsmanuskript „Organisatorische und finanzielle Vereinheitlichung der Arbeitslosenhilfe“ vom 2.12.1932 (Dok. 1.2.5, unten S. 71 ff.).

## 1.2.5 Organisatorische und finanzielle Vereinheitlichung der Arbeitslosenhilfe

*maschinenschriftliches Vortragsmanuskript für die Vorstandssitzung des Deutschen Städtetags in Berlin vom 2.12.1932; Privatbesitz.*[1]

Die Betreuung der Arbeitslosen bedarf sowohl hinsichtlich ihrer Verwaltung, als auch hinsichtlich der Lastenverteilung bei ihrer Finanzierung einer Neuordnung. Vorstellung des Leipziger Modellversuchs, die Krisenfürsorge auf die Stadtverwaltung zu übertragen: Entgegen den Einwänden der Reichsanstalt hat sich der Versuch bewährt; idealiter sollte die gesamte Arbeitslosenversicherung auf Gemeindeebene betreut werden; die Arbeitslosenfürsorge könnte den Bezirksfürsorgeverbänden übertragen werden. Primat ist eine Neuordnung der Finanzierung, die anstelle der Aussteuerung von Langzeitarbeitslosen in die Gemeindefürsorge die Gemeindehaushalte mit einem festen Anteil an den Gesamtkosten belastet.

Herr Präsident Mulert[2] hat mich gebeten, das Referat zu übernehmen, weil die Stadt Leipzig seit einigen Monaten auf Wunsch des Städtetages im Benehmen mit der Reichsanstalt die Frage prüft, ob es zweckmäßig ist, die Krisenfürsorgeverwaltung auf die Stadt zu übernehmen.[3] Diese Besprechungen haben vor etwa drei Monaten begonnen. Es beteiligten sich von seiten der Reichsanstalt der Vizeprä-

---

[1] Eine gekürzte Fassung ist von Goerdeler veröffentlicht worden unter dem Titel „Reichsarbeitslosenhilfe", in: Der Städtetag 26 (1932), S. 579-582. Vgl. auch den Vorbericht für die Vorstandssitzung des Deutschen Städtetags sowie das Sitzungsprotokoll, in dem die Mehrheit des Vorstands Goerdelers Ausführungen zustimmte (LAB, B, Rep. 142/I, DST, B, Nr. 877/1).

[2] Oskar Mulert, seit 1919 im preußischen Staatsdienst, war von 1926 bis 1933 Präsident des Deutschen Städtetags (vgl. Jeserich/Neuhaus, Persönlichkeiten, S. 391 ff.).

[3] Die Mechanismen, die bei Massen- und Langzeitarbeitslosigkeit in einer zunehmenden finanziellen Belastung der Gemeindehaushalte resultierten (vgl. S. 24, Anmerkung 4), führten zu verschiedenen Reformvorschlägen für die Arbeitslosenfürsorge, deren Zielrichtung eine zentrale Reichsarbeitslosenfürsorge war. Während die Gewerkschaften die Überführung der Arbeitslosenfürsorge auf die Arbeitsämter forderten, wollte der Landkreistag die Bedürftigkeitsprüfung auf die gemeindlichen Fürsorgeämter übertragen sehen (vgl. Preller, Sozialpolitik, S. 438). Die Vorschläge des Deutschen Städtetags richteten sich sowohl gegen die organisatorische als auch gegen die finanzielle Spaltung der Unterstützungsträgerschaft zwischen den Gemeinden und der Reichsanstalt und forderten die Übernahme der Krisenfürsorge nach den Grundsätzen der öffentlichen Fürsorge durch die Bezirksfürsorgeverbände (vgl. das Gutachten des Deutschen Städtetags über die Arbeitslosenfürsorge vom 14.2.1931; StA Leipzig, ASFA 2542). Während diese Reform der Arbeitsorganisation schon mittelsparend wirken sollte, erhoffte man sich unter den Kommunalpolitikern einen Impuls für eine grundsätzliche Reform der Finanzierungsstruktur (vgl. Ziebill, Deutscher Städtetag, S. 165 f.). Die rechtliche Grundlage für eine Übernahme der Krisenfürsorge auf die Gemeindeverwaltung war die Notverordnung vom 14. Juni 1932, die den § 205 des AVAVG dahingehend änderte, dass der Präsident der Reichsanstalt Gemeinden mit der Durchführung der Krisenfürsorge beauftragen könne; vgl. RGBl. 1932/I, S. 274.

sident der Reichsanstalt[4] mit seinen Mitarbeitern, von seiten der Stadt meine Mitarbeiter und ich.[5] Von seiten der Reichsanstalt wurde eine Reihe von Einwendungen erhoben;[6] ich legte auf Vollständigkeit entscheidenden Wert. Die Bedeutung, die ich diesen Einwendungen beilegte, ist allerdings gemindert durch das neue Gutachten der Reichsanstalt, das Ihnen bekannt ist.[7] Es zieht aus einer Zahl von mehr als einer Million Fällen einige heraus, in denen, wie zugegeben werden mag, vielleicht die Arbeit der Gemeinde zu einem unrichtigen Endergebnis geführt hat. Aber man hat den großen Fehler begangen, diese Einzelfälle zu dem allgemeinen Urteil zu verarbeiten, daß die Gemeinden überhaupt auf diesem Gebiet versagt hätten. Dieses Urteil muss leichtsinnig genannt werden, denn es verkennt, abgesehen von der Verallgemeinerung vollkommen die enormen Schwierigkeiten, die dadurch zu überwinden waren, daß die Prüfung der Hilfsbedürftigkeit praktisch in vierzehn Tagen vor sich gehen musste, und daß auf der andern Seite die Reichsanstalt durch die Mitarbeit der Gemeinden erhebliche Mittel in einer Zeitkürze gespart hat, die zu erreichen ihr mit ihrem Apparat allein einfach unmöglich gewesen wäre. Im Lichte dieses Gutachtens erhält die Bereitwilligkeit, mit der jetzt der weitere Übergang aus der Krisenfürsorge in die Fürsorge der Gemeinden abgestoppt ist, besondere Züge. Dieses Abstoppen ist kaum eine Fürsorgemaßnahme gegenüber den Gemeinden, weil es gerade für schwerbelastete Gemeinden eine Verminderung der Reichswohlfahrtshilfe bedeutet im Zusammenhang mit der bedauerlichen Zurückschraubung der Veredelung des Verteilungsschlüssels.[8]

---

4 Seit dem März 1932 war Dr. Peckert, bis dahin Ministerialrat im Reichsarbeitsministerium, Vizepräsident der Reichsanstalt; vgl. Nachrichtenblatt der Reichsanstalt für Arbeitsvermittlung und Arbeitslosenversicherung Nr. 3/1932 (LAB, B, Rep. 142/I, DST, B, Nr. 712).

5 Die Leipziger Stadtverordneten-Versammlung war von Goerdeler nicht über den Modellversuch informiert worden. Erst auf eine Anfrage der SPD am 21. November 1932 wurde den Stadtverordneten von dem zwischen Reichsanstalt, Deutschem Städtetag und Leipziger Stadtrat ausgehandelten Vorgehen Kenntnis gegeben. Vgl. StA Leipzig, Akten der Stadtverordneten, A, Nr. 5, Bd. 22, Bl. 58 ff. Für die folgenden Zahlenangaben vgl. den ausführlichen Bericht des Leipziger Wohlfahrtsdezernats; ebd., Bl. 62-126.

6 Die Reichsanstalt bezweifelte, dass mit der Übernahme der Krisenfürsorge auf die Leipziger Stadtverwaltung Mittel gespart werden könnten und befürchtete darüber hinaus organisatorische Schwierigkeiten durch die Trennung von finanzieller Unterstützung und Arbeitsplatzvermittlung für die Arbeitslosen; vgl. ebd., Bl. 67-88.

7 Vgl. „Gutachten über die Durchführung der Hilfsbedürftigkeitsprüfung in der Arbeitslosenversicherung und Krisenfürsorge durch die Gemeinden“, erstattet vom Prüfungsdienst der Reichsanstalt im Oktober 1932 (LAB, B, Rep. 142/I, DST, B, Nr. 707).

8 Vgl. die Verordnung zur Ergänzung von sozialen Leistungen vom 19. Oktober 1932, mit der die Aussteuerung aus der Krisenunterstützung bis zum 31. März 1933 aufgehoben wurde (vgl. RGBl. 1932/I, S. 499 ff.). Auf diese Weise wurde die sonst automatisch nach einer bestimmten Unterstützungsdauer erfolgende Zuweisung der Krisenfürsorgeempfänger in den Zuständigkeitsbereich der Gemeinden suspendiert. Im Zusammenhang mit der Kürzung der gesamten Versicherungsleistungen gesehen – die Arbeitslosenunterstützung wurde um

Dabei verkenne ich nicht die guten Wirkungen dieses Abstoppens. Es gibt uns die Möglichkeit, in unserer Gemeindeverwaltung einmal eine gewisse Ruhe eintreten zu lassen. Der Apparat, der für die Betreuung der Arbeitslosen geschaffen ist, steht nicht vor ständig wachsenden Zahlen, sondern er kann sich einmal erst setzen und in Ruhe nun zu einer genaueren Nachprüfung der einzelnen Fälle übergehen. Zum zweiten gibt uns das Abstoppen erwünschte Gelegenheit, in aller Ruhe noch einmal an die Durchprüfung dieser sozial- und wirtschaftspolitisch gleich wichtigen Angelegenheit heranzugehen und sie zu einer möglichst günstigen Lösung zu bringen. Wir haben nunmehr Zeit, unter uns und mit den Stellen des Reichs sehr eingehend alle Einzelheiten dieser Lösungsmöglichkeiten zu beraten. Nur muss das Ziel möglichst schnell festgestellt werden.

Das Ziel sollte m.E. nicht das sein, unter allen Umständen diese Aufgabe für die Gemeinden in Anspruch zu nehmen. Der Städtetag muss nur fordern, daß die Betreuung der Arbeitslosen in einem System erfolgt, das für die Betreuten so zweckmäßig, für die öffentliche Verwaltung und damit für die gesamte Volkswirtschaft so billig wie möglich ist. Nur durch eine solche Form der Forderung ist die Aussicht gegeben, zu einer wirklich praktischen Lösung zu kommen.

Seit der Verabschiedung des Gesetzes über die Arbeitslosenversicherung und Arbeitsvermittlung hat sich der Vorstand des Deutschen Städtetages wiederholt mit der Betreuung der Arbeitslosen beschäftigt. Im großen gesehen, ist ungefähr das eingetreten, was Herr Kollege Luppe auf der Tagung des Städtetages in Dresden im Herbst 1930 ausgeführt hat.[9] In den verschiedenen Erörterungen und Beschlußfassungen des Vorstands ist in einem Punkt eine Klärung und Übereinstimmung erzielt worden, nämlich darin, daß es zweckmäßig sei, die Verwaltung der Krisenfürsorge und der Wohlfahrtserwerbslosenfürsorge in einer Hand zusammenzufassen. Strittig geblieben sind zwei Fragen: einmal, ob denn in diese Vereinheitlichung auch die Arbeitslosenversicherung, sei es mit, sei es ohne Suspendierung einbezo-

---

23%, die Krisenunterstützung um 10% gekürzt (vgl. Verordnung über die Höhe der Arbeitslosenunterstützung und die Durchführung öffentlicher Arbeiten vom 16. Juni 1932; RGBl. 1932/I, S. 305 f.) –, verlor diese Maßnahme an Bedeutung: Empfänger der extrem gekürzten Versicherungsleistungen konnten sich bei Hilfsbedürftigkeit an die gemeindlichen Wohlfahrtsämter wenden, waren jedoch nicht als Wohlfahrtserwerbslosenempfänger deklariert und fielen so aus der Statistik, die den Gemeindeanteil an der Reichswohlfahrtshilfe bestimmte (vgl. dazu auch S. 39, Anmerkung 12).

9 Der Nürnberger Oberbürgermeister Hermann Luppe prophezeite während des 8. Deutschen Städtetags am 26. September 1930 eine apokalyptische Entwicklung auf dem Arbeitsmarkt und, daraus resultierend, in den deutschen Gemeindehaushalten. Er folgerte die Notwendigkeit, die Arbeitslosenversicherung zumindest für die Dauer der Krise zu suspendieren; das Referat wurde veröffentlicht unter dem Titel „Grundsätzliches unter Berücksichtigung des Gemeindehaushaltes" in: Der öffentliche Arbeitsnachweis, 7. Jg., Nr. 26/27, S. 297-302 (vgl. LAB, B, Rep. 142/I, DST, B, Nr. 1654/1); zum AVAVG vgl. S. 34, Anmerkung 1.

gen werden solle, und zweitens, ob die mit oder ohne Einbeziehung der Arbeitslosenversicherung vereinheitlichte Arbeitslosenfürsorge von der Reichsanstalt und den Arbeitsämtern oder von den Gemeinden verwaltet werden solle. Diese beiden Fragen scheinen mir auch heute noch offen zu stehen. Denn noch im Frühjahr dieses Jahres, als die Möglichkeiten vorhanden zu sein schienen, die Frage grundsätzlich zu bereinigen,[10] ist die Meinung sehr scharf vertreten worden, daß die Gemeinden zuviel übernehmen würden, wenn sie die Betreuung aller Arbeitslosen auf sich vereinigten. Seit der letzten Beschlußfassung sind in der Rechtsordnung folgende wesentlichen und nicht nur zufälligen Änderungen vorgenommen:

1. in der Arbeitslosenversicherung werden Leistungen ohne Prüfung der Hilfsbedürftigkeit nur noch für sechs Wochen gewährt;[11]
2. die Leistungen der Arbeitslosenversicherung darüber hinaus und die der Krisenfürsorge sind abhängig gemacht von der Feststellung der Hilfsbedürftigkeit, d.h. von der gleichen Voraussetzung, auf die auch die Erwerbslosenunterstützung sich aufbaut.[12]
3. Die Hilfsbedürftigkeit wird von der Gemeinde geprüft, also nunmehr für den weitaus größten Teil aller Arbeitslosen; für die Versicherten und die Krisenfürsorgebezieher wird sie aber nicht von der Gemeinde, sondern vom Arbeitsamt endgültig festgestellt.[13]
4. Die Sätze in der Arbeitslosenversicherung sind wesentlich herabgesetzt und liegen in den unteren Klassen heute unter den Richtsätzen der Wohlfahrtserwerbslosenunterstützung.[14]
5. Die Versicherungsleistung und die Krisenfürsorge-Unterstützung sind grundsätzlich gleich; in der Krisenfürsorge dürfen die Richtsätze der Wohlfahrtserwerbslosenfürsorge nicht überschritten werden. Damit ist auf diesem Gebiet der stärkste Schnitt gemacht zwischen Versicherung und sonstigen Teilen der Arbeitslosenfürsorge.[15]

---

[10] Während der Beratungen zur Notverordnung vom 14. Juni 1932 plädierte Goerdeler für eine grundsätzliche Übertragung der Arbeitslosen- und Krisenfürsorge auf die Gemeindeverwaltungen, um so eine reichseinheitliche Organisation zu schaffen; vgl. Protokoll der Chefbesprechung in der Reichskanzlei vom 18. Mai 1932 (R 43I/2043, Bl. 132 f.) sowie Schreiben Goerdelers an Pünder vom 26. Mai 1932 (ebd., Bl. 134-152, besonders Bl. 136 f.). Mit keiner der beiden Forderungen hatte Goerdeler sich durchsetzen können.

[11] Vgl. Verordnung über die Höhe der Arbeitslosenunterstützung und die Durchführung öffentlicher Arbeiten vom 16. Juni 1932, Kapitel I, Artikel 3; RGBl. 1932/I, S. 306.

[12] Vgl. ebd.

[13] Vgl. Verordnung des Reichspräsidenten über Maßnahmen zur Erhaltung der Arbeitslosenhilfe und der Sozialversicherung sowie zur Erleichterung der Wohlfahrtslasten der Gemeinden vom 14. Juni 1932, Erster Teil, Kapitel I, Artikel 2; ebd., S. 274.

[14] Vgl. Verordnung über die Höhe der Arbeitslosenunterstützung und die Durchführung öffentlicher Arbeiten vom 16. Juni 1932, Kapitel I, Artikel 1; ebd., S. 305.

[15] Vgl. Verordnung über die Krisenfürsorge für Arbeitslose vom 17. Juni 1932; ebd., S. 307.

6. Die Notverordnung vom Juni 1932 läßt grundsätzlich zu, daß den Gemeinden die Verwaltung der Krisenfürsorge übertragen wird, soweit dadurch eine Vereinfachung und Verbilligung der Verwaltung erzielt werden kann.[16]

Dieser Entwicklung des Rechtszustandes entspricht die Entwicklung der Zahlen. Wir hatten am 31. März 1931 von allen Arbeitslosen 54,3 v.H. in der Versicherung, 21,6 v.H. in der Krisenfürsorge und 24,1 v.H. in der Wohlfahrtspflege. Am 31. März 1932 betrugen die Zahlen 29 v.H. Versicherte, 32 v.H. Krisenfürsorge, 39 v.H., also schon mehr als ein Drittel, Wohlfahrtspflege. Und am 31. Oktober 1932 zählen wir 13,6 v.H. in der Versicherung (davon aber nicht mehr als höchstens die Hälfte ohne Hilfsbedürftigkeitsprüfung), 26,3 v.H. in der Krisenfürsorge und 60,2 v.H. in der Wohlfahrtspflege.[17] Zu den letzteren kommen noch diejenigen Wohlfahrtserwerbslosen, die wir von Gemeinde wegen als solche bezeichnen müssen, die aber nach den neuen Grundsätzen des Reichs als Wohlfahrtserwerbslose nicht mehr gezählt werden dürfen.[18] Nehmen wir sie hinzu, so haben wir den Zweidrittel-Anteil in der Betreuung der Gesamtzahl der Arbeitslosen bereits überschritten. Das Schwergewicht ist auf die Gemeinden hinzugewandert. Hätten wir die Abstoppung der Wohlfahrtserwerbslosen Ende November nicht, so würden wir am Ende dieses Jahres voraussichtlich schon drei Viertel der gesamten Arbeitslosenbetreuung auf unsern Schultern haben.

Endlich erkennt das Gutachten der Reichsanstalt, wenn man es positiv wertet, an, daß der bisherige Zustand der Doppelzuständigkeit von Arbeitsämtern und Wohlfahrtsämtern zu Unzuträglichkeiten geführt hat, und daß eine Entscheidung nach der einen oder andern Richtung erfolgen muß.[19]

Es fragt sich, wie diese Entscheidung getroffen werden soll. Ich empfehle erneut, lediglich sachliche Gesichtspunkte entscheiden zu lassen. Als solche ist, wie ich wiederhole, nach der für die Betreuten zweckmäßigsten Form und nach der billigsten Technik der Verwaltung zu suchen.

Am zweckmäßigsten muss es für die Betreuten sein, wenn sie vom Beginn ihrer Arbeitslosigkeit an bis zu deren Ende von einer Stelle aus betreut werden. Das Hin- und Herwandern von einer Stelle zur andern kann nicht in ihrem Interesse liegen. Wenn ich die Fähigkeit der beiden Stellen miteinander vergleiche, so kann ich an der Tatsache nicht vorübergehen, daß die Fürsorge für Hilfsbedürftige eine

---

[16] Vgl. Verordnung des Reichspräsidenten über Maßnahmen zur Erhaltung der Arbeitslosenhilfe und der Sozialversicherung sowie zur Erleichterung der Wohlfahrtslasten der Gemeinden vom 14. Juni 1932, Erster Teil, Kapitel I, Artikel 2; ebd., S. 274.

[17] In Leipzig wurden Ende 1932 34,3% der Arbeitslosen vom Arbeitsamt unterstützt, 65,7% vom Fürsorgeamt; vgl. Verwaltungsbericht Leipzig 1932, S. 52. Zur allgemeinen Entwicklung dieser Relation vgl. auch Rebentisch, Kommunalpolitik, S. 113 ff.

[18] Vgl. Verordnung des Reichspräsidenten über Maßnahmen zur Erhaltung der Arbeitslosenhilfe und der Sozialversicherung sowie zur Erleichterung der Wohlfahrtslasten der Gemeinden vom 14. Juni 1932, Zweiter Teil, Kapitel I, Artikel 2, § 5; RGBl. 1932/I, S. 279.

[19] Vgl. Gutachten der Reichsanstalt, S. 58 (LAB, STB, Rep. 142/I, Nr. 707).

der primitivsten Aufgaben der örtlichen Gemeinschaft ist. Hier muss für sonstige Arme, für Klein- und Sozialrentner, für Kriegsbeschädigte usw. ohnehin eine auf individuelle Fürsorgetätigkeit eingerichtete Verwaltung vorhanden sein. Jede Gemeinde verfügt über Kräfte, die mit diesen Aufgaben vollkommen seit Jahrzehnten vertraut sind. Die Gemeinden haben den Vorzug der traditionellen Erfahrung. Würde man die Arbeitslosenfürsorge der Reichsanstalt und den Arbeitsämtern überlassen, so müßten diese zum mindesten ihre Verwaltung in der Richtung auf Sozialämter hin vervollständigen. Dann würden also glücklich am einzelnen Ort zwei Ämter mit gleichartigen Aufgaben bestehen, deren Angestellte in der gleichen Weise vorgebildet sein müssen. Mag uns das heute im Zustand der Millionenarbeitslosigkeit erträglich erscheinen, sowie man sich die Zahl der Arbeitslosen geringer denkt, müßten geradezu bizarre Zustände sich entwickeln, die das Ansehen der öffentlichen Verwaltung aufs schwerste schädigen und an dem Willen zweifeln lassen würden, die Verwaltung so zweckmäßig und billig wie möglich zu gestalten.

Was die Frage der Billigkeit betrifft, so sind hier natürlich die in Leipzig durchgeführten Untersuchungen von besonderem Interesse. Es würde wohl hier nicht interessieren, wenn ich alle Einzelheiten der Einwendungen darlegte, die von seiten der Reichsanstalt gegen die Übernahme der Krisenfürsorgeverwaltung auf die Stadt erhoben sind. Ich kann mich nur auf das Wesentliche beschränken, muss aber eine Bemerkung voranstellen. Die Reichsanstalt hat es abgelehnt, den gegenwärtigen Zustand in Leipzig mit dem Zustand der städtischen Wohlfahrtsverwaltung zu vergleichen. Sie beruft sich darauf, daß der gegenwärtige Zustand in Leipzig unzweckmäßig sei und einfacher gestaltet werden müsse. Für diese Umorganisation würden die Maßnahmen zum Vorbild dienen, die beispielsweise in München und in Köln ergriffen seien. Dort sei die Verwaltung vollkommen umorganisiert, so daß heute die gleichen Aufgaben mit wesentlich weniger Kräften erfüllt würden als früher.[20]

Ich beschränke mich darauf, drei Haupteinwendungen der Reichsanstalt Ihnen vorzutragen. Die erste geht dahin, daß bei dem Übergang der Krisenfürsorge auf die Gemeinden doppelte Aktenstücke angelegt werden müßten, nämlich sowohl beim Arbeitsamt als bei der Stadt. Wir haben festgestellt, daß es durchaus möglich ist, das einmal an der ersten Stelle angelegte Aktenstück mit dem Betreuten wandern zu lassen, sofern nur eine organische Zusammenarbeit zwischen beiden Stellen hergestellt wird, und das ist selbstverständlich ganz unschwer möglich.

Der zweite Haupteinwand geht in der Richtung, daß es schwierig sein würde, von den städtischen Fürsorgebeamten neben der Kenntnis des Fürsorgerechts auch noch die genaue Beherrschung der Vorschriften des Arbeitslosenversicherungsrechtes zu verlangen. Wir haben festgestellt, daß nicht nur eine entsprechende Weiterbildung unserer Beamten verhältnismäßig einfach ist, sondern daß wir ja

---

[20] Zur Beurteilung der Münchener Verwaltung durch die Reichsanstalt vgl. StA Leipzig, Akten der Stadtverordneten, A, Nr. 5, Bd. 22, Bl. 112-120.

auch eine bestimmte Zahl von Kräften des Arbeitsamts übernehmen müßten. Diese werden so verteilt werden, daß sie mit ihren Spezialkenntnissen zum Zuge kommen. Es kann Vorsorge getroffen werden genau wie in allen andern städtischen Verwaltungen, sie auch stets auf dem Laufenden über Veränderungen zu erhalten. Und letzten Endes ist es möglich, Beauftragte des Arbeitsamts an einzelnen Stellen des Wohlfahrtsamtes arbeiten zu lassen, so daß die an dieser Stelle erhobenen Bedenken restlos entfallen.

Ein fernerer Einwand ging dahin, daß die sogenannte Pendelkartei, die jetzt beim Arbeitsamt gehalten würde, in Unordnung käme. Wir haben festgestellt, daß es keine Schwierigkeiten bereiten würde, durch formularmäßige Anzeige von Veränderungen jeder Stelle die Möglichkeit zu geben, jedes Karteiwerk in vollkommener Ordnung zu halten. Und endlich wird als sehr bedeutsam bezeichnet, daß künftig die Arbeitsvermittlung nicht mehr in enger persönlicher Fühlungnahme mit der Unterstützungsabteilung arbeiten könne. Jetzt sei es so, daß immer die gleiche Fachabteilung in der Vermittlung zuständig sei und gewissermaßen dieselben Arbeitsvermittler mit denselben Unterstützungsbearbeitern in demselben Fall zusammenarbeiteten.

Demgegenüber haben wir festgestellt, daß in den wenigsten großen Arbeitsämtern heute eine so enge Raumgemeinschaft hergestellt ist, um eine Fühlungnahme, wie sie hier behauptet wird, herzustellen. Die Fühlungnahme vollzieht sich auch heute vielfach schriftlich und fernmündlich. Auf diesem Stand der Vollkommenheit kann sie unschwer erhalten werden, auch wenn wir die Krisenfürsorge übernehmen.

Sie kann aber bei gutem Willen von beiden Seiten schon verbessert werden durch mehrfach in der Woche stattfindende Arbeitskonferenzen, auf denen die beiderseitigen Sachbearbeiter sich treffen und besondere Fälle durchsprechen. Es kommt überhaupt alles auf den guten Willen aller Beteiligten an, um den gegenwärtigen Zustand der öffentlichen Verwaltung wesentlich zu vereinfachen und zu verbilligen zum Nutzen des Ganzen auch auf anderem Gebiet.

Ich habe es für notwendig gehalten, unsere schon sehr weit fortgeschrittenen und fast abgeschlossenen Feststellungen noch zu ergänzen durch Feststellungen, die wir in München, also an einem Ort mit modernem Arbeitsamt treffen wollten. Unser Sachbearbeiter, der sich ausgezeichnet in die ganzen Fragen eingearbeitet hat, ist in diesen Tagen in München, um die letzten Feststellungen zu treffen, damit der Vergleich auch haltbar ist gegenüber modernsten Arbeitsämtern. Denn ich glaube mich verpflichtet, im Interesse der Gesamtheit der deutschen Städte und angesichts der Wichtigkeit der ganzen Angelegenheit die Prüfung so gewissenhaft und genau vorzunehmen wie irgend möglich, damit nachher nicht das Ergebnis irgendwie beanstandet werden kann.

Als bisheriges Ergebnis der organisatorischen Nachprüfung in Leipzig kann ich feststellen, daß technische Schwierigkeiten der Übernahme der Krisenfürsorgeverwaltung auf die Gemeinden nicht entgegenstehen. Interessant aber ist die gleichzeitige Feststellung, daß der Idealzustand im Interesse der Betreuten und im

Interesse der organisatorischen Klarheit und Einfachheit erreicht würde, wenn die Gemeinden auch die Betreuung der Arbeitslosenversicherten übernehmen würden. Dabei könnte aus psychologischen Erwägungen die Versicherung als solche vollkommen in dem bisherigen Zustand erhalten bleiben. Das Entscheidende ist nur, daß der Arbeitslose vom ersten Tag bis zum letzten Tag nur in einer Stelle verkehrt und von ihr betreut wird, wenn auch in den einzelnen Phasen seiner Arbeitslosigkeit nach verschiedenen rechtlichen und tatsächlichen Gesichtspunkten. Was die Organisation im einzelnen betrifft, so muss ich vorausschicken, daß wir in Leipzig schon vor anderthalb Jahren dazu übergegangen sind, die Wohlfahrtserwerbslosen aus dem Kreis der sonst vom Wohlfahrtsamt Betreuten auszugliedern.[21] Es sind dagegen von den andern Städten vielfach durchaus beachtliche Gegengründe angeführt. Wir haben uns aber trotzdem dazu entschlossen, um unser normales Wohlfahrtsamt in seiner Arbeitsweise durch den ständigen Wechsel in der Zahl der Wohlfahrtserwerbslosen nicht zu stören, ja vielleicht zu zerrütten. Das Wohlfahrtsamt betreut seinen Kreis der gewöhnlichen Hilfsbedürftigen nach erprobten Grundsätzen der Individualfürsorge. Bei der Wohlfahrtserwerbslosenfürsorge hat gerade wegen des ständigen Anschwellens der Zahl die Fürsorge schematischer sein müssen. Zu ihrer Individualisierung können wir erst kommen, wenn wir von vornherein klare Zahlenverhältnisse haben. Infolgedessen hat gerade die Leipziger Organisation auf der städtischen Seite verhältnismäßig gute Vergleichsmöglichkeiten geboten. Wir würden heute, wenn wir die Krisenfürsorge übernehmen, an unsere Wohlfahrtserwerbslosenstellen besondere Abteilungen für Krisenfürsorgeberechtigte angliedern, um, solange noch nach verschiedenem Recht unterstützt werden muss, die Gruppen der Ordnung halber nicht durcheinander zu mischen. Die hauptsächlichsten Sachbearbeiter würden aber in jeder Stelle (ich glaube, wir haben im ganzen vier dezentralisierte Stellen) beide Gruppen von Arbeitslosen gemeinsam betreuen, um von vornherein die größtmögliche Einheitlichkeit auch für den Betreuten sicherzustellen. Würden wir außerdem noch die Betreuung der Arbeitslosenversicherten hinzunehmen, so würden wir sie zusammen mit den jetzigen Krisenfürsorgeberechtigten an jeder Wohlfahrtserwerbslosenstelle in einer Abteilung erfassen.

Eine solche Einheitsorganisation hat schon die Vermutung für sich, daß sie billiger arbeitet als die jetzige Teilung. Aber unsere Untersuchungen haben zu noch weiteren Feststellungen geführt, die sehr interessant sind. Für die Weiterführung des Vergleichs haben wir sowohl auf seiten des Arbeitsamts als auf seiten des Wohlfahrtsamts alles ausgeschaltet, was an nichtvergleichbaren Funktionen bei beiden Stellen wahrzunehmen ist; auf der Arbeitsamtsseite alles, was mit der Er-

21 Vgl. Besprechungsprotokoll vom 26.11.1931 über die Abtrennung der Wohlfahrtserwerbslosen von anderen Fürsorgefällen und deren Betreuung in vier neu eingerichteten Stellen; StA Leipzig, AFSA 2542, Bl. 200. Vgl. auch die kommunistische Kritik an dieser Maßnahme ebd., Bl. 256.

mittlung zusammenhängt, auf unserer Seite alles, was der Individualfürsorge dient, und auch die Prüfung der Hilfsbedürftigkeit. Nach dieser Bereinigung der Vergleichsmöglichkeiten haben wir festgestellt, daß auf der städtischen Seite von jeder Kraft 240 Fälle, auf der Arbeitsamtsseite von jeder Kraft 205 Fälle bearbeitet werden, wobei wir der Korrektion halber dem Arbeitsamt noch einen Vorsprung bei der Bereinigung gewährt haben. Verteilen wir die Unterstützungsfälle auf die Sachbearbeiter und deren unmittelbare Hilfskräfte, so betreut eine Kraft beim Arbeitsamt 220 Fälle, bei der Stadt 344 Fälle. Zur Kontrolle haben wir vier andere kleinere und größere sächsische Arbeitsamtsbezirke herangezogen und festgestellt, daß in allen die Leistung je Kraft hundert Fälle nicht erreicht.

Mit dieser Feststellung selbst ist natürlich noch nicht die Feststellung verbunden, daß unsere Organisation billiger ist als die des Arbeitsamts. Das Arbeitsamt ist ganz auf Tarifangestellte aufgebaut. Wir arbeiten vorzugsweise wenigstens mit Beamten, nachdem wir eine große Zahl von Angestellten im Jahre 1927/28 entlassen oder abgebaut haben. Aber das eine ist sicher, daß die Einheitsorganisation für die Gesamtheit der öffentlichen Verwaltung, die wir in allen Fragen wie z.B. auch bei Schuldenbehandlung immer wieder als Einheit betrachten müssen, billiger ist als der jetzige Zustand. Denn wir werden bei der Übernahme der Krisenfürsorgeverwaltung oder auch der Arbeitslosenversicherung nicht alle Kräfte vom Arbeitsamt zu übernehmen brauchen, die jetzt dort beschäftigt sind, so daß also in Summa eine mehr oder minder große Verwaltungsersparnis eintritt.

Was das Tempo der Zusammenziehung der Verwaltung auf die Gemeinden betrifft, so muss es selbstverständlich so gestaltet werden, daß nicht unerträgliche Zustände aus Übereilungen entstehen. Es muss Schritt vor Schritt gesetzt werden. Zunächst übernehmen die Gemeinden, wenn es sein muss, auch buchstabenweise oder bezirksweise, innerhalb eines verhältnismäßig kurzen Zeitraums alle Krisenfürsorgeberechtigten. Dann, nachdem dieser Prozeß vollkommen abgeschlossen ist, die Arbeitslosenversicherten. Und dann mag zunächst abgewartet werden, bis eine völlige Bewährung eingetreten ist. Das heißt, es mag die Aufgabe der Arbeitsvermittlung ruhig bei der Reichsanstalt oder bei den Arbeitsämtern bleiben, bis die Dinge von selbst reifen. Wenn das Reich aus finanziellen Gründen verlangt, die Arbeitsvermittlung überhaupt in der Hand zu behalten, so soll man sich dem nicht widersetzen. Dann muss das in Kauf genommen werden, und das ist auch durchaus erträglich. Aber ebenso gut läßt sich auch ein genügendes Aufsichtsrecht des Reichs sicherstellen, wenn die Arbeitsvermittlung an die Gemeinden übergegangen ist. Ich bin der Ansicht, man muss und soll dem Reich, solange es finanziell beteiligt ist, ein unmittelbares Aufsichtsrecht auf diesem Gebiet über die Gemeinden einräumen.

Es ist bei den Frühjahrsverhandlungen von Reichsseite immer wieder darauf hingewiesen worden, daß heute wenigstens noch zahlreiche sogenannte weiße Flächen auf der deutschen Landkarte vorhanden seien, in denen die Arbeitslosenunterstützung sich in Form der Naturalunterstützungen und der Nächstenhilfe vollzieht und bare Mittel nicht aufgewandt zu werden brauchen. Das würde anders werden im gleichen Augenblick, in dem die Gemeinden die Betreuung unter starker Kostenbeteiligung des Reichs übernehmen. In diesem Augenblick würde jede, auch die kleinste Landgemeinde das Reich dazu zwingen, bar zu werden, und im selben Augenblick hätte die Reichskasse fünfzigtausend Löcher. Ein solcher Zustand sei für jeden Reichsfinanzminister und für jede Reichsregierung, wie sie auch immer sein möge, unerträglich.

Ich erkenne die Berechtigung dieser Besorgnis vollkommen an. Es ist aber möglich, ihr durch verschiedene Maßnahmen Rechnung zu tragen:

1. die Verwaltung der Arbeitslosenfürsorge wird nicht den Gemeinden, sondern den Bezirksfürsorgeverbänden übertragen. Damit schließt sich eine große Zahl jener befürchteten fünfzigtausend Löcher. Die Bezirksfürsorgeverbände haben sich im wesentlichen bewährt. Für alle nicht kreisangehörigen Gemeinden fallen sie mit dem Gemeindebezirk zusammen.
2. Die Arbeitslosenfürsorge wird den Gemeinden als Auftragsangelegenheit vom Reich übertragen. Damit schaltet sich das Reich mit seinen Organen in der Zentrale, in den Landesarbeitsämtern und in den Arbeitsämtern von selbst in alle Maßnahmen ein, soweit es unbedingt erforderlich ist. Auf jeden Fall wird damit die Besorgnis zerstreut, daß in den Gemeinden irgendwelche Tendenzen zur Auswirkung kommen könnten, die dem ganzen abträglich seien.
3. Die Richtsätze werden unter Mitwirkung des Reichs festgelegt. Es gibt zwei Möglichkeiten, sie festzustellen. Entweder wird dem Reich, solange es finanziell beteiligt wird, ein Genehmigungsrecht vorbehalten, oder es werden in planmäßiger Zusammenarbeit zwischen dem Reich und den kommunalen Spitzenverbänden zentrale Richtsätze festgestellt, die die verschiedenen Teuerungsgebiete, die verschiedenen Wirtschaftsbezirke, die verschiedenen Größenordnungen der Gemeinden verschieden berücksichtigen und insbesondere bei kleinen Landgemeinden nach wie vor die Hauptfürsorge auf Naturalunterstützungen verlagern. Dafür wären beispielsweise diese kleinen Gemeinden von der Bürgersteuer zu befreien, die eben durch die Naturalleistungspflicht ersetzt wird. Wie gesagt, auch auf diesem Gebiet lassen sich bei sorgfältigem Durchdringen aller Einzelheiten und bei gutem Willen aller Beteiligten, das Einfachste und Billigste zu schaffen, alle Schwierigkeiten überwinden.

Nun wäre es aber nicht richtig, mit der Forderung nach einer Vereinheitlichung der Arbeitslosenfürsorge an das Reich heranzutreten, ohne Klarheit darüber zu haben, wie die Aufgabe finanziell betreut werden soll. Und da muss ich bekennen, daß wir die Forderung voranstellen müssen, alle öffentlichen Etats grundsätzlich als eine Einheit zu betrachten. Die Anerkennung dieser Forderung ist die für uns entscheidende, und damit ist die Forderung selbst die wichtigste. Das bedeutet auf unseren Fall angewandt, daß wir dem Reich zubilligen müssen, was wir für uns verlangen. Halten wir es für unerträglich, unsere Gemeindeetats auch auf allen andern Aufgabengebieten ständig erschüttert zu sehen durch die Bewegungen auf dem Arbeitsmarkt, so müssen wir anerkennen, daß für den Reichsetat die gleichen Erschütterungsmöglichkeiten bestehen, und daß er in gleicher Weise wie die Gemeindeetats gegen diese Erschütterungen nach Möglichkeit gesichert werden muß. Wenn ich grundsätzlich anerkenne, daß eine Belastung der Gemeinden mit etwa einem Fünftel der Gesamtkosten das ungefähre Maß dessen darstellt, was wir heute in Bausch und Bogen betrachtet vertragen können, so müssen wir doch nach einer Finanzierungsmöglichkeit für die Gesamtaufgabe suchen. Die gesamte Arbeitslosenhilfe im Rechnungsjahr 1932 kostet in allen drei Gruppen 2.740 Millionen RM. Davon werden aufgebracht durch Versicherungsbeiträge und Beschäftigtensteuer 1.300 Millionen, also die knappe Hälfte. Übrig bleibt ein Betrag von 1.440 Millionen, der auf der Reichs- und auf der Gemeindeseite – die Gemeinden sind mit 800 Millionen an diesem Betrag beteiligt – durch anderweitige Steuern gedeckt wird. Es wird notwendig sein, in gemeinsamer Beratung mit dem Reich nach bestimmten Teilen der vorhandenen Steuern zu suchen, die zunächst für die doch nun einmal unausweichliche Erfüllung der Aufgabe der Arbeitslosenhilfe reserviert bleiben müssen. Auf der Gemeindeseite denke ich dabei an die Bürgersteuer, die etwa 200 Millionen RM im Reich beträgt. Wir können also feststellen, daß wir auf die Bürgersteuer glatt verzichten können in dem Augenblick, in dem uns die Arbeitslosenlast genommen wird. Wir verlieren also für die Zukunft nichts mit diesem Einwurf, was praktische Bedeutung hätte. Welche Steuern auf der Gemeindeseite ferner und ebenso auf der Reichsseite in Betracht kommen, darüber kann ich im Augenblick nichts sagen. Da aber die Zahlungsnotwendigkeit besteht, so halte ich diese Aufgabe eben für lösbar in der Richtung, daß bestimmte Arten von Steuern bestimmt werden zur Erfüllung dieses einen Aufgabenzwecks. Dann kommt in die Erfüllung der sonstigen Aufgaben der Gemeinden und des Reichs eine gewisse Ruhe hinein, und wir können wieder mit einigermaßen bekannten und nicht mit irrationalen Zahlen, natürlich auf der Grundlage denkbar größter Sparsamkeit, arbeiten. Diese Grundlage muss unter allen Umständen innegehalten werden, von ihr können wir in absehbarer Zeit nicht herunter. Diese Sondersteuern würden dann mit der Zunahme der Zahl der Arbeitslosen sich steigern müssen, mit der Abnahme fallen. Sie müssen daher wirtschafts- und sozialpolitisch ganz sorgfältig ausgewogen werden. Sozialpolitisch in der Richtung, daß wirklich eine Gerechtigkeit entsteht. Wer heute Arbeits- und sonstiges Einkommen noch hat, muss beitragen zur Unterhaltung der Volksgenossen, die nicht mehr fähig sind, sich selbst zu unterhalten. Wirtschaftspolitisch insofern, als jede die Wirtschaftlichkeit des Betriebs und die Preisgestaltung des Produkts beeinflussende Steuererhöhung unbedingt vermieden werden muß. Das scheint mir die Lösung, die sozial-, wirtschafts- und finanzpolitisch der Größe und der Besonderheit dieser Aufgabe gewachsen ist.[22]

---

[22] Der Leipziger Modellversuch wurde nie realisiert. Während die rechtliche Grundlage für einen derartigen Versuch mit der Notverordnung vom 14.6.1932 gegeben war – die Not-

## 1.2.6 Die Gemeinde als Teil des Reichsganzen

*Rede zur Eröffnung der Leipziger Ratssitzung vom 24.3.1933, abgedruckt in: Der Städtetag 27 (1933), S. 148.*
Begrüßung des Ermächtigungsgesetzes vom 23.3.1933; Verpflichtung zur Unterstützung der neuen Reichsregierung.

Am gestrigen Tage hat der Reichstag mit überwältigender Mehrheit ein Ermächtigungsgesetz verabschiedet, das mit bisher in der deutschen Reichsgeschichte noch nicht bekannten Vollmachten ein ebenso großes Maß von Verantwortung auf die Schultern der Reichsregierung legt.[1] Zum ersten Male seit der Gründung des Reichs durch Bismarck ist die Möglichkeit gegeben, die Verfassung des Reichs und der Länder, das Recht der Gemeinden und der sonstigen Selbstverwaltungskörperschaften einheitlich so zu gestalten, wie es nach den Erfahrungen der letzten sechzig Jahre den Lebensinteressen des deutschen Volkes, seiner Eigenart, seinem nationalen Willen und seiner Ehre entspricht.

Im Sommer vorigen Jahres habe ich mich vor den Stadtverordneten für die Auffassung eingesetzt, daß es niemals Aufgabe der örtlichen Verwaltung, selbst einer von glühendster Begeisterung für die Aufgaben der Selbstverwaltung erfüllten

---

verordnung änderte den § 205 des AVAVG dahingehend, dass der Präsident der Reichsanstalt Gemeinden mit der Durchführung der Krisenfürsorge beauftragen konnte (vgl. RGBl 1932/I, S. 274) –, entsprach die selbständige Beantragung einer Gemeinde, die Krisenfürsorge zu übernehmen, nicht der Intention des Gesetzes. Vielmehr war die Intention, der Reichsanstalt eine Kostenabwälzung auf die Kommunen zu ermöglichen; der Leipziger Antrag barg die Gefahr, die Unwirtschaftlichkeit der zentralisierten Reichsanstalt aufzuzeigen. Die Verhandlungen zwischen der Leipziger Stadtverwaltung und der Reichsanstalt zogen sich über acht Monate hin; der Hauptstreitpunkt blieb die Frage, ob durch die Übernahme der Krisenfürsorge durch die Stadtverwaltung eine Verbilligung erzielt werden könne. Die Verhandlungspositionen der beiden Parteien beruhten auf auseinandergehenden Personalbedarfsberechnungen und führten zu einer Patt-Situation, da keine Seite die Berechnungen der anderen akzeptierte oder hinreichend entkräften konnte. Die weiterreichenden Implikationen, die hinter der Auseinandersetzung zwischen der Reichsanstalt und der Leipziger Stadtverwaltung standen – eine Auseinandersetzung, die auf das Haushaltsgebaren der Reichsregierung und die Reformvorschläge des Deutschen Städtetags zur finanziellen Entlastung der Gemeindehaushalte zurückgeführt werden muss –, führten dazu, dass der Modellversuch die Verhandlungsphase nicht überwand und nach dem 30.1.1933 von den politischen Ereignissen überrollt wurde (vgl. detailliert zu den Verhandlungen, die einen ganzen Aktenband umfassen, BAB, R 36/1532).

1 Das „Gesetz zur Behebung der Not von Volk und Reich", vom Reichstag am 23.3.1933 beschlossen, gab der Reichsregierung Gesetzgebungskompetenz, auch für verfassungsändernde Gesetze, und dem Reichskanzler darüber hinaus die Gesetzausfertigungskompetenz. Damit waren Reichstag und Reichspräsident faktisch ausgeschaltet (vgl. RGBl. 1933/I, S. 141).

örtlichen Verwaltung sein könne, sich in Gegensatz zur Reichsregierung zu setzen.[2] Die jetzige Stunde verpflichtet zu mehr. Sie verpflichtet uns, mit unserer ganzen Person hinter die Arbeit der Reichsregierung uns zu stellen, ihr die Arbeit auf jede uns mögliche Weise zu erleichtern, denn jetzt hängt von dem Gelingen dieser Arbeit die Rettung unseres Vaterlandes als Staat, die Erhaltung unseres Volkes als Nation ab.

Als ich vor einem Jahre dem Ratskollegium ein Vorwort zum Verwaltungsbericht für 1931 vorlegte, stieß ich auf gewisse Hemmungen, dieses Vorwort als ein solches des Rates den Stadtverordneten zugehen zu lassen. Ich betrachte es heute noch als wesentlich, daß schließlich die Widersprüche verstummten. Jenes Vorwort ist für den, der es richtig liest, ein großes Bekenntnis zu Grundsätzen, die auch für die Arbeit der Reichsregierung, wie ich anzunehmen allen Grund habe, mitbestimmend sein werden.[3] Die Stadt kann ihr Gedeihen nicht außerhalb der Wohlfahrt des ganzen Vaterlandes finden. Wohl ist es uns gelungen und muss es uns auch in Zukunft gelingen, getreu dem gestern von dem Reichskanzler vertretenen Grundsatz, durch Einfachheit und Sparsamkeit in der Verwaltung das Gleichgewicht zu finden und die Wirtschaft vor noch höheren Lasten zu bewahren. Diese Aufgabe im Rahmen der uns durch Reichs- und Staatspolitik bestimmten Möglichkeiten zu erfüllen, ist ebenso entscheidend wie die Erfüllung der gleichen Aufgabe durch Reich, Länder und andere öffentliche Körperschaften. Ich weiß, daß

---

2 In den Verhandlungen der Leipziger Stadtverordneten vom Sommer 1932 hatte Goerdeler insofern den Standpunkt der Reichsregierung vertreten, als er die Notwendigkeit der Sparmaßnahmen in der Notverordnung vom 14. Juni hervorhob. Auf einen Antrag der sozialdemokratischen Fraktion, Kürzungen in den Sozialausgaben rückgängig zu machen, plädierte Goerdeler dafür, die Sparpolitik der Reichsregierung zu unterstützen (vgl. Protokoll der 14. Stadtverordneten-Sitzung vom 6.7.1932; StAL, StV-Akten A, Nr. 5, Bd. 22, Bl. 425-436).

3 In seinem Vorwort für den Verwaltungsbericht 1931 schrieb Goerdeler nach der Darstellung der wirtschaftlichen Entwicklung in Deutschland: „Das Reich muß als verantwortlicher Träger der Wirtschaftspolitik diejenigen Maßnahmen ergreifen, die geeignet sind, die Ursachen der Arbeitslosigkeit zu beheben (...). Wir müssen unsere Ausgaben so bemessen, daß sie mit den zur Verfügung stehenden Einnahmen (...) gedeckt werden können. Beschlüsse, die an dieser Tatsache vorbeigehen, wären unausführbar. Dem Ansehen der Selbstverwaltung können sie nicht dienen; denn auch die Selbstverwaltung muß sich in die gegebenen und von ihr nicht abänderbaren Tatsachen einordnen“; vgl. Verwaltungsgericht 1931, StAL, S. X. In ähnlicher Weise hatte Hitler in seiner Regierungserklärung zum Ermächtigungsgesetz vor dem Reichstag am 23.3.1933 als Prioritäten der zukünftigen Wirtschaftspolitik ausgeführt: Arbeitsbeschaffung, internationale Handelsbeziehungen, Steuerreform und eine sparsame Verwaltung. „Bei aller dieser Tätigkeit bedarf die Regierung der Unterstützung nicht nur der allgemeinen Kräfte in unserem Volk, (...) sondern auch der hingebenden Treue und Arbeit des Berufsbeamtentums. Nur bei zwingendster Not der öffentlichen Finanzen sollen Eingriffe stattfinden“; vgl. Max Domarus: Hitler. Reden und Proklamationen 1932–1945, Teil I, Bd. 1: 1932–1934, Leonberg [4]1988, S. 235.

es auch Auffassung des Reichskanzlers ist, daß von einem solchen Augenblick ausgeglichener Etats an die gesunden Kräfte des deutschen Menschen von selbst wieder beginnen werden, sich zu regen, sich zu entfalten und damit von innen heraus unter dem Schutze einer zielbewußten Politik die Wirtschaft im Interesse des gesamten Volkes zu allmählichen Gesundung zu bringen. Wir haben die örtliche Aufgabe, weiter wie bisher unsere Finanzen in Ordnung, unsere Verwaltung sauber und diszipliniert zu halten. Zu einer Insel der Glücklichen können wir auch die Stadt Leipzig nicht machen. Ihr Wiederaufstieg zu neuer Blüte ist abhängig von der Entwicklung unseres Vaterlandes und unseres Volkes zu neuem Ansehen und zu neuer Wohlfahrt.

Bekennen wir uns in dieser Stunde nationaler Selbstbesinnung und Erhebung, von der ich hoffe, daß sie die Freimachung aller gesunden Kräfte unseres Volkes zu naturnotwendigen Folge haben wird, zu dem Gelöbnis, mit dem alten Freiheitssinn der Leipziger Bevölkerung die Einordnung in die nationalen Notwendigkeiten und Ideale unseres Volkes zu verbinden. Wir wollen arbeiten, um die Stadt Leipzig, in der das Denkmal der Befreiungsschlacht in den Himmel ragt, hinzustellen als ein Bollwerk deutschen Gemeinsinns und des Willens zu nationaler Freiheit, Einigkeit und Ehre.

### 1.2.7 *Ansprache zur 525-Jahrfeier der Universität Leipzig*

*Vortragsmanuskript vom 31.10.1934; Sonderdruck Leipzig 1934.*

Gratulation der Stadt an die Universität Leipzig; gute Zusammenarbeit zwischen Stadt und Universität, mit Ausnahme der Periode, als sich die Universität gegen Humanismus und Reformation wandte. Die gemeinsame Geschichte lehrt drei Notwendigkeiten: starke Staatsgewalt muss gerechte Ordnung schaffen; Geistes- und Gewissensfreiheit sind Voraussetzung für höchste Leistungsfähigkeit; Zusammenarbeit zum Wohl der Gesamtheit.

Ew. Magnifizenz, dem Lehrkörper und der Studentenschaft der Universität überbringe ich mit besonderer Freude die herzlichen Wünsche der Stadt Leipzig zum heutigen Gedenktag des 525jährigen Bestehens. Die Stadt nimmt an diesem Ehrentage der Universität aufrichtigen Anteil. Es ist ein Ehrentag, denn 525 Jahre umfassen das Wirken von fast 20 Generationen. Es ist ständig darauf gerichtet gewesen, der Wahrheit zu dienen und dadurch Ansehen und Geltung der Wissenschaft zu mehren. Die Wünsche der Stadt dürfen aus gleicher Gesinnung heraus gesprochen werden. Denn in der Universität wie in der Stadt waren es auf Klugheit und Willen gegründete Kräfte stolzer Selbstbehauptung, die von der Entstehung an durch die Stürme der Zeiten hindurch Zuversicht und Dauer in sich fanden. Die Universität, geboren aus kraftvollen Regungen nationalen Bewußtseins, die Stadt, wiederholt in ihrer Geschichte der Schauplatz von Ereignissen, die für die nationale Entwicklung unseres Volkes von entscheidender Bedeutung waren, sie haben siegreich, wie das in der Natur der Dinge liegt, getrotzt der Kleinlichkeit, der Kurzsichtigkeit, der Unvernunft und der Selbstsucht. Und wenn jemals in ihnen selbst solche bösen Kräfte wirkten, so haben die Körper aus sich heraus das Gegengift gebildet und die Gesundheit wiedergefunden.

Die Stadt steht der Universität aber auch nahe durch frühere Stiftungen für Universitätsgebäude. Sie baute ihr das Rote Colleg und gab der Lehre und dem Wirken der Wissenschaft eine gesunde wirtschaftliche Grundlage dadurch, daß sie alle jene Einrichtungen schuf und erhielt, die den Verkehr und Handel und damit Aufmerksamkeit und Geld nach Leipzig lenkten. Es ist nur zu natürlich, daß es an Reibungen nicht gefehlt hat. Ein Bierkrieg hat zwischen der Universität und vornehmlich wohl ihren Studenten und der Stadt getobt, da die Universität sich von dem Burgkellerprivileg des Rates unabhängig zu machen suchte. Eine Zeitlang ließ die Zucht der Studenten so zu wünschen übrig, daß es zu häufigen Zusammenstößen mit Bürgern der Stadt kam und daß hieraus Streitigkeiten über die Gerichtsbarkeit zwischen Universität und Rat sich entwickelten. Aber schlimmer war die innere Entfremdung im 16. Jahrhundert, als entgegen der Haltung der meisten Bürger die Universität sich den Ideen des Humanismus und der Reformation verschloß und sich damit von den Kraftquellen des deutschen Gemüts und des deutschen Gewissens entfernte. Es ist kein Zufall, daß eine neue Blütezeit der Universität begann, als sie sich der deutschen Seele und ihrem immerwährenden Sehnen nicht verschloß, sondern im Gegenteil eine wahrhafte Führung unter den deutschen Universitäten eintrat. Das waren die Jahrzehnte, in denen Klopstock und Lessing, Leibniz und Gottsched, Goethe und Schiller in Leipzig lehrten und lernten. Heute stehen Universität und Stadt in idealer Gemeinschaft. Nüchterne Zuverlässigkeit hat die Stadt gelehrt, jene wichtigen Einrichtungen und wirtschaftlichen Betätigungen zu stärken, die außerordentlich befruchtend auch auf Vielseitigkeit und Entwicklungsmöglichkeit der Wissenschaft einwirken. An dem Leben der Stadt als Messe- und Buchstadt, an der Mehrung ihres Ansehens und geistigen Lebens durch den höchsten Gerichtshof des Reiches nimmt auch die Universität teil. Darüber hinaus haben Universität und Stadt sich verbunden zu gemeinsamer Betreuung der Kranken und zum Dienst an der Wissenschaft in Krankenanstalten und Kliniken, die von beiden unterhalten werden, ohne daß irgendwelche ernsten Meinungsverschiedenheiten je aufgetreten sind. Und ebenso vertrauensvoll ist das Verhältnis zwischen den Studenten der Universität und den Bürgern der Stadt, das in jedem Semester durch den Besuch der Neuimmatrikulierten auf dem Leipziger Rathaus einen besonderen Ausdruck findet.

Dreierlei können wir aus der gemeinsamen Geschichte von Universität und Stadt lernen, und solche Ehrentage erhalten ja ihren besonderen Wert dadurch, daß sie gleichzeitig Mahnzeichen für die Zukunft werden:

1. Universität und Verwaltung, Wissenschaft und Wirtschaft gedeihen nur, wenn eine starke Staatsgewalt eine gerechte Ordnung der Dinge für alle verbürgt.
2. Zur höchsten Leistung erhebt sich das deutsche Volk stets, wenn die Freiheit des Geistes und des Gewissens die letzten Kräfte seiner Seele entfesseln und in eigener Verantwortung binden.

3. Alle unsere Arbeit wird über das Stoffliche hinaus nur geadelt durch ein hohes ideelles Ziel. Für die Universität Leipzig und für die Stadt Leipzig kann dieses Ziel nur sein die Ehre und die Wohlfahrt der Nation.

## 1.2.8 *Schreiben Goerdelers an die Stadt Leipzig*

*handschriftliches Schreiben vom 25.11.1936; StAL, Kap. 10 G, Nr. 685, Bd. 1, Bl. 263.*
Entlassungsgesuch.

Ich bitte, mich spätestens zum 1. April 1937, möglichst aber schon früher, mit dem erdienten Ruhegehalt aus dem Dienst der Stadt Leipzig zu entlassen.[1]
Dr. Goerdeler,
Oberbürgermeister

## 1.2.9 Rechenschaftsbericht

*maschinenschriftliches Vortragsmanuskript für eine Rede vor den Leipziger Ratsherren und Beigeordneten vom 22.3.1937; StAL, Kap. 10 G, Nr. 685, Bd. 1, Bl. 284-287.*
Dank an alle Mitarbeiter; Bilanz der Amtszeit: Schuldenabbau und Erhöhung der Kassenbestände, erhebliche Einsparungen durch Lohn- und Gehaltskürzungen sowie Reorganisation der Verwaltung.

Es ist mir nicht vergönnt, mein Amt unmittelbar meinem Nachfolger zu übergeben.[2] Ich habe daher den Wunsch, vor Ihnen zum letzten Male kurze Rechenschaft zu legen über den Stand der Verwaltung.

Sie hängt ab
1. von der Einfachheit und Zweckmäßigkeit ihres organisatorischen Aufbaues,
2. von der Eignung und der Hingabe der in ihr tätigen Menschen,
3. von dem Stande der Finanzen.

Was die Organisation betrifft, so ist sie niemals etwas Fertiges. Das Leben fließt dahin, die Aufgaben ändern sich nach Inhalt und Umfang; dieser Bewegung muss sich die Organisation einer Verwaltung ständig anschließen. Ich habe die Zuversicht, daß sie in gutem Stande ist und alle Erfahrungen, die in vielen öffentlichen und privaten Verwaltungen gesammelt wurden, sich in ihr verkörpern. Die Arbeitsgebiete sind gegliedert bis auf den Arbeitsplan für den einzelnen Beamten und Angestellten herunter und so zusammengefaßt, daß der Leiter jedes Amtes, daß

---

1 Entsprechend seinem Antrag wurde Goerdeler ab dem 31.3.1937 in den dauernden Ruhestand versetzt (vgl. Brief des Bürgermeisters Haake an Goerdeler vom 7.1.1937; StA Leipzig, Kap. 10G, Nr. 685, Bd. 1, Bl. 277).

2 Die Suche nach einem Nachfolger Goerdelers zog sich noch bis zum Oktober 1937 hin (vgl. StA Leipzig, Kap. 6, Nr. 2, Bd. 31, Bl. 79 ff.); schließlich wurde am 7.10.1937 der NSDAP-Kreisleiter und bisherige Kreishauptmann Walter Dönicke zum neuen Oberbürgermeister ernannt, der sich laut Mitteilung des Leipziger Lokalanzeigers auf Drängen der Ratsherren um die Stellung beworben hatte (vgl. Leipziger Lokalanzeiger vom 16.10.1937).

auch jeder Dezernent einen möglichst geschlossenen Überblick über und klare Verantwortung für verwandte oder miteinander verflochtene Arbeitsgebiete hat. Das ist das einzige Mittel, um Doppelarbeit zu vermeiden und mit möglichst wenigen Kräften auszukommen. Unsere verschiedenen gemeinsamen Fahrten durch deutsche Gemeinden haben uns immer wieder davon überzeugt, daß unsere Verwaltungsorganisation in den entscheidenden Punkten zweckmäßig ist. Verwaltungsprüfer haben die Einzelheiten ständig überprüft und müssen es weiter tun.

Ich hoffe, daß Sie immer bestätigt finden werden, daß ein vortrefflicher Geist in den Beamten, Angestellten und Arbeitern der Stadt Leipzig waltet. Sie haben immer wieder ihr volles Können eingesetzt, um den zum Teil schweren und häufig über den Durchschnitt hinausgehenden Anforderungen des Dienstes gerecht zu werden. Hier bewährt sich der große Vorzug der Selbstverwaltung, mit Kräften arbeiten zu können, denen ihr Gemeinwesen Geburtsort und Heimat ist und die daher eine natürliche Verbundenheit mit allen Aufgaben empfinden, welche das Wohl und Wehe der Bürger dieser Stadt umfassen. Ich werde noch Gelegenheit haben, mich von den Beamten, Angestellten und Arbeitern besonders zu verabschieden und ihnen zu danken.[3] Ich habe ihnen bei Amtsantritt versprochen, ihnen ein gerechter Vorgesetzter zu sein. Ich habe nicht verschwiegen, daß ich hohe Anforderungen stelle. Ich hoffe, daß wir beiderseits das Gefühl haben, unsere Pflicht gegenüber dem Ganzen und gegeneinander erfüllt zu haben.

Was den Stand der Finanzen betrifft, so muss ich Ihnen einige nüchterne Zahlen mitteilen. Ich übernahm die Verwaltung im Mai 1930 und lege daher meiner Berechnung die Zahlen zugrunde, mit denen die Stadt Leipzig am 1.4.1930 in ihre weitere Geschichte hineinging. Ich vergleiche diese Zahlen mit denen, die für den 31.12.1936, den letzten Tag meiner tatsächlichen Amtstätigkeit,[4] festgestellt sind. In diesen beinahe 7 Jahren war es, um den gegenwärtigen Stand der Finanzen zu erreichen, notwendig, die Stadtwerke zu 67 Millionen RM Mehrleistung heranzuziehen, und zwar ohne Erhöhung der Tarife, das Vermögen der Stadt mit 11 Millionen RM in Anspruch zu nehmen und Ersparnisse von rd. 99 Millionen RM, immer gerechnet gegenüber dem Stande von 1929, zu machen.

Mit der Mehrleistung der Stadtwerke ist ungefähr die Mehrlast gedeckt, die in den Jahren 1930 bis Ende 1936 der Stadt für die Unterstützung der Erwerbslosen

---

[3] Vgl. Goerdelers Abschiedworte an die Beamten, Angestellten und Arbeiter der Stadtverwaltung vom 31.3.1937 (Dok. 1.2.10, unten S. 91 ff.).

[4] Goerdelers Entlassungsgesuch (vgl. Dokument 1.2.8) war am 2. Dezember 1936 im Stadtrat beraten worden; auf einstimmigen Beschluss hin wurde Goerdeler vom 1. Januar 1937 an beurlaubt (vgl. Protokoll der Sitzung in StA Leipzig, Kap. 10 G, Nr. 685, Bd. 1, Bl. 265). Am 7. Januar wurde ihm von seinem Stellvertreter, dem nationalsozialistischen Bürgermeister Rudolph Haake, die Zustimmung des Reichsstatthalters und des sächsischen Innenministers zu seiner Versetzung in den dauernden Ruhestand vom 31. März 1937 an übermittelt (vgl. Schreiben Haakes an Goerdeler ebd., Bl. 277).

zuwuchs, das waren 75 Millionen RM in diesen 7 Jahren, wobei schon alle von Reich und Land empfangenen Beträge abgerechnet sind. Mit der Inanspruchnahme des Vermögens der Stadt mit 11 Millionen RM sind ungefähr rückständige Zinsen und Tilgungsraten der Stadtbankverluste[5], die, wie bekannt, 45 Millionen RM betrugen und die zu Beginn meiner Amtszeit noch nicht einmal feststanden, geschweige denn konsolidiert waren, gedeckt. Hierzu waren rd. 13 Millionen RM erforderlich. Was ist nun mit den 99 Millionen RM Ersparnis, das sind jährlich rd. 14 Millionen RM, gegenüber dem Stande von 1929 geschehen? Von diesen rd. 99 Millionen RM waren 45 Millionen RM Ersparnisse an Personallasten, zum großen Teil hervorgerufen durch die vom Reich angeordneten Kürzungen der Gehälter und Löhne, zu einem nicht unerheblichen Teil aber auch durch die uns selbst obliegende Vereinfachung der Verwaltung. Diesen 45 Millionen RM Ersparnissen stehen gegenüber 45 Millionen RM weniger Einnahmen an Steuern, wieder gegenüber dem Stande von 1929. Neben dieser Leistung verbleiben als sichtbare und, wie ich hoffe, dauernde Spuren einer sparsamen Verwaltung folgende Ergebnisse:

1. Es sind rd. 7 Millionen RM Ablösungsanleihe getilgt für die Jahre, die vor meinem Amtsantritt lagen und für die ich Rückstellungen nicht vorfand. 4 Wochen nach meinem Amtsantritt erging das Urteil, wonach die Stadt ihre alten Anleihen mit 25% statt mit 12½% aufzuwerten hatte. Noch im Laufe desselben Jahres haben wir mit der Auszahlung der rückständigen Tilgungen begonnen.
2. Die den Haushalt belastenden Schulden sind in diesen Jahren um weitere 16 Millionen vermindert; dabei sind die Abwertungsgewinne nicht mitgerechnet.
3. Endlich sind die in der Kasse befindlichen oder kurzfristig, zum Teil dem Reich, ausgeliehenen Bestände, die zu Beginn des Rechnungsjahres 1930 2 Millionen RM betrugen, auf rd. 23 Millionen RM erhöht. Damit ist die Stadt in der Lage, ohne jeden Kassenkredit zu wirtschaften. Die monatlichen Ausgaben

---

5 Die Entwicklung der Leipziger Stadtbank entsprach dem allgemeinen Entwicklungstrend kommunaler Sparkassen und Girozentralen in den 20er Jahren bis zur Bankenkrise im Sommer 1931: gegründet 1920, war eine übermäßige Kreditvergabe seit der Überwindung der Inflation 1924 zu beobachten, seit der beginnenden Rezession wurden die Kredite weiter erhöht zur Rettung lokaler Unternehmen. Die Situation der Leipziger Stadtbank wurde verschlimmert durch die Tatsache, dass ihr Leiter ein Privatbankier mit einem Hang zu Spekulationen war, so dass sie bereits im Sommer 1930 vor dem drohenden Konkurs stand (vgl. den „Bericht über Stadtbank-Angelegenheit“ im StA Leipzig, Kap. 74 A, Nr. 80, Bl. 729-736). Diese spezifische Entwicklung in Leipzig hatte jedoch die positive Folge, dass dort bereits Ende 1930 eine grundlegende Umstrukturierung und Konsolidierung eingesetzt hatte, während in anderen Kommunen die Sparkassen und Girozentralen in höherem Maße in das Kommunalkreditgeschäft involviert und dadurch später empfindlicher getroffen wurden von dem Konkurs lokaler Unternehmen, der Illiquidität der Gemeindehaushalte und dem Abzug ausländischer Kredite (vgl. Karl Erich Born: Die deutsche Bankenkrise 1931. Finanzen und Politik, München 1967, besonders S. 61 ff.).

der Stadt betragen rd. 10 Millionen RM. Ihre verfügbaren Bestände ermöglichen ihr, 2 Monate ohne jede Einnahme auszukommen, ein Zustand, der selbstverständlich praktisch nie eintritt. Die Stadt ist daher jetzt bereits in der Lage, aus Beständen jährlich etwa 3–5 Millionen RM für den außerordentlichen Haushalt zur Rückzahlung in 3 Jahresraten zur Verfügung zu stellen. Sie beginnt, ihr eigener Bankier sein zu können. Ich sage ausdrücklich beginnt, denn die Aufgabe auf diesem Gebiet ist nicht abgeschlossen. Wenn ich mir eine Bemerkung für die Zukunft erlauben darf, so halte ich fast eine Verdoppelung dieser jederzeit verfügbaren Bestände für notwendig. Dabei rechne ich wie folgt:
10 Millionen RM für Kassenzwecke,
20 Millionen RM für schlechte Jahre, in denen es leicht vorkommen kann, daß Mindereinnahmen und Mehrausgaben 5–6 Millionen RM ausmachen,
10 Millionen RM, die dauernd im außerordentlichen Haushalt arbeiten und zusammen mit der Rücklage von 20 Millionen RM die Stadt in den Stand setzen, einen jährlichen außerordentlichen Haushalt von 6–7 Millionen RM aus eigenen Beständen zu finanzieren. Damit ist dann die Stadt in der Lage, jährlich etwa eine neue Schule zu bauen, jährlich etwa 1 Million RM für große Straßenherstellungen aufzuwenden und andere wichtige, auf dem Gebiete der Sozial- und Kulturpolitik liegenden Aufgaben zu erfüllen.

Ich hatte mir vorgenommen, dies Ziel zu erreichen, und war gewiß, dabei Ihre Unterstützung zu finden. Daß es keine Utopie ist, beweist die Tatsache, daß es in den 7 Jahren bei einer Steuermindereinnahme von 45 Millionen RM und einer Erwerbslosenmehrlast von rd. 75 Millionen RM möglich gewesen ist, die erste Hälfte dieser Ansammlungen bei gleichzeitiger, nicht unerheblicher Verminderung der Schulden zu bewerkstelligen.

Wie immer Sie aber auch in Zukunft wirtschaften wollen, eins ist notwendig: den erreichten Ausgleich zwischen Einnahmen und Ausgaben eisern durchzuhalten. Genausowenig wie der einzelne Mensch nicht mehr verbrauchen kann, als er selbst einnimmt und an Vermögen sich erarbeitet oder erarbeitet hat, genausowenig kann eine menschliche Gemeinschaft diese Grenze überschreiten. Das, was sie ihren Bürgern an Steuern abnehmen kann, kann viel sein; unbegrenzt ist es nicht. Denn dem Einzelnen muss die Lebensmöglichkeit verbleiben. Und ebenso ist das, was an öffentlichen Schulden gemacht werden kann, begrenzt durch das, was die Bürger an Spargut zur Verfügung stellen können. Es hat sich immer wieder in der Geschichte erwiesen, daß eine Verletzung dieser Grenzen einfach nicht möglich und daher unheilvoll ist. Es ist ein großes Verdienst der Bürger dieser Stadt, für diese klare Auffassung stets Verständnis gezeigt zu haben. Und ich muss es als Verdienst meiner Mitarbeiter hier im Rathause feststellen, daß diese Linie in der Verwaltung der Stadt Leipzig durchgehalten ist. Mein besonderer Dank gebührt den Männern, die mich in der Finanzverwaltung mit Hingabe unter Einsatz ihres großen Könnens, ihrer reichen Erfahrung und ihres besten Willens unterstützt, entlastet und immer wieder mit fruchtbaren Anregungen versehen haben.

Es lag mir am Herzen, auch diese nüchternen Zahlen festzuhalten. Ich übergebe sie mit diesem meinem Bericht.[6] Es ist nützlich, daß der Amtsnachfolger ein klares Bild hat. Ich habe das selbst in meinem Leben immer so empfunden. Und es liegt mir ferner daran, meine eigene Verantwortung im Guten wie im Schlechten festzuhalten. Was gut und was schlecht war, darüber mag die Zukunft entscheiden. Ich habe mehr mit dem Gesicht ihr zugewandt gearbeitet als mit der Absicht, mir in der Gegenwart Freundlichkeiten zu erwerben, getreu den Grundsätzen, zu denen ich mich bei meinem Amtsantritt bekannt habe.

Umso dankbarer bin ich allen Männern, die hier im Rathaus mit mir gearbeitet, die Schwierigkeiten mit überwunden und Leid und Freude mit mir geteilt haben. Ich danke Ihnen, meine lieben Mitarbeiter, ob es nun Beigeordnete oder Ratsherren sein mögen, herzlich für Ihre hingebende Arbeit zum Wohle der Stadt in der Zeit, da ihre Geschicke mir anvertraut waren. Ich danke Ihnen für das Vertrauen, in dem Sie in Zweifelsfällen die Möglichkeit sahen, mir zu folgen. Es schadet nichts, daß diese Möglichkeit eines Tages nicht mehr gegeben war, wenn wir nur als Männer voneinander scheiden. Ich danke Ihnen für die Kameradschaftlichkeit im Berufe und im persönlichen Leben; ich wünsche Ihnen allen von Herzen Gottes Segen für Ihre Arbeit und für Ihre Familien.

Meine Familie und ich haben uns in Leipzig, in das wir als ganz Fremde kamen, sehr schnell eingelebt. Wir haben in dieser schönen Stadt mit ihren herrlichen Einrichtungen und unter ihren Bürgern eine zweite Heimat gefunden. Ich persönlich habe durch die Arbeit für diese Stadt, die ich zeitweise nicht zu Unnutz der Stadt mit einer solchen für das Reich verbinden durfte,[7] meine Erfahrungen unendlich bereichern können und im Gefühl, meine ganze Kraft einzusetzen, stets meine innere Befriedigung gefunden. Aus einem Berufe zu scheiden, den ich als junger Mensch vor etwas mehr als 25 Jahren aus innerster Neigung ergriffen habe, ist nicht leicht. Denn ich wollte meine Lebensarbeit in ständiger unmittelbarer Berührung mit dem Leben und mit tätigen Menschen vollbringen. Die Selbstverwaltung verkörpert einen der charakteristischsten Grundzüge deutschen Wesens. In ihr kann der Mensch die Erfahrungen, die er im eigenen Leben macht, unmittelbar der engeren Gemeinschaft zur Verfügung stellen und so für die Gemeinschaft fruchtbar werden lassen. In ihr entwickelt sich jenes Verantwortungsbewußtsein für die allgemeinen Angelegenheiten der Gemeinde und des Volkes, dessen gerade ein deutscher Staat niemals entbehren kann. Es war daher mein besonderer Stolz, der deutschen Selbstverwaltung zu dienen und ihr Gedankengut und das in ihm wirkende sittliche Prinzip auch hier in Leipzig hochhalten zu können.

---

6 Dem Rechenschaftsbericht war eine neunseitige Anlage des Stadtfinanzamtes beigefügt, in der eine Bilanz der Stadtfinanzen während Goerdelers Amtszeit gezogen wurde; vgl. StA Leipzig, Kap. 10G, Nr. 685, Bd. 1, Bl. 288-292.

7 Vgl. die Schriften Goerdelers, die während seiner Amtszeit als Reichskommissar für die Preisüberwachung entstanden sind (Dok. 2.3.1 ff., unten S. 214 ff.).

Ich gehe aus meinem Amt mit herzlichem Dank an alle Bürger, denen ich große Opfer nicht ersparen konnte, und mit innigen Wünschen für ihre und der Stadt Zukunft. Ich danke auch allen Regierungsstellen und den Gliederungen der Partei für die trotz mancher Meinungsverschiedenheiten und Schwierigkeiten doch immer wieder verständnisvolle Unterstützung. Mein Dank gilt allen hier in Leipzig arbeitenden Reichs- und Staatsbehörden, gilt allen öffentlichen Körperschaften, gilt den Kammern und allen Organisationen, auf welchen Gebieten sie immer tätig sein mögen. Sie alle haben das Leben dieser Stadt ständig mit wahrer Anteilnahme verfolgt, an ihrem Geschick immer lebhaften und warmen Anteil genommen und sie in Schwierigkeiten mit Rat und Tat unterstützt.

Diese Stadt ist eine stolze Schöpfung aufrechten Bürgersinns. Zähigkeit, Klugheit und Fleiß haben hier in einer einfachen Landschaft einen in der ganzen Welt bekannten Mittelpunkt wirtschaftlichen und sozialen, geistigen und kulturellen deutschen Lebens geschaffen. Diese Tatsache berechtigt zu den schönsten Hoffnungen für die Zukunft. Denn die Menschen dieser Stadt haben sie selbst in ihren Händen und brauchen nur herzhaft für ihr Gemeinwesen und unser Vaterland einzustehen, ihnen das zu geben, was sie zum Nutzen aller brauchen, und ihnen mit der ganzen Kraft ihres Herzens in Liebe und gegenseitiger Achtung anzugehören, wie die Vorväter es durch ein wechselvolles Geschick hindurch taten. Dann wird die Stadt Leipzig, wenn auch an Zahl der Menschen und an Fläche nicht sehr wesentlich größer, aber doch abgerundeter als heute, immerdar bleiben eine Verkörperung deutscher Schöpfungskraft, deutschen Willens und deutschen Wesens.
So möge es sein!
Leipzig, am 22. März 1937.
Goerdeler.

### 1.2.10 *Abschiedsworte an die Beamten, Angestellten und Arbeiter der Stadtverwaltung*

*maschinenschriftliches Vortragsmanuskript vom 31.3.1937; BAK, N 1113, Bd. 12.*
Dank für gute Zusammenarbeit in der Stadtverwaltung; positive finanzielle Bilanz. Ideelle Verpflichtungen: Einordnung des Einzelnen in die Gesamtverwaltung; Einordnung der Stadt in nationale Belange; Verwaltungsarbeit als Dienstleistung für die Bevölkerung.

Meine lieben Mitarbeiter!
Als ich im Jahre 1930 das Amt des Oberbürgermeisters der Stadt Leipzig antrat, habe ich Ihnen folgendes gesagt:

„Ich bitte die Beamten, Angestellten und Arbeiter der Stadt Leipzig um vertrauensvolle Zusammenarbeit. Je größer die Verwaltung, umso schwieriger die Möglichkeit, persönliche Beziehungen zu gewinnen, umso wichtiger aber die Notwendigkeit, schnell und sicher auch geistige Fühlung herzustellen. Denn jeder Mitarbeiter soll sich ein möglichst zutreffendes Bild von dem Menschen machen, den er als seinen obersten Dienstvorgesetzten anerkennen muß.

Ich darf mit Dank bekennen, daß ich in meinem bisherigen Wirkungskreis durch die hingebende Pflichttreue meiner Mitarbeiter verwöhnt worden bin, aber ich weiß, daß die Beamten, Angestellten und Arbeiter der Stadt Leipzig den heißen Wunsch haben, sich durch niemand an Pflichterfüllung und an Hingabe für das Allgemeinwohl übertreffen zu lassen. Gerade für das Beamtentum ist die Hingabe der eigenen Persönlichkeit an die Volksgemeinschaft das einzig dauerhafte und ewig bleibende Fundament. Jeder sollte sich als Diener an seinem Volke fühlen. Der Schein, als ob irgendwo eine Auffassung herrschen könnte, daß die andere Seite des Beamten wegen da sei, muss unter allen Umständen vermieden werden. Nur solche Hingabe an den Dienst für die Allgemeinheit, die Wahrung des tadellosen Rufes des Einzelnen und die Sauberkeit der gesamten Verwaltung geben dem Beamten das sittliche Recht, im Namen der Allgemeinheit Hoheitsbefugnisse gegenüber den Bürgern ausüben zu können. Diese Berufsauffassung muss ohne jede Möglichkeit eines Störungspunktes von jedem einzelnen und von jeder Berufsvertretung ausgesprochen und durchgehalten werden.

Ich bin überzeugt davon, daß in der Leipziger Beamten-, Angestellten- und Arbeiterschaft kein anderer Geist herrscht. Wer in solchem Geiste arbeitet, hat Anspruch auf Schutz seiner Ehre gegen jedermann, hat Anspruch auf Beachtung seiner Lebensinteressen, eine Beachtung, deren Ausmaß sich selbstverständlich im Einklang halten muss mit den Lebensinteressen seiner Mitbürger und anderer Berufe. Sie werden mich bereitfinden, in diesem Geiste vor Ihre persönliche Ehre zu treten und Ihre Interessen fördernd zu wahren.

Und noch eins darf ich Ihnen sagen. Abhold jeder strengen und starren, unelastischen Form des Berechtigungswesens und seiner Überspitzung[1], bereit, der wirklich überragenden Persönlichkeit mit besonderen Fähigkeiten, dem hervorragenden Charakter außerhalb der Normalregel innerhalb der Selbstverwaltung den Marschallstab in den Tornister zu legen, habe ich doch für das Heilsamste und Zweckmäßigste gefunden, für die Regel neben der Allgemeinbildung eine gediegene Fachbildung zu verlangen. Ich glaube, in einer größeren Verwaltung, insbesondere in einer so großen Verwaltung, der vorzustehen ich ja jetzt die Ehre habe, läßt sich kein gerechterer Maßstab für den Aufstieg und die Beförderung finden als das Prüfungswesen.

Den Vorgesetzten verpflichtet ein solches System, seine Beamten, Angestellten und Arbeiter nur nach dieser Eignung zu beurteilen und jedem Versuch einer Protektionswirtschaft eisernen Widerstand entgegenzusetzen. Die Grundlage der Anforderungen, die an Sie gestellt werden, sei das Beispiel, die Grundlage der Führung die Gerechtigkeit.“[2]

---

1 Vgl. zum Berechtigungswesen allgemein S. 63, Anmerkung 9. Der Begriff Berechtigungswesen muss hier verstanden werden im Sinne einer Zugangsbeschränkung zur mittleren und höheren Beamtenlaufbahn durch die Voraussetzung eines jeweils festgelegten Schul- oder Hochschulabschlusses. Vgl. auch Friedeburg, Bildungsreform, S. 242.

2 Vgl. Rede Goerdelers zu seinem Amtsantritt in: StA Leipzig, Kap. 74 A, Nr. 80, Bl. 468-483.

Am heutigen Tage, mit dessen Ablauf ich aus dem Amte als Oberbürgermeister der Stadt Leipzig und damit auch von Ihnen scheide, liegt es mir am Herzen, Ihnen zu bestätigen, daß Sie die Erwartungen, mit denen ich an Ihr Pflichtbewußtsein, an Ihre Liebe zum Berufe und an Ihr Können herangetreten bin, ebenso erfüllt haben wie die Anforderungen, die ich an Ihre Arbeitskraft stellen mußte. Es darf nicht unsere Art sein, von Schwierigkeiten zu sprechen. Mögen unsere Nachkommen feststellen, ob es Schwierigkeiten waren und ob wir sie gemeistert haben. Aber daß es ungewöhnliche Jahre waren, in denen ich Sie als Ihr erster Vorgesetzter führen durfte, dürfen wir wohl ohne Übertreibung feststellen. Es galt, von einer vollkommen künstlichen, durch Auslandsanleihen ermöglichten Aufblähung der Wirtschaft des deutschen Volkes und seiner Verwaltung wieder zur rauhen Wirklichkeit zurückzukehren. Sie ist für ein Volk nach verlorenem Kriege und nach Verlust von rd. der Hälfte seines Volksvermögens besonders hart. Es galt, diese Aufgabe noch innerhalb eines Verfassungs- und Verwaltungssystems zu lösen, das auf der Anonymität der Beschlußfassung und auf der Entverantwortlichmachung des Gemeindeleiters beruhte.[3] Daß es so war, weswegen es nicht so bleiben durfte und daß daher meine Amtstätigkeit vorwiegend mit Entsagung und weniger mit schöpferischen Werken ausgefüllt sein würde, habe ich ebenfalls beim Antritt meines Amtes auch Ihnen dargelegt. Wir haben uns bemüht, den Anforderungen, die an unser Können, an unsere Nerven und an unseren guten Willen zur Leistung gestellt wurden, in gemeinsamer Arbeit zu entsprechen.

Es handelte sich darum, in den rd. 7 Jahren meiner Amtstätigkeit mit 45 Millionen RM Steuern weniger auszukommen, als sie sich nach der Einnahme 1929/30 in diesen 7 Jahren ergeben hätten, also mit jährlich 6½ Millionen RM weniger. Es galt, in diesen 7 Jahren aus eigener Kraft der Stadt 75 Millionen RM Mehr-Erwerbslosenlasten zu tragen, als ebenfalls nach der Last des Jahres 1929/30 zu tragen gewesen wären, also in jedem Jahr fast 11 Millionen RM mehr. Es galt, einen damals noch nicht einmal feststehenden Stadtbankverlust zu konsolidieren und die aufgelaufenen Zins- und Tilgungsraten mit 13 Millionen RM zu zahlen.[4] Es galt endlich, 7 Millionen RM Ablösungsanleihe zu tilgen, die bis zum Jahre 1930 hätten getilgt sein müssen, wenn damals schon festgestanden hätte, daß die Stadt mit 25% aufwerten mußte. Wir haben diese Aufgaben erfüllt. Wir haben zu diesem Zweck in diesen 7 Jahren fast 100 Millionen RM sparen müssen. Wir haben darüber hinaus die Schulden um 5 Millionen RM vermindert und einen Kassen- und Fondsbestand angesammelt, der heute schon die Stadt Leipzig unabhängig für einen bescheidenen außerordentlichen Haushalt macht und der bei weiterer pfleglicher Behandlung eines Tages jede Neuverschuldung entbehrlich machen kann.

---

3 Mit dieser Umschreibung ist die sächsische Gemeindeordnung gemeint vor der Einführung der neuen Deutschen Gemeindeordnung; vgl. dazu das Schreiben Goerdelers an Rothe vom 24.3.1930 (Dok. 1.2.1, oben S. 48) sowie Goerdelers Stellungnahmen zur Deutschen Gemeindeordnung (Dok. 1.3.6 ff., unten S. 121 ff.).

4 Vgl. zur Entwicklung der Leipziger Stadtbank S. 88, Anmerkung 5.

Um dieses Ziel zu erreichen, haben wir die Verwaltung wesentlich vereinfachen und verbilligen müssen. Wir haben, abgesehen von den vom Reich angeordneten Kürzungen der Gehälter, in diesen 7 Jahren 15 Millionen RM oder rd. 2 Millionen RM jährlich allein durch vereinfachte Organisation der Verwaltung erspart. Ich habe Sie immer über die Gründe unterrichtet, die zu eiserner Sparsamkeit zwangen. Ich habe Ihnen immer gesagt, daß die Beamten, Angestellten und Arbeiter der Stadt in der Festigkeit ihres Dienstverhältnisses bei der schweren politischen und wirtschaftlichen Lage unseres Vaterlandes den wesentlichen Gegenwert für ihre Hingabe sehen müßten, und ich habe Ihre moralischen und physischen Kräfte auf das äußerste anspannen müssen. Aber Sie sehen, es ist uns gelungen, dies stolze Gemeinwesen, das vielen von Ihnen Geburts- und Heimatstadt ist, zum Wohle aller Bürger, auch Ihrer selbst, durch ungewöhnliche Jahre hindurchzubringen und ihre wissenschaftlichen und wirtschaftlichen, ihr kulturellen und sozialen Einrichtungen und Anlagen leistungsfähig zu erhalten. Das war nur möglich, indem wir, ohne viel Worte darüber zu verlieren, uns vertrauten und auf Anstand und Gerechtigkeit kameradschaftliche Treue aufbauten. Daß Sie das Ihrige hierzu getan, daß Sie allezeit weit über das übliche Durchschnittsmaß hinaus Ihre ganze Kraft eingesetzt haben, dafür danke ich Ihnen herzlich.

Ich lege Ihnen für Ihre und der Stadt Zukunft drei Bitten ans Herz. Die erste geht dahin, daß Sie Ihre Arbeit stets im Zusammenhang mit den Arbeiten der anderen betrachten. Arbeit ist für das eigene Leben, für seine Erhaltung und Verschönerung notwendig. Es ist niemandem auf dieser Welt verstattet, sein Leben ohne Leistung zu finden, und das Leben eines jeden wird sich nur nach der eigenen Leistung gestalten lassen. Seien Sie sich aber darüber klar, daß in unserer Zeit weit vorgetriebener Arbeitsteilung der Einzelne leicht der Gefahr erliegt, an seiner von Tag zu Tag in gleicher Form wiederholten Arbeit weniger Freude zu empfinden. Wenden Sie selbst diese Gefahr ab, indem Sie sich die Wichtigkeit der eigenen Leistung für den Erfolg der Gesamtverwaltung dieser schönen Stadt immer wieder vor Augen halten. Es kann in diesem großen Organismus wohl hier und da ein Äderchen und ein Muskelchen durch ein anderes ersetzt werden. Aber geleistet werden muss die Arbeit jedes Organs, wenn der Organismus gesund sowie leistungsfähig bleiben und seine Aufgabe erfüllen soll. Dieses Zusammenhangs können und sollen wir, die wir im öffentlichen Dienste tätig sind, uns besonders klar werden. Denn wir haben es dank unserer vielfachen Berührung mit den menschlichen Tätigkeiten aller Art, mit menschlichen Einrichtungen, mit menschlichen Vorzügen und menschlichen Unvollkommenheiten verhältnismäßig leicht, einen Überblick zu gewinnen.

Zweitens. Stellen Sie diese Ihre Tätigkeit für die Stadt Leipzig stets in den Strom des großen Ganzen. Diese stolze Stadt ist eine Schöpfung bester deutscher Kräfte. Sie verdankt ihre Entwicklung nur der Tüchtigkeit ihrer Bürger. Sie ist die in der Welt bekannteste deutsche Stadt. Ihr zu dienen, muss jedes Leipzigers, insbesondere jedes Beamten, Angestellten und Arbeiters dieser Stadt höchster Stolz sein.

Denken Sie nicht, daß jetzt, nachdem die Stadt Leipzig einen Berg überwunden hat, schon die Zeit gekommen ist, um Sonderwünsche einiger Gemeinden oder Eigenwünsche der im öffentlichen Dienste Stehenden herauszustellen. Vergessen Sie nicht, daß seit der Ergreifung der Macht durch die Nationalsozialistische Deutsche Arbeiterpartei unter Adolf Hitler das Deutsche Reich den deutschen Gemeinden unter Übernahme eigener großer, die Zukunft belastender Opfer in besonderem Maße geholfen hat, wieder schöpferische Arbeit zu leisten.[5] Bedenken Sie, daß das Reich diese Mittel nur bis zu einer bestimmten Grenze zur Verfügung stellen kann. Es gilt also neue Anstrengungen, um unter Opfern der Stadt und des Einzelnen die Leistungsfähigkeit des Ganzen sicherzustellen. In einer Stadt, deren Geschick so vielfach mit der großen Geschichte unseres Vaterlandes verbunden ist, sollte es nicht schwer sein, daß alle Träger der öffentlichen Gewalt dieser Stadt solchen Geist in sich tragen.

Meine dritte Bitte geht dahin: Seien Sie Diener der Selbstverwaltung. Es ist gerade Ihre hohe Aufgabe, die deutsche öffentliche Verwaltung lebendig zu erhalten. Sie neigt schon seit Kriegsbeginn dazu, in einem Übermaß von Organisation ihren Betätigungsdrang zu stillen. Das ist nicht gut. Es ist gerade Sache aller der in der deutschen Selbstverwaltung tätigen Menschen, die Gefahr der bürokratischen Erstarrung zu bannen und zu beweisen, daß der genossenschaftliche Geist, der Geist der Kameradschaft und Hilfsbereitschaft sich immer wieder in der lebendigen Entwicklung des Gemeinwesens, in der innigen Berührung mit den Bürgern stärkt und erneut. Die Selbstverwaltung ist die deutscheste Form der Verwaltung. Sie hat die Bürger zu beraten und zu betreuen. Wir alle sind erfahren genug, um zu wissen, daß es nicht nur Engel gibt. Wir wissen, daß öffentliche Gewalt von der Gemeinschaft auch zu dem Zwecke einzelnen verliehen wird, damit sie diejenigen zur Ordnung bringen, die selbst nicht einmal ihre Angelegenheiten in Ordnung zu halten vermögen, ihr Leben darauf abgestellt haben, daß andere die Kosten tragen, oder die sich in die allgemeine wohltätige Ordnung nicht fügen

---

5 Die Arbeitsbeschaffungsprogramme der nationalsozialistischen Regierung unterschieden sich, abgesehen von dem wesentlich höheren Volumen, in zweierlei Hinsicht von den Programmen der Präsidialkabinette: Erstens versuchten sie nicht so sehr, die Gesamtwirtschaft über den Weg der Privatwirtschaft zu beleben, sondern vergrößerten den Anteil an öffentlichem Verbrauch und öffentlichen Investitionen. Zweitens erfolgte die Finanzierung dieser Ausweitung des öffentlichen Sektors durch eine offensive deficit-spending Politik, wie sie zuvor höchstens in einer Mischform und in einem wesentlich kleineren Maßstab riskiert worden war. Genau diese beiden Charakteristika der nationalsozialistischen Beschäftigungsprogramme forderten jedoch auch Goerdelers scharfe Kritik heraus (vgl. etwa Goerdelers Denkschrift zur deutschen Innenpolitik vom August/September 1934; Dok. 3.5, unten S. 324 ff.). Vgl. zur nationalsozialistischen Beschäftigungspolitik und deren Finanzierung Avraham Barkai: Das Wirtschaftssystem des Nationalsozialismus, Frankfurt/M. 1988, S. 150 ff. sowie Ludolf Herbst: Das nationalsozialistische Deutschland 1933–1945. Die Entfesselung der Gewalt, Frankfurt/M. 1996, S. 89 ff.

wollen. Auch diese Ordnung muss, wenn sie Bestand haben und von allen Gutwilligen getragen werden soll, mit Gerechtigkeit gehandhabt werden. Aber die wesentlichen Aufgaben einer großen Stadt liegen doch auf den Gebieten, die es uns gestatten, den Menschen zu helfen, sie zu fördern, ihnen immer mehr Freude an einem geordneten und immer schöner werdenden Gemeinwesen zu ermöglichen. Dieser Teil unserer Arbeit ist der, den unsere Seele sucht und der unsere Seele allein befriedigt. Seien Sie immer gerecht und seien Sie immer hilfsbereit! Dann dienen Sie dieser Stadt am besten. Dann wird mein Amtsnachfolger ebenso stolz auf die Gefolgschaft der Stadt Leipzig sein, wie ich es sein durfte.

Der Abschied von der Stadt und vom Amte wird mir schwer. Ich habe das den Beigeordneten und Ratsherren schon gesagt;[6] ich brauche es hier nicht wieder zu sagen. Aber auch der Abschied von Ihnen geht mir zu Herzen. Manchen habe ich ferner gestanden, vielen habe ich nähertreten können. Darauf kommt es nicht an. Das ist in einer so vielköpfigen Verwaltung unvermeidlich. Aber ich habe mich bemüht, Ihnen allen in Gerechtigkeit in entscheidenden Fragen Ihres und der Stadt Daseins stets gleich nahezustehen und in den Angelegenheiten des einzelnen gerecht zu wägen und gerecht zu entscheiden. Sie haben mir durch Vertrauen und Pflichterfüllung eine Arbeit, der mein ganzes Herz galt, leicht und schön gemacht. Dafür danke ich Ihnen von Herzen. Ich wünsche Ihnen allen weiter gesegnetes Wirken für diese schöne Stadt, ich wünsche Ihnen Gesundheit und Glück im Frieden Ihrer Familie.

Ich habe hier in diesem Saale oft des Volkes, des Vaterlandes und seines Führers gedacht. Heute, wo ich mit dem Abschied von Ihnen auch den letzten Abschied von meinem Amt als Oberbürgermeister dieser schönen Stadt nehme, soll meine letzte Amtshandlung, soll unser aller Wunsch ihr gelten:

Die Stadt Leipzig Sieg-Heil!

### 1.2.11 *Schreiben Goerdelers an Martin Mutschmann*

*maschinenschriftliches Schreiben vom 23.11.1937; StA Leipzig, Kap. 10 G, Nr. 685, Bd. 2, Bl. 6 f.*

Gründe für Entlassungsgesuch: Schleifung des Mendelssohn-Denkmals trotz gegenteiliger Anweisungen; Übergehung bei der Entlassung des Direktors der Leipziger Straßenbahnen. Gegen den Vorwurf, auf Kosten der Stadt Leipzig zu leben: Die Reisekosten stammen nicht aus Mitteln der Stadt; die Pension soll der Stadt zurückgegeben werden im Falle einer neuen Anstellung; das Reichspreiskommissariat hat der Stadt zusätzliche Reichsmittel eingebracht.

6 Vgl. Goerdelers Rechenschaftsbericht vor den Leipziger Ratsherren und Beigeordneten vom 22.3.1937; Dok. 1.2.9, oben S. 86 ff.

Herr Reichsstatthalter[1]!

Bei der Einführung meines Amtsnachfolgers haben Sie, wie ich erfahre, unter anderem folgendes gesagt:

„Der Vorgänger von Oberbürgermeister Dönicke hat die Karten hingeschmissen, weil er erkannt hatte, daß er mit seinen liberalistischen Anschauungen sich nicht durchsetzen konnte. Der Goerdeler besaß zwar als Jurist Kenntnisse und Wissen, aber damit ist es im Dritten Reich nicht getan. An die Spitze einer Weltstadt wie Leipzig gehörte ein Nationalsozialist wie Pg. Dönicke. Jetzt reist Dr. Goerdeler auf Kosten der Stadt in der Welt herum[2] und hält Vorträge, die mit nationalsozialistischer Weltanschauung wohl wenig zu tun haben werden.“[3]

I. Die Gründe für mein Gesuch um Entlassung aus dem Amte waren folgende: Das Mendelssohn Denkmal vor dem Gewandhaus in Leipzig ist im Herbst 1936 von meinem Vertreter entfernt worden, während ich in Helsingfors auf Einladung der Deutschen Handelskammer in Finnland war[4] und obwohl ich kurz vorher die Anweisung gegeben hatte, es stehen zu lassen. Vor dieser Anweisung hatte ich mich mit dem Beauftragten der Partei für jüdische Kulturangelegenheiten, Herrn Hinkel, in Verbindung gesetzt. Er hatte mir bestätigt, das Denkmal solle nicht entfernt werden. Die Gründe, die er hierfür anführte, interessieren hier nicht. Jedenfalls schloß er seine Erklärung mit der Versicherung, daß er sie auch im Namen des Reichsminister Dr. Goebbels abgebe und daß er wisse, der Führer sei gleichen Sinnes.[5]

---

1 Martin Mutschmann, seit 1922/1925 NSDAP-Mitglied, war seit 1925 sächsischer Gauleiter, seit dem Mai 1933 sächsischer Reichsstatthalter und seit dem Februar 1935 Führer der sächsischen Landesregierung (vgl. BAB, SA (ehemals BDC), Martin Mutschmann, geb. 9.3.1879). Die Personalunion Gauleiter/Reichsstatthalter/Regierungschef führte zu einer nahezu unumschränkten Machtstellung Mutschmanns in Sachsen, jedoch auch zu verbissenen Auseinandersetzungen mit anderen Funktionsträgern (vgl. z.B. ebd., OPG (ehemals BDC), Mutschmann vs. Manfred v. Killinger). Bei seinem Versuch, 1934/35 die Leipziger Energiewirtschaft unter seine Kontrolle zu bekommen, stieß er jedoch auf einen so erbitterten Widerstand Goerdelers, dass er dieses Vorhaben wieder aufgeben musste. Spätestens seit diesem Zeitpunkt bemühte sich Mutschmann in jeder Beziehung, Goerdelers Stellung in Leipzig zu schwächen (dazu ausführlich S. 493, Anmerkung 9).

2 Das vorliegende Schreiben hatte Goerdeler von seiner ersten Auslandsreise, aus New York City, geschrieben; vgl. ausführlich zu seinen Reisen seine Reiseberichte von 1937–1939 (Dok. 4.2.1 ff., unten S. 525 ff.).

3 Vgl. Protokoll der Gesamtratssitzung vom 15.10.1937; StA Leipzig, Kap. 74 A, Nr. 87, Bl. 472 ff.

4 Vom 8. bis zum 13. November 1936 war Goerdeler in Helsingfors, wo er am 10. November vor Vertretern der deutschen und finnischen Wirtschaft einen Vortrag über Wirtschaft, Preise und Währung hielt; vgl. Goerdelers Mitteilung an den Kreishauptmann Dönicke vom 6.11.1936 (StA Leipzig, Kap. 10 G, Nr. 685, Bd. 1, Bl. 257).

5 Nach der Darstellung Speers war Hitler durchaus nicht dieser Ansicht, sondern wünschte die Schleifung des Mendelssohn-Denkmals, um an dessen Stelle ein „Nationaldenkmal“ für

Dies hatte ich meinem Vertreter, Bürgermeister Haake[6], wenige Tage vor meiner Abreise mitgeteilt. Da er offenbar nicht einverstanden war, stellte ich ihm anheim, seinerseits zu Herrn Hinkel zu fahren und sich dies alles bestätigen zu lassen.

Nach meiner Rückkehr stellte ich im Sächsischen Ministerium des Innern und durch Besprechung mit dem Kreisleiter fest, daß man nicht entschlossen war, den offenbaren Ungehorsam meines Vertreters so zu ahnden, wie ich es verlangen musste, wenn meine Autorität gewahrt werden sollte.[7] Also hatte ich Folgerungen für meine Person zu ziehen. Sie konnten nur in dem Antrag bestehen, mich aus meinem Amte zu entlassen.

Die deutschen Straßenbahnen waren im Laufe des Jahres 1936 verpflichtet worden, Änderungen der Fahrtrichtung ähnlich wie Kraftwagen anzuzeigen. Die Gruppe Straßenbahnen hatte sich für Leuchtsignale entschieden. Diese Entscheidung war nicht bindend. Auf meine Frage, ob nicht Winker billiger seien, hat mir der Direktor der großen Leipziger Straßenbahn pflichtgemäß berichtet, daß dies der Fall sei. Nach Beratung mit dem Dezernenten und den Beiräten und nachdem mir Reichs-Innen- und Reichs-Verkehrsminister bestätigt hatten, daß die Stadt Leipzig berechtigt sei, das Winkersystem zu nehmen, ordnete ich die Ausstattung der Straßenbahnen mit Winkern an. Der Polizeipräsident hatte mir bei den Versuchen bestätigt, daß die Winker den Lichtsignalen mindestens gleichwertig, wenn nicht gar überlegen seien. Die Kostenersparnis war erheblich. Kurze Zeit darauf wurde der Direktor der Großen Leipziger Straßenbahn seines Amtes als Mitgliede des Beirats der Verkehrsgruppe Straßenbahnen von dem Leiter der Gruppe enthoben, weil er in dieser Angelegenheit seine Pflicht gegenüber der Gruppe verletzt hätte; er hätte sich mir gegenüber durchsetzen müssen.

Selbstverständlich konnte ich es nicht hinnehmen, daß mein Untergebener für die Ausführung einer Anordnung bestraft wurde, die ich ihm als der gesetzlich

---

Richard Wagner zu errichten; vgl. Albert Speer: Spandauer Tagebücher, Frankfurt/M., Berlin und Wien 1975, S. 213.

6 Rudolph Hans Haake, NSDAP-Mitglied seit 1922, war seit dem 1. Januar 1930 Stadtverordneter in Leipzig, seit dem 11. Mai 1932 ehrenamtlicher zweiter Bürgermeister und wurde im Januar 1935 zum Bürgermeister gewählt (vgl. Personalakte Haakes im StA Leipzig, Kap. 10 H, Nr. 1362). In seinen Auseinandersetzungen mit Goerdeler stilisierte sich Haake gerne zum „ersten verantwortlichen Parteigenossen im Rathaus" (vgl. Schreiben Haakes an Goerdeler vom 16.11.1936; ebd., Kap. 10 G, Nr. 685, Bd. 1, Bl. 260 f.) und hatte bereits 1934 die Taktik verfolgt, die Abwesenheit Goerdelers und seines damaligen Stellvertreters Löser zur Durchsetzung der Umbenennung verschiedener Leipziger Straßen zu nutzen (vgl. Protokoll der Gesamtratssitzung vom 30. November 1934; ebd., Kap. 74 A, Nr. 84, Bl. 239-246.).

7 Zur ausführlichen Darstellung des Konflikts um das Mendelssohn-Denkmal vgl. Ines Reich: Carl Friedrich Goerdeler. Ein Oberbürgermeister gegen den NS-Staat, Köln, Weimar und Wien 1997, S. 257 ff.

allein Verantwortliche im Rahmen meiner gesetzlichen, von den zuständigen Reichsministern ausdrücklich bestätigten Befugnisse gegeben hatte. Ich hätte jede Achtung meiner Untergebenen eingebüßt. Ich habe daher den Reichsinnenminister und den Reichsverkehrsminister gebeten, die Amtsenthebung des Direktors rückgängig zu machen, andernfalls ich selbst gezwungen sei, aus meinem Amte zu scheiden. Trotz einer langen Verhandlung unter Vorsitz des Herrn Reichsverkehrsministers war es nicht möglich, die Rehabilitierung des Direktors zu erreichen. Diese Gründe waren für mein Entlassungsgesuch zwingend.

II. Die Kosten meiner Reise trägt die Stadt Leipzig nicht. Die Reichsregierung ist unterrichtet, woher die Mittel zu dieser Reise kommen.[8] Sollten Sie der Meinung sein, daß das mir auch mit Ihrer Zustimmung und der des Reichsinnenministers bewilligte Ruhegehalt mir die Reise ermöglicht, so ist dazu zu bemerken, daß ein Ausscheiden ohne Pension zu allerhand Vermutungen hätte Anlaß geben können. Ich habe daher um Entlassung mit Pension gebeten, aber unmittelbar nach Genehmigung meinem Vertreter mitgeteilt, daß ich mich sofort nach anderweitiger Verwertung meiner Arbeitskraft umtun und im Falle eines angemessenen Erfolges meine Pension der Stadt Leipzig geschenkweise zur Verfügung stellen würde. Wenige Wochen später hatte ich die Zusage einer sehr bedeutenden Stellung in der deutschen Industrie, deren Ertrag mich in die Lage gesetzt hätte, mein Vorhaben auszuführen. Besondere Gründe haben den Vertragsabschluß im letzten Augenblick ohne mein Zutun verhindert.[9] Im übrigen hat sich an meinem grundsätzlichen Vorhaben nichts geändert.

---

8 Goerdelers Reise wurde finanziert von Gustav Krupp von Bohlen und Halbach. Goerdeler hatte sich im Frühjahr 1937 auf den Rat Hjalmar Schachts hin entschlossen, eine Reihe von Auslandsreisen zu unternehmen, um dort Kontakte mit führenden Wirtschaftlern und Politikern zu knüpfen. Den Entschluss fasste er, nachdem sich sein geplanter Eintritt in das Krupp-Direktorium zerschlagen hatte (s.u., Anmerkung 9); zur Deckung seiner Reisekosten stellte Krupp ihm 50.000 RM zur Verfügung (vgl. Schreiben Krupps an Goerdeler vom 5.4.1937; HA Krupp, FAH 4 E 154, Bl. 117).

9 Seit dem Februar 1936 stand Goerdeler in Verhandlungen mit Gustav Krupp von Bohlen und Halbach und dessen Schwager Tilo Frhr. v. Wilmowsky, die einen Nachfolger für den aus dem Vorstand scheidenden Personal-, Finanz- und Verwaltungsdezernenten Dr. Buschfeld suchten (vgl. ebd., FAH 23/510, Bl. 74 ff.). Goerdeler hatte sich bereits im Mai 1936 endgültig dazu entschlossen, als neues Mitglied in das dreiköpfige Krupp-Direktorium einzutreten (vgl. ebd., FAH 4 E 154, Bl. 148). Im Juni bemühte sich daraufhin Krupp um das Einverständnis Hitlers (vgl. Schreiben Krupps an Hitler vom 15.6.1936; ebd., Bl. 37 f.), der jedoch mitteilen ließ, es sei geplant, „Herrn Goerdeler doch wieder für staatliche Zwecke einzubauen, so daß es wohl besser ist, wenn Herr Goerdeler sich für diesen Fall frei hält" (vgl. Schreiben von Hitlers Adjutanten Wiedemann an Krupp vom 1. Juli 1936; ebd., Bl. 144). Nach dem Tod Buschfelds im Oktober 1936 und angesichts der Tatsache, dass Goerdeler bis dahin kein Staatsamt angeboten worden war, wandte Krupp sich erneut an Hitler (vgl. Schreiben Krupps an Wiedemann vom 20.10.1936; ebd., Bl. 141 f.); nach einer

Endlich aber glaube ich, für mich in Anspruch nehmen zu können, daß ich der einzige der mit Gehalt versehenen Oberbürgermeister der Stadt Leipzig gewesen bin, der der Stadt Leipzig in Wirklichkeit nicht einen Pfennig Gehalt gekostet hat und auch keine Pension kosten wird. Zunächst habe ich, was kaum der Erwähnung wert ist, mit meinem Amtsantritt schon vor Erlass der Reichsbestimmungen mit der Gepflogenheit gebrochen, daß der Oberbürgermeister unbeschränkte Nebenbezüge haben durfte.[10] Nicht unerhebliche Beträge sind der Stadt von dritter Seite zugeflossen, für die ich nebenher Tätigkeiten wahrnahm. Nicht bekannt aber ist Ihnen und der Öffentlichkeit bisher folgender Vorgang:

Als ich zum ersten Male durch den verewigten Reichspräsidenten von Hindenburg im Dezember 1931 aufgefordert wurde, das Amt eines Reichskommissars für Preisüberwachung zu übernehmen, wurde auch über die Bedingungen gesprochen. Ich habe mich mit den üblichen Reisekosten begnügt und auf die Entschädigung verzichtet, die in dem Unterschiede zwischen meinen Bezügen als Oberbürgermeister der Stadt Leipzig und den Bezügen eines Reichsministers bestanden hätte. Ich verzichtete auch auf das Angebot, mir einen Kraftwagen zur Verfügung zu stellen, und habe mich mit Droschken begnügt. Alles dies erschien und erscheint mir für Zeiten der Not selbstverständlich. Ich habe nur eine Bedingung gestellt, nämlich die, daß stattdessen der Stadt Leipzig ein Betrag von einer Million RM geschenkweise und ein weiterer Betrag von einer Million RM als zinsloses Darlehen zur Erleichterung ihrer schweren Arbeitslosenlasten zur Verfügung gestellt würden. Erst als diese Bedingung, die [ich] als eine Entschädigung der Stadt für den vorübergehenden Ausfall meiner Arbeitskraft begründet hatte, angenommen war, habe ich mich zur Übernahme des Amtes bereit erklärt.[11]

---

mehrmonatigen Verzögerung wurde ihm schließlich im Februar 1937 mitgeteilt, „daß der Führer den Eintritt des Oberbürgermeisters Goerdeler in den Vorstand der Friedrich Krupp AG nicht begrüßen würde“ (vgl. Schreiben Wiedemanns an Krupp vom 24.2.1937; ebd., Bl. 122). Ursache dieser Entscheidung war neben den Vorgängen in Leipzig wohl die Tatsache, dass Goerdeler wegen seiner wirtschaftspolitischen Ansichten bei den nationalsozialistischen Machthabern in Ungnade gefallen war (vgl. dazu Goerdelers Stellungnahme zur Rohstoff-, Devisen- und Währungslage vom 17.9.1936; Dok. 3.8, unten S. 411 ff.).

10 Vgl. StA Leipzig, Kap. 10 G, Bd. 685, Beiheft 5.

11 Die genauen Abreden im Zusammenhang mit Goerdelers Übernahme des Reichspreiskommissariats lassen sich aus den Akten nicht eindeutig verifizieren. Goerdeler hatte mehrere vertrauliche Besprechungen mit dem Reichspräsidenten, bevor er sich zur Annahme des Amtes bereit erklärte (vgl. Aktenvermerk vom 9.12.1931; BAK, R 43I/1163, Bl. 22 sowie Notizen Pünders vom 2.12.1931; ebd., N 1005/44, Bl. 180). Direkt nach seiner Übernahme des Kommissariats wandte er sich an die Reichskanzlei, um die Übernahme seiner Bezüge von Leipzig auf die Reichshauptkasse sowie die Zahlung einer Unkostenentschädigung zu initiieren (vgl. Schreiben Goerdelers an die Reichskanzlei vom 10.12.1931; ebd., R 43I/1163, Bl. 26). Lutz Graf Schwerin von Krosigk, Reichsfinanzminister von 1932 bis

Man kann ein solches Verhalten vielleicht als einen zu weit getriebenen Idealismus bezeichnen. Aber niemand wird mir jemals vorwerfen können, daß ich auf Kosten der Stadt Leipzig gelebt habe oder leben würde. Der Stadt hat selbstverständlich meine volle Arbeitskraft gehört; für die wenigen Monate, während deren ihr meine Arbeitskraft teilweise entzogen wurde, hat sie nur durch mein Dasein und mein Verhalten eine Summe erhalten, deren Zinsen sie in den Stand setzen, dauernd das Gehalt und die Pension eines Oberbürgermeisters zu bezahlen.

Als mir für meine zweite Tätigkeit als Reichskommissar für Preisüberwachung auf Anordnung des Führers und Reichskanzlers die Aufwandsentschädigung eines Reichsministers nachträglich gezahlt wurde, habe ich auch von diesem Betrag einen erheblichen Teil ohne irgend einen gesetzlichen Zwang der Stadt zur Verfügung gestellt.[12]

Herr Reichsstatthalter! Ich habe Wert darauf gelegt, daß diese meine Handlungen nicht bekannt wurden. Ich möchte, daß dies auch in Zukunft so bleibt. Aber selbstverständlich muss ich ebenso großen Wert darauf legen, daß auf meinen Namen und meinen Ruf nicht der leiseste Schatten geworfen wird.

III. Vorträge habe ich auf meiner Reise überhaupt noch nicht gehalten. Vielleicht halte ich einen solchen vor meiner Abreise vor den amerikanischen Industri-

---

1945, schrieb Ritter auf dessen Anfrage 1955: „(...) Ich erinnere mich, daß anläßlich der Berufung Goerdelers zum Preiskommissar Zuschüsse zur Arbeitslosenunterstützung an die Stadt Leipzig zugesagt und später auch gezahlt worden sind (...)". Vgl. Schreiben Schwerin-Krosigks an Ritter vom 5.1.1955; BAK, N 1166/493.

Als die Witwe Goerdelers nach dem Zweiten Weltkrieg die Auszahlung einer Witwenpension beantragte, wies sie ebenfalls auf die Millionenbeträge hin, die Leipzig ihrem verstorbenen Mann verdankte (vgl. Schreiben Anneliese Goerdelers an den Leipziger Stadtkämmerer Schräpler vom 22.11.1945; StA Leipzig, Kap. 10 G, Nr. 685, Bd. 2, Bl. 94). Die daraufhin von der Stadt eingeleiteten Nachforschungen führten jedoch zu keinem eindeutigen Ergebnis. Zwar wurde bestätigt, „daß die Reichsregierung der Stadt Leipzig einen Millionenbetrag als Zuschuss zu der Wohlfahrtserwerbslosenhilfe gewährt" hatte, und diese Zahlung wurde auf den Einfluss Goerdelers in der Reichsregierung zurückgeführt, jedoch wurde sowohl das Geschenk von einer Millionen RM als auch das Darlehen in gleicher Höhe als direkte Folge der Amtsübernahme Goerdelers an die Stadt bestritten (vgl. Stellungnahme Schräplers vom 19.10.1946; ebd., Bl. 113 ff.). Andererseits wäre es durchaus denkbar, dass diese ungewöhnlichen Geldüberweisungen in der Hauptrechnung der Stadt nicht als solche ausgewiesen, sondern hinter anderen Posten versteckt wurden.

12 Während seines zweiten Reichspreiskommissariats unter Hitler hatte Goerdeler die Finanzierung von 2/3 seines Gehalts sowie des vollen Gehalts des von ihm aus Leipzig mitgebrachten Personals durch das Reich ausgehandelt, darüber hinaus verschiedene Unkostenentschädigungen (vgl. Schreiben Goerdelers an Lammers vom 8.11.1934; BAK, R 43II/315a, Bl. 94). Über die Abführung eines Teils seiner Aufwandsentschädigungen finden sich jedoch keine eindeutigen Belege.

ellen, nachdem ich mir in Berlin die Gewißheit verschafft habe, daß keine Bedenken vorliegen. Der Vortrag hängt aber davon ab, ob ihm die Stellung eingeräumt wird, die ich als Deutscher in einem Kreise von Ausländern verlangen muß.

Herr Reichsstatthalter! Ihre Kritik findet in diesem meinem Verhalten keine Grundlage. Sie ist öffentlich ausgesprochen worden. Ich vertraue fest, daß schon diese Klarstellung gerade Sie, Herr Reichsstatthalter, veranlassen wird, mir die erforderliche Rechtfertigung zuteil werden zu lassen.

Ich bitte Sie, da durch meine Abwesenheit ohnehin schon viel Zeit verloren ist, um beschleunigte Erledigung.

## 1.3 Mitwirkung an der kommunalpolitischen Neuordnung unter dem NS-Regime

### 1.3.1 Osterwünsche für die Kommunalpolitik

*Artikel in: Kultur-Beiträge, 23. Jahrgang, Nr. 81 vom 13.4.1933.*

Die nationalsozialistische Machtübernahme als Chance für eine kommunalpolitische Umgestaltung: autoritäre Umgestaltung der Selbstverwaltung; Änderung des Wahlrechts; Reduktion von Einflussmöglichkeiten und Sitzungshäufigkeit der Stadtparlamente; Machterweiterung für Verwaltungsleiter; Zwang zum Haushaltsausgleich. Reform des Erziehungswesens und Förderung der Stadtrandsiedlung als zukünftige Aufgaben.

Die Aufgaben sind nicht neu in Sache und Art, nicht im Begriff und nicht in der Ausgestaltung. Sie stehen für den Fachmann und den ernsten Kenner unserer Geschichte, unserer Verwaltung und unserer Wirtschaft seit langem vollkommen klar und fest da. Sie sind neu nur zeitlich. Die nationale Bewegung hat es mit sich gebracht, daß wir überall freies Feld haben, um diejenigen Veränderungen und Verbesserungen durchzuführen, die im Interesse von Volk und Staat liegen.

Die neuen Aufgaben zerfallen in zwei Gruppen, 1. In solche, die sich mit der Verfassung der Kommunalverwaltung beschäftigen, also von Reich und Ländern zu erfüllen sind, und 2. In solche, welche von der einzelnen Kommunalverwaltung auf Grund der gegebenen Verfassung durchzuführen sind.

Was die erste Gruppe betrifft, so ist festzustellen, daß der Kommunalverwaltung die Grundlagen, auf denen sie seit der Stein'schen Selbstverwaltungsreform gestanden hatte, in den letzten fünfzehn Jahren allmählich entzogen wurden. Das geschah nicht gleich und vollkommen mit der Revolution von 1918. Es hätte ja auch dem Gedanken der Demokratie widersprochen, die Selbstverwaltung ganz zu beseitigen. Aber was man übersah, das war, daß die kommunale Selbstverwaltung nur möglich ist in einem Staatswesen, das nicht seine Gewalt auf der Grundlage hemmungsloser Demokratie ausübt. Denn wie sollten dieselben Parteigruppen, die der Zentrale nicht nur die Gesetze schufen, sondern auch die Verwaltung beeinflußten, in der örtlichen Verwaltung sich wesentlich anders einstellen.

Zentralisierung des rechtsbildenden und Verwaltung gestaltenden Willens war die unausbleibliche Folge dieser schrankenlosen Demokratisierung. Die Selbstverwaltung aber gedeiht immer dann am besten, wenn sie die gestaltenden Kräfte der örtlichen Gemeinschaft einsetzen kann, unabhängig von den Kräften, die die Verwaltung des Staates bestimmen, natürlich in den im Staatsinteresse durch die Staatsaufsicht gezogenen Grenzen.

Die radikale Änderung des Wahlrechts war weniger schwerwiegend als die Tatsache, daß das Wahlalter zu weit herabgesetzt wurde, und daß seine Ausübung von einem nur ganz kurzen Aufenthalt in der Gemeinde abhängig gemacht wurde. Es ist aber sehr entscheidend, daß nur diejenigen zu der Gemeindevertretung wählen und gewählt werden dürfen, die mit den Verhältnissen der Gemeinden durch längeren Aufenthalt genügend vertraut sind. Es besteht gar kein gemeindliches und staatliches Interesse daran, daß hin- und herwandernde Elemente auf die Gemeindeverwaltung Einfluss gewinnen. An die Rückkehr zu einem Dreiklassenwahlrecht[1] ist nicht zu denken. Es war gewiß sehr nützlich und entspricht der historischen Entwicklung der Städte, daß Hausbesitz und Gewerbe einen besonderen Anteil in der Gemeindevertretung hatten. Aber auf dem alten Wege eines Vorzugswahlrechts ist der Selbstverwaltung nicht wieder ein gesichertes Gleichgewicht zu verschaffen. Ich sehe Aufgabe und Möglichkeit auf diesem Gebiet darin, das Wahlalter zu erhöhen, die Ausübung des Wahlrechts von einem mindestens 2, besser 4-jährigen Aufenthalt in dem Kommunalverband abhängig zu machen, und endlich darin, daß die sogenannten Interessenkollisionen soweit wie möglich ausgeschaltet werden; in den Organen der Kommunalverwaltungen, und zwar sowohl in den Vertretungs- wie in den Verwaltungsorganen dürfen im ganzen und im einzelnen nicht Menschen willensbildend mitwirken, die durch die Verhältnisse selbst in ihren Belangen irgendwie getroffen werden. Das gilt für bestimmte Verwandte, und das gilt für die Angehörigen bestimmter Berufsgruppen.

Wie ich schon sagte, machten sich die Einflüsse der hemmungslosen Demokratisierung und Parlamentarisierung der Staatsverwaltung erst allmählich bis in die Kommunalverwaltung geltend. Sie hat ihr, was vielfach noch vollkommen verkannt wird, länger widerstanden als die Länderverwaltungen. Aber allmählich floß das Gift der Freiheit von persönlicher Verantwortung auch in die Adern der Gemeindevertretungen. Je schwieriger die Lage wurde, desto mehr zersplitterten sich die Kräfte des Volkes in Parteien, je größer diese Zersplitterung wurde, umso größer wurde das Maß der von allen Gruppen den Wählern gegenüber gemachten

---

[1] Das Dreiklassenwahlrecht war zwischen 1849 und 1918 das Wahlrecht des preußischen Abgeordnetenhauses: Die Wähler wurden dergestalt in drei Gruppen aufgeteilt, dass auf jede Gruppe 1/3 des gesamten Steueraufkommens und 1/3 der Wahlmänner entfiel. Auf diese Weise wählte die große Masse der gering Besteuerten ebenso viele Wahlmänner wie die geringe Zahl der Hochbesteuerten; vgl. Gerhard A. Ritter: Entwicklungsprobleme des deutschen Parlamentarismus, in: Ders. (Hg.): Gesellschaft, Parlament und Regierung. Zur Geschichte des Parlamentarismus in Deutschland, Düsseldorf 1974, S. 11-54.

Versprechungen. Das führte dazu, daß die Stadtverordneten-Versammlungen sich in immer stärkerem Umfange der Last der Verantwortung notwendigerweise entzogen, und so ist schon im Laufe der letzten fünf Jahre, in einzelnen Städten früher, in einzelnen später, die Verantwortung immer mehr auf einen entschlußkräftigen und entschlußfähigen Kommunalvorstand übergegangen.[2] Damit ist ein Weg beschritten, der nicht nur sich organisch aus der Entwicklung der Verhältnisse heraus ergeben hat, sondern es ist auch der Weg für die Zukunft vorgezeichnet. Auch für die Kommunalverwaltung hat sich die Notwendigkeit des persönlich verantwortlichen Führertums herausgestellt.

Es ist nicht Sinn der Selbstverwaltung, daß die gewählten Vertreter der Selbstverwaltung Mitwirkung oder Kritik bei jedem Verwaltungsakt für sich beanspruchen. Das Wesen der Selbstverwaltung liegt vielmehr darin, daß die kommunalen Vertreter das Recht haben, die Männer, von denen sie die Kommunalangelegenheiten verwaltet wissen wollen, selbst zu wählen und daß sie ferner das Recht haben, die Handlungen dieser Männer zu kontrollieren, in Zeitabschnitten zu kritisieren, ihnen die Mittel für die Verwaltung zur Verfügung zu stellen oder zu verweigern und sie nach Ablauf der Amtszeit zu bestätigen oder nicht wieder zu wählen. Das bedeutet, daß die nach neuem Wahlrecht (vgl. oben) zusammengesetzten Gemeindevertretungen in Zukunft durch Gesetz darauf beschränkt sein sollten, in bestimmten längeren Zeitabschnitten zusammenzutreten (in Großstädten höchstens viermal im Jahre), um wichtige Ortsgesetze und vor allem um den Haushaltsplan zu beraten und zu verabschieden, sowie Wünsche vorzutragen, Anträge zu stellen und Kritik zu üben. Im übrigen sollen sie ihre Zuständigkeit auf einen Ausschuß übertragen. Dieser Ausschuß soll unter Vorsitz des Verwaltungsleiters tagen und im Namen der Stadtverordneten-Versammlung zustimmen oder ablehnen. Dieses System eines nicht öffentlich arbeitenden Verwaltungsausschusses hat sich bei den preußischen Provinzen ausgezeichnet bewährt.

---

2 Das Schlagwort von einer „Politisierung“ der Selbstverwaltung war in der zeitgenössischen Debatte durchaus gängig. In Anlehnung an die im 19. Jahrhundert übliche Konstruktion von einem Dualismus zwischen „politischem Staat“ und „unpolitischer Gesellschaft“ wurde die Selbstverwaltung letzterer zugeordnet und so in einen Gegensatz zum „Parteienstaat“ gestellt (vgl. z.B. Ernst Forsthoff: Die Krise der Gemeindeverwaltung im heutigen Staat, Berlin 1932 sowie Arnold Köttgen: Die Krise der kommunalen Selbstverwaltung, Berlin 1931). Wirtschaftskrise und parteipolitische Radikalisierung führten schließlich seit 1930 zu einer Situation, in der städtische Beschlusskörperschaften zunehmend beschlussunfähig wurden, so dass finanzpolitische Maßnahmen häufig nur noch auf dem Verordnungswege durchgeführt werden konnten (vgl. etwa für die Situation in Leipzig Dokumente 1.2.2 f., oben S. 50 ff.). Einen entscheidenden Schritt auf diesem Weg stellte die sogenannte Dietramszeller Notverordnung dar, mit der die Länderregierungen ermächtigt wurden, Maßnahmen zur Haushaltssicherung ohne Zustimmung der Länder- oder Gemeindeparlamente vorzunehmen (vgl. Verordnung des Reichspräsidenten zur Sicherung der Haushalte von Ländern und Gemeinden vom 24.8.1931, in: RGBl. 1931/I, S. 453).

Dem Leiter der Verwaltung sind, wie es schon längst in den meisten Ländern geschehen ist, alle Rechte zuzugestehen, deren Ausübung erforderlich ist, um Führung und Gesamtverantwortung zu übernehmen, eine straffe einheitliche und billige Verwaltung sicherzustellen. Durch die gesamte Neuverfassung muß sich das Führerprinzip größter persönlicher Verantwortlichkeit hindurchziehen: möglichst wenig anonyme Ausschüsse, möglichst starke disziplinarrechtlich, zivilrechtlich und strafrechtlich zu sichernde persönliche Verantwortlichkeiten.

Auf solcher Verfassungsgrundlage hat sich kommunale Arbeit in der Gruppe der neuen Aufgaben zu erfüllen. Unter diesen neuen Aufgaben steht voran die, mit fanatischer Sparsamkeit dazu zu kommen, daß die Einnahmen und Ausgaben im öffentlichen Haushalt sich decken, daß alle Mittel auf das Sparsamste verwaltet und verwendet werden. Denn darauf kommt es an, nicht durch Steuern erst die Mittel aus der Bevölkerung herauszupressen und durch den Verwaltungsapparat mit Kräfteverlusten in Form von Aufträgen wieder in die Wirtschaft hineinzupumpen, sondern darauf, die öffentlichen Lasten so gering wie möglich zu gestalten und damit der Wirtschaft die Möglichkeit zu geben, durch das Ineinanderspielen der Aufträge der einzelnen Wirtschaftszweige untereinander die gesamte Volkswirtschaft wieder zu beleben. Der Ball muß draußen bleiben und hin- und hergespielt werden, er darf nicht erst in das Tor der öffentlichen Verwaltung gestoßen werden, um dann wieder ausgespielt zu werden. Es ist wichtig, zu wissen, daß die gesamten Aufträge einer großstädtischen Verwaltung, beispielsweise auf dem Gebiete der Hochbauunterhaltung, nur wenige Prozente der Aufträge ausmachen, die von dem privaten Hausbesitz in einer Gemeinde auf dem gleichen Gebiete vergeben werden können. Ähnlich liegt es bei dem Verhältnis zwischen öffentlichen Buchkäufen und denen, die privat umgesetzt werden. Und endlich müssen wir uns dabei klar sein, daß wir zu einem ausgeglichenen Etat kommen müssen, wenn wir überhaupt die wirtschaftlichen Schwierigkeiten überwinden wollen. Denn von einem nichtausgeglichenen Etat geht immer wieder die Gefahr einer neuen Beanspruchung der Wirtschaft in Form von Anleihen oder Steuern aus. Das ist die Aufgabe, um die sich bis 1930 die meisten öffentlichen Verwaltungen herumgedrückt haben.

Es ist nicht so, daß die öffentliche Ausgabenwirtschaft an bestimmte untere Grenzen gebunden ist. Die Grenzen werden allein bestimmt durch die wirtschaftlichen Kräfte des Volkes. Nur was ein Volk wirtschaftlich noch leisten kann, kann als tragbare Grundlage für seine Heranziehung zu öffentlichen Lasten erachtet werden, nicht ein Pfennig mehr, wie es bisher vielfach geschehen ist, verursacht allerdings durch die fanatischen und sinnlosen Forderungen unserer ehemaligen Feinde.[3]

---

3 Vgl. den Überblick zur Struktur der öffentlichen Haushalte sowie des „Kriegslastenhaushalts“ bei Wolfgang Heindl: Die Haushalte von Reich, Ländern und Gemeinden in Deutschland von 1925 bis 1933. Öffentliche Haushalte und Krisenverschärfung, Frankfurt/M., Bern, New York und Nancy 1984.

Hieraus ergibt sich klar die Notwendigkeit, die wirtschaftliche Betätigung der Gemeinden auf die Gebiete zu beschränken, die wirklich zweckmäßig und ohne Schädigung höherer Interessen der privaten Volkswirtschaft besser von der öffentlichen Hand betreut werden können. Für diese Betreuung müssen die Gesetze absoluter Wirtschaftlichkeit bei gleicher Belastung, wie sie in der privaten Volkswirtschaft besteht, gelten. Unter diesen Voraussetzungen stelle ich zwei weitere Aufgaben als zukunftbeherrschend heraus.

Wir müssen für unsere Jugend eine klare, nationale, überall gutes Allgemeinwissen umfassende Erziehung sicherstellen. Nicht die vielen Einzelheiten im Unterricht sind entscheidend, sondern für die Volksschule richtiges Schreiben, richtiges Lesen, richtiges Rechnen, vaterländische Geschichte, Heimatkunde und volkstümliches Singen. Die höheren Schulen sollen umfassende Bildung vermitteln, die ihr Ziel in der Befähigung zu einem das Ganze erfassenden organischen Denken findet. Bis zum Ende der allgemeinen Schulbildung sollen Spezialbildungszweige möglichst ausgeschaltet werden. Sie sind vorzubehalten den anschließenden Hoch-, Fach- und Berufsschulen. Mit aller Sparsamkeit muß sachlich in den Schulen das beste gegeben werden. Das ist nur dann möglich, wenn mit Liebe der Nachdruck auf die charakterliche Erziehung gelegt wird. Auf die hochwertige Erziehung unseres Volkes in dieser Richtung und in der Richtung von Qualitätsleistungen sind wir mehr denn je angewiesen.

Gleiche Grundsätze sollen gelten für alle Kultur-Institute, die von der Kommunalverwaltung unterhalten oder errichtet werden. Sie sollen sein die Träger einfacher, volkstümlicher, begeisternder und klarer Kunst.

Endlich müssen wir die Großstadtmenschen und ihren Zuwachs aus den übervölkerten ungesunden Behausungen herausbringen. Die beiden Jahrzehnte stürmischer Aufwärtsentwicklung vor dem Kriege haben hier viele Sünden begangen, die sich erst sehr viel später gerächt haben. Es muß sich stets für ein Volk rächen, wenn wesentliche Teile des Volkes, insbesondere aber die handarbeitenden Schichten von jeder aktiven Berührung mit der Natur abgeschlossen werden und nicht mehr in der Familie den letzten Ruhepunkt finden können zur Gewinnung des geistigen, körperlichen und sittlichen Gleichgewichts. Deswegen müssen die aus eigener Kraft der Siedler herzustellenden Siedlungen das Hauptbetätigungsfeld auf dem Gebiete des Städtebaues werden. Für die Großstädte liegt hier in den Stadtrandsiedlungen, nicht im Asphalt, welche die Menschen mit der Natur verbinden und für Zeiten ungenügender Erwerbstätigkeit widerstandsfähiger machen und ihnen auch eine gewisse gesunde Beschäftigung gewährleisten, die Aufgaben der Zukunft. Es werden noch viele Jahre vergehen, ehe wir wieder sämtliche deutschen Arbeitskräfte an ihren normalen Arbeitsstätten sehen werden. Schon für die Zwischenzeit gilt es, Kurzarbeit zu ermöglichen, damit der Einzelne seine überschießende Arbeitskraft im Garten oder im Pachtstück und in der Unterhaltung der eigenen Wohnung zweckmäßig verwalten kann. Aber auch wenn alles wieder voll Arbeit hat, wird unser Volk einer gesunden Zukunft nur dann entgegensehen und -gehen, wenn es auch in seinen Großstädten wieder stärker mit der Mutter Erde verwurzelt ist. Den Erfolg solcher Arbeit darf man allerdings nicht in wenigen Jahren erwarten, er wird, wenn wir durchhalten, erst nach einer Generation eintreten.

Diese Aufgaben halte ich für die neuen Aufgaben der Kommunalpolitik; bei ihrer Erfüllung ist kein Raum für neue Verschuldungen, solange nicht das Maß der jetzt vorhandenen Verschuldung auf ein für die Gegenwart und für die Zukunft tragbares Maß herabgesetzt ist.

### 1.3.2 *Schreiben Goerdelers an Wilhelm Frick*

*maschinenschriftlicher Briefdurchschlag vom 12.10.1933; Privatbesitz.*[1]

Grundlagen einer Gemeindeverfassungsreform: die autoritäre Stellung des Verwaltungsleiters darf nicht verwässert werden durch staatliche Eingriffsmöglichkeiten; das Recht auf kommunale Selbstverwaltung muss bestehen bleiben; reichseinheitliche Durchsetzung eines Einkammersystems, bestehend aus Bürgermeister, hauptamtlichen und ehrenamtlichen Stadträten; ehrenamtliche Stadträte werden von Berufsständen abgeordnet und wählen aus ihrer Mitte hauptamtliche Stadträte; Bürgermeister mit autoritären Weisungsbefugnissen und hauptamtliche Stadträte führen die Verwaltung; öffentliche Sitzungen und Einbezug der ehrenamtlichen Stadträte nur für jährliche haushaltspolitische Entscheidungen und noch zu bestimmende Angelegenheiten; Bürgermeister bleibt letzte Entscheidungsinstanz, auch gegen Ratsbeschlüsse.

Hochverehrter Herr Reichsminister[2]!

Sie hatten bei Ihrer letzten Anwesenheit in Leipzig die Freundlichkeit, mich aufzufordern, Ihnen meine Gedanken zur Neuordnung der Gemeindeverfassung

---

1 Das Original dieses Dokuments, das sich entweder in den Akten der Reichskanzlei zur Gemeindeverfassung und Verwaltung (BAB, R 43 II/567-569) oder in den Beständen des Reichsinnenministeriums zum Neuaufbau des Reiches (ebd., R 18/5436) befinden müsste, scheint verloren gegangen zu sein. In den Akten des Deutschen Gemeindetags (ebd., R 36 sowie LAB, B, Rep. 142-7, DGT, B) sind die Verhandlungen zur Gemeindeverfassungsreform nicht vollständig dokumentiert. Aufgrund der lückenhaften Aktenlage musste für dieses wie für die folgenden Dokumente auf Briefdurchschläge zurückgegriffen werden, die sich im Privatbesitz der Familie Goerdeler befinden. Es handelt sich dabei um Dokumente zur Reform der Gemeindeverfassung und der kommunalen Spitzenverbände, die von Goerdeler in chronologischer Reihenfolge in drei Ordnern abgeheftet wurden.

2 Wilhelm Frick, geboren 1877, trat nach dem Jurastudium in den bayerischen Staatsdienst ein. Seit 1917 in der Münchener Polizeidirektion tätig, zuletzt als Leiter ihrer politischen Abteilung, begünstigte Frick neben anderen rechtsradikalen Organisationen auch die NSDAP. Nach seiner Teilnahme am Hitler-Putsch entging er einer Haftstrafe durch seine Wahl für die Deutschvölkische Freiheitspartei in den Reichstag, wo er seit 1928 als Fraktionschef der NSDAP fungierte. 1930 war er der erste nationalsozialistische Minister einer Landesregierung und nach der Machtübernahme wurde er Reichsminister des Innern. Vgl. die Untersuchung von Günter Neliba: Wilhelm Frick. Der Legalist des Unrechtsstaates. Eine politische Biographie, Paderborn 1992.

schriftlich zu übermitteln. Ich komme dieser Aufforderung umso lieber nach, als ich mich seit mehr als 10 Jahren, nämlich seit dem Vortrag vor dem damaligen Preußischen Städtetag im Jahre 1922[3], mit diesen Fragen sehr eingehend beschäftigt habe. Die Lösung im Gedanken der Wiederherstellung der Verantwortung im Sinne des Führerprinzips habe ich dabei von vornherein vertreten, weil ja die Zerstörung der klaren Verantwortlichkeiten durch anonyme Mehrheitsbeschlüsse eine sehr wesentliche Ursache des politischen und wirtschaftlichen Verfalles war.

Ich erlaube mir, auch 2 Aufsätze beizufügen, die ich in der Europäischen Revue und im Reichsverwaltungsblatt veröffentlicht habe.[4] Im übrigen darf ich mich auf eine kurze Zusammenfassung von Grundzügen beschränken.

Dabei gehe ich davon aus, daß es notwendig ist, die Gemeindeverfassung als ersten Reformakt zu tätigen. Ich würde es für höchst bedenklich halten, Steuerreform, Finanzreform und Reichsverfassungsreform eher in Angriff zu nehmen, als bis nicht die untersten Zellen des Reiches, nämlich die Gemeinden, organisatorisch klar laufen und finanziell, selbstverständlich bei äußerster Sparsamkeit, im wesentlichen in Ordnung gebracht sind. Denn alle diese großen Reformen verlangen ein absolut sicheres Funktionieren der unteren Verwaltungsstellen. Sie sind auf dieses Funktionieren geradezu angewiesen, denn große Reformen werden nicht durchgeführt werden können, ohne daß wenigstens vorübergehend, zum mindesten in den mittleren Instanzen, Übergangsschwierigkeiten auftreten. Sie werden leicht überwunden werden können, wenn die obersten und die untersten Stellen einwandfrei funktionieren.

Ich gehe bei meinen Vorschlägen ferner davon aus, daß uns nicht das italienische oder französische Vorbild[5] locken kann. Je stärker wir eben den Führergedanken herausarbeiten, umso notwendiger ist es, ihn auch unten selbständig zu verankern,

---

3 Auf dem 9. Preußischen Städtetag am 26./27.5.1922 in Goslar, auf dem der Entwurf einer neuen preußischen Städteordnung besprochen wurde, hielt Goerdeler das Hauptreferat, in dem er den amtlichen Entwurf sowie die Änderungsvorschläge des Städtetags darlegte; vgl. LAB, B, Rep. 142/I, DST, A, Nr. 202.

4 Es handelte sich um Goerdelers Artikel „Entwicklungstendenzen im deutschen Kommunalrecht" vom Mai 1933 (Dok. 1.1.4, oben S. 32 ff.); der Aufsatz wurde ebenfalls in der Maiausgabe der Europäischen Revue abgedruckt.

5 Während in der italienischen Gemeindeordnung seit 1926 das System der Podestà eingeführt worden war, die von der Regierung eingesetzt wurden und den gewählten Bürgermeister ersetzten (vgl. Brunello Mantelli: Kurze Geschichte des italienischen Faschismus, Berlin 1998, S. 72), entsprach die Stellung des französischen Bürgermeisters dem traditionellen Zentralismus Frankreichs, was sich besonders in dem weitreichenden Eingriffsrecht der staatlichen Aufsichtsbehörde niederschlug. Vgl. zu dem italienischen Podestà- und dem französischen Präfektur-System auch die zeitgenössischen Beurteilungen, z.B. Reinhard Höhn (Hg.): Das ausländische Verwaltungsrecht der Gegenwart. Wesen, Aufgabe und Stellung der Verwaltung in Italien, Frankreich, Großbritannien und USA, Berlin 1940 sowie Hans Jäger: Die Gemeinde in Frankreich. Grundzüge ihrer Geschichte, Verfassung und Verwaltung, Finanzen und Wirtschaft, Stuttgart und Berlin 1941.

so nämlich, daß in der untersten Instanz, eben der Gemeindeverwaltung, Wille zur Selbstverantwortung und Mut auch zu unpopulären, selbst zu vertretenden Beschlüssen sich entfalten können. Wenn ich mir vorstelle, daß die Bürgermeister etwa von oben her ernannt werden würden, so würde die Folge sein, daß jede örtliche Maßnahme, die irgendwie hart wirkt, auf die oberste Stelle unangenehm zurückwirkt. Die ganze Kritik, die ja in der untersten Verwaltungsstelle, wo die lebendigen Menschen von den einzelnen Verwaltungsakten getroffen werden, stets besonders sprungbereit und besonders scharf ist, würde sich dann auch sofort gegen die oberste Stelle richten. Wir brauchen gerade in diesem Zeitalter großer und notwendiger Reformen unten eine Verwaltung, die elastisch die schweren Stöße aufnimmt und auf eigenen Schultern trägt.

Ich gehe schließlich von der Erwägung aus, daß das deutsche Selbstverwaltungsrecht eine so immanente, in unserem Blute liegende Eigenart ist, daß beste Kräfte geistiger, sittlicher und wirtschaftlicher Art verkümmern, wenn sie nicht unten zur Mitarbeit und Verantwortung im öffentlichen Dienste erzogen werden. Ich habe mich noch in den letzten Tagen mit unseren Stadtverordneten über diese Frage unterhalten und bei ihnen allen eine geradezu heiße Überzeugung, einen geradezu heißen Wunsch festgestellt, an der Arbeit in der Gemeinde selbstverantwortlich mit beteiligt zu bleiben.

So komme ich zu folgenden positiven Vorschlägen:

1. Verantwortlicher Leiter der Gemeindeverwaltung ist der Bürgermeister.
2. Ihm sind unterstellt hauptamtliche und ehrenamtliche Stadträte.
3. Bürgermeister und Stadträte bilden einen Körper. Einen zweiten Körper daneben gibt es nicht mehr. Er war schon bisher überflüssig, wie die allerseits als gut anerkannten süddeutschen Verfassungen und die Gemeindeordnung der Rheinprovinz beweisen.[6] Eine zweite Körperschaft ist heute umso entbehrlicher, als wir einen Totalitätsstaat haben; eine doppelte Beschlußfassung in zwei Körperschaften bedeutet daher heute praktisch weiter nichts, als daß im wesentlichen dieselben Menschen zweimal dieselbe Angelegenheit beschließen sollen.
4. Bürgermeister, hauptamtliche und ehrenamtliche Stadträte haben alle je ein bestimmtes Arbeitsgebiet, das ihnen der Bürgermeister zuweist, zu bearbeiten. Stadtverordnete, die nicht selbst an der praktischen Verwaltungsarbeit teilnehmen gibt es nicht mehr. Nur so wird die richtige Verantwortung erzielt.
5. Der Bürgermeister und die hauptamtlichen Stadträte, letztere in der der Größe der Stadt erforderlichen Zahl, werden berufen von einem Wahlvertretungskörper, dessen Zusammensetzung sich aus der Ziff. 6 ergibt.
6. Die ehrenamtlichen Stadträte werden von sämtlichen Berufsständen der Gemeinde gestellt, und zwar nicht nur von den Wirtschaftsständen, sondern auch von sämtlichen Ständen der freien Berufe, der Beamten usw. Solange in die

[6] Vgl. zu den verschiedenen Ausprägungen der deutschen Städteordnungen S. 37, Anmerkung 6.

Wirtschaftsstände (Handel, Handwerk, Landwirtschaft usw.) Arbeitnehmer noch nicht eingereiht sind, steht ein Recht der Entsendung der Deutschen Arbeitsfront (Ortsleitung) zu, so daß auch Arbeitnehmer in angemessener Zahl entsandt werden.

Ist die Gemeinde zu klein, als daß Vertreter sämtlicher Berufsstände als ehrenamtliche Stadträte tätig sein können, so findet ein Wechsel in bestimmter Reihenfolge statt. Im übrigen erfolgt die Entsendung immer auf einen Zeitraum von etwa 4 Jahren.

7. Die ehrenamtlichen Stadträte werden zu besonderen Zwecken je nach Größe der Gemeinde durch Entsendung von Vertretern der Berufsstände in der doppelten oder dreifachen Zahl verstärkt. Dieser „Große Stadtrat" wählt den Bürgermeister und die hauptamtlichen Stadträte und tritt zur Verabschiedung von Ortsgesetzen, zu Schuldenaufnahmen, zur Verabschiedung des Haushaltplanes und zur Abnahme der Jahresrechnung zu öffentlichen Sitzungen zusammen, während die Sitzungen des Stadtrats nichtöffentlich sind. Solche öffentliche größere, auch etwas repräsentativ gehaltene Sitzungen halte ich für notwendig, um das Interesse an den Gemeindeangelegenheiten in der Bürgerschaft wachzuhalten.

   Endlich wählt der „Große Stadtrat" die hauptamtlichen Stadträte. Die Wahl erfolgt auf 10 Jahre. Eine kürzere Amtszeit halte ich für falsch. Die hauptamtlichen Stadträte und der Bürgermeister müssen Gelegenheit haben, zunächst auch ihren Mitarbeitern nicht immer verständlich zu wirken. Der Erfolg eines Wirkens, das von einer Idee und von starkem Willen getragen wird, pflegt sich immer erst nach Jahren einzustellen und anerkannt zu werden. Sie müssen mit anderen Worten Zeit haben, sich einmal durch eine Welle der Unpopularität hindurchzuringen.
8. Der Bürgermeister und die hauptamtlichen Stadträte bedürfen der Bestätigung durch die Aufsichtsbehörde. Das in Preußen jetzt noch im Gange befindliche vorläufige Einweisungsverfahren[7] muß so schnell wie möglich beseitigt werden. Ich bemerke, daß dies persönliche Unsicherheiten zur Folge hat, die staatspolitisch und wirtschaftspolitisch höchst bedenklich sind. Ebenso bedenklich sind die Eingriffe nicht zuständiger Stellen in die Verwaltungszuständigkeiten.
9. Der Rat der Stadt (Bürgermeister, hauptamtliche und ehrenamtliche Stadträte) tritt zur Erledigung wichtiger, in der Gemeindeordnung festzusetzender, gegebenenfalls vom Bürgermeister noch näher zu bestimmender Angelegenheiten zu Sitzungen zusammen. Die Frage, ob diese Sitzungen für den Bürgermeister nur beratenden Charakter haben sollen oder ob Beschlußfassungen erforderlich sind, muß m.E. im Sinne der letzteren entschieden werden. Denn sonst prägt sich

---

[7] Mit dem Gesetz über die Bestätigung von Beamten der Gemeinden und Gemeindeverbände vom 23.6.1933 wurde dem preußischen Staat ein mehr als nur formelles Bestätigungsrecht über leitende Gemeindebeamte zugestanden und für diese darüber hinaus ein Probejahr eingeführt (vgl. PrGS 1933, S. 217 ff.).

für den Bürgermeister überhaupt kein klares Bild aus, das ihm einen genügenden Anhaltspunkt für die eigene Entschließung gibt. Viel schlimmer ist aber noch die Gefahr, daß bloße beratende Funktion der Mitarbeiter diesen schließlich ihre Arbeiten als mehr oder minder überflüssig erscheinen läßt. Sie verlieren das Gefühl der Vollwertigkeit und der Verantwortung. Das ist ja die große praktische Verwaltungskunst, hier die richtige Grenze zu finden zwischen Führung und Achtung selbständiger Persönlichkeit vom Untergebenen. Ich halte es daher für erwünscht, wenn dieser Rat der Stadt Beschlüsse faßt. Aber der Bürgermeister soll das Recht haben, gefaßte Beschlüsse nicht auszuführen. In diesem Falle soll nach einem vom Bürgermeister bestimmten Zeitraum, der aber nicht später als 14 Tage hinter der ersten Beschlußfassung liegen darf, der Rat der Stadt sich noch einmal mit der Angelegenheit befassen. Will der Bürgermeister auch den zweiten Beschluß des Rates in der gleichen Angelegenheit nicht ausführen, soll er das Recht dazu haben. Aber in diesem Falle ist er verpflichtet, die Gründe, die ihn bestimmen, den Ratsbeschluß nicht auszuführen, sondern anders zu handeln, zu den Akten zu bringen, und diese Gründe müssen dem Rat der Stadt zur Kenntnis gebracht werden.

Ich habe dieses Verfahren entnommen dem bei höheren Truppenstäben üblichen. Hier hatte, wenigstens früher, der Generalstabschef die Berechtigung, seine von der des Kommandeurs abweichende Ansicht zu Papier zu bringen und sie der nächsthöheren Stelle im Generalstab vorzulegen. Dieses Verfahren zwingt alle an der Bildung der Verantwortlichkeit Beteiligten zu einem Höchstmaß von Überlegung und Sorgfalt. Denn es gibt hinterher keine Unklarheit darüber, wer eigentlich für den Entschluß einer Handlung verantwortlich ist, und das ist das Entscheidende. Durch dieses Verfahren wird gewahrt das Führerprinzip, das Gefühl der Vollwertigkeit bei den Mitarbeitern und die Bildung hoher Verantwortlichkeit.

Damit habe ich die wesentlichsten Grundsätze einer neuen Gemeindeverfassung klargelegt. Es bleiben noch folgende Fragen:

a) Zuständigkeiten der Gemeinden. Ich möchte sie möglichst weit gewahrt wissen, auch hier im Interesse einer einfachen, klaren und billigen Verwaltung.

b) Das Verfassungsrecht für die Gemeindeverbände. Auch hier muß der tragende Gesichtspunkt sein die Herstellung klarer Verantwortlichkeiten. Verbände, die wie die Landkreise nur bestimmte, von der einzelnen Gemeinde nicht gleichgut lösbare Aufgaben erfüllen und auf Umlagen von ihren Gemeinden angewiesen sind, werden in ihren entscheidenden Verwaltungskörpern auch nur durch Vertreter der letzten finanziell haftenden Gemeinden besetzt.

   In Gemeindeverbänden aber, die infolge einer Reichsreform auch besondere eigene Aufgaben erhalten sollten und daher auch ihre Steuerquellen oder Steuerüberweisungen von oben her erhalten, muß der entscheidende Körper besetzt sein nicht nur von Vertretern der Mitgliedsgemeinden oder Mitgliedsverbände, sondern auch von unmittelbar seitens der Berufsstände entsandten Vertretern.

Auch hierfür habe ich ganz klare Bestimmungen im Auge. Es hat jedoch keinen Zweck, hier schon bis ins einzelne gehende Ordnungen auszuarbeiten, ehe nicht feststeht, von welchen Gedanken die eigentliche Gemeindeverfassung ausgehen und nach welchen Zielen die Reichsreform hinstreben soll. Dagegen habe ich den Entwurf einer Reichsstädteordnung fertig. Wenn Sie, sehr verehrter Herr Reichsminister, nach Kenntnisnahme von diesen Grundgedanken dafür Interesse haben, steht er Ihnen selbstverständlich jederzeit gern zur Verfügung.
In besonderer Hochachtung
Ihr aufrichtig ergebener
Goerdeler

### 1.3.3 *Schreiben Goerdelers an Wilhelm Frick*

*maschinenschriftlicher Briefdurchschlag vom 30.11.1933; Privatbesitz.*[1]
Warnung vor einem preußischen Alleingang im Gemeindefinanzrecht; Notwendigkeit einer reichseinheitlichen Reform der Gemeindeverfassungen.

Sehr verehrter Herr Reichsminister!
Durch den Deutschen Gemeindetag erfahre ich, daß Preußen eine in das Gemeindeverfassungsrecht eingreifende Neuregelung des Gemeindefinanzrechts plant.[2]
Gestatten Sie mir, hierzu eine offene Bitte vorzutragen:

Es ist natürlich nichts dagegen einzuwenden, wenn ein Land vorläufig, etwa im Interesse der Gleichordnung, die Zuständigkeit der Stadtverordneten für die Festsetzung des Haushaltsplanes 1934 unter gewissen Voraussetzungen ausschließt. Für Sachsen wäre beispielsweise eine solche Neuordnung nicht notwendig, da durch die neue Gemeindefinanzordnung vom März d.J.[3] dem Oberbürgermeister vollkommen ausreichende Machtmittel zur Verfügung stehen, um unbegründete, den Ausgleich des Haushaltsplans gefährdende Beschlüsse der Stadtverordneten abzuwehren.

Aber darüber hinaus habe ich immer wieder, und zwar gerade in den letzten Wochen, hier die Beobachtung gemacht, die ich mir schon einmal mitzuteilen er-

---

1 Vgl. zu der Provenienz des Schreibens S. 107, Anmerkung 1.

2 Ebenso wie das neue preußische Gemeindeverfassungsgesetz wurde auch das neue Gemeindefinanzgesetz unter der maßgeblichen Beteiligung des preußischen Finanzministers Popitz durchgesetzt (vgl. auch S. 46, Anmerkung 5). Trotz eines Verbots des Reichsinnenministeriums (vgl. Schreiben Sauckels vom 11.1.1934 über ein Verbot von Frick Ende Oktober 1933; BAB, R 43II/568, Bl. 21 sowie Briefentwurf Fricks vom November 1933; ebd., R 18/5436, Bl. 238) und trotz scharfer Proteste verschiedener Kommunalpolitiker beim Reichsfinanzministerium (vgl. z.B. das Schreiben Fiehlers an Reinhardt vom 24.11.1933; BA Berlin, NS 25/498) trieb Popitz die Arbeit an den neuen Gesetzen weiter voran und sorgte für ihre beschleunigte Verkündigung am 15. Dezember 1933 (vgl. PrGS 1933, S. 427 ff.).

3 Vgl. die „Verordnung über die Haushaltsführung der Gemeinden und Bezirksverbände" vom 29.3.1933 (SGBl 1933, S. 28 ff.).

laubte, daß die Stadtverordneten, und zwar auch die alten Nationalsozialisten, mit allergrößtem Interesse die Gemeindeangelegenheiten verfolgen und betreuen und auch den nicht unberechtigten Wunsch haben, nicht ausgeschlossen zu werden. Aber wie gesagt, da die jetzigen Stadtverordneten-Versammlungen durch Wahlen zustande gekommen sind, läßt sich über diesen Punkt für den Haushalt 1934 sprechen.

Dagegen würde ich es auf das lebhafteste begrüßen, wenn die Ländergesetzgebung auf dem gesamten Gebiet der Gemeindeangelegenheiten, insbesondere auch auf dem Gebiete des Verfassungsrechts und des Gemeindefinanzrechts, gesperrt werden würde. Ich bin auch jetzt bei einer Arbeit, die ich für das Kommunalwissenschaftliche Institut der Universität Berlin über die Neuordnung der Kommunalfinanzen verfaßt habe[4], zu der Überzeugung gekommen, daß der erste Schritt auf dem Gebiete der Reichsreform die Neuordnung des Kommunalrechts durch das Reich sein müßte. Denn ohne diese reichsrechtliche Stabilisierung der Gemeindeverwaltungen im neuen Reich sollte nach meiner Meinung an die großen Fragen der Reichsreform nicht herangegangen werden. Diese großen Reformen bringen für einen gewissen Zeitraum die Zentral- und Mittelinstanzen in Bewegung. Während dieses Zeitraums müssen die unteren Verwaltungsbezirke und ihre Organe genau so fest stehen, wie bei einer Umorganisation des Heeres im Frieden und bei einer Truppenverschiebung im Kriege wenigstens die Kompanieverbände geschlossen bleiben müssen. Da es nun m.E. möglich sein müßte, diesen Teil der Reichsreform, nämlich die Neuordnung des Gemeinderechts, in ganz kurzer Zeit gesetzgeberisch festzulegen und zu verabschieden, und da ein solcher Entschluß den praktischen weiteren Durchbruch zur Reichsreform bedeuten müßte, würde nach meiner Meinung ein Vorgreifen der Landesgesetzgebung auf diesem Gebiet von jenem Gesichtspunkt aus unerwünscht sein.

Ich gestatte mir deswegen nochmals die Anregung, zum mindesten mit der erwähnten Sperre einzusetzen. Ein Urteil darüber, ob es möglich ist, gleichzeitig eine positive Reichsregelung des Kommunalrechts in Angriff zu nehmen, möchte ich mir in diesem Zeitpunkt nicht erlauben.

Mit bester Empfehlung und Heil Hitler
Ihr sehr ergebener
Goerdeler

---

4 Vgl. Carl Goerdeler: Die Neuordnung der Kommunalfinanzen, in: Jahrbuch für Kommunalwissenschaft 11 (1934), S. 67 ff.

### 1.3.4 *Schreiben Goerdelers an Wilhelm Frick*

*maschinenschriftlicher Briefdurchschlag vom 9.12.1933; Privatbesitz.*[1]
Beurteilung des Gesetzes zum Deutschen Gemeindetag; Initiativrecht, Selbstverwaltung, Unabhängigkeit vom Reichsministerium des Innern als notwendige Änderungen.

Zum Erlaß vom 5.12.1933 – I 5640/28.11.-.[2]

Den Erlaß eines Gesetzes über den Deutschen Gemeindetag halte ich grundsätzlich für notwendig. Ich empfehle auch eine beschleunigte Verabschiedung, damit die Arbeit des Deutschen Gemeindetags möglichst bald auf eine klare Grundlage gestellt wird.[3] Das erscheint mir umso notwendiger, weil bei der starken Umbesetzung in den Stellen der Vorstände von Gemeinden und Gemeindeverbänden[4] so schnell wie möglich Fühlungnahme und Zusammenarbeit sichergestellt werden müssen. Den Nutzen davon werden nicht nur die betreuten Gemeinden und Gemeindeverbände haben, sondern auch das Reich. Im Hinblick auf die Reichsreform ist es von besonderer Bedeutung, die Gemeindeverwaltungen sobald wie

---

1 Vgl. zu der Provenienz des Schreibens S. 107, Anmerkung 1.

2 Vgl. das Gesetz über den Deutschen Gemeindetag vom 15.12.1933 (RGBl./I, S. 1065); der Erlass vom 5.12.1933 wurde unverändert übernommen.

3 Bereits im März 1933 hatte der stark dezimierte engere Vorstand des Deutschen Städtetags beschlossen, seine Funktionen einem Arbeitsausschuss zu übertragen, zu dessen Bildung vier nationalsozialistische Kommunalpolitiker hinzugewählt wurden (vgl. Protokoll der Vorstandssitzung vom 17.3.1933; LAB, B, Rep. 142/I, DST, A, Nr. 295). Mit diesem Akt von quasi vorauseilendem Gehorsam hoffte man, eine Auflösung bzw. vollkommene Gleichschaltung verhindern zu können. Dies schien auch zunächst gelungen, bis sich im Mai 1933 die politische Organisation der NSDAP einschaltete; vgl. Einladung Leys an die kommunalen Spitzenverbände zu einer Besprechung über deren Neugliederung am 22.5.1933; ebd., Nr. 198. Auf dieser Besprechung wurden die Verbände zur Bildung der Einheitsorganisation „Deutscher Gemeindetag" verpflichtet (vgl. Abdruck der Erklärung bei Ziebill, Deutscher Städtetag, S. 60). Während also die faktische Gründung des DGT Ende Mai 1933 stattfand, ließ die endgültige Regelung bis zum Dezember auf sich warten. Vgl. auch die Darstellung bei Gerhard Schulz: Die Anfänge des totalitären Maßnahmenstaates, in: Karl Dietrich Bracher, Wolfgang Sauer und Gerhard Schulz: Die nationalsozialistische Machtergreifung. Studien zur Errichtung des totalitären Herrschaftssystems in Deutschland 1933/34, Köln und Opladen 1960, S. 450 ff.

4 Sowohl in der zeitgenössischen Wahrnehmung als auch in der älteren Forschungsliteratur wurde das Revirement in der leitenden Kommunalbeamtenschaft während des ersten Jahres der nationalsozialistischen Regierung überschätzt (vgl. z.B. ebd., S. 446 f. und Wolfgang Hofmann: Städtetag und Verfassungsordnung. Position und Politik der Hauptgeschäftsführer eines kommunalen Spitzenverbandes, Stuttgart, Berlin, Köln und Mainz 1966, S. 124). Dagegen ist mit Matzerath darauf hinzuweisen, dass die regelmäßig bemühte Angabe von nur vier im Amt verbliebenen Oberbürgermeistern sich ausschließlich auf Großstädte mit über 200.000 Einwohnern bezieht (vgl. Matzerath, Selbstverwaltung, S. 79 f.). Je kleiner die Gemeinde war, desto unattraktiver war jedoch auch die Stellung des Gemeindeleiters für ambitionierte Nationalsozialisten.

möglich zu stabilisieren. Die Reichsreform wird und muß starke Änderungen in den mittleren und obersten Verwaltungsstellen bringen. Diese Änderungen werden für einen gewissen Zeitraum von Übergangsschwierigkeiten begleitet sein. Umso wichtiger ist es, daß in diesem Zeitraum die Verwaltungen der Gemeinden und Gemeindeverbände feststehen und untereinander Fühlung halten.

Noch ein anderer Grund bestimmt mich dazu, die gesetzliche Regelung, insbesondere aber auch die Verleihung der Eigenschaft einer Körperschaft des öffentlichen Rechts, besonders zu begrüßen. Ich habe mich im vergangenen Jahrzehnt gegen die Verleihung ausgesprochen, weil sie unter den damaligen Verhältnissen die Gefahr heraufbeschwor, daß sich ein Staat im Staate bildete. Ich konnte damals auch keinen Grund dafür erkennen, Gemeinden und Gemeindeverbände noch neben dem staatlichen Zusammenschluß in einer weiteren Körperschaft des öffentlichen Rechts zusammenzuschließen. Im neuen Staate liegen die Verhältnisse grundsätzlich anders. Es ist zweckmäßig, daß der Gemeindetag eine Körperschaft öffentlichen Rechts wird, weil die Neuordnung der Verhältnisse die Gefahr heraufbeschwört, daß zum mindesten vorübergehend die Aufgaben der Gemeinden auf den verschiedensten Gebieten zerrissen oder beeinträchtigt werden. Immer wieder tauchen teils gutgemeinte, teils von Eigennutz geleitete Bestrebungen auf, Aufgaben der Gemeinden von anderen Organisationen aus zu lösen oder auch in die Hand zu nehmen. So erhalte ich gerade heute als Vorsitzender des Reichsverbandes kommunaler und anderer öffentlicher Arbeitgeberverbände Deutschlands eine Einladung des Treuhänders der Arbeit in Mitteldeutschland zu einer Besprechung über Verbesserung der Bezüge der Gemeinde- und Sparkassenangestellten. Ich habe mich deshalb schon an den Herrn Reichsarbeitsminister gewandt, weil ich es wegen des Zusammenhangs der Öffentlichen Sparkassen mit den Verwaltungen der Gemeinden und Gemeindeverbände für vollkommen abträglich halte, für Teile dieser Verwaltungen, ja sogar für beschränkte Wirtschaftsgebiete auf eine Neuregelung zuzukommen, die sich auf die gesamten Angestellten der Gemeinden, auf ihre Beamten und schließlich auch auf die Angestellten und Beamten des Reichs und der Länder auswirken müßte.

Bei der Bildung des Verkehrs-Beirats durch den Herrn Reichsverkehrsminister erscheint es mir ebenso notwendig, die ganz außerordentlich wichtigen Belange der zahlreichen und hochwertigen Verkehrsunternehmungen zu Wort kommen zu lassen, die von Gemeinden und Gemeindeverbänden betrieben werden. Auf dem Gebiete der Energieerzeugung und -versorgung sind weitreichende Arbeiten im Gange, bei denen die gemeinnützigen Interessen der deutschen Gemeinden und Gemeindeverbände einer einheitlichen Wahrnehmung bedürfen. Auf dem sozialen Gebiet wird die organische Zusammenfassung der örtlichen Wohlfahrtspflege bereits vielfach gestört. Ein neuer organischer Aufbau des Reichs aber verlangt eine einheitliche geschlossene örtliche Verwaltung.

Alle diese Gründe veranlassen mich, einer beschleunigten gesetzlichen Regelung der Rechtslage des Deutschen Gemeindetags auf der Grundlage, daß der Deutsche

Gemeindetag nunmehr eine Körperschaft des öffentlichen Rechts wird, das Wort zu reden. Dagegen darf ich auf Grund meiner Erfahrungen dringend empfehlen, die neue Stellung, die hierdurch dem Deutschen Gemeindetag gegeben wird, durch ein großes Vertrauen auf eine gesunde Grundlage zu stellen. Ein offen zutage tretendes Mißtrauen würde eine solche Grundlage nicht herstellen, würde im Gegenteil die notwendige Autorität des Deutschen Gemeindetags erschüttern.

Ich verkenne nicht, daß das Wirken der kommunalen Spitzenverbände[5], die vor dem Kriege in bescheidenem äußeren Rahmen wertvolle Arbeit leisteten, in den letzten 15 Jahren vielfach die unbedingt erforderliche Rücksicht auf die höhere Autorität des Reiches und der Länder haben vermissen lassen. Ich kann das umso rückhaltloser aussprechen, als ich mich dieser Entwicklung stets entgegengestemmt und seit meinem Eintritt in den Vorstand des Deutschen Städtetags 1930 das Hervortreten des Städtetags in der Öffentlichkeit auch mit Erfolg zurückgedrängt habe. Es war und ist unerträglich, daß die deutschen Gemeinden und Gemeindeverbände als Zellen und Zellenzusammenfassung des Reiches nach außen hin eine Verwaltungspolitik betätigen, die vom Reich nicht gebilligt werden kann und den Richtlinien der Reichspolitik nicht entspricht. Es ist auch nicht zu billigen, daß die kommunalen Spitzenverbände vor der Öffentlichkeit eine Initiative an sich rissen, die weder den Erfordernissen des Taktes entsprach noch staatspolitisch erträglich war.

Aber von diesem nicht zu billigenden Auftreten in der Öffentlichkeit ist zu unterscheiden die Notwendigkeit, das Innenleben einer solchen Körperschaft, wie es der Deutsche Gemeindetag sein soll, lebendig und verantwortungsbewußt zu gestalten. Echte Freude zur Verantwortung aber wird sich stets nur dort entwickeln können, wo ein großes und gesundes Zutrauen dem Träger der Verantwortung entgegengebracht wird. An diese Tradition des Freiherrn vom Stein sollte auch bei der Verabschiedung dieses Gesetzentwurfs angeknüpft werden.

Ich halte deswegen folgende Änderungen des Gesetzentwurfs für notwendig:

1.) Der Deutsche Gemeindetag muß das Recht erhalten, auch aus eigener Initiative Anregungen (nicht vor der Öffentlichkeit) an die Reichs- und Landesbehörden gelangen zu lassen.[6] Kein Verwaltungschef wird seinen Untergebenen solche Anregungen verbieten, im Gegenteil, er wird sie als Zeichen des Willens zur fleißigen und verständigen Mitarbeit begrüßen. Das Recht zu Anregungen aus eigener Initiative ist ja selbst den Handwerkskammern und den Industrie- und Handelskammern nicht verschlossen, sondern ausdrücklich gegeben. Die personelle Zusammensetzung der von den Ländern im einzelnen förmlich bestätigten Vorstände von Gemeinden und Gemeindeverbänden sowie des Vorstandes

[5] Neben dem Deutschen Städtetag zählten der Reichsstädtebund, der Deutsche Landkreistag, der Landgemeindetag West, der Deutsche Landgemeindetag und der Verband der preußischen Provinzen zu den kommunalen Spitzenverbänden, die im DGT zusammengeschlossen wurden (vgl. Matzerath, Selbstverwaltung, S. 78).

[6] Im Gesetz über den DGT war lediglich eine gutachterliche Stellungnahme auf Anforderung vorgesehen; vgl. Gesetz über den DGT vom 15.12.1933, § 2 (RGBl. 1933/I, S. 1065).

des Deutschen Gemeindetags gibt mindestens die gleiche Gewähr für eine verständnisvolle, taktvolle und bescheidene Ausübung dieses Rechts wie die Zusammensetzung der Vorstände jener Kammern.
Ich darf mir erlauben, darauf hinzuweisen, daß beispielsweise die von dem Herrn Reichskanzler grundsätzlich gebilligte bevorstehende Vereinheitlichung der Arbeitslosenfürsorge der Initiative der deutschen Gemeinden Entstehung und Entwicklung verdankt.[7]

2.) Der von dem Herrn Reichsminister bestellte Vorsitzende des Vorstands des Deutschen Gemeindetags soll den Gedanken verantwortlicher Führung auch darin verkörpern, daß er berechtigt und verpflichtet ist, die Mitglieder des Vorstands des Deutschen Gemeindetags und seiner Fachausschüsse zu berufen. Da die Berufung nur aus dem Kreise der Vorstandsmitglieder der Gemeinden und Gemeindeverbände erfolgen soll, diese aber schon eine staatliche Bestätigung erhalten haben, sind im Reichsinteresse schädliche Mißgriffe ausgeschlossen. Es kann sogar der Akt einer besonderen Bestätigung durch den Herrn Reichsminister aus diesem Grunde erspart werden. Es sollte auch in diesem Gesetz grundsätzlich jede Vereinfachung ausgenutzt werden, die irgendwie möglich und vertretbar erscheint.

3.) Mitglieder des Vorstands des Deutschen Gemeindetags (nicht der Fachausschüsse) dürfen nur Vorstandsmitglieder der Gemeinden und Gemeindeverbände sein.[8] Denn nur in ihnen kann sich das Führer- und Verantwortlichkeitsprinzip voll verkörpern, weil bei ihnen allein die Fäden der gesamten Verwaltung zusammenlaufen und ihnen allein ein Gesamtüberblick möglich ist. Auf diesen aber kommt es ganz entscheidend an, denn nur dieser Überblick verbürgt organisch richtiges Handeln und Raten. Ja, ich gehe so weit, dringend zu empfehlen, daß zu Mitgliedern des Vorstands des Deutschen Gemeindetags nur die Leiter der Gemeinden und Gemeindeverbände berufen werden dürfen. Schon der Stadtrat X oder der Landesrat Y unterliegt der Gefahr, nur Teile der Gemeindeverwaltung zu übersehen.

4.) Die Leitung der Verhandlungen in Vorstand und Fachausschüssen muß dem Vorsitzenden des Deutschen Gemeindetags oder den von ihm beauftragten Personen anvertraut werden. Mir sind öffentlich-rechtliche Körperschaften, in denen es anders ist, nicht bekannt. Hier kommt in der Vorschrift, daß die Sitzungen des Vorstands und der Fachausschüsse nur auf Einberufung des Herrn Reichsministers des Innern, nur unter seinem Vorsitz und nur mit einer von ihm genehmigten Tagesordnung stattfinden dürfen,[9] ein Mißtrauen zum Ausdruck, das ich dringend zu vermeiden rate. Wenn man einem Oberbürgermeister oder Landeshauptmann Fähigkeit und Verantwortungsbewußtsein zuspricht,

7 Vgl. Goerdelers Vortragsmanuskript „Organisatorische und finanzielle Vereinheitlichung der Arbeitslosenhilfe" vom 2.12.1932 (Dok. 1.2.5, oben S. 71 ff.).

8 Vgl. Gesetz über den DGT, § 3 (RGBl. 1933/I, S. 1066).

9 Vgl. ebd., § 9 (ebd.).

eine große Gemeinde oder einen Gemeindeverband auch unter den schwierigsten Verhältnissen zu leiten und zu vertreten, dann sollte auch kein Zweifel daran möglich sein, daß diese Befähigung mit dem Eintritt in das Haus des Deutschen Gemeindetags nicht verloren geht. Dieser Grund kann also nicht entscheidend gewesen sein für die Aufnahme solcher Bestimmungen in den Gesetzentwurf. Bleibt als zweiter Grund nur das Mißtrauen übrig, daß die Einberufung der Sitzung, der Gegenstand der Beratung und der Verlauf der Verhandlung mit den Reichsinteressen nicht in Übereinstimmung stehen könnten. Diesem Grund aber wäre entgegenzuhalten, daß der Vorsitzende des Deutschen Gemeindetags von dem Herrn Reichsminister des Innern selbst bestellt wird und daß er diese Bestellung jederzeit widerrufen kann, daß es sich um Männer handelt, die auch in ihrem Hauptberuf die Verpflichtung haben, die Interessen des Reichs und der Länder zu achten, und daß das Aufsichtsrecht dem Reichsminister jederzeitiges Eingreifen gestattet. Dieses Aufsichtsrecht ist wie die Staatsaufsicht gegenüber den Gemeinden ja überhaupt universell, insbesondere was die Anwendung der zur Abstellung von Mißständen erforderlichen Mittel betrifft.

Positiv aber halte ich es für unbedingt geboten, die Leitung von Sitzungen des Vorstands und der Fachausschüsse Persönlichkeiten anzuvertrauen, die mit beiden Füßen in der praktischen Arbeit der Gemeinden und Gemeindeverbände stehen. Denn die Beratungen des Vorstands und der Fachausschüsse können auch für die Reichsregierung nur dann nützlich sein, wenn sie ins einzelne gehen. Und jeder, der solche Sitzungen geleitet hat, weiß, wie wichtig es für eine schnelle, aber erschöpfende Beratung des Verhandlungsgegenstandes ist, daß der Leiter alle Einzelheiten vollkommen aus eigener Erfahrung beherrscht. Und daran ist ja wohl kaum zu denken, daß der Herr Reichsminister des Innern oder sein Staatssekretär selbst sich der Aufgabe der Leitung unterziehen können.

5.) Wie erwähnt, ist die von dem Herrn Reichsminister auszuübende Aufsicht, was ihre Mittel betrifft, begrifflich nicht beschränkt. Es bedarf daher in dem Gesetzentwurf nicht der selbstverständlichen, aber den Deutschen Gemeindetag vor der Öffentlichkeit doch diskreditierenden Bestimmung, daß die Beauftragten des Herrn Reichsministers Zutritt zu allen Diensträumen des Deutschen Gemeindetags und das Recht der uneingeschränkten Akteneinsicht haben.[10]

6.) Entsprechend muß die Regelung in den Dienststellen des Deutschen Gemeindetags sein.

Auf dieser Grundlage habe ich mir erlaubt, einen Gesetzentwurf auszuarbeiten. Er liegt bei.[11]

G[oerdeler]

---

[10] Vgl. ebd., § 8 (ebd., S. 1066).

[11] Der Gesetzentwurf Goerdelers entsprach in zwölf Paragraphen seinen vorhergehenden Forderungen.

### 1.3.5 *Schreiben Goerdelers an Adolf Hitler*

*maschinenschriftlicher Briefdurchschlag vom 14.12.1933; Privatbesitz.*[1]
Gegen den preußischen Alleingang in der Gemeindeverfassungsreform; die Verwaltungsneuordnung in Reich und Ländern muss von der Gemeindeverfassung ausgehen; die neue Gemeindeordnung muss auf Selbstverwaltungsprinzipien basieren.

Hochverehrter Herr Reichskanzler!
Wie ich Herrn Oberbürgermeister Fiehler höre, plant Preußen eine umfassende, tief in die Selbstverwaltung einschneidende Neuregelung des Gemeindeverfassungsrechts.[2] Die Neuregelung soll unmittelbar bevorstehen. Sie ist nach meiner Ansicht nicht nur für die deutsche Selbstverwaltung, sondern darüber hinaus für die organische Gesamtentwicklung in unserem Vaterlande von hoher Bedeutung.

Im Hinblick auf die Eilbedürftigkeit erlaube ich mir, mich mit Wissen von Herrn Oberbürgermeister Fiehler an Sie, hochverehrter Herr Reichskanzler, zu wenden mit der Bitte, von den in der Anlage niedergelegten Gedankengängen Kenntnis nehmen zu wollen. Sie gipfeln in der Erkenntnis, daß es unbedingt notwendig ist, jetzt Einzelaktionen der Länder zu vermeiden und beschleunigt eine reichsrechtliche Neuordnung der gemeindlichen Selbstverwaltung herbeizuführen.
Mit der Versicherung meiner aufrichtigen Verehrung
Gez. Dr. Goerdeler

*Anlage zum Schreiben des Herrn Oberbürgermeister Dr. Goerdeler*
*Leipzig, vom 14. Dezember 1933*
In den letzten Wochen habe ich mich wiederholt mit der Frage beschäftigt, in welcher Reihenfolge etwa an die notwendige Neuordnung der Verwaltung in Reich und Ländern heranzugehen sei. Ich bin dabei zu der Überzeugung gekommen, daß auf dem Gebiete der Verfassung und Verwaltung zunächst absolut klare Verhältnisse bei den Gemeinden und Gemeindeverbänden geschaffen werden müssen. Zu welchem Zeitpunkt und wie auch immer man an die Reichsreform herantreten mag, sicher erscheint mir, daß eine solche Reform für einen gewissen Zeitraum die Schlagkraft der mittleren Instanzen irgendwie berührt. Umso notwendiger ist es, daß dann die Verfassung der Gemeinden als Zellen des Staates wohlgeordnet dasteht und eine feste Verwaltungsführung in ihnen gesichert ist. Um ein militärisches Bild zu gebrauchen: die Kompanieverbände müssen in Takt bleiben, selbst wenn noch so große Truppenverschiebungen vorgenommen werden.

Diese erste Aufgabe kann nach meiner festen und besten Überzeugung unverzüglich in Angriff genommen werden. Bei den deutschen Gemeinden sind starke Kräfte in dieser Richtung lebendig. Es ist ohne weiteres möglich, in wenigen

---

1 Vgl. zu der Provenienz des Schreibens S. 107, Anmerkung 1.

2 Vgl. zu der Entstehung des preußischen Gemeindeverfassungsgesetzes S. 46, Anmerkung 5.

Wochen einen brauchbaren Entwurf für eine reichsrechtliche, der Neugestaltung der politischen Verhältnisse entsprechende Regelung der Gemeindeverfassungen aufzustellen.

Die Neuordnung muß sich nach meiner Überzeugung auf dem altdeutschen Gedanken der Selbstverwaltung aufbauen.

Der Deutsche Ritterorden hat sein Kulturwerk im Osten begonnen, indem er den Städten Selbstverwaltung verlieh. Ich habe in den letzten Monaten festzustellen Gelegenheit gehabt, wie stark gerade im Nationalsozialismus die Kräfte verankert sind, aus denen heraus die Selbstverwaltung ihre beste und gesündeste Entfaltung gefunden hat, nämlich die Freude an Mitarbeit und der Wille zu mutiger Verantwortung. Ich habe mir auch bereits positive Gedanken darüber machen können, wie diese Kräfte mit dem Prinzip des Führertums in Übereinstimmung gebracht werden können und sie Herrn Minister Frick vorgelegt. Nach meiner Ansicht ist unter allen Umständen jede Neuordnung entschieden abzulehnen, die ein artfremdes System, wie es das der Präfektur ist, auf deutsche Verhältnisse übertragen wollte. Ein solches System würde jene schönen und edlen Kräfte allmählich zum Erlahmen bringen. Es würde gerade in einem Zeitraum, der höchste außenpolitische Entscheidungen bringen kann, einen Zustand der Gleichgültigkeit fördern, der sich stets in den großen Zeiten unserer Geschichte als unheilvoll erwiesen hat. Jenes System würde aber auch die Reichs- und Staatsführung jener Elastizität berauben, die sie braucht. Sie darf nicht in ihren großen Entscheidungen von allen kleinen Sorgen und Beschwerden des Alltags in Anspruch genommen werden. Der idealste Zustand für den Staatsführer ist derjenige, der ihm die Sicherheit gibt, daß unten am Ort dauernd Kräfte lebendig sind, die mittragen, und Widrigkeiten in sich überwinden, so daß der Führung Kopf und Herz frei bleiben, für entscheidende Maßnahmen und zur Aufstellung der großen, das Staatsganze erfassenden Richtlinien auf allen Gebieten. Es muß der Stolz jedes Oberbürgermeisters und jedes Landrats sein, dem Führer diese Freiheit zu sichern. Das kann er nur, wenn man ihm das Gefühl höchster Verantwortung läßt, ihn also nicht dauernd bevormundet und ihm die örtlichen Kräfte zur Mitverantwortung beiordnet. Sie stehen bereit und wirken. Das Volk würde niemals eine Verwaltungsform als Selbstverwaltung innerlich anerkennen, die sich nach dem voraussehbaren organischen Verlauf der Dinge immer mehr von den wertvollen Kräften der örtlichen Lebensgemeinschaft entfernt und schließlich in einer Instanz der staatlichen Bürokratie erstarrt.

Wenn gar, wie ich von Herrn Oberbürgermeister Fiehler höre, das größte deutsche Land Preußen jetzt eine umfassende und ganz tief in die Selbstverwaltung einschneidende Neuregelung vornimmt, eine Neuregelung, die unmittelbar bevorstehen soll, dann wird nach meiner festen Überzeugung die organische Reichsregelung dadurch nicht gefördert; es ist sogar sehr wahrscheinlich, daß sie gehemmt wird. Preußen wird sicher seine Gründe für sein Sondervorgehen haben. Wenn ich recht unterrichtet bin, läßt sich das von Preußen sofort erstrebte Ziel, schnelles und schlagkräftiges Zugreifen unter allen Umständen sicherzustellen, auch auf der bisherigen Rechtsgrundlage in vollem Umfange erreichen. Äußerstenfalls könnte sich die Staatsregierung eine entsprechende Ermächtigung durch ein ganz kurzes Gesetz verschaffen. Die grundsätzliche organische Neuordnung aber sollte aus den von mir vorgetragenen Gründen dem Reiche vorbehalten werden.

### 1.3.6 *Schreiben Goerdelers an Hans Pfundtner*

*maschinenschriftlicher Briefdurchschlag vom 3.4.1934; Privatbesitz.*[1]
Grundsätzliche Bemerkungen zu der in Planung befindlichen Deutschen Gemeindeordnung: Ablehnung der staatlichen Berufungskompetenzen; die Berufung des Bürgermeisters muß bei der Gemeinde bleiben, die Berufung der Beigeordneten beim Bürgermeister, die Berufung der Gemeinderäte bei Berufsgruppen; Beschluß- und Entlastungsrecht des Gemeinderats muß als wichtigstes Element der Selbstverwaltung bestehen bleiben.

Sehr verehrter Herr Staatssekretär![2]
Bei der letzten Besprechung des Entwurfs für eine Deutsche Gemeindeordnung hatten Sie die Freundlichkeit, mir in Aussicht zu stellen, daß ich einzelne grundsätzliche Fragen noch bei der Beratung mit den Ländern anschneiden könnte.[3] Ich

---

1 Vgl. zu der Provenienz des Schreibens S. 107, Anmerkung 1.

2 Hans Pfundtner, seit dem 1. März 1932 NSDAP-Mitglied, war nach einem Jura- und Volkswirtschaftsstudium zunächst in den Staatsdienst eingetreten, den er jedoch 1925 quittierte. Als Rechtsanwalt und Publizist in Berlin hatte er bis Anfang 1932 enge Kontakte mit Alfred Hugenberg und bekleidete neben verschiedenen Ämtern in der DNVP auch Aufsichtsratsposten in Hugenbergs Wirtschaftsimperium (vgl. Heidrun Holzbach: Das „System Hugenberg". Die Organisation bürgerlicher Sammlungspolitik vor dem Aufstieg der NSDAP, Stuttgart 1981, S. 274 f.). Von 1933 bis zum August 1943 war er Staatssekretär im Reichsministerium des Innern; während dieser Zeit musste er jedoch einen starken Einflussverlust hinnehmen, der einerseits den Bedeutungsverlust Fricks innerhalb der NSDAP wiederspiegelte, andererseits in der Vergrößerung des Ministeriums und der Schaffung weiterer Staatssekretärsposten seine Ursache hatte (vgl. Rebentisch, Führerstaat, S. 102 ff.).

3 Seit dem Januar 1934 hatten im Reichsministerium des Innern unter dem Vorsitz Pfundtners Beratungen zur Deutschen Gemeindeordnung stattgefunden, an denen neben Beamten des Reichsinnen- und des Reichsfinanzministeriums Karl Fiehler als Leiter des Hauptamts für Kommunalpolitik der NSDAP und Vorsitzender des DGT, Johannes Weidemann als Fiehlers Vertreter und als Leiter des Ausschusses für Kommunalrecht und Kommunalverfassung der Akademie für Deutsches Recht sowie Goerdeler teilgenommen hatten. In dieser ersten Phase dienten neben den preußischen Gemeindereformgesetzen Entwürfe von Fiehler und Goerdeler als Beratungsgrundlage. Hier wurden bereits die grundsätzlichen Streitpunkte deutlich, die einerseits das Verhältnis der Gemeinde zum Staat, andererseits ihr Verhältnis zur NSDAP betrafen. Tendenziell befürwortete der am 24. März 1934 erarbeitete Ministerialentwurf den Fiehlerschen Entwurf, soweit es die staatliche Aufsichtsbefugnis und die Sicherung des parteipolitischen Einflusses auf die Gemeindeverwaltung betraf. Der Entwurf wurde am 27. März 1934 den Landesregierungen und Reichsstatthaltern zur Stellungnahme übersandt (Exemplar des Entwurfs in BAB, R 2/20157) und trat mit der Einschaltung der Länder in die zweite Beratungsphase. Vgl. zur Genesis der DGO Matzerath,

werde davon sehr gern Gebrauch machen, da ich in der Tat diese Fragen als grundlegend für die weitere Entwicklung ansehe.
Diese Fragen sind:

1.) Von wem wird der Bürgermeister berufen?

Als Bürgermeister im schönen, aber gleichzeitig auch organisch richtigen Sinne dieses Wortes wird in der Gemeinde nur der angesehen werden, der nicht ernannt ist. Sie, sehr verehrter Herr Staatssekretär, haben, wenn ich recht unterrichtet bin, auch in der Gemeindeverwaltung gewirkt, und Sie werden das verstehen. Der ernannte Mann wird von der Bevölkerung niemals als ein Stück von ihr selbst betrachtet werden. Der Staat mag sich so volksnahe fühlen und so volksnahe halten wie irgend möglich, ein Stück eigener Einwirkungsmöglichkeit muß in der Bestellung des Leiters der Gemeinde zum Ausdruck kommen. Ich werde mir erlauben, das noch mündlich näher auszuführen. Der Zweck meiner heutigen Zeilen ist, Sie um Prüfung zu bitten, ob nicht folgende Fassung alle Bedenken ausräumen kann.[4]

„§ 48 (1) Der Bürgermeister wird von der Gemeinde berufen, nachdem die Aufsichtsbehörde ihre Genehmigung erteilt hat.“

Dem entspricht Vorschlag für § 74:

„Für den hauptamtlichen Bürgermeister und die hauptamtlichen Beigeordneten gelten die §§ 72, 73 mit folgenden Abweichungen:

---

Selbstverwaltung, S. 132 ff.; Schulz, Anfänge, S. 618 ff. Vgl. auch die Berichte von direkt an der Entstehung Beteiligten, z.B. Johannes Weidemann: Zur Entstehungsgeschichte der Deutschen Gemeindeordnung, in: Jahrbuch der Akademie für deutsches Recht, Jg. 1935, S. 90-111; Ernst Holtzmann: Der Weg zur Deutschen Gemeindeordnung vom 30. Januar 1935, in: Zeitschrift für Politik, NF Bd. 12 (1965), S. 356-366; Friedrich Karl Surén: Aus dem neuen deutschen Gemeinderecht, in: Hans Pfundtner (Hg.): Dr. Wilhelm Frick und sein Ministerium. Festschrift zum 60. Geburtstag, München 1937, S. 79-90.

4 Vgl. zu dem folgenden Absatz die Fassung des Ministerialentwurfs: „§ 48. (1) Die Aufsichtsbehörde beruft den Bürgermeister. Vor der Berufung holt sie schriftlich die Ansicht der Gemeinderäte durch den Ersten Gemeinderat (§ 57) ein.“ Die Konstruktion des Ersten Gemeinderats als berufenen NSDAP-Vertreter in der Gemeinde sollte dabei den Parteieinfluss garantieren (vgl. BAB, R 2/20157, §§ 48; 57). In der endgültigen Form der Deutschen Gemeindeordnung wurde diese Änderung übernommen, indem in § 41, Absätze 2 und 3 die Berufung des Bürgermeisters formal in die Kompetenz der Gemeinde verwiesen wurde – den Ausschlag für die gemeindliche Entscheidung gab jedoch weiterhin der Beauftragte der NSDAP (vgl. Die Deutsche Gemeindeordnung mit Durchführungsverordnungen und Ausführungsanweisungen nebst den preußischen Überleitungs- und Ausführungsvorschriften, München; Berlin 1935, S. 79 f.).
Der Wortlaut der Absätze (2) und (3) der Goerdeler'schen Empfehlungen entsprach denen des Ministerialentwurfs. Die endgültige Fassung war dagegen wesentlich stärker auf den Ersten Gemeinderat bzw. den Parteibeauftragten ausgerichtet, indem dieser sich lediglich mit den Gemeinderäten beraten sollte, bevor er der Aufsichtsbehörde seine Vorschläge zur Genehmigung vorzulegen hatte (vgl. DGO, § 41, Absatz 2).

1. Die Anstellungsurkunde des Bürgermeisters wird von dem 1. Gemeinderat ausgefertigt und von der Aufsichtsbehörde durch Beurkundung der Genehmigung vollzogen. Auf den Anstellungsurkunden der Beigeordneten ist die Genehmigung der Aufsichtsbehörde von dem Bürgermeister zu beurkunden.
2. Wie bisher."
„(2) Die Gemeinderäte beraten unter dem Vorsitz des 1. Gemeinderats (§ 57) über die Berufung. Ihre Vorschläge legt der 1. Gemeinderat der Aufsichtsbehörde vor.
(3) Erteilt die Aufsichtsbehörde keinem der Vorschläge die Genehmigung, so teilt sie dies dem 1. Gemeinderat mit. Kommt ein neuer Vorschlag nach Abs. 2 nicht zustande oder findet er wiederum nicht die Genehmigung der Aufsichtsbehörde, so beruft der Reichsminister des Innern den Bürgermeister."
Begründung: Bei dieser Fassung ist das vermieden, woran wohl Anstoß genommen ist, nämlich daß ein politisch zustande gekommener 1. Gemeinderat als berufende Stelle erscheint. Wer für die Gemeinde die Berufung ausspricht, das ergibt sich nach meinem Vorschlag aus allgemeinem Recht. Es ist nämlich der zur Vertretung des Bürgermeisters Berechtigte, denn er ist berechtigt und verpflichtet, für die Gemeinde zu handeln. Ich habe keine Bedenken dagegen; auch ich bin beispielsweise hierher berufen worden durch den damaligen 2. Bürgermeister im Namen der Gemeinde. Wenn man noch vorsichtiger sein will, so kann man dem § 48 folgenden 4. Absatz anhängen:
„(4) Die Berufung ist von dem Vertreter der Gemeinde (§ 45) und dem 1. Gemeinderat zu unterzeichnen."

2.) Von wem werden die Beigeordneten berufen?
Vorschlag für § 49:
„Der Bürgermeister beruft nach Anhörung der Gemeinderäte (§ 48 Abs. 1 und 2) die Beigeordneten, nachdem die Aufsichtsbehörde die Genehmigung erteilt hat."[5]
Begründung: wie vor.

3.) Von wem werden die Gemeinderäte berufen?
Es ist hier nicht so, wie Sie vermuteten, daß ich meinen ursprünglichen Vorschlag preisgegeben habe. Nachdem die Vertreter des Herrn Innenministers bei den Beratungen mitgeteilt hatten, daß ihnen mein Vorschlag nach dem bisherigen Stand der Organisation der Berufsstände nicht durchführbar erschiene, habe ich ihn zurückstellen müssen. Ich bin der Ansicht, daß die Bedenken Ihrer Herren sich ausräumen lassen. Die deutsche Wirtschaft ist jetzt durchorganisiert. In allen Gemeinden über 25.000 Einwohnern zum mindesten

[5] Nach der Fassung des Ministerialentwurfs sollten die Beigeordneten nach Anhörung des Bürgermeisters und der Gemeinderäte von der Aufsichtsbehörde berufen werden (vgl. BAB, R 2/20157, § 49); auch in der endgültigen Fassung der DGO erfolgte die Berufung durch die Aufsichtsbehörde, durch Vermittlung des Beauftragten der NSDAP (vgl. DGO, § 41).

gibt es die Möglichkeit, Vertretungen der verschiedenen Fachgruppen der deutschen Wirtschaft festzustellen oder zu bezeichnen. Man könnte also mindestens für diese Größenordnungen auf meinen Vorschlag zurückkommen, der dahin geht, nach näherer Bestimmung des Reichsministers des Innern durch Gemeindeverfassung diejenigen Berufsvertretungen zu bestimmen, die Gemeinderäte bestellen. Für Leipzig würden das also der Präsident der Industrie- und Handelskammer, der Präsident der Gewerbekammer, der Vorsitzende des Ärztevereins, die Leiter der verschiedenen Gruppen der deutschen Wirtschaft, der Deutschen Arbeitsfront usw. sein. Hier läßt sich eine restlose Aufgliederung der Bevölkerung ermöglichen. Ich werde mir erlauben, auch diesen Vorschlag noch einmal vorzutragen. Sollte er aber nach wie vor auf Ablehnung stoßen, so bitte ich dringend, daß nicht etwa der Bürgermeister die Gemeinderäte beruft. Das mag sehr verlockend sein, aber ich glaube, doch einige Erfahrung auf diesem Gebiete in Anspruch nehmen zu dürfen. Der Bürgermeister erhält hiermit ein Danaergeschenk. Es wird mir niemand vorwerfen, daß ich mich persönlich vor Übernahme von Verantwortungen scheue, aber vor einem muß ich warnen: den Bürgermeister in den Augen der Bevölkerung als einen Mann erscheinen zu lassen, der nicht nur seine nächsten Mitarbeiter (Beigeordnete) bestimmt – das wird allseitig als vernünftig anerkannt werden –, sondern der auch die Menschen bestellt, die doch immer in den Augen der Bevölkerung eine kontrollierende Mitberatung darstellen werden, und verständige Beratung bedeutet ja auch die Einschaltung einer Selbstkontrolle, die man aus höchstem Verantwortungsgefühl für notwendig hält, um die eigene Willensbildung vor Fehlern und falschen Entschließungen zu bewahren. Es ist also ein durchaus gesundes Volksempfinden, das hier gegen diese Allmacht des Bürgermeisters ausgelöst wird, und ich kann daher, immer unter der Voraussetzung, daß mein ursprünglicher Vorschlag nicht doch noch Billigung findet, nur folgende Fassung des § 57 Abs. 2 empfehlen:

„Der 1. Gemeinderat beruft im Einvernehmen mit dem Bürgermeister die anderen Gemeinderäte. Er hat dabei..."[6]

4.) Welche Stellung sollen die Gemeinderäte haben?

Auch hier werde ich mir erlauben, noch einmal die Frage aufzuwerfen, ob es nicht zweckmäßig ist, ihnen ein geordnetes Beschlußrecht zu geben und demgegenüber dem Bürgermeister das Recht, diese Beschlüsse beiseite zu schieben.[7] Ich halte dieses offene Beschlußrecht für etwas absolut Gesundes und dem Führerprinzip durchaus nicht Widersprechendes. Führen heißt nicht, andere

6 Während im Ministerialentwurf die Berufung der Gemeinderäte durch den Bürgermeister vorgesehen war (vgl. BAB, R 2/20157, § 57, Absatz 2), wurde in der Endfassung der DGO die Empfehlung Goerdelers übernommen: „Der Beauftragte der NSDAP beruft im Benehmen mit dem Bürgermeister die Gemeinderäte." (vgl. DGO, § 51).

7 Der Ministerialentwurf sah für die Gemeinderäte lediglich ein beratendes Mitwirkungsrecht vor (vgl. BAB, R 2/20157, § 62).

von einer gemeinsamen Willensbildung fernhalten, führen heißt, sich auch durch eine gemeinsame Willensbildung anderer dann nicht beirren zu lassen, wenn die eigene Sachkunde, die eigene Erfahrung und das eigene Gewissen einen anderen Weg vorschreiben. Ich bin auch heute noch der unbescheidenen Ansicht, daß mein ursprünglicher Vorschlag: Beschlußrecht und demgegenüber Einzelrecht des Bürgermeisters bei beiden Teilen das höchste Maß von Verantwortungsbewußtsein erzeugen wird.

5.) Wer hat die Entlastung zu erteilen?
Die Erteilung der Entlastung ist, solange es eine Selbstverwaltung gibt, das nebst der Berufung der eigenen Verwaltungsorgane entscheidende Recht der Gemeinde gewesen. Wird die Entlastung nach außen verlagert, so ist das ein noch viel größerer Einbruch in den inneren Gedankengang der Selbstverwaltung wie die Berufung des Bürgermeisters durch die Aufsichtsbehörde. Beide zusammen vernichten die Selbstverwaltung, denn sie richten vor ihr die Eingangsschleuse und hinter ihr die Abflußschleuse außerhalb der Gemeindeverantwortung auf. Was dazwischen ist, ist Präfektensystem mit Ornament, und zwar umso uneingeschränkter, je größer die Macht des Bürgermeisters ausgestaltet wird. Es ist unbedingt notwendig, die Entlastung in die Hand der Gemeinderäte zu legen. Irgendein Recht des Staates wird dadurch in keiner Weise verletzt, denn die Gemeinderäte haben ja die Gemeinderechnung und die Entlastung der Aufsichtsbehörde vorzulegen, und dieser stehen aus §§ 116, 117 alle weiteren Eingriffsrechte zu. Ich schlage daher folgende Fassung des § 104 vor:
„(1) Die Gemeinderechnung wird von den Gemeinderäten oder von einem Beirat (§ 70) unter dem Vorsitz des 1. Gemeinderats geprüft (§ 62 Abs. 2) und richtiggesprochen.
(2) Die Gemeinderechnung ist zusammen mit der Niederschrift über die Beratung der Gemeinderäte (§ 65 Abs. 3) unverzüglich der Aufsichtsbehörde vorzulegen.“[8]

Außerhalb dieser grundlegenden Fragen erlaube ich mir noch, zum Teil in Wiederholung bekannter Vorschläge, zwei Anregungen:

a) Neuer § 76 als Anschluß an § 75:
„In den Fällen des § 11 können sich die Beteiligten über die abzugebenden und aufzunehmenden Beamten einigen.“[9]

---

8 Nach dem Ministerialentwurf sollte die Gemeinderechnung von den Gemeinderäten lediglich geprüft werden, während die Entlastung ausschließlich von der Aufsichtsbehörde erteilt werden konnte (vgl. BAB, R 2/20157, § 104). In der endgültigen Fassung wurde an der überörtlichen Prüfung des Gemeindehaushalts festgehalten; die Errichtung örtlicher Rechnungsprüfungsämter schuf lediglich eine Zwischeninstanz, ohne die alleinige Entlastungskompetenz der Aufsichtsbehörde zu berühren (vgl. DGO, §§ 96 ff., besonders § 99, Absatz 2).

9 Der § 11 des Ministerialentwurfs behandelte die Änderung von Gemeindegrenzen durch Auflösung, Eingemeindung oder Neubildung von Gemeinden (vgl. BAB, R 2/20157, § 11).

Begründung: Wir hatten hier bei den früheren Beratungen eine besondere Bestimmung vorgesehen. Sie wurde in der Schlußberatung im Hinblick auf das Reichsbeamtengesetz vom 30.6.1933[10] für entbehrlich erachtet. In diesem Reichsbeamtengesetz ist für solche Fälle vorgesehen, daß die Aufsichtsbehörde die erforderlichen Versetzungen ausspricht. Dieses Recht soll ihr auch bleiben. Ich halte es aber für einfacher und zweckmäßiger, dem Eingriff der Aufsichtsbehörde die Möglichkeit vorzuschalten, daß die Beteiligten sich verständigen. Irgendeine Schädigung öffentlicher Interessen ist ausgeschlossen, weil ja die bei Eingemeindungen Beteiligten gegensätzliche Interessen vertreten und darin die Gewähr eines vernunftgemäßen Ausgleichs liegt.

b) Für die Schlußbestimmungen: In Gemeinden über 100.000 Einwohnern endet die Amtszeit des Bürgermeisters und seines 1. Vertreters 2 Monate nach Inkrafttreten dieses Gesetzes, es sei denn, daß sie nach dem 5. März 1933 in ihr Amt berufen sind; mit dieser Beendigung gilt die zur Zeit des Inkrafttretens dieses Gesetzes laufende Amtszeit als erfüllt.
Die Amtszeit anderer Bürgermeister und Beigeordneter kann durch Satzung mit Genehmigung der Aufsichtsbehörde zu dem in Abs. 1 bezeichneten Zeitpunkt und mit den dort bestimmten Folgen für beendet erklärt werden, es sei denn, daß die Amtsinhaber nach dem 5. März 1933 in ihr Amt berufen sind.

Den ersten Absatz dieses Vorschlags kennen Sie bereits, den zweiten stelle ich zu Ihrer persönlichen Erwägung. Ich werde ihn nicht anregen, wenn Sie es für untunlich erachten.

Mit den besten Empfehlungen und
Heil Hitler!
bin ich, sehr verehrter Herr Staatssekretär,
Ihr stets ergebener
[Goerdeler]

### 1.3.7 *Schreiben Goerdelers an Kurt Jeserich*

*maschinenschriftlicher Briefdurchschlag vom 8.6.1934; Privatbesitz.*[1]

Vergleich zwischen dem preußischen Gemeindeverfassungsgesetz und dem Ministerialentwurf des Reichsministeriums des Innern zur DGO. Kritik an dem preußischen Gesetz: staatliches Berufungs- und Abberufungsrecht macht Gemeindeleiter und Beigeordnete zu abhängigen Staatsbeamten; staatliche Berufung der Gemeinderäte zerstört das Grundprinzip der Selbstverwaltung; Reduktion der Gemeinderatsfunktion auf Meinungsäußerung und Wirtschaftsprüfung durch eine Kommunalaufsichtsbehörde zerstören das Verantwortungs-

[10] Vgl. das „Gesetz zur Veränderung von Vorschriften auf dem Gebiete des allgemeinen Beamten-, des Besoldungs- und des Versorgungsrechts" vom 30.6.1933 (RGBl. 1933/I, S. 433-447), besonders § 22, Absatz 2.

[1] Vgl. zu der Provenienz des Schreibens S. 107, Anmerkung 1.

gefühl. Das preußische Gesetz implementiert eine absolute Staatsaufsicht; die eigenverantwortliche kommunale Selbstverwaltung bietet eine Grundlage für den nationalsozialistischen „Führerstaat".

Sehr verehrter Herr Doktor! [2]
In der Anlage die besprochene Darlegung. Ich werde mich erkundigen, wann wir zusammenkommen können. Montag vormittag bin ich in Dresden. Am späten Nachmittag stünde ich dort zur Verfügung.
Mit bestem Gruß
Ihr sehr ergebener
[Goerdeler]

Hierzu:
1 Anlage.

Anlage
Der im Reichsministerium des Innern aufgestellte Entwurf für eine deutsche Reichsgemeindeordnung[3] hat, wenn wir richtig unterrichtet sind, gerade von preußischer Seite starke und abfällige Kritik erfahren[4]. Es erscheint daher nicht unzweckmäßig, vor allen weiteren Beratungen festzustellen, daß allerdings in wesentlichen Punkten der Reichsentwurf sich von dem preußischen Gesetz unterscheidet.[5]

Wenn man an eine reichsgesetzliche Regelung der deutschen Gemeindeverfassung herangeht, so muß man allerdings sich klar sein, ob grundsätzlich die Selbst-

---

2 Kurt G. A. Jeserich, Jahrgang 1904, parteilos, hatte sich als Universitätsdozent am Kommunalwissenschaftlichen Institut der Universität Berlin bereits seit dem Ende der 20er Jahre für die Schaffung eines kommunalen Einheitsverbands eingesetzt. Im Dezember 1932 plädierte er in einer Denkschrift für das preußische Ministerium des Innern für den möglichst raschen Zusammenschluss der kommunalen Spitzenverbände, um der veränderten Situation der Präsidialkabinette gerecht zu werden. Seit dem April 1933 stand Jeserich in Verbindung mit Fiehler und Frick; er war einer der Protagonisten bei der Begründung des DGT und wurde dessen geschäftsführender Präsident (vgl. Jeserichs eigene Darstellung dieser Vorgänge in Jeserich, Kommunalverwaltung, S. 519 ff. sowie in einem Schreiben an Gerhard Ritter vom 9.4.1952, BAK, N 1166/492).

3 Es handelt sich hier um den Ministerialentwurf aus dem Reichsministerium des Innern von Ende März 1934; vgl. zu dessen Entstehung S. 121 f., Anmerkung 3.

4 Vgl. die Zusammenfassung der Stellungnahmen der Landesregierungen in LAB, B, Rep. 142-7, DGT, B, Nr. 4404. In der Stellungnahme der preußischen Regierung wurde der „Primat des Staatswillens gegenüber der Selbstverwaltung" betont sowie die Forderung aufgestellt, „die Mitwirkung der Bürgerschaft auf das Maß der Beratung des Führers der Gemeinde im eigentlichen Sinne unter Ausschluß jeder abstimmungsmäßigen Meinungsbildung" zu beschränken (vgl. Schreiben Görings an Frick vom 7.5.1934; BAB, R 43II/568, Bl. 190-210, Zitate von Bl. 193).

5 Im folgenden bezieht sich Goerdeler auf das preußische Gemeindeverfassungsgesetz vom 15.12.1933 (PrGS 1933, S. 427-441).

verwaltung aufrecht erhalten werden soll oder nicht. Wenn diese Frage bejaht ist, so muß man sich darüber klar werden, welche Aufsichts- und Eingriffsmöglichkeiten des Staates in diese Selbstverwaltung eröffnet werden sollen oder müssen. An diesen Fragen kann nicht vorbeimarschiert werden. Am allerwenigsten ist es zulässig, mit dem Munde sich zu dem Grundsatze der Selbstverwaltung zu bekennen, aber in den entscheidenden Bestimmungen eine aus der örtlichen Gemeinschaft heraus geborene Selbstverwaltung nicht zu gewähren, sondern sie durch staatliche Ernennung und Anweisung zu ersetzen. Hält man den letzten Weg für notwendig, so muß man sich ganz klar dazu bekennen, daß es an der Zeit sei, die Selbstverwaltung zu beseitigen und durch eine Staatsverwaltung, die gewisse Besonderheiten aufweisen mag, zu ersetzen.

Selbstverwaltung ist nur da gegeben, wo die in der betreffenden Organisation zusammengeschlossenen Menschen das Recht erhalten, ihre ihnen zur Selbstverwaltung übertragenen Angelegenheiten selbst zu ordnen oder die Ordnung Männern zu überlassen, auf deren Bestellung sie selbst einen irgendwie entscheidenden Einfluß ausüben. Sie müssen dann die Möglichkeit erhalten, mit diesen von ihnen eingesetzten Organen verantwortungsbewußt mitzuwirken und zu dem Ergebnis der Verwaltungstätigkeit dieser Organe in angemessenen Zeiträumen Stellung zu nehmen.

Es wird vielfach behauptet, daß im nationalsozialistischen Staate für eine derartige Selbstverwaltung der örtlichen Gemeinden kein Raum mehr sei. Sie sei eine Zelle des nationalsozialistischen Staates. Die Totalität und Ausschließlichkeit der Staatsführung verlange, daß diese Zelle sich nicht nur den Gesetzen des Staates füge, sondern sich in die Verwaltungstätigkeit der Staatsführung automatisch einordne.[6] Dieser Gedankengang ist irrig. Eine Zelle lebt. Organisch ist sie mit dem großen Organismus, dem sie angehört, verbunden. Sie lebt und stirbt mit ihm. Trotzdem aber sind in ihr eigene Kräfte lebendig; sonst ist sie keine Zelle mehr, sondern selbst nur toter Teil. Aber dies mag als Spiel mit Worten erscheinen. Es sollte nur hier festgestellt werden, daß gerade die deutsche Gemeinde sehr lebendige Kräfte, wie die deutsche Geschichte beweist, besitzt, die zu allen Zeitaltern und in allen politischen Staatsformen in die Erscheinung getreten sind. Wenn irgendeine Staatsform die Notwendigkeit in sich fühlen sollte, das Eigenleben dieser Zelle zu achten und zu ihrer nichtautomatischen, sondern organischen Einfügung in den großen Staatskörper zu gelangen, so muß es die nationalsozialistische sein. Denn sie geht auf allen Gebieten des völkischen Lebens, ob es sich um Wirtschaft, Kultur oder Politik handelt, mit Recht von den organischen Gebilden und von ihrem

6 So z.B. Ernst Forsthoff: Um die kommunale Selbstverwaltung, in: Zeitschrift für Politik, Jg. 21, S. 248 ff.; vgl. auch den Überblick bei Eberhard Laux: Führung und Verwaltung in der Rechtslehre des Nationalsozialismus, in: Dieter Rebentisch und Karl Teppe (Hg.): Verwaltung contra Menschenführung im Staat Hitlers. Studien zum politisch-administrativen System, Göttingen 1986, S. 33-64.

Verhalten zueinander aus. Wer verkennen wollte, daß die deutsche Gemeinde im bayrischen Allgäu ein anderes Lebewesen ist als beispielsweise die einzige östliche Großstadt Königsberg, der verkennt den kaum in einem anderen Kulturstaat so sinnfälligen Zeitabstand der deutschen Kulturpolitik im Raumgebiet des deutschen Südens und des deutschen Nordostens. Hier erkennt man, daß mit dem Befehl: Ihr seid gleich und habt Euch nach staatlichen Anordnungen zu richten, für die innere Zusammenfassung gar nichts gewonnen ist. Wäre dies so, so wäre Politik Handwerk; Politik ist aber Kunst, und die Kunst liegt gerade darin, in glücklicher Weise die verschiedenartigen Gebilde zu gemeinsamem Marsche auf das gemeinsame Ziel hin zu vereinen. Mit Truppen, deren Fortbewegungsschnelligkeit und Kampfkraft für die Einheit absolut gleich ist, zu operieren, ist leicht. Eine Kunst wird die Führung dann, wenn sie – und so ist es nun einmal in der Natur – damit rechnen muß, Truppen mit verschiedener Bewegungsfreiheit und verschiedener Schlagkraft auf dem gleichen Schlachtfelde, jede an die beste Stelle ihrer Wirkungsfähigkeit, zu führen.

Der nationalsozialistische Staat ist ein Staat verantwortungsbewußter Einzelführung, der Fühlung mit dem Volk und Beratung durch beste Sachverständige nicht ablehnt. Dieser Führergedanke kann aber durch Überspitzung nur leiden. Immer wird es im Leben eines Volkes Schwierigkeiten zu überwinden geben, denen nicht alle Volksgenossen mit dem gleichen Verständnis, der gleichen Verantwortungsfreudigkeit und dem gleichen Opfersinn gegenüberstehen. Heute sind diese Schwierigkeiten ungewöhnlich gehäuft. Sie treten jedem in der Verwaltung der Gemeinde stehenden Tag für Tag, auf Schritt und Tritt entgegen. Wenn derjenige, der sie zu meistern hat, als Organ des Staates erscheint, dann wird und muß mit naturgesetzlicher Folge jede Schwierigkeit, jeder Stoß von unten bis obenhin, bis in die Staatsführung wirken. Diese Stöße können häufig und schließlich durch ihre Häufigkeit und ihre Stärke unerträglich werden. Gerade deswegen muß der nationalsozialistische Führerstaat entscheidenden Wert darauf legen, daß sich nach unten hin die Last abfedert. Die einzigen Federn, die nach der Geschichte des deutschen Volkes tragfähig sind, sind Verantwortungsfreude und Verantwortungsmut. Es genügt nicht, daß der Leiter einer Gemeinde allein diese Eigenschaften besitzt. Es ist notwendig, daß seine Handlungen und Entschließungen elastisch getragen werden von Vertrauensmännern der Bevölkerung, die in der einzelnen Gemeinde als Vertrauensmänner eben der Angehörigen dieser Gemeinde angesehen werden. Nur von oben her eingesetzte Führer haben diese Geltungsmöglichkeit auf dem Gebiete der Verwaltung und der Politik nicht.[7]

---

[7] Goerdeler verwendet hier das nationalsozialistische Führerprinzip synonym mit dem konservativ geprägten, auf den Honoratiorentypus der Steinschen Städteordnung rekurriendenden Persönlichkeitsprinzip. Während jedoch letzteres mit Selbstverwaltungsprinzipien vereinbar war, sah das Führerprinzip neben der strikten Befehlsstruktur von oben nach unten die Ablehnung jedweder Majoritäts- und Partizipationsrechte vor. Vgl. auch die Überlegungen

Wir sind daher der Ansicht, daß hier mit der Stabilisierung einer die Verantwortungskräfte am Orte ausnutzenden Selbstverwaltung geradezu eine entscheidende Grundlage, um die nationalsozialistische Staatsführung von Einzelheiten und Kleinigkeiten so frei wie möglich zu halten, gegeben ist. Wird das nicht anerkannt, so muß man sich klar dazu bekennen, daß man es für zweckmäßig hält, auf die Mitarbeit und die Elastizität des Abfederns der Staatsverwaltung durch diese Kräfte zu verzichten, und daß man bereit ist, von der Staatszentrale aus selbständig mit Mittelinstanzen den gesamten Verwaltungsapparat zu leiten. Nach unseren Erfahrungen in den letzten Monaten würde damit ein großes Reservoir zur Verfügung stehender und zur verantwortungsbewußten Mitarbeit am neuen Staat bereiter Kräfte ungenutzt bleiben. Die Erfahrungen, die vor mehr als 100 Jahren mit einer solchen Verödung und Verkümmerung des Verantwortungsbewußtseins in der Gemeinde gemacht worden sind, die Folgerungen, die der Freiherr vom Stein aus diesen Erfahrungen in schwerster Umformungsarbeit des gesamten Volkes und Staates gezogen hat, sind eindeutig und unserer Überzeugung nach zwingend.

Der Entwurf der deutschen Gemeindeordnung bekennt sich in entscheidenden Punkten zur Selbstverwaltung. Diese Punkte sind folgende:

1.) In Preußen beruft der Minister oder die Aufsichtsbehörde den Bürgermeister nach Fühlungnahme mit dem Gauleiter.[8]

Die Folge dieses Berufsaktes kann nur sein, daß der Bürgermeister in den Augen der Bevölkerung als staatlicher Beamter gilt. Nach dem Entwurf der deutschen Gemeindeordnung soll der Bürgermeister durch die Aufsichtsbehörde berufen werden, nachdem vorher schriftlich die Ansicht der Gemeinderäte durch den ersten Gemeinderat eingeholt ist.[9]

Dies ist zwar bereits eine Verbesserung gegenüber dem preußischen Gesetz, aber keine glückliche Lösung. Nach unserer Meinung ist es wichtig, vollkommene Klarheit zu schaffen. Der Oberbürgermeister darf nicht von einer staatlichen Behörde ernannt werden. Das Staatsinteresse läßt sich auf andere Weise wahren. Der Erste Gemeinderat soll mit den anderen Gemeinderäten über die Berufung des Bürgermeisters beraten und das Ergebnis in bestimmten Vorschlägen der Aufsichtsbehörde vorlegen. Sie nimmt dazu Stellung. Sie kann sagen, wer ihr genehm ist, wer ihr nicht genehm ist. Nur einen der Aufsichtsbehörde genehmen Mann darf dann der älteste Gemeinderat berufen. Außerdem wird durch die Bestätigung der Aufsichtsbehörde zu einer solchen Regelung das Interesse des Staates an der Auswahl einer möglichst geeigneten Person vollkommen gewahrt. Es wird aber

zum Führerprinzip und der bürokratischen Verwaltung in: Recht, Verwaltung und Justiz im Nationalsozialismus. Ausgewählte Schriften, Gesetze und Gerichtsentscheidungen von 1933 bis 1945, hg. u. erl. v. Martin Hirsch, Diemut Majer und Jürgen Meinck, Köln 1984, S. 153 ff.

8 Vgl. Gemeindeverfassungsgesetz, § 34 (PrGS 1933, S. 434).

9 Vgl. dazu auch Goerdelers Vorschläge in seinem Schreiben an Hans Pfundtner vom 3.4.1934; Dok. 1.3.6, oben S. 121 ff.

der große Vorteil erreicht, daß der Berufene nicht als abhängiger Beamter des Staates gilt.

2.) Nach dem preußischen Gesetz kann ein Oberbürgermeister jederzeit abgerufen werden. Es ist nicht im mindesten zweifelhaft, daß diese Bestimmung den letzten Rest von Unklarheiten in der Bürgerschaft über die Stellung des Oberbürgermeisters beseitigt. Es ist von da ab der in seiner Existenz vom Staate abhängige Beamte, und nunmehr wird jede sachliche Kritik mehr und mehr davon ausgehen, daß dieser Mann um seine Stellung besorgt sein müsse.[10] – Demgegenüber will der Entwurf der deutschen Gemeindeordnung den Bürgermeister auf bestimmte Zeit bestellt wissen.[11] Damit wird die notwendige wirtschaftliche Unabhängigkeit und Entschlußfreiheit in Wahrheit sichergestellt. Das kann logischerweise nicht bestritten werden. Und solche bei aller Einordnung in das System und in den großen Willen der Staatsführung unabhängige Leute braucht der Staat. Daß sich diese Leute der Staatsführung unterordnen, ist selbstverständlich. Daß sie nach der Pfeife ihres Regierungspräsidenten tanzen, wäre im höchsten Maße schädlich.

3.) Nach dem preußischen Gesetz werden die Beigeordneten, d.h. die nächsten Mitarbeiter des Bürgermeisters, von der Aufsichtsbehörde ernannt.[12] Hierzu ist das gleiche zu bemerken, wie zur Ernennung des Oberbürgermeisters durch die Aufsichtsbehörde. Die dem Gedanken der Selbstverwaltung entsprechende Lösung ist auf doppelte Weise möglich. Entweder werden die Beigeordneten vom Bürgermeister im Benehmen mit dem ersten Gemeinderat oder vom ersten Gemeinderat im Benehmen mit dem Bürgermeister berufen. Zwischen beiden Lösungen kann man wählen. Ich ziehe die zweite Lösung als dem Gedanken der Selbstverwaltung in stärkerem Maße entsprechend vor. Es ist nicht notwendig, daß der Bürgermeister sich seine Mitarbeiter alle selbst ernennt. Die glänzende Entwicklung der deutschen Gemeinde im 19. Jahrhundert, in dem er diesen Einfluß nicht hatte, beweist das. Kein Leiter einer Behörde, kein Regimentsführer kann sich seine Mitarbeiter selbst suchen.

4.) Das preußische Gesetz bestimmt, daß die Gemeinderäte durch die Aufsichtsbehörde auf Vorschlag des Gauleiters berufen werden.[13] Ist schon die Berufung

---

[10] Vgl. Gemeindeverfassungsgesetz, § 37 (PrGS 1933, S. 434 f.).

[11] Nach dem Ministerialentwurf sollten Bürgermeister auf 12 Jahre bestellt werden (vgl. BAB, R 2/20157, § 51); diese Regelung wurde in die DGO übernommen (vgl. DGO, § 44).

[12] Vgl. Gemeindeverfassungsgesetz, § 34 (PrGS 1933, S. 434). Nach der Fassung des Ministerialentwurfs sollten die Beigeordneten nach Anhörung des Bürgermeisters und der Gemeinderäte von der Aufsichtsbehörde berufen werden (vgl. BAB, R 2/20157, § 49); auch in der endgültigen Fassung der DGO erfolgte die Berufung durch die Aufsichtsbehörde, durch Vermittlung des Beauftragten der NSDAP (vgl. DGO, § 41).

[13] Vgl. Gemeindeverfassungsgesetz, § 41 (PrGS 1933, S. 435). Im Ministerialentwurf war die Berufung der Gemeinderäte durch den Bürgermeister vorgesehen (vgl. BAB, R 2/20157, § 57), eine Konstruktion, die von Goerdeler ebenfalls scharf kritisiert wurde (vgl. Schreiben Goerdelers an Hans Pfundtner vom 3.4.1934; Dok. 1.3.6, oben S. 121 ff.).

des Bürgermeisters durch die Aufsichtsbehörde eine Verleugnung der Selbstverwaltung, so ist die staatliche Ernennung der Männer, welche, aus dem Vertrauen der Bevölkerung heraus geboren, als Vertrauensmänner der Gemeinde den Bürgermeister beraten sollen, eine glatte Unmöglichkeit, es sei denn, daß man die Selbstverwaltung abzuschaffen sich entschließt. In diesem Falle darf man auch nicht von „Gemeinderäten" sprechen, sondern es handelt sich dann um einen vom Staate bestellten „Beirat", dessen Mitglieder der örtlich ansässigen Bevölkerung angehören. Wir können nach den grundlegenden Darlegungen in der Einführung darauf verzichten, an dieser Stelle noch etwas besonders hierzu zu sagen. Soll die Selbstverwaltung als Bollwerk und elastische Grundlage des Führerstaates aufrecht erhalten bleiben, so können die Gemeinderäte jedenfalls nicht vom Staate ernannt werden. Es gibt 3 andere Möglichkeiten:

a. Wahl durch die Gemeindebürger in einer Form, die sich etwa an die Wahl der Vertrauensleute in den Betrieben anlehnen könnte. Hierüber läßt sich durchaus sprechen, da ja eine Ausartung nicht möglich ist. Die Aufstellung der Liste hätte in diesem Falle zu erfolgen durch die hierfür in Betracht kommende Parteistelle. Die Bevölkerung sagt ja oder nein. Bei nein tritt eine vorläufige Ersatzbestellung durch den Staat ein, die aber befristet sein müßte.
b. Bestellung der Gemeinderäte durch die verschiedenen Berufsstände und Berufsgruppen (Wirtschaft, Reichsnährstand, Arbeitsfront). Die Verteilung auf die verschiedenen Stände und Gruppen könnte nach Richtlinien des Reichsinnenministers der Gemeindeverfassung überlassen bleiben. In einzelnen Berufsständen und Berufsgruppen erfolgt die Ernennung des einzelnen durch den Führer.
c. Bestellung durch hierfür im einzelnen Ort in Betracht kommende zuständige Parteistelle im Benehmen mit den in der Gemeindeverfassung zu bestimmenden Führern der Wirtschaftsstände, Berufsstände und der Deutschen Arbeitsfront.[14]

Alle 3 Wege sind gangbar. Alle 3 Wege werden der Idee der Selbstverwaltung gerecht und stärken in den Gemeindeangehörigen das Bewußtsein, daß nicht nur Männer aus ihrer Mitte, sondern auch Männer ihres Vertrauens zur Mitarbeit berufen sind.

5.) Für die Mitwirkung der Gemeinderäte bestimmt das preußische Gesetz, daß der Leiter der Gemeinde sie vor seiner Entschließung in bestimmten Angelegenheiten zu hören hat.[15] Der Entwurf der Reichsgemeindeordnung geht weiter. Er läßt die Gemeinderäte in diesen Angelegenheiten, deren Katalog übrigens im wesentlichen mit dem preußischen Katalog übereinstimmt, beratend mitwirken und gibt

[14] Diese Alternative kam der Endfassung der DGO am nächsten, wonach der NSDAP-Beauftragte im Einvernehmen mit dem Bürgermeister die Gemeinderäte berufen sollte (vgl. DGO, § 51).

[15] Vgl. Gemeindeverfassungsgesetz, § 43 (PrGS 1933, S. 436).

ihnen außerdem das Recht, zu prüfen, ob die Verwaltung in Übereinstimmung mit dem Haushaltplan geführt ist, sowie Anfragen und Anregungen an den Bürgermeister zu richten.[16]

Bevor auf diesen Unterschied eingegangen wird, ist noch Klarheit darüber zu gewinnen, ob man den Gemeinderäten ein Beschlußrecht zubilligen soll. Vielfach wird angenommen, daß dieses Beschlußrecht die Einheit unter den Gemeinderäten gefährden könne, daß es außerdem in Widerspruch mit dem Führerprinzip stände. Der erste Einwand ist hinfällig. Eine wahre innere Einheit wird niemals durch bestimmte äußere Formen gesichert. Auch bei einer „Anhörung" können abweichende Meinungen auftreten. Man kann ihm die Behauptung entgegensetzen, daß wahre Führereigenschaften sich erst bewähren beim Durchsetzen des als richtig Erkannten gegenüber offen bekundeter Verständnislosigkeit oder Urteilslosigkeit anderer.

Die Beschlußfassung hat den großen Vorteil, daß der Bürgermeister am Ende der Beratung ein einheitliches Votum der Gemeinderäte vor sich hat. Er soll an dieses Votum nicht gebunden sein. Wenn er glaubt, daß das Votum den Interessen der Gemeinden abträglich sei, soll er die Gemeinderäte erneut befragen und dann aus eigener Überzeugung und aus eignem Verantwortungsbewußtsein entscheiden können. Durch diese Gegenüberstellung eines bestimmten Beschlusses der Gemeinderäte und des verantwortlichen Einzelwillens des Bürgermeisters entsteht die größtmöglichste Sicherheit für die Richtigkeit und Vertretbarkeit der endgültigen Handlung. Die Gemeinderäte werden wohl wissend, daß der Bürgermeister ihren Beschluß über den Haufen rennen kann, keine Neigung haben, einen Beschluß zu fassen, der später durch den Gang der Ereignisse sich als falsch erweist. Denn mehrere solche Beschlüsse und ihre Autorität ist dahin! Der Bürgermeister wiederum wird sich nicht veranlaßt sehen, einen Beschluß der Gemeinderäte beiseite zu schieben, wenn er seiner Sache nicht sicher ist. So wirken zwei auf der Grundlage höchster Verantwortlichkeit sich entwickelnde Kräfte mit- oder gegeneinander, und so ist, soweit menschliche Einrichtungen das überhaupt vermögen, das erreichbar Beste gesichert.

Glaubt man, zu einem solchen Beschlußrecht nicht kommen zu können, so muß wenigstens das in dem Entwurf einer Deutschen Gemeindeordnung vorgesehene Mitwirkungsrecht, und zwar noch etwas klarer, gesichert werden. Der Bürgermeister muß nämlich dann verpflichtet werden, ausdrücklich über jeden Verhandlungspunkt die Meinungen der Gemeinderäte festzustellen, und zwar, wenn sie untereinander abweichen, unter Festhaltung der Namen. Dann bildet sich auf diese Weise wenigstens aus dem Vergleich zwischen Meinungsäußerung und dem späteren Verlauf ein Verantwortungsbewußtsein.[17]

---

[16] Vgl. Ministerialentwurf, § 62 (BAB, R 2/20157).

[17] In die Endfassung der DGO wurde das beratende Mitwirkungsrecht der Gemeinderäte übernommen (vgl. DGO, § 55); im Falle von Meinungen, die von denen des Bürgermeisters abwichen, wurden sie zur Äußerung verpflichtet (ebd., § 57); Abstimmungs- oder Beschluss-

6.) Nach dem preußischen Gemeindefinanzgesetz wird die gesamte Haushalt- und Wirtschaftsführung der Gemeinden durch ein Gemeindeprüfungsamt geprüft. Die Entlastung des Leiters der Gemeinde wird von der Kommunalaufsichtsbehörde erteilt.[18] Hiermit schließt Preußen praktisch die Kette der Vernichtung der Selbstverwaltung (Anfang: Der Bürgermeister wird vom Staat ernannt. Mittelstück: Der Bürgermeister ist den Anweisungen des Staates unterworfen; seine Mitarbeiter und Beiräte werden vom Staat ... ernannt. Schlußstück: Er legt die Rechnung dem Staate). Der Entwurf der Reichsgemeindeordnung sieht von der Bildung von Gemeindeprüfungsämtern im allgemeinen ab, und er tut recht daran. Denn die Gemeindeprüfungsämter bei den Aufsichtsbehörden müssen sich entweder zu langsam arbeitenden oder zu Riesen-Gebilden auswachsen. Glaubt der Staat, sich eine Übersicht über die Führung der Gemeindeverwaltung verschaffen zu müssen, so kann er jährlich wechselnd, bald hier, bald da den Rechnungshof unmittelbar einschalten. Ihm steht ja in der beim Reichsrechnungshof gebildeten Abteilung, die früher von dem Reichssparkommissar geleitet wurde, eine sachverständige Dienststelle hierfür zur Verfügung. Der Entwurf der Reichsgemeindeordnung sieht vor, daß die Gemeinderechnung von den Gemeinderäten geprüft wird. Die Entlastung soll dann durch die Aufsichtsbehörde erfolgen. Mit diesem Vorschlag des Entwurfs sind wir nicht einverstanden. Es bestehen gar keine Gründe dagegen, die Entlastung nicht von den Gemeinderäten durch Beschluß oder vom Ersten Gemeinderat nach Anhörung der Gemeinderäte (vgl. oben Ziff. 5) aussprechen zu lassen. Nach unserer Erfahrung aber sind sie, mitten im praktischen Leben stehend, sehr wohl in der Lage, eine Rechnung nachzuprüfen und die Entlastung zu geben. Der Aufsichtsbehörde soll die Jahresrechnung mit dem Entlastungsbericht des Gemeinderats vorgelegt werden. Sie hat dann kraft des ihr allgemein zustehenden Aufsichtsrechts immer die Möglichkeit, einzugreifen, wenn sie glaubt, feststellen zu müssen, daß irgendetwas nicht in Ordnung sei.[19]

---

recht wurde ihnen jedoch nicht zugebilligt (ebd.). Jeserich erklärte Goerdelers Motive in diesem Zusammenhang in einem Schreiben an Ritter von 1952 folgendermaßen: „In der Tat war Goerdeler zunächst (...) der Auffassung, daß der Gemeinderat beschließen und nicht nur beraten sollte. Diese Ansicht konnte aber nicht verwirklicht werden schon bei den anderen Mitgliedern des Ausschusses, der über die Gemeindeordnung beriet, umso mehr als das vorangegangene preußische Gemeindeverfassungsgesetz schon das Beschlußrecht aufgehoben hat. (...) Nachdem Goerdeler und ich dann diesen Tatbestand hinnehmen mußten, haben wir versucht, das Beratungsrecht so nachdrücklich wie irgend möglich zu gestalten. (...) Hierdurch sollte erreicht werden, daß die Beratungen tatsächlich ernst genommen wurden (...).“ (vgl. Schreiben Jeserichs an Ritter vom 28.4.1952; BAK, N 1166/492).

18 Vgl. „Gesetz über die Haushalts- und Wirtschaftsführung der Gemeinden und Gemeindeverbände (Gemeindefinanzgesetz)“ vom 15.12.1933 (PrGS 1933, S. 442-474), 4. Abschnitt, §§ 121-138 (S. 467-470).

19 Der Ministerialentwurf sah für die Gemeinderäte lediglich ein beratendes Mitwirkungsrecht vor (vgl. BAB, R 2/20157, § 62).

7.) Die Staatsaufsicht ist nach dem preußischen Gesetz eine absolute.[20] Sie unterscheidet sich in nichts von der entsprechenden Funktion des Staates im 18. Jahrhundert, in jenem Jahrhundert, das mit der Aufklärungsrevolution geendet hat. Der kluge Mann baut vor. Eine Aufsicht darf niemals dahin gehen, in allen Dingen auch bei reinen Ermessensfragen den Entschluß des Leiters der Gemeinde ersetzen zu wollen. Sie kann sich immer nur darauf erstrecken, Gesetz- und grobe Ordnungswidrigkeiten zu beseitigen oder zu verhindern. Es liegt nun einmal im System der Selbstverantwortung, im übrigen auf den guten Sinn der Menschen zu vertrauen und ihr Selbstgefühl und ihr Verantwortungsbewußtsein zu heben. Der Entwurf der Reichsgemeindeordnung verkennt nicht, daß bestimmte Akte der Selbstverwaltung der Genehmigung bedürfen. Sie sind in § 120 des Entwurfs aufgezählt und werden im wesentlichen bis auf die Verleihung und Aberkennung von Ehrenbürgerrechten in den Vorschriften der preuß. Gemeindeordnung und im preußischen Finanzgesetz entsprochen. Hier sind also unüberbrückbare Unterschiede nicht feststellbar, auch nicht zu erwarten. Die entscheidende Frage ist die, ob der Staat das unbeschränkte Anweisungsrecht für sich in Anspruch nehmen soll, wie es Preußen in § 63 tut.[21] Damit nimmt der Staat die Allweisheit für sich in Anspruch. Allzuoft haben wir in der Praxis feststellen müssen, daß die Ansichten der staatlichen Aufsichtsbehörde über die Zweckmäßigkeit dieser und jener Maßnahmen absolut nichts mit Sparsamkeit und Zweckmäßigkeit der Verwaltung zu tun hatten. In der Ministerialinstanz kann man zweifellos eine überragende Weisheit von vornherein vermuten, aber ihr fehlt nun wieder die Möglichkeit, ihre allgemeinen Grundsätze zielsicher in organische Verbindung mit den Einzelheiten des Falles und mit den Bedürfnissen der örtlichen Gemeinschaft zu bringen. Um das zu tun, ist ja gerade eine örtliche Verwaltung organisiert. Wir kommen zum Polizeistaat schlimmster Art, wenn wir nicht großzügig die Möglichkeit in Kauf nehmen, daß im Rahmen der Gesetze und der Ordnung auch einmal Dummheiten am Ort gemacht werden. Aber solche Dummheiten kann auch der Staat machen. Gegen sie ist ein Kraut überhaupt nicht gewachsen.

Wird die preußische Regelung als dem Wesen der Selbstverwaltung vollkommen widersprechend abgelehnt, so bleibt nur noch übrig, zu prüfen,

a) ob die Aufsicht des Staates darauf abgestellt werden soll, daß der Staat die gesetzliche Ordnung verbürgt. Und das sollte tatsächlich das Ziel der Reichsgemeindeordnung sein. Die Verwaltung der Gemeinde muß die Gesetze vollkommen beachten. Zu den Gesetzen gehört heute die Sicherung der Autorität der Staatsführung. Gesetzlich geregelt ist eine derartige Fülle von Verwaltungs-

---

[20] Vgl. Gemeindeverfassungsgesetz, §§ 58-68 (PrGS 1933, S. 439-441).

[21] Vgl. ebd., § 63: „Die Aufsichtsbehörde kann Entschließungen und Anordnungen des Leiters der Gemeinde (...) aufheben und verlangen, dass Maßnahmen, die auf Grund derartiger Entschließungen oder Anordnungen getroffen worden sind, rückgängig gemacht werden." (ebd., S. 440). Dieser Regelung entsprach fast wörtlich der § 109 der DGO.

gebieten und von Entscheidungsmöglichkeiten, daß man eher von einem Zuviel als von einem Zuwenig an solchen Bindungen sprechen kann. Insbesondere unterliegt die Aufstellung des Haushaltplans, seine Durchführung, die Rechnungslegung, die Führung wirtschaftlicher Unternehmungen, die Festsetzung von Gemeindesteuern, Gebühren und Beiträgen aller Art, die Aufnahme von Schulden eingehenden Spezialregelungen und so vielfachen Mitwirkungszuständigkeiten des Staates, daß hier eine Bindung auf die Überwachung der gesetzlichen Ordnung mit dem höchsten Staatsinteresse übereinstimmt;

b) ob die Staatsaufsicht in Verbindung gebracht werden soll mit einer Sicherstellung durch Verwaltungsstreitverfahren. Es gibt heute Menschen, die das ganze Verwaltungsstreitverfahren überhaupt beseitigen wollen. Dieser Standpunkt ist absolut mechanisch. Er verwechselt die unmöglichen Zuständigkeiten des ehemaligen Staatsgerichtshofes mit der unter Bismarck organisch gegliederten und aufgebauten Verwaltungsgerichtsbarkeit. Der Verwaltungsgerichtsbarkeit werden nicht unterworfen Entscheidungen hoher Staatspolitik, sondern reine Zweckmäßigkeitsverfügungen, die richtig oder falsch sein können. Darüber soll das Verwaltungsgericht gar nicht einmal entscheiden. Es soll nur entscheiden, ob die gesetzlichen Voraussetzungen für einen Eingriff vorgelegen haben, und zwar deswegen, weil dieser Eingriff weitreichende materielle Folgen haben kann.[22] Es ist überaus bequem, total jede Kontrolle von Handlungen des Staates abzulehnen, es ist aber zweifellos auch falsch, sich auf diesen bequemen Standpunkt zu stellen. Es ist notwendig, die obenerwähnte Unterscheidung zwischen hoher Staatspolitik und reinen Zweckmäßigkeitsentscheidungen auch auf diesem Gebiete zu machen.

Wir halten es für notwendig, daß so schnell wie möglich über diese entscheidenden Gesichtspunkte eine Klärung und autoritäre Entscheidung herbeigeführt wird. Von dieser Entscheidung hängen System und politische Wirkung der Neuordnung vollkommen ab.

### 1.3.8 *Schreiben Goerdelers an Wilhelm Frick*

*maschinenschriftlicher Briefdurchschlag vom 22.11.1934; Privatbesitz.*[1]

Zusammenfassung der Änderungsvorschläge für den DGO-Entwurf vom 21.10.1934: das Verhältnis zwischen Staat, Partei und Gemeinde muss grundsätzlich geklärt werden; Partei und Staat können Eingriffsrechte in die Berufung der Stadtverwaltung bekommen, aber nicht in die Verwaltung selbst; Notwendigkeit der Öffentlichkeit von Gemeinderatssitzungen; Möglichkeit der Gemeinden zu einem Verwaltungsstreitverfahren gegenüber der staatlichen Aufsichtsbehörde; Zwang zum Haushaltsausgleich; Vermeidung eines übertriebenen Prüfungswesens.

---

[22] Die Möglichkeit des Verwaltungsstreitverfahrens wurde in der Endfassung der DGO garantiert (vgl. DGO, § 30).

[1] Vgl. zur Provenienz des Schreibens S. 107, Anmerkung 1.

Sehr verehrter Herr Reichsminister!

Herr Staatssekretär Dr. Pfundtner war so freundlich, mir den Reichs-Entwurf einer Gemeindeordnung – Stand 21. Oktober 1934 – zu übergeben. [2] Er hat nun dank der hingebenden Arbeit Ihrer Herren Sachbearbeiter eine kurze und in vielen Punkten voll befriedigende Fassung erhalten. Ich bin überzeugt, daß sich auch allerseits tragbare Lösungen für eine Reihe von Fragen ergeben, die mir nochmals einer genauen Prüfung und Würdigung und schließlich einer letzten politischen Entscheidung bedürftig erscheinen.

Es wird Ihnen, sehr verehrter Herr Reichsminister, nicht möglich sein, im einzelnen meine Bemerkungen und Änderungsvorschläge durchzulesen. Ich darf mir erlauben, Ihnen deswegen in diesem Schreiben nur diese letzterwähnten Hauptpunkte zusammenzustellen.

---

2 Nach der ersten Beratungsphase zur DGO, die im März 1934 zu einem Ministerialentwurf des Reichsministeriums des Innern führte (vgl. S. 121 f., Anmerkung 3), und der zweiten Phase, die mit Stellungnahmen der Landesregierungen zu dem Ministerialentwurf abgeschlossen war (vgl. Dokument 1.3.7, S. 126 ff.), waren die Verhandlungen in eine Sackgasse geraten. Die Differenzen zwischen preußischen und Reichsinstanzen, zwischen nationalsozialistischen und konservativen Kommunalpolitikern sowie zwischen nationalsozialistischen Kommunalpolitikern und nationalsozialistischen Parteifunktionären führten schließlich dazu, dass der Vorschlag Weidemanns, die weiteren Verhandlungen zunächst in den Ausschuss für Kommunalrecht und Kommunalverfassung der Akademie für Deutsches Recht zu verlegen, „um die eigentlichen Streitfragen einer wissenschaftlichen Klärung zuzuführen" (Weidemann, Entstehungsgeschichte, S. 98), von allen Beteiligten angenommen wurde. Der Ausschuss erarbeitete einen neuen DGO-Entwurf, in der zeitgenössischen Korrespondenz als „Akademie-Fassung" (als Anhang abgedruckt in: Weidemann, Entstehungsgeschichte, S. 112-134) bezeichnet. In der Zwischenzeit hatte sich jedoch die Zusammensetzung der Protagonisten entscheidend verändert. Während zunächst Fiehler und Weidemann in ihrer Eigenschaft als Vertreter des Amts für Kommunalpolitik die NSDAP-Interessen innerhalb der Beratungen zur DGO repräsentiert hatten, änderte sich diese Situation im Juli 1934: Am 27.7.1934 war durch einen Erlass Hitlers die Anordnung getroffen worden, dass der Stellvertreter des Führers an den Vorarbeiten zu Reichsgesetzen zu beteiligen sei (vgl. Peter Longerich: Hitlers Stellvertreter. Führung der Partei und Kontrolle des Staatsapparates durch den Stab Heß und die Partei-Kanzlei Bormann, München, London, New York und Paris 1992, S. 18 ff.). Daraufhin schaltete Heß das Referat „Neubau des Reiches" unter Adolf Wagner und das „Referat für staatsrechtliche Fragen" unter Walter Sommer in die DGO-Beratungen ein. Die abschließende Redaktion der „Akademie-Fassung" besonders durch Adolf Wagner – die Ende September 1934 im Braunen Haus in München stattfand und deshalb auch die Bezeichnung „Fassung Braunes Haus" führte – bedeutete eine Betonung der Stellung des Ortsgruppenleiters in der Gemeinde, die mit einem Machtverlust des Gemeindeleiters einherging. Der „Entwurf Braunes Haus" vom 1. Oktober wurde mit geringfügigen Änderungen vom Reichsministerium des Innern am 21. Oktober als Ministerialentwurf übernommen (LAB, B, Rep. 142-7, DGT, B, Nr. 4403); auf diesen Entwurf bezieht sich Goerdeler im folgenden.

1. Der Entwurf befaßt sich mit einem besonderen Abschnitt, dem Verhältnis von Partei und Gemeinde.[3] Hierin sehe ich einen grundlegenden Fehler. Es gibt ein Verhältnis zwischen Partei und Staat, es gibt es dort in einem leider nur zu großen und nicht genügend geklärten Umfange. Aber eine Ausdehnung über diesen Stand sollte unter allen Umständen vermieden werden. Die Partei ist eine totale. Deswegen muß die Lösung gefunden werden für Partei und Staat, die Lösung darf aber nicht aufgegliedert werden in Tausende von Einzelproblemen, die sich auftun würden, wenn der Staat auch das Problem Partei und Gemeinde aufrollt. Er muß es total regeln, aber er darf es nicht zu einem neuen Problem mit neuen Unklarheiten werden lassen. Darauf muß nach meiner Meinung im Hinblick auf die besonders schweren Anstrengungen, die unser Volk noch zu machen haben wird, entscheidendes Gewicht gelegt werden. Das Problem würde in Tausenden von Gemeinden neu aufgerollt, wenn die Gemeindeordnung wie im § 16 Abs. 1 bestimmen wollte, daß der Ortsgruppenleiter der NSDAP in der Gemeinde für die Einheit von Partei und Staat verantwortlich ist, daß seine Zustimmung zur Anstellung von Beamten und Angestellten, zum Erlaß von Satzungen erforderlich ist und daß seine Weigerung durch die nächsthöheren Parteidienststellen ersetzt werden kann. Hier würde jede Schwierigkeit innerhalb der Gemeinde hinaufrollen in die beiden Säulen Staat und Partei. Das darf nicht sein. Außerdem würden in der Gemeinde folgende Konflikte möglich:
   1. Zwischen Ortsgruppenleiter und Bürgermeister. Diesen macht man verantwortlich für den ordnungsmäßigen Stand der Gemeindeverwaltung, jener wird aus seinem Verantwortlichkeitsbereich häufig andere Gesichtspunkte herleiten. Der gesunde Führergrundsatz wird aufgespalten in einen verderblichen Dualismus.
   2. Zwischen Ortsgruppenleiter und Gemeinderäten. Sie sind die Berater des Bürgermeisters. Sie werden Puppen, wenn in den wichtigen Dingen nicht sie, sondern der Ortsgruppenleiter zuständig ist.

   In dieser Ansicht werde ich bestärkt durch die Mitteilungen einer Reihe von Oberbürgermeistern, die alte Parteimitglieder, aber erst kürzere Zeit im Amte sind. Wenn sie über die Unerträglichkeit parteimäßiger Eingriffsgelüste in ihren Verantwortungsbereich klagen, sie, die eher fähig sind, kraft parteimäßiger Fühlung solche Widersprüche zu beseitigen, dann erscheint mir Gefahr für die öffentliche Ordnung im Verzuge.

   Die Lösung sehe ich darin, daß die Partei entscheidend mitwirkt bei der Gesetzgebung und bei der Besetzung bestimmter leitender Stellen. Zu solchen Stellen gehören in der Gemeinde die Stellen des Bürgermeisters und die Stellen der Gemeinderäte. Hat die Partei hier einmal ihre entscheidende Mitwirkung vollzogen, so müssen nunmehr diese Organe, nämlich Bürgermeister und Ge-

[3] Der zweite Teil des Ministerialentwurfs behandelte in den Paragraphen 16 bis 19 das Verhältnis von Partei und Gemeinde (vgl. ebd.).

meinderäte frei wirken und ihrer Verantwortung gerecht werden können, sonst kann sich ja niemals eine klare Verantwortlichkeit entwickeln. Denn wenn von außen her in den Gang der Dinge eingegriffen wird, wird der Bürgermeister mit vollem Recht später die Verantwortung ablehnen; der Eingreifende aber wird sich wieder auf die gesetzliche Vorschrift berufen, daß der Bürgermeister verantwortlich sei.

Ich komme daher zu dem Vorschlag, daß die Gemeinderäte von demjenigen, das Gemeindebürgerrecht besitzenden Amtsleiter berufen werden, der vom Führer oder der von ihm bestimmten Parteidienststelle damit beauftragt wird.[4] Selbstverständlich wird nur in Ausnahmefällen der Führer selbst eingreifen. Ich könnte mir einen solchen Ausnahmefall für Berlin und München denken. Im übrigen wird er durch eine Dienstanweisung die zuständige Parteidienststelle bestimmen. Mit dieser Lösung wird der bisherige Streit aus dem Wege geschafft, ob der Ortsgruppenleiter oder der Gauleiter die richtige Stelle ist. Das mag und soll die Partei und der Wille des Führers regeln. Aber die einmal festgestellte Verantwortung muß dann von allen Seiten geachtet werden. Die von diesem dem Führer und der Partei verantwortlichen Mann bestellten Gemeinderäte sind dann diejenigen, an die der Bürgermeister sich bei seiner Verwaltung zu halten hat und niemand anders. Mehr kann durch Gesetz nicht bestimmt werden. Die Durchführung des Gesetzes ist dann Sache des politischen Willens. Ich zweifle nicht, daß die Partei es für nützlich erachten wird, diesen politischen Willen gegenüber jedem Amtswalter der Partei durchzusetzen, der dieses Gesetz nicht achten sollte.

Ich schlage ferner erneut vor – und hiermit war Herr Oberbürgermeister Fiehler früher einverstanden –, die Stelle eines Ersten Gemeinderates zu gründen. Es kann der Parteidienstälteste, es kann der Lebensälteste, es kann ein von dem oben erwähnten Amtsleiter bestimmter Gemeinderat sein.[5] Er übt bestimmte Funktionen aus.

---

4 Nach § 16 des Ministerialentwurfs sollten die Gemeinderäte vom Ortsgruppenleiter der NSDAP berufen werden im Einvernehmen mit dem Bürgermeister (vgl. ebd., § 16, Absatz 2a). In der Endfassung der DGO wurde diese Fassung übernommen (vgl. DGO, § 51).

5 Während in den vorhergehenden Entwürfen noch unbestimmt von einem NSDAP-Vertreter die Rede war, der durch die Stellung als Erster Gemeinderat in die Gemeindeverwaltung integriert werden sollte (vgl. S. 122, Anmerkung 4), war erstmals in der Akademie-Fassung dem jeweiligen NSDAP-Ortsgruppenleiter diese Funktion zugedacht worden (vgl. Akademie-Fassung, § 37, in: Weidemann, Entstehungsgeschichte, S. 118). Die Relevanz dieser Variante lag darin, dass der Ortsgruppenleiter als außerhalb der Gemeindeverwaltung Stehender ein weitreichendes Verfügungsrecht über diese bekommen hätte. Während der Ministerialentwurf diese Fassung noch übernommen hatte (vgl. LAB, B, Rep. 142-7, DGT, B, Nr. 4403, § 16), war in der Endfassung der DGO wiederum die Bezeichnung „Beauftragter der NSDAP" übernommen (vgl. DGO, § 6) und dessen Kompetenzen etwas modifiziert worden (vgl. ebd., §§ 33, 41, 45, 51 und 54). Die Implementierung des NSDAP-Ortsgruppenleiters zur Beaufsichtigung der Gemeinde, für die Goerdeler die Verantwortlichkeit

Er beruft den Bürgermeister. Zur Pflicht gemacht wird ihm vorherige Ausschreibung der Stelle, zur Pflicht gemacht wird ihm die Beratung der Bewerbungen mit den anderen Gemeinderäten, zur Pflicht gemacht wird ihm die Auswahl von 3 Bewerbern, die er der Aufsichtsbehörde vorschlägt. Zur Pflicht gemacht wird ihm die Achtung der Entscheidung der Aufsichtsbehörde. Kann die Aufsichtsbehörde auch einer zweiten Vorschlagsliste, die nach etwaiger Verwerfung der ersten vorgelegt wird, nicht zustimmen, so geht das Berufungsrecht auf sie über. In irgendeinem Zeitpunkt muß das Interesse des Staates Verantwortung und Entscheidung übernehmen.

Der Erste Gemeinderat beruft auch im Benehmen mit dem Bürgermeister die Beigeordneten, nicht, wie im Entwurf vorgesehen, der Bürgermeister.[6] Es wird häufig gesagt, es sei notwendig, daß der Bürgermeister sich seine Mitarbeiter nach seiner Verantwortung aussuche. Das ist schön, aber Theorie, denn die Amtszeit beträgt 12 Jahre. Ganz selten werden Amtszeit des Bürgermeisters und Amtszeiten der Beigeordneten übereinstimmen. In Wirklichkeit findet ein dauernder, zeitlich nicht miteinander übereinstimmender Wechsel statt. Und der etwa nach 4 Jahren neu eintretende Bürgermeister muß sich auch mit den Beigeordneten, die er vorfindet, abfinden, sonst würde das Verfahren etwas teuer werden. Da also der beabsichtigte Zweck überhaupt nicht zu erreichen ist, so ist es richtiger, die Stellung der Beigeordneten stärker in der politischen Sphäre der von der Partei kommenden Gemeinderäte durch Berufung seitens des Ersten Gemeinderates zu verankern als in der Stellung des vergänglichen Bürgermeisters. Auch für den Bürgermeister ist es bei einer machtvollen Ausgestaltung seiner Stellung wichtig, daß er Grenzen seiner Macht um sich sieht. Die besten Leistungen werden erzeugt durch Überwindung eingeschalteter oder sich einschaltender Widerstände. Die Beigeordneten sollen zwar dem Bürgermeister disziplinar vollkommen unterstellt sein. Sie müssen seinen Anweisungen folgen, aber sie dürfen sich nicht als Werkzeuge von seinen Gnaden betrachten. Dann, und nur dann wird sich der Bürgermeister Achtung in der Bevölkerung erwerben, wenn man weiß, daß er nicht mit Männern seines Willens umgeben ist, sondern mit Männern, die ihre Meinung vor ihm vertreten und die richtig anzusetzen und einzuspannen für ihn eine Kunst ist. In dieser meiner stets geäußerten Überzeugung haben mich gewisse Beobachtungen in preußischen Städten nur bestärkt. Dort hat die ausschließliche Machtstellung des

---

Fiehlers impliziert, war tatsächlich zurückzuführen auf die Neubeteiligung Adolf Wagners an den Beratungen (s.o., Anm. 2 sowie Weidemann, Entstehungsgeschichte, S. 98).

6 Während im Ministerialentwurf die Berufung der Beigeordneten durch den Bürgermeister vorgesehen war (vgl. LAB, B, Rep. 142-7, DGT, B, Nr. 4403, § 45), wurde in der Endfassung der DGO die Berufung – nach öffentlicher Ausschreibung, Auswahl durch den NSDAP-Vertreter und Bestätigung durch die Aufsichtsbehörde – an die Gemeinde verwiesen (vgl. DGO, § 41).

Bürgermeisters in Verbindung mit einer zweifellos unzweckmäßigen Auswahl der Gemeinderäte zu einer ebenso großen Interesselosigkeit wie Kritiksüchtigkeit der Bevölkerung geführt.

Zum Schluß dieser Betrachtung erlaube ich mir noch, gegen den Entwurf anzuführen die Unmöglichkeit der Bestimmung in § 17 Abs. 1, daß ein Ortsgruppenleiter für mehrere Gemeinden zuständig sein soll.[7] Lebensfremder und schematischer kann man nun schon nicht organisieren. Es ist doch bekannt, daß benachbarte Gemeinden in häufigen, auch bei idealster Volksgemeinschaft unvermeidlichen Interessenkonflikten miteinander leben. Jetzt soll einundderselbe Ortsgruppen- oder Kreisleiter in die Lage kommen, von sich aus, z.B. bei der Genehmigung oder Nichtgenehmigung ihm vorgelegter Satzungen, in die Interessenkonflikte sich zu begeben, Partei zu nehmen und so schließlich auch in sehr wichtige Belange des Staates einzugreifen. Diese Gefahr ist umso größer, als nicht einmal jede Satzung der Aufsichtsbehörde zur Genehmigung vorzulegen ist.

Ich halte es für notwendig, über diesen Gedankengang hinaus die Gemeinderäte, nachdem einmal die Partei sie herausgestellt hat, auch in eine gewisse Selbständigkeit zu bringen. Deswegen soll über Abberufung der Gemeinderäte, sofern allgemeine Voraussetzungen nicht mehr vorliegen, die Aufsichtsbehörde entscheiden. Der Partei bleibt es unbenommen, einen Gemeinderat zur freiwilligen Niederlegung zu veranlassen, wenn politische Gründe ihr dies erforderlich erscheinen lassen.[8]

Ich hatte neulich Gelegenheit, dem Führer und Reichskanzler auf seinen Wunsch vorzutragen, wie ich mir bei der Preisüberwachung das Verhältnis von Staat zur Partei denke. Die von mir beabsichtigte und inzwischen durchgeführte Regelung hat seine und seines Stellvertreters Zustimmung in vollem Umfange gefunden. Ich möchte meinen, daß er sich auch in der Gemeindeordnung zu einer Linie bekennen wird, die der von mir in der Preisüberwachung erfolgten gleichläuft.[9]

2. Die Sitzungen der Gemeinderäte sollten grundsätzlich öffentlich sein und nicht umgekehrt.[10] Ich erwähnte schon oben, wie erschreckend manche Feststellun-

---

7 Die Bestimmung wurde nicht in die Endfassung der DGO übernommen.

8 Nach der Ministerialfassung hatte der NSDAP-Ortsgruppenleiter das Recht, Gemeinderäte im Benehmen mit dem Bürgermeister zu entlassen (vgl. LAB, B, Rep. 142-7, DGT, B, Nr. 4403, § 55). In der Endfassung der DGO war diese Bestimmung im Sinne Goerdelers abgeändert durch den Verweis der Entscheidung an die Aufsichtsbehörde (vgl. DGO, § 54).

9 Seit dem 5. November 1934 hatte Goerdeler erneut den Posten eines Reichskommissars für die Preisüberwachung übernommen. Vgl. auch sein Schreiben an Hans-Heinrich Lammers vom 24.11.1934; Dok. 2.3.5, unten S. 235 f.

10 Nach der Ministerialfassung sollten Gemeinderatssitzungen nicht öffentlich sein; der Bürgermeister sollte jedoch die Möglichkeit haben, auch öffentliche Sitzungen anzuberaumen (vgl. LAB, B, Rep. 142-7, DGT, B, Nr. 4403, § 57, Absatz 2). Die Bestimmung in der End-

gen sind über steigende Interesselosigkeit und Kritiksucht der Bürger einzelner Gemeinden. Es ist ja auch zu ledern, wenn der Bürger etwa alle 14 Tage in der Zeitung liest, daß der Bürgermeister die Gemeinderäte um sich versammelt und ihnen folgende Gegenstände zur Beratung vorgelegt habe. Den Bürgern wird das Rathaus allmählich ein fremdes Haus, sie haben mit dem, was dort geschieht, geplant und ausgeführt wird, nichts zu tun. Es wird schon ohnehin sehr schwierig sein, auf die Dauer auszukommen, ohne auch in der Gemeinde den Bürgern die Möglichkeit zu geben, irgendeinen Akt der Kritik an dem Bürgermeister, seinen Mitarbeitern und den Gemeinderäten auszuüben. Sehr weise hat der Führer für sich und die Reichsregierung in gelegentlichen Volksbefragungen eine solche Möglichkeit geschaffen.[11] Das Mindeste, was mir in der Gemeinde notwendig erscheint, ist, daß die Bürger, ohnehin schon zu einer starken Passivität verurteilt, wenigstens durch die Öffentlichkeit der Gemeinderatssitzungen die Möglichkeit erhalten, sich zu unterrichten, um in wichtige Vorfälle innerhalb der Gemeinde unmittelbaren Einblick zu gewinnen. Daß in bestimmten Fällen die Öffentlichkeit ausgeschlossen werden muß, ist eine Selbstverständlichkeit.

3. Die Staatsaufsicht ist im Entwurf im wesentlichen sehr glücklich formuliert. In einzelnen Paragraphen habe ich noch vorgeschlagen, auf das Genehmigungsrecht der Aufsichtsbehörde zu verzichten. Es sollte niemals eingesetzt werden, wo es als die Inanspruchnahme höherer Weisheit erscheint. Sie ist nun einmal keine gottgewollte und gottgegebene Tatsache. Allzuoft habe ich mich in langjährigen Erfahrungen gegen eine mindere Einsicht der staatlichen Aufsichtsbehörde wenden müssen.[12] Ich habe Fälle erlebt, in denen diese Behörde Tarifänderungen verlangte, deren Durchführung ein vollendetes Unheil gewesen wäre. Ich kenne Fälle, in denen Anforderungen an die Gemeinden gestellt wurden, zu deren Übernahme sie nicht fähig waren, weil der Leiter der staatlichen Aufsichtsbehörde zeigen wollte, was er konnte. Die Spuren solchen Willens stehen heute noch als schwere Belastung mancher Gemeinden da. Also gegenüber der höheren Weisheit bin ich außerordentlich vorsichtig. Die Aufsichtsbehörde muß organisch richtig an zwei Punkten in die Erscheinung treten,

---

fassung der DGO stellte dem Bürgermeister anheim, bei jeder einzelnen Sitzung über deren Öffentlichkeit zu entscheiden (vgl. DGO, § 56, Absatz 2).

11 Mit dem „Gesetz über Volksabstimmungen" vom 14.7.1933 (RGBl. 1933/I, S. 480) wurde nicht gerade die Mitbestimmung der Bevölkerung garantiert; vielmehr bedeutete das Gesetz die Einführung plebiszitärer Elemente und akklamativer Resolutionen anstelle einer parlamentarischen Regierungspraxis. Die Parallele, die Goerdeler hier zur Öffentlichkeit der Gemeinderatssitzungen zieht, ist deshalb nicht einleuchtend. Vgl. auch Broszat, Der Staat Hitlers, S. 127.

12 Nach § 10 des Ministerialentwurfs war die Aufsichtsbehörde berechtigt, Maßnahmen des Bürgermeisters aufzuheben bzw. zu revidieren (vgl. LAB, B, Rep. 142-7, DGT, B, Nr. 4403, § 10). Vgl. zu dieser Problematik auch S. 135, Anmerkung 21.

a) wenn der Akt der Gemeinde ein so außergewöhnlicher ist, daß hier die Aufsichtsbehörde veranlaßt werden soll, besondere Aufmerksamkeit zu nehmen und sich dabei insgesamt von dem richtigen Gang der Verwaltung zu überzeugen,
b) wenn der Akt der Gemeinde irgendeiner Gefahr unsachlicher Beeinflussung ausgesetzt erscheint und aus diesem Grunde die letzte Entscheidung in eine andere fernere Sphäre entrückt werden muß.

Ein sehr wichtiger, von mir stets vertretener Vorschlag, dem auch Herr Oberbürgermeister Fiehler zustimmte, ist in den Entwurf nicht aufgenommen, nämlich die Möglichkeit für die Gemeinde, gegenüber bestimmten Akten der Staatsaufsicht in ein Rechtsschutzverfahren zu gehen.[13] Selbstverständlich halte ich es für ausgeschlossen und verderblich, ein solches Rechtsschutzverfahren stets Platz greifen zu lassen. Daran hat auch Freiherr vom Stein nicht gedacht, und das hat es in Preußen auch nie gegeben. Aber es gibt Fälle, in denen der Akt der Aufsichtsbehörde vermischt ist mit der Wahrnehmung finanzieller Interessen des Staates. Für diese Fälle verlangt es meiner Ansicht Anstand und Ansehen der öffentlichen Verwaltung, von ihr jeden auch nur möglichen Verdacht fernzuhalten, daß Verwaltungsbefugnisse ausgenutzt werden könnten, um finanzielle Belange durchzudrücken. Deswegen habe ich zu § 12 den Vorschlag gemacht, daß die Gemeinden gegen Anordnungen der Aufsichtsbehörde, mit denen ihnen finanzielle Verpflichtungen zugunsten oder in Entlastung des Staates auferlegt werden, das Oberverwaltungsgericht oder ein anderes vom Reichsminister des Innern bestimmtes Gericht anrufen können. Es genügt eine Instanz. Die Fälle sind selten. Eine Überlastung des Oberverwaltungsgerichts wird sich also nicht ergeben.

4. Der Gemeindeetat muß ausgeglichen sein. Es genügt nicht, der Gemeinde die Verpflichtung aufzuerlegen, alle Anstrengungen in dieser Richtung zu machen.[14] Das sagt nichts. Da gibt es genau soviel Auslegungsmöglichkeiten, wie es Gemeinden gibt. Wenn der Staat grundsätzlich einen ausgeglichenen Etat verlangt, dann wird es einige Gemeinden geben, wo der Wille und die Kunst des Bürgermeisters nicht ausreichen und wo der Staat eingreifen muß. Aber das wird eine Auslese von Schwierigkeitsfällen sein, während sonst, namentlich in schwierigen Zeiten, der nichtausgeglichene Etat, bei dem alle Gemeinden auf den

[13] Während der Ministerialentwurf den Gemeinden lediglich ein Beschwerderecht gegen Anordnungen der Aufsichtsbehörde zubilligte (ebd., § 12), wurde die Möglichkeit des Verwaltungsstreitverfahrens in der Endfassung der DGO garantiert (vgl. DGO, § 30).

[14] Die Fassung des Ministerialentwurfs besagte lediglich: „Die Gemeinde ist verpflichtet, alle zulässigen Mittel auszunutzen, um die Ausgaben mit den Einnahmen auszugleichen." (vgl. LAB, B, Rep. 142-7, DGT, B, Nr. 4403, § 86, Absatz 2); in der Endfassung der DGO war die Bestimmung folgendermaßen geändert worden: „Die Ausgaben sind unter Einbeziehung von Fehlbeträgen aus Vorjahren mit den Einnahmen auszugleichen." (vgl. DGO, § 85, Absatz 1).

Staat einstürmen, die Regel sein wird. Die Ausgeglichenheit aller öffentlichen Etats aber ist eine so unerläßliche Voraussetzung für die Aufrechterhaltung der Währung, es muß so brutal von der Gemeinde verlangt werden, daß sie mit ihren Mitteln eben auskommt, daß hier ganz harte Vorschriften unerläßlich sind. Ich habe sie im einzelnen vorgeschlagen (§ 86).

Ebenso wichtig erscheint es mir, von dem Lieblingswunsch und Traum so vieler Stellen des Reiches und der Länder, auch mancher Gemeinden Abstand zu nehmen, die Haushalte der Gemeinden in ein bestimmtes Schema zu pressen (§ 106 des Entwurfs).[15] Mit diesem Schema wird in Wahrheit nicht einmal die Vergleichbarkeit erreicht. Denn solche Vergleiche führen zu höchst falschen Schlüssen. Das Fürsorgewesen einer Gemeinde kann mit dem einer anderen Gemeinde, auch wenn die Etatansätze nach dem gleichen Schema geordnet sind, doch nicht verglichen werden. Denn die Verhältnisse und Voraussetzungen in diesen beiden Gemeinden können grundverschieden voneinander sein. Ich habe selbst zu häufig die Verwaltung meiner Stadt mit der etwa gleich großer Städte verglichen und weiß, daß nun einmal in Köln in der Eigenart der Bevölkerung, im Klima, also sagen wir einmal in Blut und Boden ganz andere Bedingtheiten gegeben sind als in Leipzig. Es wäre vollkommen ausgeschlossen und sinnlos, etwa das Kölner Fürsorgewesen im System heute nach Leipzig übertragen zu wollen und umgekehrt. Auf anderen Gebieten sind die Unterschiede noch größer, insbesondere auf allen technischen Gebieten. Die Kosten des Straßenbaues kann ich bei noch so übereinstimmendem Schema gar nicht vergleichen, ohne nicht Steigungsverhältnisse, Beschaffenheit des Untergrundes, Wohnweise, Bauart der Häuser, Verkehrsdichte usw. festzustellen. Also die Vergleichbarkeit wird mit einer öden Gleichartigkeit des Schemas nicht gefördert, nicht einmal ermöglicht. Im Gegenteil, ich sehe gerade in dem Schema die ganz große Gefahr falscher Vergleiche, die dann zu falschen örtlichen und zentralen Maßnahmen verleiten und schließlich zu einem öden Zentralismus führen.

Kein wirklich lebenswichtiges Staatsinteresse wird berührt, wenn auf diese Gleichartigkeit des Schemas verzichtet wird. Sie ist von Professoren erwünscht, den im Leben Stehenden ist sie ein Nichts. Wohl aber wird etwas sehr wertvolles vernichtet, nämlich der Wettbewerb um höchste Leistungen. Es ist ja eine wahre Freude zu sehen, wie die einzelnen Landesteile und Gemeinden ihre

15 Die Ministerialfassung sah die Möglichkeit vor, die Aufstellung und Ausführung des Gemeindehaushaltsplans per Verordnung durch das Reichsministerium des Innern regeln zu lassen (vgl. LAB, B, Rep. 142-7, DGT, B, Nr. 4403, § 106). Diese Regelung hatte ihren Vorläufer im preußischen Gemeindefinanzgesetz, das die Haushaltslegung von Gemeinden auf die Verwendung von Musterhaushaltsplänen verpflichtet hatte (vgl. PrGS 1933/I, § 14). In die Endfassung der DGO wurde diese Schematisierung nicht übernommen, sondern die Festsetzung von Haushaltssatzung und -plan in den Kompetenzbereich der Gemeinde verwiesen (vgl. DGO, § 83).

Systeme in sich fortentwickelt haben, wie sie, weil sie seine Eigenart kennen, beim Vergleich mit anderen Systemen nicht an der Oberfläche haften bleiben, sondern auf die Urgründe zurückgehen und damit zu richtigen Schlüssen, zur Ablehnung von falschem und zur Übernahme von richtigem anderwärts erarbeiteten Gedankengut kommen. Die Hochentwicklung der deutschen Verwaltung im letzten Jahrhundert, die noch nicht verkannt werden darf, ist sehr wesentlich auf diesen Wettbewerb um die beste Leistung auch in der systematischen Ordnung, in der Einfachheit und Übersichtlichkeit zurückzuführen. Ich kann nur auf das dringenste empfehlen, diese Wettbewerbsmöglichkeit durch bewußten Verzicht auf schematische gleichartige Anordnungen dem Staate, den Gemeinden und dem Ganzen zu erhalten und auf den § 106 zu verzichten.

5. Das gilt insbesondere auch für das Prüfungswesen. Hier neigen wir ohnehin einer Überzüchtung zu. Sie hat in den preußischen Gemeindefinanzgesetzen ihren vollendeten Ausdruck gefunden.[16] Das organisch Richtige ist, daß jede Gemeinde, die dazu in der Lage ist, ihr eigenes Prüfungswesen hat. Es ist Sache der Aufsichtsbehörde, das richtige Funktionieren dieses Prüfungswesens zu überwachen. Das sieht der Entwurf auch an sich vor, aber er enthält die Möglichkeit, die für die kleineren Gemeinden notwendigen überörtlichen Prüfungsstellen auch als übergeordnete Stellen gegenüber den örtlichen Rechnungsprüfungsämtern einzusetzen. Und hier beginnt die Organisierungswut, die die Vernunft aus dem Felde schlägt. Es ist schon in einer Verwaltung außerordentlich schwierig, die Verantwortlichkeit der ausführenden Stellen zu schützen vor Eingriffen des Rechnungswesens in der Sache selbst. Wenn ein Rechnungsamt mit Recht beauftragt wird, auch die Wirtschaftlichkeit und Zweckmäßigkeit aller Verwaltungshandlungen nachzuprüfen, so darf es doch niemals dahin ausarten, daß mit seiner Tätigkeit die Verantwortung des ausführenden Organs ausgehöhlt wird. Ich habe bei überspitztem Rechnungswesen schon erlebt, daß der Baurat X, um sich vor späteren Angriffen zu schützen, vor Inangriffnahme eines ordnungsmäßig bewilligten Bauwerkes das Rechnungsamt zu Einzelheiten der Vergebung und Ausführung zuzog, um sich nicht später sagen zu lassen, daß seine Maßnahmen unzweckmäßig gewesen seien. Damit beißt sich die Katze in den Schwanz. Durch diese Überspitzung des Prüfungswesens wird das Prüfungsamt zur Verwaltungsbehörde, und das darf nicht sein, wenn nicht die ganze Einrichtung ihren Sinn verlieren soll. Sie darf niemals die Verantwortlichkeiten der ausführenden Stelle aufheben. Ich schlage vor, daß

[16] Nach dem preußischen Gemeindefinanzgesetz musste die Haushaltsrechnung örtlichen Rechnungsprüfungsämtern zur Vorprüfung vorgelegt werden (vgl. PrGS 1933/I, §§ 115 ff.), zur Entlastung dem Rechnungsprüfungsamt der Aufsichtsbehörde (ebd., § 121). Diese Vorschriften waren in den Paragraphen 98 bis 105 der Ministerialfassung größtenteils übernommen worden und wurden auch für die Endfassung der DGO beibehalten (vgl. DGO, §§ 96-103).

die überörtlichen Prüfungsämter von vornherein so eingerichtet werden, daß sie in Gemeinden mit eigenen Prüfungsämtern nicht regelmäßig tätig werden, sondern nur auf Anforderung des Bürgermeisters oder auf Anforderung der Aufsichtsbehörde im einzelnen Falle.

Ich stehe Ihnen, hochverehrter Herr Reichsminister, selbstverständlich jederzeit noch zur mündlichen Erläuterung zur Verfügung. Es würde mir nicht unzweckmäßig erscheinen, wenn noch ein kleiner Kreis diese Gedankengänge und die ihnen zugrundeliegenden Teile des Entwurfs überprüfen würde. Gewiß muß in bestimmten Fragen eine letzte Entscheidung durch Sie oder den Führer erfolgen.

In aufrichtiger Verehrung habe ich die Ehre zu sein, Herr Reichsminister,

Ihr stets ergebener

[Goerdeler]

### 1.3.9 *Schreiben Goerdelers an Hans Pfundtner*

*maschinenschriftlicher Briefdurchschlag vom 12.12.1934; Privatbesitz.*[1]

Das größte Manko des letzten DGO-Entwurfs ist sein implizites Misstrauen gegen die Selbstverwaltung; vergangene Fehler sind nicht der Selbstverwaltung, sondern dem politischen System der Weimarer Republik anzulasten.

Sehr geehrter Herr Staatssekretär!

In der Anlage erlaube ich mir, Ihnen meine Bemerkungen zum Entwurf der Deutschen Gemeindeordnung[2] zu übersenden. Der Entwurf stellt einen wesentlichen Fortschritt gegenüber der letzten mir übersandten Fassung dar.[3]

In zwei wesentlichen Punkten wird und kann er sich nicht bewähren.

1. Es ist notwendig, den Ersten Gemeinderat zu bestellen. Der vom Führer bestellte Amtsleiter ist nur geeignet, die Gemeinderäte und unter ihnen den Ersten Gemeinderat zu bestimmen. Im übrigen muß er nach dieser Aktion so schnell wie möglich wieder aus der Verwaltungslinie herausgezogen werden. Zu dieser Auffassung komme ich nicht nur aus allgemeinen Erwägungen, sondern auch aus der Auswertung der Klagen im vorigen Jahre ernannter Oberbürgermeister

---

1 Vgl. zu der Provenienz des Schreibens S. 107, Anmerkung 1.

2 Am 11. Dezember hatte Goerdeler von Pfundtner den neuesten Ministerialentwurf zur DGO erhalten, der am 14. Dezember mit dem StdF und den beteiligten Ressorts beraten werden sollte; vgl. Schreiben Pfundtners an Goerdeler vom 11.12.1934 (Privatbesitz; der Entwurf befindet sich ebenfalls in den Akten des Reichsfinanzministeriums (R 2/20157) und denen des DGT (LAB, B, Rep. 142-7,DGT, B, Nr. 4403)). Bei dem Entwurf handelte es sich um einen Versuch des Reichsministeriums des Innern, die Initiative gegenüber dem StdF wieder an sich zu reißen (vgl. zu der Konkurrenzsituation zwischen dem Reichsministerium des Innern und dem Stellvertreter des Führers S. 137, Anmerkung 2) und mit den Beratungen an den Stand von Ende März anzuknüpfen, ohne die zwischenzeitlich erstellten Entwürfe zu berücksichtigen.

3 Vgl. ebd.

aus dem Lande. Der Amtsleiter steht der politischen Sphäre noch zu nahe. Die Aufgabe, den Bürgermeister und die Beigeordneten zu berufen, muß tiefer verankert werden in dem Verantwortungsbewußtsein der Gemeinderäte. Denn sie sollen ja nach § 43 eine besondere und richtig erkannte Aufgabe haben.[4] Ich kann nur dringend bitten, in dieser Richtung meinem Vorschlag zu folgen.[5]

2. Der Entwurf ist noch viel zu viel diktiert von dem Mißtrauen der Aufsichtsbehörde gegenüber der Gemeindeverwaltung.[6] Ich kann davor nur warnen. Fehler der Vergangenheit waren Fehler des politischen Systems, nicht Fehler der Organisation der Selbstverwaltung. Nichts berechtigt zu der Behauptung, daß durch die stärkere Hineinziehung der Aufsichtsbehörde in den Verantwortungsbereich der Selbstverwaltung ein sachlicher Fortschritt erzielt wird. Das Gegenteil muß der Fall sein, das Verantwortungsbewußtsein und das Stehen zu Erfolg oder Mißerfolg müssen leiden. Ich kenne die preußische Verwaltung im Westen und im Osten, ich kenne sie aus der staatlichen und aus der Selbstverwaltungssphäre. Ich gebe meinen Rat so, wie ich fest überzeugt bin, daß er zum Nutzen des Ganzen sich auswirken wird. Die Feder, die diesen Teil der Bestimmungen des Entwurfs diktiert hat, ist erstarrt in der Betrachtung der Dinge von obenher. Vielleicht darf ich mir erlauben, in den nächsten Tagen noch einmal hierzu mündliche Ausführungen zu machen.

Alles übrige darf ich bitten, aus der Anlage[7] zu entnehmen.

Mit bester Empfehlung und
Heil Hitler!
Ihr sehr ergebener
G[oerdeler]

---

4 Zu den Aufgaben der Gemeinderäte – Verbindung zwischen Bürgerschaft und Verwaltung sowie Beratung des Bürgermeisters – vgl. Ministerialentwurf § 43, in der Endfassung der DGO ohne inhaltliche Änderung § 48.

5 Nach dem Ministerialentwurf sollten Bürgermeister und Beigeordnete von der Aufsichtsbehörde berufen werden, nach Anhörung der Gemeinderäte (§ 36). Vgl. auch S. 122 f., Anmerkungen 4 und 5.

6 Nach dem Ministerialentwurf hatte die Aufsichtsbehörde die Möglichkeit, Anordnungen des Bürgermeisters aufzuheben und zu revidieren (§ 102), Anordnungen an Stelle des Bürgermeisters zu erlassen (§ 103) und zu deren Durchsetzung gegen den Bürgermeister Zwangsstrafen zu verhängen (§ 104). Vgl. auch S. 135, Anmerkung 21.

7 In der hier nicht aufgenommenen 15-seitigen Anlage empfiehlt Goerdeler wiederum Alternativfassungen für diejenigen Paragraphen des DGO-Entwurfs, die die Berufung und Kompetenzen von Gemeindeleiter, Gemeinderäten und Beigeordneten sowie die Staatsaufsicht betreffen. Im wesentlichen decken sich seine Vorschläge mit denen, die er bereits in seinem Schreiben vom 3. April d.J. gemacht hatte (vgl. Schreiben Goerdelers an Hans Pfundtner vom 3.4.1934; Dok.1.3.6, oben S. 121 ff.).

## 1.3.10 *Schreiben Goerdelers an Arthur Menge*

*maschinenschriftlicher Briefdurchschlag vom 4.1.1935; Privatbesitz.*[1]
Das Erscheinungsdatum der DGO ist noch unsicher; der Einfluss der Parteiinstanzen in der Gemeindeverwaltung ist weiterhin ungeklärt.

Sehr verehrter Herr Kollege Menge[2]!
Für Ihre freundlichen Neujahrsgrüße und Wünsche danke ich Ihnen herzlich. Ich erwidere sie aufrichtig.

Was die neue Gemeindeordnung betrifft, so halte ich es jetzt durchaus für möglich, daß sie am 1.4. in Kraft tritt.

Mit größerer Sicherheit läßt sich Ihre Frage in dieser Richtung nicht beantworten.

Welchen Inhalt sie haben wird, vermag ich ebensowenig zur Zeit zuverlässig zu übersehen. Ich bin zwar über den letzten Entwurf sehr gut unterrichtet und habe zu ihm Stellung nehmen können,[3] aber in wichtigen Punkten sind noch große Meinungsverschiedenheiten vorhanden, insbesondere über den Einfluß von Parteiinstanzen.

Es ist also eine Art Würfelspiel. Ich persönlich bin der Überzeugung, daß die endliche Regelung weder der preußischen sehr ähnlich sein noch den Wünschen auf größeren parteipolitischen Einfluß entgegenkommen wird. Ich würde auf jeden Fall das letztere Risiko laufen und die Bestellung der Ratsherren in Ruhe vornehmen.[4]

Mit bestem Gruß
Ihr sehr ergebener
(gez.) Dr. Goerdeler.

## 1.3.11 *Schreiben Goerdelers an Wilhelm Frick*

*maschinenschriftliche Briefabschrift vom 11.1.1935; BAK, R 43 II/569, Bl. 140-158.*
Änderungsvorschläge für den DGO-Entwurf vom 8.1.1935; die Beaufsichtigung der kommunalen Verwaltung durch Parteibeauftragte, die außerhalb der Verwaltung stehen, zerstört die Selbstverwaltung; die zu weitreichenden Befugnisse der Aufsichtsbehörde führen zu einem Präfektursystem.

---

1 Vgl. zur Provenienz des Schreibens S. 107, Anmerkung 1.

2 Arthur Menge, Jahrgang 1884, konnte sich ebenso wie Goerdeler trotz seiner DNVP-Mitgliedschaft als Oberbürgermeister in Hannover behaupten und trat erst 1937 von seinem Amt zurück, das er seit 1925 innegehabt hatte.

3 Vgl. Schreiben Goerdelers an Hans Pfundtner vom 12.12.1934; Dok. 1.3.9, oben S. 146 f.

4 Menge hatte sich am Tag zuvor an Goerdeler gewandt mit der Frage, wann mit der Einführung der DGO zu rechnen sei. Der Hintergrund war die anstehende Bestellung neuer Ratsherren und Stadträte in Hannover. „Von gewisser Seite", so schrieb Menge, „wird die Benennung dieser Personen besonders dringlich betrieben mit der Begründung, daß die neue Reichsgemeindeordnung den Parteiinstanzen einen erhöhten Einfluß auf die Bestellung der Ratsherren und Stadträte einräumen würde und daß es deshalb richtig sei, die Frage jetzt unter Dach zu bringen, wo die Verwaltung noch einen stärkeren Einfluss auf die Auswahl der Personen hätte." (vgl. Schreiben Menges an Goerdelers vom 3.1.1935; Privatbesitz).

Sehr verehrter Herr Reichsminister!

Den mir freundlichst zur Verfügung gestellten Entwurf für eine Deutsche Gemeindeordnung[1] habe ich durchgearbeitet. Er ist nach Ihrem Wunsche derjenige, der das Kabinett beschäftigen wird. Angesichts dieser Tatsache darf ich mir erlauben, nochmals meine Bedenken zu verschiedenen Punkten vorzutragen. Ich beschränke mich in diesem Schreiben auf diejenigen Punkte, wo die Bedenken nicht ernst genug vorgetragen werden können.

1. Auch der neue Entwurf sieht in § 33 die Einsetzung eines besonderen Beauftragten der Partei (Kreisleiter) vor. Dem Beauftragten oder dem Kreisleiter soll obliegen zur Sicherung des Einklangs der Gemeindeverwaltung mit der Partei die Mitwirkung bei der Berufung und Abberufung des Bürgermeisters, der Beigeordneten und Gemeinderäte, die Zustimmung zum Erlaß der Hauptsatzung und der Haushaltsatzung und endlich die Zustimmung zur Verleihung und Aberkennung des Ehrenbürgerrechts und Ehrenbezeichnungen.

   Ich kann nicht ernst genug warnen vor einer derartigen Beaufsichtigung der Selbstverwaltung durch ein außerhalb der Selbstverwaltung stehendes Parteiorgan.[2] Ich stehe nun 23 Jahre an verantwortlicher Stelle der gemeindlichen

---

1 Der Überrumpelungsversuch des Reichsministeriums des Innern (vgl. S. 137, Anmerkung 2) war von Heß konterkariert worden durch Hinweis auf den Standpunkt der NSDAP und auf die Tatsache, dass die im Herbst verfassten Entwürfe keine Berücksichtigung gefunden hätten (vgl. Matzerath, Selbstverwaltung, S. 150 f. sowie Schreiben Goerdelers an Pfundtner vom 12.12.1934; Dok. 1.3.9, oben S. 146 ff.). In daraufhin anberaumten Besprechungen am 20.12.1934 und am 8.1.1935, an denen u.a. Frick, Heß, Popitz, Goerdeler, Fiehler und Weidemann teilnahmen, war ein Kompromiss hinsichtlich der Kompetenzen des NSDAP-Vertreters in der kommunalen Selbstverwaltung ausgehandelt worden. Am 8. Januar 1935 ludt Frick zur Chefbesprechung über den neuen DGO-Entwurf ein, der in der Kabinettssitzung am 22. Januar verabschiedet werden sollte (vgl. Schreiben Fricks vom 8.1.1935 an den StdF Rudolf Heß, den Reichsfinanzminister Lutz Graf Schwerin von Krosigk, den Reichsminister ohne Geschäftsbereich Hanns Kerrl, den Reichsminister für Landwirtschaft und Ernährung Walther Darré, den mit der Wahrnehmung der Geschäfte des Reichswirtschaftsministers beauftragten Reichsbankpräsidenten Hjalmar Schacht, den Reichsjustizminister Franz Gürtner und den preußischen Finanzminister Johannes Popitz; BAB, R 43 II/568, Bl. 239). Goerdeler nahm an dieser Besprechung nicht teil, hatte aber einen Entwurf bekommen (Privatbesitz, mit handschriftlichen Anmerkungen), auf den er sich im folgenden bezieht. Der Entwurf enthielt noch verschiedene Fassungen derjenigen Paragraphen, über die bis dahin keine Einigung erzielt worden war (vgl. DGO-Entwurf ebd., Bl. 240 ff.).

2 §33 war der erste Paragraph, der in dem DGO-Entwurf in zwei Fassungen auftauchte, weil hier offensichtlich keine Einigung erzielt werden konnte. Die Unstimmigkeit bezog sich auf den NSDAP-Vertreter in der Gemeindeverwaltung. Während in der ersten Variante von einem „Beauftragten der NSDAP“ die Rede war und die zweite Variante konkret den Kreisleiter als Vertreter der Partei benannte, waren bezüglich der Kompetenzen keine Unterschiede vorhanden. Goerdeler ging es jedoch, wie er im folgenden wieder betont, um das

Selbstverwaltung. Ich kenne sie aus der Vorkriegszeit und aus jener Phase der Nachkriegszeit, wie ich mir einbilde, nach dem inneren Aufbau und dem Wirken ihrer Kräfte ganz genau. Mit die interessantesten Erfahrungen waren die, die ich im letzten Jahre gemacht habe. Wenn Sie, Herr Minister, heute die mit mir in der Verwaltung der Stadt Leipzig arbeitenden, lange der Partei angehörenden Stadtverordneten und Ratsmitglieder befragen, so werden Sie die einmütige Antwort erhalten, daß ein Hineinregieren durch eine außerhalb der Verwaltung stehende, nicht mit der Verantwortung für die Verwaltung belastete Stelle zu einer vollkommenen Vernichtung jedes Verantwortungsbewußtseins innerhalb der Verwaltung führen muß. Alle jene Männer sind tief von der Überzeugung durchdrungen, daß Erfahrung, Verantwortung und Entschluß innerhalb der Verwaltung vereinigt sein müssen. Wie soll ein nicht in der täglichen Sorge, Arbeit und Verantwortung der Verwaltung einer Stadt stehender Mann beurteilen können, wie die Verwaltung der Stadt richtig zu führen ist? Wie soll dieser Mann auch nur annähernd ein Urteil fällen können darüber, ob die Hauptsatzung und der Haushalt der Gemeinde so, wie er aufgestellt ist, zweckmäßig und tragbar ist? Dazu gehört ja eine, wenn ich bescheiden sein will, doch mindestens einjährige, sehr intensive Beschäftigung mit den Aufgaben, der Art ihrer Erledigung, den finanziellen Möglichkeiten, den Zusammenhängen mit der Reichs- und Staatsverwaltung. Es ist doch auch ganz unmöglich, daß der Staat sein Genehmigungsrecht bei der Haushaltssatzung auf die Steuersätze beschränken will, was durchaus richtig ist, aber ein Kommissar den ganzen Haushalt genehmigen soll. Letzten Endes müssen sich doch die Gemeinderäte und die Beigeordneten, die auch vom Vertrauen der Partei getragen sind, für absolut überflüssig halten, wenn gerade in den wichtigsten Punkten nicht ihre Erfahrung den Ausschlag gibt, sondern die mangelnde Erfahrung eines außerhalb der Verwaltung stehenden Mannes.

Ich bitte, mir zu glauben, Herr Minister, daß diese Bestimmung, in die Tat umgesetzt, die Selbstverwaltung vernichtet. Denn sie zerstört beim Bürgermeister und bei den Gemeinderäten die Freude an der aus Erkenntnis, Erfahrung und Sorge geborenen Verantwortung. Eine solche Vernichtung der Selbstverwaltung würde ich für ein tragisches Unglück für unser Vaterland und für eine furchtbare Verkennung einer großen, sich der Partei darbietenden Aufgabe halten. Wir werden in unserer wirtschaftlichen Entwicklung Rückschläge in den Kauf nehmen müssen. Sie sind unvermeidbar, da der bisherige Umfang der öffentlichen Aufträge nicht mehr lange fortgesetzt werden kann. Es ist mir eine Ehre, als Reichskommissar jetzt besonders an jenen Vorbereitungen mitwirken zu

---

Anliegen, den NSDAP-Vertreter in die Gemeindeverwaltung einzubauen und ihm nicht als außerhalb der Verwaltungsarbeit Stehenden Eingriffsrechte zuzubilligen (vgl. auch S. 139, Anmerkung 5). Insofern ist seine folgende Kritik eher auf den § 51 bezogen (s.u., Anmerkung 5).

dürfen, die bestimmt sind, um gerüstet in diese Periode der Wirtschaft einzutreten.[3]

Diese Arbeit wird sich als vergeblich erweisen, wenn ein solcher Rückschlag nicht auf eine freudige, von glühendem Verantwortungsbewußtsein erfüllte Selbstverwaltung stößt. In jenem Augenblick, den ich kommen sehe, müssen gerade unten die Kräfte so frei und lebendig wie möglich es als ihre höchste und ehrenvollste Aufgabe betrachten, die seelischen und materiellen Kräfte der örtlichen Gemeinschaft anzuspannen und sie zu neuen und noch schwereren Leistungen zu befähigen. Eine um ihre Verantwortungsfreudigkeit gebrachte Selbstverwaltung wird diese Aufgabe nicht erfüllen.

Die Vierheit: Bürgermeister, Parteikommissar[4], staatliche Aufsichtsbehörde und Gemeinderäte werden allzu häufig geneigt sein, die Verantwortung einer dem anderen zuzuschieben, und in dem Augenblick, wo verantwortungsfreudige Erfahrung und Mannesmut sich vor den Riß stellen müssen, da werden Sie nur zu häufig im Lande nach Männern Ausschau halten müssen, die eine klare, eindeutige Verantwortung zu übernehmen bereit sind. Ich sehe in meiner Stadt, wie in der hohen Schule der Mitarbeit und Verantwortung jene Freudigkeit und Festigkeit sich läutern, die verbunden mit wachsender Erfahrung, fähig sein werden, auch schwere Zeiten aus örtlicher Kraft allein zu überwinden. Es wäre ein Jammer, wenn das vertan würde, und ich sehe nicht zu schwarz, sondern nur klar.

Ich wiederhole daher zu § 33 meine Vorschläge, die ich Ihnen letztmalig unterbreiten durfte. Der Parteivertrauensmann muß innerhalb der Verwaltungsorganisation der Gemeinde verankert werden und gehört dann organisch in die Gruppe der Gemeinderäte. Dort ist er der Erste, der Führer, der Sprecher oder der Wortstatthalter. Man nenne ihn, wie man wolle. Er hat dieselbe politische Stellung wie der im Entwurf vorgesehene Beauftragte. Die Partei bestimmt ihn, die Partei ruft ihn ab, wenn er politisch nicht tragbar sein sollte. Aber er steht in den Dingen und in der Verantwortung ständig drin.

Ich scheue mich nicht, ihm sehr viel weitergehendere Befugnisse einzuräumen, als sie für den außerhalb stehenden Beauftragten vorgesehen sind. Seine Zustimmung soll zu jeder Sitzung erforderlich sein, so daß in dieser Hinsicht einer Allmachtsentwicklung des Bürgermeisters vorgebeugt wird.

Ich empfehle daher, den § 33 zu streichen und dem § 51 folgende Fassung[5] zu geben:

---

[3] Goerdeler bezieht sich hier auf seine Stellung als Reichskommissar für die Preisüberwachung, die er seit dem 5. November 1934 innehatte (vgl. Schreiben Goerdelers an Hans Heinrich Lammers vom 24.11.1934; Dok. 1.3.8, oben S. 136 ff).

[4] Auch „Parteikommissar" bezeichnet den bis dahin noch nicht endgültig definierten NSDAP-Vertreter in der Gemeindeverwaltung.

[5] Der § 51 des DGO-Entwurfs lautete in seinen zwei Varianten: „Der Beauftragte/der Kreisleiter der NSDAP ist nicht Gemeinderat. Er kann an den Beratungen des Bürgermeisters mit

„(1) Der Führer oder die von ihm bezeichnete Parteidienststelle bestimmt den Ersten Gemeinderat (Wortstatthalter oder Sprecher der Gemeinderäte).
(2) Der Wortstatthalter beruft den Bürgermeister, die Beigeordneten und die Gemeinderäte.
(3) Seiner Zustimmung bedürfen 1. die Satzungen, 2. die Verleihung des Ehrenbürgerrechts und die Ehrenbezeichnungen."
§ 52 bitte ich wie folgt zu fassen:
„(1) Der Wortstatthalter bestellt nach Anhörung des Bürgermeisters die Gemeinderäte. Bei der Bestellung hat er auf nationale Zuverlässigkeit, Eignung und Leumund zu achten und Persönlichkeiten zu berücksichtigen, deren Beruf der Gemeinde ihre besondere Eigenart oder Bedeutung gibt oder das gemeindliche Leben wesentlich beeinflußt.
(2) Die Hauptsatzung kann nähere Bestimmungen hierüber festsetzen. Sie kann insbesondere bestimmen, wie die örtlich gebundene Wirtschaft bei der Berufung der Gemeinderäte zu berücksichtigen ist; sie kann auch anordnen, daß der Wortstatthalter die ständischen Berufsvertretungen vor der Berufung zu hören hat.
(3) Beamte, Angestellte und Arbeiter der Gemeinde und Beamte der Aufsichtsbehörde können nicht als Gemeinderäte berufen werden."[6]
Begründung: s. oben.
Den letzten Satz, daß die Aufsichtsbehörde Ausnahmen zulassen kann, bitte ich dringend zu streichen. Es war einer der furchtbarsten Fehler des vergangenen Systems, daß Beamte, Angestellte und Arbeiter der Gemeinden oder der staatlichen Behörden Ratsmitglieder und Stadtverordnete sein durften. Daraus ergaben sich ja eben vielfach jene üblen Interessenkollisionen und Interessenausnutzungen, an denen fast ein Jahrzehnt vergeblich der anständige Teil des Volkes Kritik übte.
Hiermit wäre der 2. Abschnitt des Fünften Teils bis auf folgende Punkte erledigt
§ 55: Ich empfehle folgende Fassung:
„Gemeinderäte, die der Voraussetzung des § 52 nicht oder nicht mehr entsprechen, scheiden aus. Die Entscheidung trifft der Wortstatthalter. Gegen seine Entscheidung kann bei der Aufsichtsbehörde Beschwerde erhoben werden. Die Beschwerde steht dem Betroffenen und dem Bürgermeister zu."[7]

---

den Gemeinderäten teilnehmen; er ist zu den Beratungen zu laden." In der Endfassung der DGO wurde diese Regelung übernommen (vgl. DGO, § 50).

6 Die Absätze 1 und 3 der Goerdelerschen Empfehlungen entsprachen den Absätzen 1 und 2 der beiden Varianten des DGO-Entwurfs (die sich wieder jeweils auf den Beauftragten oder auf den Kreisleiter der NSDAP bezogen); neu ist der Absatz 2, mit dem Goerdeler zurückgriff auf seine Vorstellungen einer berufsständisch bestimmten Verteilung der Gemeinderatsposten (vgl. auch seine Ausführungen dazu in seinem Schreiben an Hans Pfundtner vom 3.4.1934; Dok. 1.3.6, oben S. 121 ff.). Die Empfehlung wurde nicht in die Endfassung der DGO übernommen (vgl. DGO, § 51).

7 Die letzten beiden Sätze – dem DGO-Entwurf von Goerdeler zugefügt – sollten den Betroffenen ein Beschwerderecht beim Reichsministerium des Innern gegen den NSDAP-

In § 56 empfehle ich, den Abs. 1 wie folgt zu fassen:
„(1) Der Bürgermeister hat wichtige Angelegenheiten der Gemeinde mit den Gemeinderäten sorgfältig zu beraten und ihnen ausreichende Gelegenheit zur Vertretung ihrer Ansicht zu geben. Er hat dies insbesondere zu tun: ...“[8]
Bei § 57 kommt nur die erste Fassung in Betracht. Die Beratungen müssen öffentlich sein, sonst erlahmt das Interesse der Bürgerschaft. In Preußen ist es soweit.[9]
§ 85 muß folgende Fassung erhalten:
„Die Haushaltsatzung ist vom Bürgermeister so rechtzeitig aufzustellen, daß sie den Gemeinderäten zugeleitet, mit ihnen beraten und nach Zustimmung des Wortstatthalters einen Monat vor Beginn des Rechnungsjahres der Aufsichtsbehörde überreicht werden kann.“ [10]
§ 118 fällt fort.[11]

2. Der zweite wichtige Punkt ist auch hier, wie in meinem Schreiben vom 15.11. 1934,[12] die Stellung der Aufsichtsbehörde. Es sind hier bereits Verbesserungen vorgenommen, sie reichen aber nicht aus, um das neue Werk vor dem Vorwurf

---

Vertreter garantieren. Das Beschwerderecht wurde nicht in die Endfassung der DGO aufgenommen.

8 Hier versuchte Goerdeler, die Formulierung des DGO-Entwurfs (vgl. § 56, Absatz 1: „Der Bürgermeister hat wichtige Angelegenheiten der Gemeinde mit den Gemeinderäten zu beraten. Er muß ihnen namentlich Gelegenheit zur Äußerung geben vor ...“) dahingehend zu ändern, dass den Stellungnahmen der Gemeinderäte größerer Nachdruck verliehen würde. Die Empfehlung wurde nicht in die Endfassung der DGO übernommen (vgl. DGO, § 55, der dem Wortlauf des Entwurfs entsprach).

9 Der § 57 Absatz 2 des DGO-Entwurfs enthielt zwei Varianten: a) „Die Beratungen sind öffentlich. Der Bürgermeister kann die Öffentlichkeit ausschließen (...)“; b) „Die Beratungen sind nicht öffentlich. Der Bürgermeister kann öffentliche Beratungen anberaumen (...)“. Nach dem § 44 des preußischen Gemeindeverfassungsgesetzes waren die Beratungen prinzipiell nicht öffentlich und konnten nur in besonderen Fällen öffentlich stattfinden (vgl. PrGS 1933/I, S. 436). Die Formulierung in der Endfassung der DGO bedeutete einen Kompromiss: „Der Bürgermeister bestimmt jeweils, ob die Beratungen öffentlich oder nicht öffentlich sind. (...)“ (vgl. DGO, § 56, Absatz 2).

10 Die Goerdelersche Empfehlung entspricht den beiden Varianten des DGO-Entwurfs; lediglich anstelle des Beauftragten/des Kreisleiters der NSDAP hatte Goerdeler „Wortstatthalter“ eingesetzt. Gemeint war ein Wortstatthalter der Gemeinderäte, eben jener NSDAP-Beauftragte, den Goerdeler in früheren Entwürfen als Ersten Gemeinderat bezeichnet hatte. Der Grund für Goerdelers Insistenz auf diese Wortwahl ist zu finden in der implizierten Integration des Parteibeauftragten in die Gemeinderäte und damit in die Gemeindeverwaltung. In der Endfassung der DGO wurde der Parteibeauftragte an dem Vorgang gar nicht beteiligt (vgl. DGO, § 84).

11 §118 des DGO-Entwurfs regelte die Bestellung des Parteibeauftragten, die Goerdeler in dem von ihm vorgeschlagenen § 51 (s.o.) bereits geregelt hatte.

12 In seinem Schreiben vom 15.11.1934 an Frick (Privatbesitz) hatte Goerdeler, ebenso wie in seinem Schreiben vom 22.11.1934 an Frick (Dok. 1.3.8, oben S. 136 ff.), Bemerkungen zum Verhältnis von Partei und Gemeindeverwaltung sowie zu staatlichen Interventionen gemacht.

der Kleinlichkeit zu bewahren. Es ist doch nicht etwa so, daß in der Aufsichtsbehörde der Mann, der ihr den Namen gibt, die Aufsicht führt (Regierungspräsident oder Reichsstatthalter persönlich), sondern Beamte dieses Mannes. Und das ist es, was so vielfach an der Zentrale übersehen wird. Gerade der neue Staat sollte in Erinnerung an große Zeiten deutscher Geschichte großzügig sein und sich auf Wesentliches beschränken. Ich fürchte, daß die Verfechter der ins einzelne gehenden Bestimmungen für die Aufsicht des Staates überhaupt nie oder nur ganz kurze Zeit in der Selbstverwaltung oder in der praktischen Aufsichtsverwaltung tätig gewesen sind.
Sie sehen das Heil in einer bürokratischen Zentralisierung; das Wohl des Volkes verlangt das genaue Gegenteil. Aus diesem Gesichtspunkt heraus muß ich dringend bitten, folgende Bestimmungen zu ändern:
§ 42: (1) Die Stellen hauptamtlicher Bürgermeister und Beigeordneter sind vor der Besetzung von der Gemeinde öffentlich auszuschreiben.
(2) Das Ergebnis der Ausschreibung wird vom ersten Gemeinderat den Gemeinderäten unterbreitet und von ihnen beraten. Auf Grund der Beratung schlägt der Erste Gemeinderat der Aufsichtsbehörde bis zu 3 Bewerber vor.
(3) Die Aufsichtsbehörde teilt dem Ersten Gemeinderat mit, ob und welche Bedenken sie gegen einen der Vorgeschlagenen hat. Bewerber, gegen welche die Aufsichtsbehörde Bedenken erhoben hat, dürfen nicht berufen werden.
(4) Hat die Aufsichtsbehörde gegen alle vom Ersten Gemeinderat Vorgeschlagenen Bedenken, so kann ggf. nach Neuausschreibung der Stelle und nach erneuter Beratung der Gemeinderäte der Erste Gemeinderat einen neuen Vorschlag unterbreiten. Tut er das nicht innerhalb der von der Aufsichtsbehörde bestimmten Frist oder hat die Aufsichtsbehörde auch gegen alle erneut Vorgeschlagenen Bedenken, so beruft sie Bürgermeister und Beigeordnete.
(5) Im übrigen beruft der Erste Gemeinderat den Bürgermeister und die Beigeordneten aus der Reihe der von der Aufsichtsbehörde nicht beanstandeten Vorschläge.
(6) Der Bürgermeister wird von der Aufsichtsbehörde, die Beigeordneten werden vom Bürgermeister in ihr Amt eingeführt.
(7) Vor der Einreichung der Vorschläge für Beigeordnete hat der Erste Gemeinderat dem Bürgermeister Gelegenheit zur Stellungnahme zu geben. Der Bürgermeister kann der Aufsichtsbehörde andere Vorschläge unterbreiten; er muß hiervon dem Ersten Gemeinderat Mitteilung machen.
(8) Die zuständige Aufsichtsbehörde kann zulassen, daß die Ausschreibung unterbleibt. Stellen ehrenamtlicher Bürgermeister und Beigeordneter werden nicht ausgeschrieben.
(9) Die hiernach der Aufsichtsbehörde zustehenden Rechte üben aus:
1. bei den Stellen von Bürgermeistern, Ersten Beigeordneten und Kämmerern in Stadtkreisen mit mehr als 100.000 Einwohnern der Reichsminister des Innern nach Anhörung des Reichsstatthalters,

2. bei den Stellen der übrigen Beigeordneten in solchen Stadtkreisen sowie der Bürgermeister und Beigeordneten in den übrigen Stadtkreisen der Reichsstatthalter,
3. bei den sonstigen Bürgermeistern und Beigeordneten in kreisangehörigen Städten die obere Aufsichtsbehörde, in den sonstigen Gemeinden die Aufsichtsbehörde.[13]
Begründung: Es kann gar nicht genug geschehen, um die neuen Organe der Selbstverwaltung in dem Bewußtsein der Bevölkerung als Männer ihres Vertrauens zu verankern. Vielfältig wird in der Zukunft der Staat die Früchte solcher Großzügigkeit ernten. Das Präfektensystem, das der Entwurf in § 42 in dessen Eventualfassung enthält, ist undeutsch und wird niemals Volkstümlichkeit in Deutschland erringen. Mit diesem System sollte sich eine neue Reichsgemeindeordnung auch nicht andeutungsweise belasten.
§ 46: Nochmals und mit allem Ernste erlaube ich mir darauf aufmerksam zu machen, daß es für den Staat nicht nützlich sein kann, eine Rücknahme der Berufung des Bürgermeisters und der Beigeordneten im ersten Amtsjahr zu ermöglichen.[14] Ich wiederhole: Kein Mann, der auf Leistung und Achtung hält, wird sich für solche Stellen zur Verfügung stellen. Viel ehrsüchtige, viel unerfahrene Leute werden für solche Stellungen zur Verfügung stehen. Aber daß die Stadt später einmal einen Oberbürgermeister bekommt, der wirklichen Charakter hat, halte ich für ausgeschlossen.
Soviel Sorgfalt sollte doch wohl vom Ersten Gemeinderat und der Aufsichtsbehörde, die ihn ja doch kontrolliert, erwartet werden dürfen, daß sie sich den Mann höchst genau besehen, den sie für fähig erachten wollen, die Leitung einer Gemeinde zu übertragen. Das ist ja auch gar keine Aufgabe von besonderer Schwierigkeit, diese Aufgabe ist im vergangenen Jahrhundert viele tausend Male zur Zufriedenheit gelöst. Auf Probe, wie man geringere Stellungen wohl besetzen kann, darf man eben hier nicht handeln. Hat man sich in der Vergangenheit versehen, so soll man die Folgen tragen, äußerstenfalls sich mit einer Übergangsbestimmung abfinden. Ganz unmöglich ist es aber irgend einen in einer Lebensstellung befindlichen Menschen von Leistung für eine solche Stelle zu gewinnen, wenn dieser unglückselige Mann der Unsicherheit ausgesetzt ist, was nach Rücknahme der Berufung aus ihm wird. Denn der Reichsminister des

---

13 Nach dem DGO-Entwurf sollten die Stellen hauptamtlicher Bürgermeister und Beigeordneter öffentlich ausgeschrieben werden und die Berufung in Großstädten durch den Reichsminister des Innern nach Anhörung des Reichsstatthalters und der Gemeinderäte stattfinden (vgl. DGO-Entwurf, § 42). In der Endfassung der DGO wurde die Regelung des Entwurfs übernommen (vgl. DGO, § 41).

14 Nach § 46 des DGO-Entwurfs hatte die für die Berufung hauptamtlicher Bürgermeister und Beigeordneter zuständige Behörde das Recht, deren Berufung im ersten Amtsjahr zurückzunehmen. Die Bestimmung wurde in die Endfassung der DGO übernommen (vgl. DGO, § 45).

Innern soll ja erst durch Verordnung vorschreiben können, welche Rechtsfolgen für den Betreffenden entstehen! Ich unterstelle einmal, unter einer solchen Bestimmung wäre ich im Jahre 1930 aus meiner Stellung als 2. Bürgermeister in Königsberg ausgeschieden. Man hätte mich nach einem Jahre, was sehr leicht möglich war, da ich damals gegen den Willen der Stadtverordneten Verwaltung und Finanzen in Ordnung bringen und mich über ihre Beschlüsse hinwegsetzen mußte, wieder erledigt. Und solche unpopulären Erscheinungen wird es ja auch in Zukunft geben. Ich habe immer gesagt, daß der Bürgermeister sich in den ersten Jahren durchbeißen muß, damit er später vielleicht etwas gelten kann. Meine Stelle in Königsberg konnte mir unmöglich ein Jahr lang offengehalten werden, also war sie besetzt. Ich wäre also auf die Freundlichkeit angewiesen worden, ob man mich irgendwie wirtschaftlich entschädigen wollte oder nicht. Ich hätte niemals als Vater von 5 Kindern daran denken können, auf solche Ungewißheiten hin die Leipziger Stelle anzutreten. Ich halte diese Bestimmung für vollkommen unüberlegt, aber auch wirklich für unwürdig.

Glaubt man wirklich, in der Geschichte der deutschen Selbstverwaltung hätten sich in der Regel Mißgriffe bei der Besetzung der leitenden Stellen ereignet, so gibt es folgende letzte Sicherungsmöglichkeiten

als Ersatz des § 46:

„(1) Erweist sich ein Bürgermeister oder Beigeordneter zur ordnungsmäßigen Führung seines Amtes offenbar als ungeeignet, so kann er im Wege des förmlichen Disziplinarverfahrens aus seinem Amte entfernt werden.

(2) Wird die Entfernung ausgesprochen, so ist dem Entfernten Wartegeld nach den für Staatsbeamte geltenden Bestimmungen von der Gemeinde zu gewähren.

(3) Der Reichsminister des Innern kann auch anordnen, daß der Entfernte, sofern er vor seiner Bestellung Beamter des Reiches, des Landes, einer Gemeinde oder eines Gemeindeverbandes war, wieder in sein früheres Dienstverhältnis zurückzutreten hat."

§ 122: „Bis zum 31.3.1936 können Bürgermeister und Beigeordnete, die sich als nicht geeignet erwiesen haben, in einem vereinfachten Verfahren durch den Reichsminister des Innern ihrer Stellung enthoben werden. Der Reichsminister des Innern erläßt die näheren Bestimmungen über das Verfahren."

Bei § 63 empfehle ich nochmals, den Absatz 2 zu streichen. Geschenke mache ich für die Stadt Leipzig fast täglich. Sollen diese nun alle in einem Katalog gemäß Abs. 3 aufgeführt werden?

Weswegen soll die Gemeinde nicht Grundstücke oder grundstücksgleiche Rechte verkaufen oder tauschen dürfen. Jener berühmte Oberregierungsrat weiß das doch nun wirklich nicht besser als der Bürgermeister, seine Beigeordneten und Gemeinderäte zusammengenommen. Wenn aber der Bürgermeister seine Sache nicht versteht und falsch macht, dann soll er diszipliniert werden.

Dasselbe gilt von Sachen mit besonderem wissenschaftlichem, geschichtlichem oder künstlerischem Wert. Hier muß die Kulturerziehung einsetzen, und sie ist ja

doch auch schon weit vorgetrieben. Es denkt ja heute auch gar keine Gemeinde unter dem Einfluß der Partei daran, auf diesem Gebiete offenbaren Unsinn zu machen. Will man wirklich an dem kleinlichen Absatz 2 festhalten, so empfehle ich, wenigstens Absatz 3 wie folgt zu fassen:
„Der Reichsminister des Innern kann durch Verordnung Gemeinden von den Vorschriften des Abs. 2 befreien oder Rechtsgeschäfte nach Abs. 2 Nr. 1 und 2 von der Genehmigungspflicht freistellen, wenn sie ihrer Natur nach regelmäßig wiederkehren oder bestimmte Wertgrenzen nicht übersteigen."
Das bedeutet dann eine Anerkennung für Gemeinden, deren Verwaltung in Ordnung ist, und es wäre nicht unnützlich, solche Anerkennungen einzuführen. Das Streben, in den Ruf einer ordentlich verwalteten Gemeinde zu gelangen, wird dadurch stark angeregt.
§ 64: Ich empfehle erneut folgende Fassung:
„(1) Der Erlös aus der Veräußerung von Vermögensgegenständen ist zu verwenden
a) zur Verminderung des genehmigten Darlehnsbedarfs des außerordentlichen Haushaltsplans,
b) zur außerordentlichen Schuldentilgung,
c) zur Verstärkung von Rücklagen,
d) zur Deckung von Fehlbeträgen aus Vorjahren."[15]
Welche Taste man innerhalb dieser Klaviatur, in der jeder Ton gut klingt, anschlägt, ist doch nicht das Entscheidende. Die Hauptsache ist, daß überhaupt das veräußerte Vermögen vernünftig verwandt wird. Aber ein Musiklehrer, der den Bürgermeister lehrt, welche Taste er anzuschlagen hat, der ist doch hier wirklich entbehrlich.
§ 69 halte ich ebenfalls für absolut überflüssig.[16] In Leipzig muß jetzt z.B. im Elektrizitätswerk eine neue große Turbine aufgestellt werden, weil die alte reparaturbedürftig ist. Wir können uns schlimmstenfalls auch mit fremdem Strom helfen, aber wir wollen es nicht tun, weil wir dann nämlich in einen Tarif bei den Femdstromlieferanten hineingeraten, der für uns unwirtschaftlich ist. Nun ist es doch vollkommen selbstverständlich, daß wir diese Erwägungen auf das genaueste von den verschiedenen Köpfen anstellen lassen, ehe wir uns entschei-

15 Nach § 64 des DGO-Entwurfs bedurfte die Verwendung des Erlöses zur Verminderung des Darlehensbedarfs oder zur Deckung von Fehlbeträgen aus Vorjahren der besonderen Genehmigung der Aufsichtsbehörde. In der Endfassung der DGO wurde eine derartige Verwendung als ausnahmsweise zulässig bezeichnet; die Genehmigungspflicht der Aufsichtsbehörde fiel jedoch fort (vgl. DGO, § 63).

16 § 69 des DGO-Entwurfs verpflichtete die Gemeinden dazu, der Aufsichtsbehörde Bericht zu erstatten über geplante Errichtungen oder Erweiterungen wirtschaftlicher Unternehmen, einschließlich einer Kostendeckungsaufstellung. Die Bestimmung wurde in die Endfassung der DGO übernommen (vgl. DGO, § 68).

den. Und nun soll, um eines phantastischen Mißtrauens willen, daß ja unten auch mal etwas Falsches gemacht werden könnte, dies alles in einem Bericht zu Papier gebracht und mit der Aufsichtsbehörde klargestellt werden. Das lähmt doch die Lust am guten Handeln und erzieht zur Sorglosigkeit. Man muß umgekehrt vorgehen, man muß dem Bürgermeister nicht diese Sorgfalt erleichtern, man muß ihn aber mit Ehre und Existenz in Anspruch nehmen, wenn er falsch handelt. Das exerziere man ein- und zweimal, dann ist die Sache im Bewußtsein aller Beteiligten vollkommen eingeprägt. Wenn nun § 69 durchaus bestehen bleiben soll, so empfehle ich zur Erleichterung einen Absatz 2 mit folgendem Wortlaut:
„(2) Der Reichsminister des Innern kann Befreiung von der Vorschrift des § 69 für bestimmte Gemeinden oder für bestimmte Fälle erteilen ..."
Begründung: Auch hier ergibt sich eine Gelegenheit, einmal einer Gemeinde, die gut geleitet wird, eine freundliche Sonderstellung zu gewähren.
§ 72: Ich empfehle nochmals dringend Streichung. Es ist wirklich sinnlos, daß der Kreishauptmann von Leipzig ein Darlehn genehmigen soll, das die Gewerkschaft Deutschland, gelegen im Vogtlande (an ihr ist die Stadt mit mehr als 75% beteiligt), für ihren Grubenbetrieb aufnehmen will. Passieren kann ja nichts, denn die anderen Beteiligten erheben ja sofort Protest, wenn eine sinnlose Darlehnsaufnahme erfolgt. Zum mindesten zeigen sie es an. Also es kann immer eingegriffen werden. Übrigens sind mir praktisch Fälle eines Mißbrauchs gar nicht bekannt.
§ 76 empfehle ich zu streichen. Es kann dem Staat vollkommen gleichgültig sein, wie die Gemeinde einen Eigenbetrieb betreibt.[17]
§ 77: Ich empfehle, die Worte „im Rahmen der Haushaltssatzung" der Klarheit und Einfachheit halber zu streichen.
Bei § 79 empfehle ich, den letzten Satz zu streichen.[18] Es ist ein sehr ängstlicher Satz. Es ist ja schon oben gesagt, daß die Gemeinde für Darlehen der Genehmigung bedarf. Und wer der kühnen Hoffnung lebt, daß die Genehmigung der Aufsichtsbehörde einen Schutz gegen die Überschuldung von Gemeinden bedeutet, den möchte ich einmal auf Herz und Nieren prüfen, ob nicht etwa auch im letzten Jahre unter der Herrschaft der neuen Gemeindeordnung in Preußen dort Darlehnsaufnahmen genehmigt sind, die rein wirtschaftlich und finanztechnisch nicht vertretbar sind. Der preußische Staat drängt ja selbst durch die Gagenpolitik an seinen Staatstheatern, die selbstverständlich nicht ohne Rück-

17 Nach § 76 des DGO-Entwurfs benötigte die Gemeinde die Genehmigung der Aufsichtsbehörde bei der Umwandlung eines Eigenbetriebes in ein rechtlich selbständiges Unternehmen. Die Bestimmung wurde in die Endfassung der DGO übernommen (vgl. DGO, § 75).

18 Der letzte Satz des § 79 des DGO-Entwurfs wiederholte nach detaillierten diesbezüglichen Vorschriften: „Die Aufnahme von Darlehen ist in jedem Falle genehmigungspflichtig." Er wurde wörtlich in der Endfassung der DGO übernommen (vgl. DGO, § 78).

wirkung auf die Provinz sind, die Gemeinden in eine nicht vertretbare Ausgabenpolitik und damit Schuldenwirtschaft hinein.
§ 80: Ich empfehle der Einfachheit halber dringend folgende Fassung:[19]
„Die Gemeinde darf zur Sicherung des Darlehnsgebers keine besonderen Sicherheiten bestellen, soweit nicht die Bestellung von Sicherheiten der Verkehrsübung entspricht."
Begründung: Wozu soll hier wieder die Aufsichtsbehörde feststellen, ob die Verkehrsübung vorliegt?
Zu § 82 Abs. 2: Ich empfehle Streichung der Worte „und von der Aufsichtsbehörde genehmigten."
In § 92 empfehle ich, den Abs. 3 zu streichen. Er ist auch überflüssig. Die Hauptsache ist, daß innerhalb des genehmigten Ausgabezweckes mit dem genehmigten Darlehnsbetrage ausgekommen wird. Alles übrige führt nur zum überflüssigen Beschreiben von Papier.
In § 95 empfehle ich, den Abs. 3 zu streichen. Das ist eine rein organisatorische Maßnahme. Wenn ich dem Bürgermeister das Vertrauen entgegenbringe für die Leitung der Verwaltung, so soll ich ihn doch auch die Organisation bestimmen lassen. Es ist doch wahrhaftig nicht das Wichtigste, daß die Kassen in einer Hand vereinigt sind. Es gibt noch viel wichtigere Dinge, z.B. die Vereinigung des Auftrags- und Beschaffungswesens.
In § 100 empfehle ich, den Abs. 2 zu streichen. Der Bürgermeister bedarf keiner Entlastung. Ergibt die Nachprüfung der Aufsichtsbehörde Eingriffsnotwendigkeiten, so handelt sie gemäß den Bestimmungen des Siebenten Teils. Äußerstenfalls kann ich mir folgende Fassung des Abs. 2 denken:
„(2) Die Aufsichtsbehörde teilt dem Bürgermeister innerhalb von 2 Monaten mit, ob sie Beanstandungen zu erheben hat, die zu einem Eingreifen gemäß § 108 ff. Veranlassung geben."
Abs. 3 ist zu streichen. An seine Stelle ist zu setzen:
„(3) Der Bürgermeister hat eine solche Mitteilung der Aufsichtsbehörde den Gemeinderäten zur Kenntnis zu bringen."
Begründung: Die Entlastung ist, wenn man sie für notwendig hält, auch ein sehr beachtlicher Vorgang. Wenn wir überhaupt von Selbstverwaltung und nicht vom Präfektensystem sprechen wollen, müßten wir dann die Entlastung dem Ersten Gemeinderat anvertrauen. Dagegen habe ich nichts. Aber wenn die Entlastung vom Staat übernommen wird, dann haben wir eben keine Selbstverwaltung mehr, die bei aller Einordnung in die Staatsführung ein Vollendetes in sich ist, sondern wir haben ein Präfektensystem, woran keine Wortdeutelei irgend etwas ändern kann. Also, wenn eine Entlastung gewünscht wird, muß es heißen:

[19] Die folgenden drei Änderungsempfehlungen betreffen wiederum die Genehmigungspflicht der Aufsichtsbehörde in finanziellen Angelegenheiten, die Goerdeler beschränkt sehen wollte. Die Empfehlungen fanden bei der Endfassung der DGO keine Berücksichtigung.

„Der Erste Gemeinderat erteilt die Entlastung. Will er sie nicht erteilen, so teilt er dies dem Bürgermeister und der Aufsichtsbehörde mit.“[20]

§ 104: Ich empfehle folgende Fassung:

„(1) Der Reichsminister des Innern regelt im Einvernehmen mit dem Reichsminister der Finanzen durch Verordnung die überörtliche Prüfung des Haushalts-, Kassen- und Rechnungswesens sowie der wirtschaftlichen Unternehmen der Gemeinde.

(2) Zu diesem Zweck wird eine Anstalt des öffentlichen Rechts errichtet, die dem Reichsminister des Innern untersteht. Bis zu ihrer Errichtung setzen die bestehenden überörtlichen Prüfungseinrichtungen ihre Prüfungstätigkeit fort. Auf Antrag einer Gemeinde kann die Anstalt auch die Prüfung der Wirtschaftlichkeit und Zweckmäßigkeit der Verwaltung übernehmen.“[21]

Begründung: Eine Verwaltung kann auf Wirtschaftlichkeit und Zweckmäßigkeit durch eine Anstalt des öffentlichen Rechts nicht nachgeprüft werden. Die ganzen Berichte des Reichssparkommissars lassen, so sorgfältig sie im Einzelfalle sind, das erkennen. Hier muß man nun einmal verzichten und darauf vertrauen, daß die Dinge aus der Sphäre und aus dem Schwergewicht der Verantwortung heraus, auch aus einem gesunden Ehrgeiz heraus in Ordnung kommen. Ich behaupte, daß auf diesem Gebiete eine wichtige Erziehungsarbeit von seiten des Deutschen Gemeindetags geleistet werden kann, wo die Bürgermeister zusammenkommen, sich gegenseitig unterrichten und voneinander lernen. In Leipzig haben wir beispielsweise das System, daß in jedem Jahre einmal mehrere Ratsmitglieder und Stadtverordnete verschiedene Städte Deutschlands bereisen, um sich die dortigen Einrichtungen der Verwaltungsorganisation anzusehen und zu prüfen, ob sie etwas lernen können. Bei dieser Gelegenheit werden der besuchten Stadt die Erfahrungen der Leipziger Verwaltung übermittelt. Das System hat sich vorzüglich bewährt und läßt die Männer auch einmal über die Mauern ihrer eigenen Gemeinde hinausblicken.

§ 105: Ich empfehle dringend Streichung.[22] So einschneidende Bestimmungen können nicht mehr dem Verordnungswege überlassen bleiben. Ich empfehle aber auch nochmals dringend, auf diese Schematisierung der Verwaltung voll-

---

[20] Die vorstehenden Änderungsvorschläge zur Entlastung des Haushalts zielten darauf ab, den Gemeinderäten dieses elementare Recht zu erhalten und damit gleichzeitig staatliche Interventionen zu beschränken. In der Endfassung der DGO wurde die Entlastungskompetenz bei der Aufsichtsbehörde gelassen (vgl. DGO, § 99).

[21] In dem DGO-Entwurf war die Prüfung der Wirtschaftlichkeit und Zweckmäßigkeit der Verwaltung in § 104, Absatz 1 als regelmäßige Überprüfung vorgesehen. Die Bestimmung wurde in der Endfassung der DGO übernommen (vgl. DGO, § 103).

[22] In dem § 105 des DGO-Entwurfs war die Möglichkeit vorgesehen, die Aufstellung und Ausführung des Gemeindehaushaltsplans durch das Reichsministerium des Innern regeln zu lassen. (vgl. dazu auch Dokument 1.4.8, Anmerkung 15). Die Bestimmung wurde in der Endfassung der DGO übernommen (vgl. DGO, § 105).

kommen zu verzichten. Schematismus verursacht immer Verödung. In der Verödung lebt keine Initiative, keine Freude. Aber die ganze Sache ist auch vom grünen Tisch aus gedacht. Ich kann nicht für Breslau mit irgendeinem inneren Nutzen dieselben Regeln anwenden wie für Lindau i.B. Ja, gleich große Städte in den verschiedenen Gegenden unseres Vaterlandes sind gar nicht vergleichbar. Schematismus würde also nur ein rein äußeres, formales Gleichordnungsbedürfnis bedeuten, nicht irgendwelchen höheren Zwecken dienen können. Man lasse ruhig die in den verschiedenen deutschen Ländern und Gemeinden entwickelten Verschiedenartigkeiten bestehen. Sie sind gerade für unser deutsches Volk eine Quelle innersten Lebens auf allen Gebieten. Und schließlich ist ja das Ergebnis und nicht die Form die Hauptsache und die Vergleiche der Ergebnisse ergeben die wertvollen Fingerzeige für Fortentwicklung und Vollendung, nicht aber das Schema im Aufbau.

§ 113: Ich empfehle folgende Fassung:

„(1) Die Gemeinde kann gegen Anordnungen der Aufsichtsbehörde innerhalb von zwei Wochen nach Zustellung Beschwerde erheben. Über die Beschwerde entscheidet die nächsthöhere Aufsichtsbehörde endgültig; die Entscheidung ist zu begründen.

(2) Betrifft die Anordnung der Aufsichtsbehörde einen Gegenstand, bei dem die finanziellen Interessen des Staates mit denen der Gemeinde in Widerspruch stehen, so entscheidet an Stelle der nächsthöheren Aufsichtsbehörde der Reichsminister des Innern.

(3) Die Beschwerde hat aufschiebende Wirkung, es sei denn, daß die Anordnung ohne Nachteil für das öffentliche Wohl nicht ausgesetzt werden kann. Dies ist in der Anordnung festzustellen.[23]

Bei § 114 empfehle ich Streichung. Man sollte nicht so ängstlich sein; der Staat vergibt sich etwas, wenn er überhaupt die Möglichkeit von Eingriffen gedanklich zuläßt.[24]

Zu § 117: Ich bitte dringend, den Abs. 1 aufzuheben. Der ganzen Stellung des Reichsstatthalters, wie sie hier in dieser Gemeindeordnung entwickelt ist, wird ja wieder der Boden entzogen. Und auch die Gemeinden haben ein dringendes Interesse daran, daß die in §§ 9 – 11 und 15 jeweils bezeichneten Angelegenheiten vom Reichsstatthalter und nicht von nachgeordneten Behörden entschieden werden.

---

23 Während in dem § 113 des DGO-Entwurfs den Gemeinden lediglich ein Beschwerderecht gegen die Anordnungen der Aufsichtsbehörde zugebilligt wurde, garantierte der § 30 in der Endfassung der DGO die Möglichkeit eines Verwaltungsstreitverfahrens (vgl. DGO, § 30).

24 § 114 des DGO-Entwurfs verbot allen Stellen und Behörden außer der Aufsichtsbehörde Eingriffe in die Gemeindeverwaltung. Die Formulierung wurde in der Endfassung der DGO übernommen (vgl. DGO, § 114).

Abs. 2 muß gestrichen werden in Verfolg meiner in Ziff. 1) gegebenen Darlegung. Bleibt nur übrig der Abs. 3 als einziger Abs. des § 117.[25]

Indem ich mir die Ehre gebe, Ihnen, sehr verehrter Herr Reichsminister, dieses Gutachten zu erstatten, erlaube ich mir, der Vollständigkeit halber in der Anlage zu den anderen, weniger bedeutungsvollen Bestimmungen der Gemeindeordnung Stellung zu nehmen, soweit eine Änderung notwendig erscheint.[26]
Mit aufrichtiger Empfehlung und
Heil Hitler!
bin ich
Ihr stets ergebener
(gez.) Dr. Goerdeler.

### 1.3.12 *Schreiben Goerdelers an Adolf Hitler*

*maschinenschriftliches Schreiben vom 23.1.1935; BAB, R 43 II/569, Bl. 349-360.*[1]
Änderungsvorschläge für den DGO-Entwurf vom 15.1.1935; Kompromißlösung zur Stellung des Bürgermeisters, des Parteibeauftragten und der Aufsichtsbehörde.

Hochverehrter Herr Reichskanzler!
In der Anlage erlaube ich mir, die Formulierungen der Bestimmungen der Gemeindeordnung zu überreichen, die dem Sinne der heutigen Besprechung entsprechen würde.[2]

In der wichtigen Frage der Berufung des Bürgermeisters habe ich eine allen Wünschen Rechnung tragende Fassung gefunden. Sie ist in der Anlage am Rande

25 Änderungen des Gemeindenamens, -wappens und -gebiets bedurften nach dem DGO-Entwurf der Genehmigung des Reichsstatthalters, der diese Aufgaben nach § 117 Absatz 1 auch nachgeordneten Behörden übertragen konnte. Absatz 2 des § 117 betraf die Rechte des Reichsstatthalters bzw. des Gauleiters bei der Berufung von Bürgermeister und Beigeordneten sowie deren Zurücknahme im ersten Amtsjahr (vgl. auch die Anmerkungen 13 f.). In der Endfassung der DGO wurde dem Reichsminister des Innern das Recht zugesprochen, die Aufgaben nachgeordneten Behörden zu übertragen (vgl. DGO, § 117)

26 Die hier nicht aufgenommene zweiseitige Anlage beschäftigte sich hauptsächlich mit der Korrektur von Formulierungen bestimmter Paragraphen des DGO-Entwurfs bzw. deren Anpassung an die von Goerdeler empfohlenen Änderungen.

1 Mit handschriftlichem Vermerk Wiedemanns: „aus der Kabinettsmappe vor Führer u. Reichskanzler, 24.1.“

2 Zwischen der Chefbesprechung am 14. Januar 1935 (vgl. S. 149, Anmerkung 1), in der über die endgültige Fassung des DGO-Entwurfs entschieden wurde, (vgl. BAB, R 43II/568, Bl. 254-377) und dessen Verabschiedung in der Kabinettssitzung am 24. Januar versuchte Goerdeler nochmals, seine Vorstellungen durchzusetzen. Seine Argumente blieben nicht ohne Eindruck auf Hitler, der in der Kabinettssitzung auf sie verwies (vgl. Sitzungsprotokoll; ebd., R 43II/569, Bl. 372-374).

rot angestrichen, wie überhaupt die Änderungen in der Anlage rot vermerkt sind.[3] Alles übrige ist nur Wiederholung des Textes des Ministeriums des Innern.

Hochverehrter Herr Reichskanzler, ich müßte mich sehr irren, wenn erneut auch heute wieder Bedenken gegen dieses Ergebnis vorgebracht werden. Aber sie kommen nicht aus der Erfahrung der Front heraus. Das herzhafte Zutrauen, das Erwiderung rechnet, aber bei Nichterwiderung unerbittlich durchgreift, ist die richtige deutsche Lösung im Stein'schen Sinne. Das andere ist sicherlich gutgläubige, aber doch engherzige Bürokratie.
Stets Ihr ergebener
Goerdeler.

Anlage.

§ 19.

(2) Beamte des Reichs, des Staates, der Gemeinden und Gemeindeverbände werden Bürger ohne Rücksicht auf die Wohndauer mit dem Amtsantritt in der Gemeinde.

Begründung: Was mit dem Entwurf den Bürgermeistern der Gemeinden zugebilligt ist, gebührt wohl sämtlichen öffentlichen Beamten.

§ 22.

(1) Der Bürgermeister bestellt die Bürger zu ehrenamtlicher Tätigkeit. Er kann die Bestellung zurücknehmen, *wenn der Bürger zu ehrenamtlicher Tätigkeit offenbar ungeeignet erscheint oder andere besondere Gründe vorliegen.*[4] Für ehrenamtliche Bürgermeister, ehrenamtliche Beigeordnete und für Gemeinderäte gelten die besonderen Vorschriften dieses Gesetzes.
(2) Mit dem Verlust des Bürgerrechts endet jede ehrenamtliche Tätigkeit.

§ 33.

Zur Sicherung des Einklangs der Gemeindeverwaltung mit den Bürgern wirkt der Beauftragte der NSDAP bei der Berufung und Abberufung des Bürgermeisters, der Beigeordneten und der Gemeinderäte (folgen die entsprechenden Paragraphen) mit.

§ 42.

*(1) Die Stellen hauptamtlicher Bürgermeister und Beigeordneter sind vor der Besetzung von der Gemeinde öffentlich auszuschreiben.*
*(2) Das Ergebnis ist von der Gemeinde dem Beauftragten der NSDAP (§ 33) vorzulegen. Er berät es mit den Gemeinderäten und schlägt der Aufsichtsbehörde bis zu 3 Bewerber vor.*

---

3 Die ursprünglich rot angestrichenen Textstellen sind im folgenden kursiv gedruckt.

4 Die markierte Textstelle sollte die Formulierung „jederzeit“ ersetzen; in der Endfassung der DGO wurde die Empfehlung Goerdelers nicht übernommen (vgl. DGO, § 22).

*(3) Erteilt die Aufsichtsbehörde die Genehmigung zur Berufung des Bürgermeisters oder der Beigeordneten aus der Reihe der Vorgeschlagenen, so erfolgt die Berufung durch die Gemeinde. Die Berufungsurkunde muß die von der Aufsichtsbehörde vollzogene Genehmigung tragen. Bewerber, gegen welche die Aufsichtsbehörde Bedenken erhoben hat, dürfen nicht berufen werden.*
*(4) Vor der Einreichung der Vorschläge für Beigeordnete hat der Beauftragte der NSDAP dem Bürgermeister Gelegenheit zur Stellungnahme zu geben.*
*(5) Stellen ehrenamtlicher Bürgermeister und Beigeordneter werden nicht ausgeschrieben. Die Aufsichtsbehörde kann auch in anderen Fällen zulassen, daß die Ausschreibung unterbleibt.*
*(6) Hat die Aufsichtsbehörde gegen alle Vorgeschlagenen Bedenken, so kann, soweit erforderlich, nach Neuausschreibung der Stelle, jedenfalls nach neuer Beratung mit den Gemeinderäten, der Beauftragte der NSDAP einen neuen Vorschlag unterbreiten. Tut er das nicht innerhalb der von der Aufsichtsbehörde bestimmten Frist oder hat die Aufsichtsbehörde auch gegen alle erneut Vorgeschlagenen Bedenken, so beruft sie Bürgermeister und Beigeordnete.*
*(7) Aufsichtsbehörde im Sinne dieser Bestimmungen ist*

1. *für Stadtkreise mit mehr als 100.000 Einwohnern, soweit es sich um die Berufung von Bürgermeistern, Ersten Beigeordneten und Stadtkämmerern handelt, der Reichsminister des Innern, im übrigen der Reichsstatthalter; der Reichsminister des Innern entscheidet nach Anhörung des Reichsstatthalters,*
2. *für kreisangehörige Städte die obere Aufsichtsbehörde,*
3. *für die übrigen Gemeinden die Aufsichtsbehörde nach Maßgabe der allgemeinen Bestimmungen.*[5]

§ 43a.

Der Bürgermeister wird von der Aufsichtsbehörde, die Beigeordneten werden vom Bürgermeister in ihr Amt eingeführt.[6]

§ 50.

(1) Die Hauptsatzung bestimmt die Zahl der Gemeinderäte. Die Höchstzahl der Gemeinderäte beträgt in Gemeinden mit weniger als 10.000 Einwohnern zwölf, in den übrigen kreisangehörigen Städten vierundzwanzig, in den Stadtkreisen sechsunddreißig.
(2) Die Hauptsatzung kann bestimmen, daß die Gemeinderäte bestimmten Berufen und bestimmten Wirtschaftsgruppen angehören müssen. Diese Bestimmungen müssen der wirtschaftlichen und sozialen Gliederung der Bürger Rechnung tragen.

---

5 Vgl. hierzu auch Schreiben Goerdelers an Wilhelm Frick vom 11.1.1935; Dok. 1.3.11, oben S. 148 ff.

6 Vgl. ebd.

§ 51.

*Der Beauftragte der NSDAP ist nicht Gemeinderat; er nimmt an den Beratungen des Bürgermeisters mit den Gemeinderäten nicht teil.*[7]

§ 52.

(1) Der Beauftragte der NSDAP bestellt nach Anhörung des Bürgermeisters die Gemeinderäte. Bei der Bestellung hat er auf nationale Zuverlässigkeit, Eignung und Leumund zu achten und Persönlichkeiten zu berücksichtigen, deren Beruf der Gemeinde ihre besondere Eigenart oder Bedeutung gibt oder das gemeindliche Leben wesentlich beeinflußt. Enthält die Hauptsatzung nähere Bestimmungen (§ 50), so hat er diese Bestimmungen zu beachten.
(2) Beamte, Angestellte und Arbeiter der Gemeinde und Beamte der Aufsichtsbehörde können nicht als Gemeinderäte berufen werden.[8]

Begründung: Keine Ausnahmen hiervon, da sonst Interessenkollisionen zu häufig, wie die Vergangenheit lehrt.

§ 55.

(1) Gemeinderäte, die der Voraussetzung des § 52 nicht oder nicht mehr entsprechen, scheiden aus. Die Entscheidung trifft die Aufsichtsbehörde im Einvernehmen mit dem Beauftragten der NSDAP. Kommt kein Einverständnis zustande, so entscheidet der Reichsstatthalter.
(2) Gegen die Entscheidung kann beim Reichsminister des Innern Beschwerde erhoben werden. Die Beschwerde steht dem Betroffenen und dem Bürgermeister zu.

§ 57.

(1) Der Bürgermeister lädt die Gemeinderäte mit angemessener Frist zu den Beratungen und teilt die Beratungsgegenstände mit.
(2) Die Beratungen sind öffentlich. Der Bürgermeister kann die Öffentlichkeit ausschließen, wenn das Wohl des Staates oder der Gemeinde es verlangt oder schutzwürdige Interessen einzelner es rechtfertigen. Ort und Stunde der Beratung sowie die Tagesordnung sind rechtzeitig öffentlich bekanntzumachen, soweit nicht die Öffentlichkeit ausgeschlossen wird.
(3) Die Beigeordneten nehmen an den Beratungen der Gemeinderäte teil. Der Bürgermeister kann Beamte und Angestellte der Gemeinde sowie Sachverständige zu den Beratungen zuziehen.
(4) Die Gemeinderäte müssen an den Beratungen teilnehmen, wenn sie nicht vom Bürgermeister beurlaubt sind.

---

7 Vgl. S. 151 f., Anmerkung 5.

8 Hier wurde der Zusatz „Die Aufsichtsbehörde kann Ausnahmen zulassen." gestrichen; in der Endfassung der DGO blieb der Zusatz stehen (vgl. DGO, § 51).

§ 58.

(1) Der Bürgermeister eröffnet, leitet und schließt die Beratungen der Gemeinderäte. Er sorgt dafür, daß nur solche Angelegenheiten erörtert werden, die zum Aufgabengebiet der Gemeinde gehören.
(2) Er handhabt die Ordnung der Beratungen und übt das Hausrecht aus. Auf sein Verlangen haben sich die einzelnen Gemeinderäte zu bestimmten Beratungsgegenständen zu äußern. Sie und die Beigeordneten sind in jedem Falle zur Äußerung verpflichtet, wenn ihre Meinung von der des Bürgermeisters abweicht. Eine Abstimmung der Gemeinderäte findet nicht statt.
(3) Über den wesentlichen Inhalt der Beratungen ist eine Niederschrift zu fertigen. In die Niederschrift sind abweichende Äußerungen der Gemeinderäte aufzunehmen. Auch sonst ist jeder Gemeinderat berechtigt, seine Auffassung in die Niederschrift zu geben. Die Niederschrift wird von dem Bürgermeister und zwei von ihm bestimmten Gemeinderäten unterzeichnet.

§ 60.

Die Beratungen mit den Beiräten sind nichtöffentlich. Der Bürgermeister kann den Vorsitz einem Beigeordneten übertragen. *Er soll die Beigeordneten, deren Arbeitsgebiete von den Beratungen betroffen werden, zu den Beratungen hinzuziehen.*[9] Im übrigen gelten die Vorschriften der §§ 57, 58 über die Beratung mit den Gemeinderäten sinngemäß.

§ 63.

(1) Die Gemeinde darf Vermögensgegenstände, die sie für ihre Aufgaben in absehbarer Zeit nicht braucht, veräußern.
(2) Die Gemeinde hat der Aufsichtsbehörde Anzeige zu erstatten, wenn sie[10]
1. Vermögensgegenstände unentgeldlich veräußert hat,
2. Grundstücke und grundstücksgleiche Rechte verkauft oder getauscht hat,
3. Sachen, die einen besonderen wissenschaftlichen, geschichtlichen oder künstlerischen Wert haben, besonders Archive und Teile solcher, veräußern oder wesentlich verändern will.

(3) Der Reichsminister des Innern kann durch Verordnung Rechtsgeschäfte von der Anzeigepflicht (Abs. 2) befreien, wenn sie ihrer Natur nach regelmäßig wiederkehren oder bestimmte Wertgrenzen nicht übersteigen. Er kann auch durch Verordnung Gemeinden ganz oder teilweise von der Anzeigepflicht (Abs. 2) befreien.

---

[9] Der markierte Text – Zusatz zu dem ursprünglichen Entwurf -- wurde nicht in die Endfassung der DGO übernommen (vgl. DGO, § 59).

[10] Die ursprüngliche Genehmigungspflicht durch die Aufsichtsbehörde (vgl. BAB, R 43II/569, § 63) wollte Goerdeler hier ersetzen durch eine bloße Anzeigepflicht der Gemeinden; die Änderung wurde nicht in der Endfassung der DGO übernommen (vgl. DGO, § 62).

Bemerkung: Prinzipaliter empfehle ich, Abs. 2 und 3 ganz zu streichen. Hier kann im Gegensatz zu § 69 auf jede Mitwirkung der Aufsichtsbehörde ohne allgemeinen Schaden verzichtet werden.

§ 64.

(1) Der Erlös aus der Veräußerung von Vermögensgegenständen ist dem Vermögen zuzuführen. Er kann auch verwendet werden

a) zur Verminderung des genehmigten Darlehnsbedarfs des außerordentlichen Haushaltsplans,
b) zur außerordentlichen Schuldentilgung,
c) zur Verstärkung von Rücklagen,
d) zur Deckung von Fehlbeträgen aus Vorjahren, wenn dies nach den Grundsätzen einer ordentlichen Finanzwirtschaft vertretbar ist.

*(2) Wird der Erlös zur Verminderung des Darlehnsbedarfs des außerordentlichen Haushaltsplans oder zur Deckung von Fehlbeträgen aus Vorjahren verwendet, so ist der Aufsichtsbehörde Anzeige zu erstatten.*[11]

§ 69.

(1) Will die Gemeinde wirtschaftliche Unternehmungen errichten oder wesentlich erweitern, so hat sie der Aufsichtsbehörde Anzeige zu erstatten. Aus dem Bericht muß ersichtlich sein, ob die gesetzlichen Voraussetzungen (§ 68) erfüllt sind und ob die Deckung der Kosten tatsächlich und rechtlich gesichert ist.
*(2) Der Reichsminister des Innern kann Gemeinden ganz oder teilweise von der Anzeige (Abs. 1) befreien.*[12]

§ 72.

(1) Vertreter der Gemeinde in dem Vorstand, dem Aufsichtsrat oder einem sonstigen Organ einer Gesellschaft, an der Gemeinden oder Gemeindeverbände mit mehr als 75 v.H. beteiligt sind, *müssen die Aufnahme von Darlehen und Kassenkrediten der Aufsichtsbehörde mitteilen.*[13]
(2) Sind mehrere Gemeinden beteiligt, die verschiedenen Aufsichtsbehörden unterstehen, so hat die nächsthöhere Aufsichtsbehörde auf Antrag des Vorstandes eine für alle Beteiligten zuständige Aufsichtsbehörde zu bestimmen.
(3) Diese Vorschriften sind sinngemäß anzuwenden, wenn ein Unternehmen, an dem Gemeinden oder Gemeindeverbände mit mehr als 75 v.H. beteiligt sind, sich an einem anderen Unternehmen beteiligen will.

---

11 Vgl. S. 157, Anmerkung 15.

12 Der Zusatz wurde nicht in die Endfassung der DGO übernommen (vgl. DGO, § 68).

13 Der markierte Text sollte die folgende Formulierung ersetzen: „dürfen der Aufnahme von Darlehen und Kassenkrediten nur mit Genehmigung der Aufsichtsbehörde zustimmen" (vgl. DGO-Entwurf in BAB, R 43II/569, § 72). Die Änderung wurde nicht in die Endfassung der DGO übernommen (vgl. DGO, § 71).

§ 76.

*Die Umwandlung eines Eigenbetriebes in ein rechtlich selbständiges Unternehmen hat die Gemeinde der Aufsichtsbehörde anzuzeigen.*[14]

§ 80.

Die Gemeinde darf zur Sicherung des Dalehnsgebers keine besonderen Sicherheiten bestellen, es sei denn, daß die Bestellung von Sicherheiten der Verkehrsübung entspricht. *Sie hat die Bestellung von Sicherheiten der Aufsichtsbehörde anzuzeigen.*[15]

§ 82.

(1) Kassenkredite, die dazu dienen, die rechtzeitige Leistung der Ausgaben des ordentlichen Haushaltsplans zu sichern, sind keine Darlehen im Sinne der §§ 77 bis 81. Sie sind aus ordentlichen Einnahmen des laufenden Haushaltsplanes oder sonst innerhalb von 9 Monaten zurückzuzahlen. Für Ausgaben des außerordentlichen Haushaltsplans dürfen sie nicht verwendet werden.
(2) Die Gemeinde darf Kassenkredite nur bis zu dem in der Haushaltssatzung festgesetzten Höchstbetrag aufnehmen. Der Höchstbetrag ist der Aufsichtsbehörde anzuzeigen. *Er darf nur in Ausnahmefällen ein Sechstel des haushaltsmäßigen ordentlichen Einnahmesolls übersteigen und bedarf dann der Genehmigung der Aufsichtsbehörde.*[16] Kassenkredite, die im Zeitpunkt einer neuen Genehmigung nicht zurückgezahlt sind, sind bei der neuen Genehmigung einzurechnen. Die Genehmigung erlischt unbeschadet der Vorschriften des § 88 mit Ablauf des Rechnungsjahres.
(3) Die Aufnahme von Kassenkrediten ist nur zu genehmigen, wenn der Bedarf nicht aus Mitteln der Betriebsrücklage gedeckt werden kann. Die Gemeinde hat eine Betriebsrücklage aus Mitteln des ordentlichen Haushaltsplanes anzusammeln.

§ 85.

Die Haushaltssatzung ist vom Bürgermeister so rechtzeitig aufzustellen, daß sie den Gemeinderäten zugeleitet, mit ihnen beraten und spätestens einen Monat vor Beginn des Rechnungsjahres der Aufsichtsbehörde vorgelegt werden kann.[17]

---

[14] Die Formulierung sollte die Genehmigungspflicht von der Aufsichtsbehörde ersetzen, wurde jedoch nicht in der Endfassung der DGO übernommen (vgl. ebd., § 75).

[15] Die Formulierung sollte ebenfalls die Genehmigungspflicht von der Aufsichtsbehörde ersetzen, wurde jedoch auch nicht in der Endfassung der DGO übernommen (vgl. ebd., § 79).

[16] Die ursprüngliche Bestimmung sah eine generelle Genehmigungspflicht der Kredithöhe durch die Aufsichtsbehörde vor (vgl. BAB, R 43II/569, § 82) und wurde auch in die Endfassung der DGO übernommen (vgl. DGO, § 81).

[17] Hier wurde von Goerdeler die Genehmigungspflicht durch den NSDAP-Vertreter gestrichen (vgl. BAB, R 43II/569, § 85); die Änderung wurde in der Endfassung der DGO übernommen (vgl. DGO, § 84).

§ 92.

(1) Überplanmäßige und außerplanmäßige Ausgaben dürfen nur mit Zustimmung des Bürgermeisters oder des von ihm ermächtigten Beigeordneten geleistet werden.
(2) Dies gilt auch für Anordnungen, durch die Verbindlichkeiten der Gemeinde entstehen können, für die ausreichende Mittel im Haushaltsplan nicht vorgesehen sind.
(3) Fällt.[18]

§ 95.

(1) Die Kassengeschäfte führt ein besonderer Kassenverwalter; er hat einen ständigen Stellvertreter.
(2) Der Bürgermeister darf die Kasse nicht führen, auch nicht vorübergehend. Er darf auch nicht an Stelle des Kassenverwalters einzelne Kassengeschäfte vornehmen.
(3) Fällt oder folgende Fassung:
(3) Die Kassen der Gemeinde sollen in einer Hand vereinigt werden. Geschieht dies nicht, so ist der Aufsichtsbehörde Anzeige zu erstatten.

§ 100.

(1) Der Bürgermeister legt die Rechnung mit dem Schlußbericht des Rechnungsprüfungsamtes, mit der Niederschrift über die Beratung und mit den schriftlichen Bemerkungen der Gemeinderäte der Aufsichtsbehörde vor.
(2) Hat die Prüfung erhebliche Verstöße gegen die Grundsätze einer geordneten Haushaltsführung ergeben, so handelt die Aufsichtsbehörde nach §§ 106ff. dieses Gesetzes.
(3) Der Bürgermeister hat den Gemeinderäten von den Maßnahmen der Aufsichtsbehörde (Abs. 2) Mitteilung zu machen.[19]

§ 105

Ich empfehle aus den mehrfach vorgetragenen Gründen volle Streichung oder folgende Fassung:
Der Reichsminister des Innern kann im Einvernehmen mit dem Reichsminister der Finanzen durch Verordnung nähere Bestimmungen erlassen für
1. die Aufstellung und Ausführung des Haushaltsplans,
2. den Nachweis und die Bewertung des Gemeindevermögens,

---

[18] Absatz 3 des Paragraphen 92 sah die Genehmigungspflicht außerplanmäßiger Ausgaben im außerordentlichen Haushaltsplan durch die Aufsichtsbehörde vor (vgl. BAB, R 43II/596, § 92); die Änderung wurde in der Endfassung der DGO übernommen (vgl. DGO, § 91).

[19] Goerdeler versuchte hier, die Formulierung, dass die Aufsichtsbehörde die Entlastung zu erteilen habe, zu umgehen. Im Gegensatz zu seinen früheren Forderungen (so zuletzt in seinem Schreiben an Wilhelm Frick vom 11.1.1935; Dok. 1.3.11, oben S. 148 ff.) handelte es sich jedoch eher um kosmetische, denn um tatsächliche inhaltliche Änderungen.

3. das Kassen- und Rechnungswesen,
4. das Rechnungsprüfungswesen.[20]

§ 113.

(1) Die Gemeinde kann gegen Anordnungen der Aufsichtsbehörde innerhalb 2 Wochen nach Zustellung Beschwerde erheben. Über die Beschwerde entscheidet die nächsthöhere Aufsichtsbehörde endgültig in einem begründeten Bescheid.
(2) Betrifft die Anordnung der Aufsichtsbehörde einen Gegenstand, bei dem finanzielle Interessen des Staates mit denen der Gemeinde in Widerspruch stehen, so entscheidet an Stelle der nächsthöheren Aufsichtsbehörde der Reichsminister des Innern.
(3) Die Beschwerde hat aufschiebende Wirkung, es sei denn, daß die Anordnung ohne Nachteil für das öffentliche Wohl nicht ausgesetzt werden kann. Dies ist in der Anordnung festzustellen.[21]

Bemerkung: Dieser Vorschlag erfolgt außerhalb der heutigen Besprechung mit dem Führer.

§ 117.

(1) Der Reichsminister des Innern kann durch Verordnung Aufgaben, die dem Reichsstatthalter nach den §§ 9–11 und 15 dieses Gesetzes zustehen, auf nachgeordnete Behörden übertragen.
(2) Die Aufgaben des Reichsstatthalters nimmt in Preußen der Oberpräsident, in den hohenzollerischen Landen der Regierungspräsident wahr. Abs. 1 gilt entsprechend.[22]

§ 119.

Der Reichsminister des Innern kann durch Verordnung
1. für einzelne Gemeinden die Aufrechterhaltung des bisherigen Rechtszustandes auf eine befristete Übergangszeit anordnen,
2. für gemeindefreie Grundstücke (Gutsbezirke) Vorschriften erlassen,
3. den Ablauf der Amtszeit der bisherigen ehrenamtlichen Gemeindeorgane regeln,
4. die Vorschriften des Reichs- und Landesrechts bezeichnen, die durch dieses Gesetz außer Kraft gesetzt werden,
5. die weitergehenden Vorschriften des neuen Reichs- und Landesrechts an den neuen Rechtszustand angleichen und in neuer Fassung und Ordnung bekanntmachen.

Bemerkung: Die Streichung der Ziff. 1 über die besonderen Voorschriften der Stadt Berlin liegt wohl im Sinne der heutigen Besprechung. Diese Ziff. 1 müßte durch folgenden neuen Paragraphen ersetzt werden:

---

[20] Vgl. S. 160, Anmerkung 22.
[21] Vgl. S. 161, Anmerkung 23.
[22] Vgl. S. 162, Anmerkung 25.

(1) Für die Hauptstadt Berlin kann die Hauptsatzung Regelungen treffen, die von den Vorschriften dieses Gesetzes abweichen.

(2) Die Hauptsatzung der Hauptstadt Berlin bedarf der Genehmigung des Reichsministers des Innern.[23]

§ 120.

Ich empfehle nochmals Streichung wegen des ungewöhnlich tiefen Eingriffs, den der Zusammenschluß von Gemeinden zu Gemeindeverbänden in das Selbstverwaltungsrecht bedeutet.[24]

### 1.3.13 *Schreiben Goerdelers an Max Rehm*

*maschinenschriftliche Abschrift vom 15.6.41; BAK, Bd. 9.*[1]

Die Selbstverwaltung ist in den letzten Jahren zerstört worden: Bürger können keine Vertreter mehr in die Stadtverwaltung wählen; jede Kritik ist unterdrückt worden; die Staatsverwaltung hat den Kommunen jede Eigenverantwortung genommen. Verantwortung und Autorität müssen nach oben und nach unten wirken; die Staatsaufsicht muss beschränkt werden; den Ministern muss das Recht zum Erlass von Rechtsvorschriften genommen werden.

Sehr verehrter Herr Dr. Rehm,
für Ihre freundlichen Zeilen vom 26. Mai und die gütige Übersendung Ihres Buches danke ich Ihnen herzlich.[2] Ich habe es mit großem Interesse gelesen und bewundere den außerordentlichen Fleiß, den Sie offenbar zum Teil noch im Kriege aufgebracht haben, um ein sicher schon vorher angefangenes Werk zu vollenden. Groß ist meine Freude, in ihrem Werk die volle Hingabe an den hohen Sinn der Selbstverwaltung und das klare Verstehen ihrer Entstehung, ihres Wesens und

---

23 Die Ziffer 1 im DGO Entwurf („1. Für die Hauptstadt Berlin werden besondere Vorschriften erlassen,"; vgl. BAB, R 43II/569, § 119) wurde in der Endfassung der DGO gestrichen; hinzugefügt wurde § 122: „Dieses Gesetz gilt nicht für die Hauptstadt Berlin." (vgl. DGO, §§ 119 und 122).

24 Die Bestimmung, dass der Reichsminister des Innern den Zusammenschluss kreisangehöriger Gemeinden sowie die Einrichtung von Gemeinschaftseinrichtungen für sie verfügen dürfe, wurde in der Endfassung der DGO übernommen (vgl. ebd., § 120).

1 Das Original befindet sich im Besitz der Familie Rehm.

2 Max Rehm, Jahrgang 1896, hatte Goerdeler seine Habilitationsschrift „Führung und Verantwortung in der Gemeinde" (Berlin 1941) übersandt. In ihr vertrat er die These, dass der nationalsozialistische Grundsatz des Staatsaufbaus „Autorität nach unten, Verantwortung nach oben" dem Gemeindeaufbau nicht gerecht würde: „Ihr [der Gemeinde] entspricht nicht der Führergrundsatz, sondern der Vatergrundsatz: die Stadtväter, Bürgermeister und Ratsherren, sind wesentlich nicht nach oben, gegenüber der Aufsichtsbehörde, verantwortlich, sondern nach unten, ihren Mitbürgern und Wählern gegenüber." Der nationalsozialistische Grundsatz dagegen entspräche dem militärischen Kampf, der eine klare Führung benötige. Vgl. Max Rehm: Lebensrückblick eines 85-jährigen; BAK, kl.-Erw. 760-1, Bl. 30 ff.

ihrer Aufgabe zu finden. Nur Selbstverwaltung im Kleinen wie im Großen kann das Verantwortungsbewußtsein wecken, heben und schließlich auch für große Aufgaben und in schwierigen Zeiten tragfähig machen.

Täuschen wir uns nicht: es ist nicht gelungen, Geist und Inhalt der Selbstverwaltung in den letzten Jahren lebendig zu erhalten. In ihrer heutigen Gestalt und in ihrem heutigen Wirken ist sie ein Zerrbild einstigen Lebens geworden. Das Interesse ist, wenn nicht tot, so doch eingeschlafen. Die Gründe hierfür liegen auf der Hand. Der eine liegt in der Deutschen Gemeindeordnung selbst, und ich habe versucht ihn, an ihrer Schaffung mitarbeitend, zu verhindern und später auf diesen Mangel hinzuweisen.[3] Berufene Ratsherren werden von den Bürgern niemals als ihre Vertreter betrachtet werden. Der Bürger muß durch irgendeinen Wahlakt wieder lebendige Beziehungen zu Bürgervertretungen im Rathaus erhalten. Der zweite Grund liegt in der weitgehenden Übersteigerung des Befehls- und Führergedankens im Staat und im gesamten öffentlichen Leben. Jede, auch die wohlmeinende, schöpferische Kritik, ist unterbunden. Eine kleinliche und der Selbstverwaltung verständnislos gegenüberstehende Staats- und Beamtenbürokratie hat diese Entwicklung benutzt, um in den meisten deutschen Gemeinden alles Eigenleben und jede Verantwortungsfreudigkeit zu lähmen. Diese Erkenntnis bestärkt mich in meiner Auffassung, daß es nicht eine Verantwortung nach oben und Autorität nach unten geben darf, sondern daß Verantwortung und Autorität nach oben und nach unten vorhanden und ausgeglichen sein müssen. Die Autorität ist auch nach oben hin erforderlich und muß sich in Verbindung mit dem Verantwortungsbewußtsein selbst bei dem Soldaten auch zu dem Entschluß verdichten können, die warnende Stimme nach oben zu erheben. Nach unten wird wahre Autorität erst geschaffen, wenn Verantwortungsbewußtsein, Bescheidenheit und Beispiel vorgelebt und wenn das Können des Oberen von unten her als wahrhaft überlegen innerlich anerkannt wird.

Es wird so in der Zukunft darauf ankommen, einige Punkte der Deutschen Gemeindeordnung zu ändern; den einen Punkt habe ich bereits genannt; außerdem sind die Aufsichtsrechte des Staates klarer zu umgrenzen, ist die Prüfung des Rechnungswesens wieder ausschließlich den Bürgervertretern anzuvertrauen, wodurch ihr Amt erst letzte Verantwortung erhält, und endlich sind alle Aus- und Durchführungsverordnungen aufzuheben.[4]

In der Durchführung muß der Staat gemäß § 105 der Deutschen Gemeindeordnung die Gemeinden, die einen ausgeglichenen Haushalt haben, von den vorgeschriebenen Genehmigungen freistellen.[5] Endlich ist im Zuge der ganzen Gesetz-

---

3 S.o. Goerdelers Korrespondenz zu der Deutschen Gemeindeordnung mit verschiedenen Entscheidungsträgern; Dok. 1.3.6 ff., oben S. 121 ff.

4 In den Aus- und Durchführungsverordnungen zur DGO bestand die Tendenz, die staatlichen und parteiamtlichen Einflussmöglichkeiten weiter zu verstärken.

5 Vgl. zu Goerdelers letztem Gegenvorschlag sein Schreiben an Adolf Hitler vom 23.1.1935; Dok. 1.3.12, oben S. 162 ff.

gebung das Recht der Minister zu beseitigen, außer Ausführungsverordnungen auch Rechtsvorschriften zu erlassen. Diese bequeme Generalklausel hat in der ganzen Gesetzgebung dazu geführt, daß die Gesetze nicht mehr genügend ausgearbeitet werden.

Immer müssen wir uns darüber bewußt sein, daß letzten Endes nicht Gesetze das Wesentliche einer Einrichtung insbesondere der Selbstverwaltung bestimmen, sondern der Geist und der Wille der Menschen, die in diesen Einrichtungen wirken. Ich habe unter der Alten Preußischen Städteordnung, unter den sie 1919 abändernden Gesetzen und unter der Deutschen Gemeindeordnung gearbeitet. Ich habe gefunden, daß in allen diesen Epochen begeisterte und tatkräftige Bürgermeister und Stadträte den Geist der Selbstverwaltung lebendig erhalten konnten und ich habe Männer gekannt, die ihn auch unter den günstigsten Voraussetzungen entarten ließen.

Umso größer ist meine Freude, aus Ihrem Werk und aus Ihren freundlichen Zeilen zu ersehen, daß es noch Streiter für die deutsche Selbstverwaltung gibt, die im Reich, in den Ländern und Gemeinden, in den Wirtschaftsorganisationen und den sozialen Einrichtungen wieder zu ihrem Recht kommen muß, wenn unser Vaterland gesund und stark sein soll.

Haben Sie nochmals herzlichen Dank! Ich wünsche Ihnen aufrichtig, daß Sie gesund zu gesegneter Arbeit aus dem Kriege wieder heimkehren.

Mit aufrichtigen Grüßen
Ihr Ihnen sehr ergebener
Goerdeler

# Kapitel 2: Goerdelers Mitarbeit in der Reichspolitik I

## Einführung

Goerdelers politische Überzeugungen seit dem Ausgang des ersten Weltkrieges bis zum Anbruch des NS-Regimes wurden durch seine Haltung zur Polenpolitik, seine Tätigkeit für die DNVP und seine Initiativen als Reichskommissar für die Preisüberwachung geprägt. Geboren im westpreußischen Schneidemühl und aufgewachsen im ostpreußischen Marienwerder, verbrachte Goerdeler auch seine Studien- und Ausbildungszeit in Ostpreußen, wo seine Familie und die seiner Frau ansässig waren. Der drohende Verlust seiner Heimat Westpreußen infolge des Versailler Vertrages und die damit zwangsläufig eintretende territoriale Abtrennung Ostpreußens vom Reich bewogen Goerdeler, politisch hervorzutreten um die Abtretung des Korridors an Polen zu verhindern. In einem Bericht von Ende Juni 1919 legte er von seiner Tätigkeit als Verbindungsoffizier des 17. Armeekorps zum parlamentarischen Aktionsausschuss für den Kommando-Bereich des AOK Nord in Danzig Rechenschaft ab.[1]

In der Zeit vom 13. bis 26. Juni 1919 befand sich Goerdeler im Brennpunkt der ostdeutschen Sezessionsbestrebungen, die von einer Reihe führender Militärs und ostdeutscher Politiker getragen wurden. Die ostdeutschen Akteure erhofften sich von einem eigenmächtigen Vorgehen – beschwörend wurde von ihnen auf das Yorksche Vorbild von 1812/13 verwiesen – eine Revision der alliierten Friedensbedingungen, um so, wie Goerdeler formulierte, „das Deutschtum der Ostmark und damit diese dem Deutschen Reich zu retten“.[2]

Während die Reichsregierung und die OHL dem AOK Nord die Aufgabe zugewiesen hatten, die ostdeutschen Grenzen bis zu deren endgültiger Festlegung im Friedensvertrag zu sichern, gingen die Planungen der Militärs über die Grenzsicherung weit hinaus. Unter dem Decknamen „Aktion Frühlingssonne“ beabsichtigten sie einen Vormarsch deutscher Armee- und Freikorpsverbände nach Warschau, der die Eroberung ganz Polens einleiten sollte. In der entscheidenden Besprechung der Generäle am 19. Juni 1919 konnten sich die Hauptverfechter der „Aktion Frühlingssonne“, die Generäle Loßberg, von Lüttwitz und von Below, jedoch nicht durchsetzen. Hinzu kam die Tatsache, dass die zivilen Akteure mit dem Oststaatplan unterschiedliche Absichten verfolgten.[3]

---

[1] S. Bericht Goerdelers über seine Tätigkeit im preußischen Abtretungsgebiet; Dok. 2.1.1, unten S. 191 ff.

[2] Vgl. Goerdelers Entwurf eines Leserbriefs an die Danziger Zeitung, o.D. [27./28.6.1919]; BAK, N 1113, Bd. 10, Bl. 39-44.

[3] Zu der „Aktion Frühlingssonne“ vgl. Hagen Schulze: Der Oststaat-Plan 1919, in: VfZ 18 (1970), H. 2, S. 148 ff.; siehe auch die Darstellungen der Beteiligten Cleinow und Lüttwitz

Goerdeler vertrat in dieser Konstellation eine extreme Position, wobei seine Vorstellungen in mancher Hinsicht einen Mangel an Realitätssinn verraten. Indem er sich die Forderung einer „militärischen Niederwerfung Polens" ausdrücklich zu Eigen machte, stimmte er mit den am weitesten reichenden Planungen bei den Militärs überein. Implizit stand hinter den Formulierungen in seiner Aufzeichnung die Absicht, den Einfluss der Novemberrevolution im Osten durch die Ausrichtung auf den äußeren Feind einzudämmen. In seiner abschließenden Bewertung der militärischen und zivilen Protagonisten der Oststaatspläne entfaltete Goerdeler eine leidenschaftliche nationalistische Argumentation, die von den realen politischen Möglichkeiten abstrahierte. „Die Zivilbehörden", so urteilte er, „wollten nur Regierungspolitik, keine deutsche Politik treiben."

Im Unterschied jedoch zu anderen Parteigängern, die sich nach dem Scheitern des Oststaat-Plans und nach der Unterzeichnung der Friedensbedingungen von der jungen Republik abwandten und teilweise in offenen Gegensatz zu ihr traten,[4] unterließ Goerdeler weiteres Engagement in der Ostpolitik und verhielt sich pragmatisch. Wie sein Briefentwurf an seinen damaligen Solinger Vorgesetzten August Dicke belegt, war er seit Juli 1919 in den westpreußischen Abstimmungsgebieten an der Bildung von parteiübergreifenden Arbeitsausschüssen beteiligt.[5] In der Kreisarbeitsgemeinschaft seiner Heimatstadt Marienwerder fungierte er als Vertrauensmann der Deutschnationalen Volkspartei und bereitete in dieser Funktion die Abstimmung über die Zugehörigkeit zu Polen oder dem Deutschen Reich mit vor, koordinierte zugleich die Zusammenarbeit der deutschen Parteien auf lokaler Ebene und vertrat die Interessen der ortsansässigen deutschen Bevölkerung.

Aus einer national-konservativen Grundeinstellung und der preußischen Beamtentradition heraus fand Goerdeler zu einer gouvernementalen Einstellung, und ihm blieb eine grundsätzliche Obstruktions- oder Verweigerungshaltung fremd. Dies bestätigte sich auch in seinem parteipolitischen Engagement. Seit dem Februar 1919 war er Mitglied der DNVP, und er füllte während der 20er Jahre wiederholt Führungspositionen in der Partei aus, ohne bei innerparteilichen Auseinandersetzungen besonders hervorzutreten.[6] In seinem Vortrag „Mehr Macht dem Reichspräsidenten!" vom Dezember 1929[7] vertrat er jedoch eine klare deutschnationale

---

(Georg Cleinow: Der Verlust der Ostmark. Die Deutschen Volksräte des Bromberger Systems im Kampf um die Erhaltung der Ostmark beim Reich 1918/1919, Berlin 1934; Walther Frhr. v. Lüttwitz: Im Kampf gegen die November-Revolution, Berlin 1934).

4 So etwa General v. Lüttwitz, Oberstleutnant v. Scheubner-Richter und August Winnig, die sich 1920 bzw. 1923 führend an rechtsextremen Putschversuchen beteiligten.

5 S. Briefentwurf Goerdelers an August Dicke vom 31.12.1919; Dok. 2.1.2, unten S. 198 f.

6 Obwohl Goerdeler von 1920 bis zu seinem Abschied in Königsberg 1930 Vorstandsmitglied des DNVP-Landesverbandes Ostpreußen sowie zwischen 1922 und 1927 Mitglied des Parteivorstands war (vgl. StAL, Kap. 10G, Bd. 1, Bl. 8), sind die drei vorliegenden Dokumente seine einzigen Äußerungen zur Parteipolitik.

7 S. Mehr Macht dem Reichspräsidenten! o.D. [Dezember 1929]; Dok. 2.2.1, unten S. 200 ff.

Linie. Seine Forderungen zur Handels- und Zollpolitik, zu der Sozial- und insbesondere der Arbeitslosenpolitik sowie der Kultur- und Erziehungspolitik entsprachen durchweg den Pronunciamentos, die anderthalb Jahre zuvor von führenden Parteimitgliedern in einem programmatischen Sammelband abgegeben worden waren.[8]

Die zentrale Forderung in Goerdelers Vortrag betraf Artikel 54 WRV, der die Reichsregierung an das Vertrauen des Reichstags band. Er erblickte in der Aufhebung der parlamentarischen Verantwortlichkeit der Reichsregierung den zentralen Programmpunkt der DNVP, anstatt „auf all den vielen Einzelgebieten unserer Innenpolitik allmählich eine Gesundung durch Änderung der Masseneinstellung abzuwarten“. Er beschwor seine Parteifreunde, „daß wir keine Sünde wider den heiligen Geist tun, d.h. nicht in die Regierung mehr gehen ohne den festen Willen, in ihr an diese Lösung heranzutreten und sie auf Biegen oder Brechen zu erzwingen“. Mit dieser Position nahm Goerdeler eine Mittelstellung in den parteiinternen Auseinandersetzungen über eine mögliche Regierungsbeteiligung der DNVP ein. Einerseits näherte er sich mit der Forderung, die Stärkung der Stellung des Reichspräsidenten in den Mittelpunkt der Parteiagitation treten zu lassen, der von Alfred Hugenberg verfochtenen Obstruktionspolitik. Andererseits vertrat er jedoch ebenso wie der DNVP-Fraktionsführer Kuno Graf von Westarp die Auffassung, dass es möglich sei, für die Abschaffung von Art. 54 WRV durch Überzeugungsarbeit eine parlamentarische Mehrheit gewinnen zu können. Das war insofern nicht ganz abwegig, als die Stärkung des Reichspräsidenten auf Kosten der Prärogativen des Reichstages auch bei den anderen bürgerlichen Parteien wachsenden Rückhalt besaß. Während Goerdeler also in seinen Zielvorstellungen den Hugenbergschen Primat einer grundsätzlichen Verfassungsänderung unterstützte, blieb ihm die obstruktionspolitische Verweigerungshaltung, mit der Hugenberg dieses Ziel verfolgte, fremd. Aus Goerdelers verfassungspolitischen Reformvorstellungen ging hervor, dass er mit dem Übergang zum System der Präsidialkabinette sympathisieren würde. Die Verstärkung der Macht des Reichspräsidenten kam seinen Vorstellungen von der Notwendigkeit von „Führerpersönlichkeiten“ und seiner Kritik am Parlamentarismus entgegen.

Darüber hinaus erfüllte die Politik insbesondere des Zweiten Kabinetts Brüning in vieler Hinsicht deutschnationale Forderungen, was beispielsweise die Forcierung der Deflationspolitik und die Unterstützung der Landwirtschaft, die Ausmanövrierung der kompromisswilligen SPD, die antigewerkschaftliche Regierungspolitik sowie die schrittweise Ausschaltung des Parlaments betraf, die mit der Dietramszeller Notverordnung vom August 1931 einen ersten Höhepunkt erreichte. Entscheidend war jedoch, dass Goerdeler Brünings Politik als richtig empfand und parteipolitischen Positionen demgegenüber wenig Bedeutung beimaß. Sein Austritt aus der DNVP anlässlich seiner Mitarbeit im Zweiten Kabinett Brüning bestätigt

8 Vgl. Der nationale Wille. Werden und Wirken der Deutschnationalen Volkspartei 1918–1928, hg. v. Max Weiß, Leipzig 1928.

diese Einschätzung.[9] Goerdeler war zu dem Zeitpunkt seines Parteiaustritts wohl nicht mehr sehr stark in die Parteiarbeit involviert. Die zeitgenössische Interpretation der Reichstags-Wahlergebnisse seit 1928, die das Ende der „Parteiherrschaft" anzukündigen schienen, mag dabei eine Rolle gespielt haben.

Goerdeler muss als pragmatisch und gouvernemental orientierter Konservativer verstanden werden, dem es darum ging, konkrete Ziele innerhalb des bestehenden Systems durchzusetzen. Er stand insofern in einem scharfen Gegensatz zu Alfred Hugenberg. In Anspielung auf ihn schrieb er rückblickend: „Die Männer, die aus rein parteiischen Gründen Brüning ob dieser Politik schmähten, konnte ich teils nicht verstehen, teils mußte ich sie als Narren oder Machtstreber verachten."[10] Andererseits stand Goerdeler den verschiedenen Versuchen, eine rechtsbürgerliche Sammlungsbewegung unter Ausklammerung Hugenbergs ins Leben zu rufen, mit Skepsis gegenüber. [11] Bereits im Vorfeld der Länderwahlen vom April 1932 hatte eine Gruppe von Schwerindustriellen um Paul Reusch versucht, die DNVP zum Sammelbecken einer breiten antiparlamentarischen Front zu machen. Dies scheiterte in erster Linie an der Person Hugenbergs, der an seiner Obstruktionspolitik festhielt, so dass dieser Plan die Ablösung Hugenbergs vom Parteivorsitz zur Voraussetzung hatte. Sie schien vor den Reichstagswahlen vom Juli 1932 in greifbare Nähe zu rücken, als Hugenberg sich zum Rücktritt bereit erklärte, wenn ihm sechs prominente Parteimitglieder diese Notwendigkeit vortragen würden. Krupps Schwager Wilmowsky, der selbst 1929 aus der DNVP ausgetreten war, versuchte eine innerparteiliche Front gegen Hugenberg zu organisieren.[12]

Das Scheitern dieser Initiative hatte eine Reihe von Gründen. Einerseits gab es zu viele konkurrierende und sich häufig überschneidende Sammlungsversuche, andererseits waren die rechtsbürgerlichen Splitterparteien nicht ohne weiteres dazu bereit, ihre Eigenständigkeit aufzugeben. Während ein Teil von ihnen Stimmenverluste bei der Aufgabe ihres interessenspezifischen Charakters befürchtete, verweigerte sich ein anderer Teil ganz der „Parteienwirtschaft" und betonte ihren „Bewegungscharakter".[13]

Über Goerdelers Standpunkt zu den Sammlungsversuchen fehlt eine eindeutige Stellungnahme. Anscheinend hatte er Wilmowsky zunächst Zusagen gemacht, sich

---

[9] S. seine Austrittserklärung aus der DNVP vom 13.12.1931; Dok. 2.2.2, unten S. 212 f.

[10] S. Rückblick Goerdelers auf seine Mitarbeit in der Reichspolitik zwischen 1931 und 1935 vom 9.7.1937; Dok. 2.3.7, unten S. 240 ff.

[11] Vgl. Jones, German Liberalism, S. 366 f. sowie ders.: Sammlung oder Zersplitterung? Die Bestrebungen zur Bildung einer neuen Mittelpartei in der Endphase der Weimarer Republik 1930–1933, in: VfZ 25 (1977), S. 265-304.

[12] Vgl. ausführlich dazu die Schilderung bei Jones, ebd.

[13] So betonte die aus der Lambach-Revolte entstandene Volkskonservative Vereinigung nach den enttäuschenden Reichstagswahlergebnissen im September 1930, sie wolle erst wieder als Partei auftreten, wenn „die Politik konservativer Erneuerung greifbare Erfolge erzielt habe"; zitiert nach Jonas, Volkskonservative Abspaltungen, S. 102.

an führender Stelle zu beteiligen, nahm sie aber wieder zurück. Die skeptische Beurteilung seiner Amts- und ehemaligen Parteikollegen Richard Rive und Robert Lehr, die ebenfalls von Wilmowsky angesprochen worden waren, dürfte dabei ebenso eine Rolle gespielt haben wie seine enge Bindung an Brüning und seine Abneigung gegenüber von Papen. Zusätzlich werden seine Erfahrungen im zweiten Kabinett Brüning ihn in der Ansicht bestärkt haben, dass nur eine „sachliche“ und überparteiliche Politik einen Weg aus der Krise weisen könne. Sein Schreiben an Hugenberg vom 10. Juni 1932[14] sollte nicht als Loyalitätserklärung für diesen verstanden werden; auf dem Hintergrund seiner Skepsis gegenüber den Sammlungsbestrebungen war das Schreiben kaum mehr als eine diplomatische Geste, ein Kotau vor dem Parteivorsitzenden, dessen Position er nicht anstrebte.

Vor diesem Hintergrund erklärt sich die ausgeprägte Sympathie, die Goerdeler der Regierung Brüning entgegenbrachte, dessen zweites Kabinett den Beginn der Präsidialregierungen und damit die Ausschaltung des Parlaments bedeutete. Der konkrete Anlass zu seinem Eintritt in das Zweite Kabinett Brüning war jedoch wirtschaftspolitischer Natur. Die „4. Notverordnung zur Sicherung von Wirtschaft und Finanzen“ vom 8. Dezember 1931 war eine Fortsetzung und Steigerung der bisherigen Deflationspolitik. Neben Eingriffen in die Preis- und Lohnbildung verfügte sie Zinssenkungen, Eingriffe in die Wohnungswirtschaft, eine Erschwerung der Zwangsvollstreckung sowie weitreichende Eingriffe in das Sozialversicherungssystem.[15] In ihrer offiziellen Verlautbarung verwies die Reichsregierung auf die Notwendigkeit, „zur Verminderung der Arbeitslosigkeit und anderer wirtschaftlicher Schwierigkeiten die Aufwendungen der gesamten Wirtschaft in weitem Maße an die Vermögens- und Einkommenslage in Deutschland anzupassen“, was gerade nach den ausländischen Währungsabwertungen unerlässlich geworden sei. Die notwendigen Lohn- und Gehaltssenkungen sollten durch Zins- und Preissenkungen kompensiert werden, und für letztere werde das Amt des Reichskommissars für Preisüberwachung geschaffen. Dieser könne, mit außerordentlichen Vollmachten ausgestattet, sowohl im Lebensmittelmarkt, bei industriellen Erzeugnissen, in Werk- und Verkehrstarife als auch in Tarife für handwerkliche Leistungen eingreifen und er habe das Recht, „Betriebe zu schließen, die sich seinen Anordnungen nicht fügen.“ Die Tätigkeit des Reichspreiskommissars bezog sich in erster Linie auf die freie Preisbildung. Was die gebundenen Preise anging, wurde zunächst eine 10 %ige Senkung zum 1.1.1932 gegenüber den Preisen vom 1.7.1931 angeordnet. Ihre Einhaltung sollte von dem Reichspreiskommissar überwacht werden.[16]

[14] S. Schreiben Goerdelers an Alfred Hugenberg vom 10.6.1932; Dok. 2.2.3, unten S. 213 f.

[15] Vgl. „Vierte Verordnung des Reichspräsidenten zur Sicherung von Wirtschaft und Finanzen und zum Schutze des inneren Friedens“ vom 8.12.1931; RGBl. 1931/I, S. 699-745.

[16] Zit. nach Horkenbach, Das Deutsche Reich, Bd. 2, Berlin 1931, S. 376 ff.; vgl. auch den ausführlicheren Entwurf der amtlichen Verlautbarung im Nachlass Pünder (BAK, N 1005/143, Bl. 47-95).

Für das Amt des Reichspreiskommissars bedurfte es einer Persönlichkeit, die sich gegen Widerstände aus der Unternehmerschaft durchsetzen konnte, ohne mit dem Odium eines Verfechters von Sozialismus oder Zwangswirtschaft behaftet zu sein. Hier bot sich Goerdeler auf Grund seiner explizit wirtschaftsliberalen Überzeugungen sowie seinen Erfolgen bei der Durchsetzung von Sparmaßnahmen auf kommunalpolitischer Ebene geradezu an. Zudem kannte er Brüning persönlich seit einem im Oktober 1930 gehaltenen Vortrag als Abgeordneter des Deutschen Städtetags, und dieses Treffen hatte auf beiden Seiten einen sehr positiven Eindruck hinterlassen.[17] Aufgrund seiner Tätigkeit im Arbeitgeberverband deutscher Gemeinde- und Kommunalverbände war Goerdeler auch mit dem christlichen Gewerkschaftsführer Adam Stegerwald bekannt; möglicherweise war in Brünings Umgebung der Eindruck entstanden, dass Goerdeler gleichermaßen Einfluss auf die Arbeitnehmer- und die Arbeitgeberschaft besaß.[18] Ebenso lassen sich weitreichende Übereinstimmungen zwischen den Reformvorschlägen Goerdelers und den Ansichten führender Industrieller feststellen, die im Sommer 1931 in einer gemeinsamen Eingabe an Brüning Arbeitszeitbegrenzung und Lohnsteigerungen als Ursache übersteigerter Produktionskosten benannt und die Abschaffung der Arbeitslosenversicherung gefordert hatten.[19]

Aufgrund seiner wirtschaftspolitischen Überzeugungen verhielt sich Goerdeler zunächst ablehnend gegenüber dem Angebot, das Amt des Preiskommissars zu übernehmen, ließ sich jedoch schließlich von Hindenburg zur Annahme überreden.[20] Nachdem ihm in einer Besprechung mit Brüning, Dietrich, Schiele und Warmbold am 2. Dezember der Posten angeboten worden war, reagierte er drei Tage später mit einem Schreiben an Brüning, in dem er seine Bedenken zusammenfasste und zusätzliche Forderungen aufstellte, von denen er einen Erfolg des Kommissariats abhängig machte.[21] Bereits in diesem ersten Schreiben zur Übernahme des Reichspreiskommissariats werden zwei Charakteristika erkennbar, die Goerdelers Arbeitsstil bestimmten und während der gesamten Amtszeit bestehen blieben: In der konkreten Ausgestaltung des Amtes stürzte Goerdeler sich in Detail-

---

17 Vgl. Aktenvermerk des Ministerialrats Vogels über die Unterredung vom 1.10.1930, in: AdR Brüning, Bd. 1, S. 477 ff.

18 So die Vermutung von Schulz, Zwischen Brüning und Hitler, S. 633.

19 Vgl. Schreiben vom 31.7.1931 in: Politik und Wirtschaft in der Krise 1930–1932. Quellen zur Ära Brüning, eingel. v. Gerhard Schulz, bearb. v. Ilse Maurer u. Udo Wengst unter Mitarb. v. Jürgen Heideking, 2 Bde, Düsseldorf 1980, S. 800-806; ebenso Goerdelers Position in den Dokumenten 2.3.1 ff., unten S. 214 ff.

20 Vgl. die Aktennotiz vom 9.12.1931 über Goerdelers Annahme des Reichspreiskommissariats nach einer Unterredung mit Hindenburg; BAB, R 43 I/1163, Bl. 22 sowie die Aktennotiz Pünders vom 8.12.1931: „Herr Goerdeler beabsichtigte das Amt als Preiskommissar abzulehnen. Es gelang schließlich durch eine Rücksprache beim Herrn Reichspräsidenten nachmittags um 6 Uhr, ihn zur Annahme zu bewegen." (BAK, N 1005/44, Bl. 174).

21 S. Schreiben Goerdelers an Heinrich Brüning vom 5.12.1931; Dok. 2.3.1, unten S. 214 ff.

arbeit, die bisweilen grotesk anmutet. Hinsichtlich seiner Kompetenzen forderte er von Beginn an größere Gestaltungsmöglichkeiten für sich, um seine wirtschaftsordnungspolitischen Vorstellungen durchsetzen zu können. Unter den „umfassenden Vollmachten", die er in seinem Schreiben an Brüning forderte, listete er die Ermächtigung zum „Eingriff gegen Syndikate, Kartelle und Innungen und zum Eingriff in den Tarifvertrag sowie zur Aufhebung des Nachtbackverbots" auf.[22] Seinen Änderungsvorschlägen zur Notverordnung und insbesondere zum Preiskommissariat wurde zwar oberflächlich betrachtet entsprochen, jedoch in einer Form, die die grundsätzlichen Zielsetzungen der Notverordnung nicht tangierte, hingegen Goerdelers Absichten durchkreuzte. Kurioserweise ließen Goerdelers Kritikpunkte die Folgerung zu, dass er zwar prinzipielle Zweifel an dem Amt hatte, aber dass er es, einmal errichtet, mit geradezu diktatorischen Vollmachten ausstatten wollte. Brüning schien gegenüber Goerdeler die Strategie zu verfolgen, ihm so weit wie möglich entgegenzukommen, ohne ihm jedoch in der Sache größere Vollmachten zu konzedieren.[23]

Goerdelers Argumentation, mit der er in seiner Antrittsrede am 11. Dezember 1931 seine Annahme des Amtes schließlich rechtfertigte, lief auf die Erwartung hinaus, dass er kraft seines Amtes eine notwendige wirtschaftliche Entwicklung beschleunigen, also mit Hilfe staatlicher Interventionen die Mechanismen einer liberalen Marktwirtschaft simulieren könne.[24] Auch in seinen öffentlichen Verlautbarungen als Reichspreiskommissar betonte er diese Verbindung von staatlichem Interventionismus und liberaler Wirtschaftsordnung.

Die staatlich reglementierte Festsetzung von Preisen und die Überwachung ihrer Einhaltung war eine gänzlich neue Form des staatlichen Interventionismus, sieht man von der Kriegswirtschaft ab. Die Neuartigkeit der angestrebten Markteingriffe wurde von der Reichsregierung durchaus als solche erkannt, und in einem Rundschreiben der Reichskanzlei einen Tag nach dem Erlass der Notverordnung noch dadurch unterstrichen, dass ein einheitliches Vorgehen zur „Einflußnahme auf die öffentliche Meinung" als notwendig postuliert wurde: „Es wird notwendig

---

22 Ebd.

23 Diese Intentionen werden in Pünders Aufzeichnungen über die Verhandlungen mit Goerdeler deutlich: Am 7. Dezember vermerkte Pünder, dass Hindenburg der Forderung Goerdelers nachgegeben habe, die Kannvorschrift zum Schutz gegen Überteuerung in eine Istvorschrift umzuwandeln, um dessen „letzten Widerstand" zu überwinden. „Der Herr Reichskanzler, der anschließend mit mir gleichfalls diesen letzten Punkt besprach, sagte mir, er habe sich zu dieser Abänderung der Notverordnung dem Herrn Reichspräsidenten gegenüber bereit erklärt, da trotz der Einfügung der an sich schärferen Istform die letzte Entscheidung doch beim Herrn Reichsminister der Finanzen verbleibe, da der entscheidende nachfolgende Konditionalsatz (...) unverändert erhalten bleibe."; vgl. Aktenvermerk vom 7.12.1931; ebd., Bl. 121 f.

24 S. Goerdelers Antrittsrede als Reichskommissar für die Preisüberwachung vom 11.12.1931; Dok. 2.3.2, unten S. 219 ff.

sein, alle Mittel der Propaganda, insbesondere auch den Rundfunk, planmäßig für die Arbeit an der öffentlichen Meinung einzusetzen." Zu diesem Zweck wurden tägliche Besprechungen in der Reichspresseabteilung angeordnet, an denen neben einem Vertreter des neuen Reichspreiskommissars Vertreter zahlreicher Ministerien und Organisationen teilnehmen sollten.[25] Die Sitzungen dienten neben der Information und Diskussion über geplante Maßnahmen Goerdelers auch der Beeinflussung der öffentlichen Meinung, so dass das Preiskommissariat in gewisser Hinsicht die Bemühungen der Reichsregierung zur Preissenkung repräsentierte, und nicht so sehr als selbständige Behörde fungierte.[26]

Insbesondere hinsichtlich seiner Behandlung der Verkehrstarife sowie der Gas- und Elektrizitätspreise wurde Goerdeler in den Sitzungen scharfer Kritik unterzogen, da er sich mit Eingriffen in diesen Bereichen stark zurückhielt, was nicht zu Unrecht auf eine Begünstigung der Kommunen zurückgeführt wurde. Goerdeler argumentierte demgegenüber, dass eine Senkung der Tarife „nur im Zusammenhang mit den aus der Arbeitslosigkeit sich ergebenden Problemen" zu lösen sei, da die Gemeinden sonst den ihnen auferlegten Lasten der Arbeitslosenunterstützung bei sinkenden Einnahmen nicht gewachsen sein würden.[27]

Bei der Preissenkung von landwirtschaftlichen und industriellen Produkten waren dagegen rasch Erfolge zu verzeichnen, und Goerdelers Handhabung der übernommenen Aufgabe erntete hauptsächlich positive Reaktionen. Neben der Tatsache, dass er lediglich 12 Mitarbeiter in dem neuen Amt beschäftigte – eine ungewöhnlich sparsame Besetzung –, wurde außerdem anerkennend vermerkt, dass er sich bemühte, seine Kompetenzen möglichst rasch den zuständigen Landes- und Reichsbehörden zu übertragen.[28]

Sowohl das Presseecho als auch Goerdelers öffentliche Stellungnahmen beschrieben ein äußerst erfolgreiches Bild der Tätigkeit des Preiskommissariats. In einer Rundfunkrede am 29. Februar 1932 listete Goerdeler selbst die positiven Ergebnisse auf, die er während seiner Amtszeit erzielt hatte.[29] Demgegenüber spre-

---

[25] Neben Vertretern des Reichsfinanz-, Reichsarbeits- und Reichswirtschaftsministeriums, der Reichsministerien für Ernährung und Landwirtschaft und des Innern sowie der Preußischen Staats- und Handelsministerien wurden Vertreter des Deutschen Städtetags, der Reichszentrale für Heimatdienst und des Reichsrundfunkkommissars eingeladen; vgl. Briefentwurf Lammers' vom 9.12.1931; BAB, R 43 I/1163, Bl. 18 f.

[26] Vgl. etwa den Aktenvermerk vom 17.12.1931 über die Besprechung der Ressorts vom 12.12., in der einerseits Goerdelers Antrittsrede (Dokument 2.3.2) kritisiert, andererseits seine nächsten Pläne „gebilligt" wurden; ebd., Bl. 38.

[27] Vgl. ebd. sowie Schreiben Goerdelers an Brüning vom 24.2.1932; ebd., Bl. 128 f.

[28] Vgl. Aufstellung über das Personal im Reichspreiskommissariat; ebd., Bl. 94 sowie das Schreiben Goerdelers an Brüning vom 23.2.1932, in dem er den sofortigen Erlass der Übertragungsanordnungen für die Landesregierungen forderte; ebd., Bl. 119-122. Zu den positiven Pressereaktionen vgl. ebd., Bl. 42 ff.

[29] S. Goerdelers Rundfunkrede als Reichskommissar für die Preisüberwachung vom 29.2.1932; Dok. 2.3.3, unten S. 226 ff.

chen sowohl die knappe Personalausstattung als auch die von der Reichsregierung gelenkte Darstellung der Tätigkeit des Kommissariats dafür, dass es eine überwiegend psychologische Aufgabe wahrnahm, indem es als direkter Ansprechpartner für die betroffenen Konsumenten fungierte. Im Normalfall erstreckten sich die Aufgaben auf exekutive, Überwachungs- und Appell-Funktionen, indem gesetzlich verfügte Preissenkungen in – zumindest soweit die Richtlinien befolgt wurden – vorgeschriebener Höhe durchgesetzt und überwacht werden sollten. Die hauptsächliche Tätigkeit des Amtes bestand darin, Appelle zu Preissenkungen zu veröffentlichen, Hinweise und Beschwerden zu sammeln und Pressemitteilungen als Absender zu dienen.[30]

Im März 1932 fielen die Kompetenzen des Reichspreiskommissariats an die Landes- und Reichsbehörden zurück, ohne dass es formell aufgelöst wurde.[31] In einem Schreiben an Brüning vom 24. Februar 1932 hatte Goerdeler auf eine Beendigung seiner Tätigkeit gedrängt und darauf hingewiesen, die Presse bereits unterrichtet zu haben. Die Übertragung seiner Befugnisse, so schrieb er Brüning, „sollte sobald wie möglich geschehen. Keinesfalls aber bitte ich, sie über den 29.d.M. hinaus zu verschieben, denn ich habe, mich in Übereinstimmung mit Ihnen fühlend, schon vor einigen Tagen die Presse, die ja auch meine Absichten kennt, auf Anfrage dahin unterrichtet, daß ich ihr am Montag, den 29.d.M., einen vorläufigen Schlußbericht geben würde. Am gleichen Abend habe ich beim Rundfunk einen Vortrag übernommen."[32]

Nach mehreren Besprechungen erklärte sich Goerdeler bereit, offiziell den Posten zu behalten und eine sukzessive Überleitung seiner Befugnisse auf die Landesbehörden einzuleiten – ihm wäre wohl ein klarer Abschluss angenehmer gewesen. Seit Anfang März hatte Goerdeler, wie in seiner Rundfunkrede von Ende Februar angekündigt, keine neuen Maßnahmen zur Preissenkung ergriffen, sondern seine Tätigkeit auf Verhandlungen über öffentliche Gebühren und Tarife und auf die Herausgabe zentraler Richtlinien zur Preisüberwachung beschränkt.[33] Dass keine offizielle Beendigung des Preiskommissariats erfolgte, hatte vor allem politische Gründe. Zum einen wurden endgültige Entscheidungen über das Preiskommissariat angesichts der tagespolitischen Ereignisse zurückgestellt – während Brüning zu-

---

30 Vgl. dazu auch Hans Dichgans: Zur Geschichte des Reichskommissars für Preisüberwachung, Düsseldorf 1977.

31 Bereits Ende Dezember 1931 war die Preisüberwachung für die meisten landwirtschaftlichen Produkte, Ende Februar 1932 dann für alle Leistungen sowie Lebens- und Genussmittel des täglichen Bedarfs an die Landesbehörden übertragen worden; vgl. „Übertragung der Befugnisse des Reichskommissars für Preisüberwachung an oberste Landesbehörden" vom 30.12.1931 (RGBl. 1932/I, S. 13) sowie Nachtausgabe WTB vom 5.3.1932 (BAB, R 43 I/1163, Bl. 138).

32 S. Goerdeler Schreiben an Brüning vom 24.2.1932; BAB, R 43 I/1163, Bl.130 f. sowie seine Rundfunkrede vom 29.2.1932; Dok. 2.3.3, unten S. 226 ff.

33 Ebd.

nächst die Reichspräsidentenwahlen abwarten wollte, erfolgte Ende Mai die Demission des Kabinetts Brüning und dann die Regierungsneubildung unter v. Papen. Wichtiger war aber wohl die Überlegung auf seiten der Regierung, dass eine offizielle Beendigung des Preiskommissariats großen Unmut hervorrufen würde, nachdem die Senkung der Löhne und Gehälter erfolgt war, während die Verhandlungen über die Senkung öffentlicher Gebühren noch keineswegs abgeschlossen waren.[34] Denn die Lohn- und Gehaltssenkungen hatten nur durchgesetzt werden können mithilfe des Versprechens, eine entsprechende Senkung der Preise und öffentlichen Gebühren durchzuführen.

Goerdeler bemühte sich in den folgenden Monaten vergeblich darum, eine endgültige Entscheidung über die Zukunft des Preiskommissariats herbeizuführen. Zwar sah er durchaus noch lohnende Möglichkeiten, in das Lohn-Preis-Gefüge einzugreifen, bedurfte dazu jedoch größerer Kompetenzen, als die Reichsregierung bereit war ihm zuzugestehen. Aus diesem Grund nahmen seine Vorschläge zwischen April und Oktober 1932 mehr und mehr die Form von Ultimaten an. Ende April schlug er Brüning weitere Lohnsenkungen durch eine Abkehr vom Tarifvertragssystem vor – in seinen Worten „wirtschaftliche Löhne durch ein vollkommenes Einstellen der Verbindlichkeitserklärungen“. Falls eine derartige Maßnahme nicht ergriffen werden würde, bat er um seine Verabschiedung zum 15. Mai.[35] In den darauf folgenden Besprechungen mit Brüning ließ er sich zu einer abwartenden Haltung überreden, griff seine Forderungen während der Regierung Papen jedoch wieder auf.

Zunächst hatte es den Anschein, dass unter der Regierung Papen eine endgültige Entscheidung zügig herbeigeführt werden würde; die in der 4. Notverordnung festgelegte Sperrfrist für die Erhöhung und Neubindung von Preisen lief am 30. Juni ab, und eine Verlängerung war nicht vorgesehen.[36] Während Goerdeler noch Anfang Juni die Ansicht vertreten hatte, dass ohne eine Regelung in der Frage der öffentlichen Tarife und möglicher Eingriffe in die Bauwirtschaft das Preiskommissariat auslaufen müsse, plädierte er kurz darauf doch für dessen Beibehaltung.[37] Das Resultat war für Goerdeler äußerst unbefriedigend, da eine Verlängerung der Sperrfrist unterblieb, er aber nicht offiziell aus seinem Amt ausschied und weiterhin als Reichskommissar für die Preisüberwachung und offizieller Ansprechpartner der Konsumenten für Preisfragen fungierte, obwohl seine Kompetenzen ausgelaufen waren.

---

34 Vgl. den Vermerk über eine Besprechung vom 24.3.1932; BAB, R 43 I/1163, Bl. 148 f.

35 Vgl. Schreiben Goerdelers an Brüning vom 29.4.1932; ebd., Bl. 174 f.

36 Vgl. Briefentwurf Papens an Goerdeler vom 16.6.1932; ebd., 1162, Bl. 4 f. sowie Schreiben Meißners an Goerdeler vom 28.6.1932; ebd., Bl. 10.

37 Vgl. Vermerk Meißners vom 9.6.1932 über ein Telefonat mit Goerdeler; ebd., Bl. 6 sowie Schreiben Goerdelers an Papen vom 25.6.1932, in dem er vorschlug, die Sperrfrist zunächst bis zum Jahresende zu verlängern; ebd., Bl. 9.

Am 19. Juli sandte er eine zusammenfassende Stellungnahme an Papen, in der er zwar für ein weiteres Ruhen der Preisüberwachung plädierte, jedoch die Notwendigkeit eines weiterhin bestehenden Preiskommissariats betonte, das allein eine zentrale Kontrolle garantiere. Darüber hinaus schlug er eine weitere „Auflockerung" der Tarifverträge vor und wollte eine Unterschreitung der Tariflöhne um 25% durchsetzen. „Hält die Reichsregierung es für zweckmäßig, einen Reichskommissar bis auf weiteres bestehen zu lassen, so bitte ich von meiner Person unter allen Umständen dann Abstand zu nehmen, falls die Ansicht der Reichsregierung von der hier dargelegten abweicht."[38]

Nach dem Erlass der Notverordnung vom 4. September 1932 schrieb Goerdeler erneut an v. Papen: „Wie ich bereits mündlich vorzutragen mir erlaubte, kommt eine Fortsetzung meiner Tätigkeit nur in Betracht bei einer wirklichen Beteiligung an verantwortlichen Entschließungen."[39] Fünf Wochen später führte er weiter aus: „Erneut erlaube ich mir darauf hinzuweisen, daß eine fruchtbare und erfolgreiche Preisüberwachung nur geleistet werden kann, wenn derjenige, in dessen Hand sie liegt, ständig über alle wesentlichen, die Preise beeinflussenden Vorgänge unterrichtet bleibt und auch vor Maßnahmen, welche Preiserhöhungen zur Folge haben können, zugezogen wird."[40]

Goerdelers Drängen auf eine endgültige Entscheidung entsprang auch dem Wunsch, in Entscheidungsprozesse der Reichsregierung einbezogen zu werden. Nach der engen Einbindung in das Kabinett Brüning und nach dem von ihm ausgeschlagenen Eintritt in das Kabinett Papen sah er sich nun vor die Tatsache zunehmender Einflusslosigkeit gestellt. Möglicherweise hatte er seine Stellung als „unabhängiger Regierungsberater" unter Brüning überschätzt und sicherlich hatte er nicht damit gerechnet, zu wirtschafts- und sozialpolitischen Entscheidungen nicht mehr zugezogen zu werden. Aus seinen Eingaben an v. Papen spricht trotz der Enttäuschung seine tiefe Überzeugung, einen wichtigen Beitrag leisten zu können, wenn er die Möglichkeit dazu erhielte.

Als sich im Dezember 1932 endlich eine Regelung seines Status unter der Regierung Schleicher anbahnte, reagierte Goerdeler auf die Ankündigung der Übertragung seines Amtes auf eine Reichsministerialinstanz mit Kritik: Er habe bereits Brüning und v. Papen darauf hingewiesen, dass spätestens im Herbst eine erneute Preissenkungsaktion erfolgen müsse; nun seien wieder Preiserhöhungen zu beobachten. Er halte es außerdem für klüger, die Preisüberwachung „in die Hand einer ministeriell unabhängigen Persönlichkeit" zu legen – hier böte sich der neubestellte Reichskommissar für Arbeitsbeschaffung an.[41] Er hatte tatsächlich Ende

---

38 Stellungnahme Goerdelers für Papen vom 19.7.1932; ebd., 1163 Bl. 200-205.

39 Schreiben Goerdelers an Papen vom 8.9.1932; ebd., Bl. 212.

40 S. Schreiben Goerdelers an Papen vom 17.10.1932; Dok. 2.3.4, unten S. 233 f.

41 Vgl. Schreiben Plancks an Goerdeler vom 14.12.1932, in dem er die Überleitung der Geschäfte an das Reichswirtschaftsministerium ankündigte (ebd., Bl. 221) und Antwort Goerdelers an Schleicher vom 17.12.1932 (ebd., S. 230 f.).

Februar Brüning empfohlen, die Methoden der Preisüberwachung variabel zu gestalten und zu gegebenem Zeitpunkt auch wieder das Reichspreiskommissariat stärker einzuschalten.[42] Dass er nun entgegen seiner vorherigen Empfehlung die Vorteile der Betrauung eines Unabhängigen mit dessen Aufgaben vorzog, mag ein Reflex auf seine eigene Position und seinen Bedeutungsverlust gewesen sein. Goerdelers Empfehlungen entpuppten sich jedoch als obsolet, zumal sich sein Schreiben mit seiner Entlassungsurkunde kreuzte. Mit der vorläufigen Führung der Geschäfte wurde Ministerialdirektor Heintze im Reichswirtschaftsministerium betraut.[43]

In den Anfängen des NS-Regimes waren die Überwachungsbefugnisse in Abstimmung zwischen Reichswirtschafts- und Reichsernährungsministerium wahrgenommen worden.[44] Vom 4. November 1934 bis zum 1. Juli 1935 wurde das Reichspreiskommissariat wieder von Goerdeler übernommen, der sich diesmal auf Bitten von Frick, Schacht und Hitler dazu bereit erklärte. Innerhalb der nationalsozialistischen Regierung war die erneute Bestellung eines Reichskommissars für Preisüberwachung von Beginn an umstritten. Insbesondere der Reichsminister für Ernährung und Landwirtschaft, Walther Darré, befürchtete Eingriffe in die Preisbildungskompetenz des Reichsnährstands. Letztendlich stimmte er unter der Bedingung zu, dass der Reichspreiskommissar sich auf die Überwachung der Preisbildung im Zwischenhandel beschränkte, während er sich die Gestaltung der Erzeugerpreise in der Landwirtschaft vorbehielt.[45] Goerdeler dagegen forderte von Beginn an größere Kompetenzen, dies sicherlich nicht zuletzt aufgrund seiner Erfahrungen mit dem Amt und seiner Handlungsunfähigkeit 1932. Im Unterschied zu den Präsidialkabinetten war es für die Regierung der nationalen Konzentration charakteristisch, dass Hitler es vermied, sich eindeutig festzulegen. So hatte er Goerdeler in persönlichen Besprechungen anscheinend größere Kompetenzen zugesichert, als sie dann gesetzlich verankert wurden. Bereits zwei Wochen nach seiner Bestellung bemühte sich Goerdeler, mit Hilfe der Vermittlung Fricks seine Eingriffsmöglichkeiten zu erweitern. Mitte November 1934 schrieb Frick an Lammers über die Notwendigkeit, Goerdelers Befugnisse auf alle Güter und Leistungen auszudehnen – eine Aufhebung der Zuständigkeitsbeschränkungen auf Güter und

---

42 Vgl. Schreiben Goerdelers an Brüning vom 24.2.1932; ebd., Bl. 130 f. sowie Protokoll der Ministerbesprechung vom 31.8.1932; ebd., 1162, Bl. 14 ff.

43 Vgl. Entlassungsurkunde von Hindenburg; vom 16.12.1932; BAK, N 1113, Bd. 1 und Schreiben Schleichers an Goerdeler vom 17.12.1932; BAB, R 43 I/2646, Bl. 202 f. sowie Nachmittags-Ausgabe WTB vom 17.12.1932; ebd., 1163, Bl. 246.

44 Vgl. das „Gesetz über die Übertragung der Aufgaben und Befugnisse des Reichskommissars für Preisüberwachung“ vom 15.7.1933; RGBl. 1933/I, S. 490, das bis zum November 1934 gültig blieb. Vgl. auch die zeitgenössische Darstellung von Wilhelm Rentrop: Preisbildung und Preisüberwachung in der gewerblichen Wirtschaft, Hamburg 1937.

45 Vgl. Darré an Lammers vom 4.11.1934; BAB, R 43 II/315a, Bl. 29 sowie seine Äußerungen in der Besprechung vom 5.11.1934; ebd., Bl. 31 f.

Leistungen des täglichen Bedarfs. Dies forderte den Einspruch insbesondere des Reichsarbeitsministers heraus und konnte nur modifiziert durchgesetzt werden.[46]

Der explizite Ausschluss tarifrechtlicher Kompetenzen bedeutete das definitive Ende von Goerdelers mehr als dreijährigen Bemühungen, Einfluss auf diesen Bereich zu erlangen. Im Unterschied zu der klaren Aufgabenstellung von 1931/32, die Durchführung angeordneter Preissenkungen von 10% zu überwachen, war Goerdeler in seinem Amt 1934/35 mit einer Herkulesarbeit konfrontiert, indem es galt, eine dem angeordneten Lohnstopp entsprechende Preisstabilität zu gewährleisten und die Preisbildung in jedem erdenklichen Waren- und Dienstleistungssektor zu kontrollieren. Ein Blick auf die unzähligen Verordnungen, die höchst detaillierte Anweisungen für die einzelnen Produkte erteilten, verdeutlicht dies.[47]

Entsprechend seiner wirtschaftsliberalen Grundüberzeugung erblickte Goerdeler die Ursache für die seit 1933 eingetretenen Preissteigerungen in der kartellfreundlichen Wirtschaftsordnungspolitik des NS-Regimes. Die von ihm favorisierte Lösung blieb jedoch ganz der Brüningschen Politik verhaftet, indem er geradezu wirtschaftsdiktatorische Kompetenzen für sich forderte, mit denen er seine Vorstellung von einer freien Marktwirtschaft durchzusetzen hoffte.

Einen letzten Vorstoß zur Erweiterung seiner Kompetenzen machte Goerdeler im Sommer 1935. Sein Amt sollte ursprünglich zum 1. Juli auslaufen, jedoch hatte er in Besprechungen mit Hitler und Schacht von beiden die Zusicherung erhalten, dass die Fortführung seines Amtes notwendig sei. Auf dieser Grundlage sandte er Ende Juni einen Gesetzentwurf zur Verlängerung seiner Amtszeit an Lammers, der gleichzeitig Kompetenzerweiterungen enthielt. Nach seinem Entwurf wären der Einvernehmenszwang mit anderen Reichsministerien entfallen und gleichzeitig seine Zuständigkeiten in einer Form erweitert worden, die einer Blankovollmacht gleichkamen.[48] Wie nicht anders zu erwarten, stieß dies auf den

---

[46] Vgl. Schreiben Fricks an Lammers vom 18.11.1934 (ebd., Bl. 157) sowie den Änderungsvorschlag Seldtes in seinem Schreiben vom 24.11.34, der Eingriffe in seine Lohnbildungskompetenzen befürchtete (ebd., Bl. 159). Im „Gesetz über die Erweiterung der Befugnisse des Reichskommissars für Preisüberwachung" vom 4.12.1934 (RGBl. 1934/I, S. 1201) wurden Goerdelers Befugnisse auf „alle Güter und Leistungen" ausgedehnt unter Ausschluss arbeits- und tarifrechtlicher Maßnahmen.

[47] Vgl. Goerdelers Erlasse zwischen November 1934 und März 1935 in BAB, R 2/21612. Exemplarisch seine „Anordnung über Schnittholzpreise, Festpreise für Gemüsekonserven, sterilisierte Gurken in Dosen sowie Zitronat und Orangeat, Kunsthonig, Senkung der Zement- und Drahtseilpreise, Bauwesen vom 8.1.1935"; ebd.

[48] In dem Entwurf dehnte Goerdeler seine Zuständigkeiten aus auf „Maßnahmen, die der Vereinfachung und Verbilligung der Verwaltung innerhalb der erwähnten Körperschaften und Verbände oder in ihrem Zusammenarbeiten untereinander oder mit anderen Stellen dienen, sowie auf andere zur Stärkung der Kaufkraft oder Senkung von Unkosten notwendige Regelungen." Vgl. Schreiben Goerdelers an Lammers vom 28.6.1935 einschließlich des Gesetzentwurfs; BAB, R 43 II/315a, Bl. 189 f.

schärfsten Widerstand auf seiten Darrés, der frühere Querelen mit Goerdeler wieder aufrollte und ihn für die Preissteigerungen verantwortlich machte. Anscheinend gelang es ihm, Martin Bormann auf seine Seite zu ziehen. Desgleichen äußerte Schacht Bedenken, Goerdeler Eingriffsmöglichkeiten in die Devisen- und Exportpolitik zu geben, und auch Frick und Seldte meldeten Vorbehalte an.[49]

Der daraufhin abgeänderte Gesetzentwurf war schließlich kaum mehr als eine Verlängerung der bisherigen Kompetenzen und stieß wiederum auf den Widerspruch Goerdelers.[50] In seiner letzten überlieferten Stellungnahme, einem Schreiben an Hans Lammers vom 27. Juli 1935,[51] fasste Goerdeler seine Argumentation zusammen: Der Einvernehmenszwang laufe dem eigentlichen Zweck des Reichspreiskommissariats zuwider, da er schnelle Reaktionen auf Preisentwicklungen unmöglich mache. „Ich sehe ohne solche Vollmachten für einen Reichskommissar keine Möglichkeit, den Auftrag wirklich durchzuführen." Da sich jedoch die zuständigen Minister gegen die Vollmachten aussprechen würden, sei es sinnvoller, die Preisgestaltung in deren Hände zu übergeben. Abschließend bat er um seine Entlassung, falls sein Gesetzentwurf nicht akzeptiert werden sollte.

Ein Kompromiss schien in dieser Lage kaum mehr möglich. Goerdelers Argumente, mit denen er insbesondere den Einvernehmenszwang mit den Reichsministerien zu unterlaufen versuchte, waren außerdem nicht eben überzeugend, so dass Hitler Anfang August schließlich die Überleitung der Preisüberwachungskompetenzen an die zuständigen Ministerien verfügte.[52] Die Entlassung bedeutete für Goerdelers eine schwere persönliche Niederlage, er hatte den Machtkampf mit Darré klar verloren. Möglicherweise hatte gerade seine Auseinandersetzung mit Darré, die in kleinliche gegenseitige Anschuldigungen einmündete, wessen Anordnungen welche Preiserhöhungen verursacht hätten, ihn auch zu der Erkenntnis geführt, dass eine sachliche Mitarbeit in der Reichsregierung stets durch inneren Konkurrenzkampf behindert werden würde. Sicherlich war in den Auseinandersetzungen deutlich geworden, dass Goerdelers wirtschaftsordnungspolitisches Konzept nicht mit den Prioritäten des NS-Regimes vereinbar war.

Die in der Folgezeit von den Fachministerien und Kartellen wahrgenommenen Aufgaben der Preislenkungspolitik erwiesen sich zur Unterstützung der binnen- und außenwirtschaftlichen Ziele des Regimes als ausreichend und wurden bis zur Verkündung des Vierjahresplans beibehalten. Im Zusammenhang mit dem Vierjahresplan fand eine Umbenennung statt, die aus dem Amt des Reichskommissars

---

[49] Vgl. Schreiben Darrés an Lammers vom 6.7.1935 (ebd., Bl. 197 f.), Bormanns an Lammers vom 9.7.1935 (ebd., Bl. 201), Schreiben Schachts an Lammers vom 10.7.1935 (ebd., Bl. 203) sowie Aktennotiz vom 11.7.1935 (ebd., Bl. 208 f.).

[50] Vgl. Rundschreiben Lammers' vom 19.7.1935 einschließlich des abgeänderten Gesetzentwurfs; ebd., Bl. 212-216.

[51] S. Schreiben Goerdelers an Hans Lammers vom 27.7.1935; Dokument 2.3.6, unten S. 236 ff.

[52] Vgl. Schreiben Lammers' vom 3.8.1935 mit der Entscheidung Hitlers; BAB, R 43 II/315a, Bl. 224 f.

für Preisüberwachung ein Preisbildungskommissariat machte.[53] Diese Bezeichnung wäre bereits für die Tätigkeit Goerdelers von 1934/35 zutreffend gewesen. Der neue Preisbildungskommissar, der Oberpräsident und Gauleiter Schlesiens Josef Wagner, erhielt die diktatorischen Kompetenzen, die Goerdeler zuvor gefordert hatte. Im Gegensatz zu Goerdelers Vorstellung, die Eingriffsmöglichkeiten zur Simulierung und Wiederbelebung von marktwirtschaftlichen Prinzipien zu nutzen, wurde das Amt jedoch integraler Bestandteil der hochgradig interventionistisch geprägten Wirtschaftsordnung des nationalsozialistischen Vierjahresplans. Die gleichzeitig betriebene Ideologisierung der Preislenkungspolitik, die sich in Vorstellungen von der Ermittelbarkeit eines „gerechten Preises" niederschlug, diente einer Befriedungsstrategie gegenüber der Arbeiterschaft – eine Strategie, die der Preisbildungspolitik seit Brüning immanent war.

Im Juli 1937, während seines ersten Aufenthalts in Großbritannien,[54] verfasste Goerdeler einen Bericht über seine Mitarbeit in der Reichsregierung zwischen 1931 und 1935, insbesondere über seine Tätigkeit als Reichskommissar für Preisüberwachung. In der Forschung wurde dieser bisher im Anschluss an Gerhard Ritter als „Londoner Schrift" zitiert. Ritter charakterisierte die Schrift als eine „offenbar für englische Freunde bestimmte Niederschrift"[55], ohne die Tatsache zu erwähnen, dass sie versiegelt hinterlegt und erst 1946 geöffnet wurde. Während das Original in den Familienbesitz zurückging, existiert seit der Bearbeitung durch Ritter eine maschinenschriftliche Abschrift des Rückblicks im Koblenzer Nachlass, die jedoch keine Auskunft über die Entstehungsumstände gibt.

Die mangelnde Quellenkritik begünstigte Fehlurteile durch die an Ritter anknüpfende Forschung:[56] Einerseits wurde die Schrift als eine mehr oder weniger objektive Schilderung der Ereignisse betrachtet, was insofern plausibel erscheint, als Goerdelers Darstellung von anderen Quellen unterstützt wird, was jedoch weniger für die Interpretation seiner und der Motive anderer Beteiligter gilt. Wird jedoch andererseits die Adressatengruppe des Rückblicks und die Form der Hinterlegung berücksichtigt, bietet sich ein wesentlich ambivalenteres Bild der Haltung Goerdelers. Während sich der Rückblick also hervorragend dazu eignet, Goerdelers

---

[53] Vgl. „Gesetz zur Durchführung des Vierjahresplans – Bestellung eines Reichskommissars für Preisbildung" vom 29.10.1936; RGBl. 1936/I, S. 927 sowie die Darstellung von Rentrop, Preisbildung.

[54] S. dazu die Reiseberichte Goerdelers von zwischen 1937 und 1939; Dok. 4.2.1 ff., unten S. 525 ff.

[55] Ritter, Goerdeler, S. 447, Anmerkung 5.

[56] Eine Ausnahme bildet Krüger-Charlé, dem das Original der Schrift vorlag, die er als „für englische Freunde verfasste Niederschrift" bezeichnet, jedoch kurioserweise nach der im Nachlass befindlichen Abschrift Ritters zitiert. S. Michael Krüger-Charlé: Carl Goerdelers Versuche der Durchsetzung einer alternativen Politik 1933 bis 1937, in: Jürgen Schmädeke; Peter Steinbach (Hg.): Der Widerstand gegen den Nationalsozialismus. Die deutsche Gesellschaft und der Widerstand gegen Hitler, München $^{3}$1994, S. 383-404, insbes. S. 399, Anm. 5.

Selbsteinschätzung und die Einschätzung seiner Erfolge als Reichskommissar für Preisüberwachung mit der aus den Akten hervorgehenden Lage zu kontrastieren, erfordern die Entstehungsumstände der Schrift eine kritische Betrachtung.

Von Mitte Juni bis Mitte Juli 1937 unternahm Goerdeler seine erste Reise nach Großbritannien als selbsternannter Botschafter des „Anderen Deutschland". Die britischen Politiker und Industriellen, mit denen er sich traf, standen einem konservativen deutschen Politiker gegenüber, der vier Jahre lang im NS-Regime mitgearbeitet hatte, nun offensichtlich in Ungnade gefallen war und keine offizielle Position mehr innehatte. Gegenüber seinen britischen Gesprächspartnern forderte er eine Mischung aus territorialen und wirtschaftspolitischen Zugeständnissen, politisch-diplomatischer Abschreckung und Unterstützung von „gemäßigten" deutschen Politikern und Militärs.[57] Die britischen Reaktionen spiegelten die Unsicherheit, Goerdelers Status auszumachen: Der Wirtschaftsberater des Foreign Office, Frank Ashton-Gwatkin, schrieb nach seinem ersten Treffen mit Goerdeler: er „schien mir eine ehrliche Haut zu sein, doch habe ich nicht ausmachen können, in wessen Interesse er reist und zu welchem genauen Zweck."[58] Es spricht vieles dafür, dass Goerdeler zu diesem Zeitpunkt einen offenen Bruch mit dem Regime zu vermeiden hoffte, um sich die Möglichkeit, es von innen zu beeinflussen, nicht zu verbauen. Die versiegelt hinterlegte Schrift, die erst im Fall seines Todes oder auf seine Anweisung geöffnet werden sollte, stellt aus dieser Sicht eine Rechtfertigung seiner bisherigen regimeloyalen Tätigkeit dar. Die Schrift ist gleichwohl eine grundlegende Quelle für seine damalige Sicht des Regimes und den Grad seiner Ablehnung. Sie gehört in eine Phase seines Wirkens, in der er grundlegende Änderungen in der politischen Gesamtlage nicht erwartete und sich auf längere Fristen für einen innenpolitischen Wandel einstellte.

---

57 Vgl. ausführlich dazu unten Kapitel 4, S. 477 ff.

58 Zitiert nach Sidney Aster: Carl Goerdeler und das Foreign Office, in: Arthur P. Young: Die X-Dokumente. Die geheimen Kontakte Carl Goerdelers mit der britischen Regierung 1938/1939, hg. v. Sidney Aster, München 1989, S. 245-271, Zitat von S. 246.

# Dokumente

## 2.1. Politische Arbeit in Ostpreußen

### 2.1.1 *Bericht Goerdelers über seine Tätigkeit im preußischen Abtretungsgebiet*

*handschriftlicher Bericht o.D. [Ende Juni 1919]; BAK, N 1113, Bd. 10, Bl. 5-17.*[1]
Tätigkeit in Ostpreußen vom 13. bis 26. Juni 1919 als Verbindungsoffizier des Generalkommandos zum parlamentarischen Aktionsausschuss; Beteiligung an den Oststaat-Plänen und Gründe für deren Scheitern; Bewertung der militärischen und zivilen Protagonisten.

[5] Anfang Juni von Solingen nach dem Osten gekommen und beim Regiment zur Verfügung gestellt.[2]

Am 13. vom Chef des Generalst[abes] XVII. A[rmee]K[orps],[3] Oberstl[eutnant] Stapff, unter dem ich im letzten Kriegsjahr politisch tätig war,[4] nach Danzig gerufen und um meine Ansicht über Ostfrage befragt. Ich erklärte, daß Entschlüsse von folgenden Tatsachen ausgehen müssen:

1. Der Friede wird nach mir bekannten Stimmungen im Westen unterzeichnet werden;[5]

---

1 Zur besseren Überprüfbarkeit an dem handschriftlichen Original werden im folgenden die Blattseiten in eckigen Klammern hinzugefügt. Es handelt sich dabei um die Nummerierung des Bundesarchivs, nicht Goerdelers. Die Blätter 1-4 sind kein Bestandteil des folgenden Berichts.

2 Anfang Juni 1919 hatte Goerdeler in Solingen die Beurlaubung von seinem Beigeordneten-Amt durchgesetzt und sich mit seinem Bruder Fritz bei seinem alten Regiment freiwillig gemeldet; vgl. Bestätigung der freiwilligen Meldung vom 3.6.1919 in BAK, N 1113, Bd. 10, Bl. 1.

3 Das in Danzig stationierte XVII. Armeekorps unter dem Kommandierenden General v. Below und dessen Stabschef Oberstleutnant Stapff befand sich im Kommandobereich des AOK Nord, das Freiwilligenverbände des „Grenzschutz Ost" umfasste; vgl. Rainer Wohlfeil: Heer und Republik, in: Militärgeschichtliches Forschungsinstitut (Hg:): Deutsche Militärgeschichte Bd. VI, Herrsching 1983, S. 11-303; hier S. 76 ff.

4 Von Ende Februar bis Ende November 1918 hatte Goerdeler im Auftrag der X. Armee die Finanzverwaltung in Weißrussland und Litauen reorganisiert; vgl. Denkschrift Goerdelers „Die Landesfinanzen im besetzten Gebiet der X. Armee vom 20.2. bis 30.11.1918", in: BAK, N 1113, Bd. 11 sowie das Zeugnis seines damaligen Kommandanten General v. Falkenhayn vom 2.9.1919 in ebd., Bd. 1.

5 Die Zurückweisung der deutschen Gegenvorschläge zu den alliierten Friedensbedingungen am 29. Mai 1919 hatte zu einer Ernüchterung sowohl der deutschen Regierung als auch der Öffentlichkeit geführt. Eine drohende Besetzung Deutschlands durch alliierte Truppen sowie die antimilitaristische Agitation der Arbeiter- und Soldatenräte ließen einen offenen Widerstand gegen die Friedensbedingungen als vollkommen ausweglos erscheinen. Vgl. dazu auch die Beurteilung des Rechtsanwalts Rüdiger Graf v.d. Goltz in seinen Lebenserinne-

2. Die einzige Möglichkeit, das Deutschtum im Osten und die Ostmark dem Reiche zu retten, ist die militärische Niederwerfung Polens;
3. Aus 1. und 2. ergibt sich Notwendigkeit für den Osten, selbständig zu handeln;
4. Dies Handeln wird, wenn rechtzeitig und militärisch erfolgreich, die Bevölkerung mitreißen, selbst wenn die Parteiführer sich jetzt abwartend verhalten.

Der Chef fragte mich, ob ich bereit sei, beim Generalkommando als Verbindungsoffizier mit parl[amentarischem] Aktions-Ausschuß[6] zu arbeiten. Ich erklärte mich dazu ab 16.6. bereit, wenn ich darauf rechnen [6] dürfte, daß das Gen[eral]-K[omman]do zum Handeln in dem von mir dargelegten Sinne entschlossen sei. Stapff erwiderte, er und der Komm[andierende] General seien entschlossen, unter keinen Umständen aus Westpreußen hinauszugehen.

16.6.
Fühlungnahme mit Generalstab.

17.6.
Fühlungnahme mit noch anwesenden Mitgliedern des parl[amentarischen] Aktions-Ausschusses. Gewann Eindruck, daß sie sich von den Verhältnissen tragen lassen, zu ängstlich alle Stimmen aus der Bevölkerung abwägen, sich zu großer Verantwortung nicht aufschwingen und auch in Weimar der dort zu erwartenden Flaustimmung unterliegen werden. Dr. Fleischer[7], der auch nach Weimar fahren wollte, bestimmt, hier zu bleiben, da auch Oberpräsidenten und Reichskommissare abwesend sein werden.

Festgestellt, daß einflußreiche Danziger Kreise durch Freistaatausrufung vollendete Tatsache schaffen wollen. Dahinter steht Kaufmann Lewelowski, russisch-polnischer Jude, erst seit kurzem naturalisiert, Kriegsgewinnler; hat Verbindung mit Londoner Bankiers.

Vortrag bei Exz[ellenz] v. Below. Freistaat-Ausrufung soll als Hochverrat verhindert werden. V. B[elow] macht sehr poltrigen Eindruck. Bezweifle, daß er genügend wirkliche Energie besitzt. Major Wagner, mit dem ich darüber spreche, teilt meine Zweifel.

V. Below und Stapff reisen zur OHL und nach Weimar.[8] [7]

---

rungen: „(...) in den Debattierklubs war eigentlich nur die Frage akut, ob man ‚unter Protest' unterschreiben sollte." (BAK, Kl.-Erw., 653-2, Bl. 8).

6 Die Vollversammlung des am 22. Mai 1919 gegründeten und die ostdeutschen Abgeordneten der National- und preußischen Landesversammlung umfassenden Ostparlaments hatte zwei Aktionsausschüsse für die Kommandobereiche der AOK Nord und Süd gewählt, deren Aufgabe es war, ostdeutsche Sonderaktionen gegen den alliierten Friedensvertragsentwurf unter parlamentarischer Kontrolle zu halten; vgl. Hagen Schulze: Der Oststaat-Plan 1919, in: VfZ 18 (1970), S. 143.

7 Dr. Fleischer, CVP, war der Geschäftsführende Vorsitzende des parlamentarischen Aktionsausschusses Nord.

8 Vom 17. bis 19. Juni 1919 fand in Weimar auf Veranlassung des preußischen Kriegsministers Reinhardt und des Reichswehrministers Noske eine Besprechung statt, an der u.a.

18.6.
Fühlungnahme mit Reg[ierungs]Rat Loor (Oberpräs[idium], politischer Ignorant). Landfremder Mann. Treibt übliche Regierungspolitik, aber keine deutsche Politik. O[st]P[reußen] wird unter solchem Einfluß sich jedenfalls nicht zur Tat aufschwingen.

Mit Abg[eordnetem] Dr. Fleischer Ostfragen eingehend besprochen. Er neigt zu meiner Auffassung.

Fühlungnahme mit Vertreter des Reichskommissars Wölk (SPD). Sozialistischer Parteimann ohne höhere Interessen; absoluter Parteihorizont; auf ihn in unseren Lebensfragen kein Verlaß.

Vortrag bei Oberquartiermeister Major Adolph. Entschlossener klar denkender Mann, der mir vollkommen zustimmt und mit mir für falsch hält, daß Gen[eral]-K[omman]do überhaupt noch in Danzig ist. Es müßte rechtzeitig in aller Ruhe verlegt werden; jetzt muß jede Verlegung als Angst ausgelegt werden u[nd] Beunruhigung schaffen (Im übrigen von Gen[eral]st[abs]Offizieren nur noch entschlossen Major Wagner u. Major Liebmann, ganz weich und großer Flaumacher Exz[ellenz] v. Winterfeldt[9]).

19.6.
Am 18.6. ist in einer Versammlung der Betriebsräte auf Antrag Raube (USPD) Generalstreik für Fall bewaffneten Widerstands beschlossen.

Dr. Fleischer stellt bei christlichen Gewerkschaften fest, daß sie offiziell (!) dagegen sind und ihre Mitglieder sich Stimme enthalten hätten (letzteres stimmt nicht).

Wölk erklärt, daß Mehrheitssozialisten auf Winnigs[10] Standpunkt stehen u[nd] nur keinen Kampf um [8] Danzig wollen.

---

v. Below und Stapff, der Erste Generalquartiermeister Groener, die Generalstabschefs des AOK Süd, General v. Loßberg, des AOK Nord, Oberst Heye und General v. Lüttwitz teilnahmen. Während Noske und Groener den Primat der Reichseinheit vertraten, die sie durch ostdeutsche Sonderaktionen gefährdet sahen, versprachen sich die ostdeutschen Militärs von einem eigenmächtigen Vorgehen Preußens – beschwörend wurde in diesem Zusammenhang auf das Yorcksche Vorbild 1812/1813 verwiesen – eine Revision der alliierten Friedensbedingungen. Groener warnte die Generale ausdrücklich vor eigenmächtigen Aktionen, und der preußische Innenminister Heine betonte die zu erwartende Distanzierung der Preußischen Regierung und der Mehrheit der ostdeutschen Bevölkerung im Falle einer solchen Aktion ohne die Deckung der Reichsregierung. Vgl. Aufzeichnung Groeners über die Tage in Weimar vom 18. bis zum 20. Juni 1919, abgedruckt in: AdR, Das Kabinett Scheidemann, bearb. v. Hagen Schulze, Boppard a. Rh. 1971, S. 476-492.

9 General Dietlof v. Winterfeldt, 1918 militärisches Mitglied der Waffenstillstandskommission, war seit dem Januar 1919 Divisionskommandeur in Bromberg.

10 August Winnig, SPD, der bis zum Herbst 1918 ausschließlich gewerkschaftspolitisch tätig gewesen war, fungierte vom November 1918 bis zum Januar 1919 als Generalbevollmächtigter des Reichs für die Baltischen Lande, vom Februar bis Juni 1919 war er Reichskom-

Ich vermute Bestechung Raubes durch Lewelowski, da Streik mittelbar der Freistaatidee zu Gute käme.

Besprechung Dr. Fleischer – Wölk – Loor -Wagner. Ich weise darauf hin, daß Einfluß der Gewerkschaft u[nd] SPD auf Arbeiter nur noch gering ist, diese vielmehr Radikalismus folgen. Daher Stellung der Gewerkschafts-u[nd] SPD-Führer fast bedeutungslos. Es kommt darauf an, den Arbeitern zu zeigen, wer Macht und Willen in stärkerem Maße hat. Daher sofortige Kraftprobe notwendig, also Belagerungszustand und rücksichtsloses Durchgreifen. Raube und Lewelowski verzichten.

Außer Wagner alle dagegen. Angst und Vorsicht beherrschen die Stunde. Wölk will nur Presse spielen lassen. Mit Fleischer u[nd] Loor wird schließlich Telegramm an Stapff nach Weimar verabredet, daß Belagerungszustand spätestens mit Kampfbeginn verhängt werden muß.

Liste der groß[en] Regierung des Freistaats Danzig wird bekannt. 5 Männer. Darunter Gehl[11] und Sahm[12] sowie ein Regierungsbeamter, hinter dem ich Loor vermute!! Welche Energie für Kampf ist von diesen Stellenjägern wohl zu erwarten?

20.6.
V. Below u[nd] Stapff kehren zurück.
Sofort Vortrag bei Stapff, dem ich darlege, daß die Entwicklung überall durchaus den vorausgesagten Verlauf genommen hat, daß die mil[itärische] Niederwerfung der Polen nach wie vor die [9] einzige Möglichkeit bleibt und daß der Kampf spätestens vor Montag d[em] 23.6. abends im Gange sein muß. Am 22.6. ab[en]ds ist Annahme des Friedens vollendete Tatsache. Diese wird niederdrückend und zersetzend auf Stimmung der Bevölkerung wirken und zu einer Reihe von Sonderaktionen führen.

Schilderungen des Chefs aus Weimar bestätigen nur diese Auffassung. Er erklärt schließlich, daß mit Loßberg alles vereinbart sei, bezweifelt aber die Entschlossen-

---

missar in Ostpreußen, wo er am 24. Juni 1919 die Nachfolge v. Batockis als Oberpräsident antrat; vgl. Wilhelm Ribhegge: August Winnig: Eine historische Persönlichkeitsanalyse, Bonn – Bad Godesberg 1973, S. 115 sowie S. 216 ff.

11 Julius Gehl, Parteisekretär der MSPD in Danzig, war Vertreter des Reichskommissars Winnig in Westpreußen (vgl. ebd., S. 197) und Vorsitzender des Parlamentarischen Aktionsausschusses Nord; im März 1920 wurde er, ebenso wie Raube, Staatsratsmitglied in Danzig (vgl. Rudolf Klatt: Ostpreußen unter dem Reichskommissariat 1919/1920, Heidelberg 1958, S. 64 und 130 sowie Heinrich Sahm: Erinnerungen aus meinen Danziger Jahren 1919–1930, Marburg/Lahn 1958, S. 12).

12 Heinrich Sahm, parteiloser Kommunalpolitiker, war seit dem Februar 1919 Oberbürgermeister von Danzig und wurde nach der Freistaatbildung dessen Senatspräsident; 1930 war er aufgrund der nationalsozialistischen Stimmengewinne in Danzig zum Rücktritt gezwungen. 1931 bis 1935 war er Oberbürgermeister von Berlin, 1935 bis zu seinem Tod 1939 deutscher Gesandter in Oslo.

heit der Bevölkerung. Ich weise immer wieder darauf hin, daß sie in ihrer Mehrheit die Heimat verteidigen will und durch eine Tat mit fortgerissen werden wird.

21.6.
Dr. Fleischer bekennt sich zu meiner Auffassung. Er erklärt sich zur politischen Deckung einer durch Polen provozierten militärischen Aktion bereit! Sofort nach Beginn Herberufung der Ostparlamentarier und Hilferuf an Regierung. Falls diese versagt, selbständiges politisches Handeln des Ostens.
Chef des Stabes benachrichtigt u[nd] von ihm bestimmtes Einverständnis erlangt.

Nachm.[ittags] Besprechung mit L[eutnan]t Limm bei R[egierungs]A[ssessor] Schwegmann. L[eutnan]t Limm gehört zum posenschen Grenzschutz und erbietet sich, dort Front auf mehrere Kilometer zum Kampf zu bringen. Ich er[10]klärte ihm, daß das die letzte Möglichkeit, gemeinsam große Aktion in Gang zu bringen. Er müsse spätestens in der Nacht vom Sonntag zum Montag handeln. Er ist bereit u[nd] reist nach weiteren Vereinbarungen 3.00 Nachm[ittags] zur Front.

5.00 Nachm[ittags] erscheint Reg[ierungs]Präs[ident] von Allenstein (v. Oppen) u[nd] erklärt volle Zustimmung zur Parole „Kampf"; sein Bezirk werde mitgehen.

22.6.
Gen[eral] v. Below erklärt bestimmt, kämpfen zu wollen. Als Einleitung seiner Stellungnahme drahtet er an Reichspräsident, daß seine Truppen unter allen Umständen kämpfen wollen. Ich verbreite es durch WTB.

23.6.
7.00 Morgens Telegramm von Unterabschnitt Kreuz, daß schwerer pol[nischer] Angriff von 2 Seiten unmittelbar bevorsteht; es würde bis zum letzten Blutstropfen gekämpft.

Aufruf an Westpreußen zum Kampf mit Dr. Fleischer vorbereitet.[13]

Weitere Fronttelegramme gehen nicht ein. Nachfrage bei Kreuzer Front ergibt, daß kein Schuß gefallen ist.

Dr. Fleischer will sich zu politischem Handeln vor militärischer Aktion nicht entschließen. Gen[eral] v. Below und Chef des Stabes [Stapff] verlangen wiederum als Grundlage für ihr Vorgehen Angriff der Polen oder politische Handlung. Meine Hinweise auf Notwendigkeit sofortigen selbständigen Handelns dringen bei beiden [11] Stellen nicht durch.

24.6.
Mittags eintrifft O[ber]P[räsident] v. Batocki[14]. V. Scheubner[15] nimmt mit ihm Verbindung auf. V. B[atocki] scheint nicht abgeneigt, selbständig zu handeln. Wir

---

[13] Ein Exemplar des Aufrufs („Westpreußen! Noch ist der Friede nicht unterzeichnet und schon marschiert der Pole.") in BAK, N 1113/10, Bl. 113.

[14] Adolf Tortilowicz von Batocki-Friebe, seit dem 1. Oktober 1914 Oberpräsident von Ostpreußen, war zwischen 1916 und 1918 Präsident des Kriegsernährungsamtes und hatte im

bestimmen ihn nachm[ittags], nachts zu einer Besprechung mit Cleinow[16] zu erscheinen.
7.00 ab[en]ds erklärt v. Below, nicht mehr mitmachen zu wollen, da Loßberg gedrahtet hat, Stimmung in Oberschlesien sei gegen Kampf u[nd] er müsse erst günstigen Moment abwarten. (früher erfuhr ich durch Stapff, daß Hindenburg Below telegraphisch befohlen hat, jede Sonderaktion zu unterlassen! Dahinter steckt fraglos der weiche Groener, der Hindenburgs Unterschrift erwirkt hat.)[17]

25.6.
1.00 morgens trifft Cleinow ein. Mir bis dahin unbekannt. Sofort Sitzung des Volksratsausschusses. Cleinow entwickelt ganz vernünftig sein dem meinen anscheinend entsprechendes Programm. 5 Männer (Batocki, Fleischer, v. Oppen, Cleinow, ein Graudenzer Sozialist) sollen Führung pol[itischer] Aktion übernehmen.

Batocki u[nd] Oppen erscheinen. Cleinow entwickelt sehr ungeschickt seine Absichten, läßt Notwendigkeit des Kampfes mit Polen ganz in Hintergrund treten u[nd] bittet beide, die Führung zu übernehmen. Sie lehnen ab, vor allem da Below nicht mehr mitmache.

Nun versagt Cleinow völlig. Er erklärt schließlich als einzigen Zweck östlicher Sonderaktion, einen General einzusetzen, der Preußen in Ruhe nach [12] Hause führt. Cleinow macht auf mich Eindruck eines politischen Narren. Sitzung endet mit vollem Fiasko für Volksräte, von denen mir einzelne Mitglieder, vor allem Archivrat Kauffmann, nun ..., sie hätten keine praktische Arbeit geleistet. Auf meine Frage, weswegen sie nicht rechtzeitig für Führer gesorgt hätten, erklären

---

Frühjahr 1918 seine Stelle als Oberpräsident wieder eingenommen. Auf seinen Vorschlag hin wurde die Stelle eines Reichs- und Staatskommissars für Ostpreußen eingerichtet und August Winnig angeboten. Vgl. Jeserich/Neuhaus, Persönlichkeiten, S. 301 ff.

15 Oberstleutnant v. Scheubner-Richter, zu der Zeit ein enger Mitarbeiter und Vertrauter August Winnigs, starb im Verlauf des von ihm unterstützten und mit vorbereiteten Hitler-Putsches am 9.11.1923; vgl. Ribhegge, August Winnig, S. 166.

16 Georg Cleinow war Gründer und Vorsitzender der „Vereinigten Deutschen Volksräte der Provinz Posen und Westpreußen“, ein am 3. Juni 1919 erfolgter Zusammenschluss der Deutschen Volksräte. Unter Cleinows Führung machten die Vereinigten Deutschen Volksräte Front gegen „die Polengefahr und den Bolschewismus“ und betrieben Propaganda durch Presse, Wanderbühnen u.ä.; vgl. Georg Cleinow: Der Verlust der Ostmark. Die Deutschen Volksräte des Bromberger Systems im Kampf um die Erhaltung der Ostmark beim Reich 1918/1919, Berlin 1934, S. 163 ff. Vgl. dazu auch die kritische Einschätzung von Schulze, der ihn durch „politische Einseitigkeit und Verbissenheit des aus der nationalen Diaspora stammenden Volkstumspolitikers“ charakterisiert (vgl. Schulze, Der Oststaat-Plan, S. 132).

17 Nachdem v. Below am 22. Juni Hindenburg ein Schreiben gesandt hatte mit der Aufforderung, sich an die Spitze einer ostdeutschen Erhebung zu stellen, und der Ankündigung, dass er dies ansonsten selbst tun werde, wurde er zwei Tage später von Hindenburg zur Disposition gestellt; vgl. Groener, Lebenserinnerungen, S. 510 f.

sie, daß H[au]ptm[ann] Krause, rechte Hand von Batocki, ihnen stets gesagt habe, darum brauchten sie nicht zu sorgen, das sei alles vorbereitet (!!)

V. Scheubner u[nd] ich werden gebeten zu helfen. Ich schlage als letztes vor, zwei zuverlässige Herren zu Loßberg fliegen zu lassen; sie sollen ihn fragen, ob er sich bedingungslos Below unterstellt. Dann will ich zu Below gehen und ihn fragen, ob er sich jetzt Batocki zur Verfügung stellt. Kann man Batocki die Zusage dieser beiden Generale bringen, so muß er wenigstens Farbe bekennen.

26.6.
Loßberg bleibt bei abwartender Stellung. Damit sind letzte Mittel erschöpft.
*Betrachtung*

1. V. Below und sein Chef besaßen nicht die für solche historischen Entscheidungen notwendige Entschlußkraft. Sie hätten die Aufgabe gar nicht übernehmen dürfen. Sie haben ihre bestimmten Zusagen nicht gehalten.
2. V. Batocki hat angeblich seit November Entwicklung für Osten vorausgesehen.[18]
   Dann war es seine [13] Pflicht, rechtzeitig und entschlossen die Sonderaktion des Ostens als einzige Rettungsmöglichkeit vorzubereiten und durchzusetzen oder rechtzeitig abzutreten.
   Er durfte nicht einen Mann wie H[au]ptm[ann] Krause als politische Hilfe benutzen; Verbindung mit Volksräten war unverantwortlich locker.
   Er mußte endlich rechtzeitig von Weimar nach Danzig kommen, d.h. vor Montag abend; die Bedeutung dieses Zeitpunktes durfte einem so klugen Kopf nicht entgehen.
   Daraus, daß er dies alles nicht gemacht hat, entnehme ich, daß er niemals mit festem Willen den angeblich von ihm erkannten Weg beschritten hat. Er hat sich vielmehr für alle Möglichkeiten die Hände freihalten wollen. Dafür aber war die politische Entwicklung seit langem zu eindeutig.
   Sein Verbleib als Oberpräsident ist für den Osten, der gerade davon viel erwartete u[nd] seiner Klugheit vertraute, ungeheuer verderblich gewesen.
3. Die Volksräte haben an sich gesunde Gedanken deutscher Ostpolitik mit Erfolg in der Ostmark verbreitet. Sie haben aber übersehen, daß daneben solche Aktionen auch von politisch geschulten und praktisch veranlagten Männern in intimstem Kreis gründlich vorbereitet sein müssen. Diese Elemente haben ihnen ganz gefehlt, insbesondere ist Cleinow kein Staatsmann. Er hat es dahin [15]

---

[18] Goerdeler bezog sich hier auf eine Erklärung v. Batockis vom 26. Juni 1919, in der dieser u.a. sagte: „Mit wenigen anderen habe ich entgegen dem fast überall sonst bis zum Bekanntwerden der feindlichen Forderungen in dieser Hinsicht bestandenen Optimismus seit dem November-Zusammenbruche vorausgesehen, dass die Feinde die Polonisierung der Ostmark fordern und dass das Reich und Preußen unter dem Drucke der Feinde zur Preisgabe der Ostmark sich gezwungen sehen würden.“; vgl. „Der aufgegebene Plan einer Abtrennung der Ostmark vom Reich“, in: Danziger Zeitung, 62. Jahrgang, Nr. 291 vom 27. Juni 1919, S. 1 (Exemplar in: BAK, N 1113, Bd. 10, Bl. 45).

gebracht, daß politisch ungeschulte Hitzköpfe an der Oberfläche der Dinge haften blieben u[nd] niemand den fundamentalen Grundgedanken selbständiger Ostpolitik „Niederwerfung der Polen" herausarbeitete. Erst ihr konnte die Versöhnung und weiteres Wirken nach Deutschland hinein folgen.
Kurz u[nd] gut große Kinder! Und das hat niemand der vaterländisch gesinnten Politiker des Ostens erkannt! Politik ist eben kein besserer Zeitvertreib, ihr Hauptteil ist die stille Arbeit!

4. Die Zivilbehörden wollten nur Regierungspolitik, keine deutsche Politik treiben. Ein großer Fehler ist ihre Landfremdheit. Zu großen Entschlüssen nicht fähig. Auch das konnte u[nd] mußte rechtzeitig erkannt werden.
5. Breite Teile des Bürgertums – Großgrundbesitz und Kapitalismus – standen der deutschen Sache kühl gegenüber. Die Eigeninteressen überwogen die des Vaterlandes.
   Die sozialdemokratischen Führer haben sich zwar in Worten und Agitation für die Verteidigung des Heimatbodens eingesetzt, sich aber ängstlich an den Begriff „Verteidigung" geklammert und sich zur gesunden Tat nicht entschließen [17] können. Ihnen fehlt der über die Masse sich erhebende kühne Wagemut u[nd die] Verantwortungsfreude. Außerdem formte all ihr Tun die Furcht vor Militarismus und Reaktion. Diese zu verhindern ist ihnen wichtiger als das Vaterland.

### 2.1.2 *Schreiben Goerdelers an August Dicke*[1]

*handschriftlicher Briefentwurf vom 31.12.1919; BAK, N 1113, Bd. 1.*[2]
Mitarbeit am Einigungsprogramm der deutschen Parteien zur Vertretung der deutschen Einwohner im westpreußischen Abtretungsgebiet.

Für den mir bis 1.1.1920 erteilten Urlaub spreche ich meinen verbindlichsten Dank aus.[3] Es ist mir dadurch ermöglicht, den ersten und wichtigsten Teil der im Osten übernommenen Aufgabe durchzuführen. Im Interesse der Sache halte ich es für geboten, zu betonen, daß an dem dort aufgestellten Einigungsprogramm alle

---

1 August Dicke, DDP, war von 1896 bis 1927 Oberbürgermeister von Solingen, danach war er bis zu seinem Tod im März 1929 mit der kommissarischen Verwaltung Solingens beauftragt (vgl. Geh.StA, Rep. 77, Tit. 3528, Nr. 1, vol. 3, Bl. 8-13 sowie Bl. 208). Vgl. auch Volker Wünderich: Arbeiterbewegung und Selbstverwaltung. KPD und Kommunalpolitik in der Weimarer Republik. Mit dem Beispiel Solingen, Wuppertal 1980, S. 45.

2 Im Solinger Stadtarchiv ist ein Pendant zu dem vorliegenden Konzept nicht auffindbar; insofern bleibt ungeklärt, ob Goerdeler eine derartige Mitteilung letztendlich abgesandt hat.

3 Goerdeler war im November und Dezember 1919 unter Befürwortung des preußischen Innenministeriums von seinem Beigeordnetenamt in Solingen beurlaubt worden; vgl. Zeugnis des preußischen Innenministers Heine vom 22. Dezember 1919 (BAK, N 1113/1).

Parteien beteiligt sind, und daß das geeinte Deutschtum seine völkerrechtlich verbürgten Interessen verteidigen will.[4]

Ich beehre mich, Abschrift eines vom preußischen Herrn Minister des Innern mir über meine letzte Tätigkeit erteilten Zeugnisses für meine Personalakten beizufügen.[5]

Die Entscheidung über anderweitige Verwendung meiner Arbeitskraft fällt im Monat Januar.[6] Eine vielleicht nur für kurze Zeit erfolgende Übernahme meiner Dienstgeschäfte hier würde nicht im Interesse eines ruhigen Verwaltungsbetriebes liegen, eine Auffassung, die Euer Hochwohlgeboren teilen.

Ich bitte daher, unter Bezugnahme auf meinen mündlichen Vortrag, mich bis zu der erwähnten Entscheidung weiter zu beurlauben. Ich habe die Absicht, dann um meine Entlassung aus dem Dienst der Stadt Solingen zu bitten.
Dr. Goerdeler, Beigeordneter

---

4 Bereits am 8. Juli 1919 hatte sich Goerdeler als Vertreter der DNVP an der Bildung der „Deutschen Arbeitsgemeinschaft Marienwerder" beteiligt, die mit drei anderen Kreis-Arbeitsgemeinschaften im westpreußischen Abstimmungsgebiet die Volksabstimmung vorbereitete, und sich aus Vertretern von DNVP, DVP, Zentrum, DDP und SPD zusammensetzte; vgl. „Niederschrift über die Sitzung der politischen Parteien des westpreußischen Abstimmungsgebietes am 8. Juli 1919" (BAK, N 1113/10, Bl. 57-61).

5 In dem Zeugnis wird Goerdelers „ebenso unparteiliche und energische, wie geschickte und vermittelnde Tätigkeit" zugunsten der Erhaltung deutscher Schulen, Wirtschaftsorganisationen und sozialer Einrichtungen im Abtretungsgebiet hervorgehoben; vgl. Zeugnis des preußischen Innenministers Heine vom 22. Dezember 1919 (BAK, N 1113/1).

6 Es handelte sich hierbei um die Stelle des Zweiten Bürgermeisters in Königsberg, auf die Goerdeler sich beworben hatte. Aufgrund der Mehrheitsverhältnisse in der Königsberger Stadtverordnetenversammlung hatten sich Schwierigkeiten ergeben: Nachdem die beiden sozialistischen Parteien – mit 50 von 102 Stimmen in der Stadtverordnetenversammlung vertreten – der Wahl des demokratischen Kandidaten Lohmeyer zum Oberbürgermeister zugestimmt hatten, beanspruchten sie die Stelle des Zweiten Bürgermeisters für einen sozialistischen Kandidaten. Goerdeler setzte sich am 14. Januar 1920 mit Hilfe der bürgerlichen Stimmen schließlich gegen den sozialistischen Gegenkandidaten durch (vgl. Protokoll der Solinger Stadtverordneten-Versammlung vom 20.1.1920; StA Solingen, V-A-1-2, Bl. 164 ff. sowie die Beschreibung der Wahlvorgänge durch Lohmeyer in einem Schreiben an Gerhard Ritter vom 8.3.1955; BAK, N 1166/158; vgl. auch die Anstellungsmodalitäten und die Bestätigungsurkunde Goerdelers in Geh.StA, Rep. 77, Tit. 2560, Nr. 20, Bd. VII, Bl. 266-268.).

## 2.2 Engagement in der DNVP

### 2.2.1 Mehr Macht dem Reichspräsidenten!

*Vortragsmanuskript mit handschriftlichen Korrekturen o.D. [Dezember 1929]; BAK, N 1113, Bd. 11.*

Bilanz der Weimarer Innenpolitik zwischen 1919 und 1929: die Chance einer autoritären Umformung der Verfassung ist 1923 verpasst worden; die landwirtschaftliche Produktion muss durch Zölle geschützt werden; die deutsche Industrie hat ihre Vormachtstellung verloren; die Arbeitslosenversicherung ist finanzpolitisch nicht haltbar; die Bildungspolitik führt zu übersteigerten formalwissenschaftlichen Anforderungen. Anstelle von Einzelreformen muss über eine Verfassungsänderung eine Staatsspitze mit weitreichenden Verordnungsbefugnissen geschaffen werden.

„Es ist besser, mit der Masse zu irren, als gegen sie im Recht zu sein." Dieser Ausspruch eines sozialdemokratischen Führers, vor nicht langer Zeit in Sachsen gefallen,[4] ist die Antithese zu dem Thema, über das ich die Ehre habe, heute abend zu Ihnen zu sprechen. In diesen Worten eines sozialdemokratischen Führers liegt irgend eine staatspolitische Auffassung überhaupt nicht mehr.[a] Der Einzelne läuft den von der Herde getrampelten Weg mit, vermeidet nicht nur im Falle der Gefahr, wo der Weg sich teilt oder ein Verirren möglich ist, die Führung auf eigene Verantwortung zu übernehmen, sondern vermeidet auch, Rat trotz Besser-

---

a gestrichen: „Sie ist nur die Wiederspiegelung eines recht hordenmäßigen Empfindens und Gefühlslebens."

1 Der Ausspruch stammt von Otto Wels (Mitvorsitzender der SPD 1919 bis 1933) und fiel während des sächsischen Landtagswahlkampfes im Oktober 1926: Es sei besser, „einmal mit den Massen [zu] irren, als gegen die Massen [zu] marschieren". Wels bezog sich damit auf den sogenannten Sachsenkonflikt, der seinen Ausgangspunkt in der Reichsexekution gegen die Regierungskoalition zwischen SPD und KPD in Sachsen im Oktober 1923 hatte. Die daraufhin gebildete sozialdemokratische Minderheitsregierung sollte nach dem Beschluss der sächsischen SPD-Landesinstanzen zurücktreten, um eine neue Landtagswahl zu initiieren. Die sächsische SPD-Landtagsfraktion beschloss dagegen mehrheitlich die Bildung einer großen Koalition mit Zentrum, DDP und DVP. In diesem Konflikt stellte sich der Parteivorstand auf die Seite der Mehrheit der Landtagsfraktion und damit gegen den linken Parteiflügel. Der mit großer Schärfe ausgetragene Konflikt zwischen der Landtagsfraktions-Mehrheit und der Linksopposition hatte letztendlich im Juli 1926 zur Abspaltung der Oppositionellen in die neugegründete Alte Sozialdemokratische Partei Sachsens geführt. Im Zusammenhang mit dieser Entwicklung fiel das unglückliche Wels-Zitat, das als Plädoyer für die Unterordnung unter die Parteidisziplin verstanden werden muss (Vgl. Hans J. L. Adolph: Otto Wels und die Politik der deutschen Sozialdemokratie 1894–1939. Eine politische Biographie, Berlin 1971, S. 123 ff.). Im Gegensatz zu diesem Kontext wurde das Zitat in der deutschnationalen Demagogie gegen die Republik und die demokratischen Parteien instrumentalisiert und als Hypostasierung des verhöhnten Parlamentarismus umgedeutet (vgl. auch Manfred Dörr: Die Deutschnationale Volkspartei 1925 bis 1928, Marburg/Lahn 1964, S. 544).

wissens zu geben, er vermeidet überhaupt jede innere Entscheidung, geschweige denn den Versuch, diese innere Entscheidung zur Maxime des Handelns anderer zu machen.[b] Wir können daher diese Auffassung ausschalten. Mit ihr ist in einem Volk, daß noch wenigstens verschieden geartete Charaktere umschließt und noch wenigstens den Willen einer politischen Zukunft hat, nichts anzufangen.

Es gibt noch einen Mittelweg zwischen dem steilen, gefährlichen und mühevollen Kletterweg des Führers und dem Trampelweg der Herde. Das ist der, daß diejenigen, die den Willen zur Führung haben, wenigstens den Versuch machen, die Masse zu gewinnen, dabei aber Mittel anwenden, die dieser Masse schmeicheln und daher auch nicht davor zurückschrecken, Umwege zu gehen, die vermeidbar sind. Diesen Weg suchen die Demokraten. Das ist ihr ausgesprochener Glaubenssatz, daß man mit allen Mitteln zunächst den Demos in die Hand zu bekommen sucht, ihm aber doch noch die Meinung läßt, daß er selbst führt. Und diesen Weg haben im letzten Jahrzehnt doch noch mehr Parteien beschritten als nur die Demokraten. Die Neigung, ihn zu gehen, läßt sich sogar in allen Parteien feststellen. Der Weg hat einen unendlichen Nachteil; er ist kostspielig, kostspielig durch die Unsummen von schmerzlichen Erfahrungen, aus denen allein die Masse zu lernen imstande ist, so daß jetzt selbst Severing von der Notwendigkeit eines Führertums gesprochen hat, das vorausdenken müsse, das sich sogar mit dem Odium belasten kann, reaktionär zu sein.[5] Ich stelle diesen Ausspruch eines sozialdemokratischen Führers dem zu Anfang erwähnten gegenüber, begrenze damit die beiden Strömungen, die auch in der Sozialdemokratie herrschen, und möchte meinen, auch in dieser Gegenüberstellung[c] ein überaus beachtliches Zeichen der Gesamtentwicklung des letzten Jahres zu sehen.

In dem letzten Jahrzehnt schwankt die deutsche Innenpolitik größtenteils auf dem Irrwege und dem Trampelpfad der Masse umher, um ab und an auf dem Mittelwege[d] einige Atempausen zu suchen. Diese Atempausen hatten wir im Jahre 1924/25 und im Jahre 1927. Als viel mehr denn solche Atempausen kann ich die Regierungen dieser Jahre nicht bezeichnen.[6] Der Versuch einer Führung auch gegen

---

b ursprünglich: „... Verantwortung zu übernehmen. Er vermeidet es auch, einen Rat trotz Besserwissens zu geben, er vermeidet jede innere Entscheidung ...“

c gestrichen: „und in dieser Entwicklung“

d gestrichen: „der Massenduldung“

2 Carl Severing, Jahrgang 1875, war SPD-Mitglied und 1920–1933 Reichstagsabgeordneter und Mitglied des preußischen Landtags; 1928–1930 amtierte er als Reichsminister des Innern; 1920–1926 und 1930–1932 war er preußischer Innenminister. Im Dezember 1929 schlug Severing vor, das von Hilferding aufgestellte Sparprogramm notfalls mit dem Art. 48 WRV durchzusetzen (vgl. Carl Severing: Mein Lebensweg, Bd. II: Im Auf und Ab der Republik, Köln 1950, S. 247); vgl. auch Anmerkung 9.

3 Offenbar bezieht sich Goerdeler hier auf die zweimalige Regierungsbeteiligung der DNVP zu einer bürgerlich-nationalen Koalition im Kabinett Luther I (15.1.1925 – 20.1.1926) und im Kabinett Marx IV (29.1.1927 – 29.6.1928). Vgl. dazu auch Elisabeth Friedenthal: Volks-

die augenblickliche Massenstimmung ist nur einmal vom Reichskanzler Luther in seinem zweiten Kabinett gemacht und mit dem Sturz bezahlt worden.[7] Man kann über die Haltung unserer Partei damals denken wie man will. Dieser Versuch kam auf jeden Fall zu spät. Die einzige Möglichkeit, auch auf dem schmalen und steilen Führerweg zu klettern, einen Weg, den man eben nur einem kundigen Führer anvertrauen kann, bestand Ende 1923. Damals war, zerrüttet von der Inflation, das deutsche Volk bereit, jeden Systemwechsel mitzumachen, der nur aus dem trostlosen Elend der für unser Volkstum vernichtenden Inflation herausführte. Es bleibt eine schwere Verantwortung für die damals an der Macht befindlichen Männer, daß sie diesen Weg nicht gegangen sind. Ich bin der letzte, der nicht restlos anerkennen wollte, daß Luther[8] immer noch der beste Reichskanzler gewesen ist, den das nachrevolutionäre Deutschland gehabt hat, und daß schöpferische Begabung, vorzügliche Verwaltungskunst ihn auszeichnen. Niemand wird sein großes Verdienst um die Sanierung der öffentlichen Finanzen leugnen, aber den großen Staatsmann scheint er ebensowenig abgeben zu können, wie sein damaliger Mitarbeiter Stresemann[9] es von sich glaubt. Ich möchte sogar glauben, daß es die besondere Art Stresemanns gewesen ist, die damals eine vollkommene Umschwenkung auf einen neuen, systematisch anders gegründeten Kurs verhinderte.[10] Damals

---

begehren und Volksentscheid über den Young-Plan und die Deutschnationale Sezession, Tübingen 1957, S. 7 ff.

4 Das Kabinett Luther II (20.1.1926 – 17.5.1926) stürzte über die sogenannte Flaggenverordnung, mit der Luther neben der Reichsflagge die schwarz-weiß-rote Handelsflagge als zweite Dienstflagge für deutsche Auslandsmissionen einzuführen beabsichtigte. Wegen massiver Bevölkerungsproteste änderte Luther seinen Vorschlag dahingehend, die doppelte Beflaggung auf außereuropäische und Handelsstädte zu beschränken, ohne damit einen Konsens im Kabinett zu erreichen. Der Missbilligungsantrag der DDP, der sich allein gegen Luther richtete, wurde am 12.5.1926 mit großer Mehrheit im Reichstag angenommen und führte zur Demission Luthers. Die DNVP enthielt sich bei der Abstimmung (vgl. AdR, Kabinett Luther II, Boppard a.R. 1977, besonders Dokumente Nr. 363 ff.).

5 Hans Luther, Jahrgang 1879, ging nach dem Studium der Rechtswissenschaft und Volkswirtschaftslehre in die Kommunalpolitik. 1918 bis 1924 war er Oberbürgermeister von Essen und bekleidete parallel dazu bereits seit 1922 den Posten des Landwirtschafts- und Ernährungsministers; in den Kabinetten Stresemann II und Marx I und II arbeitete er als Reichsfinanzminister, und 1925/26 hatte er zweimal das Reichskanzleramt inne. Er leitete den „Bund zur Erneuerung des Reiches“ zwischen 1928 und 1930, danach war er bis 1933 Reichsbankpräsident. Vgl. Jeserich/Neuhaus, Persönlichkeiten, S. 365 ff.

6 Gustav Stresemann, promovierter Nationalökonom und Gründer der DVP, war vom 13.8. bis zum 30.11.1923 Reichskanzler und vom 13.8.1923 bis zu seinem Tod am 4.10.1929 Reichsaußenminister (vgl. Biographisches Lexikon zur Weimarer Republik, hg. v. Wolfgang Benz und Hermann Graml, München 1988, S. 335).

7 Goerdeler bezieht sich hier auf die Tatsache, dass unter dem zweiten Kabinett Stresemann (Oktober/November 1923) zwar auf der Grundlage des Art. 48 WRV die Stabilisierung der deutschen Währung eingeleitet, dieses Ermächtigungsgesetz aber nicht zu weiterreichenden Umformungen der Verfassung genutzt wurde. Die von dem Chef der Heeresleitung,

erzeugten die im Volke lebende Unruhe, die Verzweiflung, die aus der Ungewißheit, wie der folgende Tag sich gestalten würde, entstand,[e] die Suche aller wirtschaftlichen Organisationen nach Auswegen eine Kraft, die in das richtige Bett hätte geleitet werden müssen. Statt dessen wurde sie durch ein schnell geschaffenes Sicherheitsventil abgeblasen. Es ist vielfach vergessen, daß damals, als der Reichstag eben nicht mehr fähig war, das Reichsschiff zu führen, nicht nur der Ausnahmezustand gemäß Artikel 48 der Reichsverfassung verkündet wurde,[f] sondern daß damals der Artikel 35 der Reichsverfassung geändert wurde. Es hieß früher in diesem Artikel: „Der Reichstag bestellt ferner zur Wahrung der Rechte der Volksvertretung gegenüber der Reichsregierung für die Zeit außerhalb[g] der Tagung einen ständigen Ausschuß." Damit war damals die Möglichkeit gegeben, im Falle der Auflösung des Reichstages ohne diesen Ausschuß zu regieren. Um diese Möglichkeit auszuschließen, wurde[h] die Verfassung dahin geändert, daß der Reichstagsausschuß auch zur Mitwirkung berufen wurde für den Fall der Auflösung des Reichstages bis zum Zusammentritt des neuen Reichstages.[11] Auf die Möglichkeit also, wenigstens 60 Tage lang – und in 60 Tagen läßt sich viel machen – eine grundsätzliche Systemänderung vorzubereiten, auf diese hin den neuen Reichstag zu wählen und damit unter allen Umständen die notwendigen Verfassungsänderungen von ihm beschließen zu lassen, ist damals kurzsichtigerweise verzichtet und damit wieder der bequemere Mittelweg beschritten [worden]. Damals war die Möglichkeit, diejenigen Verfassungsänderungen durchzubekommen, die zur Gesundung unseres innerpolitischen Lebens erforderlich sind, damals war auch die Möglichkeit, ein vernünftiges Arbeitsdienstgesetz für alle Schichten herauszuholen.

Ist denn eine Verfassungsänderung zur Gesundung der heutigen politischen Zustände erforderlich und aus welchem Grunde? Nun, die Veranlassung dafür, daß wir heute zwischen dem Trampelweg der Masse und dem Mittelweg der Demokratie hin und her wandern, ist eben in der Eigenart der Weimarer Verfassung begründet. Nach der Reichsverfassung bedürfen der Reichskanzler und die Reichs-

---

e gestrichen: „die Ratlosigkeit der sozialdemokratischen gewerkschaftlichen Instanzen"

f ursprünglich: „... nicht nur der Ausnahmezustand hergestellt war gemäß Artikel 48 der Reichsverfassung, ..."

g ursprünglich: „innerhalb"

h gestrichen: „das erwähnte Sicherheitsventil eingebaut. Es wurde"

General von Seeckt, geplante und von schwerindustrieller Seite unterstützte autoritäre Direktoriumslösung war Stresemann nicht bereit, mitzutragen (vgl. zu dem von Seeckt geplanten ‚Dreier-Direktorium' Hans Mommsen: Die verspielte Freiheit. Der Weg der Republik von Weimar in den Untergang 1918 bis 1933, Frankfurt/M. 1990, S. 152 ff.).

8 Gemeint ist das „Gesetz zur Änderung des Artikels 35 der Reichsverfassung" vom 15.12. 1923 (RGBl. 1923/I, S. 1185), dessen ausdrückliche Intention es war, die Entstehung eines parlamentarischen Machtvakuums zu verhindern.

minister zu ihrer Amtsführung des Vertrauens des Reichstages. Jeder von ihnen muß zurücktreten, wenn ihm der Reichstag durch ausdrücklichen Beschluß sein Vertrauen entzieht. Nach der preußischen Verfassung gilt das Gleiche für das preußische Staatsministerium und die einzelnen preußischen Minister. In diesen Bestimmungen liegt der Grund für die trostlose Entwicklung unserer politischen und wirtschaftlichen Lage, liegt der Grund dafür, daß sich ein verständiger Führerwillen bisher nicht hat durchsetzen können. Beispiel: Der Arbeitsminister erkennt, daß die gegenwärtige Arbeitslosen-Versicherung unhaltbar ist. Er wird sich objektiv unterrichten über die Ursachen und über die Art und Weise, wie sie behoben werden könne, er arbeitet eine entsprechende Vorlage aus und legt diese dem Kabinett vor. Nun ist bisher in solchen Fällen, wo radikale Änderungen, entgegen der augenblicklichen Massenpsychose, sich als notwendig erwiesen haben, wo man also auf dem Trampelpfad überhaupt nicht mehr, auf dem Mittelweg zu langsam und zu kostspielig vorwärts kommt, die Sache folgendermaßen[i] verlaufen: Entweder hat bereits das Kabinett in seiner Mehrheit erklärt, daß eine solche radikale Änderung aus Rücksicht auf die Fraktionen von ihm nicht vertreten werden könne, oder die Fraktionen haben radikalen Kabinettsbeschlüssen gegenüber ihre eigenen Freunde im Kabinett verlassen. Der Führer wurde also durch die Masse, sei es im Kabinett, sei es in den Fraktionen, zurückgepfiffen, und die Folge ist ja heute die, daß das Kabinett aus der auch nur scheinbaren Führung der Geschäfte bereits ausgeschaltet ist. Das Kabinett verwaltet nur noch, die eigentliche politische Führung wird von den Fraktionen ausgeübt, deren Minister als Verwaltungsorgan im Kabinett sitzen. Diese Fraktionen gebärden sich zu Zeit, z.B. bei den Beschlüssen für das Sparprogramm, sehr stark.[12] Ich bin aber überzeugt, daß diese Stärke sehr schnell weicht, sobald die Opposition die Masseninstinkte gegen unbequeme Maßnahmen dieser Fraktionen in Bewegung setzen sollte. Darin, daß dies Spiel eben überhaupt mit Aussicht auf Erfolg gespielt werden kann, liegt der Fehler unserer Verfassung. Es ist zwar politisch nicht gleichgültig, aber systematisch ganz gleichgültig, welche Partei gerade am Ruder ist; erwünscht ist immer nur, daß diese dann auch in der Lage ist, mit wirklicher Verantwortung zu führen.

---

i ursprünglich: „fruchtlos“

9 Die DVP hatte die Reparationsverhandlungen 1929 dazu genutzt, ihre Zustimmung zur parlamentarischen Verabschiedung des Young-Plans mit innenpolitischen Zugeständnissen erkaufen zu lassen. Nach dem Tod Stresemanns im Oktober 1929 sperrte sich die DVP gegen den Erlass eines umfassenden Finanzprogramms zur Sanierung des defizitären Reichshaushalts. Die Blockierung dieses von Hilferding und Popitz eingebrachten „Sparprogramms“ führte zu deren Demission; letztendlich führte der Pyrrhussieg des Kabinett Müller, nämlich die Annahme des Young-Plans zu erreichen, ohne eine Einigung über die sich daraus ergebenden innenpolitischen Belastungen erzielen zu können, am 27. März 1930 zur Demission des SPD-Mehrheitskabinetts. Vgl. ausführlich dazu AdR, Das Kabinett Müller II, Bd. 2, bearb. v. Martin Vogt, Boppard/Rhein 1970, Dokumente 308 ff.

Verantwortlichkeit pflegt im allgemeinen das Verantwortungsbewußtsein zu steigern und zu großer Vorsicht zu zwingen. Bei dem heutigen Verfassungssystem aber, gegen das sich selbst Herr Severing zu wahren beginnt, kommt es zu keiner Reform. Gewiß läßt sich auch dadurch eine naturnotwendige biologische Entwicklung zu der in den Dingen selbst liegenden vernünftigeren Gestaltung nicht verhindern; aber diese Entwicklung geht Umwege, geht langsam und braucht infolgedessen mehr Zeit und mehr Geld. Jetzt aber naht der Zeitpunkt, wo Zeit und Geld nicht mehr zur Verfügung stehen.

Diese Einsicht und Erkenntnis ist noch längst nicht etwa Allgemeingut unseres Volkes geworden. Insbesondere lebt im Arbeiter, lebt in weiten Kreisen unseres Beamtentums vielfach die Vorstellung, daß ja doch alles recht gut ginge, daß die materiellen Lebensverhältnisse des Arbeiters sich, insbesondere gegenüber den Vorkriegszuständen, gehoben hätten, und ähnliches mehr. Ja, wer heute noch in festem Lohn und Brot steht, der wird, falls seine politische Einstellung ihn überhaupt dazu geneigt macht, vielfach geneigt sein zu sagen, die Operation der Revolution sei gelungen. Wer aber sieht, daß in steigendem Maße Massen des Volkes aus diesen festen und wohlgeordneten Lebensverhältnissen herausgerissen und in den Strom der Arbeits- und Verantwortungslosigkeit[j] hineinbefördert werden, in dem ihnen selbst die Arbeitslosenunterstützung doch nicht ein vollwertiger Ersatz der Arbeit und des Lohnes sein kann, der wird fürchten müssen, daß der Patient auf der Strecke geblieben ist. Und dieser Patient ist eben in Wirklichkeit das deutsche Volk, denn der erstbetroffene Teil dieser Lebenskraft, die Wirtschaft, ist eben doch nur ein Teil dieses Wesens.[k] Nichts ist falscher, als in eine Wettbewertung [!] zwischen Wirtschaft und Politik einzutreten. Es ist ganz falsch zu behaupten, daß die politische Entwicklungsmöglichkeit nur von wirtschaftlichen Faktoren abhängig sei. Der von zähem Willen beseelte Aufstieg der Japaner beweist das Gegenteil, wenn wir nicht auf das Beispiel des alten Preußens zurückgreifen wollen. Es ist ebenso falsch zu behaupten, die wirtschaftliche Entwicklung sei nur möglich auf Grundlage einer politischen Machtstellung. Die Schweiz und Holland haben nicht eine solche Machtstellung. Sie haben nur den Vorteil eines labilen Gleichgewichts der Kräfte um sich herum, von dem sie getragen werden. Richtig ist nur, daß Politik und Wirtschaft neben manchen anderen Lebensbetätigungen zu den wichtigsten Lebenskräften eines Volkes gehören, und daß beide nur auf ein wirtschaftliches Ziel in harmonischer Verbindung und planerischer Gestaltung der Mittel eingesetzt werden dürfen.[l] Aber in der Wirtschaft prägt sich doch zur Zeit viel-

---

[j] ursprünglich: „den Strom des Lebens“

[k] ursprünglich: „... das deutsche Volk, wenn ich davon ausgehe, daß der erstbetroffene Teil dieser Lebenskraft, die Wirtschaft, eben doch nur ein Teil des Wesens ist.“

[l] ursprünglich: „..., und daß beide ihre Zielsetzung in harmonischer Verbindung erfahren und die Mittel-Bestimmung zur Erreichung dieses Zieles in vollem Einklang geschehen muß.“

leicht noch sinnfälliger als in der Politik die Reformbedürftigkeit unserer verfassungsrechtlichen Zustände aus.

Daß die Landwirtschaft am Ende ihrer Kräfte ist, daß sie mit staatlichen Maßnahmen geschützt, gestützt und gehoben werden muß, darüber besteht heute bis weit in die Reihen der Sozialdemokratie hinein vollkommene Übereinstimmung.[10] Sie sehen hier wieder, wie kostspielig es war, diese Massenerkenntnis zu gewinnen. Einsichtige Führeraugen sahen diese Gefahr bereits im Jahre 1919, als das Diktat von Versailles unterschrieben war. Außer Elsaß-Lothringen zwei große rein landwirtschaftliche Provinzen verloren, die Bevölkerungszahl durch die von Polen mit Sicherheit zu erwartende Verdrängungspolitik im wesentlichen auf dem gleichen Umfang gehalten; kein Zollschutz; demgegenüber das immer größere Andrängen[m] landwirtschaftlicher Produkte, namentlich aus Amerika und Canada, die dadurch entstandene Unmöglichkeit, die Ernährung des Volkes ohne Einfuhr sicher zu stellen.[n] Die Notwendigkeit einer starken Einfuhr aus kapitalüberlegenen Ländern führte zu dem zwingenden Schluß, daß nur ein hoher Schutzzoll allmählich die deutsche Landwirtschaft in den Stand setzen könnte, den gesteigerten Aufgaben gerecht zu werden. Diese Politik wurde nicht befolgt, das mußte zum heutigen Ergebnis führen. Die Masse hatte zehn Jahre länger gebraucht, als der Führer, um das zu erkennen, die Verluste sind enorm.

Industrie. – Auch hier seit 1919 von einsichtigen Führern die Entwicklung klar erkannt. Deutschland durch Industrie-Spionage eines nicht unwichtigen Teiles seiner Patente beraubt. Deutschland durch das Diktat von Versailles um seine wichtigsten Stahlerzeugungs-Gebiete gekommen. In der Welt überall ein starkes Bestreben, die Industrie selbständig zu entwickeln. 1919 bereits ganz klar erkennbar in der Gestalt von Industrialisierungswellen, die über Nordamerika gingen. Folge: Verringerung der Rohstoffbasis, Notwendigkeit, alle benötigten Rohstoffe einzuführen und durch Fertigprodukte zu bezahlen. Immer geringer werdende Aussicht, diese Fertigprodukte auszuführen, weil das Ausland sie weder haben will noch gebraucht. Weitere Folge: Ausfuhr nur noch von reinen Qualitätserzeugnissen, die Farbstoffausfuhr ist auf die Hälfte des Vorkriegsumfangs gesunken, daneben haben wir eine wesentliche Ausfuhr nur noch auf dem Gebiet der Elektrizitäts-Industrie. Weitere Folge: Der Arbeiter selbst wandert aus. Aus der Solinger Industrie, die früher den Weltmarkt beherrschte, wird berichtet, daß die Ausfuhr stark zurückgeht, in steigendem Maße gehen die tüchtigsten Arbeiter nach Nordamerika.

---

[m] ursprünglich: „die immer größere Einfuhr"

[n] ursprünglich: „... Canada, also die Unfähigkeit der deutschen Landwirtschaft, die Ernährung des Volkes sicher zu stellen."

[10] Vgl. zur Ausweitung des Agrarprotektionismus und dessen Unterstützung in Politik und Wirtschaft seit Mitte 1928 Dieter Geßner: Industrie und Landwirtschaft 1928–1930, in: Mommsen/Petzina/Weisbrod, Industrielles System, S. 762-778.

Mit Zusammenbruch von Landwirtschaft und Industrie löst sich das Betätigungsfeld des Handels mehr und mehr auf, eine Erscheinung, die ja gerade in unserer Stadt[11] mehr und mehr in den Vordergrund tritt.

Dadurch, daß die Erkenntnis dieser naturnotwendigen Entwicklung nicht durch rechtzeitige Maßnahmen von Führerseite her ausgewertet werden konnten, sind dem deutschen Volke Milliarden Verluste entstanden. Landwirtschaft und Industrie haben sich noch in Investierungen festgelegt, die heute nur dann noch nutzbringend verwandt werden können, falls ausländisches Kapital die Betriebsmittel stellt und die Verantwortung für die Verwertung der Produkte im Ausland übernimmt. Das wird seitens Amerikas nur stets in dem Umfange geschehen, in dem es die eigenen Interessen zulassen. Die Lebensnotwendigkeiten des deutschen Volkes werden nicht entscheidend sein.

Ein Grenzgebiet zwischen Politik und Wirtschaft ist das der Sozialpolitik. Hier haben sich Zustände entwickelt, die unter Auguren aller Parteien nur noch mit einem Grausen betrachtet werden. Wir sind heute dahin gekommen, daß die Verantwortlichkeit des Einzelnen an seinem und seiner Familie Geschick und damit die Freude und die Schaffenskraft in immer steigendem Maße ausgeschaltet werden. Der Deutsche wird buchstäblich von der Wiege bis zum Grabe, gleichgültig, welchen Wert er, seine Art und seine Leistungen für die Volksgemeinschaft haben, auf Kosten eben dieser Volksgemeinschaft betreut. Es geht über den Rahmen dieses Vortrages hinaus, Sie mit Einzelheiten auf den verschiedensten Gebieten bekannt zu machen. Über jedes, ob es sich um die Gesundheitsfürsorge, die Schulfürsorge, die Gefährdeten-Fürsorge und was nicht alles handelt, ließen sich stundenlang die Einzelheiten berichten, die unhaltbar sind.[o]

Aber ein sinnfälliges Gebiet darf ich noch streifen, das ist die Arbeitslosenpolitik, die wir betreiben. Verstehen tut sie kein vernünftiger Mensch irgend welcher politischen Färbung. Die Zahl der Arbeitslosen wächst, der Lebensstandard bleibt derselbe, aber die Löhne steigen, mit dem Erfolg, daß die Arbeitsmöglichkeiten sich immer mehr verengen und die Zahl derjenigen, die aus ihrem Lohn die Arbeitslosen-Masse mit unterhalten müssen, immer geringer wird. Es läßt sich mit einer gewissen Sicherheit ausrechnen, daß, wenn die Dinge so weiter gehen, in etwa 10[p] Monaten der Zustand eingetreten ist, der uns vor unüberwindliche Schwierigkeiten stellt,[q] weil die zur Unterhaltung der Arbeitslosen-Unterstützung erforderlichen Mittel zu hoch werden. Der Verwaltungsaufbau ist ein Monstrum. Und diesem Gesetz hat unsere Partei zugestimmt, um sich im Hinblick auf Art. 54 in der

o ursprünglich: „... die unglaublichsten Einzelheiten berichten."

p ursprünglich: „18"

q ursprünglich: „daß ernsthaft eine Arbeitsverweigerung deshalb zu befürchten ist,"

11 Gemeint ist Königsberg, wo Goerdeler im Dezember 1929 noch Zweiter Bürgermeister war.

Regierung zu halten.[12] Es ist unendlich viel in dem letzten Jahrzehnt davon gesprochen worden, daß eine gesunde Siedlung, eine Gesundung auch insbesondere der übervölkerten Großstädte, Platz greifen müsse. Zu diesem Zweck hat ein hochwohlweises Wohlfahrtsministerium es unternommen, die Mittel der dem Staat zufließenden und für den Wohnungsbau bestimmten Hauszinssteuer möglichst auf das flache Land zu lenken, um durch verbesserte Wohnungsbedingungen die Arbeiter dort zu halten, ja, zu vermehren. Der Erfolg ist verblüffend. Die Arbeitslosen gehen in die Großstädte und nehmen in den Städten immer mehr zu, und weshalb? Weil man gleichzeitig eine schrankenlose Freizügigkeit herzustellen für notwendig befunden hat, die angeblich dem Arbeiter nicht genommen werden könne. In Wirklichkeit ist es umgekehrt. Kein Beruf mit festen Wirtschaftsbindungen verfügt über eine unbeschränkte Freizügigkeit. Für den Arbeiter soll sie konstruiert werden, und sie ist konstruiert mit dem Erfolg, daß die Masse immer schneller nach denjenigen Punkten zusammendrängt, in denen materiellen Lebensinstinkten am meisten geboten werden und an Leistungen ein Minimum verlangt wird. Natürlich ist es in vielfacher Hinsicht in der Großstadt angenehmer zu leben als auf dem Lande, und jedenfalls leichter, Erwerbslosen-Unterstützung mit einträglicher Nebenarbeit zu beziehen, als unter leicht kontrollierbaren kleinen Verhältnissen. Die Folge dieser Entwicklung ist nun wieder Arbeitermangel auf dem Lande, Arbeiterüberfluß in den Städten, leer stehende Wohnungen auf dem Lande, Wohnungsnot in den Städten. Diese Mißstände sind, wie gesagt, offenbar. Führende Wirtschafts- und politische Gruppen, insbesondere unsere Partei, haben diese Entwicklung seit zehn Jahren vorausgesagt.[13] Heute sind wir, weil das politische System es verhindert, daß diese Führer ihren Willen durchsetzen konnten, nun glücklich so weit, daß weite Kreise aller Parteien zu gewisser Einsicht kommen. Es langt aber noch nicht, um die in Artikel 53 der Reichsverfassung[14] ausgesprochene Verhinderung jenes Führerwillens zu beseitigen. Ehe die Masse zu der Einsicht kommt, kommt der Zusammenbruch. Das ist es, was ich mit diesem Beispiel belegen wollte und woran ich erklären wollte, daß es um der Erhaltung unschätzbaren Materials und moralischer Werte willen erforderlich ist, der Einsicht des Führers schneller zum Siege zu verhelfen, als die heutige Reichs- und preußische Verfassung es überhaupt möglich macht. Ich könnte diese Beispiele durch viele Gebiete unserer inneren Politik hin weiter verfolgen und vervollständigen. Ich könnte darauf hinweisen, wie ich es seit Jahren in der Fachliteratur getan habe, daß wir auf dem Gebiet der Beamtenpolitik vollkommene Irrwege wandeln. Die

---

[12] Das Gesetz über Arbeitsvermittlung und Arbeitslosenversicherung (AVAVG) wurde am 16.7.1927 unter der bürgerlich-nationalen Regierung Marx IV (29.1.1927–29.6.1928), an der auch die DNVP beteiligt war, vom Reichstag verabschiedet (RGBl. 1927/I, S. 187 ff.).

[13] Vgl. Bernhard Leopold: Sozialpolitik, in: Der nationale Wille, S. 208-214, besonders S. 212 f.

[14] Schreibfehler; Goerdeler bezieht sich hier eindeutig auf den Artikel 54 WRV; zu seiner Kritik am Artikel 54 s.u.

ganze Idee der Berufsbeamtenschaft ist nur haltbar, wenn Rechte und Pflichten des Beamten, harmonisch auf einander abgestimmt, dem Grundgedanken Rechnung tragen, daß der Beamte ein Teil der Staatssouveränität selbst ist und danach sich der Inhalt des Beamtenverhältnisses bestimmen muß. Es ist undenkbar, ein staatstreues Beamtentum zu behalten, wenn man die Beamtenschaft dauernd mit der Möglichkeit beunruhigt, daß ihnen immanente Rechte entzogen werden könnten. Es ist aber ebenso unmöglich, angesichts unseres wirtschaftlichen Zusammenbruchs die Beamtenschaft in dem Glauben zu lassen, sie könne, von dem allen unberührt, Anspruch auf ein sorgenloses Dasein erheben und diesen Anspruch auch mit gewerkschaftlichen Mitteln verfolgen. Ich bestreite, daß es irgend eine durchführbare Möglichkeit gibt, den gewerkschaftlichen Gedanken überhaupt mit dem Gedanken des Berufsbeamtentums zu verbinden. Ehe diese Erkenntnis sich in der Masse durchgesetzt hat, kann es noch bis zur Vernichtung der besten Qualitäten des Berufsbeamtentums kommen. Daß die Einsicht aber über die eigentlichen Führer hinaus bereits in weite Kreise vorgedrungen ist, beweist doch die große Schwierigkeit, vor der alle Parteien stehen, nämlich, die Besorgnisse ihrer Wirtschaftsgruppen mit dem – sagen wir – Optimismus ihrer Beamtengruppen in Übereinstimmung zu bringen.

Aus dem Gebiete der Kultur darf ich nur erwähnen, daß seit Beginn der Auswirkungen des Systems Becker[15] Führer der Wissenschaft und der Praxis darauf hingewiesen haben, die Qualitäten der Lehrer und die Qualitäten des Unterrichtserfolges würden an schweren Einbußen erkranken, die darauf hinweisen, daß die Überspannung formalwissenschaftlicher Anforderungen an Lehrer, Beamte und freie Berufstätige die Wirtschaftskräfte des Volkes übersteigen und durch praktische Lebensbedürfnisse nicht gerechtfertigt seien. Heute hören Sie diese Urteile in weiten Kreisen unserer Universitäten, sie entnehmen sie den starken Bewegungen wirtschaftlicher Organisationen. Aber bis auch hier die Massenstimmung so weit vorbereitet ist, daß ein Ministerium daran gehen könnte, die notwendige Reform vorzunehmen, werden eben erst die in den einzelnen Familien gesammelten Erfahrungen so bitter werden müssen, daß ihre Summe zu einer Umstimmung der Masse genügt.

Kurzum, wir sehen auf allen Gebieten unserer inneren Politik, unter die ich selbstverständlich die Wirtschaftspolitik und die Sozialpolitik mit begreife, daß eine falsche und weltfremde Vorstellung von den Dingen und den Menschen und den in ihnen wirkenden natürlichen Kräften zu einer vollkommenen Ver- und

---

15 Carl Heinrich Becker, Preußischer Minister für Wissenschaft, Kultur und Volksbildung 1925–1930, leitete noch als Staatssekretär im Preußischen Kultusministerium die Reform der Volksschullehrerausbildung ein, die 1924 in der Gründung der „Pädagogischen Akademien" mündete; die Hauptkritik an dieser Reform bezog sich auf die Verteuerung der Lehrerausbildung sowie deren zu starke Verwissenschaftlichung (vgl. Gerhardt Giese: Quellen zur Deutschen Schulgeschichte, Göttingen 1961, S. 47 ff. sowie Friedeburg, Bildungsreform, S. 248 ff.).

Mißbildung geführt hat, zu einer Ver- und Mißbildung, von der sich auf die Dauer die Natur, das Volk und der Staat nicht vergewaltigen lassen werden. Aber Sie sehen auch, daß es sich hier nicht um unberechenbare, von unserem Willen unabhängige Erscheinungen handelt, sondern daß[r] alle diese allmählich immer klarer zu Tage tretenden Schäden seit Jahren erkannt und vorausgesehen sind, es notwendig gewesen wäre,[s] diese Erkenntnis so rechtzeitig in das Abwehr und Abhilfemittel gründlicher Reform umzusetzen,[t] um schwere Schäden zu vermeiden. Eine Regierung, die, abgesehen von den Jahren 1923/24, das unternommen hätte – und wir haben solchen Versuch ja erlebt – wäre im Reich sowohl wie in Preußen im Hinblick auf das der Masse eingeräumte Schwergewicht, wie es in der Wirkung der Mißtrauensvoten zum Ausdruck kommt, beseitigt worden. Deshalb muß hier das Schwergewicht der politischen Arbeit hin verlegt werden. Nur wenn wir an der Spitze der Staatsverwaltung die Verantwortlichkeit des Gewissens und die Wucht der gesetzlichen Verantwortung, unbehindert durch Masseneinflüsse, wieder herstellen, werden wir zu einem klaren Aufbau unseres Staats-, Volks- und Familienlebens auf der Grundlage der Selbstverantwortung wieder kommen. Der Einzelne muß sich wieder seinem Gewissen, seiner Familie, seinem Berufe, der Gemeinde, dem Staat und dem Volke verantwortlich fühlen, nicht aber der Masse, einem unbekannten, hordenmäßigen Begriffe. Das ist nur erreichbar, wenn in unsere ganzen Gesetzgebung wirtschaftlicher, sozialer, kultureller und politischer Art dieser Grundsatz von Männern, die sich solcher Verantwortung bewußt sind, wieder bewußt hineingetragen wird. Deswegen ist die Beseitigung der Artikel 54 der Reichsverfassung und 57 der Preußischen Verfassung unerläßlich. Der Reichspräsident, dem ja nach dem Reformvorschlag unserer Partei auch die preußische Staatspräsidentschaft zu überlassen ist, hat, niemandem verantwortlich, das Recht der Ernennung der Minister.[16] Sie bleiben im Amte, so lange sie sein Vertrauen genießen, und erst mit der Beendigung der siebenjährigen Präsidentschaft ist die Möglichkeit gegeben, Korrekturen, die staatsnotwendig sind, eintreten zu lassen. Ein solcher Zeitraum erscheint mir ausreichend, um politischen Führerqualitäten die Möglichkeit zu geben, ihrer Einsicht entsprechend zu handeln, mit der Aussicht, daß Erfolg und Mißerfolg ihrer Handlungen wirklich bewertet werden können. Hier ist noch die Möglichkeit gegeben, daß eine zunächst volksuntümliche Handlung sich doch als der Volkswohlfahrt dienend erweist und daß der zunächst verhaßte Mann schließlich doch als der zur Führung berufene erkannt wird. Dar-

---

r gestrichen: „so gut wie“

s ursprünglich: „... sind, daß es aber nicht möglich war, ...“

t gestrichen: „... wie es notwendig gewesen wäre, ...“

16 Goerdeler referiert hier den im Dezember 1927 von der DNVP-Vertretertagung beschlossenen Reformvorschlag; vgl. Axel Frhr. v. Freytagh-Loringhoven: Verfassungsfragen, in: Der nationale Wille, S. 143-153.

auf aber kommt es an. Niemand kann mit Aussicht auf Erfolg daran gehen, die heutige Unordnung der Dinge in Ordnung zu verkehren, wenn er nicht die Möglichkeit hat, sich zunächst überall reichlich unbeliebt zu machen. Diese Möglichkeit wird ihm nur gewährt, wenn sein Amt und die Entscheidung über die Amtsdauer lediglich in die Hände des Reichspräsidenten gelegt wird. Mit zwei Einwendungen könnte man sich noch auseinandersetzen. Einmal mit der, daß es gefährlich ist, vielleicht einem linksstehenden Reichspräsidenten eine so große Macht zu gewähren. Hiergegen ist zu sagen, daß auch in der erblichen Monarchie die Gefahren unzulänglicher Qualitäten vorhanden sind, daß wir ihr aber doch den Vorzug geben, in dem Gedanken, daß sich in dem Souverän mit der Stellung ein Verantwortungsbewußtsein besonderer Art entwickelt. Und mit demselben Glauben müssen wir auch dieser Frage beim Reichspräsidenten gegenübertreten.

Der zweite Einwand ist der, daß diese Gedankengänge ja auch erst in die Wirklichkeit übertragen werden können, wenn die Masse der Wähler dafür gewonnen ist, d.h. wenn es gelingt, einen Reichstag zu wählen, der die erforderliche Verfassungsänderung beschließt. Das ist, soweit Geschichte sich überhaupt in einem von Menschenwillen gezogenen Rahmen entwickelt, richtig. Aber wir müssen uns klar sein, daß es viel schneller und mit viel weniger Verlusten möglich ist, die in der Masse mehr und mehr gärende Unzufriedenheit auf dies eine große und bestimmende Ziel hin einzuspannen, als auf all den vielen Einzelgebieten unserer Innenpolitik allmählich eine Gesundung durch Änderung der Masseneinstellung abzuwarten. Wir werden allerdings die notwendigen Zahlen nur erreichen können, wenn wir uns klar sind, daß Folgendes entscheidend ist:

1. daß wir selbst von der Richtigkeit und Notwendigkeit der Forderung „Mehr Macht dem Reichspräsidenten“ tief durchdrungen sind;

2. daß wir die geistigen Führer für diesen Gedanken gewinnen und die geistige Führung behalten; denn dann werden die anderen uns folgen müssen;

3. daß wir keine Sünde wider den heiligen Geist tun, d.h. nicht in die Regierung mehr gehen ohne den festen Willen, in ihr an diese Lösung heranzutreten und sie auf Biegen oder Brechen zu erzwingen. Nur mit dem Gedanken auf ein klares, großes und immer berechtigter erscheinendes Ziel gewinnen wir uns das Vertrauen, das letzten Endes allein zum Siege führt. Das ist ja die Schwäche der Vorschläge des Lutherbundes, daß sie um die ganze Frage der parlamentarischen Unverantwortlichkeit wie die Katze um den heißen Brei herumgehen und ihnen, ganz abgesehen von schweren staatspolitischen Bedenken, infolgedessen der frische, große und lebenswahre Zug fehlt.[17]

Wird so gehandelt, dann wird, von elementaren und unübersehbaren Ereignissen abgesehen, eine Zange hergestellt, in die die Entwicklung hineinläuft. Die geistige

[17] Der „Bund zur Erneuerung des Reiches“, 1927/28 gegründet und aufgrund der herausragenden Stellung seines Gründungsvorsitzenden Hans Luther auch Lutherbund genannt, umfasste Industrielle und Großgrundbesitzer und verfolgte das Ziel, den Dualismus Reich/Preußen

Führung zwingt die einzelnen Fraktionen, sich mit diesem Gedanken zu befreunden. Die Opposition wiederum zwingt die Parteien der Regierung, auf die sich noch widerstrebend verhaltende Masse in einem Sinne einzuwirken, der unserer Bewegung den Rang ablaufen soll. Sorgen wir also dafür, daß wir diejenigen sein mögen, die in der Erkenntnis der biologischen Notwendigkeit dieser Entwicklung die Führung übernehmen, bis in der Hand des Meisters das formale Gestaltungsrecht mit der materiellen Gestaltungskraft und dem persönlichen Gestaltungswillen sich vereint, daß erst wieder einmal ein Mann von dem Format, das ich mir als das eines Friedrich Wilhelm I. wünsche, eine gesunde Ordnung der Dinge in unserem Vaterlande schafft, auf deren Grundlage allein der Wille zur Freiheit auch zur Tat reifen kann. Darum mehr Macht dem Reichspräsidenten!

### 2.2.2 *Austrittserklärung aus der DNVP*

*Pressenotiz vom 13.12.1931; StAL, Kap. G, Nr. 685, Bh. 4, Bl. 35.*
Austrittserklärung aus der DNVP wegen Mitarbeit im zweiten Kabinett Brüning.

Meine Ernennung zum Reichskommissar[1] bringt mich in einen Gegensatz zu der politischen Haltung der Deutschnationalen Volkspartei und ihrer Oppositionsstellung gegen das Kabinett Brüning. Nach einer Unterredung, die ich mit Herrn Dr. Hugenberg[2] hatte, ziehe ich aus dieser Tatsache, so fest ich mich nach wie

---

zu beseitigen durch die direkte Übernahme der Landessouveränität auf das Reich (vgl. dazu ausführlich Hak-Ie Kim: Industrie, Staat und Wirtschaftspolitik. Die konjunkturpolitische Diskussion in der Endphase der Weimarer Republik 1930–1932/33, Berlin, S. 20 ff.). In seinen Leitsätzen von 1928 sprach sich der Lutherbund für die Auflösung der mittel- und norddeutschen Länder zugunsten eines „Reichslands" aus, dem die Provinzen direkt unterstellt sein sollten. Die Geschäfte der Landesregierungen – abgesehen von Baden, Bayern, Sachsen und Württemberg, deren Status bestehen bleiben sollte – sollten von der Reichsregierung übernommen werden (vgl. Bund zur Erneuerung des Reiches: Reich und Länder, Berlin 1928, S. 9.). Goerdelers Bewertung des Lutherbunds spiegelte die Ablehnung des DNVP-Vorsitzenden Alfred Hugenberg, der 1928 seine Teilnahme am Lutherbund mit der Begründung ablehnte, der Zeitpunkt sei „längst überholt, in dem man die Frage Reich und Preußen gesondert von der Frage des alles vernichtenden deutschen Parlaments- und Parteiensystems betrachten" könne (Schreiben Hugenbergs an Frowein vom 24.6.1928, zitiert nach Kim, Industrie, S. 37).

1 Die „4. Notverordnung zur Sicherung von Wirtschaft und Finanzen" vom 8. Dezember 1931 (vgl. RGBl. 1931/I, S. 699-745) strebte eine Lohn- und Gehaltssenkung auf die Tarifsätze vom 10.1.1927 an, die wiederum durch Zins- und Preissenkungen ermöglicht werden sollte. Die Senkung gebundener Preise um 10% sollte durch einen Reichskommissar für Preisüberwachung gewährleistet werden; nach anfänglicher Ablehnung übernahm Goerdeler diesen Posten am 10.12.1931. Vgl. ausführlich dazu Kapitel 2.3, unten S. 214 ff.

2 Alfred Hugenberg, Gründer des Alldeutschen Verbands 1890 und Mitbegründer der DNVP 1918, war seit dem Oktober 1928 Parteivorsitzender der DNVP. Unter seiner Führung wurde

vor mit den politischen und weltanschaulichen Grundsätzen der Deutschnationalen Volkspartei verbunden fühle, die Folgerung meines Austrittes aus der Partei.

## 2.2.3 *Schreiben Goerdelers an Alfred Hugenberg*

*handschriftlicher Brief vom 10.6.1932; BAK, N 1231, Bd. 36, Bl. 270.*
Bericht über Sammlungsversuche zur Einigung der bürgerlichen Mitte sowie über Versuche, Hugenberg aus dem Parteivorsitz zu drängen.

Hochverehrter Herr Geheimrat,
vor drei Monaten und vor einigen Tagen ist mir von verschiedenen Seiten nahegelegt, das Bürgertum politisch zu sammeln, weil es sonst zersetzt würde.[1] Ich habe die Gründung einer neuen Partei abgelehnt. Die Gründe liegen auf der Hand.

---

die Partei autoritär umstrukturiert; der von ihm abhängige Parteivorstand hatte im April 1930 die Partei auf eine grundsätzliche Oppositionsstellung gegen den Parlamentarismus festgelegt. Zwischen dem Herbst 1929 und dem Sommer 1930 waren 43 der insgesamt 78 DNVP-Reichstagsabgeordneten aus der Partei ausgetreten, da sie nicht gewillt waren, die intransigente Obstruktionspolitik Hugenbergs mitzutragen. Die Abwanderung der „gemäßigten" Parteimitglieder setzte sich in den folgenden zwei Jahren fort, da jede Unterstützung des Kabinetts Brüning zum Konflikt mit Hugenberg führte, obwohl unter Brüning in agrar- und verfassungspolitischer Hinsicht wesentliche konservative Forderungen erfüllt wurden. Vgl. zur DNVP Friedrich Frhr. Hiller v. Gaertringen: Die Deutschnationale Volkspartei, in: Erich Matthias und Rudolf Morsey (Hg.): Das Ende der Parteien 1933, Düsseldorf 1960, S. 543-621 sowie Wolfgang Ruge: Deutschnationale Volkspartei (DNVP) 1918–1933, in: Dieter Fricke u.a. (Hg.): Lexikon zur Parteiengeschichte. Die bürgerlichen und kleinbürgerlichen Parteien und Verbände in Deutschland (1789–1945), Bd. 2, Köln 1984, S. 467-528; zu Alfred Hugenberg vgl. Heidrun Holzbach: Das „System Hugenberg". Die Organisation bürgerlicher Sammlungspolitik vor dem Aufstieg der NSDAP, Stuttgart 1981.

[1] Goerdeler bezieht sich hier auf eine Initiative aus Kreisen der Schwerindustrie; insbesondere Gustav Krupp von Bohlen und Halbach sowie Paul Reusch hatten bereits im Vorfeld der preußischen Landtagswahlen vom 24.4.1932 gedroht, den bürgerlichen Parteien keine Wahlkampfhilfe mehr zukommen zu lassen, solange keine Sammlung in einer neuen Mittelpartei erfolgt sei (vgl. die Korrespondenz zwischen Reusch und Krupps Schwager Thilo v. Wilmowsky am 18. und am 23. März 1932; HA/GHH, NL Reusch, 400101290/39b). Da der Einbezug der DNVP kaum möglich schien, solange Hugenberg Parteivorsitzender war aufgrund der von diesem verfolgten Obstruktionslinie (vgl. S. 212 f., Anmerkung 2), bemühte sich die Gruppe um Krupp und Reusch gleichzeitig darum, Hugenberg zum Rücktritt zu veranlassen (vgl. Schreiben Wilmowskys an Reusch vom 25.3.1932; HA/GHH, NL Reusch, 400101290/39b). Nachdem die Sammlungsinitiative vor den preußischen Wahlen gescheitert war, schufen die Demission des Kabinetts Brüning am 31.5.1932 und die bevorstehenden Neuwahlen zum Reichstag einen erneuten Handlungsbedarf. Die Gruppe um Krupp und Reusch wiederholte ihren Versuch vom März, um „der Wirtschaft und dem Bürgertum noch einen Einfluss im Reichstag zu verschaffen" (Schreiben Wilmowskys an Krupp vom 10.6.1932; Krupp-Archiv, FAH 23/506).

Sie sind sachliche und persönliche, letztere aus meiner Verehrung für Ihre Person entsprungen. Ich habe auf die deutschnationale Partei verwiesen. Darauf wurde mir Dienstag mitgeteilt, die anderen Parteien (St[aats]partei, Landv[olkbewegung], Wi[rtschaftspartei] usw) seien zum Aufgehen in unsere Partei bereit, wenn ich die Führung übernehmen würde. Ich habe auf mein Verhältnis zu Ihnen verwiesen, das mir jede Zurückhaltung gebiete und meine fachliche Unzuständigkeit besonders klar hervortreten lasse.[4]

Ihnen, hochverehrter Herr Geheimrat, dies mitzuteilen, erscheint mir Pflicht.

Mit herzlichem Gruß
stets Ihr ergebener
Goerdeler

## 2.3 Reichskommissar für die Preisüberwachung unter Brüning, v. Papen, v. Schleicher und Hitler

### 2.3.1 *Schreiben Goerdelers an Heinrich Brüning*

*maschinenschriftliches Schreiben vom 5.12.1931; BAK, N 1005, Bd. 143, Bl. 150-153.*
Stellungnahme zur geplanten Notverordnung: Warnung vor einer Erhöhung der Umsatzsteuer; Notwendigkeit von Preissenkungen und tarifrechtlichen Eingriffen; Forderung nach umfassenden Vollmachten für die Preisüberwachung.

Sehr geehrter Herr Reichskanzler!
bei unserer letzten Besprechung hatten wir in Aussicht genommen, daß meine Entscheidung heute fallen sollte.[1] Damals war ich davon ausgegangen, daß am

---

4 Wilmowsky, der im Auftrag der Krupp-Reusch-Gruppe die Verhandlungen führte, äußerte sich am selben Tag sehr positiv über die Aussichten, DStP, WP, KVP und Landvolkbewegung für eine Sammlung in der DNVP zu gewinnen, hatte jedoch anscheinend auch eine Zusage von Goerdeler bekommen, die Führung der DNVP zu übernehmen (vgl. Schreiben Wilmowskys an Reusch vom 10.6.1932; HA/GHH, NL Reusch, 400101290/39). Goerdeler empfing jedoch am selben Tag ein Schreiben seines Amts- und ehemaligen Parteikollegen Robert Lehr, der die Erfolgsaussichten der Sammlungsinitiative eher skeptisch beurteilte (vgl. Schreiben Lehrs an Goerdeler vom 10.6.1932; Krupp-Archiv, FAH 23/506). Goerdelers letztendliche Weigerung, sich an der Aktion zu beteiligen, muss wohl auf eine ähnliche Beurteilung der Lage zurückgeführt werden; in einem späteren Rückblick verwies er außerdem auf die Fruchtlosigkeit einer solchen Initiative ohne den Einbezug Brünings (vgl. Rückblick Goerdelers auf seine Mitarbeit in der Reichspolitik zwischen 1931 und 1935 vom 9.7.1937; Dok. 2.3.7, unten S. 240 ff.).

1 Während in der Chefbesprechung zur Preisüberwachung am 30.11.1931 neben Goerdeler noch Adolf Tortilowicz v. Batocki-Friebe als Kandidat für das neue Kommissariat in Aussicht genommen worden war (vgl. Protokoll der Chefbesprechung; BAB, R 43 I/1163,

Sonnabend die Notverordnung im wesentlichen fertig sein würde. Das ist nicht der Fall. Um nicht an einen bestimmten Tag beiderseits gebunden zu sein, habe ich Herrn Minister Schiele[2] mitgeteilt, daß ich mich entscheiden würde, sobald ich die Möglichkeit gehabt haben würde, den endgültigen Wortlaut der Notverordnung zu sehen. Denn von ihm hängt es ganz ab, ob der Kommissar eine erfolgreiche Tätigkeit überhaupt anfangen kann oder nicht. Wenn z.B. die Notverordnung die Umsatzsteuer erhöht, so läßt sich schon heute folgendes übersehen:[3]

1. Beim *Brot* würde durch die Erhöhung der Umsatzsteuer eine 10%ige Erhöhung der Kohlenpreise und eine 10%ige Lohnsenkung bis auf 0,3 Pf. je Pfund wettgemacht werden. Hier bleibt also dann nur übrig die preismindernde Wirkung der Aufhebung des Nachtbackverbots.
2. Fleisch. eine Erhöhung der Umsatzsteuer würde hier eine 10%ige Lohnkürzung und eine 10%ige Kohlenpreissenkung mehr als wettmachen.
   Nun bin ich der Ansicht, daß der Fleischhandel noch vielfach übersetzt ist und daher hier gewisse Verbilligungsmöglichkeiten abseits von Lohnsenkung, Kohlenpreissenkung und Umsatzsteuererhöhung vorhanden sind. Aber ich erlaube mir, darauf aufmerksam zu machen, daß gerade in der letzten Woche die Kleinhandelspreise für Fleisch auch stark zurückgegangen sind, so daß sich die Kurve der Kleinhandelspreise der Kurve der Marktpreise für Schlachtvieh schnell nähert. Auch hier also bricht sich der natürliche Wirtschaftsprozeß in gesunder Richtung von selbst Bahn.
3. *Kohle*. Hier würde eine Umsatzsteuererhöhung die Möglichkeit in der Preissenkung bis zum Kleinhandel ebenfalls stark beeinträchtigen. Ich habe keine

Bl. 4-6), hatte man sich in der Folge anscheinend auf Goerdeler geeinigt. Am 2.12.1931 fand eine Besprechung von Heinrich Brüning, Reichsfinanzminister Hermann Dietrich, Reichsminister für Ernährung und Landwirtschaft Martin Schiele und Reichswirtschaftsminister Hermann Warmbold mit Goerdeler statt, in der ihm das Reichskommissariat angeboten wurde (vgl. die Tagesnotizen im Nachlass Pünder; BAK, N 1005, Bd. 44, Bl. 180).

2 Martin Schiele, im Kaiserreich Mitglied der Deutsch-Konservativen Partei und 1918 Gründungsmitglied der DNVP, war zwischen 1914 und 1930 ohne Unterbrechung Mitglied des Reichstags. Als Geschäftsführender Präsident des Reichslandbunds 1928 bis Oktober 1930 geriet er in zunehmenden Konflikt mit dem Parteivorsitzenden Hugenberg und trat schließlich im März 1930 aus der DNVP aus, um die Christlich-Nationale Bauern- und Landvolkpartei, eine agrarische Interessenpartei, zu gründen. Schiele ist dem antiparlamentarischen, aber gouvernementalen Flügel der DNVP zuzurechnen; seine Unterstützung einer agrarprotektionistischen Linie machte ihn zum Parteigänger Brünings. Vgl. Stephanie Merkenich: Grüne Front gegen Weimar. Reichslandbund und agrarischer Lobbyismus 1918–1933, Düsseldorf 1998, S. 247 ff.

3 Die geplante – und mit der Notverordnung dann auch realisierte (vgl. RGBl. 1931/I, S. 728 ff.) – Erhöhung der Umsatzsteuer um 2% sorgte für scharfe Proteste gewerblicher und industrieller Interessenverbände, die ihrerseits daraus resultierende Preiserhöhungen angekündigt hatten. Vgl. zu den Verhandlungen AdR. Die Kabinette Brüning I und II, bearb. v. Tilman Koops, Bd. 3 Boppard am Rhein 1990, S. 2050 ff.

Zeit gehabt, zuverlässige Berechnungen aufstellen zu lassen, um hier das richtige Maß Ihnen angeben zu können. Aber hier würde ja wohl auch, da die Kleinhandelspreise durch das Syndikat mit festgelegt werden, die Tätigkeit des Kommissars sich nur darauf zu erstrecken haben, das Letzte herauszuholen, um die zentrale Senkung der Kohlenpreise durch die Notverordnung dem letzten Verbraucher zugute kommen zu lassen.

4. *Tarife der Versorgungs- und Verkehrsbetriebe.*

a) *Gas.* Die bei einer 10%igen Lohnkürzung und einer 10%igen Kohlenpreisermäßigung mögliche Herabsetzung des Gaspreises um 1/2 – 1 Pf. je cbm wird für diejenigen Betriebe, die der Umsatzsteuer unterliegen (gemischt-wirtschaftliche) durch die Erhöhung der Umsatzsteuer auf die Hälfte reduziert, d.h., es ergeben sich überhaupt keine meßbaren Werte mehr. Beim Gas tritt aber besonders in Erscheinung, daß eine Senkung der Preise wohl dem Konsumenten zugute kommt, niemals aber mit einem erhöhten Absatz in der gegenwärtigen Zeit das Werk wieder entschädigen kann. Denn die Hausfrau verbraucht in der Küche nicht deswegen mehr Gas, weil es um 1 Pf. billiger ist.

Das mir in der letzten Besprechung genannte Beispiel aus dem Münster-Lande habe ich durchzuprüfen mich bemüht. Soweit ich habe feststellen können, handelt es sich hier eben nicht um die jeder Erfahrung widersprechende Tatsache, daß eine gewisse Senkung der Preise in wenigen Monaten vollkommen übertroffen ist durch die Vergrößerung des Absatzes, sondern dort handelt es sich um Hereinführung von Ferngas, die erst den Anschluß gewisser Fabrikunternehmungen an die Gasversorgung ermöglicht hat und nun mit einmal den Absatz von Gewerbegas ungemein vergrößerte. Hier liegt ein seit 2 Jahren planmäßig betriebener betriebstechnischer Vorgang vor und nicht eine Auswirkung von Preisumstellung.

b) Bei dem *elektrischen Strom* verteuert die Erhöhung der Umsatzsteuer (bei den Betrieben, die ihr unterworfen sind), die Kilowattstunde um 1/2 Pf., während 10%ige Lohnsenkung und 10%ige Ermäßigung des Kohlenpreises sich in 1/5 auswirken.

c) Die *Straßenbahnen* würden überhaupt nur durch einen Fortfall der Verkehrssteuer in die Lage versetzt werden, die Spitzentarife um etwa 2 Pf. zu vermindern. Die Annahme, daß beispielsweise in Berlin durch Tarifsenkung eine wesentliche Mehrbenutzung zu erwarten ist, läßt sich im voraus nach allen Erfahrungen nicht beurteilen. Aber eins ist sicher. Die BVG. ist überhaupt ein Verlustbetrieb von ungewöhnlich großen Dimensionen und leidet daran, daß sie zu hohes Baukapital mit zu hohen Zinsen zu bezahlen hat. Der Stadt Berlin wird man kaum zumuten können, unter den gegenwärtigen Verhältnissen ihren Zuschuß zu vergrößern, denn die Finanzverhältnisse der Stadt Berlin sind ja bekannt.

Somit sind, hochverehrter Herr Reichskanzler, alle, und zwar zunächst recht bescheidene, Maßnahmen abhängig von wirtschaftlichen Grundbedingungen.

Die sind:

1. Die Notverordnung muß klare Bestimmungen enthalten, die Preissenkungen der Syndikate und Kartelle bei Strafe der Auflösung erzwingen. Eine Ermächtigung nur an den Reichswirtschaftsminister, so zu verfahren, würde für die Tätigkeit des Reichskommissars nicht genügen.[4]
2. In der Notverordnung muß den Innungen verboten werden, sich mit Preisfragen zu beschäftigen. Nur eine Ermächtigung an die Reichsregierung, die Gewerbeordnung zu ändern, kann ebenfalls dem Reichskommissar keine Grundlage für schnelle und in gewissen Grenzen erfolgreiche Tätigkeit bieten.[5]
3. Die Preise für Kohle und Eisen müssen sofort in der Notverordnung zwangsläufig um einen bestimmten Prozentsatz gesenkt werden, sonst beginnt der Reichskommissar seine Tätigkeit damit, nun erst wieder auf diese Senkung hinzuwirken, und kann an die eigentliche Kleinarbeit nicht herangehen.[6]
4. Das Nachtbackverbot muß für Betriebe, die sich zu entsprechenden Preisermäßigungen verpflichten, glatt aufgehoben werden. Zwischenlösungen bedeuten nur Hemmungen.[7]
5. Die Lohntarife für die Arbeitnehmer müssen, wie ich es immer nenne, weichgemacht werden. Sie müssen durch Herbeiführung schneller Kündbarkeit, durch Kurzfristigkeit und durch Ausschalten der Verbindlichkeitserklärungen so elastisch gemacht werden, daß sie jetzt und für die nächsten Jahre schnell den wirtschaftlichen Verhältnissen angepaßt werden können. Der einzelne Unternehmer muß die Möglichkeit erhalten, mit seiner Belegschaft in bestimmten Punkten, insbesondere Lohn und Arbeitszeit, Abweichungen vom Tarifvertrag in gewissen Grenzen zu vereinbaren, wobei selbstverständlich der einzelne Arbeitnehmer gegen Ausbeutung geschützt sein soll. Solche Schutzbestimmungen sind möglich. Diesen Punkt halte ich für geradezu entscheidend für unser gesamtes Wirtschaftsleben, weil wir uns ja hier durch Zwangswirtschaft vollkommen festgefahren haben.[8]

Mit diesen Darlegungen möchte ich Sie, hochverehrter Herr Reichskanzler, bitten, noch einmal allen Ernstes die Frage nachzuprüfen, ob die Stellung eines Reichskommissars nicht eine zu gewichtige Maßnahme ist für das, was an Wirkungs-

---

4 Preissenkungen für gebundene Preise der Kartelle und Syndikate wurden in der Notverordnung auf ebenfalls 10% festgelegt; vgl. RGBl. 1931/I, S. 700.

5 Ein Verbot von Preisabsprachen und -empfehlungen wurde in die Notverordnung aufgenommen; vgl. ebd., S. 701.

6 Während die Senkung der Kohlepreise um 10% in der Notverordnung festgelegt wurde (vgl. ebd., S. 700), waren Bestimmungen über Eisenpreise nicht aufgenommen.

7 Das Nachtbackverbot von 1918 war bereits in der Zweiten Notverordnung des Reichspräsidenten zur Sicherung von Wirtschaft und Finanzen vom 5.6.1931 aufgehoben worden für Betriebe, die Arbeiter in mindestens drei Schichten beschäftigten (vgl. ebd., S. 298); in die neue Notverordnung wurden keine weiteren Bestimmungen zum Nachtbackverbot aufgenommen.

8 Vgl. zu den arbeitsrechtlichen Eingriffen der 4. Notverordnung S. 224, Anmerkung 6.

möglichkeiten für einen Reichskommissar in Anspruch genommen werden müßte. Wenn Sie dem Kommissar umfassende Vollmachten geben würden zum Eingriff gegen Syndikate, Kartelle und Innungen und zum Eingriff in den Tarifvertrag sowie zur Aufhebung des Nachtbackverbots, dann ist das allerdings eine Aufgabe, für die aus inneren und äußeren Gründen das Amt eines Kommissars mir die richtige Grundlage des Wirkens zu sein scheint. Dann trägt dieser Mann eine ungewöhnlich hohe Verantwortung. Er kann aber auch etwas wirken und erreichen. Wenn Sie aber, wie es bisher die Absicht gewesen ist, die Grundlagen für die Tätigkeit des Reichskommissars im einzelnen in der Notverordnung festlegen wollen – Ermächtigungen an einzelne Minister können diese Grundlagen nicht etwa vom Kommissar-Standpunkt aus gesehen ersetzen –, dann bleibt für die Preisbeeinflussung ein so geringer Spielraum, der im wesentlichen durch Einzel- und Kleinarbeit auszufüllen wäre, daß die an den Kommissar allerseits geknüpften Erwartungen sich sehr bald als viel zu hoch gespannt erweisen müßten.[9] Dann hat der Mann zwar ein ungewöhnlich großes Maß von Arbeit und Odium auf sich genommen, aber nur noch verhältnismäßig bescheidene Erfolgsmöglichkeiten. Seine Stellung wird nicht dadurch verbessert, daß er für diesen verhältnismäßig kleinen Wirkungskreis unverhältnismäßig große Befugnisse (Schließung von Betrieben) erhält. Im Gegenteil, auch diese Bestimmung wird die Öffentlichkeit zu der Annahme verleiten, daß dieser Kommissar, wenn er nur wollte, Ungewöhnliches erreichen kann.

Deswegen bitte ich Sie, sehr verehrter Herr Reichskanzler, zu prüfen, ob, wenn diese Grundlage für die Tätigkeit gewählt wird, es nicht zweckmäßiger ist, auf die Einsetzung eines besonderen Reichskommissars zu verzichten. Ich stände Ihnen in diesem Falle gern, sofern meine städtischen Körperschaften mir die nötige Zeit gewähren, mit einigen tüchtigen Mitarbeitern, die ich schnell zusammenstellen kann, zur Verfügung, um in Verbindung mit den kommunalen Spitzenorganisationen aus den Grundlagen der Notverordnung und aus der Gestaltung der wirtschaftlichen Verhältnisse die äußerste Wirkung für den letzten Verbraucher herauszuholen. Dann aber nicht als Kommissar mit nicht zu befriedigenden Erwartungen begrüßt, sondern auf Ihren persönlichen Wunsch in mit Ihnen noch zu besprechenden Formen. Ich bin überzeugt, daß man in dieser Form dann genau dasselbe erreichen kann, wie mit dem schweren Geschütz des Kommissars, und daß man es dabei gleichzeitig vermeidet, Erwartungen zu erwecken, die zweifellos in dem gewünschten Umfange nicht erfüllt werden, denn letzten Endes ist der

9 Letztendlich wurden die Befugnisse des Reichskommissars für Preisüberwachung zwar in einer gesonderten Verordnung festgelegt (vgl. RGBl. 1931/I, S. 747 f.), aber nicht in dem von Goerdeler intendierten umfassenden Sinn. Vielmehr blieben die Bestimmungen zu Kartellen und Tarifverträgen Bestandteil der Notverordnung, während die Aufgaben des Reichspreiskommissars hauptsächlich auf die Überwachung des Einzelhandels beschränkt waren.

beste Preisregulator die Entfesselung wirtschaftlichen Wettbewerbs. Man kann nur schnell Hemmungen beseitigen, die der gesunden Auswirkung solchen Wettbewerbs sich bei unserer heutigen eigenartigen Wirtschaftsstruktur gegenüberstellen.

Unter welchen Bedingungen hiernach für mich die Annahme des Amtes eines Reichskommissars in Betracht kommt, geht, wie ich annehmen darf, aus diesem Schreiben mit genügender Klarheit hervor.

Mit bester Empfehlung und in vorzüglicher Hochachtung habe ich die Ehre zu sein
Ihr sehr ergebener
Goerdeler

## 2.3.2 *Antrittsrede als Reichskommissar für die Preisüberwachung*

*maschinenschriftliches Vortragsmanuskript vom 11.12.1931; StAL, Kap. 10G, Nr. 685, Beiheft 4.*
Erläuterung der Preisüberwachungsfunktion im Rahmen der 4. Notverordnung zur Sicherung von Wirtschaft und Finanzen: Stimulierung der marktregulierenden Preisfunktion; keine Garantie eines bestimmten Lebensstandards; Notwendigkeit von Preissenkungen zum Erhalt der internationalen Wettbewerbsfähigkeit; Senkung öffentlicher Tarife ist nur sinnvoll, wenn städtische Werke dadurch nicht Zuschussbetriebe werden. Das Preiskommissariat ist komplementär zu anderen Maßnahmen der Notverordnung: Lohnsenkung, Zinssenkung, Mietsenkung.

Meine sehr verehrten Herren!
Ich habe die Ehre, mich Ihnen als Reichskommissar für Preisüberwachung vorzustellen. Seit vielen Jahren gewöhnt, mit der Presse auf das freundschaftlichste zusammenzuarbeiten und in ihren Vertretern die geborenen Mitarbeiter der öffentlichen Verwaltung zu achten, bitte ich Sie um Ihre Unterstützung. Das übernommene Amt ist schwierig. Ich lege Wert darauf, von vornherein Übertreibungen in den verschiedensten Richtungen auszuschalten. Es handelt sich nicht um einen Preissenkungskommissar,[1] sondern um einen Reichskommissar für Preis*überwachung*. Ich habe selbst Wert darauf gelegt, daß diese Bezeichnung gewählt wurde. Wenn wir Preise durch bloßen Befehl senken könnten, ohne dadurch die

[1] In der Presse war das neue Amt verschiedentlich als Preissenkungskommissariat bezeichnet worden, z.B. in der Frankfurter Zeitung vom 6.12.1931 (vgl. StAL, Kap. 10G, Nr. 685, Beiheft 4, Bl. 3), in der Leipziger Volkszeitung vom 7.12.1931 (ebd., Bl. 6) sowie in der Sächsischen Arbeiter-Zeitung vom selben Tag (ebd., Bl. 7). Auch in den amtlichen Vorbesprechungen zur Notverordnung war noch verschiedentlich von einem „Reichskommissariat für Preissenkung“ gesprochen worden (vgl. BAK, N 1005, Bd. 44, Bl. 180). Eine solche Bezeichnung wäre prädestiniert gewesen, die Opposition der Unternehmerschaft hervorzurufen.

Ware vom Markte zu vertreiben, so wäre die Sache einfach. Daß das nicht möglich ist, brauche ich in diesem Kreise nicht zu begründen. Als Wunderdoktor empfangen zu werden, lehne ich mit aller Entschiedenheit ab. Daß das deutsche Volk auf solche Wunder hofft, ist nicht verwunderlich, sieht es sich doch vielfach einem Mißverstehen seiner Lage gegenüber das so weit geht, annehmen zu können, es sei noch ein Pfennig Reparationszahlung aus unserem Volke und seiner zusammengebrochenen Wirtschaft herauszuholen. Ich höre Hoffnungen von seiten der Landwirtschaft, von seiten des Handels und von seiten der Verbraucher, die alle strikt widereinanderlaufen und die deswegen unerfüllbar sind. Meine Aufgabe ist, wie schon der Name besagt, darüber zu wachen, daß die verbilligend wirkenden Bestimmungen der Notverordnung restlos und pünktlich durchgeführt werden[2] und die Preise, wie sie beim Verbraucher ausmünden, gerecht sind. Der Verbraucher soll die Gewähr haben, daß mit unerbittlicher Gerechtigkeit alle Faktoren der Preisbildung überprüft sind und das, was er zu bezahlen hat, wirtschaftlich gerechtfertigt ist. Nicht mehr, nicht weniger.

Der richtige Preis bildet sich in einem *gesunden* Wirtschaftskörper aus den verschiedensten Faktoren von selbst und wird in einem solchen durch das Verhältnis zwischen Angebot und Nachfrage solange bestimmt, als man jedem einzelnen die Möglichkeit läßt, jede beliebige Ware in jeder beliebigen Menge zu kaufen. Erst wenn man, wie in der Kriegswirtschaft, dazu gezwungen ist, die vorhandene Ware nach bestimmten Kopfmengen aufzuteilen, entzieht man gleichzeitig auch den Preis freier Bildungsmöglichkeit. Das aber wollen wir nicht. An eine Rückkehr in die Zeiten der Kriegs- und Nachkriegswirtschaft ist nicht gedacht. *Meine Aufgabe besteht nicht in Zwangswirtschaft irgendwelcher Art.*

Ich bin meiner Vergangenheit und meiner politischen Einstellung entsprechend ein unbedingter Anhänger der freien Wirtschaft. Wir haben Ware genug, solange wir uns in der Lage halten, gewisse unentbehrliche und in Deutschland nicht erzeugte Rohprodukte aus dem Auslande zu beziehen. Es handelt sich jetzt in Wahrheit um das Problem, Kaufkraft und Warenmengen in ein möglichst günstiges Verhältnis miteinander zu bringen. Dies Verhältnis ist dann am günstigsten, wenn dem relativ geringsten Preise die relativ höchste Kaufkraft gegenübersteht. An der Relativität kommt aber kein Gott und kein Teufel vorbei. *Die Garantie der Aufrechterhaltung eines bestimmten Lebensstandards hat es in der Welt noch nie gegeben, am allerwenigsten ist sie einem machtlosen Volke möglich.*

---

2 Im Rahmen der „Vierten Notverordnung des Reichspräsidenten zur Sicherung von Wirtschaft und Finanzen und zum Schutze des inneren Friedens" vom 8.12.1931 war es die Aufgabe des Reichskommissars für Preisüberwachung, die Einhaltung der 10%igen Preissenkung und damit den Verbrauchern Schutz gegen Überteuerung zu gewährleisten (vgl. die Notverordnung in RGBl. 1931/I, S. 699-746, besonders S. 702, sowie die „Verordnung über die Befugnisse des Reichskommissars für Preisüberwachung" vom 8.12.1931 ebd., S. 747 f.).

Ich halte es für eine absolute Notwendigkeit, daß das deutsche Volk allen Illusionen entsagt. Die harten Tatsachen müssen festgestellt werden. Und dann soll der große Schwung der Seele uns an die Aufgabe heranführen, aus diesen harten Tatsachen wieder lebenswerte Grundlagen für die Zukunft unserer Jugend zu gestalten. Unsere Volkswirtschaft steht doch einzig und allein vor zwei Möglichkeiten: Entweder trotz aller Vorgänge um uns herum den Anschluß an den Weltmarkt zu behalten. Das ist nur möglich durch denkbar niedrige Preise, die in Basel bereits als Hungerpreise bezeichnet sind.[3] Oder, wir müssen auf diese Beziehungen verzichten, uns auf den Binnenmarkt einstellen, zu einer Art Tauschhandel mit den anderen Nationen übergehen. Dann bedeutet das eine gewaltige Einschränkung unserer Ausfuhr und einen Verzicht auf die Höhe des Lebensstandards, den uns die Verwertung unserer Arbeitskraft mit anderen Volkswirtschaften bisher seit der Mitte des vorigen Jahrhunderts steigend ermöglicht hat. Wohin Sie also auch blicken, ist gerade unserem Volke in unserer gegenwärtigen internationalen Lage zweifellos eine bescheidene Lebenshaltung aufgezwungen. Es ist deswegen von vornherein grundfalsch, irgendeinen bestimmten Lebensstandard als gottgegebene Notwendigkeit annehmen zu wollen. Wie stets bei Übernahme bisher von mir versehener Ämter, lege ich deswegen Wert darauf, ungeschminkt die Wahrheit zu sagen und dringend zu bitten, keine unbilligen Erwartungen an meine Tätigkeit zu knüpfen. Ich begrüße ein ungewöhnliches Maß von Kritik. Ich wäre nur dankbar, wenn eine solche Kritik stets von positiven Vorschlägen begleitet werden würde. Das Amt, das ich übernommen habe, ist so undankbar wie irgend möglich, weil die Erfolgsmöglichkeiten ja niemals allein von meinem Willen abhängig sein können.

Es wird Sie nicht wundernehmen, daß nach diesen Darlegungen ich es als meine Hauptaufgabe betrachte, die Hemmungen zu beseitigen, die einer natürlichen Entwicklung des wirtschaftlich gerechtesten Preises entgegenstehen, und zu diesem Zwecke dafür zu sorgen, daß alle Senkungsmöglichkeiten der Notverordnung so schnell wie möglich dem letzten Verbraucher zugutekommen. Wer immer als Verkäufer auftritt, nach wirtschaftlichen Grundsätzen den billigsten Preis kalkuliert

---

3 Ein interner Aktenvermerk zur Notverordnung aus der Reichskanzlei fasste deren innen- und außenpolitischen Intentionen zusammen: Neben dem innenpolitischen Ziel, den erwarteten konjunkturellen Aufschwung zu beschleunigen, strebte sie in außenpolitischer Hinsicht an, entweder durch die Wiedererlangung der Wettbewerbsfähigkeit den Export zu steigern oder, im Falle ausländischer Exportsperren, die deutsche Zahlungsunfähigkeit zu deklarieren (vgl. Aktenvermerk vom 16.12.1931; BAB, R 43 I/1161, Bl. 183). Seit dem 7.12.1931 tagte in Basel der Sonderausschuss der BIZ zur Prüfung der Reparationszahlungsfähigkeit Deutschlands. Auf dem Hintergrund der Notverordnung konnten die deutschen Vertreter auf die äußerste Anspannung der wirtschaftlichen Kräfte verweisen und ihre Zahlungswilligkeit demonstrieren Vgl. ausführlich zu der Reparationsproblematik Meister, Die große Depression, S. 257 ff. sowie Charles P. Kindleberger: Die Weltwirtschaftskrise 1929–1939, München [3]1984, S. 179 ff.

und sich dem freien Wettbewerb stellt, braucht den Reichskommissar wahrhaftig nicht zu fürchten. Mein Aufgabengebiet liegt bei den lebenswichtigen Gegenständen des täglichen Bedarfs und bei den lebenswichtigen Leistungen zur Befriedigung des täglichen Bedarfs. Ob ich, wie die Notverordnung es mir ermöglicht, einen Katalog dieser Gegenstände und Leistungen herausgeben werde, kann ich noch nicht endgültig sagen.[4] Zur Zeit liegt kein Anlaß vor, es zu tun.

Der gerechten Preisbildung können entgegenstehen.

1. Maßnahmen des Auslandes. Ihnen entgegenzuwirken, ist Sache der Reichswirtschaftspolitik und nicht allein in unseren Willen gelegt.
2. Maßnahmen der öffentlichen Hand, Überlastungen durch öffentliche Abgaben aller Art usw. Soweit es sich um allgemeine Steuerlasten handelt, liegt hier bei der unbedingten Notwendigkeit, die öffentlichen Haushalte in Ordnung zu halten, eine Beeinflußbarkeit nur in der Möglichkeit vor, eine Sparsamkeit in der öffentlichen Verwaltung zu üben, die tatsächlich altpreußisch sein muß. Die Notverordnung setzt den hierzu beschrittenen Weg fort. Die Mineralwassersteuer ist aufgehoben. Auf dem Gebiete der sozialen Versicherung sind neue Ersparnisse eingeführt, die der Sanierung der Versicherungen ohne Beitragserhöhung dienen. Die Beamtengehälter, die Löhne und Vergütungen der Arbeiter und Angestellten werden in der Ihnen ebenfalls bereits bekannten Weise gekürzt. Die Reichsbahn wird 300 Millionen RM aufwenden, um die Tarife zu verbilligen. Diesen unmittelbaren Senkungen von preisbildenden Faktoren steht als höchstbedauerliche Preisbelastung die Erhöhung der Umsatzsteuer gegenüber. Inwieweit diese Steuer die preissenkenden Maßnahmen wieder aufhebt, ist bei den einzelnen Warengattungen verschieden. Besonders ungünstig werden von der Umsatzsteuererhöhung die die Verbraucher interessierenden Gas- und Elektrizitätspreise umsatzsteuerpflichtiger Werke betroffen. Mehr kann ich zur Zeit hierüber nicht sagen. Hier sind eingehende Berechnungen unter Zuziehung von Sachverständigen notwendig.

   In diesem Zusammenhange möchte ich auf das stürmische Drängen nach der Senkung der öffentlichen Tarife kurz eingehen. Es muß klipp und klar gesagt werden, daß in der öffentlichen Hand befindliche Gas- und Elektrizitätswerke sowie Straßenbahnen nach wirtschaftlichen Grundsätzen niemals Zuschußbetriebe sein dürfen, darüber hinaus aber heute in großem Umfange zwangsläufig dazu bestimmt sind, den Finanzbedarf der öffentlichen Hand zu decken. Als Oberbürgermeister weiß ich, daß in einem Zeitpunkt rückläufiger Steuern und steigender Lasten für die Wohlfahrtserwerbslosen (in Leipzig steigt die Zahl beispielsweise monatlich um 2.000 Parteien) auf diese Finanzquelle gar nicht verzichtet werden kann, es sei denn, daß man den Gemeinden einen Er-

[4] Nach der Verordnung über die Befugnisse des Reichspreiskommissars hatte dieser die Definitionskompetenz darüber, was als lebenswichtige Gegenstände und Leistungen des täglichen Bedarfs anzusehen seien (vgl. RGBl. 1931/I, S. 748, § 4).

satz dafür gibt. Man wird gar nicht daran vorbei können, durch starke sachliche und organisatorische Änderungen die Lasten für die Wohlfahrtserwerbslosen, solange noch nicht gesunde wirtschaftliche Entwicklung diese bedauernswertesten unserer Mitbürger wieder dem Arbeitsprozeß zugeführt hat, für die Gemeinden auf eine stabilere Grundlage zu stellen, als es heute der Fall ist. Der jetzige Zustand ist auf die Dauer vollkommen unerträglich. Sie sehen, daß auch diese Erwägungen immer wieder in den Strom unserer allgemeinen politischen und wirtschaftlichen Not zurückführen. Und das macht meine Tätigkeit zwar sehr interessant, aber ebenso schwierig. Hinge sie im luftleeren Raum, so hätte man sie ja auch einer zum Befehlen geeigneten Person anvertrauen können. Ich habe alles getan, um meine Berufung zu diesem Posten abzuwehren. Ich habe der dringenden Bitte des Herrn Reichspräsidenten entsprechen müssen und entnehme aus dieser Bitte, daß auch die Reichsregierung die Aufgabe einem Manne anvertrauen wollte, der sie niemals außerhalb großer wirtschaftlicher Zusammenhänge betreiben wird.[5] Selbstverständlich wird die Tätigkeit des Preissenkungskommissars [!] an den öffentlichen Versorgungsbetrieben nicht vorübergehen, zumal bei den Verkehrsunternehmungen durch den Erlaß der Beförderungssteuer gewisse im einzelnen noch nicht errechnete Möglichkeiten vorliegen können. Sie wird aber eine ebenso freimütige auch der Öffentlichkeit und Reichsregierung selbst gegenüber sein.

3. Können einer gerechten Preisbildung Bindungen entgegenstehen, die von einzelnen Wirtschaftsgruppen selbst oder zwischen ihnen eingeschaltet sind? Ihnen rückt die neue Notverordnung zu Leibe. Den Kartellen und Syndikaten sowie der Kohlenwirtschaft wird der Zwang auferlegt, ihre Preise um 10% zu senken. Dasselbe gilt für Markenartikel. Wird diese Senkung nicht vorgenommen, so gelten die Preisbindungen als aufgehoben. Die Notverordnung verbietet ferner, Empfehlungen für die Forderung bestimmter Preise im inländischen Geschäftsverkehr in irgend einer Form zu verbreiten. Hiermit wird es den Innungen, soweit sie bisher überhaupt die Möglichkeit dazu hatten, verboten, Preise zu bestimmen. Der einzelne Handwerksmeister soll selbst den gerechten Preis kalkulieren. Endlich ist durch die Richtlinien des Herrn Reichsarbeitsministers

---

5 In der Chefbesprechung zur Preisüberwachung am 30.11.1931 war neben Goerdeler als geeignete Persönlichkeit für das Amt auch noch Adolf Tortilowicz v. Batocki-Friebe, der frühere Oberpräsident Ostpreußens, im Gespräch gewesen (vgl. Protokoll der Chefbesprechung; BAB, R 43 I/1163, Bl. 4-6) Als Brüning schließlich am 8.12. Goerdeler das Amt anbot, lehnte dieser zunächst ab; erst nach einer Unterredung mit Hindenburg und dessen Staatssekretär Meißner am Nachmittag desselben Tages ließ sich Goerdeler zur Amtsübernahme bewegen (vgl. Aktenvermerk Lammers' vom 9.12.1931; ebd., Bl. 22 sowie Brüning, Memoiren 1918–1934, S. 479 f.). Wohlfahrtserwerbslose meint die Langzeitarbeitslosen, die aus der Arbeitslosen- und Krisenunterstützung in die gemeindliche Wohlfahrtsfürsorge ausgesteuert wurden. Vgl. zu der dreiteiligen Organisation der Erwerbslosenfürsorge S. 24, Anmerkung 4.

an die Schlichter die für die künftige Lohntarifgestaltung notwendige Elastizität der Tarifverträge, die an sich vernünftigerweise erhalten bleiben, angebahnt.[6]
Die Notverordnung beschränkt sich aber nicht auf Beseitigung von Hindernissen für eine gerechte Preisbildung, sondern schafft in ungewöhnlich kühner Weise starke Impulse für die Abwärtsentwicklung der Preise. Von der 10%igen Kartellpreissenkung habe ich bereits gesprochen. Die Zinsen sind ab 1. Januar 1932 in der Ihnen bekannten Weise gemindert. Das gilt auch für Steuerzinsen. In der Wohnungswirtschaft sind Verbilligungsmöglichkeiten geschaffen durch das Recht des Eigentümers, die Gebäudeentschuldungssteuer durch einmalige Zahlung abzulösen. Die Mieten werden in Altwohnungen um 10%, in Neubauwohnungen um den Ertrag der ersparten Hypothekenzinsen gesenkt. Die Mieten für gewerbliche Räume erfahren die gleiche Senkung, was für den Handel von besonderer Bedeutung ist.

4. Der Bildung des gerechten Preises kann auch schlechter Wille entgegenstehen. Wenn er angetroffen wird, wird rücksichtslos durchgegriffen werden. Es ist Ihnen bekannt, welche Mittel mir zur Verfügung stehen.[7] Das schärfste Mittel ist das Recht, die Fortführung von Betrieben, durch die lebenswichtige Gegenstände des täglichen Bedarfs oder lebenswichtige Leistungen zur Befriedigung des täglichen Bedarfs in den Verkehr gebracht werden, zu untersagen. Ich bin mir der Schwere dieses Mittels vollkommen bewußt, und die Auffassung, die ich von meiner Aufgabe habe, verbürgt jedem verständigen und ehrlichen Erzeuger und Kaufmann, Gewerbetreibenden und Handwerker, daß er nicht irgend einer Willkür sich ausgesetzt sieht. Diese Mittel sind nur dazu da, bösen Willen, der sich weigert, dem Vaterlande zu dienen, sofort zu brechen.

   Ich habe den sehr lebhaften Wunsch, meine Arbeit auf die freiwillige Einsicht aller beteiligten Wirtschaftskreise aufzubauen. Das ergibt sich ja aus meiner eingangs erwähnten wirtschaftlichen Einstellung vollkommen von selbst. Ich bin fest davon überzeugt, daß die volle Erkenntnis vom Ernst unserer Lage und

---

[6] Die arbeitsrechtlichen Eingriffe der 4. Notverordnung setzten im Gegensatz zu den vorherigen Verordnungen nicht nur einen Lohn- und Gehaltsabbau durch, sondern stellten staatliche Zwangseingriffe in laufende Tarifverträge dar, indem die Herabsetzung auf die Tarife von 1927, unabhängig von bestehenden Vereinbarungen, als vereinbart gelten sollten (vgl. RGBl. 1931/I, S. 726 f.). „Elastizität der Tarifverträge", ein Schlagwort der Arbeitgeberseite, meinte die Aufhebung des Prinzips der Unabdingbarkeit, so dass Einzelbetriebe durch die Geltendmachung besonderer wirtschaftlicher Schwierigkeiten die Abmachungen durchbrechen durften. Vgl. allgemein zur Position der industriellen Spitzenverbände Bernd Weisbrod: Die Befreiung von den „Tariffesseln". Deflationspolitik als Krisenstrategie der Unternehmer in der Ära Brüning, in: GuG 11 (1985), S. 295-325.

[7] Dem Reichskommissar waren zur Durchsetzung seiner Anordnungen weitreichende Disziplinierungsmaßnahmen an die Hand gegeben worden, die von der Verhängung von Haft- und Geldstrafen bis hin zur Schließung von Betrieben reichten (vgl. RGBl. 1931/I, S. 747, §§ 1 und 2).

die Liebe zu Volk und Vaterland die mächtigste Triebfeder sein müssen, um den Eigennutz in seine Schranken zurückzuweisen. In einem Zeitraum, in dem Beamte, Angestellte und Arbeiter in ununterbrochener Reihenfolge dem Gebote der Stunde entsprechend ihre Lebenshaltung haben einschränken müssen, erscheint es mir selbstverständlich, daß jeder verantwortungsbewußte Deutsche sich seiner sittlichen Pflichten gegenüber dem Vaterlande bewußt wird und das Seinige an Einsicht und an persönlichen Opfern dazu beiträgt, das Vaterland zu retten.

Eine wichtige Aufgabe fällt der deutschen Hausfrau zu, die ich besonders um ihre Mithilfe bitte. Viele Menschen scheuen sich, aus einem Laden herauszugehen, ohne einen Einkauf getätigt zu haben, selbst wenn ihnen die Ware oder der Preis nicht zusagt. Die Folgen solcher Torheit muß sich jeder selbst zuschreiben. Kein verständiger Kaufmann wird die Höflichkeit seinem Kunden gegenüber vergessen, wenn dieser seinen Laden verläßt, ohne gekauft zu haben. Er wird das aber bedauern und den Ursachen nachforschen. Das soll er auch, dazu ist der Wettbewerb der freien Wirtschaft da. Die Hausfrau soll aber auch Güte und Preis prüfen. Um ihr das zu erleichtern, werde ich unverzüglich anordnen, daß in Schaufenster-Läden, auf den Märkten und in Räumen, in denen täglicher Bedarf befriedigt wird, Preisverzeichnisse ausgehängt und die feilgebotenen Waren mit Preisen versehen werden, soweit das nicht schon örtlich geregelt ist.[8]

Bei dieser Gelegenheit eine dringende Bitte; ruhig die für das Weihnachtsfest geplanten Einkäufe zu tätigen. Es ist auf vielen Gebieten ja die Preisgestaltung schon ganz von selbst, natürlichen Gesetzen entsprechend, stark heruntergegangen. Das gilt vorzugsweise für Textilien und Schuhwaren. Hier mit Käufen zurückzuhalten, die man bei aller Sparsamkeit für Weihnachten beabsichtigt, ist ein Fehler. Denn wenn dann in den letzten Tagen sich alles auf die Geschäfte stürzt, dann darf man sich nicht wundern, wenn plötzlich sehr unerwünschte Rückschläge eintreten.

Damit komme ich zu der Beantwortung der voraussichtlichen Frage, welchem Gebiete meines breiten Arbeitsfeldes ich mich zunächst zuwenden will. Ich antworte: den Brot- und Fleischpreisen, den Preisen für die Beförderungsunternehmungen und, um Ruhe zu schaffen, den Elektrizitäts- und Gaspreisen. Sie werden geprüft und ich bin überzeugt, daß gerade meine hervorragenden sachverständigen Berufskollegen[9] auch ohne jeden Kommissar aus eigener Verantwortung das Menschenmögliche tun werden. Was immer erreicht werden kann, es wird nicht mein Verdienst sein, sondern das der Stellen im Lande. Mit ihnen will ich, unterstützt von einem kleinen Kreise sachverständiger Mitarbeiter und im engen Zusammenwirken mit den verschiedenen Reichs- und Landesministerien, zusammenarbeiten. Dagegen lehne ich es mit aller Entschiedenheit als meinen stets vertretenen

[8] Das Recht dazu hatte Goerdeler aufgrund der Verordnung über die Befugnisse des Reichskommissars; vgl. RGBl. 1931/I, S. 747, § 3.

[9] Gemeint sind hier wohl seine kommunalpolitischen Berufskollegen, d.h. Oberbürgermeister.

Grundsätzen widersprechend ab, eine neue Wasserkopfbehörde zu schaffen, die dann glücklich wieder dem deutschen Steuerzahler aller Schichten Geld kostet. Ob und in welchem Umfange ich von meinem Rechte Gebrauch machen werde, meine Befugnis ganz oder geteilt den obersten Landesbehörden zu übertragen oder im Benehmen mit den Landesregierungen besondere Beauftragte zu bestimmen, kann ich zur Zeit nicht übersehen. Es ist nichts zu halten von Programmen, die ins einzelne gehen. Alles fließt und vieles vollzieht sich unabhängig von uns. Die Hauptsache ist, daß unser Wille ein bestimmtes Ziel ins Auge faßt und diesem Ziel mit wirtschaftlichen Erfolg versprechenden, unbedingt gerechten Mitteln zustrebt. Wir wollen nur unserem Volke dienen, insbesondere seinen schwerringenden Schichten, und das ist ja die überaus große Mehrzahl aller Deutschen. Jedem billigen Versprechen vollkommen abhold, Feind jeder Illusion und tief durchdrungen von der einzigen Aufgabe gerade unserer Generation, die Freiheit unseres Volkes wieder zu erringen und unserer Jugend Lebensraum zu verschaffen, erbitte ich die Mitarbeit aller deutschen Frauen und Männer, über alle Unterschiede der Parteien hinweg, und insbesondere auch die Mitarbeit der Presse.

## 2.3.3 *Rundfunkrede als Reichskommissar für die Preisüberwachung*

*maschinenschriftliches Vortragsmanuskript vom 29.2.1932; StAL, Kap. 10G, Nr. 685, Beiheft 4.*[1]

Rechenschaftsbericht über verschiedene Preisentwicklungen: Bierpreissenkung und Protestbewegung des Gaststättengewerbes; erhöhte Butterpreise durch ausländische Zollerhöhungen; Brotpreisschwankungen durch Schwankungen der Roggenpreise; insgesamt Preissenkungen um 7–9%; besondere Situation in Landwirtschaft und Bergbau; Tarifentwicklung in freien Berufen; Senkung der Elektrizitäts- und Gaspreise. Vor weiteren Preissenkungen muss eine Beruhigung des Marktes eintreten; ein Großteil der Preisüberwachungskompetenzen ist bereits den Landesbehörden übertragen worden.

Meine Damen und Herren!
Als ich kurz vor Weihnachten zu Ihnen sprach,[2] habe ich um Anregungen und Mitarbeit gebeten. Zu meiner großen Freude ist beiden Bitten mit lebhaftester Bereitwilligkeit von weiten Kreisen der Bevölkerung entsprochen. Landwirtschaft und Industrie, Handel, Gewerbe und Handwerk, Hausfrauen, Gewerkschaften, Verbrauchergruppen und einzelne Verbraucher haben sich ebenso wie sachverständige Einzelpersönlichkeiten des öffentlichen und wirtschaftlichen Lebens mit Vorschlägen aller Art an mich gewandt. Nicht alle Anregungen habe ich verwerten können; das liegt in der Natur der Sache. Insbesondere gilt das von den vielfachen

---

1 Die Rede, am Abend des 29. Februars im Berliner Sender gehalten, wurde über sämtliche deutsche Sender ausgestrahlt; vgl. WTB-Mitteilung vom 1.3.1932 (BAB, R 43 I/1163, Bl. 140).

2 Vgl. Goerdelers Antrittsrede als Reichskommissar für die Preisüberwachung vom 11.12.1931; Dok. 2.3.2, oben S. 219 ff.

Wüschen, ich möchte die Steuern herabsetzen. Die Steuern stehen in allen öffentlichen Etats auf der Einnahmeseite und dienen dazu, die öffentlichen Aufgaben aller Art zu finanzieren. Daß die Steuern heute keine Überschüsse für die öffentliche Verwaltung abwerfen, die öffentliche Verwaltung vielmehr genötigt ist, ihre Ausgaben immer schärfer zurückzuschrauben, ist allgemein bekannt. Eine Senkung der zweifellos für die Wirtschaft auf die Dauer untragbaren Steuerhöhe ist nur möglich, wenn die Ausgaben der öffentlichen Verwaltung weiter abgebaut werden können. Dazu habe ich aber keine Befugnis. Ich kann wohl Anregungen geben, aber keine Anordnungen auf diesem Gebiete treffen.

Mein besonderer Dank gilt allen den Stellen, die ich vorhin aufgeführt habe, dafür, daß sie mich nicht nur mit Anregungen, sondern mit tatkräftiger Hilfe unterstützt haben. Ich danke vor allem auch der Presse. Selten ist eine Arbeit von so allgemeiner Erkenntnis ihrer Zweckmäßigkeit und Notwendigkeit getragen worden wie die mir anvertraute. Ich bin von dieser allgemeinen Zustimmung geradezu getragen worden und kann daher sagen, daß das, was erreicht ist, in erster Linie auf die Mitarbeit der Behörden, der Presse und auf die freiwillige Mitwirkung aller Wirtschaftskreise und Verbrauchergruppen zurückzuführen ist.[3]

Ich habe im Dezember alle Wirtschaftskreise um freiwillige Einsicht in die Notwendigkeit der sie etwa treffenden Maßnahmen gebeten. Mit verschwindenden Ausnahmen habe ich diese Einsicht gefunden und kann dafür der Industrie, dem Handel und dem Handwerk sowie der Landwirtschaft danken. Ihre Führer waren fast ausnahmslos weitsichtig genug, um anzuerkennen, daß nur ein umfassendes, lückenloses und schnelles Vorgehen Erfolg versprechen könne und im Interesse der Gesamtwirtschaft notwendig sei.

Ich habe es stets im Leben vorgezogen, bei einem Rückblick auf meine Tätigkeit zunächst mich kritisch mit dem auseinanderzusetzen, womit ich nicht zufrieden sein konnte, und so gestatten Sie mir auch in diesem Zusammenhang zunächst einige Worte zu der *Bierfrage*. Ich kann gar nicht befriedigt darüber sein, daß in den beiden größten Städten des Reiches, in Berlin und Hamburg, augenblicklich ein Wirtschaftskrieg auf diesem Gebiete entbrannt ist, der die Brauereien und die in ihnen beschäftigten Arbeitnehmer ebenso schädigt wie die Gastwirte und ihre Angestellten, der aber auch an die Geduld der Verbraucher erhebliche Anforderungen stellt. Ich hoffe, daß ich viele Gastwirte unter meinen Zuhörern habe, denn es scheinen mir recht unklare Ansichten über die Zusammenhänge auf diesem Gebiete zu herrschen. Durch die Notverordnung wurden die Brauereien gezwungen, ihren Preis um 10% zu senken. In längeren Verhandlungen ist diese Senkung auf 2,- RM je hl festgelegt. Weiterzugehen, wie vielfach verlangt ist, war nicht möglich. Denn die kleineren und mittleren Brauereien kämpfen angesichts des Rückgangs des Bierverbrauchs schwer um ihre Existenz. Auf der anderen Seite war es aber

3 Vgl. zu den sehr positiven Presseberichten die WTB-Mitteilungen in BAB, R 43 I/1163, Bl. 42 ff.

ebensowenig vertretbar, die Brauereien aus der allgemeinen Senkung der gebundenen Preise auszunehmen, weil sich auf diese Ausnahme mit Recht eine ganze Zahl von anderen Ausnahmen aufgebaut hätte, wenn man nicht ungerecht sein wollte. Konnte man sich aber zu einer solchen Ausnahme nicht entschließen, so war es wieder eine Zwangsläufigkeit, die Senkung, die der Brauer am Bierpreis vornehmen mußte, nun nicht dem Gastwirt zu überlassen, sondern, wie es der Sinn der Notverordnung und meines Amtes war, dem letzten Verbraucher zuzuführen. Das ist durch meine Anordnung von Anfang Februar geschehen, nachdem mehrfache Versuche des bewährten Verständigungsverfahren mit den Interessenten ergebnislos geblieben waren. Dieser Anordnung, die die Senkung des Brauereipreises um 2,- RM je hl ausmünden ließ in eine Senkung des Verbraucherpreises um 4–8,- RM je hl, ist eine Durchführungsverordnung gefolgt, die wie die meisten meiner Anordnungen, die notwendigen Härtebestimmungen vorsieht. Man kann nämlich nicht alle Gastwirtschaften Deutschlands von Berlin aus mit gerechten Preisanweisungen versehen. Dazu liegen die Verhältnisse zu verschieden. Man muß da die Sachkunde der örtlichen Behörden einschalten. Diesen Behörden also war die Möglichkeit anvertraut, freiwillige Bierpreissenkungen, die seit dem Sommer 1931 vorgenommen sind, zur Anrechnung zu bringen. Solche Senkungen waren vielfach vorgenommen. Den gleichen Behörden war ferner die Befugnis zuerteilt, überall da, wo die Durchführung der Preisherabsetzung zu Härten führte, entsprechende Gegenmaßnahmen zu treffen. In Preußen sind von dem zuständigen Handelsministerium in Verfolg dieser Bestimmung an die Regierungspräsidenten sehr entgegenkommende Anweisungen ergangen, die mir sogar zu weit gehen. Aber man kann sich mit dieser Weitherzigkeit doch eher abfinden als mit dem Versuch, durch streik-ähnliche Maßnahmen der öffentlichen Gewalt irgendwelche Entschlüsse auf dem Steuergebiet abzuzwingen. Da im weitgehenden Maße dafür gesorgt wird, daß bei der Senkung Härten vermieden werden, liegt kein Grund dazu vor, den Brauereien die Bierabnahme, dem Verbraucher den Bierausschank zu verweigern. Und es muß ebenso klar ausgesprochen werden, daß irgendein Steuerstreik auf irgendeinem Gebiete niemals zum Erfolg führen kann. Denn jede öffentliche Gewalt, die in diesem Punkte nicht unnachgiebig ist, setzt das ganze Staatswesen der Auflösung aus. Das sollte sich jeder selbst sagen und er sollte sich doch noch hinzufügen, daß ein großer Teil gerade der durch die Biersteuer gewonnenen Mittel insbesondere von den Gemeinden zu gar nichts anderem verwendet wird, als um die Arbeitslosen zu unterhalten.[4]

Unzufrieden muß ich auch damit sein, daß die Butterpreise wieder in die Höhe gegangen sind. Hier liegen die Ursachen in der Erhöhung des Butterzolls. Er war notwendig geworden, weil durch die Veränderung der englischen und nordischen

4 Vgl. zur Bierpreissenkung, der daraus resultierenden Protestbewegung im Gaststättengewerbe und der schließlich erfolgten Einigung auf eine Senkung der Reichs- und Gemeinde-Biersteuer AdR Brüning, Bd. 3, S. 2261 f.; 2301 f. und 2316.

Valuta die Zufuhr nordischer Butter nach Deutschland einen Umfang angenommen hatte, der unserer Landwirtschaft jede rentable Milchwirtschaft unmöglich machte, für dessen Bezahlung auf der anderen Seite die erforderlichen Devisen gar nicht mehr zur Verfügung gestellt werden konnten. Nun kamen im Februar zu dieser Zollerhöhung noch zwei weitere Tatsachen hinzu. Einmal hat England seinen Butterzoll mit Wirkung vom 1.3.1932 ab wie eine Reihe von anderen Zöllen erhöht. Der Monat Februar wurde also noch zu großen nordischen Butterverkäufen nach England zu niedrigen Zollsätzen ausgenutzt. Endlich ist der Monat Februar erfahrungsgemäß der Monat der geringsten Milchabgabe seitens der Landwirtschaft. Nunmehr steigt die Milchmenge wieder bis zum Johanni. Ich habe daher eine gewisse Hoffnung, daß der Butterpreis schon im Laufe des Monats März eine Entspannung erfahren wird, und zweifle nicht daran, daß der Milchpreis, insbesondere auch durch Beeinflussung etwa übersetzter Handelsspannen, sich nicht nur halten läßt, sondern zum Teil sogar rückläufige Bewegung haben wird.[5]

Eine dritte und ernste Sorge hat mir in der vergangenen Woche der Brotpreis bereitet. Er ist infolge der Vereinbarungen mit der Organisation des Bäckerhandwerks fast in ganz Deutschland, in Süddeutschland sogar ganz erheblich, in den letzten beiden Monaten herabgesetzt worden. Da kam plötzlich im Laufe der letzten Woche die Nachricht, daß in Stettin und in Hamburg eine Verteuerung des Brotes vorgenommen sei und in Berlin eine solche Verteuerung bevorstehe. Ich habe Ihnen schon im Dezember gesagt, meine Damen und Herren, daß ich von der Festsetzung von Höchstpreisen Abstand nehmen müsse. Nach der Erfahrung der Kriegswirtschaft hätten sie sich überall zu Normalpreisen entwickelt. So bin ich auch beim Brot vorgegangen; hier sind lediglich Höchstspannen mit den Bäckern vereinbart. Der Brotpreis richtet sich aber nicht nur nach der Bäckerspanne, sondern auch noch nach dem Preis, zu dem der Bäcker das Mehl kauft, dieser wieder nach dem Roggen und nach dem Müllerlohn, der für das Vermahlen des Roggens gezahlt werden muß. Die Roggenpreise zu beeinflussen, ist nicht meine Aufgabe. Daß die Landwirtschaft einen auskömmlichen Roggenpreis braucht, ist Ansicht aller Länderregierungen und der Reichsregierung, weil sonst bei den gedrückten Preisen für landwirtschaftliche Erzeugnisse der künftige Roggenanbau überhaupt gefährdet sein würde.

Es ist nun in den letzten Tagen durch entsprechende Maßnahmen der Reichsregierung und meinerseits gelungen, Einfluß auf eine vernünftige und ruhige Gestaltung der Roggenpreise und der Roggenmehlpreise zu gewinnen. Insbesondere wird die Berichtigung des Roggenmehlpreises im Verhältnis zum Roggenpreis noch einer genauen Nachprüfung unterzogen. Diese Maßnahmen, die zur Entspannung führen müssen, haben mir, der ich eine Gegner jeder Zwangswirtschaft alten Stils bin, das Recht gegeben, zunächst für Groß-Berlin die Erhöhung des Brotpreises zu untersagen. Ich hoffen, daß diese Maßnahme sich als vollauf berechtigt erweisen

[5] Vgl. zur Erhöhung des Butterzolls ebd., S. 2191-2193 sowie 2236.

wird. Um in Zukunft vor Überraschungen geschützt zu sein, ist eine Meldepflicht für beabsichtigte Brotpreiserhöhungen eingeführt. Solche Erhöhungen dürfen erst 3 Tage nach Anmeldung in Kraft treten, so daß die zuständigen Stellen Zeit genug haben, sich mit der Frage zu beschäftigen, ob diese Erhöhung nicht abwendbar ist. Im übrigen genügen die in Deutschland beim Erzeuger, beim Händler, beim Müller, beim Bäcker und bei der Getreidegesellschaft vorhandenen Vorräte nach den mir gemachten Berichten vollkommen, um die Brotversorgung bis in das nächste Erntejahr hinein sicherzustellen.[6]

So, das wären die Punkte, die mir und Ihnen allen keine Freude, sondern Sorge bereitet haben. Was ist in diesen zwei Monaten geschehen? Im Großen und Ganzen ist eine Senkung des Index, den ich bei Antritt des Amtes übernommen habe, um 7% – 9% erreicht.[7] Ganz nett sagen einige, zu wenig die meisten. Aber den letzteren möchte ich sagen, daß noch niemals seit der Inflation eine so starke Indexsenkung in so kurzer Zeit vor sich gegangen ist. Wie gesagt, führe ich das durchaus nicht auf meine Arbeit, sondern auf die Mitarbeit aller zurück. Aber das Ergebnis ist wenigstens vorhanden. Es kann kein abschließendes sein, weil der Index etwas Bewegliches ist. Er ist natürlich auch sehr stark von der Kaufkraft abhängig. Aber der Index erschöpft nicht das Register der lebenswichtigen Gegenstände des täglichen Bedarfs und der Leistungen und Lieferungen, auf die sich meine Arbeit erstreckt hat. Ich habe den Begriff der Lebenswichtigkeit so weit wie irgend vertretbar gefaßt und mich fast allen wirtschaftlichen und beruflichen Betätigungen zugewendet, die den Preis irgendwie beeinflussen konnten. Dabei ist stets der Entwicklungsgang des Preises vom Rohprodukt über die verschiedenen Verarbeitungs- und Verteilungsspannen bis zum Verbraucher hin verfolgt und überall geprüft, wo Senkungen wirtschaftlich möglich und vertretbar erschienen. Bei den Rohstoffen, soweit sie nicht von Weltmarktpreisen bestimmt werden, hat die Notverordnung die Hauptarbeit bereits selbst getan, indem sie eine 10%ige Senkung der gebundenen Rohstoffpreise anordnete.

Landwirtschaft und Bergbau mußten von weiteren Senkungsmöglichkeiten ausgenommen werden. Über die Landwirtschaft habe ich schon gesprochen. Der Bergbau fördert heute nur 75% der entsprechenden Förderung des Vorjahres und ist jetzt dem stärksten Druck der englischen Kohle ausgesetzt. Die Löhne in ihm haben ein Minimum erreicht. Hier war pfleglichste Behandlung am Platze. Die Verarbeitungskosten sind auf ihre Preiswahrheit durchgeprüft. Diese sind gesenkt bei Emaille- und Metallwaren, bei der Fahrrad- und Nähmaschinenindustrie, Haus- und Küchengeräten, bei Möbeln, bei Margarine, Seife und Leder, endlich

---

6 Um den deutschen Bedarf bis zur nächsten Ernte sicherzustellen, war schließlich russischer Roggen importiert worden; vgl. ebd., S. 2320.

7 Nach Horkenbach war der Preisindex für Konsumgüter von 132,4 im Dezember 1931 gesunken auf 126,9 (Januar 1932) bzw. 123,6 (Februar 1932); Cuno Horkenbach (Hg.): Das Deutsche Reich 1918 bis heute, Bd. 3 Berlin 1933, S. 96.

bei den Mühlen und dem gesamten Filmwesen. Die Verteilungskosten sind fast auf allen Gebieten stark beeinflußt. Die Handelsspannen sind gesenkt bei den Arznei-Spezialitäten, Kakao, Schokolade, Kartoffeln und dem Kohlenhandel, bei dem Mineralwasser, bei Nähmaschinen und Petroleum, bei Schreibwaren und Büroartikeln, bei Seefischen, Tapeten und für den Wäscheversand. Es ist auch interessant, folgendes festzustellen: Nach dem Rückgang der Rohstoffpreise wäre von ihrem Höhepunkt im Jahre 1928 bis zum Januar 1931 ein Rückgang der Handelsspannen um 18 v.H. zu erwarten gewesen. Er betrug nur 16,5 v.H. Bis zum Januar 1932 hätte dieser Rückgang 22 v.H. betragen müssen. In Wirklichkeit ist die Handelsspanne um 27 v.H. gesunken. Hier sind Auswirkungen der Einwirkung auf die Handelsspanne unverkennbar.

Im Handwerk sind die Preise der Elektro-Installateure, der Sattler, Schmiede, Schneider, Schornsteinfeger, Stellmacher und in den Wäschereien einer Senkung unterworfen. Was sonstige Leistungen des täglichen Verkehrs betrifft, so sind bei den Spediteuren, bei dem Möbeltransport, bei den Kraftdroschken und bei den sonstigen Fuhrunternehmungen Senkungen im wesentlichen im Wege der Vereinbarung, hier und da auch durch Anordnungen durchgesetzt.

Die Mitarbeit der Verbraucher ist angeregt durch die Anordnung, daß bestimmte Waren und Leistungen in öffentlich auszuhängende Preisverzeichnisse aufgenommen werden müssen, oder daß die Ware mit einem Preisschild versehen werden muß. Das gilt für Brot und Kleingebäck, für Fleisch, Kolonialwaren, Obst und Gemüse, für Seefische, für Bier und Mineralwasser, für die Leistungen der Schuhmacher und Friseure und endlich für künstliche Düngemittel.[8]

Besondere Schwierigkeit machte es, die Preisüberwachung bei den etwa 56.000 Markenartikeln sicherzustellen. Sie sind durch die Notverordnung einer 10%igen Senkung unterworfen. Das Reichswirtschaftsministerium hat nachgelassen, daß statt der Preissenkung eine Gewichtsvermehrung vorgenommen werden dürfe. Um angesichts dieser verschiedenen Möglichkeiten die Preissenkung vorzunehmen und dem Käufer die Sicherheit der erfolgten Preissenkung zu verschaffen, ist nunmehr angeordnet werden, daß auf Markenwaren in Zukunft Inhalt und Menge auf die Verpackung der auf das Gefäß aufgedruckt werden muß, und zwar die Menge nach dem Stichtag vor der Senkung des Preises und nach dem Tage der Herstellung der Verpackung. Außerdem müssen die Markenwarenhersteller dem Reichswirtschaftsministerium die durchgeführte Senkung anzeigen.

Mit den freien Berufen sind Verhandlungen gepflogen. Ärzte und Rechtsanwälte haben sich entgegenkommenderweise bereiterklärt, ebenfalls der wirtschaftlichen Notlage weiter Verbraucher Rechnung zu tragen. Die Einzelheiten interessieren in diesem Zusammenhange nicht; sie sind in der ganzen Presse veröffentlicht und

---

[8] Vgl. die Verordnungen über Preisschilder und Preisverzeichnisse für die verschiedenen Produkte vom 17.12.1931 (RGBl. 1931/I, S. 788 f.) sowie vom 20.1. (RGBl. 1932/I, S. 33), 9.2. (ebd., S. 65 f.) und 22.2.1932 (ebd., S. 91).

ich möchte an dieser Stelle auch den beteiligten Organisationen meinen Dank für die bewiesene Einsicht aussprechen.

Eine Reihe von Wünschen richtete sich dahin, in langdauernde Lieferungsverträge einzugreifen. Ich habe mich auf den Standpunkt gestellt, daß da, wo der eine Teil bereits seine volle Leistung gemacht hatte, nunmehr an dem Vertrag nichts mehr geändert werden könne, denn in diesem Falle muß man dem Vorleistenden auch den verabredeten Gegenwert zuführen. Wer also Möbel auf Abzahlung gekauft und erhalten hat, der kann jetzt nicht nachträglich eine Minderung des Preises verlangen. Die Abzahlungsgeschäfte haben sich aber bereit erklärt, die Abzahlungsraten zu verkleinern und den Abzahlungszeitraum zu verlängern. In langfristige Verträge aber, bei denen noch beide Teile in Zukunft zu leisten haben, wie z.B. bei Privattelephonanlagen, ist noch nicht in die künftigen Leistungen eingegriffen. Hiermit berühre ich bereits den Kreis unerfüllbarer Wünsche. Für die Senkung von Mieten und Zinsen bin ich nicht zuständig. Ich habe die an mich gerichteten Wünsche den zuständigen Stellen weitergeleitet.

Was die Rundfunkgebühren betrifft, deren Senkung von verschiedenen Seiten gewünscht wird, so verweise ich auf den aufklärenden Vortrag, der im Auftrag des Reichspostministeriums vor einigen Tagen im Rundfunk gehalten ist.

Die Reichspost hat durch die Senkung der Paket- und Briefgebühren erheblich mehr getan, als ihr an Ersparnissen aus der letzten Notverordnung zukam. Da sie unbedingt darauf angewiesen ist, mit den Einnahmen die Ausgaben zu decken, so ist sie zur Zeit zu weiteren Senkungen nicht in der Lage.

Was die öffentlichen Tarife betrifft, so ist der Stand der Senkungen günstiger, als vielfach angenommen wird. Von 1014 Elektrizitäts-Werken haben 780, von 870 Gaswerken haben rd. 650 ihre Tarife gesenkt. Im übrigen laufen hier die Nachprüfungen, namentlich bei Großwerken, weiter. Ich habe aber schon im Dezember darauf aufmerksam gemacht, daß die Wünsche von Industrie, Landwirtschaft, Gewerbe und Kleinverbrauchern hier nicht in dem von ihnen vielfach erwarteten Ausmaße erfüllt werden können, solange auf den Gemeinden und Gemeindeverbänden ständig steigende Ausgaben für die Unterstützung der Arbeitslosen lasten.

Was das Gebiet der gebundenen Preise betrifft, so ist die durch die Notverordnung vorgeschriebene Senkung vorgenommen. Ich halte auf diesem Gebiete weitere Maßnahmen für notwendig, um im Rahmen einer allgemeinen Auflockerung zu starrer Bindungen die Gesamtwirtschaft zu beleben. Im Augenblick aber muß dieser Gesichtspunkt hinter der Notwendigkeit zurücktreten, zunächst einmal in der Gesamtwirtschaft eine Beruhigung eintreten zu lassen.

Eine unbegrenzte Fortsetzung meiner Tätigkeit auf allen Gebieten würde die jetzt schon bestehende Unsicherheit über die künftige Preisbildung weiter vergrößern und damit zu Zurückhaltungen von Käufen, Aufträgen und Bestellungen führen, die für den ganzen Produktionsapparat (Arbeitnehmer, Arbeitgeber und Kapital) in gleicher Weise verderblich sein könnten. Ich bin der Ansicht, daß wir in der Preisbewegung auf einem gewissen Beharrungszustand angelangt sein dürften, soweit nicht die von behördlichen Maßnahmen unbeeinflußte wirtschaftliche Entwicklung eine weitere Preissenkung automatisch herbeiführt. Auf jeden Fall ist der Zustand jetzt so stabil, daß wirtschaftliche Dispositionen wieder für einen gewissen Zeitraum getroffen werden können.

Um die Ergebnisse der bisherigen Preisüberwachung zum Nutzen des Verbrauchers und der Wirtschaft sicherzustellen, habe ich auf den Gebieten, wo es sich um täglich notwendigen Umsatz handelt, also bei Nahrungs- und Genußmitteln sowie bei gewissen Leistungen die Überwachung der Preisspannen den obersten Landesbehörden übertragen, die ihrerseits zweckmäßig die Befugnisse den zuständigen Verwaltungsstellen abgeben werden, da sie in diesem Jahre mit den Befugnissen des Reichskommissars andere Möglichkeiten haben als in den Vorjahren, so hoffe ich, daß diese Systemänderung sich bewähren wird. Es ist aber notwendig, daß jeder in seinem Rahmen weiter an einer verständigen Preisüberwachung mitarbeitet. Außerdem soll dem Reichskommissar oder den zuständigen Ministerien nach wie vor die Möglichkeit offengehalten werden, mit zentralen Anordnungen einzugreifen.

In der Hand des Reichskommissars sollen in Zukunft die Überwachung der Tarife und öffentlichen Gebühren verbleiben. Diese Arbeit wird im Hinblick auf die mehrfach erwähnten wirtschafts- und sozialpolitischen Zusammenhänge zu gegebener Zeit auf breiterer Grundlage durchgeführt werden müssen. Diese Arbeit wird nicht nur eine ordnende, sondern auch eine aufbauende sein müssen, denn nur die tatkräftige Inangriffnahme der großen wirtschaftlichen und sozialpolitischen Fragen, ausmündend in organisatorischen Reformen auf allen Gebieten und in verwirklichbaren Maßnahmen zur Auflockerung der Arbeitslosigkeit, von den verschiedensten Punkten und mit den verschiedensten Mitteln kann den Verkrampfungszustand, in dem sich unsere Wirtschaft befindet, lösen und unser Volk aus der Notlage herausführen und unserer Jugend wieder Lebensziele geben. Das ist die Erkenntnis, in der mich dieser Abschnitt meiner Tätigkeit im Dienste des Reiches auf das vollkommenste bestärkt hat.

## 2.3.4 *Schreiben Goerdelers an Franz v. Papen*

*maschinenschriftliche Schreiben vom 17.10.1932; BAB; R 43I/1163, Bl. 219 f.*

Preissteigerungen müssen weiter verhindert werden; um seine Aufgabe meistern zu können, muss der Reichskommissar für Preisüberwachung über wirtschaftliche Entwicklung und Maßnahmen der Regierung informiert und an ihnen beteiligt sein; endgültige Entscheidung über das Reichspreiskommissariat muss erfolgen.

Sehr verehrter Herr Reichskanzler!

Durch Ihre gestrige Erklärung in Dortmund, daß die Reichsregierung Preissteigerungen verhindern werde,[1] ist die Bedeutung der Preisüberwachung wieder mehr

[1] Am 16. Oktober 1932 hatte Papen in Dortmund und Paderborn vor Wirtschaftsvertretern gesprochen (vgl. Schultheß 1932, S. 181); ebenso wie in seiner Münchener Rede vom 11.10.

in den Vordergrund des wirtschaftlichen und öffentlichen Interesses gerückt. Das entspricht durchaus meiner Auffassung; ich habe mir erlaubt, sowohl schriftlich wie mündlich darzulegen, daß ein Erfolg dem Regierungsprogramm nur beschieden sein kann, wenn wenigstens während der ersten Monate die Belebung der Kaufkraft nicht durch Preissteigerungen wettgemacht wird.[2]

Erneut erlaube ich mir darauf hinzuweisen, daß eine fruchtbare und erfolgreiche Preisüberwachung nur geleistet werden kann, wenn Derjenige, in dessen Hand sie liegt, ständig über alle wesentlichen, die Preise beeinflussenden Vorgänge unterrichtet bleibt und auch vor Maßnahmen, welche Preiserhöhungen zur Folge haben können, zugezogen wird.

Ich bitte, mich nicht mißzuverstehen, wenn ich dies wiederholt hervorhebe. Die Berechtigung hierzu ergibt sich von selbst aus dem Begriff der Verantwortung. Ich brauche auch nicht zu betonen, daß ich selbstverständlich wie vor dem Zeitpunkt, seit dem die Preisüberwachung im wesentlichen zum Ruhen gebracht ist,[3] zur Verfügung stehe, wenn jene Voraussetzungen erfüllt werden. Aber ebensowenig werde ich meinerseits irgendeinen Anlaß zu irgendeinem Mißverständnis finden, wenn die Regierung aus irgendwelchen Gründen es für nützlich finden sollte, die Preisüberwachung einem Reichsbeamten zu übertragen.[4] Nur möchte ich bitten, daß nunmehr, und zwar gerade nach Ihrer gestrigen Betonung, eine baldige Entscheidung herbeigeführt wird.[5]

Mit bester Empfehlung habe ich die Ehre zu sein
Ihr sehr ergebener
Goerdeler.

---

hatte er für Privatinitiative und freies Unternehmertum plädiert, aber auch mit Verweis auf die schwierige Lage der Landwirtschaft notwendige staatliche Eingriffe angekündigt (vgl. Münchener Rede; abgedr. ebd., S. 176-180).

2 Zu früheren Stellungnahmen Goerdelers vgl. seine Schreiben an v. Papen vom 25.6.1932 (BAB, R 43I/1162, Bl. 9) und vom 8.9.1932 (ebd., 1163, Bl. 212).

3 Bereits Ende Dezember 1931 war die Preisüberwachung für die meisten landwirtschaftlichen Produkte, Ende Februar 1932 dann für alle Leistungen sowie Lebens- und Genussmittel des täglichen Bedarfs an die Landesbehörden übertragen worden; vgl. „Übertragung der Befugnisse des Reichskommissars für Preisüberwachung an oberste Landesbehörden" vom 30.12.1931 (RGBl. 1932/I, S. 13) sowie Nachtausgabe WTB vom 5.3.1932 (BAB, R 43 I/1163, Bl. 138).

4 In der Ministerbesprechung vom 31.8.1932 referierte v. Papen über Goerdelers Vorschlag, die Arbeit des Reichspreiskommissars auf einen Beamten des Reichswirtschaftsministeriums zu übertragen; der Reichswirtschaftsminister erklärte sich auch bereit zur Übernahme der Aufgabe (vgl. Ministerbesprechung vom 31.8.32; BAB, R 43 I/1162, Bl. 14 ff.), jedoch wurde diese Maßnahme erst im Dezember durchgeführt (vgl. Verordnung über die Unterstellung des Reichspreiskommissariats unter das Reichswirtschaftsministerium vom 23.12. 1932; RGBl. 1932/I, S. 572).

5 Handschriftliche Anmerkung v. Papens auf dem Schreiben: „Es bleibt bei der bisherigen Entscheidung."

## 2.3.5 *Schreiben Goerdelers an Hans Lammers*[1]

*maschinenschriftliches Schreiben vom 24.11.1934; BAB, R 43 II/315a, Bl. 161.*[2]
Berichtigung der gesetzlichen Aufgabenbegrenzung des Reichspreiskommissars; Forderung nach umfassenderen Eingriffsmöglichkeiten.

Betr.: Gesetz über Bestellung eines Reichskommissars für Preisüberwachung.
Für den Auszug aus der Niederschrift über die Sitzung des Reichsministeriums vom 5.d.M.[3] danke ich verbindlichst.

Der Führer und Reichskanzler hat mir vor Übernahme des Amtes erklärt, daß meine Befugnisse autoritär seien und nicht abhängig sein dürften von einer in jedem einzelnen Falle einzuholenden Zustimmung der zuständigen Minister. Der Führer und Reichskanzler fügte hinzu, daß er gerade habe vermeiden wollen, eine neue Dienststelle zu schaffen, die dann wieder in das Räderwerk von Reibungen sich hineingezogen fühle. Die alleinige Unterstellung unter den Führer und Reichskanzler schaffe auf der anderen Seite selbstverständlich die Möglichkeit seines Eingreifens in Fällen, in denen sich ein solches als notwendig ergeben würde. Der Wortlaut des Gesetzes entspricht dieser Erklärung. Eine Einschränkung ist mir auch bei meiner Berufung nicht mitgeteilt. Der Führer und Reichskanzler hat mir in einer Besprechung am 16.d.M. auf meine besondere Frage die Richtigkeit dieser Auffassung nochmals bestätigt.

Ich muß daher annehmen, daß bei der Niederschrift, in der es heißt, daß der Preiskommissar seine Maßnahmen *im Einvernehmen* mit den zuständigen Ministern treffen würde, ein Irrtum vorgekommen sein muß.[4]

---

1 Hans Heinrich Lammers, Jahrgang 1879, Jurist und Ministerialrat im Reichsministerium des Innern, war ursprünglich Mitglied der DNVP. Im Frühjahr 1932 wechselte er aus Enttäuschung über die mangelnde Unterstützung, die er von der DNVP in seiner Beamtenkarriere bekommen hatte, zur NSDAP. Am 30.1.1933 wurde er zum Staatssekretär in der Reichskanzlei berufen, seit 1937 war er Chef der Reichskanzlei und Reichsminister.

2 Das Schreiben ist abgezeichnet von Hans Lammers, Otto Meißner und Fritz Wiedemann.

3 In der Sitzung war die Bestellung eines Reichskommissars für Preisüberwachung beschlossen worden, um gegen „unverantwortliche Preistreibereien auf verschiedenen Marktgebieten" vorzugehen; BAB, R 43 II/ 315a, Bl. 31 f.

4 Während im „Gesetz über die Bestellung eines Reichskommissars für Preisüberwachung" vom 5.11.1934 kein Einvernehmenszwang für Maßnahmen des Reichskommissars festgeschrieben worden war (vgl. RGBl. 1934/I, S. 1085), hatte Hitler in der Sitzung vom 5.11. erklärt, „Der Preiskommissar werde seine Maßnahmen im Einvernehmen mit den zuständigen Ministern treffen" (BAB, R 43 II/315a, Bl. 32). Bei der umstrittenen Formulierung handelte es sich um die Frage, ob Maßnahmen des Reichskommissars von der Zustimmung der betroffenen Minister abhängig sein sollten. Lammers beantwortete Goerdelers Forderung abschlägig und verwies auf die Entscheidung Hitlers (vgl. Schreiben Lammers an Goerdeler vom 28.11.1934; ebd., Bl. 162). Der Einvernehmenszwang wurde jedoch weder in das ursprüngliche Gesetz, noch in das „Gesetz über die Erweiterung der Befugnisse des Reichskommissars für Preisüberwachung" vom 4.12.1934 (RGBl. 1934/I, S. 1201) aufgenommen.

Wie ich dem Führer und Reichskanzler von vornherein vortrug, ist es für mich ebenso selbstverständlich, daß ich mich vor allen wichtigen Maßnahmen mit den zuständigen Ministern ins Benehmen setze und besondere Fälle, namentlich dann, wenn sich ein Einvernehmen nicht hat herbeiführen lassen, dem Führer und Reichskanzler vorher vortrage.
Goerdeler

### 2.3.6 *Schreiben Goerdelers an Hans Lammers*

*maschinenschriftlicher Brief vom 27.7.1935; BAB, R 43 II/315a, Bl. 219-223.*[1]
Rücktrittsdrohung: Stellungnahme gegen den Einvernehmenszwang des Reichspreiskommissars mit zuständigen Ministern; neuer Gesetzentwurf mit erweiterten Kompetenzen.

Zum Schreiben RK 5825/35 vom 19.7.1935.
Sehr verehrter Herr Staatssekretär!
Den anderweiten Entwurf eines Gesetzes über die Verlängerung der Amtsdauer und über die Erweiterung der Befugnisse des Reichskommissars für Preisüberwachung habe ich erhalten.[2] Ich darf vorweg darauf aufmerksam machen, daß § 1, nachdem das Gesetz und das Amt am 1. Juli 1935 abgelaufen sind, nicht mehr in die Form einer Verlängerung gekleidet werden kann, worauf auch der Herr Reichs- und Preußische Minister des Innern bereits hingewiesen hat. § 1 müßte etwa lauten: „Das Gesetz über Bestellung eines Reichskommissars für Preisüberwachung vom 5.11.1934 (RGBl. I, S. 1085) und das Gesetz über die Erweiterung der Befugnisse des Reichskommissars für Preisüberwachung vom 4.12.1934 (RGBl. I, S. 1201) werden wieder in Kraft gesetzt und gelten bis zum 31.12.1935.“ Dementsprechend könnte auch § 2 Abs. 1 vereinfacht werden.

Meine Hauptbedenken richten sich aber gegen den 2. Absatz des § 2, laut dessen der Reichskommissar die im 1. Absatz des § 2 aufgeführten Maßnahmen *im Einvernehmen mit dem zuständigen Reichsminister* trifft. Die bisherige Stellungnahme

[1] Dem Schreiben hatte Goerdeler ein privates Anschreiben an Lammers beigefügt, das hier nicht aufgenommen worden ist (BAB, R 43 II/315a, Bl. 218). Das Schreiben ist abgezeichnet von Hans Lammers und Otto Meißner mit der Notiz Lammers': „1. Der Führer hat Kenntnis. 2. Herrn Ministerialrat Willuhn erg[ebenst] m[it] d[er] Bitte um Rücksprache“ vom 31.7.1935; als erledigt abgezeichnet von Meißner am 2.8.1935.

[2] Die Verhandlungen über eine Verlängerung des Reichspreiskommissariats liefen seit Juni 1935. Der Gesetzentwurf Goerdelers für eine Verlängerung (vgl. BAB, R 43 II/315a, Bl. 190) war besonders bei dem Minister für Ernährung und Landwirtschaft, Walther Darré, auf Widerspruch gestoßen, der zu starke Eingriffe in seinen Geschäftsbereich befürchtete (vgl. Schreiben Darrés an Lammers vom 6.7.1935; ebd., Bl. 197 ff.). Während der kommissarische Wirtschaftsminister Hjalmar Schacht Goerdelers Forderungen unterstützte, hatte auch Martin Bormann Bedenken gegen die von Goerdeler gewünschten umfassenderen Vollmachten angemeldet (vgl. Schreiben Bormanns an Lammers vom 9.7.1935; ebd., Bl. 201). Der Ministerialentwurf vom 19.7. legte auf Anordnung Hitlers den Einvernehmenszwang für den Reichspreiskommissar fest (vgl. ebd., Bl. 216).

des Führers und Reichskanzlers verpflichtet mich ganz besonders zu rechtzeitiger Darlegung meiner Auffassung.

Die Betrauung eines Reichskommissars mit Obliegenheiten, die an sich zu den Zuständigkeiten der Fachminister gehören, ist eine außergewöhnliche Maßnahme. Es soll sich nicht darum handeln, eine neue ministerähnliche Stelle zu begründen, die nur die Verantwortungen zersplittern und verwässern, den Geschäftsgang aber um eine weitere Zuständigkeit bereichern und damit verlangsamen würde. Der gewollte Zweck, außergewöhnlichen Erscheinungen und Notständen zu Leibe zu rücken, kann vielmehr nur erreicht werden, wenn der Reichskommissar eine klare eigene Zuständigkeit hat und aus selbständiger Verantwortung einheitlich und schnell handeln kann. Es geht also um die Frage, ob die normalen Machtvollkommenheiten der Minister ausreichen oder ob Sondervollmachten geschaffen werden müssen. Es wäre ein Widerspruch in sich und daher nicht zweckmäßig, einen Reichskommissar für Preisüberwachung in seiner Tätigkeit zu hemmen, indem man ihn an die Zustimmung der zuständigen Minister bindet. Selbstverständlich liegt die letzte Entscheidung stets beim Führer und Reichskanzler. Aber es ist ein Unterschied, ob diese Entscheidung bei Meinungsverschiedenheiten mit den Ministern vor dem Entschluß eingeholt werden muß oder ob es dem Führer und Reichskanzler souverän überlassen bleibt, in die Tätigkeit des Reichskommissars von sich aus lenkend und gegebenenfalls beendigend einzugreifen. Wie bei der Deutschen Gemeindeordnung, so muß ich auch hier den Standpunkt vertreten, daß die Autorität des Führers nur in äußersten Fällen eingesetzt werden darf; soweit und so oft wie möglich müssen entschlußfreudige und entsprechend bevollmächtigte Männer die Verantwortung auf sich nehmen.[3]

Dazu kommt, daß mit jeder Inanspruchnahme des Führers und Reichskanzlers ein irgendwie gearteter *Zeitaufschub* unvermeidlich verbunden sein muß. Es kann vorkommen, daß dieser Zeitaufschub bei der Belastung des Führers und Reichskanzlers länger währt als die Sache es vertragen kann. Ich erinnere an die Notwendigkeit, kurz nach Inkrafttreten der neuen Brotmarktordnung sofort eingreifen zu müssen, um die bereits an vielen Orten im Gange befindliche effektive Erhöhung von Brotpreisen zu verhindern. Wenige Tage später wäre es wesentlich schwieriger gewesen, bereits vollzogene Erhöhungen wieder rückgängig zu machen; vor allen Dingen wären höchst bedenkliche psychologische und politische Auswirkungen bereits eingetreten gewesen. Es ist dies ja *der* Fall, den ich dem Führer und Reichskanzler in der zweiten Junihälfte vortrug, und in dem meine damals ausgesprochene Erwartung, daß der Herr Reichsminister für Ernährung und Landwirtschaft widersprechen würde, sich inzwischen in vollem Umfange bewahrheitet hat.[4] Der Führer

---

3 Zu den Verhandlungen über die DGO und Goerdelers Plädoyers für eigenverantwortliche Selbstverwaltung vgl. seine Stellungnahmen vom Herbst und Winter 1934; Dok. 1.3.8 ff., oben S. 136 ff.

4 Goerdelers Auseinandersetzungen mit Walter Darré, dem Reichsminister für Landwirtschaft und Ernährung und Führer des Reichsnährstands, waren besonders scharf, weil Goerdeler in

und Reichskanzler kann vielleicht beanstanden, daß ich hier nicht vorher mich mit dem zuständigen Fachminister ins Einvernehmen gesetzt habe. Aber es wäre für das Ganze erträglicher, daß ich hierfür zur Rechenschaft gezogen würde, als daß in der Sache selbst durch Zeitverlust ein schwer wieder gut zu machender Schaden eingetreten wäre. Ich bin mit dem Herrn Reichsernährungsminister darin vollkommen einig und habe diese Auffassung auch stets vertreten, daß es notwendig ist, die Ernährung des deutschen Volkes durch angemessene Preise für den Bauern sicherzustellen und die Lebensfähigkeit der deutschen Bauernschaft in jeder verständigen Weise, auch durch Festpreise, zu sichern. Aber ich bin nicht der Ansicht, daß es für die Preisgestaltung und für die Versorgung des deutschen Volkes nützlich ist, die Verteilung und Verarbeitung landwirtschaftlicher Erzeugnisse bis zum Endprodukt durch Zwangsordnungen zu regeln. Sie schalten in zunehmendem Maße den eingespielten Verarbeitungs- und Verteilungsapparat aus oder zwingen ihn in einem Augenblick zu Umstellungen, in dem alles darauf ankommt, die Erfahrung auszunutzen und jenen Apparat durch Wettbewerb zur besten und billigsten Leistung zu zwingen.

Der Herbst 1935 und der Winter 1935/36 werden uns voraussichtlich vor folgende neue Schwierigkeiten stellen:

1. Ein erheblicher Teil der Weltrohstoffe steigt im Preise, und zwar auch solche Rohstoffe, die wir benötigen.
2. Die Exportschwierigkeiten nehmen zu und wirken sich in weiterer Verknappung der Devisen und der Rohstoffe aus.
3. Die Rindvieh- und Schweinebestände sind – letztere besonders stark – zurückgegangen. Der Reichsnährstand hat sich veranlaßt gesehen, Höchstpreise jetzt auch für Schweine festzusetzen. Er übersieht, daß Höchstpreise nur dann richtig wirken, wenn entweder genügend Ware vorhanden ist ober bei nicht genügender Ware Beschlagnahme und Verteilung einsetzen. Der Ergänzung durch ausländisches Vieh stehen die in Ziffer 2 erwähnten Schwierigkeiten entgegen. Bei Eiern, Gemüse und Obst ist derselbe Zustand bemerkbar.
4. Zu diesen natürlichen Schwierigkeiten, die alle preissteigernd wirken, tritt noch die Exportabgabe hinzu. Meine Stellung zu ihr ist bekannt; ich fürchte, daß der weitere Verlauf meine Warnung als begründet erscheinen lassen wird.[5]

---

seinem Amt eine Bedrohung für die selbständige Preispolitik des Reichsnährstands bedeutete. Während der genaue Verlauf der Auseinandersetzungen nicht zu rekonstruieren ist, warfen sich Goerdeler und Darré gegenseitig vor, für Preiserhöhungen landwirtschaftlicher Produkte verantwortlich zu sein. Vgl. auch Schreiben Darrés an Lammers vom 6.7.1935; BAB, R 43 II/315a, Bl. 197 f.

5 Das System der Exportausgleichsabgaben und Exportprämien diente dem Ziel, den Außenhandel und die Devisenwirtschaft staatlich zu regulieren und so eine positive Außenhandelsbilanz zu erreichen. Für die Binnenwirtschaft hatten die Eingriffe preissteigernde Folgen. Vgl. ausführlich zur nationalsozialistischen Beeinflussung des Außenhandels Lotte Zumpe: Wirtschaft und Staat in Deutschland 1933 bis 1945, Berlin 1979, S. 138-181 sowie Eckart

Bei dieser Lage ist folgendes notwendig:

1. Ausnutzung aller international gegebenen, national vertretbaren Möglichkeiten, um zu natürlichem Handelsverkehr zu gelangen und dadurch die Rohstoffversorgung flüssiger zu gestalten unter Beseitigung aller entgegenstehenden Hemmungen.
2. Größte Sparsamkeit in der gesamten öffentlichen Verwaltung und in der Volkswirtschaft, um hierdurch natürliche Gegenkräfte gegen die oben erwähnten preissteigernden Kräfte auszulösen; bessere Anpassung der öffentlichen Aufträge an diese Lage.
3. Beseitigung aller Belastungen der deutschen Volkswirtschaft und der Verwaltung mit irgendwie vermeidbaren Organisationskosten. Dazu gehört auch die Verarbeitung und Verteilung aller Rohstoffe einschließlich der landwirtschaftlichen Erzeugnisse durch den eingespielten Apparat der Wirtschaft.

Die hiernach zu treffenden Maßnahmen der Preisüberwachung decken sich also immer weiter fortschreitend mit den allgemeinen politischen und wirtschaftspolitischen Aufgaben. Sie werden daher am natürlichsten, organischsten und zweckmäßigsten von den zuständigen Fachministern getroffen. Diesen wird ihre Aufgabe jetzt dadurch erleichtert, daß die wesentlichen sachlichen, organischen und technischen Voraussetzungen für die Bildung und Überwachung jeweils angemessener Preise in den letzten 8 Monaten geschaffen sind. Unter diesen Umständen muß ich empfehlen, zunächst die Verantwortung der zuständigen Fachminister sich auswirken zu lassen, ihnen aber zur besseren Durchführung den eingespielten Apparat so wie er jetzt zusammengesetzt ist, solange zur Verfügung zu stellen, als sie es wünschen. Seit dem 1. Juli erfolgt bereits die Preisüberwachung auf diesem Wege und unter Verantwortung der Fachminister. Wenn sich dieses Verfahren bewährt, ist es zweifellos das beste und jedem Sonderkommissariat vorzuziehen.

Zu dieser Empfehlung nötigt mich auch die Tatsache, daß zum mindesten der Herr Reichsminister für Ernährung und Landwirtschaft der Erteilung neuer Vollmachten widerspricht. Ich will seiner auf Überzeugung gegründeten Auffassung nicht zu nahe treten. Wird in aller Ruhe der Versuch gemacht, ob nicht tatsächlich die Preisüberwachung durch die zuständigen Fachminister zurzeit ausreicht, so wird dadurch jedenfalls Zeit zu einer vollkommen sachlichen und unbefangenen Klärung der Meinungen gewonnen. Bewährt sich dieser Versuch nicht, so werden sich auch die Notwendigkeiten besonderer Vollmachten klären. Denn dann wird es offenbar, daß ein Reichskommissar gebunden an die Zustimmung der Minister, die an sich in der Lage wären, selbst zu handeln, seine Aufgabe nicht zum guten Ende führen kann; daß also nicht die Einsetzung eines Kommissars neben den Ministern das Entscheidende ist, sondern die Erteilung besonderer Vollmachten,

Teichert: Autarkie und Großraumwirtschaft in Deutschland 1930–1939. Außenwirtschaftspolitische Konzeptionen zwischen Weltwirtschaftskrise und Zweitem Weltkrieg, München 1984.

die ihm ermöglichen, schnell und schlagkräftig einzugreifen. *Ich sehe ohne solche Vollmachten für einen Reichskommissar keine Möglichkeit, den Auftrag wirklich durchzuführen.* Selbstverständlich aber hat der Reichskommissar die Pflicht, mit den beteiligten Ministern *laufend* in Fühlung zu bleiben.

Daß der Führer und Reichskanzler jederzeit über mich verfügen kann, ist selbstverständlich. Aber ich bitte, mir im Falle einer beabsichtigten Entscheidung, die meinen vorgetragenen Bedenken nicht Rechnung tragen soll, zu deren mündlicher Darlegung Gelegenheit zu geben.

Einen neuen Vorschlag zu einem Gesetz erlaube ich mir beizufügen.[6] Ich halte auch die Unterschriften des Herrn Reichsministers für Volksaufklärung und Propaganda und des Herrn Reichsarbeitsministers für erwünscht, weil auch ihre Arbeitsgebiete berührt werden können.

Heil Hitler!
Ihr sehr ergebener
Goerdeler

## 2.3.7 *Rückblick Goerdelers auf seine Mitarbeit in der Reichspolitik zwischen 1931 und 1935*

*handschriftliches Manuskript vom 9.7.1937; Privatbesitz.*[1]
Das erste Reichspreiskommissariat; Mitarbeit im zweiten Kabinett Brüning; Haltung der Rechtsparteien zum Kabinett Brüning; Sammlungsversuche der Rechtsparteien; Demission des Kabinetts Brüning und Bildung des Kabinetts Papen; Machtübernahme der NSDAP auf Reichsebene und Entwicklung auf kommunalpolitischer Ebene; Mitarbeit an der nationalsozialistischen Gesetzgebung 1933–1935; das zweite Reichspreiskommissariat; Bewertung der nationalsozialistischen Politik.

---

6 Goerdelers Gesetzentwurf lautete folgendermaßen:
„Die Reichsregierung hat folgendes Gesetz beschlossen, das hiermit verkündet wird:
§ 1. Das Gesetz über Bestellung eines Reichskommissars für Preisüberwachung vom 5.11.1934 (RGBl. I S. 1058) und das Gesetz über die Erweiterung der Befugnisse des Reichskommissars für Preisüberwachung vom 4.12.1934 (RGBl. I S. 1201) werden wieder in Kraft gesetzt und gelten bis zum 31.12.1935.
§ 2. (1) Die Aufgaben und Befugnisse des Reichskommissars erstrecken sich auch auf Maßnahmen, die der Vereinfachung und Verbilligung der Verwaltung aller Körperschaften des öffentlichen Rechts und aller im Gesetz vom 5.11.1934 (RGBl. I S. 1085) bezeichneten Verbände oder ihrer Zusammenarbeit untereinander oder mit anderen Stellen dienen, sowie auf alle zur Stärkung der Kaufkraft oder Senkung der Unkosten notwendigen Regelungen. (2) Die Befugnisse des Reichskommissars zum selbständigen Erlass von Rechtsverordnungen sowie anderen Vorschriften und Anordnungen gelten auch für Maßnahmen gemäß Absatz 1."

1 Bei dem Rückblick handelt es sich um eine Niederschrift, die Goerdeler während seiner ersten Auslandsreise in London angefertigt und dort einer Quäkerin, Dr. Joan Fry, zur Aufbewahrung übergeben hatte. Der handschriftliche Bericht, auf 69 Blättern des Londoner Hyde Park

[1] Am 8.12.31 ernannte mich Reichspräs[ident] v. Hindenburg zum Reichskomm[issar] für Preisüberwachung. Ich hatte gebeten, von mir Abstand zu nehmen. Der Reichspräsident hatte mich darauf zu sich gebeten und mir gesagt, das Interesse des Landes verlange meine Zusage. Es sei kein anderer Mann da, der die Aufgabe anfassen könne. Ich erbat für den Fall meiner Berufung stärkere Vollmachten, als der Entwurf der Verordnung sie vorsah. Der Reichspräsident ließ den draußen wartenden Kanzler Brüning bitten; in seiner Gegenwart wurden die Änderungen, die ich für notwendig bezeichnete, bewilligt.[2]

Ich verließ den R[eichs]präs[identen] ohne feste Zusage. Draußen wartete [2] Staatssekretär Meißner[3] auf mich. Er las mir die beabsichtigte Presseverlautbarung vor. Sie war gut; denn sie ließ klar erkennen, daß ich nur auf den Wunsch des Reichspräsidenten in vaterländischem Interesse das Amt übernähme.[4]

Brüning trat ins Zimmer. Ich erklärte mich bereit, die Aufgabe anzupacken, wenn mir sichergestellt würde, daß die Stadt Leipzig keinen Schaden erleiden würde. Ich könnte mich ihrer gerade in schwierigen Zeiten nur noch selten widmen; daraus müßten Schwierigkeiten entstehen. Als Ausgleich erbat ich 1 Million RM Sonderüberweisung, 1 Million RM Anleihe [3] für die Stadt Leipzig aus Mitteln des Reiches.[5] Über beide Punkte hatte ich schon vorher mit Brüning und dem Reichsfin[anz]min[ister] Dietrich[6] gesprochen. Ich hatte diese Bedingung so fest

---

Hotels geschrieben, befand sich in einem versiegelten Umschlag, auf den Goerdeler die folgende Verfügung notiert hatte: „Nur auszuhändigen auf Verfügung von 1.) Dr. Carl Goerdeler in Leipzig oder 2.) Frau Anneliese Goerdeler (Ehefrau von 1) oder 3.) Ulrich Goerdeler (ältester Sohn von 1) oder 4.) Fritz Goerdeler in Königsberg (Bruder von 1) oder 5.) Wilhelm Wittke in Dillingen [Vorsitzender des sächsischen Industriellenverbands]. Lebt keiner der Genannten verfügt mein allgemeiner Erbe. 9.7.1937 Carl Goerdeler." Von Goerdelers Sohn Reinhold ist auf dem Umschlag notiert: „bei Miss Joan Fry in London gelegen, etwa 1946 (Herbst) von Mr. Jameson an Frau A. Goerdeler übergeben. R.G." Eine Abschrift Ritters befindet sich im Nachlass Goerdeler; BAK, N 1113, Bd. 12. In der Forschung wird der Rückblick in Anlehnung an Ritter als „Londoner Schrift" zitiert.

2 Vgl. zu den geringfügigen Änderungen, die Goerdeler hatte durchsetzen können und deren Bedeutung er überschätzte, S. 218, Anmerkung 9.

3 Otto Meißner, promovierter Jurist, war seit 1920 im Büro des Reichspräsidenten, zunächst als Ministerialdirektor, seit 1923 als Staatssekretär. Parteipolitisch ungebunden, hatte er sein Amt für 25 Jahre inne. Vgl. seine Autobiographie, Otto Meißner: Staatssekretär unter Ebert, Hindenburg, Hitler. Der Schicksalsweg des deutschen Volkes von 1918–1945, wie ich ihn erlebte, 3. Aufl. Hamburg 1950.

4 Vgl. die Pressemeldung in der zweiten WTB-Nachtausgabe vom 8.12.1931; BAB, R 43 I/1163, Bl. 20.

5 Vgl. zu den Abreden zwischen Reichsregierung und Leipziger Stadtverwaltung im Zusammenhang mit Goerdelers Übernahme des Reichspreiskommissariats S. 100 f., Anmerkung 11.

6 Hermann Dietrich, promovierter Jurist, war Agrar-, Kommunal- und Verwaltungspolitiker. Zunächst Kommunalpolitiker in Karlsruhe und Kehl, war er in der Weimarer Republik

gestellt, daß sachliche Debatten nicht geführt waren. Ich konnte das umso klarer, als ich nicht den geringsten Ehrgeiz verspürte, in einer politisch schwierigen, wenn nicht festgefahrenen Situation eine Aufgabe zu übernehmen, für deren Lösung es überhaupt kein Vorbild gab und die in der Presse der ganzen Welt als neu und unlösbar bezeichnet wurde. Alle meine persönlichen Freunde rieten mir ab. Die politischen wurden fast feindselig. Hugenberg [4] hatte mich beschworen, die Lebensdauer dieser Regierung nicht zu verlängern.[7] Nur mein guter Freund und Vertreter in Leipzig, B[ürger]m[eister] Löser[8], war nüchtern, klar und praktisch wie immer. Mit ihm hatte ich meine Haltung durchgesprochen und auch die Fraktionsführer der Leipziger Stadtverordneten vertraulich unterrichtet. Da das Reichsamt ehrenamtlich war, die Interessen der Stadt gewahrt blieben und die politische Situation ernst war, erhoben lediglich die Kommunisten Einwände.[9]

Die Reichsminister hatten gegen die erwähnten 2 Millionen Bedenken. Aber da ich einfach erklärte, daß ich dann mit Vergnügen auf das neue [5] Reichsamt verzichtete, und mich zum Abschied erhob, wandelte sich die Situation in Sekunden: Der Reichskanzler müsse entscheiden. Ich hatte erwidert, „meinetwegen auch der Reichspräsident; aber ich betreibe die Sache nicht; ich muß nur Ihre Zusage haben, sonst komme ich nicht." Da diese Argumentation schlüssig war, wurde sehr schnell gehandelt. So erklärte dann auch jetzt im Beisein des Staatssekretärs Meißner

---

Mitbegründer und Vorstandsvorsitzender der DDP und während der gesamten Zeit Reichstags-Abgeordneter. Im Kabinett Müller war er Reichsminister für Landwirtschaft und Ernährung, in den Kabinetten Brüning zunächst Reichswirtschafts-, dann Reichsfinanzminister und Vizekanzler. Die Präsidialkabinette nach Brüning lehnte er ab, und 1933 zog er sich ganz aus der Politik zurück. Nach dem Zweiten Weltkrieg war er Mitbegründer der FDP; vgl. NDB, Bd. 3, Berlin 1957, S. 698.

7 Vgl. zu Goerdelers parteipolitischem Engagement Kapitel 2.2, oben S. 200 ff.

8 Ewald Löser, Verwaltungsjurist und Nationalökonom, war nach fünfjähriger Arbeit in der Privatwirtschaft 1925 in den Dienst des Deutschen und Preußischen Städtetags getreten, zunächst als Referent, seit 1927 als Beigeordneter bei der Geschäftsstelle. In dieser Position wurde er 1928/29 dem Reichsministerium des Innern kommissarisch zur Verfügung gestellt für die Bearbeitung kommunaler Fragen, insbesondere den Arbeiten an der Reichsreform. Im November 1930 hatte er sich als zweiter Bürgermeister in Leipzig beworben und trat einen Monat später sein Amt an unter gleichzeitiger Übernahme des Finanzdezernats. Bis zur Auflösung der Partei DVP-Mitglied, war sich Löser mit Goerdeler in finanz- und wirtschaftspolitischen Fragen einig; persönlich verband beide eine enge Freundschaft. Vgl. die Personalakten Lösers in StAL, Kap. 10L, Nr. 688 sowie die eidesstattliche Versicherung der Frau Goerdelers vor dem Nürnberger Militärgerichtshof; Kopie in HA Krupp, WA 40/630, Dokument 77.

9 In der Stadtverordneten-Versammlung vom 9.12.1931, in der Goerdelers Übernahme des Reichskommissariats behandelt wurde, hatten sich die nationalsozialistischen Vertreter enthalten, die kommunistischen waren abwesend, nachdem sie Goerdeler als „Preisdiktator" und „Sachwalter der Schwerindustrie" bezeichnet hatten; StAL, Kap. 10G, Nr. 685, Beiheft 4, Bl. 19.

Herr Brüning, daß die 2 Millionen in der vorgeschlagenen Weise gezahlt würden. Als ich nunmehr erklärte, die Pressenotiz könne herausgehen, „ich nehme das Amt an", erhob sich der Kanzler mit einem [6] wahrhaft glücklichen Lächeln, ergriff meine Hand und sagte „Ich danke Ihnen; ich werde Ihnen das nie vergessen." In diesem Augenblick war auch ich bewegt. Ich fühlte eine tiefe menschliche Zuneigung zu diesem Manne, den ich bisher kaum gekannt hatte, den ich aber achtete, weil er als erster den Mut hatte, den allein möglichen Weg zu gehen. Er hatte dem Volke gesagt, daß es nicht mehr ausgeben könne als es habe. Er hatte jede Anstrengung gemacht, um den Etat des Reiches auszugleichen. Diesen Mut mußte ich um so mehr bewundern, als der Ausgleich des Staatshaushalts nach meiner Auffassung *die* unerläßliche Voraussetzung [7] für Wohlstand des Volkes, für Arbeitsmöglichkeit seiner Angehörigen, für Sicherheit nach innen und außen, für seine Zukunft überhaupt ist.

Die Männer, die aus rein parteiischen Gründen Brüning ob dieser Politik schmähten, konnte ich teils nicht verstehen, teils mußte ich sie als Narren oder Machtstreber verachten. Dies um so mehr, als er im Sommer 1931 tatsächlich den Reparationen ein Ende gemacht hatte.[10] Ich erkannte, daß die Rechtsparteien einen furchtbaren Fehler machten, diese gute Entwicklung und diesen Aufwand an sittlicher [8] und geistiger Kraft zu verkennen, ja herabzusetzen. So hatte ich Brüning immer öffentlich und privat verteidigt und seine Politik als die allein mögliche bezeichnet. Trotzdem waren wir uns nie persönlich begegnet, außer bei einer kurzen Besprechung, die der Vorstand des Städtetages mit ihm hatte. Damals hatte mir seine feste Haltung sehr gefallen.[11] Politische Bedenken waren es nicht, die ich gegen die Übernahme eines außerordentlichen Reichsamtes hatte. Ich übernahm ja auch keine parlamentarischen Verantwortungen; ich unterstand nur dem Reichskanzler und hatte Vollmachten, die mich außer und z[um] Teil [9] über, auf jeden Fall neben die Minister stellten. Aufgabe und Stellung wurden in der ganzen Welt als einzigartig dargestellt, konnten also einen Mann reizen.

Und doch lagen gerade in der Aufgabe meine Bedenken begründet. Mein Beruf hatte mich in engste Berührung mit wirtschaftlichen Fragen gebracht. Seit 1921 arbeitete ich im Arbeitgeberverband der öffentlichen Verwaltungen an allen wich-

[10] Mit dem Hoover-Moratorium vom Juni 1931 und der Londoner Siebenmächtekonferenz einen Monat darauf waren die deutschen Reparationslasten zwar noch nicht beendet, aber die Aussicht auf eine grundsätzliche Revision der deutschen Schulden und des Young-Plans hatten sich erheblich verbessert. Vgl. ausführlich Winkler, Weimar, S. 415 ff. sowie Meister, Die große Depression, S. 237.

[11] Bei einem Treffen mit Vertretern des Deutschen Städtetags, die an dem Wirtschafts- und Finanzplan der Reichsregierung die mangelnde finanzielle Unterstützung der Gemeinden kritisierten, hatte Brüning auf seiner Sparpolitik beharrt und die gleiche Sparsamkeit von den Gemeinden eingefordert. Vgl. Aktenvermerk des Ministerialrats Vogels über die Unterredung vom 1.10.1930, in: AdR Brüning, Bd. 1, S. 477-479.

tigen Aufgaben, schließlich führend, mit.[12] Ich hatte unzählige Tarifverhandlungen geführt, kannte die Seele aller schaffenden Menschen, hatte den letzten Teil der Kriegspreis[10]wirtschaft mit erlebt und war in meinem Elternhause auf das Trefflichste erzogen, die Augen aufzutun, die Dinge zu sehen, wie sie sind, und den naturhaften Zusammenhang allen Geschehens zu erkennen. So war ich mir immer klarer geworden, daß Leben Kampf ist, daß jeder seinen Lebensstand nur durch Leistung gestalten und verbessern kann, daß der Lebenswille des Einzelnen das Vitamin der Wirtschaft ist und daß daher auch die Preise sich nach natürlichen Kampfgesetzen bilden u[nd] bilden müssen, um dem Einzelnen den relativ besten Lebensstand, dem Ganzen das [11] Höchstmaß an Produktion zu sichern. Und nun sollte *ich* Preise lenken!

Ich rang mich schließlich zum „Ja" durch, indem ich die Möglichkeit fand, gerade *diese* Grundsätze zu verbreiten und anzuwenden und dadurch das Vaterland vor einer erneuten Zwangswirtschaft zu bewahren. Ich erkannte ein Zweites. England hatte im Herbst 1931 sein Pfund vom Gold abgelöst und damit seine Exportpreise gesenkt. Es wurde uns dadurch zu einem um so gefährlicheren Wettbewerber, als unserem Vaterlande die entscheidenden Voraussetzungen für ein gleiches Vorgehen fehlten: [12] ein Empire, das sich dem Vorgehen Englands anschloß und ihm daher alle Rohstoffe zu unverändertem Pfundpreise liefern konnte, ein ausgeglichener Etat und ein genügend großer Goldvorrat, um die Währung vor unerwünschter Entwertung zu schützen. Ob es damals möglich gewesen wäre, mit England zu gehen und von ihm Goldstützung zu erhalten, kann ich nicht beurteilen. Mir sind Verhandlungen mit England in dieser Richtung nicht bekannt geworden. Ich glaube aber nicht, daß England *damals* zu genügend weitem Entgegenkommen bereit war. Soweit mir damals und heute bekannt, [13] [blieb] damals nichts anderes übrig wie der Brüning'sche Weg.[13] Es war nicht, wie vollkommen falsch von oberflächlichen Urteilern am grünen Tisch und von Interessenten behauptet wird, eine Deflationspolitik, sondern es waren Maßnahmen, die dem

[12] Im Juni 1930 wurde Goerdeler dem Vorstand des Deutschen Städtetags zugewählt und gleichzeitig als Vorstandsvertreter des Deutschen Städtetags in den Vorstand des Reichsarbeitgeberverbands delegiert. Vgl. Vorstandsprotokoll des Deutschen Städtetags über die Sitzung vom 2.6.1930; LAB, B, Rep. 142/1, DST, B, Nr. 3 sowie Schreiben Elsas' an Goerdeler vom 4.6.1930; StAL, Kap. 10 G, Nr. 658, Bd. 1, Bl. 158.

[13] Die britische Loslösung des Pfundes vom Goldpreis am 20.9.1931 sollte der Stimulierung von Industrieexporten dienen, ohne die schädlichen Effekte einer Deflation zu riskieren. Der daraufhin auch in anderen Ländern einsetzenden Währungsabwertung konnte vom Deutschen Reich aufgrund des Abwertungsverbots im Young-Plan nicht ohne Zustimmung des BIZ-Verwaltungsrates gefolgt werden. Abgesehen von den möglichen politischen Implikationen, die eine deutsche Abwertung auf die Reparationsverhandlungen haben könnte, plädierte Brüning für ein Primat der Währungsstabilität, die den doppelten Vorteil hätte, eine Aufwertung der deutschen Auslandsschulden und eine weithin gefürchtete Inflation zu vermeiden (vgl. Ministerbesprechung vom 2.10.1931; AdR Brüning, S. 1786 ff.). Vgl. ausführlich dazu Meister, Die große Depression, S. 249 ff.

Ausgleich des Etats und der Exportfähigkeit der deutschen Wirtschaft dienen sollten, ohne neuen Diktaten des Auslandes ausgesetzt zu sein. Alle drei Zwecke waren zwingend und wahrhaft national. Denn nicht darauf kommt es bei der heutigen Entwicklung des Wirtschaftsverkehrs in der Welt an, daß wirtschaftlich selbständige Völker ihre Leistungen tauschen; dann brauchen sie diesen Tausch nämlich nicht. Son[14]dern darauf, daß sie ihr Haus mit den ihnen gegebenen materiellen, geistigen und moralischen Mitteln in Ordnung halten. Diese Tätigkeit kommt einzig und allein im ausgeglichenen Haushalt zum Ausdruck; sie verlangt um so größeren Einsatz von Geist und Moral, je bescheidener die materiellen Voraussetzungen sind. *Dies ist der entscheidende* Punkt zu allen Zeiten für alle Völker. Wird ihm nicht genüge getan, so sind innere und äußere Schwierigkeiten aller Art unvermeidlich.

Die Betrachtung der meiner wartenden Aufgabe unter diesem Gesichtspunkt gab den [15] Ausschlag. Es ist mir, unterstützt von wenigen, aber vorzüglichen, Mitarbeitern gelungen, die Preisüberwachung aus der Gefahr der Zwangswirtschaft zu lösen, dem Bekenntnis zu freiem Wettbewerb Raum zu schaffen und die ganze Arbeit in die Richtung großer nationaler Ziele in Bewegung zu setzen. In meiner Ansprache an die deutsche Presse zeigte ich den Zusammenhang mit dem Ausgleich des Staatshaushalts, mit der Förderung des Exports, mit der Beseitigung der Reparationen und mit der Gleichberechtigung des deutschen Volkes auf.[14]

[16] Dabei habe ich nicht versäumt, die Schwächen der menschlichen Natur zu berücksichtigen und mit ernsten Warnungen und Anordnungen durchzugreifen, wo wirtschaftlich vernünftigen Mahnungen und Bitten Unkenntnis, Unerfahrenheit oder Verhetzung entgegenwirkten. Von dem drastischen Mittel der Geschäftsschließung habe ich nur in *einem* Falle vorübergehend Gebrauch machen müssen.

Anfang März hatten sich die Preise auf der ganzen Linie um 10% gesenkt.[15] Nach der Stimmung, der ich überall begegnete, glaubte ich, auch persönliches Vertrauen im Volke gefunden zu haben. Ich erstattete daher Mitte März dem Reichspräsden[ten] [17] mündlichen Bericht, daß meine Aufgabe im Wesentlichen erfüllt sei. Er bat mich, noch zu bleiben und ihm Vorschläge für die Meisterung der Gesamtlage auszuarbeiten. Fest entschlossen, nicht am Amte – das übrigens ehrenamtlich war – zu kleben und die Preisüberwachung nicht zu einer dauernden Behörde werden zu lassen – ich arbeitete mit 5 höheren und 7 Schreibhilfen – versprach ich diesen Auftrag zu erfüllen. Ende März überreichte ich dem Reichspräsidenten meine Vorschläge, die sich mit allen Aufgaben und Einrichtungen des Reichs befaßten und sich in meinen Sammlungen befinden.[16] [18] Ich wartete nun auf eine Bewegung seitens des Reichspräsidenten.

---

[14] Vgl. Goerdelers Antrittsrede als Reichskommissar für die Preisüberwachung vom 11.12.1931; Dok. 2.3.2, oben S. 219 ff.

[15] Vgl. zu dem gesenkten Preisindex S. 230, Anmerkung 7.

[16] Vgl. Goerdelers Denkschrift für Hindenburg vom April 1932; Dok. 3.2, unten S. 313 ff.

Inzwischen hatte sich meine Stellung zum Kabinett geändert. Ich hatte absichtlich *nicht* angeregt oder verlangt, zu seinen Sitzungen zugezogen zu werden; ich wollte aus erwogenen Gründen freie Hand halten. Das hatte sich bewährt. Die früheren politischen Freunde, die mich ob Übernahme des Amtes beschimpft hatten, erschienen mit einem Male wieder. Die Linksparteien hatten keinen Anlaß, an meinem guten Willen und an meinem Streben zur Gerechtigkeit zu zweifeln. Ich fühlte, daß ich mich dem Höhepunkt meiner Wirkungsmög-[19]lichkeiten näherte. Nüchterne persönliche Freunde bestätigten diese Auffassung; nur Hugenberg und die Alldeutschen ließen mich wissen und fühlen, daß alles nur halb sei, solange sie nicht zur Mitarbeit berufen seien. Ich erkannte dies aber, dank der Unbestechlichkeit der Erziehung, die ich im Elternhause genossen hatte, und dank des klaren Verstandes meiner Frau, die immer meine beste Beraterin war. Verstand und Gemüt sind bei ihr zu einer Vollkommenheit verschmolzen, wie man sie nur bei den besten Frauen findet.

So überraschte mich auch nicht, daß ich seit Februar immer häufiger zu Kabinettssitzungen [20] gebeten wurde. Manchmal erlaubte ich mir eine Probe u[nd] ging nicht. Dann wurde vertagt, was mich irgend interessieren konnte. Es war dies kein frivoles Spiel. Ich hatte die Brüchigkeit *dieses* parlamentarischen Systems durchschaut. Das neue Ziel war mir klar. Gespräche mit der Linken hatten mich in meinen Auffassungen bestärkt. Ich kannte die unmöglichen und die möglichen Personen. Ich hatte keine Partei hinter mir; ich hatte nur meine Erfahrung, meine Leistung und meine Vaterlandsliebe hinter mir. Ich wollte den Kanzler, der zögerte und nie eine geschlossene Gesamtaussprache herbeiführte, zu einer solchen veranlassen, nicht bitten. Dies schien zu gelingen. Anfang Mai war ich [21] zu einem Vortrag in Köln. Bei Ankunft erhielt ich Telegramm, sofort zurückzukommen, da „morgen" Anwesenheit unerläßlich. Das gleiche erlebte ich bei Rückkehr aus den Pfingsfeiertagen (etwa 20.5.32). Jetzt schien es Ernst zu werden. Brüning bat mich, zusammen mit Stegerwald[17] an einer spät Abends stattfindenden Verhandlung mit den Gewerkschaften teilzunehmen und ihnen mein Programm für Auflockerung der Arbeitslosigkeit vorzutragen.[18] Ich tat es: die hohen Löhne stünden

[17] Adam Stegerwald, gelernter Schreiner und Generalsekretär der christlichen Gewerkschaften seit 1902, war Mitglied der Zentrumspartei und seit 1929 Vorsitzender der Reichstagsfraktion. Mitglied des Kabinetts Müller als Reichsverkehrsminister, war er unter Brüning Reichsarbeitsminister. Bereits in der Weimarer Republik plädierte er in Gewerkschaft und Partei für eine Öffnung nach rechts, und 1933 befürwortete er das Ermächtigungsgesetz und setzte sich für eine Einigung des Regimes mit der katholischen Kirche ein. Nach dem Zweiten Weltkrieg war er Mitbegründer der CSU; vgl. Biographisches Lexikon der Weimarer Republik, S. 304.

[18] In den Besprechungsprotokollen zwischen Gewerkschaftsvertretern und Kabinettsmitgliedern bleibt die Rolle Goerdelers zwiespältig. Es ist nicht unwahrscheinlich, dass seine rigorosen Vorschläge von Brüning instrumentalisiert wurden, um die Gewerkschaftsvertreter aufzuschrecken und schließlich Abstriche von der Arbeitslosenversicherung durchzusetzen, die

auf dem Papier; jeder 3. Arbeiter erhalte nicht 1 M Stundenlohn, sondern 0,25 M Unterstützung. Für Baugewerbe liege also der richtige Lohn bei (1+1+0,25) : 3 = 0,70 M. Ich schlug vor, [22] im Baugewerbe einen Versuch zu machen und die Tariflöhne aufzuheben, später auch die 8-stündige Arbeitszeit. Ich konnte auf meine Erfolge als Bürgermeister von Königsberg hinweisen. Dort hatte ich 1924–1927 zehnstündige Arbeitszeit in den städtischen Betrieben mit dem Erfolg eingeführt, daß die Preise gesenkt, der Absatz vermehrt, die Ergebnisse verbessert werden konnten und der Arbeiter besser als mit 8 Stunden leben konnte. Damals hatten mir die politischen Parteien, teils aus Verbortheit, teils aus Wahlangst die 10 Stunden aus der Hand geschlagen.[19] Jetzt in den Nachtstunden in Berlin [23] wurden die Gewerkschaften allmählich weich. Wir trennten uns gegen $4^{00}$ [Uhr] mit ihrer Zusage, meine Vorschläge zu überdenken. Fortsetzung Ende Mai.

Da erhielt ich Ende Mai in Leipzig dringenden Anruf, sofort nach Berlin zum Kanzler zu kommen. Bleich und seine Erregung nur mühsam verbergend, teilte er mir mit, der Reichspräsident verlange den sofortigen Rücktritt des Kabinetts.[20] Er bat mich, zum Reichspräsidenten zu gehen und das zu verhindern.

Ich sagte, ich wolle es versuchen, fürchtete aber, es sei zu spät. Ich hatte recht, der Reichspräsident fühlte sich nicht wohl, ich konnte nicht empfangen werden. [24] Jetzt rächte sich der Fehler, daß Brüning mir niemals ein zusammenhängendes Bild der Lage gegeben, mich nicht in den Stand der außenpolitischen Verhandlungen eingeweiht hatte. Hätte er es getan, hätte ich aus eigener Initiative handeln können; aber er hatte sich immer nur mit Andeutungen begnügt.

Heute mache ich mir zum Vorwurf, daß ich nicht versucht habe, ihn rechtzeitig zur Offenheit zu bringen. Aber ich war damals nicht so klug wie heute und konnte erwarten, daß der Reichspräsident vor wichtigen Schritten zunächst mich befragen würde, da ich ihm das Programm für die rettende Gesamtreform auf seinen Wunsch ausgearbei[25]tet hatte. Mit einem so plötzlichen Reagieren des Reichspräsidenten auf Einflüsse von außen konnte man umso weniger rechnen, als ihm Brüning die Karre aus dem bösesten Dreck des Jahres 30/31 herausgezogen hatte.

---

angesichts der Goerdelerschen Reformvorschläge fast konziliant und als halber Sieg der Gewerkschaften schienen. Vgl. das Protokoll der Besprechung vom 18.5.1932 in AdR Brüning, S. 2531 ff.

19 Über diesen Vorgang ist in den Akten nichts erhalten. Die Durchsetzung einer Arbeitszeitverlängerung entgegen bestehender Bestimmungen scheint jedoch äußerst unwahrscheinlich; möglicherweise handelte es sich lediglich um einen Plan Goerdelers – dessen Ausführung jedoch an der gesetzlichen Arbeitszeitbeschränkung scheitern musste. Sein Königsberger Vorgesetzter Hans Lohmeyer bestritt auf eine Anfrage Ritters, dass eine derartige Aktion in Königsberg durchgeführt worden sei (vgl. Schreiben Lohmeyers an Ritter vom 8.3.1955; BAB, N 1166, Bd. 158).

20 Vgl. zu den Vorgängen William L. Patch: Heinrich Brüning and the Dissolution of the Weimar Republic, Cambridge 1998, 268 ff.

In diesen Tagen ist Hindenburg seinem ganzen Wesen, das auf Ruhe und Treue abgestellt war, untreu geworden. Nach einer Besprechung, um die mich einige Wochen vorher Schleicher[21] gebeten hatte, die aber im Sande verlief, muß ich annehmen, daß Schleicher und persönliche Freunde des Reichspräsidenten ihren Einfluß mobil gemacht hatten, um Brüning zu stürzen. Die einen mögen [26] gesehen haben, daß die Reparationen praktisch erledigt waren, die anderen mögen agrarpolitische Reformen gefürchtet, alle mögen das Zaudern Brünings Preußen und dem Reichstag gegenüber für unerträglich gehalten haben.[22] Genug, ich möchte hier bewußtes Schweigen üben, Hindenburg ließ Ende Mai Brüning fallen. Gleich darauf las ich in der Zeitung, daß Herr v. Papen[23] mit der Bildung des neuen Kabinetts beauftragt sei. Ich traute meinen Augen nicht, da dieser Name bisher nie genannt war. Am folgenden Tage bat mich Herr v. Papen zu sich und bot mir den Posten des Arbeitsministers an. Ich kannte Herr[n] v. P[apen] [27] bis dahin noch nicht. Er war sehr liebenswürdig und nichtssagend. Ich behielt mir Bedenkzeit vor und wurde zum Abend wieder gebeten. Die Erkundigungen, die ich in der Zwischenzeit über v. P[apen] einziehen konnte, waren nicht ermutigend: Rechter Flügelmann im Zentrum war das einzig Positive. Als Militârattaché Versager.[24] Schwankender Charakter.

---

21 Kurt v. Schleicher war Berufsoffizier und begann seine politische Karriere 1919 als politischer Referent im Reichswehrministerium, seit 1929 als Chef der Wehrmachtsabteilung. Er genoss eine Vertrauensstellung bei Hindenburg und wirkte auf den Sturz der Regierungen Müller, Brüning und v. Papen hin. Unter v. Papen Reichswehrminister, wurde er dessen Nachfolger als Reichskanzler. Am 28.1.1933 trat er zurück, nachdem sein Versuch gescheitert war, eine Koalition zwischen Zentrum, Gewerkschaften und NSDAP zu bewirken. Im Zuge des „Röhm-Putsches" wurde er mit seiner Frau ermordet; vgl. Biographisches Lexikon der Weimarer Republik, S. 293 f.

22 Entscheidender war wohl, dass die konservative Kamarilla um Hindenburg – sein Sohn Oskar, Meißner und Schleicher – eine Einigung mit der politischen Rechten zunehmend gefährdet sah durch das SA-Verbot, die Siedlungspläne und die von Reichsarbeitsminister Stegerwald betriebenen Pläne der Einführung einer 40-Stunden-Woche; vgl. zu Brünings zunehmend prekärer Stellung Patch, Heinrich Brüning, S. 253 ff.

23 Franz v. Papen, Jahrgang 1879, war nach einer Generalstabsausbildung 1914/15 Militärattaché in Washington und seit 1921 Zentrumsabgeordneter im preußischen Landtag. Die Ernennung des „am weitesten rechtsstehenden Hinterbänklers der Zentrumsfraktion" (Winkler, Weimar, S. 477) zum neuen Reichskanzler geschah einerseits in der Hoffnung auf seine Integrationskraft in rechten Kreisen – so hatte er von jeher für einen Brückenschlag zwischen Zentrum und DNVP plädiert (vgl. Joachim Petzold: Franz von Papen. Ein deutsches Verhängnis, München; Berlin 1995, S. 58) –, andererseits aufgrund seiner präsumtiven Lenkbarkeit. Vgl. ausführlich zu den Überlegungen Schleichers und Hindenburgs bei der Regierungsneubildung Mommsen, Verspielte Freiheit, S. 522-527.

24 Die Episode, auf die nach Papens Wahl in weiten Kreisen angespielt wurde, betraf sein Verhalten als Militärattaché in Washington, das zumindest als politisch naiv bezeichnet werden muss: 1915 wurde er wegen seiner Beteiligung an Spionage- und Sabotageakten in

Am Abend fand ich in einem Zimmer des Reichstages die Ministerkandidaten: Frhr. v. Gayl (Inneres), Frhr. v. Braun (Ernährung), Warmbold (Wirtsch[aft]), v. Schleicher (Wehr). Zunächst leitete Herr v. Papen die Aussprache, die Leitung ging aber bald auf Herrn v. Schleicher über. [28] Nun ging mir ein Licht auf. Ich fragte nach den anderen Kandidaten. Antwort: Äußeres: v. Neurath hat zugesagt; Verkehr: Eltz v. Rübenach hat zugesagt. Justiz noch offen, wahrscheinlich Gürtner. Finanzen: Schmitt (später Reichswi[rtschafts]min[ister]) hat abgesagt; wird noch gesucht.[25]

Darauf erklärte ich

1. Arbeitsministerium gehöre mit Wirtschaft zusammen; Herr Warmbold müsse beides übernehmen. Antwort: Nein, dann werden Sie gebeten, beide Ministerien zu übernehmen.

2. Solange ich nicht wüßte, wer Finanzminister würde, könnte ich keine Entscheidung treffen. Antwort: [29] Das sei doch Sache des Kanzlers!

3. Es sei notwendig, Herrn Hitler sofort nach Berlin zu berufen. Vor der Bildung des Kabinetts sei eine Beratung mit ihm erforderlich. In ihr müßte die Grundlage für die Arbeit des Kabinetts festgelegt, der NSDAP müßten 2–3 Sitze angeboten werden. Mache sie mit, sei es um so besser. Auf jeden Fall müsse klargestellt werden, daß der Reichstag, sobald er der Rettung des Vaterlandes Schwierigkeiten mache, aufgelöst werde und Neuwahlen erst nach 2 Jahren stattfinden. Die Arbeit des neuen Kabinetts müsse zunächst gegen dauernde Wahlkampagnen gesichert werden. [30] Antwort Schleicher: er habe ja schon alles mit Hitler besprochen. Ich erwiderte, das genüge bei dem Ernst der Lage nicht; man müsse sich untereinander ins Auge sehen und vor der Bildung des Kabinetts volle Klarheit schaffen.

---

Kanada und den USA ausgewiesen; über den tatsächlichen Verlauf, der schließlich zur Beschlagnahmung belastenden Materials führte, gab es verschiedene Versionen: Papen habe eine ganze Aktentasche mit Geheimpapieren in der New Yorker U-Bahn verloren, er habe belastendes Material bei sich geführt, das auf seiner Rückreise von den Engländern während eines Zwischenaufenthalts beschlagnahmt worden sei, die Papiere seien ihm von einem anderen Agenten gestohlen worden – das Ergebnis war jedenfalls die Veröffentlichung von Geheimpapieren, die Papen mit Sabotageakten zur Verhinderung kanadischer Truppentransporte in Verbindung brachte. Die unterschiedlichsten Versionen der Episode wurden zu Papens Amtsantritt wieder veröffentlicht und brachten ihm die Reputation eines politischen Dilettanten ein. Vgl. Jürgen A. Bach: Franz v. Papen in der Weimarer Republik. Aktivitäten in Politik und Presse 1918–1932, Düsseldorf 1977, S. 15-17; Franz Müller: Ein „Rechtskatholik" zwischen Kreuz und Hakenkreuz: Franz von Papen als Sonderbevollmächtigter Hitlers in Wien 1934–1938, Frankfurt/M 1990, S. 21, Anmerkung 4.

25 Vgl. für die letztendliche Zusammensetzung des Kabinetts Papen AdR Papen, Bd. 2, bearb. v. Karl-Heinz Minuth, Boppard a. Rh. 1989, S. 1041. Zur Form der Regierungsbildung und den personalpolitischen Überlegungen, die dahinter standen, vgl. ausführlich Gerhard Schulz: Zwischen Demokratie und Diktatur. Verfassungspolitik und Reichsreform in der Weimarer Republik, Bd. III: Von Brüning zu Hitler. Der Wandel des politischen Systems in Deutschland 1930–1933, Berlin und New York 1992, S. 864 ff.

Frhr. v. Gayl und Frhr. v. Braun schlossen sich meinem Standpunkt an. Nun bat ich Herrn v. Schleicher um eine Besprechung unter vier Augen. Sie erfolgte. Ich legte ihm nochmals meine Bedenken gegen diese Art der Kabinettsbildung dar. Ergebnis: Entscheidung bleibt bis morgen früh offen. Als ich von dieser Besprechung gehend einige Minuten später Herrn v. Gayl traf, teilte er mir mit, daß er und Frhr. v. Braun [31] angenommen hätten. Auf meine erstaunte Frage nur die Antwort, Hindenburg habe befohlen, daß das Kabinett morgen stehe. Da ihn der alte Herr schon [am] Nachmittag am Portepée gefaßt habe, hätte er jetzt nicht anders können.[26]

Nacht und Morgen vergingen in Überlegungen, die ich allein und mit persönlichen Freunden anstellte.

Am Morgen stand mein Entschluß fest. Ich ließ mich beim Reichspräsidenten melden. Er empfing mich. Ich legte ihm in Gegenwart[a] des Staatssekretärs Meißner dar, daß Herr v. Papen nicht der Mann sei, um in so schwerer Zeit das Steuer [32] des Staatsschiffes bei schwerem Wetter zu führen. Er habe nicht die geringsten von eigener Verantwortung getragenen Erfahrungen; soweit er bisher im politischen Reichsdienst verwendet sei, könne man von politischen Erfolgen nicht sprechen.

Während ich dies ausführte, unterbrach Staatssekkretär Meißner mit der ärgerlichen Bemerkung, das gehöre doch nicht hierher, der Herr Reichspräsident habe mich nicht um mein Urteil gefragt. Aber Hindenburg lächelte und sagte ruhig „Lassen Sie den Herrn Oberbürgermeister ruhig sprechen. Was er sagt, interessiert mich sehr."

Ich beendete meine Darlegungen [33] mit der Erklärung, daß ich dem Rufe, in ein Kabinett Papen einzutreten, leider nicht folgen könne, sonst jederzeit zur Verfügung stände. Hindenburg sagte, das tue ihm leid, und ich verabschiedete mich.

In der Folgezeit traten mehrfache Anregungen an mich heran, die Bildung einer neuen Partei in die Hand zu nehmen. Hugenberg wollte die Führung der d[eu]t[sch]-nat[ionalen] Partei nur niederlegen, wenn eine bestimmte Zahl angesehener Parteimitglieder ihn darum bäten. Ich habe mich allen diesen Bemühungen versagt.[27] Dazu war es zu spät; die beiden möglichen Lösungen [34] (reorganisiertes Kabinett Brüning oder neues Kabinett mit Br[üning] als Außenminister und aufgelöstem Reichstag) waren abgelehnt. Beiden wäre der Erfolg nicht versagt geblieben, da es sich nur noch um Disziplin, Nerven und klar erkennbare Maßnahmen handelte, deren Richtigkeit selbst der Linken einleuchteten. Herr v. Papen bat mich, die neue Partei zu gründen.[28] Da wurde mir die Unmöglichkeit ganz klar; denn hinter

---

[a] gestrichen: „eines Zeugen".

[26] Vgl. ebd. sowie Patch, Heinrich Brüning, S. 273.

[27] Vgl. dazu auch Goerdelers Schreiben an Hugenberg vom 10.6.1932; Dok. 2.2.3, oben S. 213 f.

[28] Vgl. zu den Bemühungen Papens, eine hinter seinem Kabinett stehende „Präsidialpartei" ins Leben zu rufen Bracher, Auflösung, S. 621 ff. sowie AdR Papen, Dokumente 104, 120, 121.

dies Kabinett war das Volk nicht zu bringen. Eine neue Partei konnte nur noch Trümmer retten. Die Zeit des Handelns war gekommen und verpaßt. [35]

Eine andere Frage, die mich viel beschäftigt, ist die, ob ich nicht doch durch Mitarbeit als Wirtschafts- u[nd] Arbeitsminister eine positive Lösung in diesem Kabinett oder durch rechtzeitige[b] Umbildung hätte herbeiführen können. Doch sie ist müßig. In solchen Stunden entscheidet eben nicht nur der Verstand, sondern das Gefühl; dies beseitigte damals alle verstandesmäßigen Bedenken, oder vielmehr es bestätigte die Bedenken, die gegen den Eintritt in ein nicht ohne leichten Reitersinn gebildetes Kabinett Papen sprachen.

Daß Herr v. Papen als Kanz[36]ler sich nicht lange halten würde, war zu vermuten. Daß er weichen mußte, um Herrn v. Schleicher Platz zu machen habe ich auch in Rechnung gestellt. Nicht gerechnet habe ich mit einer so schnellen Entwicklung. Ich habe daher meinerseits nur die Schritte unternommen, zu denen mein Gewissen mich zwang. Ich sah Herrn Hugenberg mit bestimmten Ansichten, vielleicht Programmen, aber abwartend, daß ein Gott ihm die Macht in den Schoß würfe. Nun ist aber Politik die Kunst, die wohl weiß, daß alle Dinge natürlich reifen müssen, aber [37] nicht die Erkenntnis in den Schatten stellt, daß durch Gießen und Roden das Wachstum gefördert und durch andere Mittel beeinflußt werden kann. Auf Wunsch zuverlässiger Männer habe ich mehrfach in jenen Monaten Angebote des Zentrums gebracht, er möchte die Initiative zu einer Regierungsbildung mit D[eu]t[sch]nat[ionalen], Nat[ional]soz[ialisten] und Zentrum übernehmen.[c] Man sei bereit, sich seinen Wünschen weitgehend anzupassen. Hugenberg folgte dieser Anregung nur einmal, sprach aber dann – wie mir berichtet wurde – in stundenlangem Zusammen[38]sein mit dem Vertrauensmann des Zentrums kein Wort über Politik.[29]

Im Dezember 1932 erwies sich v. Papen als Kanzler wohl nicht haltbar. Die Vorgänge, die im Einzelnen zu seinem Sturze geführt haben, sind mir nicht bekannt geworden. Ich las nur eines Tages in einer der größten angesehensten deutschen Zeitungen, daß ich in erster Linie als Kanzler in Betracht käme. Auch eine illustrierte Zeitung brachte mein Bild. Tatsache ist, daß die Presse entsprechend unterrichtet worden ist.[30] Ich habe damals [39] auch ernstlich mit einer Berufung gerechnet. Meine Pläne standen in der Sache seit Jahren fest; vorzügliche Männer hätten sich mir als Minister nicht versagt. Ich war mehrfach in meinem Leben schwieriger Situationen Herr geworden und traute mir Können und Energie zu, die Aufgabe zu meistern. Sie war in erster Linie eine solche der Nerven, in zweiter eine solche frischen Zupackens, in dritter eine solche der Gerechtigkeit gegenüber

---

b gestrichen: „vorzeitige"

c gestrichen: „Er"

29 Vgl. dazu AdR Papen, Bd. 1, S. 480 ff.

30 Vgl. Schulz, Von Brüning zu Hitler, S. 1027 sowie Meißner, Staatssekretär, S. 247.

auch den sozialistischen Teilen unseres Volkes. Aus meiner langjährigen Arbeit in [40] Tariffragen war mir bekannt, daß viele junge Sozialisten auch in der SPD den Weg der wirtschaftlichen Vernunft und der Wahrung[d] nationaler Lebensinteressen als richtig erkannt hatten. Von der NSDAP schlug ein Strom ähnlichen Wollens in das Gewoge der Kräfte, aus dem sich die Zukunft des deutschen Volks gestalten mußte. Die Aufgabe, diese Kräfte sinnvoll zu ordnen, die Außenstellung des Vaterlandes zu festigen, der Welt den Nutzen allgemeiner Zusammenarbeit klar zu machen, und so zu einer möglichen [41] Beschäftigung der Wirtschaftskraft des deutschen Volkes zu kommen, war lösbar und ich war entschlossen, mich nicht zu versagen.

Aber es erfolgte kein Ruf. Die Zeit einer umfassenden Unterrichtung des Staatsoberhauptes war vorbei; es hat wohl im Jahre 1932 der Zeitraum begonnen, in dem Hindenburg nur noch vor letzte zum Handeln eindeutig fertig vorbereitete Entscheidungen gestellt wurde. Die Geschichtsforschung wird einst dies Dunkel klären.

Denn daß nun Schleicher so schnell seinem Schützling Papen [42] folgte, war immerhin überraschend. Was sich dann abspielte, darüber besitze ich keine zuverlässige Kenntnis; ich weiß auch nicht, ob[e] den weiteren Entwicklungen irgendeine persönliche Verstimmung zwischen v. Papen und v. Schleicher zu Grunde gelegen hat.[31] Von außen her machte sie seit dem Sturze Brünings durchaus den Eindruck einer von Macht- u[nd] Ehrgeizkräften getragenen Entwicklung. Machtlust und Ehrgeiz werden auf der politischen Bühne immer mehr als nur Statisten sein. Aber wenn sie die Hauptrollen übernehmen, so wird jedes Stück dramatisch, wenn nicht tragisch enden.[43] Ich habe nicht den mindesten Zweifel, daß auch Hitler eines Tages bedauern wird, daß er auf den Ausschließlichkeitsweg sich hat drängen lassen, verlockt durch das italienische Beispiel, das unserem Vaterlande noch immer zum Schaden gereicht hat.

Am 30.1. [1933] bat mich Herr Hugenberg nach Berlin und bat mich, ihm in seinem neuen Amte zu helfen. Was er mir damals anvertraute, muß versiegelt bleiben.[32] Aber ich war erschüttert, einen Mann, der monatelang den Schlüssel

---

d gestrichen: „sozialer“

e gestrichen: „Herr v. Papen sich an Schleicher hat rächen wollen“

31 Vgl. zu den Vorgängen Mommsen, Verspielte Freiheit, S. 587 ff. sowie Winkler, Weimar, S. 552 ff.

32 In späteren Schriften gab Goerdeler diese Zurückhaltung auf und zitierte Hugenberg mit der berühmt gewordenen Aussage: „Ich habe gestern die größte Dummheit meines Lebens gemacht; ich habe mich mit dem größten Demagogen der Weltgeschichte verbündet.“ Vgl. z.B. Goerdelers Rechenschaftsbericht vom Januar 1945; Dok. 7.2.6, unten S. 1202 ff. Matthiesen schreibt dieses Zitat in seiner auch hinsichtlich anderer Sachverhalte kritikwürdigen Untersuchung Goerdeler selbst zu; vgl. Michael Matthiesen: Ein Konservativer auf dem Weg in den Widerstand – Carl Friedrich Goerdeler (1884–1945), in: Konservative Politiker in

zum Schloß des Geschicks des deutschen Volkes in der Hand hatte, [44] mir nunmehr als Mann erscheinen mußte, der nurmehr[f] fast willenlos einen falschen Schlüssel zu einem unschließbaren Schloß sich hatte geben lassen. Diese Unterredung erhellte mir die Lage blitzartig: Die Bühne lag im Lampenlicht tageshell vor mir.Verfasser und Regisseur rieben sich im Halbdunkel die Hände; die Hauptdarsteller blickten sich verdutzt an, kannten ihre Rollen nicht, warteten auf Stichworte und waren sich nur über eins klar: daß sie nie zusammen das gleiche Stück zu gutem Ende spielen würde[n].

Ich sagte daher Herrn Hugenberg, [45] daß ich nur mit Sondervollmachten diesem Kabinett zur Verfügung stehen könne. Er ist dann auch später nicht mehr auf die Sache zurückgekommen.

Anfang März war das Geschick auch dieses „Kabinetts" besiegelt.[33] Hitler erlag dem Totalitätsanspruch, der als solcher *eines* Diktators seine historische Berechtigung haben kann, als solcher *einer Partei* in sich ein Widerspruch ist und angesichts des Beispiels des russischen Bolschewismus niemals von einer deutschen nationalen Bewegung übernommen werden durfte. [46] Nun entwickelte sich, was sich entwickeln mußte: nach einem Ausbruch wirtschaftlicher Leidenschaften der bisher Benachteiligten die Herrschaft der kleinen und großen Diktatoren, die Tragikomödie des Wahnes: „die Partei befiehlt dem Staat", das war ja der Fluch des Weimarer Systems. Und hier wurde vom Führerstaat dieser Fluch ohne jede Kontrolle durch Parlament oder Gerichte fortgesetzt. Einer kann befehlen, eine Partei kann und darf es nicht. Die NSDAP hat sich aber in diesen Wahn [47] ja in einen noch größeren hineingearbeitet. Sie will auf allen Gebieten des Lebens allein entscheiden, was richtig und was falsch ist. Dieser Anspruch *muß* sie in Widerspruch setzen zur Unabhängigkeit des Richters, ja zum Inhalt des Rechts; zur Familie und zur Erziehungsverantwortung der Eltern; zur Kirche als der Vollstreckerin göttlichen Willens und schließlich zu jeder anderen Religion überhaupt. Damit aber tastet sie die natürlichen Wurzeln und die moralischen Grundlagen menschlichen Zusammenlebens an; zu ihnen muß sie in einen unlös[48]baren Widerspruch geraten. Da aber die Natur immer siegt und da ein menschliches Zusammenleben ermöglichendes Moralgesetz ebenfalls eine Naturnotwendigkeit ist, muß die Partei hieran zerbrechen. Sie hatte die Möglichkeit, das hohe Ideal der Lebens- und Arbeitskameradschaft zur Grundlage völkischen Lebens der Nation zu machen; sie hatte die Möglichkeit Deutschlands Staaten auch innerlich zu einen. Sie hatte die Möglichkeit, so tatsächlich die moralische Führung in einer sich sozial neu

f gestrichen: „bewußt und"

Deutschland. Eine Auswahl biographischer Porträts aus zwei Jahrhunderten, hg. v. Hans-Christof Kraus, Berlin 1995, S. 235-271, Zitat S. 250.

33 Vgl. zu den verfassungswidrigen Manipulationen der Reichstagswahlen am 5.3.1933 S. 980, Anmerkung 46.

ordnenden Welt zu übernehmen, wenn [49] sie Leistung und Kameradschaft, Anstand und Recht auf ihre Fahne schrieb. Sie konnte Deutschlands außenpolitische Lebensrechte sichern. Sie hat als Partei den Fehler der Diktatoren gemacht: Sie hat Macht verlangt, Macht zusammengerafft und Macht mißbraucht. Es ist unsere Aufgabe, zu verhindern, daß dieser Mißbrauch zum Schaden des deutschen Volkes führt.

Diese Aufgabe wurde mir im ersten Viertel des neuen Jahres so klar, daß ich meinen Weg ganz genau kannte. Es galt zunächst, die Autorität in der Hand zu behalten. Als ich März 1919 aus dem Felde [50] heimkehrte, hatte ich mir gelobt, einer Revolution meinerseits nicht feige zu weichen. Die NSDAP machte 1933 trotz der Berufung Hitlers durch Hindenburg Revolution. Die Geschichte mag urteilen, ob Hindenburg sie zulassen durfte. Ich bin der Ansicht, daß auch er sein Ansehen und seine Stellung zu wahren hatte. So blieb, wie 1918, alles den unteren Organen überlassen; sie wichen fast überall vor den marschierenden Massen zurück. Diese sang nationale Lieder und marschierte in Schritt u[nd] Tritt. Der oberflächliche Beobachter war begeistert. Der Erfahrene konnte [51] nicht übersehen, daß sich dahinter ganz primitive Geltungsbedürfnisse und wirtschaftliche Triebe verbargen. Es ist damals mit den hohen militärischen Tugenden des deutschen Volkes vielfach Mißbrauch getrieben. Unterstützt von meinem tapferen prächtigen Mitarbeiter, B[ürger]m[eister] Dr. Löser, habe ich damals abgelehnt, mich einem Massenwillen zu unterwerfen. Wir haben die Hissung der Hakenkreuzfahne auf dem Rathaus abgelehnt, bis die Anordnung der Regierung dazu kam. Wir haben das Rathaus vor der Besetzung durch SA be[52]wahrt, indem wir es verschlossen und einer von uns bis Mitternacht im Hause blieb.[34] Wir wollten nicht durch die Gewalt der Masse uns zwingen lassen und mußten diesen Willen jetzt oder nie beweisen. Es wäre ungerecht, zu verschweigen, daß uns damals die Ruhe, die Menschenkenntnis und der Anstand des Kreisleiters der Partei (Dönicke)[35] zu Hilfe kam. Damit war die Grundlage gewonnen, auf der wir anfangen konnten, die Aufbauarbeit fortzusetzen, die wir 1930 gemeinsam begonnen hatten. Es ist gelungen. Die klugen [53] nüchternen Sachsen sahen sehr bald ein, daß unsere Grundsätze gesund und klar waren. So muß ich anerkennen, daß die Partei in Leipzig auf das Vollendetste

---

34 Vgl. zu den Vorgängen S. 1239, Anmerkung 7.

35 Walter Dönicke, Jahrgang 1899, war seit 1925 NSDAP-Mitglied und seit 1926 Kreisleiter in Leipzig. Nach einer kurzen Mitarbeit in der Leipziger Verwaltung als Stadtverordneter vom Januar bis zum Oktober 1933 war er die folgenden vier Jahre Kreishauptmann. Während dieser Zeit hatte er konstruktiv mit Goerdeler zusammengearbeitet. Sein späterer Werdegang – seit dem Oktober 1937 war er Goerdelers Nachfolger in Leipzig, bis er ein Jahr später der Auseinandersetzung zwischen Mutschmann und Frick zum Opfer fiel – zeigt, dass es ihm nicht an verwaltungstechnischen Fähigkeiten, wohl aber an persönlichem Ehrgeiz und politischem Kalkül mangelte. Vgl. StAL, Kap. 6, Nr. 2, Bd. 31; ebd., Kap. 10, D, Nr. 473, Bl. 1 ff. sowie zu den Auseinandersetzungen um den Oberbürgermeister-Posten in Leipzig BAB, R 43 II/572b und 573a.

dabei mitgeholfen hat, die Finanzen der Stadt in Ordnung zu halten, die Verwaltung nach dem Grundsatz der Leistung weiterzuführen und sachliche, dem Wohl des Ganzen dienende Arbeit zu leisten. Die Gesetze des Reiches haben natürlich auch wir durchführen müssen, selbst wo sie uns falsch oder unklug oder hart zu sein schienen.

Manchmal habe ich mich damals gefragt, ob nicht ein [54] grundsätzliches Nein geboten sei. Ich kam aber aus den verschiedensten Gründen zur Ablehnung. Einmal war das deutsche Volk damals betrunken; und wenige sahen klar. Ein Nein damals hätte keinerlei nachhaltige Wirkung gehabt, es wäre vom großen Strom verschlungen. Wohl sind B[ürger]m[eister] Dr. Löser [und ich] damals auf den Brühl gegangen und persönlich in die Läden gegangen, um Ausschreitungen gegen die Juden zu verhindern; es zogen Lastautos mit plündernden SA-Leuten herum.[36] Aber ein Nein damals hätte auch der Tatsache nicht Rechnung getra-[55]gen, daß es 1918/19 viel rohere Vorfälle gegeben hatte, daß man damals Vaterlandsverteidiger zu Tode schlug u.a. Und letztlich stand die Mahnung meines unvergeßlichen Vaters und das Beispiel meiner geliebten Mutter vor meinem Geiste. Sie hatten 1919, beide über 70, unverdrossen ihre Pflicht weiter erfüllt und waren schließlich Sieger geblieben. Alle politischen Erwägungen wurden so durch die Stimme des Blutes zurückgedrängt: ich war in der 5. Generation preußischer Beamter, andere Ahnenreihen in meiner Familie haben seit dem Mittelalter dem Gan[56] [zen] gedient. Materielle Reichtümer waren dabei nicht angesammelt, aber ein großer moralischer und verpflichtender Besitz. So beschloß ich durchzuhalten, so lange mir keine Erschütterung meiner auf Leistungs- und Gerechtigkeitsstreben gegründeten Autorität zugemutet wurde. Es kam zur Trennung von Löser, der anders dachte. Die Trennung ist mir sehr schwer geworden; da er aber ohne Rat mit mir gehandelt hatte, mußte auch ich selbständig handeln.[37]

---

[36] Auf dem Brühl, der großen Leipziger Einkaufsstraße, waren viele jüdische Geschäfte der Pelz- und Rauchwarenbranche angesiedelt; diese Tatsache machte sie zur Zielscheibe nationalsozialistischer Ausschreitungen am 1.4.1933, dem designierten Tag zum Boykott jüdischer Geschäfte. Nach verschiedenen Augenzeugenberichten stellte sich Goerdeler den Ausschreitungen entgegen. Vgl. Diamant, Chronik der Juden, S. 505 ff.

[37] Die Vorgänge, die zu Lösers Entlassung führten, beruhten nach seiner eigenen Darstellung auf der Diskrepanz zwischen Amtspflicht und Fraktionszwang: Zur Jahreswende 1933/34 war Löser als Hospitant in die NS-Stadtverordnetenfraktion aufgenommen worden. Bereits Anfang Februar 1934 erfolgte der Bruch, als Löser gegen die Entscheidung der Fraktion eine Tarifreform der Leipziger Straßenbahn und Stadtwerke aufgrund finanzieller Bedenken ablehnte. Daraufhin wurde er aus der Fraktion ausgestoßen; dies geschah in einer Form – ohne persönliche Aussprache und unter gleichzeitiger Veröffentlichung in der Leipziger Presse –, durch die Löser sich zur Kündigung genötigt sah. Vgl. Schreiben Lösers an Goerdeler vom 23.2.1934, StAL, Kap. 10 L, Nr. 688, Bl. 86-89 sowie die Darstellung Ralph C. Bussers vom 19.8.1947 für den amerikanischen Militärgerichtshof; HA Krupp, WA 40/630, Dokument 83. Das freundschaftliche Verhältnis zwischen Löser und Goerdeler blieb jedoch

Diese Wahrung selbständigen Urteils und selbständigen Handelns waren dann die Grundlage meiner Betätigung auf das Ziel hin, den Lauf der [57] Ereignisse zum Besten unseres Volkes zu beeinflussen und die guten Kräfte in der Partei zu stärken. An drei Stellen habe ich diesen Willen klar betätigt. Erstens in der Verwaltung der mir anvertrauten Stadt. Als ich 1936 zum zweiten Male zum Oberbürgermeister gewählt wurde, sagte mir der Vertreter der Partei, man hätte mich wieder gewählt, weil ich als Nichtparteimitglied unabhängiger die Interessen der Stadt vertreten könne. Tatsächlich hatte ich die volle Selbständigkeit der Stadt allen Partei- u[nd] Staatstellen gegenüber aufrecht erhalten u[nd] so war jene Erklärung [58] eine Bestätigung meines Grundsatzes, daß schließlich immer der gesunde Menschenverstand siegt und daß gerade die örtliche Selbstverwaltung in Deutschland berufen sei, ihm den Weg zu bahnen.[38]

Zweitens: ich hatte mitgewirkt bei der Schöpfung der neuen deutschen Gemeindeordnung. Der eine der beiden ersten Entwürfe stammte von mir; der Reichsinnenminister hat außer mir auch O[ber]b[ürger]m[meister] Fiehler-München als Präsidenten des Deutschen Gemeindetages um einen Entwurf gebeten. Auch bei sonstigen die Selbstverwaltung betreffenden Gesetzen wurde ich im Jahre 1934 ge[59]hört; dann hatte der Parteiehrgeiz auch hier die Oberhand; Minister Frick hörte mich nicht mehr. Ich habe dem auch nicht nachgetrauert, denn die Beamten des Ministeriums wollten sich im allgemeinen nicht beraten lassen und der Minister entschied nie gegen sie. Bei der Deutschen Gemeindeordnung aber habe ich nicht ohne Erfolge mitarbeiten können. Sie ist das beste seit 1833 [!] erschienene Gesetz. Wenn eines Tages, was unerläßlich ist, die Bürger wieder die jetzt von der Partei ernannten Ratsherren frei wählen können – ich bin schon bei den Beratungen für eine Befragung der Bürger eingetreten –, [60] dann kann die Ordnung so weiter laufen. Wahrscheinlich kann man sich sogar entschließen, die Art der Abstimmung beizubehal-

---

bestehen, und im Sommer 1937 erreichte Goerdeler, dass Löser die ursprünglich ihm angebotene Stelle im Verwaltungsdirektorium der Krupp AG übernahm; vgl. ebd., FAH 24/648.

38 Diese Aussage Goerdelers über Stellvertreter Rudolph Haake, der sich durch großen persönlichen Ehrgeiz auszeichnete und sich Goerdeler gegenüber als Vollstrecker des Parteiwillens stilisierte (vgl. etwa das Schreiben Haakes an Goerdeler vom 16.11.1936, in dem er sich als den „ersten verantwortlichen Parteigenossen im Rathaus“ bezeichnete; StAL, Kap. 10 G, Nr. 685, Bd. 1, Bl. 260 f.), scheint eher unwahrscheinlich. Die Wiederwahl Goerdelers 1936 muss auf die Tatsache zurückgeführt werden, dass er zu diesem Zeitpunkt noch nicht bei dem NS-Regime in Ungnade gefallen war. In seinem Schreiben an den sächsischen Parteibeauftragten erklärte der Leipziger Ratsherren-Älteste Wolf nach einer Kritik von Äußerungen Goerdelers gegen politische Maßnahmen des NS-Regimes: „Wenn wir nach alledem trotzdem unsere Bedenken gegen eine Wiederberufung zurückstellten, so war dafür ausschlaggebend, dass Herr Dr. Goerdeler von seiten der Reichsregierung und des Führers wiederholt zur Mitarbeit herangezogen worden ist. Wenn er also trotz dieser politischen Unzulänglichkeit das Vertrauen unseres Führers besaß, so hatten wir Leipziger Ratsherren keine Veranlassung, ihn nicht wieder berufen zu lassen“; vgl. Schreiben Wolfs an Kunz vom 7.12.1936 (ebd., Bl. 270 f.).

ten, die auf meinen Vorschlag Gesetz geworden ist. Jeder hat seine abweichende Meinung mit Begründung zu Protokoll zu geben. *Dann* entscheidet der Bürgermeister zu höchster Verantwortlichkeit gezwungen. Für Körperschaften mit verwaltungsnahen Befugnissen erscheint mir diese Art der Abstimmung besser, als Mehrheitsbeschlüsse, denen der Bürgermeister die Ausführung versagen kann.[39]

Endlich hatte ich mich November 1934 bereit erklärt, zum zweiten [61] Male das Amt eines Reichskommissars für Preisüberwachung zu übernehmen.[40] Minister Frick bat mich, nach Berlin zu kommen. Nach Rücksprache mit ihm und Herrn Schacht[41] fand eine Besprechung bei Hitler statt. Er bat mich in herzlicher Form, das Amt wieder zu übernehmen und Ordnung zu schaffen. Der Gesetzentwurf enthielt die alten Vollmachten u[nd] wurde auf meinen Wunsch einige Tage später auf *alle* Güter und Leistungen ausgedehnt.

Sofort nach Amtsantritt hatte ich eine Besprechung mit Dr. Ley[42]. Er forderte mich auf, meine Vollmachten auf die Parteidienststellen zu übertragen. Sie würden mit [62] drastischen Mitteln (Volksversammlungen, Einsperren, Anprangern usw.) in kurzer Frist Ordnung schaffen. Ich lehnte das in einstündiger Besprechung ab, weil es zum Gegenteil, nämlich zur preissteigernden Behinderung der Produktion führen müsse. Wäre ich bösartig gewesen, hätte ich seinem Wunsche entsprochen. Die Partei wäre bei Ausübung meiner Vollmachten durch die widerstrebenden u[nd] widerstreitenden Kräfte im eigenen Lager zerrissen. Meinen Entschluß teilte ich auch dem Reichsminister v. Blomberg[43] und dem Chef des Militäramtes General v. Reichenau[44] mit. Beide begrüßten ihn als Stärkung der Staatsautorität.

---

39 Zu den Verhandlungen über die DGO und Goerdelers Plädoyers für eigenverantwortliche - Selbstverwaltung vgl. seine Stellungnahmen vom Herbst und Winter 1934; Dok. 1.3.8 ff., oben S. 136 ff.

40 Vgl. Schreiben Goerdelers an Lammers vom 24.11.1934; Dok. 2.3.5, oben S. 235 f.

41 Hjalmar Schacht, Bankier, war 1919 Mitbegründer der DDP, aus der er 1926 austrat. Seine zunehmend konservative politische Haltung hatte sich an seiner Teilnahme an der Harzburger Front 1931 manifestiert. Seit dem Dezember 1923 Reichsbankpräsident und seit 1924 führend an den Reparationsverhandlungen beteiligt, trat er 1930 von allen Ämtern zurück aus Protest gegen die Reparationspolitik der Reichsregierung. Unter Hitler wurde er wieder Reichsbankpräsident (1933–39) und Reichswirtschaftsminister (1934–37); vgl. seine Autobiographie, Hjalmar Schacht: 76 Jahre meines Lebens, Bad Wörrishofen 1953.

42 Robert Ley, promovierter Chemiker und seit 1923 NSDAP-Mitglied, war seit 1932 Reichsorganisationsleiter der Partei und seit 1933 Leiter der DAF; vgl. NDB, Bd. 14, Berlin 1985, S. 424 f.

43 Werner v. Blomberg war Goerdeler seit seiner Stellung als Befehlshaber im Wehrkreis I (Königsberg) bekannt. Seit der Machtübernahme Reichswehrminister, war Blomberg 1935 zum Reichskriegsminister und Oberbefehlshaber der Wehrmacht ernannt worden. Wegen „unstandesgemäßer Heirat" wurde er im Februar 1938 entlassen; vgl. NDB, Bd. 2, Berlin 1955, S. 315 f. sowie Karl-Heinz Janßen; Fritz Tobias: Der Sturz der Generäle. Hitler und die Blomberg-Fritsch-Krise 1938, München 1994, S. 23-83.

44 Walter v. Reichenau, Blombergs Stabschef im Wehrkreis I, wurde nach der Machtübernahme Chef des Minister- bzw. Wehrmachtsamts und betrieb in dieser Stellung die Anpas-

So gelang es mir, auch das zweite Mal eine Aufgabe zu lösen, die diesmal anders entstanden war, nämlich aus Angst [63] vor Warenmangel.[45] Das Vertrauen stellte sich sehr bald her, da ich mit allen Organisationen offen zusammenarbeitete und niemals die Dinge anders darstellte wie sie lagen. Vertrauen kann sich nur auf der Grundlage der Wahrheit bilden. Ich versorgte alle Stellen mit zuverlässigen Unterrichtungen, faßte die Bestimmungen zusammen und übertrug große Verantwortungen nach unten. Dadurch setzte ich die unteren Stellen in Stand bewußt aus eigener Verantwortung u[nd] daher freudig mitzuarbeiten. Das ist die Vorbedingung jedes Erfolges in großem Rahmen. Im Hinblick auf die revolutionären Spannungen in der Verwaltung behielt ich mir aber bei schweren Strafen auf Anrufung letzte Ent-[64]scheidungen vor. Mein Mitarbeiterstab war wieder klein [:]10 höhere Angestellte u[nd] das erforderliche Personal.

Daß Revolution war, wußte ich; daß u[nd] in welchem Maße sie fortschritt, habe ich hier in diesem Amte erfahren. Sie haben mich nicht am Erfoge gehindert, zumal die Presse mich großartig unterstützte. Ich hatte mir aber von vornherein vorgenommen, mit dem Ablauf des Vollmachtsgesetzes auszuscheiden, wenn nicht eine grundsätzliche Wendung zur Gesundung der Finanzen durch verständige weitsichtige Politik zu erzielen sein würde.

Ich habe jeden Versuch gemacht, zu einer solchen Wendung die verantwortlichen Minister zu bewe[65] [gen.] Es war erfolglos. Als mein Reichsamt am 1.7.1935 ablief, habe ich Verlängerung auf Grund des alten Gesetzes abgelehnt. Ich erklärte mich zur Fortsetzung bereit, wenn mir die Vollmachten eingeräumt würden, mit denen ich in den Aufbau der Organisation der Verwaltung und in die Finanzen hätte eingreifen können.[46] Denn die Preise sind kein Ding an sich; sie sind nur die Kampfform der allgemeinen wirtschaftlichen und politischen Situation eines Landes. Ein mit der Welt verflochtenes Land wie Deutschland [66] wird angemessene Preise haben, wenn eine richtige Politik ihm genügende Warenmengen, ausrei-

sung der Reichswehr an das NS-Regime; vgl. Michael Salewski: Die bewaffnete Macht im Dritten Reich 1933–1939, in: Deutsche Militärgeschichte Bd. VII, München 1983, S. 13-287, besonders S. 16-20.

45 Für die deutsche Binnenwirtschaft hatte sich durch die mit sinkender Arbeitslosigkeit angestiegene Massenkaufkraft im Lauf des Jahres 1934 das Problem ergeben, dass der privaten Nachfrage kein adäquates Angebot gegenüberstand, da mit dem nationalsozialistischen Primat der Aufrüstung der zivile Sektor vernachlässigt worden war. Zu dieser Entwicklung kamen hinzu zwangsweise Preissteigerungen für landwirtschaftliche Produkte im Rahmen des Agrarsubventionsprogramms und ein Lohnstop seit 1933, so dass sich in der beginnenden konjunkturellen Erholung die Notwendigkeit ergab, die Preise stabil zu halten. Vgl. Avraham Barkai: Das Wirtschaftssystem des Nationalsozialismus. Ideologie, Theorie, Politik 1933–1945, erw. Neuausg. Frankfurt/M. 1988, S. 180 ff.; Dietmar Petzina: Die deutsche Wirtschaft in der Zwischenkriegszeit, Wiesbaden 1977, S. 115 ff. sowie Harold James: Deutschland in der Weltwirtschaftskrise 1924–1936, Stuttgart 1988, S. 375.

46 Vgl. Schreiben Goerdelers an Lammers vom 27.7.1935; Dok. 2.3.6, oben S. 236 ff.

chende Arbeitsgelegenheit und eine sparsame innere Verwaltung sichert. Sonst wird sein Preisstand immer durch Mangel oder durch zu hohe Abgaben aller Art in die Höhe geschraubt werden. Am Ende dieser Schraube steht die soziale Revolution.

Hitler hat sich lebhaft bemüht, mir die Vollmachten zu geben. Aber die maßgebenden Minister haben, wie er mir mitteilen ließ, widersprochen. [67] So blieb auch mir nichts anderes übrig, als alle Versuche, mich auf anderer Grundlage in das Amt zurückzubringen, mit klarer Begründung abzulehnen. Entweder es liegen außergewöhnliche Notstände vor, denen die Minister nicht Herr werden; dann müssen diese den Vollmachten zustimmen. Oder die Minister meinen, solche Vollmachten seien nicht erforderlich; dann müssen sie allein die Verantwortung tragen.[47]

Hitler war großzügig und erkannte diese Begründung als richtig an. In seinem Auftrage bat mich Staats[68]sekretär Lammers, im Oktober 1935 einen Bericht und ein Gutachten über die Lage zu machen. Ich habe es nach bestem Gewissen erstattet und darauf hingewiesen, daß fortschreitender Rohstoff- und Nahrungsmangel mit steigenden Preisen unausweichlich seien, wenn nicht die Finanzen in Ordnung gebracht, die Währung weltfähig und in Sachen der Moral (Recht, Religion usw.) eine Haltung eingenommen würde, die ein Zusammenleben mit anderen Völkern ermöglicht. Ich habe auf die verderbliche Überorganisation und auf die Notwendigkeit hingewie[69]sen, die alleinige Autorität des Staates wieder herzustellen.[48]

Der Empfang des Berichts wurde mit Dank bestätigt. Im Juli/August 1936 wurde ich vom Generaloberst Göring um Bericht und Gutachten gebeten. Dazu wurde mir Material über Rohstoff-, Devisen- und Währungslage zur Verfügung gestellt.

Ich habe auch dies Gutachten nach bestem Wissen erstattet und brauchte ja nur an mein Gutachten vom Herbst 1935 anzuknüpfen.[49]

---

[47] Ebd.

[48] S. Goerdelers Denkschrift zur wirtschaftlichen Lage vom 26.10.1935; Dok. 3.6, unten S. 387 ff.

[49] S. Goerdelers Denkschrift zur Rohstoff-, Devisen- und Währungslage vom 17.9.1936; Dok. 3.8, unten S. 411 ff.

# Kapitel 3: Goerdelers Mitarbeit in der Reichspolitik II: Stellungnahmen zur Regierungspolitik 1931–1936

## Einführung

Seit der Übernahme des Reichspreiskommissariats im Dezember 1931 sah sich Goerdeler in einer Rolle als inoffizieller Berater der Reichsregierung; zu diesem Zeitpunkt begann er, Denkschriften mit vielfältigen Reformvorschlägen an verschiedene Regierungsstellen zu versenden. Mit diesem Mittel einer traditionellen Beamtenopposition hoffte er, die Politik der Reichsregierung beeinflussen zu können. Zu einem Teil handelte es sich um Schriften, die er unaufgefordert versandte; selbst in Papieren, die von ihm erbeten wurden, beschränkte er seine Stellungnahmen nicht auf angefragte Themen, sondern handelte jeweils einen ganzen Katalog von verfassungs-, finanz-, wirtschafts- und sozialpolitischen Reformen ab, die ihm wichtig erschienen.

Charakteristisch für diese Vorgehensweise ist Goerdelers Denkschrift für Hindenburg vom April 1932[1]. Nachdem er von Hindenburg um schriftliche Ausführungen zu seiner Einschätzung der wirtschaftlichen Lage gebeten worden war, nutzte er die Möglichkeit, ein umfassendes Reformprogramm vorzuschlagen, dessen Elemente weit über wirtschaftspolitische Maßnahmen hinausgingen. Er nahm wirtschaftspolitische Probleme zum Ausgangspunkt für die Forderung sowohl nach umfassenden verfassungsrechtlichen Reformen als auch nach einem Umbau des sozialpolitischen Systems. Die sozialpolitischen Errungenschaften der Weimarer Republik, insbesondere das kollektive Vertragsrecht und die staatliche Arbeitslosenversicherung, sah Goerdeler als wirtschaftlich untragbar an. Sein Lösungsvorschlag zielte jedoch nicht auf eine Entmachtung der Gewerkschaftsbewegung als institutionelle Arbeitervertretung, sondern auf die Aufhebung des Arbeitskampfes durch die engere Einbindung der Gewerkschaften in den Staat. Von der Realisierung seines Vorschlags, das gesamte System der sozialen Sicherung dem Verantwortungsbereich der Gewerkschaften zu übertragen, versprach er sich neben der Entlastung der öffentlichen Finanzen auch eine Integration der Arbeitervertretung in die staatliche Verwaltung.

Unter den Stichworten „klare Verantwortlichkeit“ und „klare Zuständigkeit“ führte Goerdeler eine Reihe von verfassungsrechtlichen Reformen an, von denen er sich eine effektivere Regierung versprach. Die ubiquitäre antiparlamentarische Vorstellung, dass demokratische Vertretungskörperschaften notwendige Entscheidungen zu sehr verzögerten, gehörte ebenso dazu wie die Forderung nach einem stärkeren Einsatz des Artikels 48, um verfassungspolitische Änderungen durchzu-

[1] S. Denkschrift für Hindenburg vom April 1932; Dok. 3.2, unten S. 313 ff.

setzen. Die Forderung nach einer Beschränkung der Rechte parlamentarischer Vertretungskörperschaften von der Gemeinde- bis zu der Zentralebene ging Hand in Hand mit der Zielsetzung einer autoritären Umformung der Verfassung; beides sollte auch dazu dienen, die als notwendig befundenen wirtschafts- und finanzpolitischen Maßnahmen durchzusetzen.

Ähnliche Vorstellungen finden sich bereits in der ersten von Goerdeler überlieferten Denkschrift, einer Stellungnahme zur Wirtschafts- und Finanzpolitik, die zwischen 1929 und 1931 entstanden ist und mehrmals umgeschrieben wurde.[2] Die Forderung nach Einsparungen insbesondere in dem Unterstützungswesen und der Sozialversicherung wurden dort verknüpft mit Überlegungen, wie diese Sparmaßnahmen verwaltungs- und verfassungspolitisch durchzusetzen wären. Das notwendige Reformwerk zur Bekämpfung der Krise sei nur mit der Anwendung des Artikels 48 durchzusetzen, denn, so argumentierte Goerdeler, „alle Parteien leiden unter der Angst vor den Wählern; mit solcher Angst sind weitsichtige Reformen, die zunächst Opfer von allen Volksangehörigen verlangen, nicht zu machen."

Bei dem von Goerdeler angestrebten Reformwerk handelt es sich um Maßnahmen, die auf unterschiedlichen Prinzipien beruhten: Einerseits sollte sich der Staat aus der bisherigen sozialpolitischen Rolle zurückziehen und Regelungen den Sozialpartnern bzw. der Selbstregulierung der Wirtschaft überlassen, andererseits wurden sehr weitgehende staatliche Eingriffe in das Recht auf freie Wahl des Arbeitsplatzes, Freizügigkeit und freie Tarifvereinbarungen erwogen. Die Vorschläge spiegeln die Überzeugung Goerdelers, dass die Wirtschaftskrise nur durch eine Verbesserung der unternehmerischen Position bekämpft werden könne und dass aus einer so erreichten Konjunktur die Arbeitnehmerschaft automatisch profitieren würde. Entgegen dem zeitgenössischen Urteil liberaler Nationalökonomen, dass erst durch die Wiederherstellung einer freien Marktwirtschaft die Wirtschaftskrise überwunden werden könne – die Wirtschaftskrise wurde deshalb als eine „Krise des Interventionismus" gedeutet –, nahm Goerdeler trotz seiner wirtschaftsliberalen Grundüberzeugung staatliche Interventionen in Kauf, mit deren Hilfe eine liberale Marktwirtschaft simuliert werden sollte.

Die frühe Denkschrift zeigt, dass Goerdeler mit seinen wirtschafts- und finanzpolitischen Forderungen keineswegs als „Erfüllungsgehilfe" der Regierung Brüning zu bewerten ist,[3] sondern dass die Brüningsche Sparpolitik seinen eigenen Überzeugungen entsprach. Goerdeler war ein entschiedener Anhänger der Deflationspolitik, was ihn der Regierung Brüning als geeignete Persönlichkeit für den Posten des Reichskommissars für die Preisüberwachung empfohlen hatte.[4] Während die

2 S. Denkschrift zur Wirtschafts- und Finanzpolitik von Anfang 1931; Dok. 3.1, unten S. 271 ff.

3 So die Bewertung von Julia Paulus: Kommunale Wohlfahrtspolitik in Leipzig 1930 bis 1945. Autoritäres Krisenmanagement zwischen Selbstbehauptung und Vereinnahmung, Köln, Weimar und Wien 1998, S. 39.

4 Vgl. dazu Kapitel 2, oben S. 175 ff.

Deflationspolitik für Brüning jedoch eher funktionale Bedeutung hatte, maß Goerdeler ihr eine absolute ideelle Bedeutung zu. In sämtlichen Texten Goerdelers erscheint Sparsamkeit als verabsolutierte Tugend, deren Funktion als Weg aus der ökonomischen Krisensituation von ihm überschätzt wurde. Sein preußisches Sparsamkeitsethos bildete sich nicht erst im Gefolge der Weltwirtschaftskrise aus, sondern erscheint bereits in frühesten Zeugnissen.[5]

Goerdelers Vorschläge zu einem Umbau der Sozialversicherung sollten nicht zuletzt der von ihm diagnostizierten „Versicherungs- und Rentenpsychose" entgegenwirken und eine „Wiedererweckung des Verantwortlichkeitsgefühls bis zum letzten Volksgenossen hinunter" bewirken. Der Ausbau der Wohlfahrtspflege während der 20er Jahre, die eine Professionalisierung der fürsorgerischen Berufe mit sich gebracht hatte, wurde von Goerdeler aus finanziellen Gründen abgelehnt. Einerseits hatte das Wohlfahrtssystem vor dem Ersten Weltkrieg stärker auf ehrenamtlicher Arbeit basiert und so eine geringere Belastung der gemeindlichen Finanzen bedeutet. Andererseits bedeutete der Übergang der Gesetzgebungskompetenz von den Gemeinden auf das Reich, mit der eine organisatorische Vereinheitlichung in der Wohlfahrtspflege angestrebt wurde, dass die Gemeinden ihre Wohlfahrtsausgaben nur noch bedingt von ihren finanziellen Möglichkeiten abhängig machen konnten. Diese Entwicklung, die den Gemeinden in der Wohlfahrtspflege Entscheidungskompetenzen genommen und zusätzliche finanzielle Lasten auferlegt hatte, hoffte Goerdeler rückgängig machen zu können.

Die frühe Schrift von 1929/31 beleuchtet paradigmatisch Goerdelers sozialpolitischen Standpunkt: Seine Überzeugung, dass sich soziale Verbesserungen nur durch einen allgemeinen Wirtschaftsaufschwung einleiten lassen könnten – und auch nur dann vertretbar seien –, resultierte in dem Primat staatlicher Strukturpolitik vor staatlichen Sozialausgaben. In diesem Sinne wurden auch zur Behebung der Arbeitslosigkeit Arbeitszeitverlängerung und Lohnkürzungen verlangt. Zwar wurde eine moralische Verantwortung für sozial Hilfsbedürftige anerkannt, jedoch rechtliche Versicherungsansprüche als Begünstigung mangelnder Eigeninitiative verworfen, und soziale Absicherungen, die über das Bismarcksche Sozialversicherungssystem hinausgingen, als „Überversorgung" kritisiert. Die Forderung, das gesamte Sozialversicherungssystem oder zumindest die Arbeitslosenversicherung dem Verantwortungsbereich der Gewerkschaften zu übergeben, sollte nicht zuletzt der finanziellen Entlastung des Staates dienen.

Bei der Überlegung, wie die von ihm angestrebten Reformen durchzusetzen seien, verwies Goerdeler auf den preußischen Verfassungskonflikt: Auch Bismarck habe 1862 „innere Konflikte nicht gescheut, um im Innern Ordnung zu schaffen und die Zustände zu sanieren". Seine Vorstellungen von einer derartigen

[5] Vgl. exemplarisch seinen Bericht von der Jahreswende 1918/1919 „Die Landesfinanzen im besetzten Gebiet der X. Armee vom 20.2.bis 30.11.1918" (BAK, N 1113, Bd. 11), in dem er die Reorganisation der weißrussischen Finanzverwaltung beschrieb.

Sanierung, die er am Ende seiner Denkschrift kurz auflistete, liefen hinaus auf die Beschränkung der Kompetenzen des Reichstags auf das Budgetrecht, die Einbindung berufsständischer Elemente in die staatliche Verantwortung sowie einem Machtzuwachs für den Reichspräsidenten – hier finden sich bereits stichwortartig verfassungsrechtliche Planungen, die er 1938 und 1941 ausbaute.[6]

Während die frühe Denkschrift von 1929/31 an keinen erkennbaren Adressaten gerichtet war, sah sich Goerdeler seit seiner Amtsübernahme als Reichskommissar für die Preisüberwachung im Dezember 1931 in einer regierungsunmittelbaren Position, die ihm den Zugang zu Regierungsmitgliedern erleichterte. Seine Schriften zwischen 1929 und 1936 waren jedoch alle, im Gegensatz zu späteren Denkschriften, offizielle Schriften insofern, als sie direkt an die Reichsregierung oder einzelne Regierungsmitglieder adressiert waren, und das Ziel verfolgten, die Regierungspolitik durch offene Stellungnahmen in seinem Sinn zu beeinflussen.

Wenn Goerdeler auch in seinen Schriften das Ideal einer autoritären Regierung entwarf – der verstärkte Einsatz des Artikels 48 sowie die Forderung nach der Unabhängigkeit der Regierung vom parlamentarischen Vertrauensvotum waren Bestandteile davon –, hatte er doch persönliche Vorbehalte gegen die Präsidialkabinette Papen und Schleicher. Ende Januar 1933, nach der Demission Schleichers, drückte er in einem Brief an seinen ältesten Sohn Ulrich die Hoffnung aus, dass nun die Möglichkeit ergriffen werde, die SPD in eine Regierungsneubildung mit einzubeziehen.[7] Implizit bedeutete seine Hoffnung auf eine „breit zusammengesetzte Regierung" auch den Einbezug der NSDAP, die er wie viele Zeitgenossen durch eine Einbindung in die Regierungsverantwortung zu domestizieren hoffte.

Trotz seiner Vorbehalte sah er jedoch auch die Chance erhöhter Einflussnahme im verfassungs- und wirtschaftspolitischen Bereich für sich. Die nahtlose Fortsetzung seiner Versuche, auch nach 1933 die Regierungspolitik mit Hilfe von Denkschriften zu beeinflussen, legt darüber hinaus die Vermutung nahe, dass die Machtübernahme der Nationalsozialisten zunächst nicht als großer Bruch von ihm empfunden wurde – es handelte sich bei dem neuen Regime formal um ein weiteres Präsidialkabinett, und im Gegensatz zu den Kabinetten Papen und Schleicher wurde Goerdeler von den neuen Machthabern geradezu hofiert. Sowohl im kommunalverfassungspolitischen Bereich, als auch in wirtschaftspolitischen und arbeitsrechtlichen Belangen wurde er um Stellungnahmen angegangen. Während sein Erfolg in diesen Neuordnungsplanungen begrenzt blieb, musste bei ihm doch der Eindruck entstehen, dass auf seine Ansichten Wert gelegt wurde. Immerhin wurden mit dem „Gesetz zur Ordnung der nationalen Arbeit" Maßnahmen durchgesetzt, die Goerdeler nur wenige Monate zuvor in einer Denkschrift gefordert hatte,[8] und

---

6 Vgl. Goerdelers Denkschrift zur Innenpolitik vom Oktober/November 1938 (Dok. 5.1.2, unten S. 696 ff.) sowie seine Denkschrift Das Ziel vom Herbst 1941 (Dok. 6.1.1, unten S. 873 ff.).

7 S. Brief Goerdelers an Ulrich Goerdeler vom 29.1.1933; Dok. 3.3, unten S. 330 f.

8 S. Goerdelers Denkschrift zur Wirtschaftspolitik und zum Arbeitsrecht vom 7.9.1933; Dok. 3.4, unten S. 331 ff.

seine Wiedereinsetzung als Reichskommissar für die Preisüberwachung war ebenfalls ein Indiz dafür, dass seine Mitarbeit in der Regierung erwünscht war. In seiner Denkschrift zur Wirtschaftspolitik und zum Arbeitsrecht vom September 1933 wird die Fähigkeit Goerdelers deutlich, zeitgenössische konservative Bewertungen und Ideen prägnant zusammenzufassen: die Kombination von staatlicher Sparpolitik durch Sozialabbau, Aufweichung des Tarifvertragsrechts und Unterstützung wirtschaftsfriedlicher Elemente in der DAF waren Forderungen, die in der Unternehmerschaft, insbesondere der Schwerindustrie, Gemeingut waren. Seine Denkschrift deutet jedoch bereits zukünftige Dissensbereiche mit dem neuen Regime an, insbesondere seine strikte Ablehnung einer antizyklischen staatlichen Finanzpolitik. Auch den sozialpolitischen Befriedungsmaßnahmen des Regimes stand Goerdeler ablehnend gegenüber, denn ein Wirtschaftsaufschwung sei nicht erreichbar „mit Wundermitteln, mit Geschenken und Steuererleichterungen, sondern mit Opfern".

Die beiden zentralen Denkschriften Goerdelers aus der Umbruchphase 1932–1934, die Schrift für Hindenburg vom April 1932 und die knapp zweieinhalb Jahre später verfasste „Denkschrift zur deutschen Innenpolitik"[9], bieten in ihrem Duktus und ihrer Schwerpunktsetzung interessante Parallelen: Beide Schriften sind an führende Mitglieder der Reichsregierung gerichtet, beide leiten von wirtschaftlichen Zustandsbeschreibungen und wirtschaftspolitischen Forderungen weitreichende innenpolitische Reformvorstellungen ab. In beiden Schriften wird der Umbau des Systems der Sozialen Sicherung angestrebt, um die Unternehmerschaft und die öffentlichen Finanzen zu entlasten. Während der Kern der Denkschrift von 1932 die Forderung nach einer autoritären Umformung des Regimes ist, knüpft die Schrift vom Spätsommer 1934 in gewisser Weise daran an: „Der Nationalsozialismus hat durch die Ausschaltung des Parteiensystems eine so große Tat vollbracht, (...) daß es ein wahrer Jammer wäre, wenn jetzt nicht der nüchternste Verstand, die beste Erfahrung und der gediegenste Charakterschatz des deutschen Volkes aufgeboten würden, um diese so geschaffenen Voraussetzungen zu bestem nationalen Erfolge auszunutzen." Im folgenden führte Goerdeler jedoch seine Bedenken gegen die Politik des neuen Regimes an, durch die er die Möglichkeit, „eine echte, klare Volksgemeinschaft herzustellen", gefährdet sah. Forderungen nach Meinungs- und Gewissensfreiheit sowie nach einer Kompetenzbegrenzung der NSDAP tauchen in dieser Schrift erstmals auf. Gerade an Goerdelers Forderung nach Kompetenzbegrenzungen für die NSDAP wird deutlich, dass er sich eine autoritär umgeformte Regierung anders vorgestellt hatte, nämlich als eine Regierung von Fachleuten, die mit weitreichenden Vollmachten ausgestattet sein sollten, keineswegs als Diktatur einer politischen Partei.

---

[9] S. Denkschrift zur deutschen Innenpolitik von August/September 1934; Dok. 3.5, unten S. 342 ff.

Während Goerdeler sich in seinen vorherigen Schriften auf innenpolitische Reformvorschläge beschränkt hatte, finden sich in der 1934er Denkschrift erstmals auch außenpolitische Überlegungen. Dabei handelt es sich einerseits um Erwägungen zur Revision der Versailler Gebietsabtretungen, andererseits um Verweise auf die Wirkung innenpolitischer Repressionsmaßnahmen im Ausland. Explizit verwies Goerdeler auf die Notwendigkeit, „die deutsche Rassenpolitik zu konsolidieren" – dieser Rückzug auf eine rechtspositivistische Argumentation verweist darauf, dass segregative rassenpolitische Maßnahmen von ihm nicht grundsätzlich abgelehnt wurden. Sein Festhalten an Legalitätsprinzipien impliziert, dass es Goerdeler insbesondere um die Ausschaltung von antisemitischen Ausschreitungen ging, die keine rechtliche Grundlage hatten. Demgegenüber forderte er von der nationalsozialistischen Kirchenpolitik die Aufgabe jedweder staatlicher Zwangsmittel. Hinter seinen innenpolitischen Forderungen stand auch die Vorstellung, dass sich das NS-Regime noch in einer notwendigen Konsolidierungsphase befände, und dass Grundsatzentscheidungen in der Innenpolitik noch weitgehend beeinflussbar seien.

Insbesondere hinsichtlich der Wirtschaftsordnung glaubte sich Goerdeler auch in den folgenden Jahren noch in einer Position, seine Vorstellungen durchsetzen zu können. Nachdem im August 1935 sein Reichskommissariat für die Preisüberwachung ausgelaufen war, bemühte er sich in der Folgezeit verstärkt, seinen wirtschaftspolitischen Überzeugungen durch Publikationen und Denkschriften Gehör zu verschaffen. Die Tatsache, dass er von Hitler und Göring um Beurteilungen der wirtschaftlichen Lage angegangen wurde, musste ihm ebenso erhöhte Einflussmöglichkeiten suggeriert haben wie die tatsächliche wirtschaftliche Entwicklung, durch die er sich in seinen Überzeugungen bestätigt sah. In seiner Denkschrift zur wirtschaftlichen Lage vom 26. Oktober 1935[10] verwies er darauf, dass seine letzten Prognosen bestätigt worden seien: Die autarkistischen Tendenzen des Regimes hätten zu einer Rohstoff- und Devisenverknappung, zu Engpässen in der Lebensmittelversorgung und zu weiteren Preissteigerungen geführt. Goerdelers Lösungsvorschläge zielten auf eine Rückkehr zu wirtschaftsliberalen Prinzipien, indem die Wiederherstellung der internationalen Konkurrenzfähigkeit durch den Rückzug des Staates aus der Wirtschaftspolitik die von ihm konstatierte Überorganisation des Wirtschaftslebens aufheben sollte. Insbesondere die staatlichen Eingriffe zur Forcierung der Aufrüstung sah er sehr kritisch und als wirtschaftlich nicht tragbar an. Die finanzpolitischen Manipulationen des NS-Regimes, die der künstlichen Kreditschöpfung dienten, liefen Goerdelers wirtschaftsordnungspolitischen Vorstellungen diametral entgegen und wurden ebenfalls scharf von ihm kritisiert.

Die von ihm vorgeschlagene Rückkehr zu einer liberalen Wirtschaftsordnung hatte, wie er selbst betonte, eine internationale Verständigung zur Grundvoraussetzung. Diese wiederum, so seine Argumentation, setze eine Abkehr von innen-

---

[10] S. Denkschrift zur wirtschaftlichen Lage vom 26.10.1935; Dok. 3.6, unten S. 387 ff.

politischen Repressionsmaßnahmen voraus: Von der Verfolgung von Freimaurern und Juden sowie von der Zerstörung der Grundrechte und der Rechtssicherheit – Maßnahmen, die im Ausland Unverständnis auslösen müssten.

Goerdelers Artikel „Der Führergrundsatz in der Wirtschaft" vom Dezember 1935[11] stellt einen Versuch dar, seine wirtschaftordnungspolitischen Überzeugungen an die nationalsozialistische Terminologie anzugleichen. Es handelt sich um einen grundsätzlichen Artikel, der sich von dem Begriff Liberalismus zu distanzieren versuchte, ohne von wirtschaftsliberalen Ordnungsprinzipien abzuweichen. Goerdeler versuchte hier, durch die Verwendung des Führerbegriffs und durch militärische Analogien seine wirtschaftsliberalen Überzeugungen als die der nationalsozialistischen Regierungsform adäquate Wirtschaftsordnung darzustellen. In seinem Artikel ersetzte der Kampfbegriff die Forderung nach freier Konkurrenz, das Begriffspaar Führer und Gefolgschaft ersetzte die Begriffe Unternehmer und Arbeiter. Hinter den terminologischen Angleichungen blieb jedoch das Ideal einer freien Wirtschaftsordnung bestehen. Unter Verwendung dieser Begrifflichkeiten beschrieb Goerdeler eine von planwirtschaftlichen Elementen freie Konkurrenzwirtschaft, die weder von staatlichen Institutionen noch von gewerkschaftlichen Forderungen behindert würde.

Dieser Versuch, seine ökonomischen und politischen Überzeugungen dem Duktus des nationalsozialistischen Regimes anzupassen, ohne inhaltlich von ihnen abzuweichen, findet sich häufiger in Goerdelers Äußerungen zwischen 1933 und 1935.[12] Ob es sich dabei um eine bewusste Strategie Goerdelers handelte, oder ob er zu diesem Zeitpunkt noch von der Vereinbarkeit seiner Forderungen mit nationalsozialistischen Neuordnungsplänen überzeugt war, ist in diesem Zusammenhang nicht eindeutig zu entscheiden. Für letzteres spricht jedoch die Tatsache, dass Goerdeler in seinen Schriften nicht als origineller Theoretiker auftrat, sondern zeitgenössische konservative Bewertungen und Forderungen zusammenfasste. Begriffe wie „Blut und Boden" oder „Führerprinzip", die nach 1945 i.d.R. dem Nationalsozialismus zugeordnet wurden, hatten in den 30er Jahren Schlagwortcharakter und waren Bestandteil einer sozialromantischen, antiparlamentarischen Vorstellungswelt.

Dass Goerdeler trotz seiner Plädoyers gegen planwirtschaftliche Elemente und trotz seiner Forderung nach dem Primat von Versorgung vor Aufrüstung im Frühjahr 1936 um ein Gutachten zur Rohstoff-, Devisen- und Währungslage ersucht wurde, lag an der bis zur Bekanntmachung des Vierjahresplans vorherrschenden Konzeptlosigkeit der NS-Wirtschaftspolitik.[13] Diese war 1934/35 zweigleisig ver-

---

11 S. Der Führergrundsatz in der Wirtschaft; Dok. 3.7, unten S. 404 ff.

12 S. z.B. sein Artikel Entwicklungstendenzen im deutschen Kommunalrecht vom 27.5.1933 (Dok. 1.1.4, oben S. 32 ff.) sowie seine Rede zur Kundgebung „Staat, Wirtschaft und Partei" vom 4.3.1935 (Dok. 4.1.1, unten S. 488 ff.).

13 Die Anfrage Görings ist in den Akten nicht erhalten; vgl. Görings Darstellung des Vorgangs in einem Schreiben an Schacht v. 22.8.1937; abgedruckt in: Internationaler Militär-

laufen: Einerseits versuchte Reichswirtschaftsminister Hjalmar Schacht mit seinem „Neuen Plan" die Überwindung des Außenhandelsdefizits durch Importbeschränkungen, Exportsubventionen, Bilateralisierung des Außenhandels sowie dessen Umschichtung nach Süd- und Osteuropa zu erreichen; andererseits hatte Wilhelm Keppler, Hitlers Beauftragter für Wirtschaftsfragen, von diesem im November 1934 die Sonderaufgabe bekommen, die deutsche Wirtschaft von Rohstoffeinfuhren unabhängig zu machen. Die Aufgabenbereiche Schachts und Kepplers waren weder inhaltlich noch organisatorisch miteinander verbunden, sondern blieben unkoordiniert. Göring versuchte seit dem Frühjahr 1936 mit seinem Devisen- und Rohstoffstab, die beiden Konzepte miteinander zu verbinden, indem er die parallele Förderung des Exports und der Ersatzstoffproduktion anstrebte.[14]

In dem Zeitraum zwischen der Anforderung des Gutachtens am 7. August und dessen Ablieferung am 17. September 1936 hatte sich in der NS-Wirtschaftspolitik eine Wende vollzogen, die mit Hitlers Ankündigung des Vierjahresplans auf dem Reichsparteitag vom 9. September evident geworden war.[15] In seiner Denkschrift zur Rohstoff-, Devisen- und Währungslage wandte sich Goerdeler gegen die Grundlagen des neuen wirtschaftspolitischen Kurses: Autarkie sei unmöglich, künstliche Kreditschöpfung und Staatsverschuldung bedeuteten eine verzögerte Inflation, eine Revision der Devisenverteilung zugunsten einer ausreichenden Lebensmittelversorgung müsse Priorität haben und ein ausgeglichener Staatshaushalt sei die Grundvoraussetzung jedes Aufschwungs. Sein Lösungsvorschlag zielte auf eine engere internationale Zusammenarbeit durch allgemeine Rüstungsbeschränkungen und Währungssicherungen; die Abkehr von staatlichem Dirigismus und den Ausgleich öffentlicher Haushalte sah er als Grundvoraussetzungen für den von ihm vorgeschlagenen Kurswechsel an.[16]

Goerdeler musste wissen, dass seine Reformvorschläge der NS-Wirtschaftskonzeption, die zwar selbst nach der Verkündung des Vierjahresplans noch liberale Elemente enthielt, aber doch starke Tendenzen zur staatlichen Steuerung aufwies, diametral entgegengesetzt waren; trotzdem schien er, ganz charakteristisch für ihn, weiterhin auf seine Überzeugungskraft zu bauen. Der Regierung Hitler, die ihre Popularität einerseits der durch Aufrüstung gestützten außenpolitischen Erfolge und andererseits ihrer Selbststilisierung als Siegerin über die Arbeitslosigkeit verdankte,

---

gerichtshof Nürnberg. Der Prozeß gegen die Hauptkriegsverbrecher vor dem Internationalen Militärgerichtshof; Bd. XXXVI, Nürnberg 1948, Dokument 493-EC, S. 554.

14 Vgl. zur NS-Wirtschafts- und Finanzpolitik Hans-Erich Volkmann, Die NS-Wirtschaft in Vorbereitung des Krieges, in: Wilhelm Deist, Manfred Messerschmidt, Hans-Erich Volkmann und Wolfram Wette, Ursachen und Voraussetzungen des Zweiten Weltkrieges, aktualisierte Ausgabe, Frankfurt M. 1995, S. 211-435.

15 Vgl. Wilhelm Treue, Hitlers Denkschrift zum Vierjahresplan 1936, in: VfZ 3 (1955), S. 184-210.

16 S. Goerdelers endgültige Stellungnahme vom 17.9.1936 (Dok. 3.8, unten S. 411 ff.) sowie seine vorläufige Stellungnahme vom 31.8.1936 (Privatbesitz).

Rüstungsdrosselung und Inkaufnahme erhöhter Arbeitslosenzahlen vorzuschlagen, zeugt jedoch von politischer Naivität. Dass Goerdelers Vorschläge tatsächlich erfolgreich gewesen wären, muss bezweifelt werden. Seine Vision von einer internationalen Zusammenarbeit im Sinne einer internationalen Kredithilfe für Deutschland war unrealistisch angesichts der gleichgelagerten wirtschaftlichen Probleme in anderen westlichen Industrienationen. Seine Überlegungen zur Bekämpfung der Arbeitslosigkeit bei gleichzeitiger Rüstungsdrosselung verkannten den engen Zusammenhang zwischen sinkenden Arbeitslosenzahlen und staatlich forcierter Rüstungskonjunktur. Bereits Goerdelers vorläufiges Gutachten vom 31. August 1936 war in der Ministerratssitzung vom 4. September 1936 sehr negativ besprochen worden, und Hitlers Ankündigung des Vierjahresplans auf dem Reichsparteitag vom 9. September 1936 sowie seine dortige Polemik gegen Schacht bezog Goerdeler auf sich.

Der Herbst 1936 brachte den entscheidenden Wendepunkt in Goerdelers politischer Karriere. Die Festlegung der deutschen Wirtschaftspolitik auf die autarkistischen Prinzipien des Vierjahresplans hatte ihn seinen ohnehin inoffiziellen Beraterstatus bei dem Regime verlieren lassen. Nachdem er sich zuvor in kommunalverfassungsrechtlichen Belangen bei der Erstellung der Deutschen Gemeindeordnung und in innenpolitischen Belangen mit seinen Plädoyers für die Achtung der Grundrechte ebenso wenig hatte durchsetzen können, war er nun auch mit seinen Forderungen im wirtschaftsordnungspolitischen Bereich gescheitert. Nach seiner scharfen Kritik an den NS-Autarkieplänen in seinem Gutachten zur Rohstoff-, Devisen- und Währungslage fiel Goerdeler bei dem Regime in Ungnade – sein Gutachten war die letzte Denkschrift, die er auf Aufforderung der Regierung verfasst hatte. Sein Autoritätsverlust als Verwaltungsleiter war eine Folge seines Prestigeverlusts auf Reichsebene und führte schließlich im November 1936 dazu, dass er sein Entlassungsgesuch in Leipzig einreichte. Im Alter von 52 Jahren war Goerdeler damit in der Position, nicht nur seine kommunalpolitische Karriere abrupt beendet zu sehen, sondern auch in der Reichspolitik jede Einflussmöglichkeit verloren zu haben.

Während des Winters 1936/37 reagierte er auf diese Entwicklung mit einer verstärkten Publikationstätigkeit und verfasste eine Reihe von Aufsätzen für wirtschaftliche Wochenzeitungen, in denen er seine wirtschaftsliberale Position explizit verteidigte – vielleicht hoffte er noch, auf diesem Weg die Politik des Regimes beeinflussen zu können. In einem für diese Periode charakteristischen Aufsatz vom Dezember 1936, „Wirtschaftliche Funktionen der Preise",[17] versuchte er dies über die Beschreibung der marktregulierenden Funktionen einer freien Preisbildung. Der Artikel ist eine paradigmatische Zusammenfassung seiner wirtschaftsordnungspolitischen Auffassungen und umfasst die wichtigsten Elemente des klassischen ökonomischen Liberalismus: Auf der Grundlage freier wirtschaftlicher Betätigung

[17] S. Wirtschaftliche Funktionen der Preise; Dok. 3.9, unten S. 464 ff.

und mit Hilfe der Vermittlungsfunktion schwankender Preise sollen Angebot und Nachfrage miteinander in Einklang gebracht werden. Indem die staatliche Funktion auf die Setzung von Rahmenbedingungen beschränkt wird, soll ein freier Konkurrenzkampf sowohl innerhalb einzelner Volkswirtschaften, als auch im Verkehr mit anderen Volkswirtschaften gesichert werden. Freie Konkurrenz als Basis jeder wirtschaftlichen Betätigung blieb die Hauptforderung, die Goerdeler an die Wirtschaftsordnung stellte.

# Dokumente

## Stellungnahmen zur Regierungspolitik 1931–1936

### 3.1 *Denkschrift zur Wirtschafts- und Finanzpolitik*

*maschinenschriftliche Denkschrift von Anfang 1931; BAK, N 1113, Bd. 21.*[1]
Notwendige wirtschafts- und finanzpolitische Reformen: Einsparungen in öffentlicher Verwaltung und Personalpolitik, im Schul- und Berechtigungswesen, in der Bau- und Wohnungswirtschaft sowie in der Wohlfahrtspflege; wirtschaftsfördernde Subventions- und Steuerpolitik; Umbau der Sozialversicherung; Maßnahmen zur Bekämpfung der Arbeitslosigkeit. Verfassungspolitische Möglichkeiten zur Durchsetzung der Reformen; anzuvisierende Verwaltungs- und Verfassungsreformen.

(Anfang 1931)

Vorwort

Die folgenden Gedankengänge habe ich vor 1½ Jahren zusammengestellt und verschiedenen Stellen zugeleitet. Neu bearbeitet habe ich lediglich den der Arbeitsbeschaffung gewidmeten Teil, weil inzwischen auf diesem Gebiete nichts geschehen ist, das Problem sich zu einem bei dieser Passivität nicht überraschenden Umfange ausgewachsen hat und daher andere Mittel ins Auge gefaßt werden müssen. Im übrigen habe ich die Gedankengänge unverändert gelassen. Der Leser kann daher selbst beurteilen wieweit sich inzwischen die tatsächliche Entwicklung bereits in der von mir angenommenen Richtung bewegt hat.

Meine Gedankengänge beruhen auf der Erkenntnis, daß die Politik der Wirtschaft den Lebensentfaltungsraum schaffen muß, daß es also falsch ist, die Wirtschaft vor die Politik zu setzen. Dagegen ist es richtig, daß die gesamten politischen Handlungen darauf eingestellt sein müssen, der Wirtschaft einen möglichst hohen Wirkungsgrad zu verschaffen, um den Wohlstand des Volkes zu heben.

---

[1] Von der vorliegenden Denkschrift existieren verschiedene Versionen, da sie offensichtlich zwischen 1929 und 1931 mehrmals umgearbeitet wurde. Von Goerdeler selbst datiert sind lediglich zwei der Exemplare; neben der hier als Grundlage verwandten, auf Anfang 1931 datierten Fassung aus dem Goerdeler-Nachlass in Koblenz handelt es sich dabei um ein Exemplar aus dem Privatbesitz der Familie, das Goerdeler handschriftlich mit „September 1929" datiert hat. Bei den anderen Versionen handelt es sich um Zwischenschritte, die zeitlich zwischen der ursprünglichen Version vom September 1929 und der vorliegenden letzten Korrektur anzusiedeln sind. Die ursprüngliche Fassung, die als Grundlage für die in den alphabetischen Annotationen vermerkten Textvarianten dient, ist identisch mit einem undatierten Exemplar im Koblenzer Nachlass (BAK, N 1113, Bd. 11). Die Varianten, die entgegen der Erläuterung Goerdelers nicht nur die Arbeitsbeschaffung betreffen, wurden aufgenommen, sofern es sich um inhaltlich relevante Abweichungen handelt. Die Adressaten der – nicht auf Anfrage erstellten – Denkschrift konnten nicht eindeutig ermittelt werden, da in den lückenhaften Akten der Reichskanzlei sowie des Reichsfinanz- und Reichswirtschaftsministeriums keine Exemplare aufgefunden wurden.

Unter Wirtschaft verstehe ich nicht eine Gruppe der Wirtschaft, Unternehmer oder Arbeitgeber, sondern verstehe ich die Volkswirtschaft schlechthin. Ich vermag auch keine Teilungen eintreten zu lassen zwischen privater und öffentlicher Wirtschaft. Sie sind Bestandteile der Volkswirtschaft. In einem Zeitalter der Entpersönlichung auch der Privatwirtschaft ist es nicht entscheidend, ob in einem Unternehmen privates oder öffentliches Kapital arbeitet. Entscheidend ist nur, daß streng unterschieden wird zwischen wirtschaftlichen Unternehmungen und Hoheitsverwaltungen, und daß wirtschaftliche Unternehmungen, auch wenn in ihnen ausschließlich oder zum Teil öffentliches Kapital arbeitet, streng nach privatwirtschaftlichen Grundsätzen geführt werden müssen, so daß es ausgeschlossen ist, etwa eine Verlustwirtschaft durch Steuern zu decken oder das Risiko des Unternehmens auf die Öffentlichkeit abzuwälzen.

Herbst 1930

*Einleitung.*

Die gegenwärtige Wirtschafts- und Finanznot ist nicht eine Erscheinung der Konjunktur, nicht eine vorübergehende Krise, sie ist vielmehr die naturnotwendige Folge bestimmter Ereignisse und Handlungen und zwar seit Jahren voraussehbar, Verfasser hat bei der Eröffnung der Deutschen Ostmesse im August 1927 darauf hingewiesen.[2] Die Ursachen sind

1. die Tatsache, daß die Produktion in großen Teilen der Welt in den letzten 15 Jahren außerordentlich gestiegen ist, die Produktionskosten aber nicht im gleichen Maße gefallen sind, so daß die einzelnen Länder darauf angewiesen sind, eine Politik des Schutzes der nationalen Arbeit zu betreiben;
2. die Tatsache, daß die einzige Ausnahme zu 1., nämlich die rückläufige Entwicklung in Rußland, sich nicht geltend macht, weil Rußland sich zum Schutze seiner Währung von Wirtschaftsbeziehungen mit dem Ausland weitgehend abschließt;
3. die Tatsache des Kriegsverlustes, verbunden mit der vollkommenen Einbuße an außenpolitischer Macht und mit der Abtretung von Gebieten, die als Wirtschaftsraum für das deutsche Volk mit seiner heutigen Kopfzahl nur mit sichtbaren Schwierigkeiten vermißt werden können;
4. eine Finanz- und Wirtschaftspolitik, die der Erkenntnis unangenehmer Wahrheiten und der Wahl unbequemer Handlungen beharrlich aus dem Wege geht.

Liegen die Dinge so, so ist es allerdings höchste Zeit, ihnen zu begegnen. Geschieht das nicht, so wird die Zersetzung der wirtschaftlichen Kraft Deutschlands lawinenartig fortschreiten, und es müssen sich daraus schwere innen- und außenpolitische Konflikte ergeben; die Beispiele der französischen und russischen Revolution dürfen nicht beiseite gelassen werden. Innenpolitisch kann man zu dieser Ent-

2 Die Deutsche Ostmesse war nach dem Ersten Weltkrieg in Königsberg von dem dortigen Oberbürgermeister Hans Lohmeyer initiiert worden zur Belebung der ostpreußischen Handelsbeziehungen. Goerdelers Rede von 1927 ist nicht erhalten.

wicklung stehen wie man will, außenpolitisch scheint es mir, verbunden mit der vollkommenen Ohnmacht Deutschlands, eine Quelle schwerster Gefahren zu sein. Ich fürchte, daß der Bestand des Reiches[a] auf dem Spiele steht. Nach meiner Kenntnis der polnischen Psyche, die mir von Kindesbeinen vertraut ist, bin ich überzeugt davon, daß Polen schwere innere Konflikte in Deutschland benutzen würde, um gegen Ostpreußen vorzugehen.[b] Wir können auch nicht damit rechnen, daß einem innerlich erschöpften und sich in inneren Kämpfen noch wehrloser machenden Deutschland andere Mächte tatenlos gegenüberstehen würden, am allerwenigsten dann, wenn damit für sie das Schreckgespenst des Bolschewismus in größere Nähe rückt. Ein innerlich zerrissenes, wirtschaftlich verwüstetes Deutschland wird diesen Gefahren nicht begegnen; umgekehrt, zielbewußte Außenpolitik kann nur getrieben werden, wenn Wirtschaft und Finanzen sich in klarer Ordnung befinden.

Somit kommt alles darauf an, dieses Ziel zu erreichen. Nach meinen Erfahrungen halte ich es für ausgeschlossen, daß irgend eine parlamentarische Kombination imstande sein wird, die durch die heutige wirtschaftliche und politische Lage bedingte Reform zu beschließen und durchzuführen. Alle Parteien leiden unter der Angst vor den Wählern. Mit solcher Angst sind weitsichtige Reformen, die zunächst Opfer von allen Volksangehörigen verlangen, nicht zu machen. Somit stehen für Reformgesetze großen Ausmaßes nur zwei Wege zur Verfügung.[3] Der erste ist der des Ermächtigungsgesetzes, wie es Ende des Jahres 1923 vom Reichstag beschlossen ist. Dieses Gesetz hat den Nachteil, daß der Reichstag sich jederzeit wieder einschalten kann, wobei er allerdings auf den Einspruch des Reichsrats mit

---

[a] Zusatz in der ursprünglichen Fassung: „und auch der des preußischen Staates“

[b] Zusatz in der ursprünglichen Fassung: „Daß in der polnischen Studentenschaft Königsberg als das nächste Ziel bezeichnet wird, über dem die polnische Flagge aufgesteckt werden müsse, setze ich als bekannt voraus.“

[3] Im folgenden beschreibt Goerdeler die beiden verfassungspolitisch verankerten Möglichkeiten, das Gesetzgebungsrecht des Reichstags zu umgehen. Der Weg des Ermächtigungsgesetzes ging vom Reichstag selbst aus, indem dieser mit 2/3-Mehrheit der Regierung eine inhaltlich und zeitlich befristete Vollmacht geben konnte, gesetzesvertretende Verordnungen zu erlassen. So war z.B. das zweite Kabinett Stresemann am 13.10.1923 für die folgenden 5 Monate ermächtigt worden, Verordnungen zur Bekämpfung der Hyperinflation zu erlassen (vgl. Winkler, Weimar, S. 230 ff.). Im Gegensatz zu dieser Delegation der Gesetzgebungskompetenz an die Regierung, bei der Reichsrat und ein Reichstagsausschuss als zustimmungspflichtige Organe eingeschaltet blieben (Art. 68 ff. WRV), implizierte das Notverordnungsrecht des Reichspräsidenten nach Art. 48, Abs. 2 WRV die Möglichkeit einer geradezu diktatorischen Machtvollkommenheit, die in Verbindung mit dem präsidialen Recht der Reichstagsauflösung (Art. 25 WRV) eine Ausschaltung des Reichstags bedeutete. Von Hindenburg wurde das Notverordnungsrecht nicht nur gegen den Willen der Reichstagsmehrheit eingesetzt, sondern auch mit der Gegenzeichnung von Reichskanzlern, die nicht das Vertrauen des Reichstags hatten. Der Artikel 74 WRV garantierte dem Reichsrat ein Einspruchsrecht gegen vom Reichstag beschlossene Gesetze.

den aus dem Art. 74 der Reichsverfassung sich ergebenden Folgen rechnen muß.[c] Das Einschaltungsrecht des Reichstags aus Art. 68 Abs. 2 der Reichsverfassung könnte dadurch restlos ausgeschaltet werden, daß in einem mit Zweidrittelmehrheit zu beschließenden Ermächtigungsgesetz die ermächtigte Stelle befugt wird, auch Verfassungsänderungen mit gesetzlicher Wirkung vorzunehmen. Ich halte es nicht für 100%ig ausgeschlossen, daß in verzweifelten Situationen ein solcher Beschluß des Reichstags zu erzielen ist, namentlich wenn gewisse Bestimmungen der Reichsverfassung von der Ermächtigung ausgeschlossen sind. Aber selbstverständlich kann man auch nicht einmal mit einiger Wahrscheinlichkeit auf eine solche Bereitwilligkeit des Reichstags und des Reichsrats rechnen. Der Weg ist und bleibt unübersehbar und daher unzuverlässig.

Der zweite Weg wäre der, auf Grund des Art. 48 Abs. 2 der Reichsverfassung zu regieren. Er setzt voraus: vollkommene Übereinstimmung zwischen Reichspräsident und Reichsregierung[d]. Dieser Weg hat den Nachteil, daß gemäß Art. 48 Abs. 3 der Reichspräsident von allen Maßnahmen dem Reichstag unverzüglich Kenntnis zu geben und die Maßnahmen auf Verlangen des Reichstags außer Kraft zu setzen hat. So wirkt das Geschick des Staatsmannes entscheidend mit Auflösungsbefugnis aus Art. 25 und mit den Rechten aus Art. 48, eine durch schwierige Zeiten hindurchführende, zielbewußte Politik auf Jahre hinaus zu treiben, selbst dann, wenn das Kapital sich versagt. Die Schwierigkeiten sind groß, da innerhalb 90 Tagen ein neugewählter Reichstag zusammentreten muß. Hier wird die Stellung des Reichsrats mit seinem Einspruchsrecht auf Art. 74 für den Staatsmann bedeutend und es erscheint nicht ausgeschlossen, daß bei dem Versagen des Reichstags auf diesem Wege die Stellung des Reichsrats gestärkt wird.

Die erwähnten Wahlbewegungen können, da die Reform zunächst voraussichtlich alle Gruppen der Bevölkerung unliebsam treffen wird, das Reformwerk außerordentlich belasten. Sie brauchen aber seine Durchführung einem festen Willen nicht unmöglich zu machen. Festzustellen ist, daß die Auflösungsverfügung auch gegengezeichnet werden kann von einem Reichskanzler, den der Reichspräsident hierzu beruft, denn sonst wäre sein Auflösungsrecht illusorisch.

(So die herrschende Meinung).

Sicher aber ist, daß jedes Reformwerk in seinem sachlichen Inhalt vorher genau festgelegt sein muß. Man kann die Reform selbst ruhig als Mobilmachung aller Volkskräfte bezeichnen und für sie einen Mobilmachungsplan aufstellen, in dem möglichst die Aufgaben jeder zentralen Stelle bis auf den Tag und den Inhalt des Reformwerkes hinaus festgelegt sind. Ich halte eine solche Stetigkeit verbürgende Planaufstellung für durchführbar, ja für unerläßlich; sie erfordert die Heran-

---

[c] Zusatz in der ursprünglichen Fassung: „Immerhin ist es mißlich, so weitgehend sich auf den ja auch parteipolitisch zusammengesetzten Reichsrat zu stützen."

[d] Zusatz in der ursprünglichen Fassung: „oder der Entäußerung des Reichspräsidenten von seiner Macht".

ziehung der für die einzelnen Gebiete sachkundigsten Persönlichkeiten, sie sichert den Überblick über die Schwierigkeiten und die richtige Einschätzung der zu erwartenden Widerstände.

Die Reformen.

Was das Reformwerk selbst betrifft, so besteht es zunächst darin, die Finanzen neu zu ordnen und die Wirtschaft wieder herzustellen. Dies sind die Aufgaben schlechthin. Hinter ihnen treten Verfassungs- und Verwaltungsreform zurück; im Gegenteil, die Durchführung jener Aufgaben setzt voraus, daß in dem Apparat als solchem zunächst möglichst wenig geändert wird. Jede Änderung in der Verwaltungstechnik trägt eine Gefahr der Desorganisation in sich. Die Umorganisation auf dem Gebiet der Verfassung und der Verwaltung gehört auch zur Reform, aber erst in einem zweiten Teil. Der erste hat den bestehenden Behördenaufbau zunächst unberührt zu lassen, jedenfalls auf dem Gebiet der inneren und Finanz-Verwaltung sowie der Reichsbetriebe.

Allerdings wird die Erfüllung jener Aufgaben mit jedem verlorenen Vierteljahr schwerer. Als ich vor 2 Jahren[e] (Anfang 1929) zum ersten Mal Berechnungen in dieser Richtung anstellte, haben sich noch wesentlich günstigere Möglichkeiten ergeben, als sie heute vorliegen. Das ist die natürliche Folge der Tatsachen, daß wir nach wie vor von der Substanz leben; in der Inflation von der Substanz des Ererbten und Ersparten, seit 1926/27 von der Substanz, welche die kommende Generation zu erarbeiten hat, das heißt von Schulden. Also müssen die leitenden Gesichtspunkte sein:

1. *Äußerste Sparsamkeit in der öffentlichen Verwaltung*. Keine öffentliche Verwaltung darf Aufgaben fördern oder in Angriff nehmen, deren nachhaltige Erfüllung durch die Wirtschaftskraft des Trägers der Verwaltung, also letzthin des deutschen Volkes nicht gesichert ist. Dies ist das unabwendbare Gesetz; seine dauernde Verletzung bedeutet schlechthin Vernichtung. Jeder Vermögensvergleich Deutschlands 1929 zu 1913 beweist, wie sehr es verarmt ist. Demjenigen, der weiß, daß die öffentliche Verwaltung in Deutschland im Gegensatz zu der anderer Länder stets einen großen Ehrgeiz hatte, neue Gebiete zu erschließen, Kultur und Wohlfahrt vorwärts zu treiben, muß schon ein flüchtiger Vergleich zwischen den heute übernommenen Aufgaben der öffentlichen Verwaltung und denen, zu denen sich Deutschland vor dem Kriege fähig fühlte, in höchstem Grade überraschen. Es ist Tatsache, daß das verarmte deutsche Volk sich heute an wesentlich kostspieligere Aufgaben und an wesentlich aufwendigere Methoden ihrer Erfüllung heranbegibt, als das reichere der Vorkriegszeit.[f] Wer weiß, mit welcher steigenden Sorglosigkeit in allen öffentlichen Verwaltungen in den letzten Jahren Ausgaben bewilligt sind, indem man es bestenfalls

[e] In der ursprünglichen Fassung: „vor ¾ Jahren".

[f] Der folgende Text bis Anmerkung [g] ist in der ursprünglichen Fassung nicht vorhanden.

für erforderlich hielt, unwirtschaftliche Deckungsbeschlüsse zu fassen, der weiß, daß sich überall, vor allem auch in den Städten, Möglichkeiten zu außerordentlichen Ersparnissen bieten. Die aufwendigere Großmannssucht mancher Städte ist auch mit Schuld an dem gegenwärtigen Stande der Wirtschaft in Deutschland, ist vor allem dafür verantwortlich, daß das Ausland von unserer Leistungsfähigkeit einen ganz falschen Begriff empfängt.[g] Von der öffentlichen Verwaltung sickert das Gift der Sparunlust in die Privatwirtschaft, in den Haushalt des Einzelnen. Erscheinungen und Folgen liegen zutage.

2. *Wiedererweckung des Verantwortlichkeitsgefühls* bis zum letzten Volksgenossen hinunter. Es ist heute so, daß nicht nur einsichtslose, sondern sehr intelligente Deutsche, daß nicht nur obskure Bünde, sondern hochangesehene Vereine nach der Hilfe der öffentlichen Hand schreien, selbst wenn sie Luxusaufgaben, wie den Bau von Clubhäusern usw., in Angriff nehmen; und es ist leider so, daß die öffentliche Hand nicht den Mut hat, sich restlos zu versagen und unverantwortliche Unternehmungslust in die Grenzen der verantwortlichen eigenen Kraft zu verweisen. Beispiele zeigen sich täglich in den Grenzen des deutschen Vaterlandes zu Tausenden mit der Folge einer vollkommenen Verwirrung der Verantwortlichkeitsbegriffe. Sie werden weiter gefördert durch Versicherungs- und Rentenpsychose. Immer größer wird die Zahl der Begehrenden, immer geringer die der Opferwilligen.
3. *Belebung der Wirtschaft durch Senkung der öffentlichen Abgaben und Lasten*, durch Stärkung der Kapitalbildung und durch Ermutigung der Unternehmungslust, die sich wieder regen wird, wenn sichere Kalkulationsgrundlagen und Senkung der Produktionskosten Absatzmöglichkeiten eröffnen. Die Wiederanfeuerung der Unternehmungslust, die ich in bewußten Gegensatz stellen möchte zu dem mechanischen aber nicht organischen Begriff der Ankurbelung, die als künstliche, auf Schuldenmachen gegründete Maßnahme sich immer wieder totlaufen muß, setzt die Begünstigung der Kapitalbildung voraus. Gewiß kann auch die Arbeit allein ohne mobiles Kapital lediglich aus dem Grund und Boden Werte schaffen; dann muß aber das gesamte Volk sich damit abfinden, auf die entsprechende Kulturstufe zurückzusinken. Soll die Kulturstufe aber erhalten oder womöglich noch gesteigert werden, so ergibt sich die Notwendigkeit, eigenes Kapital zu bilden, um so dringender. Das ausländische Kapital überzahlen wir bekanntlich mit gesteigertem Zinssatz, abgesehen davon, daß uns vom Auslande auch allmählich die Arbeitsbedingungen auferlegt werden, und daß diese Arbeitsbedingungen immer mehr und mehr in der Richtung ausgestaltet werden, die Kapitalrente zu Lasten der Arbeitsrente zu steigern.

Ich fasse zusammen. Erforderlich sind:

1. Rücksichtslose Sparsamkeit, die bei jedem Ausgabeposten fragt, ob er unbedingt notwendig ist, um die Existenz des Staates und der Volkswirtschaft – um diese

[g] Vgl. Anmerkung [f].

geht es – zu erhalten, eine sehr unbequeme Maßnahme, der unendlich viele begeistert zustimmen, der gegenüber aber in jedem mir bisher bekannten Falle der einzelne Betroffene wütenden Protest erhoben hat;
2. wirtschaftsfördernde Steuer- und Zollpolitik[h], wobei der Idee des Volksstaates eben so sehr Rechnung zu tragen ist wie der Kapitalbildung;
3. organischer, der Wirtschaftskraft angemessener, die Verantwortlichkeit des Einzelnen steigernder Umbau der sozialen Schutzeinrichtungen;[i]
4. Reform des Reichs, der Länder und der Selbstverwaltung. Sie muß die verloren gegangene Trennung der Gewalten (Gesetzgebung, Verwaltung und Rechtsprechung) wiederherstellen und dadurch die Staatspolitik zur Beherrscherin der parteipolitischen Kräfte machen.

Erst danach wird es möglich sein, eine Außenpolitik zu betreiben, die den Bedürfnissen der deutschen Nation, ihrem Ehrgefühl, ihrem Lebenswillen und ihren gewaltigen Kräften entspricht. Wie groß diese Kräfte sind, das sehen wir mit staunender Bewunderung seit fast zwei Jahrzehnten. Entwickelt sind sie durch eine Erziehung, in der die Nachkriegszeit sich zu bewähren noch keinen Raum hatte, aus der aber Straffheit und Ernst im bedenklichsten Umfange entfernt sind.

1. Sparsamkeit.

In fast allen öffentlichen Verwaltungen wird viel Geld verausgabt, dessen Ausgabe nicht zur Erhaltung des Staates und seiner Volkswirtschaft erforderlich ist. Bei Anlegung eines ganz scharfen Maßstabes ist es möglich, auch das Etatsjahr 1930/31 ohne Steuererhöhungen gegenüber 1929/30 zu balancieren.[4] Angesichts der Tatsache, daß wir vor einer wirtschaftlichen und finanziellen Katastrophe stehen, behaupte ich mit Nachdruck, daß das eine Notwendigkeit für alle Verwaltungen ist. An der Möglichkeit besteht kein Zweifel.

*a) Allgemeine Verwaltung.*

Es bestehen zahlreiche Fonds für Neueinrichtungen von Gebäuden aller Art. Es wäre ja auch sonst unverständlich, wie in verschiedenen preußischen Regierungs-

---

h ursprünglich nur „Steuerpolitik“

i Der folgende Text bis zum Punkt „1. Sparsamkeit“ ist in der ursprünglichen Fassung nicht vorhanden.

4 Die Sanierung des Defizits im deutschen Reichshaushalt, der seit 1925/26 von 110 Millionen auf über eine Milliarde Reichsmark 1929/30 gestiegen war, war Ende 1930 auf das nächste Etatjahr verschoben worden (vgl. Verhandlungen des Reichstags, Bd. 448, Drucksache Nr. 21). Mit der Notverordnung vom 1.12.1930 (RGBl. 1930/I, S. 517-604) wurde lediglich die Tabaksteuer erhöht, während ansonsten eine Haushaltssanierung auf dem Weg der Ausgabenkürzung anvisiert wurde. Vgl. Wolfgang J. Helbich: Die Reparationen in der Ära Brüning. Zur Bedeutung des Young-Plans für die deutsche Politik 1930 bis 1932, Berlin 1962, S. 30-37 sowie Bericht des Generalagenten für Reparationszahlungen [Parker Gilbert] vom 21.5.1930, S. 106 ff.

bezirken in den letzten Jahren ein großer Teil der staatlichen Dienststellen hat neu untergebracht werden können, insbesondere auch solche Dienststellen, deren bisherige Unterbringung zwar nicht vorbildlich, aber durchaus nicht unerträglich war. Es gibt keine Möglichkeit, die Unterbringungsverhältnisse der Reichs- und Staatsbehörden, der Schulen und anderen öffentlichen Einrichtungen zu verbessern auf Kosten einer Wirtschaft, die stirbt, es sei denn, daß Reich und Staat auf jedes Risiko hin entschlossen sind, va banque zu spielen. Es wirkt nicht gerade organisch, wenn Finanzämter aus den Steuermitteln zusammenbrechender Betriebe neu errichtet werden; es wirkt grotesk, wenn in dem Augenblick, wo die Reichsanstalt für Arbeitslosenversicherung infolge des gewaltigen Anschwellens der Arbeitslosigkeit an der Erfüllung ihrer Aufgaben verzweifeln muß, Arbeitsamtsgebäude neu errichtet werden. Das sind Ankurbelungen der Wirtschaft auf kurze Zeit; das ist nicht organische Gewinnung produktiver Dauerarbeit.

Ich weise ferner auf die vielen, namentlich im Reichsministerium des Innern bestehenden Fonds für Veranstaltungen und Maßnahmen aller Art, insbesondere Fonds für Ausbildungszwecke, auf die Fonds im Reichsarbeitsministerium, die staatspolitisch und verwaltungstechnisch im höchsten Maße bedenklich sind. Ich behaupte, daß die durch die Verteilung dieser Fonds entstehenden Unkosten wirtschaftlich einen nicht unerheblichen Teil der Antriebskraft dieser Fonds wieder aufheben. Wesentlich zu kürzen, nach meinen Erfahrungen etwa um die Hälfte der bei Reich und Staat üblichen Sätze, sind die Etatansätze für Büroausstattungen. Es ist nicht nötig, daß Behördenchefs in der Lage sind, in der heutigen Zeit ihre Dienstzimmer mit kunstgewerblichen Kostbarkeiten, Bronzen, Rundfunkapparaten und ähnlichem zu versehen. Es ist das sogar unverantwortlich in einem Augenblick, wo Landwirte, Gewerbetreibende und Arbeiter Haus und Hof, das Geschäft, die Arbeitsstelle aufgeben müssen. Die Etatsansätze für Veranstaltungen und Teilnahme an Festlichkeiten könnten, soweit nicht verkehrswerbende Zwecke anzuerkennen sind, erheblich herabgesetzt werden (um 50%). Festlichkeiten öffentlicher Körperschaften, bei denen eine Bewirtung erfolgt, sind für eine Notzeit von drei Jahren zu untersagen, die Selbstverwaltungskörper zu gleicher Beschränkung anzuhalten. Die Beträge für Dienstreisen könnten um 50% herabgesetzt werden. Es ist vollkommen überflüssig, daß Behördenvertreter in dem bisherigen Umfange nach Berlin fahren. Für eine Notzeit von fünf Jahren wäre die Veranstaltung neuer „Ausstellungen" zu untersagen, für die öffentliche Mittel in Anspruch genommen werden. Sie haben uns wenig genützt, vielleicht mehr geschadet.

*b) Personalpolitik.* [j]

Alle Verteuerungen und Komplizierungen des Beamtenapparats müssen vermieden werden.

---

[j] Der Abschnitt „b) Personalpolitik" ist in der ursprünglichen Fassung nach „g) Wohlfahrtsverwaltung" unter den Punkt „h) Beamtentum" gestellt.

Mit Beamten sollen nur Stellen besetzt werden, deren Inhaber Hoheitsbefugnisse ausüben. Das muß gesetzlich festgelegt werden, da leider oberste Verwaltungsgerichte die ungeheure Bedeutung dieser Frage ebenso wie die Natur des Beamtenbegriffs verkannt und Trommler städtischer Orchester zu Beamten erklärt haben. Soll falsches Blasen disziplinarisch bestraft werden?

Es ist unbedingt notwendig, den Bestrebungen entgegen zu treten, die eine Milderung der bestehenden Disziplinargesetze in greifbare Nähe rücken. Über eine Vereinfachung des Verfahrens in Disziplinarsachen läßt sich sprechen, sie ist sogar sehr erwünscht. Die Anforderungen, die an den Beamten gestellt werden, und die disziplinaren Folgen, die ihn treffen, wenn er diesen Anforderungen nicht genügt, müssen unter allen Umständen aufrechterhalten werden. So bedeutet der Plan, Strafurteile nicht mehr für den Disziplinarrichter bindend sein zu lassen, eine schwere Gefahr, eine Verteuerung und einen Widerspruch der staatlichen Organe in sich, denn auch Gerichte sind Teile der Staatsorganisation. Es wäre hanebüchen, wenn der Staat die Wirksamkeit dieses Teiles seiner Rechtspflege für einen anderen Teil selbst nicht anerkennen wollte. Die Bildungsanforderungen an Beamte sind reichlich überspannt. Aus sozialen und wirtschaftlichen Gründen muß eine gute Volksschulbildung für den mittleren Dienst genügen. Mehr als Obersekundareife sollte unter keinen Umständen verlangt werden.[5]

Eine sehr naheliegende Gelegenheit, eine kostspielige Verschlechterung unserer Verwaltung zu vermeiden, ergibt sich bei dem Beamtenvertretungsgesetz. In vollkommener Verkennung des an und für sich bedenklichen Rätegedankens vermischt er ihn mit der Organisation der Behörden, stellt Beamtenräte als untere Beamtenräte, Bezirksbeamtenräte, Zentralbeamtenräte sachlich übereinander, schafft Beschwerdewege von dem einen zum anderen, und nicht genug damit, ordnet noch für das Reich und jedes Land die Bildung von Einspruchskammern an, die zur Hälfte aus Wahlen der Beamtenschaft hervorgehen.[6] Daß diese Wahlen nicht nur eine neue Beunruhigung, sondern auch erhebliche Kosten verursachen, daß diese Einspruchskammer sehr bald in Berlin eigene Diensträume besitzen wird, und daß ihre Mitglieder hin- und herreisen müssen, das alles erachtet man für gering in einem Zeitalter, das nach Vereinfachung und Verbilligung der Verwaltung schreit und in

5 Vgl. zum Berechtigungswesen S. 63, Anmerkung 9.

6 Seit 1919 liefen bereits Verhandlungen zwischen Vertretern der Reichsressorts, der Länder und der Besamtenverbände, um Richtlinien zu Beamtenvertretungen zu erarbeiten, wie sie in Art. 130 Abs. 3 WRV angekündigt worden waren. Die Uneinigkeit und wechselnde Zusammensetzung der Verhandlungspartner führte dazu, dass bis 1933 kein reichseinheitliches Gesetz realisiert wurde. Allerdings hatte es Anfang 1930 den Anschein, dass die Verabschiedung eines Beamtenvertretungsgesetzes nun doch in absehbarer Zeit bevorstünde aufgrund einer Initiative des Reichsinnenministers Severing im Januar 1930; vgl. Gabriele Hoffmann: Sozialdemokratie und Berufsbeamtentum. Zur Frage nach Wandel und Kontinuität im Verhältnis der Sozialdemokratie zum Berufsbeamtentum in der Weimarer Zeit, Hamburg 1972, S. 162-180.

dem die Wirtschaft verblutet. Auf diesem Gebiete empfinde ich es als ganz besonders unwürdig, das aus Liebedienerei gegenüber den Beamten keine Partei den Mut hat, öffentlich gegen diesen groben Unfug Stellung zu nehmen.

Bei diesen Sparmaßnahmen habe ich an Herabsetzung der Besoldungen noch nicht gedacht. Ich würde mich nicht davor scheuen, an sie heranzutreten, wenn das Wohl des Volkes es verlangt. Allerdings darf man das erst in einem Augenblick tun, in dem die unabweisbare Notwendigkeit klar vor Augen liegt. Besoldungspolitische Maßnahmen sollten aber nur in organischer Verbindung mit anderer notwendiger Reform gebracht werden, weil sie sonst vergebliche Opfer bedeuten, und nichts mehr verbittert als vergebliche Kraftanstrengungen.

Ganz unverantwortlich erscheint es mir, bei den Ruhegehältern der jetzt im Dienst befindlichen Beamten und Pensionären eine Höchstgrenze einzuführen. Sie bedeutet rechtlich eine Enteignung und ist staatspolitisch nicht zu verantworten. Es ist nichts dagegen einzuwenden, für neu eintretende Beamte die Pensionssätze zu ändern und etwa um 75%, wie früher, zu bemessen. Ich habe die Erhöhung auf 80% bekämpft und halte die Senkung für geboten. Es ist aber unklug, die Beamten leiden zu lassen, weil ihre Berufsorganisationen den Bogen überspannt haben.[7] Viel staatspolitischer wäre es, die Zuständigkeiten dieser Organisationen so zu regeln, daß der Beamte seine staatspolitisch notwendige Prärogative mit gewissen unentbehrlichen Begrenzungen der Koalitionsfreiheit aufwiegen muß.

Dies vorausgeschickt, kann ich nur die gleichzeitige Inkraftsetzung folgender Bestimmungen als organisch bezeichnen:

a) Senkung der Beamtengehälter, Angestelltenvergütungen und Löhne,

b) Änderung der Arbeitszeiten in verschiedener Richtung:

1. Grundsätzlich wird in Gemeinden unter 500.000 Einwohnern geteilte Arbeitszeit gesetzlich eingeführt. Die Vorstellung, daß mit achtstündiger ungeteilter Arbeitszeit Vollarbeit zu leisten sei, ist unsinnig. Nur wenige Jahre kann ein kräftiger Mensch acht Stunden ununterbrochen oder nur mit kurzen Pausen hintereinander arbeiten; dann braucht er eine angemessene Erholungszeit, sonst sinkt seine Leistung in acht Stunden auf die von sechs bis sieben Stunden herab.
2. Die Pflichtstundenzahl für Lehrer wird heraufgesetzt, sie ist jetzt in den einzelnen Schulgattungen nach dem Lebensalter verschieden, für eine Notzeit, insbesondere aber in Anbetracht der den Lehrern im übrigen durchaus zu gönnenden langen Ferien, volkswirtschaftlich nicht tragbar. Es nützt nichts, sie zu verlangen

[7] Die Kürzung von Pensionssätzen wurde seit dem Frühsommer 1930 im Kabinett Brüning diskutiert (vgl. AdR Brüning, Bd. 1, S. 402 ff.). Während in der Notverordnung vom 26.7.1930 die Konstruktion einer „Reichshilfe der Personen des öffentlichen Dienstes" in der Höhe von 2½ % gewählt worden war (vgl. Verordnung des Reichspräsidenten zur Behebung finanzieller, wirtschaftlicher und sozialer Notstände"; RGBl. 1930/I, S. 311 f.), wurde eine explizite Gehaltskürzung um 6%, die auch Ruhegeldempfänger des Reichs betraf, erst mit der „Verordnung des Reichspräsidenten zur Sicherung von Wirtschaft und Finanzen" vom 1.12.1930 durchgesetzt (ebd., S. 523).

und zu gewähren, wenn die Wirtschaft dabei zusammenbricht. Es ist notwendig, nur das Durchführbare zu tun, selbst wenn es von dem einzelnen mehr Anstrengung und Opfer als bisher erfordert.

*c) Schulwesen.*
Hier ergeben sich besonders große Ersparnismöglichkeiten. Zunächst ist auch hier auf dem Gebiet der Neubauten erheblich zu sparen. Mit Schulpalästen, wie sie jetzt auch auf dem Lande entstehen, ist in Wirklichkeit niemandem gedient. Die Schulbauten sollen die moderne Technik in Bauart und Unterricht selbstverständlich wohl berücksichtigen, aber sie sollen Lehrern und Kindern nicht mehr bieten als ihnen später das Leben bieten kann. Es ist ein Unsinn, wenn Schulen mit Einrichtungen und Material ausgestattet sind, wie es sich im Leben nur schwerreiche Leute leisten können. Es soll alles zweckmäßig und solide sein, aber den Erfordernissen des Lebens und seinem wahren Sinne Rechnung tragen. Ich kann es nicht für der Weisheit letzten Schluß halten, daß die Gemeinden auf Zureden des Staates sich mit Schulbauten belasten müssen, unter deren Unterhaltung, Verzinsung und Tilgung kleinere Gemeinden bereits erliegen. Städte, die im finanziellen Zusammenbruch begriffen sind (Namen stehen zur Verfügung), werden vom Staat auf Vermehrung der Lehrerstellen noch gedrängt, und zwar dadurch, daß man ihnen die billigeren Vertreterkräfte nimmt. Eine solche Maßnahme kann gerechtfertigt sein, wenn eine Stadt schlecht wirtschaftet und über ihre Mittel unzweckmäßig verfügt, als allgemeines Druckmittel; in der heutigen Wirtschaftsnot ist sie geradezu pervers. Entscheidend ist nicht das Gebäude, entscheidend ist der Geist der Erziehung.

Im inneren Schulbetrieb ist unendlich viel zu reformieren. Die Vielheit der Schulreformen ist zu beseitigen. Hier ergibt sich eine wirksame Hilfe für Philologen, Beamte und Soldaten. Die Philologen werden durch die Vielheit der Schulreformen in einer nervösen Unruhe gehalten, ihre Auswechselbarkeit und ihre Versetzbarkeit wird beschränkt, Eltern und Schüler laufen Gefahr, an dem neuen Wohnsitz nicht mehr die Schularten vorzufinden, auf die sie am alten Wohnsitz angewiesen waren. Die Zahl der Ferientage muß planmäßig gestaltet werden. Zwischen Pfingst- und großen Ferien ist heute meist nur ein Zwischenraum von 3 bis 4 Wochen, das schadet dem Schulbetrieb, macht ihn außerdem für Schule und Eltern kostspielig. Der Lehrplan wechselt dauernd, das beunruhigt die Lehrer und nötigt die Eltern dazu, immer wieder neue Schulbücher und Lehrmittel anzuschaffen, kaum daß die Schulbücher von einem Jahr auf das andere die gleichen bleiben.[k] Im Abstand von wenigen Wochen finden Ausflüge statt, während früher jede Klasse nur einen Ausflugstag hatte. Es wird nicht berücksichtigt, daß dadurch den Eltern zu hohe Unkosten entstehen und der Schulbetrieb gestört wird. Große Einschränkung ist notwendig. Die Zahl der Nebenfächer hat eine ungewöhnliche Höhe erreicht. Der Unterricht in Elementarfächern geht vielfach zu sehr ins Wissen-

[k] Der folgende Abschnitt bis Anmerkung [l] ist in der ursprünglichen Fassung nicht vorhanden.

schaftliche. Früher hatten die Kinder Gesangsunterricht und lernten die Tonleiter singen. Heute haben sie Musikunterricht, lernen Noten schreiben, aber nicht mehr mit der alten Sicherheit singen. Heute werden die guten Stimmen besonders herausgeholt, während es richtig wäre, darauf Wert zu legen, auch weniger von der Natur begabte Schüler zu gewissen Durchschnittsleistungen heranzubilden. Wir haben doch gesehen, daß wir mit diesem System uns immer noch als das leistungsfähigste Volk der Erde erwiesen haben.[l] Unzweckmäßige Sentimentalität greift Platz, wenn z.B. die Schulzeugnisse nicht mehr zu Weihnachten ausgehändigt werden. Das hindert den Ernst des Schulbetriebes, verwehrt infolge Zeitmangels eine richtige Beurteilung der Schüler. Daß keine Plätze mehr in den Zeugnissen angewiesen werden, macht den Eltern vielfach die richtige Einschätzung ihrer Kinder für das praktische Leben unnötig schwer. Kurz und gut, die Schule ist in Gefahr, die Kinder nicht mehr auf den Ernst des Lebens hin zu erziehen, sondern ihnen spielerische Anschauungen nahe zu bringen. Für sogenannte Aus- und Fortbildungskurse für Lehrpersonen werden unnötige Gelder verausgabt. Solche Einrichtungen sind gut und nützlich, aber in Notjahren müssen sie zurücktreten, wenn nicht das Ganze Schaden leiden soll.

Was die Organisation der Schulverwaltung betrifft, so läßt sie an Übersichtlichkeit und Einfachheit alles zu wünschen übrig.[m] Die Volksschule hat in den letzten 100 Jahren sich immer mehr zur Staatsschule entwickelt. Sie hat ja verschiedene Stadien durchgemacht und sicherlich ist ihre Betreuung durch die Gemeinden diesen eine besonders liebe Angelegenheit und für die Schulen von großem Nutzen gewesen. Aber so schwer es ist, sich an den Gedanken zu gewöhnen, daß die Volksschule wieder vom Staate betreut werden könnte, so halte ich eine gewisse Entwicklung in dieser Richtung für unumgänglich. Das nächste Zeitalter wird uns zu einer gewissen Entindustrialisierung nötigen. Wir müssen siedeln. In einem solchen Zeitraum darf die Landflucht nicht noch dadurch vermehrt werden, daß das Bildungswesen auf dem Lande unter dem in den Städten steht. Das müßte es aber, wenn das Gemeinwesen als solches Träger der Schullasten würde. Es wird also ein vollkommener Ausgleich der Schullasten zwischen Stadt- und Landgemeinden, zwischen leistungsfähigen und weniger leistungsfähigen Gemeinden unumgänglich sein. Das wird auch in der Verwaltung der Schulen zum Ausdruck kommen, und zwar sowohl was das äußere Schulwesen als auch das was den Schulbetrieb angeht. Vor allen Dingen sollte man klare Verhältnisse schaffen. Die bisherigen Verhältnisse teilen die Verantwortlichkeit zwischen Gemeinde und Staat aber nicht klar, sondern höchst unklar. Die Verantwortung für die Volksschulen muß in die Hand des Staates gelegt werden. Wie weit die Gemeinden beteiligt werden können und zweckmäßig beteiligt werden, ist im einzelnen zu prüfen.[n] Die Fort-

[l] Vgl. Anmerkung [k].

[m] Der folgende Abschnitt bis Anmerkung [n] ist in der ursprünglichen Fassung nicht vorhanden.

[n] Vgl. Anmerkung [m].

bildungsschulen werden zweckmäßig von den Gemeinden und Kreisen, die in höheren Schulen von den Gemeinden oder Provinzen (Ländern), die Universitäten und Hochschulen von den Ländern betreut. Letztere können der hauptamtlichen Kuratoren ebenso gut entraten wie vor dem Kriege. Alle irgend entbehrlichen Stellen sind zu sparen. Aber wie man auch hier verfahren möge, die Hauptsache ist, Klarheit in der Zuständigkeit und Verantwortung zu schaffen, so daß nicht, wie bisher, in den äußeren Schulangelegenheiten die Gemeinde mit Eingriffsrechten des Staates zuständig ist, in den inneren Angelegenheiten der Staat mit gewissen verschleierten Zuständigkeiten von Gemeindeorganisationen. Beides hängt unmittelbar miteinander zusammen. Es ist auch nicht nötig, die Abteilungen für Schulen bei den preußischen Regierungen und die Provinzialschulkollegien als getrennte Behörden bestehen zu lassen. Hier scheint eine Vereinheitlichung möglich und aus verschiedensten Gründen erwünscht.

Endlich ist es höchste Zeit, daß der Gedanke der pädagogischen Akademien als undurchführbar aufgegeben wird.[8] Er ist es schon deshalb, weil er undurchführbare Besoldungsverhältnisse heraufbeschwört.[o] Wie werden denn die Dinge in Wirklichkeit laufen? Dahin, daß die an den Universitäten für den höheren Schuldienst ausgebildeten jungen Leute, die in ihrer Jetztzahl ja niemals Aussicht haben, im höheren Schuldienst angestellt zu werden, im Volksschuldienst angestellt werden müssen, falls man sie nicht der Verelendung preisgeben will. Aber sicher wird man in diesen jungen Menschen keinen idealen Volksschullehrer haben, denn jeder Mensch strebt danach, das zu erreichen, was ihm bei Beginn seines Berufes als erreichbar vorgeschwebt hat. Der Volksschullehrerstand steht aber viel zu hoch, als daß ihm mit einem solchen Zurückfluten von Kräften, die in ganz anderer Richtung erzogen sind, wirklich gedient sein könnte. Die verfehlte Politik auf diesem Gebiet wird die Länder, ja das Reich im nächsten Jahrzehnt vor ungeheure Schwierigkeiten stellen. Die schwersten Fehler der Nachkriegszeit sind gerade auf dem Gebiete des Schulwesens gemacht worden. Sie wirken sich erst allmählich aus. Die alte Erziehung mag diese und jene Nachteile gehabt haben. Groß waren sie nicht, denn sie hat uns abgesehen von vielen anderen (charakterfesten Vaterlandsverteidigern, den vorzüglichen Lehrkräften, die jetzt wirken) jedenfalls gerade für das Zeitalter großer technischer Entwicklung hervorragende Techniker, Erfinder und Wirtschaftsorganisatoren geschenkt. Ich fürchte, daß die teils in der Vorkriegszeit, im wesentlichen aber in der Nachkriegszeit eingeleiteten Maßnahmen sich an ihren Früchten als ungesund und bitter erweisen werden.[p] Das kulturell doch wirklich nicht hinter dem preußischen Osten und Norden stehende Süddeutschland ist Preußen und Sachsen in dieser Richtung nicht ge-

---

[o] Der folgende Abschnitt bis Anmerkung [p] ist in der ursprünglichen Fassung nicht vorhanden.

[p] Vgl. Anmerkung [o].

[8] Vgl. zu den pädagogischen Akademien S. 209, Anmerkung 15.

folgt.[9] Ganz besonders bedenklich ist es, daß der Staat, der selbst fühlt, daß er finanziell nicht in der Lage ist, auch nur den Aufbau der Akademien zu erfüllen, nunmehr dazu übergeht, durch alle möglichen Inaussichtstellungen, Zusagen usw. die Städte zur finanziellen Mitbeteiligung zu drängen. Ein solches Verfahren ist unsinnig, ja unverantwortlich, wenn in dem gleichen Augenblick der preußische Innen- und der Finanzminister mit Recht die Selbstverwaltungen auf die Notwendigkeit geradezu spartanischer Sparsamkeit hinweisen und nicht davor zurückschrecken, selbst die Erfüllung von Pflichtaufgaben als davon abhängig zu bezeichnen, daß Mittel vorhanden sind.

*d) Berechtigungswesen.*
Mit dem Schulwesen ist das Berechtigungswesen aufs innigste verbunden. Wir sehen heute einen ausgesprochenen, zum Teil aus den Geheimnissen der Besoldungs- und Lohnordnungen erklärbaren Drang, die Vor- und Ausbildungsanforderungen für die einzelnen Berufe zu übersteigen.[10] Geht es so weit, so endet diese Entwicklung zwar mit der erfreulichen Tatsache, daß jeder Schuhmacherlehrling Abiturient sein muß, aber leider wird er gleichzeitig arbeitslos dasitzen und nichts mehr zu besohlen haben, weil es keine lebenden Deutschen mehr gibt; die sind inzwischen an der Kostspieligkeit ihrer Ausbildung und ihrem Kastenwesen zugrunde gegangen. Es ist dringend notwendig, alle Berufsanforderungen daraufhin durchzuprüfen, nicht wie Mehranforderungen gestellt, sondern wie die Anforderungen möglichst stark heruntergedrückt werden können. Alles andere ist Einbildung und kann auf die Dauer nicht erfüllt werden. Erfüllt werden kann nur, was das deutsche Volk aus eigener Kraft bezahlen kann. Es ist unverantwortlich, in der heutigen Wirtschaftsnot von kinderreichen Eltern irgend entbehrliche Aufwendungen für Schul- und weitere Anstaltsbildung zu verlangen. Ein besonderes Kapitel bilden die verschiedenen Frauenberufe. Ich erinnere an die Anforderungen für sogenannte technische Assistentinnen, Fürsorgerinnen, an die geradezu irrsinnig langen und kostspieligen Ausbildungen für Gewerbelehrerinnen auf den Mädchengewerbeschulen usw. Man befreie auch alle diese Bildungsgänge von dem teil-

[9] Trotz des Verfassungsanspruchs, die Lehrerbildung reichseinheitlich zu regeln (Art. 143, Abs. 2 WRV), konnte im Reichsschulausschuss und auf der Reichsschulkonferenz keine Einigung über die konkrete Ausbildung für Volksschullehrer erreicht werden. Auf das so entstandene Vakuum wurde von den Ländern verschieden reagiert: Während in Preußen die Pädagogischen Akademien gegründet wurden, gliederten Thüringen und Sachsen die Volksschullehrerausbildung in die wissenschaftlichen Hochschulen ein. In Bayern wurde der restaurative Weg gewählt, Volksschullehrer wieder an Seminaren auszubilden, die lediglich zu diesem Zweck geschaffen waren und explizit keine Ausbildung an einer Höheren Schule beinhalteten. Volksschullehrer wurden in diesem von Goerdeler favorisierten System aus der Volksschule rekrutiert und ausschließlich für die Volksschule ausgebildet. Vgl. Friedeburg, Bildungsreform, S. 248-254.

[10] Vgl. zum Berechtigungswesen S. 63, Anmerkung 19.

weisen Einschlag der Halbbildung, der darin besteht, daß man glaubt, mit wenig Stunden und ohne genügendes Grundwissen etwas fordern zu können. Beispiel: Auf den Mädchengewerbeschulen werden jetzt Kurse für Bauwesen usw. abgehalten. Die Folge ist, daß entweder die Mädchen die Sache nur zur Hälfte verstehen, oder daß der Lehrer bald verlangt, das Grundwissen müsse erheblich erweitert werden, um etwas Vollkommenes zu erzielen. Weitere Folge: erhöhte Anforderungen an die Grundbildung usw. Grundsatz muß sein eine gründliche, zuverlässige und sachliche Allgemeinbildung und darauf aufbauend die Spezialausbildung für die verschiedenen Berufe, alles nur in dem Maße, wie es durchschnittlich für gute Leistungen im praktischen Leben nötig und für die einzelnen und die gesamte Wirtschaft tragbar ist. Das Mehr soll der besonders Befähigte und Strebsame sich durch eigenes Streben aneignen.[q]

Auch für die Beteiligung der Frau am Berufsleben überhaupt sind ernste Erwägungen und Mahnungen – so unvolkstümlich sie sein mögen – am Platze. Wo sollen wir eigentlich hinkommen? Der Mann findet keine Anstellung mehr, weil die Berufe überfüllt sind. Dazu dringt die Frau in die Berufe. Die mathematische Folge kann doch nur eine immer stärker werdende wirtschaftliche Unfähigkeit des Mannes sein, eine Familie zu gründen, eine Folge, die staats- und volkspolitisch im Untergang endet. Denn darüber besteht nun gar kein Zweifel, daß das deutsche Volk ausgerechnet im Zeitpunkt einer großen wirtschaftlichen und politischen Ohnmacht nicht imstande ist, allen Volksgenossen, Männern und Frauen gleichmäßig, eine feste Eigen-Existenz zu geben. Es wird im Gegenteil seine ganze Politik darauf einstellen müssen, die Männer als die nun einmal von der Natur hierzu bestimmten Lebewesen in den Stand zu setzen, Frau und Kind zu unterhalten. Vornehmster Beruf muß immer noch für die Frau der Beruf als Hausfrau und Mutter sein, wenn man diese Ehrenstellung mit dem Namen Beruf belegen darf. Heute aber hat die normale Hausfrau ein wesentlich schwereres Dasein, als die im Berufe stehende Frau. Soweit aber die Frau, für gewisse Berufe geschieht das mit vollem Recht, z.B. für die Erziehung der heranwachsenden weiblichen Jugend, für soziale Arbeit, in das Berufsleben eintritt, darf ihre und der Junggesellen Besoldung sich nicht lediglich nach dem Gesichtspunkt gleicher Leistung richten, sondern staats- und volkspolitische Erwägungen verlangen, daß dem, der eine Familie zu unterhalten hat, ein größerer Verdienst bei gleicher Stellung zugebilligt wird. Ist doch seine Leistung wesentlich höher. Er versieht nicht nur seinen Beruf, sondern er leistet zudem noch durch Gründung und Unterhaltung einer Familie, durch Erziehung seiner Kinder dem Volke und dem Staate den größten Dienst, der überhaupt geleistet werden kann. Er beteiligt sich an der gesunden und organischen Zellenbildung des Staatswesens, während der Unverheiratete, von Ausnahmen abgesehen, neben dem Beruf sich selbst lebt. Krasse Auswirkungen dieser Tatsache (Erholungsreisen usw.) sind allgemein bekannt. Da wir uns

[q] Der folgende Abschnitt bis „e) Bauwesen" ist in der ursprünglichen Fassung nicht vorhanden.

Mehrausgaben nicht leisten können, so sind also bei Herabsetzung der Besoldungen die Sätze der Unverheirateten wesentlich zu senken.[11]

*e) Bauwesen.*
Besondere Aufmerksamkeit verdient das öffentliche Bauwesen. Einiges habe ich schon oben erwähnt. Es gilt aber, diese Aufmerksamkeit auf alle Geschäftszweige zu übertragen. Es ist, wie bereits angedeutet, ein vollkommen schiefer Gesichtspunkt, die Wirtschaft mit Bauten befruchten zu wollen, die entweder auf Pump oder unter übermäßiger Aussaugung der Steuerträger gemacht werden. Zunächst einmal muß auch hier das oberste Gebot äußerste Sparsamkeit sein. Das hat zwar auf der einen Seite zur Folge, daß die Arbeitslosigkeit sich vermehrt, hat aber auf der anderen Seite die günstige Wirkung, daß der wahre Stand unserer Leistungsfähigkeit zutage tritt, daß die Lohnansprüche sich danach richten, daß nicht unmögliche Steuern erhoben werden, daß sich Kapital bildet und auf diese Weise Geld und Arbeit billiger werden, bis schließlich aus den gesundeten Verhältnissen selbst heraus eine neue und dann richtig fundierte Bautätigkeit wiedergeboren wird. Diese Sparsamkeit im Bauwesen hat sich natürlich auch auf die Bauten sonstiger öffentlicher Körperschaften, insbesondere der sozialen Versicherungsträger zu erstrecken. Wegen des Straßenbaues verweise ich auf die Darlegungen bei der Kraftwagensteuer.

*f) Wohnungswirtschaft*[r].
Was die Wohnungswirtschaft betrifft, so ist ja schon in einer Reihe von kleinen Gemeinden die Zwangswirtschaft vollkommen aufgehoben; sie kann aber, abgesehen vom Mieterschutz, in absehbarer Zeit auch in größeren Gemeinden für alle Wohnungen aufgehoben werden, die vier Räume und mehr umfassen.[12] Die

---

r Der gesamte Abschnitt „f) Wohnungswirtschaft“ ist in der ursprünglichen Fassung nicht vorhanden.

11 Mit seiner Einstellung zur Frauenerwerbstätigkeit, insbesondere zur Erwerbstätigkeit verheirateter Frauen, befand sich Goerdeler im Einklang mit der zeitgenössischen Mehrheit. Ebenso wie in der krisenanfälligen Nachkriegszeit 1919–1923, wurde auch in der Weltwirtschaftskrise von allen Parteien außer der KPD ein „Kampf gegen das Doppelverdienertum“ geführt. Vgl. Isabel Priemel und Annette Schuster: Frauen zwischen Erwerbstätigkeit und Familie. Historische und aktuelle Entwicklungen, Pfaffenweiler 1990 sowie die umfassende Untersuchung zur Demobilmachungszeit von Susanne Rouette: Sozialpolitik als Geschlechterpolitik. Die Regulierung der Frauenarbeit nach dem Ersten Weltkrieg, Frankfurt/M. und New York 1993.

12 Die Wohnraumbewirtschaftung, deren Grundlagen bereits von der kaiserlichen Regierung im September 1918 geschaffen worden waren, wurde seit 1926 von den Länderregierungen sukzessive aufgehoben; je nach Land wurden die entsprechenden Lockerungsvorschriften unterschiedlich schnell und umfassend erlassen. Vorgegangen wurde dabei von zwei Seiten her: einerseits durch die Freistellung teurer Großwohnungen, andererseits durch die gemeindeweise Aufhebung der gesamten Wohnraumbewirtschaftung. Die Freistellung der Großwohnungen ab fünf Zimmern war Anfang 1930 im gesamten Reichsgebiet durchgesetzt,

öffentliche Wohnungsbauwirtschaft sollte sich in Zukunft nur noch beschäftigen mit der Herstellung von Kleinst- und Kinderreichen-Wohnungen. Diese fehlen für die große Masse der Wohnungslosen. Sie allein können so billig hergestellt werden, daß erschwingliche Mietpreise entstehen. Es ist immer noch besser, in einer kleinen Wohnung allein zu wohnen, als in großen Wohnungen den Raum mit anderen Familien zu teilen. Wenn diese Kleinstwohnungen dann so gebaut werden, daß sie in wirtschaftlich besseren Zeiten zu größeren Wohnungen zusammengezogen werden können, so ist auch für die Zukunft genügend Fürsorge getroffen. Für diesen Wohnungsbau müssen aber die bisher dem öffentlichen Wohnungsbau zur Verfügung gestellten Mittel noch etwa fünf Jahre erhalten bleiben, sonst sinken wir in der Bekämpfung der Wohnungsnot bald wieder auf den Stand von 1924 zurück. Erst von 1935 ab sinkt nämlich der jährliche Bedarf an Neubauwohnungen. Es steht nichts im Weg, die Mittel insoweit zu kürzen, wie der Bauindex zurückgeht. Er muß durch planmäßige allmähliche Senkung der Unkosten aller Art schleunigst auf etwa 135 zurückgebracht werden. Das ist durchaus möglich, denn die Baulöhne sind am stärksten im Vergleich zur Vorkriegszeit in die Höhe geschnellt, z.T. betragen sie 100% mehr als in der Vorkriegszeit. Würde auch hier der allgemeine Index eingehalten, so ist allmählich mit einem Sinken des Bauindex von 180 auf 135 im Laufe von zwei Jahren zu rechnen, so daß 1932 nur 75% der bisherigen Hauszinssteuer benötigt werden, 1931 etwa 80 – 90%. 1935 wären dann alle Voraussetzungen gegeben, um die Wohnungsbauwirtschaft vollkommen aufzuheben und die einander angenäherten Neu- und Altmieten sich frei entwickeln zu lassen.[13] Die so ab 1931 freiwerdenden Mittel sind so zu verwenden:

---

während die Aufhebung des Wohnungsmangelgesetzes für ganze Gemeinden langsamer vonstatten ging. Das Vorgehen der Länderregierungen wies hier deutliche Unterschiede auf; in Württemberg lag das Beschlussrecht bei den zuständigen Oberämtern, in Preußen beim Wohlfahrtsministerium, in Bayern hatten die Gemeinden selbst ein Initiativrecht. Lediglich in Sachsen und Hessen war bis 1930 keine pauschale Freistellung von ganzen Gemeinden erfolgt, während z.B. in Württemberg bereits Mitte 1927 92% der Gemeinden freigestellt waren. Vgl. Karl Christian Führer: Mieter, Hausbesitzer, Staat und Wohnungsmarkt. Wohnungsmangel und Wohnungszwangswirtschaft in Deutschland 1914–1960, Stuttgart 1995, S. 327 ff.

13 Der Baukostenindex war zwar 1929 auf 178,1 gestiegen (1913 = 100), ähnliches galt jedoch für die gesamte Lebenshaltung, deren Index 1929 auf 154 gestiegen war. Neben den erhöhten Lohnkosten waren auch die Kosten für Baumaterial für die Steigerung des Bauindexes verantwortlich. Vgl. die Zahlen bei Friedrich Lütge: Wohnungswirtschaft. Eine systematische Darstellung unter besonderer Berücksichtigung der deutschen Wohnungswirtschaft, Stuttgart [2]1949, S. 212 ff. Die Konstruktion der Hauszinssteuer war eine Form der Wohnungsbaufinanzierung: Erhoben von Althausbesitzern, die durch die Inflation 1923 entschuldet worden waren, wurden die Hauszinssteuer-Einnahmen in Form von Hypotheken zur Subventionierung von Wohnungsneubauten verwandt (vgl. ebd., S. 351 f.).

a) zur Durchführung eines Kleinrentnergesetzes, das gleichzeitig die Gemeinden entlastet, also die Wirtschaft nicht weiter belastet,[14]
b) zum Mietausgleich bei den 1926–1930 „überteuer" gebauten Häusern, indem die Mietzinssteuerhypotheken entsprechend abgedeckt werden,[15]
c) zur Steuersenkung.

*g) Wohlfahrtsverwaltung.*
Hier hat eine kostspielige und unsachliche Zentralisierung Platz gegriffen. Es ist beispielsweise sinnlos, daß im preußischen Wohlfahrtsministerium eine Kraft sitzt, die sich mit der Frage beschäftigt, wie die in der Wohlfahrtspflege tätigen Personen (Beamte, Fürsorgerinnen usw.) am zweckmäßigsten ausgebildet werden können. Nicht das Land betreibt die örtliche Wohlfahrtspflege, sondern die Gemeindeselbstverwaltung. Sie hat auch auf diesem Gebiet stets den besten Weg selbst gefunden; sie wird es also auch in Zukunft tun. Hier wirkt sich offenbar der Einfluß der Berufs-Organisationen[s] aus, die sich mit politischem Druck der Anordnungsbefugnis der Ministerialinstanzen bedienen. Viel unheilvoller ist noch, daß aus einer solchen zentralen Betätigung sich natürlich das Streben herleitet, die Existenz der Zentralstellen als notwendig zu beweisen. Von einer solchen Stelle kommen dann Anregungen aller Art, deren Durchführung nicht unerhebliche Kosten verursacht, sei es, daß es sich um sachliche Einrichtungen handele, sei es, daß Fortbildungskurse usw. empfohlen werden. Das Landesjugendamt und die Verwaltung der Provinz Ostpreußen veranstalteten 1929, wenn ich mich recht erinnere, jährlich allein rund 14 verschiedene Fortbildungskurse. Nach den Kosten, die der öffentlichen Verwaltung dadurch auferlegt werden, fragt niemand, schlimmstenfalls finanziert die Provinz selbst aus Umlagen bis zum Zusammenbruch. Am unheilvollsten aber hat sich die Idee ausgewirkt, die Wohlfahrtspflege von Reichs wegen in ein Schema zu zwingen.[16] Dadurch ist es den einzelnen Gemeinden ungeheuer erschwert, die

s ursprünglich „der gewerkschaftlichen Organisationen".

14 Die Gruppe der Klein- und Sozialrentner, die Arbeitsinvaliden und vor der Inflation durch Kapital gesicherte Mittelschichtsangehörige umfasste, stieg zwischen 1925 und 1933 von 9% auf 13,5% der Gesamtbevölkerung. Es handelte sich um eine sozialrechtlich neu konstruierte Gruppe, die mit der Reichsverordnung über die Fürsorgepflicht von 1924 zusammengefasst worden war. Trotz Reichszuschüssen bedeutete dies vornehmlich eine Belastung der gemeindlichen Fürsorgeetats. Vgl. Preller, Sozialpolitik, S. 325 ff. sowie ausführlich Christoph Conrad: Vom Greis zum Rentner. Der Strukturwandel des Alters in Deutschland zwischen 1830 und 1930, Göttingen 1994, S. 262 ff.

15 Im Rahmen der öffentlich gelenkten Mietenkontrolle waren die Altbaumieten 1927 auf 120% der Friedensmieten festgelegt worden. Neubaumieter mussten dagegen bis zu 200% der Friedensmiete vergleichbarer Räume, für öffentlich nicht geförderte Wohnungen bis zu 300% aufbringen (vgl. Führer, Mieter, S. 163 ff.).

16 Bis zum Ersten Weltkrieg hatte die Wohlfahrtspflege allein bei den Gemeinden gelegen. Mit dem Artikel 7 WRV war das Gesetzgebungsrecht auf das Reich übergegangen; in der

eigenen Fürsorgeeinrichtungen wirtschaftlich auszugestalten. Es hat ein Wettbewerb überehrgeiziger Kräfte eingesetzt, mit sozialen Leistungen zu paradieren. Es erscheint mir daher notwendig, Fürsorge und Jugendwohlfahrt von allen irgend entbehrlichen zentralen Schematisierungen zu befreien, sich von Reichs wegen auf die Organisation der Fürsorgeverbände zu beschränken und die sachliche Fürsorge sowie ihre Ausgestaltung ganz den Fürsorgeverbänden, d.h. der Selbstverwaltung zu überlassen. In ihr wirken schon genügend Kräfte, um diese Aufgabe möglichst sozial zu erfüllen. Sie muß sich dann in Verbindung mit der Steuerreform ganz von selbst der notwendigen Selbstbescheidung und des Waltens der freien Wohlfahrtspflege befleißigen. Das ist insbesondere auch erforderlich auf dem Gebiete der Gesundheitsfürsorge. Unter dem Einfluß der immer mehr anschwellenden beamteten Ärzteschaft, des Zurückdrängens des selbstverantwortlichen, freien Ärztestandes durch die soziale Versicherung wird vielfach der Vorstellung gehuldigt, daß die öffentliche Verwaltung nicht nur verpflichtet ist, Seuchen zu bekämpfen oder ihnen vorzubeugen, sondern jedes Symptom jeder Krankheit von vornherein zu verfolgen, um so, wie das Schlagwort sagt, der späteren Fürsorgebedürftigkeit vorzubeugen. Es wird jetzt allen Ernstes bereits die Forderung erhoben, jeden Staatsbürger einer jährlich einmal stattfindenden öffentlichen Gesundheitskontrolle zu unterstellen. Daß hierdurch die Verantwortungsfreudigkeit und die Lebenslust des einzelnen auf das entschiedenste beeinflußt werden, bleibt unbeachtet. Die Gesundheitsfürsorge verläßt somit ganz den Gedanken, daß sie richtigerweise nur unter drei Voraussetzungen tätig werden darf: Entweder wenn Seuchen vorliegen oder drohen oder wenn die wirtschaftlichen Verhältnisse des einzelnen Staatsbürgers es ihm im Einzelfalle nicht ermöglichen, eine akute Krankheit zu bekämpfen, oder um für wichtige Gebiete (Mutterschutz, Säuglingspflege und Tuberkulose) aufklärend zu wirken.[t] Somit lasse man dem Einzelnen und vor allem dem freien Arzte die Verantwortung, die Sorge und die Schaffensfreude.

Einen gewissen Höhepunkt in der Verkennung öffentlicher Pflichten und in der Überorganisation bedeutet die neuerdings von Staat und Gemeinde in Angriff ge-

---

[t] In der ursprünglichen Fassung wurden nur die ersten beiden Voraussetzungen benannt.

unmittelbaren Nachkriegszeit gingen jedoch die gesetzgeberischen Initiativen zunächst von den Ländern aus, bis das Reich 1924 begann, von seiner Gesetzgebungskompetenz Gebrauch zu machen. Der gesamte Gesetzgebungsprozess von Reich und Ländern zielte einerseits auf eine Vereinheitlichung und Stabilisierung der Wohlfahrtsinstitutionen, andererseits auf eine Professionalisierung der fürsorgerischen Berufe. Gegenüber der ehrenamtlich geprägten und traditionell auf dem Individualisierungsprinzip beruhenden Wohlfahrtspflege der Vorkriegszeit bedeutete diese Entwicklung für die Gemeinden einen Verlust an Selbständigkeit und eine zusätzliche finanzielle Belastung. Vgl. Christoph Sachße und Florian Tennstedt: Geschichte der Armenfürsorge in Deutschland, Bd. 2: Fürsorge und Wohlfahrtspflege 1871–1929, Stuttgart, Berlin, Köln und Mainz 1988, S. 87 ff.

nommene gerichtliche Fürsorge.[17] Sie soll dem Richter zwecks möglichst zutreffender Beurteilung einer Straftat das nötige Material über die wirtschaftlichen Verhältnisse, über die Familie usw. des Täters liefern. An und für sich wäre es eine Aufgabe der Justizverwaltung, auf diesem Gebiete das Erforderliche zu tun. Der Staat aber läßt es zu, daß die Gemeinden sich hier einmischen, hier durch Organe, die nachher für das Strafurteil in keiner Weise verantwortlich sind, Ermittlungen vornehmen, die natürlich auch den polizeilichen und staatsanwaltschaftlichen Ermittlungen in die Quere kommen können, und daß letzten Endes die Strafrechtspflege auch von diesem Ende der Gefahr der Politisierung und Verweichlichung verfällt.[u]

2. Wirtschaftsförderung.

a) In allen Etats befinden sich seit Jahren kleine und große *Fonds*, mit denen, ich möchte sagen, ein lahmer Gaul den anderen vergeblich zu ziehen sich bemüht. Intakte Gewerbezweige gibt es ja kaum noch in Deutschland, nur vereinzelte sind mir bekannt. Aber daß schließlich nur kranke Wirtschaftsgruppen sich krampfhaft bemühen, einander Gesundheit verleihen zu wollen, indem sie in eine Kasse untragbare Steuern zahlen, aus der dann mit erheblichen Verwaltungskosten Unterstützungen verteilt werden, erscheint mir als eine sofort zu beseitigende Kurpfuscherei. Hierzu ein Wort: Unterstützungen verderben den Charakter. Die Mittel für sie müssen durch Steuerdruck, durch Verwaltungsarbeit gewonnen und durch Verwaltungsarbeit auf die Interessenten verteilt werden. Niemand wird behaupten, daß man bei dieser Verteilung immer den Richtigen trifft. Aber eins steht fest, daß allein die Tatsache des Bestehens solcher Fonds allmählich Verantwortlichkeit, Unternehmungslust und Sparbetrieb tötet. Deswegen müssen diese Fonds schwinden, ganz schnell, im Verlauf von zwei Jahren höchstens abgebaut werden mit dem Ziel, eben die Wirtschaft an Steuern und Lasten allgemein zu entlasten und ihr dann zu sagen, sie müsse nunmehr auf eigenen Füßen stehen. Wer sich dann nicht hält, verschwindet. Sind die Steuern und Lasten so bemessen, daß bei sparsamer Wirtschaftsführung und bescheidenen Lebensansprüchen, wie sie unserer Verarmung entsprechen, ein Durchkommen möglich ist, so werden die kräftigen und gesunden Elemente in den einzelnen Wirtschaftszweigen sich durch-

[u] Zusatz in der ursprünglichen Fassung: „Auf allen diesen Gebieten hätte die Reform 1. von Seiten des Staates alle Übergriffe sonstiger Körperschaften zu verbieten, die in die Zuständigkeiten des Staates, insbesondere seiner Justiz eingreifen, 2. durch die Reform des Steuerwesens die finanziellen Auswirkungen einer zu weit getriebenen Fürsorge allen Gemeindeangehörigen fühlbar zu machen, 3. sich aller zentralen Reglementiererei zu enthalten und, soweit solche zentralen Regelungen bereits erfolgt sind, sie wieder aufzuheben."

[17] Vgl. zur gerichtlichen Fürsorge Marcus Gräser: Der blockierte Wohlfahrtsstaat. Unterschichtjugend und Jugendfürsorge in der Weimarer Republik, Göttingen 1995; insbesondere S. 135 ff. zur sächsischen Pionierrolle in der Wohlfahrtspflegegesetzgebung.

setzen und in diesem Kampfe sich kräftigen zum Wohle der Wirtschaft und des Landes.

Die bisherige Osthilfe war durch ihre auf den Einzelfall gemünzten Bestimmungen im wesentlichen leider Subvention.[18] Will man der Wirtschaft, sei es in Gruppen, sei es in bestimmten Landesteilen, sei es durchweg überhaupt wirklich helfen, so kann man es nicht, indem man einzelne Bedürftigkeitsmerkmale festsetzt und dem einzelnen Betriebe die Beweislast überträgt. Nur dadurch, daß man entweder die Steuern oder die Zinsen oder die Betriebsunkosten für alle Betriebe der betroffenen Gruppe, des betreffenden Landesteils oder der Gesamtwirtschaft nach einem bestimmten Schlüssel senkt, nur dadurch werden Fehlschlüsse in der Beweisführung vermieden, nur dadurch wird eine ehrbare und vor allem für alle gleiche Grundlage geschaffen und vermieden, daß der kranke, vielleicht durch Schuld des Unternehmers herabgekommene Betrieb zum Schaden des gesunden, fleißig und sparsam bewirtschafteten aus allgemeinen Steuermitteln über Wasser gehalten wird. Subventionen an einzelne Glieder einer Wirtschaftsgruppe sind Prämien für schlechte, Strafen für gute Betriebsführung. Die beste Wirtschaftsförderung ist eine sparsam und logisch aufgebaute Finanz-, Steuer- und Anleihepolitik von Reich, Ländern und Gemeinden.

b) *Anleihepolitik.*

Ich habe bereits oben erwähnt, daß wir nach der Inflation sehr wesentlich auf Kosten der kommenden Generation gelebt haben. Man hat es verschmäht, an gute alte Erfahrungssätze sich zu halten. Es gibt für die öffentliche Verwaltung und für wirtschaftliche Betriebe bestimmte natürliche Gesetze für die Deckung außerordentlicher einmaliger Ausgaben durch laufende Mittel oder durch Anleihen. Grundsätzlich sollen auf Anleihen nur werbende Anlagen genommen werden, und auch nur, wenn die vorhandenen Anlagen der gleichen Art voll abgeschrieben

---

18 Die „kleine Osthilfe" des ersten Kabinetts Brüning (vgl. „Verordnung des Reichspräsidenten zur Behebung finanzieller, wirtschaftlicher und sozialer Notstände" vom 26.7.1930, Dritter Abschnitt, RGBl. 1930/I, S. 316-318 sowie die Durchführungsverordnung vom 8.8.1930; ebd., S. 433) hatte 121 Mio. RM ordentliche Haushaltsmittel u.a. für die Erleichterung kommunaler Lasten und des Transports, Zinsverbilligung und Betriebssicherung für die Osthilfe – Teile Pommerns, Niederschlesiens und Ostpreußens – bereitgestellt. Sie hatte ihren Vorläufer in der Ostpreußenhilfe von 1929 („Gesetz über wirtschaftliche Hilfe für Ostpreußen" vom 18.5.1929; ebd., 1929/I, S. 97 f.) und visierte ebenso wie diese Um- und Entschuldungsmaßnahmen zur Verhinderung von Zwangsvollstreckungen an. Die fast ausschließlich auf einzelbetriebliche Besitzerhaltung ausgerichteten Maßnahmen waren eine binnenwirtschaftliche Form des Agrarprotektionismus, der einerseits zu Lasten der Konsumenten ging, andererseits die allgemeine steuerliche Belastung vergrößerte. Vgl. Dieter Gessner: Agrardepression und Präsidialregierungen in Deutschland 1930–1933. Probleme des Agrarprotektionismus am Ende der Weimarer Republik, Düsseldorf 1977, S. 103-150 sowie zur Vorgeschichte der Osthilfe Heinrich Becker: Handlungsspielräume der Agrarpolitik in der Weimarer Republik zwischen 1923 und 1929, Stuttgart 1990, S. 259-268.

sind. Daher halte ich den Vorwurf, daß in den öffentlichen Monopol-Betrieben in zu großem Umfange die Gegenwart belastet würde und Ausgaben auf dem Wege der Anleihe auf die Zukunft gewälzt werden können, nicht für berechtigt. Wir müssen bedenken, in welchem außerordentlichen Tempo heute die technische Entwicklung fortschreitet und daß ein Werk in große Gefahren geraten kann, wenn es in einem solchen Zeitalter, das außerdem noch mit steigenden Absatzschwierigkeiten kämpft, gewisse produktionsfördernde und erweiternde Neuerungen auf langfristige Anleihen nimmt. Hier muß die Grenze in jedem Betriebe sorgfältig abgetastet werden.

Die preußische Staatsfinanzverwaltung ließ vor dem Kriege nur sehr zögernd und nur unter besonderen einengenden Bestimmungen es zu, beispielsweise Schulbauten auf Anleihen zu machen. Deswegen sind die preußischen Städte vor dem Kriege dazu übergegangen, sich Schulbaufonds zu schaffen. Leitender Grundsatz war, daß kulturelle Höherentwicklungen aus dem Überschuß der Wirtschaftskraft der gegenwärtigen Generation heraus finanziert werden müssen, nicht aber unter Vorwegdiskontierung der Wirtschaftskraft der Zukunft. Denn im Leben des Volkes wie im Leben des einzelnen kommen Rückschläge der materiellen Entwicklung vor, von denen dann auch kulturelle Entwicklungen nicht unberührt bleiben können. Eine Hochzüchtung der Kulturansprüche ohne Gewähr für dauerhafte Finanzierungsmöglichkeit ist also unverantwortlich. Wir selbst sind ja lebendige Zeugen eines ganz gewaltigen Rückschlages für unser Vaterland. Erst wenn wir sicher sind, den Tiefstand unseres wirtschaftlichen Lebens für einige Zeit erreicht zu haben, können wir daran gehen, wieder Fonds für produktionsfördernde Kulturaufgaben, wie es unsere Schulen sind, anzusammeln, dann erst können wir neue Schulen bauen.

c) *Steuerpolitik.*

Wesentlich für eine geordnete öffentliche Verwaltung ist die klare Verteilung ihrer Aufgaben namentlich in dem überorganisierten Deutschland. Die klare Aufgabenteilung hat den geringsten Verbrauch an Kräften, das geringste Maß von Reibungen und daher das geringste Maß von überflüssigem Aufwand zur Folge. Sie wird erzwungen, wenn man auf dem Gebiet der Steuerpolitik zu dem alten Grundsatz des preußischen Finanzministers Miquel, der ja auch für andere Länder von Bedeutung gewesen ist, zurückkommt: zu dem Grundsatz der Steuerquelleneinteilung.[19] Es liegt mir fern, Erzberger als einen toten Mann in die Debatte zu ziehen. Von der Tiefe und Weisheit dieser Grundsätze hat er nach dem Werk, das er uns auf dem Gebiete der Finanzen hinterlassen, hat, jedenfalls keine Ahnung gehabt. Wir haben heute ein vollkommenes Durcheinander auf dem Gebiete des Steuerwesens zwischen Reich, Ländern und Gemeinden. Wir haben die sparsame, einfache Steuerver-

[19] Vgl. zu der Einkommens- und Kommunalsteuerreform unter Johannes v. Miquel S. 42, Anmerkung 18.

waltung der Länder und Gemeinden weitgehend durch die ungleich kostspieligere des Reiches ersetzt. Genügt hätte die Grundsatzgesetzgebung durch das Reich und die Einsetzung des Reichsfinanzhofs zur Wahrung der Rechtseinheit. Die örtliche Verwaltung gebührt den Gemeinden und Kreisen, die den Verhältnissen der Steuerpflichtigen, der Entwicklung der Wirtschaft viel näher stehen. Das neue Ziel muß sein, die Verwaltung der Steuern den Stellen (Reich, Land, Gemeinden) zu geben, die am Steueraufkommen hauptsächlich interessiert sind. Heute sind diese Interessen unübersichtlich durcheinander gemengt.

An der Einkommens-, Körperschafts-, Umsatzsteuer, Grunderwerbssteuer, Lotteriesteuer, Bier- und Mineralwassersteuer und Kraftverkehrssteuer sind heute Reich, Länder und Gemeinden mit ausgeklügelten Schlüsseln beteiligt, das Reich hat daneben die Erbschaftssteuer, die Vermögenssteuer, die Kapitalverkehrssteuer, die Versicherungssteuer und eine Reihe kleinerer indirekter Steuern sowie die Zölle, die Länder und Gemeinden die Grundsteuer, die Gemeinden die Gewerbesteuer, die Vergnügungssteuer, Beiträge und Gebühren und die Einnahmen aus ihren werbenden Betrieben.

Als wichtigste Notwendigkeit erscheint mir die Aufteilung nach den Steuerquellen. Nur dadurch, daß die Bewirtschaftung der Steuerquellen bis zur Einmündung der Steuermittel in den großen Strom der Verwendung durch den Etat in eine Hand gelegt wird, wird die pfleglichste Behandlung der Steuerquellen unter klarster Verantwortlichkeit sichergestellt.[20] Nach der historischen Entwicklung des deutschen Steuerwesens ist es geboten, die Einkommenssteuer wieder ausschließlich zu einer Steuer der Länder und Gemeinden zu machen. Die Aufteilung zwischen Land und Gemeinden erfolgt nach dem früheren preußischen System eines einfachen Landessatzes und eines von den Gemeinden zu beschließenden Zuschlagshundertsatzes. Dabei ist entsprechend dem heutigen Wahlrecht an der harten Notwendigkeit nicht vorbeizukommen, auch die reichseinkommenssteuerfreien Einkommen, soweit sie einen bestimmten Mindestbetrag übersteigen, zur Besteuerung mitheranzuziehen. Dem Reich würden dadurch rund 900 Millionen RM verloren gehen, die dadurch zu ersetzen sind, daß das Reich die Umsatzsteuer, die Grunderwerbssteuer, die Rennwettsteuer und die Biersteuer, letztere unter Erhöhung bis zur Deckung des Ausfalls, sowie die Mineralwassersteuer allein erhält. Dann ist das Reich abgesehen von der Erbschaftssteuer und der Vermögenssteuer im wesentlichen auf indirekte Steuer und Zölle angewiesen. Die ganz verzwickten Schlüsselungen, für die nie eine ideelle Berechnungsmethode gefunden werden

---

[20] Hinter dem Plädoyer für Steuerquellenaufteilung stand die Überlegung, dass die Deckungsverantwortung für Ausgabenbeschlüsse zu einer verantwortlicheren Politik der kommunalen Vertretungskörperschaften führen würde – so die Argumentation der kommunalpolitischen Interessenverbände; vgl. Josef Wysocki: Die Kommunalfinanzen in Erzbergers Reformkonzept: Finanzzuweisungen statt eigener Steuer, in: Hansmeyer, Kommunale Finanzpolitik, S. 35-59.

wird, fallen fort. Die Zuschläge zur Einkommenssteuer können bei einem bestimmten Satze der Genehmigung der Aufsichtsbehörde unterworfen werden. Tritt zu dieser Aufteilung der Steuern nach Quellen eine klare Aufteilung der Aufgaben zwischen Reich, Ländern und Gemeinden als notwendige Ergänzung hinzu, so wird sich sehr bald wieder, namentlich wenn das Wahlrechtsalter auf das 25. Lebensjahr hinaufgesetzt wird, erweisen, daß die Gemeinden selbst das lebhafteste Interesse an der pfleglichen Behandlung der Einkommensteuerquelle haben. Es wird sich dann wieder wie vor dem Kriege erweisen, daß diejenigen Gemeinden den stärksten Auftrieb zur Entwicklung haben, die sich bemühen, mit geringen Steuersätzen auszukommen und damit sowohl dem Rentner wie dem Gewerbetreibenden den größten Anreiz zur Niederlassung bieten. Auch hier möglichst freies Spiel der Kräfte.

Zahlenmäßig ist die von mir angedeutete Aufteilung der Steuerquellen durchaus durchführbar.

Für die Realsteuern wird ein gewisser Umbau unvermeidlich sein. Die Miquelsche Idee bei der Regelung der Gewerbe- und Grundsteuer ging davon aus, daß die Gewerbebetriebe ihrer Gemeinde besondere Lasten für Polizei-, Armen- und Schulzwecke auferlegen. Nun haben wir heute durch das neue Polizeikostengesetz einen interkommunalen Lastenausgleich im Polizeiwesen. Die Armenversorgung erfolgt nach reichsrechtlichen Grundsätzen und unter Gewährung eines gewissen Lastenausgleichs durch die Überweisungssteuer. Auf dem Schulgebiet wird ein Lastenausgleich erstrebt, in gewissem Umfange ist er auch bereits durchgeführt.[21] Ich halte es, wie oben erwähnt, für ein Gebot der Stunde, daß gerade auf diesem Gebiet ein voller Lastenausgleich erzielt wird, selbst auf die Gefahr hin, daß übersteigerte Einrichtungen ganz großer Städte auf diesem Gebiet zurückgeschroben werden müssen. Es wird also zu prüfen sein, welches Zuschlagsverhältnis zwischen Gewerbe- und Einkommenssteuer herzustellen sein wird, wenn nach Wegfall der Steuerüberweisungen und auf dem Gebiete der Armenversorgung die Belastung unterschiedlich wird. Ziel muß sein eine Verringerung der Gewerbesteuer zu Lasten der allgemeinen Einkommenssteuer.

Ein gleiches Vorgehen auf dem Gebiet der Grundvermögenssteuer ist nicht erforderlich. Es wäre zu erwägen, ob die Grundsteuer nicht zweckmäßigerweise unter Einbeziehung der zur Zeit noch unentbehrlichen und volkswirtschaftlich berechtigten Hauszinssteuer in eine Mietsteuer umzuwandeln ist. Dafür spricht die Tatsache, daß es auch für den Mieter angenehmer ist, nicht mit einer ihm unbekannten Quote an der Grundsteuer, die ja die Hausbesitzer wieder auf die Mieter abwälzen, belastet zu werden, sondern unter entsprechender Senkung der Miete mit einer klaren Mietsteuer. Dagegen sprechen:

---

21 Vgl. zur prozentuellen Beteiligung von Reich, Ländern und Gemeinden an den einzelnen Ausgaben Fritz Terhalle: Die Finanzwirtschaft des Staates und der Gemeinden. Eine Einführung in die Staatsfinanzwissenschaft, Berlin 1948, S. 298 f.

1. Die Tatsache, daß für Landgemeinden die Mietsteuer nicht anwendbar ist,
2. die Erwägung, daß der Steuergläubiger bei der Mietsteuer sich einer vergrößerten Zahl von Steuerschuldnern gegenüber sieht, und daher der Steuerapparat ein größerer werden muß als bisher.

Diese Gegengründe erscheinen mir durchschlagend. Etwas anderes aber verlangt sofortige Berücksichtigung. Jede Veränderung der Grundvermögenssteuer wirkt sich in den preußischen Städten jedenfalls bei bebauten Grundstücken in einer Veränderung des Mietzinses automatisch aus, dagegen fehlt der Landwirtschaft heute eine solche Abwälzbarkeit angesichts des Preisstandes ihrer Produkte. Hier ist eine Senkung soweit und solange erforderlich, bis die Landwirtschaft wieder erstarkt ist. Eine Senkung um 50%, d.h. um 180.000.000 RM würde eine wesentliche Entlastung der Landwirtschaft und zusammen mit einer Senkung der Betriebsunkosten sehr viel wirksamer sein als jede auf den Einzelfall abgestellte Subventionshilfe.

Eine vollkommen falsch aufgebaute und volkswirtschaftlich ganz bedenklich behandelte Steuer ist die Kraftfahrzeugsteuer. Der allgemeine Wegebauindex, d.h. die Verteuerung des Wegebaus gegenüber der Vorkriegszeit beträgt rund 80%, dagegen sind in Wirklichkeit die Unterhaltungskosten für Straßen mit schwerem Verkehr um 200%, für solche mit leichtem Verkehr um rund 130% gestiegen. Das hat seinen Grund in der enormen Beanspruchung der Straßenoberfläche durch die Saugwirkung der schnellfahrenden Kraftfahrzeuge. Es ist volkswirtschaftlich gänzlich verfehlt, diese Mehrkosten allen Steuerzahlern aufzuerlegen. Zunächst ist das bei der jetzigen volkswirtschaftlichen Lage diesen Steuerzahlern selbst gegenüber nicht vertretbar, zumal das Kraftfahrwesen zum Teil dem Vergnügen, dem Sport und dem Luxus dient; durch diese Unterbesteuerung ist eine gesunde Entwicklung der Automobilindustrie nicht möglich, es wird vielmehr eine ungesunde Entwicklung hineingebracht.[22] Jedes Zurückdrängen der Automobilindustrie, das durch eine Steuererhöhung bewirkt werden könnte, würde eine Verstärkung der Beschäf-

[22] Die verzögerte Entwicklung der Massenmotorisierung in Deutschland hatte tatsächlich dazu geführt, dass die Kraftfahrzeugproduktion sich noch Anfang der 30er Jahre auf Luxus- und Rennwagen konzentrierte. Neben der relativ späten Übernahme von produktionstechnischen Vereinheitlichungen waren es insbesondere staatliche Eingriffe, die eine frühzeitige Massenmotorisierung behinderten. Insbesondere die Lkw-Konkurrenz für die Reichsbahn wurde durch die Erhöhung der Lkw-Steuern und die Verpflichtung auf Mindesttransportsätze unterdrückt. Aber auch deutsche Pkw-Besitzer sahen sich extrem hohen Haltungskosten gegenüber, so dass nach zeitgenössischen Berechnungen die jährlichen Haltungskosten dem ursprünglichen Anschaffungspreis in etwa entsprachen. Die staatlichen Einnahmen aus den fiskalischen Maßnahmen flossen in den normalen Reichshaushalt, und nur ein verschwindend geringer Bruchteil kam dem Straßen- und Wegebau zugute. Vgl. Heidrun Edelmann: Vom Luxusgut zum Gebrauchsgegenstand. Die Geschichte der Verbreitung von Personenkraftwagen in Deutschland, Frankfurt/M. 1989 sowie Hans Mommsen und Manfred Grieger: Das Volkswagenwerk und seine Arbeiter im Dritten Reich, Düsseldorf 1996, S. 55-70.

tigung in allen denjenigen Industrien, die sonstige Verkehrsmittel (Lokomotiven, Waggons usw.) herstellen, zur Folge haben. In Amerika sind die unerwarteten Rückwirkungen übersteigerter Automobilerzeugung und Benutzung bereits erkennbar. Das Schlagwort „Jedem sein Auto" ist doch unter viel günstigeren Bedingungen bereits als sinnlos erwiesen. Es in Deutschland zu wiederholen, wäre unverantwortlich. Mit demselben Sinn könnte die Reichsbahn verkünden: „Jedem Deutschen seine Fahrt auf der Polsterklasse!" Es ist verkehrstechnisch und wirtschaftlich unvertretbar, auf dieser Grundlage falsche Vorstellungen über die Möglichkeiten des Kraftwagenbesitzes und der Entwicklung des Kraftwagenverkehrs zu erwecken. Es ist unvertretbar, daß alle Steuerzahler dem motorisierten Verkehrsmittel die Wege bezahlen, während die sonstigen mechanischen Verkehrsmittel, wie Eisenbahnen und Straßenbahn, ihren Weg selbst bauen und unterhalten, also dem Fahrgast und Fahrgut auferlegen müssen. Geradezu groteske Auswirkungen ergeben sich für das Verhältnis der beiden großen Reichsbetriebe, der Reichsbahn und der Reichspost, zueinander. Die Reichsbahn, mit Reparationslasten überlastet, muß ihr Schienennetz selbst unterhalten. Die Reichspost, unbelastet, läßt sich für ihren steigenden Kraftwagenbetrieb die Straßen von den Steuerzahlern bauen und unterhalten, macht also auf Kosten der Steuerzahler zum Schaden der Reichsfinanzen dem Bruderbetriebe einen Wettbewerb, den man nicht mehr als einwandfrei bezeichnen kann, und der die Reichsbahn zu wirtschaftsfeindlichen Tariferhöhungen zwingt. Eine Erhöhung der Kraftfahrzeugsteuer um zunächst 50% unter gleichzeitiger Umstellung der Steuermerkmale auf Benzinverbrauch und Gewicht des Wagens würde 100 Millionen Reichsmark ergeben und gleichzeitig die wohltätige Wirkung ausüben, den Automobilverkehr volkswirtschaftlich richtig zu organisieren. Verkehr auf Kosten anderer Steuerzahler und der Reichsbahnbenutzer wird verschwinden.

In den folgenden Jahren müssen die Steuern allmählich so erhöht werden, daß die Industrie sich möglichst darauf einstellen kann und die vollen Mehrkosten des Straßenbaues getragen werden.

Die Vermögenssteuer muß, sobald die Sanierung der Etatsverhältnisse es gestattet, im Interesse der Erleichterung der Kapitalbildung gesenkt werden. Eine Senkung um 10%[v] bedeutet rund 40 Millionen. Es ist zu prüfen, wann und wieviel mal dieser Betrag im Reichshaushalt eingespart werden kann, um diese Senkung herbeizuführen. Außerdem kann m.E. ein Betrag bis zu rund 1/2 Milliarde durch Erhöhung der Tabaksteuer angesichts des großen Verbrauchs an Tabak hereingebracht werden, so daß es also durchaus möglich erscheint, die Einbuße des Reiches durch die Senkung der Vermögenssteuer und durch die Überleitung der Einkommens- und Körperschaftssteuer an die Gemeinden durch kräftigere Einziehung dieser indirekten Steuern zu decken. Hierbei ist zu betonen, daß indirekte Steuern überhaupt

v In der ursprünglichen Fassung war eine Senkung der Vermögenssteuer um 25% geplant.

a) weniger fühlbar,
b) viel ergiebiger,
c) sehr viel billiger sind als direkte Steuern.

Direkte Steuern beeinträchtigen die Kapitalbildung; auch sie verteuern für den einkommensschwachen und vermögenslosen Staatsbürger die Lebenshaltung, weil sie den Kapitalzinsendienst und Tilgungsdienst, der in jeder Produktion mit berechnet ist, mit erhöhen. Es ist also falsch, diese Wirkung nur den indirekten Steuern zuzuschreiben.

Außerdem hätte die Umstellung den Vorteil erheblicher Ersparnisse am Personal, die vorsichtshalber nicht berechnet sind, also eine sehr erwünschte stille Reserve bilden.[w]

3. Sozialversicherung.[x]

a) Die *Unfallversicherung* kann aus den Erörterungen ausschalten. Sie ist im wesentlichen als eine reine Unternehmerversicherung dem politischen Wettstreit

---

[w] Zusatz in der ursprünglichen Fassung: „d) *Finanzausgleich.* Länder und Gemeinden brauchen, wie oben erwähnt, infolge des Ausfalls der Gewerbesteuer und der Senkung der Grundvermögenssteuer 1.100.000.000 RM; sie erhielten außerdem bisher Umsatzsteuer: 320.000.000 RM; Einkommensteuer: 2.600.000.000 RM; Kraftverkehrssteuer: 200.000.000 RM; zusammen: 4.220.000.000 RM. Sie sollen in Zukunft erhalten: a) die Hälfte der gesamten Umsatzsteuer: 1.100.000.000 RM; b) Kraftfahrzeugsteuer mit zunächst: 300.000.000 RM; c) die gesamte Körperschaftssteuer mit: 600.000.000 RM; d) die gesamte gesenkte Einkommens- und Lohnsteuer mit: 2.230.000.000 RM; zusammen: 4.230.000.000 RM. Das Reich bleibt dann angewiesen auf die Erbschaftssteuer, indirekte Steuern und Zölle.

Dieses System ermöglicht es, in den Gemeindefinanzen die notwendige Beweglichkeit und Selbständigkeit wieder herzustellen. Die Gemeinden erhalten neben der örtlich beweglichen Grundvermögenssteuer das Zuschlagsrecht zur Einkommenssteuer auf die einkommen- und lohnsteuerfreien Einkommen von 1.200 – 2.400 RM eine Steuerquelle, deren jährlicher Kapitalwert auf etwa 16 Milliarden Reichsmark zu schätzen ist. Wird also von einem Einkommen von rd. 1.800 RM 1% Gemeindeeinkommenssteuer erhoben, so sind das monatlich 1,50 RM oder insgesamt im Reichsgebiet 160 Millionen Reichsmark, d.h. mehr als 1/5 der gegenwärtigen Gewerbesteuer. 2% liefern bereits beinahe die Hälfte der gegenwärtigen Gewerbesteuer usw. Hier ist auch eine Staffelung nach dem Einkommen möglich. Über die Möglichkeit für die Gemeinden, im wesentlichen ohne Beanspruchung dieser Reserve auszukommen, ist unter I [entspricht in der vorliegenden Fassung dem Abschnitt „Die Reformen"] das erforderliche gesagt. Diese Erhebung der Einkommenssteuer ist der sogenannten Kopfsteuer bei weitem vorzuziehen. Die Kopfsteuer ist sogar roh. Sie könnte nur als Staffelsteuer gehalten werden. Eine solche verlangt einen gewaltigen Veranlagungs- und Einziehungsapparat, ist also sehr teuer. Die Gemeindeeinkommenssteuer könnte von den Finanzämtern mit veranlagt werden."

[x] Zusatz in der ursprünglichen Fassung: „Sie ist veraltet. Die im modernen Versicherungswesen gesammelten Erfahrungen über den Wert des Risikos für ‚Beide' sind zu verwerten. Das kann geschehen, indem das Risiko für den Versicherten durch Einschaltung des Spartriebes fühlbarer gemacht wird."

entrückt: Die Berufsgenossenschaften haben selbst das lebhafteste Interesse daran, billig zu wirtschaften und die Umlagen niedrig zu halten.

b) Die *Krankenversicherung* leidet ebenso wie die Invalidenversicherung an einer zu aufwendigen Verwaltung. Das gilt nicht überall, aber an vielen Orten hat es an Sparsamkeit gefehlt. Überall aber neigt die Krankenversicherung zur Übernahme von Aufgaben, die nichts mehr mit dem Gedanken der Krankenversicherung gemein haben; es ist mir z.B. berichtet, daß in der Provinz Brandenburg Krankenkassen Wirtschaftsschulen errichtet haben. Die Krankenversicherung leidet ferner daran, daß sie zum Spielball übermäßiger Inanspruchnahme durch unverantwortliche Versicherte und von Forderungen der auf die Kasseneinnahmen angewiesenen Ärzte wird. Es ist notwendig, den Ärztestand um seines Ethos willen hiervon zu befreien. Die Auffassung, die Krankenkasse sollte am besten durch eine Zwangssparkasse abgelöst werden,[23] kann ich nicht als vollberechtigt anerkennen. Der Gedanke ist insofern richtig, als er dem einzelnen wieder die Möglichkeit gibt, die Früchte seines Könnens und seines Fleißes selbst zu ernten, und seine Verantwortungspflicht und Verantwortungsfreudigkeit wachzurufen. Nirgends wird ein solches Verantwortlichkeitsgefühl mehr gebraucht als im demokratischen Staatswesen. Die Auffassung verkennt aber die Tatsache, daß in zahlreichen Fällen der einzelne tatsächlich auch bei sparsamster Vorsorge nicht imstande ist, wirkliche Krankheiten bei sich und in seiner Familie zu bekämpfen. Es besteht also in vielen Fällen ohne Verschulden des einzelnen der Zwang, Sparkapital zu verbrauchen. Wohl aber läßt sich der Gedanke der Sparkasse mit dem der Versicherung verbinden und so das Risiko besser verteilen. Im Jahre 1927 haben Arbeitgeber und Arbeitnehmer rund 1,7 Milliarde an Beiträgen für die Krankenversicherung geleistet. Die gesamten Aufwendungen für Krankheitszwecke betrugen rund 1,5 Milliarden RM, so daß 200 Millionen RM = 11% für Reservebildung und Verwaltung verwendet wurden.

c) Am stärksten dem Spargedanken zugänglich ist die *Invalidenversicherung*. Im Jahre 1928 haben die Beiträge zu ihr, einschließlich Knappschaftsversicherung, rund 1 Milliarde RM betragen. Die Verwaltungskosten mit 30 Millionen betrugen nur 3%.[y] Es ist bekannt, daß die Invalidenversicherung in den nächsten

---

[y] Der folgende Abschnitt bis Anmerkung [z] ist in der ursprünglichen Fassung nicht vorhanden.

[23] Die Forderungen nach einer völligen Abkehr vom System der Sozialversicherung und dessen Ersetzung durch Zwangssparen wurden zu diesem Zeitpunkt lediglich von Außenseitern vertreten und nicht so ernsthaft diskutiert, wie es von Goerdeler impliziert wird. Vertreter dieser radikalen Minderheit waren z.B. das DHV-Mitglied Gustav Hartz, der in seinem Buch „Irrwege der deutschen Sozialpolitik" (Berlin 1928) explizit die Suspendierung der Sozialversicherung forderte, und der Philosoph Ernst Horneffer. Der Nietzsche-Anhänger Horneffer polemisierte, ebenso wie der Arzt Erwin Liek, gegen die „verweichlichende Überversorgung" im sozialen Sicherungssystem, die unsittlich und schädlich sei. Vgl. Ernst Horneffer: Frevel am Volke, Leipzig 1929 sowie Erwin Liek: Die Schäden der sozialen Versicherung, München 1928.

Jahren infolge der Vernichtung ihres Vermögens durch Inflation in große Schwierigkeiten kommt, daher auch die jetzige Überhöhung der Beiträge.[24] Ich halte es für ausgeschlossen, daß das deutsche Volk die Invalidenversicherung in dieser Form wird aufrecht erhalten können. In Zukunft wird die Durchführung scheitern an der gänzlichen Veränderung des Altersaufbaus der Bevölkerung. In normalen Jahren zeigt der Altersaufbau ein regelmäßiges Abnehmen der Altersklassen vom 1. Lebensjahre bis zum Lebensende. Nicht nur infolge des Kriegsverlustes, sondern im wesentlichen infolge des Rückgangs der Geburten sieht aber jetzt der Altersaufbau äußerlich wie eine Ellipse aus mit sehr schmaler Basis. In den Jahrgängen vom 1. bis 10. Lebensjahre fehlen gegenüber dem Stande von 1913 8 Millionen Kinder.[25] In steigendem Maße müssen also Alters- und Invalidenrenten von einer immer kleineren Schicht noch arbeitsfähiger Menschen getragen werden. Die Beiträge müßten also allmählich auf ein Mehrfaches der jetzigen Höhe gebracht werden.[z]

Um hier zu Lösungen zu kommen, ist es m.E. notwendig, Invalidenversicherung und Krankenversicherung zusammenzulegen. Das ergibt schon an sich eine wesentliche Vereinfachung der Verwaltung. Um die Verwaltungskosten noch weiter herabzudrücken erscheint mir eine Übertragung der Verwaltungsgeschäfte an die über ganz Deutschland verbreiteten Spar- und Girokassen möglich, namentlich, wenn man sich dazu entschließt, den Spargedanken in der Versicherung einzuführen. Ich verkenne nicht die Gründe, die sich gegen eine solche Übertragung anführen lassen. Sie werden insbesondere von Seiten der Sparkassen kommen, die vielleicht fürchten könnten, daß ihre Anziehungskraft für Spargelder verringert werden würde durch die Vorstellung, daß diese Spargelder mit den Versicherungsgeldern vermengt werden. Es ist selbstverständlich, daß gesetzlich eine vollkommene Trennung der Geldzuflüsse sichergestellt werden muß. Ich fürchte eine Beeinträchtigung des allgemeinen Vertrauens in das deutsche Sparkassenwesen um so weniger, als z.B. in Ostpreußen die Lebensversicherung bereits zum Gegenstand des Geschäftsbetriebes auch der Spar- und Girokassen gemacht ist, und zwar durch eine Vertragsgemeinschaft zwischen der Lebensversicherungsanstalt der ostpreußischen Landschaft und der ostpreußischen Girozentrale. Es ist also der Gedanke der Verbindung von Versicherungseinrichtungen mit dem Sparkassenwesen nicht eine grundsätzliche Neuerung. Neu ist nur die Verbindung der

---

z Vgl. Anmerkung [y].

24 Laut Preller betrug das versicherungstechnisch erforderliche Deckungskapital der Invalidenversicherung 18 Mrd., während das tatsächlich vorhandene Kapital 1928–1930 sich lediglich auf 1,5 Mrd. RM belief. Vgl. Preller, Sozialpolitik, S. 468 f. sowie die statistischen Angaben ebd., S. 462 f. Vgl. ausführlich zur Problematik der Knappschaftsversicherung Martin H. Geyer: Die Reichsknappschaft. Versicherungsreformen und Sozialpolitik im Bergbau 1900–1945, München 1987.

25 Vgl. die Angaben zum Altersaufbau bei Preller, Sozialpolitik, S. 95.

Zwangsversicherung mit der Sparkasse. Wird diese Zwangsversicherung auf den Gedanken der persönlichen Sparversicherung umgestellt, würde in sie auch die Angestelltenversicherung mit einbezogen, so überwiegen die Gründe für die von mir vorgeschlagene Verbindung die Gegengründe. Die Selbstverwaltung durch die Versicherten und Versicherer wäre dadurch zu vereinfachen, daß nur noch provinzielle und zentrale Versicherungsabteilungen mit entsprechenden Versicherungsausschüssen zu bilden wären. Die örtliche Verwaltung hätte nach allgemeinen Bestimmungen und nach Anweisungen dieser Ausschüsse rein bürokratisch zu erfolgen. Die einheitliche, finanzwirtschaftlich und volkswirtschaftlich richtige Verwendung der hereinkommenden Gelder ist durch zweckentsprechende Verbindung der genannten Abteilungen mit den Organen der Giro- und Sparkassenverbände sicherzustellen. Die Beiträge der Versicherten fließen zu einem bestimmten Teil in einen Krankenversicherungsfonds, zum anderen auf das persönliche Sparkonto.

Der Krankenversicherungsfonds dient

1. zur Übernahme gewisser Kosten bei Krankheit. Zunächst soll für kurze Krankheiten oder bis zu bestimmten Beträgen der Versicherte die Kosten von seinem Konto selbst tragen. Damit werden zur Simulation neigende Versicherte auf den Weg der Einordnung in die allgemeinen Interessen gebracht. Erst nach einer versicherungstechnisch berechneten Zeit, also bei längeren und daher kostspieligeren Krankheiten sowie bei kostspieligeren Heilmethoden beginnt teilweiser bis voller Zugriff auf den Versicherungsfonds;
2. zur Erhöhung der Kapitalzinsen für Personen, die vorzeitig (etwa vor Erreichung des 60. Lebensjahres) invalide werden,
3. zur Gutschrift von Prämien für Versicherte, die den Fonds nicht über ein bestimmtes Maß in Anspruch nehmen;[aa]
4. zur Ausschüttung von Dividenden, die den einzelnen Versicherten auf ihr Sparkonto gutgebracht werden.

Die Sparkonten bilden den Invalidenversicherungsfonds. Aus ihm werden bei Alter und Invalidität Renten gezahlt, die als Leibrenten nach der Höhe des persönlichen Kontos sich richten und unter bestimmten Voraussetzungen (Tochterausstattungen Ansiedelung oder Verselbständigung des Sohnes) mit Zustimmung der Unterstützungsgemeinde durch Kapital abgelöst werden können. Solche Sicherungen sind notwendig, da nicht jeder befähigt ist, ein Kapital pfleglich zu bewirtschaften. Ich kann diesen Gedankengang nur in großen Zügen angeben, an seiner Durchführbarkeit und an der wohltätigen Wirkung, die Tatkraft des einzelnen zu beleben, bestehen keine Zweifel. Die allgemeinen sozialen Interessen werden gewahrt, das Reich entlastet. Volkswirtschaftlich wirken die in den Versicherungsfonds und Sparkonten angesammelten Gelder genau so wie die Vermögen der Versicherungsträger. Letzten Endes ist es aber auch aus ethischen und damit letzten

[aa] Punkt 3. ist in der ursprünglichen Fassung nicht vorhanden.

Endes sehr praktischen Erwägungen notwendig, das Verhältnis zwischen Kranken und Ärzten wieder zu einem persönlichen Vertrauensverhältnis zu gestalten. Das Ethos des ärztlichen Berufes, die unbedingte Hilfsbereitschaft von seiner Seite, das unbedingte Vertrauen des Kranken ist in Gefahr, zwischen gewerkschaftlichen Ideen, politischen Splitterungen, Vertrauensärzten, Revisionskommissionen, Kassenorganen, Verrechnungsstellen, Aufsichtsräten und zu weit getriebener Spezialisierung zerrieben zu werden. Wird nicht Einhalt geboten, so wird das Kurpfuschertum blühen.[ab]

d) Die *Arbeitslosenversicherung* ist und bleibt das schwierigste Problem. Mit ihm ist das der Freizügigkeit untrennbar verbunden. Sie ist in ihrer Reformbedürftigkeit eindeutig klar. Besonders zu bemängeln ist, daß keine Partei ein absolut klares und durchführbares Programm besitzt. Welche Auswirkungen ergäben sich daraus, wenn ein solches Reformprogramm jetzt vorgelegt werden würde, das nachweisbar geeignet ist, das Arbeitslosenproblem zu meistern, selbst wenn es zur Zeit wegen Volksuntümlichkeit abgelehnt werden würde. Das Leben und die rauhe Wirklichkeit selbst würden dafür sorgen, daß eines Tages das Programm durchgeführt werden müßte, gestützt von der Welle eines großen Vertrauens zu denjenigen, die es gewagt hatten, ein solches Programm auszuarbeiten und vorzulegen, als es noch nicht volkstümlich war. M.E. muß dieses Programm nach folgenden Gesichtspunkten ausgestaltet werden:

1. Aus der Versicherung sind alle[ac] weiblichen Arbeitskräfte herauszunehmen, die nicht selbst eine Familie zu erhalten haben. Das Versicherungsalter wird auf 18 Jahre heraufgesetzt. Durch diese Maßnahme scheiden also zahlreiche jugendliche Männer und Frauen und Unselbständige aus der Versicherung aus. Sie zu versichern ist weder sozial- noch staatspolitisch erforderlich; ethische, wirtschaftliche und staatspolitische Erwägungen zwingen dazu, die Fürsorge für sie während der Arbeitslosigkeit in erster Linie der Familie zu überlassen. Erst wenn diese dazu außerstande ist, kommt Unterstützung, aber nicht von seiten der Versicherung, sondern von seiten der normalen Wohlfahrtspflege in Betracht. Ich schätze die Entlastung der Versicherung hierdurch auf etwa 30%. Die Folge der Reform wäre außer einer Entlastung die aus den obenerwähnten Gründen notwendige Stärkung des Familienbewußtseins.
2. An Unverheiratete bis zum 23. Lebensjahr kann die Versicherung statt Arbeitslosenunterstützung Arbeit, Unterkunft, Nahrung und Bekleidung gewähren. Hierdurch wird die Einführung der Arbeitsdienstpflicht vorbereitet, die ich für

[ab] Zusatz in der ursprünglichen Fassung: „Ob es eine Vereinfachung und Verbilligung bedeutet, die Unfallversicherung in diesen Prozeß mit einzugliedern, sie ebenfalls zur Hälfte auf die Arbeitgeber und Arbeitnehmer zu verteilen und dafür die Krankenversicherungsbeiträge ebenfalls zu halbieren, mag von Versicherungstechnikern und besonderen Sachverständigen geprüft werden."

[ac] Zusatz in der ursprünglichen Fassung: „Dienstboten und".

das mindeste halte, was erforderlich ist, um der Arbeitslosigkeit zu begegnen, die aber aus staatspolitischen Gründen alle jungen Männer erfassen muß.[ad]

3. Die Leistungen aus der Arbeitslosenversicherung müssen so gestaltet werden, daß sie die Leistungen der öffentlichen Fürsorge übersteigen, aber den unentbehrlichen Anreiz zur Wiederaufsuchung von Arbeit offenhalten. Die Fälle leichtsinniger Arbeitsverweigerung nehmen zu.
4. Das dann praktisch noch verbleibende Problem gliedert sich in die beiden Maßnahmen der unterstützenden Fürsorge und der Arbeitsbeschaffung.

Die Fürsorge muß ins Auge fassen
a) saisonmäßige Arbeitslosigkeit,
b) konjunkturelle Arbeitslosigkeit,[ae]
c) außergewöhnliche Arbeitslosigkeit.

In den beiden ersten Fällen kann die Unterstützung vorbereitet und geregelt werden. Arbeitgeber- und Arbeitnehmerorganisationen müssen gesetzlich gezwungen werden, Vorsorge für diese Unterstützung im Tarifvertrage zu treffen. Dadurch ergibt sich von selbst die Wiederherstellung des jetzt verlorengegangenen volkswirtschaftlich unentbehrlichen Verhältnisses zwischen Lohn und Arbeitslosigkeit. Daß dieses Verhältnis für vorübergehende Krisenzeiten, aber nicht auf die Dauer aus der Volkswirtschaft ausgeschaltet werden kann, liegt auf der Hand. Ist unsere Wirtschaft so schwach, daß die Masse der Arbeitslosen ständig zunimmt, so ist es auf die Dauer mathematisch undenkbar, die Löhne hoch zu halten, ja sogar zu steigern, und dafür die Masse der Erwerbslosen immer mehr anschwellen zu lassen. Ich glaube nicht, daß irgend ein verständiger Mensch an die Durchführbarkeit eines solchen Experimentes glaubt, er müßte denn im luftleeren Raum, nicht aber in dem harten Gefüge der Wirtschaft leben. In den Tarifverträgen wird also Vorsorge zu treffen sein für

1. saisonmäßige Arbeitslosigkeit mit möglichster Gelegenheit für den Einzelnen, seinen Spartrieb zu betätigen (Prämien),
2. konjunkturelle Arbeitslosigkeit.[af]

Für den ersten Fall wird man zweckmäßig bei einem erhöhten Lohne bleiben, weil hier regelmäßig wiederkehrende Zeiträume der Arbeitslosigkeit vorliegen und sich daher das Risiko in die Lohnhöhe am einfachsten mit einkalkulieren läßt. Dem Saisonarbeiter kann man wie früher das Vertrauen entgegenbringen, daß er durch eigene Spartätigkeit aus dem überhöhten Lohn sich den Reservefonds für den ihm bekannten Zeitraum der Arbeitslosigkeit zurücklegt. Diese Behandlung ist deswegen die vorteilhafteste, weil sie alle Verwaltungskosten vermeidet und ganz auf das Verantwortlichkeitsgefühl des einzelnen abgestellt ist.

---

[ad] Punkt 2. ist in der ursprünglichen Fassung nicht vorhanden.
[ae] Punkt b) ist in der ursprünglichen Fassung nicht vorhanden.
[af] ursprünglich: „außergewöhnliche Arbeitslosigkeit“; der folgende Abschnitt bis Anmerkung [ag] ist in der ursprünglichen Fassung nicht vorhanden.

Bei der konjunkturellen Arbeitslosigkeit ist dieses Prinzip nicht anwendbar. Sie ist unvorhersehbar. Für sie muß also in Form einer auf der Wahrscheinlichkeitsberechnung aufgebauten Versicherung gesorgt werden. Es soll dies aber für die einzelnen Fachgruppen den Vertragschließenden anvertraut werden, wobei bestimmte Reichsnormativbestimmungen zugrunde gelegt werden können. Auf alle Fälle sollen aber die Arbeitgeber- und Arbeitnehmerorganisationen selbst die Versicherungseinrichtungen verwalten.[ag] Durch solche Regelung würden die Gewerkschaften gewissermaßen mit staatlichen Pflichtaufgaben betraut. Ich halte das für erwünscht. Ein großes Vertrauen wird sich bei der hervorragenden Qualität der deutschen Arbeiter genau so rechtfertigen wie im März 1807 das Vertrauen Steins in die Kräfte der Bürger. Die Einzelheiten können möglichst der Abmachung zwischen Arbeitgebern und Gewerkschaften überlassen bleiben. Das Reich stellt nur Grundsätze auf. Man kann gegen dieses System einwenden, daß es sich nur für gutorganisierte Berufe und nicht für ungelernte Arbeiter eigne. Das ist nicht anzuerkennen. Die Organisation der Berufe kann verbessert werden, es können staatliche Zwangszusammenschlüsse bei Arbeitgebern und Arbeitnehmern stattfinden und auf diese Weise auch die Frage der ungelernten Arbeiter einer befriedigenden Lösung zugeführt werden. Es bleibt den Arbeitgeber- und Arbeitnehmer-organisationen unbenommen, sich zu dem Zwecke der Vereinfachung der Verwaltung zu Arbeitsgemeinschaften zusammenzutun.

Die Arbeitsnachweise werden gemeindlich nur insofern, als Arbeitgeber- und Arbeitnehmer-Organisationen aus besonderen Gründen diese Aufgabe nicht bewältigen können. Hier liegt ein wirklich fruchtbares Gebiet für wirtschaftliche Selbstverwaltung bei voller Gleichberechtigung auch des Arbeiters vor. Die Einschaltung der Arbeiter in das Staatsleben ist eine ebenso unabweisbare Folgewirkung der sozialen und wirtschaftlichen Entwicklung wie zu Anfang des 19. Jahrhunderts die Heranziehung des Bürgertums. Möge sie ebenso weise wie rechtzeitig erfolgen.

Die Aufsicht über die Arbeitslosenversicherung ist den Versicherungsämtern zu übertragen. Beschwerdeinstanz wären die Oberversicherungsämter, Zentralinstanz entweder das Reichsversicherungsamt oder eine von Arbeitgeberverbänden und Gewerkschaften gemeinsam gebildete Stelle.[ah]

Die außergewöhnliche Arbeitslosigkeit ist auch nicht einmal durch Wahrscheinlichkeitsberechnung zu erfassen. Die Arbeitslosigkeit der nächsten Jahre wird jeder theoretischen Berechnung spotten. In diese Katastrophen-Arbeitslosigkeit wird jeder Arbeitslose einrücken, nachdem er einen gewissen Zeitraum arbeitslos gewesen ist und von seiner Versicherung gelebt hat. Die Unterstützung dieser Arbeitslosen ist in erster Linie Sache des Reiches, weil ihr allgemein wirtschaft-

---

[ag] Vgl. Anmerkung [af].

[ah] Der folgende Abschnitt bis zu dem Absatz „Die produktive Beseitigung der Arbeitslosigkeit“ ist in der ursprünglichen Fassung nicht vorhanden.

liche und politische Ursachen zugrunde liegen. Die Gemeinden sollen und müssen damit beteiligt werden, weil man ihnen die Verwaltung in der örtlichen Instanz wird anvertrauen müssen und somit ihre finanzielle Verantwortlichkeit eingeschaltet werden muß. Die Länder wird man, wenn die Arbeitslosigkeit sich so entwickelt, wie ich es befürchte, und solange ihre finanzielle Selbständigkeit in dem bisherigen Umfange fortbesteht, mit heranziehen müssen, weil sonst die Länder, von wirtschaftlichen Vorgängen der Gegenwart unberührt, einen Dornröschenschlaf auf dem Gebiete ihrer Etats-, Steuer- und Finanzwirtschaft führen würden, während Reich und Gemeinden sich verbluten. Wie die Lastenverteilung zwischen Reich, Ländern und Gemeinden zu erfolgen hat, interessiert hier nicht. Der Schlüssel läßt sich jedenfalls finden.

Die produktive Beseitigung der Arbeitslosigkeit[26]

darf nicht nach dem bisherigen System erfolgen. Es hat den großen Nachteil, daß es die Gemeinden zu Ausgaben verführt, die sie unter gewöhnlichen Verhältnissen nicht machen würden. Die Investierung der Gelder ist meistens unwirtschaftlich, weil diese Arbeitslosenfürsorge mit möglichst wenig Mitteln möglichst vielen Arbeitern Arbeit bringen soll und daher im allgemeinen nur erdbewegende Arbeiten ohne Materialverwendung in Angriff genommen werden. Da ferner die Verwendung bestimmter Arbeiter zur Entlastung der Arbeitslosenversicherung vorgeschrieben ist, haben diese Arbeiten auch den Nachteil, unter geringer Arbeitslust zu leiden. Grünanlagen, Sportplätze und was nicht alles mehr sind gewiß sehr erwünschte Anlagen. Sie haben auch durch ihre Wirkung auf die Volksgesundheit einen gewissen produktiven Wert, aber sie können natürlich nicht auf Kosten einer normalen Wirtschaft bis zum Zusammenbrechen der öffentlichen Finanzen und der Privatwirtschaft gefördert werden. Ich bin mir klar darüber, daß die positivste Maßnahme zur Beseitigung der Arbeitslosigkeit in Sparsamkeit und in Umstellung unseres Steuersystems zwecks Belebung der privaten Wirtschaft besteht. Daß hierbei die Produktivität der Landwirtschaft und der Industrie durch ausreichenden Zollschutz im Interesse gerade des Arbeiters gesichert sein muß, versteht sich von selbst.[ai]

---

[26] Der Terminus „produktive Beseitigung der Arbeitslosigkeit“ oder „produktive Erwerbslosenfürsorge“ entstand im Rahmen der Erwerbslosenfürsorge der unmittelbaren Nachkriegszeit; spätestens mit dem ersten umfassenden Arbeitsbeschaffungsprogramm der Reichsregierung vom Juni 1926 hatte sich die Bezeichnung „Arbeitsbeschaffung“ durchgesetzt.

[ai] An Stelle der folgenden Ausführungen bis zum Abschnitt „e) Unterstützungswohnsitz“ war in der ursprünglichen Fassung der folgende Absatz eingefügt: „Für eine Übergangszeit von 2 Jahren soll aber dem Reich jährlich ein Betrag bis zu 350 Millionen Mark zur Verfügung stehen, um einmal die Reichsanstalt zu entschulden und 2. Maßnahmen zur Entlastung des Arbeitsmarktes vorzubereiten und in Gang zu setzen. Ich bin überzeugt, daß letzten Endes als wirksamstes Mittel sich ergeben wird die Einführung einer Arbeits- Dienstpflicht. Daß sie nur allmählich durchgeführt werden kann, ist selbstverständlich. Sie würde aber den

Was not tut, sind produktive und finanzierbare Arbeitsgelegenheiten. Gibt es solche überhaupt? Ehe ich diese Frage beantworte, muß ich mich mit den Möglichkeiten auseinandersetzen, den Schwierigkeiten auf dem Arbeitsmarkt durch Kürzung der Arbeitszeit zu begegnen. Diese Frage muß ernsthaft geprüft werden. Selbstverständlich kann es niemals eine Linderung der wirtschaftlichen Not bringen, an eine Arbeitsverkürzung mit Lohnausgleich zu denken. Heute wird dieser Gedanke von den Gewerkschaften noch allein vertreten. Die kommende Not wird auch die Gewerkschaften überzeugen, daß diese Forderung nicht aufrecht erhalten werden kann. Es kann sich also nur um die Frage der Kürzung der Arbeitszeit ohne Lohnausgleich handeln, denn jeder Lohnausgleich würde die Unkosten der Volkswirtschaft ja noch vergrößern und somit das Übel vermehren. Wir würden uns gewissermaßen selbst auffressen.

Arbeitszeitverkürzung ohne Lohnausgleich bedeutet zwar soweit sie technisch durchführbar ist, eine Entlastung des Arbeitsmarktes, aber keine Senkung der Produktionskosten. Mit der Entlastung des Arbeitsmarktes werden Arbeitslosenversicherung und die Etats zur Arbeitslosenunterstützung entlastet. Das wird zwar nicht zu einer Senkung der Steuern und damit der Betriebsunkosten unter den jetzigen Stand führen, sondern, soweit sich die Dinge übersehen lassen, nur verhindern, daß weitere Steuererhöhungen notwendig werden. Ich fürchte daher, daß die Maßnahmen arbeitspolitisch nur eine vorübergehende wohltätige Wirkung haben werden.[27] Dieser vorübergehenden Wirkung steht auf der anderen Seite die harte Tatsache gegenüber, daß der Arbeiter bei einer etwa 6stündigen Kürzung der Arbeitswoche auf 12½ % seines Lohnes verzichtet, und daß gewisse Betriebsunkosten, z.B. für die Krankenversicherung und Lohnverwaltung, sich noch steigern. Diese harte Tatsache kann dem Arbeiter wohl nur dann erträglich erscheinen, wenn auch die übrigen Teile des Volkes zu entsprechenden Opfern aufgerufen werden. Bei Beamten und sonstigen Festbesoldeten kann dieses Opfer in einer

---

Arbeitsmarkt jährlich um 300.000 – 400.000 junge Menschen entlasten und den Familienvater vor dem heute ganz ungesunden Wettbewerb jugendlicher Kräfte schützen. Eine solche Maßnahme wird sicherlich auch der Erhöhung des Pflicht- und Verantwortungsbewußtseins dienen. Anzusetzen wären Kräfte, die neben freiem Unterhalt und freier Arbeitskleidung, lediglich ein bescheidenes Taschengeld erhalten würden, an große Kulturaufgaben, die in dem Augenblick produktiv werden, in dem die junge Generation unter zeitigem Verzicht auf Vollohn der Nation ihre Arbeitskraft zur Verfügung stellt. Dann können Siedlungen, Urbarmachungen, Kanalbauten usw. in großem Umfange mit der Aussicht auf Rentabilität durchgeführt werden."

27 Die traditionelle gewerkschaftliche Forderung nach einer Arbeitszeitverkürzung wurde seit der beginnenden Weltwirtschaftskrise vom ADGB als Mittel der Krisenbekämpfung propagiert. Ohne begleitende Maßnahmen der Wirtschaftsbelebung hieße Arbeitszeitverkürzung jedoch nicht Bekämpfung der Not, sondern lediglich deren Verteilung. Vgl. Michael Schneider: Das Arbeitsbeschaffungsprogramm des ADGB. Zur gewerkschaftlichen Politik in der Endphase der Weimarer Republik, Bonn-Bad Godesberg 1975, S. 46 ff.

Kürzung der Gehälter bestehen. Bei allen anderen Volksangehörigen kann nur ein Zuschlag zur Einkommensteuer als ein entsprechendes Opfer angesehen werden. Aber auch wenn alle diese Maßnahmen getroffen werden, bleibt die Tatsache bestehen, daß keine Unkostensenkung und keine Kaufkrafterhöhung stattfindet, sondern nur eine Kaufkraftverschiebung. Kurz und gut, ich halte den ganzen Gedanken für falsch, der nicht auf der ganzen Erde gleichzeitig bis zum letzten Kuli hinunter durchgeführt werden kann. Wir müssen uns klar sein, daß wir auf uns selbst angewiesen sind. Nach der von mir schon 1927 vertretenen Auffassung ist das jetzige Arbeitszeitgesetz aus dem Jahre 1927[28] eine der Ursachen für den wirtschaftlichen Niedergang. Bei weitem nicht in allen Betrieben, z.B. nicht in Verkehrsbetrieben, läßt sich durch Rationalisierung der Ausfall an physischer Arbeitsleistung wettmachen. Hier gibt es natürlich Bedingungen. Der Arbeiter soll und will aber einen angemessenen Tagelohn erhalten. Verlangt er ihn ohne die notwendige Gegenleistung, so wird das Produkt zu teuer. Umsatzminderung und Arbeitslosigkeit sind die Folgen. Es entsteht dann der bizarre Zustand, daß ein immer kleinerer Teil des Volkes 8-stündige Arbeitszeit und auskömmlichen Lohn garantiert erhält, und ein großer Teil zur Arbeitslosigkeit verdammt wird. Somit muß auf der anderen Seite sehr ernstlich erwogen werden, ob es nicht für die allgemeine Volkswirtschaft und für den Arbeiter erträglicher ist, daß die Arbeitszeit unter Aufrechterhaltung des bisherigen Einkommens um 1–2 Stunden verlängert wird. Das bedeutet sofortige Senkung der Produktionskosten unter Aufrechterhaltung der Kaufkraft. Aus dieser Tatsache muß binnen kurzem eine Belebung der Wirtschaft folgen. Gehen wir einem Zeitraum des Schutzes der nationalen Arbeit entgegen, so scheint mir diese Lösung die allein mögliche, wobei ich hinzufüge, daß es selbstverständlich möglich ist, die größere Ausnutzung der Arbeitskraft des einzelnen auch dadurch zu schaffen, daß der einzelne als Fabrikarbeiter oder sonstiger Industriearbeiter nur 6–7 Stunden am Tage arbeitet, dafür aber durch die Höhe des Lohnes darauf angewiesen ist, in Feld- und Gartenarbeit volkswirtschaftliche Werte zu eigenem Verbrauch zu erzeugen. In diesem Falle würde sogar die relative Kaufkraft seines Realeinkommens sich heben. Zur Durchführung solcher Umstellungen sind aber Generationen erforderlich, schon weil sie einen ganz anderen Aufbau unserer Städte voraussetzen. Unsere Generation

---

[28] Im Rahmen der Ausarbeitung eines Arbeitsschutzgesetzes, dessen Aushandlung 1926/27 sich als außerordentlich schwierig erwies, sollte auch eine endgültige Regelung der Arbeitszeit stattfinden. Als jedoch im Winter 1926/27 die Arbeitslosenzahl auf 2 Millionen gestiegen war, verstärkten sich auf dem Hintergrund der gewerkschaftlichen Argumentation, dass die von der Unternehmerschaft forcierte Mehrarbeit das Arbeitslosenproblem steigere, die Forderungen nach einer schnellstmöglichen Änderung der Arbeitszeitgesetzgebung. Das so entstandene Arbeitszeitnotgesetz vom 14.4.1927 war als Kompromiss zwischen Arbeitnehmer- und Arbeitgeberwünschen bei beiden Seiten unbeliebt. Die Überschreitung der achtstündigen Arbeitszeit war weiterhin möglich, allerdings schrieb das Gesetz einen Lohnzuschlag für geleistete Mehrarbeit vor. Vgl. auch Preller, Sozialpolitik, S. 350 f.

braucht schneller wirkende Maßnahmen. 85% der deutschen Produktion werden im Inland verbraucht. Also muß dieser Markt gestärkt werden. Diese Stärkung verlangt hohe Kaufkraft, also gute Löhne. Der Inlandsmarkt allein kann unsere Produktion nicht aufnehmen. Wir müssen auch den Auslandsmarkt pflegen. Das können wir nur mit Qualität und niedrigen Preisen. Hohe Kaufkraft und niedrige Preise können aber gleichzeitig nur erreicht werden, wenn die Senkung der Kosten nicht durch Lohnsenkung, sondern durch Mehrarbeit erzielt wird.

Eine der positivsten Möglichkeiten, produktive Arbeit zu finanzieren, ist Arbeitsdienstpflicht[29], die ich oben erwähnt habe. Probeweise wäre zunächst für 200.000 Jugendliche im Alter bis zu 20 Jahren diese Pflicht gegenüber Gewährung von Arbeitskleidung, Kost und Unterkunft und eines kleinen Wochenbarlohnes einzuführen. Ich schätze die Kosten auf 350.000–400.000 Reichsmark täglich, also jährlich auf rund 120–130 Millionen. Auf jeden Fall sind sie nicht wesentlich höher als die heute unzureichende Versicherung oder Unterstützungsleistung und bringen außerdem einen Gegenwert in der Arbeit (Feld- und Forstarbeiten).

Für weitere 500.000 jüngere Arbeitslose könnte zusätzliche Arbeitsgelegenheit, insbesondere Melioration, Bau von Straßen usw., beschafft und wie folgt finanziert werden: Verbraucht werden bei einem Jahreslohn von 1.800 RM 900 Millionen,

---

[29] Die Idee der Arbeitsdienstpflicht als Verpflichtung des Bürgers an den Staat stammte aus dem Ersten Weltkrieg und wurde in der Folgezeit in wirtschaftlichen Krisen periodisch wieder aufgegriffen. Gleichzeitig wurde die Idee in den 20er Jahren Bestandteil des konservativen Schlagwortkatalogs als ein Weg zur nationalen Synthese. Während Goerdeler sich mit seiner Forderung zwar den konservativen Standpunkt zu eigen machte (vgl. dagegen die Ablehnung des ADGB; Politik und Wirtschaft in der Krise, Bd. 1, S. 520 f.), gehörte er in diesem Lager noch zu den „Gemäßigten", indem er den Arbeitsdienst nicht mit wehrwirtschaftlichen Bestrebungen verband (vgl. zu solchen Konzepten z.B. Karl Schöpke: Deutsches Arbeitsdienstjahr statt Arbeitslosenwirrwarr, Berlin 1930). Der schließlich im Sommer 1931 eingeführte Freiwillige Arbeitsdienst (FAD) diente auch dem Zweck, die weitreichenden Forderungen zur Arbeitsdienstpflicht abzuwehren. Mit der „Zweiten Verordnung des Reichspräsidenten zur Sicherung von Wirtschaft und Finanzen" vom 5.6.1931 wurde ein zusätzlicher Paragraph in das Gesetz über Arbeitsvermittlung und Arbeitslosenversicherung eingefügt, der die Ausgestaltung eines FAD an den Reichsarbeitsminister und die Reichsanstalt delegierte (RGBl. 1931/I, S. 295). Die Delegation an die Reichsanstalt implizierte schon, was mit der Ausführungsverordnung vom 23.7.1931 offensichtlich wurde: Der Teilnehmerkreis war auf Arbeitslosen- und Krisenunterstützte begrenzt, so dass Wohlfahrtserwerbslose weiterhin auf die kommunale Unterstützung angewiesen blieben und eine Entlastung der Gemeindehaushalte auf diesem Weg nicht stattfand (vgl. die Ausführungsverordnung im Reichsarbeitsblatt 1931/I, S. 159-162). Insgesamt waren die FAD-Maßnahmen der Regierung Brüning in ihrem Umfang zu gering, um nennenswerten Einfluss auf die Arbeitsmarktsituation zu haben; als konjunkturelle Maßnahme konnten sie schwerlich erfolgreich sein, da von ihnen keine Steigerung der Nachfrage ausging. Vgl. die umfassende Darstellung von Henning Köhler: Arbeitsdienst in Deutschland. Pläne und Verwirklichungsformen bis zur Einführung der Arbeitsdienstpflicht im Jahre 1935, Berlin 1967.

dazu für Material bei der Eigenart dieser Arbeiten etwa 300 Millionen. 500 Millionen stehen aus den bisherigen Quellen zur Verfügung, die die Versicherungs- oder Unterstützungsleistung gewährt haben. Die restlichen 700 Millionen werden durch einen Zuschlag von 20% zur Einkommens- und Körperschaftssteuer (vgl. oben) aufgebracht. Der Zuschlag wird aber nicht als Steuer erhoben, sondern als Arbeitsanleihe, und wird jeweils zu einer Verzinsung von 4% gutgeschrieben. Die gesamte Arbeit kann dann gegen einen Durchschnittszinssatz einschl. Verwaltungskosten von 3½ % ausgeführt werden, wobei sogar Neubauwohnungen zu normalen Mieten gebaut werden können.

Ja, ich könnte mir aus der Verbindung des Gedankens der Pflichtarbeit mit dem der Zusatzarbeit noch einen weiteren Aufbau denken. Einer dreijährigen Pflichtarbeit könnte ein Zeitraum von 6–9 Jahren folgen, in dem der Barlohn allmählich wächst. Dahinter steht dann als Prämie die zunächst lehnsweise, dann eigentümlich erfolgende Gewährung einer Siedlerstelle. Da würden nur die Tatkräftigsten siedeln, mit einfachen Mitteln, teilweise auf selbstgewonnenem Boden. Eine solche neue Kolonisation, die sich immer weiter nach Osten verschiebt, brauchen wir. Noch sind die Grenzen im Osten Gottlob nicht fest, so lange wir selbst politischen Willen haben.

Das Gesamtresultat dieser Maßnahmen wäre eine Entlastung der Arbeitslosenziffern um rund 700.000. Die weiteren Auswirkungen infolge erhöhten Absatzes schätze ich auf weitere 200.000 Mann. Doch ist es unberechenbar. Die moralischen Wirkungen werden zu sehr viel größeren Folgerungen führen, weil wir im Defätismus der Arbeitslosenfrage gegenüber zu versinken drohen.

Das Gesamtresultat aller Vorschläge schätze ich auf eine Entlastung der Versicherung und des Unterstützungswesens um etwa ⅓ der Zahl der Arbeitslosen + 900.000 Menschen, für die nun wieder eigene Arbeit oder die Verantwortlichkeit der Familie einsetzt.

*e) Unterstützungswohnsitz.*

Zur Bekämpfung der Arbeitslosigkeit gehört auch eine planmäßige Organisierung des Wohnsitzwesens. Es ist logisch und volkswirtschaftlich unvertretbar, dem Einzelnen das Recht zu geben, sich ohne jede wirtschaftliche Bindung und Rücksicht seinen Wohnsitz zu wählen, wo er will. Jeder normal Berufstätige ist durch wirtschaftliche Rücksichten im allgemeinen in der Wahl seines Wohnsitzes beschränkt. Normalerweise muß sich auch der Hand- und Kopfarbeiter bei seiner Wohnsitzwahl von dem Gesichtspunkt leiten lassen, den für die bestmöglichste Auswertung aller seiner Arbeitskraft geeignetsten Ort zu finden. Heute wird er die bestmöglichste Auswertung seiner Arbeitskraft dort finden, wo er mit dem höchstmöglichsten Bezuge von Arbeitslosenunterstützung die größte Möglichkeit zur Schwarzarbeit findet. Das ist in den Großstädten der Fall. Die heutige Organisation des Versicherungs- und Unterstützungswesens, die vollkommene Aufhebung des Unterstützungswohnsitzgesetzes fördert einen Zuzug in die Großstadt, der sozial, insbesondere aber auch wohnungs- und bevölkerungspolitisch in die schwersten Gefahren führt. Wir sind im Begriffe, in den Großstädten gewaltige Mittel für den Wohnungsneubau zu investieren, die eines Tages ungenutzt bleiben müssen. Denn auf die Dauer kann es sich unsere Volkswirtschaft nicht gestatten, in den Großstädten nicht beschäftigte Existenzen anzuhäufen, während sie auf dem platten Lande zu fehlen beginnen. Es kann nur als ein Wahnsinn bezeichnet werden, daß wir jährlich noch ausländische Arbeitskräfte anfordern müssen, trotzdem wir 3–4 Millionen Arbeitslose haben. Zur Zeit aber liegen die Dinge so, daß die Zahl der Wohnungslosen in den Großstädten nicht sinkt, eher steigt, während auf dem platten Lande leerstehende Wohnungen nicht mehr zu den Seltenheiten gehören. Das platte Land wird, trotz der vom preußischen Staat betriebenen Wohnungsfürsorge, auf dem Lande entvölkert, das Volk wandert ohne Plan und Ziel. Dieser Entwicklung muß ein Riegel vorgeschoben werden. Ich sehe keine andere Möglichkeit, als den Anspruch auf Unterstützung nicht da entstehen zu lassen, wo das einzelne Individuum seinen gewöhnlichen Aufenthalt nimmt, sondern da, wo es während eines Zeitraumes von 12 Monaten bewiesen hat, daß es seine Existenz finden kann. Hier handelt es sich nicht um eine Beschränkung der Freizügigkeit, sondern um eine für einen unter komplizierten Wirtschaftsverhältnissen lebenden Kulturstaat planmäßige Verteilung der Bevölkerung. Wenn jemand die Unterstützung der Allgemeinheit in Anspruch nimmt, dann muß er sich auch Gesetzen planmäßiger Wahl des Unterstützungs- und Versicherungswohnsitzes unterwerfen. Endlich muß eine zielbewußte Außenpolitik der späteren Verwertung überzähliger Volkskräfte im Osten vorsorglich den Boden bereiten.

*f) Schlichtungswesen.*[30]

Es ist notwendig, eine wesentliche Veränderung des staatlichen Schlichtungswesens vorzunehmen in der Richtung, das Verhältnis zwischen Arbeitsmarkt und Arbeitslohn nicht außer jedem Betracht zu lassen, und die Verantwortung der Organisationen der Arbeitgeber und Arbeitnehmer zu stärken. Kein Volk kann es sich auf

[30] Das staatliche Schlichtungswesen, wie es mit der Verordnung vom 30.10.1923 geregelt worden war (vgl. RGBl. 1923/I, S. 1043 ff.), verband das Prinzip des kollektiven Arbeitsrechts mit staatlichen Schlichtungsinstanzen und eröffnete die Möglichkeit eines staatlichen Zwangstarifs (vgl. ausführlich zu Genese und Inhalt der Schlichtungsordnung Preller, Sozialpolitik, S. 259 ff.). Mit dem Ruhreisenstreit vom Winter 1928/29 waren das Weimarer Schlichtungsinstrumentarium in Frage gestellt und gleichzeitig die Tarifparteien zur Darlegung ihrer grundsätzlichen Position hinsichtlich des Schlichtungswesens gezwungen worden. Hinter der unternehmerischen Forderung nach einer Reform des Schlichtungswesens und nach freien Tarifvereinbarungen verbarg sich in diesem Zusammenhang das umfassendere Ziel einer Rückkehr zu betrieblichen Vereinbarungen, also einer Abschaffung des Tarifvertragssystems überhaupt (vgl. Weisbrod, Befreiung). Die innergewerkschaftliche Diskussion drehte sich dagegen um die Frage, ob staatliche Zwangsschlichtung durch die Einschränkung der Tarifautonomie und des Streikrechts die Gewerkschaftsposition schwäche und das Ziel der Wirtschaftsdemokratie gefährde. Letztendlich verharrte der ADGB in seiner

die Dauer leisten, dem einen Volksteil ein hohes Einkommen, dem anderen Volksteil eine hohe Unterstützung zu gewährleisten. Das ist durchführbar in wirtschaftlich autarken Staaten für einen Zeitraum besonderer Wohlhabenheit, sonst nicht. In diesem Zustande befindet sich Deutschland zweifellos nicht. Es ist weder autark noch wohlhabend. Die Zwangswirtschaft auf dem Gebiete des Lohnwesens muß zu einem Zusammenbruch des Arbeitslosenproblems führen, weil zur Zeit das Gesetz bestimmte Beziehungen zwischen Angebot und Nachfrage auf dem Arbeitsmarkte und im Lohnwesen außer Kraft gesetzt hat. Nach wirtschaftlichen Gesetzen hätten wir in Deutschland seit 2 Jahren fallende Löhne oder steigende Arbeitszeit haben müssen, um die Produktion zu verbilligen und wieder Arbeitskräfte aufzusaugen. De facto haben wir genau die entgegengesetzte Entwicklung zum Schaden unserer Volkswirtschaft erlebt.

Die Reform des Lohn- und Schlichtungswesens ist schwierig, aber wichtig. Es gibt nur zwei Wege,

1. entweder wird das staatliche Einwirkungsrecht auf die Bildung der Löhne überhaupt ausgeschaltet, und die Lohnhöhe freier Vereinbarung überlassen mit dem Risiko des Streiks und der Aussperrung, des rücksichtslosen Kampfes. Das bedeutet, daß die staatlichen Schlichtungsstellen aufzuheben wären, allenfalls bestehen bleiben könnten für das öffentliche Verkehrswesen sowie für die Versorgung mit Gas, Wasser und Elektrizität. Das hat zur Voraussetzung, daß der Staat über die genügenden inneren Machtmittel verfügt, um den Kampf zwischen Unternehmern und Arbeitnehmern in den gesetzlichen Schranken zu halten.
2. Der zweite Weg ist der, das Schlichtungswesen aus seinem jetzigen Zwitterzustande zwischen freier Vereinbarung und staatlichem Eingriff herauszunehmen und vollkommen zu verstaatlichen.

Das jetzige Schlichtungswesen leidet an der Unverantwortlichkeit und an der mangelnden Sachkunde der zur Schlichtung berufenen Persönlichkeiten. Es ist ein grandioser Unsinn, daß sein ad hoc bestellter Vorsitzender eine Schiedsstelle leitet, dort seine Stimme abgibt für wenige Pfennige Lohnerhöhung oder Lohnkürzung, häufig in Wirklichkeit Millionenauswirkungen schafft, dann nach Hause geht, sich eine Zigarre ansteckt und wieder als Privatmann lebt, ohne daß er für Wirkungen seines Tuns je zur Verantwortung gezogen werden kann. Es wird notwendig sein, daß der Staat über das Reich verteilt 6–12 hervorragend qualifizierte, vom Willen der Parteien unabhängige Sachverständige bestellt, die ihre guten Dienste zur Herbeiführung der Vermittlung zwischen organisierten Parteien zur Verfügung stellen und die Befugnis erhalten sollten, unter besonders wichtigen Vorausset-

---

offiziellen Stellungnahme in Halbherzigkeiten und begnügte sich mit dem Hinweis darauf, dass frei vereinbarte den verbindlich erklärten Tarifvereinbarungen vorzuziehen seien (vgl. Ursula Hüllbüsch: Der Ruhreisenstreit in gewerkschaftlicher Sicht, in: Mommsen/Petzina/Weisbrod, S. 271-289).

zungen (indem 3 Schlichter zusammen wirken) Verbindlichkeitserklärungen vorzunehmen, ja auch von Amts wegen einzugreifen, falls außerordentliche öffentliche Interessen auf dem Spiel stehen.

Für Versorgungsbetriebe und gemeinnützige Anstalten sind Streiks und Aussperrungen gesetzlich zu verbieten. Hier ist das Eingreifen des Schlichters von Amts wegen zur Pflicht zu machen.

### 4. Verwaltungs- und Verfassungsreform.

Die nächste Etappe eines Reformwerkes läge auf organisatorischem Gebiet. Hierunter verstehe ich das ganze Gebiet der Verwaltungs- und Verfassungsreform, für das bereits die verschiedensten Vorschläge gemacht sind. Ich bin der Überzeugung, daß dieses Gebiet, sowie das der auswärtigen Politik nicht eher in Angriff genommen werden kann, ehe nicht unsere inneren Verhältnisse besser geordnet sind.[aj] Was die auswärtige Politik betrifft, so ist Bismarck, als er 1862 sich einer vollkommen verfahrenen innen- und außenpolitischen Lage gegenüber sah, auch von innen nach außen vorgegangen. Er hat zunächst auch innere Konflikte nicht gescheut, um im Innern Ordnung zu schaffen und die Zustände zu sanieren.[31] Erst dann ist er zur Organisation des Norddeutschen Bundes und zur Vorbereitung der Organisation des Deutschen Reiches geschritten und hat planmäßig mit diesen Schritten seine Maßnahmen auf dem Gebiete der auswärtigen Politik vorbereitet.[ak]

---

[aj] Zusatz in der ursprünglichen Fassung: „Ich sehe in dem Herumreiten auf diesem Gebiete der Verwaltungs- und Verfassungsreform, in den ganzen erfolglosen kleinen Reformgesetzen des Staates in Wirklichkeit nur die Verschleierung unserer Hilflosigkeit auf dem Gebiet der inneren Politik. Tatsächlich muss die Verwaltungs- und Verfassungsreform das Werk der inneren Reform krönen und nicht ihr vorausgehen, ja es wird sich wahrscheinlich zwangsläufig in und mit ihm verwirklichen."

[ak] An Stelle des folgenden Absatzes bis Anmerkung [al] stand in der ursprünglichen Fassung: „Bei den vielfältigen Meinungen über Verwaltungs- und Verfassungsreform dürfte auch nur der Mann befugt sein, sie einheitlich durchzuführen, der sich durch die Sanierung unserer inneren Zustände ein großes Maß von Vertrauen erworben hat. Immerhin sollten diejenigen, die das Reformwerk in Angriff nehmen, sich auch über die Grundzüge der Verwaltungs- und Verfassungsreform im klaren sein. Sie sind auf dem Gebiete der Verwaltung: Zusammenfassung und Vereinfachung mit Neubelebung der Selbstverwaltung durch Wiederherstellung ihrer Selbstverantwortung, auf dem Gebiet der Verfassung: die Ausschaltung des Absolutismus der Parteien und des Parlaments durch Stärkung der Macht des Reichspräsidenten und Einschaltung einer zweiten Kammer, und endlich Bereinigung des Verhältnisses zwischen Reich und Preußen."

[31] Goerdeler spielt hier auf den preußischen Verfassungskonflikt an, in dessen Verlauf Bismarck als Konfliktminister berufen wurde und die Position der Krone gegen die Parlamentsmehrheit verteidigte und festigte. Ursprünglich ein Konflikt um die Heeresreform, erfolgte durch das Budgetrecht des Landtags eine Ausweitung zum Verfassungskonflikt (vgl. Wolfram Siemann: Gesellschaft im Aufbruch. Deutschland 1849–1871, Frankfurt/M 1990; Dieter Langewiessche: Liberalismus in Deutschland, Frankfurt/M 1988).

Der Große Kurfürst, Friedrich Wilhelm I und Friedrich der Große haben es nicht anders gemacht. Auch die Befreiung 1813 baute auf innerlicher Erstarkung auf. Wir können auch jetzt nur auf diesem Wege Befreiung vom Diktat von Versailles erreichen.

Die Grundlinien der Verfassungs- und Verwaltungsreform sind klar. Der Absolutismus der Parteien und des Parlaments muß beseitigt werden. Die politische Urteilsfähigkeit muß zu größerem Einfluß gelangen. Es ist also notwendig, das Wahlalter zu erhöhen, dem Reichspräsidenten größere Machtvollkommenheiten gegenüber dem Reichstag zu verleihen, das Verhältnis zwischen Reich und Preußen durch die Stellung des Reichspräsidenten hindurch zu bereinigen und jedenfalls für die Reichsgesetzgebung eine zweite Kammer einzusetzen, die unter Benutzung des Reichsrats und des Reichswirtschaftrates, aber unter wesentlicher Vereinfachung sowohl Vertreter der verschiedenen Standes- und Berufsgruppen als auch besonders hervorragende Persönlichkeiten zu verantwortlicher Mitwirkung bringt.[32] Im übrigen darf, was das Verhältnis zwischen Reich und Ländern betrifft, keine Kleinlichkeit obwalten. Ein gesundendes Reich wird sich das Vertrauen der Länder ganz mühelos verschaffen. Dann wird es durch planmäßige Fortentwicklung seiner Gesetzgebung die Länder, die ja heute schon keine Souveränität mehr besitzen, aus Staaten zu Verwaltungseinheiten machen können. Diese müssen befreit werden vom Parlamentarismus. An ihren Spitzen sollten Verwaltungsorgane stehen, ähnlich wie in den preußischen Provinzen. Sie sollten zur Erfüllung ihrer Aufgaben Ländertage haben, die nur zur Genehmigung des Etats und zur Festlegung bestimmter Grundsätze einmal im Jahre auf höchstens 14 Tage zusammentreten. Diese Ländertage sollen aber nicht aufgebaut werden wie die heutigen Provinziallandtage, sondern bestehen aus Vertretern der Stadt- und Landkreise oder sonstiger unterer Verwaltungseinheiten, weil auf diesen die Finanzlast für die Verwaltungsaufgaben des Landes ruhen wird.

Auch für die Selbstverwaltung ist es von lebenswichtiger Bedeutung, daß ihre Verwaltungsorgane freigemacht werden von dem Hin und Her parteipolitischer Gruppierungen, die alle in Rücksicht auf die wandelbare Stimmung der Menge zu leicht das Wohl des Ganzen und die Zukunft des Gemeinwesens vergessen. Die Stadtverordneten-Versammlungen sind zu reformieren. In großen Städten sollten sie die Zuständigkeit preußischer Provinziallandtage, in Städten unter 100.000 Einwohnern die von Kreisausschüssen erhalten. Dann hätten wir im deutschen Vaterlande nur ein Parlament, den Deutschen Reichstag; er könnte sich, beschränkt auf die Gesetzgebung, in Wettarbeit mit einer ersten Kammer Ansehen erwerben. Die unverantwortliche Parlaments-Partei-Verwaltung bis zum letzten Dorf hinunter aber wäre endlich zum Segen für Volk und Vaterland beseitigt.[al]

Ich habe mich bemüht, meine Vorschläge auf das praktisch Verwirklichbare zu beschränken. Ich glaube, daß es sich um Richtlinien handelt, die bei der Einzel-

[al] Vgl. Anmerkung [ak].

bearbeitung durch Sachverständige schnell zu zahlenmäßig fundierten, begründeten Vorschlägen führen können. Solche planmäßig zusammenzustellen, halte ich für das Gebot der Stunde, die auch vor unbeliebten Maßnahmen nicht zurückschrecken darf.

## 3.2 *Denkschrift für Paul v. Hindenburg*

*maschinenschriftliche Denkschrift vom April 1932; BAB, R 43 I/2045, Bl. 68-91.*[1]
Notwendige wirtschaftspolitische Maßnahmen: Wiederherstellung einer liberalen Marktwirtschaft mit autarkistischen Elementen und Kontingentsabkommen; Aufhebung der Verbindlichkeit von Tarifverträgen; Aufhebung von Preisbindungen in Kartellen und Syndikaten; Ausdehnung des freiwilligen Arbeitsdienstes und Einführung der Arbeitsdienstpflicht; Ausbau von Siedlungsprojekten; Verdrängung von Frauen aus der Berufstätigkeit; Rückzug des Staates aus der Sozialversicherung.

Notwendige innenpolitische Maßnahmen: Zusammenlegung von Reichsministerien sowie von Reichs- mit preußischen Ministerien; Reform der Verkehrspolitik; Reform des Berechtigungswesens im öffentlichen Dienst; Beschränkung der Aufgaben und Rechte parlamentarischer Vertretungskörperschaften; Heraufsetzung des Wahlalters; Beendigung des Parteiwesens in der Selbstverwaltung und größere Kompetenzen für die Gemeindeleiter; Entpolitisierung des Beamtentums; Reform des Schul- und Berechtigungswesens.

---

[al] Vgl. Anmerkung [ak].

[32] Vgl. auch Goerdelers Vortragsmanuskript „Mehr Macht dem Reichspräsidenten!“ (Dok. 2.2.1, oben S. 200 ff.) sowie die konkreten Ausführungen in seiner Denkschrift „Das Ziel“ (Dok 6.1.1, unten S. 873 ff.).

[1] Ein Exemplar der Denkschrift mit geringen Abweichungen im Text befindet sich im Nachlass Goerdeler in Koblenz; BAK, N 1113, Bd. 21. Nach eigenen Aussagen hatte Goerdeler dem Reichspräsidenten Anfang April 1932 über den Stand der Preisüberwachung berichtet und die Gelegenheit dazu benutzt, seine Ansichten zur Wirtschaftspolitik darzulegen. Hindenburg hatte ihn daraufhin um schriftliche Ausführungen gebeten, woraus die vorliegende Denkschrift resultierte (vgl. Schreiben Goerdelers an Brüning vom 21.4.1932; BAB, R 43 I/2045, Bl. 67). Laut Schulz verfasste Goerdeler seine Denkschrift für Hindenburg aus eigener Initiative (Schulz, Von Brüning zu Hitler, S. 811); Goerdelers Darstellung der Vorgänge erscheint jedoch durchaus plausibel. Ebenso wenig kann der Vermutung Ritters (Carl Goerdeler, S. 56) und Schulz' (Von Brüning zu Hitler, S. 811-817) zugestimmt werden, dass Goerdeler seine Denkschrift unter Umgehung der Reichsregierung bzw. der zuständigen Ministerien direkt an Hindenburg sandte und damit große Verärgerung im Kabinett auslöste. Tatsächlich hatte sich Goerdeler an den Dienstweg gehalten, indem er zwei Exemplare seiner Denkschrift an die Reichskanzlei sowie ein Begleitschreiben an Brüning gesandt und diesen um die Weiterleitung des zweiten Exemplars an Hindenburg gebeten hatte. Vgl. Schreiben Goerdelers an Pünder vom 21.4.1932 (BAB, R 43 I/2045, Bl. 93) sowie Schreiben Goerdelers an Brüning vom selben Tag (ebd., Bl. 67).

An den Reichspräsidenten,
Herrn Generalfeldmarschall von Hindenburg,
Berlin.

Leipzig, im April 1932

Die Maßnahmen, die heute notwendig sind, um den Bestand des deutschen Reiches zu sichern und das deutsche Volk zur Überwindung der seiner Freiheit entgegenstehenden Schwierigkeiten instandzusetzen, müssen wesentlich weitergehen als vor 2½ Jahren. Die damals gemachten Vorschläge[2] bleiben, soweit sie nicht durch die Gesundungsmaßnahmen der jetzigen Reichsregierung überholt sind, bestehen; ich erwähne sie daher hier nicht.

Die Entwicklung ist weiter fortgeschritten. Damals konnte man zwar mit Autarkiebewegungen rechnen, weil auf der Grundlage, die das Diktat von Versailles für die ganze Welt geschaffen hat, überhaupt keine wirtschaftliche Ordnung in der Welt herzustellen ist. Aber diese Bewegungen waren noch nicht da. Heute sind sie Tatsache geworden. Wir haben mit immer stärkeren Notwendigkeiten zu rechnen, die Außenhandelspolitik staatlich zu beeinflussen. Je schwieriger unsere Ausfuhr wird, um so mehr wird schon aus devisenpolitischen Gründen notwendig, Maß und Gegenstand der Einfuhr zu bestimmen. Denn es gilt, vor allem die zur Ernährung und Bekleidung wichtigsten Rohstoffe sicherzustellen.

Die Gefahr, daß von der Außenhandelspolitik aus immer stärkere Bewegungen ausgehen, die fortschreitende Planwirtschaft auch in der Binnenwirtschaft hervorrufen, ist um so größer, als wir freie Wirtschaft nicht haben. Die Wirtschaft ist gebunden, vielfach gefesselt, durch Kartelle, Syndikate, Preisabreden, Abmachungen über Absatzgebiete, Bindungen der menschlichen Arbeitskraft nach Zeit und Wert. Bei Kapital und Arbeit, bei Arbeitgebern und Arbeitnehmern, stehen Organisationen bereit, um sich neuer Arbeitsgebiete anzunehmen. Dazu kommt die durch den Krieg in die weitesten Volkskreise getragene Organisationslust.

Ich bin der Ansicht, daß diese Einwirkungen so stark sind, daß es von der Außenhandelsseite her nur eines kleinen Anstoßes bedarf, um sie zum Spielen zu bringen. Es ist deswegen notwendig, sich klar zu werden, welcher Weg beschritten werden soll, um die eingangs erwähnten Sicherungen zu schaffen. Es gibt zwei:

1. Da, soweit es sich übersehen läßt, in den allernächsten Jahren die durch das Diktat von Versailles geschaffene Unordnung, die zu beseitigen die politische Aufgabe ist, noch nicht beseitigt sein wird, so würde die fortschreitende Planwirtschaft im Hinblick auf den großen Zeitraum in restloser Zwangswirtschaft enden. Hier zieht eins das andere nach sich. Solche Planwirtschaft ist seelisch nur tragbar, wenn sie auch zur Verteilungswirtschaft wird; sie endet zwangsläufig im russischen System, d.h. nicht politisch, sondern wirtschaftlich.

---

[2] S. Goerdelers Denkschrift zur Wirtschafts- und Finanzpolitik von Anfang 1931; Dok. 3.1, oben S. 271 ff.

2. Der andere Weg ist der der Freimachung möglichst vieler Einzelenergien und Verantwortungen sowohl auf der Seite des geistigen und materiellen Kapitals, d.h. der Leiter und Unternehmer, als auch auf seiten der Arbeit, der Arbeitnehmer. Die Gewinnung dieser Energie ist nur möglich durch Freiheit wirtschaftlicher Betätigung, die jeden dazu antreibt, durch bestmögliche Ausnutzung seiner Fähigkeiten das meiste zu erreichen, für sich selbst zu sorgen, den Staat zu entlasten.

Beide Wege sind möglich, ich ziehe den letzteren vor. Ich halte ihn auch objektiv für den richtigen Weg, weil er im Rahmen des Vorhandenen dem Einzelnen immerhin auch in schwerster Zeit noch einen größeren materiellen und moralischen Rückhalt ermöglicht als der erste Weg.[3] Unterstellt, daß bei beiden Wegen die gesamte Volkswirtschaft das gleiche erarbeiten kann, so verbraucht der erste Weg doch zweifellos mehr Mittel zur Aufrechterhaltung des gesamten Apparates, d.h. mehr totes Kapital. Dies kommt bei Beschreitung des zweiten Weges unmittelbar dem Einzelnen zugute. Aber der zweite Weg schafft, wie alle Erfahrungen lehren, auch mehr Werte; denn die Initiative des Einzelnen ist eine durch nichts zu ersetzende Triebfeder.

Die Entscheidung muß schnell erfolgen. Die Tragkraft der deutschen Wirtschaft ist, wie der Rückgang der Steuereinnahmen, die Zunahme der Betriebseinstellungen und Konkurse, die Entwertung der Börsenwerte und die geringe Abnahme der Arbeitslosigkeit beweisen, nur noch schwach. Selbst in Wirtschaftszweigen, die bisher noch einen leidlichen Absatz haben, wird die Zahl der Verlustbetriebe immer größer. Das gilt vor allem für die Gruppe der für unseren politischen und sozialen Aufbau so bedeutsamen mittleren Betriebsgrößen.

Auch die innenpolitische Lage drängt zu schnellen Entschlüssen. Allzu lange hat sich das Volk einschließlich einer großen Zahl seiner politischen und wirt-

[3] Unter den zeitgenössischen Erklärungsansätzen für die Weltwirtschaftskrise blieb Goerdeler ganz der klassisch-neoklassischen Gleichgewichtslehre verhaftet. Indem er vorangegangene staatliche Lenkungsversuche und anderweitige Bindungen der Wirtschaft für die krisenhafte Entwicklung verantwortlich machte und als Konsequenz aus diesem Erklärungsmodell eine aktive Konjunkturpolitik ablehnte, stand er ganz in der Tradition der liberalen Schule. Von einem der bedeutendsten Vertreter dieser Richtung, Friedrich August Hayek, wurden exakt dieselben Gedankengänge detaillierter ausgearbeitet: Die Wirtschaftskrise sei das Ergebnis der vorangegangenen Investitionsexpansion, die nicht mit Sparkapital, sondern durch Geldmengen- und Kreditausweitung finanziert worden sei. Die Überwindung dieser krisenhaften Entwicklung würde in einer freien Wirtschaft automatisch durch sinkende Löhne und Preise erfolgen. Auf dem Hintergrund dieses Erklärungsansatzes seien sowohl eine künstliche Kreditschöpfung, als auch planwirtschaftliche Eingriffe des Staates abzulehnen. Vielmehr müsse der Staat, wie ein privates Wirtschaftssubjekt, mit Sparsamkeit und Haushaltskürzungen reagieren, um so den sich angeblich selbstregelnden Wirtschaftsprozess zu unterstützen. Vgl. Friedrich August v. Hayek: Geldtheorie und Konjunkturtheorie, Wien und Leipzig 1929 sowie zur Interpretation der Entwicklung Ders.: Der Weg zur Knechtschaft, Neuausg. München 1991 [Erstausg. „The Road to Serfdom“ London 1944].

schaftlichen Führer im vollkommenen Irrtum darüber befunden, was für ein Land von der Entwicklung der Kultur und der Lage Deutschlands die Tatsache und die Art des Kriegsverlustes bedeuten. Inflation und Pumpwirtschaft nach der Inflation waren die krampfhaften Versuche, den harten Wirkungen des Kriegsverlustes zu entgehen. Jetzt ist das Scheitern dieser Versuche offenbar. Damit wächst vor unseren Augen die Gefahr, daß die an der Gegenwart und Zukunft verzweifelnden Massen, namentlich die Jugend, einem neuen Irrglauben nachjagen. Dieser Irrglaube geht dahin, daß durch Maßnahmen irgendwelcher Art die jetzige Lage im Handumdrehen gebessert werden könne. Dieser Irrglaube kann nur bekämpft werden durch rücksichtslose Aufklärung über den wahren Stand der Dinge, durch klare Zusammenstellung der Maßnahmen, die allein Besserung versprechen, durch Stärkung des moralischen Willens, sich wieder aus Trümmern eine neue Zukunft zu erarbeiten, und durch schnelle Inangriffnahme dieser Maßnahmen. Solches Handeln ist, wie der Hieb, die beste Parade, die sicherste Entladung der innenpolitischen Atmosphäre, gewinnt die besten Kräfte unseres Volkes, namentlich auch die Jugend, und verbürgt so am ehesten die Wiedergewinnung jener inneren Kraft, welche allein Grundlage und Bereiterin der Wiedergewinnung der Freiheit nach außen sein kann.

Diese ist nicht nur unser aller, durch Ehre und Gefühl in uns gelegter heißer Wunsch, sie wird auch durch die Vernunft als letzte und entscheidende Grundlage für die Wiedergewinnung der Wohlfahrt unseres Volkes vorgeschrieben.

Alle Schwierigkeiten, in denen sich heute Deutschland und die Welt befinden, gehen zurück auf den Wahnsinn des Diktates von Versailles. Daß ein Kriegsverlust dem Unterlegenen Opfer bringt, ist selbstverständlich. Werden diese Opfer aber zum Vorteil eines Volkes so gestaltet, daß sie jede Grundlage für ein organisches Werden einer neuen politischen Welt zerstören, so muß allseitiger Stillstand, müssen Umwälzungen politischer und wirtschaftlicher Art die naturnotwendige Folge sein. Auf der Seite unserer ehemaligen Gegner hat bei dem Diktat von Versailles kein politisch organisch denkender Staatsmann gesessen. Auch heute beherrscht der Wille Frankreichs zur unbeschränkten Hegemonie die Welt. Er zerstört sie. Diese Erkenntnis in gleichem Maße in unserem Volke wie bei anderen Völkern zu pflegen, bis ihr vereinter Wille diese weltzerstörenden Machtpläne Frankreichs unmöglich macht und, wenn nicht anders möglich, uns als den ersten Opfern wenigstens erlaubt, sie zu zerbrechen, ist notwendig für die Kulturvölker, wenn sie zu ungestörten politischen, wirtschaftlichen und kulturellen Beziehungen zueinander kommen wollen, wenn ihr Handel die Welt beleben und der Austausch ihrer Güter ihren Wohlstand mehren soll.

*I Wirtschaftspolitik.*

a) Die Grundzüge für die Außenhandelspolitik sind gegeben. Frankreichs Machtwille und Goldhortung erzwingen praktisch einen dem Stande der heutigen Technik nicht angemessenen Tauschverkehr. Wir müssen die lebenswichtige Einfuhr an

Lebens- und Futtermitteln, an Rohstoffen für den eigenen Bedarf (Textilien und Wolle) sicherstellen und darüber hinaus soviel wie möglich für unsere weiter verarbeitende und exportierende Industrie. Das zwingt uns aus den verschiedensten Gründen, Kontingentsabkommen zu erstreben, grundsätzlich die Freiheit des Handels fordernd; es zwingt uns, um den Binnenmarkt zu fördern, zu einem regen inneren Austausch landwirtschaftlicher und industrieller Erzeugnisse. Wir sind in steigendem Maße auf eigene Wirtschaftskraft angewiesen. Im Ausland Schulden zu machen, wäre nur vertretbar, wenn wir uns für befähigt hielten, noch höhere Zins- und Tilgungsraten zu zahlen als bisher. Das ist eine Phantasie in einem Zeitraum, in dem uns die Entwicklung des Außenhandels schon aus devisenpolitischen Gründen zwingt, an eine Verringerung unserer jetzigen privaten Auslandsverpflichtungen zu denken.[4]

Wollen wir die Kaufkraft im Innern mehren, so können wir also das nicht mit der Ankurbelung eines künstlich gesteigerten Verbrauchs tun, wir können auch nicht zur Inflation greifen; in 8 Tagen wäre unser Kreditwesen vernichtet. Das Mittel der englischen Devalvation ist uns verschlossen, es würde unsere Auslandsschulden nur umso drückender machen.[5] Wir bleiben daher auf das gute alte und allein gesunde Mittel angewiesen, das jeder in der Einzel- wie in der öffentlichen Wirtschaft anwenden muß, wenn er aus der Tiefe wieder in die Höhe steigen will: er muß sparen. Wir dürfen uns nicht durch das fremdländische Schlagwort der Deflation von dieser Politik abhalten lassen. Das ist alles Unsinn, wenn man

4 Der deutsche Außenhandel war seit 1930 unter zunehmenden inneren und äußeren deflationären Druck geraten, woraus letztendlich eine Kehrtwende in der Außenhandelspolitik resultierte. Der Zusammenbruch des Weltwährungssystems hatte zur Bildung von Währungsblöcken geführt, die grob in drei Gruppen zu unterteilen sind: Die Abwertungsländer mit dem englischen Pfund Sterling und dem US-Dollar als Neuorientierung; die Goldblockstaaten mit den Beneluxländern und der Schweiz, die unter französischer Führung zunächst am Goldstandard festhielten und dies mit Handelsrestriktionen kombinierten; und schließlich Deutschland und osteuropäische Staaten, die zur Devisenbewirtschaftung übergingen. In Deutschland wurde als erstem Land die Devisenbewirtschaftung eingeführt, zunächst als Notmaßnahme nach der Bankenkrise 1931, und dann als Reaktion auf den weltweit einsetzenden Protektionismus beibehalten (Vgl. die Verordnung des Reichspräsidenten über die Devisenbewirtschaftung vom 1.8.1931; RGBl. 1931/I, S. 421 ff.). Mit der Verordnung über bilaterale Wirtschaftsabkommen vom 1.12.1931 (ebd., S. 689) wurde eine Außenhandelspolitik festgeschrieben, die seit dem Sommer durch die Handelsverträge mit Rumänien und Ungarn bereits praktiziert worden war: Der Übergang vom Meistbegünstigungssystem zur bilateralen Vorzugsbehandlung, verbunden mit Devisenbewirtschaftung, Kontingentsabkommen und Exportförderung. Vgl. zur Entwicklung des Welthandels Kindleberger, Weltwirtschaftskrise, S. 179 ff. sowie zur deutschen Außenhandelspolitik Eckart Teichert: Autarkie und Großraumwirtschaft in Deutschland 1930–1939. Außenwirtschaftliche Konzeptionen zwischen Wirtschaftskrise und Zweitem Weltkrieg, München 1984, S. 27-74.

5 Vgl. zur Loslösung des britischen Pfunds vom Goldpreis im September 1931 S. 244, Anmerkung 13.

sich klar macht, was sparen bedeutet. Sparen bedeutet, soviel arbeiten, daß das Ergebnis der Arbeit ermöglicht, nicht alles zu verbrauchen, sondern einen Teil für die Zukunft oder für andere Verwendung beiseite zu legen. Dieses Beiseite-Gelegte bildet Kapital, und auch dieses Kapital kommt der Wirtschaft zugute; es verbilligt die Zinslast. Je stärker es wird, desto tragfähiger wird die Wirtschaft, weil sie sich immer mehr von Überlastung befreien kann. Ist dieses Gesetz richtig, so kommt Arbeitszeitverkürzung nur vorübergehend und ausnahmsweise in Betracht. Arbeitszeitverkürzung geht von der mechanischen Idee einer irgendwie normierten Höchstarbeitszeit aus. Höchstarbeitszeiten kann man sich gestatten, wenn man soviel erspart hat, daß man das Minder an Arbeitsertrag durch den Zins des Ersparten ausgleichen kann, sonst ist der ganze Gedankengang ein Irrtum.[6] Die Natur erzwingt das genaue Gegenteil, und dieses ist auf dem Marsche. Heute beginnen die Arbeitslosen bereits für ihre kümmerliche Unterstützung zu arbeiten, weil das moralische Gesetz in ihnen sie dazu treibt. Was bedeutet das aber anders, als daß die Natur sich zu ihrem Recht verhilft, daß anstelle einer durch Menschengesetz ohne Beachtung der Naturgesetze geschaffenen Zwangsregelung das freie Spiel der Kräfte tätig zu werden beginnt. Arbeitsmöglichkeit ist in genügendem Maße vorhanden, sie geht überhaupt solange nicht aus, als ein Volk zum Fortschritt entschlossen ist. Man stelle sich nur vor, daß alle heute wirklich Arbeitslosen dazu übergehen würden, gedrängt von der Stimme der Natur, die erste Arbeit zu ergreifen, die sich ihnen bietet, und dafür ihre bisherige Unterstützung weiter zu beziehen, und die ganze moralische Gefahr der Arbeitslosigkeit wäre beseitigt. Diese Entwicklung ist zweifellos im Gange und wird durch behördliche Maßnahmen, wie die der Klein- und Stadtrandsiedlung[7], gefördert. Sie würde, wenn man sie laufen läßt, dahin führen, daß eines Tages 2/3 der deutschen Arbeiter, abgesehen von dem sonstigen Teile des Volkes, in sehr erträglichen, die anderen in sehr unerträglichen und harten Lohnverhältnissen arbeiten. Es wird dann von selbst der Staatsleitung der Ausgleich auf der Linie des arithmetischen Mittels in die Hand gedrückt werden. Daß eine solche Entwicklung von Erschütterungen begleitet sein kann und daher gefährlich ist, liegt außer allem Zweifel. Es erscheint mir daher besser, sie tatkräftig und auch auf die Gefahr von vorübergehenden Schwierigkeiten hin beschleunigt zur Tatsache werden zu lassen.

Wie soll das geschehen? Die Arbeitskraft des einzelnen Menschen muß grundsätzlich von ihrer Zwangsbewirtschaftung nach Zeit und Höhe des Entgelts befreit werden.[8] Selbstverständlich ist es notwendig und letzten Endes der Sinn der letzten Revolution, den deutschen Arbeiter durch eine Zusammenfassung seiner Berufs-

---

[6] Vgl. zur Arbeitszeitbeschränkung S. 305 f., Anmerkungen 27 f.

[7] Siehe unten, Anmerkung 11.

[8] Hinter dieser bemerkenswerten Formulierung verbarg sich die Forderung nach einer Aufweichung des kollektiven Arbeitsrechts, wie sie erst im September 1932 unter Papen begonnen wurde. Vgl. zum staatlichen Schlichtungswesen auch S. 309, Anmerkung 30.

interessen in das soziale, politische und kulturelle Leben unseres Volkes mittragend und mitwirkend einzugliedern. Deswegen rühren meine Vorschläge nicht an dem Bestande der Gewerkschaften, im Gegenteil, sie werden eine größere Verantwortung und Berufung auf anderen Gebieten erhalten. Sie werden auch, was die Vereinbarung über Arbeitsbedingungen betrifft, die berufenen Vertreter der einzelnen Arbeitnehmer sein und mit den Vertretern der Arbeitgeber Kollektivverträge abschließen. Diese Verträge müssen aber die Möglichkeit zulassen, nach den Bedürfnissen der Wirtschaft, die nicht solche irgend eines protzigen Unternehmers, sondern solche des gesamten Volkes sind, die Lohnhöhe und die Arbeitszeit im einzelnen zu ändern. Auf die Lohnhöhe müssen Gehälter und Bezüge des Kapitals und der Leiter Rücksicht nehmen. Auf der anderen Seite muß die Wirtschaft ebenso von Zwangsbindungen befreit werden, die ihr eine Preisgestaltung abseits der natürlichen Bildung im freien Wettbewerb vorschreiben. Ich verkenne nicht, daß die jetzigen Bindungen in Kartellen und Syndikaten auch betriebsschützend wirken. Aber betriebsschützend wirkt auch die Gleichheit der Lohnbedingungen für dieselben Betriebe. Und hier gibt es nur das eine oder das andere auf der ganzen Linie, aber nicht nur für eine Partei. Wird durch Aufhebung solcher Preisbindungen aller Art dieser und jener Betrieb lebensunfähig, so ist das für den jetzigen Betriebsinhaber und für das darin arbeitende Kapital zu bedauern, volkswirtschaftlich aber ist der bei Beseitigung solcher Übersetzungen entstehende Verlust nicht größer als der aus ihrer Beibehaltung verursachte Mehraufwand.

Ich halte es daher für notwendig, durch Verordnung, die entweder auf Grund des Art. 48 erlassen werden kann oder dem Reichskommissar für Preisüberwachung auf Grund seiner Vollmachten möglich wäre, zunächst für einen Zeitraum von 3 Jahren diese Bindungen auf der Seite der Arbeitskraft und auf der Seite des Kapitals zu beseitigen. Dabei soll nicht schematisch vorgegangen werden. Größte Elastizität ist von Nöten. Die Summe verschiedener Maßnahmen führt zum Ziele. Hier und da werden Arbeitszeitkürzungen das Richtige sein. Auch Bindungen auf der Stufe der Urerzeugung werden notwendig sein, um Volksvermögen zu erhalten (z.B. Kali, Kohle); Bindungen können für die Exportwirtschaft von Bedeutung sein. Aber diese Ausnahmen sind auf das unbedingt Notwendige zu bemessen. Positiv kann der erste Schritt auf diesem Wege sofort geschehen auf dem Gebiete der Bauwirtschaft. Hier besteht der wahnwitzige Zustand, daß zu einem Tariflohn von 1,10 – 1,20 RM 10% der deutschen Bauarbeiter beschäftigt werden, der Rest lebt von einer Unterstützung von 35 Pf. Da Arbeitsmöglichkeiten genug vorhanden sind, muß auf der Mittellinie zwischen 1,10 RM und 35 Pf. irgendwo der Lohn liegen, zu dem der größte Teil der Bauarbeiter wieder Arbeit findet. Die Kartelle, Syndikate und sonstigen Preiskonventionen auf dem Gebiete der Bauwirtschaft können ohne volkswirtschaftliche Nachteile von Bedeutung für den gleichen Zeitraum aufgehoben werden. Gleichzeitig ist für das „befreite" Wirtschaftsgebiet für das feste Gehalt der Direktoren von Aktiengesellschaften ein nach dem Kapital normiertes Höchstmaß festzusetzen. Tantiemen erhalten Aufsichtsratsmitglieder nur vom Gewinn, Direktoren nur als Dividende von Sperraktien, die die Gesellschaft für sie hinterlegt. Dadurch wird auch bei der Aktiengesellschaft wieder das persönliche Verhältnis der Leiter zum Unternehmen hergestellt. Dieser soziale Ausgleich wird geradezu erlösend wirken und dem Arbeiter die Lasten tragbar machen.

b) Die Freimachung dieser wirtschaftlichen Energien kommt so spät, daß sie allein nicht die nötige Rettung ausübt, um in den Winter 1932/33 mit den nötigen moralischen Reserven hineinzugehen. Ich empfehle daher vier fernere Maßnahmen.

Eine besteht darin, den freiwilligen Arbeitsdienst auf etwa 250.000 Jugendliche auszudehnen. Er hat sich im Jahre 1931 an 35.000 Jugendlichen ausgezeichnet bewährt; insbesondere liefern die Berichte der landwirtschaftlichen Kultur-Genossenschaften (Exzellenz von Batocki) ein ganz klares, zuverlässiges Bild hierüber. Die Kosten sind 1932 mit 1,50 RM je Tag anzusetzen. (Die Materialkosten muß die Stelle tragen, zu deren Gunsten die Arbeiten ausgeführt werden.) Gesamtkosten also monatlich 11.250.000 RM, für 7 Monate 78.750.000 RM. Erspart werden in der Arbeitslosenfürsorge etwa 30 Millionen RM, bleiben 48.750.000 RM. Ziel: Einführung der Arbeitsdienstpflicht als Vorbereitung zum Wehrdienst. In diesem Jahre Freiwilligkeit vorzuziehen, da Führerfrage leichter zu lösen und genügend Freiwillige vorhanden. Art der Beschäftigung wird im folgenden mit behandelt.[9]

Die zweite Maßnahme ist die Beschäftigung von Arbeitslosen, die lange arbeitslos waren, unter vordringlicher Berücksichtigung von Kinderreichen. Hier sollen 500 000 beschäftigt werden. Sie erhalten die bisherige Unterstützung weiter, so daß in der Arbeitslosenfürsorge keine Entlastung eintritt. Diese Unterstützung dient der Familie. Der Mann erhält Kleidung und Verpflegung, gegebenenfalls Unterkunft. Wert täglich 1,20 RM, monatlich 36,-, mit Zuschlag rd. 40 RM. Das ergibt bei monatlich 20 Millionen RM für 6 Monate 120 Millionen RM; also freiwilliger Arbeitsdienst und zusätzliche Arbeit zusammen rd. 170 Millionen RM. Mittel werden gewonnen durch Kapitalisierung der Rückflüsse der Gesellschaft für öffentliche Arbeiten; sie betragen jährlich rd. 50 Millionen RM. Kapitalisierung erfolgt durch Akzept- und Garantiebank, Girobank, Staatsbanken und Reichs-

9 Aufgrund der positiven Bilanz der ersten FAD-Maßnahmen wurde seit dem Januar 1932 im Reichsarbeitsministerium eine erhebliche Ausweitung diskutiert, sowohl hinsichtlich des Teilnehmerkreises, als auch hinsichtlich der Förderungsdauer. Goerdeler war diese Entwicklung im Kabinett bekannt, so dass er mit seinen Forderungen lediglich die laufende Diskussion aufgriff. In zweierlei Hinsicht unterschieden sich seine Vorschläge jedoch wesentlich von den mehrheitlich akzeptierten Gedankengängen: Erstens ordnete er sich mit seiner Favorisierung einer Arbeitsdienstpflicht und der Verbindung mit dem Wehrdienst als langfristigem Ziel (vgl. dagegen S. 307, Anmerkung 29) unter die konservativsten Befürworter ein; zweitens waren seine Kostenschätzungen erheblich optimistischer als etwa die Schätzungen Syrups oder Stegerwalds (vgl. Köhler, Arbeitsdienst, S. 102 ff.) – dies nicht zuletzt aufgrund seiner kommentarlos anvisierten Senkung der Tagessätze.

bank. Es dürfen nur solche Arbeiten ausgeführt werden, die, mit Ausnahme der Landwirtschaft, die Produktionskapazität nicht vermehren, die Zukunft nicht mit erhöhten Unterhaltungskosten belasten und nicht Menschen aus der Arbeit bringen, insbesondere aber Aufforstungs- und Meliorationsarbeiten, an denen die hier genannte Menschenzahl etwa 3 – 4 Jahre Arbeitsgelegenheit findet. Es gilt, mit möglichst wenig Geld die Arbeit mit der Erde zu verbinden.[10]

Das führt zur dritten Maßnahme. Das ist die Kleinsiedlung für Nebenerwerb der gewerblichen Kurzarbeiter und die Hauptsiedlung. Alles in einfachster Form, so daß die Energie des Siedlers von vornherein aufs äußerste gestärkt wird. Er muß selbst sich mit Kameraden die Siedlung schaffen. Grund und Boden ist im Osten vorhanden. Unverkäufliches Holz steht in den Wäldern.[11]

Endlich wäre noch die stärkste Eliminierung der Frauen aus der Berufstätigkeit erforderlich. Soweit Arbeit jetzt von Frauen besorgt wird, die ohne Schaden für die Qualität und die Intensität der Arbeit von einem Mann besorgt werden kann, muß die Verpflichtung gesetzlich festgelegt werden, die Frau durch den Mann zu ersetzen. Die Berufe für Frauen müssen teilweise geschlossen werden. Frauen müssen bei Heirat aus öffentlichen Ämtern ausscheiden.[12] Alles das ist notwendig, um die Grundlage des Staates, die Familienbildung, wieder zu ermöglichen. Das jetzige Verfahren läuft sich entweder am gesunden Sinn des Volkes tot, aber mit großen Kräfteverlusten, oder führt, wie es zur Zeit den Anschein hat, zu einem erschreckenden Rückgang der Familienbildung und damit der Staatsgrundlage überhaupt. In den Frauenkreisen selbst gewinnt die Ansicht immer weiteren Raum, daß der Frau durch die Natur ein Vorzugsberuf gegeben ist, den voll zu erfüllen ihre erste Aufgabe und auch ihr bestes Geschick im Leben ist.

---

[10] Arbeitsbeschaffung wird hier ganz im Sinne Brünings nicht so sehr als Mittel zur Bekämpfung der Arbeitslosigkeit begriffen, sondern als psychologische Maßnahme, der insbesondere durch das implizierte Junktim mit Leistungskürzungen in der Sozialversicherung eine Alibi-Funktion gegenüber der Arbeiterschaft zukam. Vgl. dazu Henning Köhler: Arbeitsbeschaffung, Siedlung und Reparationen in der Schlussphase der Regierung Brüning, in: VfZ 17 (1969), S. 276-307.

[11] Die Siedlungspläne müssen im Zusammenhang mit der prekären Lage der Arbeitslosenversicherung gesehen werden. Zwar wurden sie schon in den 20er Jahren diskutiert – häufig in sozialromantischem Kontext als Gegenmaßnahmen zu Verstädterung und der vielbeklagten „Vermassung" –, doch die Siedlungsplanung in großem Maßstab setzte erst 1931/32 ein. Neben dem Effekt, in Verbindung mit dem FAD handfestere Ergebnisse aufzuweisen, als etwa ausbessernde oder erhaltende Infrastrukturmaßnahmen das vermochten, war es in erster Linie der Versorgungseffekt, der den Siedlungsgedanken so attraktiv machte. Gerade auch die Stadtrand- und Kleinsiedlung sollte dazu führen, dass die „Siedler" sich zumindest einen Teil ihrer Nahrungsmittel selbst anbauen könnten und auf diesem Weg eine Senkung staatlicher Unterstützungssätze ermöglicht würde. Vgl. die ausführlich zitierten Einschätzungen von Kabinettsmitgliedern bei Köhler, Arbeitsdienst, S. 103-108.

[12] Vgl. zu dem ubiquitären Kampf gegen das „Doppelverdienertum" S. 286, Anmerkung 11.

Vielfach wird gegen diese Vorschläge eingewendet, sie berücksichtigten nicht die Notwendigkeit, die Kaufkraft zu heben.[13] Diese Einwendungen übersehen, daß Kaufkraft weiter nichts ist als in Geld umgesetzte Arbeit. Kaufkraft kann also immer nur durch Arbeit entstehen, ganz gleichgültig, ob das verdiente Geld sofort verbraucht oder in Sparkapital überführt wird. Die Kaufkraft wird also umso größer, je mehr gearbeitet wird. Die Kaufkraft erhöhen zu wollen dadurch, daß man für wenig Arbeit viel Geld gibt, ist vergleichbar dem Bemühen, ohne Flügel in die Luft zu steigen. Denn das Geld ist ja selbst erst wieder durch Arbeit zu schaffen; das Ergebnis der Arbeit unserer Vorgenerationen, das in der Ansammlung von erheblichem Sparkapital bestand, ist im wesentlichen verwirtschaftet. Wir haben also keine Reserven, um die Kaufkraft aus erspartem Kapital zu ergänzen. Wir müssen sie neu durch Arbeit schaffen. Je mehr Produkte durch Arbeit geschaffen und je billiger diese Produkte durch die Art der Arbeit gehalten werden können, je höher dann der Unterschied sein kann zwischen Herstellungspreis und Verkaufspreis, umso schneller füllt sich aus diesem Unterschied die Kaufkraftreserve wieder auf. Von welchen Gesichtspunkten aus man auch als logisch denkender Mensch diese Dinge betrachtet, in dem Zustand, in dem wir uns befinden, sind wir in derselben Lage wie der reiche Mann, der verarmt ist. Er muß von neuem in harter Arbeit des Geistes und der Arme wieder anfangen.

c) Die Fortsetzung der Arbeitslosenversicherung ist physisch nicht möglich. Die Kraft aller Steuerzahler zusammengenommen, reicht nicht mehr aus, um diese Art der Arbeitslosenfürsorge fortzusetzen. Der Fehler besteht darin, daß man das Versicherungsprinzip auf Vorgänge angewandt hat, die sich jeder Risikoberechnung entziehen. Daher wirkt die Zahlung von Leistungen an Menschen, die nicht bedürftig sind, sinnlos. Denn in Wirklichkeit handelt es sich eben nicht um eine geschlossene Versicherungseinrichtung, die ihre Risiken selbst tragen kann – wenn sie das wollte, müßte sie ihre Beiträge verdreifachen –, sondern es handelt sich um einen künstlich aufrecht erhaltenen Fehlgriff. Wird dieser jetzt nicht beseitigt, so werden im Laufe des Sommers und des Herbstes immer mehr Gemeinden, die heute die Hauptlast dieses Systems tragen, ihre Zahlungen einstellen. Nicht ein hörbarer Zusammenbruch ist das Kennzeichen dieses Vorganges, sondern eine schleichende Auszehrung, die jede Sicherheit im Wirtschaftsleben, Treu und Glauben im Vertragswesen und die primitivsten Funktionen der örtlichen Gemeinschaft vernichten. Ich habe meine politischen Freunde seinerzeit vor dem Arbeitslosenversicherungsgesetz gewarnt. Seitdem habe ich den Vorzug, auf diese unentrinnbare Entwicklung hinzuweisen. Ich habe es vertraulich und öffentlich bei allen

[13] Der Kernpunkt der gewerkschaftlichen Kaufkrafttheorie war in seiner Stoßrichtung gegen die unternehmerischen Klagen über zu hohe Lohnkosten gerichtet und postulierte, dass Löhne nicht nur Kostenfaktor seien, sondern auch nachfragebestimmend wirkten. Auf dieser Basis wurden Lohnerhöhungen bzw. die Aufgabe des Lohnabbaus gefordert, um eine Kaufkraftsteigerung einzuleiten. Vgl. Schneider, Arbeitsbeschaffungsprogramm, S. 53 ff.

passenden Gelegenheiten getan. Es ist jetzt notwendig, daß sie erfolgt, sonst wird in den öffentlichen Etats das Jahr 1932 mit einer Last von 3,5 Milliarden belastet. Davon müßten 2,3 Milliarden durch Reich und Gemeinden aufgebracht werden. Beide zusammen können aber höchstens 1,6 Milliarden aufbringen; 700 Millionen müssen gespart werden. Das ist durch Zusammenlegung von Versicherung, Krisenfürsorge und Arbeitslosenfürsorge, durch Neufestsetzung der Unterstützungssätze, Einführung der Bedürftigkeitsprüfung für alle, welche Unterstützung haben wollen, ungefähr möglich. Reste müßten durch alle verdienenden Volksgenossen ausgeglichen werden.[14]

d) Die Krankenversicherung gerät in immer größere Schwierigkeiten. Hier wird man zunächst den Beteiligten überlassen müssen, durch Senkung der Leistungen den Ausgleich zu den Einnahmen zu finden. Reicht das nicht aus, sind weitere Reformen notwendig. Sie würden darin bestehen, die Krankenversicherung als reine Unterstützungseinrichtung den Gewerkschaften anzuvertrauen.

e) Für die Invalidenversicherung, die auf die Dauer wegen der Änderung der Altersklasseneinteilung der Bevölkerung nur schwer haltbar sein wird, schweben, soviel ich weiß, Sanierungsvorschläge im Reichsarbeitsministerium.[15] Wir müssen der Tatsache ins Auge sehen, daß auch diese Versicherung sich nicht halten läßt. Dann müßte einstweilen an ihre Stelle eine Unterstützung treten.

f) Das soziale Versicherungswesen muß planmäßig darauf hingeleitet werden, einschließlich der Arbeitslosenfürsorge Gegenstand gewerkschaftlicher Betätigung zu werden. Es ist notwendig, daß der Staat der Arbeiterschaft ihre ureigenen Angelegenheiten zur Selbstbetreuung überweist. Das ist der stärkste Schritt, den man machen kann, um die Last des Staates auch von ihr mit bewußt tragen zu lassen.

Diese Maßnahmen werden erschwert durch Zersplitterung des gegenwärtigen deutschen Gewerkschaftslebens. Diese Zersplitterung schließt aber die Möglichkeit solcher Maßnahmen nicht aus. Die Schwierigkeiten können durch Bildung von Arbeitsgemeinschaften aller Gewerkschaften für die verschiedenen Berufsgruppen überwunden werden. Man überantworte den Gewerkschaften nur diese Aufgabe und sie werden schon kraft der hervorragenden Schulung, die viele ihrer Führer haben, zu dem richtigen Ausgleich kommen. Sollten sie es nicht können, so muß der Staat, wie er es auch bei anderen Berufen getan hat, Arbeiter-Berufskammern mit Selbstverwaltung bilden.

---

[14] Vgl. auch Goerdelers Vortragsmanuskript „Organisatorische und finanzielle Vereinheitlichung der Arbeitslosenhilfe" vom Dezember 1932; Dok. 1.2.5, oben S. 71 ff.

[15] Vgl. zur Invalidenversicherung S. 288 ff., Anmerkungen 14 und 24. Im Reichsarbeitsministerium wurden während des Frühjahrs und Sommers 1932 Pläne geschmiedet, die die gesamte Sozialversicherung betrafen. Sowohl organisatorische Zentralisierungsbestrebungen als auch eine Überwachung der Finanzverwaltung wurde in diesem Zusammenhang angestrebt, um so eine „Gefahrengemeinschaft" zwischen Kranken-, Invaliden-, Angestellten- und Pensionsversicherung zu konstruieren. Vgl. ausführlich zu den Reglementierungs- und Sozialabbauplänen Geyer, Reichsknappschaft, S. 280 ff.

Ultima ratio bleibt, die Gemeindesparkassen der Kranken- und Invalidenversicherung, die dann in Sparversicherungen umzuwandeln wären, nutzbar zu machen. Auch dieser Weg ist gangbar. Das bisherige Verfahren hat sich totgelaufen, weil bei Arbeitslosenversicherung und Invalidenversicherung die Risikoverteilung von vornherein unzulänglich gewesen oder leider unzulänglich geworden ist; durchweg aber deswegen, weil die Einzelverantwortlichkeit des einzelnen Menschen oder seiner Berufsvertretung vollkommen durch den bürokratischen Apparat und die uniforme Regelung erstickt ist. Die Aufgabe, die auf diesem Gebiete zu lösen ist, ist die gleiche, wie sie Stein 1807 auf dem Gebiete der öffentlichen Verwaltung vorfand.[16]

Wird so vorgegangen wie empfohlen, so werden die Einzelenergien wieder wachgerufen und neue Verantwortlichkeiten geschaffen. Von ihnen allein aber kann nach meiner festen Überzeugung die moralische und wirtschaftliche Gesundung ausgehen.

*II Innenpolitik.*

Der Grundsatz, klare Verantwortlichkeiten zu schaffen, muß auch für die einzelnen Träger der öffentlichen Gewalt gelten. Klare Verantwortlichkeiten aber gibt es nur, wenn die Zuständigkeiten zwischen ihnen genau abgegrenzt sind. Das gilt sowohl für das Verhältnis der vollziehenden Gewalt gegenüber der gesetzgebenden und der richterlichen, es gilt auch für den Aufbau der Behördenorganisationen nebeneinander und die Verteilung der Verwaltungsaufgaben im Übereinander des Behördenaufbaus.

Ich beschränke mich auf diejenigen Maßnahmen, die ohne Verfassungsänderung durchzuführen sind.

a) Die Verantwortlichkeiten sind verwischt zwischen den Behörden dadurch, daß Aufgabengebiete, die zusammengehören, getrennt sind. Von Kleinigkeiten sehe ich ab. In vielen deutschen Ländern bestehen in der staatlichen und in der Gemeindeverwaltung gleiche Behörden (z.B. Gewerbe- und Gesundheitspolizei usw.). Daß diese im Handumdrehen beseitigt werden können und müssen, ist klar. Das vollzieht sich ganz von selbst, wird von der Zentrale aus das Entscheidende getan. Dann muß zu den Einzelheiten durchgestoßen werden. In der Reichszentrale halte ich eine Zusammenlegung verschiedener Reichsministerien für erforderlich. Reichswirtschafts-, Reichsernährungs- und Reichsarbeitsministerium bilden eine organische Einheit. Immer wieder habe ich festgestellt, daß es unmöglich ist, wirtschaftspolitische Maßnahmen ohne Rücksicht auf sozialpolitische Erwägungen zu treffen; noch viel verwegener ist es, Sozialpolitik abseits wirtschaftlicher Notwendigkeiten zu treiben. Landwirtschaftspolitik für sich allein gibt es nicht, es gibt nur eine allgemeine Wirtschaftspolitik, in die unter Einordnung der Gesamtinteressen des Volkes die einzelnen Wirtschaftsgruppen einzugliedern sind. Das Gegeneinanderstellen verschiedener Minister für diese Gebiete hat den Vorteil

16 Vgl. zu den Reformen des Freiherrn vom Stein S. 19, Anmerkung 2.

eines Gedankenaustausches, aber es hat den viel größeren Nachteil des Kräfteverbrauches und den entscheidenden Nachteil unklarer Verantwortung. In einem Kopfe muß sich der Ausgleich der verschiedenen Interessen vollziehen, so daß der gefaßte Entschluß mit voller Verantwortung in der Richtung vertreten werden kann, wo er am besten dem Gesamtinteresse dient. Was an Spezialzweigen auf dem Gebiete der Sozial-, der Landwirtschafts-, der Industrie-, der Gewerbe- und Handwerkspolitik zu erarbeiten und zu beachten ist, hat sich in den Stellen der Staatssekretäre und Ministerialdirektoren zu vollziehen.

b) Die Verkehrspolitik des Reiches kann nur eine einheitliche oder sie muß eine höchst bedenkliche sein. Die vergangenen Jahre haben Beispiele genug dafür geliefert, daß sich Reichspost und Reichsbahn einen Wettbewerb bereitet haben, nicht zum Vorteil der Wirtschaft, sondern zum Schaden der Gesamtinteressen. Welche unsinnigen Kräfte- und Kapitalverschwendungen insbesondere bei den Gemeinde- und Provinzialverwaltungen allein dadurch hervorgerufen sind, daß die Post durch Einrichtung von eigenen Kraftverkehrslinien die einzelnen Verwaltungen anstachelte, Straßen zu bauen und instandzusetzen weit über das vorhandene Verkehrsbedürfnis hinaus, kann nur der ermessen, der seit Jahren in diesem Betriebe drinsteckt und immer wieder bei den zuständigen Stellen seine warnende Stimme erhoben hat. Heute sind die Folgen da. Soweit ich es übersehen kann, ist sowohl die Lage der Reichsbahn als auch die Lage der Reichspost durchaus ernst. Ganz zu schweigen von den Sondertänzen, die abseits der Interessen des Reichsinstituts der Reichsbahn auf dem Gebiete des Wasserstraßenbaues sich vollzogen haben. Die Verkehrspolitik zu Luft, zu Wasser und zu Land, durch Draht, Bahn, Schiff und Kraftwagen muß sich, wenn sie überhaupt in der öffentlichen Hand liegt, nach einheitlichen verkehrs- und wirtschaftspolitischen Grundsätzen vollziehen. Es ist auch nicht zuviel verlangt, daß einer der besten Köpfe des Landes dieses Gebiet übersehen soll. Das ist möglich, denn in den einzelnen Ressorts stehen wieder Staatssekretäre und Ministerialdirektoren zur Verfügung. Aber niemals war es notwendiger als heute, die kleinen Reste nationalen Kapitals so ökonomisch wie nur irgend möglich zur denkbar größten Wirkung anzusetzen, sie aber nicht in einem Ressort-Wettbewerb zu verzetteln, der, einmal entfacht, zu einer erheiternden Selbstverständlichkeit wird.

Ich bin mir bewußt, daß die Frage der Zusammenlegung von Ministerien eine politische ist. Ich behaupte, daß politische Schwierigkeiten überwunden werden müssen, wenn es nottut, um das Vaterland vor weiteren Schädigungen zu bewahren, und wenn dadurch eine größere Gewähr seiner Rettung verbürgt wird.

c) Die Reichsministerien leiden an mangelndem Unterbau. Die Folge ist, daß viele der hervorragenden Kräfte, die in den Reichsministerien arbeiten, der mangelnden praktischen Erfahrung im unteren und mittleren Verwaltungsdienst entbehren. Es ist notwendig, hier das Generalstabsprinzip wieder einzuführen. Erst der in der unteren Verwaltungsstelle Bewährte darf in das Ministerium berufen werden, und zwar als Hilfsarbeiter. Bewährt er sich, so muß er wieder, und zwar nunmehr in die mittlere Verwaltung, hinausgeschickt werden, um dann als Ministerialrat in das Ministerium einzuziehen. Dann folge eine leitende Stellung im praktischen Verwaltungsdienst und dann die Berufung in die höheren Stellen des Ministeriums. Nur so wird gewährleistet, daß im Ministerium eine genaue Kenntnis von den Bedürfnissen im Lande, von den Verwaltungsverfahren in der unteren und mittleren Instanz gesichert wird, daß hierauf sich ein ebenso gesundes Zutrauen wie ein ebenso gesundes Mißtrauen in das aufbaut, was unten geschieht. Aber ein blindes Zutrauen und ein blindes Mißtrauen, wie man ihnen jetzt so vielfach in den Ministerien begegnet, ist in gleichem Maße ungesund. Das eine führt zu einer Zurückhaltung in disziplinarer Beziehung, die nicht verantwortet werden kann; das andere zu einer Vielregiererei von oben, die Arbeitslust und Verantwortungssinn in der mittleren und unteren Instanz totschlagen. Wir haben auf diesem Wege schon 90% des erzielbaren schlechten Effektes erreicht.

d) Zu diesem Zwecke wird es notwendig sein, daß das Reich mit den Ländern sich in ein praktischeres Verhältnis setzt. Das Reich muß das Recht haben, Stellen in der Landesregierung in bestimmtem Umfange mit verdienten Ministerialbeamten zu besetzen. Wenn es gewünscht wird, so mag der Ministerialbeamte die Landsmannschaft des betreffenden Landes haben. Ich hoffe, man verzichtet allmählich darauf, denn nichts ist für unser Volk nützlicher als eine allmähliche vorsichtige und weise vielseitige Verwendung der guten Beamtenkräfte. Nichts bildet den Beamten mehr zum Nutzen des Volks als die Tatsache, daß er in verschiedenen Landesteilen deren Eigenart und die besonderen Bedürfnisse der Bevölkerung kennengelernt hat. Die sicherste Grundlage für die Reichsverwaltung wäre eine innige Verbindung mit der preußischen Verwaltung.

e) Es darf nicht davor zurückgeschreckt werden, auf der Grundlage des Art. 48 der Reichsverfassung preußische Ministerien mit Reichsministerien zu verbinden.[17] Das gilt vor allem für die beiden Innenministerien, das Landwirtschafts- und das Handelsministerium. Sie können mit den entsprechenden Reichsministerien verbunden werden. Die preußische Kultusverwaltung kann selbständig bleiben. Auch die preußische Finanzverwaltung wird mit Rücksicht auf die anderen Länder zunächst ein rein preußisches Ressort bleiben können. Es ist notwendig, diesen Schritt auf Grund des Art. 48 der Reichsverfassung zu machen, denn in den kommenden Jahren äußerster Kraftanspannung des deutschen Volkes ist es erforderlich, dem Reichspräsidenten und seinen Ministern zunächst die Exekutive in dem größten deutschen Lande zu sichern.

f) Die Zuständigkeiten zwischen Gesetzgebung und Verwaltung sind unklar. Zwar haben die Verordnungen auf Grund des Art. 48 der Reichsregierung jetzt

[17] Vgl. zu der erst drei Monate später stattgefundenen Reichsexekution gegen Preußen Gerhard Schulz: „Preußenschlag“ oder Staatsstreich? Neues vom 20. Juli 1932, in: Der Staat 17 (1978), S. 553- 581 sowie Hans-Peter Ehni: Bollwerk Preußen? Preußen-Regierung, Reich-Länder-Problem und Sozialdemokratie 1928–1932, Bonn 1975.

diejenige Zuständigkeit verschafft, die sie braucht, um eine geordnete Finanzverwaltung im Rahmen des Etats aufrecht zu erhalten.[18] Es ist mehr erforderlich. Man muß auf Grund des Art. 48 den Grundsatz festlegen, daß der Reichstag nicht imstande ist, ohne Zustimmung der Reichsregierung Ausgaben zu beschließen außerhalb des Etats. Innerhalb des Etats ist seine Zuständigkeit dahin zu begrenzen, daß er Ausgabenansätze nur erhöhen kann, wenn er gleichzeitig durch Einsparungen an anderer Stelle oder durch Bewilligung neuer Einnahmequellen, nicht durch Erhöhung des Einnahme-Solls, den erforderlichen Ausgleich schafft. Diese Konstituierung des Budgetrechts des Reichstags erscheint mir ebenso wesentlich wie die Festlegung der Rechte der Regierung beim Nichtzustandekommen des Etats.

g) Die gleiche klare Zuständigkeitsregelung zwischen Legislative und Exekutive muß auch in der Länder- und Gemeindeinstanz erfolgen. Die Notverordnung vom August v.J. hat den Anfang in dieser Richtung gemacht, indem sie den Länderregierungen die Befugnis erteilt, unabhängig von den Landtagen die Staatshaushalte in Ordnung zu bringen. Dieser Zustand muß in eine klarere, auf die Dauer berechnete Form gegossen werden. Es muß bestimmt werden, daß die Landtage zur Ausübung ihrer Rechte einmal im Jahre im Monat März zusammenzutreten haben. Sie erhalten dadurch die Stellung der preußischen Provinziallandtage, die sich hervorragend bewährt haben. Die dauernde Beunruhigung der Reichspolitik durch die Länderparlamente ist nicht tragbar. Um die verfassungsrechtliche Stellung der Landtage zu wahren, ist ihnen die Befugnis zu geben, daß sie einen Hauptausschuß einsetzen, der die sonstigen, dem Landtag bisher obliegenden Aufgaben der Länderregierung gegenüber in nichtöffentlicher Sitzung wahrnimmt.[19] Den Ländern kann die Befugnis zugebilligt werden, diese Hauptausschüsse zu betrauen mit der Beschlußfassung über wichtige Maßnahmen der laufenden Verwaltung im Rahmen der gleichen Zuständigkeit, die die preußischen Provinzialausschüsse haben.

h) Eine gleiche Bereinigung muß bei den Gemeinden erfolgen. Es ist unverantwortlich, daß auch von den Parlamenten großer, mittlerer und kleinerer Gemeinden eine dauernde Beunruhigung der öffentlichen Meinung und der Reichspolitik ausgeht. Zur Wiederherstellung des Ansehens des Parlamentarismus ist es erforderlich, die Öffentlichkeit von dem Schauspiel zu befreien, das heute die unfruchtbare Tätigkeit der Gemeindeparlamente vielfach bietet. Auch sie sollen daher in Gemeinden über 30.000 Einwohner grundsätzlich nur zweimal im Jahre, in kleinen

---

[18] Gemeint ist die sogenannte Dietramszeller Notverordnung vom 24.8.1931 (RGBl. 1931/I, S. 453), mit der Maßnahmen zur Haushaltssicherung von den Länderregierungen auf diktatorischem Wege gegen die Länderparlamente durchgesetzt werden konnten.

[19] Vgl. zum Konzept des Hauptausschusses, das aus der Kommunalpolitik stammte und das Ziel einer starken Beschränkung der parlamentarischen Vertretungskörperschaften verfolgte, die Einführung zu Kapitel 1.

Gemeinden grundsätzlich nur einmal in jedem Monat zusammentreten, um den Haushaltsplan und solche Angelegenheiten zu erledigen, für die nicht die Zuständigkeit eines Hauptausschusses begründet ist. Im übrigen scheiden sie einen Hauptausschuß aus, der der Verwaltung (dem Oberbürgermeister, dem Magistrat oder dem Rat) gegenüber in nichtöffentlicher Sitzung die Funktionen der Stadtverordneten-Versammlung wahrnimmt.

i) Zur Hebung des Ansehens des Parlamentarismus und der Verantwortlichkeit ist ferner das aktive und passive Wahlalter zu Wahlen für Reichstags-, Landtags- und Gemeindevertretungen auf das 24. Lebensjahr festzusetzen. Auch hierzu reicht m.E. Art. 48 aus. Dabei muß angesichts der heutigen Stellung des Parlaments ausgeschlossen werden, daß dem Reichstag ein Reichsbeamter, den Landtagen ein Staatsbeamter, den Stadtverordneten-Versammlungen ein Gemeindebeamter, -angestellter oder -arbeiter angehören darf. Die Tatsache, daß das heute gestattet ist, hat zu ganz großen Verwirrungen und Verwischungen der Verantwortlichkeit geführt. Sollen die Parlamente ihrer ursprünglichsten Funktion, der Beaufsichtigung, gerecht werden, so kann diese Aufsicht nicht denjenigen mit anvertraut werden, die beaufsichtigt werden sollen. Auch zur Durchsetzung dieser Maßnahme genügt der Art. 48.

k) Endlich ist die Selbstverwaltung wieder tragbar zu machen. Wird sie tragfähig, so entlastet sie die Reichspolitik in eminenter Weise. Es werden neue Ströme des Vertrauens und der Verantwortungsfreudigkeit von unten ausgehen, wenn diese Tragfähigkeit wieder hergestellt wird. Denn Tragfähigkeit bedeutet nicht anderes als verantwortungsbewußte und vertrauensvolle Mitarbeit. Sie fehlt heute zum Teil aus den obenerwähnten Gründen, zum Teil aus der Tatsache heraus, daß die Gemeindevorstände zerrieben werden zwischen den Notwendigkeiten, die ihnen ihre Einsicht diktiert, dem Wettlauf der Parteien in vielen Gemeindevertretungen sowie endlich dem Eingriffsrecht des Staates.

Auch hier kann durch ganz einfache Mittel vollkommene Klarheit erzielt werden:

1. Eine im wesentlichen sich an den Vorschlag des Herrn Popitz anlehnende Etats- und Kassenordnung muß die Zuständigkeiten auf dem wichtigen Gebiete der Verwaltung zwischen Gemeindevorstand, Gemeindevertretung und Aufsichtsbehörde klar regeln.[20] Da, wo die Gemeindevertretung sich den Notwendigkeiten der Zeit versagt, muß der Gemeindevorstand berechtigt sein, allein zu handeln mit voller strafrechtlicher, zivilrechtlicher und disziplinarrechtlicher Verantwortung gegenüber der Gemeinde, dem Staat und dem Reich.
2. Die Stellung des Gemeindevorstandes gegenüber der Gemeindevertretung muß auch auf anderen Gebieten befestigt werden (vgl. oben).[21] Der Gedanke der Selbstverwaltung wird durch diese Maßnahme in keiner Weise berührt.

[20] Vgl. zu den von Johannes Popitz angestrebten Reformen S. 39, Anmerkung 13.
[21] Vgl. dazu die Einführung zu Kapitel 1, oben S. 1 ff.

Für ihn sind andere Tatsachen, die unberührt bleiben, entscheidend. Das ist einmal die Wählbarkeit des Gemeindevorstandes, der also der denkbar schärfsten Kritik seiner Tätigkeit ausgesetzt bleibt; ferner die Mitwirkung des neu zu bildenden Hauptausschusses, der dem unverantwortlichen Parteitreiben ein Ende machen soll, und endlich die Mitarbeit von Ehrenbeamten in der Gemeindevertretung sowie in den Gemeindeämtern, die ebenfalls aufrecht erhalten bleibt, allerdings unter der ferneren Voraussetzung:

3. In allen Ländern müssen die Gemeindevorsteher (Bürgermeister) eine klare persönlich verantwortliche Stellung erhalten, so daß sie nach außen und innen wirklich haftbar sind.[22] Diese Grundsätze müssen durch Notverordnung festgesetzt werden.

l) Das Beamtentum ist ähnlich, wie es in der Reichswehr geschehen ist, stärker zu entpolitisieren. Ein straffes Reichsdisziplinarrecht ist nötig; das neue preußische Gesetz wird allmählich die Disziplin in der Beamtenschaft zersetzen.

### *III Kulturpolitik*

Wir haben ein Jahrzehnt der Experimente und der Verbildungsarbeit hinter uns. Es gilt, sich wieder klar zu werden, daß der wichtigste Träger aller Kultur die Familie und nicht die öffentliche Hand, vertreten durch ihre Schulen und Bildungseinrichtungen, ist. In die Schule und die Universitäten gehört die Beschäftigung mit den Dingen, die normalerweise die Familie nicht mehr vermitteln kann. Nicht mehr und nicht weniger! Der Unterricht hat nicht, wie es vielfach geschehen ist, das Kind als Individuum in den Mittelpunkt zu stellen, sondern das Kind zum Mitglied der Gemeinschaft zu erziehen. Die Erziehung muß ferner nicht eine nationalistische, aber eine absolut bewußt nationale sein. Das vielfach geübte Experiment, die Schule, insbesondere die Volksschule, entnationalisieren zu wollen, dabei aber gleichzeitig das Kind zum politischen Staatsbürger zu erziehen, muß als vollkommen gescheitert betrachtet werden. Das Produkt ist der Radikalismus, ist eine gewisse Überheblichkeit, ist der Mangel an Achtung vor der Erfahrung. Auf der Achtung vor der Tradition, auf der Achtung vor dem Alter, auf der Liebe zur Nation, auf der Ehrfurcht vor dem Ewigen muß sich die Erziehung wieder aufbauen. Sie soll so einfach wie möglich sein. Nicht die Großartigkeit der Unterbringung, nicht der Reichtum der Lehr- und Lernmittel sichert die beste Erziehung, sondern Geist und Liebe tun dies. Zu ihr ist unsere Lehrerschaft, wenn sie dazu aufgerufen wird, im vollen Maße befähigt.

Die Bildungsstätten sind in der Zahl zu verringern, gleichartige sind zusammenzulegen, die Vielfältigkeit der Schulformen ist zu beseitigen, die Anforderungen sind in Übereinstimmung zu halten mit dem, was der Beruf später erfordert. Man verlange viel von dem künftigen Ingenieur, Arzt, Juristen, Philologen und Verwaltungsbeamten, man verlange aber nicht von der künftigen Gewerbelehrerin eine

---

[22] Vgl. dazu auch Goerdelers Schreiben an Karl Rothe vom 24.3.1930; Dok. 1.2.1, oben S. 48 ff.

7-jährige Ausbildung, die weder der Staat noch die Eltern bezahlen können, man verlange nicht Vorbildungen und Prüfungen, die irgendwie entbehrlich sind. Denn das alles kostet Geld und erweckt Erwartungen. Geld ist nicht da, Erwartungen können nur in bescheidenem Umfange befriedigt werden.

Die Erziehung der Jugend muß den Wehrwillen und die Wehrfähigkeit stärken. Nicht Zersplitterung in Sportvereine, Rekordsüchtelei und politische Militärformationen. Sondern vom Staat selbstbewußt geleitete Zusammenfassung in großen Organisationen. Im gleichen Zuge kann mit den Parteiheeren, in denen viel Idealismus steckt, Schluß gemacht werden; das Reich hat sie, insbesondere alle Vereinigungen auf Schulen, im gleichen Augenblick zu verbieten, aber gleichmäßig und nur im gleichen Zuge, in dem positive Maßnahmen auf den bezeichneten Gebieten den Willen des Staates klar bekunden, seine Souveränität wieder kraftvoll und rücksichtslos zu stabilisieren.

Diese Vorschläge habe ich in aller Kürze skizziert. Sie sind selbstverständlich so weit durchgeprüft und durchdacht, daß die erforderlichen Verordnungen in kurzer Zeit im Wortlaut fertiggestellt werden können.

*Schlußbemerkung:*

Ich halte es für notwendig, alle diese Reformen im Laufe dieses Sommers anzugreifen. Sie werden in unserer Wirtschaft Luft schaffen, werden die Einzelenergien anfachen, werden unseren Deutschen wieder Zutrauen zur Staatsführung und den Glauben an die Zukunft schenken, werden die Jugend gewinnen. Auf dieser Grundlage ist die Außenpolitik durchführbar.
Leipzig, im April 1932.

## 3.3 *Brief Goerdelers an Ulrich Goerdeler*

*handschriftlicher Brief vom 29.1.1933; Privatbesitz.*
Beurteilung der politischen Lage: Hoffnung auf eine parlamentarische Mehrheitsregierung.

[1] Mein lieber Junge[1],
laß dir die abgebrochene Partie nicht zu Herzen gehen. Immer Ruhe. Du kannst ja schließlich auch im nächsten Semester noch zu einer Partie mal hinfahren. Also du siehst, ich nehme solche Selbstverständlichkeiten nicht tragisch.

Zum 18.2. habe ich gar keine Wünsche – ladet, wenn Ihr wollt, auch Herrn Wolf, den ich zu grüßen bitte. Sein Geschick tut mir leid, [2] aber er sieht nun, daß Beständigkeit nicht gleichbedeutend ist mit egalisierender, in Wahrheit gemachter Kameradschaft.

---

[1] Ulrich Goerdeler, Jahrgang 1913, war Goerdelers ältester Sohn. Zu dem Zeitpunkt der Abfassung des Briefes studierte Ulrich Jura in Marburg.

Wir haben hier alles in bester Ordnung gefunden; in Garmisch fehlte die Sonne doch sehr. Sonst war es aber sehr schön.

In Berlin ist der Pfeil auf den Schützen zurückgeflogen.[2] Die Hauptsache ist nun, den Intrigen ein Ende zu machen, allen Parteiführern bis zur SPD die Chance zu geben, eine parlamentarische gesicherte Regierung zu bilden, u[nd] wenn sie das nicht vermögen, durchzugreifen mit einer breit zusammengesetzten Regierung.[3] Hoffentlich gelingt es, die Verantwortlichen dazu zu bringen. Laß es dir gut gehen mein lieber Junge.
Innigen Kuß dein treuer Vater.

## 3.4 *Denkschrift zur Wirtschaftspolitik und zum Arbeitsrecht*

*maschinenschriftliche Denkschrift vom 7.9.1933; Privatbesitz.*
Maßnahmen zur Sanierung der öffentlichen Haushalte: äußerste Sparsamkeit, Beschränkung der Arbeitsbeschaffungsmaßnahmen, Einführung von Pflichtarbeit für Unterstützungsempfänger, Vereinheitlichung der kommunalen Finanzverordnungen, Abkehr von künstlicher Kreditschöpfung. Ersetzung des Tarifvertragswesens durch Betriebsregelungen mit staatlichen Eingriffsrechten; Zusammenfassung von Arbeitgebern und Arbeitnehmern in der DAF; Überantwortung von Sozialversicherung und Entscheidungsbefugnis in arbeitsrechtlichen Angelegenheiten an die DAF.

Die Sanierung der öffentlichen Etats ist das erste Erfordernis für eine Wiedergesundung der Wirtschaft. Von ungesicherten öffentlichen Etats gehen dauernd Beunruhigungsfaktoren in die Wirtschaft. Sie können sich schließlich zu staatsgefährlichen Unruheherden entwickeln.

Der Ausgleich der Gemeindeetats ist insbesondere deshalb notwendig, weil wir möglichst bald von der übersteigerten öffentlichen Arbeitsbeschaffung[1] loskommen

---

2 Goerdeler spielt hier auf die Schlüsselrolle Kurt v. Schleichers für die Berufung und den Sturz der Kabinette Brüning und Papen an (vgl. dazu Dokument 2.2.7, Anmerkung 21). Nachdem Schleicher im Dezember 1932 selbst Reichskanzler geworden war, scheiterten seine Versuche zur Bildung einer Querachse an der Intransigenz der NSDAP sowie der Zurückhaltung der Freien Gewerkschaften. Am 28. Januar 1933 trat er von seinem Posten zurück. Vgl. Mommsen, Aufstieg und Untergang, S. 593 ff.

3 Der Rücktritt Schleichers und die politischen Sondierungsgespräche Franz v. Papens ließen zunächst zwei Möglichkeiten als wahrscheinlich erscheinen: entweder die Bildung eines weiteren Präsidialkabinetts ohne parlamentarische Mehrheit, oder eine parlamentarisch gesicherte Regierung unter Einbezug der NSDAP. Mit der zu erwartenden Reichstagsauflösung und Neuwahlen bestand jedoch auch die Möglichkeit einer parlamentarischen Mehrheitsregierung.

1 Das erste große Arbeitsbeschaffungsprogramm der Nationalsozialisten, der sogenannte Reinhardt-Plan vom Juni 1933 („Gesetz zur Verminderung der Arbeitslosigkeit“ vom 1.6.1933; RGBl. 1933/I, S. 323-329), hatte eine Milliarde RM zur „Förderung der nationalen Arbeit“ zur Verfügung gestellt. Neben infrastrukturellen Maßnahmen waren besonders Finanzie-

müssen. Es sind schon jetzt bedenkliche Wirkungen sichtbar. Nachdem es eben gelungen war, in jahrelanger Arbeit ein gewisses Verantwortungsbewußtsein der Selbstverwaltung für die Heiligkeit des Etats angesichts der Notlage der Wirtschaft zu erziehen, machen sich jetzt bereits die ersten Anzeichen verminderten Verantwortungsgefühls gegenüber einer Neuverschuldung bemerkbar. Unter der berückenden Idee, die Arbeitslosigkeit schnellstens über den Haufen zu werfen, erstickt die Sorge, wie denn eigentlich die Annuitäten in den nächsten Jahren aufgebracht werden sollen. Dauert diese Wirkung noch einige Zeit an, so wiederholt sich 1920 bis 1929 in verkürztem Tempo. Es sind aber auch bereits ungünstige Wirkungen auf die Wirtschaft feststellbar. Nach einmütiger Meinung der hiesigen Wirtschaftsvertreter hat der 20%ige Zuschuß zu Instandsetzungsarbeiten an Hausbesitzer dazu geführt, daß nunmehr der Hausbesitzer normale Unterhaltungsarbeiten solange aufschiebt, bis er schließlich auch einmal an die 20% herankommt.[2] Sobald Reichsmittel zur Verfügung gestellt werden, erfolgt ein Stoß, dann sofort wieder ein Absacken.

Ausgeglichene öffentliche Haushalte, bei denen äußerste Sparsamkeit unvermeidlich sein wird, haben den großen Vorteil, daß die Wirtschaft jährlich ein übersehbares, mit einer soliden Finanzgebarung vereinbarliches festes Auftragsvolumen erhalten kann.

Mit der Sanierung der Etats müssen die öffentlichen Arbeitsbeschaffungsmaßnahmen durch die Gemeinden wesentlich eingeschränkt werden. Sie müssen sich beschränken auf diejenigen Arbeiten, die die Reichsanstalt mit Grundförderung finanzieren kann, ferner auf große Arbeiten, die mit Bedarfsdeckungsscheinen ausgeführt werden können. Alle anderen Mittel, auch die 20%igen Zuschüsse für Instandsetzungen an Hausbesitzer müssen fallen. Im übrigen sollen aber die Gemeinden verpflichtet werden, Unterstützungen an Arbeitslose nur noch zu zahlen, wenn dafür mindestens 4 Stunden am Tage gemeinnützige Arbeit geleistet wird. Es ist das das einzige Mittel, um unberechtigten Unterstützungsbezug, Schwarzarbeit und ähnliche Erscheinungen zu verhindern.

---

rungen im Bereich der vorstädtischen Kleinsiedlung und des Wohnungsbaus vorgesehen. Die Nationalsozialisten konnten dabei auf Vorarbeiten der Kabinette Papen und Schleicher zurückgreifen, da sowohl Arbeitspläne als auch Maßnahmen zur Wechsel-Vorfinanzierung (s.u., Anmerkung 12) bereits vorlagen. Vgl. Barkai, Wirtschaftssystem, S. 153 ff. sowie Christoph Buchheim: Zur Natur des Wirtschaftsaufschwungs in der NS-Zeit, in: Ders. u.a. (Hg.): Zerrissene Zwischenkriegszeit, S. 97-119.

2 Als Anreiz für private Hausbesitzer, Instandhaltungs- und Umbauarbeiten vorzunehmen, insbesondere Arbeiten zur Wohnraumschaffung durch Umbau sonstiger Räume und Teilung vorhandener Wohnfläche, wurden staatliche Zuschüsse von 20% – 50% gewährt. Da die Zuschüsse erst ab einer bestimmten Gesamtkosten-Summe beantragt werden konnten, war es für Hausbesitzer unter Umständen kostengünstiger, notwendige Arbeiten zunächst hinauszuzögern. Vgl. Führer, Mieter, S. 215 sowie Guido Golla: Nationalsozialistische Arbeitsbeschaffung in Theorie und Praxis 1933 bis 1936, Köln 1994, S. 104-110.

Für die Sanierung der öffentlichen Etats setze ich voraus, daß die Länder sich selbst helfen müssen und können. Sie haben weder eine untragbare Verschuldung noch sind sie an den Wohlfahrtslasten beteiligt. Außerdem können sie ihre Ausgleichsfonds herabsetzen, wenn die nachfolgenden Maßnahmen durchgeführt werden.

Auszugleichen sind daher Reichsetat und Gemeindeetats. Ich unterstelle, daß dem Reich zum Ausgleich und zur Erfüllung der im nachstehenden erwähnten Lasten etwa ein Betrag von 500 Millionen RM fehlt.

Es gibt mehrere Wege:

a) Die gesamten Wohlfahrtslasten der Gemeinden betragen heute rd. 2,1 Milliarden RM, wobei ich eine durchschnittliche Zahl von Wohlfahrtserwerbslosen von 2,2 Millionen unterstelle. Hiervon können die Gemeinden tragen 1 Milliarde, verbleibt 1,1 Milliarde. Zahlt das Reich Wohlfahrtshilfe nach den bisherigen Sätzen weiter, so gehen von dieser 1 Milliarde ab 820 Millionen; es fehlen also den Gemeinden 280 Millionen oder für die letzten 6 Monate je 45 Millionen.

b) Die Annuitäten der Gemeindeschulden betragen etwa 900 Millionen. Sie sind also der geringere Belastungsposten gegenüber der Belastung mit dem auch nur tragbaren Teil der Wohlfahrtslasten. Die Annuitäten sind übersehbar, die Wohlfahrtslasten nicht.

Somit muß die erste Maßnahme einsetzen bei den Wohlfahrtslasten. Wie das zu geschehen hat, ist von mir wiederholt vorgeschlagen. Der Gesetzentwurf, der im Juli dem Reichskabinett vorgelegen hat, ist der richtige; er muß baldmöglichst auf jeden Fall in Kraft gesetzt werden.[3] In einzelnen Gemeinden verschiedener Landesteile sollte man schon in der Übergangszeit die im Gesetz vorgeschriebene Regelung einführen, um Erfahrungen zu sammeln. Bis zum Einführungstermin muß sofort gehandelt werden. Es gibt hierfür die verschiedensten Möglichkeiten. Die Pläne, die hierüber augenblicklich in den Kreisen der beteiligten Ministerien erörtert werden, halte ich für grundsätzlich richtig. Nur ist es dringend erforderlich, den Schlüssel für die Verteilung der Arbeitslosen-Wohlfahrtshilfe zu verändern und zwar zu Gunsten mit Wohlfahrtserwerbslosen besonders belasteter Gemeinden.[4]

---

3 Der Gesetzentwurf über Arbeitslosenhilfe, der in der Kabinettssitzung vom 14.7.1933 beraten wurde (vgl. BAB, R 43 I/1464, Bl. 17-58; abgedruckt in: AdR Hitler, Teil I, Bd. 1, S. 659-687), war in enger Zusammenarbeit mit den kommunalen Spitzenverbänden und unter besonderem Engagement Goerdelers entstanden (vgl. Vorgang in ebd., R 43 II/534, Bl. 35-153). Nachdem sich zunächst Göring dagegen ausgesprochen hatte, Vertreter der kommunalen Spitzenverbände zu Gesetzgebungsarbeiten hinzuzuziehen, da er „Versuche zur Wiederherstellung der früheren Nebenregierung der alten Spitzenverbände" befürchtete, (vgl. Schreiben Görings an Lammers vom 3.7.1933; ebd., Bl. 163) vollzog Hitler schließlich – nach anfänglicher Unterstützung – in der Kabinettssitzung vom 14. Juli eine Kehrtwendung und erreichte die Zurückziehung der Gesetzesvorlage (AdR Hitler, Teil I, Bd. 1, S. 671).

4 Der Gesetzentwurf zur Arbeitslosenhilfe sah ursprünglich keine Unterscheidung mehr vor zwischen Arbeitslosen-, Krisen- und Wohlfahrtserwerbslosen-Unterstützung; vgl. ebd., S. 668.

Es erscheint mir ferner möglich, von vornherein Gemeinden mit vorwiegend landwirtschaftlichem Charakter von der ganzen Fürsorge abzuhängen. Für sie könnte die Bestimmung gelten: „Gemeinden mit vorwiegend landwirtschaftlichem Charakter erhalten keine Reichszuschüsse. Sie sind berechtigt, den wesentlichen Teil der Unterstützung dadurch zu gewähren, daß sie den Arbeitslosen Unterkunft und Verpflegung gegen eine Arbeitsleistung verschaffen, die täglich 4 Stunden nicht überschreiten darf (vgl. ...).“[5]

Dringend notwendig erscheint es mir, bei der Durchführung dieser Pläne den Reichsetat mit in Ordnung zu bringen. Das muß durch folgende Maßnahmen geschehen:

Die Beamten müssen zu einem erhöhten Opfer für die Arbeitslosenfürsorge herangezogen werden. Es beträgt jetzt 1½%; es kann unter Befreiung von allen Spenden usw. auf 6% erhöht werden.[6] Daraus ergibt sich eine Mehreinnahme von 300 Millionen RM. Ein etwa erforderlicher Rest muß zunächst für das laufende Jahr im Kreditwege aufgebracht werden.

Werden diese Maßnahmen getroffen, so sind die Gemeinden bis auf Ausnahmen bei sparsamer Wirtschaft lebensfähig. Eine allgemeine Umfinanzierung der Gemeindeschulden muß daher als unzweckmäßig bezeichnet werden. Sie muß aus der Entwicklung der Kurse von selbst heraus gesund erwachsen, sonst sind neue Beunruhigungen und Erschütterungen des Kapitalmarktes unvermeidlich. Es liegt aber gar keine Veranlassung vor, Schuldannuitäten weiter zu erleichtern als unbedingt erforderlich, im Gegenteil, Treue und Glauben und die Notwendigkeit, wieder Vertrauen in der Wirtschaft zu erwecken, verlangen Anwendung erprobter natürlicher Entwicklungsgesetze. Pflegt das Reich die Kurse seiner Anleihen, so sind bei im übrigen organischer und ruhiger Politik günstige Rückwirkungen auf den Kurs der Gemeindeanleihen zu erwarten, und dann ist Zeit zur ordnungsmäßigen Konvertierung.

In das Schuldenproblem der Gemeinden soll also nicht generell, sondern nur bei nachgewiesener Notwendigkeit im einzelnen Falle eingegriffen werden. Das Verfahren der Auseinandersetzung zwischen der Gemeinde und ihren Gläubigern ist durch Reichsgesetz zu regeln. Es stehen zwei Möglichkeiten zur Verfügung:

1. genereller Eingriff in solchen Notfällen,
2. Spezialbehandlung.

---

[5] Die Überlegung, landwirtschaftliche Gemeinden von der Regelung auszunehmen, war bereits in der Kabinettssitzung aufgetaucht; vgl. ebd., S. 670 f. In Klammern wollte Goerdeler hier wahrscheinlich auf einen Paragraphen verweisen.

[6] Der Vorschlag, Beamte verstärkt zur Kostendeckung für die Arbeitslosenhilfe heranzuziehen, wurde auch in der Kabinettssitzung vom Juli 1933 besprochen, letztendlich jedoch verworfen (ebd., S. 668 f.). Er ging zurück auf eine Initiative des Ministerialdirektors Karl-Friedrich Surén, Leiter der Kommunalabteilung im preußischen Innenministerium (vgl. Schreiben Suréns an Schwerin-Krosigk vom 5.7.1933; BAB, R 2/18516).

Den Grundsatz von Treu und Glauben und Sicherheit im Rechtsleben voranstellend, empfehle ich soweit wie möglich Spezialverfahren. Der einzelnen Gemeinde, die dem Reiche nachweist, daß sie mit den oben erwähnten Maßnahmen auch bei strengster Sparsamkeit nicht auskommen kann, soll nachgelassen werden, mit ihren Gläubigern auf einer bestimmten durch Reichsgesetz festzulegenden Grundlage unter Aufsicht eines Reichsbeauftragten zu verhandeln. Führt diese Verhandlung zum Ziel, so ist die Sache damit erledigt, und es bleibt eine sei es in der Laufzeit, sei es in der Tilgung, sei es in den Zinsen abgeänderte Spezialschuld der einzelnen Gemeinde zurück.

Führen die Verhandlungen nicht zum Ziel oder ist das erzielte Ergebnis noch nicht ausreichend, um die Gemeinde auch in bescheidenen Grenzen geordnet und leistungsfähig zu erhalten, dann erst sollte ein Verfahren einsetzen, das den Gläubiger zwingt, an Stelle der Gemeindeschuld einen entsprechenden Anteil an einer Sammelschuld zu übernehmen oder sich mit einem, wie im bürgerlichen Recht, festzustellenden Liquidationsnachlaß auszahlen zu lassen. Sammelschuldausgabe und Zahlungsstelle soll möglichst eines der bereits vorhandenen Finanzierungsinstitute werden, kein kommunales. Es besteht dann die Möglichkeit, die Gläubiger, die auf diese Sammelstelle verwiesen sind, zentral nach bestimmten Grundsätzen zu befriedigen und der entlasteten Gemeinde die für sie tragbaren Beträge an der Reichsüberweisungssteuer zu kürzen.[7] Gemeinden, die dieses Verfahren in Anspruch nehmen, müssen einer ständigen scharfen Reichsaufsicht (nicht Landesaufsicht) unterworfen bleiben. Die Landesregierungen sind zu dieser Aufsicht ungeeignet, weil auch bei ihnen lokalpatriotische Interessen sich durchsetzen.

Die staatlichen Gemeindefinanzverordnungen sind reichsrechtlich zusammenzufassen. Dem Reich ist ein unmittelbares Eingriffsrecht gegenüber Gemeinden, die versagen, einzuräumen.[8]

Soweit durch diese Schuldensanierungsmaßnahmen Gläubiger in Mitleidenschaft gezogen werden, die fremdes Kapital verwalten (es kommen insbesondere Landesbanken in Betracht), sollen auch sie keine Geschenke erhalten. Sie müssen den Verlust nach Möglichkeit in sich ausgleichen. Soweit das nicht möglich ist, soll die Akzept- und Garantiebank ihre Liquidität sichern auf der Grundlage von

---

7 Eine Kürzung der Reichsüberweisungssteuern, also der Finanzzuweisungen aus den reichsgesetzlich erhobenen Steuern, muss als Lösungsvorschlag von einem Kommunalpolitiker als äußerst ungewöhnlich gelten und kann nur mit der von Goerdeler verabsolutierten Sparsamkeitstugend erklärt werden. Als praktisches Vorbild konnte die Auseinandersetzung zwischen Gemeinden, Reichsanstalt und Reichsfinanzministerium 1931/32 herangezogen werden: Nachdem über 10.000 Gemeinden mit der Erstattung des Krisenfünftels an die Reichsanstalt im Rückstand waren, wurden die Reichsüberweisungssteuern vom Reichsfinanzministerium kurzerhand um die rückständigen Beträge gekürzt (vgl. Vorgang in BAB, R 36/1487).

8 Vgl. dazu auch Goerdelers Schreiben an Wilhelm Frick vom 30.11.1933; Dok. 1.3.3, oben S. 112 ff.

Wechseln, die von dem betr. Kapitalverwalter und vom Reich ausgestellt werden. Das Reich erhält dafür das Recht, durch Beauftragte der Reichsbank diese Kapitalverwalter fremden Geldes ständig kontrollieren zu lassen, bis die Verpflichtungen bei der Akzept- und Garantiebank erledigt sind. Als Unterlagen für die Liquiditätskredite bei der Akzept- und Garantiebank können auch statt der erwähnten Wechsel sonstige Effekten und Hypotheken dienen.

Immer wieder ist zu betonen, daß Voraussetzung für die Wirksamkeit aller dieser Maßnahmen äußerste Sparsamkeit in den Gemeindeetats bleibt und daß hier durch sachverständigste Kräfte das Reich sich ein unmittelbares Zugriffsrecht sichern muß.

Was den Reichsetat betrifft, so habe ich oben das Erforderliche gesagt. Für eine kurze Übergangszeit kann sein Ausgleich im Wege des Kredites verantwortet werden, aber nur solange, bis sich die Entwicklung unserer Wirtschaft für einen Zeitraum von etwa 2–3 Jahren übersehen läßt. Ist diese Entwicklung, was durchaus möglich und mir sehr wahrscheinlich ist, eine überaus beengte, dann muß rechtzeitig trotz aller Unpopularität für weitere Einsparung gesorgt werden. An eine großzügige gründliche Verwaltungsreform ist überhaupt noch nicht gegangen. Auf manchen Gebieten scheint mir gar eine Ausgabenvermehrung eingetreten zu sein. Reserven liegen vor allem auch im Schulwesen.

Denn dies erscheint mir notwendig: aus den Erfahrungen einer noch ganz jungen Vergangenheit zu lernen und nicht wieder den Weg vertrauensseligen Pumpes zu beschreiten. Es ist unbedingt geboten, unserem Volke zu sagen, daß die Wirkungen des Kriegsverlustes und falscher politischer und wirtschaftlicher Maßnahmen nun einmal da sind und nicht weggezaubert werden können, daß es vielmehr notwendig ist, alle Kräfte zusammenzunehmen und in gesteigerter harter Arbeit sich wieder eine neue Lebens- und Entwicklungsgrundlage zu schaffen. Das wird nicht gemacht mit Wundermitteln, mit Geschenken und Steuererleichterungen, sondern mit Opfern. Damit lehne ich eine allgemeine Steuersenkung, die im Verhoff irgendeiner belebenden Wirkung auf die Wirtschaft gemacht wird, ab, solange außenpolitische und innerwirtschaftliche Lage das Treten auf diese Ankurbelungsmaschine nicht vertretbar erscheinen läßt. Das ist heute nicht der Fall. Die außenpolitische Lage ist unklar, die außenwirtschaftliche Lage bestenfalls ebenso und in der inneren Wirtschaft ereignen sich Eingriffe und Torheiten Unberechtigter, die nicht ohne Sorge betrachtet werden können. Steuersenkungen, die jetzt erfolgen, haben also das voraussichtliche Ergebnis, narkotisch auf der einen Seite zu wirken und auf der anderen Seite zu verpuffen.

Eine vertretbare Belebungsmöglichkeit sehe ich allerdings. Die Wirkung der öffentlichen Arbeitsbeschaffungsmaßnahmen in Verbindung mit der Einführung der Pflichtarbeit für alle Unterstützten muß sich m.E. mindestens in einer 10%igen Senkung der Unterstütztenzahlen gegenüber den bisher angenommenen Zahlen zeigen. Ist das richtig, so sinkt die Zahl mindestens um 500.000 nachhaltig; das ergibt eine Ersparnis von 250 Millionen. Unter Hinzunahme eines weiteren bescheidenen Reichskredits von etwa 50 Millionen besteht daher die vertretbare Möglichkeit, die Hauszinssteuer, die jetzt etwa 800 Millionen im Jahre erbringt, um 1/3 zu senken. Diese Senkung würde ich zur Hälfte den Mietern zukommen lassen, zur Hälfte dem Hausbesitzer. Die Mietzinssteuer ist 40,8% der Miete. Wird die Mietzinssteuer um 1/6 zu Gunsten der Miete gesenkt, so ergibt sich also eine Mietsenkung von ungefähr 6,5%.[9] Ich warne vor jeder weiteren Bedingung, die an diesen Nachlaß geknüpft werden könnte. Wir müssen uns endlich einmal daran gewöhnen, daß jede Entlastung der Wirtschaft irgendwie der gesamten Volkswirtschaft zugute kommt. Je größer das Vertrauen ist, d.h. je mehr verständige Freiheit gelassen wird, desto sicherer. Denn selbst wenn dieser Nachlaß dazu benutzt wird, um alte Schulden abzudecken, dann wird eben wieder eine Bank liquide, eine weitere Vernichtung von Volksvermögen verhütet und die Kreditmöglichkeit vergrößert. Es wird im allgemeinen viel zu neidisch gedacht; in Wirklichkeit ist der Vorteil, der dem einzelnen zufließt, auch ein Vorteil für die Gesamtheit. Der soziale Ausgleich liegt auf einem ganz anderen Gebiete.

Diese Maßnahme zielt bereits auf eine echte Belebung der Wirtschaft durch Stärkung der in ihr selbst tätigen Kräfte hin. Es ist dringend notwendig, daß solche positiven Maßnahmen verbunden werden mit der Sanierung der Etats, sonst lastet die Aufgabe, die Arbeitslosigkeit zu mildern, eben nur auf der öffentlichen Hand mit allen obenerwähnten Gefahren. Zu ihnen tritt eine neue, die nicht mehr als Gefahr, sondern bereits als gefährliche Tatsache zu bezeichnen ist. Aus den Anlagen ist ersichtlich, daß auf allen Gebieten eine Preissteigerung im Gange ist. Hinter den Worten „Gemeinnutz geht vor Eigennutz“ hat sich für den Kenner nicht überraschend eine kurzsichtige Profitgier entwickelt, die sofort totgeschlagen werden muß. Die Rettung der deutschen Wirtschaft kann nicht von der Preisseite her erfolgen, denn das hätte zur Voraussetzung ganz andere Kapitalreserven; sie kann nur von der Umsatzseite her erfolgen. Und deswegen ist es so dumm, daß die nationale Erhebung in einer gewissen wirtschaftlichen Verwirrung zu solchen Manövern ausgenutzt wird. Alles, die Sanierung der öffentlichen Etats, die Aufwendung von Mitteln für die Arbeitsbeschaffung, die unpopulären Maßnahmen zur Belebung der Wirtschaft, ist vollkommen sinn- und zwecklos, wenn die Preissteigerung nicht sofort rückgängig gemacht wird. Der reine Lebenshaltungsindex ist bereits in den letzten 3 Monaten um 2% gestiegen. Von dem Volkseinkommen wird also bereits etwa 1 Milliarde mehr für Preissteigerungen verwendet; diese gehen dem vermehrten Absatz verloren.[10] Noch so weiter und bei einer Steigerung von 6 – 8% ist die Gesamtwirkung der Arbeitsbeschaffungsmaßnahmen verrauscht. Nichts

---

9 Vgl. zur Wohnraumbewirtschaftung und den Baukosten S. 286 f., Anmerkungen 12 und 13. Die Lockerung der Mietpreisbindung wurde von den Nationalsozialisten weiter verfolgt bis zur Einfrierung der Mietpreise 1936; vgl. Führer, Mieter, S. 210 ff.

10 Vgl. dazu die Schriften Goerdelers zu seinem ersten Reichspreiskommissariat; Dok. 2.3.1 ff., oben S. 214 ff.

bleibt dann übrig als eine neue Verschuldung, die Arbeitslosenzahlen steigen wieder und dann wird nach dem Schuldigen gesucht.

Notwendig ist, um alle erwähnten Maßnahmen zu einer natürlichen Belebung der Wirtschaft zu bringen, eine eiserne Preisüberwachung. Es ist nicht wahr, daß wir nur unter Preisschleuderei gestanden haben, es ist aber wahr, daß 95% aller Preise vollkommen ausreichend sind, wenn nur der Umsatz sich um 20% etwa hebt.

Was kann zur Förderung des Umsatzes weiter geschehen?

Nichts, als daß besonders die Wirtschaft von den Fesseln sinnloser Tarifverträge ebenso freigemacht wird wie von den Einbildungen aller möglichen Stellen, man könne die Wirtschaft gängeln. Das kann man nicht, man kann ihr nur einen großen Wirkungsraum und gesunde Rechtsgrundlagen verschaffen. Dann muß jeder einzelne nach seinen Fähigkeiten in diesem Raume arbeiten. Die schwerste Fessel für eine natürliche Wiederbelebung der Wirtschaft sehe ich in der Wahnsinnsvorstellung, daß zu allen Zeiten unter allen Umständen mehr als 8 Stunden nicht gearbeitet zu werden braucht, um existieren zu können. Die notwendige Arbeitsleistung des einzelnen und des Volkes richtet sich nach den natürlichen Verhältnissen, in denen es lebt. Diese sind augenblicklich für Deutschland, was Absatzmöglichkeit nach dem Ausland und was erarbeitetes Kapital betrifft, außerordentlich schmal, also muß viel gearbeitet werden.[11] Aber dringend warnen muß ich vor der künstlichen Kapitalschaffung;[12] die haben die späteren Jahre, insbesondere unsere Kinder zu büßen, und die werden es ohnehin schwer genug haben. Das sind alles Aushilfsmittel, die uns über Schwierigkeiten nicht hinweghelfen werden, und wenn je, so ist jetzt die Stunde gekommen, sich zur Wahrheit zu bekennen und die nationale Macht für ihre Durchsetzung einzusetzen. Hohe Leistung des einzelnen innerhalb eines für den Warenverkehr tragbaren Preises führt zur Konsolidierung niedriger Preise bei steigender Kaufkraft. Ob man den Umweg über die 36-Stunden-Woche gehen will, ist nicht entscheidend. Man kann es tun und behält dann die organische Entwicklung fest in der Hand. Man bringt mit ihm etwa 1,2–1,5 Millionen Menschen neu unter und kann 8 Wochen später die nächsten 6 Stunden freigeben und so fort, bis in Jahresfrist auf verständiger Lohngrundlage die Arbeitszeiten nicht mehr das Entscheidende sind, sondern die Leistungen.

---

11 Vgl. zu Goerdelers Forderung nach einer Aufweichung des Tarifvertragsrechts seine Denkschrift für Paul v. Hindenburg vom April 1932; Dok. 3.2, oben S. 313 ff.

12 Die Defizitfinanzierung der nationalsozialistischen Arbeitsbeschaffung konnte auf das Schleicher-Programm zurückgreifen, indem Arbeitsbeschaffungswechsel unter rein formaler Einhaltung des Wechselrechts und des Bankgesetzes von kurzfristigen zu langfristigen Verschuldungen umgewandelt wurden. Die gesetzliche Beschränkung der Laufzeit von Handelswechseln auf drei Monate wurde umgangen, indem jeder Arbeitsbeschaffungswechsel aus einem Bündel kurzfristiger Handelswechsel bestand, die sich nacheinander ablösten und so dem Arbeitsbeschaffungswechsel – dessen Teil sie waren – eine Laufzeit von fünf Jahren verschafften. Vgl. Lotte Zumpe: Wirtschaft und Staat in Deutschland 1933 bis 1945, Berlin (Ost) 1979, S. 84 ff.

Aber man kann auch gleich zupacken, indem man an das Tarifvertragswesen grundsätzlich herangeht.[13]

Es gibt begrifflich und wirtschaftlich nur folgende Möglichkeiten:

a) kollektive Arbeitsverträge

b) vom Reich festgesetzte

c) Möglichkeit a) und b) vermischt

d) Betriebsregelung

e) Betriebsregelung mit Reichseingriffen.

Aus psychologischen und wirtschaftsorganischen Gründen erscheint mir eine vollkommene Abkehr von dem Bisherigen erforderlich. Je rücksichtsloser und je entschlossener die Abkehr erfolgt, umso wunderbarer wird die Wirkung sein. So ist es nicht, daß im Volk dafür kein Verständnis ist, im Gegenteil, das einfache Volksempfinden ist viel stärker als alle Überlegung und der einzelne empfindet sehr wohl, daß letzten Endes das Arbeiten und die Leistung in der Arbeit entscheidend ist und nichts anderes. Ich schlage also vor, die Verordnung über das Vertragswesen laut Anlage zu ändern. Der einzelne Unternehmer erhält freie Hand, mit seiner Belegschaft die Arbeitsbedingungen festzusetzen. Schon dadurch wird er gezwungen, den nationalsozialistischen Gedanken zu verwirklichen und seiner Belegschaft vollkommenen Einblick in Zweck, Stand und Möglichkeiten

---

[13] Mit den folgenden Vorschlägen nahm Goerdeler die wichtigsten Elemente des Arbeitsordnungsgesetzes („Gesetz zur Ordnung der nationalen Arbeit“ vom 20.1.1934; RGBl. 1934/I, S. 45-56) vorweg. (Vgl. zum Arbeitsordnungsgesetz Marie-Luise Recker: Nationalsozialistische Sozialpolitik im Zweiten Weltkrieg, München 1985, S. 18 sowie Hans-Gerd Schumann: Nationalsozialismus und Gewerkschaftsbewegung. Die Vernichtung der deutschen Gewerkschaften und der Aufbau der „Deutschen Arbeitsfront“, Hannover und Frankfurt/M. 1958, S. 118-125.) Die weitgehenden Übereinstimmungen sollten jedoch nicht zu dem Schluss führen, Goerdeler sei der Initiator oder Autor des repressiven Gesetzes gewesen; (diese Folgerung scheint Krüger-Charlé zu ziehen, was m.E. eine Überbewertung des von ihm zitierten Schreibens Fricks an Goerdeler ist; vgl. Krüger-Charlé, Carl Goerdelers Versuche, S. 402, Anmerkung 35) vielmehr zeigte Goerdeler hier wieder seine Fähigkeit, konservatives Gedankengut in verständlicher und knapper Form zusammenzufassen. Dem Inhalt nach handelte es sich jedoch um Forderungen, die bereits „Gemeingut nahezu aller konservativen Gruppen geworden waren“. Vgl. Tim W. Mason: Zur Entstehung des Gesetzes zur Ordnung der nationalen Arbeit, vom 20. Januar 1934: Ein Versuch über das Verhältnis „archaischer“ und „moderner“ Momente in der neuesten deutschen Geschichte, in: Mommsen/Petzina/Weisbrod, S. 322-351 (Zitat von S. 331). Frese unterstützt dieses Urteil, vertritt jedoch darüber hinaus überzeugend die These, dass die Schwerindustrie einen entscheidenden Anteil an der Ausgestaltung des AOG hatte; Matthias Frese: Betriebspolitik im „Dritten Reich“. Deutsche Arbeitsfront, Unternehmer und Staatsbürokratie in der westdeutschen Großindustrie 1933–1939, Paderborn 1991, S. 93-113. Vgl. auch Die Ordnung der nationalen Arbeit. Kommentar zu dem Gesetz zur Ordnung der nationalen Arbeit und zu dem Gesetz zur Ordnung der Arbeit in öffentlichen Verwaltungen und Betrieben unter Berücksichtigung aller Durchführungsbestimmungen, bearb. v. Werner Mansfeld und Wolfgang Pohl, Berlin, Leipzig, Mannheim und München 1934.

des Unternehmens zu gewähren. Hier beginnt die gleichzeitige Erziehungsarbeit der Deutschen Arbeitsfront. Der einzelne Mensch soll sich wieder als lebendiges Glied seines Unternehmens fühlen. Selbstverständlich wird dadurch ein Wettbewerb ausgelöst, aber dazu müssen wir uns endlich einmal bekennen. Entweder lebt noch im deutschen Unternehmer Unternehmungslust und Verantwortlichkeitsgefühl, dann muß es jetzt freigemacht werden, oder es ist gar nicht mehr da, es ist zur Phrase geworden und verkriecht sich viel lieber hinter dem Schutz von Verbänden, Kartellen und Syndikaten. Dann muß das ebenfalls festgestellt werden, dann wäre aber auch die jetzige Form der Wirtschaft nicht haltbar. Ich habe das Vertrauen, daß die echte Unternehmerpersönlichkeit noch lebt, sie muß bloß wieder ins Wasser gelassen werden, damit sie schwimmen kann, und darf nicht mehr an der Leine gehalten werden. Selbstverständlich werden durch diesen Entschluß Betriebe zum Erliegen gebracht, aber das schadet nichts. Dadurch, daß dafür die anderen Betriebe umso besser arbeiten, werden die freigelegten Arbeitskräfte sehr schnell wieder aufgesogen werden. Und einmal müssen wir uns doch dazu entschließen, den gesamten Lebensstandard nach dem einzurichten, was wir produzieren, absetzen und sparen, und nach nichts anderem.

Jeder Grundsatz bedarf der Sicherung. Es kann Fälle geben, in denen die Entfesselung eines zügellosen Wettbewerbs volkswirtschaftlich gefährlicher ist als Bindungen auf dem Gebiete der Arbeitsbewegung. Die Entscheidung darüber, ob diese Voraussetzung vorliegt und daher einer Mehrheit von Betrieben das Recht gegeben werden soll zu einheitlicher Festlegung der Arbeitsbedingungen, soll entweder in die Hand des Reichswirtschaftministers oder in die Hand eines Reichsbeauftragten gelegt werden.

Der Arbeitnehmer muß geschützt werden gegen Ausbeutung. Ihm wird ein Einspruchsrecht verliehen. Der obenerwähnte Reichsbeauftragte entscheidet. Er kann mit der Entscheidung auch Treuhänder beauftragen, er soll es aber nicht. Hier ist eine möglichste Zentralisierung am Platze, denn die ganze Umstellung kann nur gelingen, wenn absolut wirtschaftliche Erfahrung, öffentlich-rechtliche Verantwortung und Elastizität zusammengefaßt werden. Sonst ist sicherlich nichts zu erreichen und sonst sind sicherlich Übergangsschwierigkeiten nicht zu überwinden, sondern führen zu starken Bremswirkungen.

Die Vertreter der Arbeitnehmer für den einzelnen Betrieb werden in einfacher Wahl, nicht Verhältniswahl, als Betriebsvertrauensleute gewählt, je nach der Größe des Betriebes 3 oder mehrere. Soweit Kollektivverträge zugelassen werden, tritt je ein Vertrauensmann der beteiligten Betriebe zu der „Vertrauensschaft" zusammen. Die Wahlen bedürfen der Genehmigung durch die vom Reichstreuhänder bestimmten öffentlichen Stellen.

Aus der Liste der Vertrauensleute der Betriebe, der einzelnen Berufsstände und der Betriebsleiter der einzelnen Berufsstände beruft der Treuhänder des Bezirks Sachverständige, die ihn beraten, ebenso der Reichsbeauftragte. Die Sachverständigen werden öffentlich verpflichtet auf Gemeinnutz und Gemeininteresse.

Im übrigen starke Konzentrierung der Wirtschaftsbefugnisse in einer Hand, die Bezirkstreuhänder werden nur im Auftrage tätig.

Es ist auch möglich, diesen Sprung schrittweise zu machen.

a) In der Landwirtschaft könnte (die Anregung geht von Herrn Min.-Rat Pohl[14] aus) denjenigen Landwirten, die sich verpflichten, verheiratete Erntearbeiter das Jahr über zu halten, die Berechtigung erteilt werden, die Tarifbedingungen in ihren Betrieben selbst nach Anhörung ihrer Mitarbeiter zu bestimmen.

b) Für die Bauwirtschaft habe ich bereits vor 1½ Jahren betriebsweise Festlegung der Lohnbedingungen empfohlen.[15] Es hat ja tatsächlich keinen Zweck, daß die Leute auf dem Papier einen Lohn von -.80 – 1.- RM stehen haben, aber nur 30% sind beschäftigt. 70% erhalten eine kümmerliche Unterstützung und schleichen sich zur Schwarzarbeit. Dann ist es doch viel besser, der offizielle Lohn beträgt 60 Pf. und die Menschen haben Arbeit. Natürlich ist in einem solchen Falle auch unvermeidlich, Kartelle und Syndikate fortzulassen und hier den Tüchtigsten sich entwickeln zu lassen. Meines Erachtens würde im Zusammenhang mit dieser Maßnahme allein in der Bauwirtschaft der Erfolg der sein, daß wir zu einem Bauindex von unter 100 kommen. Damit aber wäre im Zusammenhange mit der fortschreitenden Gesundung unserer Sparkassen die schon stark im Gange befindliche Entwicklung unseres Bauwesens gesichert. Die neulich von einem hohen Reichsbeamten vorgetragene Ansicht, von der Bauwirtschaft ginge die Belebung der Gesamtwirtschaft aus, infolgedessen müsse man jetzt künstlich die Bauwirtschaft beleben, denn dann käme alles von selbst, ist wahrhaft naiv und gefährlich. Wie gesagt, auch hier kann die Neuregelung so elastisch sein, daß die vom Reich dazu in Aussicht genommene Stelle sowohl sprungweise als auch schrittweise vorgehen kann.

Ich bin überzeugt, daß es auf diese Weise in kürzester Frist gelingt, den Arbeitnehmerstand in den Betrieben um 10% zu heben. Das würde eine natürliche Abnahme der Arbeitslosenziffer um mindestens 1 Million bedeuten, und damit würde sich das ganze Knäuel allmählich von selbst abrollen. Die dadurch freiwerdenden Mittel der Reichsanstalt sollten meiner Ansicht nach ausgenutzt werden zu einer weiteren Herabsetzung der Hauszinssteuer. Die nächste Senkungsaktion müßte dann den Realsteuern zugute kommen, damit wir wieder zu den Etatssteuern zu-

---

14 Ministerialrat Dr. Wolfgang Pohl, seit 1927 als Beamter im Reichswirtschaftsministerium und zuvor in der sozialpolitischen Abteilung der AEG sowie in der Schriftleitung der Deutschen Allgemeinen Zeitung, tauchte in Hugenbergs Personallisten auf als einer der Beamten, die demokratischer und rechtsstaatlicher Überzeugungen verdächtigt wurden. Seit dem Juli 1933 war er der engste Mitarbeiter Werner Mansfelds im Reichsarbeitsministerium, der die Entwürfe zum Arbeitsordnungsgesetz entscheidend prägte. Vgl. ebd., S. 330 sowie Boelcke, Deutsche Wirtschaft, S. 52 f.

15 S. Goerdelers Denkschrift für Paul v. Hindenburg vom April 1932; Dok. 3.2, oben S. 313 ff.

rückkehren.[16] Bei den indirekten Steuern soll eine Herabsetzung zunächst nicht in Aussicht genommen werden, denn sie sind noch auf lange Zeit in einem armen Volke die entscheidende Grundlage der öffentlichen Etats.

Die NSBO ist aufzulösen. Arbeitgeber und Arbeitnehmer werden in der Arbeitsfront zusammengeschlossen zu folgenden Zwecken:

a) Übernahme der Krankenversicherung,
b) Übernahme der Arbeitslosenversicherung,
c) Erziehung der Arbeiter und Unternehmer im sozialen wirtschaftlichen Geiste und endlich
d) Übernahme von Rechtsvertretungen der Interessen der Unternehmer und des einzelnen Arbeitnehmers.

Zu prüfen ist, ob die Invalidenversicherung in ihrem ganzen Apparat nicht aufgehoben und durch eine öffentliche Rente ersetzt werden kann. Die Invalidenversicherungsbeiträge würden dann mit den Arbeitslosenhilfe-Beiträgen von der Reichsanstalt eingezogen und, wie jene, nach bestimmtem Schlüssel auf die Gemeinden verteilt werden, welche die Rentenzahlungen zu übernehmen haben. Sie zahlen schon jetzt die Zuschußrenten.
Leipzig, am 7. September 1933.

## 3.5 *Denkschrift zur deutschen Innenpolitik*

*maschinenschriftliche Denkschrift von August/September 1934; BAB, N 1113, Bd. 12.*[1]
Notwendige wirtschaftliche Maßnahmen: Bekämpfung der Arbeitslosigkeit durch Intensivierung des Arbeitsdienstes und der Siedlungspolitik; Behebung der Rohstoffknappheit; Steuererleichterungen; Sparsamkeit, Zurückschraubung des Kreditwesens und Aufgabe von Defizitfinanzierungen; Verständigung mit dem Ausland zur allgemeinen Währungsstabilisierung. Notwendige politische Maßnahmen: Revision von Versailler Gebietsabtretungen und Unterstützung der Auslandsdeutschen; Zentralisierung der Außenpolitik beim Aus-

---

[16] Die Differenzierungen sind hier nicht ganz logisch: Hauszinssteuern sind Realsteuern wie andere Objektsteuern auch; eine Unterscheidung zwischen Realsteuern und Etatsteuern ist nicht einleuchtend, weil erstere das Steuerobjekt, letztere den Steuereintreiber bezeichnen; deren Kontrastierung zu den indirekten Steuern ist auch nicht evident, da Etatsteuern sowohl direkter, als auch indirekter Natur sein können.

[1] Der vorliegenden Denkschrift wird in der Forschung in Anschluss an Ritter als Adressat Hitler zugeschrieben (vgl. Ritter, Goerdeler, S. 68), obwohl auf dem Original im Nachlass Goerdeler kein Adressat verzeichnet ist (vgl. BAK, N 1113, Bd. 12). In den Akten der Reichskanzlei konnte kein Exemplar der Denkschrift aufgefunden werden, allerdings auch nicht in den Beständen anderer Reichsministerien. Es ist nicht auszuschließen, dass die Denkschrift tatsächlich für Hitler geschrieben war; möglicherweise war jedoch auch ein Exemplar für Schacht angefertigt, der in dem betreffenden Zeitraum an einer Neukonzeption der deutschen Wirtschafts- und Außenhandelspolitik arbeitete.

wärtigen Amt; beschleunigte Verschmelzung von Reichs- und preußischen Ministerien; Zusammenlegung von Reichsarbeits- und Reichswirtschaftsministerium sowie Umbenennung des Reichspropagandaministeriums; „Konsolidierung“ der Rassenpolitik und Einigung mit der evangelischen Kirche; Garantie der Gewissens- und Meinungsfreiheit und Kompetenzbegrenzung der NSDAP; organischer Reichsaufbau und Abbau mittlerer Verwaltungsstellen; Reduktion von Sozialversicherungsleistungen.

Berlin, August 1934[2]

Wenn ich die heutige Lage im großen und ganzen übersehe, so komme ich zu dem Schluß, daß sie uns zwingt, gleichzeitig die Maßnahmen Friedrich Wilhelms I., Friedrichs des Großen, des Freiherrn vom Stein und Scharnhorsts anzuwenden. Wir müssen die Souveränität des Staates wie einen Fels von Erz stabilisieren, wir müssen die innere Verwaltung vereinfachen und verbilligen, wir müssen in der gesamten Wirtschaft zu größter Klarheit und Sparsamkeit übergehen, wir müssen die im Volke schlummernden Kräfte zur Mitarbeit und damit zu verantwortlichem Mittragen heranziehen und sie damit auch bereitmachen, Rückschläge und Enttäuschungen zu tragen; wir müssen endlich das deutsche Volk zu seinem endgültigen Befreiungskampf rüsten und diese Rüstung politisch gegen irgendwelche vorzeitigen Eingriffe oder sie in Frage stellende Mißerfolge sichern. Hiermit ist der Ernst der Lage gekennzeichnet; es ist nur zu wünschen, daß zu diesen Aufgaben nicht noch die Aufgaben eines Luther und eines Großen Kurfürsten hinzugesellt zu werden brauchen.[3] Das, was jetzt zu leisten ist, genügt.

Ich komme zu diesem Urteil auf Grund langjähriger Erfahrungen und Beobachtungen in den verschiedensten Stellen des öffentlichen Dienstes und aus der

---

[2] Goerdelers eigene Datierung auf den August kann nicht ganz stimmen, da er im folgenden auf verschiedene Ereignisse Bezug nimmt, die klar nach dem August 1934 liegen. Ritter hat bereits darauf hingewiesen, dass die Denkschrift wohl zwischen Juli und September 1934 entstanden sei (Ritter, Carl Goerdeler, S. 453, Anmerkung 12). Der Juli scheidet m.E. aus, da in der Denkschrift mehrfach Hitler als „der Führer“ erwähnt wird; diese Anrede war formaljuristisch erst korrekt nach dem Tod Hindenburgs am 2. August. Die Skandinavienreise Edens, die im Text erwähnt wird, wurde erst Ende September bekannt gegeben (s.u., Anmerkung 30).

[3] Goerdeler verwendet hier historische Stereotypen, indem er auf historische Persönlichkeiten verweist, die gemeinhin mit bestimmten Schlagwörtern konnotiert werden. Die evozierten Konnotationen, die Teil einer nationalen Identitätsstiftung sind, sind in der Regel so ubiquitär, dass sie in jedem Konservationslexikon gefunden werden können. Auf dieser Grundlage steht Friedrich Wilhelm I. für eine Ausweitung des Heeresdienstes, Friedrich der Große für eine sparsame Finanzverwaltung, der Freiherr vom Stein für eine Integration des Bürgertums und dessen Heranziehung zur Mitarbeit am Allgemeinwohl, Scharnhorst für eine Heeresreform und die Einführung der allgemeinen Wehrpflicht. Luther wird gedeutet als Symbol für Gewissens- und Religionsfreiheit; der Große Kurfürst steht für kriegerische Auseinandersetzungen, in deren Verlauf verschiedene Gebiete Ostdeutschland zugeschlagen, Preußen von Polen gelöst und Kolonien in Afrika gegründet wurden.

Lösung verschiedener Aufgaben von allgemein wirtschaftlicher Bedeutung. Ich komme zu ihm aber auch auf Grund der Kenntnis der preußischen und deutschen Geschichte. Deutschland ist nur geschaffen durch die Anwendung der oben erwähnten Maßnahmen, die Preußen zu einem wirklichen Staat formten. Ohne das Stahlskelett eines straffen Staates werden die deutschen Stämme nie dauernd zusammengehalten und zu einheitlicher Wirkung zusammengefaßt werden können. Die Schultern des Heeres und des Verwaltungsapparates dürfen nie versagen, selbst wenn hin und wieder das Volk müde werden sollte.

Im höchsten Maße bedenklich würde es sein, wenn über diese Tatsachen keine Klarheit herrschte. Die Zahl der Arbeitslosen betrug

| | |
|---|---|
| im Juni 1932 | 5.475.000 |
| im Juni 1933 | 4.800.000 |
| im Juni 1934 | 2.400.000. |

Im Juni 1932 wurden unter den Arbeitslosen noch mitgezählt rd. 300.000 nicht anerkannte Wohlfahrtserwerbslose und die 200.000 jetzt im Arbeitsdienst befindlichen, d.h. 500.000 Mann mehr. Die richtige Vergleichszahl vom Juni 1932 beträgt daher 5.475.000 minus 500.000 = 4.975.000. Somit ist die Arbeitslosigkeit gegenüber 1932 um 51,7% gesunken und gegenüber 1933 um 50%.[4] Vom Arbeitsmarkt sind also aufgenommen nur diejenigen Kräfte, die benötigt werden, um die durch das Arbeitsbeschaffungsprogramm und Wehrprogramm in Gang gesetzten Arbeiten durchzuführen, und diejenigen Kräfte, die durch die Kaufkraft dieser neu in den Arbeitsprozeß Eingegliederten an allen Stellen und in allen Stufen der gewerblichen Warenerzeugung und -bewegung naturgemäß benötigt werden. Auch das Verkehrsgewerbe hat Neueinstellungen vorgenommen; sie sind zu einem großen Teil durch die überaus entgegenkommende Tarifpolitik der Reichsbahn ermöglicht, deren Wirkungen beim diesjährigen Abschluß der Reichsbahn, der von einem Ausgleich entfernt sein wird, sichtbar werden müssen. Denn den erhöhten Einnahmen stehen noch höher gestiegene Ausgaben gegenüber. Wir haben also der Tatsache ins Auge zu blicken, daß auf dem Arbeitsmarkt nur diejenigen Kräfte in Bewegung gesetzt worden sind, die dem Einwurf der öffentlichen Mittel entsprechen. Es handelt sich um eine automatische Folge dieser Maßnahme, nicht um einen organischen Vorgang.

Die Arbeitslosigkeit ist nicht ein Problem an sich. Sie ist die Wirkung politischer und wirtschaftlicher Vorgänge; sie ist der Koeffizient der wirtschaftlichen

---

4 Die angegebenen Arbeitslosenzahlen entsprechen den Berichten der Reichsanstalt für Arbeitsvermittlung und Arbeitslosenversicherung (Fünfter bis Achter Bericht v. 1.4.1932–31.3.1935). Nach Zumpes Berechnungen schieden zwischen März 1933 und März 1934 etwa 1,25 Mio. Personen aus der Arbeitslosenstatistik aus durch die Unterbringung in Einrichtungen wie den FAD und der Landhilfe, durch Inanspruchnahme von Ehestandsdarlehen (s.u., Anmerkung 70), Gefangenschaft in Gefängnissen und Konzentrationslagern sowie durch den Ausbau der Reichswehr; vgl. Zumpe, Wirtschaft, S. 71 f.

Lage eines Volkes und damit der in ihr liegenden sozialen und politischen Sorgen und Gefahren. Alle Maßnahmen, die zur Bekämpfung der Arbeitslosigkeit angewendet werden sollen, müssen diesen organischen Zusammenhang im Auge haben. Sonst entsteht ein stückweises Herumflicken an Symptomen, und es kommt nicht zu einer organischen Heilung. Das Musterbeispiel für solches Herumflicken ist die von dem Präsidenten Roosevelt betriebene Wirtschaftspolitik.[5] Ihr Ergebnis wird katastrophal sein. Aber so wird es auch jedem anderen Lande gehen, das auf der Oberfläche der Dinge herumschwimmt, statt den Mut und die Entschlossenheit zum Tauchen in die Tiefe aufzubringen.

Aus solcher Erkenntnis und zu solchem Ziele habe ich im Frühjahr 1932 und im Sommer 1933 Vorschläge zur Auflösung der Arbeitslosigkeit gemacht.[6] Ich habe sie immer wieder überprüft auf Grund langjähriger Erfahrungen, auf Grund insbesondere der furchtbaren Erkenntnisse, die unsere Generation in den Jahren von 1920 bis 1930 sammeln konnte. Diese Vorschläge sind nach meiner besten Überzeugung die allein möglichen. Sie können, wie ich damals anführte, durch Hilfsmaßnahmen erleichtert werden, aber diese Hilfsmaßnahmen dürfen niemals in Anspruch nehmen, Hauptmaßnahmen zu sein.

Ich nehme auf die damalige Darlegung Bezug. Daß sie richtig ist, beweist außer den Geschehnissen in Amerika die Tatsache, daß auch fast alle Siegerländer große Arbeitslosenzahlen haben. Selbst das sehr nüchtern denkende und arbeitende England mit seinem ausgeglichenen Empire hat noch immer 2 Millionen Arbeitslose.

Wenn ich mich wieder dem Problem der Arbeitslosigkeit zuwende, so also nicht deswegen, weil ich der Ansicht bin, es handle sich nur um diese oder jene Methode, Arbeitslose unterzubringen, sondern deswegen, weil die Betrachtung des

---

5 Franklin D. Roosevelt, seit dem Frühjahr 1933 Präsident der USA, hatte mit dem New Deal ein staatsinterventionistisches Programm zur Überwindung der Wirtschaftskrise eingeleitet. Insbesondere die Staatsverschuldung durch die teilweise Defizitfinanzierung der Arbeitsbeschaffungsprogramme und die Stärkung der amerikanischen Gewerkschaften durch den National Industry Recovery Act vom Juni 1933 förderte die in- und ausländische Opposition gegen Roosevelts New Deal. Vgl. ausführlich dazu Goerdelers Reisebericht aus den USA vom Januar 1938; Dok. 4.2.3, unten S. 547 ff. sowie die Untersuchung von Ronald Edsforth: The New Deal. America's Response to the Great Depression, Malden und Oxford 2000.

6 Vgl. die Denkschrift für Hindenburg vom April 1932 (Dok. 3.2, oben S. 313 ff.). Während des Frühjahrs und Sommers 1933 war Goerdeler Mitglied der Arbeitsgemeinschaft kommunaler Spitzenverbände, die einen Entwurf für die Neuorganisation der Arbeitslosenfürsorge erarbeitete. Wie bereits ein Jahr zuvor (vgl. Goerdelers Vortragsmanuskript „Organisatorische und finanzielle Vereinheitlichung der Arbeitslosenhilfe“ vom 2.12.1932; Dok. 1.2.5, oben S. 71 ff.) war das letztendliche Ziel seiner Reformbemühungen eine organisatorische und finanzielle Vereinheitlichung der Arbeitslosenhilfe und deren Überführung in den kommunalen Verantwortungsbereich. Eine Denkschrift Goerdelers ist aus diesem Zeitraum nicht erhalten, allerdings verwies er in seinen Briefen auf seine Vorschläge von 1932. Vgl. zu den Verhandlungen 1933 BAB, R 43 II/534, besonders Goerdelers Schreiben an Hitler vom 18.4.1933 ebd., Bl. 35-39.

Problems der Arbeitslosigkeit, logisch durchdacht, schließlich auch zu denjenigen wirtschaftpolitischen, sozialpolitischen und politischen Maßnahmen führen muß, die allein die Endgesundung des ganzen Volkskörpers herbeiführen können. Die bisher angewendeten Mittel können dieses Ziel nicht erreichen, denn sie können gar nicht nach Belieben fortgesetzt werden; das verbietet die Rücksicht auf unsere Währung. Sie ist auch bei einer Binnenmarktpolitik nur gesichert, solange die öffentlichen Etats im wesentlichen ausgeglichen sind. Leider können heute die seinerzeit von mir empfohlenen Maßnahmen nicht den damals zu erwartenden vollen Erfolg bringen. Inzwischen ist eine wesentliche Veränderung unserer Lage eingetreten. Unsere Rohstoffversorgung ist nicht mehr in dem Maße gesichert, daß wir von ihr als von einer Selbstverständlichkeit für die zu ergreifenden Maßnahmen ausgehen können.[7] Trotzdem komme ich auch heute zu dem Schluß, daß es andere Wege nicht gibt. Auch in dem Zustand mangelnder Rohstoffversorgung bleiben die wichtigsten Maßnahmen die Sicherung der Autorität des Staates, die Herstellung einer einfachen, billigen und zuverlässigen Verwaltung, die dadurch ermöglichte allmähliche Senkung der Steuern und die möglichst weit zu treibende Umstellung öffentlicher Ausgaben auf Wehrhaftmachung. Bleibt es bei dem Rohstoffmangel, so wird die Durchführung meiner Vorschläge nicht zu einer vorübergehenden Verkürzung der Arbeitszeit führen, sondern zu einer solchen, die solange dauert, bis der Rohstoffmangel wieder behoben ist. Die daraus entstehenden politischen Spannungen können nur gemildert werden durch das Bewußtsein aller Angehörigen des Volkes, daß von allen Schichten gleichmäßig geopfert wird. Was an Opfern aufzubringen ist, ergibt sich, je nach der Lage der Rohstoffversorgung, je nach der dem Arbeiter zugemuteten Einschränkung ganz von selbst. Die Form dieses Opfers kann eine verschiedene sein. Darüber läßt sich sprechen. Es kann der Ausgleich durch erhöhte Besteuerung der von der Verminderung der Arbeitszeit Nichtbetroffenen erfolgen; es können andere Maßnahmen (Kürzungen) ergriffen werden. Je tiefgreifender sie sind, desto unerwünschter ist die Wirkung. Daher muß es das Ziel sein, die Rohstoffknappheit so schnell wie möglich zu beheben. Abgesehen hiervon, wird dies auch durch unsere wehrpolitische Lage gefordert. An gewissen Rohstoffen, die für die Rüstung erforderlich sind, wird sich bald Knappheit bemerkbar machen.

Im übrigen habe ich für die Versorgung des Volkes mit den wichtigsten Bedarfsartikeln im Augenblick noch keine dringenden Befürchtungen. Die bei der Industrie, beim Handel und beim Verbraucher vorhandenen Vorräte werden eine geraume Zeit fühlbare Mängel nicht in die Erscheinung treten lassen. Das gilt nicht ganz für die Fragen der Ernährung. Wir haben im vorigen Jahre für die menschliche und tierische Ernährung an Weizen und Roggen rund 16 Millionen Tonnen verbraucht. Uns stehen im neuen Jahre rund 13,7 Millionen Tonnen zur

7 Vgl. zur deutschen Abhängigkeit von Rohstoffimporten Zumpe, Wirtschaft, S. 147, Tabelle 30.

Verfügung. Es fehlt also der Betrag für 1½ Monate. Um die Brotversorgung zu sichern, muß, da auch die Futtermittelernte knapp ist, der Verbrauch für Futterzwecke erheblich eingeschränkt werden. Die Folgen für die menschliche Ernährung dürfen nicht übersehen werden. Fettknappheit wird sich sehr bald, wenigstens für Gebrauchsartikel bemerkbar machen.[8]

Die wesentliche Wirkung des Rohstoffmangels liegt aber auf dem Gebiete der Beschäftigung. Es ist, wie ich bereits im Hamburger Wirtschaftsarchiv Ende August d. Js.[9] ausführte, ein Irrtum anzunehmen, als ob Deutschland sich in erheblichem Umfange von der Einfuhr der Rohstoffe unabhängig machen könne. Wir können nach den Kriegerfahrungen annehmen, daß das Ausland im wesentlichen über den Stand der Dinge unterrichtet ist. Jedenfalls läßt sich auf der gegenteiligen Annahme keine genügend gesicherte Maßnahme aufbauen. Für einige Rohstoffe, z.B. pflanzliche Rohöle, gibt es in Deutschland überhaupt keinen Ersatz, für andere, z.B. Kupfer, gibt es keinen vollwertigen Ersatz. Für eine dritte Gruppe, z.B. Wolle, Baumwolle und Kautschuk gibt es weder einen vollwertigen noch einen in absehbarer Zeit ausreichenden, gleich preiswerten Ersatz. Von den Genußmitteln Kaffee, Tee, Kakao sehe ich ab. Sie sind physisch entbehrlich; arbeitsmarktpolitisch natürlich nicht, denn mit dem Transport, der Be- und Verarbeitung dieser Rohstoffe sind auch deutsche Arbeitskräfte beschäftigt.

Besonders überspannt sind die Erwartungen für den Ersatz von Textilrohstoffen. Es ist Tatsache, daß Baumwolle und Wolle vollkommen überhaupt nicht entbehrt werden können; sie können gestreckt werden. Es ist ebenso Tatsache, daß die Ersatzstoffe zur Streckung zum Teil erst Ende nächsten Jahres in größerer, aber auch nicht ausreichender Menge zur Verfügung stehen. Aus allen diesen Gründen ist es sicher, daß eine Einschränkung des Rohstoffbezuges Verminderung der Arbeitsgelegenheit für das Inlands- und Auslandsgeschäft herbeiführen muß, die nicht durch die Herstellung deutscher Ersatzstoffe ausgeglichen wird. Diese Verminderung tritt zur Zeit noch nicht in die Erscheinung, im Gegenteil, es ist eine gewisse Flucht in die Ware im Gange, und deswegen sind im Augenblick gewisse Teile der Volkswirtschaft, namentlich im Handel und Handwerk, besonders stark beschäftigt. Aber wenn diese Welle vorüber ist, muß ein empfindlicher Rückschlag eintreten. Es ist sehr schwer, im voraus das Maß dieser Arbeitsminderung zu schätzen. Rechnet man den Anteil des ausländischen Rohstoffs an Fertigfabrikaten mit 30%, während das übrige im wesentlichen auf die deutsche Arbeitsleistung, Kapitaldienst, Abschreibung usw. entfällt, so werden aus 1 Milliarde Rohstoffe

---

8 Während im Brotgetreideanbau bereits 1933/34 eine Selbstversorgung von 99% erreicht worden war, betrug der Selbstversorgungsanteil bei Fetten nur 53%; fast 90% der pflanzlichen Fette wurden 1934/35 nach Deutschland importiert. Vgl. die Angaben bei Barkai, Wirtschaftssystem, S. 141 und S. 235, Tabelle 8.

9 Vgl. auch Goerdelers Aufsatz „Preise und Außenhandel", in: Die Bank 27 (1934), H. 51/52, S. 1874-1877.

etwa für 3,3 Milliarden Fertigfabrikate hergestellt, in denen schätzungsweise etwa 1,5 Milliarde Löhne stecken, d.i. der Lohn für rd. 1–1,2 Millionen Arbeitskräfte. Rechne ich 200.000 Menschen ab, die beschäftigt werden bei dem Aufbau einer Ersatzrohstoffindustrie, so ergibt sich zunächst als Rückwirkung eine Drosselung des Rohstoffbezuges um rd. 1 Milliarde RM = rd. 1 Million Arbeitslose; diese Zahl sinkt später durch Verarbeitung der Ersatzrohstoffe um etwa 300.000. Sie vermehrt sich durch den Rückgang der deutschen Ausfuhr. Dieser beträgt heute bereits rd. 2 Milliarden RM auf das Jahr gerechnet = 600 – 700.000 Arbeitslose. Es handelt sich also um eine Größenordnung von 1,3 – 1,5 Millionen Menschen.

Aus der bereits erwähnten Tatsache, daß Reichsmittel zur öffentlichen Arbeitsbeschaffung in nennenswertem Umfange nicht mehr zur Verfügung gestellt werden können, ergibt sich eine weitere Vermehrung der Arbeitslosigkeit. Haben wir mit dieser öffentlichen Arbeitsbeschaffung abseits des Wehrprogramms[10] etwa 2 Millionen Arbeiter mehr beschäftigt, so würden wir im Laufe eines Jahres aus dieser Quelle her mit einer Vermehrung um 1 Million Menschen rechnen müssen. Zu den bisher vorhandenen 2,3 Millionen Arbeitslosen, von denen ich aus bekannten Gründen 300.000 Jugendliche absetze, so daß 2 Millionen übrigbleiben, treten also insgesamt noch 2,3 -2,5 Millionen Beschäftigungsloswerdende hinzu. Wir haben also Vorsorge zu treffen für 2 + 1,3 + 1 = 4,3 Millionen Menschen. Hierin sind mindestens 300 – 500.000 enthalten, die von selbst verschwinden, wenn die Arbeitslosigkeit weiter zurückgeht. Es sind teils Arbeitsunfähige, teils Familienangehörige, teils Schwarzarbeiter, denen bei dem jetzigen Kontrollsystem praktisch nicht beizukommen ist. Wir haben zur Zeit in Deutschland rd. 15,5 Millionen Arbeiter beschäftigt mit einer durchschnittlichen Arbeitszeit von etwa 7,3 Arbeitsstunden. Sollen rd. 4 Millionen mehr untergebracht werden, so muß die Arbeitszeit auf rd. 5,8 Stunden = 35 Wochenstunden gestreckt werden. Hierzu bemerke ich, daß in einzelnen graphischen Betrieben seit längerer Zeit die 24stündige Arbeitszeit im Gange ist. Aus diesen Zahlen ergibt sich von selbst – immer bei fortdauerndem Rohstoffmangel – die Wichtigkeit der allgemeinen Teilnahme an einem solchen Opferprozeß. Es ergibt sich aber auch die große Bedeutung von Hilfsmaßnahmen,

---

[10] Die Ausdifferenzierung der nationalsozialistischen Arbeitsbeschaffungsmaßnahmen ist nicht so einfach, weil die rüstungspolitischen Anstrengungen bis 1935 nicht publik gemacht wurden. Dass der offizielle deutsche Militäretat 1933/34 von einer ¾ Milliarde auf rd. eine Milliarde RM gesteigert wurde, sagt nichts aus über die Finanzierung aus geheimen Fonds oder verdeckten Wechseloperationen der Reichsbank. Prinzipiell muss konstatiert werden, dass die Arbeitsbeschaffungspolitik unter Hitler ein rüstungspolitisches Vorzeichen bekam, und dass ein Großteil der zivilen Arbeitsbeschaffungsmaßnahmen ebenfalls der Kriegsvorbereitung diente. Vgl. Zumpe, Wirtschaft, S. 78-84 sowie Karl-Heinz Ludwig: Strukturmerkmale nationalsozialistischer Aufrüstung bis 1935, in: Friedrich Forstmeier und Hans-Erich Volkmann (Hg.): Wirtschaft und Rüstung am Vorabend des Zweiten Weltkrieges, 2. Aufl. Düsseldorf 1981, S. 39-64. Vgl. auch die Aufstellung bei James, Weltwirtschaftskrise, S. 364, Tabelle XXXIX.

die der durch den Rohstoffmangel geschaffenen Lage besonders angepaßt sind. Als solche Hilfsmittel kommen in Betracht die weitgehende Herausziehung jugendlicher und unverheirateter Arbeitskräfte aus dem Arbeitsprozeß. Bis zu welchem Jahrgang sich diese Herausziehung erstrecken muß, kann nach der Stärke der Jahrgänge errechnet werden. Hier wird in verstärktem Maße einsetzen müssen

1. der Arbeitsdienst.[11] Er kann noch billiger ausgestattet werden, als er jetzt betrieben wird. Ich sehe hier manche Überspitzungen und Überorganisationen, die vermeidbar sind. Der Führer des Arbeitsdienstes ist der Mann, um auch diese Aufgabe noch zu lösen. Im ganzen ist der Arbeitsdienst eine großartige und vollkommen unentbehrliche Einrichtung. Er muß noch intensiver als bisher zu Bodenkultur-Meliorationsarbeiten angesetzt werden.

Eine gewaltige Hebung der Erzeugung kann erzielt werden mit der landwirtschaftlichen Verwertung der städtischen Abwässer. In Leipzig ist im letzten Jahre eine Anlage geschaffen, durch die zwei Drittel dieser Abwässer der Landwirtschaft des Landkreises Delitzsch zugepumpt und dort auf 8.000 Morgen verrieselt werden. Die Größe des Gebietes schaltet von vornherein eine Übersättigung des Bodens aus. Die Erfolge schon im ersten Jahr sind überwältigend: der Reinertrag ist im Durchschnitt um mindestens 50.000 RM auf die berieselten 8.000 Morgen gestiegen. Es kann zur Grünlandwirtschaft übergegangen werden, die uns wieder von ausländischen Kraftfuttermitteln unabhängig macht. Die ungesunde Viehhaltung im Stalle kann ersetzt werden durch Weidewirtschaft. Kurzum, aus der bisher völlig nutzlosen Verschmutzung der Vorfluter ist eine volkswirtschaftlich höchst nützliche Anlage geschaffen unter gleichzeitiger Entlastung der natürlichen Wasserläufe.

2. der Volksdienst.[12] Jeder Unterstützte hat vier Stunden am Tage zu arbeiten. Dafür bekommt er entweder eine warme Mahlzeit oder Arbeitskleidung oder je Stunde eine Prämie von 10 Pfennigen.

---

11 Bis zur Einführung der Arbeitsdienstpflicht im Juni 1935 bewegte sich der nationalsozialistische Arbeitsdienst in den traditionellen Bahnen des Weimarer FAD (vgl. hierzu S. 307, Anmerkung 29 sowie S. 320, Anmerkung 9). Der „Beauftragte des Führers für den Reichsarbeitsdienst" – seit der Einführung der Arbeitsdienstpflicht „Reichsarbeitsführer" –, Konstantin Hierl, hatte seit dem Juli 1933 seinen Monopolanspruch im Arbeitsdienst gesichert. Die Gleichschaltung des FAD führte jedoch zu einem Mangel an geeignetem Führungspersonal, der wiederum in zahlreichen Unterschlagungen und Betrugsfällen resultierte. Vgl. Köhler, Arbeitsdienst, S. 243 ff.

12 „Volksdienst" war keine offizielle Bezeichnung; nach Goerdelers Ausführungen stellte er sich unter Volksdienst eine erweiterte Form der Pflichtarbeit vor, indem die traditionelle, kommunal organisierte Pflichtarbeit – Arbeit als Gegenleistung für Fürsorgezahlungen – nicht mehr auf Unterstützungsempfänger beschränkt sein, sondern quasi als obligatorischer Einstieg in das Arbeitsleben umgeformt werden sollte. Eine ähnliche Konstruktion existierte bereits als Immatrikulationsvoraussetzung, da seit dem Februar 1934 Studienanfänger erst nach der Ableistung eines halbjährigen Pflichtdienstes an den Universitäten zugelassen wurden. Vgl. ebd., S. 260 sowie Sachße/Tennstedt, Wohlfahrtsstaat, S. 70 ff.

Diese Hilfsmittel sind hart, werden sie aber zielbewußt auf junge und unverheiratete Menschen erstreckt (vom 18. bis etwa 25. Lebensjahr), so wird sich nicht eine Verminderung der Arbeitsstunden von 5,8, sondern vielleicht nur auf 6,5 Stunden notwendig machen.

3. Das entscheidende Hilfsmittel ist und bleibt die Siedlung in allen ihren Formen.[13] Der Reichsnährstand hat sehr sorgfältig die Zahlen ausgerechnet, die für bäuerliche Siedlungen noch zur Verfügung stehen. Hier wird das Tempo bei aller Energie ein beschränktes sein, aber es läßt sich wesentlich steigern, wenn wir in allen Siedlungsformen, so auch bei der landwirtschaftlichen, zu dem System Friedrich Wilhelms I. und Friedrichs des Großen zurückkehren.[14] Der Mensch muß sich durch eigene Arbeitskraft im Wege der kameradschaftlichen Selbsthilfe mit den ihm zur Verfügung stehenden Materialien an den Boden anklammern. Überästhetische Formen sind zu vermeiden. Es liegt nahe, neue Siedlungen zu neuen Dörfern organisch zusammenzufassen, in denen dann auch Handwerker und Einzelhändler eine neue Existenz finden. Aber es wird in jedem einzelnen Falle sehr sorgfältig geprüft werden müssen, ob sich die mit dem Bau von Schulen, Kirchen, und Gemeindeämtern verbundenen Kosten vertreten lassen. Soweit die bisherigen Einrichtungen auf dem Gebiete des Schulwesens ausreichen, werden diese Kosten vermieden werden müssen. Der Hauptgesichtspunkt muß immer bleiben, den Menschen Existenzmöglichkeiten zu schaffen, und wenn dies in Anlehnung an vorhandene Gemeinden möglich ist, dann wird dieser Weg aus wirtschaftlichen Gründen vorzuziehen sein. Diese so geschaffenen neuen Existenzmöglichkeiten müssen bei der Veränderung der weltwirtschaftlichen Verhältnisse immer in der Ausnutzung von Grund und Boden liegen. Damit fängt jedes Volk an. Mit der Industrialisierung entfernt es sich von diesem Anfang. Wird die Industrialisierung durch Rohstoffmangel verhindert, so bleibt als einziger Ausweg das Zurückfinden zum Anfang. Nur das Volk, das diese Stärke aufbringt, bleibt leben.

---

13 Das Siedlungskonzept war in der NS-Ideologie eng verbunden mit dem agrarpolitischen Autarkieziel, rassistischen Auslesekonzeptionen und außenpolitischen Eroberungszielen (vgl. ausführlich dazu Gustavo Corni und Horst Gies: „Blut und Boden". Rassenideologie und Agrarpolitik im Staat Hitlers, Idstein 1994). Die Siedlungspolitik seit 1933 blieb jedoch relativ unbedeutend im Vergleich zu Weimarer Maßnahmen.

14 Friedrich Wilhelm I. hatte, ebenso wie sein Großvater Friedrich Wilhelm, protestantische Emigranten und deren Arbeitskraft zur Kolonisation in ostpreußischen Gebieten genutzt. Unter Friedrich dem Großen wurde diese Ansiedlungspolitik fortgesetzt und ergänzt durch Neulandgewinnung und Anlegung neuer Bauerndörfer. Seit dem Frieden von Hubertusburg 1763 stand die preußische Innenpolitik ganz unter dem Motto der Peuplierung und des wirtschaftlichen Rétablissement; von den über 10.000 neuen Siedlern in den entvölkerten Ostprovinzen wurde jedoch bei aller Staatshilfe entsprechende Leistung und Eigeninitiative erwartet. Vgl. Walther Hubatsch: Friedrich der Große und die preußische Verwaltung, Köln; Berlin 1973, S. 180 ff. Goerdelers konservativem Geschichtsbild entsprach wohl eher die Darstellung von Gerhard Ritter: Friedrich der Große. Ein historisches Profil, unveränd. Nachdr. d. 3. Aufl. (1954), Düsseldorf 1978, S. 216 ff.

Die wesentlichste Hilfe, die heute dem gewerblich tätigen Arbeiter zuteil werden kann (die Zahl der heute gewerblich tätigen Arbeiter in Deutschland beträgt ungefähr 12,8 Millionen), ist jene Siedlungsform, die es ihm ermöglicht, im Hauptberuf gewerblich zu arbeiten und in den übrigen Stunden den eigenen Grund und Boden zu bestellen. Ich habe in meinen Vorschlägen im Jahre 1932 und 1933 schon auf die Wichtigkeit dieser Siedlungsform hingewiesen.[15] Die Größe der Landfläche bestimmt sich nach der Entfernung des Arbeiters von der gewerblichen Betriebsstätte und nach der Wahrscheinlichkeit der Arbeit in ihr. Für den gewerblichen Arbeiter in und im unmittelbaren Grenzgebiet seiner Industriegemeinde ist diese Größe bei 1.000 qm zu suchen. Sie ermöglicht ihm ein Durchhalten noch bei siebenstündiger Arbeitszeit. Für längere Zeiten sechsstündiger Arbeitszeit muß ihm Zupacht eines Morgens ermöglicht werden. Je ungesicherter die Dauerbeschäftigung im Hauptberuf erscheint, um so größer muß die Stelle ausgeschaltet werden. Über einen Morgen soll sie grundsätzlich nicht hinausgehen. Nur für reine Saisonarbeiter, die ohne Rücksicht auf ihre jeweilige Arbeitsstätte in kleinen Gemeinden wohnen, werden Stellen von 2 – 4 Morgen vorzusehen sein. Diese Wirtschaftsform hat sich im Osten und Südwesten für den Maurer schon seit langem entwickelt. Von dieser Form geht dann die Siedlung in die landwirtschaftliche Vollsiedlung über.

In diese Richtung wird die Staatspolitik die Wirtschaftspolitik überhaupt führen müssen. Ich gehöre nicht zu denjenigen, die einer Stimmung „Untergang des Abendlandes" huldigen.[16] Aber es darf nicht verkannt werden, daß sich heute um unerschlossene Gebiete des Erdballes mehr Nationen mit technischen Ausrüstungen bemühen als vor dem Kriege. Zum mindesten sind Japan und Südafrika in diesen Kreis eingetreten. Aber auch in anderen europäischen und außereuropäischen Ländern hat die Beschäftigung von Menschen in gewerblicher Arbeit einen großen Zuwachs erfahren. England bildet mit seinen Kolonien und Dominien ein offenbar wirtschaftlich immer stärker zusammenwachsendes, in sich geschlossenes Gebiet. Vielleicht könnte das übrige Europa noch durch Zusammenfassung der Kräfte seiner gestählten Rassen lange Zeit seinen alten Vorsprung sichern.[17] Aber diese Zusammenfassung der Kräfte ist nicht allein von unserem Willen abhängig.

---

15 Vgl. Goerdelers Denkschrift für Paul v. Hindenburg vom April 1932; Dok. 3.2, oben S. 313 ff; zum Juli 1933 s.o., Anmerkung 6.

16 Das Schlagwort „Untergang des Abendlandes" wurde 1920 von Oswald Spengler geprägt. Spengler prognostizierte in seinem zweibändigen Werk den Untergang der westeuropäisch-amerikanischen Kultur, die er als Demokratie und „Diktatur des Geldes", Weltwirtschaft und deren Herrschaft über die Politik beschrieb. Als kommende Herrschaftsformen beschwor er Caesarismus und Sozialismus als Wille, über alle Klasseninteressen hinweg eine „natürliche" politische und wirtschaftliche Ordnung zu schaffen. Vgl. Oswald Spengler: Der Untergang des Abendlandes. Umrisse einer Morphologie der Weltgeschichte, 2 Bde (1920/22), neu hg. v. Hildegard Kornhardt, München 1950.

17 Vgl. Goerdelers Plädoyers für eine offene Weltwirtschaft; Dok. 4.1.1 ff., unten S. 488 ff.

Und selbst wenn wir ihn an dies Ziel setzen, ist ein langer Zeitraum erforderlich, ehe die Ergebnisse wirksam werden können. Eine von Utopien freie Staatspolitik wird damit rechnen müssen, daß für einen längeren Zeitraum die Absatzmöglichkeiten gewerblicher Erzeugnisse beengt sind. Verfügt das hiervon betroffene Volk nicht über genügend Sparkapital, von dessen Rente es den Ausfall an Arbeitsgelegenheiten ersetzen kann, dann bleibt ihm keine andere Lebensgrundlage als der heimische Boden, aus dem in heißer Arbeit das Durchkommen und neues Kapital errungen werden muß. Wer das nicht will, muß das politische Kunststück fertigbringen, lange Zeit einem kleinen Teil des Volkes einen hohen Lebensstandard zu gestatten, dem anderen großen Teil einen niedrigen zuzumuten. Das Volk, das sich am entschiedensten dieser Erkenntnis handelnd erschließt und durch eine Verteilung der wirtschaftlichen Möglichkeiten, die ebenso sozial ist wie harte Anforderungen an Arbeitswillen und Arbeitsleistungen stellt, die Volksgemeinschaft stärkt, wird am ehesten wieder Gesundheit und Widerstandskraft erhalten. Das Volk, das sich diesen Erkenntnissen verschließt, wird steigenden politischen und sozialen Spannungen ausgesetzt sein.

Die jetzigen landwirtschaftlichen Betriebe brauchen keine Furcht zu haben, daß ihnen der Absatz durch verstärkte Siedlung erschwert wird. Der Siedler wird sich vorwiegend auf Gemüse-, Obst- und Kartoffelbau legen. Die Deckung des Bedarfs an Brotgetreide, sowie die Erzeugung der Futtermittel, die Deckung des Fleischbedarfs, sowie des wesentlichen Futtermittelbedarfs werden immer Aufgabe der landwirtschaftlichen Klein-, Mittel- und Großbetriebe bleiben. Daß intensivere Bodenbearbeitung durch den Siedler die Gesamtmenge der Eigenerzeugung unserer Landwirtschaft hebt, ist eine Tatsache und nur zu begrüßen, um unsere Ernährung von dem Auslande noch unabhängiger zu machen. Die letzten landwirtschaftlichen Betriebe geben also einen Teil der intensiven Bodenbearbeitung und Fruchterzeugung an den Siedler ab.

Angesichts der Notwendigkeit äußerster Förderung und Beschleunigung der Siedlungstätigkeit ist es im höchsten Maße bedauerlich, daß sie in dem letzten Jahre nicht so gefördert ist, wie es bei Zusammenfassung der Mittel hätte geschehen können.[18] Ich habe mehrfach seit einem Jahre auf die Wichtigkeit dieses Problems hingewiesen. Aber für vernünftige Maßnahmen ist es nie zu spät, zumal es sich hier um Maßnahmen handelt, die auf lange Sicht in jedem Falle ergriffen werden müssen. Unter Zurückstellung zahlreicher anderer entbehrlicher Arbeiten müssen daher die Mittel auf dieses Siedlungswerk konzentriert werden. Eine Fehlinvestierung ist nicht zu befürchten. Die notwendigen Planungen für hiermit verbundene Umsiedlungen müssen in einfachster Form schnell hergestellt werden. Das ist möglich, wenn man sich die in den einzelnen Lebensplanungen längst gewonnenen Erfahrungen nutzbar macht. Es handelt sich jetzt nicht um Gesetze, sondern um Handeln. Gesetze sind überhaupt nicht das Entscheidende; entscheidend ist der

[18] S.o., Anmerkung 13.

politische Wille. Die Finanzierung kann dadurch erleichtert werden, daß die Mittel aus Sparkassen zielbewußt auf 1. Hypotheken angesetzt werden, während die 2. Hypotheken mit Reichsbürgschaft gegeben werden. Wird die Arbeitskraft des Siedlers selbst nach friederizianischem Muster bis aufs äußerste ausgenutzt, damit der Untüchtige rechtzeitig erkannt wird und der Tüchtige Wurzel faßt, so läßt sich die Siedlung mit verhältnismäßig bescheidenen Opfern des Reiches im Großen bewerkstelligen. Die 2. Hypothek muß im Zins durch Zuschuß verbilligt werden. Für 100.000 Nebenberufssiedlungen sind etwa 6,7 Millionen RM Jahreszuschuß erforderlich, für 2 Millionen Siedlungen, mit denen schon eine nachhaltige Sicherung der wirtschaftlichen und sozialen Lebenshaltung der gewerblichen Arbeiter erreicht werden würde, etwa 140 Millionen RM. Gefestigt werden müßten die verheirateten Arbeiter mit Kindern. Es handelt sich um etwa 5 Millionen Familien. Für sie wären 335 Millionen RM erforderlich, also rd. 350 Millionen RM. Wird das durchgeführt, so fallen nach menschlichen Ermessen die Arbeitslosenunterstützungen vollkommen weg. Wir haben jetzt noch außer dem Arbeitsdienst etwa 2,4 Millionen Arbeiter zu unterstützen; das verlangt einen durchschnittlichen Aufwand von 1,4 Milliarden RM. Es werden also bei voller Ausführung dieses Programms in der Endwirkung annähernd 1 Milliarde erspart. Und selbst wenn noch 1 Million Arbeiter, die sich für Siedlung nicht eignen, Unterstützung beziehen müssen, so werden immer noch 1 Milliarde minus 600 Millionen = 400 Millionen gegenüber dem jetzigen Zustande gespart. Dieses Ergebnis ist auch nicht verwunderlich, sondern ein natürliches Ergebnis einer organischen Operation: jetzt brach liegende Arbeitskraft wird in Erzeugung von Lebensmitteln umgesetzt. Das ist das Geheimnis. Gleichzeitig aber werden für die heranwachsenden Generationen gesunde Lebensverhältnisse geschaffen und die sozialen und politischen Wirkungen werden nach einem Menschenalter überraschend in die Erscheinung treten.

Selbstverständlich kann diese großzügige Siedlungstätigkeit, die in einem Zeitraum von etwa 4 Jahren durchgeführt werden kann, dazu benutzt werden, um mögliche Industrieverlagerungen mit ihr zu verbinden. Es ist natürlich bei unserem Mangel an Kapital vollkommen ausgeschlossen, Werke, die heute in der Gemeinde X noch rentabel arbeiten, aus planwirtschaftlichen Gründen in die Gemeinde Y zu verlegen. Wohl aber ist es möglich, bei allen Erweiterungen, vor allem aber bei allen Neuerrichtungen von Industrieanlagen aller Art zu prüfen, ob es nicht möglich ist, sie mit besserem wirtschaftlichen Erfolg in heute industriearme Gebiete zu verlagern. Dabei ist die Rechnung sorgfältig unter Berücksichtigung aller Faktoren, auch der ersparten Transportkosten für Lebensmittel, der erhöhten Transportkosten für Rohstoffe, aufzumachen, denn nur eine solche Industrieverlagerung ist vertretbar, die zu keinem unwirtschaftlichen Ergebnis führt.

Ich halte das Hilfsmittel der Siedlung, insbesondere der Nebenberufssiedlung, für das politisch, wirtschaftlich und sozialpolitisch entscheidende. Denn es erscheint mir unabweisbar, daß wir in einen Zeitraum unvermeidbarer Preissteigerungen eingetreten sind. Sie sind unvermeidbar auf allen Gebieten, die unter Verknappung der ausländischen Rohstoffe zu leiden haben. Denn diese ausländischen Rohstoffe müssen mit der Verknappung naturgemäß teurer werden. Das läßt sich auf die Dauer auch durch Verordnungen nicht hindern. Nicht Profitinteressen, sondern der Wille, die Werksangehörigen zu beschäftigen, wird zur Anlegung höherer Preise reizen. Die Preissteigerungen müssen von einem Wirtschaftsgebiet auf das andere allmählich übergreifen. Das ist wieder ein organisches Gesetz, denn allmählich dringt die Unkostenverteuerung in die anderen Produktionsgebiete ein. Wir werden daher in dem nächsten Zeitraum die Schere zwischen steigendem Preis und fallendem Einkommen (durch Arbeitszeitverkürzung) sich immer weiter öffnen sehen. Darin liegt eine außerordentlich ernste Gefahr.[19]

Um so wichtiger ist es, daß keine organisatorischen Maßnahmen getroffen werden, die ihrerseits sonst vermeidbare Preissteigerung herbeiführen müssen. Daß die Brot-, Futter- und Kartoffelpreise in einer für die Landwirtschaft auskömmlichen, für den Verbraucher noch erschwinglichen Höhe stabilisiert werden müssen, ist eine wirtschaftliche Notwendigkeit, wenn wir nicht neben der gewerblichen Wirtschaft auch noch die Landwirtschaft erschüttert sehen wollen. Hier wird es schon schwer sein, namentlich bei den Kartoffeln, eine Preishöhe nicht zu überschreiten, die der großen Masse der Verbraucher den Kartoffeleinkauf in der bisherigen Menge ermöglicht. Hier könnten schon wohltätige Wirkungen der Voll- und Nebenerwerbssiedlung einsetzen. Für kaum durchführbar halte ich schon die Aufgabe, die Fleischpreise zu stabilisieren. Fleisch gehört nicht mehr zu den unbedingt notwendigen Nahrungsmitteln. Der Fleischverbrauch in Deutschland liegt zu dem anderer vergleichbarer Länder sehr hoch, er wird sich also bei steigenden Fleischpreisen senken. Diese Erfahrung ist bisher stets gemacht, und sie ist zu natürlich, als daß sie sich nicht wiederholen sollte. Auf zu teurem Fleisch wird der Fleischer und schließlich der Landwirt in beträchtlichem Umfange sitzen bleiben. Zu teuer ist bei diesem einschränkbaren Vergleich der Preis, den bei gleichbleibendem oder gar sinkendem Lohneinkommen der Arbeiter neben den lebensnotwendigen Ausgaben für Wohnung, Brennmaterial, Kleidung, Brot und Fett nicht mehr erübrigen kann. Auf jeden Fall aber muß bei allen anderen landwirtschaftlichen Produkten soweit wie irgend möglich die Organisation der Erzeugung und des Absatzes vermieden werden. Es erscheint mir selbstverständlich, daß genau wie zur Zeit Friedrichs des Großen mit Kartoffelanbauzwang[20], so jetzt mit Zwang zur Wahl bestimmter, für die einzelnen klimatisch verschiedenen Gegenden unseres

---

19 Aufgrund dieser Argumentation hatte Goerdeler den Posten eines Reichskommissars für die Preisüberwachung übernommen; vgl. seine Antrittsrede als Reichskommissar vom 11.12.1931; Dok. 2.3.2, oben S. 219 ff.

20 Einen tatsächlichen Zwang zum Kartoffelanbau gab es nicht; allerdings bemühte sich Friedrich der Große, im Rahmen der Agrar-Reformen den Kartoffelanbau zu etablieren. Durchgesetzt wurde er erst während der Kornknappheit in der Hungersnot von 1771; vgl. Hubatsch, Friedrich der Große, S. 167 ff.

Vaterlandes besonders widerstandsfähiger und ertragreicher Sorten vorgegangen wird. Es ist ebenfalls selbstverständlich, daß durch Preissicherungen der Anbau solcher Früchte gefördert wird, an denen ein besonderes wirtschaftliches Interesse besteht, z.B. Flachs, Hanf, Raps usw. Aber darüberhinaus sollte mit organisatorischen Maßnahmen nicht gegangen werden. Es besteht keine Lebensnotwendigkeit für die deutsche Volkswirtschaft im ganzen gesehen, aber auch für die deutsche Landwirtschaft und für die deutsche Fischwirtschaft (für sie gilt dasselbe wie für Fleisch), Zwangsorganisationen zur Regelung von Absatz und Preisen zu bilden.[21] Denn diese Zwangsorganisationen führen z.B. bei Eiern und Obst zu einer Verteuerung des Absatzes durch die Kosten der neuen Organisation, zu einer Verlangsamung der Verteilung, und damit zu einem größeren Schwund. In der Eierwirtschaft ist das bereits bemerkbar. Wenn die Festsetzung von Sauerkohlpreisen dazu führt, daß der Absatz sinkt, so hat der Erzeuger nichts mehr davon. Er wird verfüttern müssen. Wenn die Kontingentierung der Verarbeitung und die Reglementierung der Preise für Obst- und Gemüsekonserven beibehalten werden, wird dasselbe Ergebnis immer stärker hervortreten. Mit anderen Worten: die staatliche Beeinflussung der landwirtschaftlichen Erzeugung und des Absatzes der landwirtschaftlichen Erzeugnisse muß sich auf Hauptgebiete beschränken und Nebengebiete frei lassen. Es ist das auch ein sehr nützlicher Ausgleich, um wenigstens auf Teilgebieten dem Fleiß, der Erfahrung, der Tüchtigkeit und der Findigkeit einen größeren Spielraum zu lassen. Hier müssen die Erfahrungen der Zwangswirtschaft der Kriegs- und ersten Nachkriegsjahre von unserer Generation, die sie erlebt hat, voll ausgewertet werden. Auch auf dem gewerblichen Gebiete ist die Zwangs- und Planwirtschaft, wie sie jetzt zum Teil wieder notgedrungen eingeleitet worden ist,[22] wahrhaftig ungeeignet, eine längere Zeit fortgesetzt zu werden. Sie vernichtet

---

21 Die Zwangskartellierung des gesamten Nahrungsmittelsektors wurde auf der Grundlage des Reichsnährstandsgesetzes betrieben (vgl. „Gesetz über den vorläufigen Aufbau des Reichsnährstandes und Maßnahmen zur Markt- und Preisregelung für landwirtschaftliche Erzeugnisse“ vom 13.9.1933; RGBl. 1933/I, S. 626 f.). Unter der Leitung des Reichsbauernführers und Reichsministers für Ernährung und Landwirtschaft, Richard Walther Darré, wurden Erzeugung, Absatz und Preise landwirtschaftlicher Produkte zentral bestimmt, um auf diese Weise den landwirtschaftlichen Sektor zu stabilisieren. Konkret erfolgte die Zwangskartellierung, indem zwischen März 1934 und April 1935 die Branchen der Nahrungsmittelwirtschaft in Hauptvereinigungen zusammengefasst und der Verfügungsgewalt des Reichsnährstands unterstellt wurden. Vgl. Zumpe, Wirtschaft, S. 99 ff.

22 Während im ersten Jahr des NS-Regimes mit ständischen Ideen zur Organisation der gewerblichen Wirtschaft experimentiert worden war, leitete das „Gesetz zur Vorbereitung des organischen Aufbaus der deutschen Wirtschaft“ vom 27.2.1934 (RGBl. 1934/I, S. 185 f.) eine Wende ein. Mit dem Gesetz wurde das Reichswirtschaftsministerium dazu ermächtigt, Wirtschaftsverbände „zu errichten, aufzulösen, oder miteinander zu vereinigen“, ihre Führer zu bestimmen und den Anschluss anderer Unternehmen an sie zu verfügen (ebd., S. 185). Gemeinsam mit dem bereits am 15.7.1933 erlassenen „Gesetz über die Einrichtung von Zwangskartellen“ (RGBl. 1933/I, S. 388), die dem Reichswirtschaftsministerium eine weit-

den Unternehmungsgeist des anständigen Menschen, sie fördert das Gewinnstreben des Rücksichtslosen. Die Verordnungen und Gesetze werden niemals den fortlaufenden Bedürfnissen des täglichen Lebens gerecht. Papier häuft sich auf Papier, Formular auf Formular, Vorschrift auf Vorschrift, Büro auf Büro, und immer geringer wird die Autorität des Staates, der selbst in der heutigen politischen Form diesen Dingen gegenüber seinen Willen nicht dauernd durchsetzen kann. Bald werden manche Verordnungen nur auf dem Papier stehen. Ich behaupte, daß es heute selbst in den Ministerien nur noch wenige Sachverständige gibt, die sich durch diese Verordnung[en] hindurchfinden, so stark der Wille, insbesondere auch des Herrn Reichsbankpräsidenten[23], ist, hier zu Vereinfachungen und Übersichtlichkeit zu gelangen. Die Wirtschaft draußen sieht sich täglich neuen gesetztechnischen und wirtschaftstechnischen Schwierigkeiten gegenübergestellt. Das kann nur für begrenzte Dauer ertragen werden, sehr bald werden sich sehr schnell schädliche Wirkungen bemerkbar machen, und etwas später wird die Erkenntnis, daß es so nicht geht, allgemein sein. Dann aber ist wieder ein großer Vorrat an öffentlicher und privater Moral verwirtschaftet.

Eine weitere preissteigernde Wirkung war von den Kompensationsgeschäften zu befürchten.[24] Der Hunger nach Rohstoffen legte es dem Exporteur, der die Devisen

gehende Beeinflussung der Produktionsrichtung ermöglichte, sah sich die gewerbliche Wirtschaft so einem umfassenden staatlichen Reglementierungsinstrumentarium ausgeliefert. Die so organisatorisch ermöglichte „Ausrichtung der gewerblichen Wirtschaft auf die Rüstungsbedürfnisse" (so ein Titel bei Hans-Erich Volkmann: Die NS-Wirtschaft in Vorbereitung des Krieges, in: Wilhelm Deist, Manfred Messerschmidt, Hans-Erich Volkmann und Wolfram Wette: Ursachen und Voraussetzungen des Zweiten Weltkrieges, akt., ungek. Ausg. Frankfurt/M. 1989, S. 258) wurde nicht zuletzt durch die Interessenidentität von Rüstungsindustrie, Wehrmacht und Staat gestützt. Vgl. ebd., S. 258-270 sowie Zumpe, Wirtschaft, S. 123-148.

23 Der Reichsbankpräsident Hjalmar Schacht war seit dem 30.7.1934 mit der Wahrnehmung der Geschäfte des Reichswirtschaftsministers beauftragt; vgl. Boelcke, Deutsche Wirtschaft, S. 77 ff. sowie ausführlich zu Schacht S. 257, Anmerkung 41.

24 Vgl. zu den im folgenden diskutierten verschiedenen Varianten der Kompensationsgeschäfte, die auf die Politik der Präsidialkabinette seit der Bankenkrise zurückgreifen konnten, James, Weltwirtschaftskrise, S. 355 ff. Zur Verbesserung der deutschen Außenhandelsbilanz wurden mittels der Kompensationsgeschäfte Devisen gehortet und Exporte subventioniert. Unter Schacht wurde am 9. Juni 1933 (vgl. RGBl. 1933/I, S. 349 ff.) eine Neuregelung der privaten, geschäftlichen und öffentlichen Auslandsschulden eingeführt, die zwei Vorteile miteinander verband: Erstens liefen alle Rückzahlungen von Auslandskrediten über die neu eingerichtete Konversionskasse, die der Aufsicht des Reichsbankdirektoriums unterstand; damit hatte die Reichsbank das Schuldnermonopol auf sich gezogen und gleichzeitig die Verfügungsgewalt über Rückzahlungsmodalitäten. Zweitens demonstrierte die Existenz der Konversionskasse eine prinzipielle Zahlungswilligkeit Deutschlands, ohne die deutsche Außenhandelsbilanz weiter zu verschlechtern. Indem auf die auf deutschen Sperrmarkkonten eingefrorenen deutschen Auslandsschulden spezielle Schuldscheine – Scrips – gezogen werden konnten, schuf die Reichsbank neue Zahlungsmittel. Die Scrips konnten

erwirbt, nahe, vom Importeur, der mit diesen Devisen ausländische Rohstoffe kaufen möchte, ein Aufgeld zu verlangen, und zwar nicht aus Eigennutz, sondern gegründet auf den Willen der rohstoffverarbeitenden Industrie, Arbeitsmöglichkeiten zu erhalten, und gegründet auf die vielfach vorhandene Notwendigkeit, die Exportware durch jenes Aufgeld auf dem Weltmarkt zu verbilligen und so wettbewerbsfähig zu erhalten. Daß dieses Aufgeld ein weiteres Steigen der Fertigware, langsam beginnend, zur Folge haben muß, liegt auf der Hand. Diese Aufgeldgeschäfte sind jetzt verboten. Der Exporteur ist, wenn für ihn die Notwendigkeit besteht, seine Preise zu senken, auf Scrips angewiesen. Nur bei monopolartigen Qualitätswaren (Chemie und einzelne Luxuswaren) ist diese Notwendigkeit nicht vorhanden. Mir ist beispielsweise ein Fabrikant bekannt, der eleganteste Damentaschen aus kostbarstem Leder herstellt und mit ihnen zu natürlichen Preisen bei der eleganten Damenwelt des englischen Weltreichs in London ein gutes Geschäft macht. Aber das sind Ausnahmen. Ein Geschäft, das volkswirtschaftlich und arbeitsmarktpolitisch etwas bedeutet, wird sich nur entwickeln, wenn es sich um Ware für breite Käuferschichten handelt, und diese Waren müssen Rücksicht nehmen auf die in der ganzen Welt gesunkene, teilweise weiter sinkende Kaufkraft der breiten Masse.

Die deutsche Industrie braucht seit längerer Zeit steigende Exportzuschüsse. Sie erhielt sie auf den bekannten Wegen (Scrips, Dollar-Bonds usw.). Praktisch hat die Mittel für diesen Zuschuß (künstliche Verbilligung der deutschen Preise für den Export) der deutsche Schuldner ausländischer Forderungen, also die deutsche Volkswirtschaft mit Steuern zur Verfügung gestellt. Der Kursstand der deutschen Schulden im Auslande zusammen mit der Valutaentwertung des Dollars und des Pfundes hat einen großen Anreiz gegeben, diese Schulden verstärkt abzustoßen. Sie sind in den letzten drei Jahren um rd. 8 – 10 Milliarden gefallen. Die heutige deutsche Auslandsverschuldung dürfte etwa noch 11 – 13 Milliarden betragen. Da der deutsche Schuldner nicht unmittelbar tilgen konnte, weil er keine Devisen bekam, so hat er sich mit dem deutschen Exporteur zusammengetan, diesem einen Teil des Kurs- und Valutagewinns abgetreten und ihn dadurch in den Stand gesetzt, den überhöhten Preis seiner Ware zu senken. Das geht aber nur bis zu einem bestimmten Punkte. Er ist gegeben durch das Interesse und die Fähigkeit des Schuldners zu verstärkter Tilgung. Sie hören auf, wenn die aufzuwendenden Mittel sich immer mehr dem Normalpunkt seiner Schuld nähern. Diesem Zeitpunkt nähern wir uns in dem Augenblick, in dem das Mehr an Steuern durch die für Arbeitsbeschaffung übernommenen Verpflichtungen verbraucht wird, und in dem aus dem Aufhören der öffentlichen Arbeitsbeschaffung und aus der Roh-

mit Disagio den ausländischen Gläubigern abgekauft und in verschiedene Marksorten umgetauscht werden, etwa in Registermark für ausländische Reisende in Deutschland oder in ASKI-Mark für den Import deutscher Waren. Vgl. ebd., S. 372 f. und Zumpe, Wirtschaft, S. 160-166.

stoffknappheit eine neue Vermehrung der Arbeitslosigkeit und damit erhöhte Unterstützungslasten drohen. Das in diesem Jahre erzielte Mehr an Steuern darf uns über diese Entwicklung nicht hinwegtäuschen. Es kommt darauf an, auf längere Sicht richtig zu handeln.

Aber das Scripsverfahren ist auch noch von einer anderen Seite her an eine Grenze gebunden. Wenn nämlich dieses Verfahren zu stark betrieben wird, so steigen die Kurse der deutschen Auslandsanleihen sehr schnell. Es hat deshalb keinen Zweck, eine Konvertierung der Auslandschulden in inländische Reichsschulden ins Werk zu setzen, um aus dem Kurs- und Valutagewinn, den der Inlandsschuldner dabei hat, Exportzuschüsse zu gewähren. Die deutschen Auslandsanleihen würden im Ausland bald auf pari stehen, wenn dieses Verfahren in einem nennenswerten Umfange angewendet würde. Dann aber bleibt nur noch der Valutagewinn übrig, ganz abgesehen davon, daß bei der heutigen Lage des Kapitalmarktes die einzigen Träger dieser Konvertierung das Deutsche Reich und die Reichsbank sein müßten. Bei ihrer jetzigen Beanspruchung sehe ich dafür keinerlei Möglichkeit. Denn es handelt sich hier, wenn man für die Ausfuhr etwa 1 Milliarde Zuschußmöglichkeiten gewinnen will, um einen Gesamtbetrag von etwa 2,5 Milliarden RM, der im Laufe eines Jahres in die Konvertierung hineingesteckt werden müßte.

Nach den mir aus Industriekreisen gewordenen Mitteilungen reichen die Scrips, selbst wenn ich einen unberechtigten Kreditfaktor abziehe, nicht aus. Ich bezweifle daher, daß es auf die Dauer möglich sein wird, das Aufgeld zu verbieten. Denn schließlich werden der Rohstoffhunger und die Notwendigkeit, Arbeitsmöglichkeiten zu erhalten, stärker sein als eine an und für sich richtige volkswirtschaftliche Preiserwägung. Hier liegt also ein weiteres Gefahrenmoment für das Auseinanderklaffen zwischen Kaufkraft und Preisen vor. Dieses Gefahrenmoment muß von der Staatspolitik, die nach meiner festen Überzeugung die einzige Trägerin und Urheberin aller wirtschaftlichen Entwicklungen und Geschehnisse ist, auf das ernsthafteste im Auge behalten werden. Zum mindesten muß diese Gefahr als weiterer Antrieb zu dem Entschluß dienen, die oben aufgeführten Mittel und Hilfsmittel sofort anzusetzen.

Ich ziehe aber noch einen viel wesentlicheren und weitgehenderen Schluß. Keine Politik auf lange Sicht darf die Widerstandskraft des deutschen Volkes nach den Erfahrungen, die unser Volk gemacht hat, auf härtere Proben stellen als zur Erreichung eines großen Zieles unbedingt notwendig ist. Die Widerstandskraft keines Volkes darf überschätzt werden. Es gibt kein Volk, dessen Widerstandskraft nicht bei irgend einem Grad der Beanspruchung nachgelassen hat. Seelische Aufrüttelung durch Propaganda kann den Zeitraum verlängern, aber nicht verewigen. Deswegen ist es notwendig, die Rohstoffknappheit als einen sehr ernsten Faktor in Rechnung zu setzen und kein verständiges Mittel unangewandt zu lassen, das unser Volk so schnell wie möglich wieder in den Stand setzt, seine hervorragenden Eigenschaften auszunutzen und mit den Erzeugnissen seiner überlegenen gewerblichen Schaffenskraft zum Warenaustausch mit anderen Völkern zu kommen.

Er hat selbstverständlich Ordnung in den Währungsverhältnissen zur letzten Voraussetzung. Ich verweise auf meine Darlegungen vom Juli 1933.[25] Doumergue hat in dieser Hinsicht vollkommen recht.[26] Roosevelt wird als Experimentenmacher in die Geschichte gehen. Es erscheint mir wenig aussichtsvoll, durch drastische Mittel die Welt zu einer Ordnung der Währung zwingen zu wollen. Zu solchem Druck ist der Anteil Deutschlands am Weltwarenverkehr heute leider viel zu gering geworden.

Es gibt auch noch einen anderen Grund, der unsere Hoffnung, die Welt würde uns als Rohstoffabnehmer brauchen, und sich dadurch in ihren Maßnahmen entscheidend bestimmen lassen, sehr stark dämpfen muß: das ist die Tatsache, daß auch die anderen Völker mit großer Arbeitslosigkeit zu kämpfen haben und es in dieser Not außerordentlich nahe liegt, zunächst nach autarkischen Lösungen zu greifen. Für sie aber kann der größte Teil der anderen Völker einen längeren Spielraum haben als wir, teils weil sie ihren Rohstoffbedarf in sich ausgleichen können, teils weil sie auf einer primitiveren Kulturstufe stehen. Ein weiteres gefahrdrohendes Moment kommt hinzu. Deutlich heben sich am wirtschaftlichen Horizont der englische Großwirtschaftsraum und der Großwirtschaftsraum der Goldblockländer ab.[27] Allzuviel weltwirtschaftliche Möglichkeiten bleiben dann für Deutschland nicht mehr übrig. Noch erscheint es mir möglich, die Währungsfrage durch Wiederherstellung eines gewissen Maßes von Vertrauen in der Welt in Ordnung zu bringen. Denn letzten Endes kann der Entschluß, zu einer allseitigen Währungsstabilisierung zu kommen, nur durch Vertrauen hervorgerufen werden. Fehlt dieses oder wird es nicht wieder geschaffen, so ist eine naheliegende Ursache für kriegerische Verwicklungen in der Welt gegeben. Von einem gewissen Zeitpunkt an brauchen wir sie nicht mehr zu scheuen, bis dahin müssen sie um unserer Zukunft willen vermieden werden.

Abseits der Währungsschwierigkeiten sehe ich ein weiteres Hindernis für unseren Export in der Tatsache, daß Deutschland eine Preisinsel ist, die sich höher und höher aus dem Spiegel der Weltwirtschaft heraushebt. Wir sind zu teuer geworden

---

[25] Zum Juli 1933 s.o., Anmerkung 6.

[26] Gaston Doumergue, radikalsozialistischer Abgeordneter und Präsident der französischen Republik 1924–1931, war vom Februar bis November 1934 Ministerpräsident der „Union nationale", einer Regierungskoalition aus Konservativen, Radikalen, Liberalen und Neo-Sozialisten. Die nationale Unionsregierung unter Doumergue verschärfte die Wirtschaftskrise in Frankreich durch ihre strikte Deflationspolitik. Vgl. dazu Roland Höhne: Innere Desintegration und äußerer Machtzerfall: Die französische Politik in den Jahren 1933–1936, in: Karl Rohe (Hg.): Die Westmächte und das Dritte Reich 1933–1939. Klassische Großmachtrivalität oder Kampf zwischen Demokratie und Diktatur?, Paderborn 1982, S. 157-179.

[27] Vgl. zur Bildung von Währungsblöcken S. 317, Anmerkung 4.

und werden von anderen Volkswirtschaften mehr oder minder stark unterboten.[28] Diese Tatsache hängt nicht nur mit der Währungsverwirrung, sondern auch damit zusammen, daß wir uns immer noch nicht an die Erkenntnis gewöhnen wollen, daß wir mindestens die Hälfte unseres Vorkriegskapitals verloren haben und also nur durch größere Einfachheit, härtere Arbeit zu bescheideneren Bedingungen und emsiges Sparen uns wieder in die Höhe bringen können. Die daraus abzuleitenden Folgerungen sind wahrhaft einschneidend und hart. Ehe sie gezogen werden, wäre noch die Frage zu erörtern, ob wir nicht unsererseits dem englisch-amerikanischen Beispiel folgen und den Goldwert unserer Währung herabsetzen sollen. Ich halte von solchen Währungsmanipulationen sehr wenig. Auch England hat sie erkauft mit dem Verlust eines Teiles seines im Ausland angelegten Volksvermögens. Aber es hatte die feste Sicherung eines bedeutenden Goldschatzes, von dem stets Bremswirkungen gegen ein zu schnelles Abgleiten der Währung bewirkt werden konnten, und es hatte ein ganz klares Ziel, nämlich die Ingangsetzung eines Handelsverkehrs im neuen englischen Wirtschaftsraum einschließlich der skandinavischen Länder auf Grund der Beschlüsse der Ottawa-Konferenz[29]. Es ist schon sehr spät geworden, England von diesem selbständigen Vorgehen wieder zurückzubringen. Die Reise des Lordsiegelbewahrers Eden nach den skandinavischen Ländern ist ein Beweis für die Größe der Gefahr.[30] Ein fernerer Beweis liegt in

[28] Dass die „Abwertungsländer" (vgl. ebd.) eine günstigere Preisstruktur aufweisen mussten, ist evident; die deutschen Preise nahmen jedoch auch im Vergleich zu den Preisen der Länder, die ihre Währung nicht abgewertet hatten, eine Spitzenposition ein. Vgl. Zumpe, Wirtschaft, S. 93, Tabelle 22.

[29] Das Präferenzsystem von Ottawa, im Sommer 1932 zwischen den Ländern des Commonwealth ausgehandelt, war ein System bilateraler Handelsverträge zwischen Großbritannien und den Dominions und garantierte den Vertragschließenden Vorzugstarife im Rahmen erhöhter Zollmauern. Es handelte sich um eine ausschließlich innerimperiale Abmachung, so dass bilaterale Handelsabkommen zwischen Großbritannien und den skandinavischen Ländern keineswegs bedeuteten, dass Skandinavien in das Präferenzsystem aufgenommen würde. Vielmehr musste Großbritannien bei Handelsverträgen mit anderen Nationen die in Ottawa garantierte Bevorzugung der Dominions berücksichtigen. Vgl. Gustav Schmidt: Das Zusammenspiel sicherheitspolitischer, wirtschaftlicher und ideologischer Faktoren in der englischen Weltpolitik und die Restrukturierung der internationalen Politik, in: Rohe, Die Westmächte und das Dritte Reich 1933–1939, S. 29-56 sowie Derek H. Aldcroft: The Inter-War Economy: Britain 1919–1939, London 1973, S. 285-294.

[30] Der spätere Außenminister Anthony Eden, seit dem Herbst 1931 als Unterstaatssekretär mit Ministerrang im Foreign Office, bereiste vom 11. bis 21. Oktober 1934 die skandinavischen Länder (vgl. Schultheß, Europäischer Geschichtskalender 1934, S. 359 und 439; zu den Datierungsschwierigkeiten der vorliegenden Denkschrift s.o., Anmerkung 2). Die Reise resultierte in einer Ausweitung der bilateralen Handelsverträge Großbritanniens mit Dänemark, Schweden und Norwegen, die insbesondere dem deutschen Kohleexport nach Skandinavien schadeten. Vgl. Aldcroft, Inter-War Economy, S. 293 sowie Anthony Eden: Angesichts der Diktatoren. Memoiren 1923–1938, Köln und Berlin 1962, S. 155 ff.

der Tatsache, daß alle Dominions und Kolonien Englands dem Mutterlande gegenüber eine aktive, also vorteilhafte Handelsbilanz haben, während das Mutterland die Passivität aus den Einkünften des in den Dominions und Kolonien arbeitenden Vermögens ausgleichen kann. Aber noch erscheint es mir Zeit, hier eine Wandlung zu erreichen, denn auch England erkauft sich dieses neue Empirium mit seiner Begrenztheit. Darüberhinaus begegnet England dauernd wachsenden Schwierigkeiten; sie sind die natürliche Folge seines selbständigen Kampfvorgehens, denn die Währungsentwertung bedeutet ja nichts weiter als Einsatz eines rücksichtslosen Kampfmittels. Das Volk, das sie anwendet, macht den Versuch, auf Kosten einzelner Gruppen der eigenen Bevölkerung (Nordamerika) oder auf Kosten anderer Völker (England) Gegenwartsschwierigkeiten zu überwinden. Daß dauernde Lösungen hiermit nicht gefunden werden, wird auch England bei kühler Überlegung nicht verkennen. Was das Mittel der Devalvation für uns betrifft, so würde es unseren ausländischen Schuldenbetrag erhöhen, den Rohstoffbezug verteuern und den Wert unserer ausländischen Guthaben mindern.[31] Die deutsche Politik muß m.E. darauf ausgehen, dieses Mittel zu vermeiden und diejenige Vertrauensgrundlage in der Welt zu schaffen, die es ermöglicht, den Währungswirrwarr als dem größten Feind friedlichen Kulturfortschritts ein Ende zu bereiten.

Zum mindesten müssen wir uns darüber klar sein, daß der Einsatz des Kampfmittels der Devalvation den im Gange befindlichen Wirtschaftskrieg weiter verschärfen würde. Es ist eine Binsenwahrheit, daß dieser Krieg jederzeit in den militärischen übergehen kann. Für uns kommt es nach meiner Kenntnis der wirtschaftlichen und militärischen Lage darauf an, Zeit zu gewinnen, ohne die Freiheit des Handelns dauernd zu opfern. Die Folgerungen für die Außen- und Innenpolitik liegen auf der Hand. Ich komme darauf zurück.

Können und wollen wir die Preisinsel nicht mit künstlichen Maßnahmen beseitigen, so bleibt uns nach meiner besten Überzeugung nichts anderes übrig, als unsere Preise auf natürlichem Wege zu senken, das heißt durch Herabsetzung der Unkostenfaktoren, aus denen sie gebildet sind. Wenn diese Unkostenfaktoren auf der ganzen Linie gesenkt werden, so wird die Kaufkraft im Innern nicht beeinträchtigt, die natürliche Tauschfähigkeit auf dem Weltmarkt wiederhergestellt.

Es wird vielfach, auch von hervorragenden Sachkennern gegen diese Maßnahme eingewendet, daß sie die Arbeitslosigkeit vergrößere und den Lebensstandard senke. Daß sie Arbeitslosigkeit vergrößert, stimmt nicht. Die Arbeitslosigkeit ist in den vergangenen Jahren aus anderen Gründen gestiegen als aus diesen. Ein aufgeblähtes Kreditwesen mußte zurückgeschraubt werden. Die Privatwirtschaft und die öffentliche Verwaltung haben im steigenden Maße mehr verbraucht als sie eingenommen hatten. Sie haben die Fehlbeträge durch kurzfristige Kredite gedeckt. Diese mußten notleidend werden. In dem Augenblick, in dem das zutage trat, waren Zusammen-

[31] Goerdeler argumentiert hier ganz auf der Linie Brünings vom Herbst 1931; vgl. S. 244, Anmerkung 13.

brüche und damit steigende Arbeitslosigkeit die naturnotwendige Folge. Erhalte ich aber die Kaufkraft der Mark, indem ich bei allgemeinem Sinken aller Faktoren der Wirtschaftsunkosten Zinsen, Löhne, Gehälter und Sachaufwendungen gleichmäßig senke und die naturgemäß eintretende Verringerung des Kreditvolumens mit entsprechenden Maßnahmen der Reichsbank elastisch begleite, so kann und muß die Vermehrung der Arbeitslosigkeit vermieden werden.[32] Was das Sinken des Lebensstandards des Einzelnen betrifft, so wird es durch diese Maßnahme noch am ehesten vermieden, während wir jetzt nach meinen obigen Ausführungen in einem zwangsläufigen Sinken des Lebensstandards begriffen sind. Selbstverständlich kann ich durch innerwirtschaftliche Maßnahmen (Senkungen) den Preis der ausländischen Rohstoffe nicht beeinflussen; sie bleiben also ein starrer Block. Aber dem steht auf der anderen Seite die Steuerersparnis gegenüber, die ich durch Wegfall der Exportzuschüsse freibekomme. Letzte Auswirkungsmöglichkeiten auf den Lebensstandard können durch erhöhte Arbeitsleistung zu gleichem Lohn oder Gehalt und durch das immer unvermeidbare Hilfsmittel der Siedlung hintangehalten werden.

Diese von mir schon 1932 und 1933 empfohlene Methode wird unsere Ausfuhrmöglichkeiten und damit die Rohstofflage bessern. Sie ist kombiniert mit den oben genannten Hilfsmitteln, insbesondere dem wichtigsten Hilfsmittel, der Siedlung und Nebenberufssiedlung. Vor ihr können wir uns nicht herumdrücken. Es ist keinem Volke verstattet, mit Naturgesetzen Schindluder zu spielen. Wer sollte nicht den Ehrgeiz haben, die Narreteien eines Roosevelt in irgendeiner Form nachzuahmen. Der Lebensstandard, der Kraftwagenverkehr usw., sie können nicht künstlich gehoben werden. Zu allem gehört Arbeit zu Bedingungen, die um so bescheidener sein müssen, je ärmer wir sind und je mehr es gilt, unseren Lebensraum zu verteidigen und zu erweitern. Daß wir diese Maßnahme anwenden müssen, das ist heute ebensowenig zweifelhaft wie es klar ist, daß Friedrich Wilhelm I. durch Anwendung eben dieser Methode den preußischen Staat vor dem Untergang gerettet hat. Je früher diese Maßnahme ergriffen wird, umso weniger hart wird sie sich auswirken; je später der Entschluß gefaßt wird, umso schwieriger wird die Bewältigung der damit verbundenen politischen Aufgaben werden. Nicht diese Maßnahme an sich kann irgendwie in Zweifel gezogen werden, sie ist und bleibt unausweichlich, das möchte ich hier so schroff wie möglich feststellen. Die Frage ist heute nur, ob sie überhaupt noch ausreicht, um uns aus den Schwierigkeiten herauszubringen und den Rohstoffmangel durch vermehrte Ausfuhr zu beheben. Und diese Frage ist nach menschlichem Ermessen leider zu verneinen. Die Berichte unserer Kaufleute, fast die gesamte ausländische Presse und die Äußerungen ausländischer Politiker nötigen zu dem zwingenden Schluß, daß auch tiefgehende psychologische Hemmnisse unserem Außenhandel entgegenstehen. Sie

[32] So die Argumentation, auf der bereits die 4. Notverordnung vom 8.12.1931 basierte; vgl. dazu S. 220 ff., Anmerkungen 2 und 6.

müssen ebenfalls überwunden oder beseitigt werden, wenn wir uns mit ausreichender Rohstoffversorgung ausreichende Arbeitsgelegenheiten sichern wollen. Die Ursachen dieser Hemmnisse sind bekannt. Es ist politisch gleichgültig, ob uns diese Tatsachen angenehm sind oder nicht. Sie müssen in Rechnung gestellt werden, ebenso wie die Größe der inneren Spannkraft, die mir zur Verfügung steht, um die Auswirkungen solcher Hemmnisse zu überwinden.

Auch diese Erwägung mündet also in die gleiche Schlußfolgerung ein, daß es notwendig ist, die Welt zu nehmen wie sie jetzt ist, unter keinen Umständen von einem Weltbild auszugehen, wie es einmal war oder wie es später sein könnte, und danach Innen- und Außenpolitik auf Sicherung des entscheidenden Ziels der Freiheit und Wohlfahrt des Volkes einzustellen. Es war im ersten Jahrzehnt nach dem Kriege der entscheidende Irrtum, um nicht zu sagen, die entscheidende Leichtfertigkeit, eines großen Teiles des deutschen Volkes und einer auf Bequemlichkeit abgestellten Politik nicht erkennen zu wollen, daß die Grundlagen für das Gedeihen der Volkswirtschaft, für ihre Richtung und ihre Entwicklung immer nur durch politische Handlungen gelegt werden. Jetzt ist diese Klarheit da. Es wäre ein Jammer, wenn sie nicht in der richtigen Richtung bestätigt würde.

An der Spitze der politischen Betrachtung muß die Erkenntnis stehen, daß das deutsche Volk um die Sicherung seiner Existenz kämpfen muß. Das von seiner Ostmark getrennte Deutschland kann überhaupt unter vernünftigen Bedingungen nicht leben; der Korridor ist ein Pfahl im Fleische seiner Wirtschaft und seiner Ehre.[33] Auf Polen ist gar kein Verlaß; es wird aus dem jetzigen Vertragsverhältnis[34] nur für sich Vorteile ziehen. Wie ich den Polen aus vielen Jahren täglichen Umganges kenne, wie mir seine Politik und die Preußens bekannt ist, so bin ich überzeugt, daß sich Polen nur scheinbar von Frankreich unabhängiger macht; hinter den Kulissen bleiben die Verbindungen erhalten. Durch dieses Spiel gewinnt Polen freie Hand zum Vorgehen gegen das Deutschtum. In welcher raffinierten Weise das erfolgt, das lehrt der Blick in die polnischen Zeitungen der letzten Monate, aber auch in das nationalsozialistische Presseorgan im Freistaat Danzig.[35]

---

33 Vgl. zu Goerdelers ostpolitischer Arbeit seinen Bericht über seine Tätigkeit im preußischen Abtretungsgebiet vom Juni 1919; Dok. 2.1.1, oben S. 191 ff.

34 Mit dem am 26.1.1934 unterzeichneten deutsch-polnischen Nichtangriffspakt war die polnische Diplomatie aus dem von Frankreich dominierten osteuropäischen Bündnissystem ausgeschert. Während Hitler damit sein Ziel erreicht hatte, die Allianzpartner Frankreich und Polen einander zu entfremden (vgl. Meißner, Staatssekretär, S. 345), wurde der Vertrag in konservativen deutschen Kreisen äußerst negativ und als Preisgabe der deutschen Revisionsziele beurteilt. Vgl. Hans Roos: Polen und Europa. Studien zur polnischen Außenpolitik 1931–1939, Tübingen 1957, S. 108 ff.

35 Die nationalsozialistische Politik in Danzig war bis zum November 1934 geprägt von der Rivalität zwischen den beiden führenden Nationalsozialisten der Stadt: Hermann Rauschning, der 1931 von der DNVP zur NSDAP übergewechselt war, war seit dem Sommer 1933 Danziger Senatspräsident und strebte in dieser Position eine Verständigungspolitik mit Polen

Schon fängt der Pole an, in der frechsten Weise den Danziger Nationalsozialismus zu warnen und an seine Pflichten zu erinnern. Ich zweifle nicht, daß über die absolute und vollkommene Unzuverlässigkeit des Faktors Polen heute im Gegensatz zu 1917 bei allen politischen Stellen volle Klarheit herrscht. Ich bin überzeugt, daß hier nur bewußt ein Opfer gebracht wird, um die Wehrhaftmachung des Volkes gegen einen Druck von Polen her zunächst einmal zu sichern oder diesen Druck wenigstens zu erleichtern. Ich bin auch überzeugt davon, daß man sich über die Höhe dieses Opfers keine unrichtige Vorstellung macht. In dem deutsch gebliebenen Teil Westpreußens, im Regierungsbezirk Marienwerder, wird jetzt ein polnisches Gymnasium mit Alumnat errichtet.[36] Das Opfer ist so groß, daß es nur eingeworfen werden darf unter Anwendung aller Mittel, die den sicheren Erfolg verbürgen. Deshalb wird die Politik stets noch das weitere Ziel verfolgen müssen, für diese elastischen Wendungen Rücksicherungen zu schaffen durch entsprechende Verständigung oder ihre Vorbereitung mit anderen für uns wichtigen und verläßlichen Völkern. Und endlich muß jenes von mir als hoch bezeichnetes Opfer nicht unnötig erhöht werden. Die Beseitigung der Parteiherrschaft in Deutschland und ihr glücklicher Ersatz durch die Verschmelzung von Partei und Staat[37] haben zur inneren logischen Voraussetzung, daß Partei- und Staatsgewalt in einer Hand sich befinden. Es muß sich deswegen als entscheidender Irrtum auswirken, das Auslanddeutschtum unter dem gleichen Gesichtspunkt politisch einheitlich organisieren zu wollen. Denn hierzu fehlt die totale Übereinstimmung mit der Staatsgewalt. Diese Fehler treten bereits zutage. Im Saargebiet, im ehemals deutschen, an Polen abgetretenen Gebiet, in Danzig und im Memelgebiet, stehen Deutschstämmige gegeneinander.[38] Dabei macht es keinen Unterschied, ob der eine Teil

---

an. Albert Forster, seit 1930 Gauleiter von Danzig, zeichnete sich dagegen durch eine scharfe antipolnische Politik aus, indem er etwa im Mai 1934 öffentlich über die Möglichkeit eines Anschlusses Danzigs an das Deutsche Reich spekulierte (vgl. Levine, Hitler's Free City, S. 76 f.). Vgl. ausführlich Ernst Sodeikat: Der Nationalsozialismus und die Danziger Opposition, in: VfZ 14 (1966), S. 159-174.

36 Ein polnisches Alumnat, d.i. ein Internat mit höherer Schulbildung, wurde in Marienwerder nicht gegründet; ein polnisches Gymnasium wurde dort erst im Sommer 1937 anlässlich der deutsch-polnischen Minderheitenerklärung eröffnet. Vgl. die Untersuchung Breyers, die allerdings von antipolnischen Ressentiments geprägt ist: Richard Breyer: Das Deutsche Reich und Polen 1932–1937. Außenpolitik und Volksgruppenfragen, Würzburg 1955, S. 281 f.

37 Vgl. ausführlich zur sukzessiven Ausschaltung der einzelnen Parteien Matthias/Morsey, Ende der Parteien. Abgeschlossen wurde dieser Prozess mit dem „Gesetz gegen die Neubildung von Parteien“ vom 14.7.1933 (RGBl. 1933/I, S. 479 f.).

38 Hinter dieser euphemistischen Formulierung verbirgt sich die Tatsache, dass die Nationalsozialisten in den betreffenden Gebieten ihre Opposition nicht so einfach ausschalten konnten, wie das im deutschen Reichsgebiet praktiziert worden war. In Danzig erreichte der nationalsozialistisch dominierte Senat zwar ein Verbot der KPD am 28.5.1934, provozierte durch seinen Terror jedoch eine verstärkte Opposition von SPD, Zentrum und DNVP

dieser Deutschstämmigen durch falsche politische und wirtschaftliche Vorstellungen irregeführt erscheint. Die Tatsache genügt, um die Stellung und die Wirkungsmöglichkeit des Deutschtums zu schwächen, der fremden Staatsgewalt Eingriffs- und Einwirkungsmöglichkeiten zu schaffen und damit jenes Opfer zu erhöhen. Die Stadt Danzig hat sich in einem ähnlichen Zeitraum von 1460 – 1780 als ein absolut festes Bollwerk des Deutschtums erwiesen.[39] Es ist für diese Stellung unerträglich, wenn man in und über Danzig davon sprechen kann, daß die politische und parteipolitische Leitung in Danzig Spannungen ausgesetzt ist.[40] Sie müssen durch Einsatz oder Erhaltung erfahrener, dort bodenständiger Kräfte so schnell wie möglich beseitigt werden. Die Polen bauen, wie nicht anders zu erwarten, Gdingen immer weiter aus,[41] und man kann sich an den fünf Fingern ab-

---

(vgl. Sodeikat, Nationalsozialismus, S. 140 ff.). Im Memelland, das seit 1923 unter litauischer Herrschaft stand, führte der erbitterte Konkurrenzkampf zwischen der „Christlich-Sozialen Arbeitsgemeinschaft" unter Theodor v. Sass und der „Sozialistischen Volksgemeinschaft" unter Ernst Neumann letztendlich zum Verbot der beiden nationalsozialistischen Gruppierungen am 13. Juli 1934 und der Verhaftung ihrer Führer durch die litauische Regierung (vgl. Martin Broszat: Die memeldeutschen Organisationen und der Nationalsozialismus 1933–1939, in: VfZ 5 (1957), S. 272-278). In den ehemals deutschen, an Polen abgetretenen Gebietsteilen und im Saargebiet wurde die Taktik verfolgt, durch Proklamation einer „gesamtdeutschen Volksgemeinschaft" die deutschen Bevölkerungsteile zusammenzuschließen. Diese Strategie war bei den bürgerlichen Parteien erfolgreich, führte jedoch zur Frontstellung von SPD und KPD (vgl. Marian Wojciechowski: Die polnisch-deutschen Beziehungen 1933–1938, Leiden 1971 sowie Gerhard Paul: „Deutsche Mutter – heim zu Dir!" Warum es mißlang, Hitler an der Saar zu schlagen. Der Saarkampf 1933–1935, Köln 1984). Vgl. zusammenfassend zu der wenig erfolgreichen Außenpolitik hinsichtlich des Auslandsdeutschtums 1933/34 Broszat, Staat Hitlers, S. 274-283.

39 Danzig ist als slawische Siedlung seit dem 10. Jahrhundert nachweisbar und wurde im 13. Jahrhundert vom Deutschen Orden und der Hanse besetzt. Nicht zuletzt durch die Koalition der Danziger Bevölkerung mit dem polnischen König wurde Danzig aus dem Ordensgebiet gelöst und hatte zwischen 1454 und 1793 Freistaatcharakter unter der (nominellen) Oberhoheit Polens. Mit der zweiten polnischen Teilung 1793 wurde Danzig von Preußen annektiert, bei dem es – abgesehen von einer kurzen Unterbrechung als „Freie Stadt" unter Napoleon 1807–1814 – bis zum Ende des Ersten Weltkriegs blieb (zum darauffolgenden Völkerbundstatus Danzigs s.u., Anmerkung 42). Eine vehement nationalistische Debatte um die Zugehörigkeit Danzigs ist in der deutschen und in der polnischen Wissenschaft und Publizistik bis in die 1950er Jahre charakteristisch. Vgl. Levine, Hitler's Free City, S. 6 ff. sowie Rudolf Jaworski: Zwischen Polenliebe und Polenschelte. Zu den Wandlungen des deutschen Polenbildes im 19. und 20. Jahrhundert, in: Dietrich Beyrau (Hg.): Blick zurück ohne Zorn. Polen und Deutsche in Geschichte und Gegenwart, Tübingen 1999, S. 55-70.

40 S.o., Anmerkung 35.

41 Gdingen oder Gdynia, ursprünglich ein kleines polnisches Fischerdorf, wurde im Verlauf der 20er Jahre von Polen zum Konkurrenzhafen für Danzig ausgebaut. Zumindest beschleunigt wurde diese Entwicklung durch Ereignisse während des polnisch-sowjetischen Krieges

zählen, wann Danzig wirtschaftlich und finanziell zum Erliegen kommen muß. Daraus ergeben sich zwingende nationalpolitische Folgerungen. In Danzig, noch verstrickt in die Abhängigkeit vom Völkerbund,[42] muß der nationale Wille politisch vollkommen anders organisiert werden als im Deutschen Reich. Auch in Danzig ist die Durchsetzung einer Totalität nicht möglich. Die Partei begibt sich deshalb in eine schwere Gefahr, wenn sie ohne die Möglichkeit, diese Totalität zu verwirklichen, sich politisch mit der Partei innerhalb des Deutschen Reiches gleichschaltet. In Danzig gilt es, das Deutschtum in allen seinen Erscheinungsformen zusammenzuhalten. Es gilt ferner, die aus unserer Devisenlage sich ergebenden Schwierigkeiten zu mindern. Auch hier sind wieder drastische Beispiele für die großen Gefahren, in die wir durch die Abschnürung vom Weiterverkehr geraten sind. Zahlreiche Danziger besitzen Vermögensstücke im Deutschen Reich. Es ist ihnen nicht mehr möglich, die Zinsen zu bekommen. Die Technische Hochschule in Danzig war bisher eine fast vollkommen deutsche. Wie soll sie gehalten werden, wenn der deutsche Student nicht mehr mit Devisen versehen werden kann? Der Staat Danzig bedarf bei seiner erschütternden Wirtschaftslage der Unterstützung durch das Reich. Transfermöglichkeiten bestehen kaum noch. Es nötigt also auch diese Betrachtung zu dem Schluß, daß wir aus dieser Gefahrenzone möglichst bald heraus müssen. Abgesehen davon ist es notwendig, für die Übergangszeit sofort Hilfsmittel anzusetzen. Was in bar nicht geleistet werden kann, wird in Waren geleistet werden müssen. Wir werden den Danzigern unentgeltlich Waren, die in ihrem Gebiet besonders teuer sind (Textilien, Kolonialwaren usw.) liefern müssen, die dann mit irgendwelchem unschwer zu findenden System zu Nutzen der Staatskasse billig in den Verkehr gebracht werden.

Was hier von Danzig gesagt ist, gilt entsprechend für alle übrigen umstrittenen Gebiete, in denen das Deutschtum außerhalb der jetzigen Grenzen des Reiches widerstandsfähig und geschlossen erhalten werden muß. Denn keins dieser Gebiete darf aufgegeben werden.

---

im Sommer 1920, als sich Danziger Hafenarbeiter weigerten, polnische Munitionsladungen zu löschen. Die Umlenkung des polnischen Warenverkehrs über Gdingen bedeutete für Danzig einen empfindlichen finanziellen Verlust, und der Senat argumentierte, dass Polen zur Ausnutzung der Danziger Kapazitäten verpflichtet sei. Vgl. Levine, Hitler's Free City, S. 62 f. sowie zur Weimarer Zeit Heinrich Sprenger: Heinrich Sahm. Kommunalpolitiker und Staatsmann, Köln und Berlin 1969, S. 60 f.; 194 ff.

42 Der Status Danzigs, wie er in den Artikeln 100-108 des Versailler Vertrags festgelegt worden war, bedeutete eine Mischung aus innenpolitischer Autonomie mit Minderheitenschutzpflichten unter Bürgschaft und Aufsicht des Völkerbunds, außenpolitischer Vertretung durch Polen und Eingliederung in das polnische Zollgebiet sowie einer Schiedsgerichtsbarkeit des Hohen Kommissars in Auseinandersetzungen zwischen Danzig und Polen. Rauschnings Verhandlungen mit Polen seit seinem Amtsantritt im Sommer 1933 verfolgten nicht zuletzt das Ziel, Interventionen des Völkerbunds obsolet zu machen. Vgl. zum Status Danzigs Erich Keyser: Geschichte der Stadt Danzig, 2. durchges. Aufl. Würzburg/M. 1960, S. 29 ff. sowie zu Rauschnings Politik Levine, Hitler's Free City, S. 62.

Auf der anderen Seite ist bei der Betrachtung unserer außenpolitischen Lage in Rechnung zu stellen, daß das Diktat von Versailles und die Nachkriegspolitik auch bei anderen Völkern weitgehende politische, wirtschaftliche und soziale Spannungen und Verschiebungen ausgelöst haben. Ich brauche sie nicht im einzelnen aufzuzählen. Sie enthalten Chancen und Gefahren für uns zugleich. Die Chancen liegen auf der Hand. Die Gefahren sind dreifache: einmal die politische Gefahr der Einigung auf unsere Kosten, weiter die oben behandelte rohstofftechnische Gefahr, die bei einem gewissen Punkt selbst unsere Aufrüstung gefährden kann, endlich die arbeitsmarktpolitische und soziale, die im umgekehrten Verhältnis zu der jeweils zur Verfügung stehenden Nervenkraft unseres Volkes steht. Diese Nervenkraft ist auf die Dauer von der Deckung des notwendigen Bedarfs zu erschwinglichen Preisen abhängig.

Aus diesen Chancen und Gefahren ergibt sich geradezu eine ganze Klaviatur politischer Möglichkeiten und Notwendigkeiten. Um sie zu begrenzen, erscheint mir folgende Feststellung erforderlich. Entscheidend ist die Notwendigkeit, die Erreichung des Endzieles nicht zu gefährden. Nicht entscheidend ist der Zeitraum, in dem die Erreichung des Endzieles ermöglicht wird. Jeder weiß, daß ein Ziel im Sturmlauf oder in Sprüngen oder in einer überlegten Folge einzelner selbständiger Aktionen, deren jede wohl vorbereitet ist, aber mit der vorausgehenden und nachfolgenden in Zusammenhang steht, erreicht werden kann. Hier beginnt das Gebiet der subjektiven Bewertung. Um sie möglichst richtig zu gestalten, müssen die Lehren der Geschichte und unserer eigenen ungewöhnlich reichen Erfahrungen berücksichtigt werden. Unter diesem Gesichtspunkt halte ich die Wirkungen, die aus einer Rohstoffverknappung auf volkswirtschaftlichem, seelischem und wehrpolitischem Gebiet eintreten müssen, in absehbarer Zeit für sehr ernst. Es muß jeder irgendwie das letzte Ziel im Auge behaltende Weg versucht werden, um sie zu vermeiden.

Welche Politik auch immer der Führer wählt, sie wird stets von einer straffen Zusammenfassung der innen- und außenpolitischen Betätigung ausgehen müssen. Kein geringerer als Bismarck, der eins der glänzendsten Zeitalter der deutschen Geschichte begründet hat, hat darauf hingewiesen, daß Deutschlands zentrale Lage es nötige, alle Schritte auf dem Gebiet der Innenpolitik auf ihre Wirkungen nach außen auf das sorgfältigste zu prüfen.[43] Und wer zu einer organischen Betrachtung der politischen Geschehnisse kommt, dem ist diese vollkommene Einheit von Innen- und Außenpolitik auch kein Wunder. Sie ergibt sich daraus, daß beide dasselbe Ziel verfolgen: Macht, Wohlfahrt, Ehre.

Unter diesem Gesichtspunkt erscheint es mir zunächst nicht zweckmäßig, daß auswärtige Politik von verschiedenen Stellen betrieben wird. Ich habe neulich vom Auswärtigen Amt auf eine Frage, ob eine polnische Ausstellung in Deutsch-

[43] Vgl. zu dem preußischen Verfassungskonflikt unter Bismarck S. 311, Anmerkung 31; zu dem Kulturkampf s.u., Anmerkung 48.

land erwünscht sei oder nicht, die Antwort erhalten, daß hierfür das Propagandaministerium zuständig sei.[44] Ich halte diese Aufteilung der Zuständigkeiten für im größten Maße gefährlich. Die Entscheidung, ob die politische Situation die Ablehnung eines polnischen Begehrens dieser Art erfordert oder rechtfertigt, ob dieses Begehren dazu benutzt werden soll, die Gegenseitigkeit durchzusetzen, muß bei der außenpolitischen Stelle liegen. Erst dann beginnt die Aufgabe des Propagandaministeriums, diese Entscheidung nach allen Richtungen und wie sie auch fallen mag, so auszuwerten, daß im In- und Auslande die bestmögliche Wirkung gesichert erscheint. Selbst hierbei wird das Auswärtige Amt mitwirken müssen.

Immer wieder wird von Männern, die Erfahrungen im Auslande sammeln und denen man ein Urteil zutrauen kann, darauf hingewiesen, daß es notwendig ist, die deutsche Rassenpolitik zu konsolidieren. Das, was das Gesetz festgelegt hat, wird verständigerweise im Auslande als Selbstschutz kaum beanstandet werden, wenn in diesem Rahmen sich nunmehr alles unter eiserner Disziplin und unter Vermeidung von Ausartungen und Kleinlichkeiten vollzieht. Wird diese Grenze verletzt, so werden wir nur zu immer größeren Konzessionen genötigt sein. Auf dem Gebiete des Sportwesens glaube ich, solche bereits sehen zu müssen.

Wenn uns auf dem Gebiete der Kunst beispielsweise die Mendelssohnsche Komposition der Schöpfung nicht behagt, so sollen wir sie nicht aufführen, wir sollen aber nicht verkünden, daß sie aus rassepolitischen Gründen durch eine andere Komposition ersetzt werden müsse.[45] Wir können uns da auch argen Schlappen aussetzen, denn es wäre ja immerhin denkbar, daß kein lebender deutscher Komponist eine bessere Komposition zustande brächte.

Auch unsere Kirchenpolitik muß als ein Instrument der Machtwirkung nach außen nicht nur vom Führer gewertet werden. Es erscheint mir nicht möglich, die Einigung der deutschen evangelischen Kirche auch nur durch die leisesten Zwangs-

---

44 Das Reichsministerium für Volksaufklärung und Propaganda dürfte insofern für zuständig befunden worden sein, als die neugegründete Reichskulturkammer ihm unterstand. Goebbels war in Personalunion Reichspropagandaminister und Präsident der Reichskulturkammer. Während der Drang nach einer Monopolstellung in kulturpolitischen Belangen sich unmittelbar gegen Machtansprüche nationalsozialistischer Konkurrenten richtete – insbesondere gegen Ley und die DAF, Rosenberg und den Kampfbund für Deutsche Kultur und gegen Reichsinnenminister Frick – entstand auch ein Konkurrenzverhältnis zum Auswärtigen Amt, sofern es sich um ausländische Kulturprojekte handelte. Vgl. Volker Dahm: Anfänge und Ideologie der Reichskulturkammer, in: VfZ 34 (1986), S. 53-84.

45 Wahrscheinlich bezieht sich Goerdeler hier auf eine Äußerung Havemanns, der kurz zuvor auf der Landestagung der Reichsmusikkammer in Dresden gegen Mendelssohn-Bartholdy polemisiert hatte. Gustav Havemann war von 1920 bis 1945 Professor an der Berliner Musikhochschule und seit 1932 Leiter eines „Kampfbundorchesters" in Berlin, einer Organisation im Rahmen des völkisch-rassistischen Kampfbundes für Deutsche Kultur. Vgl. ausführlich zu der nationalsozialistischen Kampagne gegen Mendelssohn Fred K. Prieberg: Musik im NS-Staat, Frankfurt/M. 1982, S. 144-164.

mittel erreichen zu können, ohne die Wahrheit dieser Einigung zu gefährden und ohne schwere weitreichende Verstimmungen im Auslande, die unserer Politik hinderlich sein müssen, zu erzeugen.[46] Gerade unser Volk hat sich durch den lutherischen Grundsatz der Gewissensfreiheit gegenüber allem menschlichen Zwang auf religiösem Gebiete jene Grundlage geschaffen, auf der es, wie ohne Übertreibung gesagt werden darf, Europa aus mittelalterlichen Zwangsvorstellungen und Verödungen in eine geläuterte sittliche Auffassung hineinführen konnte. Diese Führerstellung muß aus außenpolitischen Gründen erhalten werden. Ja das Wesentliche ist, daß das Ziel der Einigung der evangelischen Kirche nicht einmal aufgegeben zu werden braucht. Ich habe nicht den mindesten Zweifel, daß in der richtigen Hand diese Einigung innerhalb von 14 Tagen herbeigeführt werden kann, ohne irgendwelche Verluste der außenpolitischen Stellung unseres Vaterlandes, ja im Gegenteil, mit hohen positiven Erfolgen.

Es ist zu begrüßen, daß der Führer Konfliktmöglichkeiten mit der katholischen Kirche ablehnt.[47] Angesichts der Tatsache, daß wir fast an allen Grenzen von katholischen Völkern umgeben werden, würden uns solche Konflikte im Augenblick vor die gleiche, obenerwähnte Gefahr stellen. Auch Bismarck hat diesen Konflikt – aus außenpolitischen Gründen nicht einmal erfolgreich – erst wagen können, als Deutschland die stärkste Macht auf dem europäischen Kontinente war.[48]

Das führt zu einer weiteren Bemerkung, die nicht unterlassen werden kann. Der Führer hat einen gewaltigen Schwung in die Entwicklung des Zeitablaufs hineingebracht. Es wäre vor der Geschichte gar nicht zu verantworten, wenn sein Werk durch Einsatz von Kräften, die fehl am Orte erscheinen – und die schnelle

---

46 Die Auseinandersetzungen des NS-Regimes mit der evangelischen Kirche wurde durch die protestantische Bewegung der Deutschen Christen eskaliert, mit denen Hitler ursprünglich eine Gleichschaltung von innen her durchzusetzen versuchte, ohne einen direkten Konfrontationskurs zu fahren (vgl. dazu ausführlich Kurt Meier: Der evangelische Kirchenkampf, 3 Bde, Halle/Saale und Göttingen 1976–1984).

47 Das am 10.9.1933 ratifizierte Reichskonkordat sicherte dem deutschen Katholizismus u.a. die kirchliche Autonomie, den Besitzstand, theologische Fakultäten an den Hochschulen sowie den Schutz katholischer Vereine und Verbände. Vgl. den Text des Reichskonkordats bei Carsten Nicolai (Bearb.): Dokumente zur Kirchenpolitik des Dritten Reiches, Bd. 1: Das Jahr 1933, München 1971, S. 190-200. Vgl. auch Heinz Hürten: Deutsche Katholiken 1918–1945, Paderborn 1992, S. 231-249.

48 Dem sogenannten Kulturkampf unter Bismarck, in dessen Verlauf 1871–1878 zahlreiche repressive Gesetze gegen die katholische Kirche und die Zentrumspartei erlassen wurden, werden in der Forschung unterschiedliche Motive zugesprochen. Wehler interpretiert den Kulturkampf als Teil einer „Herrschaftstechnik der negativen Integration", wodurch mögliche andere Motive wie der Konflikt zwischen staatlichen und kirchlichen Ansprüchen auf Formung des gesellschaftlichen Lebens, die Verhinderung einer möglichen parlamentarischen Kooperation zwischen Liberalen und Zentrum sowie die Abwehrstellung gegen das klerikale Frankreich und Polen zweitrangig würden. Vgl. Wehler, Deutsche Gesellschaftsgeschichte Bd. 3, S. 889-902.

Erreichung der dadurch eröffneten Ziele gefährdet werden würde. Ich lege nach meinen Erfahrungen gerade auf dem Gebiete der Politik und Verwaltung auf Fachvorbildung keinen absolut entscheidenden Wert. Ich habe unter nicht fachlich vorgebildeten Männern geradezu großartige Begabungen für das praktische Gebiet der Verwaltung gefunden. Denn Verwaltung heißt nicht, Gesetze anwenden, sondern ohne Verletzung der Gesetze gestalten. Und Gestaltungskräfte schlummern Gott sei Dank im reichen Maße in unserem Volke, wie immer seine Vorbildung sein mag. Aber eins erscheint mir nach meinen Erfahrungen eine unerläßliche Voraussetzung, das ist ein wohlanständiger Charakter. Ohne diesen ist dem menschlichen Wirken auf die Dauer der Erfolg versagt. Charakterschwache oder charakterlose Menschen gefährden nicht nur den Erfolg ihres eigenen Wirkens, sondern das Gemeinwohl, ja weit darüberhinaus, sind sie, an verantwortlicher Stelle wirkend, geeignet, den Schwung und die Opferbereitschaft des Volkes auf das ernstlichste zu hemmen.

Der Nationalsozialismus hat durch die Ausschaltung des Parteiensystems[49] eine so große Tat vollbracht, er hat durch die Überwindung der Grenzen der deutschen Stämme eine in der deutschen Geschichte fast nie dagewesene Voraussetzung für die Zusammenschweißung eines einheitlichen Reiches geschaffen, daß es ein wahrer Jammer wäre, wenn jetzt nicht der nüchternste Verstand, die beste Erfahrung und der gediegenste Charakterschatz des deutschen Volkes aufgeboten würden, um diese so geschaffenen Voraussetzungen zu bestem nationalen Erfolge auszunutzen. Welche Möglichkeiten schlummern nicht in diesen Voraussetzungen in jenen Erkenntnisse, die wir in der Vorkriegszeit, im Kriege und in einer harten Nachkriegszeit gewonnen haben! Wir kennen die großen Schäden, die unserem Volke durch eine überschnelle industrielle Entwicklung der vom Staate nicht im vollen Umfange die geeigneten Gegenwirkungen entgegengestellt wurden, entstanden sind. Wir wissen, daß es über die Erfahrungen früherer Jahrhunderte hinaus in dem gewaltigen Schicksalskampfe, vor den es sich jetzt gestellt sieht, darum handelt, eine echte, klare Volksgemeinschaft herzustellen. Wir haben die Mittel dazu in der Hand, aber sie müssen in die besten in unserem Vaterlande zu findenden Hände gelegt werden. Und wir sollen uns bewußt ganz darauf beschränken, hier unser eigenes Haus in Ordnung bringen zu wollen. Bismarck hat stets davor gewarnt, daß wir die Geschäfte anderer besorgen und uns als Vorbild für sie hinstellen. Wenn andere glauben, mit anderen Methoden weiterzukommen, geht uns das gar nichts an. Nach allen Erfahrungen der Geschichte schweißt das gemeinsame Blut die verschiedenen miteinander lebenden Generationen eines Volkes doch immer noch fester zusammen als die Verbindungen, die wir in einem gewissen deutschen Idealismus zwischen den gleichen Generationen der verschiedenen Völker als vorhanden betrachten. Je entschiedener wir uns von jedem Anschein des Beispielgeben-Wollens fernhalten, desto nützlicher wird es für uns selbst sein.

49 S.o., Anmerkung 37.

Eine vollkommene Selbstverständlichkeit scheint mir zu sein, daß wir uns mit eiserner Disziplin von jeder Versuchung fernhalten, in die inneren Verhältnisse irgend eines Staates einwirken zu wollen. Das kann sich ein mächtiges Volk erlauben, dazu reicht unsere heutige Stärke und außenpolitische Lage nicht aus. Irgendeine neue Belastung aus dieser Sphäre her können wir nicht auf uns nehmen, ohne das große Endziel zu gefährden.

Ist es notwendig, aus dem Bereiche der Innenpolitik keine Verschlechterungsmöglichkeiten für unsere auswärtige Politik sich entwickeln zu lassen, so werden wir auch oder vielmehr gerade im nationalsozialistischen Staate der geistig und seelisch besten Eigenart des deutschen Volkes Rechnung tragen müssen, nämlich seinem untrüglichen Empfinden für Rechtlichkeit und seinem im letzten Ende unerschütterlichsten Beharren auf der Freiheit des Gewissens. Nicht einen Augenblick verträgt es die Lage unseres Staates, daß im Innern jede, auch unerfahrene und schlechtmeinende Kritik zu Worte kommen darf. Aber ebenso sicher muß jeder ernsthaften, auf Erfahrung gegründeten und von heißer Liebe zum Vaterlande getragenen abweichenden Meinung eine Ausdrucksmöglichkeit gelassen werden.[50] Das führt nicht etwa zu einer innenpolitischen Schwächung des nationalsozialistischen Gedankens, im Gegenteil, in weiser Mäßigung liegt stets größte Stärke. Und auch für sie hat das Volk ein untrügliches Empfinden.

Ganz und erbarmungslos ausgeschaltet werden müssen jene Kräfte, die im Lande den Nationalsozialismus und den Führergrundsatz im Munde haben, soweit es mit ihren Interessen übereinstimmt, und ihn in dem Augenblick handelnd verneinen, in dem es um ihre eigenen engeren Interessen oder Einflußmöglichkeiten geht. Sie sind namentlich im Bereiche der Wirtschaft wie die Pilze aus der Erde geschossen. Gesetze dagegen gibt es nicht. Aber wenn alle Stellen in der Verwaltung und Wirtschaft das Empfinden haben, daß diese Mißbräuche Ablehnung erfahren, so werden sie von selbst im einzelnen Falle und am einzelnen Orte die Kraft dazu finden, solche Persönlichkeiten außer Geltung zu setzen.

Diese allgemeinen Betrachtungen sind heute ebenso unerläßlich zur Sicherung einer absolut einheitlichen, auf möglichste Sicherung des Enderfolges gerichteten Innen- und Außenpolitik, wie sie vor mehr als 100 Jahren Preußen unerläßlich waren, um den Freiheitskampf vorzubereiten. Auch er gründete sich ebenso auf die Stärkung der Disziplin, edler Charaktertugenden, der Opferbereitschaft, des Gemeinsinns und des männlich freien Verantwortungsgefühls wie auf Zurückdrängung von Eigennutz, von überalterten Vorrechten und von Feigheit. So muß auch jetzt die Innenpolitik von allen überflüssigen Spannungen und Beeinflussungen des deutschen Gewissens, Geistes und Gemütes befreit werden. Nichts hat

[50] Die nationalsozialistische Reaktion auf die Regimekrise im Frühjahr 1934 war eine zunehmend schärfer werdende Kampagne gegen „Miesmacher“ und „Kritikaster“, die schließlich im sogenannten Röhm-Putsch, der Ermordung der SA-Spitze und konservativer Regimekritiker, kulminierte.

den Haß gegen Napoleon und die Franzosen zu Beginn des vorigen Jahrhunderts stärker entfacht als die Anmaßung des Korsen, die diese empfindlichsten Teile der deutschen Seele verletzten. Sicherung gewisser Grundrechte, wie des Eigentums, der Wohnung und der persönlichen Freiheit gegen jede nicht richterlich gedeckte Beeinträchtigung ist für die deutsche Art ein unerläßliches Erfordernis, um höchste Hingabe an Staat und Volk zu erzielen.

Aber diese allgemeinen Betrachtungen können nur die Grundlage, wenn auch eine unerläßliche, für die Politik festlegen. Auf ihr sind eine Reihe von Einzelmaßnahmen erforderlich. Was sie betrifft, so nehme ich auf meine dem Herrn Reichspräsidenten von Hindenburg Ende März 1932 und dem Herrn Reichskanzler Adolf Hitler im Juli 1933 überreichten Ausführungen und auf meine Ergänzungsbemerkungen vom März 1934 Bezug.[51]

Erneut weise ich bei dieser Gelegenheit daraufhin, daß es not tut, in der Verwaltung der Reichsministerien das Generalstabsprinzip sofort einzuführen. Es ist ein schwerer Schaden, daß die Ministerialbeamten viel zu lange und ausschließlich in der Zentralverwaltung tätig sind. Es ist notwendig, daß der Einzelne abwechselnd im Ministerium und an der Front der Verwaltung, wieder im Ministerium, in der mittleren Verwaltungsinstanz usw. verwendet wird. Es ist manchesmal geradezu erschreckend, welcher Mangel an Erfahrungen über die tatsächlichen Erfordernisse der örtlichen Verwaltung, über ihre Nöte, ihre Technik und ihre Einwirkungsmöglichkeiten auf die Bevölkerung in der Zentralstelle vorhanden sind. Es ist eine Blutleere, eine Entfremdung, ein Mißtrauen entstanden, die vielfach die ausgezeichneten, unübertrefflichen sachlichen und persönlichen Qualitäten unseres Beamtentums zu überwuchern drohen und gerade dann allerdings bedenkliche Erscheinungsformen des Bürokratismus zeitigen. Dies vorausgeschickt, halte ich folgendes für erforderlich:

1. Die Reform der inneren Verwaltung darf nicht in allen Instanzen gleichzeitig erfolgen.

2. Die Verschmelzung der Reichsministerien mit den entsprechenden preußischen Ministerien muß beschleunigt werden. Im Justiz- und Innenministerium steht diese Verschmelzung jetzt bevor. Das Reich braucht den handfesten preußischen Unterbau; ohne ihn kann es nicht wirken. Die Verschmelzung ist ein reich technisch-organisatorischer Vorgang, verbunden mit richtiger Persönlichkeitsauswahl. Zu beiden gehört weiter nichts als der Einsatz des entsprechenden Willens.[52]

---

[51] Vgl. Goerdelers Denkschrift für Paul v. Hindenburg vom April 1932 (Dok. 3.2, oben S. 313 ff.); zu den Ausführungen vom Juli 1933 s.o., Anmerkung 6; Bemerkungen vom März 1934 konnten nicht aufgefunden werden.

[52] Nach der Vereinigung von preußischem und Reichsjustizministerium am 22.10.1934 und der Innenministerien einige Tage später folgte nacheinander die Zusammenlegung der anderen Ressorts, von denen lediglich das preußische Finanzministerium unter Popitz weiter bestehen blieb. Während mit der Gleichschaltung der außerpreußischen Länder eine Zentralisierung und Verreichlichung der Länderkompetenzen stattfand, bedeutete die Ver-

3. Ich halte es für notwendig, die Zuständigkeiten der Reichsministerien zu bereinigen. Das Reichsarbeitsministerium sollte mit dem Reichswirtschaftsministerium zusammengelegt werden.[53] Vor der Errichtung eines technischen Ministeriums von der ich mehrfach hörte, muß ich warnen. Es gibt keine Technik an sich, es gibt sie nur als Teil der gestaltenden und wirtschaftenden Kräfte des Volkes. Außerdem müßte dieses technische Ministerium sich wieder absetzen vom Reichsverkehrsministerium. Doppelzuständigkeiten, Reibungen usw. wären unvermeidbar. Wohl aber halte ich für notwendig die Umgestaltung des Reichssiedlungskommissariats in ein Reichsbau- und Planungsamt, das am besten dem Reichsverkehrsministerium angegliedert werden kann.

Das Reichspropagandaministerium sollte nach meiner Erfahrung zweckmäßig einen anderen Namen erhalten. Propaganda muß man überall in der Meisterung der Mittel und in ihrer Wirkung spüren. Einen Stempel darf sie nicht tragen. Über die zweckmäßige Bezeichnung unter Beachtung dieses Grundsatzes können sich mehrere den Kopf zerbrechen. Ich würde eine knappe generalstabsartige Gliederung und Arbeitsweise dieses Ministeriums wählen.

4. Hand in Hand mit diesen in wenigen Wochen durchzuführenden Vereinheitlichungen geht der organische Reformaufbau von unten her. Mit der Reichsgemeindeordnung wird begonnen. Sie muß, wie zu Steins Zeiten, die Kräfte der deutschen Selbstverwaltung frei machen. Daß sie auf der anderen Seite in der Einheit der Staatspolitik die Bändigung ausufernder Kräfte findet, ist selbstverständlich. Aber innerhalb dieses Bollwerks sollen die Kräfte sich so frei wie irgend denkbar regen können, dann wird der größte Nutzen für den Führerstaat gewonnen werden. Der Entwurf der Reichsgemeindeordnung ist fertig; die Entscheidung, ob Selbst- oder Staatsverwaltung (Preuß. Gemeindeordnung) muß gefällt werden.[54] Eine einwandfreie Lösung ist möglich. Das Nähere gehört nicht hierher. Ich würde aber nach meiner Gewohnheit nicht darüber sprechen, wenn die entsprechenden Vorschläge nicht binnen weniger Stunden zur Verfügung gestellt werden könnten.[55]

5. Sofort nach Fertigstellung und Verkündung der Reichsgemeindeordnung wird die Reichskreisordnung in Angriff genommen. Sie kann in 2 Monaten fertig-

schmelzung von Reichs- mit preußischen Ministerien zwar auch eine Zentralisierung, gleichzeitig jedoch umgekehrt eine „Verpreußung der Reichsregierung“ durch die Aufnahme Hunderter preußischer Ministerialbeamter in die Reichsressorts; vgl. Broszat, Staat Hitlers, S. 154 ff.

53 Diese Auffassung vertrat Goerdeler seit seiner Mitarbeit im zweiten Kabinett Brüning; zumindest stellte er im Verlauf der Bildung der Regierung Papen dieselbe Forderung (vgl. seinen Rückblick auf seine Mitarbeit in der Reichspolitik zwischen 1931 und 1937; Dok. 2.3.7, oben S. 240 ff.).

54 Vgl. Goerdelers Stellungnahmen zu der preußischen Gemeindeordnungsreform in seinem Schreiben an Wilhelm Frick vom 30.11.1933 (Dok. 1.3.3, oben S. 112 ff.) und an Adolf Hitler vom 14.12.1933 (Dok. 1.3.5, oben S. 119 ff.).

55 Vgl. Goerdelers Stellungnahmen zur DGO von 1934/35; Dok. 1.3.6 ff., oben S. 121 ff.

gestellt sein und drei Monate nach der Reichsgemeindeordnung in Kraft treten. Entwurf steht zur Verfügung.

6. Der Reichskreisordnung folgt die Reichsgauordnung.[56] Sie enthält

a) Aufgaben und Organisation der Reichsgauverwaltung,

b) Aufgaben und Organisation der Gauselbstverwaltung (Straßen, Wege, Meliorationen, große Fürsorgeanstalten, große Erziehungsanstalten und das Recht, Aufgaben der anderen Selbstverwaltungskörper – Gemeinden und Kreise – an sich zu ziehen, falls sie vom Gau besser und wirtschaftlicher erledigt werden können.)

Entwurf der Reichsgauordnung kann in zwei Monaten fertiggestellt werden. Sie tritt 6 Monate nach der Reichskreisordnung in Kraft. Dieser Zeitraum wird ausgenutzt, um die Länderregierungen und die preußischen Provinzialverwaltungen personell oder organisatorisch auf den neuen Stand der Reichsgau- und der Gauselbstverwaltung umzustellen. Mit dem Inkrafttreten der Reichsgauordnung verschwinden die Länderminister und -regierungen. Für die Gauaufteilung selbst gibt es verschiedene Möglichkeiten, die klar liegen, der Durchsprache und Durchprüfung bedürfen, von denen dann aber die eine oder die andere mit schnellem Entschluß in die Tat umgesetzt werden kann. Ich würde hierbei als Richtlinie empfehlen, zunächst Grenzänderungen zu vermeiden, bis der Verwaltungsapparat als solcher sicher arbeitet.

In der Gauselbstverwaltung sind zur Sicherstellung der Mitwirkung der Bevölkerung Gauräte und Gauversammlungen zu verankern.

7. Wird so vorgegangen, so stehen nach Ablauf eines Jahres reformierte Reichsverwaltung, Kreisverwaltung, Gauverwaltung und Gauselbstverwaltung da. Nunmehr setzt die Frage ein, ob zwischen Gauverwaltung und Kreisverwaltung (Stadt- und Landkreise) noch Zwischeninstanzen eingeschaltet werden sollen. In Preußen waren dies bisher die Regierungspräsidenten, in Sachsen die Kreishauptmannschaften, in Bayern die Bezirksämter. Ich persönlich verneine mit aller Entschiedenheit die Notwendigkeit dieser Zwischenstellen. Sie stammen, wenigstens in Preußen, aus dem Anfang des 18. Jahrhunderts. Inzwischen sind die technischen Verkehrs- und Verständigungsmöglichkeiten durch Eisenbahn, Auto, Flugzeug, Fernsprecher und Rundfunk so grundsätzlich umgestaltet, daß heute ein Oberpräsident (Gauleiter) schneller bis an die entlegensten Ecken seiner Provinz kommt als vor 200 Jahren ein Landrat in seinem Kreise. Man hat bisher stets das Weiterbestehen dieser mittleren Verwaltungsstellen mit der Notwendigkeit begründet, daß der Staat bis möglichst nach unten hin Organe zur Verfügung haben müsse, die abseits der Selbstverwaltung als Regierungspräsidenten bzw. Repräsentanten

---

56 Die DGO als Unterbau der Reichsreform zu nehmen und darauf die Kreis- und Gauordnung als nächste Stufen aufzubauen, war auch die Vorstellung des Ministerialdirektors Walter Sommer, Leiter des „Referats für staatsrechtliche Fragen" unter Heß; vgl. Matzerath, Nationalsozialismus, S. 147 f.

des Staates mit der Bevölkerung in Berührung kommen. Mag diese Begründung früher manches für sich gehabt haben, heute ist sie auf jeden Fall überholt. Denn dafür kann, wird und muß der Staat allerdings sorgen, daß auch der Landrat und der Bürgermeister sich als Organe der Autorität des Staates fühlen. Rein technisch erscheint es mir durchaus möglich, daß der Oberpräsident (Gauleiter) unmittelbar mit den Landräten und Bürgermeistern seines Gaues (Stadt- und Landkreise) dienstlich verkehrt. Er pflegt das schon seit einigen Jahren zu tun. In steigendem Maße haben die Regierungspräsidenten an Bedeutung verloren.[57]

Somit halte ich es für an der Zeit, nunmehr mit der Beseitigung der mittleren Verwaltungsbezirke jene große Reform durchzuführen, um die in Preußen schon seit 4 Jahrzehnten gekämpft wird. Eine wesentliche Vereinfachung und Verbilligung der Verwaltung, eine erfreuliche und dem Staate zugute kommende Erhöhung des Verantwortungsbewußtseins werden die Folge sein.

8. Sobald die Regierungsbezirke, Kreishauptmannschaften usw. beseitigt sind, erfolgt der nächste Reformschritt (18 Monate nach Beginn). Er besteht darin, daß am Ort sowie in den Stadt- und Landkreisen alle Behörden beseitigt werden, die nicht der Verwaltung unmittelbarer, aus höheren politischen Gründen nicht übertragbarer Reichsaufgaben dienen. Erhalten werden müssen danach alle diejenigen Sonderbehörden, die Aufgaben der Wehrmacht, der Polizei, der Rechtspflege, der Reichsfinanzverwaltung, der Reichsbahn und der Reichspost wahrnehmen. Alle noch sonst etwa vorhandenen Sonderbehörden, insbesondere auf dem Gebiete des Bauwesens, des Schulwesens, des Versorgungswesens usw., werden beseitigt, indem ihre Aufgaben der örtlichen, der Stadt- und Landkreis-Verwaltung, übertragen werden. Hierbei ist zu prüfen, ob die Aufgaben diesen Stellen als Selbstverwaltungsaufgaben überlassen oder als Staatsaufgaben, die nach Anweisung zu erledigen sind, anvertraut wird. Es verschwinden die Katasterämter, die Gewerbeaufsichtsämter, die Eichämter, die Versorgungsämter, die Arbeitsämter usw. Vorschläge gerade für die Beseitigung der letzteren sind längst ausgearbeitet, häufig erörtert und mehrfach schon die Gesetzentwürfen gediehen. Somit handelt es sich bei der Durchführung dieser Reform nur noch um die Ansetzung des politischen Willens.

Diese Reform hat den Vorzug, daß sie einfache, für das Volk klar übersehbare Verwaltungszuständigkeiten schafft. Sie hat ferner den Vorzug, daß sie zusammenhängende Arbeitsgebiete vereinigt, und endlich den Vorzug, daß sie für den Leiter der örtlichen und der Kreis-Verwaltung ein lückenloses, zusammenhängendes Arbeitsgebiet schafft und somit sein Verantwortungsbewußtsein stärkt.

9. Diese im Verlauf von zwei Jahren durchzuführende Reorganisation der Verwaltung schafft eine von Verantwortungsbewußtsein und Arbeitsfreude erfüllte elastische, einfache und billige Verwaltung. Sie ist die Voraussetzung für die Durchführung des Befreiungs- und Machtkampfes des deutschen Volkes. Sie ist auch die Voraussetzung für eine stoßkräftige Außenpolitik. Sie hat allerdings ihrer-

---

57 Vgl. dazu auch Diehl-Thiele, Partei und Staat, S. 113-134.

seits zur unabdingbaren Voraussetzung, daß der Staat selbst sich zu seiner alleinigen und unantastbaren Souveränität bekennt. Für Preußen, das sich die Notwendigkeit dieser Souveränität an den Schuhsohlen seiner geschichtlichen Entwicklung abgelaufen hat, ist sie eine Selbstverständlichkeit. Aber davon, daß diese Selbstverständlichkeit alle deutschen Länder und Menschen durchdringt, hängt es ab, ob Deutschland eine geschlossene Großmacht wird, fähig, die historische Mission Preußens zu übernehmen. Hier liegt geradezu die entscheidende Bedeutung der Stunde, hier liegt die Größe und die Gewalt der zu lösenden Aufgabe. Ohne diese Lösung gibt es kein einziges, großer Kämpfe fähiges Reich.

Bei dieser Erkenntnis wird der Partei ihrerseits eine klare Aufgabe zuteil. Sie liegt in der Mitwirkung bei der Gesetzgebung, in der politischen Erziehung der Menschen und in der Mitarbeit auf bestimmten Verwaltungsgebieten, die in den einzelnen Verwaltungsgesetzen (Gemeindeordnung, Kreisordnung, Gauordnung) zu bezeichnen sind. In allen diesen Verwaltungsstellen, teilweise sogar in der Zentrale, müssen sachverständige und politische Köpfe zur Mitarbeit herangezogen werden. Das wird im wesentlichen geschehen, indem man Beiräte beruft. Bei der Besetzung dieser Beiräte und in ihrer Arbeit wird die Partei voll zum Zuge kommen.

Diese Grundsätze vorausgeschickt, erscheint es mir in erster Linie geboten, daß der Staat die Erziehung der Jugend sich allein vorbehält. Die politische Erziehung darf erst in reiferem Alter einsetzen (16 Jahre). Bis dahin ist die Jugend von ihren natürlichen Erziehern, insbesondere auch von den Eltern zu führen. Es hat gar keinen Zweck, bevölkerungspolitische Maßnahmen zu ergreifen, wenn auf der anderen Seite dem sittlichen und wirtschaftlichen Zusammenhang, der Familie und den natürlichsten Instinkten, die zwischen Eltern und Kindern wirken, in der Erziehung der Jugend nicht Rechnung getragen wird. Die wertvollste Erziehung liegt immer im Elternhaus, ihr folgt die in geschlossenen Anstalten, die dann eine totale sein und in der Hand erfahrener Männer liegen muß. Der Jugend tut es gar nicht gut, von Gleichaltrigen geführt zu werden.[58] Maßgebend für System und Erziehungsgrundsätze kann das frühere preußische Schulwesen und das frühere Militärerziehungswesen (Kadettenhäuser, Unteroffizierschulen usw.) sein. Außer dem Amt des Stubenältesten lagen hier sämtliche Führeraufgaben in den Händen von Männern und nicht von Gleichaltrigen. Die Erziehung und die Führung der

58 Die Hitler-Jugend war in Weimar als Jugendorganisation der NSDAP ein Jugendverband unter vielen; die Ausschaltung der anderen Jugendorganisationen 1933 leitete die Entwicklung zur staatlichen Jugendorganisation mit Zwangsmitgliedschaft ein, die mit dem Hitlerjugendgesetz von 1936 besiegelt wurde. Das Prinzip „Jugend führt Jugend", das die Aufstiegsmöglichkeiten innerhalb der HJ kennzeichnete, war ein Prinzip der Jugendbewegung. Goerdeler scheint in seiner Kritik die politischen Einflussmöglichkeiten der HJ zu überschätzen. Die Kritik an der Führung durch Gleichaltrige wurde schon seit Beginn des 20. Jahrhunderts gegen die Jugendbewegung ins Feld geführt. Vgl. ausführlich Arno Klönne: Jugend im Dritten Reich. Die Hitler-Jugend und ihre Gegner. Dokumente und Analysen, Düsseldorf; Köln 1984, besonders 84-88.

Jugend setzen ein bestimmtes Maß von Erfahrung, Willensausbildung und Charakterstärke voraus.

Auch hier ist ein herzhaftes Zutrauen zu unseren natürlichen Jugenderziehern, den Lehrern, notwendig. Ungeeignete Elemente sind rücksichtslos auszumerzen. Aber wenn ich an meine eigene Schulzeit zurückdenke, so kann ich nur sagen, daß ich im allgemeinen von hervorragenden Männern erzogen bin, die wenigstens in ihrer Begeisterung für das Vaterland eine Einheit bildeten. Daß die Jugend nur von sittlich reifen und geläuterten Persönlichkeiten geführt werden kann, versteht sich von selbst.

Die oben aufgestellten Grundsätze der ausschließlichen Souveränität des Staates gelten für alle Verwaltungsgebiete. Es handelt sich nicht um Zuständigkeitsstreitigkeiten. Ich bin der letzte, der nicht ein Gefühl für alle Notwendigkeiten hat, die eine gärende Bewegung in sich trägt und die sie förmlich dazu zwingt, alles mit ihrem Geist, ihrem Arbeitseifer und ihren Zielen erfüllen zu wollen. Ein gewisses beträchtliches Maß solchen Zeitgeschehens wird jeder verständige Mann an verantwortlicher Stelle gewähren lassen und allmählich zu verantwortlichem Mittragen führen. Aber immer muß das Ziel festgehalten werden, eindeutige Verantwortlichkeit herzustellen. Denn ohne klare Verantwortlichkeiten gibt es kein geordnetes Staatswesen. Sie sind die Voraussetzungen für sinnvolles Arbeiten und Zusammenhaltung jeder Verwaltung, insbesondere aber der Verwaltung im Führerstaat. Das unerläßliche Vertrauen der Bevölkerung gewinnt sich nur der straff geordnete Staat.

Diesem Grundsatz widersprechen kraß folgende Vorgänge:

a) Im Juli dieses Jahres hat das Reich ein vom Führer unterzeichnetes Gesetz erlassen, in dem die Errichtung öffentlicher Gesundheitsämter durch das Reich angeordnet wird. Während die organisatorischen Vorbereitungen (übrigens durch Überzentralisierung viel zu umständlich) im Gange sind, errichtet die Partei Volksgesundheitsämter.[59]

Entweder steckt Ernst dahinter, dann leistet sich das deutsche Volk bei schwindendem Einkommen des Einzelnen einen doppelten Apparat, der schließlich auch neben- und gegeneinander arbeiten wird. Oder es ist nicht Ernst, dann werden für

---

59 Die Gesundheits- und Wohlfahrtspflege im NS-Regime wies eine typische Doppelstruktur von staatlichen und parteiamtlichen Einrichtungen auf. Auf staatlicher Ebene wurde mit dem „Gesetz über die Vereinheitlichung des Gesundheitswesens“ vom 3.7.1934 (RGBl. 1934/I, S. 531 f.) eine umfassende Strukturreform eingeleitet, indem entsprechend zu den örtlichen Gesundheitsämtern Ämter für die Stadt- und Landkreise eingerichtet wurden (vgl. ebd., § 1). Auf Parteiebene entwickelte sich die NSV von einem zunächst lokal begrenzten und selbst innerhalb der NSDAP umstrittenen Verein zur Parteiorganisation für Volkswohlfahrt für das gesamte Reich (vgl. Sachße/Tennstedt, Wohlfahrtsstaat, S. 110 ff.). Die Stellung der NSV wurde Anfang 1934, nach der erfolgreichen Durchführung des ersten Winterhilfswerks im Winter 1933/34, dahingehend festgelegt, dass sie organisatorisch dem bei der NSDAP-Reichsleitung neugegründeten Amt für Volkswohlfahrt unterstellt wurde. Vgl. Eckard Hansen: Wohlfahrtspolitik im NS-Staat. Motivationen, Konflikte und Machtstrukturen im „Sozialismus der Tat“ des Dritten Reiches, Augsburg 1991, S. 7 ff. und S. 69 ff.

dieses Spiel unnütze Kräfte verbraucht. Auf jeden Fall liegt eine Unmöglichkeit vor, deren Kosten das deutsche Volk zahlt.

b) Wer heute bauen will, muß einen Leidensweg gehen. Ordnungsmäßig ist der Zustand so, daß die örtliche Baupolizeibehörde den Bau genehmigt, dann wird gebaut. Heute hat sich das Heimstättenamt der deutschen Arbeitsfront eingeklemmt. Es entsendet Beauftragte bis in die einzelnen Orte. Es soll kein Bau mehr durchgeführt werden, der nicht vom Heimstättenamt begutachtet und genehmigt wird. Das Reichsheimstättenamt hat Beauftragte in die Gaue und Kreise vorgeschoben. Vielfach hat aber die politische Parteiorganisation ihrerseits noch Bausachverständige tätig und neben diese (Behörde, Reichsheimstättenamt, Partei) treten nun noch Beauftragte der Architektenkammer. Wenn wir noch eine Kammer der Technik erhalten, so wird die 5. Zuständigkeitsstelle begründet sein. Das Ende eines solchen Vorgehens können nur Desorganisation, Vernichtung der Unternehmungslust und Zerrüttung des Verantwortungsbewußtseins sein. Das Heimstättenamt arbeitet abseits des Reichssiedlungskommissars, trotzdem sein Leiter der Vertreter des letzteren ist. Die Fortdauer dieses Zustandes ist eine Unmöglichkeit. Einzelvorschläge für seine Beseitigung stehen zur Verfügung.

c) Das Reich übernimmt Bürgschaften für 2. Hypotheken, um den Baumarkt zu beleben.[60] Um zu diesen Hypotheken zu gelangen, muß das Baugesuch mindestens 5 Stellen durchlaufen, die alle die gleichen Einzelheiten nachprüfen, so daß es dem Baulustigen häufig passiert, daß er den Plan mehrfach ändern muß. Einzelvorschlag zur Beseitigung dieses Mißstandes steht jederzeit bereit.

d) Der Staat verbietet den Gemeinden Betätigung auf privatwirtschaftlichem Gebiete und Übernahme von Aufgaben ohne Deckung. Gleichzeitig wird von demselben Staat vielfach ein Druck auf die Gemeinden ausgeübt, sich an diesen und jenen Unternehmungen, von denen man sich eine Belebung der Wirtschaft verspricht, zu beteiligen.[61] Dieses Verfahren muß jede Autorität zerschlagen, es widerspricht außerdem allen wirtschafts- und finanzpolitischen bitteren Erfahrungen der letzten Jahre.

e) Der Werberat der deutschen Wirtschaft erscheint mir überflüssig. Ich kann nicht erkennen, welche wesentlichen Verbesserungen er im Werbewesen herbeigeführt hat. Soweit seine Aufgaben nützlich sind, müssen sie vom Reichspropagandaministerium übernommen werden. Größte Zurückhaltung ist am Platze, denn eine Werbung, die wirkungsvoll sein muß, muß frei sein und in immer neuen Formen und Spielarten sich betätigen.

f) Die auf dem Gebiete der Kunst und Kulturpflege begründeten verschiedenen Kammern nehmen Zuständigkeiten der öffentlichen Verwaltungen für sich in Anspruch.

---

[60] Vgl. zur Praxis der staatlichen Finanzierung von Neubauten durch Hypothekenübernahme Lütge, Wohnungswirtschaft, S. 351 f.

[61] Vgl. dazu auch Matzerath, Nationalsozialismus, S. 382 ff.

Beispiel: Eine Musikhochschule wird ordnungsmäßig von der örtlichen Verwaltung unter Aufsicht des Staates betreut. Jetzt kommt die Reichsmusikkammer, setzt einen Mann ein und dieser nimmt nun seinerseits für sich in Anspruch, für die Leistungsfähigkeit, für die persönlichen und sachlichen Belange, der Musikhochschule zu sorgen. Und wenn nichts Schlimmeres herauskommt als der Verbrauch der Zeit, um diesen Mann nun wieder ins Bild zu bringen und einzuordnen, so ist das schon angesichts der Notwendigkeit, zu einfachsten, klarsten Verwaltungsformen zu kommen, eine dem Wohl des deutschen Volkes abträgliche Überorganisation. Dann kommt aber noch der Geschäftsführer der Reichsmusikkammer oder irgendwelche anderen Stellen dieser Organisation und funken nun wieder von außen her in die Maßnahmen der verantwortlichen Leitung oder jenes Beauftragten hinein. Hier handelt es sich nur noch um Orgien unverantwortlicher Organisationswut und krankhafte Geltungsbedürfnisse.

Diese Kammern haben nur dann einen Sinn, wenn sie sich, wie die Gewerbe-, Handwerks- und Handelskammern, darauf beschränken, die wirtschaftlichen Belange der in ihnen zusammengeschlossenen Kunst- und Kulturträger (Einzelpersonen) wahrzunehmen, also die Belange der Musiker, der bildenden Künstler, der darstellenden Künstler usw. Sie haben sich aber nicht mit den einzelnen Unternehmungen zu befassen.

Man muß sich einmal die Richtlinien ansehen, die etwa die Reichsmusikkammer herausgibt für die Betreuung des örtlichen Musiklebens.[62] Man weiß nicht, ob man lachen oder sich ärgern soll. Was da verordnet und empfohlen wird, setzt eine botokudische Unkenntnis[63] und eine Buschmanns-Kulturlosigkeit voraus; andererseits ist das, was empfohlen wird, entweder selbstverständlich oder undurchführbar. Kurz und gut, ganz nutzlos ist Zeit aufgewendet, um Papier zu bedrucken. Die Verfasser dieser Druckstücke bilden sich ein, die deutsche Kultur gerettet oder ihr eine bessere Grundlage gegeben zu haben, und in Wirklichkeit ist nichts geschehen, als daß den verantwortlichen Stellen Zeit weggenommen wird. Glaubt man wirklich, durch solche in Berlin ausgeklügelten Richtlinien das tief im Volke, in seiner Geschichte und in seiner Rasse verwurzelte Kulturleben etwa der Stadt München beeinflussen zu können? Was dort geworden ist, wird doch wohl von denen, die sein Werden begleitet haben und denen es am Herzen liegt, am einfachsten verstanden und am treuesten gepflegt.

---

62 Die Reichsmusikkammer bildete gemeinsam mit Reichsschrifttums-, Reichspresse-, Reichsrundfunk-, Reichsfilm-, Reichstheaterkammer und Reichskammer der bildenden Künste die Reichskulturkammer (s.o., Anmerkung 44). Die Verbindung von Zwangsmitgliedschaft mit der Möglichkeit, Mitglieder abzulehnen bedeutete faktisch, dass die Kammern Berufsverbote aussprechen und auf diesem Weg ihre Richtlinien durchsetzen konnten; vgl. Dahm, Reichskulturkammer.

63 „Botokudisch“ steht hier wohl als Synonym für unzivilisiert; Botokuden sind Indianerstämme in Ostbrasilien, so dass „botokudische Unkenntnis“ als Variation der „Buschmanns-Kulturlosigkeit“ verwandt wird.

Dazu kommt, daß auf dem Gebiete der Kulturpflege die Zuständigkeiten zwischen Reichspropagandaministerium und Reichserziehungsministerium noch nicht geklärt sind. Zu den erwähnten Kulturkammern treten Einrichtungen der Deutschen Arbeitsfront, der Hitler-Jugend, dann kommen die Landesregierungen, die Kreis- und Ortsbehörden, die Gau-, Kreis- und Ortsstellen der Partei und ihrer Organisationen. Kurz und gut, ein buntes Bild. Eine Zeitlang erheitert es, auf die Dauer nimmt es einen Energie- und Kraftaufwand in Anspruch, der vermieden werden muß. Was aber noch schlimmer ist: das Zuviel stößt die Menschen ab und es wird das Gegenteil von dem erreicht, was erreicht werden soll, nämlich Abstumpfung des Kulturwillens.

Ich begnüge mich mit diesen Beispielen und sehe davon ab, das Zusammenspiel zwischen öffentlicher Verwaltung und politischer Organisation näher zu untersuchen; das kann im Einzelfalle jederzeit geschehen. Ich betone nur, daß die Dinge so nicht weiterlaufen dürfen, wenn nicht das Gesamtziel gefährdet werden soll. Ein schnelles sachverständiges und unbeirrbares Eingreifen ist notwendig. Wie das geschieht, dafür können jederzeit Vorschläge gemacht werden. Gesetze sind, wie ich gleich bemerken möchte, nicht erforderlich, sondern nur Sachkunde, Erfahrung, Wille und Tat. Äußerstenfalls müssen außerordentliche Vollmachten eingesetzt werden, um die Verwaltungsreform durchzuführen und die Souveränität des Staates zu stabilisieren.

10. Immer wieder habe ich darauf hingewiesen, daß eine geordnete Verwaltung und eine die Wohlfahrt des Volkes mehrende Volkswirtschaft ausgeglichene öffentliche Etats zur Voraussetzung haben. Dieser wahre Ausgleich muß nunmehr endlich rücksichtslos durchgeführt werden. Dann werden wir das Ziel, sobald wie möglich zu wahren Steuersenkungen und nicht zu eingebildeten zu kommen, damit Einkommensteile für größeren Verbrauch, für Sparen, für Umsatzsteigerung und neue nationale Kapitalbildung frei zu bekommen, am sichersten und schnellsten erreichen.

Trotzdem die Steuereinnahmen in den beiden letzten Jahren gestiegen sind, haben wir noch keine ausgeglichenen öffentlichen Etats. Der Reichsetat ist nicht ausgeglichen, einige Länderetats sind es nicht und eine Reihe von Gemeindeetats auch nicht. Der neue Fehlbetrag wird mindestens um eine halbe Milliarde herum liegen. Entweder müssen die öffentlichen Ausgaben weiter gesenkt werden oder es muß die ergiebigste Steuer, die Umsatzsteuer, soweit angezogen werden, daß endlich das Gleichgewicht hergestellt wird. Insofern war die jüngste erfolgte Herabsetzung der Umsatzsteuer für den Großhandel von 2 auf 1/2 % ein schwerer Fehler, zumal irgend ein volkswirtschaftlicher Sinn in ihr nicht mehr stecken konnte. Gedacht war diese Senkung als Anreiz zur Auffüllung der Läger. Heute, bei beginnender Rohstoffknappheit und steigenden Preisen bedarf es eines solchen Anreizes überhaupt nicht; wir sind mitten drin in einer Flucht in die Waren.

Man kann auch die Notwendigkeit, das Gleichgewicht der öffentlichen Etats sofort herzustellen, nicht dadurch ablehnen, daß man auf die steigenden Steuereingänge hinweist. Hier handelt es sich um die Auswirkungen einer Kampferspritze, nämlich der öffentlichen Arbeiten. Nach sehr genauen Berechnungen kommen aber nur zwei Drittel der verauslagten Beträge als Steuern wieder zurück, und es ist zu beachten, daß mehr als die Hälfte dieser zwei Drittel seit Beginn der großen Arbeitsbeschaffungsmaßnahmen wieder in den öffentlichen Kassen erschienen sind. Nach menschlichem Ermessen werden die Steuereingänge im Jahre 1935 nicht, wie allgemein erwartet wird, weiter ansteigen, insbesondere wird die Umsatzsteuer sinken, denn die Auffüllung mit Warenvorräten hat natürlich später einen Rückschlag in den täglichen Umsätzen zur Folge.

Man darf sich auch nicht dem Gedanken hingeben, daß es ja nicht gefährlich sei, eine Zeitlang Etatdefizits mit Anleihen oder Kassenkrediten zu stopfen. Eine solche Politik ist nur vertretbar, wenn ich in absehbarer Zeit die Möglichkeit sehe, diese Anleihen oder Kassenkredite abzudecken.[64] Diese Möglichkeit aber liegt in weiter Ferne. Gewisse Vorgänge sehe ich geradezu mit Besorgnis. Ich sehe auf dem Gebiete der öffentlichen Bauten eine Aufwendigkeit und eine Vielgeschäftigkeit, die mit dem Ernst unserer Finanzlage überhaupt nicht in Übereinstimmung zu bringen ist. Welche heroischen Anstrengungen erforderlich sind, um rücksichtslos Gesetze zu erfüllen, welche die Natur gestellt hat, und die wir nicht verletzen dürfen, das beweist immer wieder ein Blick in die Maßnahmen Friedrich Wilhelms I. und Friedrichs des Großen. Friedrich Wilhelm I. verkaufte einen großen Teil des Silbers seines Vaters, Friedrich der Große brach alte Schlösser und Burgen von hoher kultureller Bedeutung ab, um das Material für die dringend erforderlichen Staatsbauten zu erhalten. Sie wurden in einfachsten Formen durchgeführt. Das war nicht Banausenhaftigkeit dieses hochsinnigen, den Ideen der Wissenschaft und der Künste hingegebenen Monarchen, sondern das war die rücksichtslose Durchsetzung einer bitteren Erkenntnis und Notwendigkeit.

Auch für das Gehaben des ganzen Volkes ist das Beispiel des Staates von entscheidender Bedeutung. Es ist gewiß sehr verführerisch und schön, in Räumen zu arbeiten, die von hohem Kunstsinn auf allen Gebieten Zeugnis ablegen; aber größer und wahrhaftiger erscheint mir der preußische Staat, der beinahe zwei Jahrhunderte hindurch von seinen Beamten die Arbeit in der getünchten Stube am einfachen Holztisch verlangte, um den Staat und damit das Volk durch alle Schwierigkeiten hindurchzuführen.

Gewiß braucht die Einfachheit nicht bis zur Albernheit getrieben zu werden, gewiß setzt der Aufwand auch menschliche Hände in Bewegung. Aber wenn der Führer hierauf mit Recht hingewiesen hat, so wollte er, wenn ich ihn recht verstehe, den Neid aus den Herzen des Volkes reizen [!], und das war gut. Aber Aufwendigkeit ist immer nur gestattet aus dem, was nach Deckung der einfachsten Lebensbedürfnisse übrig bleibt, niemals auf Borg, und in einer erborgten Aufwendigkeit leben wir heute in der öffentlichen Verwaltung und ihren Einrichtungen vielfach

[64] Vgl. zu den Defizitfinanzierungen S. 338, Anmerkung 12.

leider wieder mehr als vor drei Jahren. Ich könnte jederzeit eine sehr große Folge von sehr kostspieligen Beispielen nennen. Sie stehen zur Verfügung.

Durch die von mir vorgeschlagenen Reformen auf allen Gebieten, durch Verwaltungsvereinfachungen, durch geringere Aufwendigkeiten der öffentlichen Verwaltung, äußerstenfalls durch Herabsetzung auch der persönlichen Ausgaben muß mit eisernem Willen in einem Jahre der Ausgleich der öffentlichen Haushalte hergestellt werden. Dann erst ist der Beginn eines wahrhaften, natürlichen wirtschaftlichen Aufstiegs erreicht. Er mag bescheiden sein, aber er ist echt.

In diesem Zusammenhange gewinnen jene eingangs erwähnten Hilfsmittel, namentlich das Siedlungswesen, zum dritten Male eine hohe Bedeutung.

11. Dieser Grundsatz der Einfachheit, Klarheit und Sparsamkeit ist auch auf die gesamte Organisation der Wirtschaft anzuwenden. Gewiß sind hier Vereinfachungen erfolgt, und vielfach sind auch nur neue Organisationen geschaffen, während dazwischen und darunter die alten Organisationen weiter bestehen. Wenn jetzt Innungen geschaffen werden über den Bereich eines Ortes hinaus, so mag das wie eine Vereinfachung anmuten, es ist aber keine. Denn die Innung ist die Verkörperung des ortsgebundenen Handwerks. Wird sie von dieser Grundlage gelöst, so werden sich bald Unterinnungen bilden.

Die Neuorganisation des Handwerks (Innungen und Handwerkskammern mit Aufsichtsbefugnissen)[65] hat praktisch zur Folge, daß in jedem bedeutenderen Ort nun neben der ehemaligen Handwerkskammer noch ein Haus des Handwerks mit den entsprechenden Verwaltungseinrichtungen sich befindet. Wie das schwer ringende Handwerk diese Mehrlasten tragen soll, ist mir unerfindlich.

Auch auf anderen Gebieten ist die Organisation der Wirtschaft übersetzt. In ihr herrscht nicht jener Geist der Einfachheit und Sparsamkeit, der erforderlich ist. Die Einrichtung jedes neuen Verwaltungsgebäudes mit neuen Einrichtungen und neuem Personal kann nicht etwa Bewunderung, sondern nur Schrecken erregen. Denn die Kosten zahlt als tote Verwaltungskosten das deutsche Volk und vermindert damit die Kräfte und Mittel, die produktiv sein sollen. Ein schwacher Produktionsapparat soll eine immer schwerere Rüstung tragen.

Auch hier ist es für eine erfahrene Kraft gar nicht schwierig, sehr schnell Ordnung zu schaffen, wenn ihr die nötigen Vollmachten gegeben werden. Ein kleiner beweglicher Stab verschafft dem Verantwortlichen schnell einen Überblick, setzt

---

65 Mit der „Ersten Verordnung über den vorläufigen Aufbau des deutschen Handwerks" (RGBl. 1934/I, S. 493) war am 15.6.1934 ein hierarchisches Innungssystem geschaffen worden, das zunächst unverbunden neben den traditionellen Industrie-, Handels- und Handwerkskammern stand. Die Integration der Kammern in eine einheitliche Zwangsorganisation der Reichsgruppen erfolgte erst allmählich unter Schacht. 1936 war eine durchgreifende Gliederung der gewerblichen Wirtschaft in regionaler und fachlicher Hinsicht erreicht worden, die bis 1945 in dieser Form bestehen blieb. Vgl. Broszat, Staat Hitlers, S. 216 f. sowie Boelcke, Deutsche Wirtschaft, S. 96 f.; vgl. das Gliederungsschema der gewerblichen Wirtschaft bei Volkmann, NS-Wirtschaft, S. 266.

ihn in den Stand, die großen Linien festzulegen und alles in diese Linie zu bringen mit rücksichtsloser Beseitigung alles dessen, was überflüssig ist.

Das Hauptgerippe einer einfachen Wirtschaftsorganisation werden sein:

a) die Kammern

b) die Fachverbände.

Führer der Wirtschaft kann nur der Staat sein. Staatspolitik schafft allein die Grundlagen, auf denen die Wirtschaft sich entwickeln kann. Neben dem Wirtschaftsminister darf es keinen Führer der Wirtschaft geben. Das führt zu zwei Wirtschaftsministerien, zum Durch- und Gegeneinander. Sachlich ist in der Wirtschaft das Betätigungsstreben der Kollektivfachgruppen zu bändigen. Grundsätzlich ist davon auszugehen, daß der einzelne Betriebsführer für seinen Betrieb verantwortlich ist und seine Absatzbedingungen regelt. Denn dann wird er die größte und beste Energie entfalten, um Arbeitsplätze zu erhalten und zu schaffen. Die Fachverbände und ihre Führer sollen nicht in Anspruch nehmen, allweise zu sein und mit Anweisungen und Befehlen um sich streuen, die schließlich kein Mensch mehr beachtet, sondern sie sollen ausgleichend Erfahrungen vermitteln, Anregungen geben und schließlich im Zusammenwirken mit den Besten ihres Faches die Regierung beraten.[66]

Der Initiative des Einzelnen muß wirklich zu ihrem Rechte verholfen werden. Das Gängeln mit Lieferungsvorschriften, Preiskonventionen, Preisbindungen, Mindest- und Höchstpreisen ist in der Tat die Ausschaltung der Initiative, des Wagemuts, der Klugheit und der Erfahrung. In den durch die Staatspolitik festgelegten Richtlinien muß die wirtschaftliche Kraft sich frei entfalten. Wer nicht mitkommt und nichts leistet, fällt und wird nicht subventioniert. Kann man dem Volksgenossen, der unverschuldet in Not geraten ist, wieder auf die Beine helfen, so ist das gut und soll geschehen. Aber verderblich ist jene sich wieder breitmachende, in Wahrheit schwächliche Wirtschaftspolitik von Interessentengruppen, die glauben, sie wären allein auf der Welt, müßten jedes, auch das untüchtigste Mitglied halten, und ihnen stände dazu jeder von ihnen gewünschte Anteil am Volkseinkommen zur Verfügung. Es ist erschreckend, wie durch die Überorganisation, die nicht beseitigt ist, das gesunde volkswirtschaftliche Denken verwirrt ist, wie sehr sich jeder auf den Allvater Gemeinde oder Staat verlassen zu können glaubt. Wenn ich den Grundsatz der Leistungsfähigkeit unbedingt voraussteile – Charakter ist eine selbstverständliche Voraussetzung, ohne Charakter kommt auf die Dauer kein Mensch vorwärts –, so deswegen, weil ich in meinen Verwaltungen, selbst in der Beamtenschaft, diesen Gesichtspunkt überall und mit bestem Erfolge vorangestellt habe. Nur der Beamte, der etwas leistet, wird etwas, der andere bleibt unten. Da kann ihm niemand helfen. Auch das gehört zur richtigen Rasse- und Bevölkerungspolitik.

Wird auf der Seite des Betriebsführers so die höchste individuelle Leistungsfähigkeit freigemacht, so darf er auf der anderen Seite nicht dauernd Gegenstand

[66] S.o., Anmerkungen 22 und 65.

unpassender Ermahnungen und Warnungen sein. Es ist ein ganz schwerer psychologischer Irrtum, anzunehmen, daß der anständige deutsche Arbeiter an diesen Ermahnungen seines Betriebsführers seine Freude hat, das vollkommene Gegenteil ist der Fall. Wenn, wie es neulich der Fall war, die Obmänner der Vertrauensräte gezwungen sind, vor der versammelten Belegschaft Ausführungen zu verlesen, die solche derben und zum Teil vollkommen unangebrachten Ermahnungen der Betriebsführer enthalten, so wird dessen Autorität bei dem schlechtdenkenden Teil der Arbeiter erschüttert, bei dem überwiegenden anständigen Teil wird eine schwere politische Verstimmung wachgerufen.[67] Diese theoretischen Ermahnungen und Verwarnungen gehen ja zum allergrößten Teil an der Tatsache vorüber, daß eine ganz große Zahl der Betriebsführer noch sich selbst erfreulicherweise aus dem Stande des Arbeiters und Werkmeisters emporgearbeitet hat. Dabei verkenne ich gar nicht, daß es auch höchst unverständige und unsoziale Betriebsführer gibt, aber sie soll man im einzelnen durch das im Gesetz geordnete Verfahren heraussuchen und ihnen zu Leibe rücken, jedoch nicht verallgemeinern.

Im übrigen stehen für mich die Mittel, um die Wirtschaft in Ordnung zu bringen, unumstößlich fest. Vom Standpunkt des Achtstundentages und der danach bemessenen Existenzsicherung sind sie nicht zu finden. Ich verweise auf meine obigen Darlegungen und auf die Denkschrift vom Juli 1933. Der Arbeit, dem Fleiß, der Tüchtigkeit, den Erfahrungen, dem Willen und dem Charakter ist die Bahn so frei wie nur irgend möglich zu machen. Alle irgendwie entbehrlichen Staatsvorschriften, Wirtschaftsbindungen (Kartelle, Syndikate usw.) sind zu vermeiden und zu beseitigen. Der Sparsinn ist auf das sorgfältigste zu pflegen und zu schützen. In der Landwirtschaft handelt es sich, wie schon erwähnt, um die Sicherung der großen Erzeugungsgebiete. Auf dem Gebiete der Getreideerzeugung wird dem Landwirt am besten und einfachsten ein auskömmlicher Preis gewährleistet werden, wenn der Staat zur Magazinierungspolitik übergeht, d.h., in guten Jahren Getreide aufkauft und in schlechten Jahren verkauft. Damit gewinnt er auch die Reserven für den Kriegsfall.

---

[67] Die Neuregelung der Arbeitsbeziehungen durch das AOG vom Januar 1934 (vgl. S. 339, Anmerkung 13) bedurfte noch zahlreicher Durchführungsverordnungen in den folgenden Jahren, bevor das Verhältnis zwischen Betriebsführung und Eingriffsmöglichkeiten der DAF über den Betriebsobmann endgültig festgelegt war. Grundsätzlich festgelegt waren im AOG jedoch die absolute Entscheidungsgewalt des Betriebsführers und, damit einhergehend, die Entrechtung der Belegschaft. Während des Jahres 1934 konzentrierte sich die Betriebspolitik der DAF darauf, einerseits ihre Einflussmöglichkeiten im Rahmen des neuen Gesetzes auszutesten, andererseits ihre unsichere Position mit Verbalradikalismus zu verschleiern. Auch mit der „Verordnung über Wesen und Ziel der Deutschen Arbeitsfront" vom 24.10.1934 erfolgte keine endgültige Regelung der Kompetenzstreitigkeiten, denn die der DAF zugesprochene Schiedsfunktion in innerbetrieblichen Streitigkeiten wurden von den Betriebsführern nicht anerkannt (dazu Andreas Kranig: Arbeitsrecht im NS-Staat. Texte und Dokumente, Köln 1984, S. 27-33). Vgl. ausführlich Frese, Betriebspolitik, S. 114 ff.

12. Auf dem Gebiete der Sozialpolitik sind weitere Vereinfachungen notwendig. Ich bin noch nicht davon überzeugt, daß es einen Zweck hat, die Invalidenversicherung fortzusetzen, wenn es ein einfacheres Mittel gibt, den durch Krankheit oder Überalterung aus dem Arbeitsprozeß ausscheidenden Menschen allmählich zu sichern. Ich sehe hier eine wesentliche Vereinfachungsmöglichkeit darin, daß auf Grund einer Arbeitskarte ohne Markenklebung bei den genannten Voraussetzungen Renten gezahlt werden. Die Kosten werden bei den Arbeitslosenversicherungsbeiträgen mit eingezogen. Besonders wesentlich ist aber die Beseitigung der Arbeitsämter. Ihre Aufgaben sind den Gemeinden anzuvertrauen. Ich habe das oben schon erwähnt.[68]

In die Krankenversicherung ist der Grundsatz des Sparens mit einzuschalten. Vorschläge auch über eine engere Verbindung der Krankenkassen mit den Sparkassen können ausgearbeitet werden.[69]

Die anderen wirtschafts- und sozialpolitischen Maßnahmen, die ich seinerzeit empfahl, sind zum Teil durchgeführt, zum Teil in Angriff genommen: Herausziehen von Jugendlichen, Bevorzugung der Verheirateten usw. Stecken geblieben im Kompromiß ist die Frage des Doppelverdienens.[70] Hier hat man nicht zugreifen wollen. Wirtschaftlich und theoretisch richtig gedacht, praktisch und sozial falsch. Es gibt klare und befriedigende Lösungen dieses Problems. Sie werden sich durchsetzen, sobald aus der Rohstoffknappheit und aus der Preissteigerung her der Arbeitsmarkt sich wieder verschlechtert. Für diesen Fall stehen sie zur Verfügung.

Rückgrat aller dieser Maßnahmen sind Staatssouveränität, Sicherung bestimmter Grundrechte, Verwaltungsreform, Etatsausgleich und Siedlung. Gegenüber den für die Siedlung erforderlichen Mitteln müssen alle anderen Arbeitsbeschaffungs-

---

68 Vgl. dazu auch Goerdelers Vortragsmanuskript „Organisatorische und finanzielle Vereinheitlichung der Arbeitslosenhilfe“ vom Dezember 1932; Dok. 1.2.5, oben S. 71 ff.

69 Vgl. Goerdelers ausführliche Reformvorschläge zur Krankenversicherung in seiner Denkschrift zur Wirtschafts- und Finanzpolitik von Anfang 1931; Dok. 3.1, oben S. 271 ff.

70 Die vehemente Doppelverdienerkampagne der DAF war bereits im September 1933 von der Reichsanstalt im Einvernehmen mit Reichswirtschafts- und Reichsarbeitsministerium gestoppt worden, und die gesetzliche Reglementierung der Frauenarbeit beschränkte sich auf den öffentlichen Dienst. Darüber hinaus wurde eine indirekte Regulierung durch die Ehestandsdarlehen angestrebt, deren Vergabe auf berufstätige Frauen beschränkt war, die mit ihrer Eheschließung ihre Tätigkeit aufgaben. (Die „Förderung der Eheschließungen“ war Teil des ersten Reinhardt-Plans; RGBl. 1933/I, S. 326 f.) Die nur halbherzigen Bemühungen des NS-Regimes, Frauen aus dem Arbeitsleben zu verdrängen, sind einerseits auf die geschlechtsspezifische Lohndifferenzierung zurückzuführen, die Frauenarbeit für Unternehmer rentabler machte, andererseits auf die Tatsache, dass ein Großteil der erwerbstätigen Frauen „wesensgemäße“ Berufe in Land- und Hauswirtschaft, Pflege und Erziehung hatte und nicht ohne weiteres von Männern ersetzt werden konnte. Vgl. Golla, Nationalsozialistische Arbeitsbeschaffung, S. 260-269 sowie Tilla Siegel: Leistung und Lohn in der nationalsozialistischen „Ordnung der Arbeit“, Opladen 1989, S. 99 ff.

maßnahmen zurücktreten, auch Reichsautostraßen.[71] So bedeutsam sie sind, so halte ich ihre Anlage im Augenblick für zu teuer, zumal die Reichsbahn, das immerhin noch zuverlässigste und umfassendste große Verkehrsinstrument des deutschen Volkes, mit erheblichen Unterschüssen arbeitet. Daß die Reichsautobahnen rentabel sein können, ist ausgeschlossen. Es ist nicht überall, wo sie gebaut werden, ein wahrer Bedarf für sie vorhanden. Es besteht die Gefahr, daß über den Ausgaben für sie die Reichsbahn und das übrige Straßennetz zu kurz kommen. Anzeichen dafür sind vorhanden. Man kann auch nicht die Reichsautobahnen im Verhältnis zur Reichsbahn in Vergleich setzen zu dem Zustand, der vor der Schaffung der Eisenbahn bestand. Immerhin lief die erste Eisenbahn doppelt so schnell wie ein Pferdewagen, ein Kraftwagen läuft nicht doppelt so schnell wie ein Eisenbahnzug. Im Gegenteil, die Entwicklung der motorisierten Schienen-Schnellwagen ist noch nicht einmal abgeschlossen und gestattet jetzt schon eine Durchschnittsgeschwindigkeit, die weit über der des Kraftwagens liegt. Betrieblich sind die Schienenwagen wesentlich billiger. Angesichts der Tatsache, daß wir nicht in einem Zeitalter der Entwicklung zu großen politischen und wirtschaftlichen Räumen leben, wie es der Entwicklung der Eisenbahn beschert war, müssen wir uns Zurückhaltung auferlegen und die hier ersparten Mittel dem Siedlungswerke zuführen.

Meine Vorschläge sind vielfach hart, aber eine immerwährende Prüfung an Hand meiner Erfahrungen und meiner Beobachtungen in der Geschichte lassen sie mir als richtig und als die allein wirksamen erscheinen. Die gesamte preußische Geschichte von der Sandbüchse zur Großmacht lehrt die Grundsätze, die allein einen Staat schaffen: Einfachheit, Sparsamkeit, Vaterlandsliebe und Anstand auf der Grundlage von Recht und Ordnung, von Moral und Gewissensfreiheit. Durch vorübergehende Rückschläge darf man sich nicht bange machen und zu falschen Maßnahmen verleiten lassen. Als Friedrich Wilhelm I. nach dem Tode seines Vaters den Haushalt des Hofes und des Staates auf mehr als die Hälfte zusammenstrich, gab es zunächst auch alle jene Folgen der Beschäftigungslosigkeit, des schlechten Ganges der Gewerbe usw. Beinahe hätte er auch die Nerven verloren und zuviel Staatswirtschaft betrieben. Aber er hat sich doch schließlich von seinem gesunden Sinn nicht abbringen lassen. Denn der Staat lebt von den Erträgnissen

---

71 Der Autobahnbau war in der nationalsozialistischen Propaganda Symbol des ökonomischen Aufschwungs und der Überwindung der Massenarbeitslosigkeit; gleichzeitig stilisierte sich das NS-Regime als Initiator und Vollstrecker der Massenmotorisierung. Beide Ansprüche waren insofern unrichtig, als auf umfangreiche Vorarbeiten der Präsidialkabinette sowie auf Vereine und Lobbys der 20er Jahre rekurriert werden konnte. Die Kritik Goerdelers an Hitlers „Unternehmen Reichsautobahnen" war untypisch für Zeitgenossen und muss mit seinen wirtschaftspolitischen Überzeugungen sowie seiner Vorliebe für Siedlungsprojekte erklärt werden. Vgl. zu Genesis und Entwicklung des Autobahnbaus und der Motorisierung im Dritten Reich Karl Lärmer: Autobahnbau in Deutschland 1933 bis 1945. Zu den Hintergründen, Berlin (Ost) 1975 sowie Mommsen/Grieger, Das Volkswagenwerk.

der Volkswirtschaft, und er kann sich nicht an seinen eigenen Haaren aus dem Sumpfe ziehen.

Das Ziel steht fest: Freiheit und Wohlfahrt des Volkes ist nur durch Macht und ihren Einsatz zu erringen. Die Mittel, mit denen dies Ziel zu erreichen ist, bilden ein organisches Ganzes. Es handelt sich nicht mehr darum, Vernunft und Geschick auf Teilgebieten anzuwenden, sondern es handelt sich um eine absolut organisch aufeinander abgestimmte Innen- und Außenpolitik, die dem Volke ein Leben zu bestmöglichen Bedingungen gewährleisten soll, auf Erfahrungen aufgebaut sein muß, das beste vorhandene Können und Wissen einspannt und den Idealismus der nationalsozialistischen Bewegung mit den harten Lehren einer schweren, aber erfolg- und ruhmreichen Vergangenheit vereint.

## 3.6 *Denkschrift zur wirtschaftlichen Lage*

*maschinenschriftliche Denkschrift vom 26.10.1935; BAB, R 43 II/318a, Bl. 11-31.*
Wirtschaftspolitische Lage: Rohstoff- und Devisenverknappung, Mangellage in Fleisch- und Fettversorgung, Wohnungsknappheit, Preissteigerungen wegen Exportabgaben, zwangswirtschaftliche Tendenzen. Notwendige Maßnahmen: Primat von Versorgung vor Rüstung, Aufhebung planwirtschaftlicher Bestimmungen und Öffnung zum Weltmarkt, Beseitigung von Überorganisationen, Unterrichtung der Bevölkerung über die Lage.

Anlage[1]

Der Staatssekretär und Chef der Reichskanzlei, Herr Dr. Lammers, hat mich vor einiger Zeit gebeten, Ende Oktober einen erneuten Bericht über die Entwicklung der wirtschaftlichen Lage zu erstatten.[2] Dieser Aufforderung komme ich hiermit nach.

I

Die wirtschaftliche Lage hat sich weiter so entwickelt wie in meinem letzten Bericht angedeutet.

1.) Die Rohstoffzufuhren sind knapp geblieben. Eine Entwicklung zur Besserung ist nicht erkennbar, die Entwicklung zur weiteren Verknappung wahrscheinlich. Denn die zur Verfügung stehenden Devisen verringern sich, die Weltmarktpreise

1 Das Anschreiben an Lammers, mit dem Goerdeler die vorliegende Denkschrift an Hitler sandte, ist nicht mit abgedruckt (vgl. Anschreiben in BAB, R 43 II/318a, Bl. 10).

2 Die Auseinandersetzung zwischen den verschiedenen Reichsministerien um das Reichspreiskommissariat Goerdelers hatte zunächst dazu geführt, dass Hitler Anfang August 1935 weitere Diskussionen verbot und schließlich seine Entscheidung auf den Oktober verschob (vgl. den Vorgang in ebd., 315a, Bl. 208 ff. sowie ausführlich Kapitel 2.3, oben S. 214 ff.). Zu diesem Zweck der Entscheidungsfindung sandte Goerdeler zunächst am 14.9. einen kurzen Bericht über die Preisentwicklung und sechs Wochen später die vorliegende ausführlichere Beurteilung der wirtschaftlichen Lage (vgl. Bericht Goerdelers vom 14.9.1935; BAB, R 43 II/315a, Bl. 231 f.).

der für uns wichtigen Rohstoffe steigen. Die Wirkung ist mathematisch. Diese Vorgänge rufen bereits hier und da, jedenfalls steigende Schwierigkeiten auch in den Produktionsstätten hervor. Verwendungsverbote und Verwendungsbeschränkungen für gewisse Rohstoffe und für gewisse Zwecke mußten erweitert werden.[3] Aus dieser Entwicklung ergibt sich eine verringerte Arbeitsmöglichkeit. Sie kommt zum Ausdruck in Entlassungen und Verkürzung der Arbeitszeit. Die letzten Berichte der Treuhänder müßten ein klares Bild verschaffen; sie sind mir nicht bekannt.

Ein Ersatz der ausländischen Rohstoffe durch deutsche Rohstoffe ist auf gleicher Preisbasis nicht möglich. Je mehr deutsche Rohstoffe verwendet werden, umsomehr entfernen sich die Preise von den Löhnen. Die fortschreitende Verknappung birgt die sichere Gefahr weiterer Preissteigerungen in sich. Diese Entwicklung der Preise wäre von einem gewissen Zeitpunkt ab nur aufzuhalten in immer schärferem Übergang zur Plan- und schließlich zur Zwangswirtschaft. Auf ihre politischen und wirtschaftlichen Begleiterscheinungen und Folgen brauche ich nicht hinzuweisen.

Wenn diese Knappheit zunächst nur bei gewissen Lebensmitteln klar in Erscheinung tritt, so liegt das daran, daß die Arbeiter, der größte Teil der Bevölkerung, heute bereits ohnehin gezwungen sind, ihren Bedarf auf allen nicht unmittelbar lebensnotwendigen Gebieten einzuschränken. Er braucht heute zur Erhaltung des physischen Lebens einen so großen Teil seines Einkommens, daß für andere Bedürfnisse immer weniger zur Verfügung steht. Der Umsatz der Textilgeschäfte in Arbeitervierteln ist z.B. derart gesunken, daß sie dabei nur noch gemessene Zeit bestehen können.

2.) Diese Entwicklung zur Mangellage ist zunächst auf dem Gebiete der Fett- und Fleischversorgung ganz offenbar geworden. Aber ich betone, es ist nicht die erste und einzige Erscheinung der Art. Bei Metallen hat sie begonnen und schreitet fort, auf anderen Gebieten wird sie beginnen, alles nur nicht so sichtbar wie bei Fett und Fleisch. Eine Reihe von Ursachen hat zu diesem Zustande geführt. Ich sehe diese Ursachen nicht allein in der durch die schlechte Ernte bedingten Futtermittelknappheit des vergangenen Jahres. Auch auf eine zu knappe Bereitstellung von Devisen allein kann sie nicht zurückgeführt werden. Die mengenmäßige Buttereinfuhr war in den ersten 8 Monaten dieses Jahres um 50% höher als in der gleichen Zeit des Vorjahres. Eine sehr wesentliche Ursache sehe ich vielmehr, wie ich

---

3 Die Aufgaben der im September 1934 eingerichteten Überwachungsstellen (vgl. „Verordnung über den Warenverkehr" vom 14.9.1934; RGBl. 1934/I, S. 816-818) betrafen einerseits den deutschen Außenhandel, für den eine ausgeglichene Bilanz angestrebt wurde, andererseits die Binnenwirtschaft, in der sie knappe Rohstoffe kontingentierten. Als binnenwirtschaftliche Kontrollorgane hatten sie die Kompetenz der Einkaufs-, Verarbeitungs- und Veräußerungsgenehmigung für knappe Rohstoffe. Vgl. ausführlich Johannes Barthel: Tätigkeit und Wirkung der Überwachungsstellen, Berlin 1939.

wiederholt hervorhebe, darin, daß die marktordnende Tätigkeit des Reichsnährstandes zu weit gegangen ist; sie hätte sich, wie ich mehrfach vorgetragen habe, auf die Sicherung jahreszeitlich richtiger Erzeugerpreise für das Wichtigste beschränken müssen. [4] Beim Bauern ist eine gewisse Verärgerung erzeugt, die ihn nicht so produktionsmutig macht, wie es notwendig wäre. Beispiel: Der zu weit getriebene Ablieferungszwang für Milch und das Verbot der Selbsterzeugung von Butter für den Verkauf haben zweifellos den Bauern eher zu einer Zurückhaltung und Einschränkung auf diesem Gebiet veranlaßt als zu gesteigerter Tätigkeit. Ich halte die zwangsweise Fortorganisierung der Bauernbutter für die wesentliche Ursache der jetzigen Butterkalamität. Die Vorstellung, gleiche Milchpreise für alle Erzeuger seien gerecht, ist unrichtig. Sie berücksichtigt nicht, daß der der Stadt nahe wohnende Bauer höhere Ausgaben, namentlich für Löhne, hat als der ferner liegende. Manches organisch Gewordene hat die Marktordnung schematisch beseitigt. Auch soweit durch sie eine stabile Preishaltung erzielt werden sollte, ist sie zu weit gegangen. Dadurch, daß z.B. das ganze Jahr hindurch ein gleicher Butterpreis gehalten ist, sind alle natürlichen Energien des Erzeugers und Verbrauchers, sich den gottgewollten natürlichen Unterschieden der Jahreszeit anzupassen, erstickt. Wenn im Frühsommer die Butter der natürlich stärkeren Produktion entsprechend billiger ist, so war das bisher ein Anreiz für Großhandel, Einzelhandel und Verbraucher, gewisse Vorräte für den Winter anzuschaffen. Diese Vorratsanschaffungen wirkten einer zu großen Preissenkung im Frühsommer entgegen und schafften Ausgleich im Verbrauch für den Winter. Stieg im Winter mit sinkender Produktion der Preis, so traten diese Vorräte in ihre volkswirtschaftliche Funktion und wirkten von selbst einer zu starken Preissteigerung entgegen. Immerhin blieb noch so viel volkswirtschaftlich nützliche Wirkung der Preissteigerung übrig, daß die Nachfrage von selbst zurückging, der Markt ganz natürlich entlastet und die Produktionssteigerung ermutigt wurde. In diesem Jahre ist wegen des gleichbleiben-

---

4 Nach dem Rekorderntejahr 1933 war die Getreideernte in den beiden folgenden Jahren hauptsächlich aufgrund von Trockenheit um 10% gesunken. Die Folgen waren ein entsprechendes Absinken der Futtermittelversorgung, Verringerung des Rinder- und Schweinebestands und Fettmangel sowie ein steigender Importbedarf. In dieser Situation forderte Darré die Bereitstellung ausreichender Devisen zur Getreide- und Fetteinfuhr, um die inländische Nachfrage zu befriedigen. Über den konkreten Anlass hinaus entsponnen sich nun Kompetenzstreitigkeiten zwischen Darré und Schacht über die Entscheidungsbefugnis hinsichtlich der Devisenbewirtschaftung. Dieser Machtkampf hatte jedoch auch seine Wurzeln in unterschiedlichen Wirtschaftsordnungs-Konzeptionen. Während Darré eine umfassende Lenkung der agrarpolitischen Produktions- und Preispolitik favorisierte, verbunden mit strategisch motivierter Bevorratung von Nahrungsmitteln, war Schacht ein vehementer Kritiker der marktordnenden Ansprüche des Reichsnährstands. (vgl. zur Auseinandersetzung zwischen Schacht und Darré BAB, R 43 II/331) Vgl. Gustavo Corni und Horst Gies: Brot – Butter – Kanonen. Die Ernährungswirtschaft in Deutschland unter der Diktatur Hitlers, Berlin 1997, besonders S. 253 ff. Goerdeler argumentierte ganz im Sinne Schachts.

den Preises auf jede Vorratshaltung verzichtet, weil in ihr selbstverständlich nur ein Verlust liegen konnte. Folge: Die Nachfrage sinkt wegen des gleichbleibenden Preises jetzt nicht ab und trifft auf einen aller wesentlichen Vorräte entblößten Markt. Die deutsche Butterproduktion bleibt bis zum Februar nächsten Jahres bestenfalls nur etwa auf der bisherigen Höhe. Denn erst von Ende Januar ab pflegt die Milchproduktion wieder zu steigen.

Für Schmalz gilt genau das gleiche wie für Butter. Die inländische Produktion ist stark zurückgegangen. Der Schweinebestand ist zwar von Juni auf September um 2½ Millionen gestiegen. Dies entspricht jedoch lediglich der saisonmäßigen Vermehrung. Der Minderbestand gegenüber dem Vorjahre, der im Juni 10,5% betrug, ist im September nur auf 9,7%, also nicht einmal um 1% aufgeholt worden. Tatsächlich fehlten also im September noch 9,7% am Schweinebestand im Vergleich zum Vorjahr. Eine Verbesserung des Schweineauftriebes am Markt kann nach meinen Berechnungen frühestens etwa im März 1936 erfolgen, weil erst dann der Zuwachs an Schweinen schlachtreif werden wird. Was den Schmalzanfall betrifft, so wirkt sich auch hier eine zu weit getriebene planwirtschaftliche Marktordnung unnützlich aus. Die durch die Mangellage eingetretene Uniformierung in den Preisen hat dazu geführt, daß der Bauer keinen Anlaß mehr hatte, schwere Fettschweine zu mästen; denn er bekam ja für das Zwei-Zentner-Schwein je Zentner genau soviel wie für ein sehr viel fettergiebigeres Drei-Zentner-Schwein, während sich seine Selbstkosten für den dritten Zentner höher stellen. Erst in diesem Monat ist der Versuch einer Differenzierung der Preise erfolgt, die sich den natürlichen Verhältnissen anpassen soll.[5]

Im Augenblick gibt es nur noch zwei Möglichkeiten, um einer völligen Verwirrung auf dem Gebiete der Fettversorgung vorzubeugen.

a) Entweder werden Devisen in größerem Umfange zur Fettbeschaffung freigemacht. Das bedeutet, daß sie anderen Einfuhrstoffen entzogen werden müssen. Die Entscheidung kann man nur dann richtig treffen, wenn man, was mir im Augenblick nicht möglich ist, genauen Einblick in das Devisenaufkommen und in seine Aufteilung für die verschiedenen Verwendungszwecke hat. Bemerken möchte ich nur, daß ich die genügende Fettversorgung der Bevölkerung, auch im Verhältnis zur Rüstung, politisch für vordringlich halte.[6] Es gehört geradezu zur Rüstung, die gesamte Volkswirtschaft und die einzelnen Menschen wirtschaftlich widerstands-

---

5 Vgl. ebd., S. 268.

6 Wenn auch die ausreichende Versorgung der Bevölkerung ein Primat der nationalsozialistischen Politik blieb und eine Rationierung schon aus Prestigegründen strikt abgelehnt wurde (vgl. ebd., S. 268 f.), so wurde doch der Zielkonflikt zwischen Versorgung und Aufrüstung 1935 zunehmend deutlicher. In amtlichen Mitteilungen wurde betont, dass die Devisen zur Bekämpfung der Arbeitslosigkeit und zur Aufrüstung benötigt würden, und man deshalb nicht auf „Sonderwünsche" oder die „Befriedigung besonderer Geschmackswünsche" Rücksicht nehmen könne (so z.B. der Staatssekretär im Ernährungsministerium Herbert Backe und die Minister Goebbels und Darré; vgl. Keesings Archiv 1935, S. 2200; 2248).

fähig zu machen. Zu berücksichtigen ist, daß der Devisenbedarf zur Sicherstellung der Fettversorgung durch Butter selbstverständlich größer ist als bei der Anschaffung der billigeren Stoffe für die Margarine, daß aber auch für diese Stoffe spätestens ab Januar wesentlich höhere Geldmengen benötigt werden dürften, weil die Reserven auch hier immer mehr schwinden. Wahrscheinlich werden wir von Januar ab nur noch „von der Hand in den Mund" leben können.

b) Will man oder kann man die hierfür notwendigen Devisen nicht zur Verfügung stellen, so sehe ich persönlich keine andere Möglichkeit, als zu einer geordneten Verteilungswirtschaft, zum mindesten vorübergehend, zu greifen. Zur Zeit wirft die Reichsstelle, die großen Städte naturgemäß bevorzugend, bald hierhin, bald dorthin ihre eben noch verfügbaren Reserven. Dadurch entstehen immer neue Löcher. Da, wo Buttermengen vermutet werden, bilden sich Schlangen. Die Ortsbehörden stehen heute schon vor der Frage, ob sie es als unberechtigte Zurückhaltung ansehen sollen, wenn der Einzelhändler nur seine Kunden bedient und andere abweist, oder ob sie zur Verhinderung des Hamsterns das Führen einer stillen Kundenliste geradezu begünstigen sollen. Ich habe mich beispielsweise in Leipzig für den letzteren Standpunkt entschieden, weil ich das Hamstern für die größere Gefahr halte. Diesen Zustand kann man eine gewisse Zeit gehen lassen, aber schließlich werden die sozialen und damit die politischen Wirkungen unerträglich. Sie verschärfen und vermehren sich mit unheimlicher Geschwindigkeit. Denn wenn in Leipzig 4/5 aller Geschäfte am 18. Oktober ohne Butter waren, nachdem schon vorher 10 Tage lang stärkste Butterknappheit herrschte, dann liegt die Unmöglichkeit zu Tage, diesen Zustand noch länger als einige Wochen andauern zu lassen. Wenn es in Berlin gelungen ist, die Verhältnisse zu bessern, so darf man sich hierdurch über die tatsächliche Mangellage in anderen Orten nicht täuschen lassen. Sie ist mit den geschilderten Erscheinungen da. Wenn 10 Interessenten für ein Pfund Butter vorhanden sind, dann bleibt nichts anderes übrig, als die Butter zu zerteilen in 50 gr-Stücke; dann kann ich den Preis halten. Wenn ich aber nicht teile, erhält schließlich derjenige die Butter, der die anderen ausbietet oder sie müssen losen. Andere technische Möglichkeiten gibt es für eine Verteilung nicht.

Wenn, wie gesagt, nicht schleunigst mehr Devisen zur Fettbeschaffung eingesetzt werden können, wird eine förmlich geordnete Verteilungswirtschaft vom Erzeuger bis zum Verbraucher unerläßlich sein. Mit solcher Zwangswirtschaft muß jede Planwirtschaft enden, die sich nicht weiseste Zurückhaltung in ihrem Ausmaße auferlegt. Auch diese Verteilungswirtschaft wird sehr bald grobe Mängel aufweisen. Einmal trägt sie die Gefahr in sich, durch die immer weiter gehenden Eingriffe bei den Produzenten die Produktionslust weiter zu behindern, sodann aber ist sie auf die Dauer gegen immer zunehmende Übertretungen nicht geschützt. Demnächst werden die Städter wieder Sonntags aufs Land fahren, um sich unmittelbar und dann auch zu höheren Preisen mit den für die Ernährung erforderlichen Fetten zu versorgen. Es gilt also, alles daran zu setzen, diese vorübergehende

Verteilungswirtschaft sobald wie möglich durch irgendeine Vermehrung der Warenmenge entbehrlich zu machen. Sie kann erfolgen: Einmal durch Besserung unserer politischen und wirtschaftlichen Verhältnisse zum Ausland, die uns einen größeren Export und eine größere Rohstoffeinfuhr gestatten; hierauf komme ich noch zurück. Ferner durch Freimachung aller Kräfte zur Verstärkung der Binnenerzeugung. Einzelvorschläge zur Verfügung zu stellen, bin ich selbstverständlich bereit. Hier muß ich mich auf diese Bemerkungen beschränken.

3.) Die Lage auf dem Fleischmarkt entspricht den unter Ziff. 2.) festgestellten Tatsachen. Der Bedarf an Schweinefleisch wird heute, wenigstens in den großen Gemeinden, nur zu etwa 30 – 40% gedeckt. Dementsprechend sind für die preisfreien Stücke die Preise gestiegen. Sie scheiden also für die minderbemittelte Bevölkerung aus, während die preisgebundenen Fleisch- und Wurstwaren noch knapper werden und in der Qualität dauernd zurückgehen. Erfolgt keine Zufuhr ausländischer Schweine, so ist, wie oben erwähnt, erst etwa März 1936 mit einer Entspannung zu rechnen. Dazu kommt aber, daß im November d.J. der Auftrieb an Rindvieh wahrscheinlich knapper werden wird. Den Umfang der Verknappung vermag ich nicht einwandfrei zu übersehen. Die Tatsache aber, daß es so sein wird, steht nach meiner Überzeugung fest. Sie ist mir besonders bedenklich, da der beim Schweinefleisch nicht gedeckte Bedarf nunmehr auch keinen Ausgleich beim Rind finden kann. Bis zu welchem Stande der Verwirrung die Dinge bereits fortgeschritten sind, ergibt sich aus dem in der Anlage beigefügten Schreiben des Herrn Sächsischen Wirtschaftsministers vom 16. Oktober 1935.[7] Aus berechtigter Angst um die Versorgung des eigenen Gebiets sieht sich die Preisüberwachungsbehörde bereits genötigt, nicht mehr Namen von Preisübertretern zu nennen!

Abschließend zitiere ich hier aus dem Bericht des Instituts für Konjunkturforschung vom 8.10.1935 folgende Sätze:

„Das Marktangebot an Fleisch aller Gattungen fiel von 131.000 Zentner in der 2. August-Hälfte auf 106.000 Zentner in der 1. September-Hälfte. Der Durchschnittspreis im Kleinhandel stieg von 84,1 Reichspfennig je Pfund auf 85,2 Reichspfennig je Pfund; die Kleinhandelsspanne veränderte sich von 10,2 auf 9,7 Reichspfennig.“

Vorstehendem füge ich hinzu:

a) daß Berlin noch gut versorgt ist im Vergleich zu anderen Plätzen und

b) daß die Kleinhandelsspanne von 18,4 Rpf. im September 1934 auf 9,7 Rpf. im September 1935 zum Schaden des Handwerks verkürzt ist, also keine Reserven mehr enthält.

Vor einer Verteilungswirtschaft auf dem Gebiete der Fleischversorgung kann ich nur warnen. Hier bleibt gar nichts anderes übrig, als möglichst schnell alle planwirtschaftlichen Bestimmungen aufzuheben und den Preisen freien Lauf zu las-

---

7 Das Schreiben ist nicht mit abgedruckt, das Original befindet sich im Nachlass Goerdeler (BAB, N 1113, Bd. 21).

sen, auch wenn sie zunächst außerordentlich steigen, um wenigstens mit Sicherheit in Jahresfrist aus der Mangellage herauszukommen. Gehen wir auch beim Fleisch zur Verteilungswirtschaft über, so ist die große Gefahr eines dauernden Absinkens der Produktion nicht von der Hand zu weisen. Denn wenn jetzt der Bauer für einen Zentner Ochsen den festgesetzten Preis von rd. 50,- RM erhält, für einen Zentner Kalb aber, das nicht preisreguliert ist, rd. 70,- RM, wird er selbstverständlich nicht sich Risiko und Unkosten der Großfütterung der Kälber machen. Wird auch der Kälberpreis herabgesetzt, so besteht keine Sicherheit dafür, daß genügend produziert wird. Es ist grundsätzlich falsch, auf dem Ernährungsgebiet an den Urinstinkten des Bauern vorbeizugehen. Hier bleibt nur zweierlei übrig:

a) die Preise schlimmstenfalls, wie gesagt, laufen zu lassen, selbst auf die Gefahr hin, daß sie zunächst sehr hoch gehen. Dann wird der Bedarf sehr schnell abgedrosselt, der Preis kommt zum Stehen, aber gleichzeitig wächst auch die Produktionslust ganz gewaltig; und der Einzelne macht es schon richtig, darauf kann man sich fest verlassen, denn das hat er ja meistens besser gelernt, als die Männer in den Schreibstuben es sich vorstellen.

b) Der Preis für Futtermittel muß möglichst günstig gestaltet werden, für die neue Ernte dagegen so hoch, daß Lust zum Produzieren geweckt wird.

Ich verkenne nicht, daß dieser Vorschlag nicht sehr weichherzig ist, aber mit Weichherzigkeit kommt man in den Kämpfen dieses Lebens nicht weiter. Entschlossene Härte ist im allgemeinen das richtige Mittel, um erkannte Übel in der denkbar kürzesten Zeit zu beseitigten. Schwäche verlängert und verschlimmert das Übel. Äußerstenfalls kann man damit helfen, daß die Fettverbilligungsscheine für Minderbemittelte verstärkt werden.

4.) Was die Exportabgabe betrifft, so geht ihre Abwälzung in die Preise langsam, aber sicher vor sich.[8] Wenn die deutsche Wirtschaft durchsichtig wie Glas wäre, so würde jeder sehen, wie diese Steigerung sich vollzieht. Zu entnehmen ist sie, da die Wirtschaft im allgemeinen als sehr undurchsichtig empfunden wird, den Preisvergleichen. Ich erhalte außerdem noch immer Beschwerden, die davon ausgehen, daß ich noch Reichskommissar für Preisüberwachung sei. Auch die Kommission für Wirtschaftspolitik der NDSAP, Sonderausschuß für Textil- und Bekleidungswirtschaft, hat mich soeben auf Preissteigerungen im Textilgebiet, namentlich in der Konfektion, aufmerksam gemacht.

---

8 Die ursprünglichen Exportsubventionen aus der Konversionskasse (vgl. S. 356 f., Anmerkung 24), wurden seit dem Frühjahr 1935 z.T. aus den Exportabgaben subventioniert, zu der die gesamte deutsche Industrie herangezogen wurde. Indem alle mit öffentlichen Aufträgen bedachten Unternehmen eine „Ausfuhrabgabe" leisten mussten (vgl. Erlass vom 22.3.1935; BAB, R 43 II/301a), wurden einerseits Subventionsmittel für exportfreudige Firmen aufgebracht, andererseits ein zusätzlicher Anreiz für exportmüde Firmen geschaffen. Vgl. auch Gerhard Kroll: Von der Weltwirtschaftskrise zur Staatskonjunktur, Berlin 1958, S. 492 f.

Die Exportabgabe ist aber auch in dem gedachten Umfange nicht tragbar. Es muß ein ungewöhnlich großer Prozentsatz von Einsprüchen gegen sie eingelegt sein. Ich habe stets darauf hingewiesen, daß die Leistungsfähigkeit der deutschen Wirtschaft überschätzt wird. Aus einigen guten Abschlüssen besonders auftragsreicher Unternehmen im Jahre 1934 durfte man keine falschen Schlüsse ziehen. Alle Betriebe, die Güter für den Verbrauch der Einzelnen herstellen, befinden sich schon seit Beginn d.J. in zunehmenden Schwierigkeiten wegen der sinkenden Kaufkraft. Es erweist sich, daß es vielfach an flüssigen Mitteln fehlt, um die Exportabgabe zu bezahlen. Solche Betriebe müssen entweder Schulden machen, oder es müßten ihnen Betriebsmittel gepfändet werden.

Ich halte die Exportabgabe nach wie vor für einen systematischen und wirtschaftlichen Fehler. In dieser Ansicht werde ich durch die Entwicklung seit ihrer Einführung bestärkt. Dieser Fehler wird vollkommen klar werden, wenn etwa die Lage des Reichsetats, dessen Einzelheiten mir nicht bekannt sind, ernst ist; das muß ich annehmen, da zweifellos weit mehr ausgegeben als eingenommen ist.

5.) Was die Mieten betrifft, so ist die Lage in Deutschland sehr verschieden. In einzelnen Teilen Deutschlands ist aus besonderen Gründen die Wohnungsknappheit so stark gestiegen, daß hier ein Drängen nach der Wohnungszwangswirtschaft sich bemerkbar macht.[9] Die Wohnungslosen kommen in immer größerer Zahl und mit immer stärkerem Hinweis auf die soziale Ungerechtigkeit auf die Rathäuser. Dadurch muß das Verlangen nach einer Ordnung wachgerufen und immer weiter verstärkt werden. Ich darf auf meine schriftlichen und mündlichen Darlegungen vom Dezember 1934[10] Bezug nehmen, in denen ich die voraussichtliche Entwicklung und die Notwendigkeit eines wesentlich verstärkten Wohnungs- und Siedlungsbaues im Jahre 1935 zur Vermeidung der Wohnungszwangswirtschaft dargelegt habe. Man macht sich nur schwer eine Vorstellung davon, was es bedeutet, wenn der Staat erst zur Schließung von Ehen und zu Kindersegen aufruft und dann die notwendigen Wohnungen nicht zur Verfügung stellt. Die Wohnungszwangswirtschaft, die sich durch einen unproduktiven Verwaltungsapparat, durch Verärge-

---

[9] Nachdem das Wohnungsmangelgesetz vom Dezember 1930 am 1.4.1933 ausgelaufen war (vgl. RGBl. 1930/I, S. 598 und ebd. 1931/I, S. 709), mehrten sich Proteste von Mietervereinen, Ländern und Kommunen, die schon vorher eine Verlängerung des Gesetzes gefordert hatten. Da die Wohnungssituation in Großstädten tatsächlich sehr schlecht war, fand schließlich im September 1935 eine „Reichswohnungskonferenz" statt. Hier sprachen sich jedoch Reichsarbeits- und Reichswirtschaftsministerium gegen eine Wiedereinführung des Wohnungsmangelgesetzes aus und konnten sich mit Hilfe der Länder durchsetzen. Erst im April 1939 wurden bestimmte Zwangsmaßnahmen in der Wohnungswirtschaft wieder eingeführt. (Vgl. ausführlich Führer, Mieter, S. 335-338)

[10] Vom Dezember 1934 sind keine Stellungnahmen Goerdelers überliefert; eventuell irrt er sich in der Datierung, da in seiner Denkschrift vom August/September 1934 ausführlich auf Wohnungs- und Siedlungswesen Bezug genommen wird (vgl. seine Denkschrift zur deutschen Innenpolitik vom August/September 1934; Dok. 3.5, oben S. 342 ff.).

rung von Hausbesitzern und Mietern, durch tatsächliche Unfruchtbarkeit geradezu verhängnisvoll auswirken müßte, kann nur vermieden werden, wenn das Reich für das Jahr 1936, unter schroffer Zurückstellung anderer Ausgaben, den Hauptnachdruck auf die Schaffung von Kleinsiedlungen und Wohnungen legt, wobei die Kleinsiedlung im Hinblick auf die zu erwartenden größeren Schwierigkeiten am Arbeitsmarkt noch den Vorzug einer teilweisen Existenzsicherung hat.

Hierbei muß auf eine weitere Gefahr hingewiesen werden. Die Sparkassen-Neueinlagen sinken seit einigen Wochen bei der Mehrzahl der Sparkassen erheblich. Hier und da übersteigen seit Wochen die Abhebungen die Einzahlungen. Der Sparer ist durch zwei Erscheinungen verprellt. Einmal kann er nicht mehr wie früher über sein Sparguthaben verfügen. Er muß gesetzlich geordnete Kündigungsfristen einhalten.[11] Außerdem ist eine große Zahl von Sparkassen durch den bisher zweimal erfolgten Zugriff des Reiches auf die Liquiditätsreserven (zweimal je 500 Millionen RM Reichsanleihe)[12] außer Stand gesetzt, Kredite, insbesondere 1. Hypotheken, zu gewähren. Nun muß man sich aber klar sein, daß die deutschen Sparkassen ganz auf örtliche Bindungen eingestellt sind und eingestellt sein müssen. Der kleine Mann am Ort ist der Hauptsparer. Er wird durch Drosselung der Verfügung über sein Spargeld härter betroffen und fühlt sich jedenfalls mehr getroffen als der wendigere größere Kapitalist. Ein Bürger am Ort sagt es dem anderen. Wenn mehrere Bürger berichten, daß sie keine Kredite von der Sparkasse erhalten, so wird der Sparer, der das hört, stutzig und ängstlich. Ich kann auch dem Sparer, dem noch die Erfahrungen der Inflation und der Bankenkrise des Jahres 1931 im Gedächtnis haften, nicht mit Aussicht auf Erfolg zurufen: „Spare, denn das Reich braucht Dein Geld.“ Dieser Ruf geht an den psychologischen Bedingtheiten vorüber. Ich sehe hier eine neue schwere Gefahr für die natürliche Entwicklung des Wohnungs- und Siedlungsbaues. Denn andere Quellen für 1. Hypotheken stehen

---

[11] In dem „Reichsgesetz über das Kreditwesen“ vom 5.12.1934 (RGBl. 1934/I, S. 1203-1214) war die Rückzahlung von Spareinlagen ohne vorherige Kündigung bereits auf eine monatliche Auszahlungssumme von 300 RM begrenzt und der Erlass neuer Bestimmungen zu Kündigungsfristen angekündigt worden (ebd., § 23 (3)). Dieser erfolgte am 15.3.1935 durch das Aufsichtsamt für Kreditwesen, der die Kündigungsfristen für Spareinlagen zwischen 300 und 1.000 RM auf einen Monat, die für Spareinlagen über 1.000 RM auf 3 Monate festlegte (vgl. Keesings Archiv 1935, S. 1935).

[12] Das NS-Regime hatte sich mit dem „Gesetz über das Kreditwesen“ vom 5.12.1934 (s.o., Anmerkung 11) ein Instrument geschaffen, das dem Reich Zugriff auf Spareinlagen ermöglichte: Die Sparkassen wurden zur Haltung von 30%igen Liquiditätsreserven verpflichtet, die wiederum seit der Reichsbanknovelle vom Oktober 1933 auch aus Staatsanleihen bestehen konnten. Der Reichskommissar für das Bankwesen konnte Banken und Sparkassen ohne weiteres dazu veranlassen, Staatsanleihen als Liquiditätsreserven zu halten und damit den beginnenden Kaufkraftüberhang abzuschöpfen. Nach Krolls Berechnungen betrug die Reichsanleihe vom Februar 1935 über 8 Millionen RM, die vom September 1935 über 1 Milliarde RM; vgl. Kroll, Weltwirtschaftskrise, S. 596-603.

bei den außerordentlichen Ansprüchen des Reiches an den Kapitalmarkt nur sehr begrenzt zur Verfügung.

II

Soweit ich im vorstehenden offenbare Mangelerscheinungen festgestellt habe, sind die technischen Mittel erwähnt, die zur Verfügung stehen, um zunächst einmal wenigstens durch schnelles Handeln eine gewisse Abstellung der schwersten und unerträglichsten Auswirkungen zu erreichen. Ich habe aber bereits angedeutet, daß diese rein technischen Mittel nur vorübergehende Wirkung haben können und daß sie dauernden Verbreiterungen und Verschärfungen der Mangellage gegenüber immer wirkungsloser werden. Infolgedessen kann auch eine Preisüberwachung hier das Entscheidende nicht bewirken. Sie kann, wie ich immer wieder betonen muß, für eine gewisse Zeit eine gewisse soziale Ordnung ermöglichen. Schreitet die Mangelentwicklung fort, so nützen nach allen Erfahrungen vergangener Zeiten autoritäre Ordnungen auf die Dauer nicht mehr. Sie werden durch den primitiven Lebenswillen auf den verschiedensten, der Kontrolle sich entziehenden Wegen durchbrochen, und schließlich würden wir wieder bei der Erkenntnis landen, daß man nicht hinter jeden Menschen einen Schutzmann stellen kann. Im Handeln ist die Opferfähigkeit des Einzelnen und des Volkes bei richtiger Behandlung fast grenzenlos, im Dulden aber begrenzt.

1.) Die erste Wurzel der gegenwärtigen Schwierigkeiten ist die zu weit getriebene Marktordnung. Ich habe bereits darauf hingewiesen, daß sie ersetzt werden kann durch eine Steuerung der Produktion im Wege organischer Preisfestsetzung. Selbstverständlich kann eine solche organische Steuerung nicht von heute auf morgen wirksam werden. Sie beeinflußt nur die künftige Produktion in der richtigen Richtung. Im Augenblick wird aus der Marktordnung nur das irgendwie Entbehrliche herauszunehmen sein, bis die organischen Maßnahmen zu wirken beginnen. Ein freundlicher Schriftsteller des Reichsnährstandes hat mich jüngst in einen Gegensatz zum Führer zu bringen versucht. Ich sei der falsche Prophet, weil ich gegen die Planwirtschaft aufträte. Dieser ungewöhnlich erfahrene Mann mit sicherlich weit gereiften und in harter Verantwortung erprobten Kenntnissen hat mich gefragt, wo ich denn 1919 – 1931 gewesen wäre. Nun im Kampf gegen das Diktat von Versailles, gegen die staatliche Planwirtschaft und Feigheit des Staates vor dem Ausgleich seines öffentlichen Haushalts, den drei Ursachen, denen wir die Inflation von 1922/23 und die Schuldenpolitik von 1925/1929 zu verdanken haben. Hätte der Staat sich damals darauf beschränkt, zu tun, was ich mit einigen Worten noch darlegen werde, so wären diese Doppelunheile vermieden worden.

Der Führer und Reichskanzler hat in seiner großen Mai-Rede[13] vor dem Reichstag auf die gefährlichen Wirkungen der Planwirtschaft hingewiesen. Der Preis ist

---

13 Die außenpolitische Rede Hitlers vor dem Reichstag vom 21.5.1935 war eine Wiederholung der Friedensbeteuerungen vom Mai 1933. Den sowjetisch-französischen Beistandspakt, der

das natürliche Steuer für die wirtschaftliche Produktion und nicht eine Marktordnung, die zuviel regelt, zuviel organisiert und jedem Einzelnen vorschreiben möchte, was er tun soll, dadurch aber gerade die Selbstverantwortlichkeit aller Wirtschaftenden schwächt. Noch niemals in der Welt, in keinem Lande und zu keiner Zeit, ist es gelungen, durch Plan- und Verteilungswirtschaft die Erzeugung zu erhöhen. Darauf aber kommt es entschieden an. Auf die Dauer lassen sich die vitalen Instinkte des Menschen weder zurückhalten, noch mit Nutzen für die Allgemeinheit ausschalten.

Gewiß wirtschaftet jeder nach einem Plan. Ein Plan ist notwendig. Aber dieser jeder trägt auch die volle Verantwortung für Gelingen oder Mißlingen. Er hat den Gewinn oder den Schaden. Die Planung des Staates darf sich nie auf die Gängelung der Wirtschaft richten. Denn die Schäden seiner Fehler tragen andere. Die Planung des Staates muß sich beschränken auf die Rechtsordnung und die Ordnung des Verhältnisses zum Ausland; in beiden Ordnungen weist seine Politik der Wirtschaft die Hauptwege, auf denen sie ihre Funktion erfüllen kann. Durch Ordnung des Bankwesens und durch eiserne Sicherung des Ausgleichs seiner öffentlichen Etats gibt der Staat der Wirtschaft die Mittel, um sicher planen, investieren, disponieren und versorgen zu können. Das ist das Planen des Staates. Alles, was darüber hinausgeht, ist vom Übel. Diese Grenzen seiner Fähigkeiten muß er einhalten, sonst müssen die besten Lebenskräfte, Verantwortungsmut, Erfahrung und Können, verkümmern, weil sie kein Betätigungsfeld mehr haben. Dieser seelischen Vitamine bedarf der Mensch in gleicher Weise wie der physischen. Ein Volk, das im lauteren, aber freien Spiel der Kräfte arbeiten darf, schafft eine größere Summe von Arbeitsergebnissen, die zur Verteilung zur Verfügung stehen, als ein Volk, dessen Wirtschaften bis ins einzelne gegängelt wird. Das kaiserliche Deutschland, die Weimarer Republik, das bolschewistische Rußland, das demokratische Nordamerika, das faschistische Italien, sie alle, die sie diese Wege beschritten haben oder

---

knapp drei Wochen zuvor geschlossen worden war, charakterisierte er dort als völkerbundsrechtswidrig und polemisierte gegen „aggressive militärische Tendenzen der Sowjetunion". In diesem Zusammenhang stellte er Bolschewismus und Nationalsozialismus einander gegenüber und gelangte in wirtschaftsordnungspolitischer Hinsicht zu folgendem Ergebnis: „Wir Nationalsozialisten sehen im privaten Eigentum eine höhere Stufe der menschlichen Wirtschaftsentwicklung, die entsprechend den Unterschieden der Leistung die Verwaltung des Geleisteten regelt, die insgesamt aber für alle den Vorteil eines höheren Lebensstandards ermöglicht und garantiert. Der Bolschewismus vernichtet nicht nur das Privateigentum, sondern auch die private Initiative und die Verantwortungsfreudigkeit." (Rede vom 21.5.1935, abgedruckt in Schultheß 1935, S. 116). Entgegen der Interpretation Goerdelers hatte sich Hitler damit nicht gegen planwirtschaftliche Tendenzen ausgesprochen, sondern eher versucht, das ideologisch motivierte Abgrenzungsbedürfnis zur Sowjetunion auch in wirtschaftsordnungspolitischer Hinsicht zu befriedigen. (Vgl. hierzu auch Wolfram Wette: Das Rußlandbild in der NS-Propaganda. Ein Problemaufriß, in: Hans-Erich Volkmann (Hg): Das Rußlandbild im Dritten Reich, Weimar und Wien 1994, S. 55-78).

beschreiten, kommen zu der Erkenntnis, daß es Irrwege sind. Der schöpferische wirtschaftende Mensch, nach dem einst diese in Planungen verstrickte Welt schreien wird, tastet den Bedarf zielsicherer ab als eine immer auf fremdes Risiko wirtschaftende zentrale und bürokratische Stelle. Er ist, weil sein Leben davon abhängt, mit einer unbändigen Vitalität bemüht, die zur Deckung des Bedarfs notwendige Produktion zu schaffen. Nur die weitestgehende Durchsetzung der Erkenntnis, daß Leben Kampf ist, führt aus den Schwierigkeiten heraus zur Besserung und Gesundung. Der Freiherr vom Stein hat die organischen Kräfte erkannt, auf denen das Leben des Volkes und des Staates beruht, und er hat sie mit überwältigendem Erfolg zur Wirkung gebracht. Es gilt jetzt, die organischen Lebenskräfte, die Initiative, die Tatkraft und die Verantwortung, auch in der Wirtschaft freizumachen. Gerade darin, daß sie von 1917 bis zum Zusammenbruch 1930 dauernd gegängelt und unterdrückt wurden, liegt der entscheidende Fehler.

Die Marktordnung hat einen weiteren technischen Fehler, indem sie den Berufsständen Hoheitsbefugnisse überantwortet.[14] Die Berufsstände bleiben auch im neuen Reich Interessentenverbände. Also kann der wahre Ausgleich zwischen ihren Interessen und denen des gesamten Volkes nie in ihre Hand gelegt werden. Nur der Staat und seine Organe können einen gerechten Ausgleich schaffen.

2.) Die zweite Wurzel besteht in der Überlastung der Volkswirtschaft und der Zersplitterung der Verantwortung. Der Volkswirtschaft wird zugemutet, mehr auszugeben, als sie produziert. Das ist nur beschränkte Zeit vertretbar, nämlich solange die Möglichkeit besteht, diese Mehrausgabe aus Ersparnissen zu finanzieren. Wenn aber die Mehrausgaben größer sind als die Ersparnisse, werden die Ersparnisse allmählich aufgezehrt. Dann bleibt als letztes Mittel die Hoffnung, zukünftige Produktionssteigerung könne die jetzige Mehrausgabe wieder wettmachen. Dann muß dieser Mehrproduktion der Weg bereitet werden. Dazu gehört außer den oben geschilderten Maßnahmen grundsätzlicher Art, daß aus der Volkswirtschaft rücksichtslos alle unproduktiven Ausgaben entfernt werden, sofern es sich nicht um Ausgaben handelt, die zur Aufrechterhaltung der inneren Ordnung, zum Schutze des Staates auf einfachster Grundlage unerläßlich sind. Hierzu gehört z.B. das Sammeln von Statistiken, dazu noch gleicher Art, durch die verschiedensten Stellen zweifellos nicht. Es gilt, alle die Volkswirtschaft belastenden Überorganisationen zu beseitigen, klare Zuständigkeiten, klare Verantwortlichkeiten zu schaffen. Ich erlebe durchschnittlich täglich etwa 3 Fälle, die erkennen lassen,

14 Der Reichsnährstand war zwar formell eine Selbstverwaltungskörperschaft des öffentlichen Rechts, übte jedoch gleichzeitig Hoheitsfunktionen aus, die ihm eine behördenähnliche Stellung zuwiesen: Zwangsmitgliedschaft und Beitragserhebung durch die Finanzämter, Ordnungsstrafgewalt, eigene Gerichtsbarkeit und Dienstherrenfähigkeit sowie bindende Anordnungskompetenz zur Markt- und Preisregelung (vgl. Corni/Gies, Brot – Butter – Kanonen, S. 201 ff.). Die Stellung des Reichsnährstands als Instrument der Staatsverwaltung änderte sich zu Beginn des Zweiten Weltkriegs durch Eingliederung in das Reichsernährungsministerium (ebd., S. 210).

daß dieser Zustand nicht vorhanden ist. Sparsamkeit und Einfachheit werden von Tag zu Tag härteres Gebot, je mehr die Not im Volke zunimmt; und sie nimmt zu. Darüber ist ein Zweifel nicht gestattet. Die Kaufkraft ist aufs äußerste angespannt zur Sicherung der primitivsten Lebensbedürfnisse. Diese Einfachheit und Sparsamkeit muß sowohl durch die Lebenshaltung gehen wie durch den Staatshaushalt und durch seine Organisationen.

Eine Zersplitterung der Verantwortlichkeit bedeutet es, wenn in zunehmendem Maße Mittel- und Zentralinstanzen in die unteren Verantwortlichkeiten eingreifen. Sicheren Instinkt hierfür und gereifte Erfahrungen hierüber hat nur der, der an der Front einer Verwaltung gestanden hat. Es steht viel auf dem Spiel, auch hier Verantwortungsfreudigkeit und Tatkraft. Die große Gefahr, in die wir durch die Untergrabung dieser Eigenschaften sowohl in der staatlichen wie in der Selbstverwaltung geraten sind, wird sich erweisen, sobald wirtschaftliche und politische Schwierigkeiten von Bedeutung zu überwinden sind. Ich fürchte, daß dann mehr als nützlich von unten her Hilferufe nach oben ertönen werden. Der für das Leben eines großen Staates unentbehrliche Grundsatz, soviel Willen zum selbständigen Handeln sich unten betätigen zu lassen wie irgend erträglich, wird in steigendem Maße täglich verletzt. Welches Mißtrauen spricht z.B. aus der neuesten Anordnung, daß die neuen Kinderbeihilfen zwar von der Gemeindebehörde bearbeitet, aber nicht entschieden werden, daß diese Entscheidung vielmehr der Präsident des Finanzamtes zu treffen hat?[15] Es gibt einfachere und billigere Sicherungsmittel gegen Vergeudung von Reichsgeldern. Es ist ein Jammer, wie das große und edle Werk der Gemeindeordnung durch kleinliche Ausführungsbestimmungen seines erzieherischen und beispielgebenden Wirkens allmählich entkleidet wird.[16] Mit einer verblüffenden Ähnlichkeit wiederholt sich, was die Städteordnung des Freiherrn vom Stein durchmachen mußte. Wie gut sie wirken kann, ergibt die vorzügliche Grundlage, die sie geschaffen hat für ein Zusammenwirken zwischen öffentlicher Verwaltung und Partei. Durch Achtung der beiderseitigen Zuständigkeiten, wie sie in der Gemeindeordnung festgelegt sind, durch vertrauensvolle Zusammenarbeit, gegründet auf Hochachtung vor Anstand und Charakter, hat sich hier schon in mancher Gemeinde Vorbildliches entwickelt.

Ich fasse zusammen: Alle öffentlichen Hoheitsakte müssen bei den öffentlichen Verwaltungsstellen zusammengefaßt werden. Diese müssen untereinander ihre

---

15 Nach den „Durchführungsbestimmungen zur Verordnung über die Gewährung von Kinderbeihilfen an kinderreiche Familien" vom 26.9.1935 (RGBl. 1935/I, S. 1206-1214) mussten Anträge auf die Gewährung von Kinderbeihilfe nach wie vor bei den Gemeinden eingereicht werden. Anders als zuvor sollten die Gemeinden nun jedoch bei Befürwortung des Antrags diesen mit einem Gutachten über die erfüllten Voraussetzungen sowie einem Vorschlag zur Beihilfehöhe an die zuständigen Finanzämter weiterleiten, denen die letzte Entscheidung vorbehalten blieb (vgl. ebd., § 7 f.).

16 Vgl. zu Goerdelers Bewertung der DGO seine Stellungnahmen 1934/35; Dok. 1.3.6 ff., oben S. 121 ff.

Zuständigkeiten achten, sonst zerstört Schritt um Schritt das ungesunde zentralistische Prinzip die Fähigkeit zum selbständigen Handeln, den Mut zur Übernahme von Verantwortung. Auch in der Personalpolitik muß die Achtung vor der Leistung und dem Charakter durchgesetzt werden. Die Leistung muß praktisch bewiesen sein. Zwischen der Front der Verwaltung und zwischen den Zentralstellen muß ein dauernder Austausch von Kräften stattfinden. Der Generalstab der Verwaltung muß durch Fronterfahrung dauernd befähigt werden, sich nur mit Wesentlichem zu beschäftigen und praktisch zu handeln. Unserem im allgemeinen vorzüglichen Berufsbeamtentum täte auch ein Beweis herzhaften Vertrauens not.

Die Zahl der Gesetze, Verordnungen, Anordnungen und Regelungen bedarf einer Einschränkung. Man muß bedenken, daß der einfache Beamte draußen im Lande sie anwenden muß. Werden es zu viele, so kann er sie nicht mehr verdauen. Gesetze über das Rettungswesen, über Vergebung öffentlicher Aufträge, über Feuerlöschwesen und vieles mehr sind vollkommen entbehrlich.

3.) Die dritte zweifellos wirtschaftlich am stärksten erkennbare Wurzel der auftauchenden Schwierigkeiten ist die steigende Rohstoffknappheit, die sich in langsam fortschreitenden Preissteigerungen und Verengungen der Arbeitsmöglichkeiten auswirken muß. Diese Verengungen sind umso bedenklicher, als die eiserne Notwendigkeit, die Währung zu halten, zum Ausgleich der öffentlichen Etats ohne weitere Inanspruchnahme des Kapitalmarktes zwingt. Die Gemeinden sind diesem Zwange bereits voll unterworfen, was mit aller Klarheit aus dem Erlaß des Reichs- und Preuß. Innenministers vom 15. Juli 1935 hervorgeht.[17] Beim Reich muß sich dieser absolut unerbittliche Zwang in nächster Zeit umso schärfer bemerkbar machen, als ein erheblicher Teil der Mittel unproduktive Ausgaben sind, d.h. ihre Verzinsung und Tilgung nicht aus sich selbst herauswirtschaften, sondern sich von dem arbeitenden Volk herauswirtschaften lassen müssen. Dieser Zwang bedeutet aber eine ganz außerordentliche Verringerung der für öffentliche Aufträge zur Verfügung stehenden Mittel. Wirkung: Weitere Verengung der mit Geld zu schaffenden Arbeitsmöglichkeiten.

Um dieser Entwicklung, die geradezu unheimlich, unheilvoll und die Einheit des Volkes gefährdend heranmarschiert, zu begegnen, stehen nach meiner besten Überzeugung nur zwei Mittel zur Verfügung:

a) das erste besteht darin, die Wege für den Warenaustausch zwischen Deutschland und anderen Ländern wieder breit zu öffnen. Auf ihnen vermehren sich dann

---

[17] Nach der „Preußischen Verordnung zur Anpassung der Amtsordnung vom 8.10.1934 an die Vorschriften der Deutschen Gemeindeordnung“ vom 13.7.1935 legte der § 10 der neuen Amtsordnung als oberstes Ziel kommunaler Wirtschaftsführung fest, „unter Rücksichtnahme auf die Leistungsfähigkeit der amtsangehörigen Gemeinden und die wirtschaftlichen Kräfte der Abgabepflichtigen die Amtsfinanzen gesund zu erhalten“. Vgl. Werner Hoche (Hg.): Die Gesetzgebung des Kabinetts Hitlers. Die Gesetze in Reich und Preußen seit dem 30. Januar 1933 in systematischer Ordnung mit Sachverzeichnis, H. 14 (1.6.-15.8.1935), S. 63-73.

wieder der Absatz deutscher Waren und die Rückeinfuhr der von uns benötigten Rohstoffe. Die ganz natürlich einsetzende und fortschreitende Vermehrung der Arbeitsmöglichkeiten liegt auf der Hand.

b) Die zweite Möglichkeit besteht darin, sich mit der fortschreitenden Abschnürung Deutschlands vom Weltmarkt abzufinden. Dann müssen aber alle Konsequenzen gezogen werden. Dann ist es unerläßlich, die Zahl der gewerblich tätigen Menschen in Deutschland erheblich zu vermindern. Dann besteht der einzige Ausweg, ihnen Lebensmöglichkeiten zu sichern, darin, daß man sie auf heimischem Grund und Boden ansetzt und sich aus der letzten Kraftquelle der Natur, der Mutter Erde, ihren Lebensunterhalt selbst erarbeiten läßt. Das ist technisch selbstverständlich möglich, bedeutet aber, worüber vollkommene Klarheit herrschen muß, eine erhebliche Heruntersetzung des Lebensstandards. Der fränkische Bauer auf 14 – 18 preuß. Morgen Land arbeitet von Sonnenaufgang bis Sonnenuntergang und hat höchstens den Lebensstandard eines acht Stunden beschäftigten gewerblichen Arbeiters. Eine Mehrproduktion gegenüber dem jetzigen Zustande tritt nicht ein. Die in den Fabriken investierten Vermögen gehen verloren. Der Verdienst, den die Volkswirtschaft am Auslandsgeschäft erlangt, fällt fort. Mit diesem Weg ist eine Einschränkung der Lebenshaltung für alle verbunden. Jeder muß herunter. Überschüsse für große Kultur- und Verkehrsbauten und für sonstige Kulturaufgaben werden sich dann nur im kleinsten Maße aussparen lassen. Auch für Wehr und Rüstung werden die technischen und geldlichen Mittel nicht besonders reichlich zur Verfügung stehen. Denn mehr zu verbrauchen als das Produkt der Arbeit, ist einem Volke nie gestattet. Das Mittel des Schuldenmachens wird irgendwann einmal stumpf, nämlich da, wo die Sicherheit der Währung den Riegel vorschiebt. Es handelt sich also um die Frage, ob eine solche Neuordnung der gesamten Volkswirtschaft und des Lebens der Nation politisch durchzuhalten ist.

Ich persönlich bin der Ansicht, daß der erste Weg beschritten werden muß, weil er die größeren politischen Sicherheiten enthält. Er bedingt verschiedene Maßnahmen.

Für unser Verhältnis zum Ausland wird den Imponderabilien besondere Beachtung geschenkt werden müssen. Bismarck hielt das für unerläßlich. Ich glaube, daß wir die Möglichkeit, unser Haus allein nach unseren eigenen Wünschen einzurichten, bei der Enge und Verbundenheit europäischer Verhältnisse überschätzt haben. Wenn ich beispielsweise weiß, daß ehrenwerte, ihr Vaterland und Volk liebende Ausländer bedeutende Stellen im Logenwesen einnehmen, so werde ich nicht gerade in Ehrfurcht vor jedem deutschen Logenbruder ersterben, aber ich werde es auch nicht gerade für lebensnotwendig halten, den Logenangehörigen grundsätzlich volksfeindliche Ziele zu unterstellen und sie dementsprechend zu behandeln.[18] Ich sehe kaum eine greifbare Möglichkeit, mit dem Auslande in ein

[18] Das deutsche Freimaurertum war, trotz sehr unterschiedlicher Ausprägungen, generell dem Internationalismus-Vorwurf ausgeliefert und durch seinen Geheimbundcharakter eine Ziel-

erträgliches Verhältnis zu kommen, wenn wir nicht die Freiheit der Person und die Unantastbarkeit des Eigentums, ein Bollwerk gegen bolschewistische Verseuchung, vor solchen polizeilichen Eingriffen sicherstellen, die nicht vom Richter angeordnet oder mindestens sofort von ihm nachgeprüft werden. Die Gesetze, die die Grundlage für solche richterliche Akte bieten, mögen so scharf wie nötig sein. Aber die Grundlage ist unerläßlich.

Daraus ergibt sich von selbst auch die Notwendigkeit, das Judenproblem klar und auf einer an den Imponderabilien des Auslandes nicht vorübergehenden Grundlage zu lösen. Wer die Welt in seinem Lebenskampf ausnutzen will, kann diesen Kampf nicht unter einer Glocke führen, die ihn abschließt. Der Schaden, der bis jetzt schon in der deutschen Wirtschaft durch Kapitalverlust, gestörte Auslandsbeziehungen und verringerte Arbeitsmöglichkeiten eingetreten ist, dürfte sich bei näheren Feststellungen als bedeutend erweisen; er darf sich in Anbetracht unserer Gesamtlage nicht weiter vergrößern.

Auf dieser Grundlage halte ich es für verhältnismäßig leicht, zu einer die nationale Ehre und Freiheit vollkommen unangetastet lassenden offenen Aussprache mit den wesentlichen Kulturstaaten über wirtschaftliche Fragen zu kommen, insbesondere nachdem der Führer und Reichskanzler durch die Mai-Rede 1935 die Grundlage für eine solche Fühlungnahme vorbereitet und umrissen hat. Denn auch diese Staaten bedürfen der Ruhe und empfinden das. Ziel der Aussprache muß sein, den Warenverkehr schrittweise von den Hemmungen zu befreien, die

---

scheibe nationalsozialistischer Verschwörungstheorien. Die erst 1930 gegründeten Symbolischen und Schottischen Logen, die explizit demokratische und parlamentarische Tendenzen unterstützten, wurden nach der nationalsozialistischen Machtübernahme von ihren Großmeistern „eingeschläfert" und konnten so die Diktatur unbeschadet überstehen. Die humanitären Logen, die eher bürgerlich-konservativ geprägt waren, versuchten zunächst erfolglos, sich mit dem neuen Regime zu arrangieren. Um ihre nicht unbeträchtlichen Grundbesitz- und Vermögenswerte zu retten, wählten schließlich die meisten den Weg, ihren Logencharakter aufzugeben und sich in christlich-humanitäre Deckorganisationen – Sterbekassen, Krankenhäuser u.a. Stiftungen – umzuwandeln. Die altpreußischen Großlogen waren nationalistisch und monarchistisch, z.T. auch rassistisch geprägt. Ihre zahlreichen Anpassungs- und Interventionsversuche beim NS-Regime blieben dennoch erfolglos. Nachdem die „Große Loge von Preußen" ihr prominentestes Mitglied Hjalmar Schacht zu einer Aussprache mit Hitler im Mai 1935 gesandt hatte und Hitler bei seiner ablehnenden Haltung geblieben war, beschlossen die drei altpreußischen Großlogen im Juli ihre Selbstauflösung. Als letzten freimaurerischen Vereinigungen wurde schließlich nach der Selbstauflösung der altpreußischen Großlogen den beiden sächsischen Großlogen von Vertretern des RdI, der Gestapo und des SD die Selbstauflösung „nahegelegt". Die sächsischen Freimaurer folgten den Anweisungen, da ihnen unter diesen Umständen ein ordnungsgemäßes Liquidationsverfahren zugesichert worden war. Der Völkische Beobachter kommentierte, dass nun „den Wegbereitern einer jüdischen Weltpolitik das Handwerk gelegt" worden sei. Vgl. Helmut Neuberger: Freimaurerei und Nationalsozialismus. Die Verfolgung der deutschen Freimaurerei durch völkische Bewegung und Nationalsozialismus, Bd. 2, Hamburg1980.

ersten Schritte zur gegenseitigen Sicherung der Währungen festzulegen und uns das hierfür erforderliche Gold zu verschaffen. Es ist leider für den internationalen Warenverkehr unerläßlich. Alle Ersatzmaßnahmen durch Pläne, Verrechnungs- usw. -abkommen sind trotz ihrer Genialität dazu verurteilt, sich immer mehr festzufahren.[19] Das liegt in der oben geschilderten Natur der Planwirtschaft. Wenn wir diese Grundlage jetzt nicht schaffen, wo wir es mit einer geradezu fabelhaften moralischen Wirkung in der Welt noch tun können, so sehe ich eine weitere Gefahr. In Genf sind gewisse erste Verständigungen über den internationalen Warenverkehr angebahnt.[20] Die Vereinigten Staaten von Nordamerika haben ihre grundsätzliche Zustimmung gekabelt. Es kann sich eine Neuordnung des Warenaustausches in der Welt ohne uns entwickeln. Dann haben wir nur noch zwangsläufig und nicht mehr kraft freier Wahl den oben erwähnten zweiten Weg der Selbstgenügsamkeit.

Auch wenn die Entscheidung für den ersten Weg fällt, halte ich es für unerläßlich, Existenzsicherungen für das deutsche Volk einzubauen und zu diesem Zweck unter allen Umständen die Kleinsiedlung des gewerblichen Arbeiters zu forcieren, damit er krisenfester wird. Der außerdem erzielbare rassen- und nationalpolitische Gewinn gegenüber der Großstadt-Kaserne liegt auf der Hand.

Notwendig erscheint es mir, die Bevölkerung richtig zu unterrichten. WTB hat unter dem 14. Oktober folgenden Satz gebracht: „Nachdem Deutschland die Butterknappheit der letzten Wochen ... so gut wie völlig überwunden hat, kommen aus Österreich, Belgien, Estland usw.“ Am 16. Oktober teilte mir mein Kreishauptmann mit, daß seine Frau seit 48 Stunden keine Butter mehr bekommen hätte. Heute, wo ich diesen Bericht schreibe, liegt mir das Ergebnis einer Kontrolle vor, die ich durch Wohlfahrtspolizeibeamte und Fürsorgerinnen (Männer und Frauen) schlagartig habe durchführen lassen. Sie traten in Zivil als Käufer auf, Irreführungen

---

19 Unter dem „Neuen Plan“ vom September 1934 wurde die Maxime „Kaufe bei deinem Kunden“ zum Grundprinzip des deutschen Außenhandels erhoben. Während Clearing-Abkommen schon seit 1932 existiert hatten, bestimmten die Verrechnungsabkommen nicht nur die wertmäßige Verrechnung im Außenhandel, sondern bedeuteten aufgrund ihrer Koppelung mit Einfuhr- und Rohstoffüberwachungsstellen letztendlich eine Rückkehr zum Tauschhandel. Vgl. Volkmann, NS-Wirtschaft, S. 302 ff.

20 Nach dem Erlass des deutschen Wehrgesetzes am 16.3.1935 waren im Völkerbund Verhandlungen eingeleitet worden, in deren Verlauf die Bildung eines Sanktionsausschusses beschlossen wurde. Dessen Aufgabe sollte die Präzisierung wirtschaftlicher und finanzieller Sanktionen gegen Länder sein, die durch Aufkündigung internationaler Verpflichtungen die kollektive Sicherheit gefährdeten (vgl. Entschließungsentwurf vom 16.4.1935, in: Schultheß 1935, S. 489 ff.). Die ausgearbeiteten Maßnahmen wurden im Oktober 1935 gegen Italien eingesetzt, um dessen Krieg gegen Abessinien zu sanktionieren (ebd., S. 507 ff.). Da Deutschland bereits im Herbst 1933 aus dem Völkerbund ausgetreten war, stand es außerhalb dieser Sanktionsgemeinschaft, die die Mitgliedsstaaten in handelspolitischer Hinsicht enger zusammenschloss; darüber hinaus drohte die Bildung einer Sanktionsgemeinschaft, die sich direkt gegen Deutschland wandte.

sind daher so gut wie ausgeschlossen. In 442 von 533 kontrollierten Geschäften war überhaupt nicht ein Lot Butter vorhanden.

Angesichts einer solchen offenbaren Mangellage müssen Fehlmeldungen der oben erwähnten Art auf die Dauer das Vertrauen der Bevölkerung und damit die Autorität des Staates untergraben. Die unerschütterliche, aber auch unentbehrliche Grundlage solchen Vertrauens sind Wahrheit, Gerechtigkeit und Beispiel. Der deutsche Arbeiter ist, wie ich ihn kennen gelernt habe, wie der Soldat: Zu allem bereit, wenn mit Wahrheit und Klarheit gerade auch Schwierigkeiten dargestellt werden. Über die richtige Handhabung der Presse hinaus ist es dringend erwünscht, durch verständige Männer Betriebsführer und Gefolgschaft über die Zusammenhänge in der Wirtschaft richtig aufklären zu lassen. Verlangt die Lage Opfer und Entbehrung beim Arbeiter, so muß ihm diese Einfachheit vom Staate und allen seinen Organen jedenfalls vorgelebt werden, persönlich und in allen sachlichen Maßnahmen. Das Volk empfindet ganz genau, daß Luxus und Not nicht nebeneinander gehören. Auch im Bereiche der Wirtschaft sind hohe Gehälter, kleine Reallöhne nebeneinander nicht vertretbar. Diese Spannungen können zu nichts Gutem führen. Eine edle soziale Ordnung der ausgleichenden Gerechtigkeit muß bei aller Anerkennung des Leistungsgrundsatzes Platz greifen. Auch hierüber können im einzelnen Vorschläge leicht gemacht werden.

Gewissen und Instinkt, Vernunft und Erfahrung heißen mich so die Lage zu sehen und zu beurteilen. Die Preisüberwachung kann Teilerscheinungen ordnen. Die entscheidenden Maßnahmen liegen auf einer anderen Ebene oder bedürfen sehr viel und umfassenderer Vollmachten, als ich sie im Juli vorgeschlagen habe. Daß ich zu jedem Dienst für Volk und Vaterland genau so wie jeder andere zur Verfügung stehe, bedarf keines weiteren Wortes.
Leipzig, am 26. Oktober 1935.

## 3.7 Der Führergrundsatz in der Wirtschaft

*Artikel in: Die Bank. Wochenhefte für Finanz- und Bankwesen – Chronik der Wirtschaft, Jg. 28; H. 51/52 (21.12.1935), S. 1794-1799.*

Kampfcharakter des Wirtschaftslebens; Klassenkampf als fehlgeleiteter Wirtschaftskampf; Notwendigkeit von Führerpersönlichkeiten in arbeitsgeteilter Wirtschaft; Aufgabenabgrenzung zwischen Staat und Wirtschaftsführern.

Eines der lehrreichsten Beispiele für Voraussetzungen und Bedingtheiten der Führung liefert die Schlacht von Tannenberg im August 1914. Hindenburg und Ludendorff hatten den Plan für die Schlacht nicht nur in großen Zügen, sondern auch in Einzelheiten festgelegt. Die kommandierenden Generäle fast aller an der Schlacht beteiligten Korps und selbständigen Divisionen haben, zum Teil mehrfach, die ihnen gegebenen Befehle nicht oder wenigstens nicht zu der befohlenen Zeit ausgeführt, weil sie glaubten, sie nicht oder nicht mehr ausführen zu können, und überzeugt waren, durch Abweichung von dem gegebenen Befehl den Erfolg im ganzen nur um so sicherer zu stellen. Bei den großen Entfernungen und der Unzulänglichkeit der Nachrichten- und Befehlsübermittlung zu Beginn des Krieges war es ihnen nicht möglich, ihre Bedenken vor dem Entschluß zur eigenen Verantwortung dem Oberbefehlshaber vorzutragen und seine Genehmigung zur Änderung herbeizuführen. Sie handelten selbständig. Die Schlacht von Tannenberg ist, sowohl was die Länge der Zeit als auch was die Ausdehnung des Schlachtfeldes und die Größe des um die Russen gelegten Ringes betrifft, anders verlaufen, als Hindenburg und Ludendorff sie in den Einzelheiten geplant hatten. Aber im Ergebnis bleibt sie die vollendete Durchführung eines genialen Planes. So konnte es nur werden, weil die Unterführer den Mut zur selbständigen höchstverantwortlichen Entschlußfassung betätigten, zu dem sie in langer Friedensarbeit erzogen waren. So konnte es aber auch nur deshalb werden, weil der Oberbefehlshaber die Nerven nicht verlor, seinen Generalplan durchhielt, seinen Unterführern die Selbständigkeit des Handelns in bestimmten Grenzen ließ und entschlossen da rücksichtslos eingriff, wo die Sicherstellung des Erfolges und seine bessere Übersicht über das Ganze es verlangten.[1] Je schwerer die Aufgabe, um so notwendiger die feste Führung. Je größer die zu bewegenden und zu bannenden Kräfte, um so notwendiger die Elastizität der Führung.

Selbst die auf Befehl und Gehorsam aufgebaute, bis zum letzten Mann auf Exaktheit eingearbeitete Organisation des Heeres kann ihren höchsten Zweck nicht erfüllen, wenn sie nur Kadaver-Gehorsam beweist. Drill, der nur solchen Gehorsam erzieht, wäre das einfachste, weil ganz mechanische Verfahren. Selbst jene Organisation, die an Exaktheit von keiner anderen Organisation in der Welt übertroffen

---

[1] Nachdem die 8. Armee unter General Maximillian v. Prittwitz in der Schlacht bei Gumbinnen am 20.8.1914 empfindliche Verluste hatte hinnehmen müssen, wurde Paul v. Hindenburg neuer Oberbefehlshaber, unter dessen Oberkommando zwischen dem 25. und dem 28. August die zweite russische Armee vernichtend geschlagen wurde; am 28.8. wurden ¾ ihrer Kampftruppen zwischen Allenstein und Neidenburg eingekesselt und mussten sich ergeben. Die daraus resultierende Mythenbildung, die über Jahrzehnte transportiert wurde, hatte mehrere Dimensionen: Die Benennung als „Schlacht von Tannenberg“ auf Hindenburgs Vorschlag hin beschwor zeitgenössische Konnotationen an die Niederlage des Deutschen Ordens 1410 gegen Polen und Litauen bei Tannenberg – eine Vergeltung des ostpreußischen Traumas nach 504 Jahren. Die Überbewertung der einzig geglückten Einkreisungsschlacht des Ersten Weltkriegs verkannte oder verdrängte die Tatsache, dass sie zwar die Wende an der Ostfront brachte, jedoch keine Entscheidungsschlacht des Krieges war. Die nachhaltigste Mythenbildung im Gefolge der „Schlacht von Tannenberg“ wob sich jedoch um die Personen Hindenburgs und Ludendorffs: Sie waren fortan die Helden von Tannenberg, die Retter Ostpreußens, die strategischen Genies des Deutschen Reichs. Diese Stilisierung vollzog sich ungeachtet der Tatsache, dass die Generäle bei ihrem Eintreffen an der Ostfront nicht nur einen ausgearbeiteten Schlachtplan vorfanden, sondern sogar die deutschen Truppen bereits in Bewegung gesetzt worden waren. Vgl. Walter Rauscher: Hindenburg. Feldmarschall und Reichspräsident, Wien 1997, S. 28-53.

werden kann, in der der Grundsatz des Führens ein selbstverständlicher ist, in der das Aufgeben dieses Grundsatzes, wie in der Schlacht von Jena und Auerstädt im Jahre 1806, stets die Auflösung des Heeres und die Vernichtung des Staates einleiten muß, kann der Beratung im Kreise von sachverständigen und erfahrenen Männern, kann der sinnvollen Anwendung des gegebenen Befehls in großen Verhältnissen nicht entbehren.[2]

Was hat eine solche Feststellung mit dem Führergrundsatz in der Wirtschaft zu tun? Sehr viel! Wirtschaften heißt kämpfen. Ich betone das auch hier, weil diese Erkenntnis wahrhaft richtig ist, und weil ich es aus verschiedenen Gründen für wichtig halte, sie zu verbreiten. In unserer Zeit forgeschrittenster Spezialisierung und Arbeitsteilung haben wir vielfach den Kampf-Charakter des Lebens vergessen. Unser Leben vor dem Kriege verlief für alle Gruppen des Volkes in so sicheren Bahnen, daß wir uns ja auch dieses Kampfinhalts wirtschaftlicher Tätigkeit gar nicht bewußt wurden. Das, was an kämpferischem Geist vorhanden war, wurde fehlgeleitet in die Gedankengänge des Klassenkampfes. Heute sind jene Gedankengänge absurd, und die Entwicklung der nächsten Jahrzehnte wird ganz von selbst dafür sorgen, daß sie absurd bleiben. Das Leben wird an den einzelnen viel zu harte Anforderungen stellen, als daß er in der Lage und willens wäre, sich dazu noch einen Phantasiekampf zu ersinnen. Wirtschaften ist ja gerade die Tätigkeit, die darauf gerichtet ist, das physische Leben zu erhalten und zu verbessern. Nicht mehr, nicht weniger. Wir können es nur dadurch, daß wir der Natur und ihren Schätzen das abgewinnen, was wir zur Ernährung, zur Bekleidung und zur Behausung lebensnotwendig gebrauchen, wenn wir nicht physisch untergehen wollen. Jeder, auch der hochwertigste geistige Arbeiter, ist von dieser Arbeit an der Natur

---

2 Goerdelers Verweis auf den Sieg der napoleonischen Armee über die preußische bei Jena und Auerstedt 1806 spiegelt nicht zuletzt seine Bewunderung für die preußischen Reformer. Scharnhorst hatte bereits in einer Denkschrift vom April 1806 vergeblich eine Heeresreform angeregt, in der er auf die Bedeutung der Selbstverantwortung im militärischen Befehlsgefüge neben den traditionellen Tugenden von Ordnung und Disziplin verwies. Als Stabschef des Fürsten Hohenlohe erlebte Scharnhorst die Niederlage bei Jena im Oktober 1806: Nach der Verwundung des Fürsten versäumte es Friedrich Wilhelm II., selbst den Oberbefehl zu übernehmen oder ihn Scharnhorst zu übertragen, so dass die preußischen Truppen praktisch führerlos waren. Neben der mangelnden Führungskraft Friedrich Wilhelms II. hatten die Ereignisse auch das Fehlen selbständig arbeitender Untergebener offenbart. Vgl. auch das charakteristische Urteil des konservativen Historikers Ritter: „Sobald er [Friedrich der Große] die Augen schloß, wurde es deshalb verhängnisvoll für den preußischen Staat, dass er nur Kreaturen, nicht Mitarbeiter von schöpferischen Fähigkeiten hinterließ, die sein Lebenswerk organisch fortzubilden imstande gewesen wären; so wurde die Katastrophe von Jena fast unvermeidlich.“ (Gerhard Ritter: Friedrich der Große. Ein historisches Profil, unveränd. Nachdr. d. 3. Aufl. 1954, Königstein/Ts., S. 249) Vgl. zu den Schlachten bei Jena und Auerstedt James J. Sheehan: Der Ausklang des alten Reiches. Deutschland seit dem Ende des siebenjährigen Krieges bis zur gescheiterten Revolution. 1763 bis 1850, Berlin 1994, S. 198-225.

abhängig, wenn er nicht in kurzer Zeit vergehen will. Unsere Vorfahren vor 3.000 Jahren standen wohl alle noch vor der Notwenigkeit, um ihr physisches Dasein selbst zu ringen. Die Entwicklung der Technik und des Verkehrs hat die Arbeitsteilung ermöglicht und damit den Zweck des Wirtschaftens verdunkelt, das Leben zu erhalten und zu verbessern. Aber sie kann diesen Sinn der Wirtschaft niemals beseitigen, er ist ihre Lebenswurzel und ihr Lebenssaft. Arbeit an und in der Natur bedeutet aber ein Ringen mit den Kräften der Natur. Ob es sich im Rahmen einer friedlichen Ordnung vollzieht, ob es außerhalb einer solchen Ordnung vor sich geht, ein Ringen um Lebensraum und um Lebensmöglichkeiten, ein körperliches und geistiges Ringen, eine Arbeit in jedem Sinne ist unerläßlich. Und deshalb, weil es sich in der Wirtschaft wie im Wehrwesen des Volkes um die Betätigung derselben Lebenskräfte handelt, ist es nützlich, aus großen Beispielen körperhaften und anschaulichen Geschehens, wie es in höchster Steigerung des Willens nur der Krieg, der Vater aller Dinge, hervorbringen kann, auch klare Erkenntnisse für den wirtschaftlichen Kampf zu gewinnen.

### Führung und Gefolgschaft.

Die Kräfte im Wirtschaftskampf können nie so systematisch organisiert, durchgebildet und eingesetzt werden wie die Wehrkräfte des Volkes. Das liegt darin begründet, daß im Wehrwesen die Funktionsteilung (Arbeitsteilung) noch nicht so weit vorgeschritten ist wie im Wirtschaftswesen. Größere Schritte in dieser Richtung sind zwar gemacht. Schon sind am Horizonte auch die gleichen Probleme aufgetreten, wie sie in der Wirtschaft schon lange bekannt waren, insbesondere das Problem des Verhältnisses der geistigen Führung zur physischen Ausführung. Je stärker Führung und Geführte in jedem Augenblick des Kampfes zusammenwirken, um so problemloser wird dieser Kampf. Je mehr die Entwicklung der Verkehrs- und Nachrichtenmittel das Kampffeld sich ausdehnen läßt, um so mehr wird dieses Verhältnis auch im Wehrwesen zu einem Problem. Aber noch ist im Wehrwesen jene Bindung nicht so weit gelockert wie im Wirtschaftswesen, noch kann daher das Wehrwesen als die vollendetste Zusammenfassung der Kräfte unter einen Führerwillen gelten. Wie die Wehr bedarf die arbeitsgeteilte Wirtschaft der Führer, die zu gemeinsamem Wirken leiten. Wer allein das Risiko für den Erfolg trägt, ist sein eigener Führer. Die Verantwortung wächst mit der Zahl der anvertrauten Menschen und der Größe des anvertrauten Kapitals, das ja selbst nur Arbeitsergebnis ist.

Ohne Führer ist arbeitsgeteilte Wirtschaft nicht denkbar. ohne sie ist Chaos oder allenfalls der primitive Zustand, in dem jeder allein sich alle Lebensbedürfnisse zu erarbeiten versucht. Ohne Führer hört die Möglichkeit auf, die verschiedenartigen Leistungsfähigkeiten der Menschen auszunutzen zum Besten ihrer selbst und aller. Das Volk, das nicht für sein Wirtschaftswesen, ebenso wie für sein Wehrwesen, Führerpersönlichkeiten bildet, heraushebt und ihnen folgt, ist im Lebenskampf verloren. Der deutsche Arbeiter und Angestellte weiß das viel klarer und viel besser als viele Menschen mit höherer Schulbildung. Der Arbeiter, der einen Teil des Kraftwagens herstellt, weiß ganz genau, daß ohne Führung in der Werkstatt dieser Teil sich nicht einem sinnvollen Ganzen einfügen kann. Er weiß, daß ohne eine der Zeit vorauseilende geistige Führung des Gesamtbetriebes vielleicht schon im nächsten Monat keine Aufträge vorliegen, die ihm die Weiterarbeit ermöglichen. Er begreift daher auch, daß das Interesse des Führers seines Betriebes mit seinem eigenen weitestgehend gleichgerichtet ist. Von der Seite des deutschen Arbeiters und Angestellten droht dem Führergedanken keine Gefahr, wenn der deutsche Wirtschaftsführer seine Aufgabe erkennt und seinen Gefolgsleuten einen offenen und ihnen verständlichen Einblick in den Stand des Unternehmens, in die Möglichkeiten der Entwicklung, in die Arbeit, die er selbst führend leistet, eröffnet, wenn er gerecht ist und nach besten Kräften für sie sorgt. Selbst im bolschewistischen Rußland ertönt immer häufiger der Ruf nach Persönlichkeiten. Ohne solche geistig schaffenden Persönlichkeiten, die die unendlich vielfachen Vorgänge arbeitsgeteilten Wirtschaftslebens zusammenfassen, neu gliedern, neue Märkte erobern, ist eben eine Entwicklung höherer Lebenshaltung auch für den Arbeiter ganz undenkbar. Und wie gerade für den deutschen Arbeiter, der jetzt weiß, daß sein Vaterland zu eng und zu arm an Rohstoffen ist, um – auch in Ersatzform – alle jene Produkte zu liefern, die wir benötigen![3] Nein, hier ist keine Besorgnis für den Führergrundsatz.

Aufgespaltene Führung.

Gewiß treffen die Wirkungen fehlerhafter Wirtschaftsführungen ebenso auch das Ganze, wie die falscher militärischer Maßnahmen. Deshalb wird der Staatsmann beiden begegnen und Wirtschaft wie Wehr am Zügel halten. Aber der Staat muß sich klar sein, daß im Wirtschaftskampf der andauernde Lebenswille wirkt, im Krieg nur ein außerordentlicher. Im Wirtschaftskampf kann der Staat daher nichts Weiseres tun, als diesen Willen sich unter verantwortlichen Führern auswirken zu lassen. Er kann es ruhig, da dieser Wille darauf gerichtet ist, zu erhalten und zu verbessern. Notwendig ist, daß die Wichtigkeit der Führung in der Wirtschaft durch einzelne Persönlichkeiten in immer vollendeterem Maße vom Staat und den Organen der Wirtschaft selbst wahrhaft geachtet wird. Ein Krieg, in dem von einer Stelle aus die Bewegungen jedes Geschützes, jeder kleinen Truppeneinheit befohlen werden würden, ist undenkbar. Er würde verhängnisvoll enden. Ein Wirtschaftskampf unterliegt dieser Beschränkung in der Handhabung der zentralen Führung in noch viel höherem Maße. Im Wirtschaftskampf kommt es noch mehr als unter kriegerischen Kraftentwicklungen darauf an, daß der einzelne die richtige Stellung im Kampfe ohne Befehl bezieht und die richtige Bewegung selbständig vornimmt. Nicht sinnlos selbständig, nicht so, daß er nicht beobachtet, was rechts und links,

[3] Vgl. zur deutschen Rohstoffknappheit und Ersatzstoffproduktion Goerdelers Denkschrift zur Rohstoff-, Devisen- und Währungslage vom September 1936; Dok. 3.8, unten S. 411 ff.

was vor und hinter ihm geschieht, sondern unter richtiger Auswertung aller dieser Vorgänge, aber doch selbständig betrachtend, ordnend und handelnd. Es kommt darauf an, die Verantwortung für die bestmögliche Deckung des bestgeleiteten und besterkannten Bedarfs möglichst vielen selbständigen Führern zu überlassen. Diese werden sich in ihren Vorzügen und in ihren Schwächen ausgleichen. Hier wird an einem Punkte des großen Kampffeldes ein Teilgefecht verlorengehen, auf anderem wird es gewonnen. Aus der Summe der gewonnenen Gefechte wird der Staat den größten Nutzen für das Volk erwachsen sehen, die größte Sicherheit gegen Not, gegen Entbehrung und für eine Besserung der Lebenshaltung. Es wäre ja eine Verneinung des Kampfcharakters der Wirtschaft, wirtschaftliches Geschehen ausgleichend manövrieren zu wollen. Dauernder Ausgleich schläfert den sicher arbeitenden Instinkt des Menschen ein, für eine vielleicht schlechter werdende Zukunft vorzubauen. Streben nach ewigem Ausgleich und Gleichmaß würde die Wirtschaft führer- und reservelos machen, denn nur am Risiko-Gedanken des Kampfes wächst der Führer und wächst der Wille der Geführten, sich zu wehren und zu kämpfen.

Dem Kampf gebührt die Regel. Dem Wirtschaftskampf in der friedlichen Form des Ringens um die Existenz gebührt sie in einer gesicherten und für heilig gehaltenen Ordnung. Ordnung schafft Recht und Sicherheit. Sie verbürge Treu und Glauben, sie fördere den Anstand und banne die Schlechtigkeit! Sie regelt in diesem Rahmen die Beziehungen des Volkes zu anderen Völkern. Sie zu schaffen, ist die Aufgabe des Oberbefehlshabers Staat im Wirtschaftskampf. In dieser Ordnung sollen die Führer der Wirtschaft schöpferisch und selbständig wirken, um die Lebenskräfte des Volkes zusammenzufassen, die Bedürfnisse zu befriedigen, Arbeits- und Lebensmöglichkeiten zu verbessern. Dieser Erkenntnis müssen sich auch die Organisationen der Wirtschaft fügen. Wenn in der militärischen Zusammenfassung der Kräfte der Wille bereits Grenzen findet, wenn es für die Erreichung des höheren Zweckes sich dort schon als nützlicher erwiesen hat, bei der Anwendung des Planes der höheren Führung die im Augenblick gegebenen örtlichen Verhältnisse sinnvoll zu berücksichtigen, um wieviel mehr muß dies dann in den durch Arbeitsteilung schon gelockerten Verhältnissen des Wirtschaftslebens gelten! Führen in der Wirtschaft kann daher nicht darin bestehen, von einer Zentrale aus zu befehlen. Nein! Die Organisationen müssen die Grenzen achten, die durch die Verantwortung im Lebenskampf gezogen sind. Wer seine Haut nicht zu Markte trägt, soll hier nicht mehr befehlen! Er darf nur seine guten Dienste zum Ordnen zur Verfügung stellen.

Der Wehrführer hat die Pflicht, unnötige Verluste zu vermeiden. Dem Wirtschaftsführer liegt die Erhaltung des ihm anvertrauten Kapitals und der ihm anvertrauten lebendigen Arbeitskräfte ob. Wer nur sich selbst führt, der mag sich selbst vernichten. Wer anderer Kräfte führt, der darf sie nicht aufs Spiel setzen. Bankführung bedeutet auch die Verpflichtung, Kredite abzulehnen, deren wirtschaftlicher Sinn oder deren Sicherheit bedenklich ist, selbst wenn sie noch so dringend gefordert werden. Was die Führung fremden Gesellschaftskapitals betrifft, so habe ich sehr wenig Kapitalvertreter kennen gelernt, die nicht bereit wären, einer tüchtigen, sachkundigen Führung zu folgen. Es liegt ja in ihrem eigensten Interesse, es zu tun, denn unter solcher Führung winkt ihnen größerer Erfolg als unter einer schwachen und unerfahrenen. Alles treibt sie daher in die Richtung, mit einem guten Führer zu gehen. Deswegen braucht der Staat bei der Ordnung des Rechts nicht zu fürchten, daß die Führerstellung eines Betreuers fremden Kapitals je zu schwach sein könne. Sie ist genau so stark, wie der Mann ist. Ob er auf Zustimmungen angewiesen ist oder nicht, ist vollkommen gleichgültig. Deswegen darf der Staat das Hauptaugenmerk darauf richten, das Vertrauen der Sparer und Kapitalisten in die Führung zu sichern, indem er sie vor Willkürlichkeiten der Führung schützt und ihr Interesse wachhält. Das ist der entscheidende Gesichtspunkt, mit dem der Staat seine ordnende und überragende Stellung in diesem Gefechtsfelde des Wirtschaftskampfes zu beziehen hat. Jeder wahre Wirtschaftsführer wird seine Berater zu Worte kommen lassen: er wird es als nützlich erachten, wenn die Meinungen sich ausgleichen, und Gelegenheit dazu geben. Er wird es ablehnen, die Rente des ihm anvertrauten Kapitals allein bestimmen zu wollen. Er wird aus Sauberkeitsgefühl entschiedenen Wert darauf legen, sich seine Aufsicht nicht selbst zu setzen. Denn er weiß, daß er im einzelnen wie im ganzen, in der Gegenwart wie in der Zukunft des Vertrauens der Sparer und Kapitalbesitzer bedarf. Alle gegenteiligen Regelungen würden eine rein schematische und äußerliche Anwendung des Führergrundsatzes um des Namens und nicht um des Inhalts willen bedeuten. Gesetzlich geschaffene Diktatoren in der Wirtschaft sind gefährlich, weil sie die Energien schwächen und nicht stärken.

Ein Letzes bleibt über den Führergrundsatz in der Wirtschaft zu sagen: Die Führung muß sich gebunden fühlen an die Gemeinschaft im Betriebe und im Volke. Keine Phrase, keine unechte Haltung! Die Seele des deutschen Menschen verlangt nicht ein fortwährendes Arm-in-Arm, sondern nur Gerechtigkeit, Anstand, Beispiel. Sie erwartet, daß der Führer in guten Zeiten seine Gefolgschaft an dem Erfolg teilnehmen läßt und in schlechten Durchhalten und Anspruchslosigkeit ihnen vorlebt. Das meine ich sehr ernst, denn es steht uns noch viel Kampf bevor. Wir werden ihn mit Sicherheit bestehen, wenn wir alle uns nichts vormachen, wenn wir das ABC, die einfachsten Naturgesetze der Wirtschaft, nicht vergessen, wenn wir uns von allen bequemen Illusionen fernhalten, und wenn wir das Einmaleins der Wirtschaft beachten, daß niemand ohne Schaden für sich und die Allgemeinheit mehr ausgeben darf, als er einnimmt oder besitzt oder, wenn geliehen, mit Sicherheit zurückerstatten kann. In lauterer Charakterfestigkeit muß der Führergrundsatz in der deutschen Wirtschaft seinen Höhepunkt finden. Dann wird er Leben erhalten, gestalten und fördern. Das ist seine Aufgabe.

## 3.8 *Denkschrift zur Rohstoff-, Devisen- und Währungslage*

*maschinenschriftliche Denkschrift vom 17.9.1936; BAK, N 1113, Bd. 12.*[1]
Beurteilung anderer Gutachten zur Rohstoff-, Devisen- und Währungslage: Ablehnung des Wagemann-Plans und des Krogmann-Plans; positive Bewertung des Trendelenburg-Gutachtens. Beurteilung der deutschen Ersatzstoffproduktion: Produktion von Ersatzstoffen ist nur sinnvoll, wenn Raubbau, erhöhte Produktionskosten und qualitative Warenverschlechterung vermieden werden können; sowohl Treibstoff-, als auch Kautschuk-, Fett- und Textilersatzproduktion ist in Deutschland unrentabel. Notwendige Maßnahmen: Sicherung des Reichshaushalts, Verlangsamung der Aufrüstung, Währungsangleichung in Einvernehmen mit dem Ausland; Getreideimport und Devisenbereitstellung zur Fettversorgung; Lockerung der Milch- und Fleischbewirtschaftung; Deviseneinschränkung für die gewerbliche Wirtschaft. Finanzierungsplan zur Durchführung der vorgeschlagenen Maßnahmen.

Leipzig, am 17. September 1936

Herrn
Ministerpräsident
Generaloberst Göring
Berlin W 8

Sehr geehrter Herr Ministerpräsident und Generaloberst!
im Anschluß an mein Schreiben vom 31.8.1936[2] übersende ich in der Anlage meine endgültige Stellungnahme. Ich bedaure lebhaft, daß sie so lang und so ernst geworden ist. Aber wenn Sie das Vertrauen zu mir hatten, mir eine Frage zu stellen, so war es meine Pflicht, diese Frage so zu beantworten, wie mir Wissen, Erfahrung und Gewissen es vorschreiben. Die Lage ist viel ernster, als sie den vielen oberflächlich dahinlebenden, auch sogenannten gebildeten Menschen erscheint. Aus meinem Berufe heraus habe ich eine ständige natürliche Fühlungnahme mit Menschen aus allen Berufen, mit Betriebsführern und Arbeitern; langsam wächst

[1] Die Akten des Beauftragten für den Vierjahresplan, in dessen Beständen sich die vorliegende Denkschrift befunden haben müsste, sind bei Kriegsende fast völlig vernichtet worden. Aus diesem Grund muss Goerdelers Gutachten nach seinem Nachlass zitiert werden. Im Privatbesitz der Familie Goerdeler befindet sich ein von Goerdeler handschriftlich korrigiertes Exemplar der Denkschrift, das jedoch keine inhaltlich relevanten Abweichungen aufweist. Zu den Entstehungshintergründen s.u., Anmerkung 39.

[2] Am 31.8.1936 sandte Goerdeler seine vorläufige Stellungnahme zur Devisen-, Rohstoff- und Währungslage an Göring. Dem Aufbau nach entsprach sie der vorliegenden Denkschrift, allerdings war sie mit einem Umfang von 17 Seiten wesentlich kürzer. Auch die vorläufige Stellungnahme ist in den Akten des Beauftragten für den Vierjahresplan nicht erhalten; das einzige Exemplar befindet sich im Privatbesitz der Familie Goerdeler.

die Zahl derjenigen, die mir darlegen, daß sie nicht weiter können: Der eine aus Rohstoffnot; der andere, weil der Lohn den steigenden Preisen nicht standhält, ja durch die Arbeitszeitkürzung sinkt; der kleine Kaufmann und Handwerker, weil der Umsatz in den täglichen Bedarfsgütern zurückgeht. Diese Tatsache ist bedenklich, aber noch nicht ernst; ernster ist, daß Mangel an Rohstoffen und Kürzung der Lebenshaltung immer weiter fortschreiten und schließlich die Grenze des menschlich Tragbaren überschreiten müssen, wenn nicht die Maßnahmen ergriffen werden, die allein Erfolg versprechen. Ich bitte, nicht als Anmaßung zu betrachten, was nur Anwendung harter Naturgesetze ist.

Meine Stellungnahme ist getragen von dem heißen Wunsche, unserem Volke und unserem Vaterlande zu dienen. Sie beruht auf Erfahrungen und Erkenntnissen, die ich mir in harter Arbeit erkämpft habe, die ich, aus dem Kriege zurückgekehrt, überall anwandte, und die sich stets als richtig erwiesen haben. Die Vorschläge, die sich hieraus ergeben, führen mit Gottes Hilfe noch rechtzeitig zur vollen Gesundung auf allen Gebieten.

Heil Hitler!

Goerdeler

Ihr ergebener

Anlage

Auf Wunsch des Herrn Ministerpräsidenten Generaloberst Göring, mir mitgeteilt durch Schreiben vom 7.8.1936[3] – St.M.Dev.79 gRs. – nehme ich zu den durch die Devisen-, Rohstoff- und Währungslage aufgeworfenen Fragen Stellung. Entsprechend dem mir von Staatsrat Neumann mit Schreiben vom 12.8.1936[4] übermittelten Wunsche ist meine Stellungnahme mit praktischen Vorschlägen für die zu ergreifenden Maßnahmen verbunden.

Ich habe in dieser Angelegenheit bereits eine vorläufige Stellungnahme überreicht.[5] Ich greife auf sie der Einfachheit halber hier nicht zurück.

*A. Vorbemerkung:*

Kennzeichen der gegenwärtigen Lage ist eine Rohstoff- und Devisenknappheit, die sich nunmehr in ständig fortschreitenden Arbeitseinschränkungen und Betriebsstillegungen zu äußern beginnt. Ich habe mir erlaubt, in meinem Bericht an den

---

3 Das Schreiben Görings an Goerdeler ist in den Akten nicht erhalten.

4 Erich Neumann, Ministerialdirektor im preußischen Staatsministerium, leitete dort seit Ende 1935 in Görings Auftrag eine wirtschaftspolitische Arbeitsgruppe, deren Aufgabe die Beobachtung und Beurteilung der deutschen Wirtschaftslage war. Innerhalb der Organisation des Vierjahresplans war Neumann später Geschäftsgruppenleiter der Gruppe Devisenangelegenheiten und darüber hinaus für die Koordinierung der einzelnen Geschäftsgruppen verantwortlich (vgl. Petzina, Autarkiepolitik, S. 61). Das Schreiben Neumanns ist in den Akten nicht erhalten.

5 S.o., Anmerkung 2.

Führer und Reichskanzler vom 26.10.1935 auf diese Entwicklung hinzuweisen.[6] Ich erwähne letzteres hier nur deshalb, weil ich auffallend vielen Männern gerade der Wirtschaft begegne, die mit einem Male so tun, als ob sie vollkommen erstaunt seien. Jeder aus unserer Generation, der sich mit so viel Erfahrungen hat vollsaugen können, wie es mit mir doch auch vielen anderen beschieden war, konnte die Entwicklung vorausbestimmen. Denn sie folgt ewigen Gesetzen. Sie geht auch weiter nach diesen Gesetzen. Sie muß zu einer vollkommenen Verödung der Wirtschaft führen mit allen Folgen umfassender Arbeitslosigkeit, schlechter Waren, versuchter Zwangswirtschaft, höchster wirtschaftlicher und politischer Spannungen.

Helfen kann nur die richtige Erkenntnis der Ursache. Denn nur, wenn sie richtig erkannt ist, steht die Heilmethode fest, genau so, wie bei jeder physischen Krankheit. Ich muß daher leider sehr eingehende Darlegungen machen, damit die vollkommene Möglichkeit besteht, die Richtigkeit meiner Auffassung nach jeder Richtung nachzuprüfen, und damit keinerlei Unklarheiten möglich sind. Denn es steht alles auf dem Spiele.

Jede Diagnose und jede Heilmethode hat die Tatsachen zu berücksichtigen, die von der Natur gesetzt sind. Sie sind da, und die aus ihnen sich ergebenden Gesetze sind unabänderlich. Der Mensch hat mit seiner Geburt den Willen empfangen, der Natur abzugewinnen, was er zur Erhaltung des Lebens braucht. Kein Mensch wird geboren mit dem Willen, zu sterben. Die Erhaltung des Lebens ist von bestimmten physischen Bedingungen abhängig. Sie schafft sich der Mensch. Um sie sich zu schaffen, muß er sich mit der Natur und ihren Kräften auseinandersetzen. Das gilt heute noch genau so wie vor Tausenden von Jahren, als der Mensch sich Nahrung und Kleidung durch Jagd im Kampf mit wilden Tieren, wilden Elementen und anderen Gewalten der Natur erobern mußte. Nur ist dieser Vorgang heute durch die Tatsache der Arbeitsteilung, diese wieder bedingt durch die Maschine, dem Auge verdeckt. Aber sie hat sich im Grunde nicht geändert. Auch der Meister, der Ingenieur, der heute eine hochwertige Turbine herstellt, muß sich bei dieser Arbeit immer wieder mit den Stoffen, die die Natur liefert, mit den in ihnen wohnenden Kräften, mit den Gesetzen, nach denen sich diese Kräfte entwickeln und aneinanderreihen, auseinandersetzen. Kampf ist das Leben auch heute geblieben! Kampf bleibt es immer! Ja, der Kampf wird in Wahrheit immer härter, je stärker sich die Zahl der Menschen vermehrt und je mehr Menschen daher an die von der Natur uns gegebenen Stoffe und Kräfte herandrängen.

Der Wille zum Leben arbeitet in allen Betätigungen eines Volkes, in seiner Wirtschaft, in seiner Kultur, in seiner Politik. Diese Betätigungen sind nicht verschieden, sondern sie gehen auf dieselbe Wurzel zurück. Es ist notwendig, daß alle Kräfteäußerungen eines Volkes sich der Tatsachen, der Naturkräfte, ihrer Gesetze und der sich daraus ergebenden Möglichkeiten bewußt bleiben. Niemals

6 Vgl. Goerdelers Denkschrift zur wirtschaftlichen Lage vom Oktober 1935; Dok. 3.6, oben S. 387 ff.

kann entgegen diesen Tatsachen und diesen Gesetzen etwas allein durch den Willen geschaffen werden. Menschen kann man mit dem Willen beeinflussen, einzelne bis zur Selbstaufgabe; die große Masse bis zur Grenze des menschlich Tragbaren. Die Natur und die von ihr gesetzten Tatsachen aber kann man mit dem Willen nicht beeinflussen. Ich muß dies hier deshalb hervorheben, weil ganz natürlicherweise die Gefahr besteht, daß die in der Gegenwart entwickelten ungeheuren Energien danach drängen, auch an die kühnsten Probleme und an die gewagtesten Lösungsmöglichkeiten heranzugehen. Jedes Maß von Kühnheit ist gestattet, nur muß es sich im Rahmen des überhaupt naturgesetzlich Möglichen halten. Der Ingenieur kann in einem bisher noch nie dagewesenen Schwunge eine Brücke über einen Abgrund spannen, aber ohne irgendein Widerlager auf beiden Seiten des Abgrundes kommt er nicht aus. An diese Tatsache und die daraus sich ergebenden Gesetze muß er sich halten, wie gewagt auch sonst seine Konstruktion sein möge. Es kommt m.E. alles darauf an, dies klar zu erkennen. Denn, wie sich aus meinen folgenden Ausführungen ergeben wird, das Verlassen dieser Erkenntnis ist die Ursache unserer Lage, und nur die Wiedergewinnung dieser Erkenntnis kann sie dauernd bessern und uns allmählich zu Macht und Wohlstand führen.

*B. Zur Denkschrift über das Problem der deutschen Außenwirtschaft*
– gez. Berlin, 21.7.1936, E.W. –[7]

Verfasser schlägt vor, an Stelle des Neuen Planes, den ich den Schacht-Plan nennen möchte, seinen E.W.-Plan zu setzen. Er lehnt den Krogmann-Plan[8] ab (Bl. 30).

---

7 Laut eines Schreibens Görings an Schacht vom 22.8.1937 hatte Ernst Wagemann auf seine Veranlassung eine Denkschrift über die deutsche Außenwirtschaft, verfasst, auf die sich Goerdeler hier wohl bezieht (Schreiben abgedruckt in: Der Prozeß gegen die Hauptkriegsverbrecher vor dem Internationalen Militärgerichtshof, Bd. XXXVI, Nürnberg 1949, Dokument 493-EC, S. 554). Wagemann, Jahrgang 1884, promovierter Nationalökonom und seit 1919 Professor an der Universität Berlin, war zwischen 1923 und 1933 Präsident des Statistischen Reichsamts. Das von ihm 1925 gegründete Institut für Konjunkturforschung (heute Deutsches Institut für Wirtschaftsforschung) leitete er 1925–1945. Die Denkschrift Wagemanns ist in den Akten nicht erhalten. Vgl. auch Albert Wissler: Ernst Wagemann. Begründer der empirischen Konjunkturforschung in Deutschland, Berlin 1954.

8 Carl Vincent Krogmann, von Gauleiter Kaufmann im März 1933 als Hamburger Bürgermeister eingesetzt, war ursprünglich Reeder und Überseekaufmann in Hamburg. In seinem neuen Amt setzte er sich insbesondere für die Förderung des Außenhandels und der Schifffahrt ein. Aufgrund seiner engen Verbindung zu Wilhelm Keppler (zu Keppler s.u., Anmerkung 18) und seines Amtes als Oberbürgermeister der wichtigsten deutschen Handelsstadt war er im Sommer 1934 und im Frühjahr 1936 an den Diskussionen über die deutsche Wirtschafts- und Handelspolitik beteiligt. Im März und April 1934 hatte er sich mit Goerdeler und dem regierenden Bürgermeister von Bremen, Markert, getroffen und mit ihnen über mögliche gemeinsame Schritte in Berlin beraten. Man hatte sich auf die Notwendigkeit der Exportförderung geeinigt und auf den „Krogmannplan" als Möglichkeit verwiesen. Dieser nach der Bankenkrise 1931 entstandene Plan sah vor, den Export prinzipiell frei-

Der E.W.-Plan aber ist der Krogmann-Plan, nur nicht mit freiem Devisenverkehr, sondern mit kontrolliertem. E.W. will den Exporteur frei schalten lassen. Sicherlich ein außerordentlicher Vorteil gegenüber dem bisherigen System der bürokratischen Gängelung des Exporteurs durch die Überwachungs- und andere Stellen.[9] Der Exporteur soll nur gezwungen sein, die Devisen aus dem Exportgeschäft abzuliefern; er erhält ein Aufgeld, also für das englische Pfund nicht 12,40 RM, sondern, sagen wir beispielsweise 18,- RM. Er erhält durch dies Aufgeld für die von ihm exportierte Ware einen Preis, der über dem im Ausland erzielten Weltmarktpreis liegt. Er ist somit imstande, die hohen Inlandsproduktionskosten aus dem Erlös der Devisen zu decken. Die Reichsbank oder die von ihr bestimmte Stelle verkauft die so gewonnen Devisen an den Importeur wieder mit einem Aufgeld; denn sie darf natürlich keinen Verlust haben. Die importierten Waren werden also entsprechend teurer. Diese Verteuerung nimmt der E.W.-Plan in Kauf, indem er davon ausgeht, daß schon der Schacht-Plan zu einer gewissen Verteuerung der Importe führe, daß in unserer Wirtschaft mit einem Produktionswert von rd. 48 Milliarden nur etwa 10% Importwerte steckten und daß daher diese Verteuerung nicht wesentlich ins Gewicht fallen könne. Der E.W.-Plan ist sich aber darüber klar, daß der Import gelenkt werden muß, damit möglichst viel Lebensnotwendiges eingeführt, Überflüssiges nicht eingeführt wird. Denn natürlich wäre es unerträglich, wenn die durch den freien Export gewonnenen Devisen zur Einfuhr von Sekt, Tabak, hochwertigen Früchten usw. verwendet würden, während wir Mineralöl, Erze, Wolle, Baumwolle, Kautschuk usw. nicht bekämen. Aber in dieser Kontrolle liegt einer der schwachen Teile des E.W.-Planes. Denn der Verfasser nimmt alle Nachteile seines Planes gerade deswegen in Kauf, weil er hofft, den jetzigen bürokratischen Apparat entbehrlich zu machen. Auch Herr E.W. braucht einen bürokratischen Apparat. Und da ihm nichts anderes übrigbleiben wird, als nicht nur

zugeben und Importerlaubnis denjenigen Firmen zu erteilen, die aus ihren Exportgeschäften Devisen ablieferten. Der Neue Plan unter Schacht sah geradezu das Gegenteil vor, nämlich eine Importorientierung, verbunden mit einer gelenkten Importumschichtung zur Rohstoffsicherung für die Rüstungsindustrie. Am 15.5.1936 nahm Krogmann an der ersten Sitzung des Gutachter-Ausschusses über Exportfragen teil; dort vertrat er wieder die Vorteile seines Plans gegenüber der Konzeption Schachts, ohne sich jedoch durchsetzen zu können. Trotz aller Abweichungen untereinander wiesen die Konzeptionen Krogmanns, Schachts und Goerdelers die grundsätzliche Gemeinsamkeit auf, den nationalsozialistischen Primat der Rohstoffbedarfsdeckung zur Forcierung der Aufrüstung nicht ohne Einschränkungen anzuerkennen. Vgl. zu Krogmann dessen extrem apologetische Darstellung: Es ging um Deutschlands Zukunft 1932–1939. Erlebtes täglich diktiert von dem früheren Regierenden Bürgermeister von Hamburg, Landsberg 1976, besonders S. 208 ff. und 267 ff. Zum Gutachter-Ausschuss Matthias Riedel: Die Rohstofflage des Deutschen Reiches im Frühjahr 1936, in: Tradition. Zeitschrift für Unternehmensgeschichte, Jg. 14 (1969), S. 310-334; Dietmar Petzina: Autarkiepolitik im Dritten Reich, Der nationalsozialistische Vierjahresplan, Stuttgart 1968.

9 Vgl. zu den Überwachungsstellen S. 388, Anmerkung 3.

die Einfuhr zu kontrollieren, sondern auch den Auswirkungen des verteuerten Imports auf den Preismarkt im Innern nachzugehen, wird sein Apparat wahrscheinlich nicht kleiner werden als der jetzige, nur wird er ihn mit anderen Aufgaben beschäftigen. Die gesamte Volkswirtschaft muß aber diesen Apparat weiter erhalten; ihr wird somit eine Entlastung nicht zuteil.

Soll ein Aufgeld für Devisen gezahlt werden, so muß bekanntgegeben werden, welches Aufgeld gewährt wird (Bl. 37/8). Dieses Aufgeld soll für verschiedene Ländergruppen verschieden festgesetzt werden, um möglichst sicher zu erreichen, daß niemals mehr Aufgeld gewährt wird, als zum Angleich der höheren Inlandsproduktionskosten an die Marktkosten des betreffenden Landes notwendig ist. Die Veröffentlichung läßt sich gar nicht umgehen, da ja nicht nur die deutsche, sondern auch die andere Seite Klarheit haben muß über die Grundbedingungen, auf denen sich der Tausch vollziehen kann. Der Verfasser unterstellt nun dem Ausland die große Freundlichkeit, diese Ausfuhrnotiz nicht als Dumping anzusehen, sondern anzuerkennen. Er unterstellt ihm die weitere besondere Liebenswürdigkeit, diese einsichtige Haltung auch dann noch einzunehmen, wenn die Ausfuhrnotiz für verschiedene Ländergruppen verschieden festgesetzt wird. Das Ausland soll sich also reinweg aus Liebe zum deutschen Volke und seiner Wirtschaft mit einem vielköpfigen Währungsungeheuer abfinden. Damit das deutsche Volk überall die ihm genehmsten Bedingungen für den Absatz seiner Ware findet, soll das Ausland eine solche Haltung einnehmen, die bisher noch kein Volk von anderen Völkern in der Welt erwartet, geschweige denn verlangt hat. Ich halte eine derartige Annahme für eine glatte Phantasie. Erweist sie sich als solche, nimmt das Ausland, wie zu erwarten, seine eigenen Interessen wahr, so kracht der ganze E.W.-Plan zusammen. 1. Risiko.

Der E.W.-Plan verlangt neue Verhandlungen mit den bisherigen Verrechnungsländern[10], denn sie haben zumeist Forderungen an uns. Unser Rohstoffhunger hat uns gezwungen, ihnen recht viele Rohstoffe abzukaufen, während sie auf der anderen Seite uns nicht so viel Fertigwaren abnehmen konnten, wie zum Ausgleich unserer Schulden erforderlich gewesen wäre. Das ist übrigens ein ganz natürlicher Vorgang, und es sei mir gestattet, auf ihn hier besonders hinzuweisen, weil sich aus der Nichtbeachtung dieser Tatsache viele Fehlschlüsse ergeben haben. Der serbische Bauer, der uns seine Pflaumen, sein Holz, seinen Mais liefert, ist außerstande, sich dafür von uns mit Radioapparaten, Pflügen und sonstigen Maschinen bezahlen zu lassen. Er muß ja mit dem Gegenwert seiner Leistung auch seine sonstigen Bedürfnisse an Kleidung, Wohnung, Erhaltung seines Betriebs usw. decken und zu diesem Zwecke Arbeitsleistungen serbischer Volksgenossen in Anspruch nehmen. *Ein hochindustrialisiertes Land wie Deutschland, das die glänzendsten Erzeugnisse der Technik hervorbringt, kann also niemals einen*

[10] Mit der Bezeichnung „Verrechnungsländer“ sind die Staaten gemeint, mit denen Deutschland bilaterale Handelsbeziehungen eingegangen war; vgl. dazu S. 403, Anmerkung 19.

*vollen wirtschaftlichen Ausgleich finden mit Völkern auf primitiver Kulturstufe, sondern es muß sich Völker auf den verschiedensten Kulturstufen suchen, um seine Erzeugnisse tauschen zu können.* Sucht oder findet es diese Mischung nicht, so kann es eben einen Teil seiner *hochwertigen* Produktion überhaupt nicht mehr anbringen und muß dann die Menschen, die bisher in dieser hochwertigen Produktion beschäftigt waren, selbst wieder primitiv beschäftigen, damit sie ihren Lebenswillen (Nahrung, Kleidung und Wohnung) befriedigen können.

Jene Verrechnungsländer, bei denen wir Schulden haben und die deswegen auch in der Lieferung weiterer Rohstoffe an uns zurückhaltend werden, weil sie ja schließlich nicht Lust haben, uns ihre Rohstoffe zu schenken, müssen bei dem E.W.-Plan dafür gewonnen werden, jene Forderungen an uns, die auf ihre eigene Währung lauten, nicht auf die neue, von uns veröffentlichte Notiz, wie wir ihre Währung in Reichsmark bewerten, umzustellen. Denn dann würden unsere *Schulden* durch unsere Notiz mit einmal wesentlich teurer werden. Wir müßten plötzlich mehr Reichsmark für sie zahlen, als bisher angenommen war. Schwere Schädigungen deutscher Käufer wären die Folge. Unsere *Forderungen* aber, die den Verrechnungsländern gegenüber zum größten Teil auf Reichsmark lauten, würden durch ein solches Aufgeldsystem entsprechend entwertet. Denn der Serbe braucht nunmehr weniger Dinare, um den Gegenwert von 100 RM zu erfüllen. Diese beiden Schäden sind nur abzuwenden, wenn die Verrechnungsländer sich damit einverstanden erklären, die bei Inkrafttreten des E.W.-Planes vorhandenen beiderseitigen Forderungen nach dem alten System abzurechnen. Das wäre aber von ihnen aus gesehen ein reines Entgegenkommen an uns, und ich wüßte nicht, was sie dazu veranlassen sollte, uns einseitige Geschenke zu machen. 2. Risiko.

Erkennen die anderen Länder eine Ausfuhrnotiz für den Außenhandel Deutschlands an, so müßten sie aber auch noch so liebenswürdig sein, uns die Abrechnung der *alten Geldschulden* zur alten Goldparität zu gestatten. Wir zahlen doch jetzt beispielsweise für eine in englischen Pfund aufgenommene Anleihe je Pfund 12,40 RM. Wendet aber England beispielsweise die oben als Beispiel angeführte Ausfuhrnotiz von 18 RM für ein englisches Pfund auf die alten Geldschulden an, so wird aus einer Zinsschuld von 1 Pfund = 12,40 RM eine neue Schuld von 1 Pfund im Werte von 18 RM. England müßte also so töricht sein, zur Verengung seines eigenen Absatzmarktes den künftigen Handel Deutschlands auf einen Umrechnungskurs von 18 RM sich einstellen zu lassen, für die alten Schulden aber sich mit 12,40 RM zu begnügen. Auch hier kann nur ungewöhnliche Harmlosigkeit annehmen, daß England sich so verhalten wird. 3. Risiko.

Die Umstellung des Schacht-Plans auf irgendeinen anderen Plan bringt zweifellos Verschiebungen mit sich. Wahrscheinlich müßten wir im Preise weiter entgegenkommen. Denn der Engländer, der nunmehr kraft Ausfuhrnotiz weiß, daß der Deutsche, der ihm eine Maschine für 1.000 Pfund verkauft, dafür in Deutschland für diese Pfund nicht, wie bisher, 12.400 RM, sondern 18.000 RM erhält, wird den zähen Versuch machen, von diesem Gewinn seines deutschen Geschäftsfreundes etwas für sich einzuheimsen, d.h., er wird den Preis zu drücken versuchen, und irgendwie wird der Deutsche, um überhaupt das Geschäft zu tätigen, nachgeben müssen. Jedes Preiszugeständnis aber bedeutet für uns wieder die Aufrollung der Frage, ob wir nicht wieder mit einer künstlichen Ausfuhrförderung einsetzen müssen, um dem Ausführenden den Preis zu schaffen, den die Höhe der inländischen Produktionskosten nun einmal verursacht. Immerhin rechne ich damit, daß die Ausfuhr sich allmählich belebt, weil sie von den wahrhaft zeit- und nervenraubenden Fesseln amtlicher Lenkung und Überwachung freigemacht wird. Aber zweifellos erfordert diese Umstellung Zeit. Neue Ungewißheiten, wie ich sie eben angedeutet habe, müssen bereinigt werden; in dieser Übergangszeit werden die Reibungsverluste größer sein als die Auftriebskräfte, so daß die Ausfuhr vorübergehend sinkt. Auch auf der Einfuhrseite sind Umstellungen unerläßlich, ja, sie liegen sogar im Sinn und Wesen des E.W.-Plans begründet. Denn wir wollen ja die Ware nicht mehr da kaufen, wo sie nach dem System des Schacht-Plans im Verrechnungsverkehr tauschweise zu haben ist, sondern da, wo wir sie am billigsten bekommen können. Dazu sollen ja die gewonnenen freien Devisen verwendet werden. Dieser Gedanke ist auch absolut richtig. Aber auch hier entstehen durch Umstellungen zunächst Unsicherheiten und Reibungen, und daher wird auch auf der Einfuhrseite vorübergehend mit einem Rückgang gerechnet werden müssen, ganz abseits der Tatsache, daß eine zunächst sinkende Ausfuhr ja auch unsere Einfuhr entsprechend beengt. Es erweist sich also hier wieder einmal die Richtigkeit eines aus der Urform des Kampfes, aus dem soldatischen Leben entnommenen Gesetzes: Mitten im Gefecht kann ich die Reglements nicht mehr ändern. Die dadurch entstehenden Verwirrungen würden Niederlage bedeuten. 4. Risiko.

Denken wir uns nun, daß vom 1.10.1936 ab der Deutsche in den Zeitungen liest, daß man künftig für ein englisches Pfund 18 RM, für einen amerikanischen Dollar vielleicht 3,20 RM zahlt. Dann ist doch mit Sicherheit anzunehmen, daß dieser Leser sich irgendwelche Gedanken über diese veränderten Währungsnotierungen macht. In ganz normalen Zeiten kann man den Irrgang solcher Gedanken in Kauf nehmen, in Zeiten einer gewissen Nervosität ist das nicht mehr gestattet. Wir müssen damit rechnen, daß durch eine nicht sorgfältig vorbereitete, mit den einzelnen Ländern klar verabredete Änderung der Notierung das Vertrauen zur deutschen Währung geschwächt wird. Mit dieser Folge müssen wir umso sicherer rechnen, als, wie eben erwähnt, die Umstellung auf den Plan, zum mindesten in der Übergangszeit, die Devisen- und Rohstoffnot nicht mindert, sondern verstärkt fühlbar macht. 5. Risiko.

*Ich kann daher vor dem E.W.-Plan nur warnen.* Er scheint mir einer vollkommen theoretischen Beschäftigung mit Währungs- und Wirtschaftsfragen zu entspringen. Von den Kräften, die das Leben bestimmen, ist er nicht berührt. Es ist mir verständlich, daß man sich den Kopf darüber zerbricht, ob man nicht den Schacht-Plan von seinen bürokratisierenden, die Initiative hemmenden Auswirkungen befreien kann. Aber dies ist eben eine Unmöglichkeit, weil auch der Schacht-Plan nicht an die Ursachen, aus denen die gegenwärtige Lage entsprungen ist, herangeht, sondern sich beschränkt, die Symptome mit technischen Maßnahmen zu behandeln.[11] Daß er diese Beschränkung aufweist, halte ich für den entscheidenden Fehler. Aber innerhalb dieser Begrenzung beherrscht er die Grundsätze der Technik, die Grundsätze der Psychologie und die Kräfte des Lebens meisterhaft. Der Schacht-Plan ist getragen von einer vollkommenen Beherrschung der Technik des Kreditwesens und des Geldwesens. Er hat es nämlich ermöglicht, daß wir die Ausfuhrpreise für unsere Waren senken konnten, ohne gleichzeitig unsere auswärtige Schuldenlast entsprechend zu erhöhen,[12] wie es die Folge jeder umfassenden Währungsangleichung sein würde. Allerdings wird dieser Vorteil immer geringer. Die inneren Opfer zur Senkung der Ausfuhrpreise werden immer größer. Der Vorteil auf der Schuldenseite wird mit deren Sinken durch Tilgung immer geringer. Der Schacht-Plan kann auf die Dauer auch nicht den dritten Vorteil, nämlich die Einfuhr zum Weltmarktpreis, aufrecht erhalten, weil sich, wie oben in dem Beispiel mit Serbien erwähnt, im reinen Tauschverkehr von Land zu Land der Leistungsaustausch immer mehr und mehr verengen muß. Unser großer Rohstoffbedarf nötigt uns, jede Bezugsmöglichkeit auszunutzen, auch wenn wir sicher sind, daß der Lieferant in absehbarer Zeit von uns nicht durch Warenbezüge aus Deutschland befriedigt werden kann. Dann wertet er seine Forderung Deutschland gegenüber ab und verkauft sie schließlich unter Preis. Das bedeutet aber, daß er jedes zukünftige Geschäft mit Deutschland nur noch macht, indem er auf den Verkaufspreis eine entsprechende Risikoprämie schlägt. Wenn der serbische Holzlieferant einmal erfahren hat, daß er Gefahr läuft, den Kaufpreis erst sehr spät voll oder früher nur vermindert zu bekommen, dann wird er das nächste Mal totsicher den Preis um einen entsprechenden Zuschlag erhöhen. Dieser Aufschlag des ausländischen Verkäufers wird immer höher, weil, zum Teil als Folge der *überall* betriebenen Aufrüstung, die Nachfrage nach Rohstoffen steigt und der ausländische Besitzer von Rohstoffen genügend Absatzmöglichkeiten findet, bei denen er wertbeständiges Geld sofort auf den Tisch des Hauses erhält. Und endlich kommen die anderen Völker hinter die Feinheiten dieser Technik und richten ihre Maßnahmen danach ein (vgl. die neuen Zollbestimmungen der Vereinigten Staaten von Nordamerika uns gegenüber[13] usw.). Man darf sich also auch nicht wundern, daß der Schacht-Plan sich allmählich totläuft. Jede Behandlungsmethode langt am Ende ihrer Kunst an, wenn sie es verabsäumt, die Ursachen der Krankheit zu erforschen und nach der gewonnenen Erkenntnis zu handeln. Eine Operation, die der Körper heute verlangt, wird nicht dadurch unnötig, daß der Patient es für bequemer findet,

---

[11] S. u., „E. Vorschläge".

[12] Vgl. zu Schachts Wirtschaftsordnungskonzeption Dokument 3.6, S. 387 ff.

[13] Als Reaktion auf die deutsche Exportsubventionspolitik (vgl. S. 393, Anmerkung 8) hatte das us-amerikanische Schatzamt seit dem 7.6.1936 bestimmte deutsche Waren mit Ausgleichszöllen belegt (vgl. Schultheß 1936, S. 482).

nichtschmerzende Medizinen einzunehmen. Ja, man kann ihm im allgemeinen voraussagen, daß die aufgeschobene Operation später nur unter schlimmeren Bedingungen vollzogen werden kann. Sie wird teurer und gefährlicher.

*C. Gutachten des Trendelenburg-Ausschusses.*[14]
Das Gutachten ist, wenn ich mir die Bemerkung erlauben darf, hervorragend. Soweit ich übersehen kann, ist keine wesentliche Überlegung verabsäumt. Die Rückwirkungen auf den deutschen Preisstand sind so richtig errechnet, wie das auf einem so vielgestaltigen, dauerndem Wechsel unterworfenen Kampfgebiet, wie dem der Wirtschaft eines Volkes, überhaupt nur möglich ist. Der entscheidende Unterschied zwischen der Währungsangleichung und dem Schacht-Plan liegt darin, daß sie den gesamten Waren- und Leistungsaustausch zwischen uns und den anderen Völkern erfaßt, also nicht die obenerwähnten augenblicklichen Vorzüge des Schacht-Planes hat. Die wesentlichste Auswirkung dieser Totalität ist eben die, daß unsere Schulden und die auf sie zu zahlenden Jahresleistungen an das Ausland entsprechend höher werden. Diese Wirkungen würde ich aber in Kauf nehmen, nachdem wir festgestellt haben, daß der Schacht-Plan sich zweifellos im wachsenden Bürokratismus auf der einen Seite, in immer feineren Kampfmitteln auf der anderen Seite, in der Verengung des Güterverkehrs und in der Preisschere immer weiter festlaufen muß. Die totale Währungsangleichung würde alle diese Schwierigkeiten beseitigen. Sie würde die Ausfuhr flüssiger gestalten. Es bedürfte keiner Exportförderungsabgabe und keiner Exportförderung mehr.[15] Der hier eingesetzte Apparat könnte Zug um Zug aufgelöst werden; die Devisen- und Einfuhrkontrolle müßte so lange beibehalten werden, bis wir durch einen entsprechenden Goldvorrat in der Lage sind, den neuen Kurs der deutschen Reichsmark im Auslande unter allen Umständen zu halten. So lange das nicht der Fall ist, müßten wir mehr denn je darauf sehen, das Notwendige einzuführen, das Entbehrliche nicht und das Kapital im Lande zu behalten. Die totale Angleichung verzichtet also auf jene Elastizitäten, zu denen eine vollkommene Beherrschung der Technik des Kredit- und Geldwesens im Schacht-Plan vorübergehende Möglichkeiten eröffnet hat. Sie tauscht dafür Vereinfachung und Initiative ein, aber nur unter der Voraussetzung, daß das Ausland diese Totalangleichung hinnimmt. Es ist nicht die

---

[14] Ernst Trendelenburg, Jahrgang 1882, war seit 1922 im Reichswirtschaftsministerium, von 1923 bis 1932 als Staatssekretär; unter Brüning war er 15 Monate lang stellvertretender Reichswirtschaftsminister. Nach 1933 war er in der deutschen Privatwirtschaft tätig und blieb auch unter den Nationalsozialisten als parteiloser Fachmann anerkannt. Von Göring war unter Trendelenburgs Vorsitz ein Ausschuss berufen worden, der die Devisen-, Rohstoff- und Währungslage untersuchen sollte und dem Vertreter aus Partei, Staat, Wehrmacht und Wirtschaft angehörten (vgl. Schreiben Görings an Schacht vom 22.8.1937; abgedruckt in: IMT, Bd. XXXVI, Dokument 493-EC, S. 554). Die abschließende Denkschrift, auf die sich Goerdeler hier bezieht, ist in den Akten nicht erhalten.

[15] Vgl. zum Prinzip der Exportförderung S. 393, Anmerkung 8.

geringste Gewähr dafür gegeben, daß das Ausland dies tut. Es hat zwar bisher viele einseitige Maßnahmen Deutschlands hingenommen; aber die Nichthinnahme hätte auch irgendwie Bereitschaft zum echten Kampf verlangt. Die einseitige Maßnahme, die wir mit einer einseitigen Währungsabwertung in die Welt setzen würden, kann von der anderen Seite ohne jede Flintenkugel einfach dadurch beantwortet werden, daß man die Zölle gegenüber deutschen Waren entsprechend erhöht. Greifen sie zu diesem Mittel, unsere Ausfuhr zu erschweren, nehmen sie den Kampf um die Absatzmärkte der Welt mit diesen unblutigen Maßnahmen auf, so wäre die Lage schlimmer als heute, weil dann unsere Ausfuhr noch größeren Hindernissen begegnen müßte als bisher. Unsere Schulden würden noch größer, die Einfuhr der lebensnotwendigen Rohstoffe noch schwieriger werden. Wir gerieten also buchstäblich vom Regen in die Traufe. Vernünftige und verantwortliche Überlegung gebietet also, sich wenigstens *mit den Hauptwährungsländern vorher ins Einvernehmen* zu setzen. Irgendeine Schwierigkeit zu einem solchen Einvernehmen kann ich nicht erkennen.

Das Gutachten des Trendelenburg-Ausschusses weist an verschiedenen Stellen, insbesondere auf Seite 27, 29, auf den Zusammenhang der Währungsfrage mit der inneren Finanz- und Kreditlage hin. Hier liegt der entscheidende Punkt, über dessen Bedeutung man sich klar sein muß, ehe man sich mit den anderen Ländern an einen Tisch setzt. Man kann nämlich nicht erwarten, daß die anderen sich in Verhandlungen über Abwertungen einlassen, wenn sie nicht die Gewähr haben, daß das Neugeschaffene auch wirklich ein währendes Währungssystem wird. Währung ist etwas, was währt. Sie währt nur, wenn die Finanzwirtschaft des Volkes in Ordnung ist und so die Währung verbürgt. Daß ein Volk sich mit einem anderen auf eine Währungsverständigung nur einläßt, wenn es wirklich damit rechnen kann, nicht übermorgen vor einer anderen Währung des anderen Volkes zu stehen, dürfte ja wohl außer Zweifel stehen. Aber die Tatsache, daß die Sicherheit der Währung abhängig ist von der geordneten Finanzwirtschaft, die will ich erweisen. Mit der Währung bestimmt ein Staat den Wert der von ihm geschaffenen Geldzeichen. Diese Geldzeichen sind nicht irgendein Hokuspokus, ein Stück Dreck, wie man häufig hört, oder sonst etwas, über das man sich hinwegsetzen kann, sondern dieses Geld hat eine sehr bestimmte körperhafte Bedeutung. Es dient lediglich dazu, den Tauschverkehr zwischen den einzelnen Menschen zu erleichtern. In den Zeiten der sogenannten Naturalwirtschaft erzeugte der eine Roggen, der zweite Wolle, der dritte machte Kleider, der vierte Schuhe, der fünfte Werkzeuge, der sechste baute. Der Austausch dieser verschiedenartigen Leistungen vollzog sich eben so, daß der bauende Mensch von dem, der Roggen erzeugte, sich für seine Bauleistungen Roggen geben ließ. Der Roggen-Bauer deckte seinen Bedarf an Schuhen und Kleidung, indem er beim Schuster und Schneider sich gegen Roggen das Erforderliche eintauschte. Das ging so lange, so lange nicht der Fortschritt der Technik die Arbeitsleistungen immer weiter aufteilte. Sobald man anfing, nach Erfindung der Nadel, nach Erfindung des Webstuhls usw., an der Herstellung eines Anzugs mehrere arbeiten zu lassen, konnte man nicht gut erwarten, daß der Roggen-Bauer an jeden, der bei der Herstellung seines Anzugs mitgewirkt hatte, einige Pfund Roggen gab. Man schuf also irgendeinen leicht transportierbaren Gegenstand, der von Hand zu Hand gehend überall als Tauschmittel gleichen Wertes anerkannt wurde. Einen gewaltigen Anstoß erfuhr die Entwicklung des Geldwesens mit der Verbesserung der Wegeverhältnisse und mit der Verfeinerung der Verkehrsmittel. Gewiß fuhren noch im 19. Jahrhundert mit Waren beladene Schiffe an die Küsten Afrikas, luden ihre Waren dort auf Karawanen und tauschten die Waren gegen Kopranüsse, Elfenbeinzähne und sonstige Erzeugnisse des schwarzen Erdteils aus. Das war noch echter Tauschhandel. Aber die Gebiete, auf denen er möglich ist, werden immer kleiner; die sogenannten wilden Völker werden immer gewitzter. Zweifellos kann heute der wesentlichste Teil des Güteraustauschs nur mit der Technik des Geldes bewältigt werden. Aber unveränderlich bleibt die Tatsache, daß das Geld immer nur ein Ersatzmittel ist für die körperliche Hingabe einer in Wirklichkeit geschaffenen Tauschleistung. Der Bauer, der in Wahrheit keinen Roggen erzeugt hat, kann auch kein Geld dafür in der Hand haben. Daraus folgt wieder zweierlei. Das Geld muß, um überall als gleichwertiges Tauschmittel anerkannt zu werden, einen Wert haben, der sich nicht von heute auf morgen ändert, und zweitens kann es in diesem Werte nur dadurch erhalten werden, daß nie mehr Geld in Umlauf kommt, als den jeweils für den Tausch zur Verfügung stehenden Gütermengen entspricht. Ist mehr Geld in Umlauf, als Gütermengen zum Tausch bereitstehen, so stürzen mehr Tauschmittel „Geld“ auf weniger Tauschmittel „Güter“; die Preise müssen steigen. Ist die Volkswirtschaft in Ordnung, so reagiert auf solche Preissteigerung sofort die gütererzeugende Wirtschaft, die ja nunmehr mehr verdient; sie stellt mehr Güter her, und in der nächsten Phase bereits stehen mehr Güter weniger Tauschmitteln gegenüber. Die Preise fangen an, zu sinken. Wagt der Staat aber, das Gleichgewicht zwischen Tauschmitteln und tauschbaren Gütern willkürlich zu verändern, indem er mehr Tauschmittel in Umlauf setzt, als tauschbare Güter überhaupt erzeugt werden, dann ruiniert er selbst das Gleichgewicht, dann ruiniert er selbst sein Geld, dann beraubt er es seines währenden Charakters, dann hat es kein Vertrauen mehr, weil ja derjenige, der es empfängt, fürchten muß, morgen dafür nicht mehr das an Gütern zu bekommen, was er heute dafür hingegeben hat. In diesen Zustand aber gerät ein Volk mit unabweisbarer Naturnotwendigkeit, wenn es seine Finanzwirtschaft nicht in Ordnung hält.

In einer geordneten Finanzwirtschaft verbraucht der Träger der Wirtschaft, sei es der Einzelne in seinem Haushalt, sei es der Kaufmann in seinem Betriebe, sei es das Volk in seinem Staate, nicht mehr an Gütern, als ihm zur Verfügung stehen. Verbraucht er mehr, so muß er sich diese Güter von anderen borgen. Irgendeine andere Möglichkeit gibt es nicht. Der Staat kann sich die Mittel, die er verausgaben will, verschaffen; entweder durch Steuern: dann nimmt er den Volksgenossen von ihren jeweiligen Arbeitsergebnissen einen Teil weg. Er kann darüber hinaus ihnen von ihrem Spargut abnehmen, nämlich von dem, was die Volksgenossen sich früher erarbeitet, aber damals nicht verbraucht, sondern zurückgelegt haben. Aber mehr als dies steht auch dem Staate nicht zur Verfügung. Auch er kann nicht Güter verbrauchen, die nicht vorher erzeugt und an ihn abgeliefert sind. Das Ersatzmittel Geld entbindet ihn, wie ich oben dargelegt habe, von diesem Naturgesetz nicht. Sowie er den leisesten Versuch macht, sich dieses Geld außerhalb der Gütererzeugung künstlich zu verschaffen, sitzt er binnen kurzem fest. Das ist ja auch nicht verwunderlich. Es ist im Leben des Volkes nicht anders wie im Leben des Einzelnen. Jeder, der auf die Dauer mehr verbraucht als er hat, gerät in Schulden. Eine Zeitlang wird er gute Freunde, Verwandte und Bekannte finden, die ihm leihen, auf die Dauer nicht. Ein Volk aber findet auch nicht einmal vorübergehend ein anderes Volk, das bereit ist, ihm die Ergebnisse seiner Arbeit zu beliebigem Verbrauch zur Verfügung zu stellen. Es nützt also gar nichts, einfach zu sagen, die deutsche Reichsmark hat von morgen ab dies und jenes Verhältnis zum englischen Pfund, zum amerikanischen Dollar oder zu irgendeiner anderen Währung, sondern es kommt darauf an, daß die so getroffene Festsetzung unter allen Umständen eine währende ist und daß die Welt in diese Währung Vertrauen hat. Das kann sie nur dann haben, wenn sichergestellt ist, daß sie jederzeit und überall für die festgesetzte Zahl von Reichsmark auch wirklich ein Pfund, einen Dollar usw. erhält. Um dies zu sichern, sind 3 Voraussetzungen erforderlich:

1. *ein ausgeglichener Haushalt. Auch der Reichshaushalt muß ausgeglichen sein. Dieser Haushalt muß veröffentlicht werden; denn nur veröffentlichte Bilanzen beweisen, daß nichts zu verschweigen ist,* und schaffen somit die Grundlage des für jeden Verkehr unerläßlichen Vertrauens.
2. *eine der Sparkraft des Volkes angemessene Schuldenwirtschaft.* Denn wenn das Volk in seiner Gesamtheit mehr verbraucht als es spart, so muß eine Unmöglichkeit entstehen. Man hat sich bisher über diese Schwierigkeit hinweggeholfen, indem man Wechselschulden machte. Daß dieses Wechselschuldverfahren[16] von Anfang an große Gefahren in sich trug und nicht fortgesetzt werden kann, werde ich noch darlegen.
3. *ein irgendwo für uns verfügbarer Gold- und Devisenvorrat,* der es uns ermöglicht, jeder Anzweiflung des wahren inneren Wertes unseres neuen Währungssatzes entgegenzutreten. Wir müßten überall, wo es notwendig wird, durch Einsatz von Gold oder Devisen beweisen, daß die Grundlagen unserer Währung in Ordnung sind, sonst wäre der Kurs der neuen Reichsmark nicht zu halten.

Diese entscheidenden Voraussetzungen erfüllte England, als es 1931 abwertete.[17] Diese entscheidenden Voraussetzungen sind bei uns nicht vorhanden. Sie können auch nicht dadurch ersetzt werden, daß wir unter Beibehaltung des Schacht-Planes Ein- und Ausfuhr ständig sorgfältig kontrollieren. Ich erwähnte schon

---

[16] Die Wechselschuldenfinanzierung, wie sie in S. 338, Anmerkung 12 beschrieben ist, wurde in den folgenden Jahren fortgesetzt.

[17] Vgl. zur britischen Währungsabwertung S. 244, Anmerkung 13.

oben, daß der Schacht-Plan, wie jeder andere rein technische Plan, sich totlaufen muß. Die meisterhafteste Technik kann uns nicht über das Fehlen der Grundvoraussetzungen jeder Währung und damit jeder Möglichkeit des Gütertausches hinweghelfen, nämlich über das Fehlen eines ausgeglichenen öffentlichen Haushalts und über die Tatsache einer unangemessenen Schuldenwirtschaft. Hier gibt es gar kein Entweichen, und der tatsächliche Verlauf beweist die Richtigkeit der erkannten Gesetze. Das Ausland entwertet in Wahrheit unsere Währung mehr und mehr. Das Ausland fordert in steigendem Maße für Rohstoffe höhere Reichsmark-Preise. Damit steigen die Binnenmarktpreise, ganz abseits der Tatsache, daß jeder Mangel an Gütern, wie oben dargelegt, die Preise zum Steigen zwingt. Immer größer müssen die Leistungen werden, die das deutsche Volk aufzubringen hat, um diese hohen Binnenmarktpreise auf den für die Ausfuhr allein in Betracht kommenden Weltmarktpreis zu senken. Der Strom der eingeführten Rohstoffe wird immer dünner, der Strom der dagegen ausgeführten deutschen Leistungen immer stärker; ein auf die Dauer unerträglicher Vorgang.

*Ich halte eine Währungsangleichung für notwendig,* und zwar *sobald wie möglich.* Aber ich muß mit aller Klarheit darauf aufmerksam machen, daß diese Möglichkeit zur Zeit nicht vorhanden ist, sondern erst durch harte Arbeit geschaffen werden muß. Die unerläßlichen Voraussetzungen sind:

1. Ordnung des Reichshaushalts,
2. Ordnung der Schuldenwirtschaft.

Wird eine dieser beiden Voraussetzungen nicht geschaffen, so ist mit absoluter Sicherheit ein vollkommenes Mißlingen zu erwarten. Dieses Mißlingen würde die Achtung vor der deutschen Währung auch im deutschen Volke vollkommen zerrütten. Mit drakonischen Strafen ist da auf die Dauer nichts zu machen. Denn wenn die zersetzenden Wirkungen solcher Zerrüttung beginnen, dann wird an den primitivsten Bedürfnissen der Lebensnotwendigkeiten des Volkes gerührt. Und in diesem Falle versagen schließlich reine Machtmittel vollkommen oder sie führen, trotzdem angewandt, zu einer restlosen Verödung der Gütererzeugung. Auch in der Zeit höchster Opferfähigkeit des Volkes, im Weltkriege, haben wir erkannt, daß eine staatliche Plan- und Zwangswirtschaft ihre unübersteigbaren Grenzen hat. Wenn die Mutter erst anfängt, sich darum zu sorgen, morgen noch für ihre Kinder das Notwendige zu erhalten, damit sie nicht schwere gesundheitliche Schäden leiden, dann hören alle Rücksichten schließlich auf. Das ist immer so gewesen und wird immer so bleiben, hier sind die Grenzen des menschlich Tragbaren erreicht. Deswegen darf man unter gar keinen Umständen an eine Abwertung der Reichsmark denken, ohne jene beiden Voraussetzungen geschaffen zu haben.

Ich halte eine dritte Voraussetzung für notwendig. Wir müssen uns mit dem Auslande über die Währung und die damit unmittelbar zusammenhängenden Wirtschaftsfragen verständigen. Ich verweise auf die Ausführungen auf Seite 11/12. Wird diese Voraussetzung nicht geschaffen, so ist die Währungsentwertung mit höchster Wahrscheinlichkeit dem Mißlingen ausgesetzt.

*D. Deutsche Ersatzstoffe.*[18]

Es ist selbstverständlich, daß wir vor so weitreichenden Entscheidungen prüfen, ob wir nicht aus deutschem Boden und deutschem Können selbst uns die Rohstoffe beschaffen können, die notwendig sind, um unser Volk zu ernähren, zu kleiden, zu behausen, zu beschäftigen und in *diesem* Stande wenigstens nach außen zu sichern. Diese Bedarfsdeckung aus Eigenem hat drei Grenzen:

1. Es darf kein Raubbau getrieben werden.
2. Eine Erhöhung der Produktionskosten muß vermieden werden.
3. Eine Qualitätsverschlechterung ist, selbst wenn sie preismäßig, d.h. durch billigere Preise, ausgeglichen werden könnte, für die Ausfuhr deutscher Güter ein schweres Hemmnis.

Ich brauche zu dieser Begrenzung im allgemeinen nichts zu sagen. Ihre Innehaltung ergibt sich aus zwingenden wirtschaftlichen Gründen heraus ohne weiteres. Ich kann daher gleich zu den Einzelheiten übergehen.

*a) Die Ernährung des deutschen Volkes* ist zum mindesten in absehbarer Zeit aus eigenen Kräften und eigenen Naturvorkommen nicht sicherzustellen. Normale Ernten decken wohl unseren Bedarf an Getreide für die menschliche Ernährung, an Kartoffeln und Zucker. Aber für die Ernährung der Tiere zwecks Gewinnung von Fleisch, Milch und Fett sind auch bei normalen Ernten Zufuhren an Körnern und Kraftfuttermitteln erforderlich. In guten Jahren, ja in besten Jahren verbleibt immer ein zusätzlicher Bedarf an eiweißhaltigen Kraftfuttermitteln.[19] Gewiß kann der Fortschritt in Bodenbearbeitung durch Meliorationen, Düngung und Anwendung besserer Saaten Steigerungen herbeiführen. Eine immer größere Aufmerksamkeit wird der künstlichen Beregnung zuzuwenden sein. Interessant sind hier die Anlagen der Stadt Leipzig. Leipzig führt seit einigen Jahren 60% seiner Abwässer der Landwirtschaft zur Verrieselung und Verregnung zu. Im nächsten Jahre werden es 100% sein. Die Flächen, auf denen diese Abwässer verwendet werden, ergeben Ertragssteigerungen, die zwischen 30 und 100% liegen und im Durchschnitt auf etwa 50% zu veranschlagen sind. Eine sehr sorgfältige Berechnung der Kapital- und Betriebsunkosten gegenüber den erzeugten Mehrwerten ergibt eine normale Verzinsung, also einen volkswirtschaftlichen Nutzen. Aber die Reichweite einer Großstadt von rund 1 Million Einwohnern umfaßt jährlich etwa 6.000 ha. Wenn die Abwässer aller Städte Deutschlands so verwendet werden könnten, so würden etwa

---

[18] Wilhelm Keppler, seit Ende 1931 Hitlers Beauftragter für Wirtschaftsfragen, hatte von diesem im November 1934 die Sonderaufgabe bekommen, „alle diejenigen Maßnahmen durchzuführen, welche in Anbetracht der Devisenlage erforderlich sind, um ausländische Rohstoffe durch solche aus inländischer Erzeugung zu ersetzen" (zit. nach Boelcke, Deutsche Wirtschaft, S. 165). Seine Dienststelle „Sonderaufgabe Deutsche Roh- und Werkstoffe" initiierte und unterstützte die deutsche Ersatzstoffproduktion, insbesondere in den Bereichen synthetische Fette und Fasern, Erze sowie Kautschuk und Treibstoff. Vgl. ausführlich Petzina, Autarkiepolitik, S. 24 f.

[19] Vgl. dazu auch Volkmann, NS-Wirtschaft, S. 315 f.

100.000 ha bei einer gesamtlandwirtschaftlichen Nutzfläche von 26 bis 28 Millionen ha versorgt werden können. Und wenn es auch 200.000 ha wären, so wäre äußerstenfalls eine Verbesserung des Ertrages im Werte der heutigen Erzeugung von 100.000 ha (50%), bezogen auf 26 bis 28, im Mittel 27 Millionen ha = 0,37% zu erwarten, also eine nicht allzu große Zahl. Nun ist die Beregnungsfähigkeit des deutschen Bodens damit nicht erschöpft. Es können Teiche, Bach- und Flußläufe verwendet werden. Aber diese müssen zum mindesten vorhanden sein. Im allgemeinen wird sich die Verwendung von Grundwasser zur künstlichen Beregnung nicht empfehlen. Zum mindesten bedarf diese Frage einer sehr sorgfältigen Untersuchung, weil die dadurch herbeigeführte Senkung des Grundwasserstandes auch wieder weitreichende Wirkungen auf die Vegetation hat. Nach sachverständigen Schätzungen können von den rund 27 Millionen ha deutschen landwirtschaftlich verwertbaren Grund und Bodens 5 Millionen ha als beregnungswürdig und beregnungbedürftig bezeichnet werden. Wieviel von diesen 5 Millionen ha beregnungsfähig sind, darüber liegt Zahlenmaterial nicht vor. Zur Zeit werden beregnet etwa 25.000 ha. Selbst wenn die genannten 5 Millionen ha unter Ausnutzung der städtischen Abwässer voll beregnet werden könnten, ergäbe sich also nur eine Verbesserung der landwirtschaftlichen Erträge um ungefähr 10%. Das wäre immerhin bei einem Produktionswert von rund 10 Milliarden RM 1 Milliarde RM. Aber dies ist die Höchstziffer, und es ist nicht zu vermuten, daß sie erreicht werden kann. Die natürlichen Wasserverhältnisse werden es nicht zulassen. Wir haben im Jahre 1935 für 1,4 Milliarden RM Nahrungs- und Futtermittel eingeführt.[20] In den vorangegangenen Jahren war es zum Teil wesentlich mehr. Man wird also ganz grob rechnen können, daß durch Verregnung aller Art höchstens die Hälfte der Einfuhrmenge erspart wird. Wie bei allen anderen Bodenmeliorationsmaßnahmen aber ist hierzu ein erheblicher Kapitalaufwand (nicht unter 2 Milliarden RM) und eine erhebliche Zeit nötig. In jedem einzelnen Falle müssen sehr sorgfältige Planungen aufgestellt, es kann auch nicht jeder Techniker an diese Arbeit gesetzt werden. Es ist notwendig, anderwärts gewonnene Erfahrungen, die sich in den Köpfen Weniger verdichtet haben, sorgfältig auszuwerten, wenn man nicht mehr Schaden als Nutzen erreichen will. Denn es ist bekannt, welchen Schaden beispielsweise eine falsch angelegte Drainage zur Folge hat. Auch die Verbesserung des Saatgutes erfordert langräumige Vorbereitungen. Und schließlich muß ja gerade auch für bessere Düngung eine Hocherziehung des gesamten Bauernstandes einsetzen, die im allgemeinen eine Generation erfordert.

Endlich liegen noch Möglichkeiten vor, im deutschen Hoheitsgebiet Neuland zu gewinnen. Hierzu kommen Sümpfe, Seen, im beschränkten Umfange die Haffs und die Küste der Nordsee in Betracht. Weitreichende Berechnungen haben dazu geführt, die Landgewinnung an den Meeresküsten auf etwa 250.000 ha anzuset-

---

[20] Während der Nahrungsmittelimport zumindest gesenkt werden konnte, verzeichnete der Futtermittelimport 1935/36 sogar eine Steigerung um 1/3; vgl. ebd., S. 316.

zen, also weniger als 1% der jetzt landwirtschaftlich genutzten Fläche. Für diese Arbeiten sind noch größere Zeiträume erforderlich, weil der natürliche Mutterboden erst gewonnen werden muß. Es hätte ja keinen Zweck, ihn von der einen zur anderen Stelle zu karren.

Die Inangriffnahme aller dieser Arbeiten halte ich für geradezu entscheidend, und sie sind, soweit nicht im einzelnen Falle absolute Unrentabilität herausgerechnet wird, in vollem Umfange durchzuführen. Es ist eine ungewöhnlich gesunde Arbeit, es ist eine Arbeit, die ohne Raubbau unter Berücksichtigung natürlicher klimatischer Gegebenheiten die deutsche Erde zur Hergabe von Mehrwerten veranlaßt, und es ist diejenige Sicherstellung, die für den Kriegsfall überhaupt die wesentlichste ist. Denn aus dem Hunger kommen bei ernsthaften Verwicklungen letzten Endes immer die größten Ströme der Entmutigung und der Zersetzung. Ich führe das hier deshalb ausführlich aus, weil diese Arbeitsmöglichkeiten ein großes natürliches Reservoir bilden für den Fall, daß aus später behandelten Gründen die Zahl der gewerblichen Arbeitslosen wächst. Für die Gegenwart aber ist festzustellen, daß wir noch jahrelang eine Einfuhr von rund 1½ Milliarden RM benötigen, um unsere Ernährung sicherzustellen. Hierin ist die Bildung von Lagervorräten noch nicht eingerechnet.

Die Bildung von Lagervorräten aber ist die zweite große Aufgabe, die aus nationalen Lebensnotwendigkeiten heraus für den Kriegsfall erforderlich ist. Unsere Ernten schwanken erfahrungsgemäß. Wir müssen allmählich diejenigen Lagervorräte an nicht verderblichen Lebensmitteln, also insbesondere an Getreide, konserviertem Fleisch und Fetten, hinlegen, die die durchschnittlichen Schwankungen der jährlichen Ernten für einen Zeitraum von etwa 3 Jahren ausgleichen. Denn wir haben selten 3 gute und 3 schlechte Jahre hintereinander gehabt. Wird diese Politik verfolgt, so brauchen wir an sich in den nächsten Jahren mehr als 1½ Milliarden RM jährlich Einfuhr von Nahrungsmitteln. Müssen wir aus zwingenden Gründen von der Lagerauffüllung Abstand nehmen, so liegt der Bedarf bei mindestens 1,5 Milliarden RM. Selbst wenn wir den zweifellos gegenüber der Vorkriegszeit nicht unerheblich gestiegenen Verbrauch an Fleisch und Fetten wieder etwas abbauen, so sind die Wirkungen auf den Einfuhrbedarf nicht allzu erheblich. Denn Fleisch haben wir bis zum Jahre 1934 einschließlich fast 100%ig aus eigener Erzeugung gedeckt. Erst seit dem Jahre 1935 haben wir auch hier Ergänzungszufuhren in Form von lebenden Tieren, geschlachteten Tieren und Gefrierfleisch notwendig. Über die Gründe habe ich dem Führer und Reichskanzler am 26.10.1935 berichtet.[21] Da ich mich auch hier nur auf Tatsachen gestützt und die unabänderlichen Naturgesetze der Wirtschaft zur Anwendung gebracht habe, haben sich meine damaligen Voraussagen als richtig erwiesen. Wir haben heute einen größeren Fleischmangel als vor einem Jahre. Er wird sich bei Schweinen in

[21] S. Goerdelers Denkschrift zur Innenpolitik vom August/September 1934; Dok. 3.5, oben S. 342 ff.

einigen Wochen stark mindern, aber nicht zur vollen Deckung führen. Er wird mit dem Aufhören des Weidebetriebes auch bei Rindern eine erhebliche Aufbesserung erfahren, um dann, soweit es sich übersehen läßt, noch vor Weihnachten wieder stark in die Erscheinung zu treten. Die diesjährige außergewöhnlich gute Futtermittelernte kann das voraussehbarerweise nicht verhindern, denn zur vollen Aufmast von Schweinen fehlt es vielfach an Kraftfuttermitteln, und ein einmal stark abgebauter Rindviehbestand läßt sich nur in Jahren wieder aufbauen. Ich habe in meinem Berichte die Ursachen dieser Viehverknappung dargelegt und beziehe mich auf meine damaligen Ausführungen. Der Fleischverbrauch ist also ohnehin schon jetzt auf eine absolut unzureichende Höhe gedrosselt. Werden doch in Leipzig seit Wochen nicht einmal 50% des Bedarfs gedeckt. Die Drosselung des Fettbedarfs kann den Einfuhrbedarf aber nicht ausschlaggebend senken.

Diese Feststellungen sind wichtig, ja sie sind entscheidend. *In der für die entscheidenden Entschließungen zur Verfügung stehenden Zeit ist die Ernährung des deutschen Volkes aus dem eigenen Grund und Boden nicht sicherzustellen.* Wir müssen also eine Politik und Wirtschaftspolitik betreiben, die dieser Tatsache Rechnung trägt. Da man sich im Verkehr mit anderen niemals das eigene Optimum heraussuchen kann, sondern auch die Interessen des anderen in Rechnung stellen muß, so bedeutet dies, daß wir über dieses Einfuhrbedürfnis hinaus auf breiterer Grundlage zur Anwendung von Grundsätzen gezwungen sind, die einen genügenden Güteraustausch mit anderen Volkswirtschaften gestatten.

*b) Die gewerbliche Wirtschaft des deutschen Volkes* hat im letzten Jahre bei einem Gesamtabsatzwert von 34 Milliarden RM ausländische Roh- und Halbstoffe im Werte von 2,5 Milliarden RM erfordert. Außerdem wurden Reservebestände im Werte von rund 500 Millionen RM eingesetzt. Diese Lagerbestände kann man auch in der gewerblichen Wirtschaft nicht entbehren. Denn es ist nicht möglich, den langen Weg von der Erzeugung bis zum letzten Verbraucher lagerlos durchzuführen, ohne daß auch der kleinste Kauf schließlich nur auf Ungewißheit hin getätigt werden kann. Beim Einzelhändler, beim Großhändler, bei den verschiedenen Stufen der Industrie müssen Lager vorhanden sein, die den Zeitraum zwischen dem Eingang neuer Ware und dem Verbrauch überbrücken. Wir müssen also mit einem jährlichen Bedarf von rund 3 Milliarden RM ausländischer Rohstoffe rechnen. Das ist berechnet auf die Produktion des Jahres 1935. Die Produktion des Jahres 1936 ist in der Investitionsgüterindustrie durch die erhöhten Rüstungsaufträge nicht unwesentlich vergrößert. Wir werden also für 1936 an sich mehr Rohstoffe und Halbfabrikate ausländischer Rohstoffe gebrauchen als 1935. Das ist zunächst rein mengenmäßig gesehen. Nun kommt aber hinzu, daß die ausländischen Rohstoffe im Preise gestiegen sind. Die Rüstungswelle hat fast alle Länder erfaßt. Die Rohstoffe werden also mehr gefragt. Die Lager schwinden, die Preise steigen. Für Deutschland tritt eine weitere Erschwerung hinzu. Wie schon oben im Teil A und B ausgeführt, kaufen wir auf dem Weltmarkt teurer als andere und *diese*

Verteuerung hat im Jahre 1936 weitere Fortschritte gemacht.[22] Es ist also Tatsache, daß eine Einfuhr von 3 Milliarden RM nicht ausreicht, um die jetzige Produktion aufrecht zu erhalten und die Lager langsam wieder aufzufüllen, sondern daß der tatsächliche Bedarf für die gegenwärtig im Gange befindliche Produktion über 3 Milliarden RM Jahreswert liegt.

An *Deutschen Neustoffen*, um einen kurzen Ausdruck zu gebrauchen, kommen in der Hauptsache in Betracht

1. *Textilrohstoffe*.[23]

   Ich übergehe Einzelheiten und setze sie als bekannt voraus. Zur Zeit stehen aus deutscher Produktion etwa 20 bis 25% des Bedarfs zur Verfügung. Ende 1937 können es vielleicht 30% sein. *Auf keinen Fall also können wir in dem zur Verfügung stehenden Zeitraum, selbst bei Anlegung noch so vieler Fabriken, unseren Gesamtbedarf an Textilrohstoffen im Inlande erzeugen.* Daran zu denken, ist aber auch aus anderen Gründen nicht möglich. Der deutsche Neustoff (Zellwolle) kann nur in einem bestimmten Prozentsatz der Naturbaumwolle und der Naturwolle beigemischt werden. Für gewisse Zwecke, z.B. Möbel, Unterkleidung usw., kann man zwar ausschließlich deutschen Neustoff verwenden. Aber für die den wesentlichsten Lebenshaltungsbedarf des deutschen Menschen ausmachende Bekleidung, insbesondere für die Zwecke der Armee ist die Begrenzung der Beimischung unerläßlich, weil sich sonst schwere Mängel, zum Teil Unverwendbarkeit im Gebrauch ergeben würden. Die deutschen Stoffe haben nicht die gleiche Wärmefähigkeit und nicht die gleiche Widerstandsfähigkeit gegen Nässe wie natürliche Produkte. Dazu kommt weiter, daß sie wesentlich teurer sind als Naturprodukte. Zellwolle kostet je Kilogramm

---

[22] Zu diesem Ergebnis war auch Ministerialdirigent Ruelberg aus dem Reichswirtschaftsministerium gelangt. In seiner Darstellung der Rohstofflage vor dem Gutachter-Ausschuss über Rohstoff-Fragen am 26.5.1936 hatte er für 1936 einen Mehrbedarf von einer Milliarde RM Devisen errechnet, um den Rohstoffbedarfsdeckungsstand von 1935 halten zu können (vgl. Riedel, Rohstofflage, S. 331).

[23] Die besondere Förderung der Textilersatzstoffproduktion ergab sich aus dem relativ hohen Devisenbedarf für Textilimporte, der 1933 fast 15% des Gesamtbedarfs ausmachte (vgl. Zumpe, Wirtschaft, S. 229). Hans Kehrl, Textilfabrikant, Gauwirtschaftsberater der NSDAP für die Kurmark und Präsident der IHK für die Niederlausitz, hatte sich nach eigenen Darstellungen bereits seit Mitte 1933 für die Produktion chemischer Fasern engagiert. In der Dienststelle Keppler (s.o., Anmerkung 18) war er verantwortlich für die Produktion künstlicher Faserstoffe und die Produktionsausweitung natürlicher Faserstoffe. Vgl. Hans Kehrl: Krisenmanager im Dritten Reich. 6 Jahre Frieden – 6 Jahre Krieg. Erinnerungen, mit kritischen Anmerkungen und einem Nachwort von Erwin Viefhaus, Düsseldorf 1973, S. 60-75; ders.: Die Zellwolle – ein Baustein zur deutschen Rohstofffreiheit, in: Der Vierjahresplan. Zeitschrift für nationalsozialistische Wirtschaftspolitik mit den amtlichen Mitteilungen des Beauftragten für den Vierjahresplan Ministerpräsident Generaloberst Göring, 1. Jg., Nr. 3 (März 1937), S. 139-141. Vgl. auch die Untersuchung der Textilfaserproduktion bei Zumpe, Wirtschaft, S. 226-235.

1,60 RM, Baumwolle 1,- bis 1,30 RM. Wollzellwolle ist allerdings im Preise billiger als reine Wolle, hat aber dieser gegenüber die obengenannten Mängel. Im Großen und Ganzen haben die bisherigen Erfahrungen der Preisüberwachung gelehrt, daß die Beimischung deutschen Neustoffes zu einer gewissen Verteuerung führen muß. Gewiß wird dieser Verteuerungsfaktor mit dem Fortschritt der deutschen Technik geringer. Aber diese weiteren Verbesserungen treten nicht von heute auf morgen, sondern erst im Laufe mehrjähriger Erfahrungen ein. Inzwischen arbeitet aber auch das Ausland an der Verbilligung seiner Naturbaumwolle und wahrscheinlich auch an der Verbilligung der Naturwolle. So haben die Amerikaner jetzt eine Baumwollpflückmaschine konstruiert, die voraussichtlich zu einer wesentlichen Verbilligung der gesamten Baumwollernte führen wird, so daß also in dem Maße unseres Verbilligungsfortschrittes auch ein gleicher Verbilligungsfortschritt auf der Seite der natürlichen Rohstoffe in Rechnung gestellt werden muß.
Wir bedürfen weiter zum Aufbau der erforderlichen Fabriken ausländischer Rohstoffe, und zwar sehr hochwertiger; insbesondere Blei, Platin und Gold. Und gerade bei diesen Rohstoffen wird jetzt der entscheidende Mangel fühlbar.
Endlich aber, und das scheint mir die Hauptsache zu sein, können wir ja auch diesen Neustoff nicht aus dem deutschen Boden herstellen. Es ist zwar gelungen, auch deutsches Holz verwertbar zu machen. Aber wir fangen jetzt an, schon zum dritten Male 50% mehr Holz einzuschlagen, als der Bestand der deutschen Wälder und ihre Erhaltung es an sich zulassen. Dieser Raubbau läßt sich natürlich nicht ohne schwere Schädigung künftiger Generationen fortsetzen. Wir würden einfach die Lösung jetzt auftretender Probleme einer anderen Generation zuschieben, ganz abgesehen von den furchtbaren Wirkungen, die die Niederschlagsverhältnisse bei fortschreitender Entwaldung erfahren würden. Nun müssen wir aber jetzt bereits etwa 25% des Holzbedarfs durch Einfuhr decken. Dieser Einfuhrbedarf ist seit 1935 gestiegen, weil wir die Vorräte, mit denen wir in das Jahr 1934 hineingingen, aufgebraucht haben. Aus der deutschen Holzindustrie erhalte ich Nachrichten, daß es sowohl bei Bauholz wie bei Sperrholz bereits zu erheblichen Schwierigkeiten in der Beschaffung verwendbaren Holzes gekommen sei. Gerade diese Schwierigkeiten sind es ja, aus denen heraus wir uns im Augenblick mit diesen ganzen Fragen befassen müssen. Da die Errichtung neuer Fabriken längere Zeit beansprucht, nützt auch die Erwägung nichts, daß die Einfuhr von Holz billiger ist als die Einfuhr von Wolle und Baumwolle.
Der Anlegung weiterer neuer Fabriken muß ich widerraten, bis nicht volle Erfahrungen hinsichtlich der Gebrauchsfähigkeit der neuen Stoffe vorliegen. Es ist nur zu natürlich, daß die Erfahrung meist ein etwas härteres Urteil spricht als die Vorausberechnung, namentlich wenn die Vorausberechnung durch den starken Wunsch beeinflußt wird, über Schwierigkeiten hinwegzukommen. Bei 30% Eigenherstellung der benötigten Textilrohstoffe sind wir etwa beim jetzt annehmbaren Höchstmaß der Beimischungsmöglichkeit angelangt, und des-

wegen wäre es nicht vertretbar, weiter deutsches Sparkapital in neue Anlagen zu stecken.

Für ganz besonders schwerwiegend erachte ich aber die Tatsache, daß *für die Ausfuhr* Mischerzeugnisse überhaupt nicht in Betracht kommen. Ein großer Teil der deutschen Fabriken muß also eine doppelte Apparatur von Maschinen unterhalten, um für Ausland und Inland zu arbeiten. Diesen Zustand halte ich für wirtschaftlich vollkommen unerträglich. Der einzelne Betrieb braucht eine Ausgleichsmöglichkeit zwischen Inlands- und Auslandsaufträgen. Mit kleineren Auslandsaufträgen könnte er später überhaupt nichts mehr anfangen, weil die Ingangsetzung der Maschinen für solche Aufträge sich nicht mehr lohnen würde. Läßt er sich aber auf das Risiko ein, so entsteht eine noch größere Verteuerung, als sie ohnehin durch die Anschaffung, Unterhaltung und Bedienung zweier Apparaturen bedingt wird. Insgesamt bedeutet, und dies muß vollkommen klar erkannt werden, die Verwendung neuer deutscher Stoffe, soweit sie nur im Beimischungsverfahren verwendet werden können, eine heute nicht genau errechenbare, aber wesentliche Verteuerung der Fabrikation. Sie ist voll vertretbar für alle diejenigen Verwendungsarten, wo eine 100%ige Verwertung sogar für den Auslandsabsatz möglich ist, wie z.B. für deutsche Kunstseide. Aber sonst ist sie als Qualitätsverschlechterung, die dem Auslande nicht angeboten werden kann, ein außerordentliches Risiko. Dieses Risiko wird an dem Tage voll in die Erscheinung treten, an dem eine organische Wiederherstellung der Weltwirtschaft den natürlichen Rohstoff in ausreichenden Mengen wieder ins Land führt.

2. *Kautschuk.*[24]

Kautschuk wird aus Kalk und Kohle gewonnen. Beide Rohstoffe haben wir in Deutschland. Unsere Steinkohlenvorräte sind natürlich nicht unerschöpflich; immerhin reicht der *sichere* Steinkohlenvorrat ungefähr 600, der *sichere* Braunkohlenvorrat etwa 200 Jahre aus, wobei der Verkauf von 1934 zugrunde gelegt ist. Die Braunkohlen langen auch für 300 Jahre. Aber der Braunkohlenabbau über Tage greift ganz anders in die Natur ein als der unterirdische Steinkohlenabbau. Im mitteldeutschen Gebiet klagen die Bauern zunehmend über ein schnelles Sinken des Grundwasserstandes. Das ist ja auch ganz natürlich, wenn man bedenkt, daß das Wasser sich allmählich nach den durch den Braunkohlenabbau geschaffenen Senken hinzieht. Hier ist also schon größere Vorsicht geboten als bei der Steinkohle. Der deutsche Kautschuk kostet 4,- RM das Kilo. Vielleicht gelingt es in einigen Jahren, den Preis auf 3,- RM zu senken. Natürlicher Kau-

---

[24] Zur synthetischen Kautschukproduktion, die insbesondere im Zusammenhang mit der angestrebten Massenmotorisierung an Bedeutung gewann, vgl. die Darstellung von Johannes Eckell: Buna – der deutsche synthetische Kautschuk, in: Vierjahresplan, 1. Jg., Nr. 2 (Februar 1937), S. 78-81. Eckell, ein Wissenschaftler der IG Farben, war Leiter des Hauptreferats Chemie im Amt für deutsche Roh- und Werkstoffe, das die Nachfolgeorganisation des Rohstoff- und Devisenstabs in der Verwaltungszentrale des Vierjahresplans war.

tschuk kostet 1,- RM je Kilo. Selbst wenn die Lebensdauer des deutschen Kautschuks die eineinhalbfache ist gegenüber dem natürlichen, wobei ich bemerke, daß er zur Zeit nur beschränkt lagerfähig ist, so ergibt sich zur Zeit immer ein Verhältnis von 4:1,5, später von 3:1,5. Diese Verteuerung ist viel zu groß; denn jede Erhöhung des inländischen Preisniveaus vergrößert die Spannungen zwischen der gleichbleibenden Kaufkraft des Einzelnen und den Kosten des Lebensbedarfs, verringert den Absatz und erfordert auch für die Ausfuhr immer höheren Einsatz, um den deutschen Inlandspreis auf den Weltmarktpreis herabzudrücken. Wir verbrauchen monatlich etwa 6.500 t Kautschuk und erzeugen zur Zeit vielleicht rund 300 t, also rund 4½ %. Die im Bau befindlichen Anlagen steigern die Produktion in etwa 1½ Jahren auf monatlich 1.000 t, das sind dann rund 16%. Die Inangriffnahme neuer Werke käme also, selbst wenn man über die oben erwähnten Preisgefahren hinwegsehen wollte, zu spät, um die sofort zu ergreifenden Maßnahmen positiv zu beeinflussen.

3. *Treibstoffe.*[25]

Hier sind wir zu etwa 35% bereits Selbstversorger. In einem Jahre können wir vielleicht auf 50% kommen. Wenn wir die Treibstofferzeugung im wesentlichen auf Steinkohle aufbauen, was ich aus den obenerwähnten Gründen für richtig halten würde, so ist dieser Teil der deutschen Neustoffbeschaffung der technisch aussichtsreichste. Allerdings ist auch hier wieder zu bedenken, daß gewaltige Preisunterschiede bestehen. Das Liter Benzin frei Hamburg kostet 6 Pfennige, Leuna-Benzin kostet 21 Pfennige, und es wird jahrelanger Arbeit bedürfen, um auf einen Preis von etwa 15–16 Pfennigen herunterzukommen. Nun kann man nicht einwenden, daß der Verkaufspreis in Deutschland ja heute über 21 Pfennige läge, denn der ausländische niedrige Preis wird ja nur durch einen deutschen Finanzzoll auf diese Höhe getrieben. Wenn also das deutsche

---

[25] Die nationalsozialistischen Bemühungen, in der Treibstoffversorgung vom Ausland unabhängig zu werden, durchliefen in der Vorkriegszeit zwei Phasen: 1933–35 lag der Schwerpunkt in Erweiterungs- und Aufschlussbohrungen zur verstärkten Erdölförderung; seit 1935 verstärkte sich die Förderung der Treibstofferzeugung mittels Kohlehydrierung. Beide Strategien hatten jedoch mit der Tatsache zu kämpfen, dass die verstärkte Treibstofferzeugung kaum mit dem wachsenden Bedarf mithalten konnte. Wenn sich auch die Produktionszahlen in der Mineralölwirtschaft zwischen 1933 und 1936 verdreifachten – wobei der Verdoppelung der Erdölförderung eine Vervierfachung der synthetischen Treibstofferzeugung gegenüberstand –, blieb der Anteil der Inlandserzeugung am Gesamtbedarf konstant. Das Braunkohle-Hydrierverfahren der IG Farbenindustrie im Leunawerk wies außerdem den Nachteil auf, dass die Produzenten gar kein Interesse an einer Verbilligung hatten, weil das Reich ihnen eine Preis- und Absatzgarantie gesichert hatte (das „Gesetz über die Übernahme von Garantien zum Ausbau der Rohstoffwirtschaft“ vom 13.12.1934 trat rückwirkend zum 1.12.1933 in Kraft; vgl. RGBl. 1934/I, S. 1253 f.). Vgl. zu den Zahlenangaben Wolfgang Birkenfeld: Der synthetische Treibstoff 1933–1945. Ein Beitrag der nationalsozialistischen Wirtschafts- und Rüstungspolitik, Göttingen, Berlin und Frankfurt/M. 1964 sowie die Darstellungen bei Volkmann, NS-Wirtschaft, S. 320-323 und Zumpe, Wirtschaft, S. 188-192.

Benzin für den Verbraucher nicht teurer werden soll als das ausländische, so muß das Reich bei 100% Selbsterzeugung auf seine Einnahmen aus dem Benzinzoll (zur Zeit 300 Mill. RM jährlich) verzichten. Da bei der Benzolgewinnung Schwelkoks gewonnen wird und dieser Schwelkoks gleichzeitig wieder zur Treibstoffgasgewinnung verwendet werden kann, *so sehe ich in den Neustoffen, die auf deutscher Steinkohle beruhen, die wirklich verwertbaren und wirtschaftlich vertretbaren Chancen für die Zukunft.* Auf diesem Gebiete liegen zweifellos besondere Fähigkeiten der deutschen Chemiker und der deutschen Techniker vor, die zu immer weiteren Verbesserungen und Verbilligungen führen können, so daß hier mit Vorsicht und unter Ausnutzung aller Erfahrungen vorgenommene ständige Erweiterungen insbesondere auf Steinkohlenbasis durchaus zweckmäßig sein könnten. Entscheidend aber ist, daß wir auch in den nächsten Jahren noch eine mindestens 50%ige Abhängigkeit von der Einfuhr haben werden.

4. Der *industrielle Fettbedarf* wird auch in steigendem Maße aus der deutschen Steinkohle gedeckt werden können. Sicher wird man eines Tages dazu kommen, aus diesem Fett auch menschliches [!] Speisefett zu machen. Aber Kosten und Zeitraum stellen diese Frage einstweilen außerhalb derjenigen Gesichtspunkte, die für die Gegenwart und die nahe Zukunft sowie für die Behebung ihrer Nöte erforderlich sind.

Alles in allem ist festzustellen, daß die deutschen Neustoffe uns gewisse größere Freiheiten vom Auslandsmarkt gebracht haben und in beschränktem Umfange auch in Zukunft noch bringen werden. Aber ebenso sicher ist die *Tatsache, daß diese Fortschritte uns nicht 100%ig von ausländischen Rohstoffbezügen unabhängig machen können und daß damit für eine ganze Reihe von Jahren eine Verteuerung des Produktionsprozesses verbunden sein muß.* Es tritt aber noch eine weitere, sehr ernste Erwägung hinzu. Für einen gewissen Zeitraum haben einige deutsche Neustoffe (vgl. oben Textilien) eine geringere Qualität als die unter natürlichen Bedingungen beinahe fertig zum Verbrauch gewachsenen. Solange dieser Zustand dauert – und er ist in seiner Dauer nicht absehbar – wird der Absatz der entsprechenden Waren steigendem Mißtrauen im Auslande begegnen. Es ist nicht leicht, einem Stoffe anzusehen, ob und in welchem Umfange in ihm deutsche Neustoffe verwendet sind. Das erweist sich erst beim späteren Gebrauch. Kann aber der Ausländer in einem anderen Lande die ihm in Qualität und Brauchbarkeit bekannte reine Naturware bekommen, so wird er, wenn er einmal eine schlechte Erfahrung mit einem deutschen Stoff gemacht hat, den deutschen Stoff fortan meiden. Dieses Mißtrauen muß umso stärker steigen, je mehr die Schwierigkeiten unserer Rohstoffversorgung im Auslande bekannt werden. Denn mit umso größeren Zusätzen deutscher Neustoffe wird natürlich das Ausland rechnen. Dem gegenüber hat eine selbst wahrheitsgemäße Versicherung, daß in der Ausfuhrware deutsche Neustoffe nicht enthalten sind, keine durchschlagende Wirkung. Da nun die ausländischen Wettbewerber auf dem Weltmarkt alles tun werden, um dieses Mißtrauen zu fördern, so darf eine gewissenhafte Betrachtung der Verwendung deutscher Neustoffe auch an diesem Gesichtspunkte nicht vorbeigehen. Mit anderen Worten: Hätten wir heute volle Freiheit, neben dem ausreichenden Bezug ausländischer Rohstoffe deutsche Neustoffe zu entwickeln, so würden wir sie zweifellos erst dann in den Verkehr bringen, wenn ihre Überlegenheit gegenüber dem Naturstoff erwiesen ist.

*Auf keinen Fall ist die immer schwieriger werdende Devisen- und Rohstoffnot durch deutsche Neustoffe zu beseitigen.* Hat man aber diese harte Erkenntnis einmal gewonnen, so muß man in der Verwendung von Sparkapital zu neuen Anlagen dieser Art umso vorsichtiger sein. Denn wenn die ganze Frage auf diesem Wege überhaupt nicht zu lösen ist, wenn also ein anderer Weg zur Lösung beschritten werden *muß*, und wenn dieser andere Weg zur Beseitigung dieser Not überhaupt führt, dann wird eines Tages jede Million, die in solche Anlagen gesteckt ist und nicht mehr rentierlich arbeitet, schwer bereut werden. Denn daß wir zur Beseitigung der jetzt auflaufenden kurzfristigen Schulden die Sparkraft des deutschen Volkes in der Zukunft in ganz ungewöhnlichem Maße in Anspruch nehmen müssen, ist außer jedem Zweifel. Ich erlaube mir, an die herbe Kritik zu erinnern, die die auf ausländischem Pump aufgebauten Investitionen der Jahre 1925 bis 1928 später mit Recht erfahren haben. Werden auf einem anderen Wege die uns jetzt bedrängenden Nöte beseitigt, so wäre es ja dann wahrhaftig sinnlos, den Eintausch besserer und billigerer ausländischer Rohstoffe gegen hochwertige deutsche Fertigfabrikate abzulehnen, nur um im Inlande geringwertigere Arbeitsleistungen zu teureren Preisen sich vollziehen zu lassen. Weder auf dem Gebiete des Arbeitsmarktes, noch auf dem Gebiete der Kultur, noch auf dem Gebiete des Preisstandes, also der Lebenshaltung, wird damit ein Gewinn erzielt, sondern nur ein Nachteil. Auch nicht aus dem Gesichtspunkte der Rüstung läßt sich eine Investition von Kapital in solche Anlagen vertreten, wenn überhaupt – und das ist der Fall – andere Wege beschritten werden müssen. Denn bei dem Fortschritt der Technik, der gerade am Anfang solchen neuen Stoffen beschieden ist, ist mit höchster Wahrscheinlichkeit anzunehmen, daß ein heute errichtetes Werk in verhältnismäßig kurzer Zeit veraltet und dann im Ernstfalle nicht mehr voll gebrauchsfähig ist. Je notwendiger es ist, die gebotene Rüstung durchzuführen und wirklich solide auf der Sparkraft des Volkes sich vollziehen zu lassen, umso notwendiger ist es, jede Million zu überlegen, die investiert wird. Auch an industriellen Rohstoffen müssen wir für den Kriegsfall ausreichende Lagervorräte hinlegen. Und schließlich ist es eben Aufgabe der Politik, eine Blockade um Deutschland nicht wieder Wirklichkeit werden zu lassen und nicht zum zweiten Male die Armee und die Volkswirtschaft vor unlösbare Aufgaben zu stellen.

*E. Vorschläge.*

Ich habe schon oben darauf hingewiesen, daß es immer notwendig ist, den *Ursachen* eines als drückend empfundenen Zustandes nachzugehen, sie festzustellen und danach die Mittel zur Beseitigung dieses Zustandes zu bestimmen. Die Rohstoff- und Devisennot ist ja nur eine Erscheinungsform einer vollkommen in Unordnung geratenen Wirtschaft. Der Tauschverkehr zwischen den verschiedenen Völkern, die so verschiedenartige Erzeugnisse hervorbringen, Erzeugnisse, auf deren Vorhandensein und Verwendung unsere ganze Wirtschaft sich seit Hunderten von Jahren mehr und mehr eingestellt hat, ist beengt und gehemmt. Die Ursachen sind im wesentlichen politische – sie gehen auf das Diktat von Versailles zurück –, die Wirkungen technische. Der Fortschritt der Technik hat zu immer größerer Arbeitsteilung geführt. An der Herstellung eines Taschenmessers sind bis zu 30 Menschen beschäftigt, wenn man das Taschenmesser in seine einzelnen Teile zerlegt. Wie oben erwähnt, ist eine solche arbeitsteilige Wirtschaft überhaupt nur durchführbar mit einem währenden Gelde. Die Disziplin, die zur Erhaltung der Währung des Geldes aufgewendet werden muß, wird umso größer, je weiter der Wirkungsraum des Geldes sein soll. Wenn wir verlangen, daß unsere deutsche Mark bis in die entferntesten Teile der Erde als während geachtet wird – und das war sie 1913 –, so müssen wir viel mehr Selbstdisziplin in der Erhaltung der Währung aufbringen, als wenn wir nur allein auf dieser Erde wohnen würden. Die Technik hat es ermöglicht, in einem Jahrhundert die Bevölkerung Europas fast zu verdreifachen. Annähernd auf dem jetzigen Lebensstand kann diese Bevölkerung nur erhalten werden, wenn sie so hochwertig beschäftigt werden kann wie bisher. Hörte – theoretisch gesprochen – die ganze gewerbliche deutsche Beschäftigung für die Weltwirtschaft auf, müßten alle ihre Nahrung, Kleidung und Behausung unmittelbar aus dem deutschen Boden erarbeiten, so würde das deutsche Volk auf die Wirtschafts- und Kulturstufe eines Kleinstbauernvolkes kommen. Wir müßten in der Landwirtschaft dann rd. 3 Millionen Einzelexistenzen mehr unterbringen wie bisher. Denn diese können in der arbeitsteiligen Wirtschaft auf dem Binnenmarkt gewerblich nicht beschäftigt werden. Zu einer Ackernahrung gehören mindestens 16 Morgen. Dann würde die Lebenshaltung erreicht, die heute der fränkische Bauer in harter Arbeit sich schaffen kann. Für 3 Millionen X 16 Morgen = 48 Millionen Morgen oder 12 Millionen ha. Die gesamte landwirtschaftlich benutzte Fläche Deutschlands beträgt aber nur 27 Millionen ha. Hieraus ergibt sich die physische Unmöglichkeit, so zu verfahren. Man müßte dann also den ganzen deutschen Boden auf die deutschen Menschen verteilen. Dann würden auf jede Familie, die Familie zu 5 Köpfen gerechnet, 7½ Morgen entfallen. Selbst wenn der Morgen in Kleinwirtschaft durchschnittlich 10 Zentner Roggen brächte, würde nur ein Wert von 600–750 RM geerntet. Davon ist kaum noch Ernährung, Bekleidung und Behausung sicherzustellen. Das ergibt ungefähr die Hälfte des heutigen Lebensstandes eines Arbeiters, d.h. ein schlechteres Leben, als es bisher die Arbeitslosen aus ihrer Unterstützung hatten. Als letztes Mittel verbleibt dann, wie ich immer wieder dargelegt habe, die *dauernde* Verkürzung der gewerblichen Arbeitszeit, so daß 14 Millionen Menschen die Arbeit von 11 Millionen verrichten. Das gibt 6 Stunden Arbeit am Tage. Damit kann sich kein Mensch auf die Dauer in unseren Breitengraden erhalten. Also bedürfte er einer zusätzlichen Lebensmöglichkeit. Das wäre die Kleinsiedlung. Für 14 Millionen würden 14 Mill. X 2 : 5 = 5.600.000 Morgen = 1,4 Millionen ha nötig sein. Sie wären äußerstenfalls zu schaffen; aber die Menschen eignen sich nicht *alle* zur Kleinsiedlung, höchstens $^1/_5 - {^1/_7}$. *An der Aufrechterhaltung der Weltwirtschaft haben wir daher aus allen hier und an anderen Stellen dargelegten zwingenden Tatsachen ebenso wie andere, auf engem Raume wohnende Kulturvölker ein lebenswichtiges Interesse.* Da diese Weltwirtschaft nur mit einem geordneten währenden Geldsystem wieder von ihren Hemmungen (Tauschverkehr, Verrechnungsverkehr, Kontingente, Zölle, verfehlte autarkische Maßnahmen usw.) befreit werden kann, so verbürgt allein die Wiederherstellung dieses Währungssystems die entscheidende Beseitigung der gegenwärtigen Notlage, in der wir uns, wirtschaftlich gesehen, befinden. Jedes Währungssystem aber hat zwei Voraussetzungen, von denen sich die eine auf die Verwertbarkeit im Binnenmarkt, die andere auf die Verwertbarkeit im Weltmarkt bezieht.

1. Der Staat, der eine Währung schafft, muß, um sie währendzu machen, seine Finanzen in Ordnung halten.
2. Will der Staat, daß sein Volk an dem Wirtschaftsverkehr der Welt teilnimmt, dann muß er sein Währungssystem zu den Systemen der anderen in ein bestimmtes Verhältnis setzen und darauf verzichten, einseitige Änderungen vorzunehmen.

Die Schaffung der ersten Voraussetzung ist eine absolut nationale, und zwar nur vom eigenen Willen abhängige. Die Schaffung der zweiten bedarf der Verständigung mit anderen.

Die Tatsache, daß ein Volk nicht mehr ausgeben darf, als es hat, ist eine in ihrer zwingenden Naturnotwendigkeit leider Gottes heute in der ganzen Welt vielfach verlorengegangene Erkenntnis. Und dabei ist sie doch so einfach und unentrinnbar. Alles, was wir in dieser Welt genießen, beruht auf einer menschlichen Leistung an den Kräften der Natur. Eine Leistung, die nicht vollbracht ist, kann nicht genossen werden. Kein Mensch kann einen Apfel essen, der nicht zuvor gewachsen ist. Im allgemeinen wird schon dieser Zustand nur dadurch erreicht, daß der Mensch den Apfelbaum gepflanzt, gehegt und gepflegt hat. Aber selbst wenn der Apfel wild wächst, muß er vom Baume gepflückt werden. Ist er vom Baume abgefallen, muß er vom Erdboden aufgenommen werden. Irgendeine Leistung ist immer erforderlich, um zu irgendeinem Genuß auf allen Gebieten des Lebens zu kommen. Eine Gemeinschaft der Menschen kann natürlich auch nicht mehr verbrauchen, als diese Menschen durch ihre Leistung zusammen schaffen. Bringt eine Gemeinschaft von 100 Menschen zusammen 10 Zentner Äpfel auf, werden diese 10 Zentner ganz an die Verwaltung der Gemeinschaft abgeliefert, so kann die Verwaltung eben nicht mehr als 10 Zentner verbrauchen. Nun kann im allgemeinen der Staat seinen Bürgern nicht das gesamte Ergebnis ihrer Arbeitsleistung abnehmen. Täte er es, so müßte er jedem Einzelnen nunmehr auch seine Nahrung, seine Kleidung und Wohnung zuteilen. Das ist der Versuch, den das bolschewistische Rußland gemacht hat. Jede Leistung gehört dem Staat, der Staat sorgt für alles. Ergebnis:

Vollkommene Zersetzung, weil der Apparat, der zu dieser bis ins einzelne gehenden Verwaltung und Regelung aller Lebensbedürfnisse der Menschen nötig ist, ungeheuer groß wird. Die dazu erforderlichen Menschen sind ja nicht mehr produktiv tätig, sie erzeugen nichts, was andere genießen können, sondern sie beglücken nur die anderen mit der Tatsache ihres Daseins und ihres Wirkens. Der Staat muß sich also darauf beschränken, den einzelnen Bürgern nur Teile ihrer Arbeitsleistung fortzunehmen, um mit ihnen die allgemeinen Aufgaben des Staates zu erfüllen. Diese Teile müssen sehr sorgsam abgewogen werden. Denn je mehr der Staat dem Einzelnen fortnimmt, umso mehr schwächt er die Tauschkraft des einzelnen Bürgers, umso geringer wird also auch der natürliche Tauschverkehr zwischen seinen Bürgern und die Gütererzeugung. Das ist ja auch der Grund, weshalb die Ausgaben des Staates für solche Zwecke, die der Veredlung und Verschönerung des Lebens dienen, sich immer im Einklang halten müssen mit der Wirtschaftskraft und dem Wirtschaftsleben des Volkes. Ein Volk, das sehr dürftig leben müßte, weil sein Staat ihm hohe Teile seiner Arbeitsleistungen abnähme, um dafür schöne Werke zu errichten, würde den so geschaffenen Zustand nicht als angemessen empfinden. Es muß im Leben alles sich in einer gewissen Harmonie vollziehen; sie wird am besten gewährleistet, indem der Aufwand des Staates für solche Zwecke im Einklang gehalten wird mit dem Aufwand, den der einzelne sich in seinem Hause, in seiner Familie gönnen kann, um sein Tagesdasein zu verschönern.

Die naheliegende Vorstellung, als ob durch solche großen Schöpfungen der Gemeinschaft Arbeit geschaffen werde, ist ein Trugschluß. Denn da sie nur geschaffen werden können aus den Mitteln, die dem einzelnen Bürger abgesteuert werden, so wird ihm Tauschkraft und Fähigkeit, den Arbeitsmarkt zu beleben, entsprechend verringert. Werden diese Mittel dem Einzelnen gelassen, so wirft er sie auch nicht auf den Müllhaufen, sondern entweder verbraucht er sie zum Essen, zur Kleidung, zur Wohnung oder zu kulturellen Zwecken, dann setzt er damit viele andere Hände in Bewegung. Oder er spart sie, dann schafft er die Möglichkeiten zum Wohnungsbau, die Möglichkeiten zu neuen volkswirtschaftlich wichtigen Anlagen (Fabriken, Straßen usw.), zur Rüstung. Aber immer setzt sich das, was ihm gelassen wird, ganz gleichgültig, ob es in der Hand des Verschwenders oder in der Hand des sparsamsten Bürgers bleibt, in Arbeit um. Und diese Arbeit hat den ungewöhnlichen Vorzug, daß sie in 1.000 kleine Kanäle fließt und daß daher gerade immer wieder jene selbständigen Menschen eines bescheidenen Mittelstandes in gesunder wirtschaftlicher Tätigkeit erhalten werden, auf die jeder, und zwar gerade der Staat den entscheidenden Wert legen muß, der den Kampf gegen den Bolschewismus auf seine Fahne geschrieben hat. Denn nichts ist ein sichererer Schutzwall gegen diesen Bolschewismus als die Verwurzelung vieler Menschen in einen selbstverantwortlichen Wirtschaftsbezirk. Auf vielen selbstverantwortlich arbeitenden Familien beruht die Sicherheit eines Staates gegen alle Gefahren.

Schöpfer *währenden Geldes* kann natürlich nicht Herr X und Herr Y sein, sondern nur der Staat. Er bedient sich zur Ordnung des Geldwesens einer Bank. Die

Bank ist dafür verantwortlich, daß niemals mehr Geldmittel im Umlauf gehalten werden, als dem Wert der jeweils im Umsatz begriffenen *tauschbaren* Leistungen des Volkes entspricht. Nichttauschbare Leistungen können natürlich nicht zur Unterlage für Geldzeichen dienen. Dann würde das Geld von seiner naturhaften Unterlage des Tauschgutes gelöst werden. Dann würden immer mehr Geldmengen den zur Verfügung stehenden tauschbaren Gütermengen gegenüberstehen. Die Preise würden steigen und die Inflation wäre da. Dann könnte schon der Bau von Kirchen Anlaß zu einer Inflation sein.

Die gefährlichste Quelle der Zerstörung des Geldwertes ist aber eine nicht geordnete Haushaltsführung des Staates selbst. Denn die Versuchung für den Staat, mehr auszugeben, als ihm seine Bürger an echten Leistungen zur Verfügung stellen, ist in allen Jahrhunderten immer sehr groß gewesen. Die Menge ist immer begehrlich und verlangt mangels klarer Vorstellungen über das Können des Staates vom eigenen Staat im allgemeinen immer mehr, als er leisten kann. Sie stellt sich unter Stadt und Staat meistens ein Gebilde vor, das alles können muß, weil der Menge infolge der Kompliziertheit unseres Wirtschaftslebens in steigendem Maße die naturhafte Vorstellung dafür verloren gegangen ist, daß der Staat nicht mehr auszugeben hat, als ihm seine Bürger zur Verfügung stellen. Zu allen Zeiten haben sich deswegen Staaten bereitgefunden, ihren Bürgern gegenüber Erfüllungspolitik zu treiben, d.h. Ansprüche zu erfüllen, die zu erfüllen an und für sich gar nicht möglich ist. Diese Versuchung ist umso größer, da ja der Staat in seiner Bank ein Geldschöpfungsinstitut zur Verfügung hat. In den Jahren 1919/1923 hat sich das Deutsche Reich dazu verführen lassen, in dieser Geldschöpfungsmaschine Papier zu bedrucken und ihm den Charakter als Geld zu verleihen.[26] Hier aber kann gar nichts „verliehen" werden, was nicht da ist. Ein Stück Papier, auf das das Wort „Wasser" aufgedruckt ist, vermag nicht den Durst zu löschen. Das Bedrucken eines wertlosen Fetzens mit schönen Ornamenten und Zahlen schafft noch kein Geld.

Der neue Staat hat es auch entschieden abgelehnt, Inflation zu betreiben. Aber es droht eine andere Gefahr. Selbstverständlich ist der Staat nicht nur auf Teile dessen angewiesen, was seine Bürger gegenwärtig erarbeiten, sondern er kann

[26] Die Hyperinflation 1923, deren Ursachen in der zeitgenössischen Argumentation gern auf die alliierten Reparationsforderungen oder auf das unterstellte Regierungsziel der Arbeiterbefriedung reduziert wurde, hatte ihre Wurzeln in der vorangegangenen Kriegsführung. Die Reichsverschuldung zur Kriegsfinanzierung, die finanziellen Lasten der Demobilisierung und die veränderte weltwirtschaftliche Situation trugen entscheidend bei zum Währungsverfall. Um die kriegswirtschaftliche Reichsschuld von über 150 Mrd. RM nach 1919 abbauen zu können, standen nur zwei Alternativen zur Verfügung: Entweder Korrektur des Ungleichgewichts zwischen Geldumlauf und tatsächlicher Wirtschaftskraft, oder Bedienung der Schatzwechsel und Kriegsanleihen durch weitere Verschuldung. Während ersteres einen drastischen Währungsschnitt bedeutet hätte, wie er 30 Jahre später vorgenommen wurde, führte die Wahl der zweiten Alternative 1923 zur Hyperinflation. Vgl. ausführlich Petzina, Wirtschaft, S. 77-85.

auch auf das zurückgreifen, was sie früher erarbeitet, aber nicht verbraucht haben, d.h. auf Kapital oder Vermögen, wie man es nennen will, aller Art. Deswegen erfassen die Steuern ja auch das Vermögen. Wenn der Staat auf das Vermögen zurückgreift, so kann er es wieder in zweierlei Form tun. Entweder nimmt er seinen Bürgern einen Teil ihres Vermögens fort; das sind Vermögensabgaben. Oder er nimmt es ihnen nur vorübergehend fort, um es im Laufe der Jahre wieder zurückzuzahlen. Dann macht er Schulden. Aber *diese Schulden darf er nicht unbegrenzt machen*. Der Staat kann nur soviel Schulden machen, wie ihm das Vermögen seiner Bürger gestattet. Mehr als das Gesamtvermögen aller seiner Bürger zusammen hat auch der Staat nicht zur Verfügung. Bei der Höhe des Schuldenmachens muß er wieder bedenken, daß nicht alles, was an Werten in seiner und seiner Bürger Hand sich befindet, verwertbares Vermögen darstellt. Viele Arbeitsleistungen vergangener Jahrhunderte haben in hohen Werten der Kultur ihre Verkörperung gefunden. Selbstverständlich haben diese Kulturschöpfungen eine hohe sittliche Bedeutung; sie haben auch einen gewissen wirtschaftlichen Wert. Aber wenn man daran geht, beispielsweise die Schätze eines Museums wirtschaftlich verwerten zu wollen, so wird man sehen, daß das *Gebäude* keinen in Wirtschaftswerte umzusetzenden Wert hat, die Sammlungen sehr wohl. Der Wert dieser Sammlungen ist aber ganz davon abhängig, daß sich jemand findet, der sie einzutauschen in der Lage ist. Zu gewissen Zeiten, z.B. als die Amerikaner sich nach dem Weltkrieg Museen und Bibliotheken aufbauten, hatten diese Leistungen vergangener Geschlechter einen hohen Tauschwert. Aber heute bei der allgemeinen Verarmung der Völker würde man sich genötigt sehen Sammlungen, die man für kostbar gehalten hat, weit unter dem eingebildeten Werte weggeben müssen, wollte man sie realisieren. Da aber der Staat gleichzeitig der letzte Hüter der völkischen Kultur ist, so wird er ja auch niemals so weit in die vorhandene Vermögensmasse zurückgreifen wollen, daß dieses Kulturgut angetastet werden müßte. Gerade der heutige Staat ist im Gegenteil bestrebt, diesen Kulturbesitz zu erhalten. *Es gibt eine von der Natur gesetzte Schranke für neue Schulden, die der Staat zur Begleichung seiner Ausgaben aufnehmen kann.* Er kann äußerstenfalls jährlich soviel neue Schulden machen, wie sich im gleichen Jahre das Vermögen seiner Bürger vermehrt hat. Dann schöpft er aber auch schon alles ab, was verständig ist. Schöpft er mehr ab, so geht er bereits in die Substanz früher erarbeiteten Vermögens hinein und belastet nicht nur die Zukunft mit den Rückzahlungslasten, sondern verbraucht auch in der Gegenwart das, was frühere Geschlechter erarbeitet und zurückgelegt haben. Zu einer solchen Politik, die sowohl in die Zukunft wie in die Vergangenheit hinein substanzmindernd greift, wird sich kein Staat vertretbarerweise entschließen können. Denn er würde dann der gegenwärtig lebenden Generation alles opfern. Zu verbrauchen ist mit anderen Worten in der Gegenwart immer nur das, was an Arbeitsergebnissen greifbar geworden ist; nicht ein Gramm mehr.

Nun bin ich selbst im Bank- und Finanzwesen tätigen Menschen begegnet, die dieses Naturgesetz nicht anerkennen wollen und die da sagen, daß die heutige

Technik uns andere Mittel als vergangenen Geschlechtern zur Verfügung stellt. Ja, andere Mittel schon, aber nicht eine andere Natur und nicht andere Naturgesetze. Was Friedrich den Großen band, bindet auch uns. Sein Vater hat ihm nicht nur eine vorzügliche Armee hinterlassen, sondern auch den bestverwalteten Staat der damaligen Welt, absolut geordnete Finanzen und eine zum Platzen gefüllte Staatskasse. Nur auf alle diese Tatsachen gestellt, hat Friedrich der Große einen Krieg riskieren und den eigenen Ruhm und den Bestand des Staates an dessen Vergrößerung und Verbesserung setzen können. Kein anderer als er selbst hat das immer wieder mit äußerster Energie betont. Friedrich der Große verschlechterte gewiß sein Metallgeld, um Silber und Gold für wichtige Käufe zu verwenden, aber in seinem Lande fehlten ja auch Menschen. Er hatte ein zu dünn bevölkertes Land, und an Arbeitslosigkeit brauchte bei dem geringen Stand der industriellen Entwicklung in seiner Zeit niemand zu leiden, im Gegenteil, Grund und Boden standen im Überfluß zur Verfügung. Und trotzdem wußte Friedrich der Große, daß er diese Geldverschlechterung nur vorübergehend betreiben könne, und hat schon beim Kriegsschluß angefangen, durch vermehrte Sparsamkeit die Geldverschlechterung wieder zu beseitigen. Aber daß wir eine Geldverschlechterung (Inflation) in unserer Generation nach den verheerenden Folgen ihrer Übertreibung nicht noch einmal wiederholen können, ist jedem klar. Auf den Gedanken, der so häufig von den obenerwähnten Menschen vertreten wird, man könne sich Kredit künstlich schöpfen,[27] ist ein Friedrich der Große nie verfallen. Und nach dem, was ich dargelegt habe, verbietet sich von selbst, solch leichtfertigen Vorstellungen Raum zu geben. Wie soll denn jemals etwas geschöpft werden, was noch nicht da ist? Kredit schaffen heißt, Menschen gewinnen, die bereit sind, ihre Ersparnisse einem anderen für einen bestimmten Zweck anzuvertrauen. Aber diese Spargelder, d.h. diese schon vollzogenen Arbeitsleistungen, die noch nicht verbraucht sind, *müssen da sein*. Auf zukünftig zu erwartende Arbeitsleistungen kann kein Kredit aufgebaut werden. Denn niemand kennt den Umfang dieser Arbeitsleistungen, niemand kennt die Voraussetzungen, unter denen in Zukunft Arbeit geleistet werden kann, niemand weiß, wieviel von der künftigen Arbeitsleistung erspart werden kann, ob nicht die Not des Lebens zwingt, alles Erarbeitete zu verbrauchen, nur um das physische Leben der Gegenwart aufrecht zu erhalten. Gewiß gestattet jede Technik eine Zeitlang Überlastungen. Aber erreicht diese Überlastung ein bestimmtes Gewicht, so bricht die Konstruktion.

Die gegenwärtigen Ausgaben des Deutschen Reiches werden nicht mehr durch ordnungsmäßige Steuereinnahmen gedeckt; nicht einmal die laufenden Ausgaben sind voll gedeckt! Alle außerordentlichen Ausgaben, insbesondere die Rüstungsausgaben, werden auf Schulden gemacht. Dagegen wäre nichts einzuwenden, wenn der Staat entweder seinen Bürgern jährlich die Vermögensabgaben abnimmt, die zur Deckung der neuen Schulden erforderlich sind. Dann weiß das Volk, woran

27 Vgl. zur künstlichen Geld- oder Kreditschöpfung S. 395, Anmerkung 12.

es ist. Dann mutet der Staat seinen Bürgern zu, ihr Vermögen ständig vermindert zu sehen, gibt ihnen aber dafür die Gewähr größerer Sicherheit nach außen. Das ist eine klare Linie. Oder der Staat müßte die Schulden sofort in echte Anleihen umwandeln, d.h. er müßte seinen Bürgern zwar einen Teil ihres Vermögens abnehmen, aber ihnen die allmähliche Rückerstattung zusichern. Ich habe oben dargelegt, daß hierbei die Grenze des jährlichen Sparzuwachses nicht überschritten werden darf. Zur Zeit überschreiten wir diese Grenze ganz erheblich. Der Technik ist es gelungen, die Überlastung eine Zeitlang unmerkbar zu machen. Der Geldumlauf ist bis zum Beginn dieses Jahres nicht stärker gesteigert, als es der Vermehrung der tauschbaren Güter entsprach. Seit einigen Monaten aber haben wir keine Vermehrung dieser Gütermengen mehr. Denn die Rohstofflage zwingt uns ja sowohl auf dem Gebiete der Ernährung wie auch sonst zu gewissen Zurückhaltungen. Was also jetzt an Vermehrung des Geldumlaufs vor sich geht, ist bereits nicht ohne Gefahr (vgl. oben: Gütermenge bleibt die gleiche, Geldtauschmenge steigt; mithin müssen die Preise steigen, es bleibt gar nichts anderes übrig). Aber diese Gefahr ist nicht die einzige. Da der Staat jährlich mehr ausgegeben hat, als er in echten Anleihen aus wachsendem Spargut des Volkes aufbringen konnte, hat er zu dem Mittel gegriffen, Wechselschulden zu machen.[28] Es wäre ein verhängnisvoller Irrtum, anzunehmen, daß diese Wechselschulden deswegen, weil es sehr einfach ist, ein Stück Papier mit den entsprechenden Erklärungen und Zahlen zu beschreiben, anders behandelt werden können als sonstige Schulden. Man würde in den Irrtum manches jungen Leutnants verfallen. Auch diese Schulden müssen immer wieder aus Arbeitsergebnissen bezahlt werden. Gewiß wachsen die Arbeitsergebnisse, wenn der Staat Aufträge vergibt, aber das, was der Staat von diesen Arbeitsergebnissen bekommt, kann immer nur ein Bruchteil dessen sein, was er an neuen Schulden eingegangen ist. Der größte Teil geht in den Verbrauch derjenigen hinein, die durch diese Aufträge Arbeit erhalten, und verschwindet dort auf Nimmerwiedersehen. Und noch ein anderes Nimmerwiedersehen gibt es, nämlich, soweit ausländische Rohstoffe beschafft werden müssen. Also, dieser Trost hat sich immer nur als kurzfristig erwiesen. *Die starke Steigerung unserer Steuereinnahmen* um jährlich mehr als 1 Milliarde RM, wie wir sie in den letzten beiden Jahren gesehen haben, darf uns nicht darüber hinwegtäuschen, daß auf der anderen Seite *dem ein Mehrfaches an neuen Schulden gegenübersteht.* Man kann sich auch nicht damit trösten, daß ja durch dieses Mehr an Einkünften wenigstens die Zins- und Tilgungsraten gedeckt werden. Sie werden nur solange gedeckt, als immer neue entsprechend höhere Schulden gemacht werden. In dem Moment, wo diese Schulden nicht mehr gemacht werden, gehen Arbeit und Steuereinnahmen zurück, und es bleibt wohl die Schuld übrig, aber nicht die Fähigkeit, sie zu zinsen und zu tilgen.

Nun haben Staat und Reichsbank bisher diese Wechsel einfach so behandelt, daß sie nicht in die Erscheinung traten. Das konnte man vielleicht wagen, wenn man

[28] S.o., Anmerkung 16.

darauf rechnen konnte, inzwischen den vollen Anschluß an die Weltwirtschaft zu gewinnen. Aber wegwischen kann man solche Vorausbelastungen künftigen Volkseinkommens nicht. Die Banken, flüssig gehalten durch die sich immer wieder erneuernden und steigenden Staatsaufträge, haben diese Wechsel wohl genommen. Aber sie bedeuten nunmehr echte Forderungen der Banken. Ihnen stehen Schulden der Banken gegenüber; das sind die Schulden an die Sparer.[29] Sowie die Bank von den Sparern in Anspruch genommen wird, die für irgendwelche Zwecke Geld brauchen, muß sie von irgendeinem Zeitpunkt an ihre Wechselforderung gegenüber dem Reich oder der Reichsbank geltend machen. Denn sonst müßte sie den Sparern glatt erklären, daß sie ihnen ihre Forderungen nicht ausbezahlen könne. Die wirtschaftlichen Folgen der Zahlungseinstellungen von Banken im Jahre 1931 sind noch in frischem Gedächtnis.[30] Also darf es niemals zu einem solchen Zustand kommen. Nun ist es selbstverständlich, daß die Banken nicht unbeschränkt aufnahmefähig sind. Denn sie müssen sich fähig halten, die Spargelder zurückzuzahlen, ohne die Reichsbank langfristig in Anspruch zu nehmen. Die Schwierigkeiten der letzten Anleihekonsolidierungen lassen vermuten, daß wir diese Grenze bereits überschritten haben.[31] Das muß sich in dem Augenblick zeigen, in dem etwa die Wirtschaft nicht mehr Geld zur Bank bringt, sondern Geld von der Bank holen muß. Jedes Werk, dessen Produktionskosten sich verteuern, dessen Arbeitsvolumen sich verringert, muß seine Reserven in Anspruch nehmen, und viele dieser Reserven liegen bei den Banken. Setzt diese Bewegung ein – und die steigende Rohstoffknappheit

29 Vgl. zur nationalsozialistischen Geldschöpfung S. 395, Anmerkung 12.

30 Der Abzug ausländischer Kredite als politisches Druckmittel gegen die deutschen Bestrebungen, eine Zollunion mit Österreich einzugehen, und die enge Verflechtung der zweitgrößten deutschen Privatbank mit dem bankrotten Nordwolle-Konzern waren die unmittelbaren Auslöser der deutschen Bankenkrise. Mittelbar offenbarte sich durch die ausländischen Kreditabzüge eine immanente Schwäche der deutschen Volkswirtschaft, die stark abhängig von Auslandskapital war und darüber hinaus kurzfristige Kredite langfristig angelegt hatte. Der Zusammenbruch der Danatbank am 13.7.1931 löste einen Run auf die übrigen deutschen Banken und Sparkassen aus, dem das Kabinett Brüning mit einer Reihe von Notverordnungen begegnete: Nach der Schließung sämtlicher Banken und Sparkassen am 14. und 15. Juli folgten Verordnungen über die Beschränkung des Devisen- und Zahlungsverkehrs sowie über die Erhöhung von Diskont- und Lombardsatz. Zum Verlauf der deutschen Bankenkrise vgl. Kroll, Weltwirtschaftskrise, S. 120-125 sowie die kritische Analyse von Henning Köhler: Das Verhältnis von Reichsregierung und Großbanken 1931, in: Mommsen/Petzina/Weisbrod, S. 868-877.

31 Die nationalsozialistische Praxis der „geräuschlosen“ Anleiheabsetzung durch Abschöpfung der angesammelten Gelder bei Versicherungsgesellschaften, Sozialversicherungsträgern und Geldinstituten machte die Unterbringung der Anleihen relativ unabhängig von Wünschen der Bevölkerung. Deren Konsolidierung erfolgte nicht zuletzt durch Giralgeldschöpfung bei den Banken, die zur Mitfinanzierung genötigt wurden (vgl. S. 395, Anmerkung 12). Vgl. Heinrich Stuebel: Die Finanzierung der Aufrüstung im Dritten Reich, in: Europa-Archiv, 6. Jg. (1951), S. 4128-4136.

gebiert sie ja geradezu –, so müssen die Wechsel in steigendem Maße von den Banken der Reichsbank präsentiert und von dieser in Geld umgewechselt werden. Das sogenannte Giralgeld, das der Reichsbank zur Verfügung steht, spielt mit einem Betrage von 600 – 700 Millionen RM keine wesentliche Rolle. Die Reichsbank müßte also Noten herausgeben. Sie stünde dann genau entsprechend der von ihr übernommenen Verantwortung zwischen zwei Feuern. Die Verweigerung der Wechseleinlösung bedeutet Stillegung des ganzen Bankenapparates und damit Schädigung aller Volksgenossen, die etwas gespart haben. Die Einlösung der Wechsel bedeutet Vermehrung des Zahlungsmittelumlaufs und damit steigende Preise, also Inflation. Es muß sich also mit Naturnotwendigkeit eines Tages erweisen, daß das Leben auf Wechselschulden, die nicht sofort entweder durch Vermögensabgaben gedeckt sind oder in der wachsenden Sparkraft der Bevölkerung ihre Begrenzung finden, eine auf Eis gelegte Inflation ist. Das ist keine neue Weisheit, sondern ich habe sie Herrn Reichsbankpräsident Dr. Schacht gegenüber stets vertreten. *Noch kann man das Tauen dieses Eises verhindern,* wenn man rechtzeitig die Rohstoffnot behebt und die jetzt gemachten Schulden konsolidiert, Haushalt und Schuldenwirtschaft in Ordnung bringt. Das Eis schmilzt mit naturgesetzlicher Sicherheit, wenn zu diesen Maßnahmen nicht gegriffen wird.

Hier wird die Verbindung mit der Rohstoffnot klar. Aber es gibt noch eine andere und sehr viel ernstere Verbindung. Die Art der Finanzierung auch für national wichtigste Aufgaben des Volkes mußte bei der Lage Deutschlands zu einer Rohstoffbeengung führen. Ich habe mir erlaubt, bereits im vorigen Jahre darauf hinzuweisen.[32] Denn da das Gesetz, man darf nicht mehr verbrauchen als man hat, ein für den Haushalt des Einzelnen wie des Staates durchaus zwingendes ist, so wird jeder Einzelne und jedes Volk im Verkehr mit anderen in wirtschaftlichen und politischen Fragen danach beurteilt, ob seine Finanzen in Ordnung sind oder nicht. Daß wir die Ausgaben nicht aus laufenden Einnahmen decken, weiß die Welt. Sie rechnet anscheinend sogar noch mit sehr viel größeren Zahlen, als der Wahrheit entsprechen, weil wir den Haushalt nicht mehr veröffentlichen. Damit aber haben wir selbst die Rohstoffpreise verteuert, soweit wir sie nicht Zug um Zug mit Gold oder Devisen bezahlen können. Die Gold- und Devisenmengen schwinden. Sie müssen immer weiter schwinden, weil wir in einen unentrinnbaren circulus virtuosus hineingekommen sind. Aber unentrinnbar ist er nur, solange wir uns nicht entschließen, an die Ursachen heranzugehen.

Geschieht dies nicht, so muß die Reichsbank eines Tages erklären, sie sei nicht mehr in der Lage, weitere Wechsel aufzunehmen, weil auch bei den Banken unten die Aufnahmefähigkeit immer geringer wird. Dann aber steht der Staat vor allerernstesten Situationen. Denn dann diktiert ihm die Natur auch das Tempo des Handelns, das geordnet vielleicht nicht mehr innezuhalten ist. Man muß sich immer

[32] S. Goerdelers Denkschrift zur wirtschaftlichen Lage vom Oktober 1935; Dok. 3.6, oben S. 387 ff.

vorstellen, wie weitreichend urplötzliche Änderungen in der ganzen Volkswirtschaft sich auswirken. Sie gehen von der Ministerstube bis zum kleinsten Gemeindevorsteher, sie gehen von der Reichsbank bis zur letzten kleinen Sparkasse, sie gehen vom größten Betrieb bis in den letzten Krämerladen des Dorfes. Sie enden immer im lebendigen Menschen und in seinem Haushalt. Es ist nun einmal eine von der Natur gesetzte, nie durch menschliche Künste zu beseitigende Notwendigkeit für den Bestand eines Staates und für die Gesundheit seiner Wirtschaft, den Haushalt in Ordnung zu halten und nicht mehr Schulden zu machen, als die Sparkraft seines Volkes es gestattet. Gewiß kann das Deutsche Reich mehr Schulden machen, als es heute hat, und bei wiederhergestellter Weltwirtschaft und den aus ihr sich ergebenden Möglichkeiten auch vertragen. Aber was es nach meiner besten Überzeugung auf keinen Fall vertragen kann, ist das Tempo, in dem jährlich die Schulden gemacht werden. Denn dieses Tempo kann jährlich nicht echt konsolidiert werden. Man muß sich entschließen, auch die wichtigsten Aufgaben des Staates und des Volkes in einem viel gemäßigteren Tempo zu betreiben.

Selbstverständlich sind wir nicht allein an der Zerrüttung der Währungen schuld. Der Urgrund hierfür ist gelegt durch den Weltkrieg und durch das Diktat von Versailles. Riesige Vermögen sind im Kriege vernichtet und können daher jetzt nicht mehr friedlich verbraucht werden. Das Diktat hat uns großer Vermögensteile beraubt und sie anderen Völkern zugeschoben. Dort lagern sie jetzt in Form unverwertbarer Goldmassen. Man hat Tributleistungen von uns verlangt, aber die einzige Möglichkeit, sie mit menschlichen Leistungen zu bezahlen, mehr und mehr verriegelt. Das Vermögen, mit dem wir auch hätten zahlen können, hatte man uns vorher abgenommen. Dadurch sind die natürlichen Tauschbeziehungen der Völker geradezu verseucht. Seit diesem Wahnsinn irren die meisten Völker ziel- und planlos in der Weltwirtschaft herum, wollen durchaus nicht begreifen, daß die Gesetze der Natur zwar erbarmungslos hart sind, aber allein Rettung versprechen, verfallen auf bequeme Auswege und scheuen sich, das allein Mögliche zu tun. Auch England, das mit gesunden Grundsätzen in seinem Empire dastand, hat seinen besonderen Beitrag zu der Zerrüttung der Währungen durch seine einseitige Währungsabwertung von 1931 geliefert.[33] Aber England hält wenigstens eisern seinen Haushalt und seine Finanzen in Ordnung und hat nicht nur eine für den Tauschverkehr innerhalb des Empire ausreichend gesicherte Währung, sondern die ganze Welt beginnt heute mehr und mehr das englische Pfund als Berechnungsmittel im Tauschverkehr zugrunde zu legen. Der beste Beweis dafür, welche zwingende Gewalt in den Gesetzen der Natur liegt und wie gut auf die Dauer derjenige fährt, der sie achtet. Die verantwortlichen und einsichtigen Männer in allen Völkern haben erkannt, daß ohne eine Wiederherstellung geordneter und sicherer Währungen der Leistungsaustausch zwischen den Völkern nicht wieder in Ordnung gebracht werden kann. Sie haben erkannt, daß ohne diesen Leistungs-

33 Vgl. zur Währungsabwertung S. 244, Anmerkung 13.

austausch die Arbeitsmöglichkeiten für alle verkümmern oder nur vorübergehend mit künstlichen Ersatzmitteln aufgebläht werden können.

Wir stehen vor einer geradezu grandiosen Möglichkeit, diesem Wirrwarr ein Ende zu machen. Einem organisch durchdachten und auf eigene Leistung gegründeten Vorschlag Deutschlands in dieser Richtung würde sich heute kein Staatsmann der Welt entziehen, und ich müßte mich sehr irren, wenn es nicht gelingen könnte, in kürzester Frist nicht große Konferenzen, sondern einzelne Männer der Hauptländer zusammenzubringen, um über die wichtigsten, mit der Währung in Zusammenhang stehenden Fragen Klarheit zu bekommen. Selbstverständlich sind dabei wichtige politische Probleme im Spiele. Aber ich sehe keine entscheidenden Schwierigkeiten, auch für uns nicht. Denn auch wir brauchen zu einer voll verwendungsfähigen Rüstung und zu einer Sicherung der Wirtschaftskraft des Volkes Zeit. Auch die Kolonienfrage wäre für uns gleichzeitig zu lösen.

Es ist überflüssig, zu bemerken, wie groß der moralische Gewinn sein würde, den unser Volk sich schaffen könnte. Er ist wieder die Grundlage für das Wirken des deutschen Kaufmanns und Industriellen in der Welt.

Die Technik einer Währungsläuterung ist klar. Zu der Ordnung der Finanzen im Innern muß sich gesellen eine Sicherung der im Benehmen mit den anderen Völkern auf ein verständiges Maß abgewerteten deutschen Währung, ihre Sicherung durch Gold, weil dies in der ganzen Welt nun einmal die allein beweiskräftige Sicherung des Wertes von Geld ist.

Ich bin überzeugt, daß England und Frankreich dazu gebracht werden können, uns entweder direkt oder über die Bank für internationale Zahlungen das erforderliche Gold zu geringsten Zinsen zur Verfügung zu stellen. Selbstverständlich muß man damit rechnen, daß England und Frankreich sehr bestimmte Wünsche haben. Einer ist unerläßlich, nämlich der, daß wir handfeste Ordnung in unsere Haushalts- und Schuldenwirtschaft bringen. Man kann von niemandem verlangen, daß er sein Gold hergibt, damit andere es verbrauchen. Aber die Wünsche Englands und Frankreichs werden weitergehen. Es sitzen dort nun einmal Regierungen mit anderen Anschauungen, und es gibt Fragengebiete, auf denen große Unstimmigkeiten zutage getreten sind. Bekannt sind die Bedenken über die Behandlung der Judenfrage, der Logenfrage, der Kirchenfrage. Aber da es sich nach allen Erfahrungen der Weltgeschichte im allgemeinen immer weniger um das Grundsätzliche als um die Art der Handhabung handelt, und da ja im Vordergrund Ehre, Freiheit und Existenz des deutschen Volkes stehen, da außerdem jetzt offenbar die Möglichkeit besteht, unsere Kolonialforderungen aussichtsvoll zur Verhandlung zu stellen, da wir ohnehin zur ruhigen Aufrüstung Zeit brauchen, so scheinen mir gewisse Opfer in der Form ein Nichts gegenüber dem Verlaufe der Ereignisse, der mit Sicherheit einsetzen muß, wenn wir jetzt nicht zu dem allein gebotenen Entschluß kommen. Ich kann nach nochmaliger Prüfung gegenüber meinem Vorbericht nicht finden, daß es irgendeinen Ersatzentschluß geben könnte, der uns aus unserer Lage herauszuführen geeignet ist. Es ist im wirtschaftlichen und politischen Leben dasselbe wie im militärischen. Gewisse Lagen erfordern *einen* Entschluß und gar keinen anderen Und wenn dieser eine Entschluß nicht gefaßt wird, dann ist der Erfolg nicht zu erzielen. Hier aber handelt es sich schon um mehr; hier handelt es sich nicht mehr um Erzielen oder Nichterzielen eines Erfolges, sondern hier handelt es sich darum, daß jeder Fehlentschluß uns in immer unhaltbarere Lagen bringen muß. Ich erhalte jetzt fast täglich Notrufe von Betrieben der freien Wirtschaft und aus meiner Verwaltung, die auf die Folgen der zunehmenden Rohstoffknappheit hinweisen.

Ich kann daher gar nichts anderes vorschlagen als das, was ich 1933 und 1935 getan habe[34]: den Haushaltsplan des Reiches *sofort* so in Ordnung zu bringen, daß unter Verantwortung des Reichsfinanzministers echte Einnahmen alle laufenden Ausgaben decken. Es ist auf keinem einzigen Gebiete, auch nicht auf dem der Rüstung, eine Abweichung möglich, so schön sie wäre. Die neu hinzutretenden Schulden müssen unter Verantwortung des Reichsfinanzministers und der Reichsbank in Übereinstimmung gebracht werden mit dem, was die jährliche Sparkraft des Volkes erübrigen kann. Ich schätze diese Größenordnung auf jährlich 1–2 Milliarden RM unter der Voraussetzung, daß die Wirtschaft wieder zu einem natürlichen Leben gebracht wird. Diese Schätzung ist außerordentlich schwierig. Ein Teil dessen, was das deutsche Volk jährlich erarbeitet, aber nicht verbraucht, wird in den einzelnen Betrieben sofort wieder in Erneuerung und Verbesserung von Maschinen, Gebäuden und sonstigen Betriebseinrichtungen angelegt. Ein anderer Teil geht in den einzelnen Haushalten in die Verbesserung des Mobiliars, der Kücheneinrichtung usw. Ein dritter Teil geht in die Reservefonds öffentlicher Verwaltungen, die imstande waren, ihre Ausgaben mit ihren Einnahmen zu decken und etwas zurückzulegen. Ein weiterer Teil wird benutzt, um Wohnungen zu bauen. Ein Teil wandert als Versicherungsprämien zur Sicherung der Arbeitskraft (Invalidenversicherung), zur Sicherung der vorhandenen Vermögenswerte (Grundversicherung usw.) und zur Sicherung späterer Existenz (Lebensversicherungen) in die Kassen der Versicherungsträger aller Art, sowohl der öffentlichen wie der privaten. Der Rest geht als Spargeld in Banken und Sparkassen. Dieser Zuwachs betrug im Jahre 1935

| | |
|---|---|
| bei den Sparkassen | rd. 1.000 Millionen RM |
| bei den Lebensversicherungen | rd. 500 Millionen RM |
| bei der Angestellten- und Invalidenversicherung | rd. 488 Millionen RM |
| insgesamt | rd. 2.000 Millionen RM. |

Nun wird man die Investierungen in den Fabriken, die Investierungen in den Haushalten, den Bau von Wohnungen nicht zurückstellen können, wenn man

---

[34] S. Goerdelers Denkschrift zur Wirtschaftspolitik und zum Arbeitsrecht vom September 1933 (Dok. 3.4, oben S. 331 ff.) sowie seine Denkschrift zur wirtschaftlichen Lage vom Oktober 1935 (Dok. 3.6, oben S. 387 ff.).

nicht das ganze Wirtschaftsleben und die ganze Tätigkeit des Staates, namentlich auf dem Gebiete der Aufrüstung, in Gefahr bringen will. Also bleibt im Wesentlichen nur übrig, was bei Banken und Sparkassen zuwächst. Bei den Sparkassen waren das 1935 rd. 1.000 Millionen RM. 1936 ist, obwohl die Gesamthöhe des deutschen Volkseinkommens infolge der Verminderung der Arbeitslosenzahlen natürlich gestiegen ist, ein Rückgang festzustellen. Es wird also heute bereits mehr verbraucht als vor einem Jahre. Das ist einmal auf die gestiegenen Preise zurückzuführen, zum anderen werden außerordentlich viel Eigenheime gebaut. Auch der Umsatz im Grundstücksmarkt ist erheblich. Das sind bereits Anzeichen dafür, daß man Geld lieber im Realbesitz anlegt, als auf der Bank oder auf der Sparkasse liegen hat. Nehme ich zu diesen Zahlen das tatsächliche Ergebnis der Anleihen hinzu, die das Reich in den 21 Monaten mit insgesamt 2.800 Millionen RM aufgenommen hat, so komme ich auf einen Monatsbetrag von 133 Millionen RM, der mit 12 multipliziert 1.500 – 1.600 Millionen RM ergibt. In der Größenordnung von 1 – 2 Milliarden RM muß also die vertretbare Zahl liegen, die jährlich als neue Verschuldung aufgenommen werden kann, wenn man nicht wirtschaftszerstörend wirken will. Wieviele Jahre man das tun kann, richtet sich natürlich nach der weiteren Entwicklung der Volkswirtschaft. Denn mit jeder Milliarde wächst die Zins- und Tilgungslast um ungefähr 60 Millionen RM jährlich. Irgendwo sind also auch hier Grenzen gegeben. Aber diese Grenzen sind einstweilen, soweit ich es übersehen kann, nicht erreicht unter der Voraussetzung, daß wir wieder Anschluß an die Weltwirtschaft gewinnen.

Es ist also ersichtlich, daß ganz außerordentlich weitgehende Einschränkungen gegenüber der bisherigen Ausgabengewöhnung eintreten müssen. Jeder Einwand, daß dies unerträglich, ja im Verhältnis zu dem, was bisher angenommen sei, unmöglich sei, muß fallengelassen werden. Denn wenn jetzt nicht dieser allein von der Natur und ihren Geboten befohlene Weg beschritten wird, so wird sich nicht nur die Rohstoff-, Gold- und Devisennot, der Mangel an Wohnungen und Nahrungsmitteln fortschreitend erhöhen, sondern es werden immer schwerere Wirkungen auf dem Arbeitsmarkt, auf dem Kapitalmarkt und im Geldwesen eintreten. Nicht nur alte Fabriken kämen zum Stillstand, sondern allmählich müßten auch neu errichtete ihren Betrieb einschränken. Und wenn ich nun voranstelle, daß es geradezu entscheidend ist, die deutsche Armee in allen ihren Teilen schlagkräftig zu machen, weil nach meiner Überzeugung gewisse Fragen der deutschen Zukunft nur mit dem Einsatz der Armee gelöst werden können, so möchte ich meinen, daß das jetzt einzuwerfende Opfer des Lohnes wert ist. Ich kann mir nicht denken, daß es der Armee in ihrem inneren Bestande schaden könnte, wenn sie zu einem langsameren Tempo und bei ortsfesten Anlagen zu einfacheren Formen der Aufrüstung genötigt sein würde. Die Aufstellung neuer Formationen, ihre Zusammenschweißung zu Verbänden, die Erziehung des Offizierskorps, die einheitliche Ausrichtung verlangen ebensoviel Zeit wie eine sachgemäße, alle Erfahrungen berücksichtigende und unnötige Verluste vermeidende Ausrüstung [!]. Die Entscheidung wird aber meiner Ansicht nach ganz leicht gemacht durch die Erwägung, daß mit zurückgehenden Nahrungsmitteln und zurückgehenden Rohstoffen auf die Dauer überhaupt keine große Armee verpflegt, ausgerüstet und munitioniert werden könnte. Ich müßte mich sehr täuschen, wenn nicht jede Erwägung zu dem Schluß führte, daß wir zunächst eines mehrjährigen Friedenszeitraumes bedürften, in dem wir in Ruhe Armee und Wirtschaft des Volkes aufbauen. Das besagt gar nicht, daß nicht ebenso unerschütterlich die Tatsache feststeht, daß beispielsweise die Rückgewinnung des Korridors und die Bereinigung der deutschen Ostfrage nur erreicht werden können, wenn wir nicht [!] die geballte Kraft unseres Volkes einsetzen können. Unerträglich ist die Teilung Deutschlands in zwei getrennte Gebiete. Welcher Deutsche, dessen Heimat polnisch geworden ist, möchte nicht sein Leben dafür hingeben, daß dieser Zustand beseitigt wird. Niemals wird der Pole, auch nicht im Kompromißwege, auch nur einen Fußbreit Landes, das er jetzt besitzt, freiwillig wieder hergeben.[35]

Wenn große Ziele vor Augen stehen, dann müssen auch harte Wirkungen der jetzt notwendigen Gesundungsmaßnahmen in Kauf genommen werden. Ich bin überzeugt, daß der Instinkt des Volkes sie gutheißen wird. Dieser Instinkt regt sich nach allem, was ich sehe und höre, durchaus in der Richtung der Sparsamkeit. Gerade der Arbeiter hat dafür einen besonderen Sinn. 50% der deutschen Arbeiter müssen heute mit einem Wochenlohn von 25 RM und weniger auskommen. An eine Erhöhung ist gar nicht zu denken. Und gerade diese Volksgenossen mit ihrem instinkthaften gesunden Denken fragen sich, woher das Geld zu den in auffällige Erscheinung tretenden Ausgaben der öffentlichen Verwaltung eigentlich kommt.

Ich weiß, daß mein Vorschlag nicht mit einem Schlage am 1.10. d.J. durchgeführt werden kann. Ich habe oben bereits angedeutet, daß es ein Verhängnis wäre, wenn es erst so weit käme, daß man von heute auf morgen jäh handeln müßte. Deswegen mache ich den Vorschlag jetzt, wo, soweit ich es zu übersehen vermag, die Reichsbank selbst noch dazu beitragen kann, das Tempo der Gesundungsmaßnahmen abzufedern, so daß es möglich wäre, einen Übergangszeitraum von 6 Monaten einzuschalten. In diesen 6 Monaten muß allerdings die Umleitung durchgeführt werden. Jede weitere Verzögerung läßt die Schwierigkeiten täglich wachsen.

Wenn der Entschluß gefaßt wird, den Reichshaushalt auszugleichen, so sind meiner Ansicht nach an den laufenden und einmaligen Ausgaben rd. 700 Millionen RM zu sparen. Ich kann diese Summe jederzeit mit Einzelvorschlägen belegen. Daß damit der Ausgleich für dieses Jahr zu erreichen ist, ist selbst bei der im Haushalt vorgesehenen Belastung für laufende Rüstungsausgaben und angesichts der Entwicklung der Steuereinnahmen außer jedem Zweifel. Für den nächstjährigen Haushalt wird man ggf. weitergehen müssen. Ich komme darauf zurück. Denn ich muß zunächst darlegen, welche Finanzprobleme überhaupt auftauchen, wenn wir jetzt die durch die Rohstoff- und Devisenlage erzwungenen Maßnahmen durchführen.

---

[35] Vgl. zum deutsch-polnischen Verhältnis S. 363 f., Anmerkungen 34 ff.

*Ich halte es für das wichtigste, die Ernährung des deutschen Volkes sicherzustellen.* Sie ist auch für die Armee das erste Erfordernis. Gewiß könnten wir heute noch ausgesprochene Hungererscheinungen vollkommen vermeiden, indem wir die vorhandenen Lebensmittelmengen zwangsbewirtschaften, d.h. beschlagnahmen und verteilen. Aber davor muß ich warnen.

a) Die Getreideernte ist vom Reichsernährungsministerium auf 23,2 Millionen Tonnen geschätzt. Ich halte die Schätzung für zu hoch. Andere Sachverständige schätzen die Körnerernte auf etwa 22 Millionen Tonnen gegenüber einem Durchschnittsernteergebnis der Jahre 1930–1935 von 22,5 Millionen Tonnen. In diesen 22 Millionen Tonnen stecken etwa 12,5 Millionen Tonnen Brotgetreide und 9,5 Millionen Tonnen Futtergetreide. Nun haben wir zur menschlichen Ernährung im Durchschnitt der Jahre 1930–1933 verbraucht 12,3 Millionen Tonnen. Wir brauchen zur Zeit jährlich durchschnittlich 12,7 Millionen Tonnen Brotgetreide. Da wir ohne Vorräte in das neue Erntejahr gegangen sind, ist also die Brotgetreideernte eben ausreichend, um mit Ach und Krach den Anschluß an die Ernte 1937 zu gewinnen. Dabei ist Voraussetzung, daß der Landwirt nicht Roggen verfüttert. Diese Voraussetzung zu schaffen, ist nicht einfach, denn an Körnerfutter brauchen wir etwa 18 Millionen Tonnen. Zur Verfügung stehen 9,5 Millionen Tonnen, also sind noch 8,5 Millionen Tonnen sonst zu decken. An Kleie werden zur Verfügung stehen 2,1 Millionen, aus Kartoffeln rd. 5 Millionen, zusammen 7,1 Millionen. Mithin fehlen rund 1,4 Millionen Tonnen. Schon hieraus ergibt sich, daß der Anreiz zur Verfütterung von Brotgetreide für den Bauern groß ist, zumal in diesem Jahre mehr als üblich unausgewachsenes Korn geerntet sein soll, das für die menschliche Ernährung nicht in Betracht kommt, aber zunächst in den Mengen mit gezählt ist. Wir werden uns also auf 2 Maßnahmen einstellen müssen:

1. auf Einfuhr von ungefähr 1,5 – 2 Millionen Tonnen Getreide, die möglichst im Verrechnungsverkehr hereingeholt werden müssen, und
2. auf eine Beimischung von Kartoffeln zum Brot.

Denn den sonst allein noch in Betracht kommenden Maßnahmen: Beschlagnahme des Getreides und Brotkarte, möchte ich entschieden widerraten, ja ich muß sogar vor ihnen warnen. Sie sind außenpolitisch einer verlorenen Schlacht gleichzuachten. Es ist gar nicht zu übersehen, welche Wirkungen aus irgendeiner Karte auf unsere außenpolitische Stellung ausgehen. Daß die Wirkungen ungünstige sind, ist außer jedem Zweifel. Das Maß ist nicht richtig abzuschätzen. Aber bedenklich stimmen muß doch die im übrigen nicht überraschende Tatsache, daß neuerdings auch wieder Frankreich und Polen nähere Fühlung miteinander genommen haben und ein ganz offenbares Einverständnis zwischen England, Frankreich, Kleiner Entente, Polen und Rußland sich vorbereitet.[36]

[36] Mit der Remilitarisierung des Rheinlands durch den Einmarsch deutscher Truppen am 7.3.1936 war das west- und mitteleuropäische Sicherheitssystem, wie es durch die Locarno-

In einer solchen Situation müßte jede Karte vielleicht sogar verhängnisvoll wirken und alle Aussichten auf eine für uns sehr günstige Verständigung mit anderen Völkern verschlechtern. Denn der Gegner weiß dann auch, daß er von diesem Zeitpunkt ab jede Möglichkeit hat, den Zeitpunkt für die Verständigung zu bestimmen, und eine steigende Möglichkeit, den Inhalt der Verständigung zu unseren Ungunsten zu verschlechtern. Sind wir erst einmal in der Zwangswirtschaft drin, so ist aus eigener Kraft heraus eine Verbesserung des Zustandes nicht mehr möglich, sondern nach allen Erfahrungen, die ja auch wieder nur Naturgesetze bestätigen, eine dauernde Verschlechterung zu erwarten. Denn mit jedem neuen Eingriff muß die Zahl der Menschen vermehrt werden, die, selbst unproduktiv, die produktiv tätige Volkswirtschaft belasten, wächst die Zahl der notwendigen Eingriffe in die Produktion und in die Initiative des Einzelnen, vermindert sich entsprechend Produktionsfreudigkeit und Produktionsergebnis. Eine steigende Mangellage aber wäre, abgesehen von ihren Auswirkungen auf die Stimmung der Bevölkerung, umso verhängnisvoller, wenn sie sich etwa vollziehen würde bei gleichzeitigem Versuch, die Staatsaufträge weiter zu forcieren. Denn nicht nur die Lohnunterschiede würden dann immer drastischer in die Erscheinung treten, sondern auch das Verhältnis zum tauschbaren Güter- und Geldmittelumlauf würde immer ungünstiger werden. Die daraus entstehenden Spannungen sind unschwer abzuschätzen.

b) Meine *Warnung vor der Karte* gilt auch auf dem Fettgebiete. Hier ist die Lage für den Landwirt durch die außerordentlich gute Rauhfutterernte und durch die zu erwartende gute Ernte an Zuckerrüben, Kohlrüben und Runkeln und die Ausnutzung des Blattes dieser Früchte wesentlich besser als im vorigen Jahre. Bis zu einem gewissen Grade lassen sich diese vorzugsweise dem Rindvieh zugute kommenden Mengen auch auf andere Vieharten übertragen. Aber ein gewisser Bedarf an eiweißhaltigen Kraftfuttermitteln bleibt natürlich bestehen, sowohl um das Vieh milchergiebig zu machen, als auch um das Schwein auf den höchsten Grad seiner Ausnutzungsfähigkeit zu bringen. Es besteht sonst die Gefahr, daß die Schweine entweder vor Aufmästung des 3. Zentners im 2-Zentner-Gewicht auf den Markt kommen, oder daß Roggen verfüttert wird. Dazu kommt, daß die Versorgung des menschlichen Fettbedarfs größerer Zufuhren bedarf. Ich unterstelle die Richtigkeit der mir in der Aufstellung der Devisenbilanz mitgeteilten Zahlen, mache aber darauf aufmerksam, daß nach meiner

Verträge von 1925 geschaffen worden war, durch das NS-Regime zerstört worden. In der Folgezeit bemühten sich Belgien, Frankreich und Großbritannien um ein neues Übereinkommen zur Konsolidierung des Status Quo (vgl. Schultheß 1936, S. 557-566); gleichzeitig bemühten sich die Mächte der Kleinen Entente (Tschechoslowakei, Rumänien, Jugoslawien), Polen und Russland um einen engeren Anschluss an Frankreich und England angesichts der deutschen Aufrüstung (ebd., S. 275; 457; 552 ff.).

Überzeugung die Zahlen eher zu niedrig als zu hoch geschätzt sind.[37] Soweit ich übersehen kann, werden wir eine größere Butterknappheit haben als im vorigen Jahre. Zwar haben wir eine bessere Futtermittelernte, aber die nützt uns nichts angesichts des gesunkenen Viehbestandes. Weswegen er so sinken mußte, habe ich in meinem Bericht an den Führer und Reichskanzler vom 26.10.1935 dargelegt.[38] Ich darf darauf verweisen. Auch heute noch ist der Anteil an Kühen in dem geringen Angebot an Schlachtrindvieh außerordentlich hoch. Es ist heute aber aus politischen Gründen nicht mehr zu empfehlen, auf eine Karte zuzukommen, die ich im vorigen Jahre noch empfohlen habe. Heute sprechen zwingende Gründe dagegen. Es wird nichts anderes übrig bleiben, als die Margarineverbilligungskarten praktisch zu Bezugsberechtigungsscheinen werden zu lassen, so daß die minderbemittelte Bevölkerung wenigstens billige Margarine bekommt, die bessergestellte sich mit teurer Butter und Schmalz abfinden muß. Das ist gewiß ein unerwünschter Zustand, aber wenn er mit dem Ziele der Produktionssteigerung eingeleitet wird, ist er tragbar. Untragbar ist er nur, wenn er von Verschlechterung zu Verschlechterung führt. Ich empfehle, dem Herrn Reichsernährungsminister die von ihm angeforderte, um 150 Millionen RM herum liegende Devisenmenge zur Verfügung zu stellen, um die Fettversorgung zu sichern.[39] Daneben müssen organisch aufbauende Maßnahmen gehen. Ich sehe sie darin, daß der Butterpreis erhöht wird, um den Milchpreis und damit den

---

37 Die Goerdeler übermittelten Schätzungen werden aus dem preußischen Staatsministerium gestammt haben; die Aufstellungen sind in den Akten nicht erhalten (s.o., Anmerkung 4).

38 S. Goerdelers Denkschrift zur wirtschaftlichen Lage vom Oktober 1935; Dok. 3.6, oben S. 387 ff.

39 Die Auseinandersetzungen zwischen Darré und Schacht (vgl. S. 389, Anmerkung 4) kulminierten erneut im Winter 1935/36: Besonders die Engpässe in der Fettversorgung führten zu fast monatlichen Neuschätzungen Darrés, die das benötigte Devisenkontingent zur Ernährungssicherung betrafen. Mitte Februar 1936 belief sich der geschätzte Devisenbedarf für Ölsaatenimporte im 2. Quartal 1936 auf knapp 60 Mio. RM, deren Bewilligung Schacht verweigerte und die erst nach Eingreifen Hitlers bereitgestellt wurden (vgl. ausführlich Petzina, Autarkiepolitik, S. 30-36). Nachdem Göring schon im August 1935 auf Weisung Hitlers eine Schiedsfunktion in den Auseinandersetzungen zwischen Darré und Schacht ausgeübt hatte, wurde er am 4.4.1936 zum Devisen- und Rohstoffkommissar ernannt, um eine endgültige Lösung des Devisenbewirtschaftungsproblems herbeizuführen. In dieser Funktion ließ er zwischen dem 15.5. und dem 30.6.1936 den von ihm einberufenen Gutachter-Ausschuss über die Devisen-, Rohstoff- und Währungslage beraten (s. o., Anmerkung 14) und forderte schriftliche Gutachten u.a. von Trendelenburg (ebd.), Wagemann (s. o., Anmerkung 7) und Goerdeler an. Vgl. Kube, Pour le mérite, S. 138 ff. sowie die zeitgenössische Darstellung von Georg Thomas: Geschichte der deutschen Wehr- und Rüstungswirtschaft (1918–1943/45), hg. v. Wolfgang Birkenfeld, Boppard/Rhein 1966, S. 111-115. Thomas, Oberstleutnant und Stabschef im Heereswaffenamt, hatte nach eigener Darstellung bereits im Winter 1933/34 auf die Notwendigkeit einer langfristigen Wirtschaftslenkung hingewiesen und wurde aufgrund der Anforderung Görings Mitglied des Gutachter-Ausschusses.

Anreiz für die Landwirtschaft zu erhöhter Produktion zu steigern. Das hat allerdings nur dann Zweck, wenn gleichzeitig andere produktionshemmende Maßnahmen beseitigt werden. Es muß eine viel größere Freiheit in der Milchbewirtschaftung einsetzen. Wo immer der Bauer die Milch zu besserem Preise unmittelbar an den Verbraucher verkaufen kann, wo immer der so gestellte Preis für den Verbraucher billiger ist als der Preis der Molkereimilch, soll dieser Tauschverkehr wieder zugelassen werden. Dies ist für alle das Beste. Die Marktordnung darf nur da Raum gewinnen, wo diese natürlichen, beide Teile vollkommen befriedigenden Beziehungen nicht mehr vorliegen. Die Bauernfrau soll auch ruhig wieder buttern. Es kommt jetzt nicht darauf an, daß wir hochwertige Markenbutter haben, sondern es kommt darauf an, mit möglichst geringen Unkosten für den Bauern einen tragbaren Preis, für den Verbraucher einen niedrigen Preis zu erzielen. Die Bauernfrau soll auch ihre Butter ruhig wieder selbst auf den Markt bringen. Durch eine solche Kombination von Einfuhr mit befreienden Maßnahmen und preisregelnden Maßnahmen wird man den besten Erfolg erzielen.

c) Auch auf dem Gebiete der Fleischversorgung ertönt immer lauter der Ruf nach Fleischkarte und Festsetzung von Höchstpreisen. Ich mache ausdrücklich darauf aufmerksam, daß die Festsetzung von erhöhten Preisen allein gar nichts nützen kann. Wenn in dem Fleischerladen 10 Pfd. Rindfleisch hängen, so wird der Bevölkerung nicht genützt, daß sie weiß, daß der Fleischer diese 10 Pfd. nur zum Höchstpreise von 1,- RM je Pfd. verkaufen kann. Daraus haben dann diejenigen einen Vorteil, die je 1/4 Pfd. dieser 10 Pfd. zum festgesetzten Höchstpreis erwerben können, aber die anderen, die nichts bekommen, schimpfen, und zwar mit Recht. Wenn auf lebenswichtigen Gebieten die Warenmengen nicht ausreichen, so gibt es nur 2 Verteilungsmöglichkeiten: die eine geht nach der Leistung und gestattet demjenigen, der am meisten bietet, die Ware zu erwerben. Das ist bei Gegenständen, die zum täglichen Leben erforderlich sind, sozialpolitisch nicht möglich. Die zweite Möglichkeit erfaßt die Menge der zur Verfügung stehenden Waren und verteilt sie nach der Kopfzahl. Tut sie dies, dann kann sie auch den Höchstpreis festsetzen. Das ist höchst gerecht. Aber dann kommen wir in jene Sphäre der Zwangswirtschaft, von der ich oben darlegte, daß sie die Produktion allmählich einengt. Deswegen ist auch die Fleischkarte abzulehnen, und man muß bei *gewissen Fleischsorten* den Preis in die Höhe laufen lassen. Nach 4 Wochen wird der Schweineauftrieb auf den Viehmärkten besser sein. Wir haben einen Schweinebestand von 22 Millionen gegen normal 20 Millionen. Wir haben eine starke Vermehrung des sogenannten Schweines des kleinen Mannes, namentlich im Bergbau. Es handelt sich beim Schwein immer nur um die Frage, es fett zu füttern. Ich möchte aber annehmen, daß von Ende Oktober ab die Schweinefleischversorgung, schlecht gerechnet, 80% einer normalen Versorgung decken wird. Auch das ist sehr wichtig. Denn jedes fette Schweinefleisch ersetzt natürlich auch wieder einen Teil des Fettbedarfs. Das Rindfleischangebot wird, sobald das Vieh von der Weide kommt, zunächst sehr wesentlich in die Höhe gehen. Dieser Vorgang wird die Monate Oktober und November auch auf dem Gebiete der Rindfleischversorgung wesentlich besser gestalten als die Monate August und September. Aber beim Rindvieh tritt dann etwa Anfang Dezember wieder eine wesentliche Verschlechterung ein, weil es hier eben an dem notwendigen Bestand fehlt. Bei Schweinen kann die bisherige Preispolitik den Winter über weiterlaufen, beim Rindvieh muß man, wie gesagt, sich entschließen, den Preis in die Höhe gehen zu lassen, damit der Bauer möglichst großen Anreiz hat, Rindvieh großzuziehen. Die gute Rauhfutterernte gibt ihm die Grundlage hierfür.

d) Werden die Devisen unter allen Umständen für die Ernährung eingesetzt, so ist selbstverständlich die unausbleibliche Folge, *daß die Devisen für den Bedarf der gewerblichen Wirtschaft stark eingeschränkt werden.* Sie muß allein den gesamten Devisen-Fehlbedarf von 500 Millionen RM im 2. Halbjahr 1936 tragen. Die Devisen für Dienstleistungen, außenpolitische und kulturelle Leistungen müssen weiter gewährt werden; sonst wird insbesondere die Ausfuhr von Dienstleistungen gefährdet. An irgendeine Auffüllung der leeren Lager ist leider überhaupt nicht zu denken, im Gegenteil, die gewerbliche Wirtschaft muß nur in steigendem Maße von der Hand in den Mund leben; sie wird zu einer erheblichen Einschränkung ihrer Betriebtätigkeit gezwungen.
Nach dem Gutachten des Trendelenburg-Ausschusses betrug der Bedarf der gewerblichen Wirtschaft an ausländischen Rohstoffen im Jahre 1935 2,5 Milliarden RM, das waren für ein halbes Jahr 1,25 Milliarden RM. Fallen 500 Millionen RM aus, so ist das ein Ausfall von 40%. Für 1936 beträgt der Bedarf im zweiten Halbjahr rd. 1,5 Milliarden RM. Werden hieran 500 Millionen RM gekürzt, so beträgt die Kürzung 33 1/3 %. Was das für den Gesamtbedarf der gewerblichen Wirtschaft bedeutet, kann nach der mitgegebenen Tabelle über den Devisenvoranschlag vom zweiten Halbjahr 1936 nicht ausgerechnet werden; denn dort fehlen eine Reihe von im Inland erzeugten Rohstoffen. Die in dieser Tabelle aufgeführten Rohstoffe waren je zur Hälfte durch Auslandseinfuhr und durch Inlandserzeugung gedeckt. Auf den Gesamtbetrag dieser Rohstoffarten bezogen, beträgt also die Auswirkung eines Wegfalls von 500 Millionen RM Devisen auf die gewerbliche Wirtschaft 16–17%. Diese sind das Höchstmaß der Auswirkung. Denn, wie gesagt, eine Reihe von Rohstoffen, die nur im Inland erzeugt werden, sind hierbei nicht berücksichtigt. In der gewerblichen Wirtschaft sind rd. 14 Millionen Menschen beschäftigt. 16% hiervon wären 2.240.000. Rechne ich weitere Rückwirkungen der Rohstoffverknappung hinzu, so kann jedenfalls festgestellt werden, daß die Zahl der Arbeitnehmer, die durch die Rohstoffeinschränkung der gewerblichen Wirtschaft zunächst neu arbeitslos werden würde, *2,5 Millionen nicht übersteigen kann.* Diese Zahl wird auch durch eine andere Berechnung ungefähr bestätigt. Die Zahl der Arbeitslosen betrug am

1.8.1933 4,5 Millionen,
1.8.1934 2,4 Millionen,
1.8.1936 1,2 Millionen.

Da im Jahre 1933/34 noch eine besondere Arbeitsbeschaffung lief, so ist deren Wirkung in den sinkenden Arbeitslosenzahlen enthalten. Von 1934 ab beginnt der Ersatz der Arbeitsbeschaffung durch Rüstung. In den jetzigen Rüstungsaufträgen stecken also mindestens 2,4 weniger 1,2 Millionen, d.h. 1,2 Millionen Arbeitskräfte, höchstens 4,5 – 1,2 = 3,3 Millionen. Der Durchschnitt ist 2,25. Nun wird ja aber durch die Rohstoffverknappung durchaus nicht die ganze Aufrüstung betroffen, und auch von der Finanzseite her sollen nicht etwa sämtliche Rüstungsaufträge beseitigt werden. Sie sollen allmählich auf das eben dargelegte tragbare Maß abklingen. Die Zahl der neuen Arbeitslosen muß also jedenfalls in den nächsten 6 Monaten immer unter 2,25 Millionen liegen. Diese Zahl erscheint trotzdem hoch, *sie darf aber nicht schrecken.* Folgende Maßnahmen sind möglich, um diesen Auswirkungen entgegenzuarbeiten.

1. Vorübergehende Verkürzung der Arbeitszeit auf etwa 6 Stunden. Einzelne Teile unserer Wirtschaft arbeiten bereits seit Jahren nicht voll, andere sind in den letzten Monaten zur Verkürzung der Arbeitszeit übergegangen. Andere wieder arbeiten unter Zuhilfenahme von Überschichten, Sonntags- und Feiertagsarbeit. In einigen Rüstungsindustrien des Westens beträgt die Arbeitszeit 54 Stunden in der Woche. Die Berichte der Treuhänder lassen erkennen, welche bedenklichen Wirkungen durch dieser Verschiedenartigkeit in Arbeitszeit und Einkommen bereits erzeugt sind. Der Facharbeitermangel ist ein durchaus künstlich hochgeschraubter. In dem Augenblick, in dem wir wieder zu natürlichen Beschäftigungen der Wirtschaft zurückkehren, ist er nicht vorhanden. Es wäre also überaus bedenklich, jetzt ungeschulte Kräfte auf gelernte Berufe umzuschulen, in ihnen Erwartungen zu erwecken, die nachher nicht erfüllt werden können und so wieder eine Gruppe von Unzufriedenen zu schaffen. Im übrigen wären auch alle solche Bemühungen fruchtlos. Denn was im Menschen von Haus aus nicht steckt, kann nicht künstlich in ihn hineingebracht werden. Wer einmal ungelernter Arbeiter ist, wird nur selten ein brauchbarer angelernter, vom gelernten ganz zu schweigen. Es kann also auch sozialpolitisch nur nützlich sein, wenn wir zunächst einmal zu einer Regelmäßigkeit in der Beschäftigung kommen und damit die seinerzeit festgestellten ungünstigen Wirkungen des Hindenburg-Programms in der Arbeiterschaft selbst vermeiden. Wir haben zur Zeit eine durchschnittliche Arbeitszeit von 7,4 Stunden. Ich rechne der Einfachheit halber nur mit 7 Stunden. Gehen wir auf 6 Stunden herunter, so werden täglich je Arbeiter 1 Stunde, bei 300 Arbeitstagen 300 Stunden frei. 300 X 14 Millionen gewerblich Beschäftigter = 4,2 Milliarden. Diese geteilt durch 7 mal 300 = 1,8, also ungefähr eine durch Arbeitszeitverkürzung unterzubringende Arbeiterzahl von rd. 2 Millionen. Nun ist nicht daran zu denken, daß dieser Prozeß mit absoluter Gleichförmigkeit überall durchgeführt werden kann. Aber daß bei

Arbeitszeitverkürzung für 1,5 Millionen Arbeiter die Gefahr der Arbeitslosigkeit vermieden werden kann, dürfte außer Zweifel liegen. Dann ist noch für 1 Million zu sorgen.

2. Unter Zuhilfenahme des Reichsetats, der Reichsanstalt für Arbeitsvermittlung und Arbeitslosenversicherung und der Reichsbank ist die Errichtung von Kleinsiedlungen vorzugsweise zu beschleunigen.[40] Sie gewährt, wie ich verschiedentlich dargelegt habe, dem gewerblich beschäftigten Arbeiter die größte Sicherheit seiner Existenz. Er kann sich einen Teil seines Lebensunterhalts aus eigener Scholle erarbeiten. Die sittliche und nationalpolitische Bedeutung solcher Siedlungen liegt auf der Hand. Auch die fortschreitende Wohnungsnot verlangt diese Maßnahme. Ich habe im Dezember 1934 berichtet, daß sie notwendig ist, um die Wohnungszwangswirtschaft zu vermeiden;[41] sie wäre ein schwerer politischer Schaden. In Leipzig stehen täglich etwa 10 neue Wohnungen 100 Bewerbungen, darunter 25 dringlichen, gegenüber. Mit Höchstpreisen ist nichts zu machen, wenn 10 Menschen dieselbe Wohnung haben wollen; dann muß zugeteilt werden. Jede Siedlung kostet einschließlich der Unterstützung des mitarbeitenden Arbeitslosen 5.400 RM bar. Für 300.000 Siedlungen wären also rd. 1,6 Milliarden RM erforderlich. Unter Zuhilfenahme des Sparkapitals und der obenerwähnten Körperschaften und Anstalten ist dieser Betrag für die Bauzeit, etwa auf 10 Monate, zu schaffen. Dann blieben noch höchstens 700.000 Arbeitslose übrig.

3. Meliorations- und Kultivierungsarbeiten aller Art, die aus jedem Gesichtspunkt heraus notwendig sind, kosten je Tagewerk 10,- RM. Um 100.000 Menschen zu beschäftigen, werden also täglich 1 Million, im Jahre 300 Millionen RM benötigt. Auch dieser Betrag ist unter Zuhilfenahme der unter 2. erwähnten Mittel vorübergehend bereitstellbar.

Da aus den Maßnahmen zu 1 – 3 aber noch Nebenwirkungen entstehen, so kann man damit rechnen, daß etwa ½ Million Arbeiter zunächst neu arbeitslos werden. Diese müssen zunächst im Unterstützungswege durchgehalten werden, soweit es nicht gelingt, sie mit den Mitteln der Länder und Gemeinden in nützlichen, d.h. rentablen Arbeiten zu beschäftigen.

4. Zu den nützlichen Arbeiten gehört auch die Instandsetzung des deutschen Straßennetzes in seinen wichtigsten Teilen (Beseitigung von Kurven, kleine Verbreiterungen, Einrichtung von Radfahrwegen usw.). Diese Arbeiten bringe ich nicht in Anschlag, weil ich damit rechne, daß Umstellungen zunächst von

---

[40] Vgl. zu Goerdelers Unterstützung der Errichtung von Kleinsiedlungen seine Denkschrift für Paul v. Hindenburg vom April 1932 (Dok. 3.2, oben S. 313 ff.).

[41] Vom Dezember 1934 sind keine Stellungnahmen Goerdelers überliefert; eventuell irrt er sich in der Datierung, da in seiner Denkschrift vom August/September 1934 ausführlich auf das Wohnungs- und Siedlungswesen Bezug genommen wird (vgl. Dokument 3.5, oben S. 342 ff.).

der Reichsautobahn her auf diese Arbeiten erfolgen müssen. Denn zu den erforderlichen Maßnahmen wird auch gehören, an der Gummiknappheit und ihren Auswirkungen nicht vorüberzugehen und das gesamte deutsche Verkehrswesen in eine organische Ordnung zu bringen. Es kann nicht nützlich sein, daß die Reichsbahn mit Fehlbeträgen arbeitet, während gleichzeitig ein anderes Verkehrsinstrument auf Kosten des gesamten Volkes ausgebaut wird.[42] Alle Verkehrseinrichtungen sind Angelegenheiten des deutschen Volkes. Eine vernünftige Ordnung in ihrer Entwicklung kann – ich muß es immer wieder betonen – in jedem anderen Wettbewerb nur dadurch geschaffen werden, daß die Wettbewerbsgrundlagen gleich sind. Verlangt das Deutsche Reich von der Reichsbahn, daß sie ihren Weg selbst baut und unterhält und daß sie noch Steuern abliefert, so muß es ein gleiches von dem Kraftwagenverkehr verlangen. Erst dann ergibt sich, welcher Verkehr wirklich wirtschaftlicher ist, und dann kommt für das deutsche Volk das Optimum heraus, nämlich ein wohlfeiler, sich selbst tragender, die billigsten technischen Mittel benutzender Güter- und Personenverkehr.

Ich brauche nicht zu erwähnen, daß Verwaltungs- und Kulturbauwerke nicht zu den rentablen Anlagen gehören. Hier müssen größte Sparsamkeit und Einfachheit einsetzen. Sie aus laufenden Arbeitsergebnissen des deutschen Volkes errichten zu wollen, bedeutet nur, die Kaufkraft – wie oben beschrieben – zu verlagern und nicht etwa neue Arbeit zu schaffen. Sie auf Schulden zu bauen, ist nicht zu vertreten, da das geringe Volumen der jährlich zur Verfügung stehenden Neuverschuldung deren Ansatz auf die nationalpolitisch wichtigsten Aufgaben erfordert. Aus anderen Mitteln können sie naturgesetzlich überhaupt nicht gebaut werden, weil es solche Mittel nicht gibt.

*F. Schlußbemerkungen*

Natürlich werden durch alle diese Maßnahmen die einzelnen Betriebe stark getroffen. Sie müssen sich auf eine geringere Erzeugung einstellen und haben außerdem die Unbequemlichkeiten der Arbeitszeitverkürzung zu tragen. Das verteuert die Produktionsunkosten. Sie finden auch keine Entlastung auf der Steuerseite, denn die Steuerlasten laufen weiter, weil ja selbst für das Jahr 1937 noch die Bilanzen von 1936 maßgebend sein werden. Diese Belastung kann man den einzelnen Betrieben im großen Durchschnitt zumuten. Die kleineren Betriebe, insbesondere der Einzelhandel, dessen Lage ganz besonders gedrückt ist, werden durch diese Maßnahmen kaum getroffen. Das Entscheidende ist nämlich für alle Betriebe, daß sie überhaupt in absehbarer Zeit wieder in normale Betriebsverhältnisse hineinkommen sowohl von der Rohstoff- wie von der Auftragsseite her. Um eines solchen Zieles willen sind selbst kleine Substanzopfer tragbar.

---

42 Vgl. zum nationalsozialistischen Autobahnbau S. 386, Anmerkung 71.

Die Drosselung hat natürlich zur Folge, daß die zur Verfügung stehende Gütermenge sinkt. Die Reichsbank muß dem durch Verringerung des Zahlungsmittelumlaufs Rechnung tragen. Den psychologischen Wirkungen ist durch Aufklärung entgegenzutreten. Die Bevölkerung wird harte Wahrheiten, die sie versteht, bereitwillig aufnehmen und auswerten. Durch alle diese Maßnahmen kann sichergestellt werden, daß keine Angstkaufpsychose eintritt.

Selbstverständlich gilt es nun, den Überleitungszeitraum mit allen seinen Maßnahmen ordnungsmäßig zu finanzieren. Wie das zu geschehen hat, habe ich in der Anlage grob dargelegt. Ich brauche nicht zu betonen, daß diese Ordnung nur herbeizuführen ist durch eine geradezu *eiserne Sparsamkeit auf allen Gebieten der Verwaltung*, durch eine geradezu umstürzende Vereinfachung des gesamten Verwaltungswesens und aller Organisationen. Ich habe sie in Leipzig seit 1930 durch Stürme der Entrüstung und über Berge von Widerstand zur Anerkennung gebracht; die Stadt ist gut dabei gefahren. Die Finanzwirtschaft aller öffentlich-rechtlichen Körperschaften muß eine Zeitlang unter die verantwortliche Kontrolle des Reichsfinanzministers gestellt werden. Diese Kontrolle soll nicht kleinlich sein, sich nicht in Einzelheiten mischen, aber sie soll dafür sorgen, daß die Ausgabe jeder Mark, ja jeden Pfennigs wieder überlegt wird und daß man sich klar ist, daß Organisationskosten immer die Kaufkraft des einzelnen lebenden Menschen verringern. Sie schaffen gar keine nützliche Arbeit, sondern sie nehmen dem einzelnen Menschen nur die Möglichkeit, durch seine eigene Ausgabenwirtschaft nützliche Arbeit in Bewegung zu setzen. Von einem gewissen Stande an fangen die Organisationen an, Selbstzweck zu werden, gegeneinander zu arbeiten und Leerlauf zu schaffen. Ich bin auf Verlangen bereit, zahlreiche Beispiele aus der Praxis beizubringen. Bei eisernem Willen ist es eine Kleinigkeit, in kurzer Zeit Ordnung zu schaffen. Für die dadurch zunächst scheinbar existenzlos werdenden Menschen kann gesorgt werden, bis sie in einer wieder normal sich belebenden Wirtschaft ein natürliches nützliches Arbeitsgebiet finden.

Die Vorschläge der Anlage sehen Opfer Aller vor. Es ist ganz selbstverständlich, daß der Arbeiter nicht die Opfer einer Arbeitszeitverkürzung tragen kann, während die übrigen Volksgenossen unbelastet bleiben. Dieses große Ziel kann durch den opfervollen Übergangszeitraum hindurch nur erreicht werden durch eine geradezu vorbildliche Opfergemeinschaft durch das ganze Volk hindurch. Ich zweifle gar nicht daran, daß sich die Besten des Volkes finden werden, um mit gutem Beispiel voranzugehen. Und darauf kommt es an. Nur muß klar gemacht werden, worum es geht. Es muß klar werden, daß Verwaltungsmaßnahmen, finanzpolitische, wirtschaftspolitische, sozialpolitische, innen- und außenpolitische Maßnahmen eine organische Einheit bilden. Dieser Übergangszeitraum ist mit 6 – 12 Monaten verhältnismäßig lang gegriffen. Aber man muß eher mit größeren Schwierigkeiten rechnen als mit bequemeren Begleitumständen. Ich habe vielfach, namentlich auch in Parteikreisen, die Ansicht gehört, man habe der Wirtschaft doch viele Chancen gegeben und sie habe vollkommen versagt. In der Behauptung ist etwas Richtiges und etwas Unrichtiges. Richtig ist, daß, nachdem die besten unseres Volkes im Kriege gefallen sind, überall, auch in der Wirtschaft, ein auffallender Mangel an Charakterfestigkeit zutage tritt. Man verdient eben gern und zerbricht sich, wenn man verdient, nicht den Kopf darüber, ob das Verdienen in einem gesunden Organismus vor sich geht und wie lange es dauert, sondern man begnügt sich mit dem gut gelaufenen Tage. Man faßt nur zu selten den Mut, zu den verantwortlichen Stellen zu gehen und zu sagen, daß das, was verlangt wird, eben nicht geht. Und wenn man schon den Versuch gemacht hat, so knickt man zusammen, wenn die Antwort ertönt: Es muß gehen. Aber unrichtig ist die Meinung, man habe der Wirtschaft bisher seit dem Kriege jemals wahrhafte organische Chancen für eine Wiedergesundung gegeben. Diese Chancen sind nämlich neben der nationalen Sicherheit des Volkes die absolute *Rechtssicherheit*, ohne die überhaupt kein Mensch mit Risiko für die Zukunft wirtschaftlich tätig sein kann und ohne die ein Zusammenleben der Menschen in keiner Gemeinschaft, auch nicht in der des Volkes und Staates, möglich ist; die *Freiheit*, die besten Kräfte des Geistes, des Körpers und des Charakters an den Lebenskampf (Wirtschaft) zu setzen; die Freiheit aber auch für ein Volk wie das deutsche, seine Leistungsfähigkeit ungehindert im Auslande abzusetzen. Man muß sich wirklich klar sein, daß seit 1914 den Kräften des deutschen Menschen immer wieder neue Fesseln angelegt sind. Statt 1919 entschlossen die unselige Kriegszwangswirtschaft zu verlassen, setzte man sie durch, bis sie an innerer Brüchigkeit zugrunde ging, glaubte, durch Sozialisierung an den Dingen etwas bessern zu können.[43] Als ob

[43] Die deutsche Wirtschaft zwischen 1914 und 1923 war durch einschneidende Strukturveränderungen geprägt, die eine wirtschaftsordnungspolitische Zäsur einleiteten. Durch die kriegswirtschaftlichen Notwendigkeiten wurde eine Entwicklung eingeleitet und beschleunigt, die die bis dahin marktwirtschaftlich-individualistischen Ordnungsprinzipien zugunsten einer staatsinterventionistischen Ordnung im wirtschafts- und sozialpolitischen Bereich teilweise außer Kraft setzte. Die Zentralisierung der Rohstoff-, Munitions- und Waffenbeschaffung einerseits und der Verwendung und Versorgung der Arbeitskräfte andererseits beim Kriegsamt seit November/Dezember 1916 unterwarf die Wirtschaftskräfte dem Staat in einem bis dahin ungekannten Ausmaß und veränderte nachhaltig die staatliche Rolle in der Wirtschafts- und Sozialordnung. Während des Krieges und der Demobilmachungszeit Hauptauftraggeber und Motor der Wirtschaft, instrumentalisierte der Staat die ökonomischen Interessengruppen zur Erfüllung staatlicher Versorgungs- und Organisationsaufgaben. Auf der anderen Seite führte die Novemberrevolution 1918 zur Behauptung der solidarisch-paritätischen Zusammenarbeit der Arbeitgeber- und Arbeitnehmer-Verbandsspitzen gegenüber bürokratisch-etatistischer Zwangswirtschaft und gegenüber weiterreichenden revolutionären Forderungen. Die Einigung der mehrheitssozialistisch organisierten Arbeiterschaft mit der Unternehmerschaft unterminierte das revolutionäre Potential und verhinderte die Durchsetzung weitreichender Sozialisierungsmaßnahmen. Wenn auch Goerdelers Sozialisierungsvorwurf zu hoch gegriffen ist, so verstärkte sich zweifellos die staatliche Einflussnahme auf die Steuerung der Wirtschaft, die industrielle Organisation und Konzentration sowie die Beziehungen der sozio-ökonomischen Gruppen. Vgl. Friedrich Zunkel: Industrie

ein Betrieb, der keine Rohstoffe hat, plötzlich arbeiten kann, weil sein Eigentümer nicht mehr Herr X, sondern das Volk ist. Auch vor diesen Gedankengängen kann ich nur warnen. Von 1924 an laufen dann die unfruchtbaren Versuche, Wirtschaft dem Einzelnen zu ermöglichen, indem die anderen ihm dazu Unterstützungen zahlen; Subventionen an Arbeitslose, Subventionen an Betriebe, Subventionen an die Landwirtschaft mit allen verheerenden Folgen. Daneben laufen die Versuche, durch Verbandsbildungen, Kartelle, Wettbewerbsbestimmungen usw. den Tüchtigen und Entschlossenen in den Zügel zu fallen, damit die Untüchtigen und weniger Leistungsfähigen auch ihren einmal erwählten Beruf halten können. Und so hat sich eine Maßnahme gängelnder Art an die andere gereiht. Bald werden die Menschen, die noch eine sehr viel wirksamere, bessere und stolzere Form des Lebenskampfes kennen, nicht mehr leben. Und dann wird es sehr viel schwieriger sein, den Entschluß zur richtigen Tat aufzubringen. Es kann keine befreiendere und glücklichere Tat getan werden als die, dem deutschen Lebenskämpfer wieder die Freiheit zu geben, seine Fähigkeit, sein Können, seinen Mut und seinen Charakter zu beweisen, und wieder einmal ganz hart die Natur wirken zu lassen, die den Ausgang des Kampfes bestimmt: Wer ein tüchtiger Kämpfer ist, kommt durch und nützt damit der Allgemeinheit, wer nicht tüchtig ist, erliegt. Aber die Allgemeinheit darf ihm dann nicht immer wieder auf die lahmen Beine helfen wollen. Und diese Freiheit des Lebenskampfes kann eben nur geschaffen werden mit den von mir dargelegten Maßnahmen. Alle anderen führen zu immer weiterer Verstrickung in Planung, Sozialisierung, Regelung, Verödung. Der Staat, der diese Voraussetzungen nicht schafft, gibt der Wirtschaft gar keine Chance. Denn die Wirtschaft ist nicht irgendetwas außerhalb des Lebens des Volkes Stehendes, sondern sie ist ein organischer Bestandteil des Lebens dieses Volkes. Sie ist letztlich das Leben selbst. Denn ohne daß durch Arbeit (Wirtschaft) das gewonnen wird, was wir zur Ernährung, Bekleidung und Behausung brauchen, wäre überhaupt kein Leben mehr da. Wer glaubt, der Wirtschaft Chancen zu geben, ohne jene naturhaften Voraussetzungen zu erfüllen, der handelt wie ein Mensch, der einem Organe seines Körpers, sagen wir einmal dem Magen, den Befehl erteilt, gesund zu werden, gleichzeitig aber fortfährt zu essen und zu trinken, was ihm beliebt. Es handelt sich bei dem Leiden, das es zu heilen gilt, nicht um eine Krankheit der Wirtschaft, sondern um eine Krankheit des Organismus.

So bilden auch meine Vorschläge eine untrennbare Einheit. Werden sie verworfen oder nur vereinzelt zur Anwendung gebracht, so geht die Entwicklung, von der ich eingangs gesprochen habe, erbarmungslos ihren Weg weiter. Eine

---

und Staatssozialismus. Der Kampf um die Wirtschaftsordnung in Deutschland 1914–18, Düsseldorf 1974; Gerald D. Feldman: Der deutsche organisierte Kapitalismus während der Kriegs- und Inflationsjahre 1914–1923, in: Werner Abelshauser und Dietmar Petzina (Hg.): Deutsche Wirtschaftsgeschichte im Industriezeitalter. Konjunktur, Krise, Wachstum, Königstein/Ts. 1981, S. 299-323.

Entwicklung, die bei unserer doch im wesentlichen vorhandenen außenpolitischen Isolierung verhängnisvoll für das Geschick unseres Volkes sein müßte.

Wird unverzüglich an ihre Verwirklichung gegangen, wird insbesondere auch die Fühlung mit den Hauptländern der Welt unverzüglich aufgenommen, dann gelingt es mit absoluter Sicherheit, für die ich jede Haftung übernehmen würde, die für uns brennenden Fragen, die mit der Währung verbunden sind, in verhältnismäßig kurzer Zeit zu regeln. *In dem Augenblick, in dem wir über eine geordnete Währung, die in der Welt wieder volle Achtung genießt, verfügen, können unsere Kaufleute und Industrielle in der Welt wieder mit großen Aussichten arbeiten.* Vor allem aber sind sie von den immer unüberwindbarer werdenden Hindernissen der innerdeutschen Devisenaus- und -einfuhrkontrolle im wesentlichen Teile befreit. Wir haben vor dem Kriege Jahresausfuhren im Werte von 8 Milliarden gehabt, wir sind nach dem Kriege auf beinahe 11 Milliarden gestiegen. Wir haben heute etwa 4,5 Milliarden Ausfuhr; es kann der entfesselten deutschen Tüchtigkeit keine großen Schwierigkeiten bereiten, diese Ausfuhrquote in Jahresfrist auf 5 – 6 Milliarden mindestens zu steigern. Von dem Augenblick an sind die Rohstoffnöte behoben. Von dem Augenblick an finden die Arbeiter, die zunächst arbeitslos oder in ihrer Arbeitszeit beschränkt sind, wieder flüssige Aufnahme in der Exportindustrie, von der dann wieder Rückwirkungen auf den binnendeutschen Verbrauch ausstrahlen. *Das ist die echte Gesundung, die herbeizuführen alleiniges Ziel sein kann.* Diese meine Beurteilung der Aussichten im Weltwirtschaftsverkehr ist nicht zu optimistisch. Es ist vollkommen verfehlt, anzunehmen, daß die Absatzfähigkeit von Waren in der Welt immer mehr zurückgehe. Das genaue Gegenteil ist der Fall. Was hat denn Afrika im 19. Jahrhundert wohl an echten Wertleistungen den europäischen Völkern abgenommen? Die Aufträge waren verschwindend klein gegenüber dem, was in den Erdteil hineingesteckt werden kann, wenn er anfängt, seine eigenen Rohstoffe zu erschließen und Menschen zu beschäftigen. Und darauf kommt es ja praktisch hinaus: den tüchtigen deutschen Arbeiter, Industriellen und Kaufmann an die Rohstoffe der Welt heranzubringen, nicht nur für deutschen Verbrauch, sondern auch für den Verbrauch fremder Völker. Afrika ist nicht das einzige Beispiel. Ganz Nordamerika ist unterbevölkert. Ganz Südamerika und Mexiko haben noch ungeahnte Möglichkeiten der Menschenbeschäftigung. Asien und Australien treten hinzu. *Solange noch Menschen in dürftigster Kleidung und dürftigster Behausung ihr Leben fristen, solange ist für eine Höherentwicklung unter Ausnutzung der Fortschritte der Technik ein praktisch geradezu grenzenloser Raum.* Es gilt nur, die in diesen Räumen arbeitenden Kräfte der Natur und der Menschen organisch in Verbindung zu bringen. Dann würde ein Zeitalter ungewöhnlichen Aufschwungs der Menschheit heraufgeführt werden. Ich bilde mir ein, daß Deutschland, wenn es den Anstoß dazu gäbe, hierbei nicht den schlechtesten Platz für sein Ansehen und für die Wohlfahrt seiner Volksgenossen einnehmen würde.

Es ist meine feste Überzeugung, daß das deutsche Volk, wenn es ein solches Zeitalter mit heraufführt, dabei für lange Zeit eine führende Stelle unter den Völkern der Welt einnehmen wird. Denn es kann nicht dem geringsten Zweifel unterliegen, daß in Wahrheit kein *Volk* ernstlich einen Krieg will, weil jedes das Gefühl hat, daß dieser Krieg für lange Zeit einen Wiederaufstieg zu gewohnter Lebenshaltung verhindern und wesentliche Kulturerrungenschaften vernichten würde. Wer entscheidend dazu beiträgt, diesen Druck von den Völkern zu nehmen, wird von ihnen willig als Führer in eine bessere Zukunft begrüßt werden und als solcher in die Geschichte eingehen.

Ich bin überzeugt, daß das deutsche Volk diese Leistung vollbringen kann, denn es sind ihm von Gott alle Anlagen dazu verliehen.

Ich bin überzeugt, daß gerade ein dem deutschen Volk nach seiner ganzen Geschichte so notwendiges straffes Regierungssystem am ehesten in der Lage ist, diese Anlagen des deutschen Volkes zu organischem Leben und zu vollem geschlossenen Einsatz zu bringen.

Es ist meine Überzeugung, daß die einzige Grundlage, auf der alle diese Kräfte mit Aussicht auf Erfolg und Dauerhaftigkeit in Bewegung gesetzt werden können, die geschlossene nationale Opfergemeinschaft, die sittlichen Tugenden und die Beachtung der harten Naturgesetze sind, die nun einmal alles Leben auf dieser Welt bestimmen und deren wichtigstes und entscheidendstes ist, daß nichts verbraucht werden kann, was nicht *zuvor* durch Arbeitsleistung gewonnen ist.

Leipzig, am 17. September 1936.

Anlage [Finanzierung der vorgeschlagenen Maßnahmen]

Der Reichshaushalt 1936 schließt mit einer Einnahme von rund 9,7 Milliarden RM und einer Ausgabe von rund 7,2 Milliarden ab. Der Unterschied mit 2,5 Milliarden RM ist ausgeworfen für die Wehrmacht. Dieser Betrag reicht bei dem gegenwärtigen Stand der Wehrmacht für den laufenden Bedarf nicht aus. Es ist denkbar, daß dieser Mehrbedarf, der einstweilen auf 500 Millionen RM geschätzt wird, aus weiteren Steuermehreinnahmen gedeckt werden kann. So kann natürlich auf die Dauer nicht gerechnet werden. Die Wehrmacht muß ordnungsmäßig etatisiert werden. Es ist ein bestimmter Betrag für sie im Haushalt auszuwerfen, und der muß eingehalten werden. Daß laufende Ausgaben überhaupt in die Gefahr kommen, mit Wechseln bezahlt zu werden, ist eine wirtschaftliche Unmöglichkeit. Ich unterstelle, daß einschließlich einer Ausgabe für die Wehrmacht von 3 Milliarden RM der laufende Reichshaushalt sich im Verlauf tatsächlich ausgleicht. Dann gilt es, die Mittel zu finden, die wir brauchen.

| | |
|---|---|
| a) um 300.000 Menschen in Kleinsiedlungen zu beschäftigen, wie im Hauptteil ausgeführt, rund 1,6 Milliarden RM, davon 1,2 Milliarden RM 1. und 2. Hypotheken und 200 Millionen RM öffentliche Gelder. Es erscheint mir nicht sicher, daß diese Normalfinanzierung zum Ziele führt. Soweit ich es übersehen kann, werden im Sparkapital des Volkes für 1. und 2. Hypotheken höchstens 800 Millionen RM verfügbar sein. Es sind also zu decken | 800 Millionen RM |

| | |
|---|---|
| b) für Meliorationsarbeiten | 300 Millionen RM |
| d) für Arbeiten an öffentlichen Wegen 200.000 Arbeiter mit 12 RM täglich = 12 X 300 = 3.600 X 200.000 = | 720 Millionen RM |
| d) für Unterstützung von ½ Million Arbeitern mehr als bisher 500.000 X 700 = | 350 Millionen RM |
| Zusammen sind also erforderlich | 2.170 Millionen RM = 2.200 Millionen RM |
| Dazu treten die im Haushalt nicht vorgesehene Verzinsung und Tilgung der bisherigen Wechselschulden. Ich rechne einschließlich des Übergangszeitraumes, in dem die bisherigen Maßnahmen allmählich in Übereinstimmung mit dem neuen außerordentlichen Haushalt gebracht werden, 12 Milliarden RM, davon 4% Zinsen und 1% Tilgung = | 600 Millionen RM |
| Die Vorsicht gebietet aber, hiermit die voraussichtliche Verschlechterung noch nicht abzuschließen. Auch bei den Zöllen und Verbrauchssteuern müssen Senkungen der Ergebnisse eintreten. Sehr hoch gerechnet, kann für das laufende Jahr die Verschlechterung etwa | 500 Millionen RM |
| ausmachen. Insgesamt werden also benötigt. | 3.300 Millionen RM |
| Zur Deckung stehen zur Verfügung: | |
| a) Interessentenbeiträge zu Meliorationen mit 2/3 = | 200 Millionen RM |

b) Reichsanstalt.
Da sie ihre Beiträge in Prozentsätzen erhebt, so werden die Beiträge durch Verkürzung der Arbeitszeit nicht wesentlich getroffen. Immerhin soll angenommen werden, daß ihre jetzigen Einnahmen von 1,5 Milliarden RM auf 1,4 Milliarden RM sinken. Diese werden zur Zeit wie folgt verwandt:
für Unterstützungen einschl. Kurzarbeiter und Landhilfe 820 Millionen RM
Verwaltungskosten 130 Millionen RM
für Notgebiete 100 Millionen RM
1.050 Millionen RM
verbleibt ein Rest von 350 Millionen RM
Von diesen werden zu dem bisherigen Verwendungszweck an das Reichsfinanzministerium abgeführt 300 Millionen RM

| | |
|---|---|
| verbleiben zur Deckung | 50 Millionen RM |

| | |
|---|---|
| Übertrag | 250 Millionen RM |
| c) Ersparnisse an laufende und einmaligen Ausgaben des Reichshaushalts rund | 600 Millionen RM |
| | 850 Millionen RM |
| *Reichsbank* übernimmt womit sie allmählich aus ihren unerträglichen Wechselverpflichtungen herauskommt. | 1.500 Millionen RM |
| *Reichsversicherungsanstalt* für Angestellte liefert von ihren Überschüssen ans das Reich ab | 100 Millionen RM |
| Die *Überweisungen an Länder und Gemeinden* werden um 10% gekürzt, bringt | 250 Millionen RM |
| Auch Länder und Gemeinden müssen sich großer Sparsamkeit befleißigen. Wenn das Reich ihnen jetzt die ganze Last des Übergangszeitraums abnimmt, so müssen sie dieses Opfer aus eigener Kraft finanzieren. | |
| Ein *Beamtennotopfer* von 10% bringt | 500 Millionen RM |
| Die *Einkommens- und Vermögenssteuer* der Veranlagten wird um 10% erhöht = rund | 150 Millionen RM |
| zusammen | 3.350 Millionen RM |

Dann sind alle Volksteile am Opfer beteiligt: der Arbeiter durch Arbeitszeitverkürzung, der Beamte durch Gehaltsopfer, die sonst zur Einkommenssteuer Veranlagten durch Steuer.

Diese Aufstellung rechnet mit sehr hohen und ungünstigen Zahlen auf der Ausgabenseite und mit vorsichtigen Schätzungen auf der Einnahmeseite. Dabei sind die Imponderabilien noch gar nicht gewertet. Ich schätze die Spannung, die jetzt in der Bevölkerung liegt, für recht hoch. Gerade die Arbeiter haben das Gefühl, daß die jetzige sogenannte gute Konjunktur nicht lange andauert und daß ihnen dann wieder schwere Zeiten bevorstehen. Sehen auch sie einen organischen Plan, der das Übel an der Wurzel packt und in verhältnismäßig kurzer Zeit die Schwierigkeiten zur organischen Lösung bringt, dann werden sie ebenso wie alle anderen Schichten des Volkes Kräfte einsetzen, die man vorher gar nicht einschätzen kann. Denn auf das vertrauensvolle und willige Mitgehen kommt es an. Deswegen erscheint es mir auch von vornherein notwendig, nicht schrittweise der Entwicklung hinterherzuhinken, sondern von vornherein durch ungünstige Schätzungen weit vorzugreifen. Es ist eher erträglich, daß es nachher besser, als daß es nachher schlechter wird.

In der vorstehenden Rechnung sind aber auch noch weitere Reserven. So sind noch nicht eingestellt

1. Die Sachausgaben-Ersparnisse der gesamten öffentlichen Verwaltung, namentlich des Reiches und der Länder, die natürlich erzielt werden können, wenn der Grundsatz der eisernen Sparsamkeit überall durchgesetzt wird,

2. die Durchforstung sämtlicher Beiträge an öffentliche Körperschaften und deren Ausgabenwirtschaft. Alle Ersparnisse, die hier gemacht werden, sind zur Senkung der Beiträge zu verwenden, um so schnell wie möglich wieder mehr Kaufkraft in den einzelnen Haushaltungen zu lassen.

Dieser Etatplan gilt für die ersten 12 Monate ab 1.10.1936. Werden in dieser Zeit die vorgeschlagenen Maßnahmen wirtschaftspolitischer, außen- und innenpolitischer Art ergriffen, so steht mit Sicherheit zu erwarten, daß im zweiten Jahre die Rohstoffe wieder glatt fließen, die Arbeitslosigkeit abnimmt und daher auf der Ausgabenseite natürliche Entlastungen eintreten. Man muß aber damit rechnen, daß entsprechende Einnahmeminderungen eintreten, denn die Einkommens- und Realsteuern fangen im zweiten Jahre an zu sinken. Die Senkung wird im dritten Jahre noch stärker. Aber ungefähr läßt sich wohl sagen, daß, immer unter der Voraussetzung gleichzeitiger Ergreifung aller vorgeschlagenen Maßnahmen, mit diesem Etatbild durchzukommen sein wird, namentlich wenn von 1939 ab der Reichsetat wieder von Zins- und Tilgungsleistungen früherer Arbeitsbeschaffungsmaßnahmen entlastet wird.

Offen scheint die Frage zu bleiben, wie die kurzfristigen Schulden konvertiert werden sollen. Die Hauptsache ist, daß in Zukunft diese Schuldenlast nicht weiter steigt, als die jährliche Sparkraft des deutschen Volkes es zuläßt. Man wird die Konsolidierungsmöglichkeit von Jahr zu Jahr sorgfältig abwägen müssen. Je nach der weiteren Kräftigung der Volkswirtschaft kann man die Versicherungseinrichtungen heranziehen, um jährlich 1/2 Milliarde zu konsolidieren. Man wird auch in einem gewissen Umfange auf eine Vermögensabgabe zukommen können. Allerdings muß man sich hier klar sein, daß wesentliche Beiträge damit nicht gewonnen werden können. Denn die Vermögensabgabe müßte sich doch wohl immer in erster Linie auf die beschränken, die jetzt infolge der Rüstungspolitik ein Vermögen bilden konnten. Man sieht, daß, wenn man erst einmal ein Ende der Verschuldungspolitik gefunden hat, die verschiedenen Wege gangbar und ausreichend sind.

## 3.9 Wirtschaftliche Funktionen der Preise

*Artikel in: Die Bank. Wochenhefte für Finanz- und Bankwesen. Chronik der Wirtschaft, Jg. 29, H. 51/52 (23.12.1936).*[1]

Verteilungsfunktion und wirtschaftsordnende Funktion der Preise in Binnen- und Weltwirtschaft; Grenzen der staatlichen Einflussmöglichkeiten auf die Wirtschaft. Staatsaufgaben: Sicherung der Markttransparenz, Eingriff bei versagender Ordnungsfunktion der Preise, Überwachung von Preisgebaren, Garantie der Rechtssicherheit und Sicherung des Wirtschaftsraums.

---

[1] Goerdeler verfasste den Artikel auf Anfrage des Hauptschriftleiters der Wochenhefte Ludwig Mellinger, der ihn im Oktober um einen Aufsatz gebeten hatte, „der sich entweder allgemein mit der Bedeutung der Preisordnung innerhalb des Vierjahresplans beschäftigt oder spezieller die Zusammenhänge zwischen Preis und Verteilung behandelt." (Schreiben Mellingers an

Allzu viele Menschen haben sich daran gewöhnt, den Preis als ein Ding für sich zu betrachten, so als ob man unter allen Umständen durch Einflußnahme auf die Preise die Volkswirtschaft in Ordnung bringen könne. Das rührt daher, daß wir seit ungefähr 20 Jahren die Preise als Gegenstand obrigkeitlicher Betätigung in unser Bewußtsein aufgenommen haben.[2] Der einzige Zeitraum in diesen 20 Jahren, in dem die Preisgestaltung sich selbst überlassen blieb, waren die Jahre 1924–1930; sie waren mit um so eifrigerem Bemühen verantwortlicher und unverantwortlicher Stellen ausgefüllt, Löhne und Gehälter heraufzusetzen.[3] Im Ringen um die Gunst

---

Goerdeler vom 5.10.1936; BAK, N 1113, Bd. 12). Goerdeler sandte den vorliegenden Artikel und schrieb Mellinger dazu den folgenden Brief:

„Sehr verehrter Herr Doktor! In der Anlage den gewünschten Aufsatz. Ob er in ein Heft, das dem Vierjahresplan gewidmet ist, recht hineinpaßt, weiß ich nicht. Ich bin ein Gegner aller solchen Pläne. Die Politik des Staates muß sich gewisse Ziele setzen. Aber die Mittel, die zur Erreichung dieser Ziele führen, müssen sich stets nach der Lage richten. Diese Lage verändert sich durch Willensrichtungen und Ereignisse, die wir nicht bestimmen können. Was den Vierjahresplan im besonderen betrifft, so ergeben die genauesten Berechnungen, dass wir uns äußerstenfalls in einer Größenordnung von 700 – 900 Millionen unabhängig machen können, wenn wir alle Bedenken gegenüber der Aufbringung des Kapitals und der Wirtschaft zurückstellen. Am Schluß des Vierjahreszeitraums würde also ein Rohstoffbedarf für Ernährung und gewerbliche Wirtschaft von mindestens 3,6 Milliarden RM übrig bleiben, wegen dessen Deckung wir uns doch mit der Welt verständigen müssen.

Wenn Sie nach diesem Bekenntnis meinen Aufsatz nicht oder erst in einer späteren Nummer Ihrer Zeitschrift veröffentlichen wollen, werde ich es Ihnen nicht verdenken. Mit bestem Gruß und Heil Hitler! Ihr sehr ergebener Goerdeler“

Das ursprüngliche Aufsatzmanuskript weist geringfügige Varianten zum vorliegenden Artikel auf, die inhaltlich nicht relevant sind (vgl. Schreiben Goerdelers an Mellinger einschließlich des Manuskripts vom 8.12.1936; ebd.).

2 Der Zusammenbruch des internationalen Handels und die Isolierung der nationalen Volkswirtschaften im Ersten Weltkrieg führten sehr rasch zu ersten Preiskontrollen in Deutschland. Der Festsetzung von Höchstpreisen für Kartoffeln und Brotgetreide im November 1914 folgten weitere Höchstpreisverordnungen und Kontingentierungen sowie die allmähliche Einführung des Kartensystems. Anders als im militärischen Bereich gab es in der deutschen Zivilverwaltung jedoch zunächst keine zentrale Instanz zur Versorgungssicherung, so dass neben den normalen Verwaltungsbehörden eine Vielzahl von lokalen und überregionalen Preisprüfungsstellen, Lebensmittelämtern und Kriegsausschüssen entstanden. Der Notwendigkeit einer zentralen Ernährungssicherung für die Zivilbevölkerung wurde schließlich Rechnung getragen mit der Gründung des Kriegsernährungsamts (KEA) unter Adolf v. Batocki am 22.5.1916. Das KEA regelte zentral die Lebensmittelkontingentierung und die Festsetzung von Lebensmittelpreisen sowie die Überwachung ihrer Einhaltung. Vgl. Preller, Sozialpolitik, S. 9-13 sowie Martin Kitchen: The Silent Dictatorship. The Politics of the German High Command under Hindenburg and Ludendorff, 1916–1918, London 1976, S. 67-87.

3 Insgesamt stieg das Einkommen aus Löhnen und Gehältern in Prozent des gesamten Volkseinkommens von 46,4 (1913) auf 60,1 (1930) – eine Entwicklung, die zu Lasten des

der Menge vergaß man aber, daß die Höhe der Löhne und Gehälter die Kosten der Produktion und damit die Höhe der Preise beeinflussen mußte. Zweimal in meinem Leben vor die Aufgabe gestellt, die Preisgestaltung zu beeinflussen, habe ich mit vollem Vorbedacht diese Tätigkeit immer nur kurzfristig gestaltet, um den natürlichen Kräften wieder Raum zu geben.[4] Es handelt sich hier nicht um eine wirtschaftliche Meinung, sondern um eine Naturnotwendigkeit.

Wir sind mit einer gewissen Bequemlichkeit der Versuchung erlegen, wirtschaftliche Begriffe zu theoretisieren und wirtschaftliches Denken schwierig zu gestalten. Marx hatte das seinige dazu beigetragen. Die Versuchung ist geboren aus dem Fortschritt der Arbeitsteilung. Wir übersehen heute nicht mehr recht, wie die Güter, die wir zur Deckung unseres Lebensbedarfs gebrauchen, entstehen. Je länger der Weg, je umständlicher die Verarbeitungsvorgänge, um so komplizierter ist das Denken geworden. Ganz zu Unrecht! Wirtschaften bedeutet heute noch wie ehedem und kann nie etwas anderes sein als die Betätigung des menschlichen Willens, das Leben zu erhalten und zu verbessern. Niemand wird mit dem entgegengesetzten Willen geboren. Jedes Wesen, auch der Mensch, hat den naturhaften Willen in sich, zu bestehen und fortzudauern. Der Mensch hat darüber hinaus noch den Willen, das Leben ständig besser und schöner zu gestalten. Zu diesem Zweck setzt er seine Energien an Naturstoffen und Naturkräften in Bewegung, vor Jahrtausenden so, daß der einzelne aus der Natur alles, aber auch alles selbst herausarbeitete, was er brauchte. Je näher die Menschen zusammenrückten und überall, wo sie es taten, begannen sie allmählich alle diejenigen Tätigkeiten, die notwendig sind, das Leben zu erhalten und zu verbessern, untereinander nach Neigung, Veranlagung und Können zu verteilen. Von da ab mußte man die Arbeitsergebnisse miteinander tauschen, um sich ernähren, bekleiden, wohnen und Annehmlichkeiten aller Art genießen zu können. Die Entwicklung der Technik schaffte Verkehrsmöglichkeiten. Diese wieder ermöglichten es, weiträumig Arbeitsergebnisse zu tauschen, die der Empfangende unter den natürlichen Bedingungen, in die sein Leben gestellt war, überhaupt nicht erzeugen konnte. Je stärker die Erzeugung auf maschinellem Wege wurde, um so weiter schritt dieser Prozeß der Arbeitsteilung fort. Heute leben wir von den Arbeitsergebnissen einer so großen Vielheit von Menschen, daß wir sie im einzelnen schon gar nicht mehr übersehen. Aber Sinn und Zweck des Wirtschaftens sind unverändert geblieben. Auch heute haben wir auf dem Erdball noch Völker (insbesondere Nomaden), bei denen fast

---

selbständigen Mittelstands und der Einkommensbezieher aus Kapitalvermögen ging; vgl. Dietmar Petzina, Werner Abelshauser und Anselm Faust: Sozialgeschichtliches Arbeitsbuch, Bd. III: Materialien zur Statistik des Deutschen Reiches 1914–1945, München 1973, Tabellen 19a (S. 102) und 19c (S. 104). Goerdelers Kritik richtet sich implizit gegen das staatliche Schlichtungswesen, das bis zum Ausbruch der Weltwirtschaftskrise eher arbeiterfreundliche Tendenzen aufwies (vgl. dazu ausführlich S. 309 f., Anmerkung 30).

4 Vgl. zu Goerdelers Amt als Reichskommissar für die Preisüberwachung Kapitel 2.3.

jeder Angehörige seine und seiner Familie Lebensbedürfnisse vollkommen selbst erarbeitet. Aber der Unterschied zwischen ihnen und den Völkern mit einer höchstentwickelten Technik besteht nur in der Zahl der Werkzeuge, in der Fülle der Möglichkeiten, die sie zur Hebung des Lebensstandes auszunutzen verstehen, endlich in höherer Ausnutzbarkeit aller Naturkräfte, so daß auf engerem Raum mehr Menschen leben können; der große Motor des Daseins überhaupt ist sowohl bei dem einfachsten Nomadenvolk als auch bei dem fortgeschrittensten Industrievolk der Wille, das Leben zu erhalten und zu verbessern und sich dazu aller vorhandenen Möglichkeiten zu bedienen. Es gilt also grundsätzlich, diesen in jedem Menschen steckenden Willen zum Leben sich betätigen zu lassen und ihn so zu immer höheren Leistungen zu stärken.

Wenn wir uns seit langem die zum Leben erforderlichen Güter durch Tausch verschaffen, so will jeder Partner im Tausch eine Möglichkeit finden, seinen Lebensstandard zu heben. Das ist nur dann möglich, wenn der Tausch ihn nicht plötzlich oder allmählich der Lebensmöglichkeiten beraubt. Deswegen muß das Ergebnis des Tausches die zur Herstellung der Tauschleistung aufgewendeten Energien decken. Kein Mensch bringt Energien auf mit dem Ziel, sich zu vernichten, es sei denn, daß er aus anormalen Beweggründen seinem Leben ein Ende setzen will.

Heute bestimmen wir die Gegenleistung für eine von uns selbst erarbeitete Leistung nicht in Gegenständen, sondern in Werten. Sie werden unter Zugrundelegung eines einheitlichen Wertmessers, auf dessen währungspolitische Bedeutung ich hier nicht eingehen will, nach der Summe der in die angebotene Leistung hineingesteckten Energien berechnet. Diesen Wert, den Preis, muß der Anbietende zum mindesten fordern, um sein Leben erhalten zu können. Würde er das Erarbeitete weggeben, ohne die aufgewendeten Energien (Selbstkosten) zu decken, so würde er sich allmählich vernichten. Und zu dem Zweck lebt niemand. Eher ist er schon fähig, eine solche Wirtschaft unter Selbstkosten eine Zeitlang auf Kosten anderer fortzusetzen. Aber auf sein eigenes Risiko kann und wird er es nur so lange tun, als er noch nicht verbrauchte Arbeitsergebnisse früherer Zeiten zuzusetzen hat. Sind sie verwirtschaftet, so muß die dauernde Unterschreitung der Selbstkosten nach Naturgesetz den wirtschaftlichen und physischen Tod zur Folge haben. Wir sind uns heute deshalb dieser Tatsache nicht so klar bewußt, weil wir in allen Kulturstaaten Einrichtungen haben, die auch in solchen Fällen mit Unterstützungen eingreifen. Für Kolonisten aber, die sich ihre Lebensgrundlage erst fernab der zivilisierten und kultivierten Menschheit erarbeiten müssen und ganz auf sich allein gestellt sind, ist dieser Ausgang eine Naturnotwendigkeit.

Ist es denn aber nicht möglich, diesen Selbstvernichtungstendenzen dadurch ein Ende zu bereiten, daß der Staat das Wirtschaften unter Selbstkosten verbietet? Das ist aber nicht möglich. Ganz abgesehen davon, daß die Selbstkosten in jedem Betriebe stark verschieden und daher nur mit großem Aufwand nachprüfbar sind, kann ja nicht nach der Logarithmentafel bestimmt werden, wie hoch der einzelne die Kosten seiner Lebenshaltung einzusetzen hat. Noch viel weniger läßt sich von einer Logarithmentafel ablesen, mit wieviel Stunden Arbeitsaufwand eine Leistung zu vollbringen ist. Leistung hängt vom Können, von der Veranlagung, vom Willen, vom Charakter ab, und die Lebenshaltung hängt wieder mit der Leistung zusammen. Die Menschen sind gar nicht einander gleich, sondern höchst verschieden voneinander. Also sind auch ihre Leistungen verschieden. Somit müßte jenes Verbot bei der praktischen Durchführung Schiffbruch erleiden. Sollte es trotzdem erlassen werden, so würde eine Leistung, deren Preis sich nach diesem Verbot richtet, nicht abgenommen werden, wenn sie dem Nachfragenden zu teuer ist. Zu teuer ist sie ihm stets dann, wenn er sie nicht lebensnotwendig braucht und seine Kaufkraft nicht ausreicht. Er findet sich aber mit dem teuren Preis eher ab, je lebensnotwendiger die Leistung ist. Daher kann eine solche Sicherung des Preises nach unten hin dort in Betracht kommen, wo es sich um lebensnotwendige Güter handelt. Aber auch sie würden unter den Schutzpreis sinken, wenn sie in solcher Menge zum Angebot kämen, daß bei Nichtabsatz Verderb und Verlust zu besorgen sind. In diesem Falle ist der Absatz zum Verlustpreis das kleinere Übel gegenüber dem Totalverlust. Also ist weitere naturhafte Voraussetzung eines Schutzpreises, daß die erzeugte und zur Verfügung stehende Menge den Bedarf nicht wesentlich übersteigt, jedenfalls in grobe Übereinstimmung mit ihm gebracht werden kann. Nur in diesen Grenzen wirkt dann der Preis noch dahin, daß die Ware überhaupt verteilt wird und nicht verkommt.

Hier setzt der Einwand ein, daß ja dann Kaufkraft und Preise die Verteilung bestimmen. Das ist vollkommen richtig. Aber zunächst ist dem Einwand entgegenzusetzen, daß eine hohe Kaufkraft auch nicht aus der Luft entsteht, sondern hohe Leistungen zur Voraussetzung hat.[5] Sodann ist zu sagen, daß der Einwand gegen diese Verteilungsfunktion des Preises solange hinfällig ist, als genügend Ware zur Verfügung steht, um den Gesamtbedarf aller zu decken. Ist unter diesen Voraussetzungen der Schutzpreis so hoch gewählt, daß tauschschwachen Käufern der Erwerb lebensnotwendiger Güter überhaupt nicht möglich ist, dann liegt der Fehler nicht mehr beim Preise. Denn auf die Dauer kann nach dem, was ich darlegte, von niemandem verlangt werden, daß er unter Selbstkosten Güter auf den Markt bringt. Dann muß die Gegenmaßnahme auf anderen Gebieten gesucht werden. Entweder müssen die Selbstkosten von der Steuerseite, von der Technik der Erzeugung her oder sonstwie gesenkt werden, oder es müssen bei Gütern, die zur Erhaltung des Lebens schlechthin unerläßlich sind, Unterstützungen einsetzen.

[5] Goerdeler wendet sich hier implizit gegen die Kaufkrafttheorie, die während der Weimarer Republik insbesondere von den Freien Gewerkschaften vertreten wurde. Die Notverordnungspolitik Brünings im Dezember 1931 war insofern ein Kompromissversuch, als parallele Lohn- und Preissenkungen vorgenommen wurden (vgl. Kapitel 2.2). Vgl. Michael Schneider: Das Arbeitsbeschaffungsprogramm des ADGB. Zur gewerkschaftlichen Politik in der Endphase der Weimarer Republik, Bonn-Bad Godesberg 1975.

Welches Mittel gewählt werden kann und gewählt werden muß, ist eine Frage richtiger Verwaltungspolitik und Staatskunst.

Schwierigkeiten können erst eintreten, wenn es bei lebensnotwendigen Gütern an der erforderlichen Menge zu fehlen beginnt. In diesem Falle müßte der Preis schnell über die Schutzgrenze steigen, wenn der Staat nicht irgendeine verständige Ordnung schafft. Das ist natürlich. Wenn 15 Menschen die einzige Wohnung, die noch zu haben ist, haben wollen, um überhaupt in den Besitz einer eigenen Behausung zu gelangen, dann werden sie von den ihnen zur Verfügung stehenden Arbeitsenergien soviel dafür bieten, wie sie im Rahmen ihrer sonstigen Bedürfnisse und Aufgaben anlegen zu können glauben. Sie werden mit Preisen um die Wohnung kämpfen. Will man dem Preis nicht gestatten, diese Funktion der Verteilung auszuüben, so würde nichts anderes übrig bleiben, als ein anderes System der Verteilung zu wählen. Ungeregelt kann aber die Frage nicht bleiben. Die Beteiligten könnten also um die Wohnung ringen oder losen, sie könnten um sie würfeln, sie könnten nach dem Alphabet oder nach der Zeitdauer der Wohnungslosigkeit eine Entscheidung treffen, sie könnten vielleicht auch die Wohnung unter sich aufteilen. Aber darüber darf kein Zweifel bestehen: Wird dem Preise verboten, seine Verteilungsfunktion zu versehen, dann muß diese Funktion durch irgendein anderes zuverlässiges Mittel ersetzt werden. Mittel reiner Willkür werden wir in einem Kulturstaat und in einer hochgeordneten Volkswirtschaft ablehnen. Es müßte also ein sinnvoller und gerechter

Plan für die Verteilung

aufgestellt werden. Wir haben es darin in dem Zeitraum der letzten 20 Jahre zu einer gewissen Fertigkeit gebracht. Nur werden wir sofort erkennen, daß in diesem Plane nicht der Sinn unseres Lebens bestehen kann. Der Plan mag zwar höchst gerecht sein, aber der Mensch lebt nun einmal nicht mit dem Ziel, nach Gerechtigkeit zu entbehren, sondern mit dem Ziel, das Leben zu verbessern. Diese seine von der Natur ihm angeborenen Willenskräfte sind die Vitamine allen Wirtschaftens.

Damit ist bei klarer Erkenntnis aller Möglichkeiten die Grenze für die Festsetzung solcher Preise gegeben, die im Tauschverkehr nicht überschritten werden dürfen (Höchstpreise). Ein Verfahren, das sich mit solchen Preisfestsetzungen allein begnügt, nützt nichts. Hier muß über kurz oder lang der Ersatz der Verteilungsfunktion der Preise durch ein anderes planmäßiges Mittel erfolgen. Denn in jene Sphäre, in der eine Begrenzung der Preise nach oben gefordert wird, gelangt die Volkswirtschaft immer erst dann, wenn der Nachfrage nach Gütern kein genügendes Angebot gegenübersteht. Ist das Angebot an Wohnungen ausreichend, steht dem Bedarf jener 15 Familien ein Angebot von 20 leeren Wohnungen gegenüber, so braucht keinerlei Sorge zu bestehen, daß die Wohnungsuchenden übervorteilt werden könnten. Denn jeder der Besitzer der leerstehenden Wohnungen wird sich lieber mit 50% der erwünschten Miete begnügen, als 100% durch Leerstehen zu verlieren. Ein Schutz gegen die Verteilungsfunktion der Preise kommt immer erst in Betracht, wenn die Zahl der Wohnungen unter den Bedarf sinkt. So ist es auf allen Gebieten des Tausches von Gütern und Leistungen.

Da, wo es sich um außergewöhnliche Leistungen handelt, um Leistungen, deren Besitz nicht notwendig ist, das Leben zu bestreiten, wird der Staat den Preis seiner Verteilungsfunktion überlassen können, ja müssen. Ich komme darauf noch zurück. Aber wo es um Leistungen geht, die der einzelne braucht, wenn er nicht umkommen soll, muß dann schon der dicht bevölkerte Kulturstaat, der dem einzelnen bei Mangel nicht mehr die letzte Lebensmöglichkeit in einem Stück Land geben kann, als Hüter der arbeitsgeteilten Wirtschaft dem Preis seine Verteilungsfunktion nehmen. Er muß ihn im Interesse der Lebenshaltung aller begrenzen. Aber er muß gleichzeitig, und das ist das Entscheidende, für die Verteilung irgendein System festlegen, weil sonst eine Verteilung überhaupt nicht mehr stattfinden kann oder die Menschen tatsächlich dem Zufall, der Willkür oder der jeweils größeren physischen Kraft die Verteilung überlassen müssen. In solchen Fällen wird sich der Staat davor hüten müssen, in Preisordnungen ohne systematische Verteilungsordnung ein Mittel zu sehen, um der Volkswirtschaft zu dienen. Aber auch eine solche Verteilungsordnung ist eben nur so lange wirksam, als Angebot und Nachfrage in ungefähre Übereinstimmung miteinander gebracht werden können. Ist ein Bedarf absolut lebensnotwendig, und sinkt das Angebot unter eine erträgliche Grenze, dann muß sich im Kampf um die Lebenserhaltung die Wirksamkeit jedes ersonnenen Verteilungssystems abschwächen. Die stärkste Kraft ist der Lebenswille des Menschen. Der Mensch unterdrückt ihn bis zur Vernichtung um hoher Ideale willen. Im täglichen Wirtschaftskampf aber wird sein Sinnen immer darauf gerichtet sein und gerichtet sein müssen, das Leben zu verbessern und nicht zu verschlechtern, also den Mangel als solchen zu beheben und nicht um gerechte Verteilung zu feilschen. Die besten und wertvollsten Kräfte werden sich immer wieder dem Kampf um die Verbesserung des Lebens und nicht dem mißgünstigen Herumblicken zuwenden.

Also bleibt Hauptaufgabe des Staates in der arbeitsgeteilten Wirtschaft immer jene Tätigkeit, die stets darauf abgestellt ist, dem Lebenswillen des Volkes Betätigungsmöglichkeiten zu verschaffen. Hierzu stehen die verschiedensten Mittel zur Verfügung. Sie sind einmal im eigenen Raum gegeben, den das Volk besitzt, und der ihm daher nach freier Wahl zum Ansatz seiner geistigen und physischen Kräfte freisteht. Sie sind aber auch gegeben in jener Kunst, Raum und Leistungen anderer sich durch Förderung friedlichen Tausches nutzbar zu machen. Daß im Raume der Welt ein Tausch nur möglich ist, wenn dem Preis die Verteilungsfunktion belassen wird, dürfte nun außer allem Zweifel stehen. Denn etwa von einem Staate aus einem anderen Volke eine willkürliche Preispolitik aufzwingen zu wollen, liegt außerhalb verwirklichbarer naturgegebener Möglichkeiten. In einzelnen Fällen kann man sich durch Verträge helfen. Das wird dann möglich sein, wenn die willkürliche Preispolitik im Interesse beider Teile liegt. In diesen Verträgen können Zölle als Preisschutz ausbedungen sein. Soweit aber eine Vielheit von Völkern vertretbare Leistungen miteinander tauscht, muß sich jeder bei seiner Forderung danach richten, ob nicht ein Dritter gleiche Leistung mit einer billigeren Forderung anbietet. Denn es wird niemand geben, der nicht die billigere Leistung vorzieht, genau so wenig, wie irgendein Mensch von zwei gleichen Mänteln den kauft, für den mehr verlangt wird.

Wenn es also klar ist, daß nach unten begrenzte Schutzpreise (Mindest-, Festpreise) nur unter sehr begrenzten Voraussetzungen möglich sind, wie sie etwa auf dem Gebiete des deutschen Ernährungswesens vorliegen (lebensnotwendige Güter, übersehbarer Bedarf, keine wesentliche Überschußerzeugung), und daß nach oben begrenzte Preise (Höchst-, Festpreise) überhaupt nur in Betracht kommen, soweit ein lebensnotwendiger Bedarf durch das Angebot nicht voll gedeckt wird, so kann es gar keinem Zweifel unterliegen, daß es am sinnvollsten ist, wenn

Angebot und Nachfrage möglichst ausgeglichen

sind und der Preis seine Verteilungsfunktion ungehindert ausüben kann. Dieser Zustand kann auf zweifache Weise angestrebt werden. Einmal, wie es auf dem Gebiete der deutschen Ernährungswirtschaft geschieht, dadurch, daß man versucht, mit zentralen Maßnahmen das Angebot in eine gewisse Übereinstimmung mit der Nachfrage zu bringen.[6] Das ist auf dem Gebiete der nicht lebensnotwendigen Güter überflüssig und auf dem Gebiete der gewerblichen Wirtschaft des deutschen Volkes unmöglich. Einmal sind die Erzeugungsmethoden zu mannigfaltig, sodann sind die Gegenstände zu verschiedenartig, die Neigungen zu wechselnd und zu vielseitig; zum anderen ist der Bedarf auch abhängig von Naturvorgängen, weshalb eine Schablone nicht nur leistungshemmend, sondern auch wirtschaftsschädigend wirken müßte. Sodann muß das deutsche Volk immer wieder danach trachten, den Überschuß seiner gewerblichen Leistungen zum Eintausch der Rohstoffe auf dem Weltmarkt einzusetzen. Mag auf dem Binnenmarkt durch Einflußnahmen der verschiedensten Art Disziplin in Geschmack und Bedarfsdeckung für einen begrenzten Zeitraum und in begrenztem Umfange erreichbar sein[7] – die Bedürfnisse auf dem Weltmarkt entziehen sich solcher Beeinflussung durch einen einzelnen Anbieter. Die staatliche Planung müßte also in immer ausgeprägterem Maße zwischen Herstellung für Export und Herstellung für Binnenmarkt unterscheiden. Der Planungs-

6 Entgegen dieser Interpretation der ernährungswirtschaftlichen Ziele des Regimes hatten die Protagonisten der nationalsozialistischen Agrarpolitik andere Prioritäten proklamiert: Während Darré 1934 noch vorsichtig die Notwendigkeit formulierte, „die Bedürfnisse der Konsumenten landwirtschaftlicher Erzeugnisse zu einer eindeutigen Beziehung zu der heimatlichen Produktion zu bringen“ (Rede vom 17.4.1934; zit. nach Corni/Gies, Butter – Brot – Kanonen, S. 254), nannte Herbert Backe, Leiter der Geschäftsgruppe Ernährung in der Vierjahresplanbehörde, seinen programmatischen Artikel schlicht „Verbrauchslenkung“ (vgl. Artikel in: Der Vierjahresplan, 1937, S. 203-206).

7 Vgl. zu den nationalsozialistischen Versuchen der Bedarfslenkung S. 390, Anmerkung 6.

und Planungsüberwachungsstellen[8] würden so viele, daß nicht nur die Selbstkosten der Wirtschaft erheblich steigen müßten, sondern auch immer weiter fortschreitende Lähmungen des Lebens- und Leistungswillens des Menschen eintreten würden. Entscheidend aber ist, daß die zentrale Planung auch nicht allwissend ist, daß sie die vielen von uns unabhängigen und im Schoße der Zukunft liegenden Entwicklungen und Ereignisse nicht voraussehen kann und daher auch Fehlgriffen ausgesetzt ist. Jeder Fehlgriff aber, der im Rahmen einer Gesamtplanung getan wird, setzt seine Wirkung alles durchdringend fort, während der Fehlgriff des einzelnen nur begrenzte Wirkungen hat.

Also bleibt als zweite Möglichkeit, Angebot und Nachfrage möglichst in Übereinstimmung zu bringen und den Preis als Verteiler wirken zu lassen, nur die übrig, daß man den Preisen neben dieser Funktion auch noch die Funktion als Ordner der Wirtschaft überläßt. Diese ordnende Funktion ist die gewaltigste Aufgabe des Preises. Werden nämlich zu viel Güter einer Art erzeugt, so sinken ihre Preise. Da jeder einzelne sich vor Verlust zu bewahren sucht, werden in den an der Erzeugung und Verteilung der Güter beteiligten und durch zu starke Erzeugung in ihrer Existenz bedrohten Kreisen nun sofort die verschiedensten Energien tätig, um aus dem Gefahrenkreis herauszukommen. Die Summe dieser Energien ist von größter Bedeutung. Sinkt andererseits die Erzeugung der Leistungen unter die benötigte Menge, so tritt das Gegenteil des eben geschilderten Prozesses ein. Die Preise müssen steigen, da die Nachfrage unbefriedigt bleibt. Ein großes Ringen beginnt: Tausende von Lebensenergien setzen sich in Bewegung, um die Erhaltung und Verbesserung der Lebensgrundlagen zu sichern.

Der Begriff vom „freien Spiel der Kräfte“ ist sehr vielen Irrtümern und Mißverständnissen ausgesetzt gewesen. Hier handelt es sich jedenfalls nicht um ein freies Spiel der Kräfte. Die Natur gestattet in ihrer Gesetzlichkeit überhaupt kein freies Spiel; sie hat vielmehr die höchste Ordnung in alle Dinge und in alle Kräfte hineingelegt.[9] Keine Kraft kommt zur Entwicklung, wenn sie nicht die Energien aufbringt, die notwendig sind, um Widerstände zu beseitigen. Keine Kraft kommt zum Erliegen, die noch die Energie in sich hat, den ihr entgegendrängenden Widerständen Trotz zu bieten. An den Widerständen steigert sich der Lebens- und Leistungswille.

---

8 Vgl. zu den Planungs- und Überwachungsstellen S. 388, Anmerkung 3.

9 Goerdelers Beschreibung der Marktmechanismen im vorhergehenden Abschnitt wird in der Wirtschaftstheorie umschrieben mit Begriffen wie „Selbstheilungskräfte der Wirtschaft“, „unsichtbare Hand des Marktes“, oder eben „freies Spiel der Kräfte“. Die Schlagwörter umschreiben die Vorstellung, dass durch die regulatorische Vermittlung von schwankenden Preisen Angebot und Nachfrage miteinander in Einklang gebracht werden. Dass Goerdeler die Begrifflichkeit ablehnt, mag an seiner mangelnden wirtschaftstheoretischen Ausbildung liegen; wenn der Begriff „freies Spiel der Kräfte“ nicht als Kürzel der klassischen ökonomischen Theorie erkannt wird, könnte er irrtümlich als Gegenpol zu den von Goerdeler favorisierten Begriffen wie „naturgesetzliche Ordnung“, „Leistung“ und „Kampf“ angesehen werden.

Wird dem Preis neben seiner Verteilungfunktion diese ordnende Kraft zugestanden, so ist das gewiß kein risikoloser Zustand. Aber ohne Risiken und Gefahren, ohne Kampf und Leistung kann das Leben überhaupt nicht bestanden werden. Selbstverständlich ist es dem Menschen gegeben, diese Risiken zu verringern. Kein größeres Schiff oder Flugzeug wird heute ohne jene technischen Einrichtungen gelassen, die es ihm ermöglichen, Warnungen zu erhalten, Warnungen weiterzugeben, Gefahren rechtzeitig zu erkennen und ihnen auszuweichen. Aber das letzte Risiko für die Fahrt und für den Flug kann dem Kapitän, kann der Besatzung nicht abgenommen werden. Denn wenn der Mensch die Maschine beseelt – und das ist eine Tatsache –, so hängt das Wirken der Maschine letztlich von den Kräften der sie beseelenden Menschen ab. In diesen Kräften steckt aber ebensoviel Unberechenbarkeit wie Energie. So wird auch das ordnende Wirken der Preise durch immer mehr vervollkommnete Hilfsmittel verbessert und verstärkt werden können. Der einzelne in die Wirtschaft gestellte Mensch wird aus den Erfahrungen anderer lernen müssen; der Staat wird ihm in immer größerem Umfange in einem zuverlässigen, umfassenden und schnellen Nachrichtendienst, in einer wahrheitsgetreuen und zuverlässigen Statistik Möglichkeiten zur Verfügung zu stellen haben, die den Blick in die Zukunft erweitern und erhellen.

Der Staat wird auch einer die Selbstkosten unterschreitenden Zerrüttung der Preise begegnen können. Aber er soll es erst dann tun, wenn feststeht, daß die ordnende Kraft der Preise selbst nicht ausreicht, um in erträglicher Zeit Heilung herbeizuführen. So waren in Deutschland in den Jahren 1925–1928, als eine Scheinblüte als wahre Gesundung angesehen wurde, auf vielen Gebieten zu viele Betriebsstätten und zu viele Maschinen für die Erzeugung bereitgestellt worden; sie konnten bei dem mit Naturnotwendigkeit einsetzenden Zusammenbruch der Scheinhoffnungen nicht mehr voll ausgenutzt werden. Von diesem Zuviel an Erzeugungsmöglichkeiten (Überkapazitäten) ging ein verderblicher Druck auf die Preise aus.[10] Es darf aber nicht übersehen werden, daß diese ungesunde Entwicklung durch Maßnahmen verursacht wurde, deren Unrichtigkeit voraussehbar war und auch vorausgesehen worden ist. Wenn das deutsche Volk es über sich gebracht hätte, den nach der Wiederherstellung der Währung erreichten bescheidenen Lebensstand des Jahres 1924 durchzuhalten, dann wäre ihm viel Unheil erspart geblieben. Aber die Parteien buhlten um die Gunst der Menge. Gehälter und Löhne wurden erhöht, weil das natürlich „volkstümlicher“ war als die Mahnung zur Spar-

---

[10] Die arbeitsplatzsparenden Wirkungen von technischem Fortschritt und Rationalisierung sind eine Erklärungsmöglichkeit für die Depression von 1929–1932. James verweist in seiner Untersuchung als weitere Erklärungsansätze auf ungünstige Welthandelsbedingungen und deren schwerwiegende Folgen für exportabhängige Länder wie Deutschland sowie auf den enormen deutschen Kapitalimport in der Stabilisierungsphase. Als innenpolitische Faktoren mit wachstumshemmendem Potential verweist er u.a. auf industrielle Konzentrationstendenzen, die starke Position der Gewerkschaften sowie die staatliche Unterstützung der Agrarproduzenten. Vgl. James, Weltwirtschaftskrise, S. 29-38.

samkeit. Die Wirtschaft wurde geradezu angefeuert, sich dem Auslande zu verschulden und sich dadurch die Mittel zu beschaffen, um eine Zeitlang ohne Rücksicht auf den Staatshaushalt der aufgeblasenen Kaufkraft Genüge zu tun. Es wurde vollkommen die Tatsache übersehen, daß die Grundlage für jede Gesundung das Gleichgewicht in den öffentlichen Einnahmen und Ausgaben ist, ohne das eine solide Wirtschaft überhaupt nicht möglich ist. Der Krankheitszustand, in den Deutschland 1930 eintrat, war auf der Grundlage des Wahnsinn-Diktates von Versailles durch falsche Maßnahmen verursacht. Selbstverständlich mußte nun der Staat sich zu künstlichen Heilungsmethoden entschließen. Das wird er immer tun müssen, wenn eine verschuldete Krankheit vorliegt. Das Heilungsmittel darf er jedoch nie darin erblicken, daß er die ordnende Funktion des Preises ausschaltet, sondern vielmehr darin, daß er die Preise in eine höhere Ordnung einschaltet. Diese höhere Ordnung besteht in einer Läuterung des Wettbewerbs und des Preiskampfes. Der Staat verhindert die Betriebe, die ihren laufenden Verpflichtungen gegenüber Dritten (Reich, Länder, Gemeinden, Sozialversicherungsträger, Gefolgsleute usw.) nicht mehr nachkommen können, auf Kosten dieser Dritten eine sinnlose Preispolitik zu machen. Er überwacht ihre Preisgebarung oder läßt sie durch die Selbstverwaltung der Wirtschaft überwachen. Zwischen den Betrieben aber, die diese Verpflichtungen erfüllen, soll nach wie vor Leistungs- und Preiskampf Absatz und Lebenshöhe regeln.[11]

Gewiß wird der Staat in außergewöhnlichen Fällen, von denen ich einen oben dargestellt habe, und der für die Belagerung Deutschlands im Kriege ein gutes Beispiel bildet, mit außergewöhnlichen Maßnahmen eingreifen müssen, selbst wenn diese den Naturgesetzlichkeiten zuwiderlaufen. Aber die Staatsgewalt muß sich stets gewiß sein, daß solche Mittel nur vorübergehend anwendbar sind. Auch der Arzt darf die Tatsache, daß durch die dauernde Anwendung von Medikamenten allein die Heilung einer Krankheit und die Gesunderhaltung des Körpers nicht aufgebaut werden können, nicht übersehen. Die letzten und zuverlässigsten Kräfte, von denen Heilung und Gesundung kommen, liegen immer im arbeitenden, d.h. wirtschaftenden, lebenskräftigen Menschen selbst, in seinen Erfahrungen, in seinem Können, in seinem Wissen, in seiner Veranlagung, in seinem Charakter. Alle diese Kräfte wieder entwickeln sich nur in dauerndem Ringen. Die Staaten können getrost diesen Kräften der Natur, die sich auch in den ordnenden Kräften der Preise verkörpern, und ihren Wirkungen weites und starkes Vertrauen entgegenbringen, wenn sie es nur übernehmen, ihren Bürgern die Sicherheit des Rechts, die allein

[11] Der Konkurrenzkampf in der verarbeitenden Industrie war durch die nationalsozialistische Kontingentierungspolitik weitgehend außer Kraft gesetzt worden. Durch die Notwendigkeit von Einkaufs-, Verarbeitungs- und Veräußerungsgenehmigungen für knappe Rohstoffe war eine autonome Betriebspolitik nicht mehr möglich (vgl. auch S. 388, Anmerkung 3). In der erzeugenden Industrie, insbesondere in der Ersatzstoffproduktion, waren die Eingriffe des NS-Staates noch eklatanter und gingen häufig einher mit der direkten Bevorzugung bestimmter Betriebe (vgl. S. 429 ff., Anmerkungen 23 und 25).

ein Wirtschaften in die Zukunft hinein ermöglicht, und den genügenden Raum für ein friedliches Wirken der menschlichen Lebenskräfte zu verschaffen. Dies ist die entscheidende Aufgabe jedes Staates. Wie er den Raum schafft, ob als eigenen Boden unter den eigenen Füßen des Volkes oder als eine Welt, die sich dem Austausch der Leistungen nicht versagt, das muß er nach sorgfältiger Abwägung aller Möglichkeiten entscheiden.

# Kapitel 4: Goerdelers Doppelstrategie: Versuche der Einflussnahme auf die Politik des Regimes von innen und von außen

## Einführung

Zwischen 1935/36 und dem Kriegsausbruch 1939 versuchte Goerdeler auf verschiedenen Wegen, die Politik des NS-Regimes zu beeinflussen: Mit Denkschriften und Publikationen setzte er seine Plädoyers für die Rückkehr zu einer liberalen Wirtschaftsordnung fort, wobei sein Engagement zunehmend der deutschen Außenwirtschaft und der Wiederherstellung einer offenen Weltwirtschaft galt. Er bemühte sich jedoch auch bis zum Jahresende 1938, einen Posten in der NS-Regierung zu erlangen, um unmittelbare Einflussmöglichkeiten auf deren Politik zu bekommen. Zugleich begann er im Frühjahr 1937 eine umfangreiche Reisetätigkeit nicht nur in das europäische Ausland, sondern auch in den Nahen Osten, nach Nordafrika und nach Nordamerika. Von seinen Auslandsreisen sandte er Reiseberichte an führende Mitglieder der Reichsregierung, darunter an Hitler und Göring, in denen er die friedliche Kooperationsbereitschaft des Auslands betonte. Während seiner Auslandsaufenthalte versuchte er dagegen nicht nur, die Westmächte zur Aufgabe ihrer Appeasement-Politik gegenüber Deutschland zu bewegen, sondern sondierte auch ihre Konzessionsbereitschaft gegenüber einer eventuellen Regimeänderung in Deutschland.

Zunächst setzte Goerdeler 1935/36 in Vorträgen und Artikeln sein Plädoyer für eine freie Wirtschaftsordnung fort und versuchte insbesondere, die Notwendigkeit einer offenen Weltwirtschaft ökonomisch und politisch zu begründen. Im März 1935 nahm er die Leipziger Frühjahrsmesse zum Anlass für eine Rede vor hohen staats- und parteiamtlichen Funktionären, in der er die Abhängigkeit der deutschen Wirtschaft von der Weltwirtschaft betonte.[1] Ebenso wie das einzelne Wirtschaftssubjekt sich nicht auf staatliche Unterstützung verlassen dürfe, sei auch die staatliche Unterstützung einzelner Unternehmen, ganzer Wirtschaftszweige, oder gar der gesamten Volkswirtschaft durch Zölle keine realistische Option. Indem er freien Wettbewerb und Eigeninitiave als Grundvoraussetzungen einer florierenden Wirtschaft hervorhob, richtete er sich implizit gegen die Preislenkungspolitik des Reichsnährstands sowie die zunehmenden staatlichen Eingriffe in das Wirtschaftsleben. Mit dem Verweis auf das überhöhte Preisniveau deutscher Waren verband Goerdeler die Forderung, dieses durch die Senkung der Produktionskosten sowie Verbesserungen der Produktqualität dem Weltmarkt anzupassen. Nur auf diesem Weg könne „Deutschland seinen Platz in der Weltwirtschaft wiedergewinnen“.

---

[1] S. Rede zur „Kundgebung Staat, Wirtschaft und Partei“; Dok. 4.1.1, unten S. 488 ff.

Gemäß seiner Überzeugung, dass eine Abschottung der deutschen Wirtschaft nach außen nur ihr selbst schaden müsse, engagierte sich Goerdeler auch in der Deutschen Weltwirtschaftlichen Gesellschaft. Im Mai 1936 nahm er an deren Tagung „Wille und Wege zur Weltwirtschaft" teil und hielt dort einen Vortrag über Deutschland und die Weltwirtschaft.[2] Darin gab er seiner Überzeugung Ausdruck, dass eine deutliche Tendenz zur Großraumwirtschaft auszumachen sei. Die positive Wirtschaftsentwicklung in dem von ihm als so „glücklich und wohlgeordnet" empfundenen 19. Jahrhundert sah er begründet in der staatlichen Beschränkung auf die Rahmengesetzgebung sowie die Sicherung nach außen. Die Unabhängigkeit Deutschlands von ausländischen Rohstoffen sei zwar möglich, aber gar nicht wünschenswert, denn sie würde mit erheblichen Verteuerungen verbunden sein. Darüber hinaus betonte Goerdeler die engen Verflechtungen in der Weltwirtschaft sowie die Abhängigkeit der Fertigwarenproduktion von billigen Rohstoffen. Aus der so konstatierten Interdependenz nationaler Volkswirtschaften folgerte er die Notwendigkeit internationaler Währungs- und Rechtssicherheit.

Im November 1936 beschrieb er in seinem Artikel „Die Notwendigkeit stabiler Währungen"[3] den wirtschaftstheoretischen Hintergrund, vor dem er sich mit seiner Argumentation bewegte. Die Wiederherstellung eines funktionierenden internationalen Währungssystems interpretierte er als Gegenpol zu der während der 30er Jahre zunehmend um sich greifenden Regierungspraxis der künstlichen Kreditschöpfung. Defizitfinanzierungen zur Arbeitsbeschaffung, wie sie z.T. in Deutschland, Großbritannien, Frankreich und den USA praktiziert wurden, widersprachen seiner Vorstellung von einer „gesunden Wirtschaftspolitik". Die von ihm immer wieder angemahnte Sparsamkeit auch und gerade im öffentlichen Bereich – eine prozyklische Wirtschaftspolitik – resultierte in seiner Ablehnung keynesianischer Maßnahmen. Seine Skepsis gegenüber dem sich anbahnenden Paradigmenwechsel in der Wirtschaftstheorie basierte jedoch, ebenso wie die staatlichen Maßnahmen, die sich auf Keynes beriefen, auf einer extrem oberflächlichen Kenntnis der keynesianischen Theorie. Denn die Regierungen beriefen sich zwar gern auf Keynes, um ein durchdachtes konzeptionelles Fundament zu suggerieren; die Maßnahmen spiegelten jedoch stets eine selektive Rezeption Keynes' und lassen sich am besten als fiskalische Beschäftigungspolitik charakterisieren. Von begleitenden monetären Maßnahmen – Senkung der Leitzinsen oder Erhöhung der Geldmenge – wurde i.d.R. abgesehen aus Furcht vor einer neuen Inflation. Diese Praxis verkürzte die keynesianische Theorie unzulässig auf die staatliche Defizitfinanzierung von Arbeitsbeschaffungsmaßnahmen. Kritiker wie Goerdeler beschränkten ihre Kritik ebenfalls auf dieses Teilelement. „Wirtschaften", so argumentierte er in seinem Artikel, „bedeutet nichts weiter, als daß die menschliche Arbeitskraft aus den Kräften und Stoffen der Natur sich die Erhaltung, Verbesserung und Verschönerung

2 S. Deutschland und die Weltwirtschaft; Dok. 4.1.2, unten S. 495 ff.

3 S. Die Notwendigkeit stabiler Währungen; Dok. 4.1.3, unten S. 510 ff.

des Lebens erarbeitet und erkämpft. Keine papierene Maßnahme irgend welcher Art kann den einzelnen oder ein Volk dieser Arbeit und dieses Kampfes entheben."

Die militärische Metaphorik Goerdelers bei der Darlegung seiner wirtschaftsordnungspolitischen Überzeugungen basierte auf dem Grundgedanken, dass Wirtschaft Kampf bedeute.[4] Hinter diesem Grundgedanken steht eine Wettbewerbstheorie, die Konkurrenz als konstituierendes Element ökonomischen Fortschritts sieht. Diese Konkurrenz, von Goerdeler als Kampf bezeichnet, müsse jedoch in einem geregelten Rahmen stattfinden. Der Titel seines Aufsatzes vom Dezember 1936, „Kampf und Ordnung in der Weltwirtschaft", fasst diese Überzeugung zusammen.

Während bereits in nationalen Volkswirtschaften die Aufgabe des Staates in erster Linie darin bestünde, die Währungs- und Rechtsordnung zu sichern und zu stabilisieren, führte er darin im einzelnen aus, sei diese staatliche Aufgabe in der Weltwirtschaft von noch größerer Bedeutung. Denn im zwischenstaatlichen Wirtschaftsverkehr müsse die Zuverlässigkeit und Seriosität von Wirtschaftspartnern durch die jeweiligen Regierungen gesichert sein. Aus dieser Verrechtlichung oder „Zivilisierung" des Wirtschaftskampfs als staatliche Aufgabe leitete Goerdeler die Forderung nach Werten wie Rechtssicherheit, Moral und Zuverlässigkeit in der nationalen und internationalen Politik ab. Die friedliche internationale Verständigung, für die er in seinen Schriften plädierte, führte ihn auch zu Überlegungen, die eine Wiederbelebung des zu diesem Zeitpunkt gescheiterten Völkerbunds ins Auge fassten. Eine engere internationale Zusammenarbeit auf der Basis internationaler Wirtschaftsvereinbarungen schien ihm eine geeignete Maßnahme, um auch in der Außenwirtschaft sein System von „Kampf und Ordnung" durchzusetzen.

In Verbindung mit Goerdelers rigoroser Ablehnung des nationalsozialistischen Vierjahresplans und seinem Rücktritt vom Leipziger Oberbürgermeisteramt im Herbst 1936 musste sein Insistieren auf Werte wie Rechtssicherheit und Moral ihn dem NS-Regime weiter entfremden. Auch die Tatsache, dass seine Artikel zu diesem Zeitpunkt in der „Deutschen Rundschau" von Rudolf Pechel erschienen, verweist auf Goerdelers zunehmende Distanz zu dem Regime.[5] Die Distanzierung war jedoch eine gegenseitige – Goerdelers Vorhaben, in das Direktorium der Friedrich Krupp A.G. einzutreten, war von Hitler als unerwünscht beschieden worden. Die Ablehnung war begründet worden mit dem Plan, Goerdeler „demnächst" wieder in ein Reichsamt einsetzen zu wollen.[6] Es lassen sich jedoch keine Anzeichen dafür finden, dass dieser Plan ernsthaft verfolgt wurde. Auch die Tat-

---

4 S. Kampf und Ordnung in der Weltwirtschaft; Dok. 4.1.4, unten S. 515 ff.

5 So etwa sein Artikel „Kampf und Ordnung in der Weltwirtschaft", der unter dem Titel „Müssen Schulden zurückgezahlt werden?" in der Deutschen Rundschau 63 (1937), S. 1-10, veröffentlicht wurde.

6 Vgl. den ablehnenden Bescheid in einem Brief Fritz Wiedemanns an Gustav Krupp von Bohlen und Halbach vom 24.2.1937; HA Krupp, FAH 4 E 154, Bl. 122.

sache, dass Goerdeler nach seinem Gutachten zur Rohstoff-, Devisen- und Währungslage vom September 1936 von der Reichsregierung um keine Stellungnahme mehr gebeten wurde, lässt auf eine Distanzierung schließen. Auf jeden Fall hatte Goerdeler zum Jahreswechsel 1936/37 auf der reichspolitischen Ebene deutlich an Einfluss verloren und seine kommunalpolitische Spitzenposition aufgeben müssen.

Auf den Rat Hjalmar Schachts hin entschloss sich Goerdeler im Frühjahr 1937 dazu, eine Reihe von Auslandsreisen zu unternehmen, um dort Kontakte mit führenden Wirtschaftlern und Politikern zu knüpfen. „Man solle draußen erfahren, daß es noch ein anderes, gutes, anständiges und vernünftiges Deutschland gebe", begründete Schacht den Sinn der Reisen.[7] Zur Deckung seiner Reisekosten erhielt Goerdeler von Gustav Krupp bzw. dessen Schwager Thilo Wilmowsky eine Summe von 50.000 RM. Wichtiger war jedoch seine Beratertätigkeit für das Unternehmen Robert Bosch, die sowohl der Finanzierung als auch der Rechtfertigung seiner Reisen in den nächsten Jahren diente[8]. Bei der Beschaffung von Pass und Visen wurden Goerdeler zunächst von dem sächsischen Gauleiter Mutschmann Schwierigkeiten gemacht, doch er wandte sich direkt an Göring, der seine Reisevorhaben daraufhin unterstützte.

Außer an Göring, Krupp und Bosch schickte Goerdeler seine Reiseberichte in den folgenden zwei Jahren auch an die Generäle Fritsch, Beck, Halder und Thomas sowie an Hitlers Adjutanten in der Reichskanzlei Wiedemann.[9]

Die Berichte von seiner ersten Reise vom Juni bis Dezember 1937 nach Belgien, Großbritannien, Frankreich, den USA und Kanada waren äußerst optimistisch.[10] Westeuropa hoffe auf Verständigung mit Deutschland und sei zu diesem Zweck auch zu weitgehenden Konzessionen bereit: Eine wirtschaftliche Zusammenarbeit mit Belgien in dessen Kolonialgebiet sowie die Revision der letzten Versailler Bestimmungen, insbesondere die Beseitigung des polnischen Korridors, seien durchaus möglich. Entscheidend sei jedoch, diese Ziele auf dem Verhandlungswege zu erreichen. Die nationalsozialistische Judenpolitik stoße im Ausland kaum

---

7 So berichtete Goerdeler in seinem „Rechenschaftsbericht" im Januar 1945; Dok. 7.2.6, unten S. 1202 ff. Vgl. auch Hjalmar Schacht: Abrechnung mit Hitler, Berlin; Frankfurt/M 1949, S. 75 f.

8 Vgl. Die Niederschrift von Hans Walz „Meine Mitwirkung an der Aktion Goerdeler", in: Widerstand und Erinnerung. Neue Berichte und Dokumente vom inneren Kampf gegen das Hitler-Regime, hg. v. Otto Kopp, Stuttgart 1966, S. 95-120.

9 So die Adressaten nach Goerdelers eigenen Aussagen vor der Gestapo. Erhalten sind Exemplare seiner Reiseberichte in dem Krupp-Archiv und den Akten der Reichskanzlei. Wiedemann legte Hitler die Berichte jedoch nicht vor mit der Begründung, ihn damit nicht „belasten" zu wollen (vgl. Briefe Wiedemanns an Goerdeler vom 17.3. und 23.7.1938; Privatbesitz).

10 S. Reisebericht aus Großbritannien vom 15.7.1937 (Dok. 4.2.1, unten S. 525 ff.); Reisebericht aus Frankreich vom 5.8.1937 (Dok. 4.2.2, unten S. 539 ff.); Reisebericht aus den USA vom 2.1.1938 (Dok. 4.2.3, unten S. 547 ff.). Für die Reiseberichte aus Belgien vom 12.6.1937 und aus Kanada vom 27.9.1937 vgl. BAK, N 1113, Bd. 14.

auf Kritik; negativ würden sich lediglich die Hetze durch den „Stürmer" sowie gesetzlich nicht abgesicherte Ausschreitungen gegen Juden auswirken. Die Kirchenpolitik würde dagegen wesentlich kritischer beurteilt und sollte aus außenpolitischen Erwägungen besser unterlassen werden. Insgesamt hob Goerdeler die Möglichkeit einer Zusammenarbeit mit Großbritannien hervor, durch die gleichzeitig handelspolitische Vorteile mit den USA zu erwarten seien, während engere Verbindungen mit Italien die Verständigungsmöglichkeiten mit Frankreich und Großbritannien behindern müssten.

Goerdelers folgenden Reisen nach England und Frankreich vom März und April 1938 waren Italiens Beitritt zum Antikominternpakt, das Revirement in der Wehrmacht sowie der „Anschluss" Österreichs vorangegangen, so dass ein drängenderer Ton in seinem Reisebericht vom 30. April 1938 vorherrschte.[11] Insbesondere die Blomberg-/Fritsch-Krise sowie der „Anschluss" Österreichs wurden von ihm als Indikatoren für den Übergang zu einer expansiven Außenpolitik bewertet. Zwar seien England und Frankreich bereit, „das Diktat von Versailles im Verhandlungswege zu liquidieren und Deutschlands Lebensrechte zu erfüllen", berichtete Goerdeler, doch seien auch verstärkte Kriegsvorbereitungen in beiden Ländern zu beobachten. Es herrsche die Meinung vor, dass Deutschland einen Krieg erzwingen wolle, und für diesen Fall wolle man gerüstet sein. Eine Verständigungsmöglichkeit sei noch nicht verspielt, müsse nun jedoch ergriffen werden: „Sind die Aufrüstungen und Opfer überall bis zu der wirtschaftlich äußerst tragbaren Höhe vorwärtsgetrieben, dann müssen die Spannungen so groß werden, daß ein kleiner Funke sie trotz aller Vernunftbewegungen zur Entladung bringen muß."[12]

Derselbe Tenor herrschte in Goerdelers „Zusammenfassender Schlußbetrachtung" vom Dezember 1938 vor: Den Achsenmächten stehe nun eine klare Front gegenüber; im Falle einer Friedensgarantie und gemeinsamer Rüstungsbeschränkung könne Deutschland jedoch immer noch Danzig, das Memelgebiet, Kolonialbesitz sowie das „Anerkenntnis der Unerträglichkeit des polnischen Korridors" erreichen. Entscheidend sei jedoch eine möglichst rasche Verständigung.[13]

Die Risiken der NS-Außenpolitik, die so in Goerdelers Reiseberichten deutlich hervortraten, waren zutreffend beurteilt; allerdings waren seine Warnungen auch so allgemein gehalten, dass die Reisen selbst zu diesem Zweck kaum notwendig schienen. Dass Großbritannien und Frankreich zu weitreichenden Konzessionen bereit waren, um einen Krieg zu verhindern, dass ein deutsches Zusammengehen mit Italien von England aufgrund seiner Interessen im Mittelmeerraum nicht erwünscht war, und dass das Bündnis mit Deutschland in Italien eher von den radikalen Kräften unterstützt wurde, dies alles waren Tatsachen, zu deren Kenntnis man auch ohne Auslandsreisen hätte gelangen können.

---

11 S. Reisebericht England und Frankreich vom 30.4.1938; Dok. 4.2.4, unten S. 589 ff.

12 Ebd.

13 S. Zusammenfassende Schlußbetrachtung vom Dezember 1938; Dok. 4.2.6, unten S. 617 ff.

Ähnlich verhält es sich mit den innenpolitischen Zustandsbeschreibungen, die Goerdeler über die von ihm bereisten Länder verfasste. Seine ausführlichen Darlegungen über die staatliche Wirtschaft und Verwaltung sowie sozialpolitische Maßnahmen in den jeweiligen Staaten boten nicht so sehr neue Erkenntnisse als vielmehr Zusammenfassungen und Bewertungen bekannter Sachverhalte und Maßnahmen. Die innenpolitischen Elemente, die Goerdeler jeweils in seinen Reiseberichten beschrieb, sind als indirekte Kritik an der nationalsozialistischen Innenpolitik zu lesen. Zwar findet sich in seinen Reiseberichten nur selten eine direkte Kontrastierung, aber sie drängt sich in den meisten Beschreibungen auf.

Diese Vorgehensweise wird bereits in seinem ersten Reisebericht aus Großbritannien vom Juli 1937 evident: Seine wiederholten Verweise auf die vorbildliche Sparsamkeit in der öffentlichen Wirtschaft und Verwaltung und die Zurückführung der hohen britischen Kaufkraft auf ein niedriges Lohnniveau implizieren, dass die Zustände in Deutschland negativer von ihm bewertet wurden.[14] In seinem Reisebericht aus den USA vom Januar 1938 warnte er nach einer Beschreibung des Rohstoff- und Ressourcenreichtums Amerikas, dass selbst hier Autarkie zu einer Einschränkung des Lebensstandards führen müsse – implizit stand dahinter das Urteil, dass die USA im Gegensatz zu Deutschland autark sein könnten. Seine harsche Kritik an den „Rooseveltschen Phantasiemaßnahmen" bezog sich auf die defizitären finanzpolitischen Elemente des New Deals, wie sie in kleinerem Maßstab auch in Deutschland praktiziert wurden. Als positiv hob er die amerikanische Kommunalverfassung hervor, in der er seine Vorstellungen von einer autoritären Bürgermeistereiverfassung verwirklicht sah.[15]

Das dritte Element in seinen Reiseberichten, neben der Beschreibung außenpolitischer Verständigungsmöglichkeiten und innenpolitischer Zustände in den jeweiligen Ländern, ist die Beschreibung ausländischer Reaktionen auf deutsche innenpolitische Maßnahmen. Ebenso wie die innenpolitischen Zustandsbeschreibungen diente dieses dritte Element einer indirekten Kritik. Charakterischerweise wurde keine der von Goerdeler zitierten Quellen identifiziert, sondern vage umschrieben mit Formulierungen wie „die Haltung des Engländers, dem ich in allen Schichten begegnet bin ...".[16]

Goerdelers Reiseberichte zerfallen in zwei Kategorien mit jeweils unterschiedlichem Charakter, je nachdem ob es sich um Berichte über traditionelle europäische Großmächte handelte, oder um Staaten, die Goerdeler bisher fremd waren. Sein Reisebericht aus Palästina vom Sommer 1939 steht stellvertretend für die zweite Gruppe.[17] Insbesondere aus den Beschreibungen fremder Landschaften und neuer Siedlungsformen ist das Interesse herauszulesen, mit dem Goerdeler die

14 S. Reisebericht Großbritannien vom 15.7.1937; Dok. 4.2.1, unten S. 525 ff.
15 S. Reisebericht USA vom 2.1.1938; Dok. 4.2.3, unten S. 547 ff.
16 S. Reisebericht Großbritannien vom 15.7.1937; Dok. 4.2.1, unten S. 525 ff.
17 S. Reisebericht Palästina o.D. [Sommer 1939]; Dok. 4.2.7, unten S. 627 ff.

ihm fremden Länder bereiste. Seine Schilderung der politischen und ökonomischen Situation in Palästina ist frei von antisemitischen Ressentiments. Politische Substanz erlangt sein Reisebericht jedoch erst durch Überlegungen zur Rolle Palästinas im europäischen Mächtekonzert. Seine diesbezüglichen Überlegungen unterstreichen seine europazentrierte Vorstellungswelt, die auf Mächtekonstellationen des 19. Jahrhunderts basierte. Ebenso wie in seinen Reiseberichten aus Libyen, Ägypten, Algerien und Syrien beschränkte Goerdeler politische Aussagen auf Überlegungen, welche Funktion Palästina für die europäische Außenpolitik haben könnte.[18] Es ist die Gruppe von Reiseberichten aus Westeuropa und den USA, die Goerdeler zur indirekten Beeinflussung der nationalsozialistischen Außen- und Innenpolitik ausnutzte.

Außenpolitisch verfolgte er die Absicht, durch den Verweis auf die weitgehende ausländische Verhandlungsbereitschaft die Kriegsgefahr abzuwenden. Indem er die Konzessionsbereitschaft des Auslands beschrieb, versuchte er, die nationalsozialistische Politik im Sinne einer friedlichen Verständigung zu korrigieren – in diese Richtung sollten die Reiseberichte an Göring und Hitler wirken. Mit dieser Motivation verband sich die Vorstellung, dass ein Kampf „guter" und „schlechter" Elemente um Hitler existiere, und dass der Einfluss der „schlechten" Elemente – der als Kriegstreiber charakterisierten Gruppe um Himmler – zugunsten des als friedliebend und gemäßigt eingeschätzten Göring zurückgedrängt werden müsse.[19] Innenpolitisch setzte er die Bemühungen fort, seine wirtschafts- und sozialpolitischen Ordnungsvorstellungen durchzusetzen, indem er gleichgelagerte Bestrebungen im Ausland positiv hervorhob; seine eigenen Vorbehalte gegenüber nationalsozialistischen Maßnahmen verkleidete er entweder als Kritik an ähnlichen Maßnahmen im Ausland oder als Kritik einer anonymisierten ausländischen Öffentlichkeit am NS-Regime. Indem er ausländische Kritik an der nationalsozialistischen Innenpolitik gleichsam objektiv weitergab, konnte er seine eigenen Bedenken indirekt anbringen.

Diese Strategie wird offensichtlich in Goerdelers Verteidigungsnotizen gegen den Vorwurf, sich um ausländische Unterstützung für eine Regimeänderung bemüht zu haben, der im Frühjahr 1938 gegen ihn erhoben wurde.[20] Der Vorwurf war anscheinend zunächst sehr vage gehalten, denn Goerdeler umschrieb ihn in einem Schreiben an Hitlers Adjutanten Fritz Wiedemann vom 29. April 1938 mit den Worten „ich hätte in London Sir Robert Lindsay von der Lazard-Bank auch im Auftrage von Herrn v. Brauchitsch um Unterstützung zur Änderung des Systems in Deutschland (oder so ähnlich) gebeten".[21] Die Notizen, die wohl entstanden als Grundlage für eine Verteidigung gegenüber seinen nicht genauer identifizierten

---

[18] Insgesamt sind 18 Reiseberichte Goerdelers überliefert; s. BAK, N 1113, Bde. 14 und 15.

[19] Diesen Standpunkt vertrat Goerdeler in einem Gespräch mit Frederick Leith-Ross, dem Berater für Wirtschaftsfragen im Foreign Office, im April 1938. Vgl. Frederick Leith-Ross: Note of Conversation with Dr. Goerdeler; FO 371/21702, C 3448/541/18.

[20] S. Verteidigungsnotizen vom Frühling/Sommer 1938; Dok. 4.3.3, unten S. 638 ff.

[21] S. Schreiben Goerdelers an Wiedemann vom 29.4.1938; Dok. 4.3.2, unten S. 636 f.

Anklägern, dokumentieren Goerdelers prekäre Situation. Sie zeigen jedoch darüber hinaus seine eigene Stellung zu aktuellen Punkten der nationalsozialistischen Innenpolitik in deutlicherer Form, als dies die Reiseberichte tun. In territorialer Hinsicht war es nicht der deutsche Anspruch auf Österreich oder das Sudetengebiet, gegen den er opponierte, sondern die gewaltsamen Methoden, mit denen dieser Anspruch verfolgt wurde. Ebenso wie hinsichtlich der Blomberg-/Fritsch-Krise und der Verhaftung Niemöllers präsentierte Goerdeler seine Forderungen nach „Rechtmäßigkeit und Anständigkeit" in seinen Verteidigungsnotizen nicht als Forderungen an das Regime, sondern als selbstverständliche Voraussetzung politischen Handelns. So gab er in den Notizen seine eigene Argumentation gegenüber ausländischen Kontakten folgendermaßen wieder: „Man müsse Vertrauen haben; das deutsche Volk bleibe, was es immer war, rechtlich und anständig. Rechtzeitige Unterstützung mit klaren und konstruktiven Plänen sei das beste Mittel, um Frieden zu erhalten. Hitler wolle den Frieden, auch die deutsche Armee wolle ihn, ob ihr Befehlshaber Fritsch oder Brauchitsch hieße."[22]

Die komplexen Beeinflussungsversuche mit Hilfe seiner Reiseberichte und der ebenfalls für offizielle Stellen bestimmten Verteidigungsnotizen bilden jedoch nur eine Facette der Doppelstrategie Goerdelers während der Vorkriegsjahre. Aus seiner Korrespondenz dieser Periode wird deutlich, dass er parallel zu den Reiseberichten alternative Strategien verfolgte, um auf die Politik des Regimes einzuwirken. Aus seinem Schreiben an Reinhold Schairer vom 28. September 1937 erschließt sich ansatzweise das Netz von Personen, mit denen er versuchte, engere Kontakte zu knüpfen.[23] Neben deutschen Emigranten handelte es sich um eine Vielzahl ausländischer Politiker und Wirtschaftler, mit denen sich Goerdeler in seinem Hauptziel, der Verhinderung eines erneuten Krieges, einig glaubte. Bereits in diesem frühen Schreiben wird auch die Gefahr deutlich, durch Indiskretion dem Verratsvorwurf ausgeliefert zu werden.

Andere Schriften Goerdelers, die nicht für deutsche Politiker bestimmt waren, implizieren, dass er gegenüber seinen ausländischen Partnern sehr freimütige Kritik an dem nationalsozialistischen Regime übte.[24] Die Doppelstrategie, die Goerdeler verfolgte, wird deutlich bei einem Vergleich seiner Verteidigungsnotizen mit einer Gesprächsnotiz von Frederick Leith-Ross, dem Berater für Wirtschaftsfragen im Foreign Office. Beide Schriften beschreiben dasselbe Gespräch, das am 2. April 1938 zwischen Goerdeler und Leith-Ross stattfand.[25] Während Goerdelers Notizen

22 S. Goerdelers Verteidigungsnotizen vom Frühjahr/Sommer 1938; Dok. 4.3.3, unten S. 638 ff.

23 S. Schreiben Goerdelers an Schairer vom 28.9.1937; Dok. 4.3.1, unten S. 635 f.

24 S. z.B. Goerdelers Rückblick auf seine Mitarbeit in der Reichspolitik zwischen 1931 und 1935 vom 9.7.1937; Dok. 2.3.7, unten S. 240 ff.

25 S. auch für das folgende Goerdelers Verteidigungsnotizen (Dok. 4.3.3, unten S. 638 ff.) sowie Frederick Leith-Ross: Note of Conversation with Dr. Goerdeler; FO 371/21702, C 3448/541/18.

seiner Verteidigung in Deutschland dienen sollten, war die Aufzeichnung Leith-Ross' für den Umlauf im Foreign Office bestimmt. Die beiden Beschreibungen des Gesprächsverlaufs weisen einige Abweichungen voneinander auf, die sich aus den unterschiedlichen Adressaten erklären. Die KZ-Haft Martin Niemöllers z.B., die Goerdeler in seinen Verteidigungsnotizen sehr vorsichtig ansprach, kommentierte er gegenüber Leith-Ross mit der Bemerkung, dass der Fall große Empörung in der deutschen Bevölkerung hervorgerufen habe. Das zentrale Element seiner Verteidigungsnotizen ist jedoch der wiederholte Verweis darauf, dass alle in Deutschland den Frieden erhalten wollten. Die Aneinanderreihung von Aussagen wie „Niemand kann Krieg wollen", „Hitler wolle den Frieden, auch die deutsche Armee wolle ihn" lassen die Verteidigungsnotizen geradezu Beschwörungscharakter annehmen. In der von Leith-Ross angefertigten Gesprächsnotiz finden sich dagegen zahlreiche Wiederholungen der Forderung Goerdelers, dass die britische Appeasement-Politik aufgegeben werden müsse. Seine gesamte Stellungnahme kreist um die zentrale Aussage „During the next year or two the decision would have to be taken whether Germany would work for a peaceful settlement or for a disaster, and the decision would depend largely on the United Kingdom taking a firm policy."

Die verschiedenen Schwerpunktsetzungen gegenüber den nationalsozialistischen und den britischen Adressaten waren zwei Seiten einer Medaille und verfolgten denselben Zweck, die Verhinderung des Krieges.

Goerdeler scheiterte mit seinen Versuchen, die nationalsozialistische Außenpolitik zu beeinflussen; sowohl eine direkte Beeinflussung der NS-Regierung durch die Betonung der ausländischen Verhandlungsbereitschaft als auch eine indirekte Beeinflussung schlugen fehl. Forderungen nach Aufgabe der Appeasement-Politik wurden auch von anderen selbsternannten deutschen Emissären an die britische Regierung herangetragen und führten zu ähnlichen Fehlschlägen. Der pommersche Adelige Ewald von Kleist-Schmenzin verfolgte mit einer Londonreise im August 1938 ganz ähnliche Ziele wie Goerdeler. Ebenso wie Goerdeler plädierte Kleist für eine Aufgabe der britischen Appeasement-Politik und vertrat ähnliche territoriale Ansprüche. Der britische Premier Chamberlain verglich Kleists Verhandlungsversuche mit dem verräterischen Verhalten der Jakobiten, während Mitglieder des Foreign Office auf die gleichgelagerten Versuche Goerdelers verwiesen, die in Deutschland ohne Auswirkungen geblieben waren.[26]

Im Oktober 1938, nachdem der Verratsvorwurf gegen ihn niedergeschlagen worden war, sondierte Goerdeler erneut über Wiedemann die Möglichkeit, einen Posten in dem NS-Regime zu erlangen. Seine Begründung für den Wunsch nach politischer Verantwortung und Gestaltungsmöglichkeit zeigen ihn einmal mehr in einer preußischen Beamtentradition mit dem Anliegen, seine „Kräfte und Erfah-

---

[26] Vgl. Klemens v. Klemperer: Die verlassenen Verschwörer. Der deutsche Widerstand auf der Suche nach Verbündeten 1938–1945, Berlin 1994, S. 94 ff.

rungen wieder im Dienst für die Allgemeinheit zu verwerten".[27] Der Hintergrund seiner Anfrage war das Münchener Abkommen vom 30. September 1938, mit dem durch die Abtretung des Sudetenlands an Deutschland die aggressive nationalsozialistische Außenpolitik honoriert worden war. Das Abkommen wurde von Goerdeler ambivalent bewertet: Der „Anschluss" des Sudetenlands war Bestandteil seiner eigenen territorialen Forderungen und wurde insofern von ihm begrüßt. Auch die Abwendung der Kriegsgefahr, die mit der Beilegung der Sudetenkrise zumindest kurzfristig erreicht worden war, entsprach Goerdelers Hoffnungen. Insbesondere seinen Kindern, von denen zwei Söhne im wehrdienstfähigen Alter waren, schrieb er während dieser Zeit optimistische Schreiben.[28] Auf der anderen Seite war er enttäuscht von diesem weiteren Höhepunkt der britischen Appeasement-Politik, mit der Hitler außenpolitische Erfolge zugespielt wurden, die seinen Vorgängern vom Ausland versagt worden waren. Seine Warnungen waren vom Ausland nicht befolgt worden, und in einem Schreiben an Reinhold Schairer vom 19. Oktober 1938 gab er seiner Desillusionierung mit der britischen Politik Ausdruck.[29]

Das Schreiben, das an demselben Tag wie die Anfrage an Wiedemann verfasst wurde, ist symptomatisch für die Übergangsphase zwischen 1936 und 1938, während der Goerdelers politisches Handeln gegenüber dem NS-Regime sowohl Elemente der Kooperation wie der Opposition enthielt. Seine Versuche der Einflussnahme auf die Politik des Regimes von innen und von außen werden von ihm in diesem Schreiben angedeutet: Falls England nicht seine Ratschläge befolge, müsse er selbst „in das Schiff springen und versuchen, das Steuer so zu beeinflussen, daß das Schiff zwischen der Scylla der Vernichtung aller persönlichen Freiheiten und der Charybdis der Zerstörung christlicher Kultur hindurchzubringen". Mit dem Verweis auf eine „innerdeutsche Lösung" spielte er auf seine Bemühungen um einen Posten in der NS-Regierung an.

Mit der Sudetenkrise wurde Goerdeler in die Verschwörergruppe im Militär um Ludwig Beck bzw. Franz Halder und Hans Oster, in der Abwehr um Admiral Wilhelm Canaris und in der Diplomatie um Staatssekretär Ernst von Weizsäcker einbezogen, allerdings sehr am Rande.[30] Denn zwischen August und Dezember 1938 hielt sich Goerdeler – von zwei Reisen nach Italien und Südosteuropa unterbrochen – in der Schweiz auf, so dass er an der Septemberverschwörung keinen aktiven Anteil hatte, allerdings schien er über die Pläne des Militärs informiert zu sein. Seine von A.P. Young überlieferte Bemerkung im Oktober 1938, er spräche

27 S. Schreiben Goerdelers an Wiedemann vom 19.10.1938; Dok. 4.3.6, unten S. 643 f.

28 S. Schreiben Goerdelers an Marianne Goerdeler vom 2.10.1938; Dok. 4.3.5, unten S. 642 f.

29 S. Schreiben Goerdelers an Schairer vom 19.10.1938; Dok. 4.3.7, unten S. 645 f.

30 Vgl. zur Verschwörung während der Sudetenkrise Müller, Klaus-Jürgen: Der nationalkonservative Widerstand 1933–1940, in: Ders.: (Hg.): Der deutsche Widerstand 1933–1945, 2., durchges. u. erg. Aufl. Paderborn, München, Wien und Zürich 1990, S. 40-59.

„im Namen der deutschen Generale, letzten Endes im Namen des ganzen deutschen Volkes“, muss als Wunschdenken gewertet werden.[31]

Unabhängig von dem Ausmaß seiner Beteiligung an der Septemberverschwörung verdeutlicht die Gesamtheit der Schriften Goerdelers aus dieser Periode, dass sein Hauptanliegen die Verhinderung eines erneuten Krieges war – um dieses Ziel durchzusetzen, verfolgte er verschiedene Strategien, die parallel nebeneinander liefen.

[31] Vgl. Young, Die „X“-Dokumente, S. 127.

# Dokumente

## 4.1 Plädoyers für eine offene Weltwirtschaft

### 4.1.1 *Rede zur „Kundgebung Staat, Wirtschaft und Partei“*[1]

*maschinenschriftliches Redemanuskript vom 4.3.1935; Privatbesitz.*
Freier Wettbewerb als wichtigste Voraussetzung für eine florierende Wirtschaft; Primat der Eigeninitiative vor staatlicher Reglementierung. Deutschlands Abhängigkeit von der Weltwirtschaft erfordert Preissenkungen zur Annäherung an die Weltmarktpreise und Qualitätsverbesserungen zur Erhöhung der Absatzfähigkeit. Beschränkung der staatlichen Aufgaben auf Rahmengesetzgebung und Ausbildungsförderung.

Meine Herren Reichsminister,
Herr Reichsbankpräsident,
mein Herr Reichsstatthalter,
meine Herren Minister,
Herr Bernhard Köhler,[2] Herr Präsident Hecker,[3]
verehrte Gäste aus dem Auslande,
deutsche Männer und Frauen!

Mit großer Freude heiße ich Sie alle, die Sie sich hier zusammengefunden haben, herzlich willkommen. Ich begrüße Sie namens der Stadt Leipzig und im Namen

---

[1] Die Rede wurde anlässlich der Kundgebung auf der Leipziger Frühjahrsmesse (3.-10.3.1935) gehalten. Zu derselben Gelegenheit hielt auch Reichswirtschaftsminister Hjalmar Schacht eine Rede, in der er ebenfalls für freien Wettbewerb plädierte, gleichzeitig jedoch auf die deutsche Zwangslage verwies, die eine stärkere staatliche Reglementierung erfordere. Vgl. zu Schachts Ausführungen Schultheß 1935, S. 53-58.

[2] Bernhard Köhler, ehemaliger Chefredakteur des „Völkischen Beobachters“ und Referent für Arbeitsbeschaffung und -vermittlung der wirtschaftspolitischen Abteilung der NSDAP, war seit dem Juli 1933 bis zu seinem Tod 1939 Leiter der „Kommission für Wirtschaftspolitik“, dem obersten Parteiamt für Wirtschaftsfragen. (vgl. Barkai, Wirtschaftssystem, S. 105 ff. sowie die Darstellung Kehrls, der seinerzeit ebenfalls Gauwirtschaftsberater für Brandenburg und Posen-Westpreußen war, Krisenmanager, S. 40.). Vgl. ausführlich Gerhard Kratzsch: Der Gauwirtschaftsapparat der NSDAP. Menschenführung – „Arisierung“ – Wehrwirtschaft im Gau Westfalen-Süd. Eine Studie zur Herrschaftspraxis im totalitären Staat, Münster 1989.

[3] Ewald Hecker, Jahrgang 1879, war seit 1931 Präsident der Industrie- und Handelskammer Hannover. Darüber hinaus war er Aufsichtsratsmitglied zahlreicher Unternehmen im Hannoverschen Raum und Vizepräsident des Industrie- und Handelstages in Berlin (vgl. Führerlexikon 1934, S. 176 f.). An der Kundgebung auf der Leipziger Messe nahm er wohl teil in seiner Funktion als Leiter der Reichswirtschaftskammer, der Dachorganisation der deutschen Industrie- und Handelskammern, der er seit deren Gründung Ende 1934 bis zum Dezember 1936 vorstand (vgl. zu seiner Ernennung Gerd Rühle: Das Dritte Reich. Dokumentarische Darstellung des Aufbaues der Nation. Das Zweite Jahr: 1934, Berlin 1935, S. 391).

des Leipziger Meßamts. Ihnen, Herr Bernhard Köhler, dem Leiter der Kommission für Wirtschaftspolitik der NSDAP, danke ich gleichzeitig herzlich für Anregung und Durchführung dieser Veranstaltung, für die freundliche Einladung an uns und für die außerordentliche Unterstützung, die die Kommission mit dieser Kundgebung von Staat, Wirtschaft und Partei auch dem Gedanken der Leipziger Messe hat zuteil werden lassen.

Über „Deutschland in der Weltwirtschaft" kann da besonders wirksam gesprochen werden, wo das, was wir sehen, und das, was wir hören, von innerer Verbundenheit mit der Weltwirtschaft Zeugnis ablegt. Das ist in den großen deutschen Seestädten, in den großen Handelsstädten des deutschen Binnenlandes, unter ihnen vornehmlich in Leipzig, der Fall. Hier ist die Arbeit von vielen Jahrhunderten in Anlagen und Verkehrsmitteln verkörpert, die einen Sinn nur haben, wenn wir in die Welt hinaus wollen, und deren Zweck es ist, die Verbindung mit der Weltwirtschaft herzustellen und lebendig zu erhalten. Man braucht von Blut und Boden nicht nur im deutschen Bauernstand zu sprechen.[4] Auch die großen deutschen Kraft- und Stützpunkte der in die Welt strebenden und stürmenden Gedanken und Taten finden ihre erste Erklärung in Voraussetzungen, die von der Natur geschaffen und geschenkt sind. Diese Voraussetzungen allein würden nichts bedeuten, wenn sich ihnen nicht Wille und Kühnheit, Arbeit und Tatkraft des lebendigen Menschen hinzugesellten. Auch sie sind begründet im Blut, auch sie unterliegen den Gesetzen des Werdeganges, auch sie können neu erworben werden. Es würde ihnen aber niemals zum Ziel gereichen, wenn sie sich biologischen Gesetzen widersetzen und frischen Blutzustrom abwehren, sich dem Kampfe versagen würden.

Hier in Leipzig hat solcher immer lebendig bleibender elastischer Geist aus günstiger Lage und kleinen Anfängen eines Markt- und Bannrechts heraus eine Einrichtung entwickelt, die heute im Zeitalter des Flugzeuges und des Funks für die Weltwirtschaft die gleiche Bedeutung hat, wie sie die Leipziger Messe in ihren ersten Anfängen für Europa hatte, als noch der Fuhrmann auf schlechten Straßen die Waren des Kaufmanns bewegte. Nie ist die Leipziger Messe eine Angelegenheit der öffentlichen Verwaltung gewesen, stets waren ihre echten Träger

4 Das propagandistische Schlagwort von „Blut und Boden" wurde i.d.R. ausschließlich in der nationalsozialistischen Agrarpolitik verwandt und diente der Verbindung von Agrarwirtschaft und Rassenideologie. Propagiert wurde mit dem Schlagwort eine geradezu mythische Verbindung der „germanisch-nordischen Bauernrasse" mit ihrem Siedlungsgebiet. Das Schlagwort implizierte einerseits einen „rassischen Ausleseprozeß" innerhalb der Bauernschaft, andererseits eine Rechtfertigung der imperialistischen Expansionsbestrebungen nach Osten mittels der Lebensraumideologie (vgl. dazu ausführlich Corni/Gies: „Blut und Boden"). Demgegenüber bleibt Goerdelers Argumentation einer organologisch-konservativen Tradition verhaftet und kann – entgegen seiner eigenen Charakterisierung – nicht der rassistischen Blut und Boden-Ideologie zugeordnet werden.

Kaufleute. Die öffentlichen Gewalten, vom Kaiser angefangen bis zum Rate der Stadt, haben sich immer nur schützend und rechtsordnend hinter den Kaufmann gestellt. Es liegt mir daran, dies mit ganz besonderem Nachdruck zu betonen. Nichts scheint mir notwendiger zu sein, als die Arbeit der Vorfahren auf dieser bewährten Grundlage fortzusetzen, die alle technischen und wirtschaftlichen Veränderungen überdauert und sich immer wieder bewährt hat.

Der Reichskommissar für Preisüberwachung[5] ist, wie ich mir habe sagen lassen, von seinem Arbeitsgebiete aus auch zu der Überzeugung gekommen, daß dem deutschen Volke nichts nützlicher sein könne, als wenn den wirtschaftenden Kräften möglichst weiter Raum zu selbstverantwortlicher Ordnung ihrer Aufgaben gelassen würde.

Lassen Sie mich von seinen Gedanken einiges verraten. Ich habe schon mehrfach öffentlich zum Ausdruck gebracht, daß ich das mir vom Führer anvertraute Amt vollkommen falsch anfassen würde, wenn ich es mir angelegen sein ließe, Preisbefehle zu erlassen. Der Mann, der das nach den Erfahrungen der Kriegs- und Nachkriegszwangswirtschaft täte, gehörte in Wahrheit vor ein Gericht. Denn er schlüge aus Unwissenheit oder Feigheit Erfahrungen in den Wind, die nicht jede Generation sammeln kann und die doch ungewöhnlich klar sind. Preise kann ich nur befehlen, wenn ich die Warenerzeugung mengenmäßig und ihre Verteilung vollkommen in der Hand habe. Entschließe ich mich dazu, Warenerzeugung und Warenverteilung in die Hand zu nehmen, d.h. die Ware bestimmte Wege gehen zu lassen, so muß ich alle damit verbundenen Nachteile in Kauf nehmen. Ich trage das Risiko für Verderb und Schwund, für Fehlsendungen und Schadensersatzansprüche, ich verbeamte und verbürokratisiere alle an diesem Prozeß beteiligten Menschen, ich vernichte immer mehr und mehr jene schöpferischen Kräfte, die sich nach unserer aller Erfahrung immer nur dann regen, wenn ihnen ein gewisser Spielraum zu selbständiger Betätigung gelassen wird. Das Ende ist Minderproduktion, Verteuerung, Knappheit.

Wer in Deutschland Preise überwachen will, darf auch nicht an der Tatsache vorübergehen, daß wir sowohl für unseren Rohstoffbedarf als auch für die Beschäftigung hochwertiger deutscher Menschen auf die Welt angewiesen sind; nicht angewiesen in dem Sinne, daß unsere physische Existenz überhaupt hiervon abhängig wäre. Nein, sie ist nur abhängig von dem Maße unserer Opfer- und Anpassungsfähigkeit. Aber unser Lebensstand, der ist allerdings davon abhängig, in welchem Maße wir hochwertige Erzeugnisse deutscher Köpfe und Hände auf dem Weltmarkte absetzen und dafür uns solche Güter beschaffen können, die nur anderwärts zu haben sind oder die der liebe Gott nun einmal unter anderen, bei uns nicht vorhandenen klimatischen Bedingungen einfacher, besser und billiger ent-

[5] Seit dem 5.11.1934 hatte Goerdeler zum zweiten Mal das Amt des Reichskommissars für Preisüberwachung übernommen, vgl. dazu seine Schriften zum Reichpreiskommissariat; Dok. 2.3.1 ff., oben S. 214 ff.

stehen läßt. Die Preise für ausländische Rohstoffe sind außer von natürlichen Vorgängen zum größten Teil von Tatsachen abhängig, auf die wir nur einen bescheidenen Einfluß nehmen können, nämlich den, den ein Käufer mit Zurückhaltung oder mit Draufgehen ausüben kann. Anordnungen des Reichskommissars für Preisüberwachung können also nur Vorsorge treffen, daß Preisbewegungen auf dem Rohstoffmarkt nicht zu spekulativen oder unlauteren Preisbildungen auf dem Binnenmarkt ausgenutzt werden.

Der Absatz deutscher Güter und Leistungen in der Welt ist dem Wettbewerb gleichartiger Güter und Leistungen unterworfen, die von anderen Völkern hergestellt und auf den Markt gebracht werden. Alle Bestrebungen, den Weltmarktpreis in eine gewisse Ordnung zu bringen, sind bisher nur auf kleinen Teilgebieten durch Kartelle und Syndikate, und auch nur räumlich beschränkt Wirklichkeit geworden. Von einer umfassenden Marktordnung auf der Welt sind wir wer weiß wie weit entfernt. Ich wage zu bezweifeln, ob sie letztlich überhaupt ein Segen für den Fortschritt der Völker sein würde. Denn jede Regelung muß ihrem Nutzen, eben der Ordnung, auch ihre Nachteile, nämlich die Einengung schöpferischer Kräfte, entgegenstellen. Und niemals darf die große Weisheit vergessen werden, daß der Krieg, sagen wir, um nicht Mißverständnisse zu erwecken, *das Ringen* um den Erfolg der Vater aller Dinge ist.[6]

So bleibt in jedem Falle angesichts des vorhandenen Wettbewerbs die Möglichkeit, deutsche Erzeugnisse in der Welt umzutauschen, auch von dem Stande der Preise abhängig. Es ist bekannt, daß der deutsche Preisspiegel im Durchschnitt wesentlich über dem Stand der Weltmarktpreise liegt. Diese Tatsache stellt zwei Forderungen an uns:

*Erstens*: Wir müssen unsere Preise mit wirtschaftlich nicht störenden Mitteln und ohne soziale Erschütterungen an einer weiteren Entfernung vom Weltmarktpreise hindern. Wir müssen sie im Gegenteil diesem wieder näherbringen. Je besser und schneller uns das gelingt, umso größer ist die Absatzfähigkeit deutscher Erzeugnisse in der Welt, umso mehr deutsche Menschen können wir mit der Herstellung solcher für die Welt bestimmter Erzeugnisse beschäftigen. Jene Maßnahme, die jetzt von vielen Ländern durchgeführt wird, einen hohen Inlandspreis durch Zuschüsse auf einen niedrigeren Weltmarktpreis zu senken, muß, da die Mittel nur auf dem Binnenmarkt aufgebracht werden können, die Produktion belasten, also zu einer weiteren Verteuerung und damit zur Gefahr einer weiteren Erhöhung der Binnenmarktpreise, zur Schrumpfung des Binnenabsatzes und

---

6 Der Ausspruch des griechischen Philosophen Heraklit „Der Krieg ist der Vater aller Dinge und aller Dinge König“ beschreibt den Grundgedanken einer Entwicklungslehre, die Entwicklung im polaren Zusammenspiel gegensätzlicher Kräfte begründet sieht. Seine Betonung der schöpferischen Rolle des Gegensätzlichen kann als erstes Modell der dialektischen Entwicklungslehre interpretiert werden; vgl. auch Ernst Bloch: Tübinger Einleitung in die Philosophie, Frankfurt/M [3]1982, S. 315 ff.

schließlich zur Senkung des Lebensstandes im Inland führen.[7] Dann muß der Zuschuß weiter verstärkt, die Schere zwischen den beiden Preisen immer weiter gespannt werden. Solche Maßnahmen müssen also eines Tages, so zwingend sie im Augenblick geboten sein mögen, versagen, und daher ist es unsere Aufgabe, mit organischen Mitteln dahin zu wirken, daß die Schere enger wird.

*Zweitens*: Die Absatzfähigkeit deutscher Erzeugnisse ist trotz dieser Preisschere umso aussichtsreicher, je besser die Beschaffenheit der deutschen Ware im Verhältnis zum geforderten Preis ist. Sind wir in der Beschaffenheit so überlegen, daß in ihr ein dem höheren Preis entsprechender Mehrwert an Leistung oder Benutzungsdauer vorhanden ist, so ist auch der höhere Preis durchsetzbar. Das gilt nun nicht nur in dem Sinne, daß wir plötzlich nur hochwertige chemische Erzeugnisse oder optische, elektrische, physikalische Instrumente ausführen könnten, nein, das gilt auch für die kleinste Ware des täglichen Bedarfs. Wenn es sich um einen 20-Pfenning-Artikel handelt, den ein anderes Volk für 15 Pf. auf den Markt bringt, so kommt es darauf an, daß unser Artikel um 33 1/3 % besser ist als der ausländische. Wir müssen allen Kaufkraftquellen in der Welt, auch den beeengten, Rechnung tragen und uns nicht nur auf die großen Werke verlassen, in denen deutscher Erfindungsgeist und deutsche Arbeitsfertigkeit besonders plastisch in die Erscheinung treten.

Diese beiden Forderungen münden in Erkenntnisse: Wenn Deutschland in der Weltwirtschaft seinen Platz wiedergewinnen will, dann muß es auf die geistige, technische und handwerksmäßige Ausbildung seiner Menschen den größten Wert legen. Es darf sich durch nichts von diesem, sagen wir einmal primitiven, aber gebieterischem Ziele der Erziehung abdrängen lassen. Es muß das beste Wissen, die gereifteste Erfahrung, das vollendetste Können an solche Erziehung gesetzt werden. Wohlbemerkt, Erziehung ist nicht gleichbedeutend mit Berechtigungswesen oder -unwesen.[8] Dieses Unwesen, das übertriebene berufsfremde Anforderungen für die Berufsausübung stellt, ist zu beseitigen. Der nationalsozialistische Staat hat eine viel wichtigere Aufgabe übernommen. Er will dafür sorgen, daß über solcher Erziehung nicht die moralischen und seelischen Werte vernachlässigt werden. Die beste wissenschaftliche und technische Erziehung schließt rein materielles Fühlen und mechanisches Handeln nicht aus, aber organisches Denken und damit schöpferisches Handeln setzt immer Charakter voraus. Denn es verlangt Mut und Folgerichtigkeit. Und nur, wenn das ganze deutsche Volk, seine Geschichte, seine Fähigkeiten und die ihm geschenkten Möglichkeiten organisch erfaßt, wenn es Arbeit nicht als Last, sondern als Inhalt des Lebens und als Trägerin jedes Fortschritts und jedes Emporringens erkennt, dann kann es zu jener Harmonie aller Fähigkeiten und Kräfte auf geistigem und physischem, auf sittlichem und religiösem

---

7 Das System von Exportsubventionen und Exportabgaben der nicht exportierenden deutschen Industrie (vgl. S. 393, Anmerkung 8) musste zu inländischen Preiserhöhungen und den von Goerdeler beschriebenen Folgen führen.

8 Vgl. zum Berechtigungswesen S. 63, Anmerkung 9.

Gebiete gelangen, deren wir für das Ringen auch in der Weltwirtschaft bedürfen. Denn, wenn ich recht sehe, so handelt es sich jetzt für das politische und wirtschaftliche Leben in der Welt darum, welche Völker sich in ihrer nationalen und sozialen Struktur die innere Widerstandsfähigkeit erringen und damit den Erfolg sichern.

Eine so gewonnene Harmonie in Leistung umzusetzen, die in der Welt sich wieder ihren Platz erringt, ist nur der Persönlichkeit und nur beschränkt dem Reglement gegeben. Es handelt sich sehr entscheidend darum, dies klar zu erkennen und sich dazu auch mit aller Hingabe zu bekennen. Die höchsten Energien entfaltet ein Volk, das in ebenso eiserner wie selbstverständlicher nationaler Disziplin, in straffer Ordnung der grundsätzlichen Lebens- und Wirtschaftsregeln dem Einzelnen freie Bahn zur Entfaltung seiner Kräfte läßt und ihn anfeuert, diese Kräfte im täglichen Ringen um Leben und Fortschritt einzusetzen, zu stählen und zu stärken. Wir alle wissen aus unserem Berufe, daß die Freude am Schaffen nachläßt und dem Mißmut weicht, wenn eine Gängelei im einzelnen das Tageswerk bestimmen will. Die schönste, die liebste, die erfolgreichste Arbeit ist immer diejenige, die unten an den Quellen des Lebens selbst schöpft, dort im reinen Spiegel die Aufgaben erkennt und mit selbstgewähltem Entschluß, mit gutem Gewissen und mit Verantwortungsbewußtsein für das Ganze sich ans Werk begeben kann. Wer von uns hat den Mitarbeiter je als den besten erkannt, der sich niemals zu einem selbständigen Entschluß aufraffen kann, der immer wartet, bis er eine Anweisung erhält? Nein! Wertvoll ist uns jener Mitarbeiter, auf den wir uns verlassen können, weil wir wissen, daß er auch, vor nicht voraussehbare Aufgaben gestellt, seine beste Kraft an ihre Lösung setzen und alles tun wird, um den Erfolg zu schaffen. Nur daß dieses Schaffen sich in das Wohl des großen Ganzen einordne, in das, was höhere Verantwortung als Ziel steckt, das verlangen wir.

Mit einer gewissen Sorge sehe ich bei meiner neuerlichen Tätigkeit in der deutschen Wirtschaft, daß wir seit Jahren Gefahr laufen, dem Träger solcher Leistung der Persönlichkeit, den Boden zu entziehen. Wie oft habe ich in den letzten Wochen gedacht, wie ich mich dagegen wehren würde, wenn mir von außen her jemand so in die Verwaltung etwa des Elektrizitäts- oder des Gaswerks in Leipzig hineinreden wollte,[9] wie ich es in der Wirtschaft soviel von innen und außen her

---

9 Zu dem Zeitpunkt der Rede stand Goerdeler in einem Rechtsstreit mit dem sächsischen Gauleiter Martin Mutschmann, der seit 1933 versuchte, Leipzigs Sonderstellung auf energiewirtschaftlichem Gebiet unter seinen Einfluss zu bringen. Mit der Thüringer Gasgesellschaft, den Landkraftwerken und dem Elektrizitätswerk Leipzig sowie der Energie AG als Dachgesellschaft der energiewirtschaftlichen Versorgungsbetriebe bildete Leipzig den Mittelpunkt der nordwestsächsischen Energieversorgung. Mutschmann versuchte, durch personalpolitische Manipulationen in den Aufsichtsräten der Energiebetriebe einen ihm gefügigen Aufsichtsratsvorsitzenden für die Energie AG durchzusetzen. Letztendliches Ziel Mutschmanns war es wohl, die Leipziger Sonderstellung zu beseitigen und eine ihm gefügige Zentralverwaltung in Dresden zu errichten. Die diesbezüglichen Auseinandersetzungen zwi-

sehen muß, wehren würde vor allem auch im Interesse der Arbeitsfreudigkeit und des Verantwortungsbewußtseins und Ehrgefühls meiner Mitarbeiter. Wie oft habe ich gesagt, daß auch der Beamte von nichts anderem Sicherung der Existenz und des Fortkommens erwarten dürfe als von der Leistung. Denn den Grundsatz, daß der Staat jeden in dem einmal erwählten Berufe gegen alle Fährlichkeiten sichern könne, den gibt es nicht. Hätte man ihn vor 100 Jahren aufgestellt, so hätten wir keine Eisenbahnen bauen dürfen oder es hätten sich die damaligen Postfuhrhalter zusammentun müssen, um mit der Eisenbahn eine Tarifabrede zu treffen. Der Glaube, man könne alle wirtschaftlichen Schwierigkeiten ausschließen, indem man sich über Absatzbedingungen einigt und damit das Ringen ausschließt, ist ein Irrglaube. Denn er geht an der Tatsache vorbei, daß die Kaufkraft des Volkes ein natürliches und bestimmtes Maß hat, das nicht künstlich erweitert werden kann, um den Abkommen der verschiedenen Gruppen zu genügen.

So oder so, um das Ringen mit der Natur und mit den Schwierigkeiten, die sich uns entgegenstellten, kommen wir nie herum. Die Bewertung nach Leistung, die in der Weltwirtschaft eine Tatsache ist und die wir für unsere Arbeit in ihr brauchen, setzt eine Auslese voraus. Die Auslese vollzieht sich im Wettbewerb nach Tüchtigkeit und Können, nach Fleiß und Charakter. Ich verkenne nicht, daß dieses Ringen heute gefährlicher ist als in der gesicherten Vorkriegszeit, denn der Raum ist enger geworden. Ich verkenne nicht, daß die Neigung der öffentlichen Hand, hier helfend und schützend einzugreifen, vielfach bereits in die Neigung umgeschlagen ist, Verantwortungen zu übernehmen, die den wirtschaftenden Kräften selbst überlassen werden müssen. Ich verkenne nicht, daß nicht alle Preisbindungen aufgehoben werden können. Der Staat wird das Seinige dazu tun müssen, um in dem enger gewordenen Raum die Spiel- und Kampfregeln anständig zu gestalten und der Wirtschaft Selbstverwaltung und Selbstverantwortung zu schaffen. In diesem Raum müssen dann diejenigen, die es können, im anständigen Wettbewerb um beste Leistung dem deutschen Volke die bestmögliche Lebenshaltung verschaffen dürfen. In diesem Raume weicht der Untüchtige dem Tüchtigen, der Unanständige dem Anständigen.

Deutschland wird seinen Platz in der Weltwirtschaft wieder erringen und behaupten, wenn unser Volk im neuen Staate sich zum Grundsatz der Leistung und nicht der Bequemlichkeit, zum Grundsatz der Persönlichkeit und nicht des Schemas, nicht zum Gedanken der Versicherung gegen alles und jedes, was uns die Natur entgegenwerfen könnten, sondern zum frischen Ringen und ehrenhaften Kämpfen bekennt. Heil Hitler!

---

schen Goerdeler und Mutschmann endeten im Januar 1936 mit dem Ergebnis, dass Goerdelers Kandidat Köhler – Lösers Nachfolger als Leipzigs Stadtkämmerer – den Posten des Aufsichtsratsvorsitzenden der Energie AG behielt und weiterhin nach Goerdelers Direktiven arbeitete. Vgl. zu den Auseinandersetzungen die Unterlagen des Leipziger Juristen Friedrich Geyler; BAK, kl.Erw. 99, Bl. 2 ff.

## 4.1.2 Deutschland und die Weltwirtschaft

*Artikel in: Sonderbeilage der Zeitschrift Weltwirtschaft, 24. Jg., H. 6 vom Juni 1936, S. 183-187.*[1]

Entwicklung der weltwirtschaftlichen Betätigung Deutschlands: private Handelsinitiativen vor der Reichsgründung; Bemühungen um einen einheitlichen deutschen Wirtschaftsraum; Beschränkung auf staatliche Rahmengesetzgebung während des Kaiserreichs; demographische und ökonomische Entwicklung Deutschlands im 19. Jahrhundert. Der Erste Weltkrieg als Zerstörung der internationalen Wirtschafts- und Handelsbeziehungen und seine negativen Folgen für die deutsche Wirtschaft. Voraussetzungen zur Wiederherstellung der Weltwirtschaft: endgültiger Abschluss der Reparationsfrage, freier Wettbewerb in nationaler und internationaler Wirtschaftsordnung, nationale und internationale Rechts- und Währungssicherheit.

Die weltwirtschaftliche Betätigung Deutschlands ist wesentlich verschieden von derjenigen verlaufen, die nach dem soeben gehörten Vortrag von Lord Riverdale of Sheffield[2] das britische Weltreich aufzuweisen hat und vor der wir nur mit vollendeter Hochachtung stehen können. Wir haben mit lebhaftem Interesse gehört, wic die klassischen Imperien das Verhältnis des Mutterstaates zu den angegliederten und den unterworfenen Volkswirtschaften gestaltet haben. Es war im wesentlichen von rein machtpolitischen Gesichtspunkten bestimmt. In der Beurteilung der für die Bevölkerung des Mutterstaates unheilvollen Wirkungen dieser Regelung stimme ich mit Lord Riverdale vollkommen überein.[3] Das Deutsche Reich Karls des Großen hat während der Dauer seines Bestandes die Betätigung des römischen Imperiums auf wirtschaftlichem Gebiete überhaupt nicht fortgesetzt. Die Besiedlung des Raumes zwischen Elbe und Weichsel, die sich in jenem Kaiserreich vollzog, bedeutete nichts weiter als die überlegene kulturelle, politische und wirtschaftliche Betätigung in einem Gebiet, das schon seit Jahrtausenden von gotischen Stämmen besiedelt war. Dem Charakter der Deutschen entsprechend, waren es im wesentlichen idealistische Beweggründe, die die deutschen Kaiser veranlaßten, an die Tradition des Römischen Reiches anzuknüpfen.

---

1 Bei dem Artikel handelt es sich um den Abdruck eines Vortrags, den Goerdeler auf der Düsseldorfer Tagung der Deutschen Weltwirtschaftlichen Gesellschaft (DWG) vom 21. bis zum 26. Mai 1936 gehalten hat. Unter dem Motto „Wille und Wege zur Weltwirtschaft" war es das erklärte Ziel der Tagung, „die deutsche Volkswirtschaft zu kräftigen, den Willen zu einer gesunden Weltwirtschaft zu stärken und die Wege hierzu zu finden und zu bereiten" (Zitat des Präsidenten der DWG Schnee in einem Telegramm an Schacht; abgedr. in derselben Sonderbeilage, S. 176).

2 Der Hauptredner der Düsseldorfer Tagung, Lord Riverdale of Sheffield, war Vizepräsident der Internationalen Handelskammer und referierte vor Goerdeler über „Das Britische Weltreich und die Weltwirtschaft" (abgedr. ebd., S. 178-183).

3 Riverdale argumentierte in seinem Vortrag, dass Großbritannien Anfang 1931 als einziges Land noch die Überschussproduktion der überseeischen Gebiete weiter aufgenommen und die Krise der britischen Binnenwirtschaft dadurch weiter verschärft habe (vgl. ebd., S. 181).

Sie lagen zum Teil auf religiösem Gebiet, zum Teil im Wirkungsraum dynastischer Interessen. In diesem Teil entbehrten sie selbstverständlich der machtpolitischen Instinkte und Zielsetzung nicht. Es kam den deutschen Kaisern des alten Reiches hierbei nicht darauf an, etwa Wirtschaft und Wohlfahrt des eigenen Volkes durch Schaffung eines Imperiums zu verbessern, zu befruchten oder zu heben, sondern sie empfanden die Hausmacht auf einem deutschen Gebiete teils als zu gering, teils als zu unsicher.

Denn – und hierin liegt die entscheidende Ursache und sichtbare Tatsache – die nationale Einigung der Deutschen in einem einer einheitlichen Staatsgewalt unterworfenen Gebiete vollzog sich etwa zweieinhalb Jahrhunderte später als die Frankreichs und Englands. Diese traten in die Epoche der politischen und wirtschaftlichen Erschließung neuer Welten in Amerika und West- und Ostindien als geschlossene Machtstaaten ein. Deutschland war nicht nur beim Beginn jener Epoche ein wirtschaftlich und politisch zerrissenes Staatsgebilde, sondern war es auch noch, als in Nordamerika der erste Teil dieser Epoche in den Unabhängigkeitskriegen abgeschlossen wurde.

Die weltwirtschaftliche Betätigung deutscher Kräfte beschränkte sich im Mittelalter, abgesehen von der Besiedlung des Raumes zwischen Elbe und Memel im wesentlichen auf das weltweite Wirken einzelner Städte und ihrer Handelsherren, die erstmalig in der deutschen Hanse einen Anlauf zur gemeinsamen Wahrnehmung, Ausbreitung und Verteidigung ihrer Interessen nahmen. Demgemäß waren es im wesentlichen Handelsfunktionen, die den Inhalt dieses Wirkens bildeten. Wirtschaftspolitische oder gar rein politische Zielsetzungen waren ihnen fremd. Sie konnten gar nicht in den Bereich der Wirkungsmöglichkeiten gezogen werden, weil der einheitliche Einwurf geschlossener Machtkräfte nicht möglich war.

Den ersten Schritt zur Vorbereitung für ein solches Wirken bedeutete die Gründung des Deutschen Zollvereins im Jahre 1834, der im Jahre 1866 die Gründung des Norddeutschen Bundes folgte.[4] Klare wirtschaftspolitische Zielsetzung erscheint hier als Schrittmacherin politischen Gestaltens. Denn soweit wir die geschichtlichen Vorgänge beurteilen können, war die Bildung des Norddeutschen Bundes und des Deutschen Reiches ohne diese wirtschaftliche Verflechtung und Zusammenschweißung der Interessen außerordentlich fragwürdig. Erst die Gründung des Deutschen Reiches im Jahre 1871 schuf jene politischen Voraussetzungen, die für ein Volk und einen Staat unerläßlich sind, das über die Grenzen seines Landes hinaus Wirtschaftspolitik und damit Politik überhaupt betreiben will. Ich möchte nicht mißverstanden werden. Denn es gilt klar zu sehen. Die wirt-

4 Vgl. zur Zolleinigung Preußens mit einigen mittel- und süddeutschen Staaten am 1.1.1834, der sich bis 1867 alle anderen deutschen Staaten anschlossen, die Überblicksdarstellung von Knut Borchardt: Die industrielle Revolution in Deutschland 1750–1914, in: Ders. (Hg.): Europäische Wirtschaftsgeschichte, Bd. 4: Die Entwicklung der industriellen Gesellschaften, Stuttgart und New York 1985, S. 135-202.

schaftspolitische Betätigung Deutschlands über die Grenzen des eigenen Hoheitsgebietes hinaus hat damals nicht politische Machterweiterungen über das eigene Gebiet hinaus zur Voraussetzung gehabt, es hat nur zur Voraussetzung gehabt die Stabilisierung einer festen politischen Macht innerhalb der Reichsgrenzen. Und so sehen wir auch, daß die politische Betätigung Deutschlands über sein Gebiet hinaus sich zum Teil ganz unabhängig von rein wirtschaftspolitischen Interessenvorgängen vollzog. Mit der Bildung des Dreibundes liefen wirtschaftliche Zusammenschlüsse gleicher Art nicht parallel.[5] Nur soweit das Deutsche Reich zum ersten Male nach einigen vergeblichen Ansätzen Preußens unter dem Großen Kurfürsten sich in dem Erwerb von Kolonien betätigte, flossen politische und wirtschaftspolitische Zielsetzungen zusammen.[6] Der weitaus größte Teil der weltwirtschaftlichen Betätigung des Deutschen Reiches vollzog sich so, daß das Reich der weltwirtschaftlichen Betätigung seiner Staatsangehörigen machtpolitischen Schutz und Betätigungsmöglichkeit durch Handelsverträge oder ähnliche Abkommen verschaffte und sicherte. Kein Großstaat der Neuzeit erscheint von rein machtpolitischen Bestrebungen ferner als Deutschland. Eine objektive Betrachtung wird diese Tatsache anerkennen müssen. Gerade deswegen hat die von machtpolitischen Instinkten losgelöste weltwirtschaftliche Betätigung Deutschlands seit dem letzten Drittel des vorigen Jahrhunderts sich räumlich um so weiter auswirken können und daher auch für die Wohlfahrt unseres Volkes und den Frieden in der Welt eine so schicksalhafte Bedeutung gewonnen.

---

5 Der Dreibund, mit dem Italien am 20.5.1882 in den Zweibund zwischen Deutschland und Österreich von 1879 aufgenommen wurde, war ein geheimes, defensives Militärbündnis, das sich hauptsächlich gegen Frankreich richtete und keine wirtschaftspolitischen Auswirkungen anstrebte. Vgl. Manfred Messerschmidt: Die politische Geschichte der preußisch-deutschen Armee, in: Deutsche Militärgeschichte, Bd. 2, S. 9-380; zu Bismarcks Bündnispolitik ebd., S. 45 ff.

6 Die kurbrandenburgische Flotte, aufgebaut für den Kampf gegen Schweden, wurde seit dem Beginn der 1680er Jahre für Fahrten an die Goldküste eingesetzt. Die Gründung der brandenburgisch-afrikanischen Kompanie 1682, die den finanziell beteiligten Handelsleuten Schutz und Vorrechte garantierte, während der Große Kurfürst Friedrich Wilhelm an den Gewinnen beteiligt und im Vorstand vertreten war, legte Stützpunkte an der Guineaküste an für den Sklavenhandel von der Goldküste. Dies führte jedoch umgehend zu Konflikten mit der niederländisch-westindischen Kompanie und die Niederländer beharrten auf ihren älteren Rechten. In der Bewertung des Biographen des Großen Kurfürsten war das letztendlich gescheiterte Kolonialexperiment „ein Paradebeispiel unrealistischer barocker Projektemacherei"; vgl. Ernst Opgenoorth: Friedrich Wilhelm, der Große Kurfürst von Brandenburg. Eine politische Biographie, 2. Teil: 1660-1688, Göttingen, Frankfurt und Zürich 1978, S. 305-311. Vgl. auch zur Rezeptionsgeschichte und zur Instrumentalisierung im 19. und 20. Jahrhundert Klaus-Jürgen Matz: Das Kolonialexperiment des Großen Kurfürsten in der Geschichtsschreibung des 19. und 20. Jahrhunderts, in: Gerd Heinrich (Hg.): Ein sonderbares Licht in Teutschland. Beiträge zur Geschichte des Großen Kurfürsten von Brandenburg (1640-1688), Berlin 1990, S. 191-202.

Im Jahre 1834 betrug die Bevölkerung Deutschlands auf dem Gebiete, das durch die heutigen Reichsgrenzen bestimmt wird, 25 Millionen Einwohner. Bei Beginn des Weltkrieges, dessen Verlauf und Ausgang ja die gesamte Weltwirtschaft erschüttert hat, zählte sie 62 Millionen Einwohner. Was Deutschland darüber hinaus an deutschen Menschen durch Auswanderung dauernd an die Welt abgegeben hat, fand seine neue Arbeits- und Heimstätte nicht in Gebieten, in denen das Deutsche Reich irgendeine politische Hoheitsfunktion ausüben konnte, sondern in solchen, die einer fremden Staatshoheit unterworfen waren. Die Auswanderung in die zumeist tropischen Kolonien konnte irgendeinen nennenswerten Teil noch nicht ausmachen. Der Bevölkerungszuwachs im Innern aber ist nur zum Teil der dichteren landwirtschaftlichen Besiedlung und der Verbesserung der landwirtschaftlichen Produktionsmöglichkeiten im Inlande zu verdanken. Er ist ebenso wie der steigende Wohlstand in der Hauptsache darauf zurückzuführen, daß Deutschland aus eigenen, vornehmlich aber eingeführten Rohstoffen hochwertige Fertigfabrikate weit über den eigenen Bedarf hinaus herstellte und sie in eine aufnahmebereite und aufnahmefähige Welt absetzte. Die dadurch möglich werdenden Arbeitsprozesse – denn alles wirtschaftliche Leben und Handeln ist Arbeit – ermöglichen den Zuwachs der Bevölkerung und das Emporklimmen zu einem höheren Lebensstand.[7]

Die weltwirtschaftliche Betätigung Deutschlands vor dem Weltkriege belief sich, Einfuhr und Ausfuhr zusammengerechnet, auf über 21 Milliarden Mark gegenüber rund 8,6 Milliarden im Jahre 1935.[8] In Mengen ist die Ein- und Ausfuhr je für sich allein und zusammen auf zwei Drittel gesunken.

Die Ausfuhr allein erreichte im Jahre 1913 ein Maß von über 10 Milliarden gegen etwas über 4 Milliarden im Jahre 1935. In dem Unterschied von fast 6 Milliarden stecken mindestens 60–70 % in Deutschland geleistete Arbeitsbetätigung. Es konnten also mindestens 3 Millionen deutsche Menschen mehr durch Arbeit in der Weltwirtschaft beschäftigt werden als heute. Dazu treten aber noch die von dieser Statistik nicht erfaßten Dienstleistungen aller Art, für die Deutschland in Form von Frachten, Renten usw. Gegenleistungen aus seiner Betätigung in der Welt zog. Weiter kommen hinzu die Rohstoffe, die Deutschland zur Sicherung seines Lebensstandes einführt und selbst verbraucht. Die volkswirtschaftliche Bedeutung der Weltwirtschaft für unser Vaterland liegt also klar auf der Hand. Wir haben uns zu fragen, welches Interesse wir an einer Wiederentwicklung der Weltwirtschaft haben und ob und welche Mittel uns unerläßlich erscheinen, wie-

7 Vgl. zur Bevölkerungsentwicklung Wolfram Fischer, Jochen Krengel und Jutta Wietog: Sozialgeschichtliches Arbeitsbuch, Bd. I: Materialien zur Statistik des Deutschen Bundes 1815–1870, München 1982, S. 21 sowie Sozialgeschichtliches Arbeitsbuch, Bd. III, S. 22.

8 Die relationale Entwicklung des Außenhandels wies noch katastrophalere Tendenzen auf als die absoluten Zahlen: In Prozent des Volkseinkommens machte der Außenhandel 1936 nur noch ein Viertel der Vorkriegsrelation aus; vgl. Sozialgeschichtliches Arbeitsbuch, Bd. III, S. 73 ff.

der Weltwirtschaft im wahren Sinne des Wortes betreiben zu können. Denn ich bin mit Lord Riverdale darin vollkommen einig, daß eine in ein „Kontinent Rohstoff- und Devisenbewirtschaftung“ gepreßte wirtschaftliche Betätigung zwischen den Völkern diesen Namen deshalb nicht verdient, weil sie den stärksten Motor alles Handelns, die verantwortungsmutige Schöpferkraft ebenso sicher abwürgt wie die unerläßliche Sicherheit für Dispositionen über Raum und Zeit.

Zunächst erscheint mir eine Feststellung unerläßlich: Deutschland kann nicht daran denken, den schicksalhaften Schritt zu tun, den England getan hat, nämlich bewußt die heimische Ernährungsgrundlage zu verlassen.[9] Die geopolitische Lage Deutschlands ist von der des britischen Inselreiches vollkommen verschieden. Eine entscheidend gewonnene Seeschlacht vermag England den Bezug der für die Ernährung, Bekleidung usw. erforderlichen Rohstoffe sicherzustellen; eine entscheidend gewonnene Schlacht zu Lande oder in der Luft gibt dem im Zentrum Europas gelegenen Deutschen Reiche durchaus noch nicht die Gewähr, sich damit die Wege zu den Ländern zu öffnen, die für die Sicherstellung der primitiven Bedürfnisse der Bevölkerung erforderlich sind. Eine Rüstung Deutschlands aber, die nicht nur seine Landgrenzen sichert, sondern ihm auch den offenen Seeweg unter allen Umständen gewährleistet, würde und müßte derart hohe, von der Volkswirtschaft zu tragende Lasten verlangen, daß die Wirkung auf den Lebensstand voraussichtlich etwa die gleiche sein müßte wie der jetzige bewußte Verzicht auf billige Weltnahrungsmittel und ihr Ersatz durch teurere Erzeugnisse der heimischen bäuerlichen Wirtschaft. Wir müßten Bauern in Soldaten, Bauernhöfe in Kriegsschiffe verwandeln. Es gibt hier auch keine Halbheiten für uns. Es ist nicht möglich, wesentliche Teile der möglichen heimischen landwirtschaftlichen Produktion durch Lagervorräte zu ersetzen. Denn Nahrungsmittel aller Art werden durch Lagern nicht besser und nicht mehr, sondern im allgemeinen schlechter und weniger. Nur zum Ausgleich von Spitzen ist eine genügende Sicherung der primitiven Ernährungsbedürfnisse des deutschen Volkes durch Lagerung von Reservevorräten möglich. Deutschland kann daher vertretbarerweise in die Weltwirtschaft nur insoweit hineingehen, als es dadurch nicht genötigt wird, die Grundlagen einer den eigenen Bedarf möglichst deckenden landwirtschaftlichen Erzeugung zu verlassen. Es muß so weit in die Weltwirtschaft hineingehen, als es notwendig ist, um die Menge der zur Erhaltung des Lebens dienenden Nahrungsmittel dem Bedarf eine Kulturvolkes von der Größe des deutschen anzupassen. Ich erinnere hier an den zurzeit in der heimischen Produktion nicht zu deckenden Bedarf Deutschlands an bestimmten Fetten und eiweißhaltigen Futtermitteln.[10]

---

9 Riverdale kontrastierte die britische Entwicklung in seinem Vortrag mit der Entwicklung des römischen Imperiums anhand des Kriteriums aktiver Handelsbeziehungen: Großbritannien habe seine ernährungswirtschaftliche Unabhängigkeit vorsätzlich aufgegeben zugunsten überseeischer Handelsbeziehungen (Riverdale, Das Britische Weltreich, S. 180).

10 Vgl. zu der deutschen Mangelsituation S. 426 ff., Anmerkungen 20 und 39.

Aber dies ist nicht das einzige Muß. In unseren Breitengraden lebt der Mensch nicht allein von der Zuführung bestimmter Kalorien in seinen Körper. Er bedarf noch des Schutzes dieses Körpers gegen die Einflüsse des Klimas durch entsprechende Bekleidung. Es ist bekannt, daß die hierfür erforderlichen Rohstoffe zum größten Teil aus außerdeutschen Volkswirtschaften bezogen werden müssen. Dies ist so bekannt, daß es nicht nützlich wäre, darüber hinwegzugehen. Ich werde an anderer Stelle noch darauf zurückkommen, daß Klarheit und Offenheit mir die unerläßlichsten Grundlagen für Vertauen und dieses wieder die Grundlage für jede wahre weltwirtschaftliche Betätigung zu sein scheint.

Gewiß ist es der Tatkraft und dem Schöpfungswillen des deutschen Volkes gegeben, in immer größerem Maße ausländische Rohstoffe durch heimische Rohstoffe zu ersetzen. Fortschritte auf diesem Gebiete liegen sowohl, was die Beschaffenheit als auch was die Menge betrifft, im Bereiche der Möglichkeiten.[11]

Wenn also das deutsche Volk, gesichert durch seine Wehr, die Zeit hat, diese Möglichkeiten weiter zu entwickeln, so ist es durchaus denkbar, daß es sich immer unabhängiger von der Welt macht, ja, daß es schon heute bei starker Einschränkung seiner Bedürfnisse fähig ist, sein physisches Leben bei zum Teil ganz erheblicher Verminderung der Rohstoffeinfuhr zu fristen. So klar sich die Welt hierüber sein muß, so klar ist es für uns, daß dieser Zustand ein sehr opfervoller sein würde. Ich sagte schon, daß wir zunächst rein mengenmäßig, aber auch was die Beschaffenheit betrifft, unseren Bedarf einschränken müßten. Einschränken lebensnotwendigen Bedarfs hat aber auch immer Einschränkung entsprechender Arbeitsmöglichkeiten zur Begleiterscheinung. Gewiß werden durch heimische Rohstofferzeugung auch Menschen beschäftigt, aber mindestens für eine gewisse Anlaufzeit sind diese Rohstoffe teurer als die unter günstigeren natürlichen Umständen der Erde in anderen Teilen der Welt müheloser abgerungenen. Diese Verteuerung belastet die Volkswirtschaft. Das ist unabwendbar. Sodann wird aber jedes Land – und Deutschland ist ja nicht das einzige Land, das Schritte getan hat, um seine Wirtschaft umzustellen und sich selbständig zu machen, – das sich mit gleichen Problemen beschäftigt, die Erfahrung machen müssen, daß die Kosten für den Rohstoffbezug im allgemeinen steigen, je geringer die benötigten Mengen werden, denn umso uninteressanter wird natürlich der Käufer für die bisherigen Produktionsgebiete. Steigende Preise ausländischer Rohstoffe aber bedeuten eine Preissteigerung auch für die Fertigwaren, die aus diesen Rohstoffen hergestellt werden, und damit die Erschwerung ihres Absatzes im Auslande. Für diejenigen Angehörigen des Volkes also, die auch bei Umstellung in der heimischen Wirtschaft keine Beschäftigung finden und auf Arbeit für die Welt angewiesen bleiben, bedeutet dieser Vorgang eine Erschwerung ihrer Arbeitsmöglichkeiten, für die gesamte Volkswirtschaft bedeutet er eine weitere Verteuerung. Es hat keinen Zweck, hierüber hinwegzugehen, eine solche Klarheit ist eine Warnung an alle

[11] Vgl. zur deutschen Ersatzstoffproduktion S. 429 ff., Anmerkungen 23 ff.

Völker, die glauben, letzten Endes doch der Natur und ihren Gaben ein Schnippchen schlagen zu können.

Schon hieraus ergibt sich, daß das Ausscheiden eines Volkes aus der Weltwirtschaft nicht nur weitreichende Auswirkungen für dieses Volk selbst hat, sondern daß entsprechende Rückwirkungen auch eintreten müssen auf die Wirtschaften der Völker, die dem ausfallenden Volke bisher Rohstoffe geliefert und Fertigwaren abgenommen haben. Ich verkenne nicht, daß das deutsche Volk, das seine Bevölkerungsvermehrung und den Hochstand seiner Lebenshaltung im wesentlichen den steigenden Möglichkeiten verdankt, seine besonderen Fähigkeiten in Gestalt von Wirtschafts- und Kulturgütern aller Art in der Welt zu tauschen, von einer fortschreitenden Verengung der Weltwirtschaft außerordentlich stark betroffen werden würde. Aber ebenso ehern ist die Tatsache, daß anderen Völkern daraus nicht nur kein Nutzen, sondern eine ebenso starke Verblockung ihres Absatzes und eine ebenso starke Verengung der Ausnutzungsmöglichkeiten ihrer natürlichen Gabe erwachsen werden. Auch sie hätten diese Entwicklung mit einer Verringerung der Lebenshaltung zu bezahlen.

An einer solchen Entwicklung kann kein Volk von Kultur irgendein vor Gegenwart und Zukunft zu rechtfertigendes Interesse haben. Kein Staatsmann der Welt wird ohne schwere Folgen eine Politik betreiben dürfen, die eine solche Entwicklung bewußt fördert. Es scheint mir im Gegenteil der höchsten Anstrengung der Kulturvölker und ihrer Führer würdig, alles zu versuchen, um eine solche Entwicklung zu vermeiden, und alle Kraft daran zu setzen, um die schon eingetretenen Einschnürungen der Weltwirtschaft wieder zu beseitigen, so daß die Lungen der einzelnen Volkskörper wieder frei atmen können.

Wenn wir uns über die Voraussetzungen klar werden wollen, die dazu erforderlich sind, so bleibt mir nichts anderes übrig, als in aller Klarheit, aber mit dem Wunsche, die Grundlagen für vertrauensvolle Besprechungen nicht zu stören, sondern sie zu verbessern, eine Feststellung zu machen. Das 19. Jahrhundert hat – und zwar nicht nur den großen europäischen Völkern – einen in der Geschichte seltenen Zeitraum des Friedens, der Ordnung und der Entwicklung zur Steigerung der Wohlfahrt gebracht. Ursache hierfür war die Tatsache, daß die politische Entwicklung mit der technischen und wirtschaftlichen ungewöhnlicher Harmonie verlief. Wir erlebten im 19. Jahrhundert die Entwicklung von der Kraft des Pferdes über die Dampfmaschine zum Motor, vom gedruckten oder geschriebenen Wort zur Fernübertragung durch den Draht. Diese technische Entwicklung wurde wirtschaftlich ausnutzbar nur durch eine in weisem Gleichgewicht sich bewegende politische Zielsetzung und Haltung der beteiligten Staaten. Zweckmäßige Verträge erweiterten die Wirtschaftsräume, in denen der Warenverkehr immer gleichartigen Bedingungen unterworfen und daher immer größere Lebendigkeit im Güteraustausch erzeugt wurde. Kein Frieden beendete europäische Auseinandersetzungen in jenem Jahrhundert vor dem Weltkriege, der nicht von Verantwortung für die Entwicklung der Zukunft getragen war. Der Weltkrieg aber ist beendet durch eine politische Haltung, welche die ruhige Überlegung der Auswirkungen dieser Art der Beendigung auf die Seele der Völker, auf die technische Entwicklung und auf die wirtschaftlichen Möglichkeiten vermissen ließ. Flugzeug und Schnellwagen, ob schienengebunden oder nicht, drahtlose Nachrichtenübermittlung und Fernsehen, die Errungenschaften des 20. Jahrhunderts, entbehren der wirtschaftlichen Ausnutzungsmöglichkeit, weil die Saat des Mißtrauens die unerläßlichen politischen Vorbedingungen nicht schaffen kann.

Es ist nicht nötig, daß dies mit Worten anerkannt wird. Es ist, wie im Einzelleben, wichtiger, daß alle Beteiligten sich in der Tat bereit zeigen, aus diesen sie alle treffenden bitteren Erfahrungen zu lernen und, sofern sie sich irgendwelche Vorwürfe zu machen haben sollten, mit umso größerer Entschlossenheit an die Beseitigung der Krankheitsherde zu gehen. Daß einer der wesentlichsten dieser Vergiftungsherde die politische Diffamierung ist, liegt auf der Hand. Wenn unter 5 Menschen, die zusammen leben müsse, einer ein solcher ist, dem man mindere Ehre zuspricht wie den anderen, dann verhindert diese Tatsache schon die Möglichkeit vertrauensvollen Zusammenlebens. Noch viel schlimmer ist es aber, wenn derjenige, dem solches zugesonnen wird, auf die Dauer sich als fähig und bereit erweist, solche Ehrenminderungen hinzunehmen. Wenn also das deutsche Volk dazu übergegangen ist, versagte Ehre wiederherzustellen, so mögen in der ersten Aufwallung Mißstimmungen denkbar sein. Wer aber mit der großen Verantwortung, die die Zukunft erfordert, an eine ruhige Überlegung geht, der wird anerkennen müssen, daß die Beseitigung dieses Krankheitsherdes letzten Endes allen zugute kommen kann. Aber niemand wird verkennen, daß nun von allen, ohne jede Ausnahme, alles geschehen muß, um jedem Beteiligten die Rückkehr zum Vertrauen zu ermöglichen. Diese große Weitherzigkeit wird auch jeder Deutsche als Einwurf für die Gestaltung der Zukunft auch seinerseits zu betätigen bereit sein.

Soviel zu jener ersten Voraussetzung gleicher Ehre und gleichen Rechtes für alle.[12]

Als zweite Voraussetzung sei mir eine negative Feststellung gestattet. Es ist nicht nötig, daß irgendeiner der Beteiligten die Bemühungen um Wiederaufrichtung einer geordneten und nützlichen Weltwirtschaft mit imperialistischen Zielen verquickt. Wenn ein Volk seinen historisch gewordenen Lebensraum ungeteilt und zu eigenem Recht besitzt, so kann es die ihm für seine Wohlfahrt darüber hinaus erforderliche Betätigung im friedlichen Wettbewerb und in friedlicher Ordnung sich erringen. Ich sage ausdrücklich, erringen; denn daß das Leben ein Kampf des Menschen mit der Natur ist und daß ohne kämpferische Arbeit keinem einzelnen Menschen und keinem Volke das Leben auf dieser Welt verstattet ist, das ist ein ehernes Gesetz und ist heute vielleicht allen Völkern klarer denn je.

[12] Goerdeler rezipiert hier die deutsche Diskussion über den Versailler Vertrag, insbesondere um den als „Kriegsschuldartikel" apostrophierten Artikel 231.

Aber genau so wie die einzelnen Menschen, die Familien, die einzelnen Stände, die einzelnen Gemeinden und die einzelnen Stämme innerhalb eines Volkes im Laufe der Jahrhunderte gelernt haben, diesen Kampf im friedlichen Wettbewerb auszutragen, genau so möglich ist das, wie die Vergangenheit lehrt, zwischen Völkern, wenn sie bestimmte Grundregeln dieses friedlichen Kampfes achten

Und damit komme ich zur dritten und hier wieder positiven Voraussetzung. Der Einzelne ebenso wie das Volk ringt um die Existenz und um die Höhe dieser Existenz. Dabei kann man mit anderen in Widerstreit geraten. Es kommt darauf an, diese Interessen rechtzeitig in einer lauteren Ordnung, gegründet auf Anstand und Charakter, auszugleichen. Ein solcher friedlicher Kampf bedarf einer Ordnung, die die Beziehungen der einzelnen Menschen und der Völker untereinander regelt und von allen geachtet wird. Diese Ordnung ist eine doppelte. Sie liegt sowohl auf dem Gebiete der Sittlichkeit wie auf dem Gebiete des Rechtes. Gewisse sittliche Grundvoraussetzungen sind unerläßlich auch für Inhalt und Achtung einer rechtlichen Ordnung. Denn Recht wird nicht nur durch die Macht allein gestützt, sondern muß von der Vernunft und von der Seele des Menschen als eine vernünftige menschliche und gerechte Ordnung anerkannt und geachtet werden. Ohne eine solche Ordnung ist ein Zusammenwirken der Menschen überhaupt nicht tragbar. Selbst im engsten Familienkreise ist eine bestimmte Sittenordnung unentbehrlich, wenn sich die Familienangehörigen nicht auf die Dauer unerträglich werden wollen. In jedem einzelnen Volke ist ein Wirtschaftsverkehr nur denkbar, wenn jeder an der Wirtschaft Beteiligte die Sicherheit einer bestimmten rechtlichen und für alle gleichen Ordnung unter den Füßen hat. Um wieviel höher ist die Bedeutung der Rechtsordnung für einen Verkehr, der sich über die Welt erstrecken soll. Wie soll sonst derjenige, der in harter Arbeit eine Ware herstellt oder ihre Verwertung übernommen hat, das Risiko auf sich nehmen, sie auf eine weite Entfernung in ein Gebiet zu bringen, das fremder Ordnung unterworfen ist? Der erste Tauschverkehr mit unzivilisierten Völkern vollzog sich ja daher auch unter dem Schutze der Waffen. Aber die europäischen Völker, die klug waren, verließen sich auf diesen Schutz nicht allein, sondern sie suchten durch Achtung von Rechtsbräuchen und durch absolute Verläßlichkeit auch das Vertrauen der unzivilisierten Völker zu erwerben. Je sicherer und klarer die Rechtsordnung ist, auf die sich der Weltverkehr stützen kann, umso weniger Zwischenstellen sind im gegenseitigen Güter- und Leistungsaustausch erforderlich, umso weniger Verluste brauchen bei der Verwertung von Leistung und Gegenleistung eingerechnet zu werden. Die Rechtsordnung ist aber auch für weitere wirtschaftliche Funktionen unentbehrlich. Zahlreiche Erfindungen sind nur ausnutzbar, wenn das Ergebnis weit über die Grenzen des eigenen Staatsgebietes hinaus abgesetzt werden kann. Wie soll der Mut und das Streben nach technischen Verbesserungen, wie soll die kühne Tat auf wirtschaftlichem Gebiete eingesetzt werden ohne die Sicherheit der rechtlich gesicherten Auswertung? Es ist, wie ich an anderer Stelle ausgeführt habe, nicht notwendig, daß das Recht nun etwa bei allen Völkern der Welt ein gleiches zu sein hat. Die Hauptvoraussetzung ist, daß es ein sicheres Recht ist und daß es offenkundig ist, so daß jeder die Möglichkeit hat, bevor er die Ware dem weltwirtschaftlichen Verkehr anvertraut, zu ermessen, welchen Gewißheiten und welchen Ungewißheiten er sie anvertraut. Am einfachsten und am klarsten tritt die Unentbehrlichkeit einer Rechtsordnung hervor, sobald es sich um langandauernde Lieferungsverträge handelt. Die Klarheit des Rechts ist das wesentliche. Wünschenswert ist es, daß das Recht in den für den Weltwirtschaftsverkehr wesentlichen Bedingungen ein immer gleichartigeres wird. Die großen Kulturvölker haben in den letzten Jahrzehnten zur Herstellung solcher internationalen Rechtsgleichheit auf den verschiedenen Konferenzen und Konventionen an Anregungen und Mitarbeit das Ihrige beigetragen.[13] Es wäre erwünscht, wenn diese praktische Zusammenarbeit wieder aufgenommen würde, um eine Erleichterung der Weltwirtschaft vorzubereiten und sicherzustellen, aber entscheidend ist diese Voraussetzung nicht.

Entscheidend und unentbehrlich aber für den ungehindert hin- und herfließenden weltwirtschaftlichen Verkehr ist die Ordnung sicherer Währungen. Mit Recht hat Lord Riverdale über die Restriktionen der Weltwirtschaft durch politische und wirtschaftspolitische Maßnahmen geklagt.[14] Wir tauschen im weltwirtschaftlichen Verkehr heute genau so Leistung gegen Leistung wie in den Zeiten der Naturalwirtschaft. Die fortschreitende Arbeitsteilung, die es ermöglichte, die besondere Befähigung des einzelnen Menschen zu berücksichtigen und diesen nur als Akkerbauer, jenen nur als Tischler, den Dritten nur als Arzt usw. tätig sein zu lassen, die es ferner ermöglicht hat, die besten Produktionsbedingungen, die jeweils die Natur einem Lande verliehen, ganz auszunutzen, hat sich nur entwickeln können, indem der Tausch durch das Hilfsmittel Geld erleichtert wurde. Wenn wir bedenken, daß an einem Gegenstand wie einem gewöhnlichen Taschenmesser bis 10 verschiedene gelernte Arbeiter tätig werden, so wird uns klar, daß der Kaufpreis für das Taschenmesser nicht im Wege der Hingabe einer unmittelbaren Warenleistung an jeden der an der Herstellung des Messers Beteiligten entrichtet werden kann. Hier muß vorher eine Zusammenrechnung nach einem einheitlichen Wertmesser möglich sein. Hier muß ein Gegenstand, der diesen Wertmesser verkörpert, eben das Geld, eingeschaltet werden, um zunächst einmal dem Lieferer des Messers den gesamten Kaufpreis zur Abgeltung aller in ihm steckenden Leistungen zu zahlen, und hier muß wieder dieser Lieferer befähigt sein, diesen Kaufpreis in Geldscheinen auf die einzelnen zu verteilen und sie damit in den Stand zu

---

13 Kindleberger beurteilt rückblickend die internationale Zusammenarbeit wesentlich kritischer (Kindleberger, Weltwirtschaftskrise, S. 77 ff.), zweifelt jedoch auch daran, „ob eine Zusammenarbeit als solche ausgereicht hätte" (ebd., S. 312).

14 Riverdale hatte in seinem Vortrag postuliert: „Das tote Gewicht, das heute auf dem internationalen Handel ruht, kommt von übermäßigen Zöllen, von dem Quotensystem und von Währungskontrollen oder Restriktionen." Vgl. Riverdale, Das Britische Weltreich, S. 182.

setzen, die echten Gegenleistungen anzuschaffen, die sie brauchen. Wenn wir den ganzen wirtschaftlichen Vorgang betrachten, so sehen wir, daß letzten Endes sich eben jeder an der Herstellung der Ware Beteiligte aus dem Gelderlös so befriedigt, wie er es auch im unmittelbaren Tauschverkehr getan hätte. Wenn er einen Teil des empfangenen Geldes spart, so tut er nichts weiter als das, was im Zeitalter der Naturalwirtschaft derjenige tat, der das empfangene Korn nicht sofort verbrauchte, sondern einen Teil für schwere Zeiten, für die Zukunft zurücklegte. Das bedeutet aber, daß Geld nicht ein Ding an sich ist, sondern immer nur ein vorläufiges Ersatzmittel, eine Anerkennung dafür, daß eine wahre Leistung vollbracht ist, und die Verkündung des Anspruchs, daß derjenige, der sie vollbracht und abgesetzt hat, die Möglichkeit hat, sich für das Geleistete eine wahre Gegenleistung zu beschaffen. Niemals also darf mehr Geld in einer Volkswirtschaft im Umlauf sein, als dem Wert der gegenwärtig in Arbeit befindlichen tauschbaren Warenleistungen entspricht. Das gilt auch für das Gebiet kultureller Leistungen, denn auch der Künstler verwertet seine Leistungen, um dafür eine physisch verwertbare ihn erhaltende Gegenleistung zu empfangen. Ich muß mir erlauben, dies deshalb aufzuführen, weil in fast allen Ländern der Welt immer wieder unklare Vorstellungen über den Begriff und die Bedeutung des Geldes auftauchen. Schwarmgeister treten auf, die Geld schaffen wollen, als ob es ein Hokuspokus wäre und nicht ahnen, daß sie damit die Heiligkeit der Arbeit entehren. Denn in dieser Welt kann nichts getauscht und genossen werden, was nicht vorher durch irgendeine Leistung des Menschen dazu bereitgestellt ist. Die Arbeit kann gewiß verschieden sein: Der Eskimo setzt vielleicht täglich Gesundheit und Leben daran, um der Natur seinen Lebensunterhalt abzukämpfen. Der Schwarze in tropischen Ländern muß wenigstens die Bananen, die vielleicht der Sturmwind angesät und die Natur hat wachsen lassen, abpflücken oder aufheben, ehe er sie genießt. Ohne irgendein Quantum menschlicher Leistung gibt es kein Leben und keinen Tausch von Lebensgütern, und somit gibt es ohne irgendein Quantum menschlicher tauschbarer Leistung auch kein Geld. Den Phantastereien, die überall auftauchen, als ob es möglich sei, von Staats wegen Geld zu schöpfen und durch seine Verausgabung die Menschen zu beglücken, muß durch die Klarheit der Vernunft und die Entschlossenheit des Willens ein entschiedenes Ende bereitet werden. Denn sie sind die gefährlichsten Zerstörer jeden wirtschaftlichen Wiederaufbaues, jeder Arbeitsmöglichkeit und jeder Wohlfahrt.

Es ist selbstverständlich, daß ein solches, durch menschliche Leistung gesichertes Geld nur von der Staatsgewalt oder unter dem Schutze der Staatsgewalt hergestellt und im Umlauf geregelt werden kann. Das geschieht dadurch, daß nie mehr Geldscheine ausgegeben werden, als den im Umlauf befindlichen Warenwechseln, die ja die im Gange befindlichen Leistungen darstellen, entsprechen. In der Tatsache, daß der Staat diese Funktion ausübt, liegt eine Gefahr; denn der Staat ist ja auch der Betreuer der gemeinsamen Angelegenheiten des Volkes. Um sie zu betreuen, muß er den einzelnen Staatsbürgern Teile ihrer Arbeitsleistung in

Form von Steuern abverlangen. Diese Steuern müssen so hoch sein, daß die Ausgaben gedeckt werden. Diese Deckung zu erreichen, erweist sich nicht zu allen Zeiten und nicht in allen Ländern als volkstümlich. Wir sehen fast überall, wie die Völker dagegen aufbegehren, wenn die Staatsgewalten die zum Ausgleich der öffentlichen Haushalte erforderlichen Opfer verlangen. Aber dieser Ausgleich ist zum Glücke dieses Volkes notwendig, wenn das Volk nicht in sein eigenes Unglück rennen will. Denn wenn nicht die Bürger bereit sind, einen Teil ihrer gegenwärtigen Arbeitsleistung oder einen Teil ihrer früher erarbeiteten zur Verfügung zu stellen, dann würden sie von der Allgemeinheit verlangen, daß sie Ausgaben machen soll, ohne ihr die entsprechenden Mittel zu verschaffen. Durch Staatsdiktat allein kann nichts geschaffen werden, sondern nur durch die auf staatliche oder ohne staatliche Anforderung vollzogene Leistung. Aber die Völker lernen unbequeme Klarheiten sehr schwer, und so ist die Versuchung zum Schuldenmachen zu allen Zeiten und bei allen Völkern außerordentlich groß gewesen. Schulden kann jeder mit Recht machen: der Einzelne, jeder Betrieb, jedes Volk; die Schulden müssen nur gedeckt und ihre Rückgabe sichergestellt sein. Wird das Schuldenmachen über diese Grenze des von der Wirtschaftskraft des Volkes Tragbaren hinaus fortgesetzt, dann hat es stets dazu verleitet, auf Geldschaffungsideen zu verfallen. In dem Augenblick, in dem der Staat solches Geld „schöpft", und wir haben ja in Deutschland in den Jahren 1920 bis 1923 abschreckende Erfahrungen gesammelt,[15] stellt er den jeweilig zum Tausch angebotenen Leistungen nicht mehr ein durch echte Gegenleistung gedecktes Tauschmittel zur Verfügung, sondern Narretei und Luft. Daraufhin setzen sich Arbeitsleistung und Arbeitsenergien eines Menschen aber nicht in Bewegung.

Für den Binnenmarkt genügt also diejenige Sicherheit, die das Geld des Staates durch einen dauernd echt ausgeglichenen Haushalt empfängt. Es hat Schwergewicht und Garantie in sich. Für den internationalen Verkehr haben sich weitergehende Sicherungen als notwendig erwiesen, da eine gegenseitige Kontrolle der Haushalte weder möglich noch durchführbar ist. Im internationalen Tauschverkehr entstehen in gewissen Zeiträumen für den einen oder den anderen Partner Guthaben, und wer ein solches Guthaben hat, verlangt vom anderen eine echte Gegenleistung entweder in Waren oder in einem Geld, auf dessen Wert er sich verlassen kann. Daher die Golddeckung, für die bisher ein besserer Ersatz noch nicht gefunden werden konnte.[16] Bei jedem Ersatz müßte es sich um einen wahrhaft in der Natur vorhandenen echten Arbeitswert handeln, wie er im Gold, das nur mit schwerer Mühe der Erde abgewonnen wird, enthalten ist. Ist dem so, so hängt die Beseitigung der von Lord Riverdale mit Recht beklagten Restriktionen des weltwirtschaftlichen Verkehrs von der Wiederaufrichtung in sich gefestigter,

---

15 Vgl. zu der deutschen Hyperinflation 1923 S. 438, Anmerkung 26.

16 Vgl. zum britischen Abgehen vom Goldstandard und dessen weitreichenden Folgen James, Weltwirtschaftskrise, S. 370 ff. sowie S. 317, Anmerkung 4.

gegeneinander in einem festen Verhältniswert abgestimmter Währungen ab. Hieran ist gar nichts zu ändern. Es handelt sich um die harte Tatsache, daß kein Mensch und kein Volk Leistungen in den Verkehr hineinwirft, ohne der Gegenleistung gewiß zu sein.

Diese Währungssicherheit und Klarheit ist durch die Auswirkungen des Weltkrieges und die Art seiner Beendigung gründlich erschüttert. Gründlich, sage ich. Denn selbst die Länder, die über genügende, ja überreichliche Goldvorräte verfügen, sind von dauernden wirtschaftlichen und politischen Erschütterungen und Gefahren nicht frei. Gold, an einzelnen Teilen der Welt aufgehäuft und seiner natürlichen Funktion für den Gütertausch entzogen, wird sich als ein Fluch erweisen. Gold, seinem wahren Verwendungszweck wieder zugeführt, wird mit der Wirkung jeder aus der Natur heraus selbst erzeugten Heilkraft das Gift, das in den Wirtschaftsverkehr eingedrungen ist, allmählich ausscheiden und vernichten. Wenn diese ehernen Tatsachen durch ihren Ernst nicht abschrecken, sondern durch ihren Ernst zum Entschluß zwingen, dann ist jener Weltwirtschaftsverkehr möglich, den Lord Riverdale als den multilateralen bezeichnet hat.

Man darf Deutschland aus der Tatsache, daß es selbst Restriktionen für den weltwirtschaftlichen Verkehr angeordnet hat,[17] keinerlei Vorwurf machen. Gewiß ist es im Zeitalter fortschreitender Raumüberwindung und Zeitüberwindung, also auch im Zeitalter fortschreitender Arbeitsteilung, sinnwidrig, in immer größerem Umfang zum Tauschverkehr zurückzukehren. Wir sehen, daß ein solcher Weg, einmal beschritten, in immer engere Gassen führt. Aber was sollte Deutschland anderes tun, dem teils politische Schulden aufgezwungen waren und das sich teils, wie ich anerkenne, zu voller eigener Verantwortung mit wirtschaftlichen Schulden beladen hatte, um jenen politischen Anforderungen zu genügen, dem man aber auf der anderen Seite die Leistung der Schulden in Waren nicht gestattete?[18] Es mußte ja dauernd Gold zusetzen, um schließlich seine Währung selbst für den Weltwirtschaftsverkehr untauglich zu sehen. Es war nicht nur eine Pflicht der Selbsterhaltung, sondern eine Pflicht des Anstandes, die Folgerungen zu ziehen und ein System aufzurichten, in dem Ware gegen Ware getauscht wird, so furchtbar alle die mit diesem System in Zusammenhang stehenden Beeinträchtigungen der Initiative des Einzelnen auch sind. Schrecklich die Arbeit eines unternehmungsmutigen Mannes, der einen großen Teil seiner Kraft verzehrt sieht in der Ausfüllung von Formularen und in dem „hier und da Vorstelligwerden" bei den verschiedenen Stellen und Ämtern. Dieser in Wahrheit unnütze und ständig zu-

---

17 Vgl. zu den deutschen Kompensationsgeschäften S. 356 f., Anmerkung 24, zu binnenwirtschaftlichen Restriktionen S. 388, Anmerkung 3 und S. 395, Anmerkung 11.

18 Vgl. zum Zusammenhang zwischen der politischen und kommerziellen Auslandsverschuldung Deutschlands Helbich, Reparationen, S. 70 ff. sowie Philipp Heyde: Das Ende der Reparationen. Deutschland, Frankreich und der Young-Plan 1930–1932, Paderborn, München, Wien und Zürich 1998, S. 43 ff.

nehmende Energieverbrauch muß sich in starkem Maße rächen. Aber jedes Land, das vor diese Frage gestellt wird, muß diesen Weg gehen, wenn es nicht gelingt, zu einer allseitigen Ausräumung der Hindernisse durch Einsicht und Tatkraft zu kommen. Wichtig ist die große Verlagerung, die durch das System der Verrechnungsabkommen und der Kompensationsverträge in den Beziehungen zwischen Deutschland und den europäischen Ländern auf der einen Seite und Deutschland und den überseeischen Ländern auf der anderen Seite sich entwickeln mußte.[19] Denn Tauschverkehr wird immer in erster Linie dazu neigen, sich auf engerem Raume zu bewegen. Das liegt in der Natur der Sache. Während die Einfuhr aus europäischen Ländern nach Deutschland von 1913 bis 1934 auf etwa die Hälfte sank, sank die Einfuhr aus überseeischen Ländern nach Deutschland auf etwa 35%. Die Ausfuhr von Deutschland nach europäischen Ländern sank auf etwa 45%, die Ausfuhr nach überseeischen Ländern auf etwa 35%. Im Jahre 1935 lassen diese Zahlen eine noch weitere Verstärkung dieser Verlagerung erkennen. Aber auch in den überseeischen Beziehungen Deutschlands haben sich Änderungen vollzogen. Australien ist z.T. durch Südafrika, Nordamerika z.T. durch Südamerika verdrängt, d.h. von Ländern, die deutsche Waren unmittelbar abnehmen.[20] Während der Flächenverkehr der Volkswirtschaft ermöglichte, jeweils die wirtschaftlichste Ware zu kaufen, weil schließlich der Ausgleich im großen und in sicheren Währungen sich vollzieht, muß heute die Ware da abgenommen werden, wo die Gegenware untergebracht werden kann. Daß damit Qualitätsänderungen, Verarbeitserschwernisse und schließlich Verteuerung verbunden sein können, liegt auf der Hand.

Man hat vielfach den Vorwurf erhoben, daß Deutschland Dumping betreibe und so die Wettbewerbsfähigkeit beeinträchtige. Ich glaube, daß alle, die solche Vorwürfe erheben zu können glauben, sich überzeugen müssen, daß Währungsabwertungen anderer Länder genau so einseitige Maßnahmen sind und genau dieselben Wirkungen haben. Das Land, das devalviert, nimmt ebenfalls zu Lasten seines Binnenmarktes die Verteuerung ausländischer Rohstoffe, die Verteuerung des Schuldendienstes in Kauf, um nach außen eine Preisherabsetzung und damit eine größere Wettbewerbsfähigkeit zu erzielen. Genau die gleiche wirtschaftliche Wirkung haben alle anderen, den Außenhandel subventionierenden Maßnahmen. Sie müssen von dem Binnenmarkt zugunsten der Ausfuhr und des Eintausches von Rohstoffen getragen werden.[21]

Es ist also höchste Zeit, daß man dazu kommt, mit gegenseitigen Vorwürfen aufzuhören und einen dicken Strich zu machen. Nur auf der Grundlage sicherer Währungen und deren Unabänderlichkeit kann Weltwirtschaft betrieben werden,

---

19 Vgl. zu den Verrechnungsabkommen und den Kompensationsverträgen S. 403, Anmerkung 19.

20 Vgl. Sozialgeschichtliches Arbeitsbuch, Bd. III, S. 73 f.

21 Vgl. zur britischen Devalvation S. 244, Anmerkung 13.

die Arbeit schafft und den Wohlstand mehrt. Wer das ablehnt und sich der Weltwirtschaft entfremdet, muß sich damit abfinden, daß dementsprechend die Möglichkeiten arbeitsgeteilter Wirkungen verringert werden. Er muß dann auf seinem Gebiete von der arbeitsteiligen Wirtschaft zu einer Form größerer Naturalwirtschaft zurückgehen, d.h. siedeln. Andere Möglichkeiten, dieser Schwierigkeiten Herr zu werden und seine Menschen zu erhalten, hat kein Volk, daß sich von der Weltwirtschaft abkehrt. Wenn Kaffee, Mais und Weizen ins Meer geschütttet werden, weil sie keinen Absatz finden, so ist das nur eine Folge zerstörter Arbeitsteilungsmöglichkeiten. Der brasilianische Kaffeepflanzer wird eben nicht nur Kaffee, sondern auch seinen lebensnotwendigen Bedarf aus seinem Grund und Boden erzeugen und schlechter leben müssen. Diese Tatsache ist durch kein System verursacht, sondern durch die Systemlosigkeit unüberlegter bequemer Hilfsmittel, mit denen man sich behelfen wollte. Das Leben wird nur dem gegeben, der die Erhaltung dieses Lebens der Natur und ihren Gaben abgewinnt. Der wirtschaftliche Verkehr von Völkern ist weiter nichts als ein Austausch dieser der Natur abgerungenen Leistungen. Aus diesen Erkenntnissen erwächst die Unabänderlichkeit der Wirtschaftsgesetze. Sie sind Naturgesetze. Und genau so wenig, wie ich der Sonne gebieten kann, sich in den Mond zu verwandeln, oder den Mond heißen kann, den Pflanzenwuchs zu fördern, genau so wenig kann ich an diesen naturhaften Vorgängen, in die der Mensch selbst als ein natürliches Wesen hinein verflochten ist, irgend etwas ändern. Es ist notwendig, daß der ganze Ernst dieser Gesetze klar erkannt wird, um daraus zu entnehmen, wie ernst es angesehen werden muß, wenn die Völker versuchen, der Härte dieser Naturgesetze zu entrinnen und sich auf Abwegen Erleichterung zu verschaffen. Diese Abwege bleiben Abwege und führen irgendwo in die Irre. Der Hauptweg kann hart, kann steil sein. Aber er führt zum Ziel. Ich vermute, daß es hohe Zeit ist, dies zu begreifen und sich in dieser harten Erkenntnis um einen Tisch zu setzen, um die gebotenen Folgerungen zu ziehen, wobei jeder sich klar sein muß, daß er opfern muß, aber jeder auch aus der Haltung des andern erkennen müßte, daß dieses Opfer sich in verhältnismäßig kurzer Zeit in Segen für alle umwandelt.

Dies alles hätte Ihnen Lord Riverdale ebensogut sagen können wie ich, denn er sagte: „Ein Land allein kann ebensowenig das Heilmittel liefern, wie es sich selbst erfolgreich isolieren kann. Die Lage ist reif für eine mutige Initiative in der Zusammenarbeit von zwei, drei oder vier Regierungen.“[31] Ja, auch nach meiner Überzeugung stehen wir an einem entscheidenden Punkt zum mindesten der europäischen, wenn nicht der Weltgeschichte. Es handelt sich darum, ob wir in Anerkennung der Gesetze der Natur und in Achtung vor der segenspendenden echten Leistung, die nicht durch Bedrucken von Papier ersetzt werden kann, die Gaben Gottes, den Völkern dieser Welt verschiedenartig verliehen, am besten ausnutzen, und damit jedes Volk zu seinen besten Leistungen ermutigen und die Wohlfahrt aller heben wollen; oder ob wir die weitere wirtschaftliche und politische Entwicklung die Wege unklarer, vielfach unreifer Vorstellungen, der Mutlosigkeit, der Verwirrung und der Verirrung gehen lassen wollen. Der Führer des deutschen Volkes hat die Bereitschaft Deutschlands zum Weg in die Welt feierlich verkündet.[32] Alle Völker sind vor diese Entscheidung gestellt; alle sollten sie beantworten und wenigstens einige handeln. Es ist alles ganz klar und einfach, aber alles auch unerbittlich und hart. Bei mutigem und unbeirrbarem Zupacken, insbesondere bei Mut zur Wahrheit und bei Mut zu dem dieser Wahrheit entsprechenden Handeln ist die Wiederherstellung einer vernünftigen, die freie Initiative des Einzelnen ebenso wie die Eigenart jedes Volkes ausnutzenden Weltwirtschaft möglich. Sie verbürgt Wohlfahrt und Glück für alle.

### 4.1.3 Die Notwendigkeit stabiler Währungen

*Artikel in: Wirtschaftliche Rundschau, 3. Jg., H. 11 (November 1936), S. 170-173.*[1]
Notwendigkeit der Sicherung inländischer Währungen und der Wiederherstellung eines internationalen Währungssystems; gegen staatliche Geldschöpfung und Verschuldung; funktionierende Weltwirtschaft auf der Basis von Leistung und Wettbewerb. Negative Bewertung der französischen Währungspolitik; Frankreichs wirtschaftliche Gesundung wird durch inflationierende Maßnahmen der Volksfront-Regierung gefährdet.

Soweit ich in den letzten Jahren zu wirtschaftlichen Fragen in Wort und Schrift Stellung nehmen konnte, habe ich immer wieder darauf hingewiesen, daß die Wiederherstellung wertbeständigen, d.h. also im eigentlichen Sinn des Wortes währenden Geldes, und die Festlegung eines bestimmten Verhältnisses der Hauptwährungen untereinander Voraussetzung für eine echte und gesunde Wiederbelebung der Weltwirtschaft sei. Schon ein Volk braucht für seinen Tauschverkehr auf seinem eigenen Binnenmarkt währendes Geld. Wer heute ein Pfund Butter für 1,50 RM verkauft, muß Gewißheit haben, daß er morgen und übermorgen und weiterhin für dieses Geld, für diese 1,50 RM, wieder ein Pfund Butter oder gleichwertige Leistungen erhält.

Der Austausch aller Leistungen untereinander, da er ja nicht Zug um Zug in Ware erfolgen kann, sondern einer zeitlichen Überbrückung durch das Tauschmittel Geld bedarf, beruht eben darauf, daß der Wert dieses Geldes währt.

Diese Notwendigkeit wird noch zwingender, wenn wir anfangen, unsere Leistungen mit den Leistungen anderer Völker zu tauschen. Hier sind viel größere Entfernungen zu überbrücken. Hier liegen zwischen Bestellung und Leistung ungleich längere Zeiträume als am Binnenmarkt.

---

31 Vgl. den Vortrag Riverdales, Das Britische Weltreich, S. 183.

32 Zuletzt hatte Hitler die deutsche Bereitschaft bekräftigt in dem am 1.4.1936 durch Ribbentrop übergebenen deutschen Friedensplan in London; vgl. Schultheß 1936, S. 75-80.

1 Der Artikel ist erstmalig erschienen in den „Leipziger Neuesten Nachrichten“ vom 2.10. 1936.

Also kommt es für den Weltmarkt darauf an, daß erstens jede Währung jedes Landes in sich in Ordnung ist, zweitens das Verhältnis der Währungen zueinander möglichst unverändert bleibt. Sonst wird der Leistungsaustausch, der in der arbeitsteiligen Wirtschaft des Tauschmittels Geld nicht entbehren kann, unmöglich.

Der Nutzen einer allgemeinen Währungsverständigung.

Von diesem Gesichtspunkt gesehen also muß jede Verständigung der Völker über ein festes Verhältnis ihrer Währungen der Weltwirtschaft nützen, und es ist gar nicht angebracht, eine solche Verständigung leicht zu nehmen, weil wir an ihr nicht beteiligt sind. Wenn ein Einvernehmen über ein festes Verhältnis der Währungen zwischen allen Ländern der Welt erzielt werden könnte, so würde der Nutzen ein ganz außerordentlich großer sein. Alle Währungsrisiken, die bisher mit dem Handel von Land zu Land verbunden waren, würden wegfallen. Der Leistungsaustausch zwischen den verschiedenen Völkern könnte Schritt für Schritt von Hemmnissen befreit und mit frischer, freier Initiative, die immer dem Fortschritt entgegeneilt, erfüllt werden. Alle Rohstoffprobleme würden sich spielend lösen.

Frankreichs Schwierigkeiten.

Eine ganz andere Frage ist es, ob Frankreich mit der Währungsabwertung sein Ziel erreicht.[2] Seit längerer Zeit ist der französische Haushalt nicht voll ausgeglichen. Arbeitslosenlasten auf der einen Seite, rückläufige Steuern auf der anderen, haben immer wieder das Gleichgewicht gestört. Frühere französische Regierungen hatten sich entschlossen, das Gleichgewicht durch Einsparungen herzustellen.[3] Die hierzu erforderliche Nervenkraft bringt bei weitem nicht jedes Volk auf; auch das französische hat diese Kraft nicht bewiesen.

Das Ergebnis des Versagens der Nerven waren die letzten Wahlen und die Bildung einer sogenannten Volksfront-Regierung.[4] Diese griff die Sache zunächst

[2] Die Abwertung des französischen Francs wurde am 29.9.1936 mit einer Mehrheit von 350 zu 221 Stimmen im französischen Parlament angenommen. Der neue Goldwert des Franc sollte danach um ca. ¼ gesenkt werden; die Abwertung stützte sich auf eine Vereinbarung mit den Regierungen Großbritanniens und der USA (vgl. Schultheß 1936, S. 364 ff.).

[3] Vgl. zur deflatorischen Finanzpolitik der nationalen Unionsregierung unter Doumergue S. 359, Anmerkung 26.

[4] Die unter französischer Ägide zusammengefassten Goldblockländer (vgl. dazu S. 317, Anmerkung 4) waren aufgrund ihrer Deflationspolitik nicht von den weltwirtschaftlichen Wiederbelebungstendenzen 1933/34 erfasst worden. Hauptsächlich aus diesem Grund brach der Goldblock auseinander, und konnte sich die nationale Unionsregierung in Frankreich nicht halten. Die Volksfront, ein Wahlbündnis zwischen Kommunisten, Sozialisten, Radikalen und unabhängigen Linken, stellte nach den Parlamentswahlen vom Mai/Juni 1936 die sogenannte Volksfront-Regierung unter Léon Blum. Im September 1936 führte die Volksfront-Regierung die Francabwertung durch, die jedoch nicht den erhofften Impuls zur ökonomischen Wiederbelebung brachte. In der Forschung wird dies u.a. auf die zeitlich

vom verkehrten Ende aus an. Denn indem sie die Arbeitszeit verringerte und die Löhne erhöhte, schuf sie in der gesamten Volkswirtschaft geringere und teurere Leistungen. Die Preise stiegen, die Tauschkraft wurde entsprechend verringert und die Wettbewerbsfähigkeit auf dem Weltmarkt weiter beeinträchtigt. Um nun dieser letzteren Tatsache zu begegnen, wurde der Franc abgewertet. Wäre nichts weiter geschehen, so würden nunmehr, wenn der innere Preisstand im wesentlichen gehalten werden kann, die französischen Waren für das englische Pfund, für den amerikanischen Dollar usw. billiger werden.

Auch Abwertung kostet Opfer.

Aber Frankreich hat sich hierauf nicht beschränkt, sondern Frankreich hat gleichzeitig mit dem Gedanken gespielt, den Franzosen etwaige aus der Frankenabwertung sich ergebende Preiserhöhungen nicht fühlbar zu machen.[5]

Wenn sich nun ein Staat die Sache so leicht macht, daß er der Preissteigerung entsprechend höhere Gehälter und Löhne anordnet, dann wird die Produktion weiter verteuert und, soweit Gehälter und Löhne an Beamte, Angestellte und Arbeiter des Staates gezahlt werden, wachsen also die Ausgaben des Staates. Der Staat muß, um seinen Haushalt zu decken, höhere Steuern erheben, die wieder die Volkswirtschaft beengen und die Preise in die Höhe drücken. Kurz und gut, ein Staat, der so bequem handelt, daß er überhaupt keinem Bürger mehr Opfer zumutet, der hebt die von ihm gewünschten Wirkungen einer Währungsabwertung wieder auf.

Die innere Voraussetzung für eine gesunde Währung.

Es kommt ja nicht nur darauf an, ein bestimmtes Verhältnis der verschiedenen Währungen zueinander sicherzustellen, sondern es kommt, wie oben gesagt, darauf an, daß jede Währung in sich gesund bleibt. Wenn zu einer bewußten Währungsabwertung sich eine Inflation gesellt, dann nützt es nichts, eine Währungsverständigung erzielt zu haben, sondern dann wird das Gesetz des Verhältnisses von Franc zum Pfund und zum Dollar durch die Inflationswirkungen bestimmt und nicht mehr durch ein Abkommen. Es kommt also alles darauf an, die Währungsabwertung zu begleiten mit dem Ausgleich des öffentlichen Haushalts. Weshalb ist das so?

---

verschobene Erfassung Frankreichs von der Wirtschaftskrise, das lange Festhalten an einer deflationären Politik und der hinzukommenden enormen Kapitalflucht aus Frankreich seit 1935 zurückgeführt. Vgl. Höhne, Innere Desintegration sowie Gilbert Ziebura: Determinanten der Außenpolitik Frankreichs 1932–1939. Zum Verhältnis von innerer, äußerer, internationaler Politik und Wirtschaft, in: Rohe, Westmächte, S. 133-156.

5 In Kombination mit der Verabschiedung des Abwertungsgesetzes am 1./2.10.1936 wurde das bereits bestehende Gesetz gegen ungerechtfertigte Preissteigerungen auf alle Güter ausgedehnt und die Regierung dazu ermächtigt, die reglementierten Preise der Landwirtschaft zu revidieren; vgl. Schultheß 1936, S. 69 f.

Nun, das Geldwesen eines Landes kann selbstverständlich nur vom Staat oder einer von ihm damit beauftragten Bank geregelt werden. Wenn das Geld ein für das ganze Land und für lange Zeiträume währendes sein soll, so kann nur die Zentralgewalt Schöpfung und Hütung des Geldes übernehmen; sie können nicht Herrn X oder Herrn Y überlassen bleiben. Nun wird Geld nicht beliebig geschöpft, sondern, wenn das Geld während sein soll, dann muß es ein in seinem Wert stets gleichbleibendes Tauschmittel sein, ein Tauschmittel zur Erleichterung der ohne Geld notwendigen vielfachen körperlichen Tauschvorgänge. Ohne Geld müßte der Schuster das Leder, die Leisten, die Sohlen, die Nägel, den Hammer, den Pfriemen usw. sich mit dem Ergebnis seiner Arbeit, d.h. mit Schuhen eintauschen. Er müßte sich auch Brot und Fleisch vom Bäcker und vom Fleischer mit Schuhen eintauschen. Mit Geld kann er seine Schuhe zunächst an X verkaufen und mit dem erhaltenen Geld sich Rohmaterial, Werkzeuge, Brot und Fleisch da kaufen, wo es ihm beliebt, d.h. auch an Stellen, die vielleicht gar keinen Bedarf an Schuhen haben, mit denen er also unmittelbar gar nicht tauschen könnte. Das Geld ermöglicht ein dauerndes Rollen von Tauschvorgängen in der gesamten Wirtschaft nach dem Grundsatz, daß jeder sich die Leistung da holen kann, wo sie ihm am bequemsten, besten und passendsten angeboten wird. In einer arbeitsgeteilten Wirtschaft, in der z.B. an der Herstellung eines Taschenmessers 6 – 12 Menschen tätig sind, ist es unentbehrlich. Aber immer bleibt Geld Ersatz für eine Ware, die sonst an Stelle des Geldes gegeben werden müßte. Also kann es nur dann währenden Wert behalten, wenn der Staat dafür sorgt, daß nie mehr Geld im Umlauf ist als den gerade zum Tausch gelangenden tauschbaren Gütern entspricht.

### Grundregeln der Finanzwirtschaft.

Nun ist der Staat aber gleichzeitig der Betreuer der gemeinsamen Aufgaben eines Volkes. Um sie betreuen zu können, braucht auch er Geld. Dieses Geld verschafft er sich dadurch, daß er seinen Bürgern einen Teil ihrer Arbeitsergebnisse in Form von Steuern wegnimmt. Dieses Steuererheben ist kein sehr volkstümliches Geschäft. Die meisten bezahlen ungern hohe Steuern; alle bezahlen lieber niedrige Steuern. Infolgedessen sind immer wieder Völker und Staaten der Versuchung ausgesetzt, Ausgaben nicht durch Steuern zu decken, sondern entweder sich das fehlende Geld zu borgen oder es künstlich zu schöpfen.[6] Selbstverständlich kann der Staat, wie jeder, sich Geld leihen. Aber dieses Geld (tauschbare Güter), das er sich leiht, muß vorhanden sein. Die tauschbaren Güter, für die das Geld nur ein Ersatz ist, müssen erzeugt worden sein. Etwas, was noch nicht erzeugt, d.h. durch Leistung hergestellt ist, steht zum Verleihen und zum Verbrauch nicht zur Ver-

6 Vgl. zur nationalsozialistischen Schulden- und Kreditschöpfungspolitik S. 395, Anmerkungen 11 f.; zum New Deal unter Roosevelt S. 345, Anmerkung 5.

fügung. Es kann nicht dadurch geschaffen werden, daß man ein Stück Papier nimmt und darauf irgend einen Geldwert druckt.

Auch das Geld, das der Staat sich leihen will, kann niemals durch künstliche Schöpfung hervorgezaubert werden. Auch dies Geld muß echt sein, d.h. den Gegenwert darstellen für tatsächlich erarbeitete und tauschbare Leistungen. Mithin kann der Staat immer nur so viel Schulden machen, wie ihm seine Bürger aus nicht verbrauchten Arbeitsergebnissen leihweise zur Verfügung stellen können. Nicht mehr! Wird diese Grenze überschritten, so wird die Zukunft nicht nur mit der Aufbringung der erforderlichen Zinsen und Tilgungsraten belastet, sondern auch mit der Aufbringung des Geldes selbst. Eine solche Belastung der Zukunft muß auf das sorgfältigste abgewogen werden. Denn die Zukunft ist ungewiß. Jede Generation hat ihre eigenen Lasten, und das Natürliche und Gesunde ist, daß die Eltern den Kindern einen Spargroschen hinterlassen, nicht aber Schulden.

Währungskunststücke befreien nicht von wirtschaftlichen Naturgesetzen.

Deshalb kann die Abwertung des französischen Franken nur dann den erstrebten Erfolg haben, wenn Frankreich gleichzeitig seinen Haushalt und seine Schuldenwirtschaft in Ordnung bringt, so wie ich es oben dargelegt habe. Tut es das nicht, verschafft es sich die Mittel zur Betreuung seiner öffentlichen Aufgaben durch vermeintliche Zauberkunststücke, die aber nichts weiter wären als Hokuspokus, so zerstört es selbst wieder die Grundlagen der neu geschaffenen Währung. Und dann treten jene erhofften Wirkungen der Abwertung auf dem Gebiete des Außenhandels nicht ein, ja dann verstärken sich sogar die ungünstigen Wirkungen.

Wir sehen, Naturgesetze lassen sich nicht verspotten. Kein Volk kann mehr verbrauchen als ihm aus den gegenwärtigen Arbeitsergebnissen oder aus den früheren, aber nicht voll verbrauchten Arbeitsergebnissen seiner Bürger zur Verfügung steht. In dieses eherne Gesetz muß es sich schicken und kein Währungs- oder sonstiges Kunststück befreit ein Volk von diesen Gesetzen. Es wäre ja sonst auch sehr leicht, der Schwierigkeiten Herr zu werden, die uns die Natur entgegengesetzt, und die Völker und ihre Leiter wären ja dumm, wenn sie nicht längst von diesen bequemen Zaubermöglichkeiten Gebrauch gemacht hätten. Nein, alles Wirtschaften bedeutet nichts weiter, als daß die menschliche Arbeitskraft aus den Kräften und Stoffen der Natur sich die Erhaltung, Verbesserung und Verschönerung des Lebens erarbeitet und erkämpft. Keine papierene Maßnahme irgend welcher Art kann den einzelnen oder ein Volk dieser Arbeit und dieses Kampfes entheben.

### 4.1.4 Kampf und Ordnung in der Weltwirtschaft

*maschinenschriftliches Manuskript vom 12.12.1936; BAK, N 1113, Bd. 12.*[1]

Kampfcharakter der Wirtschaft: Einzelpersönlichkeit als Träger der Leistung; Wettbewerb als Grundlage der Leistungsförderung; Kampfcharakter der Wirtschaft manifestiert sich im Preiskampf. Staatliche Ordnungsfunktion: Aufgabe ist nicht Beseitigung des Kampfcharakters der Wirtschaft, sondern dessen Läuterung zu wettbewerblichem Ringen; Währungssicherung sowie Rechtsordnung und -wahrung, insbesondere des Schuldrechts, als staatliche Aufgabenbereiche. Weltwirtschaft: Noch größere Bedeutung von Schuldrecht und Währungssicherung zur Sicherung internationaler Beziehungen; internationale Kreditwürdigkeit erfodert Garantie der Schuldenrückzahlung; Möglichkeit eines internationalen Zusammenschlusses zur Währungssicherung; politisch auferlegte Schulden als Ausnahmefall.

Wirtschaft ist nichts weiter als die Tätigkeit des Menschen, mit der er sein Leben erhält und verbessert. Hierzu stehen ihm seine Kräfte und die Kräfte der Natur zur Verfügung. Ohne daß er seine Kräfte mit den Kräften der Natur verbindet, ist die Erhaltung des Lebens nicht möglich. Das gilt für jeden Menschen, wo er auch leben mag. Der Schwarze, der von der Banane lebt, muß sich wenigstens nach ihr bücken und sie verzehren. Der Eskimo im nördlichen Eismeer muß häufig unter äußerster Anstrengung täglich sein Leben einsetzen, um der Natur sein Dasein abzugewinnen. Auch die größten Erfindungen der Chemie sind in Wahrheit Entdeckung und Nutzbarmachung von Naturkräften. Aus der Natur, aus den in ihr vorhandenen Stoffen, aus den in ihr wirkenden Kräften werden Stickstoff und künstlicher Kautschuk gewonnen. Dies alles aber ist nur möglich, wenn die Kräfte des Menschen imstande sind, die Kräfte und Gesetze der Natur zu erkennen und sie zu meistern.

Somit ist alles Wirtschaften Leistung. Träger der Leistung ist der Mensch. Der einzelne Mensch, sein Gehirn, sein Körper hat sich im Laufe gewaltiger Zeiträume zur heutigen Leistungshöhe entwickelt und wird sich weiter bilden. Lebewesen derselben Art und Rasse, die einander vollkommen gleich sind, gibt es kaum. Es ist schon schwierig, zwei vollkommen gleiche Pferde zusammenzustellen. Menschen, deren Leistung in immer stärkerem Maße eine geistige geworden ist, weichen wegen der Verinnerlichung ihrer Entwicklung noch stärker voneinander ab. Geheimnisvolle, vielleicht einst enträtselbare Naturvorgänge, Vererbung und andere Ursachen lassen die Menschen sich verschieden entwickeln. Träger der Leistung und des Fortschrittes der Leistungsfähigkeit ist daher die Einzelpersönlichkeit.

Hieraus ergeben sich schon logisch Unsinn, Verderblichkeit und Vergänglichkeit des Bolschewismus. Das Volk, das ihm verfallen ist, ist krank, die Menschen,

[1] Das Manuskript ist, von geringfügigen Abweichungen abgesehen, identisch mit einer später veröffentlichten Version unter dem Titel „Müssen Schulden zurückgezahlt werden?“, in: Deutsche Rundschau 63 (1937), S. 1-10.

die ihm ergeben sind, sind krank, irr oder Verbrecher. Denn der Bolschewismus hat es unternommen, alles für gleich zu erklären, alle Menschen gleich zu behandeln und so jeden Motor zur Weiterentwicklung der einzelnen Persönlichkeit auszuschalten. Würde die Krankheit des Bolschewismus von einem Volk dauernd Besitz ergreifen, so müßte die Leistungsfähigkeit der einzelnen Angehörigen dieses Volkes zunächst stehen bleiben, dann, ebenfalls Naturgesetzen folgend, sich rückentwickeln, schließlich verkümmern. Ein tierischer Zustand wäre das Endergebnis!

Einzelpersönlichkeiten können sich zu gemeinsamem Wirken zusammenschließen. Das tun selbst einzelne Tierrassen in der Freiheit. Setzen sie alle ihre Kräfte an ein gemeinsames Ziel, so kann die Gesamtleistung größer sein, als wenn jeder allein bliebe. Aber drei naturhafte Voraussetzungen hat dies Ergebnis: Einmal muß jeder an der Stelle verwendet werden, wo er die ihm angeborenen Kräfte am besten ausnutzen kann, zweitens müssen die verschiedenen Arbeitsfunktionen durch klare Ordnung sinnvoll zusammengefügt und drittens müssen die Innehaltung der Ordnung und die Zielsetzung durch klare Führung gewährleistet werden. Wir gewinnen also eine vollkommen organische Klarheit. Höhere Leistung und damit bessere Lebenshaltung können immer nur getragen werden von der Einzelpersönlichkeit. Sie zu erziehen, ist die vornehmste Aufgabe jedes Volkes. Ihre Erziehung ist abhängig von der Stählung der Leistungskräfte. Die beste Stählung jeder Kraft erfolgt im Ringen. Also kann kein Volk, das seine Leistungen zu Gunsten des wirtschaftlichen Erfolges verbessern will, darauf verzichten, daß einzelne Menschen im Lebenskampf mit den Kräften der Natur und untereinander um die Steigerung der Leistung ringt. Der höchste Grad des Ringens wiederum wird erzielt, wenn sein Erfolg ausschlaggebend ist für das Schicksal des ringenden Menschen selbst. Dann ist sichergestellt, daß er die höchste ihm von Gott anvertraute Kraft zur Entfaltung bringt. Niemals also darf ein Volk so weit gehen, seine Wirtschaft, d.h. die Erhaltung und Verbesserung seines Lebens, nur Zusammenschlüssen von Menschen anzuvertrauen. Je umfassender dies geschehen würde, umso geringer würde die Zahl der selbst um ihr Schicksal ringenden, sich in der Leistung steigernden Einzelpersönlichkeiten. Schließlich stünden auch für die Führung kollektiver Zusammenschlüsse nicht mehr genügend geeignete Menschen zur Verfügung. In der Wirtschaft eines Volkes muß also stets eine weise Mischung kollektiv geordneter und auf Einzelverantwortung abgestellter Wirtschaftsträger vorhanden sein.

Die Grenze wird im allgemeinen durch die Größe der Aufgabe bestimmt werden. Die größte Aufgabe, nämlich die geschlossene Zusammenhaltung eines Volkes zur einheitlichen Sicherung seines Daseins im großen Lebenskampfe wird immer geschlossen gelöst, und es ist ja schon ein geordneter Zusammenschluß, wenn in der Gesamtwirtschaft eines Volkes der eine diese, der andere jene Funktion ausübt, so daß alle zur vollen Erhaltung und Verbesserung ihres Lebensstandes auf Tausch ihrer Arbeitserzeugnisse angewiesen sind.

Aber die Menschen werfen nicht nur ihre in der Gegenwart sich regenden Leistungskräfte zu gemeinschaftlichem Wirken zusammen, sondern sie verfügen noch im Gegensatz zu anderen Lebewesen über andere Mittel. Der Mensch verbraucht nicht alles, was er erarbeitet. Er hat den Drang, einen Teil des Arbeitsergebnisses zur Sicherung und Besserung seiner und seiner Nachkommen Zukunft zurückzulegen. Auch diese aufgespeicherten und nicht verbrauchten Arbeitsergebnisse (Kapitalien) können zur gemeinsamen Kraftleistung zusammengeworfen werden. Dieses Zusammenwerfen kann in der verschiedensten Weise geschehen. Die einzelnen, zur Zusammenarbeit Entschlossenen können ihr Kapital zu einer Gemeinschaft (Gesellschaft) zusammenfügen und einer einheitlichen Leitung anvertrauen. Es kann aber auch der einzelne seine Ersparnisse einem anderen einzelnen hingeben, damit dieser damit verantwortlich wirtschaftet. Welchen Weg er auch immer geht, er wird ihn nur unter einer Voraussetzung beschreiten, nämlich unter der, daß das Ergebnis seiner Arbeit nicht verloren ist. Gewiß kann der einzelne das Ergebnis seiner Arbeit auch verschenken und sich damit ihres Besitzes und ihrer Ausnutzung entäußern. Aber nur, um anderen zu schenken, sparen sehr wenig Menschen Arbeitsergebnisse. Das liegt in der Natur jedes Lebewesens begründet. Ein allgemeiner Befehl, jeder müsse das, was er erspart, einem anderen, vielleicht auch der Volksgemeinschaft schenken, würde einen Rückgang der Leistungen zur unausbleiblichen Folge haben. Nur vorübergehend und für höchste Ziele kann nämlich der Wille des Menschen, zu leben und das Leben zu verbessern, ausgeschaltet werden. Für Erhaltung und Fortschritt der menschlichen Art überhaupt ist dieser Lebenswille der entscheidende Motor.

Die Verwendung von Kapital zu gesteigerter Leistung durch Dritte, die dieses Kapital nicht selbst erarbeitet haben, ist also nur dann zu erreichen, wenn durch staatliche Rechtsordnung der Erarbeiter und Geber dieses Kapitals gesichert wird. Der Staat muß ihm in einer Ordnung und in ihrer sicheren und gerechten Vollstreckung Schutz gegen eine mißbräuchliche Verwendung seines Kapitals und für eine Einhaltung der Bedingungen geben, unter denen der Kapitalerarbeiter und -besitzer es einem anderen zur Verfügung gestellt hat. Die Formen, in denen Kapital heute zur Arbeit anderen anvertraut wird, sind so mannigfach, daß wir allmählich zu einer Art begleitenden Prüfung der richtigen Verwendung fremden Kapitals gekommen sind. Die staatlich geordnete Wirtschaftsprüfung ist letzten Endes darauf gerichtet, das Kapital derjenigen zu sichern, die den Mut hatten, es einer von ihnen selbst schwer überwachbaren Verwendung zuzuleiten. Diese neuere Form der Sicherung konnte sich auch nur entwickeln, nachdem wir uns in Deutschland durch die gewaltigen Kapitalverluste im Kriege und in der Nachkriegszeit wieder ein richtiges Bild von dem Wert des Kapitals gemacht haben. Die öden Schlagworte vom Kapitalismus sind in ihrer Hohlheit von jedem Einsichtigen erkannt, und jeder, der einmal begriffen hat, daß Kapital nichts anderes ist als das nicht verbrauchte Ergebnis einmal geleisteter Arbeit, wird ja auch die natürliche Achtung vor diesem Ergebnis wieder gewonnen haben. Je größer die

Aufgaben, je größer im allgemeinen auch der Bedarf an Kapital. Deswegen hat die Volksgemeinschaft selbst das lebhafteste Interesse daran, durch eine zuverlässige Ordnung und deren Überwachung dem einzelnen die größtmögliche Sicherheit für richtige Verwendung des Kapitals zu geben, das er anderen anvertraut. Eine Volksgemeinschaft, die es nicht mehr heilig nähme mit der Rückzahlung von Schulden, würde nach dem, was ich hier dargelegt habe, mit Naturnotwendigkeit den Leistungswillen ihrer Angehörigen von Stufe zu Stufe senken und müßte als Ergebnis eine immer schlechter werdende Lebenshaltung in Kauf nehmen.

In grauer Vorzeit gerieten die Menschen, die der Natur mit ihrer Kraft ihr Leben abgewannen, häufig in den primitivsten Formen miteinander in Streit. Wenn wir aus der Entwicklung des eigenen Volkes in den letzten zwei Jahrtausenden seine Entwicklung vor uns geistig aufbauen, und wenn wir das so gewonnene Bild mit dem abgeschlossenen Leben anderer Völker vergleichen, so müssen wir wohl davon ausgehen, daß der Mensch sich erst allmählich zu kleinen und immer größer werdenden Gemeinschaften zusammengeschlossen hat. Geistige und sittliche Kräfte, wirtschaftliche und technische Möglichkeiten haben diese Entwicklung beeinflußt. Auch heute noch führt in unerschlossenen Gebieten der Einzelmensch einen Kampf um sein Leben und dessen Verbesserung mit den Kräften der Natur, häufig ganz auf sich selbst gestellt. Aber auch in den Räumen der Erde, in denen sich eine geschlossene Volksgemeinschaft mit dem Boden verwurzelt und die primitivsten Gegenwirkungen der Natur beseitigt hat, ist der Kampfcharakter des Lebens nicht erloschen. Er kann nicht erlöschen, denn Leben ist ja eben die Auseinandersetzung der Kräfte des Menschen mit anderen Kräften, sei es in friedlicher organischer Verbindung, sei es in vernichtendem Kampfe. Soll das Ringen des Menschen um Leben und Lebensverbesserung nicht begleitet sein von einem dauernden Vernichtungskampfe untereinander um die besten Lebensmöglichkeiten, so bedarf dieser Lebenskampf einer Ordnung.

Diese Ordnung soll aus dem rücksichtslosen Vernichtungskampf ein lauteres Ringen machen. Das Streben der Menschen um solche Ordnung geht ja bis in den Vernichtungskampf des Krieges hinein. Sehen wir doch die Menschheit immer bemüht, selbst im Kriege noch diejenige Ordnung aufrecht zu erhalten, die den Geboten wahrer Menschlichkeit entspricht. Eine Vernichtung, die entbehrlich ist, soll nicht durchgeführt werden. Dieses Streben im Menschen ist wahrhaft von Gott, denn es hält ihm immer die große Gefahr vor Augen, die in einer Entfesselung aller menschlichen Kraftentwicklungsmöglichkeiten liegt, nämlich die Gefahr der Entseelung und Vertierung. Aber auch der friedliche Kampf des Menschen um die besten Lebensmöglichkeiten muß geläutert werden, wenn Menschen zusammenleben wollen. Sie werden sich sonst selbst in kleinen Gemeinschaften unerträglich.

In dieser Regelung eines lauteren Wettkampfes spielt wieder die Behandlung anvertrauter fremder Kapitalien eine ganz besondere Rolle. Rein äußerlich wirkt sich ja der Kampfcharakter alles Wirtschaftens im Preiskampf aus. Nicht nur, daß der Schöpfer einer Leistung dafür möglichst hohe Gegenleistung erstrebt, während der andere Teil eine möglichst geringe Gegenleistung hingeben will, sondern im Kampf um den Absatz der eigenen Leistung werden die Preise unterboten. Alle Versuche, diesen letzten entscheidenden und naturhaftesten Teil des Wirtschaftskampfes zu beseitigen, müssen scheitern, es sei denn, daß man sich dazu entschließt, den Kampfcharakter des Lebens überhaupt durch rein kollektive Ordnungen zu beseitigen. Ich habe eben dargelegt, daß man im gleichen Augenblick den Entschluß faßt, den Leistungswillen zu töten und damit die Lebenshaltung zu verschlechtern. Aber es ist notwendig und möglich, für den Preiskampf auch wieder lautere Ordnungen aufzustellen. Der Preiskampf ist unlauter, wenn der Preisfordernde seine Leistung billig anbietet, indem er diejenigen, die ihm die Leistung erst ermöglicht haben, schädigt. Die Leistung wird ihm ermöglicht durch die staatliche Ordnung. Dafür muß er der Volksgemeinschaft – Staat und Gemeinde – Steuern zahlen. Sie wird ihm ermöglicht durch seine Mitarbeiter; sie muß er an dem Ergebnis durch Vergütung teilnehmen lassen. Sie wird ihm aber auch ermöglicht durch die Leistungen des Kapitals, das ihm Dritte anvertraut haben und das er in Betriebsanlagen, Maschinen usw. tätig sein läßt. Wenn er nicht so wirtschaftet, daß ihm das Ergebnis seiner Wirtschaft alle diese Leistungen an Dritte ermöglicht, dann wirtschaftet er gemeinschaftswidrig, d.h. zum Schaden anderer. Er selbst mag dabei noch leben können, aber er schädigt und beeinträchtigt das Leben anderer.

Ich habe deswegen in meiner zweiten Tätigkeit als Reichskommissar für Preisüberwachung diese Ordnung eines lauteren Preiskampfes weiter ausgebaut, und ich hoffe, damit der künftigen volkswirtschaftlichen Entwicklung eine gesunde Grundlage vorbereitet zu haben, auf der in den Grenzen angemessener und anständiger Rücksicht auf andere Berechtigte doch noch ein Wirtschaftskampf aufrecht erhalten werden kann.[2] Die große Frage war damals die, ob eine solche Ordnung des Preiskampfes auch die Rückzahlung privater Schulden sicherstellen sollte. Daß die Volksgemeinschaft das lebhafteste Interesse hat, daß Schulden von demjenigen, der sie gemacht, pfleglich behandelt und zu den vereinbarten Zeiten zurückgezahlt werden, habe ich oben dargelegt. Das Schuldrecht ist stets einer der wichtigsten Teile des Wirtschaftsrechtes eines Kulturvolkes gewesen, das auf Leistungsfortschritt hielt. Eine andere Frage aber ist es, ob der Staat so weit gehen soll, einen Betrieb zu schließen, der ohne offen zutage getretene Überschuldung nicht imstande ist, aus den erzielten Preisen seine privaten Schuldverpflichtungen zu erfüllen. Ich habe diese Frage verneint, und ich bin überzeugt, daß sie stets verneint werden muß. Denn irgendwo muß auch eine Verantwortung des Kapital-

2 Unter Goerdelers Verantwortung als Reichspreiskommissar wurde am 29.3.1935 eine „Ergänzung der Verordnung über Preisbindungen und gegen Verteuerung der Bedarfsdekkung“ erlassen, in der Absprachen bei der Bewerbung um öffentliche Aufträge unter Strafe gestellt wurden (vgl. RGBl. 1935/I, S. 488 f.).

gebers begründet sein. Auch hier wieder muß sich die Volksgemeinschaft vor einer Überspitzung kollektiven Handelns hüten. Auch hier muß sie sich bewußt sein, daß es ihre Aufgabe ist, immer wieder die Lebensenergien der einzelnen Volksgenossen zu stärken. Wer sein Erspartes einem anderen anvertraut, soll sich auch selbst über die Zuverlässigkeit dieses anderen unterrichten. Er soll selbst nach Möglichkeit darüber wachen, daß das hingegebene Geld richtig verwendet wird. Und schließlich muß es ihm selbst überlassen bleiben, zu entscheiden, ob er den Schuldner, der säumig wird, zur Einstellung seines Betriebes zwingen will oder nicht. Gerade der letzte Gedanke muß den letzten Ausschlag geben. Wie soll die Gemeinschaft hier die Verantwortung für richtiges Handeln übernehmen! Nein, derjenige, den es angeht, der muß sich selbst ein Urteil darüber bilden, ob er voraussichtlich besser fährt, wenn er dem säumigen Schuldner weiter Freiheit des Handelns läßt oder wenn er ihn an der Fortsetzung seiner Wirtschaft verhindert. Er kann in beiden Fällen sein Kapital ganz oder teilweise verlieren, er kann es mit beiden Entschließungen ganz oder teilweise retten. Diese letzte Entschlußfreiheit, über das eigene Schicksal zu entscheiden, kann und darf ihm niemand, insbesondere die Allgemeinheit nicht abnehmen. Deren Interesse setzt erst ein, wenn die Gläubiger oder wenn der Schuldner selbst das Vertrauen verlieren und daher den Schutz der Allgemeinheit in der durch das Konkursrecht gegebenen Richtung anrufen.

Ich muß stets davor warnen, wie ich es ja auch hier schon ausgeführt habe, daß die Allgemeinheit irgendeinen Schritt tut, der dem Kampfcharakter des Lebens, damit der Entwicklung der Persönlichkeit und damit der Steigerung der Leistungsfähigkeit entgegenwirkt und der bei genauer Überlegung letzten Endes nicht zu einer Besserung führen kann. Es ist keine Frage der Weltanschauung, ob und wie weit die Staatsgewalt sich mit Wirtschaft zu befassen hat, sondern die richtige Antwort ist eine logische Folge logischer Erkenntnisse der Naturgesetze. Diese Erkenntnis führt auf der anderen Seite zu der umso schärferen Feststellung, daß bestimmte Ordnungselemente vom Staat unter allen Umständen sichergestellt werden müssen. Da zu diesen Ordnungselementen ein sicheres Schuldrecht gehört, wie oben dargelegt, so gehört zu den wichtigsten Aufgaben der staatlichen Gemeinschaft die Sicherung der Währung. Weshalb? Die Leistungsmöglichkeiten der Menschen haben sich durch Arbeitsteilung gewaltig gesteigert. Früher mußte der Mensch sich alles, was er für das Leben bedurfte, selbst erarbeiten. Mit dem Fortschritt des Verkehrs und der Technik sind die Funktionen, die zur Erhaltung und Verbesserung des Lebens wirken, immer mehr unter die Menschen aufgeteilt. Dadurch ist es möglich geworden, jedem einzelnen die Funktion zuzuweisen oder von ihm wählen zu lassen, die seiner Veranlagung, seiner Neigung und seinem voraussichtlichen Können am besten entsprach. Die Steigerung der Leistungsfähigkeit war eine naturgemäße Folge. Die Arbeitsteilung aber ist nur denkbar, wenn die Menschen das Ergebnis ihrer Einzelleistungen miteinander solange und in dem Umfange tauschen können, daß jeder schließlich die Erfüllung aller Lebensbedürfnisse in der Hand hat. Dieser Tausch hat sich einst körperlich vollzogen: Ware gegen Ware. Je weiter die Arbeitsteilung fortgeschritten ist, umsomehr beruht sie darauf, daß ein Mittler des Tausches, das Geld, eingeschaltet wurde. Die meisten wirtschaftlichen Leistungen können ja ohne den Mittler Geld gar nicht mehr vollzogen werden. Wie soll der Mann, der Tag für Tag eine wenn auch noch so hochwertige Einzelleistung vollbringt, die aber nur ein Teilchen einer erst in der der Gesamtheit verwertbaren Maschine darstellt, diese Einzelleistung gegen Ware umtauschen können. Das ist nicht möglich. Ist er aber für die Sicherung seines Lebens auf den Tauschmittler Geld angewiesen, so muß er sicher sein, daß dieser Tauschmittler Geld für die Zeit, in der er dieses Geld in der Hand hat, seinen Tauschwert behält. Unserer Generation ist das alles sehr klar geworden in jener furchtbaren Zeit der Inflation[3], in der der Wert des Geldes sich von Stunde zu Stunde verringerte, in der der Arbeiter nach Lohnempfang in die Verkaufsstätten raste, um die notwendigen Gegenleistungen zur Erhaltung seines Lebens einzutauschen. Sichert der Staat seiner Volkswirtschaft nicht währendes Geld, so verringert er demjenigen, der Kapital erarbeitet hat, die Möglichkeit, es einem anderen zu geben. Denn er kann es ihm nun nicht mehr hingeben gegen das Versprechen, dieselbe Geldmenge in Zukunft zurückzuzahlen – der Geber würde ja dabei verlieren, und zwar einen unvorstellbaren Teil seines Kapitals –, sondern er müßte sich schon Rückzahlung in gleichem Tauschwerte ausmachen. Zu welchen Unübersehbarkeiten eine solche Kapital- und Schuldenwirtschaft führt, brauche ich hier nicht näher darzulegen. Sie führt schließlich von sich aus zur praktischen Außerkurssetzung der staatlichen Geldwährung überhaupt. Hier auf dem Währungsgebiet liegt – ich muß es immer wieder betonen – die entscheidende Aufgabe des Staates, der es mit seinen Pflichten gegenüber der Volksgemeinschaft ernst nimmt. Demgegenüber verblassen alle noch so fleißig erdachten Mittel zur Aufrechterhaltung oder Belebung einer Volkswirtschaft. Sie schrumpfen alle – so großzügig sie auch erdacht oder aufgenommen sein mögen – in ein vollkommenes Nichts zusammen. Der Staat, der seiner Volksgemeinschaft währendes Geld erhält, tut mehr als alle Staaten zusammen, die unter Vernachlässigung dieser Aufgabe sich so oder so wirtschaftlich, und wenn auch in noch so großem Maßstabe, betätigen. Aber ich habe an anderer Stelle ausgeführt, daß die Sicherung der Währung einer Volkswirtschaft häufig ein sehr unbequemes Geschäft ist, Nerven verlangt und niemals zu vereinbaren ist mit einem Buhlen um die Gunst der Menge.[4]

Ist ein auf eine sichere Währung gegründetes klares Schuldrecht eine unerläßliche Voraussetzung für die Zusammenfassung wertvollster lebendiger Wirtschaftskräfte zur Steigerung von Leistung, Fortschritt und Lebenshaltung innerhalb eines Volkes, so ist es ebenso unerläßlich in der weltwirtschaftlichen

---

[3] Vgl. zur Inflation 1923 S. 438, Anmerkung 26.

[4] Vgl. z.B. Goerdelers Artikel „Die Notwendigkeit stabiler Währungen" vom November 1936; Dok. 4.1.3, oben S. 510 ff.

Zusammenarbeit der Völker. In ihr tauschen Angehörige verschiedener Völker miteinander. Jedes Volk hat seine besondere Rechtsordnung. Mögen diese Rechtsordnungen auch in den wichtigsten, für den wirtschaftlichen Verkehr der Völker untereinander wesentlichen Teilen stärker aufeinander abgestimmt werden können als bisher – die Entwicklung ist ja vor dem Kriege eindeutig in dieser Richtung gegangen –, so werden doch noch lange Zeiten Herkommen, Volkscharakter und andere Erbeigentümlichkeiten jedem Wirtschaftsrecht jedes Volkes einen besonderen Inhalt verleihen. Sicher aber ist, daß der Schutz der Wirtschaftsordnung immer nur auf die Staatsgewalt der einzelnen Volksgemeinschaft abgestellt sein kann. Von einer mehrere Völker umfassenden, das Recht sichernden Gemeinschaft können wir uns hier und da wohl ein Bild machen, aber es ist zur Zeit nicht zu verwirklichen. Ist dem so, so ist der Tausch zwischen Angehörigen verschiedener Völker in noch höherem Maße auf Vertrauen in die beiderseitigen Rechtsordnungen und auf unmittelbares Vertrauen zueinander gestellt als der Leistungstausch innerhalb einer Volkswirtschaft. Auch hier aber erscheinen gesicherte Währungsordnungen als wichtigste Grundlage einer Tauschmöglichkeit überhaupt. Denn wenn Angehörige zweier Völker miteinander tauschen, so müssen sie bei der Weiträumigkeit dieses Verkehrs mit noch größeren Zwischenräumen zwischen Leistung und Gegenleistung rechnen. Sie bedürfen also in noch höherem Maße der Sicherheit, daß das für eine Leistung gewährte Geld nach Ablauf jenes Zeitraums noch seinen alten Tauschwert hat. Haben sie diese Sicherheit nicht, so müssen sie zum primitiven Tausch zurückkehren. Er ist zwischen verschiedenen Volkswirtschaften leichter und in größerem Umfange denkbar als innerhalb einer Volkswirtschaft. Denn die einzelnen Völker tauschen nicht mehr höchste Teilleistungen miteinander, sondern in großem Umfange Volleistungen, ob es nun Rohstoffe oder Erzeugnisse des Gewerbefleißes sind. Aber dafür sind eben, wie schon gesagt, die Räume weiter, und der Tauschverkehr hat den weiteren Nachteil, daß er nur die Beziehungen zwischen zwei Volkswirtschaften in Geben und Nehmen aufeinander abstimmt, dagegen die Möglichkeit verbaut, in einem Ringtausch, wie beim Wohnungsringtausch, 5, 6 und mehr Teilhaber zu beteiligen. Je größer der Ringtausch gestaltet werden kann, um so glatterer Austausch bester Leistungen zur Befriedigung aller Teilhaber ist möglich. Das kann sich jeder an dem Beispiel des Wohnungstausches klarmachen. Ein solcher Ringtauschverkehr aber setzt die Einschaltung des Tauschmittlers Geld voraus, und das Geld wieder kann eine Tauschfunktion nur solange gewährleisten, als es in seinem Werte während erhalten wird. Nur diese Währungssicherheit gibt auch die Möglichkeit, daß sich zwei Angehörige verschiedener Völker erarbeitetes Kapital anvertrauen. Denn nur in einem gesicherten Verhältnis gesicherter Währungen untereinander hat der Geber die Sicherheit, das geliehene Kapital zu gleichem Tauschwerte wieder zurückzuerhalten. Die Volkswirtschaften als solche aber haben wieder das lebhafteste Interesse, daß die in einem Volke erarbeiteten Kapitale einem anderen Volke anvertraut werden. Wenn das englische Volk z.B. eine hochwertige Maschinenindustrie entwickelt hat, wenn es fleißig gewesen ist und Kapital erspart hat, so hat es großes Interesse, dieses Kapital sagen wir z.B. an Brasilien zu geben, denn in Brasilien können gewisse Rohstofferschließungen schneller und umfangreicher möglich werden als sonst. Dann kann das englische Volk seine Maschinen dorthin liefern und dafür Rohstoffe unter gleichzeitiger Rückzahlung des geliehenen Kapitals empfangen. Dies Beispiel für viele. Für die beste Entwicklung einer auf Steigerung der Lebenshaltung hinzielenden Volkswirtschaft ist also die rechtlich, währungspolitisch und moralisch zuverlässige Behandlung der Schulden ein sehr wesentliches Mittel. Wird eine dieser 3 Voraussetzungen nicht gewährt, so wird die Neigung, erarbeitetes Kapital in dieser oder jener Form einem anderen Volke oder seinen Angehörigen anzuvertrauen, auf den Nullpunkt sinken. Ein Volk also, das es mit der Behandlung der Schulden vorsätzlich nicht ernst nimmt, würde sich selbst um die Vorteile bringen, die mit einer geordneten Schuldenwirtschaft weltwirtschaftlich und volkswirtschaftlich erzielt werden können. Dieses Volk aber würde auch noch eine andere sehr unmittelbare Wirkung erleben. Wenn es nämlich dauernd die von ihm im *Weltwirtschaftsverkehr* getätigten Schulden nicht bezahlt, weder in Ware noch in einer anderen vertretbaren Leistung (z.B. Gold), oder wenn es sich darauf beschränken sollte, den Gläubigern währungspolitisch ungesichertes Geld in Form von Papierscheinen, die in der Welt nicht absehbar sind, anzubieten,[5] dann würde es das Vertrauen in seine eigene Währung erschüttern, und es würde sich aller Vorteile des Ringtauschverkehrs begeben und zum Warentauschverkehr zurückkehren müssen.

Aber ich weise darauf hin, daß ich hier nur von Wirtschaftsschulden spreche. Scharf davon zu trennen sind die politischen Schulden. Politische Schulden können auch im Kampfe der Völker auferlegt und hingenommen werden, aber es sind Schulden, die nicht außerhalb der Wirtschaftskraft eines Volkes bemessen werden dürfen. Hat die Weisheit derjenigen, die politische Schulden konstruierten (z.B. Kriegsentschädigungen und ähnliches) versagt, sind dem Unterlegenen Schulden zugemutet, die seine Wirtschaftskraft übersteigen, dann entsteht folgendes: Dann muß das Schuldner-Volk ständig seine eigene Lebenshaltung verschlechtern, um Arbeitsergebnisse zur Schuldentilgung freizubekommen. Eine einmalige, auch große Verschlechterung der Lebenshaltung nimmt jedes Volk hin, wenn es von dieser unteren Stufe aus wieder einen Weg nach oben sieht. Aber eine ständig fortschreitende Verschlechterung würde den Lebenswillen des einzelnen Menschen, den ich oben als den Motor alles wirtschaftlichen Geschehens bezeichnet habe und den ich hier als das Vitamin der Wirtschaft nennen muß, zerstören. Hier hört das Recht auf zu schweigen. Hier beginnt wieder der Kampf des Lebens, und hier kann nur die Weisheit der jeweils im Kampfe Stehenden und ihn Lenkenden

5 Vgl. zur Praxis der Schuldeneinfrierung auf Sperrmarkkonten und der Umwandlung deutscher Auslandsschulden durch spezielle Schuldscheine unter Schacht S. 356, Anmerkung 24.

dazu führen, daß die Waffen beiseite gelegt und zu friedlicher Ordnung zurückgekehrt wird. Wird diese Weisheit, wie es im Diktat zu Versailles geschehen ist, zu wahnwitziger Unweisheit, dann werden diejenigen Lebenskräfte eines gesunden Volkes entfesselt, die sich der Vernichtung des eigenen Lebens entgegenstellen und die politische Schuld abwerfen. Noch ist das Problem der politischen Schulden auch für Deutschland nicht gelöst, denn es unterliegt keinem Zweifel, daß wir die im Dawes- und Young-Plan übernommenen Schulden nicht aus eigenen Arbeitsergebnissen bezahlt haben, sondern aus dem Geld, das uns in der Form von Wirtschaftsschulden zur Verfügung gestellt ist.

Ich verkenne nicht, daß dieses Problem außerordentlich schwierig ist. Es muß gelöst werden durch diejenige Weisheit, die 1918, 1924 und 1929 fehlte.[6] Und es muß auf der anderen Seite anerkannt werden, daß kein Wirtschaftsverkehr der Völker untereinander denkbar ist, wenn nicht die peinliche Rückzahlung von Wirtschaftsschulden rechtlich, währungspolitisch und moralisch vollkommen sichergestellt ist.

Aus einer solchen Behandlung der wirtschaftlichen Fragen, insbesondere der Schuldenfragen, könnte ich mir einen großen Antrieb für die Zukunft versprechen. Jede Klarheit ist ein Grundstein für weitere Fortentwicklung. Jedes Oper, das unwiderlegbarer Erkenntnis gebracht wird, ist eine Sicherung friedlicher Zusammenarbeit. Hier ergäbe sich für einen Völkerbund, der zunächst nur auf freiwillige Gemeinschaftsarbeit abgestellt ist, ein fruchtbares Gebiet der Arbeit. Wie sich überraschend schnell in der Wirtschaft der einzelnen Völker das System der Wirtschaftsprüfung entwickelt hat, so wäre auch hier die allmähliche Anbahnung eines Zustandes denkbar, in dem die in einem solchen Völkerbund zusammengeschlossenen Staaten gemeinsame Einrichtungen schüfen zur Sicherung der Währungsgrundlagen, aufgebaut auf der Betrachtung der öffentlichen Haushalte. Selbstverständlich könnte durch einen solchen Fortschritt in der Technik, der

---

6 Mit den Daten werden die drei Phasen der alliierten Reparationsforderungen an Deutschland umschrieben: 1918 als Beginn der Reparationsforderungen, da bereits im Waffenstillstandsvertrag vom November deutsche Zahlungen vorgesehen waren, die ein halbes Jahr später im Versailler Vertrag in erheblich höherem Umfang festgelegt wurden. Der Dawes-Plan vom Sommer 1924 brachte eine Revision des Reparationsproblems, die zwar die Zahlungsmodalitäten entscheidend veränderte, jedoch zu keiner Einigung über die Höhe der Reparationen gelangte. Die Kommerzialisierung der Reparationen und der Transferschutz für die deutschen Zahlungen implizierten deren Versachlichung und Entpolitisierung und wiesen einer kooperativen Durchführung den Weg. Mit dem Young-Plan vom Sommer 1929 fielen die alliierten Kontrollinstanzen weitgehend fort und die deutschen Zahlungen sollten explizit hauptsächlich der Deckung der alliierten Kriegsschulden dienen. Vgl. Kindleberger, Weltwirtschaftskrise, S. 33 ff. sowie Gerd Meyer: Die Reparationspolitik. Ihre innen- und außenpolitischen Rückwirkungen, in: Karl Dietrich Bracher, Manfred Funke und Hans-Adolf Jacobsen (Hg.): Die Weimarer Republik 1918–1933. Politik – Wirtschaft – Gesellschaft, 2. durchges. Aufl. Bonn 1988, S. 327-342.

wieder einen Fortschritt der Leistungshöhe und damit der Lebenshaltung ermöglicht, nun nicht etwa das Ringen der Völker untereinander risikolos gemacht werden. Es würde auch bei einem solchen Ausbau der Technik und der Rechtssicherungen nun nicht etwa jede Kapitalhergabe aus der einen Volkswirtschaft in die andere verlustlos sein. Nein! Die Verantwortung für das Ergebnis läßt sich nach logischer Erkenntnis niemals kollektivisieren. Die relative Richtigkeit des letzten Entschlusses liegt immer in der Haltung des einzelnen Menschen und des einzelnen Volkes begründet. Sie hängt ab von dem Zutrauen des einzelnen Menschen in seine eigenen Kräfte und von dem Zutrauen, das er glaubt, anderen entgegenbringen zu können. Alle Instinkte, alle Regungen des Verstandes, der Seele und des Gemütes müssen und sollen der Möglichkeit dienstbar gemacht werden, solches Vertrauen zu schaffen und zu erhalten. Aber die Wirtschaft, d.h. das Leben des einzelnen in seiner Volksgemeinschaft, der Wirtschaftsverkehr der einzelnen Völker miteinander wird sich immer in dem Spannungsfeld jener Kräfte bewegen, die vom Lebenswillen zum Ringen, von der Vernunft zur Ordnung getrieben werden. Es gibt kein Schema, es gibt keine Logarithmentafel, um in diesem Spannungsfeld den richtigen Weg zu finden. Es gibt nur den festen Willen, klarer Erkenntnis zu folgen und das Vertrauen in die göttliche Natur des Menschen.

## 4.2 Vertreter des „Anderen Deutschland“

### 4.2.1 *Reisebericht Großbritannien*

*maschinenschriftlicher Bericht vom 15.7.1937; BAK, N 1113, Bd. 22.*[1]

Die britische Verwaltung und Wirtschaft ist geprägt von Sparsamkeit und Effizienz; der Lebensstandard ist höher als in Deutschland; in der Industrie herrscht Vollbeschäftigung. Die britische Sozialversicherung ist der deutschen nachgebildet, hat jedoch zu hohe Unterstützungssätze; das Arbeitslosenproblem ist noch ungelöst. Großbritannien ist bereit zur Verständigung mit Deutschland; die internationale Lage und britische Bündnisalternativen erfordern rasche deutsche Entscheidung.

15. Juli 1937

Das gesamte äußere und innere Leben Englands wird von Tradition beherrscht. Man hält an alten Sitten, Einrichtungen und Trachten überall fest. Niemand sieht sich auch nur um, wenn auf der Straße ein englischer Bauer im langen knallroten

[1] Laut Goerdelers Aussagen sandte er seine Reiseberichte an die Industriellen Krupp und Bosch, an Göring und Hitlers Adjutanten Wiedemann sowie an die Generäle Fritsch, Beck, Halder und Thomas; vgl. Ritter, Goerdeler, S. 154. Wiedemann legte Hitler die Reiseberichte jedoch nicht vor mit der Begründung, ihn damit nicht „belasten“ zu wollen (vgl. Briefe Wiedemanns an Goerdeler vom 17.3. und 23.7.1938; Privatbesitz). Exemplare der vorliegenden Denkschrift sind erhalten im Krupp-Archiv (HA Krupp, FAH 4 E 154, Bl. 6-19) und in den Akten der Reichskanzlei (BAB, R 43 F/3503, Bl. 9-23).

Rock, ein Mann im Frack ohne Mantel und Hut und eine Inderin in ihrem Nationalkostüm gehen.

Der Engländer ist Weltmann und Individualist. Ein selbständiges Haus mit kleinem Ziergarten ist sein Ideal. Dafür zahlt auch der Arbeiter ein Viertel seines Lohnes und mehr.

Der Spieltrieb ist eine Volksleidenschaft; oben wird Bridge und Golf, unten Kricket gespielt und gewettet. In jeder Arbeitspause sieht man die Arbeiter spielen; wenn es sein muß, wird ein Spiel mit Steinen improvisiert. Im elegantesten Teil von London sind große Häuser mit Schießbuden, Wurfständen, Spielzelten usw. So hat jeder in jeder Schicht des Volkes seinen Zeitvertreib auf der gleichen Ebene.

Dem Bedürfnis jedes Volkes nach Gepränge wird in den alten Formen Rechnung getragen. Perücke und Amtstracht in der Amtsstube, draußen Soldaten in bunten Uniformen, mit denselben abgezirkelten Bewegungen wie vor hundert Jahren. Am House of Guards in White Hall an einer der belebtesten Straßen, stehen die berittenen Garden, auf ihren Pferden sitzend, in Schilderhäusern wie seit jeher. Das ist so und bleibt so und gibt dem Volke täglich ein Bewußtsein seiner Geschichte. Niemand lacht darüber.

Das Königshaus ist tief im Bewußtsein des Volkes verankert. In jedem Theater, bei jeder Veranstaltung, ja selbst am Schluß des Gottesdienstes in der Kirche, ertönt die Königshymne. Als am Schluß des Flugtages in Hendon die Menge den Platz verließ und schon alles in voller Bewegung war, wurde plötzlich die Königshymne gespielt. Wie ein Ruck stand die ganze Menge, die Hüte wurden abgenommen, jedes Gespräch verstummte.

Auffallend ist die Höflichkeit. Jeder, der das Gefühl hat, einem anderen irgendwie zu nahe getreten zu sein, murmelt sein „sorry“; man sucht nicht nach Schuld und Anlaß. Sieht der Engländer, daß sich jemand nicht zurecht findet, tritt er – ob Mann oder Frau – herzu und sagt Bescheid, ohne daß man ihn darum bittet. So wickelt sich auch der gewaltige Verkehr in den Großstädten und in den Verkehrsmitteln mit größter Ruhe ab. Ich habe nie einen aufgeregten und schreienden Menschen gesehen. Der Engländer hat Zeit. Alles ist auf Selbstverständlichkeit angewiesen. Beim Umsteigen in der Untergrundbahn läuft man eben drei Treppen und vier Gänge; man ändert das nicht gleich, es sei denn, daß die Änderung sich rentieren würde. Man mutet eben dem Einzelnen zu, einen Teil seiner Zeit zu opfern, und man mutet nicht einem Unternehmen zu, unwirtschaftlich zu arbeiten.

Alle öffentlichen Einrichtungen sind gut, natürlich nicht immer ganz modern, auf jeden Fall aber sind sie bescheiden. Ich glaube, daß ein englischer Eisenbahnwaggon III. Klasse wesentlich leichter und billiger aber durchaus nicht unbequemer ist als der deutsche. Die englischen Eisenbahnanlagen entsprechen allen wirtschaftlichen Bedürfnissen und sind trotzdem einfach gehalten. Einen neuen Bahnhof habe ich in ganz England nicht gesehen. Ebensowenig eine neue Halle. Auch im rollenden Material überwiegen die alten Stücke, dafür fährt man auch billig und doch bequem genug.

Die Ministerien sind alt und spartanisch einfach eingerichtet. Einen Sessel für Besucher haben selbst höhere Beamte nicht. Man belegt ausgetretene Treppenstufen, statt sie neu zu machen, mit Blei. Aber dies Blei ist dann auch gleich einen Zentimeter dick. Man hat Rohstoffe in reicher Fülle. Messing und Kupfer werden verschwenderisch angewandt. In einer kleinen Bauernsiedlung, die eben fertig geworden ist, sah ich rein kupferne Verteilungsröhren für Wasser und Heizung. Alles wird vorzüglich gehalten. Es blitzt von Politur und neuer Farbe, aber im Kern bleibt es so, wie es ist.

Die Geschäftshäuser großer Banken, großer Industriefirmen usw. richten sich nach dem Beispiel der Regierung. So geht durch das ganze öffentliche und wirtschaftliche Leben ein Zug zur Sparsamkeit, die ihrerseits eine Grundlage der vorbildlich gesunden öffentlichen Finanzen ist. Sparsam ist auch der Einzelne. Es wird häufig, aber maßvoll gegessen. Sehr wenig getrunken. Schwerer Reichtum ist da, aber man zeigt ihn nur selten. Sparsamkeit und Reichtum zeigen sich in ihrer organischen Bedingtheit und Verbindung.

Die Mieten entsprechen etwa den deutschen. Anzüge und Wäsche kosten etwa 50%, die Lebensmittel 40% weniger als in Deutschland, Butter 96 Pfennig, Eier 5–6 Pfennig usw. Die Schuhe sind gleich teuer. Der Lohn der Arbeiter ist wesentlich höher als in Deutschland, wenn man die Kaufkraft vergleicht. Die Frau verdient 27–50 sh., der Mann 50–80 sh., der beste Metallarbeiter 150 sh. die Woche. In deutscher Währung sind das 18–90 RM netto, dazu die billigeren Lebenskosten. Der Lebensstandard ist also im Durchschnitt wesentlich höher als der deutsche.[2]

Ein ungelöstes Problem ist die Arbeitslosenfrage. England hat zur Zeit noch 1,3 Millionen Arbeitslose. Sie sind in der Hauptsache im Südwesten Englands zu finden, wo die Modernisierung der Kohlenbergwerke einen großen Teil arbeitslos gemacht hat, die Täler eng und felsig sind und daher nur auf den Höhen Gemüsezucht und Ackerbau gestatten, und wo andere Industrien aus Transport-, aber auch aus psychologischen Gründen ungern hingehen. Die Walliser haben es nämlich fertig bekommen, im Kriege zu streiken, und das vergißt ihnen England für Jahrzehnte nicht. Im mittleren England, im Bezirk von Manchester und im schottischen Industriebezirk herrscht, ebenso wie in der gesamten Landwirtschaft, ein starker Arbeitermangel.[3] Es fehlt an gelernten und ungelernten Arbeitern. England hat aber bisher noch keine Anstalten getroffen, die Arbeitslosen aus den notlei-

---

2 Der höhere britische Lebensstandard bzw. das steigende durchschnittliche Realeinkommen in den 30er Jahren war verursacht durch sinkende Lebenshaltungskosten. Vgl. die Tabelle zur Entwicklung der britischen Realeinkommen in Aldcroft, Inter-War Economy, S. 364.

3 Abgesehen von lokalen Besonderheiten gehörte die südwestliche Region Großbritanniens nicht zu den Gebieten, die von der Arbeitslosigkeit besonders stark betroffen waren. 1936 lag die Arbeitslosigkeit im Südwesten bei 7,8 %, im Norden dagegen bei über 16 %, in Wales sogar bei 28,5 %. Der Hauptgrund für die starken regionalen Unterschiede lag in der Verteilungsstruktur der britischen Industrie: Die im Norden dominierende Schwerindustrie

denden Gebieten in die Gebiete mit Arbeitsüberfluß zu verpflanzen. Ich habe im Gegenteil etwas verstiegene sozialistische Experimente gesehen. Man hat in den Notstandsgebieten mit Hilfe von Gewerkschaften die Arbeitslosen zu Klubs zusammengefaßt, die sich selbst verwalten. Selbstverwaltung spielt mit Recht eine große Rolle. In den Klubs sollen die Leute vor Demoralisation durch Beschäftigung bewahrt werden und Verantwortung lernen. Es sind Werkstätten eingerichtet zur Erlernung von Handwerken. In ihnen dürfen sie Sachen zum eigenen Gebrauch anfertigen, aber nicht zum Absatz an Dritte, damit das Handwerk nicht geschädigt wird. Vorträge werden gehalten, es soll gelesen werden usw.[4] Gut gedacht und von sehr sauberen, herzlich guten Menschen ausgeführt. Aber in den Klubs, die ich besuchte, habe ich die Leute nur Billard spielen sehen. In den Werkstätten standen zwar Stücke, die in Arbeit waren, es arbeitete aber niemand daran. Sehr gut sind schon die Bestrebungen, den Arbeitslosen durch allotments-Schrebergärten zu helfen. Sie sind nach deutschem Muster, aber sehr viel unvollkommener angelegt und auch sehr viel schlechter gehalten. Überhaupt liebt der Engländer mehr den Rasen und die Blumen, als die praktische Gartenwirtschaft mit Gemüsebau usw.

Noch weiter geht ein von der Regierung stark unterstützter Versuch, die Arbeitslosen zu Kleinbauern zu machen. Sie werden in sogenannten settlements – Kleinsiedlungen – angesetzt, wo sie je nach Gegend 6–60 Acker = 2–20 ha bewirtschaften. Diese Versuche zwingen natürlich die Regierung zu einem gewissen Schutze der Landwirtschaft, während ja seit hundert Jahren in England durch Zölle nur die Industrie geschützt wird.[5]

---

war aufgrund ihrer Exportabhängigkeit besonders anfällig in Wirtschaftskrisen, während im Süden vermehrt die jüngeren Wachstumsindustrien angesiedelt waren. Vgl. ebd., S. 78-98.

4 Im Gegensatz zu den von der britischen Regierung eingerichteten Schulungszentren waren die von Goerdeler hier beschriebenen Beschäftigungszentren für Arbeitslose aus regionalen Initiativen entstanden. Es handelte sich um private Zentren in Gebieten mit hoher Dauerarbeitslosigkeit, von bürgerlichen Honoratioren gegründet und teilfinanziert, von staatlicher Seite gefördert. Die Selbstverwaltung in den „occupational centres" durch ihre Mitglieder wurde i.d.R. von den bürgerlichen Wohltätern überwacht und war in der Arbeiterbewegung umstritten. Vgl. ausführlich Ralph H. C. Hayburn: The Voluntary Occupational Centre Movement 1932–1939, in: Journal of Contemporary History, vol. 6, no. 3 (1971), S. 156-171.

5 Die britische Regierung engagierte sich seit 1934 in der Siedlungsbewegung. In der von ihr gegründeten „Land Settlement Association" bemühte sie sich, gemeinsam mit privaten Verbänden Arbeitslose aus dem Nordwesten Englands durch Verpachtung von Kleinbauernstellen in den Süden und Osten umzusiedeln. Der Erfolg des Projekts war relativ gering; eine Abbruchquote von fast 50 % belegt die Unzufriedenheit der Teilnehmer, die für geringe Verdienstmöglichkeiten ihre Heimat verlassen und ihre Arbeits- und Lebensweise vollkommen umstellen mussten. Vgl. Johannes Paulmann: Arbeitslosigkeit in Großbritannien 1931–1939. Sozial- und Wirtschaftspolitik zwischen Weltwirtschaftskrise und Weltkrieg, Bochum 1989, S. 118-122.

Ich habe auch einen, meines Erachtens ganz abwegigen Versuch dieser Art gesehen: man hat in Wales sechzig Arbeitslosenfamilien in tadellosen, neu gebauten Häusern, jeder ein Haus für sich mit Garten, untergebracht und ließ sie in Sammelwirtschaft 650 Acker bewirtschaften. Gebaut wurden Kartoffeln, Erbsen, Bohnen, Erdbeeren, Tomaten. Letztere in Glashäusern. Jeder Mann erhält einen Wochenlohn von 34 sh., zahlt für Miete 4 sh. (eine lächerliche Summe; bei 3%iger Verzinsung und 2% Betriebskosten müßte die Miete doppelt so hoch sein) und erhält außerdem Kartoffeln und Gemüse frei. Er steht sich also glänzend. Ein etwaiger Überschuß soll unter die sechzig Familien geteilt werden. So vorzüglich geleitet die Wirtschaft war, so muß das Experiment doch mißlingen, weil hier der Faule Nutznießer des Fleißigen ist, und weil man sich nicht den Kopf darüber zerbrochen hat, was dann wird, wenn man mit Fehlerträgen arbeitet. Die Regierung hat jeder Familie 400 Pfund zum Hausbau zur Verfügung gestellt. Jede Wohnung enthält unten eine große Küche und Wohnraum mit Kamin, oben drei Schlafzimmer, Baderaum.[6]

Die Landwirtschaft ist vorwiegend auf Wiese, Viehzucht und Kartoffeln abgestellt. Roggen, Weizen und Rüben sieht man im Westen, Mitte und Norden fast kaum, im Osten häufiger. Der Getreidebau kann nicht lohnen, da kein Zollschutz vorhanden ist. Wollte England Zollschutz einführen, so würde die Lebenshaltung wesentlich verteuert und die Industrieproduktion exportunfähig werden. So zieht man vor, dem einen Viertel auf dem Lande lebenden Menschen härtere Arbeit und schlechtere Lebensbedingungen zuzumuten. Man hilft aber dem Weizenbauern dadurch, daß in jedem Brot 10% englischer Weizen zu festem Preise enthalten sein muß. Es gibt auch kleine Zölle zum Schutze von Kartoffeln im Sommer und Herbst, zum Schutze der Geflügel- und Eierwirtschaft. Aber diese Zölle sind unbedeutend und gewähren nur geringen Schutz. Alles kommt darauf an, daß der Bauer die Frischmilch gut verwerten kann. Der Engländer ißt aber lieber Käse, als daß er Milch trinkt. Die Regierung hat soeben die bisherigen gesetzlichen Maßnahmen zur Verbesserung und zum Schutze der Milchwirtschaft verlängert. Sie bestehen darin, daß auf der Grundlage der Freiwilligkeit Genossenschaften gebildet werden, die einen Ausgleich in den verschiedenen Preisen für die verschiedenen Verwendungsmöglichkeiten der Milch herbeiführen sollen. Außerdem wird viel Propaganda gemacht für den Genuß von Milch. In London gibt es sogenannte Milchbars.

---

[6] Die 1935 gegründete „Welsh Land Settlement Society“ hatte aufgrund des Gesetzes für die Unterstützung ausgewählter Gebiete mehr Finanzmittel zur Verfügung als die „Land Settlement Association“. Lokal begrenzt auf Wales, rekrutierte die Gesellschaft Siedler über die dortigen Arbeitsämter und hatte auch ihre Siedlungsstellen innerhalb ihres Verwaltungsgebiets. Die Siedlungen waren fast ausschließlich landwirtschaftliche Kooperativen, die den Neusiedlern Lohn bezahlten und nach einem Jahr von diesen übernommen werden konnten. Das Projekt zeigte positivere Ergebnisse als die Bemühungen der „Land Settlement Association“, führte jedoch andererseits zu Beschwerden der nicht subventionierten lokalen Konkurrenz. Vgl. ebd.

Ein großer Teil der Bauern sind Pächter der Landlords oder der Councils, die vor einigen Jahren in größerem Umfange Landankäufe betrieben haben.

Zweifellos liegt in der Einseitigkeit der landwirtschaftlichen Produktion eine Gefahr. England ist sich ihrer bewußt, aber es nimmt sie ebenso bewußt in Kauf mit der Begründung, daß der englische Grund und Boden vielleicht 25–30 Millionen Menschen mittelmäßig Nahrung bieten könnte, aber keinesfalls 40 Millionen, und bei weitem nicht im heutigen Lebensstand zu ernähren vermag. England ist vor die Wahl gestellt, entweder von seiner Insel zu leben, den Lebensstandard zurückzuschrauben und die Bevölkerung zurückgehen zu lassen, oder alle politischen Energien an die Beherrschung der Meere zu setzen. Es ist selbstverständlich, daß es den letzteren Weg vorzieht; er ist positiv, schöpferisch, vorwärts schreitend und entspricht dem englischen Charakter, Gewonnenes zu erhalten und sich dies auch etwas kosten zu lassen. Außerdem ist das englische Empire nur auf diesem Wege zusammenzuhalten; denn die englischen Dominien und Kolonien sind darauf angewiesen, ihre landwirtschaftlichen industriellen Rohstoffe an das Mutterland abzusetzen. Fiele das Mutterland als Abnehmer aus, so wäre ein gleichwertiger Ersatz in der Welt nicht vorhanden. Sie würden eine wirtschaftliche Katastrophe erleiden; darüber würde schließlich der politische Zusammenhang mit dem Mutterland verlorengehen.[7]

Die englische Industrie ist zur Zeit voll beschäftigt. Es wird fleißig gearbeitet, überall ist man sich klar, daß nach vollendeter Aufrüstung ein bedenklicher Rückschlag bevorsteht. Wie erwähnt, leidet die Industrie Mangel an gelernten Kräften. Sie hat sich in den letzten Jahren stark modernisiert. Im allgemeinen aber entspricht ihr Stand nicht dem Hochstand der deutschen Industrie. In den Bergwerken Schottlands habe ich noch Hauer mit der Hand arbeiten gesehen. Die Ausrüstung besteht zum größten Teil aus englischen Maschinen, man sieht aber auch viele amerikanische. Namentlich in den letzten Monaten sind große Käufe an schweren amerikanischen Maschinen getätigt.[8] *Deutsche Maschinen sieht man nur vereinzelt.*

---

7 Großbritannien hatte zwar quantitative Restriktionen für den landwirtschaftlichen Import aus den Dominions zum Schutz der britischen Landwirte eingeführt, jedoch galt generell das Präferenzsystem von Ottawa (vgl. dazu S. 360, Anmerkung 29). Ausführlich dazu Reinhard Meyers: British Imperial Interests and the Policy of Appeasement, in: Wolfgang J. Mommsen und Lothar Kettenacker (Hg.): The Fascist Challenge and the Policy of Appeasement, London 1983, S. 339-351.

8 Die britische Aufrüstung nahm erst seit 1936 einen Stellenwert ein, der von volkswirtschaftlicher Bedeutung war, und stieß bereits 1937 an Grenzen sowohl hinsichtlich der Produktionskapazitäten, als auch hinsichtlich der Facharbeitskräfte. Um diese Probleme unter Kontrolle zu bekommen und gleichzeitig als Versuch einer Lösung der regionalen Arbeitslosigkeit wurden die unausgelasteten Kapazitäten der nordbritischen Industrie stärker genutzt. Der Import von amerikanischen Maschinen hielt sich bis 1939 in sehr engen Grenzen. Vgl. Paulmann, Arbeitslosigkeit, S. 103-110.

Die sozialen Einrichtungen in den Werken sind sehr verschieden. Arbeiterwohnungen sind im allgemeinen nur von den abgelegenen Bergwerken errichtet, aber auch hier später vielfach an Gesellschaften abgestoßen. An sonstigen sozialen Einrichtungen ist in den letzten Jahren viel nachgeholt. Ich habe Werke gesehen mit ganz modernen Einrichtungen, großen Kantinen, Spielzimmern, Turn- und Theatersaal usw. Für politische Zwecke werden diese Einrichtungen nicht zur Verfügung gestellt. Aber ebenso bin ich auch in Werken gewesen mit recht dürftigen Vorrichtungen. Erst jetzt wird ein Gesetz verabschiedet, das allen Industrien die Einrichtungen z.B. von Waschräumen vorschreibt, mit einem Vollendungszeitraum bis 1940. Das Verhältnis zwischen Leitung und Arbeitern ist, wie überall, örtlich und betrieblich verschieden. In einem Betriebe fand ich die Einrichtung, daß der Betriebsführer mit einer großen Zahl seiner Mitarbeiter täglich mittags zusammen ißt. Die jüngeren Betriebsführer sind hierin fortschrittlich gesonnen. Von kommunistischen Zusammenballungen wurde mir nur im schottischen Industriebezirk berichtet, wo der Kommunismus unter den Bergarbeitern stark Wurzel gefaßt haben soll. Man sah das auch an der ganzen Haltung der Belegschaft.

Die sozialen Versicherungseinrichtungen sind den deutschen auf allen Gebieten sehr ähnlich, vielfach nachgebildet. Wichtig ist, daß sich an diesen Versicherungen auch der selbständige kleine Handwerker beteiligen kann, so daß er einen Rückhalt für schwere Zeiten hat.[9]

Der Engländer ist, wie erwähnt, Individualist. Er will sein Geschick allein bestimmen. Die moderne Technik zwingt auch ihn zu einem gewissen Kollektivismus. Er vollzieht diese Änderung mit größter Rücksicht auf die Veranlagung des englischen Menschen, neuerdings offenbar etwas lebhafter.

Ich habe bereits erwähnt, daß es dem Engländer bisher nicht gelungen ist, einen Ausgleich zwischen arbeitslosen und arbeitsüberlasteten Bezirken herbeizuführen. Das liegt zum Teil auch daran, daß die Unterstützungen den Lohn des landwirtschaftlichen Arbeiters übersteigen und dem Lohn des beschäftigten Arbeiters sehr nahekommen.[10] Nimmt man die sonstigen sozialen Hilfseinrichtungen hinzu, so besteht für den Arbeitslosen zu wenig Anreiz, sich selbst eine neue Arbeits-

---

9 In der Zwischenkriegszeit waren eine Anzahl von Berufsgruppen in die britische Arbeitslosenversicherung aufgenommen worden, so dass bis 1938 knapp 70 % der arbeitenden Bevölkerung versichert war. Vgl. Aldcroft, Inter-War Economy, S. 369 ff. sowie zur Entwicklungsgeschichte die zeitgenössische Darstellung von Bernhard Pfister: Die Entwicklung der Arbeitslosenversicherung und der Arbeitslosigkeit in England, Stuttgart 1936.

10 Die Höhe der Unterstützungssätze war in der britischen Diskussion so umstritten, dass das Arbeitsministerium im August 1937 eine repräsentative Untersuchung mit 400.000 Unterstützungsempfängern durchführte. Das Ergebnis war, dass die Unterstützungssätze durchschnittlich höchstens die Hälfte der Lohnsätze erreichte. Ausnahmen in geringem Umfang ergaben sich aufgrund des prinzipiell niedrigeren Lohnniveaus bei Frauen und aufgrund regional niedrigerer Lohnsätze, die sich den national einheitlichen Unterstützungssätzen bereits angenähert hatten. Vgl. Paulmann, Arbeitslosigkeit, S. 59.

stelle zu suchen. Der im Betrieb befindliche Arbeiter ist fleißig. Ansätze zu einer 40-Stunden-Bewegung sind vorhanden, aber nicht stark. Der gesunde Sinn des englischen Arbeiters wünscht eine Chance zur Verbesserung seines Lebensstandards. Von dem englischen Arbeiter her droht dem englischen Staate keine Gefahr. Er weiß, was er an seinem Staate und seinen Einrichtungen hat. Die Stellung der Gewerkschaften ist nicht stark, weil der Engländer Individualist ist. Die Kollektivisten sind dann gleich Kommunisten und machen den Gewerkschaften die Disziplin schwer.

Ernster scheint es mir, daß nicht die inländische Wanderungsbewegung stockt, sondern daß das englische Empire keinerlei Anstalten getroffen hat, die im Mutterland überzähligen Kräfte als Ansiedler in die weiten Räume etwa Canadas oder Australiens gehen zu lassen. Der englische Arbeiter ist der Auswanderung selbst innerhalb des Empire abgeneigt. Dies ist ein Anzeichen von Verwöhnung; die Härte des kolonisierenden Volkes schwindet.

Ein sehr ernster Punkt scheint mir die Einstellung der englischen Frau zu sein. Ich habe zu viel Schminke, Puder und Farbe gesehen. Ich bin vortrefflichen Frauen begegnet, aber auch solchen, deren Ungeniertheit im Benehmen geradezu auffallend war. Die englische Arbeiterfrau kocht ungern, sie verbraucht am liebsten Konserven. Sie ist also nicht wirtschaftlich. Auf dem Lande habe ich nirgends eine Frau arbeiten sehen. Selbst der kleinste Bauer versorgt sein Vieh, was in Deutschland im allgemeinen Sache der Frau ist. Dies alles mag schon lange so sein. Neuerdings aber stellen sich die ersten Auswirkungen ein. Der Kinderzuwachs nimmt so stark ab, daß die englische Öffentlichkeit sich mehr und mehr mit dieser Frage beschäftigt. Man hat ein Gesetz für gesunde Erziehung herausgebracht aber ich glaube, der Schwerpunkt liegt hier nicht auf dem Gebiet des Physischen, sondern auf dem Gebiet der Energie und des Moralischen.

Die öffentliche Verwaltung ist nicht nur, was ihre äußere Führung betrifft, einfach, sondern auch vorbildlich einfach organisiert. Die Regierung hat im allgemeinen keine mittleren und unteren Behörden. Unten arbeiten die Town- und Country-councils (Stadt- und Landkreise) und die County-councils (etwa unsere Provinzen). Diese councils sind Selbstverwaltungskörper, die auch staatliche Aufgaben erfüllen. Die Regierungstätigkeit beschränkt sich auf den Erlaß von Gesetzen und Verordnungen, ihre Durchführung wird durch Inspekteure überwacht, die für jedes Sachgebiet gesondert bestellt sind und im Lande herumreisen. Das hat den Vorzug großer Lebendigkeit und bringt die Zentrale immer wieder in lebensvolle Berührung mit den Zuständen und Bedürfnissen an der Front. Auf einem Teilgebiet ist mir die Wirksamkeit dieser Verwaltung besonders aufgefallen. Man sieht fast nirgends in England einen verschmutzten Fluß trotz der Ausdehnung der Industrie. Selbst die Themse, an der einige Mittelstädte liegen, ist beim Einfluß in das Londoner Gebiet noch so sauber, daß darin geangelt werden kann. Die technischen Kläreinrichtungen sind dieselben wie in Deutschland. Sie werden nur durch besondere Genossenschaften (boardings) verwaltet und durch Inspekteure scharf auf ihre Wirksamkeit überwacht. Auch der Industrie werden scharfe Bestimmungen für die Behandlung der Abwässer auferlegt.

*Gesamteindruck:*

England ist im großen und ganzen gesund. Das Empire hält zusammen. Zwei Bänder halten es zusammen: der wirtschaftliche Nutzen und die Kraft gleicher Ideale; beide in den letzten Jahren neu gestärkt. Im 20. Jahrhundert wird England sich unter allen Umständen behaupten. Die spätere Entwicklung ist nicht voraussehbar. Warnzeichen sind zu erkennen. Viel wird von der Klugheit der deutschen Politik und der deutschen Entwicklung abhängen.

Was Spanien betrifft, so glaube ich nicht, daß England den Sieg der Valencia-Regierung wünschen kann.[11] England weiß nur eins: die endliche Ordnung in Spanien kostet für jeden, der die Kraft hat, sie zu schaffen, viel Geld. Dieses Geld wird England geben. England wird den politischen Lohn einheimsen. Aus dem britischen Gibraltar wird ein Spanien von Englands Gnaden als Anhängsel des Weltreichs. Deswegen wird auch Franco den Engländern nicht ernstlich Erze oder sonstige Rohstoffe vorenthalten. So rechnet und so handelt England; es ist überzeugt, die Trümpfe gerade hier in der Hand zu halten.

Was die allgemeine politische Stimmung in England betrifft, so unterscheide ich vier Schichten:

*1. Der Mann auf der Straße:*

Er ist im Gegensatz zum deutschen Mann kein politischer Kannegießer. Er politisiert nicht am Biertisch. Ich habe weder Arbeiter noch einfache Bürgerfamilien

[11] Der Putschversuch der Nationalen Front gegen die Volksfront-Regierung im Juli 1936 hatte in Spanien zum Bürgerkrieg geführt. Auf der Seite der Nationalen Front – seit Oktober unter der Führung Francos – standen Großgrundbesitzer, katholische Konservative, Monarchisten und Faschisten, während der republikanische Volksfront-Block Sozialisten, Kommunisten, Anarchisten und die republikanische Linke umfasste. Während sich die faschistischen Regierungen in Deutschland und Italien bereits Ende Juli 1936 für die Unterstützung der Nationalen Front entschieden hatten, reagierten die westlichen Demokratien ambivalent. Insbesondere die verbreitete Interpretation des spanischen Bürgerkriegs als ein Kampf zwischen Faschismus und Bolschewismus ließ konservative Regierungen zögern, die Volksfront-Regierung zu unterstützen. Die Interessen der britischen Regierung waren, eine Ausdehnung des spanischen Konflikts auf Europa zu vermeiden, die territoriale Integrität Spaniens zu erhalten und die britisch-spanischen Handelsbeziehungen aufrechtzuerhalten. Auf britische Initiative hin wurde ein Nichteinmischungsabkommen von 27 Ländern unterzeichnet, das offiziell bis zur Beendigung des Bürgerkriegs bestehen blieb; gleichzeitig wurde die Meldung von britischen Staatsangehörigen zu Freiwilligenformationen stillschweigend geduldet. Vgl. Walther L. Bernecker: Krieg in Spanien 1936–1939, Darmstadt 1991, S. 25 ff. sowie exemplarisch für viele den Bericht George Orwells über seine Erfahrungen in der Marxistischen Arbeiterpartei (P.O.U.M.) und den Internationalen Brigaden: Homage to Catalonia, London 1989 [erstm. 1938].

abends politische Gespräche führen hören. Sie beschäftigen sich mit den harmlosesten Dingen, singen und tanzen gern, und sind im allgemeinen fröhlich. Aber diese große Masse des Volkes hat offenbar dank langer geschichtlicher Entwicklung einen starken Instinkt für wichtige politische Fragen. Als der Besuch des Barons von Neurath abgesagt wurde, sah man am gleichen Nachmittag in der Untergrundbahn plötzlich alle Leute Zeitung lesen. Sonst tun es nur wenige.

*2. Der banker- und business-man:*

Er zieht es vor, im allgemeinen nach der Geschäftslage zu urteilen. Ist sie gut, wie zur Zeit, so ist er zufrieden. Nur wenige, diese aber sehr ernst, sprechen von zukünftigen Sorgen.

*3. Die ausgesprochen gebildeten Menschen:*

Sie scheinen mir die Träger der eigentlichen politischen Entwicklung zu sein. Sie interessieren sich auffallend für alle Zeitereignisse und sind zu großer Kritik auch Deutschland gegenüber geneigt.

*4. Die Regierung:*

Mir ist überall versichert worden, daß niemals eine englische Regierung eine Politik führen würde, die beim Volke kein Verständnis findet. So sucht die englische Regierung zweifellos immer einen Querschnitt aus den Strömungen im Lande zu ziehen. Es dürfte aber auch andererseits eine ständige Aufgabe der englischen Regierung sein, die Stimmung im Volke so vorzubereiten, daß im richtigen Augenblick die von der Regierung seit langer Hand vorbereitete Politik gewissermaßen als Antwort auf die Stimmung des Volkes erscheint. Die Presse spielt hierbei eine wichtige Rolle. Inwieweit der Rundfunk diesem Zweck dienstbar gemacht wird, unterliegt, soweit ich habe feststellen können, ständigen Erwägungen.

Was insbesondere die Stimmung gegenüber den deutschen Verhältnissen und Deutschland betrifft, so habe ich auch hier feststellen müssen, daß die Judenfrage eine untergeordnete Rolle spielt. Ich habe nur wenige Menschen davon sprechen hören. Nicht durch Gesetze, sondern durch ein natürliches Gefühl ist dem Juden in England niemals die Stellung eingeräumt, die er in Deutschland besessen hat. Man scheut sich auch heute noch nicht, einen tüchtigen Juden zum Lord zu machen, aber man nimmt keinen Juden in einen Golfklub auf.[12]

---

[12] Die britische Reaktion auf die antijüdische Politik des NS-Regimes war ebenso ambivalent und vielschichtig wie die Stellung zum Judentum allgemein. Kushner charakterisiert die britische und allgemein die westlich-demokratische Regierungspolitik als Realpolitik mit anderen Prioritäten: „The persecution of the Jews in Nazi Europe was not a major, or even a minor, issue in liberal democratic policy-making." Tony Kushner: The Holocaust and the Liberal Imagination. A Social and Cultural History, Oxford; Cambridge 1994, S. 59. Goerdelers Wahrnehmung der britischen Reaktionen war jedoch natürlicherweise von den Briten bestimmt, zu denen er Kontakt hatte; dass christliche, konservative Gesprächspartner der

Sehr viel ernster ist der Einfluß der Kirchenvorgänge in Deutschland auf die Haltung des Engländers. Ich habe nicht den Eindruck gewonnen, daß der Engländer gerade in seiner großen Masse kirchenfromm ist, aber er hat ein tiefchristliches, religiöses Gefühl. Die Freikirche und die Sekten auf christlicher Grundlage spielen auch bei den Arbeitern eine große Rolle. Deshalb würde eine Entwicklung der Kirchenfrage in Deutschland in der Richtung staatlicher Unduldsamkeit oder staatlicher Einwirkungen auf den Inhalt der christlichen Lehre, auf die Freiheit des religiösen Gewissens, alle Schichten des englischen Volkes in Bewegung setzen.[13] Heute ist man bereit, die Geschlossenheit des deutschen Volkes nach außen hoch zu werten. Auch dem würde Abbruch getan.

Zur Zeit ist die Haltung des Engländers, dem ich in allen Schichten begegnet bin, ausgesprochen deutschfreundlich, im allgemeinen nicht franzosenfreundlich. Ich bin sogar sehr abfälligen Urteilen über Frankreich begegnet, dem man offen die Hauptschuld für die gegenwärtige Lage der Welt zumißt. Sehr bezeichnend ist, daß Lloyd George, der für das Diktat von Versailles mit verantwortlich ist, fast nirgends ernst genommen wird, jedenfalls keine freundliche Beurteilung erfährt.[14] Man sieht mit großer Sorge auf die Entwicklung in Frankreich. Nicht, daß

---

Kirchenpolitik mehr Aufmerksamkeit zuwandten als der Judenpolitik, überrascht kaum. Eine quantitative Analyse der beiden größten britischen Zeitungen, der „Times“ und des „Manchester Guardian“, zeigt, dass der antijüdischen NS-Politik insgesamt in den 30er Jahren mehr Platz eingeräumt wurde als der Kirchenpolitik. Vgl. Markus Huttner: Britische Presse und nationalsozialistischer Kirchenkampf. Eine Untersuchung der „Times“ und des „Manchester Guardian“ von 1930 bis 1939, Paderborn, München, Wien und Zürich 1995, besonders Tabellen 6 und 7 auf S. 734.

13 S.o., Anmerkung 12 sowie zur nationalsozialistischen Kirchenpolitik S. 369, Anmerkungen 46 und 47. Bei den Beurteilungen Goerdelers müssen auch seine eigenen Ansichten und Prioritäten bedacht werden – die Reiseberichte waren nicht zuletzt ein Vehikel, um eigene Kritik in „objektive“ Beobachtungen zu verkleiden.

14 David Lloyd George, britischer Premierminister 1916–1922, gehörte neben Thomas Woodrow Wilson und Georges Clemenceau zu den Hauptakteuren bei der Festlegung der Bestimmungen des Versailler Vertrags 1919. Gerade in Großbritannien wurden die Vertragsbestimmungen von Beginn an sehr kontrovers diskutiert, nicht zuletzt aufgrund des Engagements von John Maynard Keynes. Lloyd George ließ sich zwar von der Keynesschen Argumentation überzeugen, dass eine Reorganisation der internationalen Wirtschaftsbeziehungen die Integration der deutschen Industrie sowie eine starke Reduktion der Reparationsansprüche erfordere, konnte jedoch seinerseits weder den amerikanischen noch den französischen Verhandlungspartner dafür gewinnen. Während Wilson auf die finanzpolitische Blockierung durch den amerikanischen Kongress verwies, bestand Clemenceau auf die revanche- und sicherheitspolitischen Ansprüche Frankreichs. In der britischen Publizistik der 30er Jahre fanden sich zunehmend Schuldzuweisungen an Frankreich, die ökonomische Krise wesentlich verschärft zu haben aufgrund der unnachgiebigen Haltung in der Reparationsfrage. Goerdelers Beurteilung des Ansehens von Lloyd George scheint dagegen zumindest übertrieben. Vgl. R.A.C. Parker: Chamberlain and Appeasement. British Policy and the Coming of the Second World War, London 1993, S. 12-33 sowie Matthias

man eine Herrschaft des Kommunismus oder des Bolschewismus befürchtet. Vor dieser Gefahr hält man Frankreich für gesichert, weil es vorwiegend ein Bauernvolk ist. Aber die marxistisch-sozialistische Stimmung, die Arbeitsunlust des Arbeiters und die Wirtschaftskunststücke in Frankreich beurteilt man doch sehr ernst; der im allgemeinen selbst im Arbeiter konservative Engländer steht dieser Entwicklung gefühls- und verstandesmäßig ablehnend gegenüber.

Ebenso begegnet die Innenpolitik Amerikas Zweifel und Kritiken. England wird sich nicht leicht entschließen, die wirtschaftliche Vorzugsstellung seiner Dominien zu schmälern, um zu einem freien Handelsvertrag mit Amerika zu kommen. Hier wird das letzte Wort vielleicht von der politischen Seite kommen. Sieht sich England aber veranlaßt, zu einer großen politischen Kraftanstrengung auf Amerika zurückzugreifen, so wird es sich dies handelspolitisch etwas kosten lassen.[15]

Die Grundstimmung des Engländers geht darauf aus, mit allen Mitteln den Frieden zu erhalten. Das ist auch ganz natürlich. England ist saturiert. Es ist auf einem Höhepunkt seiner Macht angelangt oder nähert sich ihm zum mindesten schnell. Es kann von keinem Kriege mehr einen Machtzuwachs erwarten, es muß darauf aus sein, seinen Stand zu halten. Selbstverständlich wird jedes Volk dies lieber mit friedlichen Mitteln tun als mit den Opfern des Krieges. Die englische Versicherung, daß es nur zu Verteidigungszwecken rüste, ist insofern vollkommen ernst und aufrichtig. Aber ich glaube, man muß einen Vorbehalt machen. England weiß, daß das Herausbröckeln eines Steines aus dem Gebäude des Empires

Peter: John Maynard Keynes und die britische Deutschlandpolitik. Machtanspruch und Realität im Zeitalter der Weltkriege 1919–1946, München 1997, S. 29-43.

15 Die Verhandlungen zwischen Großbritannien und den USA seit 1935 hatten sich aufgrund des Ineinandergreifens von unterschiedlichen außenpolitischen und außenwirtschaftspolitischen Vorstellungen als äußerst kompliziert erwiesen. Großbritannien stand unter dem sicherheitspolitischen Druck, der von den Aggressoren Deutschland, Italien und Japan ausging; in dieser Konstellation suchte England die Unterstützung der USA. Während die USA versuchten, sich den sicherheits- und gebietspolitischen Auseinandersetzungen in Europa zu entziehen, bemühten sie sich gleichzeitig um einen Ausbau ihrer ökonomischen Machtposition in der Weltwirtschaft und um einen Einbruch in das britische Präferenzsystem. Nach der amerikanischen Argumentation hätte ein britisch-amerikanischer Handelsvertrag Signalwirkung genug ausgestrahlt: Die ökonomische Partnerschaft würde nach außen die prinzipielle Einigkeit der angelsächsischen Mächte verkünden und die gepoolten Rohstoff- und Kapitalreserven würden alle potentiellen Aggressoren abschrecken. Während der dreijährigen Verhandlungszeit, die erst im November 1938 in einem Handelsvertrag resultierte, war jedoch stets die Möglichkeit latent, dass sich Großbritannien in einer sicherheitspolitischen Krisensituation zu handelspolitischen Konzessionen an die USA entschließen und die Dominion-Märkte für US-Produkte öffnen würde. Vgl. Gustav Schmidt: Das Zusammenspiel sicherheitspolitischer, wirtschaftlicher und ideologischer Faktoren in der englischen Weltpolitik und die Restrukturierung der internationalen Politik, in Rohe, Westmächte, S. 29-56.

weitreichende Folgen haben kann. Deswegen wird es alles tun, um seinen Stand zu halten und Lebensfragen der Nation auch mit kriegerischen Mitteln zu sichern. Es bereitet sich auf diese Möglichkeit vor. Diese Möglichkeit hat einen breiten Teil der Erörterung in der letzten Empire-Konferenz eingenommen.[16] Gegen Gefährdung seiner Mittelmeerinteressen schützt sich England auf alle Fälle durch ein Verteidigungssystem zu Wasser und zu Lande, das um das Kap der Guten Hoffnung herumgeht. Aber dies scheint nur seine zweite Linie zu sein. Als Hauptlinie wird die Mittelmeerstellung gehalten. In dem Augenblick, wo England diese ernstlich bedroht sieht, wird es nicht davor zurückschrecken, seine hochwertige und immer vollkommener werdende Rüstung einzusetzen.

Die Stimmung gegen Italien ist durchweg ganz schlecht. Ich glaube, daß England sich mit Mussolini nicht feindlich auseinandersetzen wird, aber der Engländer sieht auch finanzielle und wirtschaftliche Maßnahmen als Kampfmittel an. Diese werden eingesetzt. Der Schuß wird, wenn nötig, fallen, aber dann spät und kurz.[17]

---

[16] Die Empire-Konferenz vom 14.5. bis zum 15.6.1937 in London behandelte insbesondere die Sicherheits- und Rüstungspolitik. Neben der Koordination der Rüstungsanstrengungen und der Verteidigungsbereitschaft des Empires betonte Außenminister Anthony Eden, „daß es ihm nicht möglich sei, der Empire-Konferenz zu versichern, daß Großbritannien unter keinen Umständen an einem Krieg teilnehmen würde, der in einem Teil des Kontinents anbräche, für den keine unmittelbare Verpflichtung zum Eingreifen vorliege. Wenn Großbritannien in einem solchen Fall eingreife, so würde es geschehen, um ein Lebensinteresse Englands und damit des ganzen Empires zu verteidigen.“; vgl. ausführlich zur Konferenz Schultheß 1937, S. 272-283 (Zitat von S. 274). Im üblichen Sprachgebrauch wurde die Unversehrtheit Belgiens und Frankreichs mit dem „Lebensinteresse Englands“ umschrieben; Edens Erklärung implizierte jedoch eine britische Interventionsbereitschaft, die über den Dreimächtepakt hinausging.

[17] Italien hatte sich, ebenso wie Deutschland, bereits seit Ende Juli 1936 im spanischen Bürgerkrieg auf der Seite der Putschisten engagiert, sogar in wesentlich höherem Ausmaß. Entscheidend für die Intervention Italiens waren imperialistische Ziele im Mittelmeerraum, die naturgemäß die britischen Interessen gefährdeten. Die britisch-italienischen Beziehungen folgten in diesem Zeitraum einem ständigen Wechselspiel zwischen Annäherung und Konfrontation, geprägt von dem britischen Appeasementwillen und von der italienischen Strategie, ungeachtet seiner Interventionspolitik in Spanien Vereinbarungen mit Großbritannien zu treffen. Ebenso wie Deutschland hatte Italien das Londoner Nichteinmischungsabkommen unterzeichnet; im Januar 1937 wurde im britisch-italienischen Mittelmeerabkommen von beiden Mächten versichert, dass keine Änderung des status quo im Mittelmeerraum angestrebt würde (abgedruckt in Schultheß 1937, S. 241.). Nachdem Chamberlain Ende Mai 1937 Baldwin abgelöst hatte, bemühte er sich um eine erneute Annäherung an Italien, die zum Entstehungszeitpunkt des Reiseberichts Goerdelers in greifbare Nähe gerückt schien, aber noch nicht in der Öffentlichkeit bekannt war (vgl. ebd., S. 293f.). Vgl. ausführlich Bernecker, Krieg in Spanien, S. 68-78 sowie Christopher Seton-Watson: The Anglo-Italian Gentlemen's Agreement of January 1937 and its Aftermath, in: Mommsen/Kettenacker, Fascist Challenge, S. 267-282.

Auf dieser Grundlage habe ich den Eindruck gewonnen, daß England zu jedem Abkommen mit Deutschland bereit ist, bei dem es seinen Besitzstand halten und seine Zukunftsrisiken verringern kann. Für die Aufrechterhaltung des Diktates von Versailles gibt man keinen Schuß Pulver mehr. Man wird, so bin ich überzeugt, bereit sein, entsprechenden Wünschen Deutschlands soweit Rechnung zu tragen, als *Änderungen mit den Mitteln friedlicher Entwicklung* zu erreichen sind. Man wird auch dem deutschen Wunsch nach Kolonien, allerdings im Westen Afrikas, entgegenkommen, aber nicht vorleistend, sondern im Rahmen eines alle Streitfragen regelnden langdauernden Abkommens. Dies kann im Zusammenhang mit Plänen van Zeelands die Freimachung unserer Währung ohne politische Verschuldung umfassen, womit wir die Rohstoffschwierigkeiten spielend überwinden würden.[18]

Man wird auch von einem die Erde umfassenden Weltreich keine Teil- und keine plötzlichen Entschließungen erwarten dürfen. Dieses Reich kann nicht von heute auf morgen in seiner politischen Marschrichtung herumgeworfen werden. Es kann seine Entschließungen nur auf lange Sicht treffen. Denn jede Änderungen in Aussicht nehmende Entschließung verlangt Umdispositionen, die alle Teile des

18 Seit dem Verlust der Kolonien durch den Versailler Vertrag bemühte sich die deutsche koloniale Lobby um ihre Rückgewinnung mit so unterschiedlichen Argumenten wie dem deutschen Rohstoffbedarf – der nie von den deutschen Kolonien vor 1914 gedeckt worden war –, nationalem Prestige und dem deutschen Bedürfnis nach mehr „Lebensraum". Während die deutschen Ansprüche in der Weimarer Republik kaum Beachtung bei den Siegermächten gefunden hatten, war insbesondere Großbritannien zu weitgehenden Zugeständnissen an das NS-Regime bereit. Die britische Vorstellung, den europäischen Frieden durch koloniale Zugeständnisse sichern zu können, basierte auf der Hoffnung, damit den nationalsozialistischen Expansionsdrang nach Osteuropa aufzufangen, Abrüstungsverhandlungen einzuleiten und ein imperiales Deutschland in die Gemeinschaft des Völkerbunds zurückführen zu können. Zwar existierten strategische Vorbehalte gegen die Rückgabe der alten deutschen Kolonialgebiete, aber es wurde selbst eine Neuaufteilung Afrikas unter den Kolonialmächten in Betracht gezogen. Die britische Seite ging von der Vorstellung, aus, dass das nationalsozialistische Lebensraumkonzept dem traditionellen Imperialismus gleichzusetzen sei und verkannte damit die Ziele des NS-Regimes. Goerdeler schien zu diesem Zeitpunkt die gleichen Trugschlüsse gezogen zu haben. Der belgische Ministerpräsident Paul van Zeeland bemühte sich seit dem April 1937, auch im Namen der britischen und französischen Regierungen, eine Beseitigung internationaler Handelsbeschränkungen und eine internationale Währungsstabilisierung durchsetzen zu können. Vgl. zu van Zeeland Schultheß 1937, S. 593 ff., zur Kolonialpolitik Wolfe W. Schmokel: The Hard Death of Imperialism: British and German Colonial Attitudes, 1919–1939, in: Prosser Gifford; Wm. Roger Louis (Hg.): Britain and Germany in Africa. Imperial Rivalry and Colonial Rule, New Haven; London 1967, S. 301-335; zu den Diskussionen innerhalb des Foreign Office vgl. Bernd Jürgen Wendt: Economic Appeasement. Handel und Finanz in der britischen Deutschland-Politik 1933–1939, Düsseldorf 1971, S. 325-352.

englischen Weltreichs berühren. Sie können nur langsam und auf weite Sicht getroffen werden. Sie sind so weitreichend, daß man sich zu ihnen nur entschließt, wenn man die Gewähr langer Dauer hat. Ich bin überzeugt, daß man grundsätzlich bereit ist, mit Deutschland sich über alle deutschen Lebensfragen auf der bezeichneten Grundlage zu verständigen, und diese Verständigung vollzieht, wenn man eines langen und verständnisvollen Marschierens und gemeinsamen Handelns sicher ist. Es handelt sich um eine Phase von einem Menschenalter.

Auf der anderen Seite habe ich den Eindruck gewonnen, daß im Hinblick auf die Schwerfälligkeit politischer Entschließungen in einem Weltreich auch Entscheidungen, die schließlich etwa gegen unsere Interessen getroffen werden sollten, nicht so bald wieder umgestoßen werden würden. Man kann also nicht damit rechnen, daß wir einseitig den Zeitpunkt bestimmen können, sondern man muß damit rechnen, daß es, wie in der Vergangenheit, so auch in der Gegenwart und Zukunft ein Zuspät geben kann. Dauernde Ungewißheiten wird England trotz seiner bewunderungswürdigen, manchmal zur Verzweiflung treibenden Ruhe aus politischen Gründen nicht durchhalten.

Was unsere wirtschaftlichen Beziehungen zu England betrifft, so ist augenblicklich eine große Absatzmöglichkeit für die Industrie gegeben. Das liegt auf der Hand. Dauernd scheint mir England ein sehr günstiger Markt für hochwertige Qualitätsprodukte auch des täglichen Bedarfs zu sein, bei denen der Preis keine Rolle spielt. Käufer hierfür ist die sehr breite Reichtumsschicht Englands. Außerdem wird ein dauernder Absatz möglich sein für billige Fertigwaren. Der nicht vermögende Engländer deckt seinen Bedarf mehr und mehr in Einheits- und Festpreisgeschäften, die natürlich nur mit billigen Waren arbeiten können.

Dr. Goerdeler.

### 4.2.2 *Reisebericht Frankreich*

*maschinenschriftlicher Bericht vom 5.8.1937; BAK, N 1113, Bd. 14.*[1]

Die französische Wirtschaft ist stark von Landwirtschaft und selbständigen Kaufleuten geprägt und ist autark; die französische Bevölkerung hat eine kritische Haltung gegenüber ihrer Regierung, ist eher antibolschewistisch und zunehmend nationalistisch eingestellt.

---

[1] Vgl. zu den Adressaten des Reiseberichts S. 525, Anmerkung 1. An Krupp hat Goerdeler eine andere Version des vorliegenden Berichts erst im Februar 1938 gesandt (vgl. Brief Goerdelers an Krupp vom 20.2.1938; HA Krupp, FAH 4 E 154, Bl. 70 f.). In den alphabetischen Anmerkungen sind im folgenden relevante Varianten der späteren Fassung aufgenommen (vgl. die Fassung ebd., Bl. 20-27). Der Reisebericht in den Akten der Reichskanzlei ist identisch mit der vorliegenden Version (BAB, R 43 F/3503, Bl. 24-30). Der Grund für die Varianten wird nicht so sehr in zwischenzeitlichen Veränderungen zu suchen sein, sondern in den unterschiedlichen Adressaten.

Frankreich ist verständigungsbereit gegenüber Deutschland, will Konflikt über Spanien vermeiden, steht jedoch auch zu seinen Bündnispflichten in Südosteuropa und ist im Notfall kriegsbereit. Notwendigkeit schneller Entschlüsse über das zukünftige Verhältnis zu Frankreich.

Paris, 5. August 1937

*Frankreich:*

Die letzte Zeit vor meiner Überfahrt nach Amerika[2] habe ich benutzt, um hier Lage und Stimmung kennenzulernen. Auch hier überrascht, wie in Belgien und England, die Offenheit, mit der dem Wunsche nach einer Verständigung mit Deutschland Ausdruck gegeben wird. Ich habe die Meinung gehört, daß Frankreich und Deutschland sich viel besser ergänzten und sich innerlich auch näher ständen als England und Frankreich[a]. Dies ist übrigens auch erklärlich aus der Tatsache, daß tatsächlich das deutsche Volk in seinen Lebensbedingungen und Gewohnheiten zwischen dem Engländer und Franzosen steht.

Aber anders wie in England bin ich hier auch dem sehr offenen Hinweis begegnet, daß man in Frankreich über die Haltung Deutschlands enttäuscht sei[b]. Diese Enttäuschung nehme zu. – Solche Meinung wird gerade von ernsthaften jungen Franzosen vertreten, die hoch gebildet sind, Deutschland genau kennen und sich die Verständigung zur Aufgabe gemacht haben; bei ihnen bin ich spontanen plötzlichen Zeichen der Ungeduld und des Mißtrauens begegnet.

Um Lage und Stimmung Frankreichs richtig einzuschätzen, ist es notwendig, sich den natürlichen Reichtum des Landes zu vergegenwärtigen. Frankreich ist, anders wie Deutschland, tatsächlich in der Lage, seine Bevölkerung vollkommen selbst zu ernähren, von den wachsenden Schätzen seines Kolonialbesitzes ganz abgesehen. Die französische Wirtschaft wird von Bauern getragen, etwa 60 %[c] der Bevölkerung leben auf dem Lande und in den kleinen Städten. Auch ein großer Teil der französischen Arbeiter hat eigenen Besitz. Die Staatswirtschaft ist in ungleich höherem Maße als in Deutschland auf selbständige Kaufleute, Gastwirte usw. abgestellt. Sie werden auch bewußt gestützt; denn für sie gelten Vierzigstundenwoche und ähnliche hemmende und verteuernde Regelungen nicht, solange nur Familienmitglieder im Betriebe arbeiten. Der Fleiß dieser Familien ist zu bewundern. Auch die Frau arbeitet voll mit. Diese Menschen neigen, gefördert durch natürliche Anlagen, durch Klugheit und lebhaftes Temperament zur Kritik, namentlich gegenüber der Regierung. Die allgemeine Achtung vor den Gesetzen ist gering,

---

a In der späteren Fassung: „Deutschland“.
b In der späteren Fassung: „mißtrauisch werde“.
c In der späteren Fassung: „70 %“.

2 S. Goerdelers Reisebericht aus den USA vom 2.1.1938; Dok. 4.2.3; unten S. 547 ff.

soweit es sich um Eingriffe in das persönliche Leben handelt.[d] Infolgedessen wählt man nicht eine bestimmte Partei, sondern man wählt für oder gegen die Regierung. Ein ganz großer Teil der kommunistischen Stimmen in den letzten Wahlen[3] sind so abzuschätzen. Sie entspringen mehr einer augenblicklichen Verärgerung als

---

d In der späteren Fassung ist der folgende Text bis Anmerkung e nicht aufgenommen. An seiner Stelle findet sich stattdessen die folgende Passage:
„Die Gesetze erscheinen dem Einzelnen nicht als Ausfluß einer über den Parteien stehenden, der Gegenwart und Zukunft verantwortlichen Regierung, sondern als zeitlich begrenzte Betätigungen von Mitbürgern, die sich in die Macht gebracht haben. Der Franzose scheint von Natur zur monarchistischen Staatsform prädestiniert zu sein; aber die historischen Geschehnisse und Zeitverlauf haben der republikanischen Staatsform ein beachtliches Prestige gegeben. So hält sich der Franzose an das, was er täglich sieht, und das ist eine überbürokratisierte Verwaltung, die zudem noch stark zentralisiert ist. Eine lebendige Selbstverwaltung, befruchtet durch das Bewußtsein der Selbstverantwortung, fehlt; man sieht, wie wesentlich sie für europäische Kulturvölker gerade in Zeiten außerordentlicher Spannung ist. Der Franzose schimpft über die Überorganisation der öffentlichen Verwaltung, über ihre Langsamkeit und darüber, daß der öffentliche Angestellte und Beamte seine Amtszeit zu persönlichen Angelegenheiten benutzt, das Publikum warten läßt, und die Steuern verzehrt. Die allgemeine Achtung vor den Beamten ist auffallend gering. Das Ansehen der Staatsregierung aus den erwähnten Gründen und infolge des häufigen Wechsels der Minister ebenfalls. Infolgedessen wählt man in der breiten Masse weniger aus bewußter politischer Überzeugung, als aus Stimmungen heraus. Frankreich hat sich ebensowenig wie ein anderes Land dieser Welt (England ausgenommen) den vernichtenden Wirkungen des Diktates von Versailles entziehen können. Nach anfänglichem durch die Regierungen gesteigertem Rausch und nach Beendigung der von vornherein unmöglichen Reparationszahlungen Deutschlands ist auch Frankreich an sich vor die Notwendigkeit gestellt, seinen Lebensstand einzuschränken, und in eiserner Sparsamkeit sich auf die veränderte Lage einzustellen. Allzulange hat man die Augen gegenüber der Tatsache verschlossen, daß es weiser und nützlicher gewesen wäre, durch Entgegenkommen gegenüber Deutschland einen schöpferischen Beitrag zur Erholung der Völker und zur Wiederherstellung ihrer Wirtschaftsbeziehungen zu leisten.
Dem sozialistischen Irrwahn, daß die Gemeinschaft dem Einzelnen über die Schwierigkeiten dieses Lebens hinwegzuhelfen habe, und daß es möglich sei, weniger zu leisten, aber besser zu leben, ist man auch in Frankreich nicht rechtzeitig durch vorbeugende Aufklärung und Schulung entgegengetreten. Aus allen diesen Gründen ist es kein Wunder, daß die Masse des Volkes ihrem Unmut Ausdruck gegeben hat, indem sie in den letzten Wahlen kommunistisch wählte. Daß aber der französische Bauer und Kleinbürger in Wahrheit das Ergebnis seines Fleißes mit anderen teilen will ist ausgeschlossen, und so entspringt das Ergebnis der letzten Wahlen mehr einer zeitweisen Verärgerung, und einem allerdings gründlichem Irrtum, als einem politischen Glauben.“

3 In den Kammerwahlen vom 3. Mai 1936 hatte sich die politische Polarisierung in Frankreich zwischen Volksfront und Nationaler Front zugespitzt. Gleichzeitig veränderte das Wahlergebnis die Kräfteverhältnisse innerhalb der beiden Blöcke: In der Nationalen Front gewannen militante Gruppierungen Wählerstimmen von den gemäßigteren, während sich der Schwerpunkt in der Volksfront weiter nach links verlagerte. Die Radikalsozialisten –

einem Glauben.[e] Nun hat die Gesetzgebung der Regierung Blum weite Kreise gerade der selbständigen Gewerbetreibenden sehr verärgert;[4] dazu kommt, daß die finanziellen und wirtschaftlichen Auswirkungen in ihrer vollen Belastung sich erst in den nächsten Monaten offenbaren werden. Wahlen im Winter 1937/38 werden ein wesentlich anderes Ergebnis haben.[5]

Von welchem Gesichtspunkt aus man auch die künftige Entwicklung Frankreichs bestimmen will, niemals kommt man zu dem Ergebnis, daß dieses Land dem Bolschewismus oder dem Kommunismus entgegentreibt. Es können noch Rückschläge gegenüber den jetzigen Grundmaßnahmen erfolgen; es ist möglich, daß die Regierung Chautemps[6] wieder durch ein Blum-Cabinett vorübergehend

---

e S.o., Anmerkung d.

entgegen ihrer Bezeichnung eher als liberal, demokratisch und sozial konservativ zu charakterisieren – verloren ihre Vormachtstellung innerhalb des linken Spektrums an die Sozialisten, und die Kommunistische Partei konnte ihre Wählerstimmen fast verdoppeln. In der Sitzverteilung der neugewählten Kammer standen 220 Abgeordneten der Rechten 380 Abgeordnete der Linken (davon 149 Sozialisten, 106 Radikalsozialisten und 72 Kommunisten) gegenüber. Vgl. René Rémond: Frankreich im 20. Jahrhundert, Erster Teil: 1918–1958, Stuttgart 1994, S. 221-225.

4 Zwischen den Maiwahlen und der Bildung der Volksfrontregierung am 4.6.1936 wurde Frankreich von einer Streikwelle überrollt, die das gesamte Wirtschaftsleben lahm legte. Streikende und Fabrikbesetzer waren die Volksfrontwähler, die sich sofortige Veränderungen ihrer Situation nach den Wahlergebnissen erhofft hatten. Die Volksfrontregierung unter Blum reagierte nach ihrer Bestätigung Anfang Juni unverzüglich mit einer Reihe von Sozialgesetzen, die über die Garantie eines zweiwöchigen bezahlten Jahresurlaubs für alle Arbeitnehmer, die Verbindlichkeitserklärung von Tarifverträgen und die Festlegung ihrer Aushandlungsmodalitäten bis zur Einführung der 40-Stunden-Woche reichte. Die Kleinunternehmer empfanden sich in den ursprünglichen Verhandlungen und Vereinbarungen übergangen, da sie sich in dem ersten Schlichtungstreffen nicht repräsentiert sahen. Die Tatsache, dass die Matignon-Vereinbarung vom 7.6., die wegweisend für die darauf folgende Sozialgesetzgebung war, aus einem Schlichtungstreffen zwischen Großunternehmern, dem gewerkschaftlichen Dachverband und Regierungsvertretern resultierte, spiegelte jedoch in erster Linie die mangelnde Organisation der Arbeitgeberschaft. Entscheidender für die zunehmende Kritik an der Politik der Volksfrontregierung war die Erkenntnis, dass die damit verbundenen Hoffnungen auf eine Wiederbelebung der französischen Wirtschaft enttäuscht wurden. Vgl. ebd., S. 234-250.

5 In den Kommunalwahlen vom Oktober 1937 blieb das Kräfteverhältnis zwischen den Rechts- und Linksparteien relativ konstant, aber innerhalb der beiden Blöcke waren Verschiebungen zu beobachten. Während innerhalb der politischen Rechten eine weitere Verschiebung zugunsten militanter Gruppierungen zu verzeichnen war, pendelte die linke Wählerschaft zu den gemäßigteren Gruppierungen zurück. Verluste der Kommunisten (von 8,6 % auf 2,7 %) und der Sozialisten (von 25 % auf 15 %) kamen den Radikalsozialisten (von 20,6 % auf 34,5 %) zugute. Vgl. Schultheß 1937, S. 362.

6 Die französische Regierung unter Léon Blum hatte im Juni 1937 zur Bekämpfung der Wirtschaftskrise ein finanzpolitisches Ermächtigungsgesetz entworfen, das jedoch vom Parlament

abgelöst wird, weil Blum noch der Abgott vieler Arbeiter und Angestellter ist. Mir erscheinen noch schwere Krisen im Kampf um die Gesundung wahrscheinlich, möglich sogar, daß der Franken stark fällt und Devisenwirtschaft[f] einsetzt.[7] Aber am Ende werden *die* Kräfte in Frankreich ohne nennenswerte Schwierigkeiten die Oberhand behalten, die eine vernünftige politische und wirtschaftliche Ordnung mit starkem sozialen Einschlag wollen. Ich glaube annehmen zu dürfen, daß auch die Armee niemals eine Entwicklung zum Bolschewismus ruhig hinnehmen würde. Wenn man hier auch nur einige Tage etwas von Frankreich und seinen Menschen gesehen hat, so hält man viel Radau für möglich aber keine Frankreich gefährdende radikal-politische Entwicklung. Insbesondere beeinflußt der Vertrag mit Rußland das französische Volk nur antibolschewistisch. Das französische Volk ist viel zu stolz, und liebt seine Freiheit viel zu stark, es ist auch viel zu klug, als daß es die offenbar schon fehlgeschlagene Politik eines anderen Volkes sklavisch nachahmen wollte. Die letzte Belehrung wird ihm vielleicht der russische Pavillon auf der Weltausstellung erteilen, der ja weiter nichts enthält als eine Anhäufung von schlechter Propaganda, während der Franzose elegante Leistung bewundert.[g] [8]

---

[f] In der späteren Fassung: „beschränkte Devisenwirtschaft“.

[g] Einschub in der späteren Fassung: „Ein entscheidender Halt des französischen Volkes ist die Armee. Auf sie vereint sich der ganze Stolz des Volkes umso stärker, als ihm die öffentliche Verwaltung nur teilweise Achtung abgewinnt, und ihm keine wirkliche verantwortliche Teilnahme an den öffentlichen Geschäften gestattet. Ein Volk mit einer so starken Geschichte wie das französische braucht einen Gegenstand, an dem seine Seele einen Halt findet. Für ein ausgesprochen soldatisches Volk mit großer militärischer Tradition ist dies naturgemäß die Armee. Sie ist in Frankreich, wie mir dort lebende Deutsche berichten, in vollendeter Klugheit von politischen Einflüssen freigehalten.“

abgelehnt wurde. Der darauf erfolgte Rücktritt Blums führte zur Regierungsneubildung unter dem Radikalsozialisten Camille Chautemps, dem wiederum dieselben Vollmachten, die dem Sozialisten Blum verweigert worden waren, vom Parlament eingeräumt wurden. Die Koalition der Volksfrontregierung blieb bestehen, allerdings hatten sich die Kräfterelationen innerhalb der Koalition wieder von den Sozialisten zu den Radikalsozialisten verschoben. Vgl. Rémond, Frankreich, S. 249 ff.

7 Vgl. zur französischen Wirtschaftskrise S. 511, Anmerkungen 2 und 4. In der Forschung herrscht mittlerweile Einigkeit darüber, dass die französische Finanz- und Haushaltskrise 1935 begann und durch die Deflations- und Abwertungspraxis der Regierung Doumergue verschärft worden ist. Im Mai 1938 gab Frankreich den Goldstandard auf und band sich an den Sterling-Block. Vgl. Ziebura, Determinanten, S. 136 ff. sowie René Girault: The Impact of the Economic Situation on the Foreign Policy of France, 1936–9, in: Mommsen/Kettenacker, Fascist Challenge, S. 209-226. Zu den politischen Auswirkungen der finanzpolitischen Bindung Frankreichs an Großbritannien vgl. J. Néré: The Foreign Policy of France from 1914 to 1945, London und Boston 1975, S. 200 ff.

8 Die Pariser Weltausstellung wurde am 24. Mai 1937 unter dem Motto „Kunst und Technik im Leben der Gegenwart“ eröffnet. Die Ausstellung wurde naturgemäß von allen Teilnehmer-

So ist in die Linkskreise Frankreichs unter dem Druck der Volksstimmung und der Ereignisse eine starke Entwicklung zum Nationalismus hineingekommen. Man möchte das Vaterland unter allen Umständen vor dem Schicksal Spaniens bewahren.[9] Sie lehnen jeden Zwang, auch den des Faschismus, ab und treten so leidenschaftlich für ihre Freiheit ein, daß sie sich lieber auch mit den rechtsradikalen Franzosen zu gemeinsamem Kampfe für das jetzige Frankreich vereinen, als den Welt-Revolutionsideen zu folgen. Es wurde mir glaubwürdig berichtet, daß jetzt selbst die Kommunisten bei Aufzügen mit der Trikolore marschieren und die Marseillaise singen. Ebenso wird mir glaubwürdig versichert, daß seit vorigem Herbst jede anti-militärische Propaganda restlos verschwunden ist.

Ich habe nicht den mindesten Zweifel, daß jeder Krieg, zu dem die Regierung gegen Deutschland oder Italien aufruft, das französische Volk vollkommen geschlossen finden wird. Es wird marschieren und kämpfen. Auf irgend eine andere Entwicklung zu rechnen, würde sich als ein entscheidender Fehler erweisen. Man muß im Gegenteil mit der in der Geschichte wiederholt hervorgetretenen Neigung Frankreichs rechnen, innenpolitische Schwierigkeiten nach außen abzulasten. Noch scheinen die vernünftigen, der Verständigung zustrebenden Kreise Frankreichs stark genug, um solchen Versuchungen zu widerstehen. Wenn aber in einer Periode besonders starker innerer Empfindlichkeit und Schwierigkeiten noch starke Reizungen von außen hinzutreten, dann kann auch im Bewußtsein gesteigerter Rüstung eine plötzliche und gefährliche Änderung der Politik Frankreichs erfolgen.[h] Die Besorgnis vor einem Kriege mit Italien erscheint mir nach dem, was ich gehört habe, gleich Null. Spanien habe bewiesen, daß Italien militärisch seit dem Weltkriege nicht besser geworden ist. Aber ich glaube, aus gewissen Anzeichen auch schließen zu können, daß die Besorgnisse vor Deutschland auf

h Einschub in der späteren Fassung: „Die Stimmung gegen Italien ist denkbar schlecht. Ich habe das Gefühl, man würde gern gegen Italien schlagen; nur die Vernunft dämpft diese Strömung."

Ländern als Möglichkeit der Selbstdarstellung genutzt sowie als Gelegenheit zu politischen und wirtschaftlichen Verhandlungen. Vgl. z.B. die Rede Schachts bei der Einweihung des Deutschen Hauses, abgedr. in Schultheß 1937, S. 597-599.

9 Vgl. zum spanischen Bürgerkrieg S. 533, Anmerkung 11. Die französische Volksfrontregierung unter Blum fühlte sich der spanischen Volksfrontregierung eng verbunden und lieferte ihr anfänglich Waffen u.a. Kriegsmaterial. Die innerpolitischen Frontstellungen in Frankreich, die der innerspanischen Konstellation sehr ähnlich waren, zwangen Blum jedoch bald zu einer Politik der Nichteinmischung. Die offizielle Unterstützung der Nichteinmischungsvereinbarung, die auch von britischer Seite gefordert worden war, wurde jedoch durch geheime Waffenlieferungen unterlaufen. Der Ausbruch des spanischen Bürgerkriegs hatte auch zur Folge, dass die französische Linke ihre pazifistischen Neigungen aufgab und das erste große Wiederaufrüstungsprogramm initiierte. Vgl. Rémond, Frankreich, S. 244-247.

militärischem Gebiete nicht mehr so stark sind, wie sie vor einem Jahre von Kennern berichtet wurden; immerhin tritt große Achtung vor dem deutschen Können zutage.

Ich erwähnte, daß ich auch auffallend ernsten Auffassungen begegnet bin. Ihnen liegt in erster Linie die spanische Frage zu Grunde. Es scheint, daß Frankreich sehr gutes Material über die Beteiligung Italiens in Spanien besitzt und von diesem Material unter allen Umständen Gebrauch machen wird, wenn nicht in absehbarer Zeit Italien sich aus der spanischen Unternehmung zurückzieht. Man will weder in Spanien noch auf den Balearen Italiener für unbeschränkte Zeit dulden, und ich glaube, man bereitet sich jetzt schon auf entsprechende Operationen vor, die unternommen werden, sobald Englands Rüstung stark genug ist, und wenn Italien nicht vorher nachgibt. Die Franzosen rechnen offenbar damit, daß dieses Material die Weltmeinung stark beeindrucken würde.[10]

Es ist sehr eigenartig, dann immer wieder zu fühlen, wie sie hoffen, daß bei einer solchen Aktion Deutschland in Spanien nicht mehr aktiv beteiligt sein würde. Wenn also die deutsche Politik in der spanischen Frage eine Beruhigung anstrebt, und sich das Eisen einer Verständigung mit Frankreich im Feuer halten will, dann wird die Möglichkeit dieser Verständigung stark davon abhängen, ob deutsche Kräfte irgendwelcher Art sich noch in Spanien betätigen oder nicht.[11]

In diesem Zusammenhang wird die bisherige Auffassung über die neueste Entwicklung im Verhältnis England-Italien interessieren.[i] Man ist der Ansicht, daß ihr eine Initiative *Italiens* zu Grunde liegt, weil Italien die Stärke der englisch-franzöischen Position nach vollzogener Aufrüstung festgestellt und Deutschland die von Italien erstrebte Bindung abgelehnt habe.[12] Man ist ferner der Ansicht,

---

i Zusatz in der späteren Fassung: „(Briefwechsel Mussolini-Chamberlain)“; vgl. zu dem Briefwechsel Schultheß 1937, S. 293f.

10 Frankreich drohte auch seit Anfang 1937 eine Öffnung der Pyrenäengrenze und eine offensivere Unterstützung der republikanischen Regierung in Spanien an. Die französischen Drohungen waren jedoch nicht so sehr an Italien gerichtet, als vielmehr an die britische Regierung, die eine Einigung mit Italien ohne Einbezug Frankreichs anstrebte. Vgl. Martin Thomas: Britain, France & Appeasement. Anglo-French Relations in the Popular Front Era, Oxford und New York 1996, S. 213 ff. sowie zu den britisch-italienischen Verhandlungen S. 537, Anmerkung 17.

11 Diese Ansicht wird in den Akten nicht bestätigt. Zwar wurde die britische und französische Politik auch nach 1936 von der Vorstellung beherrscht, dass Verhandlungen mit Deutschland und Italien einen Krieg abwenden könnten. Aber die Ansicht, dass Frankreich besonderen Wert auf die deutsche Nichteinmischung in Spanien legte, überschätzt die französische Bereitschaft, für Spanien und ohne britische Rückendeckung einen Krieg zu riskieren.

12 Die deutsch-italienische Übereinkunft von Ende Oktober 1936, nach Mussolinis Vorprellen einige Tage darauf als „Achsen“-Vereinbarung bezeichnet, hatte zunächst nicht die von Italien angestrebten Auswirkungen. Zwar waren mit der Übereinkunft die jeweiligen Interessensphären im Mittelmeerraum und in Osteuropa festgelegt worden, aber darüber hinaus-

daß Italien nunmehr alles tun wird, um aus einer Lage herauszukommen, die für ein Land ohne gesicherte Finanzen und ohne genügende Rohstoffe von Monat zu Monat gefährlicher werden muß. Man scheint im übrigen auch mit einer großen Skrupellosigkeit Italiens gegenüber Deutschland zu rechnen und scheint entschlossen zu sein, sich auf irgendwelche halbe Sachen nicht mehr einzulassen. Für den Fall, daß Italien solche halbe Lösungen anstreben oder die Lösung hinauszögern sollte, dürfte wohl das oben erwähnte Material bestimmt sein.

Ich wiederhole, daß die Verständigungsbereitschaft Deutschland gegenüber auffallend groß erscheint.[j] Aber jene ernsten Auffassungen verfehlen nicht anzudeuten, daß Frankreich seinen Bündnispflichten im Südosten Europas unter allen Umständen nachkommen würde. Der Hinweis auf eine gewisse Unerträglichkeit des dortigen Zustandes für die deutschen Interessen wird mit dem Hinweis beantwortet: *verständigen* könne man sich über alles, auch über noch so heikle Fragen.[13]

---

j Einschub anstelle des vorhergehenden Satzes in der späteren Fassung: „Die Leistungen Deutschlands in Krieg und Frieden werden hoch anerkannt, ja bewundert. Man möchte mit Deutschland zu einem friedlichen Zusammenarbeiten, zu einem regen Handelsverkehr kommen. Geistig und kulturell fühlt man sich zu Deutschland hingezogen, mehr als zu England."

gehende Ziele Mussolinis – eine feste Bindung an Deutschland und die Verhinderung deutsch-britischer Verhandlungen, in deren Verlauf Italien kaum mehr als ein Pressionsmittel Hitlers auf Großbritannien war – konnten von ihm zunächst nicht erreicht werden. Ende Juli/Anfang August bahnte sich daraufhin eine erneute Annäherung zwischen Italien und Großbritannien an, die von Mussolini initiiert worden war (vgl. die Erklärung Chamberlains vom 3.11.1937 über die Ereignisse in Schultheß 1937, S. 306). Vgl. Manfred Funke: Die deutsch-italienischen Beziehungen. Antibolschewismus und außenpolitische Interessenkonkurrenz als Strukturprinzip der „Achse", in: Ders. (Hg.): Hitler, Deutschland und die Mächte. Materialien zur Außenpolitik des Dritten Reiches, Düsseldorf 1976, S. 823-846.

13 Die französischen Bündnispflichten gegenüber der Kleinen Entente – die Garantie der Grenzen von der Tschechoslowakei, Jugoslawien und Rumänien – waren ursprünglich gegen Expansions- bzw. Revisionsbestrebungen Österreichs, Ungarns und Bulgariens gerichtet. Zusammen mit der Garantie der polnischen Grenze hatte Frankreich es auf diese Weise auch erreicht, einen „cordon sanitaire" von der Ostsee zum Mittelmeer zu errichten, der ein Zusammengehen Deutschlands mit der Sowjetunion erschweren sollte. Der seit 1933 intensivierte und verstärkt bilateral orientierte deutsche Handel mit den Balkanstaaten verfolgte eine Doppelstrategie: einerseits sicherte sich das NS-Regime damit die südosteuropäischen Rohstoffe zur Aufrüstung, andererseits wurde Frankreich zunehmend isoliert. Vgl. Manfred Messerschmidt: Außenpolitik und Kriegsvorbereitung, in: Deist u.a., Ursachen und Voraussetzungen, S. 760 ff. sowie Detlef Vogel: Deutschland und Südosteuropa. Von politisch-wirtschaftlicher Einflussnahme zur offenen Gewaltanwendung und Unterdrückung, in: Wolfgang Michalka (Hg.): Der Weltkrieg. Analysen, Grundzüge, Forschungsbilanz, München 1989, S. 532-550. Zu der Politik Frankreichs vgl. Nicole Jordan: The Popular Front and Central Europe: The Dilemmas of French Impotence, 1918–1940, Cambridge 1992.

Ich habe den Eindruck gewonnen, daß ebenso wie mit England auch mit Frankreich eine Verständigung über alle im deutschen Interesse zu lösenden Fragen möglich ist, wobei die Aussichten um so besser sind, je weniger Bindungen Italien gegenüber zu beachten sind. Ich habe aber ebenso die Überzeugung hier wie in England gewonnen, daß die Zeit nicht für uns arbeitet. Überraschungen sind im politischen Leben nie ausgeschlossen, – hier würden es wohl mehr für uns ungünstige Überraschungen sein, die die deutsche Handlungsfreiheit wesentlich einschränken würden, weil in solchen Fällen England und Frankreich fest zusammenstehen würden.[k]

Die rechtsradikalen Gruppen sollen, wie mir unter Anführung von Tatsachen gesprächsweise erzählt ist, keine nennenswerten Aussichten mehr haben, zumal die Kommunisten, wie schon erwähnt, immer nationalere Färbung annehmen.

Streiks und sonstigen Beunruhigungen des Wirtschaftslebens bin ich nicht begegnet, überall spielt sich das Leben normal ab. Auch aus Industriekreisen wurde mir versichert, daß der französische Arbeiter wieder ruhig und fleißig arbeitet. Man muß berücksichtigen, daß Frankreich all zu lange jede in anderen Ländern längst durchgeführte soziale Gestaltung des Arbeitsrechts aufgeschoben hatte.[14] Ich kann mir aber über die wirtschaftliche und soziale Lage bei der Kürze meines Aufenthaltes hier noch kein abschließendes, vertretbares Urteil erlauben. Selbst über die politische Lage hätte ich noch nicht berichtet, wenn ich nicht gerade auf diesem Gebiet einer erstaunlichen Lebendigkeit und Aktualität begegnet wäre.

Goerdeler.

### 4.2.3 *Reisebericht USA*

*maschinenschriftlicher Bericht vom 2.1.1938; Privatbesitz.*[1]

Die USA sind autark und produzieren Überschüsse in der Landwirtschaft; die Binnenwirtschaft ist von Ratengeschäften beherrscht; in der Industrie dominiert Fließbandarbeit; die demokratische Verfassung ist der amerikanischen Bevölkerung angemessen. Maßnahmen und Ergebnisse der New Deal-Politik: Prämien an Farmer für Produktionsdrosselung führen zur Notwendigkeit von Importen; Preistreiberei durch Regierungskäufe führt zum Verlust der internationalen Konkurrenzfähigkeit; Reformen im Arbeitsrecht führen zur

---

[k] Zusatz in der späteren Fassung: „Ihre Mittelmeerinteressen binden sie aneinander.“

[14] Zum französischen Arbeitsrecht s.o., Anmerkung 4.

[1] Vgl. zu den Adressaten des Reiseberichts S. 525, Anmerkung 1. Ein Exemplar des Reiseberichts ist vorhanden in den Akten der Reichskanzlei (BAB, R 43F/3503, Bl. 35-75); in den Akten des Krupp-Archivs ist der Reisebericht selbst nicht erhalten, aber die Korrespondenz zwischen Goerdeler und Krupp lässt darauf schließen, dass Krupp ebenfalls ein Exemplar zugesandt wurde (vgl. Brief Goerdelers an Krupp vom 6.3.1938; HA Krupp, FAH 4 E 154, Bl. 66 f.).

Verteuerung der Gesamtproduktion; der Ausbau der Sozialversicherung stellt eine zu hohe finanzielle Belastung dar; die hohe Unternehmensbesteuerung vermindert die Investitionstätigkeit; die staatliche Wohnungsbaupolitik ist eine Verlustwirtschaft; Arbeitsbeschaffungsmaßnahmen zur Bodenkonservierung, im Straßen- und im Gebäudebau sind undurchdacht, zu teuer und zu verschwenderisch; die Arbeitslager für jugendliche Arbeitslose sind erfolgreich. Das Verhältnis zu Deutschland: gegen die nationalsozialistische Judenpolitik bestehen keine grundsätzlichen Vorbehalte; die Garantie der Gewissens- und Religionsfreiheit, der Rechtssicherheit und des Schutzes der Familie werden gefordert; es besteht die Bereitschaft zur Kreditgewährung und zur Tolerierung der deutschen Exportzuschüsse; der Abschluss eines umfassenden Handelsvertrags setzt eine europäische Einigung Deutschlands mit Frankreich und Großbritannien voraus. Die wirtschaftspolitische Lage und die sicherheitspolitischen Notwendigkeiten in Ostasien werden die USA zur Aufgabe ihres Isolationismus zwingen; eine Einigung mit Großbritannien ist absehbar. Noch besteht die Möglichkeit, die wichtigsten Punkte des Versailler Vertrags friedlich zu revidieren.

2. Januar 1938

In den Vereinigten Staaten von Nordamerika war ich dreieinhalb Monate und habe sie von Ost nach West und von Nord nach Süd hin und her durchreist. Ihr Gebiet ist etwa siebzehnmal so groß wie Deutschland. Die Bevölkerung beträgt rund 130 Millionen, davon sind etwa 100 Millionen Weiße und Amerikageborene, etwa 12 Millionen Neger, 300.000 Indianer, 150.000 Japaner und Chinesen. Unter den Weißen gibt es rund 7 Millionen in Deutschland oder von deutschen Eltern Geborene. Der Anteil der Juden ist erst in den letzten sechzig Jahren stärker geworden. Er betrug im Jahre 1877 noch nicht einmal ½% und dürfte jetzt etwa bei knapp 3,8% liegen.

In der weißen Bevölkerung treten natürlich noch die ursprünglichen Heimatnationen (England, Deutschland, Frankreich, Italien, Irland, Polen, Tschechoslowakei, Skandinavien etc.) in die Erscheinung. Da aber die Masseneinwanderung seit etwa fünfundzwanzig Jahren gestoppt ist, so treten die Unterschiede äußerlich mehr und mehr zurück. Die Sprache ist im allgemeinen bereits in der dritten Generation fast nur noch englisch, es sei denn, daß zum Beispiel Deutsche irgendwo, wie in Pennsylvanien oder im mittleren Westen, Farm an Farm sitzen. Ich habe den bestimmten Eindruck gewonnen, daß in steigendem Maße die Eigenart des Landes selbst, seine Natur, seine natürlichen Kräfte und seine kontinentale Zusammenfassung das Wesen der Menschen und den Inhalt ihres Lebens, insbesondere ihrer Politik bestimmen. Das ist auch nur natürlich und bisher überall der Fall gewesen. Wir wundern uns in Europa zu häufig über anscheinende Naivitäten und Ungereimtheiten der Nordamerikaner. Zu Unrecht. Man muß sich vor Augen halten, wie groß der Unterschied noch heute zwischen Ostpreußen mit einer rund siebenhundertjährigen Geschichte, und Bayern, Baden, Württemberg mit einer rund dreizehnhundertjährigen Geschichte ist. In Nordamerika hat aber der Weiße erst seit dreihundert Jahren begonnen, Geschichte zu machen; die Staaten des Westens und des Mittelwestens haben sogar erst eine Geschichte von hundert Jahren planmäßiger Kolonisation hinter sich. Wie könnte sich denn in solchen kurzen Zeiträumen, noch dazu angesichts dauernder Masseneinwanderung, die Verwurzelung von Mensch und Boden bereits in allen Einzelheiten vollziehen und ausprägen! Nein, die Vereinigten Staaten können noch keine Kultur haben, denn Kultur ist die vollkommene Beherrschung des äußeren Stoffes durch die Seele des Menschen. In Nordamerika ist der Mensch noch längst nicht mit seiner Umgebung fertig geworden. Überall tritt in den Schöpfungen der Menschen in USA das Suchen und Werden sinnfällig in Erscheinung. Dazu kommt, daß die Natur in USA von den vielfältigsten (natürlichen) Spannungen und Gegensätzen erfüllt ist, wie sie eben nur ein durch so viele Breiten- und Längengrade sich erstreckender Kontinent hervorbringen kann. Auffallend sind zum Beispiel die elektrischen Spannungen. Kurz und gut, die Natur hat in den Vereinigten Staaten die weißen Menschen erst in ihre Fangarme genommen, sie aber noch nicht einheitlich durchgebildet. Daß sie aus den Abkömmlingen verschiedener weißer Nationen allmählich einen einheitlichen Menschen machen wird, kann ich nicht bezweifeln. Dazu ist, wie gesagt, diese Natur zu eigenartig.

Die landwirtschaftlich nutzbare Fläche ist etwa fünfzehnmal so groß wie die deutsche. Davon ist zur Zeit etwa nur die Hälfte bewirtschaftet. Von dieser Hälfte ist etwa die Hälfte unter dem Pfluge. Künstlicher Dung wird bisher nur in den älteren Kolonisationsgebieten verwandt. Ich habe namentlich im Süden Böden gesehen, die achtmal hintereinander ohne Dung die gleiche Frucht mit höchstem Ertrage bringen. Zweifellos vermögen also die Vereinigten Staaten von Nordamerika bei intensiver Ausnutzung aller dazu geeigneten Flächen eine Bevölkerung von rund 500 Millionen aus dem eigenen Boden zu ernähren. Es kann alles angebaut und erzeugt werden, was zur menschlichen Ernährung erforderlich ist, einschließlich aller Gemüse und Früchte, Baumwolle und Tabak. Sehr wichtig ist, daß die Regierung etwa seit 1932 der Bodenerhaltung volle Aufmerksamkeit zuwendet. In dem Riesenraume ist nämlich überall irgend ein Stück der Gesamtfläche in Bewirtschaftung genommen. Es sind damit Wunden in die natürliche Oberfläche (Wald und Prärie) geschlagen, die den Elementen Wasser und Luft Angriffspunkte zur Zerstörung geben. Die Stromläufe zeigen meist ein sehr starkes Gefälle. Die Auswaschungen des Bodens sind daher groß und gefährlich. Ich habe in Virginia, in North und South Carolina, in Alabama, in Louisiana und Missouri nur gelbe, braune und rote Bäche, Flüsse und Ströme gesehen; sie sind fließende Erde. Seit 1917 wird durch Staudämme und neuerdings, was viel wichtiger ist, – durch die Kleinarbeit der Oberflächenbefestigung, durch Terrassierung, Drainage und Aufforstung Abhilfe geschaffen. Andernfalls würden ungeheure Auswaschungen bis auf den Fels herunter im Laufe der Jahrhunderte die Folge sein, nach dem einmal die oberflächenschonende Wirtschaft der alten Indianerstämme verlassen ist.[2]

---

2 Zu Maßnahmen vor dem Regierungsantritt Roosevelts vgl. die Memoiren seines Vorgängers Herbert Hoover: Memoiren, Bd. 2: Das Kabinett und die Präsidentschaft 1920–1933, Mainz 1952, S. 109-122; 210-224. Seit 1933 bestand ein Bodenerosions-Dienst, der jedoch

*Für die Gegenwart ist es wichtig, daß die 130 Millionen Menschen in USA praktisch niemals Hunger zu leiden brauchen, sondern in Nahrungsmitteln wühlen können*; auch Arbeitslosigkeit braucht es nicht zu geben, wenn schlimmstenfalls die in der Industrie arbeitslos gewordenen Menschen Kleinbauern werden. Land ist übergenug vorhanden, und die Erinnerung an die Kolonisationszeit ist noch lebendig. Allerdings ist auch die Landflucht groß. *Immerhin kann eine mutige, die Wahrheit ins Auge fassende und verkündende Regierung niemals vor eine unlösbare sozialpolitische Spannung sich gestellt sehen.* Dieser Vorteile werden sich die USA noch viele Jahrzehnte, ja wohl noch einige Jahrhunderte erfreuen.

Hinsichtlich der *industriellen* Rohstoffe gilt nicht ganz das gleiche. Die Vereinigten Staaten verfügen über Kohle, deren Bestand für 4.000 Jahre ausreichen soll. Sie haben Eisenerze, Kupfer, Blei, Zinn, Gold, Silber, sie haben auch Öl. Wie lange diese Naturvorräte reichen, kann mit Sicherheit nicht einmal geschätzt werden. Eine eindrucksvolle Verkörperung des Reichtums sind die Kupfermassen in Bingham, südlich Salt Lake City im Staate Utah. Sie werden mit Baggern im Tagebau abgebaut. Auf jeden Fall reichen Eisenerze und Aluminium für Jahrhunderte. Bei allen übrigen Naturvorräten kann praktisch früher Erschöpfung eintreten. Nun muß man aber wissen, daß durchaus noch nicht alle Räume der Vereinigten Staaten exakt durchforscht sind, und man muß ferner damit rechnen, daß die Abbaumöglichkeiten sich auf immer größere Teile erstrecken. Vermutungen, daß etwa Blei und Silber schon in etwa 20 Jahren erschöpft sein könnten, muß man mit aller Reserve gegenüberstehen. Selbst das arme Mansfeld-Kupfer ist allen Prophezeiungen zum Trotz heute noch nicht erschöpft.[3] Man kann ruhig sagen, in einer für die jetzigen politischen und wirtschaftlichen Entscheidungen ernsthaft in Betracht kommenden Zeit werden die USA auch in diesen Rohstoffen in keine Verlegenheit kommen. Die Ölvorkommen werden zur Zeit auf vierzig Jahre geschätzt. Sie decken nicht nur den Bedarf der Vereinigten Staaten, sondern sind Exportgut. Ich habe Öl in West Virginia, Oklahoma, in Texas, in Kalifornien und in Missouri gesehen, neuerdings sind aber auch große Ölvorkommen in Louisiana entdeckt. Man muß also damit rechnen, daß weitere Fundorte vorhanden sind. Nimmt man

erst nach der Dürre und den Naturkatastrophen von 1934/35 an Bedeutung gewann. Mit dem Gesetz zur Bodenerosion von 1935 wurden regelmäßige bundesweite Untersuchungen zur Bodenerosion und die notwendigen Präventiv- sowie Wiederherstellungsmaßnahmen eingeführt (vgl. Harold U. Faulkner: American Economic History, New York, Evanston und London $^{8}$1960, S. 663).

3 Der Kupferschieferbergbau in Mansfeld am Ostrand des Harzes hat eine Tradition, die bis in das 13. Jahrhundert zurückreicht und machte das Mansfelder Gebiet zu einer der bedeutendsten europäischen Abbaustätten. Trotz periodisch auftauchender skeptischer Prognosen konnte Mansfeld diese Stellung durch die Ausnutzung neuer Förder- und Rohhüttungstechniken jahrhundertelang behaupten und produzierte auch in den 30er Jahren noch rund 20.000 t Kupfer jährlich. Vgl. die Festschrift von Walter Hoffmann: Mansfeld. Gedenkschrift zum 725-jährigen Bestehen des Mansfeld-Konzerns, Berlin 1925.

hinzu, daß Öl heute bereits auf 4.000 m Tiefe abgebaut wird, so scheint mir auch hier eine große Sicherheit für USA vorhanden zu sein. Äußerstenfalls stehen die riesigen Kohlenvorräte zur Verflüssigung zur Verfügung; Elektrizität wird mehr und mehr durch Ausnutzung der vorhandenen Wasserkräfte gewonnen.

Trotz der großen Waldflächen führt Amerika Zellulose ein. Soweit ich mir auf Grund eigenen Augenscheins ein Urteil erlauben kann, liegen aber hier bei einer ordnungsmäßigen Forstwirtschaft noch ganz große Reserven. Wer gesehen hat, daß, ähnlich wie in Canada, im Westen und im Norden noch Riesenmengen von Holz verkommen und verderben, weil es an einer ordnungsmäßigen Forstwirtschaft in dem großen Raume fehlt, der wird denselben Eindruck gewinnen. Da die Amerikaner aber darüberhinaus schon heute doppelt soviel Baumwolle erzeugen, als sie selbst gebrauchen, und da der Absatz dieser Baumwolle schwierig geworden ist, so können sie, umgekehrt wie wir, Baumwolle zur Papierherstellung benutzen. Also auch hier kann man eine natürliche Unabhängigkeit feststellen.

Kautschuk und Zinn fehlen in USA. Ebenso müssen sie Wolle einführen. Aber auch hier liegen unausgenutzte Reserven in den großen Präriefiächen und in den Flächen, die halb Wüste und halb Prärie sind, die sich vorzüglich für Schafzucht eignen. Kurz und gut, die USA können bis auf Bruchteile ihren Bedarf auch bei einer vierfachen Bevölkerung aus eigenem Boden, durch eigene Kräfte decken, wenn sie wollen.

In der Industrie sind rund 30 Millionen Menschen tätig. Es wäre ein großer Irrtum, anzunehmen, daß bereits alles so gut produziert wird wie in den europäischen Ländern. In der Chemie, in der Optik, in Steingut und Porzellan, in Lederwaren, Feinmechanik und Feinwerkzeugmaschinen fehlt noch vieles. Die Ingenieure scheinen hervorragend zu sein, Baukonstruktionen sind kühn und elegant. Aber jede Erzeugung, die zahlreiche hochgebildete Arbeiter erfordert, ist gegenüber europäischen Maßstäben noch zurück. Das ist ganz natürlich, denn die Arbeiterschaft in den USA ist bunt zusammengewürfelt. Ihre Ausbildung ist daher wesentlich schwieriger als in Europa. Es ist kein Zufall, daß das laufende Band in Amerika erfunden ist.[4] Ohne das laufende Band wäre ein großer Teil der ameri-

4 Die Automobilproduktion in den USA verfolgte seit der Jahrhundertwende eine andere Strategie als die europäische Autoindustrie, indem sie technische Neuerungen zur Leistungssteigerung der Autos vernachlässigte zugunsten von Verbesserungen und Vereinfachungen der Produktionsweise. Gründe dafür waren die geringeren Kapitalvorräte der amerikanischen Produzenten, die höhere Nachfrage aufgrund des größeren Binnenmarktes und der massenhafte Zustrom ungelernter Emigranten aus Südosteuropa. In dieser Situation hatte Henry Ford bereits vor dem Ersten Weltkrieg eine Form der Massenproduktion entwickelt, deren wichtigste Elemente Produktstandardisierung, möglichst weitgehende Verwendung spezialisierter Werkzeugmaschinen, maximale Arbeitsteilung und die Verkettung einzelner Arbeitsschritte durch Fließbänder waren. Mit dieser Revolutionierung der Produktionsweise waren gelernte Arbeiter im direkten Produktionsprozess weitgehend überflüssig geworden (vgl. Steven Tolliday und Jonathan Zeitlin: Between Fordism and Flexibility.

kanischen Industrie gar nicht denkbar. Dies laufende Band stellt die wegen der Verschiedenartigkeit der Arbeiter sonst kaum zu erreichende Einheitlichkeit und Wirtschaftlichkeit des Arbeitsprozesses sicher. Wo es anwendbar ist, werden daher besonders gute Ergebnisse erzielt. Aber es ist vielfach nur Ersatz für mangelnde Allgemein- und Spezialbildung und fördert nicht die Freude an der Arbeit. Ich habe selbst in England schwere amerikanische Stahlwalzmaschinen, Kessel etc. gesehen, aber keine amerikanischen Feinwerkzeugmaschinen. Ich habe in Amerika schwere Werkzeugmaschinen gesehen, aber kein hervorragendes Erzeugnis der Optik, der Lederwarenindustrie (ausschließlich Schuhe), ja nicht einmal der Wollspinnerei und Weberei. Die amerikanischen Wollstoffe sind ausgesucht schlecht.

Der Durchschnittslohn des weißen amerikanischen Arbeiters ist doppelt so hoch, wie der eines deutschen Arbeiters. Nur der Süden macht mit niedrigerem Lohn, aber sehr mildem Klima und billigen Preisen eine Ausnahme. Die ungeheuren Entfernungen, die von der dünnen Bevölkerung im großen Raum zu überwinden sind, verteuern die Wirtschaft und erlegen auch dem Arbeiter hohe Beförderungskosten auf. Aber trotz eigenen Autos bleiben für den allgemeinen Lebensbedarf 75% mehr übrig als in Deutschland. Mit dem Auto des Arbeiters hat es folgende Bewandtnis: Die neue Fabrikation jedes Jahres wird von den wohlhabenden Schichten gekauft. Auch schon meist auf Abzahlung, denn 95% der amerikanischen Autoproduktion wird nur mit Abzahlung abgesetzt. Diese Schicht verkauft ihren im Vorjahre gekauften Wagen für etwa den halben Preis über den Handel oder die Fabriken an die nächst schlechter gestellte Schicht. Diese wiederum verkauft den zweijährigen Wagen auf demselben Wege nach unten weiter. Bis schließlich der Arbeiter den sechsjährigen Wagen für 50 – 80 $ kauft. Man hat also nicht den Versuch gemacht, für den Gebrauch der breiten Masse einen besonders billigen Wagen zu bauen,[5] – er würde auch nicht bezahlt werden können. Schon jetzt verfügen die Annehmlichkeiten des Autos, und es zwingen die Kosten seiner Unterhaltung und Benutzung zu einer Einschränkung der Kinderzahl, die ähnlich wie in England höchst bedrohliche Ausmaße anzunehmen beginnt. Die Familie mit normalem Einkommen muß nun einmal überall zwischen Kindern und Auto entscheiden.

---

The Automobile Industry and its Workers – Past, Present and Future, in: AfS XXVIII (1988), S. 153-171).

5 Die Fordsche Produktionsstrategie umfasste auch das Ziel, die eigenen Arbeiter als Konsumenten zu gewinnen; das berühmte Ford-T-Modell war nicht nur wesentlich billiger als andere amerikanische Pkws, sondern die Ford-Arbeiter erhielten auch einen wesentlich höheren Lohn. Bereits 1914 war der Preis für ein Ford-T-Modell auf $ 490 gesunken, während der monatliche Arbeitslohn rund $ 150 betrug (vgl. John B. Rae: The American Automobile Industry, Boston 1984). Der deutsche Automarkt steckte dagegen noch in den Kinderschuhen, und die Versuche des NS-Regimes, mittels staatlicher Planung und Lenkung die Massenmotorisierung entsprechend des „amerikanischen Modells“ zu organisieren, nahmen zwar in der Propaganda seit 1934 einen bedeutenden Platz ein, wurden jedoch vor dem Zweiten Weltkrieg nicht mehr realisiert (s. dazu Mommsen/Grieger, Volkswagenwerk).

Im übrigen liegt in dem Abzahlungssystem eine ungeheure Gefahr. Jeder wirtschaftliche Rückschlag muß die Kreditgeber schwer treffen, da die Abzahlungsraten nicht mehr eingehen.

Das Abzahlungsgeschäft beherrscht überhaupt den amerikanischen Wirtschaftsmarkt in ungeheurem Maße. Wohnungseinrichtungen, ja Häuser, werden auf langfristige Abzahlung gekauft. So wird das Volk von oben bis unten dazu verführt, über seine wahre Tauschkraft hinaus zu leben und die Gegenwart zu Lasten der Zukunft zu genießen.[6] Die wirtschaftlichen und moralischen Auswirkungen sind unverkennbar. Deswegen wird es jeder amerikanische Staatsmann auch außerordentlich schwierig finden, eine Politik zu machen, die mit einer Verringerung des Lebensstandards verbunden ist, und deswegen wirkt sich auch jede Verschlechterung der Wirtschaftslage in den Vereinigten Staaten stoßartiger, weitreichender und krasser aus als in europäischen Ländern. Der amerikanischen Wirtschaft fehlt die solide Grundlage des Sparkontos.

Hohe Löhne und hohe Ansprüche müssen im allgemeinen die Preise in die Höhe treiben. Sie sind die Begleiterscheinungen der Scheinblüte, die auch die Vereinigten Staaten nach dem Kriege bis zum Jahre 1929 erlebt haben. Durch die großen Kredite an Deutschland, die zum Teil als Reparationszahlungen, zum Teil als Bestellungen für Rohstoffe in die USA zurückflossen, schuf man sich eine ungesunde und daher kurzfristige und besonders aufgeblähte Konjunktur.[7] Ihre Überbleibsel, die hohen Preise, wurden für die Landwirtschaft in dem Augenblick schicksalhaft, in dem diese nach dem Aufhören jeder Konjunktur dem schnellen Sinken der Weltmarktpreise für alle Rohstoffe, insbesondere auch die Agrarerzeugnisse, ausgesetzt war. In den Vereinigten Staaten *leben* auf dem Lande etwa 32 Millionen Menschen. Der Lebensstandard des kleinen Bauern, der von etwa 8–10 Ackern (11–13 Morgen) lebt, ist außerordentlich einfach. Man darf sich nicht durch die Tatsache täuschen lassen, daß meist der kleinste Bauer ein Auto hat. Es ist eben ein zehn Jahre altes, das er für ein paar Dollar erstanden hat und das er braucht, um die häufig weiten Entfernungen zum nächsten Marktflecken zu überwinden. Wie schon erwähnt, herrscht trotz Arbeitslosigkeit auf dem Lande Arbeitermangel. Man will das Leben der Stadt genießen, genau wie in Europa. Und so ist im kleineren und mittleren Bauernstand der Bauer selbst und seine Familie zu äußerster körperlicher Arbeit gezwungen. Ich habe selbst Bauern, die rund 1.000 Morgen

---

6 Vgl. dazu Chandler, der die rapide sinkende Sparquote und die zunehmenden Ratengeschäfte auf den Börsencrash von 1929 und dem vier Jahre später folgenden Kollaps des Bankensystems zurückführt. Die Vertrauenskrise im Banken- und Börsenbereich führte zu vermehrten Geldanlagen in Sachgütern bzw. Finanzierungs- und Kreditgesellschaften. Lester V. Chandler: America's Greatest Depression 1929–1941, New York, Evanston und London 1970, S. 67-90.

7 Vgl. zu den Reparationszahlungen und deren Durchführungsmodalitäten S. 524, Anmerkung 6. Zu den Auslandsanleihen der USA vgl. Kindleberger, Weltwirtschaftskrise, S. 54 ff.

Land hatten, am Werktage nicht anders als in dem gleichen Arbeitsanzuge gesehen, den der Arbeiter trägt. In diesen Bauernfamilien steckt noch eine gewaltige moralische und nationalpolitische Kraft.

Anders wie in Deutschland aber ist der Lebensstandard des amerikanischen Bauern ganz davon abhängig, daß ihm für seine Erzeugnisse der Weltmarkt offensteht. Man muß sich klar sein, daß die Entwicklung der Vereinigten Staaten *von ihrer Geburtsstunde im Jahre 1787*[8] *an* der Entwicklung der Welt vollkommen parallel geht. Denn erst das 19. Jahrhundert ermöglichte ja den Transport vieler Menschen von Europa nach Übersee, und während im 19. Jahrhundert in Europa die Industrie wuchs, wurde in diesem Jahrhundert in den Vereinigten Staaten der Boden landwirtschaftlich aufgeschlossen. Lockerte das 19. Jahrhundert in Europa die Bodenbindung des Bauern, so verführte sie die amerikanische Farmwirtschaft von vornherein zu industrieller Expansion. Insbesondere wurden Baumwolle, Weizen und Tabak für den steigenden Bedarf der Welt angebaut. Und nun tritt, seit dem Weltkriege immer schärfer erkennbar, in Wellenströmungen ein Rückschlag ein. Das Diktat von Versailles hat die gesamten Grundlagen, auf denen die Wirtschaft des 19. Jahrhunderts beruhte, ins Wanken gebracht, wenn nicht zerstört. Die Absatzmöglichkeit der landwirtschaftlichen Überschüsse der USA ist seit 1929 mehr und mehr geschwunden.[9] Europa wurde immer weniger aufnahmefähig. Insbesondere gilt das für Deutschland. Seit dem Ottawa-Abkommen[10] hat sich auch der englische Markt für die Vereinigten Staaten mehr und mehr verschlossen, dazu kommt die Steigerung der Baumwollproduktion in Ägypten und Südamerika. Die Auswirkungen aller dieser Vorgänge treffen jetzt bei dem Zusammenbruch der Rooseveltschen Phantasiemaßnahmen[11] den Farmer Nordamerikas um so härter, als er ohnehin in seiner großen Masse schwer zu arbeiten hat und sich jetzt erneut hohen Preisen der von ihm benötigten industriellen Erzeugnisse gegenübersieht. Das Steigen dieser Preise ist wieder ein Ergebnis der Roosevelt-Politik, der in ungewöhnlicher Verkennung wirtschaftlicher Zusammenhänge einer undurchdachten Kaufkrafttheorie folgte und den Industriearbeitern höhere Löhne und verkürzte Arbeitszeit verschaffte.[12] Auf der einen Seite ein mit der Familie

---

8 Die „Geburtsstunde" der USA wird i.d.R. entweder an der Unabhängigkeitserklärung von 1776 festgemacht, oder an der Ratifizierung der Verfassung vom 17.9.1787.

9 Vgl. zur Entwicklung der amerikanischen Agrarkrise Faulkner, Economic History, S. 625 ff.; zum Zusammenhang zwischen Agrar-, Industrie- und Finanzkrise vgl. Kindleberger, Weltwirtschaftskrise, S. 84-110 sowie ausführlich Michael A. Bernstein: The Great Depression. Delayed Recovery and Economic Change in America, 1929–1939, Cambridge 1987.

10 Vgl. zu dem Präferenzsystem von Ottawa S. 360, Anmerkung 29.

11 Zu den einzelnen Maßnahmen im Rahmen des New Deals s.u., Anmerkungen 27 bis 36.

12 Vgl. dazu ausführlich unten, Anmerkungen 27 ff. Roosevelts Überzeugung war, dass sich eine wirtschaftliche Erholung nur von der Konsumentenseite her anbahnen ließe – eine Überzeugung, die im krassen Gegensatz zum klassischen Wirtschaftsliberalismus stand, der entsprechend dem Sayschen Theorem den Produzenten in den Mittelpunkt stellt. Die

schwer arbeitender Bauer, der seine Ernte nur noch zu stark gedrückten Preisen absetzen kann, auf der anderen Seite hoch bezahlte, viel weniger schwer arbeitende Industriearbeiter und hohe industrielle Preise. Und in der dritten Ecke eine steigende Zahl von Arbeitslosen müssen sozialpolitische Spannungen erzeugen. Und so treibt der Wahnsinn von Versailles, nachdem man sich einmal mit Krediten an andere, das zweite Mal mit Krediten an sich selbst über die wahre Lage hinweggelogen hat, nunmehr auch die Vereinigten Staaten zu einer klaren Entscheidung. Es ist für Deutschland von höchster Wichtigkeit, daß diese Entscheidung gerade jetzt getroffen werden muß. Man hat mit einer an Schmerzhaftigkeit grenzenden Klarheit erkannt, daß dieses an und für sich an Naturschätzen außerordentlich reiche Land doch auch wie die ärmeren Länder zu einer erheblichen Einschränkung des Lebensstandards gezwungen ist, falls es sich mit der Einengung des Güteraustauschs in der Welt abfindet und zu einer vollen Isolierpolitik übergeht.[13] Seit dem Herbst 1937 werden die Vereinigten Staaten durch das Vorgehen der Japaner gegen China immer stärker darauf aufmerksam gemacht, daß Geschehnisse in der Welt außerhalb der Vereinigten Staaten auch ihre eigenen Lebensinteressen empfindlich berühren. So öffnen sich die Gedanken der Nordamerikaner immer mehr der Erkenntnis, daß die bisher so bequeme und einfach gedachte Isolierungspolitik auch schwerste Nachteile in sich birgt. Endlich zwingt die innere politische Lage den Präsidenten Roosevelt gerade jetzt zu einer Entscheidung über den einzuschlagenden Weg.[14] Gewiß kann Nordamerika im Gegensatz zu Deutschland und

---

Vorstellung, dass die Unterkonsumption wichtigste Ursache der Weltwirtschaftskrise sei, rückte Roosevelt in die Nähe der gewerkschaftlichen Kaufkrafttheorie (vgl. dazu S. 322, Anmerkung 13). Vgl. Daniel R. Fusfeld: The Economic Thought of Franklin D. Roosevelt and the Origins of the New Deal, New York und London [3]1964, besonders S. 244 ff. sowie ausführlich unten, Anmerkung 37.

13 Der amerikanische Isolationismus wird hier von Goerdeler fehlinterpretiert, wenn er den außenpolitischen Grundsatz auf die Außenwirtschaft überträgt. Isolationismus war ein traditionelles außenpolitisches Konzept der USA, das vom Eintritt in den Ersten Weltkrieg lediglich kurz unterbrochen wurde. Bereits die Verweigerung der Ratifizierung des Versailler Vertrags (s.u., Anmerkung 48) kennzeichnete die Rückkehr zu diesem Konzept. Vgl. Charles A. Beard: American Foreign Policy in the Making, 1932–1940, New Haven 1937, S. 17.

14 Vgl. zum chinesisch-japanischen Krieg S. 606, Anmerkung 25. Die ökonomischen Interessen der USA im Fernen Osten waren zwar nicht vergleichbar in ihrem Ausmaß mit den britischen, jedoch hätte eine japanische Dominanz im fernöstlichen Außenhandel die Gefahr für die USA bedeutet, strategisch wichtige Kautschuklieferanten zu verlieren. Im amerikanischen Urteil waren jedoch die außenpolitischen Implikationen entscheidender als die ökonomische Komponente: Die japanische Aggression war ein Angriff auf die internationale Ordnung und bedeutete die Gefahr eines ausufernden internationalen Konflikts. Die erste Reaktion Roosevelts auf den japanisch-chinesischen Krieg war die Weigerung, den Kriegszustand anzuerkennen. Mit dieser Strategie wandte er ein Waffenembargo ab, das sonst automatisch eingesetzt und vor allem China geschadet hätte. Vgl. Dorothy Berg: The United

England ganz auf sich selbst gestellt leben. Es braucht nie zu hungern, aber der Tatsache, daß die Kaufkraft eines großen Teiles der Bevölkerung nur durch Absatz der Überschüsse im Auslande geschaffen werden kann, vermag es keine innerpolitisch ausgleichenden Maßnahmen entgegenzusetzen. Es würde selbst für einen Staatsmann höchster Fähigkeit eine außerordentliche Aufgabe sein, aus der Industriebevölkerung etwa zehn Millionen Menschen auszuscheiden und sie allmählich Landarbeiter, Kleinbauern und Hausangestellte werden zu lassen; dieser Umschichtungsprozeß wäre noch mit der Aufgabe verbunden, den Bestand der jetzigen Kleinbauern zu erhalten und die Umschichtung auf Kosten der großen und mittleren Farmer sich vollziehen zu lassen. Endlich würde diese Umschichtung die Notwendigkeit in sich schließen, auch den Lebensstandard aller gewerblich beschäftigten Nordamerikaner, ebenso wie die der freien Berufe und der in festen Stellungen tätigen zu senken. Die Schwierigkeiten dieser Aufgabe reizen von selbst dazu, sich einen anderen Weg zu suchen, wobei feststeht, daß die leichten Wege phantastischen Schuldenmachens sich immer mehr verschließen. Ich komme darauf zurück.

Man hat vielfach die Frage aufgeworfen, ob denn die jetzige Staatsform die Vereinigten Staaten überhaupt in den Stand setzt, die außerordentlichen Schwierigkeiten der Gegenwart zu meistern. Diese Staatsform ist aber wesentlich widerstands- und leistungsfähiger, als Europäer es sich vorstellen. Sie ist aus der Geschichte des Landes und aus der Natur der Kolonisten im wesentlichen organisch geschaffen. Das Land verdankt seine Entstehung Männern, die ein ungewisses aber ungebundenes Schicksal der religiösen oder politischen Unfreiheit vorgezogen haben, Männern, die um das persönliche Recht der Gewissensfreiheit zu wahren, alles aufs Spiel setzten und sich lieber der Gewalt der Natur als der Willkür der Menschen unterwarfen. Im Zeitalter des Flugzeugs und Rundfunks ist es sehr schwer, sich von der Härte ihrer Entschließungen, von der Stärke ihres Willens und Charakters eine richtige Vorstellung zu machen. Von den Auswanderern, die im 17. Jahrhundert Europa in Richtung Nordamerika verließen, dürfte wohl nur etwa ein Drittel Wurzel gefaßt haben. Jede Verbindung mit der Heimat mußte nach menschlichem Ermessen für immer abgebrochen werden. Selbst im 19. Jahrhundert war die Auswanderung nach den Vereinigten Staaten keine Lebens-, noch viel weniger eine Reichtumsversicherung. Im großen und ganzen besteht das amerikanische Volk aus Menschen oder Abkömmlingen von Menschen, die kämpferisch eingestellt waren, die ihr Leben nach ihrem Gewissen gestalten wollten und ihr Schicksal in ihre eigenen Hände genommen haben. Traditions- und gefühlsmäßig sind also dem Nordamerikaner das Recht der Persönlichkeit und die demokratische Verfassung eine wirkliche Herzenssache. Die Bürger der Vereinigten Staaten

---

States and the Far Eastern Crisis of 1933–1938, New York und Evanston 1964. Zur weiteren Entwicklung im Fernen Osten und des amerikanischen Isolationismus s.u., Anmerkungen 51 ff.

haben für die Sicherung der Persönlichkeitsrechte und der demokratischen Verfassung blutig gekämpft, und sie haben nach der Beendigung dieser Kämpfe materiell eine glänzende Entwicklung durchgemacht. Zweifellos hat die demokratische Verfassung gerade jetzt Mängel offenbart. Aber sie ist zu tief im Bewußtsein des Volkes verankert, sie ist zu organisch mit der Entstehung der Vereinigten Staaten verbunden, als daß sie deswegen über Bord geworfen zu werden braucht. Man muß bedenken, daß die Vereinigten Staaten einen Kontinent erfüllen und einen Bundesstaat darstellen. Die *Zentralregierung* verwaltet nur gewisse Steuern, die Zölle, die Post, Heer und Marine. Der Gesetzgebung des Kongresses unterstehen außer diesen Aufgaben die auswärtigen Angelegenheiten, die Organisation des Gerichtswesens und die Gesetzgebung für Urheber, Erfinder, Bankrotteure und Landesverräter. Alle anderen Verwaltungsfunktionen und Aufgaben befinden sich in den Händen der Staaten. Jeder der 48 Staaten[15] hat einen Gouverneur, einen Senat und ein Repräsentantenhaus, alle vom Staatsvolk gewählt. Jedes Staatsvolk wählt außerdem Senatoren und Repräsentanten für den Kongreß in Washington. Alle Wahlen also vollziehen sich innerhalb der einzelnen Staaten. Der Präsident wird weder von den Gouverneuren noch von den Parlamenten der Einzelstaaten, noch vom Gesamtvolk, sondern von besonderen Wahlmännern gewählt.[16] Das ganze Wahlsystem ist verwickelt und auf einem kaum vorstellbaren Mißtrauen vor der Entwicklung überlegener politischer Gewalten aufgebaut. Die Folge ist, daß die Verantwortlichkeiten immer unklarer geworden sind, je stärker die wirtschaftliche Entwicklung öffentliche Regelungen erfordert; die nächste Folge ist wieder ein besonders günstiger Nährboden für demagogische Beeinflussungen, denn mit diesen erwähnten Wahlen sind die Wahlvorgänge noch nicht erschöpft.

In jedem Country (Provinz) werden die Mitglieder des Councils, die Verwaltungsleiter, die oberen Beamten, ja selbst die Direktoren der Schulen ebenso gewählt wie in den Gemeinden der Mayor, die Mitglieder des Council, sowie gewisse obere Beamte, selbst die Orts- und Distriktrichter; also es wird gewählt kreuz und quer, von oben nach unten, von rechts nach links, in allen Dimensionen, und dazu auch nur auf ein bis vier Jahre. Damit sind gerade in Zeiten wirtschaftlicher und sozialer Spannungen Gefahren der Korruption und der Demagogie verbunden. *Entscheidend aber ist, daß die Amerikaner diese Gefahren erkannt haben und an ihre Beseitigung gehen.* So sind bereits einige Staaten zum Einkörperschaftssystem übergegangen und haben Senat und Repräsentanten in einer Volksvertretung vereinigt.[17] Die Zahl der Städte wächst, in denen nicht mehr jährlich

---

15 Alaska und Hawaii wurden erst 1959/60 Bundesstaaten; vgl. die Auflistung in Rüdiger B. Wersich (Hg.): USA-Lexikon. Schlüsselbegriffe zu Politik, Wirtschaft, Gesellschaft, Kultur, Geschichte und zu den deutsch-amerikanischen Beziehungen, Berlin 1996, S. 682 ff.

16 Vgl. das Schaubild zu den Staatsorganen der USA ebd., S. 791.

17 Die verfassungsrechtlichen Reorganisationsversuche auf staatlicher Ebene speisten sich in den USA aus dem Gedankengut der Progressive Era der Vorkriegszeit. Eine staatsinter-

ein Mayor gewählt wird, sondern in denen ein City-Manager auf fester Vertragsbasis angestellt wird, der nun seinerseits die Beamten ohne Rücksicht auf parteipolitische Zugehörigkeit anstellt. Dieses System ist in Cincinnati groß geworden, übrigens der Großstadt, die am meisten deutschstämmige Bürger hat. Dort habe ich einen Manager getroffen, der bereits seit 1927 mit kurzer Unterbrechung im Amt ist, – ehemaliger Offizier – und die Stadt vorzüglich verwaltet.[18] Andere Städte wiederum sind zum elastischen Einparteisystem gekommen. In einer Vorwahl nämlich wird festgestellt, welche Partei die Mehrheit in der Stadt hat, das heißt, die meisten Stimmen aufbringt. Diese Partei hat dann das Recht, in einem zweiten Wahlgang nun ihre Kandidaten vorzuschlagen. Damit übernimmt jeweils diese Partei für eine bestimmte Zeit die Gesamtverwaltung, also eine klare Ver-

---

ventionistische Politik, demokratisch legitimiert und von wissenschaftlichen Erkenntnissen geleitet, war das verfassungsrechtliche Reformziel. Unter dem Schlagwort der modernen, effizienten Verwaltung führten einzelne Staaten in den 20er Jahren Verfassungsreformen durch, die auf eine Stärkung des Gouverneursamts und eine bessere Koordination innerhalb der Staatsverwaltung hinausliefen. Eine so einschneidende Veränderung, wie Goerdeler sie beschreibt, hätte unter der bestehenden Verfassung jedoch nicht durchgeführt werden können. Die „Vereinigung" von Repräsentantenhaus und Senat dagegen als den beiden Kammern des Kongresses war keine Reform, sondern normaler Bestandteil der amerikanischen Staatsorganisation. Vgl. zum Progressivismus Robert Wiebe: The Search for Order, New York 1967; zu Verfassungsreformen auf staatlicher Ebene Arthur E. Buck: The Reorganization of Governments in the United States, New York 1938, S. 7-37.

18 Das System der städtischen Verwaltung durch eine Kombination von Stadtrat und city-manager resultierte, ebenso wie die Reformbemühungen auf staatlicher Ebene, aus dem Progressivismus und der damit verbundenen Effizienzdiskussion aus der Vorkriegszeit (s.o., Anmerkung 17). In dem council-manager-System wird der Stadtrat von der Bevölkerung gewählt, und wählt aus seiner Mitte einen Bürgermeister, der ausschließlich repräsentative Funktionen hat. Der city-manager wird von dem Stadtrat eingestellt und hat die Aufgabe, politische Entscheidungen in die Praxis umzusetzen. Das System strebt letztendlich eine strikte Trennung zwischen politischen Entscheidungen einerseits und effizienter Durchführung auf der Grundlage betriebswirtschaftlicher Prinzipien andererseits an. Als kommunale Verfassungsalternative existierte das council-manager-System seit 1912 und wurde erstmals in Kleinstädten in North und South Carolina eingesetzt. Es erregte jedoch erst Aufmerksamkeit, nachdem es im August 1913 in Dayton, Ohio, als der ersten Großstadt übernommen wurde. In der Forschung wird generell Dayton die Pionierrolle in der Verbreitung des council-manager-Systems zugesprochen. Allerdings stammte der erste city-manager Daytons, Henry M. Waite, aus der Stadtverwaltung Cincinnatis; in Cincinnati selbst wurde das System erst einige Jahre später übernommen. Die Implikation einer strikten Trennung von „ideologischer Politik" und „sachlicher Verwaltung" entspricht den kommunalpolitischen Forderungen Goerdelers (s. dazu seine Schriften zur Kommunalverfassung; Dok. 1.1.1 ff., oben S. 18 ff.). Vgl. Martin J. Schiesl: The Politics of Efficiency. Municipal Administration and Reform in America 1800–1920, Berkeley, Los Angeles und London 1977, S. 149-188 sowie Edward C. Banfield und James Q. Wilson: City Politics, Cambridge 1967, S. 76-86; 168-186.

antwortung.[19] Man kann sich nicht mehr hinter den Kulissen die Ämter zuschieben, vor dem Volke kämpfen und hinter seinem Rücken gemeinsame Geschäfte machen. Ich führe diese Beispiele an um zu zeigen, daß das amerikanische Volk die Schwächen seiner Verfassung fühlt und sie zu beseitigen beginnt. Der Prozeß ist langsam, das Land ist zu jung, aber er ist in unaufhaltbarem Gange. Das System der Wahlen war in einem vollkommen auf sich selbst gestellten Kolonisationslande, in dem es an allen staatlichen Gewalten fehlte, unumgänglich; denn man konnte unter den ersten Kolonisatoren doch nicht um die Führung gemeinsamer Angelegenheiten boxen oder sich schießen. Daß auf 4.000 km Entfernung hin London oder Paris die einzelnen Siedlungen verwalten konnte, war im 17. und 18. Jahrhundert noch mehr ausgeschlossen. So konnten und mußten diese von Unabhängigkeitssinn erfüllten Männer die Auslese der Geeignetsten einer Wahl anvertrauen. Dieses System war auch in einem Zeitalter einfacherer Wirtschafts- und Verwaltungszustände, in dem die Menschen sich und ihren Charakter kannten, zuverlässig. Nun aber hat die moderne Technik die Räume verkleinert, Kapital und Menschen zusammengeballt, Wirtschaftsfäden zwischen Ost und West, Nord und Süd geknüpft und damit die bisherigen Grenzen der einzelnen Bundesstaaten durchbrochen und ihre organische Wirkungsmöglichkeiten verschoben. In einem Zeitalter, in dem in Deutschland die wirtschaftliche Entwicklung die Schlagbäume zwischen Länderfetzen beseitigte, sind in den Vereinigten Staaten, viel langsamer als in Europa, die Einzelstaaten einander nähergerückt; was in Deutschland sich von 1830–1870 vollzogen hat, ist in den Vereinigten Staaten noch im Gange.[20] Aber in den dicht

---

19 Goerdeler verbindet hier irrtümlich alternative Wahlsysteme mit verschiedenen Ausprägungen der Kommunalverfassung. Die wichtigste Alternative zum council-manager-System (s.o., Anmerkung 18) ist die Regierungsform des council-mayor-Systems. Hier wählt die Bevölkerung in getrennten Wahlen Stadtrat und Bürgermeister; je nach Kompetenzverteilung zwischen den beiden Instanzen wird von einer weak-mayor- oder einer strong-mayor-Variante gesprochen. In der weak-mayor-Variante, der älteren Stadtverfassung, die dem britischen System nachgeformt war, wird die Stadt von dem Stadtrat regiert. Der Rat bestimmt über die Zusammensetzung der Verwaltung und die Ausgabenpolitik, während der Bürgermeister Vorschlags- und Vetorechte hat. In der strong-mayor-Variante, die seit den 1880er Jahren in den meisten amerikanischen Großstädten übernommen wurde, ist der Bürgermeister die dominante Kraft in der Stadtverwaltung. Er bestimmt über die verschiedenen Ressorts und ernennt deren Leiter, er stellt das Budget auf, und der Stadtrat übt hauptsächlich Kontrollfunktionen aus. Das Prinzip parteiinterner Vorwahlen (primaries) verfolgt das Ziel, das Recht der Kandidatennominierung von dem jeweiligen Parteiapparat auf die Wähler zu verschieben. Indem sich die Wähler durch öffentliche Registrierung auf die Vorwahl einer Partei festlegen, entscheiden sie sich in der eigentlichen Wahl nur noch für einen Kandidaten aus dieser Partei. Es besteht jedoch kein unmittelbarer Zusammenhang zwischen Wahlsystem und Kommunalverfassung, und die von Goerdeler beschriebene Variante des Einparteiensystems existierte in dieser Form nicht. Vgl. ausführlich Wilson, City Politics, S. 76-100.

20 Vgl. zur deutschen Entwicklung S. 496, Anmerkung 4. Das föderative System der USA, dessen ursprüngliche Konzeption ein dezentralisierter Bundesstaat mit sehr weitreichenden

bevölkerten Gebieten kennen sich heute die Menschen schlechter als früher in weiteren, dünner besiedelten Räumen. So ist der Zustand der Verfassung und Verwaltung zweifellos nach den verschiedensten Richtungen hin reformbedürftig. An der Verfassung selbst aber möchte man grundsätzlich nichts ändern; man fühlt hier angelsächsisch. Aber leider ist die amerikanische Verfassung nicht so elastisch wie die englische. Sie ist im Gegenteil zu dieser in allen Einzelheiten *geschrieben*, und so ist es nicht so einfach, in ihr eine organische Entwicklung sich vollziehen zu lassen. Hier beginnt die Bedeutung des Supreme Court, der im einzelnen Falle festzustellen hat, ob Gesetze oder Akte des Präsidenten verfassungsgemäß sind oder nicht, und der hier natürlich mannigfache Möglichkeiten organischer Fortentwicklung in der Hand hat.[21] Aber diese organische Entwicklung wird den Vereinigten Staaten viel schwerer als England. In der englischen Verfassung wird der Tradition durch den König, der Anschauung des Volkes durch das Parlament, der Notwendigkeit der Gegenwart und einer übersehbaren Zukunft durch die Regierung in geradezu idealem Ausgleich Verkörperung und Raum geschaffen. In den Vereinigten Staaten hat der Präsident nicht nur die repräsentative Funktion des Staatsoberhauptes, sondern auch die verwaltende der Regierung, anders wie in Frankreich. Eine solche Zusammenlegung kann eine Stärkung sein; sie wird sich aber nur dann segensreich auswirken, wenn ihr Träger ungewöhnlich weise ist, sonst muß die eine Funktion die andere schwächen. Roosevelt, ein Mann von großer Initiative, läßt sich durch die Anforderungen des Tages zu einer viel zu hitzigen und sprunghaften Initiative verleiten. Dadurch hat er sich immer weniger fähig gemacht, als Staatsoberhaupt über den Strömungen der Parteien und Interessen zu stehen und ausgleichend zu wirken. Der Einsatz des Supreme Court in die politische Fortentwicklung und Gestaltung muß zu immer größeren Unerträglichkei-

---

Kompetenzen der Einzelstaaten war, wurde mit dem New Deal nachhaltig verändert. Die enorme Ausweitung der Bundeskompetenzen in politischen, ökonomischen und sozialpolitischen Belangen beendete den dualen Föderalismus und leitete die langfristige Entwicklung ein hin zu einer zentralisierten Politikgestaltung und einem kooperativen Föderalismus. Vgl. ausführlich James T. Patterson: The New Deal and the States. Federalism in Transition, Princeton 1969.

21 Der Supreme Court (Oberstes Bundesgericht) bildet die Spitze der Judikative in der Verfassung der Vereinigten Staaten. Die neun Richter des Supreme Courts werden vom Präsidenten auf Lebenszeit ernannt und müssen von der Senatsmehrheit bestätigt werden. Indem der Supreme Court einerseits die Kompetenz hat, jedes auf Bundes- und Staatenebene erlassene Gesetz auf seine Verfassungsmäßigkeit zu überprüfen und gegebenenfalls für nichtig zu erklären, andererseits autonom darüber entscheidet, mit welchen Fällen er sich befassen wird, ist er der entscheidende Verfassungsinterpret innerhalb des amerikanischen politischen Systems. Aufgrund des äußerst schwierigen Wegs einer Verfassungsänderung hat die Verfassungsauslegung eine herausragende Bedeutung in der Anpassung der Verfassung an moderne Entwicklungen, und die Supreme Court-Kompetenz der Verfassungsrechtssprechung ist ein politisches Gestaltungsmittel ersten Ranges. Vgl. Archibald Cox: The Role of the Supreme Court in American Government, New York 1976.

ten führen. Es ist schon fast unerträglich, einen Gerichtshof sich auf dem Gebiet reiner wirtschaftlichen Entscheidungen betätigen zu sehen. Das haben wir auch in Deutschland erfahren. Wirtschaftliche Entscheidungen sind immer Fragen der Zweckmäßigkeit und des persönlichen Könnens. Ein ordentliches Gericht wird mit unlösbaren Aufgaben belastet, wenn es zum Beispiel entscheiden soll, ob bei der Bemessung der Strompreise der Wiederbeschaffungswert der Erzeugung und Anlage oder wie Roosevelt es neuerdings verlangt, ein vernünftiger Wert zu Grunde gelegt wird. Der Supreme Court hat offenbar aus rein politischen Gründen der wirtschaftlich unhaltbaren Meinung des Präsidenten stattgegeben.[22] Je stärker wirtschaftliche und soziale Spannungen wechseln, je mehr daher die Elastizität der Verfassung beansprucht wird, um so stärker wird der Supreme Court in den Mittelpunkt aller Leidenschaften gestellt. Schließlich muß er in Gefahr geraten, den hohen Ruf höchster Sachkunde, vollkommener Unabhängigkeit und absoluter Unparteilichkeit zu verlieren.[23] Hier liegen weitere Schwierigkeiten in der Verfas-

---

[22] Goerdeler verbindet hier irrtümlich zwei Ereignisse miteinander: Einerseits resultierte die langjährige kontroverse Diskussion um die Elektrizitätswirtschaft 1935 unter Roosevelt in dem Erlass des Public Utility Holding Act. Das Gesetz unterstellte überstaatliche Elektrizitätsgesellschaften der Kontrolle einer Bundesaufsichtsbehörde, die sowohl Preise als auch Geschäftspraktiken der Unternehmen, insbesondere zu starke Konzentrationsbestrebungen, regulierte. Das Gesetz war vor seinem Erlass heftig umstritten, wurde jedoch später nicht von dem Supreme Court außer Kraft gesetzt (vgl. Faulkner, Economic History, S. 668 ff.). Andererseits initiierte Roosevelt bereits 1933 das hydroelektrische Tennessee Valley-Projekt, das die Kontrolle von Überschwemmungsgefahr und das Ziel der Elektrifizierung miteinander verband. Die staatliche Tennesseetal-Verwaltung erreichte es durch ein System von Dämmen, Bodenerosion und Überflutungen zu stoppen, die Bodenschätze des Tals nutzbar zu machen und eine umfassende Binnenschifffahrt zu ermöglichen. Von Beginn an waren jedoch die Elektrizitätsgewinnungsmöglichkeiten dem Projekt immanent und wurden von den privaten Elektrizitätsgesellschaften in den zehn angrenzenden Staaten beargwöhnt. Seit dem Februar 1935 liefen verschiedene Klagen der Elektrizitätsgesellschaften gegen die Konkurrenz der öffentlichen Unternehmung. Im Februar 1936 hatte der Supreme Court die Rechtmäßigkeit des Elektrizitätsangebots durch die Regierung bestätigt. Das Urteil bezog sich nur auf einen Teilbereich des Tennessee Valley-Projekts und erlangte erst im Januar 1939 allgemeine Gültigkeit. Vgl. Arthur S. Link und William B. Catton: American Epoch. A History of the United States since 1900, Bd. 2: The Age of Franklin D. Roosevelt 1921–1945, New York $^{4}$1973, S. 177-180.

[23] So lautete auch lange Zeit die Argumentation des Supreme Court, der für sich seit der Jahrhundertwende in Anspruch nahm, wirtschafts- und sozialpolitische Gesetze daraufhin zu überprüfen, ob sie mit dem Prinzip der Vertragsfreiheit in Einklang ständen. Mit dieser Argumentation hatte der Gerichtshof insbesondere Gesetze torpediert, die von gewerkschaftlichen und landwirtschaftlichen Organisationen erkämpft worden waren, und sich dem Vorwurf ausgesetzt, die besitzende Klasse zu begünstigen. Vgl. dazu Ernst Fraenkel: Das Amerikanische Regierungssystem. Eine politologische Analyse, Köln und Opladen $^{2}$1962, S. 186 ff. sowie C. Herman Pritchett: The Roosevelt Court. A Study in Judicial Politics and Values 1937–1947, Chicago 1969.

sung der USA, und so kommt es gerade auf die Person des Präsidenten in ganz besonderem Maße an. Roosevelt hat das erkannt, aber nach meiner Überzeugung die Aufgaben grundfalsch angefaßt, ich möchte sagen, geradezu laienhaft. Er wird das Amt des Präsidenten der Vereinigten Staaten schwer belastet zurücklassen, und da er nicht mit Unrecht als ein Mann mit übertriebener Eigenwilligkeit gilt, so werden die Vereinigten Staaten nichts weniger als geneigt sein, die Verfassung in der Richtung größerer politischer Führung zu ändern.

In einer solchen Verfassung sind nun zwei Aufgaben absolut reif geworden:

1. Gewisse Schlagbäume im Innern müssen durch zentrale Gesetze unter Stärkung organischer Verantwortung der Bundesstaaten beseitigt werden.
2. Die in der Welt entstandenen Schlagbäume müssen in ihrer harten Auswirkung auf die Volkswirtschaft der USA anerkannt oder unter Einsatz der Macht der USA beseitigt werden.

*Die Veränderung der Weltlage seit dem Weltkrieg ist nunmehr auch, nachdem des Präsidenten Roosevelt letzte künstliche Mittel gescheitert sind, den Vereinigten Staaten in vollem Umfange fühlbar geworden.* Präsident Roosevelt ist zu sehr Amerikaner, als daß er das nicht klar erkennt und die Doppelaufgabe entsprechend angepackt hätte. Aber nach amerikanischer Art hat er dabei zunächst etwas hastig übers Ziel geschossen. Die Amerikaner, ein wirklich natürliches, herzensgutes und hilfsbereites Volk, das ich hoch schätzen gelernt habe, sagen von sich selbst, daß sie dazu neigen, alles ruckweise und mit einem gewissen Übermaß zu tun. Es fehlt die weise, ausgleichende Macht sicherer Tradition. Präsident Roosevelt hat erkannt, daß er die ihm gestellte Aufgabe mit einem unabdingbaren, aber doch für die Spannungen schwierigen Verfassungs- und Verwaltungssystem lösen müsse. Zu einer Änderung der Verfassung kann er aus den erwähnten Gründen nicht schreiten. Sie würde etwa darin zu bestehen haben, die Zuständigkeiten für die Zentralregierung zu verstärken, sich aber nur auf grundsätzliche Gesetze zu beschränken haben, die Selbstverwaltung der Bundesstaaten zu stärken, die Wahlen zu vermindern und einem festangestellten Berufsbeamtentum größeren Eingang in die Verwaltung zu schaffen. Und so hat er sich schließlich genötigt gefühlt, die Zusammensetzung des Supreme Court selbst zu ändern. Das ist aber für den Nordamerikaner zu durchsichtig, und sofort hat sich die überwältigende Mehrheit gegen ihn gestellt.[24] Aus welchen inneren Bindungen heraus, habe ich oben dargelegt.

[24] Der Supreme Court hatte im Januar 1935 begonnen, zentrale Elemente der New Deal-Gesetzgebung für verfassungswidrig zu erklären und damit außer Kraft zu setzen; Gesetze zur Altersversorgung, zum Hypothekenrecht, zur Arbeitszeit und zum Lohn sowie die zentralen Gesetze zur landwirtschaftlichen und industriellen Arbeitsorganisation wurden für verfassungswidrig erklärt. Die Präsidentenwahlen von 1936 brachten Roosevelt jedoch einen überwältigenden Sieg in 46 der 48 Bundesstaaten und zeigten deutlich, dass die Mehrheit hinter der New Deal-Gesetzgebung stand. Zu Beginn seiner neuen Amtszeit versuchte Roosevelt daraufhin, die konservative Mehrheit im Supreme Court zu unterlaufen durch

Aller dieser Schwierigkeiten Herr zu werden, dazu fehlt es dem Präsidenten Roosevelt an der soliden eigenen Fachkunde. Dazu kann er sich zu wenig von den üblichen Verstrickungen lösen, als Ratgeber nicht erfahrene Männer zu berufen und sie unabhängig wirken zu lassen, sondern er hat sich vielfach zweifellos mit ungeeigneten Ratgebern, insbesondere mit blassen Theoretikern, umgeben. Selbständige Naturen, die es für ihre Pflicht halten, ihrem Gewissen entsprechend ihn zu beraten und zu handeln, haben gerade in den letzten Monaten in auffallender Zahl wichtige Staatsstellungen verlassen.[25] Jene Theoretiker aber leben, wie überall in der Welt, von der Vorstellung, daß sich alles mit Gesetzen und mit Zentralisierung machen ließe. So ist schließlich das Reformwerk Roosevelts in genau der entgegengesetzten Richtung gelaufen, wie es hätte laufen müssen. Anstatt die natürliche Reichtumskraft des Landes mit der menschlichen Arbeitskraft zu wirtschaftlicher vernünftiger Produktion zu vereinen, hat er finanzielle und wirtschaftliche Kunststücke gemacht und damit die Wirtschaft zweifellos angekurbelt; aber sie bleibt stehen in dem Moment, in dem die Zentralregierung nicht mehr kurbelt, das heißt, kein gepumptes Geld mehr ausgeben wird oder diese Ausgabe beschränkt. Statt die Selbstverwaltung in den Bundesstaaten zu stärken und lediglich die Macht der Zentralregierung zu grundsätzlichen Richtlinien zu erhöhen, hat Roosevelt das Verantwortungsbewußtsein der Einzelstaaten auf das schwerste erschüttert, wenn nicht gar beseitigt. Statt die Maßnahmen Schritt für Schritt je nach den zur Verfügung stehenden Volkskräften einzuleiten, hat er alles auf einmal in Bewegung gesetzt. Es fehlt die überlegene Ruhe dessen, der die Lage erkennt, seine Kräfte richtig einschätzt und gleich dem Feldherrn Schritt für Schritt, wenn auch mit

---

eine Reorganisation des Gerichtssystems. In dem von ihm eingebrachten Judiciary Reorganization Bill vom 5.2.1937 war vorgesehen, für jeden Bundesrichter, der sich nach seinem 70. Lebensjahr nicht zur Ruhe setzte, einen zusätzlichen Richter zu ernennen. Das Gesetz scheiterte am vehementen Widerstand des Kongresses, erwies sich jedoch auch hinsichtlich seiner letztendlichen Zielsetzung – die Veränderung der Mehrheitsverhältnisse im Supreme Court – als obsolet: Durch den Frontenwechsel eines Richters wurde der Oberste Gerichtshof seit dem März '37 von der progressiven Fraktion beherrscht. Vgl. ebd., S. 189 ff. sowie Link/Catton, American Epoch, S. 158-162.

25 Entgegen der üblichen politischen Praxis hatte sich Roosevelt nicht nur Geschäfts- und Finanzfachleute als Berater gerufen, sondern auch Wissenschaftler. Seit seiner Wahlkampagne 1932 existierte in dem sogenannten „Brain Trust“ eine akademische Beratergruppe, deren drei wichtigste Mitglieder an der Columbia-Universität lehrten: der Politologe Raymond Moley, der Ökonom Rexford G. Tugwell und der Jurist und Ökonom Adolf A. Berle. Alle drei vertraten politische und ökonomische Ansichten, die auf eine stärkere Rolle des Staates hinsichtlich der Planung, Regulierung und Kontrolle von Wirtschaft und Sozialpolitik hinausliefen. Es war jedoch gerade diese Fraktion, in der 1937 verstärkt Rücktritte zu beobachten waren; unter den konservativen Beratern und Amtsinhabern aus Wirtschaft und Finanz, deren Ansichten Goerdeler näherstand, war 1933 eine Rücktrittswelle zu verzeichnen gewesen. Vgl. Phillips, From the Crash to the Blitz, S. 231 ff. und 483 ff. sowie Fusfeld, Economic Thought, S. 207-222.

Zeitverlust, die Aufgabe löst. Das meiste, was der Präsident Roosevelt bei aller persönlicher Liebenswürdigkeit und Güte, die ihn auszeichnen soll, getan hat und tut, ist demagogische Improvisation. Ich bin selbst Zeuge der Berichte über die Rundreise gewesen, die er im Hochsommer 1937 nach Mittelwesten und Westen machte. Es war ein Buhlen um die Gunst der Wähler; [26] damit hat er die Gefahr heraufbeschworen, die Autorität der Bundesstaaten auf das schwerste zu schädigen. Ihr Interesse und ihr Verantwortungsgefühl ist stark im Sinken, während die Zentralregierung sich immer mehr aufbläht.

So ist es kein Wunder, daß seine wirtschaftlichen und finanziellen Reformmaßnahmen, wie vorausgesagt, sich zum großen Teil als nur kurzfristig wirksam und für die Dauer als verhängnisvoll erwiesen haben. Als sie etwa im März 1933 bekannt wurden, begegnete ich in vielen Kreisen einer sehr überheblichen Ablehnung, wenn ich diese Maßnahmen für falsch oder für verfehlt und zur vollen Erfolglosigkeit verurteilt hinstellte. Noch mitleidiger wurde das Lächeln, wenn ich die Kapital-Inflation voraussagte.

Die Maßnahmen des Präsidenten Roosevelt bestanden im wesentlichen in Folgendem:

1. Der Farmer erhielt Prämien dafür, daß er die Anbaufläche verkleinerte und die Viehhaltung verringerte. Erfolg dieser Maßnahme war, daß USA 1936 Weizen und Schweine einführen mußte, Güter, die sie im allgemeinen in großer Menge exportieren können.[27]

---

[26] Roosevelts Versuch, die Zusammensetzung des Supreme Court zu beeinflussen (s.o., Anmerkung 21), war von dem demokratisch dominierten Kongress blockiert worden. Dieser „Verrat" von Mitgliedern seiner eigenen Partei war der Auslöser für Roosevelts Verhalten im Vorfeld der Kongresswahlen: Im Sommer 1937 unternahm er eine ausgedehnte Rundreise und erklärte auf lokalen Wahlveranstaltungen im ganzen Land dem Publikum, welche Kandidaten er in den kommenden Wahlen wählen würde. Die Rundreise war ein politischer Säuberungsversuch, der dramatisch fehlschlug und letztendlich Roosevelts Ansehen schadete. Vgl. ausführlich Cabell Phillips: From the Crash to the Blitz 1929–1939, London [2]1970, S. 505-510 sowie James T. Patterson: Congressional Conservatism and the New Deal. The Growth of the Conservative Coalition in Congress 1933–1939, Lexington 1967, S. 250-287.

[27] Hinter der Rooseveltschen Agrarpolitik stand die Vorstellung, dass Farmer sich als Geschäftsleute definieren und höhere Preise durch eine Verknappungspolitik erreichen sollten. Mit dem Agricultural Adjustment Act (AAA) vom Mai 1933 wurden Preiserhöhungen durch selbständige und freiwillige Preis- und Produktionskontrolle anvisiert. Das Ziel der New Deal-Regierung war es, eine weitere Zunahme des bereits enormen Überschusses an Baumwolle und am Schweinebestand zu vermeiden durch die Reduktion der Produktion um ein Viertel. Die freiwillige Teilnahme der Farmer, die buchstäblich in der Vernichtung des stehenden Futtergetreides oder der Baumwolle um ¼ bedeutete, wurde mit Prämien belohnt. Die Prämien wiederum wurden finanziert durch Steuern, die bei der verarbeitenden Industrie erhoben wurden. Nach der erfolgreichen Klage der verarbeitenden Industrie gegen diese Besteuerungspraxis im Januar 1936 wurden die Farmerprämien aus der allgemeinen Ein-

2. Die Preise für landwirtschaftliche Erzeugnisse wurden durch Regierungskäufe, namentlich bei Baumwolle, in die Höhe getrieben. Erfolg besteht darin, daß andere Länder ihre Baumwollproduktion verstärkt und zu billigerem Preise auf den Weltmarkt gebracht haben.[28]
3. Nicht nur die Lebenshaltung des Farmers, sondern auch die Lebenshaltung des Industriearbeiters sollte gesteigert werden; letztere durch Erhöhung der Löhne. Um diese Erhöhung in Gang zu setzen, wurden die Unternehmer verpflichtet, auf Forderung der Mehrarbeit ihrer Arbeiter kollektive Arbeitsverträge abzuschließen, das heißt, die Gewerkschaften anzuerkennen. Da der amerikanische Arbeiter Individualist ist und bis dahin sich nur in geringer Zahl gewerkschaftlich organisiert hatte, konnten die Gewerkschaften nichts einfacheres tun, als nunmehr die Arbeiterschaft zu Lohnforderungen aufzureizen und so zu versuchen, die Mehrheit in den einzelnen Betrieben hinter sich zu bringen.
   Erfolg: 1935 und 1936 ist die Zahl der Arbeitsstreiks stark gestiegen. Diese Streiks haben teilweise einen ordnungs- und ruhestörenden Charakter angenommen. – Man darf aber die Bedeutung dieser Streiks nicht überschätzen. Sie haben sich auf ganz wenige Plätze der nordwestlichen Industriegebiete und auf die Schiffahrt beschränkt und sich fast immer nur betriebsweise abgespielt. In Amerika herrscht noch soviel sogenannter Wildwestgeist, daß man auch Schießereien bei solchen Gelegenheiten nicht mit europäischen Begriffen messen darf. Entscheidend ist aber, daß die Nationalgarde, sofern man sie eingesetzt hat, in vorzüglicher Disziplin überall die Ruhe aufs schnellste wieder hergestellt hat. Es handelt sich also nicht um Bewegungen auf breitem kommunistischen Untergrund, sondern es handelt sich um von den Gewerkschaften angezettelte Lohnkämpfe, die hin und wieder genau wie in Deutschland 1920/21 etwas turbulent wurden, aber von der überwiegend großen Mehrzahl der Bevölkerung selbst in

---

kommenssteuer finanziert. Die Produktion sank jedoch zu keinem Zeitpunkt in dem Maß, dass Importe notwendig geworden wären. Allerdings war 1936 aufgrund extremer Dürre kein Überschuss in den Korn- und Weizen-Anbaugebieten erwirtschaftet worden. Vgl. Richard S. Kirkendall: The New Deal and Agriculture, in: John Braeman, Robert H. Bremmer und David Brody (Hg.): The New Deal, Bd. 1: The National Level, Columbus 1975, S. 83-109.

[28] Das Komplementär zur Produktionskontrolle im AAA (s.o., Anmerkung 27) war eine Preiskontrolle mit dem expliziten Ziel der Preiserhöhung. Die Regierungshilfe für Farmer, ihr Angebot an die Binnennachfrage anzupassen, ging dabei in zwei Schritten vor: Erstens wurden Farmer durch das staatliche Prämiensystem und die dahinter stehende Verknappungspolitik in den Stand gesetzt, die Binnennachfrage zu Preisen zu bedienen, die ihnen einen bestimmten Lebensstandard garantierten; zweitens wurden Agrarprodukte, die nicht unter diesen Bedingungen abgesetzt werden konnten, von Regierungskorporationen aufgekauft und zu dumping-Preisen auf dem Weltmarkt angeboten. Hinter dem Kauf bei anderen Anbietern im internationalen Handel standen nicht unbedingt niedrigere Preise, sondern häufiger zollkriegsähnliche Maßnahmen; vgl. ebd.

den Industriegebieten abgelehnt wurden. Hat doch diese Bevölkerung selbst aufs schwerste unter größeren Streiks zu leiden gehabt. Die Löhne der Arbeiter liegen heute fast überall über den Löhnen von 1929. Die Arbeitszeit ist aber gleichzeitig verringert, und so ist die Gesamtproduktion verteuert. Der Arbeiter hat zwar einen höheren Lohn, aber keinen wesentlich höheren Lebensstandard, weil ja auch für ihn die Preise gestiegen sind. Der Farmer aber steht erhöhten Industriepreisen gegenüber und sieht außerdem neuerdings seine Agrarpreise wieder heruntergehen.[29]

4. Was beispielsweise Deutschland auf dem Gebiete der sozialen Gesetzgebung im Verlaufe von vier Jahrzehnten aufgebaut hat, hat Herr Roosevelt im wesentlichen in wenigen Jahren schaffen wollen. Der Social Security Act enthält

---

[29] Ähnlich wie die Gesetzgebung im agrarpolitischen Bereich (s.o., Anmerkungen 27 f.), stützten sich die New Deal-Maßnahmen in der Industriewirtschaft auf Prinzipien der freiwilligen Preis- und Produktionskontrolle in Verbindung mit stärkeren staatlichen Eingriffen. Der National Industrial Recovery Act (NIRA) vom 16.6.1933 machte die Festsetzung von Codes für alle Industriebranchen verbindlich. Zur Aufsetzung der Codes wurden in jeder Branche Ausschüsse aus Arbeitgeber-, Arbeitnehmer- und staatlichen Vertretern gebildet; die Aufsicht oblag der neugegründeten National Recovery Administration (NRA). Der proklamierte Zielkatalog für die Codes umfasste die Beendigung von Verdrängungskonkurrenz, Preissteigerung durch Beschränkung der Produktion auf die tatsächliche Nachfrage, Arbeitszeitbegrenzung und angemessene Löhne. Das Prinzip des kollektiven Tarifrechts und damit die Anerkennung der Gewerkschaften als Verhandlungspartner war ebenfalls vorgegeben. Zwischen dem Sommer 1933 und Anfang 1935 wurden auf dieser Grundlage über 500 Codes aufgestellt, die alle Mindestlöhne, Höchstarbeitszeiten sowie die Anerkennung der Koalitionsfreiheit enthielten. Die Vorteile für die Unternehmerschaft lagen in der Preisstabilisierung und Produktionskontrolle; darüber hinaus waren mit den Selbstverwaltungsprinzipien der einzelnen Branchen die bis dahin strengen Anti-Trust-Gesetze außer Kraft gesetzt worden. Ein Großteil der Unternehmerschaft versuchte aber dennoch, das kollektive Tarifrecht durch die Gründung betriebseigener Gewerkschaften zu umgehen, oder durch Gerichtsklagen die Ungesetzlichkeit der Bestimmungen postulieren zu lassen. Nachdem der Supreme Court Ende Mai 1935 den NIRA für gesetzwidrig erklärt hatte (vgl. dazu Anmerkung 21), verabschiedete die Regierung im Juli den National Labor Relations Act (NLRA), der mit der Konkretisierung der Rechte der freien Gewerkschaftsbewegung und dem Verbot der Diskriminierung von Gewerkschaftsmitgliedern sowie der Gründung und Unterstützung betriebseigener Gewerkschaften die Koalitions- und Verhandlungsfreiheit der Gewerkschaftsbewegung unter staatlichen Schutz stellte (vgl. zu NIRA und NLRA Catton/Link, American Epoch, S. 138-156). Die großen Streikbewegungen 1937 waren fast ausschließlich von der Unternehmerschaft, insbesondere in der Stahlindustrie, ausgelöst worden durch ihre fortdauernde Missachtung des NLRA. Ein Effekt der gesetzgeberischen Eingriffe in die Industriewirtschaft war die Anhebung des Lohnniveaus um 30 % zwischen 1933 und 1937 – entgegen der Kritik Goerdelers handelte es sich um eine Steigerung der Reallöhne. Die Schattenseite dieser Lohnpolitik war eine anhaltend hohe Arbeitslosigkeit, die 1937 noch bei 14 % lag. Vgl. Peter Temin: Socialism and Wages in the Recovery from the Great Depression in the United States and Germany, in: JEH 50, Nr. 2 (Juni 1990), S. 297-307.

Bestimmungen über Altersversicherung, Invalidenversicherung, Unfallversicherung und Arbeitslosenversicherung. Mit einer außerordentlichen Plötzlichkeit ist die amerikanische Produktion mit hohen Beträgen belastet. Beiträge, an die sich die deutsche Wirtschaft erst im Laufe der Jahrzehnte zu gewöhnen brauchte. Erfolg: Auf diese Weise sind plötzlich sehr hohe Beträge der Kaufkraft des Einzelnen entzogen und thesauriert; diese Tatsache wirkt wirtschaftshemmend. Die zentralisierten Beträge werden aber nicht einmal für den Versicherungszweck verwendet, sondern sie fließen dem amerikanischen Schatzamt zu, das sie nunmehr benutzt, um die Bedürfnisse des außerordentlichen Etats zu bestreiten, dafür natürlich die Verantwortung übernimmt, die laufenden und immer höher steigenden sozialen Versicherungsleistungen aus dem ordentlichen Haushalt zu decken. Diese Leistungen laufen zur Zeit noch gar nicht. Einige beginnen erst in fünf oder noch ferneren Jahren. Dann steht das amerikanische Schatzamt vor einer steigenden Ausgabenflut, deren Deckungsmittel bereits verbraucht sind.[30]

5. Um die Kaufkraft zu beleben, werden die nicht als Dividenden verteilten Beträge der Wirtschaftsgesellschaften besonders hoch besteuert; man hoffte dadurch die Aktionäre in den Stand zu setzen, mehr zu kaufen und dadurch die Gütererzeugung anzuregen. Der Erfolg dieser kindlichen Maßnahme ist, so, wie vorauszusehen war; die meisten Gesellschaften haben die Dividenden stark erhöht. Aber volkswirtschaftlich hat sie lediglich dazu geführt, den Verbrauch an Konsumgütern, den Luxus in Wohnungen etc. zu steigern. Dagegen ist die Investitionstätigkeit der Gesellschaften auf ein Minimum zusammengeschrumpft. Das bedeutet nicht nur eine Verschlechterung der Zukunftsaussichten der amerikanischen Industrie, sondern bedeutet auch eine Verminderung der Zahl der in der Investitionsindustrie beschäftigten Arbeiter. Man hat also bei diesen – nach Adam Riese – genau soviel Kaufkraft vernichtet, wie bei den Aktionären geschaffen.[31]

---

30 Mit dem Social Security Act vom August 1935 wurde erstmalig in den USA eine Bundesrentenversicherung sowie eine gesetzliche Arbeitslosenversicherung verbindlich festgelegt. Beide Pflichtversicherungen arbeiteten von Beginn an mit ordnungsgemäßen Fonds und erhoben auch keine ungewöhnlich hohen Beiträge. Die Unfall- und Invalidenversicherung gab es in jedem Bundesstaat bereits vor den 30er Jahren und wurde von dem Social Security Act nicht berührt. Vgl. Edward D. Berkowitz: America's Welfare State. From Roosevelt to Reagan, Baltimore 1991 sowie Robert T. Kudrle und Theodore R. Marmor: The Development of Welfare States in North America, in: Flora/Heidenheimer, Development of Welfare States, S. 81-121.

31 Das Einkommenssteuergesetz vom August 1935, bezeichnenderweise auch Wealth Tax Act genannt, berührte nicht die Lohnsteuer von Arbeitern und Angestellten, sondern war explizit als Instrument zur Abschöpfung exzessiver Gewinne gedacht. Steuerzuschläge auf Nettoeinkommen von über $ 50.000 stiegen progressiv von 31 % auf 75 %; diese höchsten Steuerzuschläge in der amerikanischen Geschichte wurden sowohl auf private, als auch auf Nettoeinkommen von Aktiengesellschaften erhoben. Vgl. Catton/Link, American Epoch,

6. Die Federal Government hat Mittel zur Verfügung gestellt, um die sogenannten „slums“ zu beseitigen. Ich habe mir die slums in allen Teilen Amerikas angesehen. Ich habe nirgends so schlechte Wohnverhältnisse gefunden, wie sie mir aus deutschen Großstädten bekannt sind. Häuser ohne jede Hoffläche habe ich überhaupt nicht gesehen. Weil dem so ist, hat man bei den Neubauten – um einen Anreiz zur Ermietung zu schaffen – in Zahl und Ausstattung der Räume sehr weit gehen müssen. Ein Bad ist in jeder Wohnung selbstverständlich, ebenso die Frigidaire in der Küche. Da die so gestellten Wohnungen ungewöhnlich teuer wurden, hat die Federal Government schließlich rund 50% der Baukosten als verlorenen Zuschuß gegeben.
   Mich hat diese ganze Wohnungsbauerei lebhaft an die Wohnungspolitik erinnert, die von den meisten deutschen Großstädten bis 1929 betrieben wurde und die sich finanziell als unhaltbar erwies. Die USA haben daraus nichts gelernt. Sie haben im Gegenteil ganze künstliche Städte aus solchen Wohnungen errichtet, stehen aber nun vor der Tatsache, daß sie diese Wohnungspolitik sich nicht weiter leisten können. Denn es ist natürlich unvertretbar, rund 25 Millionen Arbeiterfamilien in bescheidenen Altwohnungen zu lassen und von ihnen Steuern zu erheben dafür, daß einige hunderttausend Familien in Wohnungen leben, die man zum Teil geradezu als Luxuswohnungen bezeichnen kann.[32]
7. Über den außerordentlichen Haushalt wurden immer neue Mittel zur Verfügung gestellt, um Arbeitslose bei öffentlichen Werken zu beschäftigen. Das Autostraßennetz ist im wesentlichen ausgebaut; selbst durch die Wüsten Arizonas und durch die ganz verkehrsarmen Staaten Nevada und Wyoming gehen breite Autostraßen.
   Erfolg: Vor wenigen Monaten hat sich der Präsident gezwungen gesehen, dem Kongreß mitzuteilen, daß die weiteren Straßenbauten wesentlich eingeschränkt

---

S. 156. Die Rezession im Winter 1937/38 wird in der Forschung zurückgeführt auf eine Kehrtwende in der staatlichen Ausgabenpolitik, deren Folgen von der Regierung bereits im Sommer 1938 wieder aufgefangen werden konnten; vgl. Kindleberger, Weltwirtschaftskrise, S. 283 ff.

32 Während ein umfassendes Gesetz zum öffentlichen Wohnungsbau erst im September 1937 erlassen wurde und andere Maßnahmen zunächst stark den Eigenheimbau förderten, verfolgten die früheren Regierungsmaßnahmen mehr das Ziel der Arbeitsbeschaffung: Mit dem Wohnungsbauprogramm der Public Works Administration wurden Muster-Wohnprojekte in 36 Großstädten geschaffen, deren Leistung tatsächlich eher in ihrem exemplarischen Charakter lag. Der National Housing Act vom September 1937 profitierte jedoch von den Erfahrungen der früheren Projekte und hatte einen umfassenderen Anspruch: Büros für den öffentlichen Wohnungsbau in jeder amerikanischen Großstadt dienten mit langfristigen Finanzierungsplänen der Slumbereinigung und waren an feste Standards für Baukosten, Konstruktionsweise und Mieteransprüche gebunden. Aufgrund des Gesetzes wurden bis 1941 über 150.000 öffentlich geförderte Wohnungen mit Mindeststandards gebaut. Vgl. Richard Polenberg: The Decline of the New Deal, 1937–1940, in: Braeman/Bremmer/Brody, New Deal, Bd. 1, S. 246-266.

werden müßten, weil die Mittel nicht mehr aufgebracht werden können. Außerdem stellt sich nunmehr heraus, daß die Unterhaltung wesentlich höhere Mittel beansprucht als vorausgesehen. Zu diesem Zwecke wird die Betriebsstoffsteuer in den einzelnen Staaten ständig erhöht. Das Fahren wird also immer teurer. Endlich sind die Eisenbahnen im Wettbewerb einer ungleichartigen Grundlage ausgesetzt. Denn während sie den Bau ihrer Straßen einschließlich der Grundstückserwerbskosten selbst bezahlen müssen, und auch die Unterhaltung zu tragen haben, sind fast alle Automobilstraßen mit öffentlichen Mitteln gebaut. Dieser Wettbewerb kommt in sinkenden Einnahmen der Eisenbahnen zum Ausdruck. Dadurch ist die Lage der Eisenbahn immer kritischer geworden. Der technische Stand der Eisenbahnen ist gut; zum Teil sogar hervorragend. Ihre Personalausrüstung ist genau wie in Kanada viel zu aufwendig. Nun hat man aber den Einfluß der Zentralregierung auf die Eisenbahnen, der in der Kriegszeit stabilisiert ist, ausgenutzt, um sie zu Lohnerhöhungen zu zwingen unter der Devise, der Lebensstandard müsse erhöht werden. Die Folge aller dieser Maßnahmen ist nun, daß die Eisenbahn bedeutende Tariferhöhungen beantragt und zum großen Teil Ende 1937 bewilligt erhalten hat. Die durch die Lohnerhöhungen in Gang gesetzte Schraube ohne Ende ist damit weiter in die Höhe gedreht.[33]

8. Mit öffentlichen Schulden sind auch in den meisten Städten, insbesondere größeren Städten, mehr oder minder aufwendige Öffentliche Gebäude errichtet. Das Volksempfinden wird besonders freundlich berührt durch die Tatsache, daß gerade die staatlichen Steuerbehörden besonders üppig untergebracht sind.
Erfolg: Die Gebäude stehen da, sie kosten größere Unterhaltung als die alten, bescheideneren Gebäude. Diese Unterhaltung muß das Volk aufbringen. Aber mit der Fertigstellung der Gebäude ist die durch ihren Bau geschaffene Arbeitsgelegenheit auch beendet. Bildlich gesprochen: neben dem vollendeten Gebäude stehen die neuen Arbeitslosen und die neuen Schulden. Einen ganz besonders auffälligen Eindruck von dieser Tatsache habe ich in Kansas City erhalten.

[33] Seit 1935 war der Träger staatlicher Arbeitsbeschaffungsmaßnahmen die Works Progress Administration (WPA), hauptsächlich für ungelernte Arbeiter, die in Straßen- und Gebäudebauprojekten beschäftigt wurden. Das grundsätzliche Problem staatlicher Arbeitsbeschaffungsmaßnahmen, einerseits als zeitlich limitierte Übergangslösung bis zur Erholung des Arbeitsmarktes zu dienen, andererseits keine Konkurrenz der Privatwirtschaft darzustellen, erschwerte auch in den USA die Verbindung mit Rentabilitätsprinzipien. Die grundsätzliche Kritik von wirtschaftsliberaler Seite an den staatlichen Eingriffen in das Wirtschaftsleben (vgl. auch ausführlich zu Goerdelers Kritik seine Denkschrift zur deutschen Innenpolitik vom August/September 1934; Dok. 3.5, oben S. 342 ff.) verband sich dabei häufig mit Kritik an der Bevorzugung einzelner Branchen durch Staatsinterventionen sowie dem Vorwurf mangelnder Sparsamkeit. Vgl. zu den Arbeitsbeschaffungsmaßnahmen unter Roosevelt Peter Fearon: War, Prosperity and Depression. Die U.S. Economy 1917–45, Lawrence 1987, S. 236-255 sowie speziell zum Straßenbau Ellis L. Armstrong, Michael C. Robinson und Suellen M. Hoy (Hg.): History of Public Works in the United States, 1776–1976, Chicago 1976, S. 53-130.

Dort wurde mir die Hauptstraße, die der Friedrichstraße in Berlin ähnelt, gezeigt. Mindestens jedes dritte Haus war zu vermieten, Läden und Wohnungen. Aber im Brennpunkt der Straße stand ein neues Rathaus, innen fast ganz aus Marmor![34]

9. Ein wesentlicher Teil der geborgten „Arbeitsbeschaffungsgelder" ist verwandt, um sogenannte Bodenkonservierung zu betreiben. Ich habe bereits auf Seite 3 kurz auf die verschiedenen Ursachen verwiesen, aus denen heraus der Bestand des fruchtbaren amerikanischen Bodens gefährdet ist. Es handelt sich in der Hauptsache um die verheerenden Wirkungen von Wasser und Wind auf ungeschütztem Boden. Die Haupthilfe liegt in der richtigen Terrassierung, Begrünung und gegebenenfalls Beforstung der wunden Stellen, der kleinen Täler usw., also vieler Kleinarbeit. Dem Zuge der Zeit entsprechend, hat man sich aber auch in den Vereinigten Staaten verleiten lassen, zunächst auffallend große Arbeiten in Angriff zu nehmen und sie an Zahl und Umfang zu übertreiben. Es offenbart sich auch hier die bedauerliche Tatsache, daß wir der gewaltigen Kraft der Technik noch nicht Herr geworden sind. So hat man auch in den Vereinigten Staaten zunächst an den Hauptflüssen und an ihren Zubringern große Stauwerke errichtet. Eine bestimmte Zahl von ihnen schützt sicherlich mit Zuverlässigkeit die unteren Stromtäler vor Überschwemmungen, aber ebenso zweifellos ist es, daß andere diesem Zwecke nicht mehr dienen, insbesondere nicht die Auswaschungen der Humusmassen verhindern. So hat man denn andere Gründe für die Errichtung solcher großartigen, die menschliche Schöpfungskraft begeisternde Werke gefunden. Man will die Flüsse schiffbar machen. Nun, ich habe selbst auf den großen Strömen verhältnismäßig nur noch schwache Schiffahrt gesehen. Eisenbahnen und Autostraßen sind in einem Ausmaße vorhanden, daß die Fluß-Schiffahrt darunter stark zurückgegangen ist. Da also diese Begründung für die Errichtung der Staudämme nicht mehr ausreicht, so hat man sie benutzt, um Elektrizitätswerke anzulegen, und da an solchen außer für die Herstellung künstlichen Düngers (Wilson-Damm) kein Bedarf ist, hat man nun wieder behauptet, die privaten Elektrizitätswerke hätten den Verbraucher übervorteilt, und so müsse man ihnen einen öffentlichen Wettbewerb auf die Nase setzen. Selbst wenn dem so wäre, hätte der Staat mit anderen Mitteln als mit entbehrlichen Kapitalinvestierungen vorgehen können.
   Erfolg: Die Bodenkonservierung ist, da auf die Kleinarbeit nicht der gleiche Wert gelegt ist wie auf die großen Staudämme, noch nicht gelungen. Der Elektrizitätsmarkt ist mit einem Überangebot von Kraft in Aufregung gebracht worden. Zweifellos ist ein Teil des investierten Kapitals verloren.[35]

---

[34] Zu den staatlichen Arbeitsbeschaffungsmaßnahmen s.o., Anmerkung 33 sowie zum Bau öffentlicher Gebäude Armstrong/Robinson/Hoy, Public Works, S. 457-506.

[35] Zur staatlichen Bekämpfung der Bodenerosion s.o., Anmerkung 2; die Durchführung erfolgte in Kooperation mit der WPA, so dass gleichzeitig den Zielen der Bodenkonservierung und der Arbeitsbeschaffung gedient wurde. Zum Tennessee Valley-Projekt s.o., Anmerkung 22.

10. Die jungen Arbeitslosen haben Arbeitsgelegenheit in Arbeitslagern erhalten. Sie sind vom Civilian Conservation Corps (C.C.C.) angelegt und entsprechen etwa den deutschen Arbeitsdienstlagern. Die jungen Leute werden auch im wesentlichen mit den gleichen Arbeiten beschäftigt. Der Arbeitsdienst ist aber nicht Pflicht. Es werden nur durch die örtlichen Fürsorgestellen junge Arbeitslose den Lagern zugeführt; sie können in ihnen bis zum 23. Lebensjahr verbleiben und erhalten neben freier Unterkunft, Beköstigung und Bekleidung 30 sh. monatlich, von denen 25 sh. an die Familien abgeführt werden. Obwohl in diesen Camps so gut wie jede militärische Disziplin fehlt (sie werden allerdings von Reserveoffizieren geleitet), kann man diese Einrichtung der Roosevelt-Regierung im wesentlichen als gelungen und den amerikanischen Zwecken und Eigenarten entsprechend bezeichnen.[36]

Das Gesamtergebnis ist, wie schon bei den einzelnen Punkten angedeutet, aber auch von weiten Gesichtspunkten aus betrachtet, negativ. Gewiß ist die Zahl der Arbeitslosen einige Jahre lang auf etwa ein Viertel heruntergeschraubt; aber da alle diese Maßnahmen entweder in sich naturwidrig waren oder nur mit gepumptem Gelde durchgeführt wurden, ist entweder wie bei den Agrarmaßnahmen die Naturnotwendigkeit bereits offenbar geworden oder die Wirksamkeit hört auf, sobald die Pumpmaschine des Staates langsamer arbeitet. Man scheint es mit neuerdings auch in Europa auftauchenden Theorien zu halten, die einen Ausgleich des öffentlichen Haushaltes nicht für wesentlich erachten,[37] während er in Wahrheit

---

36 Der Civilian Conservation Corps (CCC) wurde im April 1933 gegründet zur Bekämpfung von Arbeitslosigkeit unter jungen Männern. Lokale Fürsorgeämter rekrutierten unverheiratete Männer zwischen 18 und 25 Jahren, deren Familien staatliche Unterstützung bezogen, hauptsächlich für Aufforstungsarbeiten, aber auch für andere der Bodenerhaltung dienenden Maßnahmen. Die Arbeiter lebten in großen Camps, bekamen neben der Unterkunft auch Transport und Verpflegung gestellt und mussten von ihren $ 30 Monatslohn bis zu $ 25 an ihre Angehörigen senden. Es hatte sich rasch erwiesen, dass nur die Armee die notwendigen Männer zur Beaufsichtigung sowie Ausrüstung und Organisationserfahrung für die Camps besaß. Deshalb wurde die Aufsicht über den CCC einem Zivilisten übertragen, der die Arbeiten im Einvernehmen mit dem Landwirtschaftsministerium koordinierte, während die Armee für die konkrete Leitung in den einzelnen Camps zuständig war. Der wichtigste Unterschied zum nationalsozialistischen Reichsarbeitsdienst war neben dem freiwilligen Charakter und dem expliziten Ziel, ethnische Minderheiten einzubeziehen vor allem die dahinterstehende Motivation. Vgl. zum RAD und dessen paramilitärischem Charakter S. 349, Anmerkung 11; zum CCC John A. Salmond: The Civilian Conservation Corps, 1933–1942. A New Deal Case Study, Durham $^{2}$1968.

37 Ähnlich wie die Arbeitsbeschaffungsprogramme in den meisten europäischen Ländern basierten die staatlichen Arbeitsbeschaffungsmaßnahmen in den USA (s.o., Anmerkungen 33 ff.) nicht auf einer konsistenten ökonomischen Theorie. Zwar berief man sich gerne auf die Theorien von John M. Keynes, um ein durchdachtes konzeptionelles Fundament zu suggerieren; die Maßnahmen spiegelten jedoch stets eine selektive Rezeption Keynes’ und lassen sich am besten als fiskalische Beschäftigungspolitik charakterisieren. Von begleitenden

die zwar harte, aber unerläßliche Voraussetzung für die Gesundung der Wirtschaft ist. Seit Ende 1932, also in rund fünf Jahren, sind die Gesamtschulden der Federal Government um rund 19 Milliarden, also jährlich beinahe um 4 Milliarden, gesteigert. Der größte Teil dieser Schulden ist kurz- oder mittelfristig. Die Zahlen sind bekannt. Sie werden wöchentlich amtlich veröffentlicht. – Es werden keine Anleihen aufgelegt, sondern Regierungsbonds ausgegeben, die von dem Banksystem aufgenommen werden müssen. Hiermit ist also eine Kapitalinflation eingeleitet.[38] Denn diese kurzfristigen Bonds werden ja nicht prompt zurückgezahlt, sondern immer wieder erneuert, geistern also, weder durch tauschbare Werte noch in den Annuitäten durch einen ausgeglichenen Etat gedeckt, auf dem Kapitalmarkt umher. Die schweren Erschütterungen, die der amerikanische Aktienmarkt in den letzten Monaten erlitten hat, sind zweifellos zum großen Teil Anzeichen dafür, daß die Kapitalinflation sich bemerkbar macht. Die steigenden Preise sind ein Zeichen dafür, daß diese Kapitalinflation bereits beginnt und auch im täglichen Leben sich auswirkt.

Die Erfolglosigkeiten der Agrarschutz-Gesetzgebung sind ebenfalls eine offenbare Tatsache. Es ist also kein Wunder, daß das Vertrauen in den Präsidenten Roosevelt nicht nur bei seinen politischen Gegnern, sondern auch unter seinen politischen Anhängern weitgehend erschüttert ist. Ich habe vollkommen bestätigt gefunden, was ich von hier aus nur auf Grund finanzieller Erkenntnisse, die ja beide im gleichen Maße auf unabänderliche Naturgesetze zurückgehen, vermuten konnte.

Die Enttäuschung hat zu einer lebhaften öffentlichen Auseinandersetzung Veranlassung gegeben, die auch heute noch im vollen Gange ist, und in die der Präsident Roosevelt von Zeit zu Zeit durch Reden und Verlautbarungen eingreift. Diese öffentliche Auseinandersetzung hat den Nachteil, daß die Vertrauenskrise schnell hereinbricht. Sie hat den Vorteil, daß unabänderliche Erkenntnisse sich in der breiten Masse schneller durchsetzen und so eine Grundlage für eine gesunde Reform geschaffen wird. Man darf von außen her sich nicht dem bequemen aber verhängnisvollen Irrtum hingeben, daß diese Vertrauenskrise die Vereinigten Staaten schwer erschüttern wird. Es handelt sich um ein junges Land, in dem die Härte des Lebenskampfes noch als natürlich empfunden wird. In den Vereinigten Staaten

monetären Maßnahmen – Senkung der Leitzinsen oder Erhöhung der Geldmenge – wurde i.d.R. abgesehen aus Angst vor einer neuen Inflation (vgl. Maxwell S. Stewart: Keynes and After, New York 1967 sowie Robert Lekachman: The Age of Keynes, New York 1966, S. 112 ff.). Über ein Treffen zwischen Roosevelt und Keynes 1934 bemerkte Roosevelt verblüfft, Keynes müsse ein Mathematiker sein, kein politischer Ökonom; Keynes dagegen wunderte sich über Roosevelts ökonomische Unkenntnis (vgl. Frances Perkins: The Roosevelt I Knew, New York 1946, S. 34 und 225).

38 Der Großteil der Arbeitsbeschaffungsmaßnahmen während des New Deals (s.o., Anmerkungen 33 ff.) wurde durch direkte Staatsverschuldung finanziert; vgl. die Statistiken bei Catton/Link, American Epoch, S. 152 f.

wird eine allgemeine Vertrauenskrise nach menschlichem Ermessen immer ein Zeichen der Vernunft sein. Diese wird sich noch nicht heute und noch nicht morgen durchsetzen, aber sie ist zweifellos – soweit ich mir einen Einblick habe schaffen können – in der Bildung begriffen, auch bei den Arbeitern.

Der Einsicht, daß es so nicht weitergeht, kann sich selbst Präsident Roosevelt nicht entziehen. Er hat deswegen zu dem in der amerikanischen Geschichte ganz seltenen Mittel gegriffen, im Herbst vorigen Jahres eine Sondersession des Kongresses einzuberufen. Sie sollte eine neue Agrarschutz[gesetz]gebung, ein Gesetz über Arbeitszeit und Löhne, und wenn möglich auch ein Gesetz zur Reform der Wohnungsbaupolitik, beschließen. Keins dieser Gesetze ist in der Sondersession erledigt.[39] Auch dies war voraussehbar. Denn was der Präsident vorschlug, war keine Reform, sondern praktisch ein Verharren auf falschem Wege.

Die Baumwoll- und Weizenernte dieses Jahres ist besonders gut. Dadurch hat sich die Regierung verleiten lassen, ihre alten Ladenhüter der künstlichen Beschränkung der Anbaufläche, der Heraufsetzung der landwirtschaftlichen Preise etc., wieder hervorzuholen.[40] In Deutschland ist es leicht, Agrarpreise auf einer Mindesthöhe zu stabilisieren, weil wir nicht genug erzeugen. In Amerika ist dies, weil zuviel erzeugt wird, einfach unmöglich. Und da man das eben erst in den vergangenen Jahren durchexerziert hat, so hat man auch kein System für diese Quadratur des Zirkels finden können. Ein wüstes Durcheinander von Vorschlägen hat die Arbeit des Kongresses belastet. Man kam sogar in der Regierung auf die Idee, eigene Landberatungsstellen zu errichten, die dem einzelnen Bauern einen Plan für die Bewirtschaftung seiner Farm an die Hand geben sollten. Jeder, der diesen Plan anwenden würde, sollte eine Prämie erhalten. Wäre ein solches System schon in jedem Lande dem Bauern gegenüber zum Tode verurteilt, so ist es in

---

[39] Roosevelt hatte im November 1937 versucht, ein Bündel von Gesetzen beschleunigt vom Kongress verabschieden zu lassen. Es handelte sich um eine Wiederbelebung des AAA zur Kontrolle der Ernteüberschüsse, ein Gesetz zur Arbeitszeit und zum Arbeitslohn, ein Reformgesetz zur staatlichen Wohnungsbaupolitik, eine Steuerreform und eine Verwaltungsreform sowie um ein Gesetz zur zentralen Planung der Ausbeutung von Bodenschätzen. In einer Sondersitzung Ende Dezember lehnte der Kongress die beschleunigte Annahme aller Gesetze ab und verwies die weitere Behandlung an Ausschüsse. Vgl. Schultheß 1937, S. 503 f.

[40] Nachdem der Supreme Court im Januar 1936 den AAA (s.o., Anmerkung 24) für verfassungswidrig erklärt und damit außer Kraft gesetzt hatte, war die agrarpolitische Linie zunächst unter dem Ersatz des Soil Conservation and Domestic Allotment Act vom Februar '36 fortgeführt worden. Dies war möglich, weil die Überschussproduktion genau in den Bereichen – Weizen und Baumwolle – am gravierendsten war, die sich als am stärksten erosionsfördernd erwiesen hatten. Die Maßnahmen waren jedoch nicht ausreichend zur Steuerung im Rekorderntejahr 1937, so dass Roosevelt im November dem Kongress ein neues Gesetzbündel präsentierte. Der neue Agricultural Adjustment Act sah wieder ähnliche Preis- und Produktionskontrollen vor wie der erste AAA. Das neue Gesetz trat im Februar 1938 in Kraft und erreichte eine Stabilisierung der amerikanischen Landwirtschaft. Vgl. Catton/Link, American Epoch, S. 162 ff.

einem Kontinent, dessen Klimate, dessen Menschen und dessen Absatzverhältnisse vollkommen verschieden sind, geradezu absurd. Alle diese Pläne sind am gesunden Sinn der Mehrheit des Volkes jetzt eben gescheitert.[41]

*Denn in Wahrheit sind die USA nunmehr zu einer ganz grundlegenden Entscheidung gezwungen.* Die Notlage der Landwirtschaft ist eine Folge der Zerrüttung des Weltmarktes und der Verengung des Güteraustausches in der Welt. Entweder finden sich die USA mit dieser Tatsache ab, dann müssen sie zu einer Beschränkung der landwirtschaftlichen Erzeugung kommen; sie kann sich nur auf dem natürlichen Wege der Ausscheidung der schlechtesten Böden und der schlechtesten Wirtschaften vollziehen. Das ist zweifellos ein langwieriger – von wirtschaftlichen und sozialpolitischen Spannungen erfüllter – Prozeß. Wird dieser Weg gegangen, so muß man auch den sehr hohen Lebensstandard der Industrie-Arbeiter senken, damit nicht nur der Bauer die Kosten der veränderten politischen und wirtschaftlichen Weltlage trägt. Dieser Weg also bedeutet die Senkung des Lebensstandards des ganzen nordamerikanischen Volkes, und es gibt keine Maßnahme, die gerade in USA unpopulärer wäre als diese. Denn das Land lebt seit 1787 im wesentlichen der Idee der Verbesserung des Lebensstandards, also in Richtung eines schon in der Verfassung bestimmten Zieles.[42] Oder der zweite Weg wird beschritten. Er kann nur in der Wiedergewinnung der Absatzmärkte, das heißt, in der Wiederherstellung einer gesunden Weltwirtschaft, bestehen. Welcher Kraftanstrengung es hierzu bedarf, werde ich noch erwähnen.

Die Idee, die Arbeitszeit zu beschränken und Minimallöhne einzuführen, kann man nur als unsinnig bezeichnen. Ist eine solche Idee schon an sich sinnlos, weil sie zu einer Verteuerung der Gütererzeugung und damit nicht zu einer Verbesserung, sondern zu einer Verschlechterung der Lebenshaltung führt, so ist sie in der gegenwärtigen Weltlage angesichts der besonderen Lage in USA und endlich nach dem soeben erlebten Zusammenbruch dieser Idee in Frankreich geradezu kindlich.[43] Das weiß auch das amerikanische Volk, und deswegen ist bisher aus diesem Gesetz auch nichts geworden.

Der von außen auf USA Blickende wird gerade zunächst in diesen Monaten ein förmliches Tohuwabohu von Ideen, Vorschlägen und Maßnahmen erblicken. Er wird erstaunt sein über das Durcheinander sich widersprechender Lösungsversuche. Präsident Roosevelt trägt zu diesem Tohuwabohu selbst bei. Einmal sollen es einige vierzig Familien sein, die das Land aussaugen, dann wieder die Trusts, schließlich Holdinggesellschaften. Das sind im wesentlichen und jedenfalls in der Verall-

---

41 Roosevelts Versuch, den zweiten AAA durch den Kongress beschleunigt verabschieden zu lassen, war zwar gescheitert, jedoch wurde die Gesetzesvorlage im Februar 1938 vom Kongress angenommen; s.o., Anmerkungen 27 f. und 40.

42 Das in der Verfassungspräambel festgelegte Ziel, „das allgemeine Wohl zu fördern“, würde Goerdelers These noch am nächsten kommen (zitiert nach USA-Lexikon, S. 769).

43 Vgl. zur französischen Entwicklung S. 542, Anmerkung 4 und S. 612, Anmerkung 35.

gemeinerung Phantasievorstellungen, aus einem im übrigen schon verstaubten marxistischen Sprachgebrauch hervorgeholt. Für keine von diesen Behauptungen ist irgend ein Beweis angetreten. Sie sind nur aufgestellt, um der Kritik am eigenen Versagen für einige Zeit sich zu entziehen. Gewiß mögen hier und da wirtschaftlich überflüssige Zwischenglieder in den natürlichen Kreislauf der Wirtschaft eingeschaltet sein, ihnen hat bisher und besonders in den Vereinigten Staaten der Wettbewerb immer noch entgegengewirkt. Zweifellos beziehen auch in den Vereinigten Staaten Menschen ohne entsprechende Gegenleistungen ungewöhnlich hohe Einkommen, aber selbst wenn, was nicht der Fall ist, 1.000 Millionen Dollars fehlgeleitet werden, so würde das immer nur das Lohneinkommen für 500.000 Arbeiter sein. In Wirklichkeit wird ja aber auch diese Milliarde der Wirtschaft und damit der Beschäftigung von Menschen wieder zugeführt. Es handelt sich mehr um soziale, denn um wirtschaftliche Fragen. Der Nordamerikaner denkt auch gar nicht daran, auf diese Ablenkungsmanöver hineinzufallen. Es wäre also vollkommen irrig anzunehmen, daß dieses offenbare Durcheinander zu einem wirtschaftlichen Zusammenbruch und zu einer politischen Handlungsunfähigkeit der Vereinigten Staaten führen wird. Die Vereinigten Staaten verfügen, wie eingangs dargelegt, über einen für die berechenbare Zukunft unerschöpflichen Reichtum an Boden, Bodenschätzen und Erzeugungsmöglichkeiten. Hunger ist ausgeschlossen, wenn die Staatsführung dieses Problem als solches erfaßt hat und anpackt. – Selbst die wachsende Zahl der Arbeitslosen darf nicht zu falschen Schlußfolgerungen führen. Die letzte Arbeitslosenzählung, die sich gerade während meiner Anwesenheit in USA vollzog, erschien mir von vornherein naiv. Wenn ich jedem Haushalt die Frage vorlege, welche Familienmitglieder beschäftigt und welche arbeitslos sind, und wenn jeder nach jahrelanger Gewöhnung an das öffentliche Unterstützungswesen in dem Gefühl lebt, er könne sich einen Anspruch auf Unterstützung durch die Art der Ausfüllung des Fragebogens sichern, so wird selbstverständlich das Ergebnis einer solchen Zählung (7 Millionen Arbeitslose) zu hohe Zahlen bringen.[44] Aber abgesehen von dieser technischen Unvollkommenheit und von dem natürlichen Reichtum der USA, erscheint mir entscheidend die innere Haltung des einzelnen Menschen, und die ist, wie bereits erwähnt, auf Selbständigkeit und Unabhängigkeit gerichtet. Die Idee, daß Leben wirtschaft-

[44] Seit der zentralen Regelung der Arbeitslosenversicherung durch den Social Security Act 1935 und dessen Implementierung in den Einzelstaaten bis 1937 (s.o., Anmerkung 30) gab es zuverlässige Zahlen zur Arbeitslosenstatistik. 1937 lag die offizielle Zahl der Arbeitslosen bei 7,7 Mio.; während Goerdelers Bewertung die Argumentation der Unternehmerschaft spiegelt, wurden die offiziellen Zahlen von der Gewerkschaftsseite als zu gering bewertet. Der Präsident der Vereinigten Bergarbeitergewerkschaft John L. Lewis (s.u., Anmerkung 45) sprach 1937 von einer Arbeitslosenzahl von über 10 Mio. Vgl. zu den offiziellen Zahlen die Tabelle bei Milton Derber: The New Deal and Labor, in: Braeman/Bremmer/Brody, New Deal Bd. 1, S. 110-132 (Tabelle auf S. 123); zur Schätzung Lewis’ C.K. McFarland: Roosevelt, Lewis, and the New Deal, 1933–1940, Fort Worth 1970, S. 80.

licher Lebenskampf ist, ist in den meisten Nordamerikanern noch ganz lebendig. Die Idee ist nur durch ein gerade von Präsident Roosevelt immer wieder ausgebildetes öffentliches Unterstützungswesen der offenen Sicht entzogen. Aber der Wille, um das Leben und um seine Gestaltung zu kämpfen, ist vorhanden. Die Erkenntnis, daß letzten Endes jeder Einzelne – selbst in der Ordnung des Staates – in erster Linie verantwortlich ist, sein Leben durch Arbeit, wenn auch unter harten Bedingungen, zu erhalten, ist in den Menschen der Vereinigten Staaten weitaus stärker als in Europa. Schließlich ist auch das Überwiegen des Angelsachsentums in der Zusammensetzung der Bevölkerung gerade in diesem Sinne von Bedeutung. Ich habe insbesondere bei Arbeitern eine außerordentlich ruhige, klare und natürliche Haltung Wirtschaftsfragen gegenüber gefunden. Die radikale Organisation der Arbeiterschaft unter Lewis hat ihren Höhepunkt überschritten. Sie hat bei den Bürgermeisterwahlen in Detroit, das die schweren Streiks in den letzten Jahren erlebt hat, eine glatte Niederlage erlitten. Die sehr viel maßvollere Bewegung der American Federation of Labour unter Präsident Green gewinnt immer mehr an Boden.[45] Die Männer dieser Bewegung wissen ganz genau, daß auch die Lebens-

[45] Die Gewährung der Koalitionsfreiheit und die Begründung des kollektiven Tarifrechts im Rahmen des New Deal (s.o. Anmerkung 29) wurden von der American Federation of Labor (AFL), dem traditionellen Dachverband der amerikanischen Gewerkschaftsbewegung, ambivalent aufgenommen, da nun eine Überflutung der traditionellen Facharbeitergewerkschaften mit ungelernten Arbeitern befürchtet wurde. Die explizite Unterstützung des kollektiven Tarifrechts durch die Regierung Roosevelt erforderte eine stärkere Organisierung der Arbeiterschaft, eine Maßnahme, die von der Mehrheit des AFL unter ihrem Präsidenten William Green nicht unterstützt wurde. Die Organisierungswelle wurde von einer Minderheit innerhalb des AFL vorangetrieben unter der Führung von John L. Lewis, dem Präsidenten der United Mine Workers (UMW). Die UMW unter Lewis war bis 1935 zur stärksten Industriearbeitergewerkschaft geworden, konnte sich jedoch innerhalb der AFL nicht durchsetzen mit der Forderung, eine große Kampagne zur Rekrutierung ungelernter Arbeiter zu starten. Daraufhin gründete Lewis im November 1935 mit anderen Gewerkschaftsführern aus der AFL das Committe for Industrial Organization (CIO) zur Organisierung der Arbeiterschaft in den Basisindustrien, woraufhin die CIO-Mitglieder zunächst suspendiert und schließlich im März 1937 aus der AFL ausgeschlossen wurden. Die CIO-Aktionen waren äußerst erfolgreich, auch aufgrund der Tatsache, dass sie die prinzipielle Unterstützung der Roosevelt-Regierung genossen. Insbesondere die Organisierung der Arbeiterschaft in der Automobilindustrie und in den Zuliefererindustrien resultierte in einem enormen Zuwachs der Mitgliederzahl, die schon 1937 die Drei-Millionen-Grenze überschritt. Die Arbeitgeberschaft stand der Organisierungswelle jedoch nicht tatenlos gegenüber, sondern versuchte der 1937 ausufernden Streiks mit Hilfe von Polizei, Nationalgarde und privater „Sicherheitsdienste" Herr zu werden. In dem General Motors-Werk in Detroit perfektionierten die streikenden Arbeiter unter Führung der CIO als neue Waffe den Sitzstreik und gewannen an allen Fronten. Nachdem erneute Verhandlungen mit der AFL im Oktober 1937 gescheitert waren, nannte sich die CIO unter Beibehaltung ihres Akronyms in „Congress of Industrial Organizations" um und vollendete damit die Spaltung der Gewerkschaftsbewegung, die erst 1955 wieder aufgehoben wurde. Seit ihren Anfängen war die CIO erfolgreicher als die

möglichkeiten des Arbeiters von der Erhaltung und Bildung des Kapitals abhängen, daß Lohnpolitik Rücksicht nehmen muß auf den Absatzmarkt, und daß Preissteigerungen vermieden werden müssen.

So ist die Erkenntnis, daß es so nicht weitergeht, daß der Staat seinen Haushalt, der seit mehreren Jahren unausgeglichen ist, und dessen Defizit wieder steigt, wieder in Ordnung bringen muß, daß es nicht auf öffentliche Arbeiten ankommt, sondern auf die Freimachung des Weges des Güteraustauschs durch verbesserte, vermehrte und verbilligte Produktion, heute in allen politischen wirtschaftlichen Gruppen vorherrschend, und dies ist entscheidend. – Es ist nicht entscheidend, daß Präsident Roosevelt in seiner Neujahrsbotschaft wieder sein altes Lied singt – der Lebensstandard des amerikanischen Volkes müßte erhöht, das Nationaleinkommen von rund 70 auf 100 Milliarden gesteigert werden. Diese Phantasien, die man wohl aussprechen aber nicht anders verwirklichen kann, als daß man zunächst den Menschen an die harte Tatsache gewöhnt, daß er, um besser zu leben, mehr arbeiten muß, nehmen wohl nur ganz wenige Amerikaner ernst. Nur die Jugend wird durch solche Demagogien verführt und schließlich bitter enttäuscht werden.

Ich bin zu der Überzeugung gekommen, daß die Vereinigten Staaten sehr *schweren Zeiten* in ihrer Volkswirtschaft entgegengehen, aber ich bin ebenso überzeugt, daß sie *dieser Schwierigkeiten Herr werden*, und zwar wahrscheinlich eines Tages sehr überraschend. Denn der Amerikaner neigt – wie erwähnt – zu sprunghaftem Handeln und unterscheidet sich in dieser Beziehung stark vom Engländer. Im ganzen Volk arbeitet noch der Kolonistengeist, und die Weiträumigkeit des Lebens in einem Raum mit so verschiedenartigen Klimaten bringt zweifellos den Menschen allmählich in gewisse Spannungen. Diese Sprunghaftigkeit ist aber eine Tatsache, und man muß mit ihr rechnen. Ich bin der Überzeugung, daß jedenfalls auf dem Gebiete der Wirtschaftspolitik sich in absehbarer Zeit die politischen Parteien, die Vertreter des Kapitals, insbesondere der Industrie, und die Vertreter der Arbeiter über den Kopf des Präsidenten Roosevelt hinweg die Hände reichen werden. Diese Bewegung könnte so stark werden, daß sie den Präsidenten in irgend einer Form geradezu ausschaltet. Das wird aber zu keiner Schwächung, sondern zu einer Stärkung der Vereinigten Staaten führen. Nach außen wird man sich den Luxus entscheidender innerer Spannungen nur leisten, wenn die weltpolitische Entwicklung den Vereinigten Staaten einen solchen Luxus gestattet.

Nach dem, was ich habe beobachten können, wird diese ganze Entwicklung sich im Rahmen des bisherigen Systems vollziehen. Die Vereinigten Staaten gehen keinem irgendwie gearteten „Ein-Mann-System“ entgegen, sondern in absehbarer Zeit einer Periode der Zusammenarbeit sachverständiger Männer. Das wird eine Stärkung bedeuten. Man wird die inneren Spannungen um so sicherer überwinden,

---

AFL aufgrund ihres größeren Klientels. Vgl. ausführlich McFarland, Roosevelt, Lewis, and the New Deal.

je mehr die Entwicklung der Lage in der Welt die Aufmerksamkeit nach außen lenkt und geschlossenen Krafteinsatz fordert.

Was die Beziehungen der Vereinigten Staaten zu *Deutschland* betrifft, so bin ich, im ganzen Lande und in allen Bevölkerungsschichten herumgekommen, niemals einer deutschfeindlichen Äußerung oder Haltung begegnet. Nun muß man berücksichtigen, daß der Amerikaner zu einer außerordentlichen Höflichkeit namentlich Fremden gegenüber neigt und jeder Unannehmlichkeit durch vorsichtige Zurückhaltung aus dem Wege geht. Aber selbst wenn ich dies in Rechnung stelle, bleibt so viel an spontanen Äußerungen des Verständnisses und der freundlichen Gesinnung übrig, daß ich nur sagen kann, es ist nicht einmal eine neutrale, abwartende Stimmung festzustellen, sondern der ausgesprochene Wunsch, mit Deutschland in freundlichen Beziehungen zu stehen. Man darf sich hier durch die Tatsache der Boykottbewegung nicht den Blick trüben lassen. Sie hat ihren Hauptsitz in New York; das ist natürlich und verblaßt mit der Entfernung von New York. Man muß immer wissen, daß es kaum einen Klub in den Vereinigten Staaten gibt, der Juden aufnimmt; daß in manchen Hotels Juden keinen Zutritt haben und daß wohl auf allen Universitäten der Prozentsatz der jüdischen Studenten unausgesprochen festgelegt ist. Man hat also eine bestimmte, den Angelsachsen eigentümliche Zurückhaltung gegenüber den Juden, aber man spricht darüber nicht gern.[46] Meines Erachtens ist die ganze Boykottbewegung zu Ende in dem Augenblick, in dem Deutschland praktisch zu erkennen gibt, daß ihm am *Grundsatz* gelegen ist, daß aber der *einzelne* Jude im Rahmen des Gesetzes nicht mit außerordentlichen Mitteln um jede Existenzmöglichkeit gebracht werden soll. Wenn aber Deutschland die Entwicklung der Judenfrage in Osteuropa zum Anlaß nimmt, eine positive Lösung des Judenproblems – Palästina reicht nicht aus – unter allen beteiligten und interessierten Staaten anzuregen, so würde sofort jede Hemmung, die mit dieser Frage in Verbindung steht, auch in den Vereinigten

46 Die soziale und wirtschaftliche Diskriminierung von Juden in den USA existierte seit dem Ende des 19. Jahrhunderts in Form von Ausschlüssen aus Hotels und Country Clubs sowie von leitenden Positionen in großen Unternehmen. 1922 hatte der damalige Präsident der Havard-Universität die Existenz eines inoffiziellen Quotensystems zugegeben, das die Zulassung jüdischer Studenten an den Ivy League-Universitäten begrenzte. Antisemitische Propaganda wurde u.a. von Henry Ford unterstützt, der sich durch die Verbreitung der antisemitischen Fälschung „Protokolle der Weisen von Zion" in den USA auszeichnete. In den USA herrschte jedoch ein gänzlich anderes Klima als in Nazideutschland, und den Antisemiten aus Politik, Wirtschaft, Kirche und Wissenschaft standen zahlreiche Gegner gegenüber. Ford z.B. musste sich nach einem verlorenen Verleumdungsprozess öffentlich von seinen antisemitischen Äußerungen distanzieren. Die amerikanische Boykottbewegung gegen deutsche Waren, von dem American Jewish Congress (AJC) initiiert als Reaktion auf die antisemitischen deutschen Gesetze, blieb relativ unbedeutend. Vgl. ausführlich Lucy S. Davidowicz: On Equal Terms, New York 1982 sowie Nathan C. Belth: A Promise to Keep, New York 1979.

Staaten beseitigt sein, da sich dann das größte Interesse aller an einer positiven Lösung offenbaren müßte.

Sehr viel bedeutsamer werden die Vorgänge auf kirchlichen Gebieten auch in USA empfunden. Es handelt sich hier nicht um die dogmatische Frage, sondern in allen westeuropäischen Ländern und in USA sieht sich die *Kirche selbst vor Probleme* gestellt. Sie hat vielfach in den letzten Jahrzehnten den Zusammenhang mit dem Volke verloren. Irgendwelche Reformen, um auch die christliche Kirche wieder mit lebendigem Leben zu erfüllen, erscheinen überall notwendig. Insbesondere die Jugend beginnt sich von den materiellen Fragen immer mehr den ideellen zuzuwenden. Aber angesichts der ohnehin schon starken Spannungen auf wirtschaftlichem und sozialem Gebiet ist man beinahe überall davon durchdrungen, alle diese Fragen auf dem festen Boden des Christentums lösen zu können, auf dem die Kultur seit fast anderthalb Jahrtausenden gewachsen ist. Absolute Sicherung der Gewissensfreiheit würde auch hier die notwendige Entspannung herbeiführen. Jeder Anschein, als ob man in diese Gewissensfreiheit, in die Freiheit der religiösen Betätigung, in das Leben der Familie eingreifen wolle, muß vermieden werden. Andernfalls müssen sich die Gegensätze und Spannungen immer mehr vertiefen und verstärken.

Als ganz unerträglich wurde die Betätigung des amerikanisch-deutschen Volksbundes[47] bei deutsch geborenen und nichtdeutschen Amerikanern empfunden. Man weist darauf hin, daß es unmöglich ist, jedem Volksteil, der an der Bildung der Vereinigten Staaten blutmäßig mitgewirkt hat, eine politische Betätigung nach dem Vorbilde des Heimatlandes zu gestatten. Das würde zu einer Sprengung der Nation führen, und diese wird weder das Volk noch die Regierung dulden.

---

47 Die bei weitem wichtigste und erfolgreichste faschistische Splittergruppe in den USA war der German-American Bund (Amerikadeutscher Volksbund), die Anfang 1936 von dem Deutschamerikaner Fritz Julius Kuhn gegründet worden war. Die eigene Bewegung als „Kämpfendes Deutschtum“ stilisierend, formte Kuhn den Bund sowohl hinsichtlich der inneren Struktur als auch der Propagierung und aggressiven Rhetorik nach außen der deutschen NS-Bewegung nach. Aufgrund seiner öffentlichkeitswirksamen Arbeit durch Aufmärsche und Versammlungen wirkte der Bund bedeutender, als er letztendlich war – auf dem Höhepunkt seiner Macht schätzte das amerikanische Justizministerium die Mitgliederzahl auf unter 9.000 –, zog jedoch auch entsprechend rasch die Aufmerksamkeit der amerikanischen Behörden auf sich. Staatliche und bundesstaatliche Untersuchungen über subversive Aktivitäten des Bunds, Protestmärsche von Kommunisten und Mitgliedern der American Legion, private Untersuchungen und Veröffentlichungen sowie die Androhung, deutschamerikanischen Mitgliedern im Bund ihre amerikanische Staatsbürgerschaft zu entziehen, sorgten 1937 für Schlagzeilen um die Bund-Aktivitäten. Die Anhörung des Bunds vor dem Repräsentantenhaus-Ausschuss für unamerikanische Aktivitäten 1938 und der Nachweis finanzieller Unterschlagungen Kuhns 1939 trugen zu einer derartigen Diskreditierung des Bunds bei, dass sein Verbot nach dem Kriegseintritt der USA kaum mehr als eine Formalität war. Vgl. Leland V. Bell: In Hitler's Shadow. The Anatomy of American Nazism, Port Washington und London 1973 sowie Susan Canedy: America's Nazis: A History of the German American Bund, Menlo Park 1990.

Endlich wird der Frage der Stellung des Rechts und der Unabhängigkeit der Richter in Deutschland eine immer größere Bedeutung beigemessen. Deutschland hat jahrhundertelang nicht nur als der Hort der Gewissensfreiheit, sondern auch als das Vorbild eines Staates mit in sich gesicherter Rechtspflege gegolten. Wie ich bereits in meinem Bericht über Canada ausgeführt habe, wird in jedem jungen Volk die Bedeutung des Rechts ganz besonders lebendig empfunden. Auch auf diesem Gebiet bereiten sich bedenkliche Spannungen vor.

Dies alles ist um so verhängnisvoller, als heute noch die Erkenntnis im Bewußtsein der Nordamerikaner stark ist, *daß das Diktat von Versailles für den gegenwärtigen Zustand in der Welt verantwortlich ist.* Man ist stolz darauf, es nicht unterschrieben zu haben, aber man empfindet ganz klar trotzdem die Verantwortung für das Verhalten und Versagen des Präsidenten Wilson.[48] Deutsch-Amerikaner haben mir gesagt, daß vor wenigen Jahren sogar noch die Ansicht vorherrschend war, die Vereinigten Staaten seien auf der *falschen* Seite in den Krieg eingetreten. Diese Stimmung ist besonders auf die nach Amerika zurückgekehrten Angehörigen der Besatzungsarmee verbreitet; in der Tat bin ich häufig Amerikanern begegnet, die mir eben als Angehörige dieser Besatzungsarmee das gleiche versichert haben. Ich bin fest überzeugt, daß in Wahrheit das amerikanische Volk entgegen allem, was man sonst gerade in Deutschland anzunehmen geneigt ist, mit Freuden eine Gelegenheit ergreifen würde, dieses Diktat zu beseitigen, mit Deutschland wieder in freundliche, insbesondere wirtschaftliche Beziehungen zu treten und dem nun schon beinahe 25 Jahre währenden Kampf – denn das Diktat von Versailles ist eine Fortsetzung des Krieges mit anderen Mitteln – ein Ende zu bereiten.

Aber selbstverständlich wäre es verhängnisvoll, anzunehmen, daß diese Bereitschaft ohne jede Gegenleistung in die Wirklichkeit zu überführen und daß sie zeitlich unbegrenzt ist.

Die Gegenleistungen liegen, wie überall, auf dem Gebiete der Imponderabilien und auf der Bereitschaft, grundsätzlich wenigstens wieder in einen freieren Wirtschaftsverkehr der Völker einzutreten. Man weiß, daß Deutschland hierzu eines Währungskredits bedarf, und ist bereit, ihn zu geben. Man weiß aber auch, daß Deutschland einige Voraussetzungen nur aus eigenem Entschluß und aus eigener Kraft schaffen kann, insbesondere den ausgeglichenen öffentlichen Haushalt.

---

48 Vgl. zu den Verhandlungen um den Versailler Vertrag S. 535 f., Anmerkung 14. Die USA gehörten zwar zu den Signatarmächten des Versailler Vertrags, aber die Ratifizierung wurde vom Senat verweigert. Der Hauptgrund für die Verweigerung war die Befürchtung eines Souveränitätsverlusts durch den Beitritt zum Völkerbund. Goerdeler überträgt in seiner Beurteilung irrigerweise die deutsche Enttäuschung über Wilsons Beeinflussbarkeit durch die anderen Siegermächte und über sein Abgehen von zuvor verkündeten Friedenszielen mit den Motiven des amerikanischen Senats. Vgl. Hans-Jürgen Schröder: Demokratie und Hegemonie. Woodrow Wilsons Konzept einer Neuen Weltordnung, in: Michalka, Der Erste Weltkrieg, S. 159-177.

Was heute noch und wohl ohne besondere Gegenleistung zu erreichen ist, – wäre nach meiner Überzeugung die Duldung der deutschen Exportzuschüsse ohne Anwendung des Anti-Dumping-Gesetzes.[49] Soweit sich mir Gelegenheit bot, habe ich, wie seinerzeit in Finnland,[50] drüben klar gemacht, daß Deutschland mit seinen Exportzuschüssen grundsätzlich genau dasselbe tut wie Amerika mit seiner Dollar-Abwertung; in beiden Fällen werden dem Binnenmarkt Opfer auferlegt, um die Wettbewerbsfähigkeit am Weltmarkt zu steigern. Die Amerikaner beanstanden nur, daß von deutscher Seite der Exportzuschuß nicht allgemein festgesetzt ist, sondern für das einzelne Geschäft verschieden bemessen wird. Sie sehen sich so, namentlich auf dritten Märkten, insbesondere in Südamerika, von Geschäften ausgeschaltet, wenn deutsche Firmen Waren zu einem Preise liefern, der offenbar unter Selbstkosten liegt. Es liegt nach meiner Überzeugung nicht im deutschen Interesse, an dieser amerikanischen Einwendung vorüberzugehen. Schon werden in Amerika Stimmen laut, ebenfalls Exportzuschüsse zu gewähren. Daß die USA, wenn sie einmal zu diesem Mittel greifen, über den längeren Atem verfügen, ist außer jedem Zweifel. Wenn wir dagegen umgekehrt sagen, daß die Exportzuschüsse ein für allemal auf einem der Dollarentwertung entsprechenden Höchstsatz begrenzt werden, dann halte ich es nicht für vollkommen ausgeschlossen, die erwähnte Anwendung der Anti-Dumping-Gesetzgebung auszuräumen.

Was dagegen einen *allgemeinen Handelsvertrag* betrifft, so vermag ich mir nicht mehr vorzustellen – trotz aller freundlichen Worte, die man auch darüber hin und wieder in Amerika zu hören bekommt –, daß jetzt noch die Möglichkeit zu einem solchen Vertrag, abseits einer allgemeinen politischen, England und Frankreich mit einschließenden Regelung besteht. Dasselbe gilt von Rohstoffkrediten. Man muß wissen, daß amerikanisches Kapital an diesen Krediten wenig interessiert ist, denn zum Beispiel ein großer Teil des *Baumwollanbaus in Südamerika befindet sich in nordamerikanischen Händen*. Deutschland kauft also auch in Südamerika praktisch von Nordamerika.

Wie schon erwähnt, stehen die USA vor der durch ihr eigenes Interesse diktierten und daher unentrinnbaren Entscheidung, sich entweder mit dem jetzigen Zustand der Welt abzufinden, sich von allen politischen Bindungen fernzuhalten und den Lebensstandard zu senken, oder sich zur Verbindung mit der Welt zu bekennen, dann aber auch die hiermit verbundenen Risiken in Kauf zu nehmen. Da nun nach der ganzen Geschichte der Vereinigten Staaten seit mehr als hundert Jahren die Verbesserung des Lebensstandards geradezu ein Glaubenssatz geworden ist, ist es auch nicht verwunderlich, daß die Regierung etwa seit dem Herbst 1937 eindeutig begonnen hat, das Volk für eine Politik der Weltverbindung zu gewinnen. Noch als ich nach den Vereinigten Staaten kam, hörte ich, daß man

[49] Vgl. zur Zollpolitik im deutsch-amerikanischen außenwirtschaftlichen Verhältnis S. 419, Anmerkung 13.

[50] Vgl. zu Goerdelers Finnland-Reise S. 37, Anmerkung 4.

von der Welt nichts wissen wolle, von ihr enttäuscht sei, keine Opfer bringen wolle, sondern sich mehr und mehr zurückziehen werde. Das sei der Wunsch der überwiegenden Mehrheit des amerikanischen Volkes, zum Ausdruck gebracht ja auch in der ersten Hälfte des Jahres 1937, und zwar durch die Neutralitätsakte.[51] Mir nahestehende einsichtige, sehr deutschfreundliche Amerikaner irischer Abkunft (also England eher unfreundlich gestimmt) sagten mir aber bereits damals, daß es nur einer verhältnismäßig kurzen Einwirkung auf das Volk bedürfe, um ihm die entgegengesetzte Politik als die richtige und notwendige klarzumachen. Und in der Tat, man kann ja auch von keinem lebensvollen, der Zukunft glaubensstark und selbstbewußt entgegengehenden Volk erwarten, daß es sich, vor den Entscheid gestellt, schließlich zum Verzicht entscheidet. Am allerwenigsten kann man das vom amerikanischen Volk erwarten, das in Wahrheit jung und vom Kolonisationsgeist noch erfüllt ist. Besonders wichtig aber ist es, daß der amerikanische Arbeiter ganz in der Idee aufgewachsen ist, an die Verbesserung seines Lebensstandards und an die Erhaltung der Konstitution alles setzen zu müssen. Gerade aus der Arbeiterschaft heraus werden daher die Regierung der Vereinigten Staaten keinerlei Schwierigkeiten entstehen, wenn sie eine Politik der Weltverbindung einschlägt. Dazu kommt, daß Präsident Roosevelt seit 1932 die Verbesserung des Lebensstandards verkündend, jetzt das Gegenteil zu tun nicht geneigt sein wird. Viel eher wird er willens sein, dem Volke klar zu machen, daß es für seinen Lebensstandard in der Weltpolitik Opfer bringen müsse und er wird sehr geneigt sein, weitere öffentliche Mittel auch über eine Aufrüstung der Entlastung des Arbeitsmarktes zuzuführen. Den entscheidenden Schritt in dieser Richtung hat der Präsident mit seiner Rede in Chicago im September oder Oktober 1937 getan.[52] Er

---

51 Die amerikanische Intervention im Ersten Weltkrieg war in der Öffentlichkeit rasch in Misskredit geraten und hatte letztendlich zur Berufung des Nye-Ausschusses des Senats geführt, in dem der Einfluss von Rüstungsinteressen auf den amerikanischen Kriegseintritt untersucht wurde. Die Empfehlungen des Ausschusses führten zur Verabschiedung der Neutralitätsgesetze durch den Kongress 1935–1937. Das erste Neutralitätsgesetz vom August 1935 verfügte ein amerikanisches Waffenembargo für alle kriegerischen außeramerikanischen Konflikte; im Februar 1936 erweiterte das zweite Neutralitätsgesetz das Prinzip der Nichteinmischung um ein Kreditvergabeverbot an kriegführende Staaten; das endgültige Neutralitätsgesetz vom 29.4.1937 revidierte die Bestimmungen zugunsten des Präsidenten insofern, als er nun die Definitionsmacht darüber bekam, ob ein Kriegsfall eingetreten sei. Vgl. USA-Lexikon, S. 518.

52 Roosevelt hatte seit dem ersten Neutralitätsgesetz (s.o., Anmerkung 51) die Starrheit kritisiert, die der amerikanischen Regierung jeden Eingriff zugunsten angegriffener friedlicher Nationen verbot. Nach dem Angriff Japans auf China forderte er am 5.10.1937 in seiner berühmten „Quarantäne-Rede" in Chicago das gemeinsame Vorgehen aller friedliebenden Nationen, um Aggressoren entgegenzutreten. Isolationismus und Neutralität seien kein Ausweg, wenn internationale Vereinbarungen missachtet würden, und die Staatengemeinschaft müsse sich gegen die Epidemie internationaler Gesetzlosigkeit durch die Isolierung der Aggressoren schützen. Die Rede blieb jedoch zunächst eine isolierte Proklamation ohne

hat damit den richtigen Augenblick für die Amerikaner getroffen, denn sie waren durch das Vorgehen der Japaner in Ostasien soeben in Bewegung geraten. Die Versenkung des amerikanischen Kanonenbootes auf dem Yang-tse wird inzwischen das übrige getan haben.[53] Und so bin ich überzeugt, daß die von unentwegten Pazifisten und Isolationisten vor einigen Monaten eingeleitete Bewegung, die Neutralitätsakte zu verstärken und Kriegserklärungen an eine Volksabstimmung zu binden, eine Niederlage erleiden wird. Viel stärker aber, als das in den Stimmen des Kongresses zum Ausdruck kommt, wird das amerikanische Volk gegen eine solche Politik sich inzwischen innerlich wenden; denn es empfindet und fühlt, was in Ostasien sich auch für USA anbahnt. Die Vereinigten Staaten werden in kurzen Zwischenräumen ihre Rüstung verstärken und sehr bald in ihren Aufwendungen nicht wesentlich hinter England zurückbleiben.

Soweit sich übersehen läßt, und soweit mir meine Studien auf meiner Reise einen Anhaltspunkt geben, wird Japan aufs Ganze gehen. Es wird sicher die Besetzung Chinas bis dicht vor Hongkong ausdehnen, nach Möglichkeit, das heißt, wenn die Lage und die eigenen Kräfte es irgendwie gestatten, aber auch Hongkong, selbst auf die Gefahr eines Konfliktes mit England hin, besetzen, darauf rechnend, daß England zur Zeit noch nicht stark genug ist, in Ostasien aufzutreten, und daß dasselbe für USA gilt. Dann wird Japan im besetzten Gebiet Chinas eine neue Regierung einsetzen, die sämtliche Vorrechte weißer Nationen in Ostasien beseitigt, aber auch, was *Deutschland* mit betrifft, praktisch den *Japanern den chinesischen Markt ausschließlich überantworten wird.* Auch Wladiwostok wird, wenn möglich, angepackt, da der Japaner die einzigartige Situation der Handlungsunfähigkeit der weißen Rasse aufs äußerste ausnutzen wird, selbst wenn es sich mit China verständigen sollte. *Jedes weiße Volk* soll aus dem chinesischen Handel herausgedrückt werden. Der Japaner wird Deutschland dabei nicht im mindesten schonen, wie er es ja bereits 1914 bewiesen hat. Ja er selbst wird dafür sorgen, die Stimmung Chinas so weit wie irgend möglich gegen Deutschland zu lenken.

Nach meinen Reiseeindrücken bin ich überzeugt, daß verantwortungsbewußte Engländer und Amerikaner die Lage und die Absicht Japans gar nicht anders beurteilen. Gegenüber dieser durch Japan ausgelösten Entwicklung werden die Ideologien (gemeinsam[keit] demokratischer Ideale) nur noch an der Oberfläche

Folgen – nicht zuletzt aufgrund der negativen Reaktion in Öffentlichkeit und Kongress –, und in dem folgenden Jahr wurde die amerikanische Nichteinmischungspolitik weiter fortgesetzt. Vgl. Wolfgang Schlauch: Rüstungshilfe der USA 1939–1945. Von der „wohlwollenden Neutralität“ zum Leih- und Pachtgesetz und zur entscheidenden Hilfe für Großbritannien und die Sowjetunion, Koblenz [2]1985, S. 13-23.

53 Vgl. zum chinesisch-japanischen Krieg S. 606, Anmerkung 25. Anfang Dezember 1937 war das amerikanische Kanonenboot „Panay“ auf dem Fluss Yang-Tse von japanischen Soldaten versenkt worden. Die USA reagierten mit einer Protestnote an Japan und nahmen die darauf folgende Entschuldigung sowie eine finanzielle Entschädigung durch Japan an – offensichtlich erleichtert, keine weiteren Schritte unternehmen zu müssen.

eine Rolle spielen. *In Wahrheit werden nunmehr USA aus eigenem Interesse in die Linie Englands geführt*, denn Ostasien ist in seiner Gesamtheit ein wichtiger Markt für USA. –

Somit kann ich im Folgenden das abrunden, was ich über die Empire-Konferenz des Sommers 1937 bisher an Eindrücken gewonnen habe. Denn nunmehr beginnt sich das amerikanische Interesse an einem seine Rohstoffüberschüsse aufsaugenden Handelsvertrage mit England auf das natürlichste zu verbinden mit dem beiderseitigen Interesse an einem politischen Zusammengehen.[54]

England sieht sich im Mittelmeer und neuerdings in Ostasien in seinem Empire entscheidend bedroht. Es kann diese Bedrohung nicht hinnehmen. Es kann sie nicht ungemessene Zeit ertragen, ohne durch fortschreitenden Prestigeverlust schließlich den Zusammenhalt des Empire zu gefährden. Wie sich schon im Juli 1937 in meinen Ausführungen über England finden läßt, ist an dem Willen Englands, das Empire unter allen Umständen zu halten, gar nicht zu zweifeln.[55] Die englische Rüstung ist nach meiner Überzeugung nicht eine Rüstung zur Abschreckung, sondern eine Rüstung zum Gebrauch. Als Abschreckungsrüstung ist sie viel zu teuer. Sie müßte als technische Rüstung in einem Zeitraum von zehn Jahren erneuert werden! Das kann sich selbst das reiche England nicht erlauben. Abgesehen hiervon, kann ich auch an dem persönlichen Willen des einzelnen Engländers nicht zweifeln, für die englische Weltstellung im entscheidenden Zeitpunkt alles einzusetzen.

England kann nicht daran denken, beiden Bedrohungen gleichzeitig ein Ende zu machen. Es kann auch, was wohl militärische Sachverständige bestätigen dürften, nicht ohne großes Risiko daran denken, seine Hauptkräfte nach Ostasien zu verschieben, seine europäische Stellung aber inzwischen ungeklärt zu lassen. Es muß erst seine europäische, das heißt, seine Mittelmeerstellung, sichern. Auf der anderen Seite aber ist die englische Staatskunst seit jeher darauf gerichtet gewesen, solche Risiken nicht allein zu tragen, sondern andere mit tragen zu lassen. Schon mit Beginn der Aufrüstung ist man dem Gedanken nähergetreten, diesmal – anders als im Weltkrieg – sich von vornherein die Mitwirkung der Vereinigten Staaten zu sichern. Man weiß, daß das nur möglich ist, wenn man den USA den heißbegehrten Handelsvertrag gewährt. Dieser Handelsvertrag würde für die Vereinigten Staaten eine von ihnen hoch, allerdings viel zu hoch eingeschätzte, von mir für nicht ganz unbedeutsam gehaltene Verbesserung ihrer inneren Wirtschaftslage bringen; denn sie hoffen gerade für ihre Agrarüberschüsse dann einen neuen Markt zu haben. Die USA sind also bereit, für diese erste Wiederherstellung alter Weltverbindungen einen Kaufpreis zu zahlen. Dies wissen aber auch die Engländer. Sie wissen aber auch, daß der Handelsvertrag für sie, wie ich in dem

54 Vgl. zur Empire-Konferenz S. 537, Anmerkung 16; zur Entwicklung des britisch-amerikanischen Verhältnisses S. 536., Anmerkung 15.

55 S. Goerdelers Reisebericht aus Großbritannien vom 15.7.1937; Dok. 4.2.1, oben S. 525 ff.

kanadischen Bericht darzulegen mir erlaubte,[56] eine allmähliche ernsthafte Lockerung der wirtschaftlichen Interessenverbindung zwischen Dominien und Mutterland bedeutet. Und so entsteht naturgemäß die klare Lage, daß England sich für den von USA begehrten Handelsvertrag einen politischen Kaufpreis ausbedingen kann und daher auch ausbedingen wird. Auf beiden Seiten, sowohl was England als auch die USA betrifft, ist man sich der Tragweite der zu treffenden Vereinbarungen offenbar wohl bewußt; daher die lange Dauer der Verhandlungen und die Tatsache, daß trotz häufiger Ankündigungen des Abschlusses dieser immer noch nicht vollzogen ist. England hat vor der Unterschrift noch einmal den wohl ernsthaftesten Versuch seit 1909 gemacht, die europäische Front durch Verständigung mit Deutschland zu klären.[57] Wenn eine solche Verständigung möglich ist, so wird England sie bezahlen und wird seinen Handelsvertrag mit Amerika entsprechend dürftiger für die Amerikaner ausfallen lassen; denn der amerikanische Gegenpreis, nämlich das politische Bündnis, *ist heute leichter erreichbar*, nachdem die Vereinigten Staaten durch die eigene innere wirtschaftliche Entwicklung und durch die Vorgänge in Ostasien fühlbar daran erinnert werden, daß ihr eigenstes Interesse sie zum Wiedereintritt in die Weltpolitik zwingt. – So ist letzten Endes, soweit ich sehen kann, die Gesamtlage Englands durch das Vorgehen Japans in Ostasien ernster, gleichzeitig aber auch wesentlich einfacher geworden; es wächst ihm in USA ein natürlicher Bundesgenosse zu. *England wird nunmehr durch Japan zu dem schnellsten Tempo denkbarer Kraftentfaltung gezwungen.*

Dies sind Erwägungen, die in Verbindung mit meinen Studien in USA mich zu der Annahme zwingen, daß heute für Deutschland ein Handelsabkommen mit den Vereinigten Staaten *abseits der Verständigung in Europa* nicht mehr zu haben sein wird. Ohne das japanische Vorgehen in Ostasien würde heute noch eine gewisse Chance bestehen, zu einem Handelsvertrag mit USA zu gelangen, wenn die Bereitschaft besteht, dabei schließlich auch über die häufig erwähnten Imponderabilien zu sprechen. Denn es war nicht zu unterschätzen, daß gerade die gegen-

---

[56] Vgl. dazu auch Goerdelers identische Argumentation in seinem Reisebericht aus Großbritannien vom 15.7.1937; Dok. 4.2.1, oben S. 525 ff.

[57] Im November 1937 hatte der spätere britische Außenminister Irwin Halifax eine Deutschlandreise unternommen, in deren Verlauf er Besprechungen u.a. mit Neurath, Göring und Blomberg hatte. In einer ausführlichen Besprechung mit Hitler hatte er die britische Bereitschaft betont, sich deutschen territorialen Revisionszielen im Süden und Osten Europas nicht zu widersetzen, sofern sie mittels friedlicher Verhandlungen verfolgt würden. Vgl. Parker, Chamberlain and Appeasement, S. 99 ff. sowie Wolfgang Michalka: Ribbentrop und die deutsche Weltpolitik 1933–1940. Außenpolitische Konzeptionen und Entscheidungsprozesse im Dritten Reich, München 1980, S. 215 ff. Zu den englischen Bemühungen 1909, mittels eines Flottenabkommens das europäische Wettrüsten vor dem Ersten Weltkrieg zu beenden, vgl. Fritz Fischer: Krieg der Illusionen. Die deutsche Politik von 1911 bis 1914, Kronberg/Ts. 1978, S. 101-113.

wärtige Regierung in USA den Abschluß von Handelsverträgen mit besonderem Eifer bestrebt und jeden solchen Vertrag als Erfolg bucht. Selbst wenn in Amerika auch heute noch eine erhebliche Stimmung dafür sein wird, sich von politischen Beteiligungen *wenigstens in Europa* fernzuhalten, so wäre es doch wohl ein sehr billiger und kurzfristiger Optimismus, die große Veränderung zu verkennen, die seit dem Vorgehen der Japaner eingetreten ist und eintreten mußte. So weit ich habe sehen können, werden jetzt sämtliche Handlungen in USA von der Rücksicht auf die Entwicklung in Ostasien bestimmt werden, und diese Rücksicht macht nunmehr das, was bisher im freien Verfügen der USA lag, nämlich das Zusammengehen mit England, zu einem aus Eigeninteresse geborenen Zwang. In absehbarer Zeit wird die amerikanische Regierung gezwungen sein, die noch vorhandenen Widerstände im amerikanischen Volk zu beseitigen und mit England eine feste politische Abmachung zu unterschreiben, die in jedem Kriegsfalle die Vereinigten Staaten von Nordamerika an Englands Seite stellen wird. England wird nunmehr den vollen politischen Kaufpreis für einen ihm an sich unangenehmen Handelsvertrag einkassieren können.

So bin ich drüben zu der Überzeugung gekommen, daß bis auf die Beseitigung der Meinungsverschiedenheit über die deutschen Exportzuschüsse eine *Verständigung mit USA praktisch nur noch im Zusammenhang mit einer Bereinigung der politischen Lage in Europa möglich ist.*

Was diese betrifft, so möchte ich in Gesamtwürdigung meiner auf meinen Reisen gewonnenen Eindrücke nach wie vor annehmen, daß bis zu einem bestimmten Zeitpunkt eine Bereinigung möglich ist, die den deutschen Lebensinteressen entspricht und der Außerkraftsetzung der wesentlichen Teile des Diktates von Versailles gleichkommt; insbesondere wird in den Vereinigten Staaten eine solche Verständigung nicht nur begrüßt, sondern mit allen Mitteln gefördert werden. Nach dem, was ich in den USA gehört habe, erscheint insbesondere eine formelle Aufhebung aller Ehrenpunkte selbstverständlich.[58] Man wird sicher bereit sein, Deutschland Kolonien, wenn auch nicht alle ehemaligen, wohl aber einen geschlossenen Besitz in Westafrika, zu geben.[59] Man ist sicher bereit, Österreich den freien Anschluß zu gestatten, über das sudetendeutsche Gebiet und den Korridor mit uns befriedigende Abmachungen zu treffen. Man wird uns das Gold zur Verfügung stellen, das notwendig ist, um unsere Währung wieder bewegungsfähig zu machen und die Devisenzwangswirtschaft aufzuheben. Aber man wird uns nicht vollkommen freie Hand lassen im Osten und Südosten Europas, insbesondere gegen die Tschechoslowakei,

[58] Zu den „Ehrenpunkten“ des Versailler Vertrags gehörte neben dem von deutscher Seite so apostrophierten „Kriegsschuldartikel“ (vgl. S. 502, Anmerkung 12) auch ein „Kolonialschuldartikel“: Der Verlust aller Kolonien für Deutschland wurde in Artikel 119 begründet mit schlechter Administration, Misswirtschaft und Misshandlungen in ehemaligen deutschen Kolonien; vgl. Schmokel, Hard Death of Imperialism, S. 301 ff.

[59] Vgl. zu der Möglichkeit kolonialer Zugeständnisse an Deutschland S. 538, Anmerkung 18.

die mit Frankreich einen echten Bündnisvertrag hat.[60] Da wir nicht die Möglichkeit haben, uns diese Zugeständnisse zu erzwingen, weil wir dabei auf einen sicheren Krieg mindestens mit Frankreich rechnen müßten, so liegen die Folgerungen auf der Hand. Was man verlangt, ist ein gesicherter Friede und eine grundsätzliche Rückkehr zu einem freien Güteraustausch. Daß mit einer solchen Verständigung die Notwendigkeit naturhaft verbunden ist, den öffentlichen Haushalt in Ordnung zu bringen und damit auch die Rüstungsausgaben aus eigenem souveränen Entschluß zu begrenzen, weiß man und setzt dieses Wissen auch auf unserer Seite voraus.

Was den Zeitpunkt betrifft, so wird eine Verständigung USA-England den zur Verfügung stehenden Zeitraum nicht verkürzen, sondern eher etwas verlängern, denn die USA werden bis zum letzten Augenblick aus den verschiedensten hier dargelegten Gründen England eine Verständigung nahelegen; sie möchten *in Europa* möglichst nicht militärisch verwickelt werden. Sie werden unter gar keinen Umständen jemals mehr Truppen nach Europa schicken. Aber sie werden, wenn es not tut, und England ihnen darlegt, daß es länger auf eine Verständigung nicht warten könne, sämtliche anderen Unterstützungen den Engländern in Europa zuteil werden lassen und in Ostasien mit ganzer Macht erscheinen.

Ob der zur Verfügung stehende Zeitraum praktisch unbegrenzt ist, hängt von der Einschätzung des englischen Kampfwillens ab. Ich persönlich zweifle, nach dem, was ich auf meiner Reise gesehen und gehört habe, nicht einen Augenblick daran, daß England für die Erhaltung seines Empire unter allen Umständen kämpfen wird. Hinsichtlich der Wahl des Zeitpunktes steht es hier zwischen zwei Feuern. Es möchte eine etwaige Auseinandersetzung solange hinausschieben, daß das Kräfteverhältnis ein möglichst günstiges ist; es kann aber auch nicht unbegrenzt warten, da namentlich das Vorgehen Japans in Ostasien das Prestige Englands immer weiter vermindert. Und das Prestige ist wieder eine sehr wichtige Grundlage für den Zusammenhalt.

Im Ziel der englischen Politik dürfte es liegen, sobald als möglich durch ein *auf Italien begrenztes Vorgehen* die Gefahr im Mittelmeer zu beseitigen. Schon hierzu wird der amerikanische Nachschub (ohne Menschen) zur Verfügung stehen. Ich glaube nicht, daß England noch ernsthaft eine Verständigung mit Mussolini will, solange eine Verständigung mit Deutschland möglich erscheint. Mussolini bietet England in dessen Vorstellung nach dem schnellen Zusammenbruch des Gentlemen-Agreements über das Mittelmeer und angesichts seiner unsicheren Haltung im Nyon-Pakt nicht mehr die Garantie, die England für notwendig hält, um seine Hauptkräfte nach Ostasien verschieben zu können.[61] Jede politische

---

[60] Vgl. zu dem französisch-tschechischen Bündnis S. 607 f., Anmerkung 27.

[61] Vgl. zu dem britisch-italienischen Verhältnis S. 537, Anmerkung 17. Nachdem Angriffe italienischer U-Boote auf englische und französische Schiffe im Mittelmeer erneut zu einer Entfremdung zwischen Italien und Großbritannien geführt hatten, luden England und Frank-

Wendung, die es England und Frankreich gestattet, die Gefahren im Mittelmeer so bald und so risikolos wie möglich zu beseitigen, dürfte von ihnen politisch hoch bezahlt werden. Sie dürften wahrscheinlich diese Leistung stark steigern, wenn es gelingen sollte, Deutschland vor dem Abschluß mit USA als Bundesgenossen zu gewinnen.

Diese Ausführungen waren notwendig, da Politik und Wirtschaft untrennbare Betätigungen derselben Kraftquelle, des Lebenswillens, sind. Nur aus ihrem Zusammenhang können die scheinbaren Schwankungen und Ungereimtheiten der englischen Politik und Wirtschaftspolitik, können Sinn und Abwicklung der Empire-Konferenz verstanden werden. Der Schlüssel dieser Konferenz liegt, wie ich vermute, in USA. Auf der Konferenz haben die Dominien England gebeten, sich nach Möglichkeit zu verständigen, den Schlüssel in USA liegen zu lassen und das Schloß des sie alle umschlingenden Ottawa-Gürtels[62] nicht zu öffnen. Wird die Verständigung (mit Deutschland) nicht erreicht, so wird England innerhalb der nächsten drei bis sechs Monate die Hand nach dem Schlüssel ausstrecken, die Vereinigten Staaten werden England den Schlüssel geben und die Dominien werden die Hand vom Gürtelschloß nehmen. Dies alles muß ich nach dem, was ich auf meiner Reise gehört und gesehen habe, als höchst wahrscheinlich vermuten, ohne es mathematisch beweisen zu können. Aber die englische Politik hat den Vorzug, ungewöhnlich durchsichtig zu sein. Man muß nur in Rechnung stellen, daß England den Zusammenhang von Politik und Wirtschaft vollkommen kennt und vollendet handhabt und diese Kenntnis auch bei den Gegenspielern voraussetzt. Es überläßt also dem Gegenspieler stets diejenige Kombination, die auch der Schachspieler, den einzelnen Zug zwar offen tuend, für den voraussichtlichen nächsten Zug dem Gegenspieler überlassen muß. England nähert sich seit zwei Jahren der Zusammenballung und dem Einsatz der Kräfte in wohl überlegtem Wechselspiel und in größter Ruhe; es wartet dabei jeweils die Zeitpunkte ab, in denen die Lebensinteressen der einzelnen Beteiligten, insbesondere Frankreichs und der Vereinigten Staaten, sich organisch herausgestalten und nun fast mühelos mit den englischen verflechten lassen. Die englisch-französisch-nordamerikanische Koalition wird eine echte Interessengemeinschaft werden und, was mindestens ebenso wichtig ist, ihren Völkern als solche erscheinen. Daß sie kommt, ist nunmehr durch die Lage im Mittelmeer und in Ostasien entschieden. Ihr Inhalt ist,

---

reich für Anfang September 1937 zu einer Konferenz der Mittelmeermächte in Nyon ein. Deutschland und Italien hatten eine Teilnahme abgelehnt; die beteiligten Mächte einigten sich auf eine Neuregelung des Patrouillendienstes im Mittelmeer zum Schutz der Handelsschifffahrt (vgl. ausführlich Schultheß 1937, S. 584 ff.). Am 30.9. trat Italien dem Nyon-Abkommen bei, jedoch wurde dieser diplomatische Erfolg bereits einen Monat später wieder getrübt von Italiens Beitritt zum deutsch-japanischen Antikomintern-Pakt (vgl. dazu S. 545 f., Anmerkung 12) und seinem Austritt aus dem Völkerbund. Vgl. Seton-Watson, Anglo-Italian Gentlemen's Agreement, S. 276.

62 Vgl. zu dem Präferenzsystem von Ottawa S. 360, Anmerkung 29.

soweit ich übersehen kann, *heute noch* durch uns zu beeinflussen, da eine Verständigung Deutschlands mit England und Frankreich – eine Trennung beider wird für sie durch die Lage im Mittelmeer ausgeschlossen – den Engländern ermöglichen würde, im Handelsvertrag den Vereinigten Staaten weniger zu geben, und den USA ermöglichen würde, aus dem politischen Bündnis mit England Engagements in Europa auszuschalten. Außerdem würde eine solche Verständigung den USA ermöglichen, schleunigst einen, und zwar uns günstigen Handelsvertrag mit uns abzuschließen, um möglichst schnell Rohstoffüberschüsse an uns zu verkaufen. Dabei würde es auch an Rohstoffkrediten nicht fehlen. Diese Haltung der USA erscheint mir um so wahrscheinlicher, als der Abschluß von Handelsverträgen gerade der gegenwärtigen Regierung besonders am Herzen liegt. Würden überdies durch die besondere Natur der Verständigung England und die Vereinigten Staaten in die Möglichkeit versetzt werden, sich sofort mit aller Macht nach Ostasien zu wenden, so kann derjenige, der diese Möglichkeit herbeizuführen bereit ist, höchstwahrscheinlich eine hohe Gegenleistung herausholen, die von der Welt als im Interesse des Friedens erwünscht betrachtet werden dürfte und als Grundlage für eine verständige und verläßliche Neuordnung benutzt werden könnte. Stellt Deutschland gar seine Kraft zur Wiederherstellung des Gleichgewichts in Ostasien zur Verfügung, so wird es als Retter der Welt von unerträglich werdenden Spannungen begrüßt werden. Es steht ihm dann auch wirtschaftlich der volle Einsatz seiner Kräfte in der Welt zur Verbesserung der Lebensbedingungen des deutschen Volkes offen.
Goerdeler.

### 4.2.4 *Reisebericht England und Frankreich*

*maschinenschriftlicher Bericht vom 30.4.1938; BAK, N 1113, Bd. 14.*[1]
Die britische Rüstung läuft auf Hochtouren, es herrscht kein Mangel an Rohstoffen, aber an gelernten Arbeitern für die Rüstungsindustrie. Gründe für die weiterhin herrschende Arbeitslosigkeit in Großbritannien: zu starke staatliche Fürsorgetätigkeit, wachsende Landflucht, die noch durch mangelnde Beschränkung der Freizügigkeit unterstützt wird, fehlende wirtschaftspolitische Schulung der Bevölkerung. Die britische Stimmung gegen Deutschland wird bedenklicher, da die deutsche Annexionspolitik als Beweis für fehlenden Verhandlungswillen interpretiert wird. Noch ist Großbritannien zu weitreichenden Konzessionen an Deutschland bereit wegen der japanischen Bedrohung und den umstrittenen Rüstungskosten.

---

[1] Vgl. zu den Adressaten des Reiseberichts S. 525, Anmerkung 1. Aus Goerdelers Korrespondenz mit Krupp geht zwar eindeutig hervor, dass er ihm ein Exemplar des Reiseberichts zugesandt hatte (vgl. Brief Goerdelers an Krupp vom 30.5.1938; HA Krupp, FAH 4 E 154, Bl. 61); diese anscheinend etwas längere Version ist in den Akten jedoch nicht erhalten. Eine mit dem vorliegenden Bericht identische Version befindet sich in den Akten der Reichskanzlei (BAB, R 43 F/3503, Bl. 76-103).

In Frankreich hat sich die Zusammenarbeit zwischen Arbeitnehmer- und Arbeitgeberschaft verbessert; die konservative Regierung ist bereit zu Konzessionen an Deutschland, um die eigene Situation zu konsolidieren.

30. April 1938.

*England und Frankreich*

Von Mitte März bis Mitte April war ich in England und Frankreich. In London hielt ich vor dem Institute of Public Administration einen Vortrag über Wirtschaft und öffentliche Verwaltung.[2] Im übrigen benutzte ich die Zeit, um in beiden Ländern meine wirtschafts-, sozial- und kulturpolitischen Studien fortzusetzen und mich über die Stimmung zu unterrichten.

*1. England.*

Ich habe diesmal nur den südlichen Teil der englischen Insel bereist. Auffallend war die starke Bautätigkeit. In den letzten zehn Monaten sind viele Fabriken durch Neubauten erweitert. Auch einzelne vollkommene Neuanlagen habe ich gesehen. Bei ihrer Verteilung stoßen offenbar die Interessen der Landesverteidigung mit denen einer zweckmäßigen Arbeitsmarktpolitik aufeinander. Das Arbeitsministerium hat in den von der Arbeitslosigkeit besonders stark betroffenen Teilen mit öffentlichen Mitteln rohe Fabrikbauten errichtet und diese an kleine Unternehmungen zu günstigen Bedingungen verkauft oder verpachtet. Es hat hin und wieder auch die Lokalbehörden in dem Erwerb von geeignetem Gelände unterstützt. Dies Gelände ist dann zu günstigen Bedingungen möglichst an kleine und mittlere Unternehmer zwecks Errichtung von Werkstätten usw. abgegeben worden. Man hat auch Großunternehmungen veranlaßt, Filialen in solchen Gebieten einzurichten. Es ist tatsächlich gelungen, eine Reihe kleiner und mittlerer Unternehmungen oder Filialbetriebe auf diese Weise in die Notstandsgebiete zu bringen.[3] Dabei hat man, soweit ich mir ein Urteil erlauben darf, den Fehler gemacht, die Umgebung

---

2 In seinem Vortrag über das Verhältnis von Staat und Wirtschaft vertrat Goerdeler seine bereits bekannten wirtschaftsliberalen Ansichten, einschließlich seiner Argumente gegen künstliche Kreditschöpfung, zu starker staatlicher Fürsorgetätigkeit und staatlicher Verschuldung (vgl. Exemplar des Vortrags in BAK, N 1113, Bd. 12). Nach der Erinnerung des britischen Industriellen Arthur Young, der sich allerdings in der Datierung irren muss, war Goerdelers Rede eher ablehnend aufgenommen worden (vgl. Arthur P. Young: Die „X"-Dokumente. Die geheimen Kontakte Carl Goerdelers mit der britischen Regierung 1938/1939, hg. v. Sidney Aster, Betreuung der deutschen Ausgabe und Nachwort v. Helmut Krausnick, München 1989, S. 40 ff.). Das verwundert nicht angesichts der Tatsache, dass die London School of Economics, in deren Institut die Veranstaltung stattfand, geradezu eine Hochburg des Keynesianismus war.

3 Die Nationale Regierung unter Chamberlain vermied direkte Staatsinterventionen in die britische Wirtschaft und versuchte auf diese indirekte Weise, regionale Arbeitslosigkeit mittels staatlicher Rüstungsaufträge abzubauen; vgl. Paulmann, Arbeitslosigkeit, S. 105ff.

von London selbst zu stark zu massieren. Man hat dem Drang namentlich der englischen Landbevölkerung, nach London zu ziehen, Rechnung getragen.

Diese von arbeitsmarktpolitischen Gesichtspunkten getragene Erweiterung industrieller Produktionsstätten steht aber nicht immer im Einklang mit den Interessen der Rüstung. Zur Zeit steht in der Aufrüstung Englands nicht die Streuung der Rüstungsbetriebe im Vordergrunde, sondern die Beschleunigung. Ihr wird besser gedient durch Erweiterung bereits bestehender Rüstungsanlagen. Man ist sich klar, daß damit die Notwendigkeit verstärkt wird, für Verteidigung gegen Luftangriffe zu sorgen.[4]

Die englische Industrie ist sehr stark, und insbesondere mit Rüstungsaufträgen aller Art, beschäftigt. Bei allen Rüstungsbetrieben sollen die vorhandenen Kapazitäten voll ausgenutzt sein. Ein Mangel an Rohstoffen besteht naturgemäß nicht. Im Gegenteil: Eisenerze aber auch sonstige Erze, beginnen sehr flüssig zu werden. Das hängt natürlich auch mit dem zur Zeit stark verminderten Bedarf der amerikanischen Wirtschaft zusammen. Zum anderen Teil aber ist es die Folge des wieder zurückgehenden Welthandels. Auch der englische Export ist seit einigen Monaten im Sinken. Die Rückwirkungen auf die deutsche Rohstofflage sind klar.[5] Soweit übersehbar, werden wir auch in Deutschland einer gewissen Flüssigkeit in der Eisenversorgung entgegengehen. Auf der anderen Seite wird uns der sinkende Export auf anderen Rohstoffgebieten schwer zu schaffen machen, weil von der Exporthöhe ja auch die Höhe unserer Importe abhängt. Um zu richtigen Schätzungen zu kommen, muß man ferner berücksichtigen, daß alle Staaten, insbesondere die englischen Dominien und die Vereinigten Staaten in ein neues, verstärktes Stadium der Rüstungen eingetreten sind und daß in den Vereinigten Staaten sich allmählich neue öffentliche Aufträge wirtschaftsbelebend bemerkbar machen werden. Allerdings, soweit sich übersehen läßt, nur für verhältnismäßig kurze Zeit. Der ganze Welthandel wird außerordentlich unübersichtlich und unrhythmisch werden, weil alle die erwähnten Belebungsmaßnahmen (Rüstungen und öffentliche Aufträge) künstlich, bedenklich und keineswegs langfristig sind.

---

4 Während die britische Admiralität seit dem Flottenabkommen vom Juni 1935 sehr zuversichtlich auf die internationalen Kräfterelationen blickte, wurde der Stand der britischen Luftwaffe und -abwehr kritischer beurteilt. Aufgrund der deutschen Rüstungsanstrengungen hatte England im Laufe des Jahres 1935 die angestrebte Luftparität verloren und versuchte sie in den folgenden Jahren zurückzugewinnen. Zunächst lag der Schwerpunkt auf der Bomberproduktion; Ende 1937 wurde das Rüstungsprogramm revidiert zugunsten eines verstärkten Engagements in der Luftabwehr. Für diesen Wechsel waren nicht zuletzt die verheerenden Vernichtungsangriffe der deutschen gemischten Luftwaffeneinheit „Legion Condor“ im spanischen Bürgerkrieg verantwortlich, die die britische Furcht vor deutschen Luftangriffen schürten. Vgl. John Dunbabin: The British Military Establishment and the Policy of Appeasement, in: Mommsen/Kettenacker, Fascist Challenge, S. 174-196.

5 Vgl. zur Rezession 1937/38 und deren Rückwirkungen auf den Außenhandel Kindleberger, Weltwirtschaftskrise, S. 290ff.

In der englischen Industrie wird über Mangel an gelernten Arbeitern geklagt. Er ist um so auffallender, als die Zahl der Arbeitslosen noch 1,7 Millionen beträgt. Man hat nicht rechtzeitig für eine Umschulung gesorgt. Jetzt sind in allen Teilen des Landes Umschulungseinrichtungen, sogenannte training-centres, geschaffen. In ihnen werden junge Leute sechs Monate lang ausgebildet, so daß man sie schließlich als halbgelernt bezeichnen kann.[6] Die jungen Leute kommen am Morgen und gehen am zeitigen Nachmittag wieder nach Hause. Sie erhalten ihre Arbeitslosenunterstützung und ein reichliches warmes Mittagessen. Die ganze Einrichtung ist außerordentlich teuer. Sie kostet pro Kopf im Jahr RM 3.000.-, also etwa soviel, wie ein englischer Arbeiter bei gutem Verdienst an Lohn erhält. Ich habe mir mehrere solcher centres angesehen. Die jungen Leute arbeiten vollkommen freiwillig; ich hatte aber nicht den Eindruck, daß der innere Arbeitstrieb sehr groß ist. Die Unterstützungen sind sehr hoch, und die Arbeitslosigkeit dauert vielfach schon sehr lange. Dazu kommt, daß die jungen Menschen, die arbeitslos sind, zweifellos nicht zu den tüchtigsten gehören. Englische Industrielle haben mir, als wir über die Werkzeugmaschinenschau auf der letzten Leipziger Frühjahrsmesse sprachen, erklärt, daß sie an die Herstellung solcher Maschinen in England gar nicht denken könnten. Es fehlt ihnen dazu einfach an genügend hochgebildeten Arbeitern. Nach ihrer Überzeugung würde es auch kaum möglich sein, genügende Mengen der englischen Arbeiter auf eine solche Leistungsfähigkeit zu bringen. es zeigt sich also hier eine geradlinige Fortsetzung der Vorkriegserfahrung, daß der deutsche Arbeiter im Durchschnitt an Können und Fleiß dem englischen Arbeiter überlegen ist. Diese Überlegenheit, die sowohl in der natürlichen Veranlagung wie in der ausgezeichneten Erziehung und Ausbildung begründet ist, gilt es aufrecht zu erhalten. Sie ist wirtschafts- und machtpolitisch im Zeitalter der fortschreitenden Technisierung natürlich besonders wichtig. Das tritt nun in England besonders in Erscheinung, nachdem dies Land sich zu einer beschleunigten Hochrüstung entschlossen hat. Die Produktionsziffern der englischen Betriebe liegen offenbar erheblich unter denen der deutschen. Somit bleibt England gar nichts anderes übrig, als einen wachsenden Teil von Rüstungsaufträgen auf den amerikanischen Kontinent zu legen. Dabei wird Canada eine besondere Stellung einnehmen.[7] Aus diesen Tatsachen ergibt sich aber auch für die deutsche Wirtschaft wieder eine Chance für den Absatz nach England, dessen Produktionskraft wenigstens in den nächsten zwölf Monaten immer stärker durch Rüstungsaufträge in Anspruch genommen werden

---

[6] Die „Government Training Centres“ boten ihren Teilnehmern seit der Mitte der 20er Jahre spezifische Schulungskurse für bestimmte Berufszweige, in denen Arbeitskräftemangel herrschte. Daneben wurden seit 1937 auch „Local Training Centres“ in den Gebieten mit besonders hoher Arbeitslosigkeit eingerichtet. Die Erfolge beider Einrichtungen sind schwer zu beurteilen und blieben auch in der britischen Öffentlichkeit umstritten; vgl. Paulmann, Arbeitslosigkeit, S. 122-133.

[7] Vgl. zu den britisch-amerikanischen Verhandlungen S. 536, Anmerkung 15.

kann und wird, dessen Verbrauchskraft aber steigt und angesichts des Kapitalreichtums auch durch Importe befriedigt werden kann.

Lebhaft war auch die Bautätigkeit im Wohnungsbau.[8] Zum ersten Male sind mir in den Vororten Londons, aber auch in London selbst, Mietskasernen in größerer Zahl aufgefallen, während im älteren London das Kleinhaus vorherrscht. Ich habe mir einige dieser neuen Blocks angesehen. Sie enthalten nicht nur Kleinwohnungen für Arbeiter, sondern auch Wohnungen für den kaufkräftigen Mittelstand. Der Mangel an Hausangestellten ist besonders groß. Das hat zur Errichtung von Appartement-Houses nach amerikanischem Muster Veranlassung gegeben, die so eingerichtet sind, daß die Hausfrau oder der Junggeselle möglichst wenig von der Arbeit anderer berührt wird. Diese Erscheinung ist im Zusammenhang mit anderen nicht unbedenklich, führt sie doch von einer gesunden, altenglischen Tradition – wenn auch zunächst nur in kleinem Maße –, zur weiteren Vermassung des Volkes.

Als weitere bedenkliche Erscheinung ist mir auch diesmal wieder die englische Frau aufgefallen. Man sieht so gut wie gar keine Frauen bei Feld- und Gartenarbeiten. Die kleine Bauernfrau betritt kaum den Stall. Ich habe mir sagen lassen, daß die Arbeiterfrau schon kaum noch kochen will. Häufig hat der Mann, wenn er von der Arbeit zurück kommt, noch Hausarbeiten zu verrichten und Konserven zu kochen. Die Arbeiterfrau liest gern Hintertreppenromane und raucht. Hier liegt offenbar eine ganz ernste Gefahr für die Zukunft des englischen Volkes.

Lohnkämpfe und Streiks sind selten geblieben. Das Verhältnis zwischen den Gewerkschaften und den Unternehmern ist im allgemeinen gut. Bei Unstimmigkeiten greift in wichtigen Fällen die Regierung vermittelnd ein. Die Unternehmer sind zudem gewillt, angesichts der guten Beschäftigung den Arbeitern in der Lohnfrage, in der Frage bezahlten Urlaubs usw., entgegenzukommen.

Sehr bedeutsam erscheint mir die Tatsache, daß es in England nicht gelungen ist, selbst in den Jahren außerordentlich starker Beschäftigung nicht, *alle* Arbeitslosen unterzubringen. Hierfür sind meines Erachtens verschiedene Gründe maßgebend:

*a.) Die Ausbreitung der staatlichen Fürsorge.*

England hat noch aus der Vorkriegszeit eine richtige Arbeitslosenversicherung. Wie bei der früheren deutschen gleichartigen Einrichtung, erwirbt der Arbeiter durch regelmäßige Beitragszahlung (durch Unternehmer und Arbeiter) einen bestimmten Anspruch auf Versicherungsleistungen für eine bestimmte Zeit. Wo diese nicht einsetzen oder aufhören, beginnt die Unterstützung. Auch sie obliegt nicht den Gemeindeverwaltungen, sondern dem Staat. Das Interesse der Gemeinde, wenig Arbeitslose zu haben, wird lediglich durch die Tatsache wachgehalten, daß

[8] Die Expansion im Wohnungsbausektor wird von Aldcroft auf die sinkenden Zinsraten zurückgeführt, von denen sowohl die Bauindustrie als auch die privaten Investoren profitierten. Den Boom im Bausektor datiert Aldcroft allerdings, im Gegensatz zu Goerdeler, auf die Periode 1932-1936. Vgl. Aldcroft, Inter-War Economy, S. 202-206; 336-344.

Gemeinden mit starker Arbeitslosigkeit sehr geringe Steuereinnahmen haben. Der Staat hilft ihnen dann durch Genehmigung von Anleihen oder durch Bürgschaften für solche Anleihen. Mit diesen Anleihen werden öffentliche Arbeiten in Gang gesetzt. Ich sehe in der Tatsache, daß Versicherung und Unterstützung der Arbeitslosen lediglich dem Staate obliegen, die öffentlichen Arbeiten aber im wesentlichen den Selbstverwaltungen, eine der Ursachen der jetzigen Arbeitslosigkeit und des mangelnden Interesses der Gemeinden. Denn auf dem Umweg über die Steuerbehörde empfinden die Gemeinden den Druck der Arbeitslosigkeit nicht stark genug. An der Gestaltung der Löhne in der Wirtschaft haben sie überhaupt kein schnell wirksames Interesse.

Das Versicherungssystem hat die Nachkriegszeit mit allen ihren Schwierigkeiten auffallend gut überstanden. Zwar mußte die Versicherung in den schlechtesten Jahren Anleihen aufnehmen, um die Versicherungsleistungen durchführen zu können. Aber diese Anleihen haben 150 Millionen £ nie überstiegen und sind inzwischen auf etwa 80 Millionen £ abgebaut. Immerhin erscheint es mir ausgeschlossen, daß diese Schuld bis zur nächsten Depressionszeit, die für England im Laufe des Jahres 1939 einsetzen dürfte, voll zu tilgen ist.[9] Sie muß also in der nächsten Depressionszeit wieder steigen. Außergewöhnlichen Krisen ist auch das englische Versicherungssystem also nicht gewachsen. Nur in einem längeren Zeitraum, der durch keinen Krieg gestört wird, kann eine Arbeitslosenversicherung laufend aus den Beitragseinnahmen die Ausgaben decken. Das entspricht den Grundsätzen, mit denen man z.B. in Holland und in der Schweiz vor dem Kriege an die Arbeitslosenversicherung heranging.[10]

---

9 In Großbritannien war 1911 als erstem Industriestaat eine staatliche Arbeitslosenversicherung eingeführt worden; deren Versicherungsfonds wies seit 1922 eine negative Bilanz auf, die sich mit der steigenden Arbeitslosigkeit weiter vergrößerte. Das Defizit erreichte auf dem Höhepunkt der Wirtschaftskrise 1932 die Summe von 115 Millionen £ und wurde in den Folgejahren sukzessive abgebaut. 1937 betrug die Verschuldung des Versicherungsfonds beim britischen Schatzamt noch 80 Millionen £, gleichzeitig hatte der Fonds jedoch auch Reserven in einer Höhe von 60 Millionen £ angesammelt. Deren Verwendung zur Schuldenrückzahlung war nicht ohne weiteres möglich, da eine jährliche Rückzahlungsrate von 5 Millionen £ gesetzlich festgelegt war. Vgl. ausführlich Paulmann, Arbeitslosigkeit, S. 24-63.

10 Holland und die Schweiz zeichneten sich dadurch aus, dass sie im Gegensatz zu den meisten anderen westlichen Industrienationen zu diesem Zeitpunkt noch keine obligatorische Arbeitslosenversicherung eingeführt hatten. Gerade die Schweizer Organisation der Arbeitslosenversicherung entsprach mit ihrem freiwilligen Charakter, der ausschließlichen Finanzierung durch gewerkschaftliche Organisationen und der Gliederung nach Berufszweigen den Vorstellungen Goerdelers. Vgl. Jens Alber: Government Responses to the Challenge of Unemployment: The Development of Unemployment Insurance in Western Europe, in: Peter Flora und Arnold J. Heidenheimer (Hg.): The Development of Welfare States in Europe and America, New Brunswick und London 1981, S. 151-183 sowie ausführlich zur Schweiz Otto E. Sattler: Die Arbeitslosenversicherung in einem marktwirtschaftlichen System dargestellt am Beispiel der Schweiz, Zürich 1973.

Sehr wesentlich ist nun, daß England, angeblich um der Landflucht entgegenzuwirken, sich vor einigen Jahren veranlaßt gesehen hat, die Versicherung auch für landwirtschaftliche Arbeiter einzuführen. Dieser Zweck ist nicht erreicht. Das Gegenteil ist der Fall. Ich komme auf die Landflucht als solche noch zurück. Aber die allgemeine Arbeitslosenversicherung muß ja überhaupt zu volkswirtschaftlicher Erstarrung führen. Irgend ein genügend großer Wirtschaftszweig muß nämlich bewußt elastisch gehalten werden. In ihn müssen im Falle großer Krisen die bei anderen Wirtschaftszweigen überflüssigen Arbeitskräfte abfließen können. Der elastischste Wirtschaftszweig wird überall in der Welt die Landwirtschaft sein, weil sie diejenigen Güter hervorbringt, ohne die der Mensch überhaupt nicht leben kann. Sie muß also unter allen Umständen den Kampfcharakter des Lebens, der an die Tatsache logisch gebunden ist, daß der Mensch sein Leben der Natur abzugewinnen hat, aufrecht erhalten. Strömen ihr dann in Krisenzeiten zu viel Arbeitskräfte zu, so ist die äußere Folge ein Sinken der Barlöhne in der Landwirtschaft mit gleichzeitigem Sinken der Lebensmittelpreise. Läßt man dieser Entwicklung Raum, so führt sie in ganz kurzer Zeit zum Sinken der Löhne auch in der Industrie, zum Sinken der Industriepreise und damit, wenn auch durch Opfer, die in jedem Falle unerläßlich sind, wieder zu neuer Wettbewerbsfähigkeit. Die zweite Möglichkeit einer dauerhaften Arbeitslosenversicherung ist eine Versicherung, die für die einzelnen Berufsgruppen aufgezogen wird, so daß sie automatisch eine Verantwortlichkeit für eine der Wirtschaftslage angepaßten Lohnhöhe schafft.[11] Die englische Arbeitsmarktpolitik hat diese inneren Zusammenhänge und harten Notwendigkeiten verkannt und daher zu Verblockungen natürlicher Bewegungen geführt. Denn wenn starker Arbeitermangel in den Haushaltungen und auf dem Lande einer Zahl von 1,7 Millionen Arbeitslosen gegenübersteht, so müssen irgendwelche natürlichen Verbindungskanäle unterbrochen oder gesperrt sein.

Im übrigen ist die Verwaltung der Arbeitslosenversicherung und ihre Vermittlung ungewöhnlich zweckmäßig und sparsam. Ich sah einige neue Arbeitsämter. Alle waren praktisch, aber sehr einfach gebaut und eingerichtet. Die Ausbildung der Beamten und Angestellten ist gut, die Auslese offenbar vorzüglich und im wesentlichen nur auf Leistung gestellt. England hat es vorbildlich verstanden, seine bürgerliche Verwaltung von korruptiven Einflüssen des Parlamentarismus fernzuhalten. Letzten Endes geht auch diese Tatsache auf die harten Lehren der Cromwell-Zeit zurück. Damals ist in schwerem Kampf ein Gleichgewicht zwischen König, Parlament und Regierung geschaffen und durch das dem Engländer angeborene Traditionsgefühl bis heute gewahrt worden.[12] Der Beamte fühlt sich nicht vom

---

[11] Vgl. dazu auch Goerdelers Ausführungen zur Gewerkschafts- und Versicherungsorganisation in seiner Denkschrift „Das Ziel“; Dok. 6.1.1, unten S. 873 ff.

[12] Das zentrale Problem der Machtverteilung zwischen Krone und Parlament bestimmte die britische Innenpolitik zwischen 1642 und 1689. In den bürgerkriegsähnlichen Auseinandersetzungen dieses Zeitraums verteidigte das Parlamentsheer unter Oliver Cromwell zunächst

Parlament abhängig, im Gegenteil: die Parlamentsminister sind ganz auf die Leistungen, die Sachkunde und Erfahrung der Berufskräfte angewiesen. Und diese wieder fühlen sich durch die Krone repräsentiert und in ihren Gerechtsamen geschützt. Ich habe auch in der englischen Arbeitsverwaltung das schon im vorigen Jahre gewonnene Bild bestätigt gefunden, daß die englische Verwaltung auf der Höhe ist. Neuerlich ist ein Vorstoß der Labour Party im englischen Unterhaus im Gange. Er geht in die Richtung, die unemployment-boards irgendwie in stärkere Abhängigkeit vom Parlament zu bringen.[13]

Im übrigen sind die Arbeitsämter bei der Art ihrer Vermittlung dem freien Wettbewerb anderer Vermittlungseinrichtungen ausgesetzt. Da der Arbeiter selbst die Kontrolle darüber ausübt, daß Versicherungsbeiträge für ihn bezahlt werden, hat der Betriebsführer keinen Anlaß, die öffentliche Arbeitsvermittlung zu umgehen. Diese wiederum ist, da sie kein Monopol hat, lebhaft bemüht, die Wünsche der Betriebe so gut und so schnell wie möglich zu erfüllen. So sind in London alle Arbeitsämter durch Fernschreiber miteinander verbunden. Arbeitsämter, die eine

---

die Verfassung und die bestehenden Parlamentsrechte gegen die königlichen Truppen, während in der Folgezeit eine Radikalisierung stattfand, die über die Hinrichtung des Königs (1649) und die Auflösung des Rumpfparlaments zur Militärdiktatur unter Cromwell (1653) führte; erst nach dessen Tod wurde die Monarchie unter Jakob II. 1660 wiederhergestellt. Die absolutistischen Herrschaftsansprüche Jakobs II. sowie die Geburt seines Sohnes, die eine katholische Erbfolge befürchten ließ, führten 1688 dazu, dass die parlamentarische Opposition Wilhelm III. von Oranien auf den englischen Thron berief und Jakob II. nach Frankreich flüchtete. 1689 wurde die revolutionäre Epoche mit der Bill of Rights abgeschlossen, der konstitutionellen Grundlage des Königtums, in der die Thronfolge und die Parlamentsrechte gegenüber Regierung und König festgelegt wurden. Die Glorious Revolution von 1688 und ihre Vorgeschichte seit Cromwell bedeutete einerseits eine Verhinderung der „Erosion libertärer Rechte" und des Angleichs an den kontinentaleuropäisch dominierenden absolutistischen Herrschaftstypus; andererseits wird sie in der konservativen Interpretation begriffen als Wiederherstellung der Harmonie und der Zusammenarbeit zwischen Parlament und Krone. Vgl. Hans-Christoph Schröder: Die Revolutionen Englands im 17. Jahrhundert, Frankfurt/M 1986. In der deutschen Geschichtsschreibung des 19. Jahrhunderts wurde die Glorious Revolution positiv abgesetzt von der Französischen Revolution von 1789 wegen ihres antirevolutionären Charakters (vgl. hierzu exemplarisch Leopold v. Ranke: Über die Epochen der Neueren Geschichte, Darmstadt 1959, S. 121 ff.).

13 Das britische Amt für Arbeitslosenhilfe (Unemployment Assistance Board) mit seinen untergeordneten lokalen Büros war erst im Sommer 1934 im Zusammenhang mit der Reform der Arbeitslosenunterstützung geschaffen worden. Die Mitglieder wurden von der Regierung ernannt und waren weder dem Parlament, noch dem Arbeitsminister verantwortlich; das Parlament erhielt allerdings einen jährlichen Bericht und genehmigte den Haushalt der Behörde. Verschiedene Streitfragen bezüglich der Arbeitslosenhilfe und der Arbeitslosenversicherung, die 1937/38 vermehrt diskutiert wurden, hatten ihre Ursachen in der starken Zersplitterung des britischen Systems der Sozialen Sicherung einerseits und der mangelnden Verpflichtung auf parlamentarische Entscheidungen andererseits. Vgl. ausführlich Paulmann, Arbeitslosigkeit, S. 39-55.

Anforderung nicht befriedigen können, geben die freie Stelle sofort allen anderen Arbeitsämtern auf. Auf jeden Fall wird dem Betriebsführer noch am Tage der Anforderung eine geeignete Arbeitskraft zugeführt. Beide Teile haben das Recht, den Abschluß des Arbeitsvertrages zu verweigern. Verweigert der Arbeiter ihn, so entscheidet ein kleiner, zweimal wöchentlich zusammentretender Ausschuß schon in der nächsten Sitzung, ob die Ablehnung berechtigt war oder nicht. Im letzteren Falle wird die Unterstützung entzogen.[14]

In den meisten Arbeitsämtern herrschte ein lebhaftes Gedränge, vor ihnen Menschenansammlungen, aber überall bewunderungswürdige Ruhe.

Ganz auffallend ist, daß abseits der Sozialversicherung in England der Gedanke staatlicher Eingriffe in die freie Entwicklung der Kräfte immer stärker fortschreitet, und zwar ausgehend von der Landwirtschaft. Vor einigen Jahren sind schon milkboards eingerichtet, die die Belieferung der Großstädte mit Milch und die Regulierung des Preises zum Gegenstand haben. Neuerdings beschäftigt man sich mit Eingriffen in die bacon-Industrie und in die Herings-Industrie. Vor kurzem ist ein Gesetz verabschiedet, wonach sich Architekt nur ein Techniker nennen darf, der bestimmte Voraussetzungen erfüllt. Die Mittel, die in diesen Gesetzen angewendet werden, sind verschieden; immer haben diese Gesetze zum Ziel, Beschäftigungslosigkeiten abzustellen oder den Wettbewerb anständig zu gestalten, oder angebliche soziale Mißstände zu beseitigen. Als Mittel kommen teils staatliche Beihilfen auch in Anleiheform in Betracht, teils Festlegung von Arbeitszeit und Löhnen, teils zwangsweise Zusammenschlüsse der Beteiligten zur Aufstellung von Wettbewerbsbedingungen. Dieser Regierungskurs begegnet steigender Kritik. Und mit Recht. Er ist nämlich anorganisch. Denn mit welchem Recht schützt man die Bacon-Industrie und nicht den Schweinezüchter? Mit welchem Recht gerade diese Industrie und nicht die Rasierapparate-Industrie? usw.[15] Es ist nicht angängig, einzelnen Angehörigen eines Volkes eine Vorzugsstellung vor anderen zu gewähren. Mit anderen Worten: entweder muß man sich wohl oder übel zu einer vollen

---

[14] Der Nachweis der Arbeitsverfügbarkeit, wie Goerdeler ihn beschreibt, existierte seit 1935 und war vom gewerkschaftlichen Dachverband Großbritanniens (TUC) in dieser Form durchgesetzt worden. Der Konfliktregelungsmodus ersetzte eine bis dahin wesentlich strengere Regelung; vgl. ebd., S. 26 ff. und S. 42.

[15] Die staatlichen Eingriffe zur Unterstützung von Industrie und Landwirtschaft, i.d.R. direkte Subventionen oder die Übernahme von Bürgschaften, wurden meistens abhängig gemacht von Reorganisationen des betroffenen Wirtschaftssektors. Auf diese Weise wurden Konzentrationsbewegungen gefördert oder forciert bis hin zum Zusammenschluss in Zwangskartellen. Im landwirtschaftlichen Bereich wurden auf diese Weise Absatzkartelle eingerichtet für Hopfen, Kartoffeln, Schinken und Schweine sowie Milch. Darüber hinaus berief die britische Regierung zwischen 1935 und 38 Spezialkommissionen, deren Aufgabe die Organisation der Herings-, Zucker-, Vieh- und Fischindustrien war. Diese Form der Subventionspolitik war in der zeitgenössischen britischen Publizistik sehr umstritten. Vgl. Aldcroft, Inter-War Economy, S. 346-349.

Lenkung und Planung der Nationalwirtschaft verstehen und dann bewußt deren große Nachteile in den Kauf nehmen, – oder man muß sich von staatswegen auf gesundheitspolizeiliche *allgemeine* sozialpolitische und *allgemeine*, den Wettbewerb veredelnde Maßnahmen beschränken. Jede Zwischenform, dazu noch auf Teilgebieten, muß zu Ungleichheiten, Ungerechtigkeiten und dann zu Stockungen des natürlichen Wirtschaftslebens führen. Das allein wirksame Heilmittel – Mehrleistungen – wird gescheut. In diese Phase ist England eingetreten, wahrscheinlich nicht zuletzt veranlaßt durch den Wunsch, für steigende außenpolitische Spannungen das Volk durch Zugeständnisse bald hier, bald da, vor innerpolitischen Spannungen zu bewahren. Ich bin überzeugt, daß die verantwortlichen Männer in England klug genug sind, die Gefährlichkeit dieses Zwitterzustandes zu erkennen, und daß diese Erkenntnis ein kräftiger Antrieb für die englische Politik ist, die außenpolitischen Spannungen sobald wie möglich, so oder so, zu beseitigen.

*b.) Die Landflucht.*[16]

Einsichtige Engländer haben mir gesagt, daß das Wachstum Londons eine außerordentliche Gefahr sei. Immer mehr Landbewohner streben dieser Riesenstadt zu. Sie bietet ihnen gegenüber dem Landleben größere, wenn auch gröbere Reize. Dieser Landflucht könne dadurch begegnet werden, daß der Staat den einzelnen Menschen vor eine harte Entscheidung stellt. Einstweilen ist die Idee in den Vordergrund getreten, den unfruchtbaren Versuch zu machen, englisches Großstadtleben auch aufs Land zu bringen. In einem gewissen Maße kommt dabei, wie in anderen Ländern, der Rundfunk zuhilfe. Die wirkliche Lösung dieser Schwierigkeiten kann aber nur gefunden werden durch Stärkung der seelischen Kräfte, durch bewußten Kampf gegen den Urbanismus und dadurch, daß der Einzelne rücksichtslos vor Entscheidungen gestellt wird. Unter dem gegenwärtigen System der allgegenwärtigen Arbeitslosenversicherung entartet der Grundsatz der Freiheit des Einzelnen mit Naturnotwendigkeit, weil ja der falschen Entschließung, die der *irgendwo* vorhandenen Arbeit ausweicht, statt sie zu suchen, kein Nachteil gegenübersteht. Die Entschließung wird deshalb allmählich verantwortungslos. Wenn der vom Lande nach London zugezogene Arbeiter dort nach verhältnismäßig kurzer Zeit Arbeitslosenversicherungsleistungen erhält, während auf dem Lande für ihn ge-

[16] Trotz der staatlichen Förderung der Siedlungsbewegung und der besonderen Anstrengungen zur Beeinflussung der Industriestruktur im Rahmen der Bekämpfung regionaler Arbeitslosigkeit (vgl. dazu S. 528, Anmerkung 5) tendierte die innerbritische Mobilität zu großstädtischen und industriellen Ballungszentren. So ergab eine Untersuchung von 1936, dass über 47 % der Fabrikneugründungen im Großraum London lediglich 2,2 % in den Gebieten mit hoher Arbeitslosigkeit gegenüberstanden. Überlegungen, durch Appelle, Zwangsansiedlungen oder Beschränkung von unternehmerischen Neuansiedlungen in London diese Entwicklung zu konterkarieren, wurden in den folgenden Jahren ergebnislos diskutiert. Letztendlich blieb es bei der staatlichen Unterstützung von Auftragsvergaben an und Ansiedlungsunterstützung in den Krisengebieten; vgl. Paulmann, Arbeitslosigkeit, S. 145 f.

eignete Arbeit vorhanden ist, dann sind Verblockungen natürlicher Wirtschaftsbewegungen unausbleiblich. Will man das System der Arbeitslosenversicherung aufrecht erhalten – und ich behaupte nach wie vor, daß es nur für Wirtschaftsgruppen, nicht aber für die gesamte Wirtschaft sinnvoll ist –, dann muß man einer solchen Zwangseinrichtung auch den anderen Zwang gegenüberstellen, der das natürliche Gegengewicht bildet, nämlich die Beschränkung der Freizügigkeit. Wird die Hilfe kollektivisiert, so muß es auch die Pflicht werden; und die Pflicht besteht bei der Arbeitslosenversicherung nicht nur in der Beitragszahlung, sondern auch in dem Zwang, jeden in der Volkswirtschaft sich bietenden, einigermaßen geeigneten Arbeitsplatz anzunehmen. Welche Arbeitsgelegenheit geeignet ist, das lehren uns die kraftvollen Kolonistenzeiten jedes Volkes. Die Lehre lautet: *Jede Arbeit*, weil der Mensch nur von Arbeitsergebnissen leben kann.

*c.) Mangelnde Auswanderungslust.*[17]

Der Engländer will weder in seiner eigenen Heimat, noch in seinem Empire, mehr wandern. Er hat sich daran gewöhnt, im allgemeinen nur noch als Soldat, Beamter, Geschäftsführer, Ingenieur oder äußerstenfalls als Meister in das britische Weltreich zu ziehen. Von einem Abstrom von Urkolonisten, die noch gewillt sind, draußen ihr Leben der Natur abzugewinnen, ist seit Jahren nicht mehr die Rede. Es liegt auf der Hand, daß ein übervölkertes Mutterland und unterbesetzte Empireteile einen ungesunden Kräftestand verkörpern. Noch habe ich kein endgültiges Urteil gewinnen können, ob sich hier schon mangelnde Kampfkraft des Engländers bemerkbar macht. Ich glaube, man muß mit dem Urteil sehr vorsichtig sein. Für Australien erzieht man wieder junge Leute mit dem Ziel, sie dort anzusiedeln. Irgendwann wird jedenfalls England vor die Entscheidung gestellt, ob es einen ungesunden Zustand aus Bequemlichkeitsgründen länger aufrecht erhalten oder wieder harten Erkenntnissen Raum geben will. England wird es sich auf die Dauer nicht leisten können, im Mutterlande Arbeitslosenunterstützung zu gewähren, während in den Dominien übergenug Land vorhanden ist, dem diese Arbeitslosen ihren Unterhalt unter wesentlich leichteren Bedingungen abgewinnen können, als sie vor 300 Jahren den englischen Kolonisten auf der anderen Seite des Ozeans beschieden waren. Nur ist es heute notwendig, Menschen, die hinausgehen wollen, besondere wirtschaftliche Erziehung angedeihen zu lassen. Ich habe in meinem Bericht über Canada ausgeführt, wie dort unter dem Eindruck einiger Notjahre die

[17] Die Emigration aus England in andere Empire-Länder war von fast 170.000 jährlich im ersten Jahrzehnt des 20. Jahrhunderts in den folgenden beiden Jahrzehnten um die Hälfte gesunken; seit 1931 wurde England zum Rückwanderungsland. Hauptverantwortlich dafür war die ökonomische Krisensituation in der Zwischenkriegszeit: die britische Regierung kürzte staatliche Unterstützungen für Emigranten; Empire-Länder wie Kanada wiesen britische Staatsbürger, die Fürsorgeleistungen beanspruchten, aus; die weltweite Krise auf dem Agrarsektor reduzierte weiter den Anreiz, in landwirtschaftlich orientierte Empire-Länder auszuwandern. Vgl. ausführlich ebd., S. 114 ff.

Farmer wirtschaftlichen Phantasten in immer größerer Zahl folgen. War es vor einem Jahre nur die canadische Provinz Alberta, in der der absurde Gedanke eines Social-Credits breiten Raum eingenommen hatte, so wird heute der Kampf um wirtschaftliche Vernunft oder Unvernunft auch bereits in der Provinz Saskatchewan geführt.[18] Canada gerät dadurch in eine immer schwierigere Lage, je länger die liberale Zentralregierung in Ottawa es verabsäumt, die Dinge beim richtigen Namen zu nennen und wirtschaftlichen Verrücktheiten, mit voller Aufklärung und die

---

18 Die Sozialkreditbewegung (Social Credit League) dominierte das politische Leben in der kanadischen Provinz Alberta zwischen 1935 und 1971; während dieses Zeitraumes unterlag sie mehreren politischen Richtungswechseln, bis sie in den 80er Jahren von Rechtsextremisten vereinnahmt wurde. Ursprünglich handelte es sich um eine sozialreformerische Theorie, die während des Ersten Weltkriegs von dem schottischen Ingenieur Hugh Douglas entwickelt worden war. Die Grundlage der Überlegungen Douglas' war die Unterteilung der gesamten Produktionskosten für ein beliebiges Produkt in Gehälter und Löhne einerseits und in Bankgewinne, Steuern, Rohstoff- u.a. Produktionskosten andererseits. Aus dieser Unterteilung folgerte er ein zwangsläufiges ständiges Kaufkraftdefizit – wobei er Kaufkraft mit der Summe aller Löhne und Gehälter gleichsetzte – im kapitalistischen Finanzsystem der Industriewirtschaft, und die Diktatur des Bankensystems über die arbeitende Bevölkerung. Die Aufgaben des Staates seien in dieser Konstellation die Rückgewinnung der Kontrolle über das monetäre System, die Festlegung eines „gerechten Preises" für alle produzierten Güter und die Vergabe einer „Nationaldividende" an jeden Staatsbürger zur Aufhebung des Kaufkraftdefizits. Diese Nationaldividende sollte in Form einer monatlichen Barzahlung – des „social credit" – an jeden Staatsbürger erfolgen (vgl. zu Douglas und der britischen Entwicklung John L. Finlay: Social Credit. The English Origins, Montreal und London 1972).

In der kanadischen Provinz Alberta wurde die Sozialkredittheorie aufgegriffen von dem Evangelisten-Prediger William Aberhart und konnte aufgrund der Zusammenführung sozialreformerischer und sozialistischer Gruppierungen, den Versprechungen von basisdemokratischen und ökonomischen Umstrukturierungen sowie der Polemik gegen die Zentralregierung in Ottawa eine wachsende Anhängerschaft gewinnen. Nach dem großen Wahlsieg in Alberta 1935 setzte das Provinzkabinett unter Aberhart Mindestlöhne, Arbeitszeitbeschränkungen und Preisfestlegungen in verschiedenen Industriezweigen durch und begann mit Reformen im Gesundheits- und Erziehungswesen. Das zentrale Versprechen eines Sozialkredits, der monatlichen Auszahlung von 25 $ an jeden Staatsbürger, wurde jedoch nicht eingelöst; Aberhart wies die Schuld der Zentralregierung zu, die Anfang 1938 ein Bankengesetz blockiert hatte, das der Provinzialregierung die Kontrolle über alle Banken in der Provinz gesichert hätte. Im April 1938 nahm die Sozialkreditbewegung an den Provinzwahlen in Saskatchewan teil, um ihren provinzial beschränkten Charakter abzuschütteln und auf diese Weise Einfluss in der Zentralregierung zu erlangen. In Saskatchewan gewann sie jedoch lediglich 2 von 55 Sitzen. Vgl. ausführlich zu der Entwicklung in Alberta die Pionierstudie von John A. Irving: The Social Credit Movement in Alberta, Toronto und Buffalo 1959, die sich allerdings auf sozialpsychologische Aspekte beschränkt und den ökonomischen Reiz der Bewegung unterschätzt. Ausgeglichener die Studie von Alvin Finkel: The Social Credit Phenomenon in Alberta, Toronto, Buffalo und London 1989.

Phantasten lächerlich machend, entgegenzuwirken. Hier aber ergeben sich große Aufgaben für das Erziehungswesen überhaupt.

*d.) Erziehung.*

In der kurzen Zeit war es mir nicht möglich, das englische Erziehungswesen vollkommen zu studieren. Ich habe mir die High School Rugby und einige technische Erziehungseinrichtungen angesehen.[19] Die High School bietet, abgesehen von der Tatsache, daß ein großer Teil der Schüler im Internat lebt, in der Systematik keine auffallenden Besonderheiten. Sie entspricht ungefähr unserem Gymnasium mit einem Aufbau für Realien und einem Aufbau für humanistische Erziehung. In der Einfachheit der Schule, in der festen Verbindung mit der religiösen Erziehung, in der Pflege alter Erinnerungen, macht sich wieder die Besonderheit englischen Wesens klar bemerkbar. Aber sonst habe ich weder hier noch in sonstigen Zweigen des öffentlichen Unterrichts einen ernsthaften Versuch gefunden, die älteren Jahrgänge auf Volks- und höheren Schulen über wirtschaftliche Grundbegriffe aufzuklären. Denn hier liegt nach den Feststellungen, die ich bisher getroffen habe, eines der Kernprobleme für die nächsten Jahre und Jahrzehnte. – Wir können uns nicht länger den Luxus gestatten, die Menschen völlig unaufgeklärt über wirtschaftliche Zusammenhänge und wirtschaftliche Gesetze zu lassen. Es hat sich bitter gerächt, daß vor 50 Jahren nicht schon der Staat hier eingegriffen hat. Es ist politischen Parteien überlassen geblieben, die Menschen mit Zerrbildern wirtschaftlicher Wahrheiten zu versehen. Der sogenannte staatsbürgerliche Unterricht, zu dem man in Deutschland wenigstens schon einige Jahre vor dem Kriege in Berufs- und Fortbildungsschulen überging, hat gerade die wirtschaftliche Ausbildung vollkommen beiseite gelassen. In einer Zeit, die keine Maschine kannte, sich mit einfachen Werkzeugen begnügte und in der der einzelne Mensch noch vorwiegend einen Gegenstand ganz verfertigte, stand der Arbeiter mit seinem Werk und seinem Meister in einer organischen und natürlichen Verbindung. Er wußte das Werk ebenso zu werten, wie ihm die Persönlichkeit seines Meisters ein lebendiges Vorbild war. Er lebte häufig im Haushalt des Meisters und hatte einen weitreichenden Einblick in den Gang und die Zusammenhänge des Geschäfts. Er sah täglich Können und Leistung des Meisters. Die Grundlage für Neid und Mißtrauen war daher verhältnismäßig gering. So war ein organischer Zusammenhang zwischen Leistung und Arbeitsergebnis, zwischen physischem und geistigem Können, zwischen Arbeit und Kapital ebenso vorhanden wie die klare Erkenntnis, daß die Menschen verschieden sind. Die Maschine hat nicht nur die Arbeit immer mehr geteilt, sondern auch immer größere Möglichkeiten eröffnet. Diese Tatsache hat

---

[19] In der Nähe von Rugby war Arthur Young (s.o., Anmerkung 2) ansässig, den Goerdeler während seines England-Aufenthalts besuchte. Young war Leiter der British Thomson-Houston Company in Rugby, die ihren Lehrlingen Weiterbildungsmöglichkeiten am lokalen Technical College bot; vgl. Young, X-Dokumente, S. 23 f.

zwar die Leistungen vervielfacht, die Preise gesenkt und den Lebensstandard wesentlich gehoben. Der Mensch aber hat dafür eingetauscht die Eintönigkeit häufig fast seelenloser Teilarbeit, die Vermassung und die Lösung organischer Verbindung mit seinem Meister. So ist der Boden entstanden für eine allmähliche Feindschaft gegenüber einem Kapital, dessen Entstehung und Bedeutung man nicht nur nicht kennt, sondern das man gern verurteilt, an allen Übeln, insbesondere an der eigenen Unvollkommenheit oder gar Leistungsunfähigkeit schuld zu sein. Es ist der Boden vorbereitet, in den die Wahnsinnsidee gesenkt werden konnte, daß alle Menschen geistig und körperlich gleich seien. Die Religion, die uns Nächstenliebe und Achtung selbst dem Geringsten gegenüber mit Recht vorschreibt, ist dadurch ihres höchsten Ausgleichwertes beraubt und auf das Gebiet des Materiellen gezerrt. Vollkommenes Mißverstehen und politische Herrschsucht, Verbildung der natürlichen Erkenntnisse und Empfindungen, haben zum Klassenkampf geführt, um dann schließlich zusammen mit Entwurzelungen religiöser Werte den Fortbestand dieser Kultur überhaupt zu gefährden. Hierzu kommt eine Jugenderziehung, die immer mehr darauf gerichtet war und ist, Ansprüche zu stellen und die geistigen Berufe höher zu stellen als die handwerkliche Geschicklichkeit oder die Beherrschung der Naturkräfte in der Landwirtschaft. Es handelt sich um Probleme und Erscheinungen, die in der ganzen Kulturwelt zutage treten. Allein in den Vereinigten Staaten von Nordamerika verlassen jährlich rund 300.000 Studenten die Universitäten, die niemals eine Möglichkeit haben, das Gelernte in den entsprechenden Berufen zu verwerten. Man findet sie dann etwas später als Friseure, Verkäufer, ja möglicherweise als Stiefelputzer wieder. Selbstverständlich sind die Köpfe dieser jungen Leute verwirrt, ihre Seelen verbittert. denn das Leben befriedigt nicht die Anforderungen, zu denen das öffentliche Unterrichtswesen sie erzogen hat. Und zu gleicher Zeit haben Führer der amerikanischen Jugend als Abhilfemaßnahmen gegen den sich entwickelnden Notstand in ihrem Vaterlande die Gewährung von mehr Staats-Stipendien für höhere Schulen und Universitäten und größere Mittel für öffentliche Arbeiten bezeichnet![20] Das sind Sturmzeichen! Sie zeigen an, daß mit unverantwortlichen Auffassungen in der Erziehung Schluß gemacht werden

[20] Die New Deal-Politik unter Roosevelt hatte 1935 die Gründung der „National Youth Administration" (NYA) initiiert, deren Hauptanliegen es war, den Zeitpunkt des Eintritts in den Arbeitsmarkt zu verzögern. Aus diesem Grund wurden Stipendien an High School-, College- und Universitätsstudenten vergeben, die sie zur Fortsetzung ihrer Ausbildung ermutigen sollten. Die dafür zur Verfügung gestellten Geldmittel waren jedoch relativ gering, und Eingriffe in das Erziehungs- und Schulwesen spielten insgesamt eine untergeordnete Rolle innerhalb der New Deal-Politik. Vgl. Robert L. Church und Michael W. Sedlak: Education in the United States. An Interpretive History, New York und London 1976, S. 350 ff. sowie die zeitgenössische Darstellung von Betty und Ernest K. Lindley: A New Deal For Youth. The Story of the National Youth Administration, New York 1972 [erstm. 1938]. Nach deren Darstellung wurden zwischen 1936 und 1938 durchschnittlich 300.000 Schüler und Studenten vom NYA unterstützt (ebd., S. 247, Tabelle 5).

muß. Das ist um so notwendiger, je beengter und schwankender die wirtschaftlichen Entwicklungsmöglichkeiten und die Lebensbedingungen in den einzelnen Ländern zur Zeit sind. Das ist aber nur möglich, wenn man klaren Erkenntnissen, die unabänderlich sind, so hart sie sein mögen, Raum verschafft. Es kommt nicht darauf an, Volkswirtschaft einem beschränkten Kreis zu lehren in dem Irrtum, daß der „Volkswirt“ allein durch diese Erziehung befähigt würde, später wirtschaftlich zu führen, – nein, es kommt entscheidend darauf an, einfache wirtschaftliche Grundbegriffe bereits den älteren Volksschülern, den höheren Schülern, und vor allen Dingen den Berufsschülern zu lehren. Es muß schließlich möglich sein, die harte Tatsache, daß der Mensch nur von dem lebt, was er der Natur abgewinnt, und daß er nicht mehr verbrauchen kann, als er aus eigener Arbeit oder Anderer Arbeit hat, und daß auch die Volksgemeinschaft an diese Grenzen gebunden ist, den Schülern so geläufig zu machen, daß sie diese Tatsache wie das Einmaleins beherrschen. Der zehnjährige Junge wird jeden auslachen, der ihm weis machen will, daß 2 X 2 = 5 sind. Aber der vierzigjährige Mann fällt heute noch auf die phantastischen Ideen aller möglichen Wirtschaftstheorien von Geldschöpfung, Kreditschöpfung usw. herein. Er läßt sich von Gewissenlosen oder von Toren zur Verachtung des Kapitals, zu Neid und Haß verleiten ohne zu ahnen, daß auch er, wenn unsere Vorfahren nichts erspart hätten, noch ärmer sein würde und noch kärglichere Arbeit hätte.

Eine planmäßige Erziehung auf dieses Ziel hin habe ich in England nicht gefunden, aber gewisse Ansatzpunkte scheinen mir im Erziehungsministerium vorhanden zu sein. Die Universität London hat ein Institut für vergleichende Erziehungswissenschaft geschaffen. Hier habe ich Ansätze für die klare Erkenntnis gefunden, daß die Erziehung wieder auf eine breitere und lebensvolle exakte Grundlage gestellt werden muß.

*e.) Der Krieg.*

Auch England hat die Kriegsfolgen noch nicht überwunden, trotzdem es zu den „Siegermächten“ gehört und die Zahlung seiner Kriegsschulden an die Vereinigten Staaten von Nordamerika eingestellt hat. Die Verwirrung des Weltmarktes wird, nachdem Ottawa zunächst einen gewissen Ausgleich geschaffen hatte, auch im englischen Empire und im englischen Mutterlande wieder spürbar. Vor einigen Wochen hat in Sidney (Australien) eine Konferenz der Farmer aus dem britischen Empire stattgefunden. Man hat sich über Absatzmöglichkeiten unterhalten. Schließlich haben die Farmer des Mutterlandes den Farmern der Dominien klargemacht, daß das Mutterland nicht unbeschränkt aufnahmefähig sei und daß schließlich auch die englischen Heimatfarmer noch irgendwelche Absatzmöglichkeiten haben müßten.

Somit hat auch England das größte Interesse daran, einen neuen Krieg zu vermeiden; denn dieser neue Krieg müßte auf den noch immer nicht wieder hergestellten Körper der Volkswirtschaft geradezu verheerend wirken. Jene Tatsachen machen aber England und seinem Empire auch die Entscheidung über den Abschluß eines Wirtschaftsvertrages mit den Vereinigten Staaten außerordentlich schwierig (Ich verweise auf meinen Vorjahresbericht über England, Canada und die Vereinigten Staaten.). Ich halte an der dort vertretenen Auffassung fest, daß England den Abschluß am liebsten auch heute noch umgehen möchte, wenn ihm die politische und wirtschaftliche Entwicklung in Europa den Verzicht auf den *Bundesgenossen* USA möglich erscheinen ließe; daß England aber das Abkommen trotz aller Bedenken abschließt, wenn die allgemeine politische Entwicklung es zwingt, rechtzeitig die USA politisch an sich zu binden.[21] – Ich habe wieder die außerordentlich hohen Chancen bestätigt gefunden, die sich bei dieser Lage der deutschen Politik bieten, wenn sie die deutschen Lebensinteressen im Verhandlungswege durchzusetzen versucht.

Was die Stimmung in England betrifft, so war ich erschrocken, einen fast vollkommenen Gegensatz zu der Stimmung feststellen zu müssen, der ich im Frühjahr 1937 begegnete. Soeben war der Anschluß Österreichs an Deutschland vollzogen.[22] Von einer durchgehenden Freundlichkeit, so wie ich sie im Frühjahr 1937 kennengelernt hatte, war nichts mehr zu merken. Man war noch immer höflich, aber man legte sich auch in Kritik und Gefühlsäußerungen keinen Zwang mehr an. Am auffallendsten war mir, daß Menschen, die ich noch als ungewöhnlich friedfertig in Erinnerung hatte, schon in den ersten Minuten des Zusammenseins von der offenbaren Unvermeidlichkeit des Krieges sprachen. Er müsse kommen, weil Deutschland keinerlei Rücksichten mehr nehme, vielleicht sogar den Krieg wolle. Da das nun einmal so sei, so wolle man nun so schnell wie möglich rüsten und so schnell wie möglich eine Klärung herbeiführen. Die Versicherung, daß Deutschland gar nicht an einen Krieg denke, jedenfalls ihn nicht wolle, wurde mit dem Einwurf entgegengenommen: „Weshalb bereitet ihr dann den Krieg in so ausgedehntem Maße vor, und weshalb holt ihr euch dann durch einseitige Handlungen das, was ihr auch durch friedliche Abmachungen haben könnt?"

Ich habe gefunden, daß nur durch eine klare Aufgeschlossenheit Beruhigung zu schaffen ist. Gerade dadurch, daß so vielfach vollkommene Unklarheiten herr-

---

21 Vgl. zu den britisch-amerikanischen Verhandlungen S. 536, Anmerkung 15.

22 Der Anschluss Österreichs an das Deutsche Reich war in den Friedensverträgen von St. Germain ausdrücklich von der Zustimmung des Völkerbunds abhängig gemacht, und ein zollpolitischer Zusammenschluss war 1932 von den Großmächten verhindert worden. Die nationalsozialistische Strategie gegenüber Österreich führte die „Anschlussziele" der vorhergegangenen deutschen Regierungen fort, allerdings mit gewalttätigen Mitteln. Der erzwungenen Demissionierung des österreichischen Bundeskanzlers Kurt Schuschnigg am 11.3.1938 und dem Einmarsch deutscher Truppen in Österreich folgte am 13.3.1938 die „Wiedervereinigung" Österreichs mit Deutschland am 13.3.1938. Vgl. Gerald Stourzh und Brigitta Zaar (Hg.): Österreich, Deutschland und die Mächte. Internationale und österreichische Aspekte des „Anschlusses" vom März 1938, Wien 1990; besonders den Beitrag von Gerhard L. Weinberg: Die deutsche Außenpolitik und Österreich 1937/38, S. 61-74.

schen, ist anscheinend der Nährboden für die wildesten Gerüchte geschaffen. Sie sind, wie immer, für jede Vertrauensbildung gefährlich. Auch hier sind weitreichende Möglichkeiten für uns vorhanden.

In meinem Bericht über Amerika hatte ich dargelegt, daß *England entschlossen ist, seine Interessen im Mittelmeer und im fernen Osten wahrzunehmen.*[23] Es sei zunächst gezwungen, in Europa Beruhigung zu schaffen. Dabei sei es darauf aus, sich mit Deutschland unter Beachtung der deutschen Lebensinteressen zu verständigen, nach Möglichkeit im Wege eines Bündnisses, um dann die Hände zunächst gegenüber Italien frei zu haben.

Die tatsächliche Entwicklung *scheint* zunächst etwas anders zu verlaufen. England hat *erst mit Italien* verhandelt. Die Gründe hierfür glaube ich herausgehört zu haben; sie entziehen sich jedoch der Mitteilung an dieser Stelle. Aber das gesamte Ziel der englischen Politik ist unverändert geblieben. England *bleibt* entschlossen, die Bedrohung im Mittelmeer und im fernen Osten zu beseitigen, und es weiß, daß es sonst sein Prestige und mit ihm das Empire verliert. Der Vertrag mit Italien ist noch nicht in Kraft, und niemand kann mit Sicherheit sagen, ob nicht allein aus der spanischen Angelegenheit sich immer wieder neue Verwicklungen ergeben, so daß Chamberlain schließlich seine Gefolgschaft verliert.[24] Auf jeden Fall ist es auch heute noch möglich, – allerdings nur vollkommen umfassend, das heißt, die Rüstungen mit einbegreifend, – sich mit England zu verständigen. England hat das größte Interesse, den vielen Ungewißheiten ein Ende zu bereiten, um so schnell wie möglich die Hände für Ostasien frei zu bekommen. Die Chinesen mögen in Ostasien vorübergehend Teilerfolge erzielt haben; auf die Dauer wird es der überlegenen militärischen Kraft und Kunst der Japaner gelingen, wenigstens die chinesischen Küstenprovinzen in ihre Gewalt zu bringen. Im Laufe der Jahre mag dann die zahlenmäßige Überlegenheit des chinesischen Volkes, seine ungeheure Tradition und seine immer wieder berichtete Unzerstörbarkeit den Eindringling über-

---

[23] Vgl. Goerdelers Reisebericht aus den USA; Dok. 4.2.3, oben S. 547 ff. sowie zur unterschiedlichen Interessenlage in den britisch-amerikanischen Verhandlungen S. 536 Anmerkung 15.

[24] Vgl. zum britisch-italienischen Verhältnis S. 537, Anmerkung 17. Die britisch-italienischen Verhandlungen profitierten im Frühjahr 1938 von der Tatsache, dass Italien von dem „Anschluss“ Österreichs überrascht worden war und sich von einer Annäherung an Großbritannien eine bessere Verhandlungsposition gegenüber dem NS-Regime erhoffte. Nach dem Abschluss englisch-italienischer Wirtschaftsvereinbarungen am 19. März (vgl. Schultheß 1938, S. 292) wurde am 16. April 1938 das englisch-italienische Abkommen unterzeichnet. Das Osterabkommen zwischen den beiden Mächten umfasste sämtliche Konfliktbereiche, jedoch wurde das Datum, zu dem das Abkommen in Kraft treten sollte, einem Zeitpunkt vorbehalten, „den die beiden Regierungen gemeinsam bestimmen sollen“ (vgl. ebd., S. 414). Am 2. Mai erklärte der britische Premierminister im Unterhaus, dass er eine Klärung der spanischen Frage als Voraussetzung für das Inkrafttreten des Abkommens sehe. Vgl. Seten-Watson, The Anglo-Italian Gentlemen's Agreement.

wältigen – aber England kann sich auch nicht vorübergehend mit einem Zustand zufriedengeben, der es wirtschaftlich von der ostasiatischen Küste ausschließt. Die ganze Frage des Zusammenhaltens des Empire steht auf dem Spiel, denn wenn England in Ostasien nicht erscheint, werden Australien und Neuseeland in kurzer Zeit genötigt sein, selbständige Außenpolitik zu machen und ihnen würden bald Canada und Südafrika folgen.[25]

*Nirgends endlich erkennt man klarer als in England, daß jede friedliche Lösung, mag sie auch große Opfer fordern, heute jeder kriegerischen Lösung vorzuziehen ist.* Ich habe das oben schon erwähnt. Man ist sich in England vollkommen klar, daß eine unbegrenzte Fortsetzung der Aufrüstung selbst das reiche England an den Rand des wirtschaftlichen Abgrundes bringt. Ich habe diesmal in der Londoner City zum ersten Male englische Bankiers in tiefer Sorge gesehen. Sie fragten sich, woher denn später eigentlich einmal das Kapital genommen werden sollte, das notwendig sei, um wieder zur Friedenswirtschaft zurückzukehren. England lehnt unsichere und zukunftsbelastende Finanzmethoden ab. Es deckt die Rüstungskosten mit Steuern und echtem Kapitaleinsatz. Das japanische Vorgehen in Ostasien ist der erste, die Erkenntnis, daß die Kapitalkräfte selbst für England beschränkt sind, der zweite Faktor, der England gleichzeitig zu größter Eile in der Rüstung nötigt. Endlich weiß England, daß selbst der Sieger den nächsten Krieg bezahlen muß, daß also nach unvorstellbaren Zerstörungen von Kulturwerten selbst ein siegreicher

---

[25] Seit sich Japan nach dem Ersten Weltkrieg die Vorherrschaft über China nicht hatte sichern können, war das japanisch-chinesische Verhältnis geprägt von den japanischen Annexionsbestrebungen und provozierten Grenzzwischenfällen. Die Spannungen hatten im Juli 1937 zum offenen Konflikt mit der chinesischen Nationalregierung unter Tschiang Kai-schek geführt. Das britische Interesse an der Aufrechterhaltung offener Handelswege und dem Schutz eigener Investitionen in China kollidierte in dieser Situation mit dem japanischen Streben nach einem Handelsmonopol im Fernen Osten. Je größer das europäische Konfliktpotential war, insbesondere die britisch-italienischen Spannungen im Mittelmeerraum, desto geringere Kräfte konnte England jedoch für den Konflikt im Fernen Osten freimachen. Eine Einigung mit Japan auf Kosten Chinas wäre nur um den Preis der Entfremdung von den USA möglich gewesen, die gerade als Bündnispartner gewonnen werden sollten. Zusätzlich hatte sich der Charakter des Commonwealth seit dem Ersten Weltkrieg so durchgreifend geändert, dass nicht mehr von einer einheitlichen Politik ausgegangen werden konnte, sondern die Dominions verstärkt eine eigene Politik verfolgten. Sowohl Kanada als auch Südafrika waren nicht gewillt, sich in kriegerische Auseinandersetzungen einbeziehen zu lassen, während die Frage in Australien innenpolitisch sehr stark umstritten war. Lediglich von Neuseeland konnte noch eine bedingungslose Unterstützung erwartet werden. Chamberlain setzte in dieser prekären Situation seine Hoffnungen auf einen japanisch-chinesischen Kompromiss, wenn China nur lange genug Widerstand leisten könne. Die britische Ambivalenz führte zur offiziellen Unterstützung der chinesischen Nationalregierung bei gleichzeitiger Verweigerung von Anleihen aus Rücksicht auf Japan. Vgl. Parker, Chamberlain, S. 104 ff. sowie ausführlich William Roger Louis: The Road to Singapore: British Imperialism in the Far East, 1932-42, in Mommsen/Kettenacker, Fascist Challenge, S. 352-388.

Staatsmann sich vor kaum erfüllbare Aufgaben gestellt sieht: er müßte nämlich seinem Volke klar machen, daß eine wesentliche Senkung des Lebensstandards notwendig ist. Und so habe ich wieder die Überzeugung gewonnen, daß es möglich ist, alle nationalen Lebensrechte Deutschlands, selbst den Gebietsanschluß Sudetendeutschlands,[26] *im Verhandlungswege* zu erreichen. Ich selbst habe jede Gelegenheit wahrgenommen, darauf hinzuweisen, daß die Autonomie in der Tschechoslowakei keine Ruhe für Europa bringen kann. Entweder sie sei zu eng, dann müßten die Minoritäten immer wieder aktiv werden; oder sie sei zu weit, dann würde die Regierung immer wieder zu Abwehrhandlungen genötigt sein. Es sei eben sinnwidrig, Deutsche, die in einem geschlossenen Siedlungsgebiet an der deutschen Reichsgrenze leben, einem fremden Staate zuzuweisen, nur um ihn lebensfähig zu machen. England würde das gleiche Los seinen eigenen Landsleuten sicherlich nicht zumuten. Ich habe gefunden, daß die Engländer für diese klare, kalte Logik, die gleichzeitig vaterlandsbewußt ist, jedes Verständnis aufbrachten. Sicherlich werden sie den Frieden an diesem Punkt nicht scheitern lassen, wenn man in einer allgemeinen Verständigung um die Erhaltung des Friedens in der Welt überhaupt ringt.

*Ebenso klar bin ich mir geworden, daß ein Versuch, in diesem Jahre die Lösung der tschechischen Frage irgendwie militärisch zu erzwingen, den allgemeinen Krieg in Europa bedeutet.*

Ich muß an dieser Stelle einen Teil des Berichtes über Frankreich vorwegnehmen. In Frankreich war eigentümlicherweise die Stimmung nicht so gereizt und ernst wie in England. Ich führe das darauf zurück, daß Frankreich nun sich unmittelbar vor die Entscheidung gestellt zu sehen glaubt, ob es um der Tschechen willen schwere Opfer bringen will. Man beginnt sich zu fragen, ob denn die Politik richtig gewesen ist, die Frankreich in diesen Entschluß hineinmanövriert hat; man beschäftigt sich auch mit der Frage, was man von Rußland zu halten habe.[27] Die

---

26 Die sudetendeutsche Bevölkerung der im September 1919 gegründeten Tschechoslowakei zählte etwas über drei Millionen und ließ sich trotz erheblicher Anstrengungen und Konzessionsbereitschaft der tschechischen Regierung nicht in den neuen Staat integrieren. Verantwortlich dafür war nicht zuletzt die Sudetendeutsche Partei (SDP) unter Konrad Henlein, die seit 1935 von reichsdeutschen Stellen finanziert wurde. In Koordination mit Hitler provozierte Henlein im April 1938 die Sudetenkrise, indem er im Karlsbader Programm vom 24.4. Forderungen aufstellte, deren Erfüllung einer Selbstauflösung der Tschechoslowakei gleichgekommen wäre. Vgl. zur Sudetenkrise Boris Celovsky: Das Münchener Abkommen 1938, Stuttgart 1958, S. 99-168; zu den zugrundeliegenden strategischen Planungen Hitlers vgl. Hermann Graml: Europas Weg in den Krieg. Hitler und die Mächte 1939, München 1990, S. 86-106.

27 Frankreich war mit der Tschechoslowakei Bündnisverpflichtungen eingegangen, die eine gegenseitige militärische Hilfe garantierten für den Fall, dass Deutschland seine in Locarno abgeschlossenen Garantien gegenüber einer der beiden Mächte verletzen sollte (vgl. Celovsky, Münchener Abkommen, S. 57 ff.). Goerdeler überschätzt in seiner Beurteilung

Gruppe, die solche Gedanken verbreitet, ist zweifellos eine zunächst noch *kleine*. Aber sie scheint mir nicht einflußlos zu sein. Nach meinen Lebenserfahrungen pflegen solche Stimmungen sich auszubreiten. Ob und in welchem Zeitraum sie entscheidenden Einfluß gewinnen können, so daß die tschechische Frage unter keinen Umständen Anlaß zu einer allgemeinen kriegerischen Auseinandersetzung würde, läßt sich nicht übersehen. Übersehen läßt sich nur, daß heute noch und wohl für dieses Jahr in der großen Mehrheit des französischen Volkes und in der französischen Armee Entschlossenheit herrscht, die Bündnispflicht zu erfüllen. *Hierüber ist ein Zweifel nicht gestattet.* Man sieht heute noch mit der ganzen Klarheit der Vernunft, daß Frankreich sein Prestige sogar in Europa verliert, wenn es eine klare Bündnisverpflichtung nicht erfüllt. Diese Einstellung ist für dieses Jahr auf jeden Fall noch entscheidend.

Ich glaube, daß sich im wesentlichen bewahrheitet, was ich in meinen früheren Berichten dargelegt habe. Wir stehen dicht vor einem Kulminationspunkt der gesamten Entwicklung. Wir sind in den Zeitpunkt eingetreten, in dem alle vernünftigen Vorstellungen zusammenwirken, die die Völker heißen, den Frieden dem Kriege vorzuziehen. In diesem Zeitraum sind sichere Möglichkeiten vorhanden, sich über *alle* deutschen Lebensfragen zu verständigen. Überall verlangt insbesondere die jüngere Generation, Ideale und Wirklichkeit in Übereinstimmung miteinander zu sehen. Ich bin überzeugt, daß *eine deutsche Initiative für eine Politik der Zusammenarbeit, für eine Beseitigung aller politischen Reibungsflächen und für eine konstruktive Arbeit auf dem Gebiet der Handels-, Wirtschafts- und Sozialpolitik die Welt mit sich reißen würde.*

Geschieht nichts, dann allerdings nähert sich dieser Zeitraum höchster Spannung, in den wir jetzt eingetreten sind, eines Tages *einer anderen* Entspannung. Sind die Aufrüstungen und Opfer überall bis zu der wirtschaftlich äußerst tragbaren Höhe vorwärts getrieben, dann müssen die Spannungen so groß werden, daß ein kleiner Funke sie trotz aller Vernunft zur Entladung bringen muß. Jedenfalls wird England als klarer Rechner unter keinen Umständen sich an den Rüstungen verbluten wollen und daher *in absehbarer Zeit* Entscheidungen herbeizuführen entschlossen sein.

---

jedoch die französische Handlungsfreiheit gegenüber den Prioritäten der britischen Außenpolitik. Großbritannien übte im Einklang mit seiner Appeasement-Politik sowohl auf die CSR als auch auf Frankreich Druck aus, um die deutschen Forderungen in der Sudetenkrise zu befriedigen. London konnte sich in dieser Situation durchsetzen, da die Tschechen ohne französische Unterstützung, die Franzosen wiederum ohne britische Unterstützung nicht bereit waren, einen Krieg mit Deutschland zu riskieren (vgl. Parker, Chamberlain, S. 140 ff.). Auch für die Stellung der westlichen Mächte gegenüber der UdSSR war zu diesem Zeitpunkt die britische Haltung maßgebend; die antikommunistische Haltung der britischen Regierung wurde in hohem Maße von den anderen westeuropäischen nationalen Regierungen reflektiert. Die französisch-sowjetische Allianz von 1935 und das sowjetische Streben nach einer „Großen Allianz“ gegen Deutschland verloren demgegenüber an Bedeutung (vgl. zur Sowjetunion Celovsky, Münchener Abkommen, S. 176 ff.).

*2. Frankreich.*

Diesmal bin ich in Frankreich hauptsächlich in der Provinz gewesen. In Paris nur kurze Zeit, um mich eben, soweit möglich, über die Gesamtlage zu unterrichten. Ich habe im wesentlichen den Eindruck meiner vorjährigen Reise bestätigt gefunden.[28] Ein gebildeter Franzose unterrichtete mich in Paris über die Grundelemente des französischen Volkstums, wobei er übrigens bemerkte, daß er mit einem Engländer niemals ein solches Gespräch führen würde; der Engländer hätte für die Seelenregungen des Franzosen kein Verständnis. Dem Deutschen aber fühle sich der Franzose gerade in diesen Fragen verwandt. Er sagte mir, daß das Wesen Frankreichs verkörpert sei im französischen Bauern, im französischen Handwerker und in der französischen Frau. Der Franzose sei von Haus aus Bauer und fühle sich nur wohl, wenn er ein eigenes Stück Land unter den Füßen habe. Der Franzose sei ein schöpferischer Mensch und daher der seelentötenden Arbeitsteilung abgeneigt. Es sei seine Hauptfreude, ein ganzes Stück von Anfang bis zu Ende selbst zu verfertigen. Endlich liege die Kraft Frankreichs in der Frau. Sie erziehe die Kinder, verwalte den Haushalt und sei der Finanz- und Wirtschaftsminister der Familie. Es sei auch der gebildeten Französin ein Stolz, gut kochen zu können und sie verschmähe es nicht, ihre Gäste dies wissen zu lassen. Ihr vertraue der Ehemann das Einkommen an und er könne sicher sein, daß sie es ungewöhnlich sparsam verwalte.

Ich habe diese Charakteristik vollkommen bestätigt gefunden. Es ist der tiefste Wunsch jedes französischen Arbeiters, auch des Parisers, – irgendwo draußen, und wenn 100 km entfernt, ein Stückchen Land sein eigen zu nennen, auf dem er Früchte und Gemüse pflanzen kann, wo er seine Ruhe hat und wo er von Sonnabend Nachmittag bis Sonntag Abend sich aufhalten kann. Der Franzose arbeitet bienenfleißig vom frühen Morgen bis zum späten Abend, wenn es um den eigenen Betrieb irgendwelcher Art geht. Dann bildet auch die Familie eine vollkommene Einheit, Frau und Kinder helfen mit, der Urlaub wird gemeinsam verbracht. Es ist durchaus nicht so, daß die Tochter hierhin und der Sohn dorthin fährt, sondern man hält in der Arbeit und im Vergnügen zusammen. Daß darin eine große Kraftquelle liegt, ist außer jedem Zweifel. Aber der Franzose wird in demselben Augenblick lässig und uninteressiert, wenn er im Dienste eines Dritten arbeitet und dieser Dritte ihn nicht irgendwie an Verlauf und Ergebnis der Arbeit interessiert. Der Franzose dürfte daher seinem Wesen nach so ungeeignet wie möglich zum Industrievolk sein. Man wird daher in Frankreich auch keinen ausgesprochenen Ehrgeiz für eine industrielle Entwicklung finden. Ich habe sehr moderne Betriebe gesehen, aber die große Mehrzahl der Betriebe, die ich sah, war nicht auf dem höchsten Stande der Technik und zweifellos stark abgewirtschaftet. Der Franzose sucht aus der Anlage herauszuholen, was nur möglich ist, aber an die Erneuerung der Anlage geht er erst im letzten Augenblick heran.

---

28 S. Goerdelers Reisebericht aus Frankreich vom 5.8.1937; Dok. 4.2.2, oben S. 539 ff.

Der Zustand der öffentlichen Verwaltung hat sich mir von neuem als überaus unzureichend dargestellt. Es fehlt fast jedes Interesse an der Arbeit. Zu viele Menschen arbeiten zu wenig und zu umständlich.

Frankreich hat alles in allem in seinem Volkstum noch sehr gesunde Reserven und wird eher als England in der Lage sein, seine nordafrikanischen Besitzungen auch siedlungsmäßig zu nutzen. Ich darf an meinen Bericht über Canada erinnern, wo ich den französischen Teil in außerordentlich innerer Gesundheit und wesentlich kinderreicher als den englischen Teil angetroffen habe.[29]

Wenn ich an den Fleiß und an die Hingabe denke, mit der beispielsweise der französische Weinbauer in Burgund – in dem übrigens starker deutscher Bluteinschlag unverkennbar ist –, seinem schwierigen Tagewerk nachgeht, wenn ich die Einfachheit des französischen Kleinbürgers selbst in Paris mir vor Augen halte, so möchte ich Urteile, nach denen das französische Volk sich auf der absteigenden Linie befinde, zumindest für reichlich verfrüht halten. An eine kommunistisch-bolschwistische Entwicklung ist, wie ich schon im Sommer 1937 dargelegt habe, gar nicht zu denken. Die innere Entwicklung ist im wesentlichen so verlaufen, wie damals angesagt.[30] Sie geht mit zeitweiligen Rückschlägen immer mehr in die Richtung der Vernunft. Auch der französische Arbeiter hat nun, wie mir französische Industrielle sagten, angefangen, einzusehen, daß er mit Streiks und geringeren Leistungen seine eigenen Lebensgrundlagen verschlechtert oder vernichtet, jedenfalls nicht verbessern kann. Es mag noch einige Zeit dauern, bis sich diese Einsicht voll durchgesetzt hat. Aber selbst die letzten Streiks dürfen keinen Zweifel darüber aufkommen lassen, daß die Hauptmacht des Radikalismus abgeebbt ist. Das, was Frankreich fehlt und was es aus sich selbst heraus irgendwie schaffen muß, ist die organische Versöhnung zwischen Arbeit und Kapital, auch im Großbetrieb. Bis vor wenigen Jahren haben die französischen Großbetriebe noch ganz auf dem Herrenstandpunkt gestanden. Es erschien ihnen noch vor drei Jahren selbstverständlich, daß sie allein über die Arbeitsbedingungen der Arbeiter zu bestimmen hätten. Dem französischen Volk hat es in den letzten fünfzig Jahren nicht an Männern gefehlt, die gute Visionen über die Zukunft hatten. Aber es hat ihm an

29 Goerdelers Reisebericht aus Kanada, wo er im August/September 1937 war, ist nicht in die vorliegende Edition aufgenommen worden; vgl. Exemplar des Reiseberichts in BAK, N 1113, Bd. 14.

30 Mit der Bildung des Kabinetts Daladier am 10. April 1938 traten wieder rechtsgerichtete Politiker in die französische Regierung ein. Zwar hatten die Radikalsozialisten weiterhin die Mehrheit, doch der von Goerdeler prophezeite Rechtsschwenk (s. seinen Reisebericht aus Frankreich vom 5.8.1937; Dok. 4.2.2, oben S. 539 ff.) war durch den Regierungseintritt von Konservativen wie Paul Reynaud (s.u., Anmerkung 31) einerseits und den Wechsel von Kommunisten und Sozialisten in die Opposition andererseits eingetreten. Vgl. Antoine Prost: L'éclatement du Front Populaire. Analyse factorielle des scrutins de la chambre des députés, juin 1936 – juin 1939, in: René Rémond und Janine Bourdin (Hg.): Edouard Daladier, Chéf de Gouvernement avril 1938 – septembre 1939, Paris 1977, S. 25-44.

Führern gefehlt, die imstande waren, aus diesen Visionen etwas zu machen. Offenbar gewöhnen sich selbst die jüngeren Industriellen schwer an die Idee, daß es gerade in Frankreich notwendig ist, den Arbeiter, wenn er mit Interesse am Werk sein soll, über die Gesamtheit der Arbeitsprozesse, über Stand und Aussicht und Möglichkeiten des Betriebes zu unterrichten. Frankreich wird von *dem* einst geführt werden, der diese Versöhnung zwischen Arbeit und Großkapital herbeiführt, die Leistungsfähigkeit und die soldatischen Instinkte des französischen Volkes, seine Sehnsucht nach Selbständigkeit und seine Leidenschaft für Kritik der Staatsauffassung und den Staatszielen nutzbar macht. Nach allem, was ich gehört und gesehen habe, könnte der jetzige Justizminister Reynaud[31] ein solcher Mann sein; – aber das sind Spekulationen. Tatsache ist auf jeden Fall, daß in Frankreich alle inneren Spannungen im Augenblick einer äußeren Gefahr zurücktreten werden.

Der Franzose ist von den letzten fünfundzwanzig Jahren seiner und der Weltgeschichte nicht weniger enttäuscht als alle anderen Völker. Er möchte Ruhe haben, um seine überschnell in Angriff genommene soziale Umstellung, für die Deutschland fünfzig Jahre benötigt hat, wirtschaftlich konsolidieren zu können.[32] Er weiß wie alle anderen Völker, ja besser als manche anderen, welche Opfer und Zerstörungen ein neuer Krieg erfordern würde; und so habe ich erneut den Eindruck gewonnen, daß das heutige Frankreich, wie immer auch seine Regierung sein möge, zur Zeit noch bereit ist, *das Diktat von Versailles im Verhandlungswege zu liquidieren und Deutschlands Lebensrechte zu erfüllen.* Stolz auf seine Geschichte, einfach in der Lebenshaltung, enthusiasmiert für seine Armee, wird Frankreich kämpfen, um seine Großmachtstellung zu erhalten. Es erscheint mir deswegen glaubhaft, daß der Marschall Pétain[33] den größten Einfluß ausüben

---

[31] Paul Reynaud, ein moderater Konservativer, hatte schon in den konservativen Kabinetten unter Tardieu und Laval verschiedene Ministerposten ausgefüllt. In das Kabinett unter Daladier trat er im April 1938 zunächst als Justizminister ein; Anfang November wechselte er sein Ressort und wurde Finanzminister. Reynaud zeichnete sich durch unkonventionelle Stellungnahmen aus; in den 20er Jahren plädierte er für eine wirtschaftspolitische Zusammenarbeit mit Deutschland, seit Anfang der 30er Jahre forderte er eine Abwertung der französischen Währung. Schon seit 1935 ein Unterstützer der französischen Wiederaufrüstung, wandte er sich gegen die unter Blum eingeführte 40-Stunden-Woche und gegen die britisch-französische Appeasement-Strategie. Aufgrund seiner kompromisslosen Haltung gegenüber Hitler wurde er im März 1940 als Nachfolger Daladiers Ministerpräsident. Goerdeler scheint jedoch keine Kenntnis von Reynauds deutschkritischen und finanzpolitischen Stellungnahmen gehabt zu haben. Vgl. zu Reynauds wirtschaftspolitischen und antigewerkschaftlichen Auffassungen Alfred Sauvy: L'évolution économique, in: Rémond/ Bourdin, Daladier, S. 87-98.

[32] Vgl. zur Sozialgesetzgebung unter Blum Dokument 4.2.2, Anmerkung 4. Mitte Februar 1937 hatte Blum selbst in einer Rundfunkansprache eine Pause in der Reformgesetzgebung angekündigt, um die erreichten Änderungen zu konsolidieren; vgl. Rémond, Frankreich, S. 250.

[33] Philippe Pétain, Jahrgang 1856, war in mancher Hinsicht das französische Pendant zu Hindenburg: Aufgrund seiner Erfolge im Ersten Weltkrieg als „Held von Verdun" gefeiert,

soll, dessen Ansehen als letzte mögliche Lösung hinter allen Schwierigkeiten steht.

An seinen inneren Schwierigkeiten wird, wie bereits erwähnt, Frankreich in den nächsten Jahren noch genügend zu tun haben. Wir wissen ja, wie schwer es ist, ein Volk wieder zu dem Grundsatz zurückzuführen, daß man nicht mehr ausgeben kann, als man hat; wie schwer es auch ist, einem einmal erst durch öffentliche Aufträge verwöhnten Volk wieder beizubringen, daß jeder Einzelne sein Schicksal in sich selbst trägt und durch eigene harte Arbeit seinen Lebensstandard der Natur und der Umwelt abkämpfen muß. Aber den gefährlichsten Punkt haben die Franzosen bereits vor einem Jahre überwunden. Mag ihnen auf dem Gebiet der Währung noch eine Zeitlang die Furcht vor der Masse die Entschlußkraft lähmen, – eines Tages wird die Masse der Franzosen auch das Kleinkapital gefährdet sehen, und dann wird auch ein harter Entschluß zur Mehrleistung und zur Reform der inneren Verwaltung und zu einem echten organischen Ausgleich zwischen Arbeit und Kapital aufgebracht werden. Jede äußere Spannung wird die Franzosen auf diesem Wege bestärken und beflügeln.

Frankreich hat schon in der Regierung Chautemps die Idole der Blum-Zeit begraben.[34] Die Regierung Daladier tritt bereits offen mit dem allein möglichen Programm auf, durch größere Arbeitsleistung die Produktion Frankreichs zu vergrößern und zu verbilligen, um damit den Tauschverkehr am Binnenmarkt und in der Welt zu beleben. Schon sind die ersten Schritte gemacht.[35] Für Frankreich

---

wandte er sich zu Beginn der 30er Jahre der Politik zu und wurde zum gefeierten Idol breiter Volksschichten, insbesondere der Rechten unter Maurras. Trotz seiner antiparlamentarischen Einstellung wurde er 1934 Verteidigungsminister unter Doumergue; 1939 ging er als erster französischer Botschafter nach Franco-Spanien. Zu Beginn der deutschen Frankreich-Offensive kehrte Pétain aus Spanien zurück und übernahm unter Reynaud den Posten des stellvertretenden Ministerpräsidenten; seit dem 16. Juni 1940 ersetzte er Reynaud und leitete während des gesamten Krieges die Vichy-Regierung. Vgl. Bertram M. Gordon: Historical Dictionary of World War II France. The Occupation, Vichy and the Resistance, 1938-1946, London 1998, S. 280f.

34 Vgl. zur Ablösung Blums durch Chautemps S. 542, Anmerkung 6. Der neue Finanzminister unter Chautemps, der Radikalsozialist Georges Bonnet, sorgte für eine Umkehr der antizyklischen Politik der Blum-Ära. Mit den traditionellen Maßnahmen der Steuererhöhung und Ausgabensenkung trat jedoch auch keine Wirtschaftserholung ein; vgl. Rémond, Frankreich, S. 252 f.

35 Unter Daladier gelang es, das vom Kabinett Blum erlassene Gesetz über die 40-Stunden-Woche (vgl. S. 542, Anmerkung 4) entscheidend zu modifizieren, ohne das Gesetz selbst außer Kraft zu setzen. Die Notverordnungen, an deren Ausarbeitung Reynaud maßgebenden Anteil hatte, verdankten ihre Akzeptanz der militärischen Bedrohung durch Deutschland und damit verbundenen rüstungswirtschaftlichen Notwendigkeiten. Zwar wurden die Änderungen erst im Winter 1938/39 durchgesetzt, aber Daladier hatte bereits in seiner Regierungserklärung vom 12. April betont, dass die nationale Sicherheit eine Verlangsamung der Rüstungsproduktion nicht gestatte, und damit einer Aushebelung der Arbeitszeitbegrenzung

hängt alles davon ab, daß sie fortgesetzt werden und daß der Sparer wieder Vertrauen zu der Wirtschaftskraft seines Landes erhält. Das ist zur Zeit noch nicht der Fall. Würde es nicht gelingen, so bliebe Frankreich zur Fortsetzung seiner Rüstung nur noch der Weg der Außenanleihe offen. Ich halte es für ausgeschlossen, daß England oder die Vereinigten Staaten Frankreich zur Zeit Anleihen gewähren. Sie werden mit Recht darauf hinweisen, daß zunächst Frankreich durch eigene Arbeitsanstrengung seine Wirtschaftskraft vergrößern und das ins Ausland geflohene Kapital nach Frankreich zurückführen müsse.

So wird Frankreich immer wieder von den verschiedensten Richtungen her auf den Weg der Energie-Entwicklung gestoßen und ich bin fest überzeugt, daß es entschlossen ist, diesen Weg zu gehen.

Beide Länder, England und Frankreich, von denen ich in meinen vorjährigen Berichten dargelegt hatte, daß echte Lebensinteressen sie zusammenbinden, sind sich aber nach allem, was ich gehört habe, bewußt, daß ein Rüstungswettlauf um seiner selbst willen schon tödlich wirkt. Man muß daher damit rechnen, daß ihre Rüstungen nunmehr ein bestimmtes politisches Ziel zum Gegenstand haben und zum Einsatz gebracht werden sollen, falls es nicht gelingt, rechtzeitig eine Verständigung herbeizuführen, die eine gesunde, lebensfähige Neuordnung in Europa ermöglicht und den Völkern der Welt die Aussicht eröffnet, wieder einmal einen längeren Zeitraum einer friedlichen Aufbauarbeit und einem den Wohlstand mehrenden und innere Spannungen allmählich lösenden Güter- und Leistungsaustausch zu widmen. Selten haben für eine solche, auch die deutschen Lebensnotwendigkeiten erfüllende Verständigung so günstige Voraussetzungen bestanden, wie in dem Zeitraum, der vor etwa einem Jahr begonnen hat. Selten aber war auch die Begrenztheit eines solchen Zeitraumes so klar voraussehbar, wie es seit Beginn dieses Jahres der Fall ist.
(gez.) Goerdeler.

## 4.2.5 Nachtrag zur Außenpolitik

*maschinenschriftliche Stellungnahme mit handschriftlichen Zusätzen vom 3.10.1938; Privatbesitz.*[1]
Das Münchener Abkommen hat bisherige außenpolitische Einschätzungen bestätigt; eine friedliche Durchsetzung deutscher Forderungen ist möglich und wünschenswert; die deutsche Regierung muss innen- wie außenpolitisch von Terrormaßnahmen absehen.

---

den Weg bereitet. Vgl. Elisabeth du Réau: L'aménagement de la loi instituant la semaine de quarante heures, in: Rémond/Bourdin, Daladier, S. 129-149.

[1] Die handschriftlichen Zusätze sind in den vorliegenden Text mit aufgenommen worden; im folgenden wird in den alphabetischen Anmerkungen die ursprüngliche, maschinenschriftliche Fassung präsentiert. Die Stellungnahme wurde bereits veröffentlicht in der FAZ vom 29.9.1988, S. 8. Adressaten des „Nachtrags“ konnten nicht eindeutig festgestellt werden.

In meinen Reiseberichten und in meinen außenpolitischen Darlegungen[a] hatte ich folgende Hauptpunkte für die Behandlung außenpolitischer Zukunftsfragen Deutschlands herausgestellt:[2]

1. England ist gezwungen, die Bedrohungen seines Empires im Mittelmeer und in Ostasien zu beseitigen.[b]
2. Es würde jede friedliche Beseitigung jeder kriegerischen vorziehen, aber vor dieser nicht zurückschrecken.
3. Es ist für die Durchsetzung dieser Politik in jedem Falle auf Frankreich angewiesen.
4. Frankreich ist willens und in der Lage, seine Bündnisverpflichtung gegenüber der Tschecho-Slowakei zu erfüllen; es ist sich klar, daß seine Großmachtstellung davon abhängt. England wird daher um des Bündnisses mit Frankreich willen genötigt sein, Frankreich bei einem deutschen Angriff auf die Tschecho-Slowakei mit allen Mitteln zu unterstützen. Als Rückhalt werden die Vereinigten Staaten von Nordamerika zur Verfügung stehen.
5. Die Friedenssehnsucht aller Völker ist so groß wie kaum je zuvor in der bekannten Geschichte. Alle verantwortlichen Staatsmänner haben klar erkannt, daß der gewonnene Krieg wesentlich teurer ist als der teuerste Frieden.
6. Deutschland hat jetzt die Chancen eines aussichtslosen Großkrieges oder einer friedlichen Verständigung dicht nebeneinander.[c]

Die Entwicklung der letzten Tage hat diese Auffassungen zum größten Teil bestätigt.[3] Nur Frankreich hat weniger Selbstbehauptungswillen gezeigt als man nach der Stimmung des französischen Volkes und der französischen Armee hätte annehmen können. Wie weit England auf diese Entwicklung eingewirkt hat, entzieht sich heute noch der Kenntnis. Jedenfalls hat sich auch in England die Friedenssehnsucht zunächst als stärker erwiesen denn alle Rücksichten auf die Folgen einer laienhaft[d] betriebenen Friedenspolitik. Diese Folgen sind:

1. Frankreich hat auf unabsehbare Zeit die Bündnisfähigkeit in Europa verloren. Es ist zu einer Macht zweiten Ranges herabgesunken. Voraussichtlich werden sich daraus auch Folgen für sein Verhältnis mit Polen und Rußland ergeben.

---

a ursprünglich: „In meinem letzten Reisebericht".

b ursprünglich: „England muß die Bedrohungen seines Empires im Mittelmeer und in Ostasien beseitigen."

c Der Punkt 6 ist nachträglich eingefügt worden.

d „laienhaft" wurde nachträglich eingefügt; der dafür gestrichene Ausdruck ist nicht zu entziffern.

2 Vgl. Goerdelers Reiseberichte (Dokumente 4.2.1 ff.) sowie seine außenpolitischen Stellungnahme vom 10.9.1938; Dok. 5.1.1, unten S. 658 ff. Seine Einschätzung der außenpolitischen Lage entspricht den dortigen Ansichten.

3 Goerdeler spielt hier an auf das Münchener Abkommen von Ende September 1938; vgl. dazu S. 618, Anmerkung 4.

2. England hat einen großen Prestigeverlust erlitten und sieht seinen Bundesgenossen Frankreich nunmehr wesentlich geschwächt. Für etwaige spätere kriegerische Auseinandersetzungen stehen nach menschlichem Ermessen wesentlich stärkere deutsche Kräfte an der Westfront zur Verfügung als bisher.[e]
   Somit erhebt sich die Frage, ob die bisher von mir für die deutsche Zukunft empfohlene Verständigungspolitik richtig bleibt[4] oder ob Deutschland seine entscheidenden Lebensinteressen mit einer anderen Politik schneller oder besser durchsetzen könnte. Von vornherein muß vor einer schnellen oder gar sofortigen Kriegspolitik dringend gewarnt werden; denn wenn Deutschland nach dem Münchener Abkommen und nach seinen nebenhergehenden sehr weitreichenden Verzicht- und Friedenserklärungen jetzt zu militärischen Operationen irgendwo schreiten würde, so würde wohl die ganze Welt nunmehr in berechtigter Enttäuschung erneut aufflammen und kleine bisher neutrale Staaten in eine aktive Schutzbewegung eintreten. Wie steht es aber in der Zukunft, wenn die Wirkungen dieser Erklärungen verblaßt sind?

Die deutschen Lebensforderungen bleiben nach wie vor: Beseitigung des Korridors, Einräumung von Kolonialbesitz, billige Hergabe von Gold, um die deutsche Währung wieder weltfähig zu machen! Nach meiner Überzeugung sind heute diese Forderungen mehr denn je im Wege der friedlichen Verständigung zu haben. Die eben bewiesene Friedenssehnsucht der Welt beweist dies. Eine vernünftige deutsche Außenpolitik sollte daher das Eisen schmieden, solange es heiß ist, und es ist nur die Frage, ob man die dafür erforderlichen Gegenleistungen (Rüstungsbegrenzung, geordnete Finanzgebarung, Wiederannäherung an die Weltwirtschaft) gewähren will oder nicht. Hieran sollte kein Zweifel möglich sein. Diese Gegenleistungen werden ohnehin durch das deutsche eigene Interesse gefordert. Ich kann auf meine früheren Darlegungen verweisen.

Eine neue Aussicht eröffnet sich, wenn Deutschland ganz kalt nunmehr auch Rußland als bündnisfähig betrachtet und das mögliche Bündnis mit England-Frankreich gegen das mögliche Bündnis mit Rußland ausspielt. Beide Kombinationen sind möglich. Nach der Schwächung Englands und Frankreichs liegt das Bündnis mit Rußland im größeren Interesse Deutschlands, denn es würde Deutschland unabhängig von der Seebeherrschung einmal wesentliche Rohstoffe sichern; sodann ihm aber auch einen bei geschickter Ausnutzung hervorragenden Anteil an der politischen und wirtschaftlichen Wiederaufrichtung Rußlands verschaffen können.

Dagegen muß Deutschland in absehbarer Zukunft unter allen Umständen davon absehen, im Kriege mehr erreichen zu wollen als in friedlicher Verständigung.

---

[e] Der folgende Absatz war ursprünglich unter „3." zusammengefasst.

[4] Zu der von Goerdeler zuvor empfohlenen Verständigungspolitik vgl. auch seine Reiseberichte von 1937/38; Dokumente 4.2.1 ff., S. 525 ff.

Auch nach der Schwächung Englands und Frankreichs reichen die militärischen wirtschaftlichen Kräfte Deutschlands bei weitem nicht aus, um einen Großkrieg, in dem dann sicher auch die Vereinigten Staaten und Rußland auf der Seite der Gegner ständen, durchzuhalten. Dabei ist insbesondere zu berücksichtigen, daß unsere finanzielle und wirtschaftliche Leistungsfähigkeit durch den Erwerb des Sudetengebietes nicht vermehrt wird, sondern nach wie vor abwärts gleitet, solange wir wesentlich mehr Geld ausgeben als unsere echten Einnahmen betragen. Es ist endlich auch in Rechnung zu stellen, daß das innere Terrorsystem im Volke keine seelischen Schwungkräfte erzeugt, selbst wenn ein Krieg nicht von vorneherein schon so wahnsinnig aussieht wie der soeben vermiedene.

Ich bleibe also bei meiner Empfehlung, die deutschen Lebensinteressen jetzt erst recht auf dem Verständigungswege zu verwirklichen und insbesondere der Versuchung zu jeder abenteuerlichen Expansionspolitik zu widerstehen. Sie würde sich nach allen Beispielen der Geschichte, insbesondere der deutschen, in sich selbst als Verhängnis erweisen.[f]

Die entscheidende Gefahr auch für die Außenpolitik bleibt die aus dem Totalitätsanspruch der Partei und aus dem Terrorsystem sich ergebende Recht- und Sittenlosigkeit. Sie gerät in immer stärkere Spannung zu den seelischen Bedürfnissen der freien Menschen im Innern und schafft hier eine Verbitterung, die den Einzelnen immer unwilliger macht, für den Staat Opfer zu bringen. Diese Spannungen müssen allmählich revolutionär werden, die Armee und ihre Kampfkraft entwerten. Nach außen begründen sie den Grundsatz der Skrupellosigkeit in der Wahl der Mittel, mit der andere Völker sich nicht abfinden können. Lauterer Wettbewerb im Innern kann nicht mit Unlauterkeit im Kampf nach außen verbunden werden.

Es muß wieder eine klare Unterscheidung zwischen Krieg und Frieden hergestellt werden. Friedlicher Wettbewerb mit anderen Völkern ist nur möglich, wenn im Frieden bestimmte internationale durch Anstand und Recht vorgeschriebene allgemein anerkannte Spielregeln eingehalten werden. Ihre Wiederherstellung und Anwendung wird sich als die unerläßliche Grundlage erfolgreicher Außenpolitik erweisen. Versagt sich unsere Außenpolitik ihnen weiter, so wird sie trotz noch so großartiger Gegenwartserfolge unser Vaterland auch dem außenpolitischen Zusammenbruch sicher entgegenführen.

---

[f] Der Rest der Stellungnahme ist handschriftlich hinzugefügt.

### 4.2.6 Zusammenfassende Schlußbetrachtung

*maschinenschriftlicher Bericht vom Dezember 1938; BAK, N 1113, Bd. 14.*[1]

Japan hat wichtige Siege in China erzielt, profitiert von den europäischen Spannungen und wird nicht auf seine Eroberungspläne verzichten. Italien mag sich noch auf Verhandlungen mit Großbritannien und Frankreich einlassen, wird letztendlich aber zu keinen Konzessionen im Mittelmeerraum bereit sein; Italien wird sich auch nicht mehr für die außenpolitischen Ziele Deutschlands einspannen lassen. Frankreich hat sich innenpolitisch erholt, ist militärisch stärker geworden und wird zu keinen einseitigen Zugeständnissen an Deutschland mehr bereit sein. Die Kehrseite der britischen Appeasementpolitik ist Chamberlains Glaubwürdigkeit, wenn er einen Krieg als unvermeidbar erklärt.

Die USA haben sich für eine Unterstützung Großbritanniens entschieden; Deutschland bleibt außer den Achsenmächten nur Bulgarien als potentieller Bündnispartner; allgemeine Friedenssehnsucht wird allmählich verdrängt von feindseliger Haltung gegen Deutschland. Die Notwendigkeit einer deutschen Entscheidung wird drängender; noch besteht die Möglichkeit weitreichender Zugeständnisse in territorialer und ökonomischer Hinsicht.

Dezember 1938

Meine Reise durch die Schweiz, Italien, Jugoslawien, Bulgarien und Rumänien hat das Urteil bestätigt, zu dem ich auf Grund meiner bisherigen Reisen gelangt bin und das ich in meinen früheren Reiseberichten niedergelegt habe. Ich hatte dargelegt, daß England sein Empire an zwei entscheidenden Punkten bedroht sieht, nämlich in Ostasien und im Mittelmeer; daß England gezwungen sein würde, sein Prestige durch aktives Eingreifen in Ostasien wiederherzustellen, um Australien und Neuseeland zu schützen und sie dem Empire zu erhalten; daß England aber seine Machtmittel erst dann nach Ostasien werfen könne, wenn in Europa ein verläßlicher Ruhestand hergestellt sein würde. Um diese Voraussetzungen zu schaffen, habe England versucht, zunächst mit Deutschland, dann mit Italien zu einem Übereinkommen zu gelangen.[2]

Die Verständigung mit Italien ist inzwischen erfolgt; sie hat aber bisher nicht zu einer Beruhigung Europas beigetragen.[3]

Ich habe ferner in meinen Aufzeichnungen vom April 1938 dargelegt, daß es nicht nur möglich sei, mit England, Frankreich und den Vereinigten Staaten von Nordamerika zu einer allgemeinen, die nationalen Interessen Deutschlands sichernden Verständigung zu gelangen, sondern daß es auch möglich sei, insbesondere

---

[1] Vgl. zu den Adressaten der Schlussbetrachtung S. 525, Anmerkung 1. In der Korrespondenz mit Krupp nimmt Goerdeler wohl auf die beschriebenen Reisen Bezug und kündigt seine Rückkehr für Anfang Dezember an, die vorliegende Schlussbetrachtung ist in den Akten der Firma Krupp jedoch nicht erhalten (vgl. Brief Goerdelers an Krupp vom 24.10. 1938; HA Krupp, FAH 4 E 154, Bl. 55 f.). In den Akten der Reichskanzlei liegt eine Kopie des Berichts vor; vgl. BAB, R 43F/3503, Bl. 253-267.

[2] Vgl. Goerdelers Reisebericht aus Großbritannien vom 15.7.1937; Dok. 4.2.1, oben S. 525 ff. sowie seinen Reisebericht aus Großbritannien und Frankreich vom 30.4.1938; Dok. 4.2.4, oben S. 589 ff.

[3] Vgl. zum englisch-italienischen Abkommen S. 605, Anmerkung 24.

die sudetendeutsche Frage im Wege der Verständigung zu lösen, daß aber jeder militärische Vorstoß gegen die Tschechoslowakei zum allgemeinen Kriege führen müsse. Dieses Urteil ist inzwischen durch den Gang der Ereignisse bestätigt.[4]

Ich habe damals darauf hingewiesen, daß der Zeitraum, der uns für eine allgemeine Verständigung zur Verfügung steht, nicht unbegrenzt ist, daß vielmehr eines Tages das Interesse Englands, nach Ostasien zu eilen um sich nicht wirtschaftlich zu verbluten, England zwingen würde, diesen Zeitraum zu begrenzen. Ich muß auch, nachdem mir meine letzte Reise Gelegenheit gegeben hat, auch die Lage im Süden und Südwesten Europas kennenzulernen und mit Ausländern zusammenzutreffen, an dieser Auffassung festhalten.

Betrachten wir zunächst die Lage vom Standpunkt der sogenannten Achsenmächte. Japan hat inzwischen die Kriegsziele, die ich in meinem Bericht vom Dezember 1937 dargelegt habe, durch mehrfache Verlautbarungen seiner Regierung offen dargelegt.[5] Sie gehen darauf aus, den Handel der weißen Nationen in Ostasien zumindest unter die Kontrolle Japans zu stellen, China zum Absatzmarkt für japanische Industriewaren zu machen und dafür ein Monopol auf die Ausbeutung der chinesischen Naturschätze zu gewinnen, und so möglichst alle weißen Völker, auch Deutschland, aus dem ostasiatischen Markt zu vertreiben. Ich habe dargelegt, daß meines Erachtens Japans Kräfte ausreichen würden, um zunächst dieses begrenzte, für *alle* weißen Nationen natürlich unerträgliche Ziel zu erreichen, wobei dahingestellt bleiben könne, ob nicht im Verlaufe längerer Zeiträume der Chinese den Japaner friedlich verschlingen würde. Ich glaube mich hierin nicht geirrt zu haben. Heute ist selbst Hongkong ein für den englischen Chinahandel unausnutzbarer Platz geworden. Schanghai und Tientsin sind von den Japanern besetzt. Von ihren alten Zielen harrt der Verwirklichung noch der Gewinn Wladiwostocks. Nach dem, was ich draußen gehört habe und aus dem Zuge der japanischen Politik sowie der Ereignisse kombinieren kann, besteht dieses Ziel auch heute

4 Vgl. zur „sudetendeutschen Frage", der Sudetenkrise und der Bündniskonstellation im Hinblick auf die Tschechoslowakei S. 607 f., Anmerkungen 26 f. Mit dem Münchener Abkommen vom 30.9.1938 zwischen Deutschland, Italien, Frankreich und Großbritannien wurde die Abtretung des Sudetenlandes an Deutschland bestimmt, ohne dass die CSR oder ihr Bündnispartner UdSSR an den Verhandlungen beteiligt worden waren. Vgl. Celovsky, Münchener Abkommen, S. 383-479.

5 Goerdeler verweist hier wohl auf seinen Reisebericht aus den USA von Anfang Januar 1938; Dok. 4.2.3, oben S. 547 ff.; zum Ausbruch des japanisch-chinesischen Krieges vgl. S. 606, Anmerkung 25. Der japanische Ministerpräsident Konoye hatte zuletzt am 22.12.1938 die japanischen Friedensbedingungen verkündigt, nach denen eine „Neuordnung in Ostasien" durch eine Vereinigung Chinas und Mandschukos mit Japan herbeigeführt werden sollte. Die Stationierung japanischer Truppen in Nordchina und der Inneren Mongolei sowie die japanische Kontrolle über chinesische Rohstoffe waren weitere Bedingungen, deren Erfüllung China zu einem japanischen Vasallenstaat degradiert hätte. Vgl. die Forderungen Konoyes in Schultheß 1938, S. 556.

noch. Man will es erreichen, indem man Wladiwostock umgeht, es mit der Verbindung mit Rußland abschneidet, den Nordteil der Insel Sachalin besetzt und damit auch die reichen russischen Fischgründe in die Hände der Japaner bringt. Es scheint mir, als ob sowohl die Entwicklung in Ostasien wie das Andauern der Spannung in Europa den Japanern diese und eine weitere Unternehmung nahelegen. Unter Verzicht auf weiteren Vormarsch in das Innere Chinas dürften sie beabsichtigen, wenn irgend möglich, auch *Französisch-Indochina* zu besetzen. Als Vorwand wird dienen, daß durch dieses Gebiet hindurch die Chinesen mit Kriegsmaterial versorgt werden. Indochina ist reich an Bodenschätzen, hat den Japanern zuträgliche Lebensbedingungen und ist eine vorzügliche Ausgangsstellung für weitere japanische Unternehmungen der Zukunft, die sich auf die Philippinen, Holländisch Indien und Borneo erstrecken könnten. Es gestattet ihnen den Ausbau eines großen Flottenstützpunktes.[6]

Natürlich ist nicht zu verkennen, daß die finanzielle und wirtschaftliche Kraft der Japaner zur Neige geht. Aber zwischen dem jetzigen Zeitpunkt der *vollen* Erschöpfung liegt doch wohl noch ein Zeitraum, der ausreicht, um unter Verzicht auf weitere Unternehmungen im Innern Chinas selbst diese Pläne anzupacken. Weder die Russen noch die Franzosen können den Japanern genügend Streitkräfte zur Zeit entgegenstellen. Soweit ich mir ein Urteil bilden kann, nehme ich aber an, daß Japan dieses letzte Risiko *nur* wagt, wenn es England und Frankreich in Europa genügend stark gefesselt sieht. Von den Vereinigten Staaten von Nordamerika hat es eine militärische Gegenaktion solange nicht zu fürchten, als nicht auch England fähig ist, auf dem ostasiatischen Schauplatz zu erscheinen.

Auf jeden Fall zwingt die wirtschaftliche und finanzielle Lage Japan zu einem Entschluß. Es hat nur zwei Möglichkeiten. Entweder es verständigt sich mit den europäischen Mächten und den Vereinigten Staaten. Das bedeutet aber den fast uneingeschränkten Verzicht auf seine ostasiatischen Pläne, da England unter gar keinen Umständen einen Vertrag eingehen kann, der sein Prestige in Ostasien nicht wieder herstellt. Die zweite Möglichkeit für Japan besteht in der oben erwähnten Aktion, mit der es ohne Prestigeverlust seine Truppen *aus dem Innern* Chinas

---

6 Nachdem China sich nicht auf die japanischen Friedensbedingungen eingelassen hatte, bestanden im weiteren Kriegsverlauf zwei Möglichkeiten für Japan: Entweder die Forcierung des Vormarsches nach Südchina, der eine Interessenkollision mit Frankreich und Großbritannien bedeutet hätte, oder die Wendung nach Norden, wo die UdSSR ihre Interessen bedroht sah. Während für Japan ein Vorstoß gegen die Sowjetunion, die das kommunistische China unterstützte, Vorrang haben musste, war es zur militärischen Durchführung von deutscher Hilfe abhängig. Dagegen lag es im Interesse des deutschen Bündnispartners, dass Japan britische Streitkräfte im Fernen Osten binden würde. Die divergierenden Ziele der deutschen und japanischen Außenpolitik führten zu einer Lähmung der japanischen Politik, die mit dem deutsch-sowjetischen Pakt 1939 besiegelt und erst mit der Niederlage Frankreichs 1940 teilweise wieder aufgehoben wurde. Vgl. ausführlich Rachel Wall: Japan 1933–1939, in: Oswald Hauser (Hg.): Weltpolitik 1933–1939, Göttingen 1973, S. 224-254.

zurückziehen könnte. Es würde sich dann auf den Besitz der chinesischen Haupthäfen, auf die Eroberung Sachalins, Wladiwostocks und Ost-Indochinas beschränken. Der erste Schritt bedeutet das Eingeständnis der Ergebnislosigkeit des Krieges gegen China und führt wahrscheinlich zur inneren Revolution in Japan. Man muß daher annehmen, daß es alle Anstalten treffen wird, den zweiten Weg zu gehen.

Die Lage Italiens habe ich in dem Bericht über Italien dargelegt; ich habe auch dargetan, vor welcher Entscheidung Mussolini steht.[7] Auch er hat immer noch, aber auch nur noch, zwei Wege: der erste ist der der Verständigung; dabei kann es ihm gar nicht so sehr darauf ankommen, Tunis, Korsika oder sonst irgend einen französischen Besitz zu erhalten, sondern er braucht Gold, um Rohstoffe kaufen zu können. Er kann es nur erhalten, wenn er den Status Quo im Mittelmeer durch Abmarsch aus Spanien garantiert und gleichzeitig Sicherungen dafür gibt, daß das Gold nicht zu weiteren Rüstungen benutzt wird. Der zweite Weg ist der, Frankreich und damit auch England zur Aufgabe von Stellungen im Mittelmeer zu zwingen. Beide sind durch die gleichen Lebensinteressen im Mittelmeer miteinander verbunden.

Betrachte ich die Garantien, die Mussolini geben muß, wenn er den ersten Weg beschreitet, so scheint alles dafür zu sprechen, daß auch er durch die Lage im Innern auf den zweiten Weg gezwungen wird. Dabei halte ich es nicht für ausgeschlossen, daß er noch den Versuch macht, in einer Konferenz einen friedlichen Marsch auf dem ersten Wege zu ermöglichen. Ich halte es auch nicht für ganz ausgeschlossen, daß es zu einer solchen Konferenz zwischen den vier europäischen Großmächten kommt. Angesichts der Größe der italienischen Forderungen aber erscheint es mir sehr zweifelhaft, ob eine solche Konferenz noch zu einem Ergebnis führen würde.[8]

---

7 In seinem Reisebericht aus Italien beschrieb Goerdeler die zwei Möglichkeiten, die der italienischen Politik offen stünden, folgendermaßen: „entweder kann man sich mit Frankreich und England nach Anerkennung der abessinischen Eroberungen verständigen und auf der Grundlage des Status Quo einen langen Frieden garantieren. ... Oder man geht den bisher beschrittenen Weg weiter. Man spricht von Verständigung, sucht aber immer wieder England und Frankreich so viel wie möglich abzutrotzen, und das kostet nach Adam Riese mehr als die Wirtschaftskraft des italienischen Volkes und Landes hergeben kann.“; vgl. Reisebericht Italien (BAB, N 1113, Bd. 14) vom 19.12.1938, Zitate S. 32.

8 Italien profitierte insofern von dem Münchener Abkommen (s.o., Anmerkung 4), als britische Politiker in der Folgezeit ihre Appeasement-Bemühungen auf Rom konzentrierten. Das britisch-italienische Abkommen vom 16.4. (vgl. dazu S. 605, Anmerkung 24) wurde am 16.11.1938 in Kraft gesetzt; auch Frankreich bemühte sich zunächst um eine Einigung mit Italien. Am 30. November hielt der italienische Außenminister Ciano jedoch eine gegen Frankreich gerichtete Rede, in der er weitreichende territoriale Forderungen im Mittelmeerraum und in Afrika aufstellte und „das Ideal eines geeinten, gerüsteten, kriegerischen Italiens, das sein Imperium erobert, das den Völkern die gerechten Grenzen zieht“ betonte (vgl. Rede Cianos in Schultheß 1938, S. 438-444). Während sich Großbritannien weiterhin um eine Einigung mit Italien bemühte, war eine Verständigung mit Frankreich seitdem so gut wie ausgeschlossen; vgl. Parker, Chamberlain and Appeasement, S. 190-195.

Selbst wenn sie aber zu einem Ergebnis führt, kann sie bei der Eigenart der Lage und der Kräfte nicht zu einer endgültigen Beruhigung in Europa führen; denn ohne Rohstoffe, also ohne Goldanleihe und ohne Ausgleich des öffentlichen Haushalts durch Beschränkung der Rüstungen und durch Einschränkung der öffentlichen Arbeiten kann Italien nicht mehr ins Gleichgewicht kommen, was immer ihm auch im Mittelmeer an Macht zuwachsen möge. Diese Überlegung erscheint um so treffender, als zweifellos die Bewegungsfreiheit für England und Frankreich, Mussolini Zugeständnisse zu machen, ganz eng begrenzt ist. Denn nach wie vor muß ich an der Auffassung festhalten, daß England und Frankreich entschlossen sind, ihr Imperium festzuhalten und für ihre Lebensbelange auch, wenn nicht anders möglich, zu kämpfen.

So befinden sich der östliche und der westliche Partner der Achse im Zustande äußerster Spannung ihrer inneren und äußeren Lage. Bei dem westlichen Partner Italien wird sie noch dadurch erhöht, daß die Volksstimmung und die Stimmung insbesondere aber des radikalen Flügels der Faschistischen Partei Mussolini nicht mehr gestatten, dem mittleren Achsenpartner weitere außenpolitische Erfolge unter Stützung auf Italien erzielen zu lassen.[9] Eins erscheint mir sicher, welches Achsenland auch immer zuerst in eine weitere Aktion hereinrollt, es wird alles versuchen, die anderen Achsenländer in diese Aktion irgendwie mit hineinzuziehen, um Englands und Frankreichs Kräfte zu binden. Es fragt sich nur, welche Politik Deutschland angesichts dieser Lage zu verfolgen hat. Daß diese Politik nur die Interessen des deutschen Volkes zu verfolgen hat, erscheint mir selbstverständlich.

Die Entscheidung kann nur richtig getroffen werden, wenn man die eigene und die Lage der anderen richtig einschätzt. Was von der Kampfkraft Japans und Italiens zu halten ist, habe ich gesagt. Was England und Frankreich betrifft, so hat sie sich

---

9 Die Schwankungen in dem deutsch-italienischen Verhältnis waren nicht so sehr Ausdruck verschiedener Fraktionen in der italienischen Führung, als vielmehr ihrer Entscheidungsunwilligkeit. Der Versuch Mussolinis, als peso determinante in der europäischen Politik die eigenen außenpolitischen Ziele durchzusetzen, ohne sich auf Bündnispartner festzulegen, dezimierte das Achsenbündnis (vgl. dazu S. 545 f., Anmerkung 12) auf lediglich ein Element einer umfassenden außenpolitischen Pendelstrategie. Nach Funke war sowohl die italienische Haltung gegenüber Deutschland, als auch die gesamte italienische Außenpolitik von Widersprüchen geprägt: Während gegenüber Deutschland „maulheldische Betriebsamkeit, mediterrane Erfolgssuche hinter deutschem Schild hervor (Schrei nach Tunis, Korsika, Nizza, Dschibuti), antideutsche containment-Politik in Südosteuropa, ein Offensivbündnis mit Hitler (22.5.39) und das gleichzeitige Streben nach Verhinderung des Kriegsausbruchs“ verbunden wurden, umfassten generelle Ziele der Außenpolitik „Unabhängigkeit von deutscher Bevormundung, französische Gebietsabtretungen an Italien, Ausbau der Balkan-Position, Verhinderung einer konkurrenzlosen Hegemonie des [Deutschen] Reiches oder dessen Verbindung mit England“. Vgl. Manfred Funke: Die deutsch-italienischen Beziehungen – Antibolschewismus und außenpolitische Interessenkonkurrenz als Strukturprinzip der „Achse“, in: Ders. (Hg.): Hitler, Deutschland und die Mächte. Materialien zur Außenpolitik des Dritten Reiches, Düsseldorf 1978, S. 842f.

im letzten Jahr zweifellos wesentlich verstärkt. Was ich in meinen früheren Berichten darüber gesagt habe, bleibt aufrecht erhalten. Ich habe darauf aufmerksam gemacht, daß Frankreich aus seinen inneren Schwierigkeiten herauskommen wird. Das hat sich als richtig erwiesen. Was jetzt noch in Frankreich an inneren Spannungen sich austobt, sind Nachwehen der an und für sich glücklich und richtig vollzogenen Rettungsaktion Reynauds.[10] Es ist aber auch nicht zu verkennen, daß es Nachwirkungen sind, die ihren Sitz in dem Nationalbewußtsein der Franzosen haben. Viele Franzosen haben das Verhalten in der sudetendeutschen Frage als mit den Interessen und der Ehre Frankreichs nicht vereinbar empfunden.[11] Wer die französische Geschichte und das französische Volk kennt, wird wissen, daß aus einer solchen seelischen Erschütterung noch immer eine Neigung entsprungen ist, das nächste Mal nach außen um so kraftvoller zu handeln. Die rein militärischen Kräfte Frankreichs haben sich ebenfalls noch gehoben. *Es ist nicht daran zu zweifeln, daß im Falle eines Krieges alle Franzosen zusammenstehen! Frankreich ist fähig, bereit und willens, seine Lebensinteressen auch mit der Waffe in der Hand zu verteidigen.*

England hat seine Vorbereitungen zum Kriege erheblich beschleunigt und verstärkt. Die Friedenspolitik Chamberlains hat selbst im Süden und Südosten Europas zunächst eine sehr verschiedenartige Beurteilung erfahren. Die einen preisen ihn als Retter des Friedens und großen Staatsmann, die anderen werfen ihm falschen politischen Blick und unangebrachte Schwäche vor.[12] In Wirklichkeit ist Chamberlain zu sehr Engländer, um etwa bewußt die Lebensinteressen des britischen Weltreichs zu verletzen. Er ist auch zu ehrgeizig, um als gescheiterter Staatsmann abzutreten. So wird er meines Erachtens seine Politik langsam aber sicher auf die klare Linie der ausschließlichen Wahrnehmung englischer Interessen abbiegen. Das englische Volk ist von einer schwer begreifbaren politischen Klugheit. Die Opposition in England, ob konservativ, liberal oder Arbeiterpartei, hat sich nicht zum Selbstzweck gesetzt, Chamberlain zu stürzen. Wenn sie sieht, daß Chamberlains Politik jene Linie gewinnt, so werden sie sich der ungeheuren Anziehungskraft bedienen, dic Chamberlains Person gerade infolge seiner Friedenspolitik im britischen Empire, ja in der ganzen Welt zweifellos besitzt. Denn darin kann kein Zweifel bestehen: wenn *Chamberlain* erklärt, der Krieg sei unvermeidbar, dann steht das Empire sowohl in seinen Teilen wie in deren Bewohnern geschlossen hinter ihm. Ich bin fest davon überzeugt, daß Chamberlain als Engländer handeln und daher jene Linie einschlagen wird. Alle Eigenschaften seiner Person und alle Überlegungen drängen ihn dahin.

---

10 Vgl. zu Reynaud S. 611, Anmerkung 31; zu der unter seiner Verantwortung durchgesetzten Finanz- und Wirtschaftspolitik S. 612 f., Anmerkung 35.

11 Zu „Sudetendeutschland" s.o., Anmerkung 4.

12 Vgl. ebd., sowie zu den französischen Bündnisverpflichtungen gegenüber der Kleinen Entente S. 546, Anmerkung 13.

In England und seinem Empire wirken aber nicht nur die großartigen natürlichen Reichtümer eines Weltreichs, sondern auch die noch ungebrochene Behauptungs- und Willenskraft der Engländer. Wir sind viel zu leicht geneigt, als Schwäche anzusehen, was nur zu natürlich ist. Jeder, der nur noch einen Besitz zu halten hat, wird jedes Mittel versuchen, um diese Behauptung mit *friedlichen* Mitteln zu sichern. *Der Kampf erscheint nur dem Eroberer* unvermeidbar. Aus dieser Stellung Englands ergibt sich mit Naturnotwendigkeit ein längeres Zuwarten, als es anderen Völkern mit Kampfwillen vereinbar erscheint. Ich habe in meinen früheren Berichten auch manche bedenkliche Erscheinung erwähnt, die auf einen gewissen Verfall englischer Volkskräfte hindeutet. Aber diese Verfallserscheinungen finden wir heute in fast jedem Volke der Welt, von den Naturvölkern abgesehen, auch bei uns, und es wäre daher verhängnisvoll, aus dem englischen Verhalten zu schließen, daß England schließlich doch bereit ist, seine Lebensinteressen kampflos allmählich preiszugeben.

Aber hinter England und Frankreich stehen auch die Vereinigten Staaten von Nordamerika. In meinem Bericht vom Dezember 1937 habe ich dargelegt, daß diese vor der Entscheidung ständen, entweder auf den Weltmarkt zu verzichten und ihren Lebensstand erheblich zu senken oder den Weltmarkt wiederzugewinnen und zu diesem Ziel auch die Kampfkraft ihres Landes einzusetzen. Es ist so gekommen, wie ich dargelegt habe: die Vereinigten Staaten haben den zweiten Weg gewählt.[13]

Ich habe damals ferner darauf hingewiesen, daß und weshalb ein Handelsvertrag mit USA das englische Empire in große wirtschaftliche Schwierigkeiten bringen müsse, und daß es diese Schwierigkeiten nur in letzter Stunde und nur dann auf sich nehmen würde, wenn es dafür die unzweifelhafte Bundesgenossenschaft der Vereinigten Staaten eintauschen würde. Im Herbst 1938 ist der Handelsvertrag abgeschlossen. Dies ist ein Beweis dafür, daß England geglaubt hat, sich auf den ernstesten Fall nunmehr einstellen zu müssen. Es ist aber auch sicher, daß spätestens gleichzeitig mit dem Handelsvertrag eine vollkommene politische Verständigung zwischen England und den Vereinigten Staaten erfolgt ist. Die mit Wissen der englischen Regierung unternommene Reise des früheren Ministers Eden hat offenbar dem Zweck gedient, Einzelheiten dieses politischen Zusammengehens festzulegen.[14] Es ist kein Zweifel mehr gestattet, daß die Vereinigten Staaten von Nord-

---

[13] Vgl. seinen Reisebericht aus den USA vom 2.1.1938; Dok. 4.2.3, oben S. 547 ff. sowie zu den britisch-amerikanischen Verhandlungen S. 536, Anmerkung 15.

[14] Zu dem am 17.11.1938 abgeschlossenen Vertrag zwischen den USA und Großbritannien unter Ausschluss der Dominien und Indien vgl. Schultheß 1938, S. 524. Die USA-Reise des zu der Zeit schon zurückgetretenen britischen Außenministers Anthony Eden im Dezember 1938 hatte nicht im Auftrag der britischen Regierung stattgefunden und hatte auch keinen offiziellen Zweck. Zwar hatte Eden eine Unterredung mit Roosevelt; dort wurde jedoch nach Edens eigenem Bericht hauptsächlich der Vorwurf britischer profaschistischer Tendenzen von amerikanischer Seite behandelt; vgl. dazu David Carlton: Anthony Eden. A Biography, London 1981, S. 146 f.

amerika bei einem Kriege von der ersten Sekunde an auf der Seite Englands und Frankreichs stehen. Sie werden einen wesentlichen Teil des Atlantik schützen, sie werden Flugzeuge, Waffen und Munition senden, sie werden allerdings versuchen, Truppentransporte nach Europa so lange wie möglich zu vermeiden.

Die Haltung der anderen Staaten wird sich nach ihrer geographischen Lage richten. Keiner von ihnen ist uns freundlich gesonnen mit Ausnahme von Bulgarien.[15] Soweit sie an Deutschland angrenzen, werden sie alles tun, um neutral zu bleiben. Außer Reichweite, werden sie aus ihrer Einstellung gegen das politische und wirtschaftliche System des Nationalsozialismus keinen Hehl machen. Rußland wird je nach Lage gegen Japan oder gegen Deutschland kämpfen. Aber auch die zunächst neutralen Staaten werden durch diese Einstellung veranlaßt werden, sich aus Sicherheitsgründen schließlich gegen uns zu wenden.

So steht der Achse eine ganz klare Front gegenüber, wobei die Schweiz, die nordischen Länder und die Balkanstaaten zu den vorsichtig neutralen gehören, Bulgarien bereit sein würde, eine erfolgreiche deutsche Politik aktiv zu unterstützen.

In meinen früheren Berichten habe ich dargelegt, *daß die Völker der Welt von einer ungeheuren Friedenssehnsucht beherrscht sind.* Das ist auch heute noch der Fall. Aber leise fängt an, sich in diese Friedenssehnsucht ein Ton der Ungeduld über die fortdauernden Spannungen und eine offene Gegnerschaft gegen gewisse Vorgänge in Deutschland zu mischen. Das ist ein ungewöhnlich ernstes Symptom; die Nerven beginnen überall nachzulassen. Noch aber ist nach meiner besten Überzeugung die Friedenssehnsucht unter gewissen Voraussetzungen für einen verständigen, auch für uns guten Frieden nutzbar zu machen.

Ich habe bereits endlich früher dargelegt, daß jeder Staatsmann draußen heute von der Erkenntnis erfüllt ist, daß der *teuerste Frieden billiger ist als der gewonnene Krieg*. Noch ist auch diese Erkenntnis nicht verschwunden. Aber auch hier sind ernste Anzeichen dafür bemerkbar, daß die Grundlage dieser Erkenntnis in absehbarer Zeit erschüttert werden könnte. In dieser Hinsicht ist die seit Oktober

[15] Über das deutsch-bulgarische Verhältnis schrieb Goerdeler im Dezember 1938: „Man erwartet mit einer mir gefährlich erscheinenden Zuversicht, daß Deutschland mit der Aufrollung des Nationalitätenprinzips im Südosten (Tschechoslowakei) den Bulgaren sehr bald zu der Erfüllung dieser nationalen Forderungen [Rückgewinnung der an Jugoslawien verlorenen mazedonischen Teile, Meerzugang Ägäis, Rückgewinnung der an Rumänien verlorenen Dobrudscha-Teile] verhelfen würde. Es erscheint mir notwendig, diesen hochgespannten Erwartungen rechtzeitig entgegenzutreten, weil sonst die Gefahr besteht, daß aus Nichterfüllung Enttäuschung und aus Enttäuschung Gleichgültigkeit, ja Abneigung wird. Auf der anderen Seite sollte die deutsche Politik, deren Aufgabe es meines Erachtens ist, schleunigst die allgemeine Verständigung mit England, Frankreich und den Vereinigten Staaten, sowie einen europäischen Staatenbund herbeizuführen, diese Gelegenheit ausnutzen, um das zweifellos Bulgarien angetane Unrecht zu beseitigen und sich damit einen wertvollen und zuverlässigen Freund auf dem Balkan zu erhalten" (vgl. Reisebericht Bulgarien vom Dezember 1938; BAB, N 1113, Bd. 14, S. 17 f.).

im Gange befindliche dauernde Schwächung des englischen Pfundes von größter Bedeutung. Die Stützung des englischen Pfundes hat England in den letzten sechs Monaten große Mengen Gold gekostet. Die Bank von England steht vor weitreichenden Maßnahmen. Ursache des Pfundsturzes sind einmal die dauernden Spannungen in Europa, die das Gold über den Ozean jagen, sodann aber auch eine andere sehr wichtige Tatsache; auch dem reichen England ist es nicht möglich, die gewaltige Aufrüstung in so kurzer Frist aus echten Steuereinnahmen und echten Anleihen zu finanzieren. In gewissem Umfange hat offenbar auch England den verhängnisvollen Weg der Schöpfung künstlicher Kredite beschreiten müssen.[16] Das ist nicht verwunderlich, denn ich habe in meinem Bericht über Italien bereits dargelegt, daß das immobile Vermögen eines Volkes nicht von heute auf morgen für Gegenwartsausgaben zu mobilisieren ist, ohne daß die Währung erschüttert wird. *Deswegen muß für England allmählich die Überlegung einsetzen, ob nicht die Fortsetzung dieses „Friedens“ mit Opfern verbunden ist, die schließlich ruinöser wirken als ein erfolgreicher Krieg.* Diese Überlegung muß umso stärker werden, je schlechter die Lage der mutmaßlichen Kriegsgegner von England eingeschätzt werden kann. Schließlich muß sie die bisherige Erkenntnis vom teuren Kriege verdrängen. Hier wird sich, worauf ich bereits vor Jahren hingewiesen habe, auch für Deutschland der Zusammenhang seiner Finanzpolitik mit der außenpolitischen Entwicklung als unheilvoll wirksam erweisen. Ich habe immer darauf hingewiesen, *daß ein nicht ausgeglichener Reichshaushalt die Finanzen, die wirtschaftliche und währungspolitische Lage Deutschlands schließlich derartig erschüttern müsse, daß die außenpolitische Schlagkraft und endlich die Einsatzfähigkeit der Armee* gefährdet wird. Denn diese beruht nicht allein auf der Zahl und Ausbildung der Soldaten, sondern auf der Sicherheit der Verpflegung, der Ausrüstung, des Truppen- und Munitions*nachschubs*, sowie auf der Notwendigkeit, den Geist der Truppen immer in der *seelischen Haltung* des Volkes fest verankert zu sehen. Braucht jeder Soldat acht Mann in der Heimat und in der Etappe hinter sich, so ist auch deren ausreichende Fettversorgung sicherzustellen. Alle diese Voraussetzungen sind aus den verschiedensten Gründen nicht mehr in dem erforderliche Maße vorhanden.

Ich habe oben erwähnt, daß die deutsche Politik nur von Interessen des deutschen Volkes diktiert werden darf. Die Interessen des deutschen Volkes vertragen bei der gegenwärtigen Lage weder ein bewußtes Hineinmarschieren in einen

[16] Die Intensivierung der Rüstungsbemühungen nach dem Münchener Abkommen hatte in Großbritannien zu einer vehementen Auseinandersetzung um die Rüstungsfinanzierung geführt. Dass ein Teil der Finanzmittel auf dem freien Geld- und Kapitalmarkt aufgenommen werden musste, erwies sich als unumgänglich. In diesem Zusammenhang von „künstlicher Kreditschöpfung“ zu sprechen, ist jedoch irreführend. Vgl. zur britischen Diskussion Wendt, Economic Appeasement, S. 525-530. Keynes selbst war der Überzeugung, dass sich die Rüstungsausgaben innerhalb der volkswirtschaftlichen Leistungsgrenzen bewegen müssten und unterstützte damit die Auffassung des britischen Schatzamtes (vgl. Peter, Keynes und die britische Deutschlandpolitik, S. 76 f.).

Krieg, noch ein Gehenlassen der Dinge, das bei der ungeheuren Spannung, die in der ganzen Welt sich angesammelt hat, und die ständig wächst, die Gefahr heraufbeschwört, in einen Krieg über Nacht hineingezogen zu werden. Der Zeitraum für eine Verständigung, auf dessen Begrenzung ich im April hingewiesen habe, nähert sich nach allen Anzeichen und allen möglichen Kombinationen einem absehbaren Ende. Wahrscheinlich wird dies Ende nicht heute und nicht morgen da sein, aber auch nicht mehr in weiter Ferne liegen. Sicher ist, daß auch *heute noch* für das deutsche Volk unverhüllt das glückliche Los eines gerechten Friedens auf dem Tisch liegt und daß man danach greifen kann. Ich zweifle nicht, daß gegen die Garantie eines wahren Friedens und dessen unerläßlichen Grundlagen, sowie bei Bereitschaft zu gemeinsamer Rüstungsbegrenzung Deutschland Danzig und Memel, das Anerkenntnis der Unerträglichkeit des polnischen Korridors, einen ansehnlichen Kolonialbesitz im Westen Afrikas, ein Zusammenarbeiten mit Belgien in Belgisch-Kongo und den Goldbetrag zinslos erhalten kann, der nun einmal erforderlich ist, um unsere Währung in der Welt wieder einsatzfähig zu machen, so daß wir aus dem immer verhängnisvoller werdenden Gestrüpp der Ein-, Ausfuhr- und Devisenkontrolle heraus wieder den offenen Weg zum friedlichen Einsatz deutscher Leistungsfähigkeit in der Welt gewinnen können. Mit erhöhtem Export aller aber wird die Sicherheit geschaffen, die Menschen, die wir heute mit öffentlichen Arbeiten auf Kosten der Zukunft beschäftigen, wieder in natürlicher wirtschaftlicher Tätigkeit arbeiten zu lassen. *Es ist das A und O unserer Zukunft, daß wir die öffentlichen Arbeiten und öffentlichen Ausgaben aller Art wieder auf denjenigen Betrag zurückbringen, den wir mit echten Steuereinnahmen und mit den noch verbleibenden sehr bescheidenen Anleihemöglichkeiten in die öffentlichen Kassen bringen können*; diese Anleihemöglichkeiten sind deshalb bescheiden, weil die Zinsen- und Tilgungsbeträge der Reichsanleihen unsere Tragfähigkeit fast erschöpfen.

Wird dies A und O nicht schleunigst erfüllt, so erliegen Leistungswille und Moral den zersetzenden Wirkungen der Inflation und den sie stets begleitenden Erscheinungen.

Es ist daher von entscheidender Wichtigkeit, jenes glückliche Los rechtzeitig ohne Rücksicht auf Wünsche und Interessen anderer sehr bald zu ergreifen. Wenn wir dabei, worauf ich schon im April 1938 hingewiesen habe, als Garanten für den europäischen Frieden gegen *jedermann* auftreten und die weißen Interessen in Ostasien zusammen mit England, Frankreich und USA vertreten, dann wird der auf das Los entfallende Gewinn sich noch wesentlich vergrößern lassen.
Dr. Goerdeler.

## 4.2.7 *Reisebericht Palästina*

*maschinenschriftlicher Reisebericht o.D. [Sommer 1939]; BAK, N 1113, Bd. 15.*[1]

Arabische und jüdische Lebenshaltung in Palästina weisen große Unterschiede auf: jüdische Siedler haben Landwirtschaft, Viehzucht und Industrialisierung vorangetrieben und experimentieren mit Kollektiv-Farmen. Die Araber-Revolte hat Lebens- und Arbeitsverhältnisse für alle erschwert; jüdische Unternehmer und Farmer stellen nur noch jüdische Arbeitskräfte ein und gewähren außerordentlich hohe Arbeitslöhne. Die Bildung eines jüdischen Staates in Palästina ist wünschenswert, begegnet jedoch starker arabischer Opposition; die britische Mandatsregierung hat bisher noch alle politischen Schlüsselpositionen inne. Von deutscher Unterstützung der aufständischen Araber ist abzuraten: Schwächung der Briten würde dadurch kaum erreicht und Juden haben bereits bewiesen, daß sie die besseren Siedler sind als die Araber.

Beobachtungen und Feststellungen in Palästina sind nicht vollständig. Ich hatte nicht genügend Zeit, um mich auf die Überwindung aller jener Schwierigkeiten einzulassen, die sich aus dem damaligen Belagerungszustand über Palästina und aus den Kämpfen zwischen Arabern und Juden ergaben.[2] Schon der Bahnverkehr von El Kantara am Suez-Kanal nach Jerusalem war nicht regelmäßig. Dann brauchte man für jeden Ortswechsel in Palästina eine besondere Genehmigung der zuständigen englischen Militärbehörde. Kurz und gut, ich mußte mich auf Stichfahrten beschränken. Aber auch diese waren außerordentlich lehrreich, gaben ein klares Bild insbesondere über das jüdische Siedlungswerk und vermittelten auch dank mancher günstiger Umstände gewisse allgemeine Eindrücke.

Palästina, zwischen Mittelmeer und Jordan gelegen, ist rund 27.000 qkm groß. Etwa die Hälfte dieser Fläche ist bei genügender Bewässerung landwirtschaftlich nutzbar. Die Zahl der Einwohner beträgt 1,4 Millionen; davon sind zur Zeit etwa 400.000 Juden. Von der bebaubaren Fläche haben die Juden erst etwa ein Zehntel inne. Wie in Libyen und Ägypten, hängt auch hier die Bebaubarkeit und Fruchtbarkeit des Bodens von der Bewässerung ab. Die Araber haben in der Bewässerung so gut wie nichts geleistet. Ihre Dörfer und Behausungen bieten auch heute noch einen äußerst armseligen Eindruck. Sie leben wie in Nordafrika, halb seßhaft,

---

[1] Der Reisebericht weist keine Datierung Goerdelers auf; es war jedoch im Juli 1939, dass er seine Reise nach Palästina, Syrien und die Türkei unternahm.

[2] Die Auseinandersetzungen zwischen Juden und Arabern in Palästina waren seit der nationalsozialistischen Machtübernahme in Deutschland 1933 und der verstärkten jüdischen Auswanderung nach Palästina gestiegen. Nachdem eine britische Kommission im Sommer 1937 die Teilung Palästinas in einen jüdischen und einen arabischen Staat vorgeschlagen hatte, eskalierte die arabische Opposition in einen Guerillakrieg, der wiederum militärische Vergeltungsaktionen jüdischer Gruppen herausforderte. Die britische Mandatsregierung begann erst Ende 1938, die arabischen Freischärler unter Verhängung des Ausnahmezustands zu liquidieren. Vgl. Shmuel Ettinger: Vom 17. Jahrhundert bis zur Gegenwart. Die Neuzeit (Geschichte des jüdischen Volkes, hg. v. Haim Hillel Ben-Sasson, Bd. 3), München 1980, S. 356 ff.

halb als Nomaden, von dem, was die Natur ohne intensive Arbeitsleistung bietet. Von diesem Zustande höchster Primitivität hebt sich das von den Juden Geschaffene scharf ab. Die von Juden angelegten Plantagen für Obst und Gemüse, die von ihnen bebauten Felder und Plantagen gehören zu den fruchtbarsten, die ich in Nordafrika und Vorderasien gesehen habe. Die Juden haben das in Europa, vorzugsweise in Deutschland Gelernte mit größtem Fleiß und in Ausnutzung wissenschaftlicher Forschungen und Erkenntnisse nach Palästina übertragen.

Große Laboratorien und Versuchsanstalten für Landwirtschaft und Industrie sind eingerichtet. Sie werden zum größten Teil durch Beiträge der überall in der Welt lebenden Juden unterhalten: mir wurde als jährliche Zahlung für diese Zwecke ein Betrag von 12.000 Pfund genannt. Es soll aber große Schwierigkeiten machen, diesen Betrag auf die Dauer aufzubringen. In diesen Laboratorien und Versuchsanstalten arbeiten namentlich in Deutschland ausgebildete Fachmänner; es werden Bodenuntersuchungen durchgeführt, Menschen-, Pflanzen- und Viehkrankheiten erforscht, Zuchtversuche an Pflanzen und Tieren gemacht. Dabei hat sich z.B. erwiesen, daß Schweizer Vieh das Klima nicht verträgt. Am besten bewährt sich eine Kreuzung von Damaskus-Rindern mit holländischem Rindvieh. Jeder praktische Schritt, der zur Entfaltung der Wirtschaft und zur Aufnahme einwandernder Juden in die Wirtschaft dieses Landes gemacht wird, wird nach allen Richtungen genau überlegt.

Besondere Sorgfalt wird natürlich der ausreichenden Wassergewinnung und der Verteilung des Wassers gewidmet. Das Wasser wird entweder oberirdischen Abläufen entnommen, die man anstaut oder dem Grunde durch Bohrungen abgewonnen. Die Monate Oktober/November und Februar/März sind Regenmonate; in den übrigen Teilen des Jahres ist es vollkommen trocken. Angebaut werden Weizen, Gerste und wenig Mais, vor allen Dingen aber alle Zitrusfrüchte, insbesondere Orangen, Grapefruit und Zitronen, in geringerem Umfange auch Oliven und Mandeln, Baumwolle, Tabak und Wein.

Nach dem Wasserreichtum richtet sich die Größe der Farm. Wir sehen Trockenfarmen (wasserarme) mit einer Fläche mit 25 bis 50 Morgen und Intensivfarmen (wasserreiche) mit einer Fläche von 5 bis 10 Morgen.

Was die Eigentumsverhältnisse betrifft, so begegnet man eigenartigen Versuchen.[3] Es gibt einmal sogenannte Gruppenfarmen; das Land gehört einer Gesellschaft. Die Pächter arbeiten zum Teil mit gemeinsamen totem Inventar und gemeinsamen Maschinen. Jeder erhält den notwendigen Lebensbedarf; die Über-

3 Die jüdischen Gemeinschaftssiedlungen in Palästina basierten auf Vorstellungen der Arbeiterbewegung und nahmen verschiedene Formen an je nach dem Zweck, der ihnen zugewiesen wurde. Neben genossenschaftlichen Kleinbauernsiedlungen und auf die Landwirtschaft beschränkte Kollektivsiedlungen existierten auch Großsiedlungen mit gemischtwirtschaftlichem Charakter, die ihre Hauptaufgabe in der Integration neuer Immigranten sahen. Vgl. ebd., S. 343 ff.

flüsse fließen in eine gemeinsame Kasse; der Lebensbedarf wird aber nicht für einen jeden gleich bemessen, sondern in einem gewissen Umfange nach Leistung abgestuft. Die Anfangserfolge waren außerordentlich schlecht; sie sollen jetzt besser sein, doch konnte ich keinen Beweis für diese etwas vage Behauptung sehen. Immerhin muß man sich erinnern, daß die Juden da, wo sie, wie z.B. in Polen, noch in großem Umfange zusammen und von der übrigen Bevölkerung meist getrennt leben, eine gewisse Form solchen auch wirtschaftlichen Gemeinschaftslebens entwickelt haben. In diesen Gemeinschaften heben sich nur selten einzelne über den allgemeinen bescheidenen Lebensstand hinaus. Wer darüber hinauswächst, verläßt meist die Gemeinschaft. Es dürfte sich in Palästina um ähnliche Formen handeln, dazu bestimmt, die wirtschaftlich und kulturell zurückgebliebenen Juden aufzunehmen.

Die weitaus verbreitetste Form des Betriebes ist auch in Palästina der auf die Verantwortung und den Erwerbsbetrieb des Einzelnen abgestellte Betrieb. Auch bei diesen individuellen Betrieben gehört das Land vielfach nicht demjenigen, der es bewirtschaftet, sondern häufig der Bank of Agriculture. Das erklärt sich zwanglos aus der Entstehung dieser jüdischen Wirtschaft. Die Zionisten haben nämlich durchaus weitblickend und richtig zunächst einmal durch zentral geleitete Käufe das notwendige Land in ihren Besitz gebracht. Die Einwanderer verfügen häufig nicht über die Mittel, den Kaufpreis sofort zu entrichten. Also werden sie zunächst Pächter oder Erbbesitzer, denen es freisteht, den Kaufpreis allmählich zu entrichten und damit volle und freie Eigentümer zu werden.[4]

Was die Industrie betrifft, so sind beachtliche Anfänge vorhanden. Es sind Anfänge einer Schokoladen-, Tabak-, Textil-, Mühlen- und Brauereiindustrie tätig, es gibt Soda- und Seifenfabriken. Einzelne Betriebe konnte ich sehen, sie machten einen vorzüglichen Eindruck. Das Ziel ist, soviel Industrie zu errichten, daß allmählich der eigene Bedarf gedeckt wird, denn die Außenhandelsbilanz ist stark passiv. (Einfuhr rd. 16 Mill[ionen] Pal[ästinensische] Pfund, Ausfuhr nur 7 Mill[ionen] Pal[ästinensische] Pfund.) 45% der Einfuhr sind also durch Ausfuhr gedeckt. Zwei Drittel müßten durch Kapitalausfuhr gedeckt werden. Es wäre aber falsch, daraus den Schluß zu ziehen, daß Palästina sich Hals über Kopf industrialisieren müsse, um sich in der Einfuhr unabhängig zu machen. Man muß berücksichtigen, daß in der Einfuhr die Werte stecken, die infolge der Einwanderung ins Land geflossen sind, also Investitionsanlagen darstellen, nicht dagegen dem laufenden Bedarf entsprechen. Sowie die Einwanderung nachläßt, wird, wie wir das in den Vereinigten Staaten von Nordamerika feststellen, die Einfuhr erheblich sinken.

4 Während die britischen Behörden den arabischen Siedlern Land zur Verfügung gestellt hatten, waren die jüdischen Palästinenser auf eigene Bemühungen angewiesen. Der Jüdische Nationalfonds initiierte in den 20er Jahren mehrere Landkaufprojekte, die durch Ankauf von Siedlungsland in großem Stil einer Vorfinanzierung jüdischer Siedlungsprojekte gleichkamen. Vgl. ebd., S. 342 f.

Der verbleibende Einfuhrüberschuß wird dann durch vermehrte Ausfuhr und zum Teil durch Industrialisierung ausgeglichen werden können. Dabei wird man, um die Ausfuhr gegen den Wettbewerb halten zu können und einen hinteren Tauschmarkt zu haben, die Errichtung von Industrien vermeiden, für die die natürlichen Voraussetzungen fehlen. Das letztere ist für das gesamte Gebiet der Metallindustrie der Fall; hier wird man sich bewußt auf den Eintausch des Notwendigen verlassen. Daraus ist ablesbar, mit welchen Erzeugnissen die deutsche Industrie in das Land hineinkommen kann, nämlich mit allen Erzeugnissen der Metallindustrie, mit Maschinen aller Art und landwirtschaftlichen Geräten, Pumpen usw. aller Art, mit elektrischen Geräten und mit der Ausrüstung von Fabriken, die eine Rohstoffgrundlage in Palästina selbst haben.

Im übrigen sind der industriellen Entwicklung in Palästina nicht nur die gleichen Schranken gesetzt wie in Ägypten (Klima), sondern auch noch zwei andere.

Einmal gilt es als Grundsatz, Araber nicht für Juden arbeiten zu lassen. Bis zur letzten Aufstandsbewegung der Araber war das anders. Man hat aus ihr gelernt, und hat jetzt den oben erwähnten Grundsatz aufgestellt. Es stehen also der jüdischen Landwirtschaft und der jüdischen Industrie vorwiegend nur jüdische Arbeiter zur Verfügung.[5]

Die zweite Grenze ist durch die Höhe der Löhne gezogen. Die Löhne sind außerordentlich hoch. Das Palästinapfund steht etwa auf der Höhe des englischen Pfundes; für achtstündige Hafenarbeit werden 30 Schilling = RM 6,50 gezahlt, während für die gleiche Arbeitsleistung in Syrien nur 10 Lire = RM 1,30 gezahlt werden. Diese Lohnhöhe muß natürlich die Absatzfähigkeit der Industrie stark beeinträchtigen.

Wirtschaftlich gesehen, kann es also keinem Zweifel unterliegen, daß das Land fähig ist, eine größere Judeneinwanderung aufzunehmen, wobei dann die primitive arabische Wirtschaftsform durch die fortgeschrittene jüdische ersetzt werden würde, die von der gleichen Fläche mehr Menschen ernährt. Für die Lösung der Judenfrage in der Welt wäre das nur ein Vorteil. Dabei bleibt allerdings dahingestellt, ob der zurückgewanderte Jude auf die Dauer fähig sein wird, in jenem Klima körperlich zu arbeiten. Reine Europäer würden diese Fähigkeit auf die Dauer nicht besitzen.

Aber die Frage der Bildung eines jüdischen Staates in Palästina kann ja nicht allein nach wirtschaftlichen Erwägungen und nach einer wirtschaftlichen Logarithmentafel gelöst werden. Hier spielen Imponderabilien eine große Rolle. Ob es gelingt, den Widerstand der Araber allmählich zu mildern und schließlich verschwinden zu lassen, kann zur Zeit nicht übersehen werden. Der Entschluß der Juden, sich von der Arbeit der Araber in ihren Betrieben unabhängig zu machen,

5 Die zionistische Institution „Hebräische Arbeit“ vertrat seit dem Beginn der 20er Jahre die Forderung, dass jüdische Unternehmen nur noch jüdische Arbeiter einstellen sollten. Offizielle politische Linie der jüdischen Gemeinschaft in Palästina war diese Forderung jedoch zu keinem Zeitpunkt. Vgl. ebd., S. 339 f.

wirkt sich natürlich allmählich zu Ungunsten der Araber aus. Eines Tages wird auch dieser aus dem Zwang der Verhältnisse gefaßte Entschluß von den Arabern wieder beanstandet werden. Er fühlt sich in seinen nationalen Belangen beeinträchtigt und wird daher immer das bekämpfen, was der Jude gerade tut, und immer das Entgegengesetzte von dem verlangen, was gerade da ist. Diese Einstellung wird noch durch den Anblick der großen Erfolge der jüdischen Arbeit gesteigert. Der Jude fühlt sich dank dieser Erfolge dem Araber weit überlegen, der Araber kann das nicht vertragen und nimmt die Staatsgewalt im Lande für sich in Anspruch; kaum mit Fug und Recht. Angesichts dieser Gegensätze lernt man die Schwierigkeiten begreifen, denen sich die Engländer gegenübersehen. Ich komme auf sie noch zurück.

Die Stadt Tel Aviv hat im Jahre 1911 einige Hundert Einwohner mit einem Fischerhafen gehabt. Heute hat es 150.000 Einwohner, fast ausschließlich Juden und beachtliche Hafenspeicher. Allerdings müssen die Schiffe noch auf der Reede ent- und beladen werden. Diese Stadt ist außerordentlich interessant; sie ist nach modernen Grundsätzen angelegt, hat schöne Geschäftsstraßen, gute Läden, einen guten Badestrand, hübsche Einzelvillen und moderne Miethäuser. Die Straßen sind asphaltiert und sauber gehalten. Die Müllabfuhr ist modern; die Müllfelder werden methodisch durchgearbeitet. Man sieht hier ebenso wie in dem kleineren Haifa mit seinen 100.000 Einwohnern den Juden in allen sozialen Stufen, vom Arbeiter bis zum Bankdirektor arbeiten. Haifa hat aber nicht einen so rein jüdischen Charakter wie Tel Aviv. In Haifa macht sich der englische Einfluß stärker bemerkbar, dort endet ja auch die englische Ölleitung.

Sowohl in Tel Aviv wie in Haifa gibt es deutsche Kolonien, zum größten Teil von Templern gegründet, die in der Mitte des vorigen Jahrhunderts zumeist aus Süddeutschland ausgewandert sind. In Tel Aviv unterhält die sehr fleißige und auf sehr schönen Höfen mit gutem Vieh und vorzüglichen Plantagen arbeitende deutsche Kolonie, deren Gehöfte ganz süddeutsch anmuten, gute Beziehungen zu den Juden. In Haifa waren diese Beziehungen sehr viel gespannter; in beiden Orten haben die deutschen Gemeinden eigene deutsche Bürgermeister.

Was das Bildungswesen betrifft, so gibt es in Palästina keine Schulpflicht. Die Elementarschule erzieht die Kinder vom 7.-14. Lebensjahr, dann kommen sie vier Jahre in die höheren Schulen (secondary schools) und schließlich können sie Universitäten besuchen. Der Schulbesuch ist gut, etwa 20% der Kinder, die die Elementarschulen besucht haben, gehen auf die höheren Schulen, die für 24 Pfund (rund 300 Reichsmark jährlich) unterrichten, Unterkunft und Verpflegung bieten. Diese höheren Schulen sind aber noch vollkommen in der Entwicklung begriffen. Man darf auch an das Fehlen der allgemeinen Schulpflicht keinen europäischen Maßstab legen. Ein Land mit so unterschiedlicher, zum Teil nomadenhafter Besiedlung, ein Land mit so schwach ausgebauten Verkehrsmitteln, ein Land, in dem auch die Kinder noch arbeiten müssen, damit der primitive Lebensunterhalt der Natur abgerungen werden kann, wird für weite Teile auf organisch eingerichtetes

Pflichtschulwesen Verzicht leisten müssen. Der Orient wird durch die Natur verhindert, europäische Lebensformen und Entwicklungseinrichtungen zu übernehmen.

Selbstverständlich sind bei diesem Zustand die Juden durch ihre europäische Schulung den Arabern weit überlegen; sie haben, wie oben dargelegt, verstanden, die im Lande vorkommenden Naturkräfte viel besser auszunutzen, gewinnen daher dem Lande höhere Erträgnisse ab, können dichter siedeln und daher auch vollkommenere Gemeinschaftseinrichtungen schaffen. Das Schulwesen ist für Araber und Juden streng getrennt. Die jüdischen Schulen sind zahlreich und von Kennern als vorzüglich geschildert. Die nationale jüdische Universität befindet sich in Jerusalem. Wohlfahrtspflege und Sozialversicherung sind in den jüdischen Gemeinden überall nach deutschem Muster eingerichtet.

Die Verwaltung des Landes ist nach seiner Ausgliederung aus dem türkischen Reich 1923 der englischen Regierung als Mandat übertragen.[6] Dem hohen Kommissar ist eine von der Bevölkerung gewählte Körperschaft mit beratender Befugnis beigeordnet. Große Sorge muß dem Lande der Stand der öffentlichen Finanzen bereiten. Während das Staatsbudget bis zum Jahre 1936 Überschüsse ablieferte, sind seitdem erhebliche Fehlbeträge vorhanden. Im Jahre 1937/38 waren nur zwei Drittel der Ausgaben durch Einnahmen gedeckt. Alle leitenden Stellen sind von Engländern besetzt, die mittleren öffentlichen Stellen auch von Juden und Arabern. Als ich das Land besuchte, war die Aufstandsbewegung der Araber im Abklingen. Die Juden hatten eigene Schutzwehren gebildet, um sich gegenüber den Arabern zu sichern. Die englischen Truppen, die sehr zahlreich und hauptsächlich motorisiert waren, führten nur eine Art Oberaufsicht. Sie machten übrigens, genau wie in Ägypten, einen vorzüglichen Eindruck. Von Kampfhandlungen selbst habe ich nichts gesehen. Wohl aber waren alle Orts-Eingänge durch Stacheldrahtverhau geschützt, so daß man nur durch enge Lücken die Kontrolle passieren konnte. Die Kontrollen waren aber sehr weitherzig und richteten sich fast ausschließlich gegen die Araber. Von den britischen Truppen schienen nur einige Punkte des Landes mit starken Kräften besetzt zu sein, so zum Beispiel der berühmte Karel-Berg bei Haifa.

Einen weiteren sehr guten Einblick in die inneren Zustände gewann ich in der Bekanntschaft mit einem Araber christlichen Glaubens. Er war höherer Beamter im Schulwesens Palästinas. Trotzdem er in dieser Eigenschaft zu strenger Neutralität verpflichtet war, legte er doch beim Gang durch die Straßen das weiße Kopftuch und die das Tuch zusammenhaltende kranzartig auf dem Kopf ruhende schwarze Gebetsschnur der Araber an. Dieser sehr gute Sonnenschutz, der insbesondere den Nacken gegen die strahlende Sonne schützt, ist gleichzeitig das Zeichen der revolutionären Araber. Als ich ihn darauf aufmerksam machte, entgegnete er,

6 Nach der Niederlage des Osmanischen Reichs im Ersten Weltkrieg an der Seite der Mittelmächte war Palästina mit dem Frieden von Sèvres 1920 dem britischen Mandat unterstellt worden.

daß er absichtlich diese Tracht anlege, da er sonst seines Lebens, gerade als Beamter, nicht sicher sei; denn die Araber gingen schonungslos gerade gegen Araber vor, die im Dienste der Mandatsregierung stehen. Bei näherem Gespräch ergab sich allerdings, daß dieser Beamte mit der revolutionären Araberbewegung sympathisierte; er kritisierte die Westmächte, das arabische Volk künstlich in vier Staaten geteilt zu haben, um es getrennt zu halten und nicht zu einer Großmacht werden zu lassen.

Die in Deutschland vielfach verbreitete Meinung, dieser Zustand in Palästina, insbesondere die Unzufriedenheit der Araber könne wirksam zur Schwächung der englischen Weltmacht eingesetzt werden, halte ich trotzdem für einen verhängnisvollen Irrtum. Zunächst darf man nie den Versuch machen wollen, der Natur in den Arm zu fallen. Man kann ihre Kräfte weise benutzen, aber man kann sie nicht ausschalten. Nun ist es aber Tatsache, daß der Jude mit den natürlichen Kräften Palästinas ungleich besser fertig wird als der Araber, so daß Europa gar keinen Grund hat, hier dem Arabertum, dem wir sonst alles Gute wünschen mögen, den Steigbügel zu halten. Sie haben jede gute Gelegenheit, aus Palästina etwas zu machen, vollkommen versäumt. Sodann aber habe ich schon in meinen Berichten über die nordafrikanischen Länder darauf hingewiesen, daß den Arabern ebenso wie allen anderen Anwohnern des südlichen und östlichen Mittelmeers heute Italien das am besten gehaßte Volk ist.[7] Mag der Engländer, mag der Franzose in der Behandlung der Völker Fehler gemacht haben, sie werden weit übertroffen durch die Rücksichtslosigkeit, mit der Italien seine wahren oder vermeintlichen Interessen ihnen gegenüber durchgesetzt hat. In dem Augenblick, in dem die Frage lautet, England-Frankreich oder Deutschland-Italien, stellen sich auch die Araber auf die Seite jener Mächte.

Dazu kommt, daß man in Deutschland zu leicht geneigt ist, sophistisch und theoretisch vom grünen Tisch aus die koloniale Verwaltungskunst der Engländer zu kritisieren. Wer diese Verwaltungskunst einmal an Ort und Stelle wirksam gesehen hat, mag zwar dieses und jenes aussetzen, er wird aber Methode und Erfolg bewundern müssen. Der Engländer hat nicht den Ehrgeiz, einem anderen Volke seine Kultur aufzuzwingen. Er will nur in allen Teilen seines Weltreiches für den Engländer auch *englische* wirtschaftliche und soziale Einrichtungen zur Verfügung haben. Im übrigen läßt er den wirtschaftlichen Fähigkeiten und Eigenarten sowie dem Bedürfnis der anderen Volker, sich selbst zu verwalten, weiten Spielraum. Nur da, wo seine Autorität nachhaltig bezweifelt oder gar verletzt wird, greift er mit absoluter Entschlossenheit durch, bis man wieder anerkannt hat, daß er stark genug ist, seine Autorität durchzusetzen. Von dem Augenblick an aber läßt

7 Goerdeler hatte in seinen Reiseberichten sowohl aus Algerien wie aus Libyen auf die starke Abneigung der Einheimischen gegen Italien verwiesen. Vgl. Reisebericht Algerien vom 17.4.1939, S. 11; BAK, N 1113, Bd. 15 sowie Reisebericht Libyen vom Juni 1939, S. 15 f.; ebd.

er dem eingeborenen Volke wieder die größtmögliche Freiheit in allen Lebensrichtungen.

In Palästina hat sich England selbst durch eine in der Vergangenheit liegende Zweideutigkeit seine Stellung erschwert. Im Weltkriege kam es England darauf an, sowohl Juden wie die Araber auf seine Seite zu bringen; das ist ihm gelungen, aber nur um den Preis einer doppelten Versprechung. In Palästina wurden sowohl den Arabern wie den Juden Rechte zugesagt, die sich gegenseitig ausschlossen, wenn auch durch zwei verschiedene, englische Beauftragte und vielleicht ohne vorherige Befragung der Londoner Regierung.[8] Nun legen beide Völker, Juden und Araber, die Rechnung vor. Es ist sicher Sache Englands, mit eigener Kraft diese Schwierigkeiten zu überwinden. Wenn aber in dieser Schwierigkeit kein ernsthafter, unserem Vaterland nutzbar zu machender Faktor steckt, wenn im Gegenteil ein Interesse daran besteht, daß möglichst viel Juden sich in Palästina ansiedeln, so erscheint es mir kurzsichtig, diese Schwierigkeiten in Palästina ohne schöpferische Idee ausnutzen zu wollen. Die Folgen können nur sein, unnütze Verärgerung der Engländer, getäuschte Erwartungen der Araber und schließlich ein Zustand, der uns nichts nutzt, in den wir aber unnötigerweise materielle und moralische Mittel hineingesteckt haben.

Soweit ich urteilen kann, wird es den Engländern schließlich gelingen, Juden und Araber zu einer gewissen Zusammenarbeit zu bringen. Das letzte Wort über die Entwicklung in Palästina wird durch die weitere europäische Entwicklung gesprochen werden. Geht Deutschland in einen Konflikt mit den Westmächten, so werden die englischen Schwierigkeiten nicht wachsen, sondern sinken, weil dann der Araber geneigt ist, im Hinblick auf seine Feindschaft gegen Italien England keine weiteren Schwierigkeiten zu machen.

8 Während mit der Balfour-Deklaration am 2.11.1917 der British Zionist Federation die Unterstützung der britischen Regierung bei der „Errichtung einer Nationalen Heimstätte für das jüdischen Volk in Palästina" zugesagt worden war, wurden auch den palästinensischen Arabern eine Reihe von Konzessionen versprochen, die der Balfour-Deklaration widersprachen. Vgl. Ettinger, Vom 17. Jahrhundert, S. 331 ff.

## 4.3 Abwendung vom NS-Regime

### 4.3.1 *Schreiben Goerdelers an Reinhold Schairer*

*handschriftlicher Brief vom 28.9.1937; Privatbesitz.*
Treffen mit Brüning in den USA; Sorge um Vertraulichkeit der Verhandlungen mit britischen Politikern.

[1] The Hay-Adams House, Washington, D.C.
28.9.37

Lieber Herr Schairer[1],
ich habe John Brown[2], wegen dessen ich Ihnen schrieb, getroffen. Er war über meine Londoner Kupfer-Besprechungen[3] genau unterrichtet, offenbar schon in Brüssel. Würden Sie die Güte haben – g.F. in Fühlung mit dortigen befreundeten Interessenten (Young[4]) – festzustellen, ob die Zusicherung [2] der Vertraulichkeit und bis zu welchem Kreise gebrochen ist? Das Ergebnis ist für mich sehr wichtig, einmal wegen meiner Rückreisepläne, sodann aber auch zur Beurteilung der englischen Geschäftsmanieren. Ich würde jeden weiteren Versuch, mit englischen Kupferleuten Besprechungen zu führen, für absolut absurd halten und meine ganzen Interessen umlegen, wenn ich feststellen muß, daß man Moral im Munde u[nd] in der Zeitung führt, aber nicht zu betätigen bereit ist. Mir geht es besser; in 8 Tagen bin ich reisefähig.[5] Ihre Antwort bitte an Spencer Miller[6]. Ich erwarte sie

---

1 Der deutsche Pädagoge Reinhold Schairer, ehemaliger Leiter des Deutschen Studentenwerks, lebte seit 1933 in Großbritannien. Er war stark geprägt von der Jugendbewegung und von der reformsozialistischen Gruppierung um die „Neuen Blätter für den Sozialismus". Mit Goerdeler war er schon aus dessen Königsberger Zeit bekannt; während Goerdelers erster Englandreise im Sommer 1937 vermittelte Schairer ihm erste wichtige Kontakte zu britischen Persönlichkeiten aus Politik und Wirtschaft. Vgl. Ritter, Carl Goerdeler, S. 160; Young, X-Dokumente, S. 23 ff. sowie Klemens von Klemperer: Die verlassenen Verschwörer. Der deutsche Widerstand auf der Suche nach Verbündeten 1938–1945, Berlin 1994, S. 397.

2 John Brown war Goerdelers Deckname für Heinrich Brüning, der seit 1936 an der Harvard-Universität lehrte. Nach Aktennotizen Brünings hatte Goerdeler ihm Anfang September 1937 aus New York geschrieben mit der Bitte um ein Treffen. Das Treffen hatte am 26. September stattgefunden; vgl. Heinrich Brüning: Briefe und Gespräche 1934–1945, hg. v. Claire Nix u. Mitarb. v. Reginald Phelps u. George Pettee, Stuttgart 1974, S. 153 f.

3 Es konnte nicht geklärt werden, worauf sich Goerdeler hier bezieht.

4 Vgl. zu Arthur P. Young S. 590 ff., Anmerkungen 2 und 19. Goerdeler hatte Young einige Monate zuvor durch die Vermittlung Schairers kennen gelernt; in der Folgezeit wurde Young Goerdelers wichtigste Verbindung zu dem britischen Außenministerium. Vgl. ausführlich Youngs eigene Darstellung seiner Verbindung mit Goerdeler (Young, X-Dokumente).

5 Goerdeler erlitt Anfang September 1937, gerade aus Toronto in Washington angekommen, einen Hitzschlag (vgl. Brief Goerdelers an Gustav Krupp v. Bohlen-Halbach vom 24.9.1937; HA Krupp, FAH 4 E 154, Bl. 92 f.). Kaum hatte er sich erholt, begann er seine Reise durch die Südstaaten der USA, erlitt eine Herzattacke und war mehrere Wochen bettlägerig; vgl.

mit Spannung, wie Sie sich denken können, so bald [3] wie möglich. Aber bitte Vorsicht bei Feststellungen, damit kein Porzellan zerschlagen wird.

Herzlichen Gruß
Ihr ergebener Goerdeler.
Für Kabel wäre [ich] besonders dankbar.

### 4.3.2 *Schreiben Goerdelers an Fritz Wiedemann*

*handschriftlicher Brief vom 29.4.1938; BAB, R 43 II, Bl. 161-162.*
Über Vorwurf an Goerdeler, er habe britische Unterstützung für einen Umsturz in Deutschland gesucht.

[1] Potsdam, den 29.4.1938

Sehr verehrter Herr Hauptmann[1],
wie ich Ihnen heute fernmündlich sagte, ist Herrn Generaloberst v. Brauchitsch[2] brieflich mitgeteilt, ich hätte in London Sir Robert Lindsay von der Lazard-Bank

---

John W. Wheeler-Bennett: The Nemesis of Power. The German Army in Politics 1918–1945, London und New York 1953, S. 386.

6 Spencer Miller organisierte einen beträchtlichen Teil der Reise Goerdelers durch die Südstaaten der USA. Miller engagierte sich in der Jugendarbeit, er war für die Episkopalkirche Berater in Wirtschaftsfragen und Mitarbeiter in der Stiftung für Bürgererziehung. Die Stiftung hatte enge Verbindungen zu General Motors und der U.S. Steel Corporation; ihre konservativ-demokratische Orientierung machte sie zu einem wichtigen Kontrahenten Roosevelts. Die teilweise Finanzierung der USA-Reise Goerdelers durch General Motors und die organisatorische Hilfe durch Spencer Miller lässt sich aus der Frontstellung der konservativen Demokraten zu Roosevelt erklären, die der Position Goerdelers in weiten Teilen entsprach. Vgl. zu Miller Young, X-Dokumente, S. 76 und Brüning, Briefe und Gespräche 1934–1945, S. 156, Anmerkung 1; zu Goerdelers Ansichten über die Politik Roosevelts ausführlich seinen Reisebericht aus den USA vom 2.1.1938; Dok. 4.2.3, oben S. 547 ff.

1 Fritz Wiedemann, der während des Ersten Weltkriegs in demselben Regiment wie Hitler eingesetzt war, zuletzt als Hauptmann, war seit dem 1.1.1935 der persönliche Adjutant Hitlers. Wiedemann wurde 1939 als Generalkonsul nach San Francisco versetzt – nicht zuletzt aufgrund der Tatsache, dass er den nationalsozialistischen Expansions- und Eroberungsplänen skeptisch gegenüberstand. Nach eigenen Aussagen unterhielt Wiedemann engen Kontakt zu Schacht und Goerdeler. Vgl. Hermann Weiß (Hg.): Biographisches Lexikon zum Dritten Reich, Frankfurt/M 1998, S. 489 sowie Fritz Wiedemann: Der Mann, der Feldherr werden wollte. Erlebnisse und Erfahrungen des Vorgesetzten Hitlers im 1. Weltkrieg und seines späteren Persönlichen Adjutanten, Velbert 1964, S. 168 ff.

2 Walther v. Brauchitsch war im Gefolge der Blomberg-Fritsch-Krise (vgl. dazu S. 257, Anmerkung 43) am 4.2.1938 zum neuen Oberbefehlshaber des Heeres ernannt worden. Er muss Goerdeler bekannt gewesen sein durch seine vorherige Stationierung als Befehlshaber der motorisierten Heeresgruppe 4 in Leipzig. Vgl. ausführlich zu Brauchitsch Janßen/Tobias, Sturz der Generäle, S. 197 ff.

auch im Auftrage von Herrn v. Brauchitsch um Unterstützung zur Änderung des Systems in Deutschland (oder so ähnlich) gebeten.[3] Herr v. Brauchitsch hat die Sache auch in meinem Einverständnis an den Herrn Reichsjustizminister[4] gegeben, um volle Aufklärung herbeizuführen. Ich habe den Herrn Minister ebenfalls gebeten, mit dem denkarbsten Erfolg versprechenden Mitteln die Aufklärung zu betreiben.

Angesichts dieser Lage kann ich jetzt nicht nach USA fahren;[5] erst muß die Aufklärung durchgeführt sein. Auch würde jetzt jede Äußerung – und drüben kann man nur mit Vernunftgründen unserem Vaterland nützen – Mißdeutungen ausgesetzt sein. [2] Später stehe ich gern zur Verfügung und hoffe, auch wirklich nutzen zu können.

Dies alles scheint mir selbstverständlich. Da ich aber heute es dem Herrn Reichsaußenminister nicht mitteilen konnte – er ist vor der Romreise nicht zu sprechen –,[6] muß ich es Ihnen sagen.

Heil Hitler!
Ihr ergebener
Goerdeler

---

3 Vgl. dazu ausführlich Goerdelers Verteidigungsnotizen gegen den Putschvorwurf vom Frühling/Sommer 1938; Dok. 4.3.3, unten S. 638 ff.

4 Franz Gürtner fungierte bereits unter Papen und Schleicher als Reichsjustizminister und hielt das Amt auch unter Hitler bis zu seinem Tod 1941. Vgl. zu Gürtner und seiner ambivalenten Rolle im NS-Regime Lothar Gruchmann: Justiz im Dritten Reich 1933–1940. Anpassung und Unterwerfung in der Ära Gürtner, München 1988, S. 9-84.

5 Seine ursprünglich geplante erneute Reise in die USA setzte Goerdeler nicht mehr in die Tat um. Stattdessen bereiste er in den folgenden Monaten Italien, Rumänien, Bulgarien und Jugoslawien.

6 Joachim v. Ribbentrop, neuer Reichsaußenminister seit dem 4.2.1938 und zuvor deutscher Botschafter in Großbritannien, war zu der Überzeugung gelangt, dass ein deutsch-britischer Konflikt unvermeidbar sein würde. Aus dieser Überzeugung heraus folgerte er die Notwendigkeit, den Antikominternpakt mit Italien und Japan (vgl. dazu S. 545 f., Anmerkung 12) zu einem engen Militärbündnis auszubauen. Die Realisierung dieser außenpolitischen Konzeption war jedoch äußerst unsicher angesichts der italienischen Taktik, sowohl die deutsche Diktatur als auch die westlichen Demokratien mit Verhandlungsangeboten hinzuhalten (vgl. zu den parallel laufenden britisch-italienischen Verhandlungen im Frühjahr 1938 S. 605, Anmerkung 24). Ribbentrop hoffte jedoch angesichts des italienisch-britischen Konflikts im Mittelmeerraum, Italien von der Notwendigkeit einer stärkeren Anbindung an Deutschland überzeugen zu können. Seine zu diesem Zweck geplante Romreise im Mai 1938 war insofern von enormer außenpolitischer Brisanz. Vgl. ausführlich Wolfgang Michalka: Ribbentrop und die deutsche Weltpolitik 1933–1940. Außenpolitische Konzeptionen und Entscheidungsprozesse im Dritten Reich, München 1980, S. 122 ff. und 220 ff.

### 4.3.3 *Verteidigung gegen Putschvorwurf*[1]

*handschriftliche Notizen o.D. [Frühling/Sommer 1938]; BAK, N 1113, Bd. 9.*
Bericht über Reise nach Großbritannien, über britische Gesprächspartner und Gesprächsinhalte; Diskussion über Österreich, Tschechoslowakei, Fritsch und Niemöller.

[1][2] Überblick über meine Reise im Jahre 1938[a]
Habe 20. Februar 1938 Devisen für Frankreich – Frz. Marokkko – Algerien – Tunis – Libyen – Ägyten – Palästina – Italien beantragt. Sie wurden abgelehnt. Erhielt 24.2. Einladung zum Vortrag vor Institute of Public Administration in London für 24.3. Habe angenommen und Stabsamt Göring, Wiedemann, v. Mackensen An[2]-zeige erstattet.

Bin mit Frau und Tochter nach England am 15.3. gefahren.[3] Blieb dort bis 4.4. War zunächst voll beschäftigt mit Übersetzung und Einlernung des Vortrages, da mein Englisch nur unvollkommen.

---

a Irrtümlich hat Goerdeler hier „1937" geschrieben; aus dem weiteren Zusammenhang ergibt sich eindeutig, dass es sich um 1938 handeln muss.

1 Auf seinen Auslandsreisen wandte sich Goerdeler vehement gegen die Appeasement-Politik; gleichzeitig sah er sich Zweifeln an seiner oppositionellen Haltung ausgesetzt, die ihn dazu zwangen, seine eigene Position zu definieren und zu verteidigen (vgl. dazu seinen Rückblick auf seine Mitarbeit in der Reichspolitik zwischen 1931 und 1935 vom 9.7.1937; Dok. 2.3.7, oben S. 240 ff.). In seiner Selbstdarstellung während seines zweiten Aufenthalts in Großbritannien scheint er sich als Sprachrohr einer Militäropposition präsentiert zu haben, die in dieser eindeutigen Form noch nicht existierte. Nach der Darstellung Ritters erhielt Brauchitsch Kenntnis darüber, dass Goerdeler in Großbritannien konkret von ihm als Teil der Militäropposition gesprochen hätte. Unabhängig davon, ob dies den Tatsachen entsprach oder nicht, musste Brauchitsch befürchten, dass die indiskreten Bemerkungen auch den nationalsozialistischen Machthabern zugetragen würden, und leitete deshalb selbst eine Untersuchung ein. Nach der Darstellung Gisevius' war es Goerdeler, der die Untersuchung einleitete. In den Akten des Reichsjustizministeriums und der Gestapo konnten keine diesbezüglichen Unterlagen ausfindig gemacht werden. In Anlehnung an Schachts Autobiographie schreiben Ritter und Gisevius, dass die Untersuchung nach einigen Monaten niedergeschlagen werden konnte mit Hilfe von Schachts Kontakten zu britischen Finanzfachleuten. Vgl. Ritter, Goerdeler, S. 165 f.; Hans Bernd Gisevius: Bis zum bitteren Ende. Vom Reichstagsbrand bis zum 20. Juli 1944, vom Verf. auf den neuesten Stand gebrachte Sonderausg., Hamburg 1961, S. 327 f.; Schacht, 76 Jahre, S. 548. Dass die Notizen Goerdelers in keiner anderen, ausgearbeiteten Variante existieren, scheint ein Indiz dafür zu sein, dass ihre Verwendung durch die Niederschlagung der Untersuchung obsolet wurde. Ihr Entstehungszeitpunkt muss in dem Zeitraum liegen zwischen dem 4.4.1938, nachdem Goerdeler aus Großbritannien zurückgekehrt war, und dem 29.9., da das Münchener Abkommen in den Notizen nicht erwähnt ist.

2 Die handschriftlichen Notizen Goerdelers sind nicht paginiert. Um die Nachprüfbarkeit an dem Original zu erleichtern, sind die Seiten im folgenden durchnummeriert worden.

3 Vgl. seinen Reisebericht aus England und Frankreich vom 30.4.1938; Dok. 4.2.4, oben S. 589 ff.

Habe Zeit benutzt, um mich über Wirtschaftslage, Rüstung, Finanzen, Sozialpolitik, Wirtschaft und Arbeitslosenfragen freie Wohnungsfragen zu unterrichten. [3] Mein Besuch durch Zeitungen bekannt geworden; daher einige Einladungen.

Habe die in der Anlage Aufgeführten gesehen.[4]

In England Hochspannung wegen Österreich.[5] Mußte mit Fragen rechnen. Habe überlegt, ob ich ihnen ausweichen sollte. Habe dies für falsch gehalten; wer als Deutscher, für selbständiges Urteil bekannt, heute im Ausland auf solche Fragen schweigt oder *alles* für gut [4] und schön erklärt, schadet seinem Vaterlande. Denn er wird entweder für einen bezahlten Agenten oder als unter Terror stehend betrachtet.

Die Fragen, die angeschnitten wurden, betrafen

1. Österreich. Ich habe gesagt, jeder Deutsche hielte den Anschluß für notwendig. Die Nachrichten über Gewalttaten seien übertrieben. Vertragliche Regelung wäre besser, aber wohl nicht zu haben gewesen.

2. Tschechoslowakei; man fürchte deutschen Einmarsch in Tschechoslowakei; das würde Frankreich zum Schlagen und England an seine Seite zwingen. Das aber [5] sei dann der Krieg. Deutschland wolle ihn offenbar.

Ich sagte: Niemand kann Krieg wollen. Aber der Zustand in der Tschechoslowakei sei unhaltbar. Ich hielte die Autonomie für eine sehr maßvolle Forderung. Sie könne nie befriedigen, sondern würde Hexenkessel schaffen, der Europa nie zur Ruhe kommen lassen würde. Es sei unerträglich, daß 3½ Mill. Deutsche an der deutschen Reichsgrenze einem fremden Staate zugewiesen seien. Sie und ihr Gebiet müßten Deutschland zugewiesen werden. Das sei [6] die einzig gerechte Lösung. Jedes andere Volk würde sie unter gleichen Umständen für sich verlangen. Sie allein würde Dauer-Ruhezustand bringen. Ich könne nur empfehlen, sobald wie möglich einen solchen politischen Vorschlag zu machen.[6]

3. Fall v. Fritsch.[7] Man sprach von 24 Generälen und meinte sie könnten nur aus politischen Gründen auf Wunsch der Partei entlassen sein oder weil sie einen Putsch geplant hätten. Ich bin diesen Gerüchten entgegengetreten. Wenn strafbare Handlungen vorlägen, [7] dann würden sicher Untersuchungen erfolgen. Ihr Er-

---

[4] In der Auflistung erscheinen, neben Ökonomen und Bankiers sowie Vertretern des Arbeits- und des Landwirtschaftsministeriums, der Berater für Wirtschaftsfragen im Foreign Office, Sir Frederick Leith-Ross, und der Diplomat Robert Vansittart (zu Vansittart s.u., Anmerkung 10).

[5] Vgl. zum „Anschluss" Österreichs S. 604, Anmerkung 22.

[6] Vgl. zu dem sudetendeutschen Problem und der Tschechoslowakei S. 607 f., Anmerkungen 26 f. sowie S. 618, Anmerkung 4.

[7] Vgl. zu der Blomberg-Fritsch-Krise S. 257, Anmerkung 43. Nach Janßen/Tobias wurden aus Heer und Luftwaffe zwölf der ranghöchsten Generäle entlassen und 51 weitere Positionen waren von Umbesetzungen betroffen. Während die offizielle Propaganda das Revirement als Verjüngungsprozess der Wehrmacht pries, waren im Ausland verschiedenste Gerüchte über die wahren Hintergründe, u.a. einem aufgedeckten Putschversuch der Generäle, im Umlauf. Janßen/Tobias argumentieren überzeugend, dass das Hauptmotiv des Revirements der Versuch des Regimes war, die Hintergründe der Entlassung Fritschs zu verschleiern,

gebnis würde sicher beachtet werden. Das sei in Deutschland, besonders in der Armee selbstverständlich.

Frage: Wer ist Brauchitsch? Ist er nicht im Gegensatz zu Fritsch für den Krieg?

Antwort: v. Brauchitsch, den ich kenne, ist wie jeder deutsche Offizier ein gentleman vom Scheitel bis zur Sohle. Er ist sicher von hohem Verantwortungsbewußtsein getragen und wird daher nicht zum Kriege treiben. Im übrigen will Hitler Frieden und nicht Krieg.

[8] 4. Fall Niemöller.[8]

Antwort sehr schwer. Ich wies auf die Cromwellzeit hin;[9] die deutsche Nachkriegsjugend habe 15 Jahre lang gegenüber Deutschland nur Unrecht und Gewalt angewandt gesehen. Das sei insbesondere Frankreichs Schuld. Nun sei diese Jugend in verantwortliche Stellungen gelangt und überzeugt, daß die deutschen Lebensrechte auch nur mit Macht durchgesetzt werden könnten.

Es sei höchste Zeit, nun mit konstruktiven Vorschlägen, die die deutschen Lebensrechte berücksichtigten, offen vor die Welt zu treten. Das deutsche [9] Volk müsse klar erfahren, daß man ihm gerecht werden wolle.

In dem Eintreten für diese nationalen Lebensrechte würden alle Deutschen immer einig sein. Auch die Teilung Deutschlands in zwei Teile sei unhaltbar. Ich stammte aus Westpreußen und würde mein ganzes Leben für die Wiedervereinigung Deutschlands eintreten.

Auf solcher Grundlage würde sich eine ruhige Entwicklung anbahnen lassen. An einer starken deutschen Armee hätte England größtes Interesse. [10] Sie verbürge nach den Lehren der Geschichte die Ruhe Europas. Ein ruhiges Europa aber sei der Friede der Welt.

Vor allem aber müßte ich warnen, auf die innerdeutschen Verhältnisse von außen einzuwirken. Das könnte nur das Gegenteil bewirken. Die Wiederaufrüstung Deutschlands sei ohne Opfer nicht denkbar. Weitere würden sicher noch auf der Strecke bleiben. Man müsse aber Verständnis für die Entwicklung haben, sie sei durch Versailles bestimmt. Man müsse Vertrauen haben; [11] das deutsche Volk

---

indem man sich gleichzeitig anderer unliebsamer Militärs und Diplomaten entledigte (Janßen/Tobias, Sturz der Generäle, S. 148-158).

8 Vgl. zur Gründung des Pfarrernotbunds unter Martin Niemöller und den folgenden Auseinandersetzungen des NS-Regimes mit der Bekennenden Kirche S. 369, Anmerkung 46. Im Sommer 1937 war der protestantische Kirchenkampf kulminiert in der Verhaftung von neun führenden Repräsentanten der Bekennenden Kirche, einschließlich Niemöllers. Erst im Februar 1938 fand ein Sondergerichtsverfahren gegen Niemöller statt, in dem er zu siebenmonatiger Festungshaft verurteilt wurde. Die Haftstrafe war mit der Untersuchungshaft bereits abgebüßt; Niemöller wurde jedoch nicht auf freien Fuß gesetzt, sondern als „persönlicher Gefangener des Führers" direkt in das KZ Sachsenhausen verbracht. Vgl. John Bentley: Martin Niemöller. Eine Biographie, München 1985. Huttner weist in seiner Untersuchung über die britische Presse nach, in wie starkem Maße das Schicksal Niemöllers in England verfolgt und diskutiert wurde (Huttner, Britische Presse, S. 301 f.; 305 f. sowie Tabelle 12, S. 745).

9 Zu Cromwell s. S. 595 f., Anmerkung 12.

bleibe, was es immer war, rechtlich und anständig. Rechtzeitige Unterstützung mit klaren und konstruktiven Plänen sei das beste Mittel, um Frieden zu erhalten. Hitler wolle den Frieden; auch die deutsche Armee wolle ihn, ob ihr Befehlshaber Fritsch oder Brauchitsch hieße. Sir Robert Vansittart[10] habe mich mit Familie auf seinen Landsitz eingeladen. Wir seien eine Stunde bei ihm gewesen und hätten auch über Politik gesprochen. Darüber aber wolle ich nur Hitler u[nd] Göring selbst Mitteilung machen. [12][b] Bin bei v. Brauchitsch einmal *vor* meiner 2. Reise gewesen, um ihm – nach Abgang v. Fritsch – meinen 1. Reisebericht vorzutragen. Dazu wäre ich verpflichtet gewesen, da Schacht, Rundstedt[?] und Oberbefehlshaber, letzterer bei Militärattachés, mich angemeldet hatten. Dauer 40 Minuten. Herr v. Brauchitsch war sehr interessiert. Ich habe ihn bei dieser Gelegenheit zum ersten Male in meinem Leben gesprochen.

Nach 2. Reise wieder Vortrag meiner Eindrücke u.a. bei v. Brauchitsch, da ich Londoner Militärattaché gesprochen hätte.

### 4.3.4 *Brief Goerdelers an Marianne Goerdeler*

*handschriftlicher Brief vom 2.10.1938; Privatbesitz.*
Hoffnung auf einen dauerhaften Frieden nach dem Münchener Abkommen.

[1] Mein geliebtes Kind,[1]
mit deinen lieben Zeilen v[om] 27.9. mit den kleinen Veilchen hast du mir eine große Freude gemacht. Nun liegt die Zeit der wildesten Spannungen hinter uns und bald muß nun die ruhige nüchterne Arbeit beginnen, um ihre Wohltaten zu erweisen. Es ist ein großes Glück, daß es gelungen ist, den Krieg zu vermeiden; wir wollen insbesondere um Munnchens u[nd] Ullers willen dafür dankbar sein.[2]

---

b Gestrichen: „Meine englische Sprachkunst nicht so vollkommen, daß nicht Missverständnisse auf beiden Seiten möglich.“

10 Robert Gilbert Vansittart war 1930–1937 ständiger Unterstaatssekretär im Foreign Office. In dieser Position argumentierte er vehement gegen Chamberlains Appeasement-Politik, was im Januar 1938 zu seiner „Beförderung“ auf einen Posten führte, auf dem er nicht mehr an der konkreten Tagespolitik beteiligt war. Der speziell für ihn geschaffene Titel eines „diplomatischen Hauptberaters der Regierung“ verschleierte diese Tatsache. Vansittart, der bis zu seinem Tod 1957 die Kollektivschuldthese verfocht und während des Krieges die Existenz einer deutschen Opposition als Mythos bezeichnete, charakterisierte Goerdeler in seinen Memoiren als den „einzig echten deutschen Verschwörer“. Vgl. Ian Colvin: Vansittart in Office. A Historical Survey of the Origins of the Second World War Based on the Papers of Sir Robert Vansittart, Permanent Under-Secretary of State for Foreign Affairs, London 1965, S. 139 ff. sowie Robert Gilbert Vansittart: The Mist Procession. The Autobiography of Lord Vansittart, London 1958 (Zitat über Goerdeler S. 512).

1 Marianne Goerdeler, Jahrgang 1919, war Goerdelers älteste Tochter.

2 Mit seiner Hoffnung auf Frieden spielt Goerdeler auf das wenige Tage zuvor geschlossene Münchener Abkommen an (vgl. dazu S. 618, Anmerkung 4). Munnchen und Uller sind die

Daß Ihr gemütlich lebt, ist schön; fügt nun auch den Frohsinn hinzu. Mit allen deinen Kaufwünschen bin ich voll einverstanden, mein liebes Lülchen; die Schreibmaschine wird sehr praktisch sein. Deine Kleiderwünsche kannst du nun selbständig mit Mutti erfüllen; du wirst ja 19 Jahre alt. [2] Überlege dir, ob du ein festes Kleidergeld haben willst, u[nd] laß es mir durch Mutti sagen. Ich erwarte sie am 14. d[es] M[onats] für 2–3 Wochen u[nd] bitte den lieben Gott, daß er uns Ende November ein gesundes Wiedersehen schenkt. Ich bange mich sehr nach Euch allen, mein geliebtes Kind.

Daß Heidi und Dietz[3] dich so geschwisterlich betreut haben, ist wirklich ein schöner Beweis ihrer unbedingten Zuverlässigkeit; Ihr werdet auch später fest zusammenstehen. Der liebe Gott wird Euch auch vor schwere Aufgaben stellen. Gott gebe uns die Kraft, Euch noch viel von ihnen abzunehmen. Bewahrt Euch diese treue Freundschaft u[nd] ein heiteres Gemüt.

Möchtet Ihr Weihnachten wieder alle zusammen sein? Dann besprich das mit Mutti.

Aus Eurem Ferienaufenthalt ist nun nichts geworden, das wird Euch aber hoffentlich nicht zu sehr enttäuschen. Mir geht es gut; in 10 Tagen bin ich hier mit meinen Studien fertig. Dir, mein geliebtes Töchterchen, Tuti, Nini[4] u[nd] Mutti inniger Kuß.
Dein Väterlein.

### 4.3.5 *Brief Goerdelers an Ulrich Goerdeler*

*handschriftlicher Brief vom 11.10.1938; Privatbesitz.*
Bericht über Aufenthalt in der Schweiz und geplante Italienreise; Befürchtung neuer außenpolitischer Schwierigkeiten.

[1] Mein lieber Junge,
übermorgen erwarte ich Mutti und bin sehr glücklich über ihr Kommen. Ich denke, daß sie Ende Oktober, ich Ende November zu Hause sein werde.

Nun hast du deine Hollandfahrt hinter dir und hoffentlich viel Freude gehabt. Post erreicht uns bis Sonntag Lugano hauptpostlagernd, dann Florenz hauptpostlagernd, wohin wir Montag fahren.[1]

---

Kosenamen der ältesten Söhne Goerdelers, Christian und Ulrich, die bei einem Krieg ihre Einziehung zum Militärdienst befürchten mussten.

3 Dietrich und Adelheid Goerdeler, genannt Dietz und Heidi, waren die beiden ältesten Kinder von Fritz, dem jüngeren Bruder und politischen Vertrauten Carl Goerdelers.

4 Kosenamen für Reinhard und Benigna, den beiden jüngsten Kindern Carl Goerdelers.

1 Zwischen Mitte Oktober und Mitte November 1938 unternahm Goerdeler von der Schweiz aus zwei Reisen nach Italien, wo er längere Aufenthalte in Rom, Florenz und Lugano hatte. Vgl. seinen Reisebericht vom 19.12.1938; BAK, N 1113, Bd. 15.

Deine Industriezeit nähert sich dem Ende, wenn du Herrn Löser noch aufsuchen kannst, wäre es gut.[2] Ich hoffe, daß die Zeit dir später nützlich sein wird, und wünsche es dir herzlich. Mutti [2] schrieb, daß sie sich deiner großen Ruhe freue. Sie ist auch berechtigt trotz der Wolken, die nach hiesigen Zeitungen wieder aufzusteigen scheinen. Innere Klarheiten, über die wir verfügen, werden sie überwinden.

Am Sonntag machte ich bei schönstem Wetter eine Dampferfahrt auf dem Vierwaldstätter See. Die Bergwelt trat auf allen Seiten klar hervor, die Matten prangten in frühlingsmäßigem Grün. Ich tat auch einen Blick auf die berühmte Rütliwiese; hier war ja die Heimat Tells.

Gestern besuchte ich Arbeitslager in und um Bern; sie waren vorzüglich u[nd] dienen der besseren Ausbildung arbeitsloser Handwerker u[nd] der Umschulung junger Städter auf die Landwirtschaft.[3] Überall begegne ich großer Freundlichkeit. Das Berner Münster, ein schöner gothischer Bau, hat mich innerlich kalt gelassen; es entbehrt fast jeden Schmuckes.
Grüße Martins. Bleibe gesund, mein lieber Junge.
Innigen Kuß dein V[ater].

### 4.3.6 *Schreiben Goerdelers an Fritz Wiedemann*

*handschriftlicher Brief vom 19.10.1938; BAB, NS 10, Bd. 335, Bl. 153.*[1]
Sondierung der Möglichkeit, erneut einen Posten im NS-Regime zu erlangen.

[1] Z.Zt. Lugano, 19.10.38

Sehr verehrter Herr Hauptmann,
Nachdem die politische Entwicklung einen neuen Abschnitt erreicht hat,[2] möchte ich einen erneuten Versuch machen, meine Kräfte und Erfahrungen wieder im

---

2 Ulrich Goerdeler hatte nach seinem Jurastudium ein Industriepraktikum bei Krupp in Essen begonnen, wo Goerdelers ehemaliger Leipziger Stellvertreter, Ewald Löser, inzwischen einen Posten im Verwaltungsdirektorium innehatte.

3 Die Arbeitslager in Bern waren freiwillige, staatlich subventionierte Einrichtungen der Zwischenkriegszeit und verschwanden wieder zu Beginn der 40er Jahre, mit dem Einsetzen der Konjunktur. Vgl. Herbert Obinger: Politische Institutionen und Sozialpolitik in der Schweiz. Der Einfluss von Nebenregierungen auf Struktur und Entwicklungsdynamik des schweizerischen Sozialstaates, Frankfurt/M., Berlin, Bern, New York, Paris und Wien 1998, S. 66 ff.

1 In dem Privatbesitz der Familie Goerdeler befindet sich ein handschriftlicher Briefentwurf Goerdelers von demselben Tag, der einige Abweichungen zu dem vorliegenden Brief aufweist. Die inhaltlich relevanten Varianten werden im folgenden in den alphabetischen Anmerkungen präsentiert.

2 Knapp drei Wochen vorher war mit dem Münchener Abkommen eine internationale Vereinbarung geschaffen worden, die einerseits wichtige deutsche Gebietsforderungen befrie-

Dienst für die Allgemeinheit zu verwerten. Sie kennen meine Auffassungen.[a] Es liegt mir nicht,[b] sie, draußen stehend, unfruchtbar in mich verschließen [2] zu müssen. Sie lassen sich sehr wohl mit dem Drängen und Stürmen der Gegenwart zu schöpferischer Tätigkeit für Volk und Vaterland vereinen.

Überall in der Welt, selbst in der kleinen Schweiz mit ihrem Materialismus, bereitet sich eine neue Ordnung vor. Es gilt dabei, besten Kräften des deutschen Wesens die Führung zu verschaffen. Und so sehne ich mich wieder nach schöpferischer Arbeit.

Der Führer wünschte nicht meine Betätigung in der Wirtschaft.[3] So bitte ich Sie, falls ich Ihnen damit nicht zu nahe trete, festzustellen, [3] ob[c] ich meine Kräfte wieder im öffentlichen Dienst verwenden kann. Äußerungen des Führers über die Verwaltung der Stadt Leipzig nach meinem Abgang lassen mich diese Frage[d] und die Bitte um Ihren Rat jetzt stellen. Ich bereise Schweiz, Italien, Balkan.[4] Anfang Dezember will ich wieder in Leipzig sein; über meine dortige Anschrift erreichen mich auch in der Zwischenzeit Nachrichten.

Auf jeden Fall nichts für ungut und herzlichen Dank.

Mit aufrichtigem Gruß
Heil Hitler!
Ihr ergebener
Goerdeler

---

[a] In dem Entwurf steht anstelle der Formulierung bis Anmerkung [b] die folgende Ausführung: „ich muß bei ihnen verbleiben. Aber ich bin zu sehr Soldat, um es nicht für unnützlich und mißlich zu empfinden, daß ich sie,".

[b] S.o., Anmerkung [a].

[c] In dem Briefentwurf lautet das Satzende: „ein Gesuch um Wiederverwendung auf fruchtbaren Boden fallen würde."

[d] In dem Briefentwurf lautet das Satzende: „was ich zu tun hätte und die Bitte um Ihren Rat stellen."

digte und damit andererseits eine Beruhigung der europäischen Lage versprach. Vgl. zum Münchener Abkommen S. 618, Anmerkung 4.

3 Vgl. zu Hitlers Weisung S. 99 f., Anmerkung 9.

4 Vgl. zu der Reise Goerdelers „Zusammenfassende Schlussbetrachtung" vom Dezember 1938; Dok. 4.2.6, oben S. 617 ff.

## 4.3.7 *Schreiben Goerdelers an Reinhold Schairer*

*maschinenschriftlicher Brief vom 19.10.1938; Privatbesitz.*
Verständigungsversuch mit Großbritannien; falls Großbritannien konziliante Haltung gegenüber Hitler nicht aufgibt, muss „innerdeutsche Lösung“ gefunden werden; geplantes Treffen Anfang Dezember in Leipzig.

Lieber Herr Schairer,
heute Abend 8.00 habe ich vergeblich versucht, Sie im Klub White H[orse] 4152 zu erreichen. Drei Klubdiener waren nicht imstande, Sie an den Apparat zu holen; ich bat um Ihren Anruf u[nd] gab meine Nummer.

Die Anlage ist der letzte Versuch zu einer organischen Zusammenarbeit mit den engl[lischen] Freunden.[1] Wird etwa danach verfahren, so läßt sich die Welt noch von Brutalität befreien und eine neue Ordnung mit Rettung des Empire aufbauen. Bringt Engl[and] hierzu den Entschluß bis Ende des Jahres nicht auf, so gibt es nach meiner Überzeugung sich selbst auf. Das ist aber auch das Signal für jeden Deutschen, die Rettung des eigenen Landes nur noch auf die schlummernden guten Kräfte des eigenen Volkes aufzubauen. Dann muß ich in das Schiff springen u[nd] versuchen, das Steuer so zu beeinflussen, daß das Schiff zwischen der Scylla der Vernichtung aller persönlichen Freiheiten und der Charybdis der Zerstörung christlicher Kultur hindurchzubringen.[2] Es gibt dann eben keine andere Möglichkeit; Frankreich ist ohnehin abzuschreiben.

Die finanzielle u[nd] wirtschaftliche Zersetzung in unserem Lande geht weiter vor sich, an dem Verlauf ist kein Zweifel gestattet.

Ich muß nun die Schweiz verlassen; jede Verlängerung meines Aufenthalts hier müßte mich in immer schiefere Lage bringen.[3] Ich tue es im Vertrauen darauf, daß die Firma Reinhold u[nd] Edgar mich bei ihren Geschäften der letzten Wochen drüben nicht hineingezogen hat;[4] ich hätte, gefragt, von diesen Geschäften abge-

---

[1] Der als Anlage gedachte Teil ist in den Unterlagen Goerdelers nicht erhalten. Seine Verhandlungen mit britischen Persönlichkeiten drehten sich zu diesem Zeitpunkt jedoch hauptsächlich um Gebietsfragen, insbesondere Revisionen des Versailler Vertrags, so dass die hier erwähnte Anlage wahrscheinlich seinem Verhandlungsangebot an Großbritannien und Frankreich vom Frühsommer 1939 (Dok. 5.1.5, unten S. 766 ff.) in groben Zügen entsprach.

[2] Vgl. dazu Goerdelers Versuch von demselben Tag, über Wiedemann einen Posten im NS-Regime zu erlangen (Schreiben Goerdelers an Fritz Wiedemann vom 19.10.1938; Dok. 4.3.6, oben S. 643 f.).

[3] Vgl. zu Goerdelers prekärer Lage während dieser Zeit S. 638, Anmerkung 1. Goerdeler hatte wohl zunächst vorgehabt, das Ergebnis der Untersuchung gegen ihn in der Schweiz abzuwarten.

[4] Die „Firma Reinhold“ steht für Schairer selbst, der die letzten zwei Monate in den USA verbracht hatte. Dort versuchte er, gemeinsam mit Spencer Miller und Gotthilf P. Bronisch, amerikanische Persönlichkeiten aus Politik und Wirtschaft von Goerdelers Plänen zu überzeugen. Ritter vermutet, dass sich hinter dem Decknamen „Edgar“ Bronisch verbarg, es könnte sich jedoch auch um Spencer Miller gehandelt haben. Vgl. Young, X-Dokumente, S. 91 ff. sowie Ritter, Goerdeler, S. 483 (Anmerkung 14).

raten. Die Leute drüben sind rechtzeitig ins Bild gesetzt u[nd] müssen sich selbst entscheiden. Alle Risiken, die ich eingegangen bin, muß ich tragen.

Ich bin v[om 21. abends bis 26. früh in Roma Hotel Flora. Bitte geben Sie mir dorthin irgend eine Nachricht, daß Sie diesen Brief erhalten haben. Vernichten Sie ihn. Noch schöner wäre es, Sie kämen Sonntag oder Montag dort an. Geld von mir, Aufenthalt in R[om] frei.

Von Rom gehe ich Neapel – Florenz – Belgrad; etwa 5.12. bin ich zu Hause, dort erwarte ich am 10.12. A.P.[5] oder Stöpsel[6]; einer von ihnen soll unangemeldet erscheinen. Wird früheres Treffen notwendig, reise ich Belgrad – Zürich. Ich schreibe Ihnen von unterwegs Karten mit meiner Postadresse.

Sonst schlage ich beiderseitiges Schweigen vor; habe auch Edgar darum gebeten; er soll Sie im Bedarfsfall informieren u[nd] umgekehrt. A.P. oder Stöpsel übernehmen dann die mündliche Unterrichtung.

Haben Sie Dank für alles, besonders Ihre Hilfe im Frühsommer; ich werden Ihnen sie nie vergessen.

Wir grüßen Sie u[nd] Ihre liebe Gattin, Joan Fry u[nd] alle Freunde herzlich
Gott befohlen!
Stets Ihr
U.[7]

---

5 Die Initialen werden für den Vornamen Youngs stehen, Arthur Primrose.

6 Nach Youngs Darstellung wandte Goerdeler sich im Sommer 1938 ursprünglich an Robert T. Stopford, einen britischen Bankier und Politiker, mit der Bitte um ein Treffen. Da Stopford zu diesem Zeitpunkt jedoch als Mitglied der Runciman-Mission stärker im Licht der Öffentlichkeit stand, bat er Young, für ihn einzuspringen – auf diese Weise wurde Young ursprünglich in die Verhandlungen einbezogen, die in den X-Dokumenten resultierten (vgl. Young, X-Dokumente, S. 45 sowie Aster, Goerdeler, S. 251-260).

7 Ulrich war der Mädchenname der Frau Goerdelers sowie der Vorname seines ältesten Sohnes. Goerdeler unterschrieb Briefe, deren korrekte Unterzeichnung ihm zu gefährlich erschien, i.d.R. mit „U“, „Ulrich“ oder – anglisiert – mit „U.L.Rich“.